D1749687

Schriftenreihe
„Jugend erneuert Gemeinschaft"

Herausgegeben von
Prof. Dr. Bernd Guggenberger

Herausgegeben von Bernd Guggenberger
unter Mitwirkung von Harald Müller

Jugend erneuert Gemeinschaft

Freiwilligendienste in Deutschland und Europa.
Eine Synopse

Nomos Verlagsgesellschaft
Baden-Baden

Dieser Sammelband wurde von der Robert Bosch Stiftung gefördert.

Die Deutsche Bibliothek – CIP-Einheitsaufnahme

Ein Titeldatensatz für diese Publikation ist bei der
Deutschen Bibliothek erhältlich.

ISBN 3-7890-6272-3

1. Auflage 2000
© Nomos Verlagsgesellschaft, Baden-Baden 2000. Printed in Germany. Alle Rechte,
auch die des Nachdrucks von Auszügen, der photomechanischen Wiedergabe und der
Übersetzung, vorbehalten. Gedruckt auf alterungsbeständigem Papier.

Inhaltsverzeichnis

Geleitwort der Robert Bosch Stiftung 11

I. *Die Initiative*

Norbert Röttgen
Vorwort der Kommission 17

*Matthias Berninger, Marianne Birthler, Warnfried Dettling,
Bernd Guggenberger, Hakki Keskin, Doris Pack, Norbert Röttgen,
Maja Schmidt, Hanna Beate Schöpp-Schilling, Ute Vogt*
Jugend erneuert Gemeinschaft.
Manifest für Freiwilligendienste in Deutschland und Europa
Eine Initiative der Robert Bosch Stiftung 18

Günter Gerstberger
Das Manifest und seine Folgen: Kommunikationsschritte und
Förderinitiativen der Robert Bosch Stiftung 29

Hanna Beate Schöpp-Schilling
Persönliches Plädoyer eines Mitglieds der Kommission 38

II. *Die Idee*

Roman Herzog
Das Leben ist der Ernstfall 43

Bernd Guggenberger
Wieviel Gemeinschaft braucht die Gesellschaft?
Jugendgemeinschaftsdienste – eine Forderung im Schnittpunkt
zeitaktueller Debatten 47

III. *Die Jugendgemeinschaftsdienste*

Sibylle Tönnies
Gemeinschaft versus Gesellschaft 75

Andreas Gestrich
Geschichte der Jugendgemeinschaftsdienste. Eine Bewegung
zwischen »Arbeitswehr« und »werktätigem Pazifismus« — 84

Maren Stell
Kontinuität und Aufbruch. Zur Politik und Soziologie der
Jugendgemeinschaftsdienste seit den fünfziger Jahren — 105

Werner Wüstendörfer, Roland Becker
Das Freiwillige Soziale Jahr und das Freiwillige Ökologische Jahr.
Eine empirische Bilanz — 122

Roland Becker, Werner Wüstendörfer
Neue Träger und neue Einsatzfelder für Freiwilligendienste in
Ländern und Kommunen — 137

Karoline Becker, Hans-Georg Wicke
»Das beste Jahr in meinem Leben!« Europäischer Freiwilligendienst
für Jugendliche – Geschichte, Gegenwart, Zukunft — 147

Angelika Münz
Der Blick zu den Nachbarn. Konzepte für Jugendfreiwilligendienste im
Kontext von Wehrpflichtreform und bürgerschaftlichem Engagement in
Europa — 160

Josef Freise
Welchen Stellenwert haben Freiwilligendienste für Jugendliche und
für die Gesellschaft? — 185

Gudrun Kreft
Frühe Erfahrungen mit Beteiligung und Engagement. Freiwilligendienste im Kontext der übrigen Partizipationsangebote für
junge Menschen — 202

Wilhelm Mader
Freiwillige soziale Dienste als Erfahrungsfelder einer zivilen
Gesellschaft — 214

Hakki Keskin
Gar nicht so viel anders! Türkische Jugendliche in Deutschland und
ihre Stellung zu Freiwilligendiensten — 230

Beate Finis Siegler
Konversion des Zivildienstes. Sozialpolitische Betrachtungen zum
Thema »Konversion«   247

Heinz Bartjes
Den Zivildienst beerben! Lehren aus dem Zivildienst für die Gestaltung
freiwilligen Engagements   262

Alfred L. Lorenz
»Was wäre, wenn es keine Zivis mehr gäbe?« Ein Erfahrungsbericht
aus der Praxis   282

Michael Ott, Thomas Hoffmann
Diakonie ohne Zivildienst. Was passiert, wenn die Wehrpflicht fällt?   289

IV. Die Instrumente

Helmut K. Anheier
Dritter Sektor und Freiwilligendienste in Deutschland   305

Sibylle Tönnies
Arbeitsmarktneutralität   325

Hanno Beck
Wie rechnet sich ein Jugendgemeinschaftsdienst?
Zur Ausgestaltung eines Freiwilligen Sozialen Jahres aus ökonomischer
Perspektive   328

Janina Scheelhase
Positiver Nettonutzen von Jugendgemeinschaftsdiensten.
Volkswirtschaftliche und gesellschaftliche Kosten-Nutzen-Analyse   343

Wolfgang Lenz
Mehr Gemeinschaft wagen. Ein Bündnis für Jugend und Gemeinschaft   360

Ulrich Bopp
Warum eine Stiftung für Freiwilligendienste auf Bundesebene?   370

Ulrich Frey
Für ein neues Freiwilligengesetz. Ausgangslage und Perspektiven
der Weiterentwicklung   376

Kay Hailbronner, Christine Kreuzer
Staats- und europarechtliche Aspekte der Einführung von Jugendgemeinschaftsdiensten 388

Wilhelm Mader
Strukturelle Perspektiven für die begleitende Forschung 430

V. Die Kontroverse

Warnfried Dettling
»Fit for Nothing?« Jugendgemeinschaftsdienste in der Bürgergesellschaft 439

Sibylle Tönnies
Freiwillig oder verpflichtend? Vom Wert der Arbeit 445

Eike Gebhardt
Freiwilligendienste – ein Paradoxon? 453

Christian Bartels
Jugendfreiwilligendienste und der gute Glaube an die Jugend
oder Das Problem, jung zu sein 465

Dieter Schöffmann
Jugend erneuert Gemeinschaft: Und wer soll das bezahlen? 482

Peter Grottian
Baustelle Arbeitsgesellschaft: Freiwilligendienste und Strategien
für die Jugend 490

VI. Die Resonanz

Roman Herzog
Der Brief des Bundespräsidenten 501

Alfred Maria Polczyk
Eine Initiative in der Diskussion. Auswertung der Antwortbriefe
an den Bundespräsidenten 503

Ausgewählte Antwortschreiben aus Wirtschaft, Gesellschaft und Politik
(*Johannes Rau, Roman Herzog, Richard von Weizsäcker und Walter Scheel*,
Gemeinsame Erklärung 536; *Heribert Johann*, Boehringer Ingelheim 538;
Erwin Staudt, IBM Deutschland 539; *Franz Schoser*, Deutscher Industrie- und

Handelstag 540; *Hans Maier* 543; *Murat Caki und, Ulrike Okenwa-Elem,* Bundesausländerbeirat 547; *Hans Joachim Meyer,* Zentralkomittee der Deutschen Katholiken 550; *Hellmut Puschmann,* Deutscher Caritasverband 552; *Jürgen Gohde,* Diakonisches Werk der EKD 555; *Klaus Schmucker,* Arbeitsgemeinschaft Evangelischer Jugend 562; *Carl Christoph Schweitzer,* Aktion Gemeinsinn 568; *Frank-Walter Steinmeier,* Bundeskanzleramt 571; *Gunda Röstel,* Bündnis 90/ Die Grünen 575; *Angelika Merkel,* CDU 584; *Wolfgang Gerhardt,* F.D.P: 589; *Wilhelm Polte,* Oberbürgermeister von Magdeburg 592; *Herbert Schmalstieg,* Oberbürgermeister von Hannover 596) 535

VII. Die Vision

Dieter Schöffmann
In Deutschland ist der Bär los, Jugend erneuert Gemeinschaft! 605

Anhang

Ausgewählte Erfahrungsberichte aus den Freiwilligendiensten
(*Sabine Wittman,* ICE 614; *Steven Flower,* EFD 617; *Julia Oelschläger,* FÖJ 619; IJGD 624; *Christine Lottje,* EIRENE 626; *Timon Peroba* 628; FSJ 633) 613

Freiwilligendienste im tabellarischen Überblick 636

Rechtliche und inhaltliche Rahmenbedingungen für FSJ, FÖJ und EFD 637

Register

Allgemeine Dienstpflicht und freiwilliges Engagement. Eine kommentierte Bibliographie (*Heinz Bartjes*) 643

Literaturverzeichnis 674

Autorenhinweise 696

Stichwortverzeichnis 701

Personenregister 711

Abkürzungen 13

Geleitwort der Robert Bosch Stiftung

Eine der Lektionen des zu Ende gehenden Jahrhunderts ist: Ein freiheitliches und demokratisches Gemeinwesen ist auf den Gemeinsinn und die Teilnahme seiner Bürger existentiell angewiesen. Wie dieser Gemeinsinn von Generation zu Generation neu erfahren und gefestigt werden kann, ist hingegen eine offene Frage. Sie stellt sich um so dringlicher, als die heutigen Bedingungen des Heranwachsens es vielen jungen Menschen erschweren, demokratische Grundhaltungen über persönliche Vorbilder zu erlernen. Fairneß und Zivilcourage, die freiwillige Übernahme allgemeinverbindlicher Pflichten und der Einsatz für andere müssen in jungen Jahren geübt und bestärkt werden.
Wohl ist die Bereitschaft unter Jugendlichen, sich freiwillig für eine gute Sache zu engagieren und an der Schwelle zum Erwachsenen einen Dienst für die Allgemeinheit zu leisten, durchaus vorhanden. Sie spiegelt sich auch in der Akzeptanz von Wehrdienst und Zivildienst wider. Doch wird diese grundsätzliche Bereitschaft in Schulen, Jugendzentren, Vereinen und Parteien von den Älteren nur unzulänglich angesprochen. Und noch unzulänglicher ist das gesellschaftliche Angebot an Dienstplätzen, Lernorten und Tätigkeitsfeldern, wo junge Menschen sich freiwillig einbringen können, um Verantwortung zu übernehmen und wichtige Lebenserfahrungen zu sammeln. Viele junge Leute suchen vergeblich nach einer solchen Dienstmöglichkeit in Deutschland oder in den europäischen Nachbarländern. Und viele junge Leute wissen nicht einmal, daß es solche Möglichkeiten gibt.
Es gehört zu den Merkwürdigkeiten unserer Zeit, daß dieser Mangel keinen Skandal hervorruft. Freie Träger beklagen zu geringe Zuschüsse der öffentlichen Hand, statt in ihren Freiwilligen eine starke ideelle und werbende Kraft zu sehen. Soziale Einrichtungen begnügten sich lange Zeit mit dem für sie bequemen Angebot an Zivildienstpflichtigen; jetzt drohen Kürzungen. Hingegen haben Schulen, Museen, Krankenhäuser, Forstverwaltungen, Gemeinden, Vereine und Bürgerinitiativen sich kaum Gedanken darüber gemacht, welche Bereicherung für sie der Einsatz junger Freiwilliger bedeuten könnte und welchen Beitrag sie damit zur Stärkung des Gemeinwesens und zur europäischen Idee leisten würden. Auch die Finanzierung solcher Freiwilligendienste ist kein wirkliches Problem: die Beiträge der öffentlichen Hände werden durch die Freigebigkeit der Bürger ergänzt. Freilich hat auch der Bundesgesetzgeber trotz wiederholter Ankündigungen es bisher versäumt, ein Freiwilligengesetz zu erlassen, das die Grundlagen und die Zertifizierung eines solchen allgemeinen Dienstes in »europafähiger« Weise regelte.
Hier setzt das Manifest »Jugend erneuert Gemeinschaft« an, das eine unabhängige, parteiübergreifende Kommission unter maßgebender Mitwirkung junger Bundestagsabgeordneter im Oktober 1998 veröffentlichte. Sein Kernsatz lautet: »Alle Jugendlichen müssen die Möglichkeit haben, sich für ein Jahr als Freiwillige zu enga-

gieren.« Zur Verwirklichung dieser Forderung wird ein schlüssiges Konzept entwickelt, das nicht mehr von der begrenzten und überregulierten Anbieterkapazität freier Träger ausgeht, sondern die Nachfragemacht junger dienstbereiter Menschen entscheidend stärkt. Ein solches Konzept ist nach Auffassung der Kommission auch eine verfassungsgemäße und zukunftsweisende Lösung für den Fall einer Einschränkung oder Aufhebung des Zivildienstes in Deutschland.

Der vorliegende, von Bernd Guggenberger herausgegebene Band gibt einen Überblick über das Petitum des Manifests und seine bisherige Wirkung in der deutschen Öffentlichkeit. Er enthält die Materialien, die in seinem Kontext erarbeitet wurden. Die Robert Bosch Stiftung, auf deren Initiative die Kommission und das Manifest »Jugend erneuert Gemeinschaft« zurückgehen, hat damit eine Grundfrage demokratischer Bildung aufgenommen, die den Unternehmer, Bürger und Stifter Robert Bosch (1861 – 1942) schon Anfang der 20er Jahre intensiv beschäftigt hatte. Sie dankt allen, die sich auf dieses Thema eingelassen haben und Zeit und Kraft darauf verwendeten, die Idee mit Leben zu erfüllen. Die Robert Bosch Stiftung ist insbesondere Altbundespräsident Roman Herzog in Dankbarkeit verbunden, der sich mit Nachdruck hinter das Manifest gestellt und für eine Verbreitung seiner Ideen gesorgt hat. Sie dankt Bundespräsident Johannes Rau, daß auch er der Stärkung von Ehrenamt und Freiwilligendiensten in unserer Gesellschaft hohe Priorität gibt. Die aus Anlaß der 50. Wiederkehr der Wahl des ersten Bundespräsidenten am 12. September 1949 von Bundespräsident Johannes Rau und den drei ehemaligen Bundespräsidenten Roman Herzog, Richard von Weizsäcker und Walter Scheel herausgegebene Gemeinsame Erklärung formuliert: »Jugendliche sollen erleben, daß sie gebraucht werden und etwas leisten können, im Beruf, in der Gesellschaft, in der Demokratie. Jeder Jugendliche sollte die Möglichkeit haben, sich in Diensten für die Gemeinschaft, durch Patenschaften oder andere Formen freiwillig zu engagieren.«

Unser ausdrücklicher Dank gilt Bernd Guggenberger, der auch in der Kommission mitgewirkt hat, Harald Müller, sowie den in diesem Band vertretenen Autoren, von denen einige selbst Kommissionsmitglieder sind oder vor der Kommission vorgetragen haben.

Möge dieser Band dazu beitragen, daß endlich alle Jugendlichen die Möglichkeit haben, sich für ein Jahr als Freiwillige in Deutschland und Europa zu engagieren.

Stuttgart, im Januar 2000　　　　　　　　　　　　　　　　　　　　*Dr. Ulrich Bopp*

Abkürzungsverzeichnis

a.A.	andere Ansicht
a.a.O.	am angegebenen Ort
Abs.	Absatz
a.F.	alte Fassung
AG	Arbeitsgruppe
AGDF	Aktionsgemeinschaft Dienst für den Frieden
Anm.	Anmerkung
Art.	Artikel
ASF	Aktion Sühnezeichen/Friedensdienste
Aufl.	Auflage
AWO	Arbeiterwohlfahrt
BaföG	Unterstützung nach dem Bundesausbildungsförderungsgesetz
Bd.	Band
BDKJ	Bund Deutscher Katholischer Jugend
BDM	Bund Deutscher Mädel
BGBl.	Bundesgesetzblatt
BMFSFJ	Bundesministerium für Familie, Senioren, Frauen und Jugend
BMJFG	Bundesministerium für Jugend, Familie und Gesundheit
BSFSJ	Bundesministerium für Familie, Senioren, Frauen und Jugend
BT-Drs.	Bundestagsdrucksache
BVerfG	Bundesverfassungsgericht
BVerwG	Bundesverwaltungsgericht
DFJW	Deutsch-Französisches Jugendwerk
DJ	Deutsches Jungvolk
DPJW	Deutsch-Polnisches Jugendwerk
DRK	Deutsches Rotes Kreuz
Drs.	Drucksache
DW	Diakonisches Werk der Evangelischen Kirche in Deutschland
ebd.	ebenda
et.al.	und andere
EFD	Europäischer Freiwilligendienst
EKD	Evangelische Kirche in Deutschland
EU	Europäische Union
FAD	Freiwilliger Arbeitsdienst
ff.	Fortfolgende
FÖJ	Freiwilliges Ökologisches Jahr
FÖJG	Gesetz zur Förderung eines Freiwilligen Ökologischen Jahres
FÖJler	Freiwillige im FÖJ
FSJ	Freiwilliges Sozialen Jahr
FSJG	Gesetz zur Förderung eines Freiwilligen Sozialen Jahres
FSJler	Freiwillige im Freiwilliges Sozialen Jahr
FS	Festschrift
GG	Grundgesetz
GVBl.	Gesetz- und Verordnungsblatt
Hg.	Herausgeber

HJ	Hitlerjugend
h.M.	herrschende Meinung
ICE	Initiative Christen für Europa
ICJA	Internationaler Christlicher Jugendaustausch
IJGD	Internationale Jugendgemeinschaftsdienste
ILO	Internationale Arbeitsorganisation/International Labour Organisation
ISB	Individuelle Schwerstbehindertenbetreuung
inkl.	Inklusive
KDV	Kriegsdienstverweigerung
KJHG	Kinder- und Jugendhilfegesetz
KJP	Kinder- und Jugendplan des Bundes
KOM	Kommission
LKV	Landes- und Kommunalverwaltung
lt.	laut
MSHD	Mobiler Sozialer Hilfsdienst
m.w.N.	mit weiteren Nachweisen
n.F.	neue Fassung
Nr.	Nummer
OVG	Oberverwaltungsgericht
Parl.	Parlament
RAD	Reichsarbeitsdienst
RdA	Recht der Arbeit
Rdnr.	Randnummer
resp.	respektive
RGBl.	Reichsgesetzblatt
Rspr.	Rechtsprechung
RstAnz.	Reichs- und Staatsanzeiger
S.	Seite
SAJ	Sozialistische Arbeiterjugend
SCI	Service Civil International
SJ	Schlesische Jungmannschaft
sog.	sogenannte
u.a.	unter anderem
Verf.	Verfassung
VG	Verwaltungsgericht
vgl.	vergleiche
WRV	Weimarer Reichsverfassung
z.B.	zum Beispiel
ZD	Zivildienst
ZDG	Zivildienstgesetz
ZDL	Zivildienstleistender
z.T.	zum Teil
14b-ler	Teilnehmer am anderen Dienst im Ausland nach § 14b Zivildienstgesetz

I. Die Initiative

Vorwort der Kommission

Die Klagen über Vereinzelung, Egoismus und Konsumfetischismus stehen häufig im Vordergrund jugendpolitischer Diskussionen. Die Kommission »Jugendgemeinschaftsdienste«, die auf Initiative der Robert Bosch Stiftung zusammengekommen ist, hat demgegenüber diese Wirklichkeit in das Blickfeld genommen: Jährlich möchten mehrere zehntausend Jugendliche einen freiwilligen, uneigennützigen Dienst für die Gemeinschaft leisten – und werden abgewiesen. Was bedeutet ein solches Jugendengagement und die Bereitschaft der Jugendlichen dazu für unsere Gesellschaft? Die Kommission sieht hierin ein ungeheures Chancenpotential für die Jugendlichen, die in einem Gemeinschaftsdienst menschliche Grunderfahrungen machen und soziale Fähigkeiten erwerben. Die Kommission sieht darüber hinaus im Ausbau von Jugendgemeinschaftsdiensten eine gesellschaftspolitische Weichenstellung. Dem liegt die Einschätzung zugrunde, daß Bürgerverantwortung ein Schlüsselbegriff ist, um mit den sozialen, kulturellen, psychologischen und ökonomischen Herausforderungen der modernen Dienstleistungs- und Informationsgesellschaft fertig zu werden.
Die Chancen, die in Jugendgemeinschaftsdiensten liegen, müssen deshalb genutzt werden. Es ist der Robert Bosch Stiftung zu verdanken, daß sich eine unabhängige und parteiübergreifende Kommission zusammenfand und nach einjähriger Arbeit einen Vorschlag in Gestalt eines Manifests vorlegen konnte. Der Kommission haben unter anderem Mitglieder der im Bundestag vertretenen demokratischen Parteien, darunter drei Bundestagsabgeordnete, angehört. In dieser Zusammensetzung drücken sich die Intention der Robert Bosch Stiftung wie auch das Selbstverständnis der Kommission aus, daß es sich bei dem unterbreiteten Vorschlag für die zukünftige Gestaltung von Jugendgemeinschaftsdiensten nicht nur um einen Diskussionsbeitrag handelt. Das Ziel ist, eine politische Veränderung zu bewirken.

Norbert Röttgen, MdB, Vorsitzender der Kommission

Matthias Berninger, Marianne Birthler, Warnfried Dettling, Bernd Guggenberger, Hakki Keskin, Doris Pack, Norbert Röttgen, Maja Schmidt, Hanna Beate Schöpp-Schilling, Ute Vogt

Jugend erneuert Gemeinschaft
Manifest für Freiwilligendienste in Deutschland und Europa

Eine Initiative der Robert Bosch Stiftung

Vorwort

Vor einem Jahr lud die Robert Bosch Stiftung junge Bundestagsabgeordnete sowie Politikerinnen und Politiker aus dem Europaparlament und den Parteien dazu ein, gemeinsam mit Experten im Rahmen einer unabhängigen Kommission über die Zukunft von Jugendgemeinschaftsdiensten zu beraten. Dem lag die Überzeugung zugrunde, daß ein breites Angebot von Jugendgemeinschaftsdiensten geeignet und erforderlich ist, um die Lebenschancen junger Menschen in Deutschland und den europäischen Nachbarländern zu verbessern und das demokratische Gemeinwesen zu stärken.

Die Frage der Jugendgemeinschaftsdienste hat in einigen unserer Nachbarländer nach der Abschaffung bzw. Aussetzung der allgemeinen Wehrpflicht zu einer Debatte um das Pro und Contra einer allgemeinen Dienstpflicht geführt. Die Kommissionsmitglieder haben diese Kontroverse ebenfalls geführt, ohne daß es darin zu einer gemeinsamen Position kam. Letztlich setzte sich jedoch bei den Kommissionsmitgliedern die Auffassung durch, ein klares Plädoyer für ein breites, gesellschaftlich getragenes Angebot von freiwilligen Dienstmöglichkeiten anstelle einer Dienstpflicht abzugeben.

Die Kommission unterbreitet deshalb nach einjähriger Arbeit ein gemeinsam getragenes Konzept für den Auf- und Ausbau von Freiwilligendiensten für junge Menschen in Deutschland und Europa: Aufbauend auf der Praxis bestehender nationaler und internationaler Freiwilligendienste (FSJ, FÖJ, Europäischer Freiwilligendienst sowie nichtstaatliche Angebote) zeigt es Grundlagen für einen zielstrebigen Ausbau dieser Dienste auf. Es sieht hierin weniger eine staatliche Aufgabe als vielmehr die große Chance, viel persönliches Engagement, schöpferische Initiative und die Phantasie aller gesellschaftlichen Gruppen für das Gemeinwohl auch im europäischen Rahmen freizusetzen.

Die tragenden Elemente des Konzepts sind eine große Auswahl attraktiver und qualifizierender Tätigkeitsfelder, eine Vielzahl und Vielfalt von qualifizierten privaten und öffentlichen Trägern sowie eine öffentliche Basisfinanzierung in Form einer

»Stiftung für Freiwilligendienste« auf Bundesebene und entsprechender Bemühungen auf Länderebene. Die Gesamtfinanzierung speist sich aus öffentlichen und privaten Quellen über Stiftungsfonds, die über »Gutscheine« die Grundausstattung der Freiwilligen sicherstellen; hinzutreten muß eine Kofinanzierung durch die Träger und Trägerorganisationen. Neben Zertifikaten sorgt ein differenziertes Bonussystem für vorteilhaften Einstieg in Ausbildung und Beruf.

Das hier vertretene Konzept allgemeiner Freiwilligendienste würdigt die gesellschaftliche Bedeutung des als Wehrersatzdienst begründeten Zivildienstes; als ein auf Freiwilligkeit begründeter Gemeinschaftsdienst tritt es mit ihm freilich nicht in Konkurrenz, versteht sich allerdings mittel- und langfristig als die zukunftsweisendere Option. Sollte es – ähnlich wie in einer Reihe unserer Nachbarländer – künftig zu einer Abschaffung oder Aussetzung der Wehrpflicht – und damit des an sie geknüpften Zivildienstes – kommen, könnten entsprechend quantitativ erweiterte und zugleich (qualitativ) attraktivere Freiwilligendienste den Bedarf an Zivil- und Gemeinschaftsdiensten auf anderer Grundlage auffangen. Voraussetzung dafür ist, daß die gegenwärtig aus den laufenden öffentlichen Haushalten in den Zivildienst fließenden Mittel – derzeit ca. 2,7 Mrd. DM für etwa 140.000 Plätze – dem Stiftungsfonds für die Grundausstattung der Freiwilligendienste zugute kommen.

Das Manifest ist von der Erwartung getragen, eine breite öffentliche Diskussion über ein bislang vernachlässigtes Thema einzuleiten, ein Thema, das nach Auffassung der Kommission von zentraler Bedeutung für die Zukunft unserer Gesellschaft und ihrer demokratischen Verfaßtheit ist. Es soll zugleich all jene Kräfte, Initiativen und Träger ermutigen, die sich bisher schon für junge Menschen engagiert haben, die einen unentgeltlichen Dienst für andere und für das Gemeinwesen leisten.

Zu dem Manifest wird ein Begleitband erscheinen, der wissenschaftliche Beiträge zu verschiedenen Aspekten von Freiwilligendiensten und Hintergrundinformationen enthält sowie die zu erwartende öffentliche Debatte zu Jugendgemeinschaftsdiensten bilanzieren wird.

Der **Kommission** gehören an:
- Matthias Berninger (MdB, Bündnis 90/ Die Grünen)
- Marianne Birthler (Ministerin a.D., Bündnis 90/ Die Grünen)
- Dr. Warnfried Dettling (Publizist, München)
- Prof. Dr. Bernd Guggenberger (Sozialwissenschaftler, FU Berlin; Publizist)
- Prof. Dr. Hakki Keskin (Politikwissenschaftler, Bundesvorsitzender der »Türkischen Gemeinde in Deutschland«, Hamburg)
- Doris Pack (MdEP, EVP/CDU)
- Norbert Röttgen (MdB, CDU, Vorsitzender der Kommission)
- Maja Schmidt (Bundesvorstand FDP)
- Dr. Hanna Beate Schöpp-Schilling (Geschäftsführerin, AFS Interkulturelle Begegnung e.V, Hamburg)
- Ute Vogt (MdB, SPD)

Die Geschäftsführung lag bei Harald Müller. Von der Robert Bosch Stiftung nahmen Dr. Ulrich Bopp, Günter Gerstberger und Andrea Haas teil.

Die Kommission wurde in ihrer Arbeit unterstützt durch folgende Fachleute, die zu speziellen Themen vortrugen:

- Professor Dr. Andreas Gestrich, Universität Trier (Geschichte der Jugendgemeinschaftsdienste)
- Ulrich Frey, AGDF Aktionsgemeinschaft Dienst für den Frieden e.V., Bonn (Kritische Analyse der geläufigen Angebote von gegenwärtigen Jugendgemeinschaftsdiensten)
- Angelika Münz, Amsterdam (Jugendgemeinschaftsdienste – der Blick auf die Nachbarländer)
- Professor Dr. Josef Freise, Katholische Fachhochschule, Köln (Welchen Stellenwert haben freiwillige Dienste für Jugendliche und für die Gesellschaft?)
- Professor Dr. Wilhelm Mader, Universität Bremen (Bildungspotentiale in europäischen Jugendgemeinschaftsdiensten)
- Professor Dr. Helmut K. Anheier, Johns Hopkins University, Baltimore (Dritter Sektor und Freiwilligendienste in Deutschland)
- Wolfgang Lenz, Evangelische Akademie in Deutschland, Bad Boll (Jugendgemeinschaftsdienste in Deutschland und Europa – Organisation und Trägerschaft)
- Gerhard Dalichau, Richter am Hessischen Landessozialgericht, Darmstadt (Sozial- und verwaltungsrechtliche Fragen im Zusammenhang mit der Einrichtung von Jugendgemeinschaftsdiensten)
- Professor Dr. Kay Hailbronner/ Dr. Christine Kreuzer, Universität Konstanz (Verfassungsrechtliche Fragen im Zusammenhang mit der Einrichtung von Jugendgemeinschaftsdiensten)
- Dr. Janina Scheelhaase, Prognos, Köln (Volkswirtschaftliche und gesellschaftliche Kosten-Nutzen-Analyse von erweiterten Jugendgemeinschaftsdiensten)

Freiwilligendienste: Eine Chance für alle

- Alle Jugendlichen müssen die Möglichkeit haben, sich für ein Jahr als Freiwillige zu engagieren: mit praktischer, sozialer, pädagogischer oder kultureller Tätigkeit, für die Umwelt oder in Friedensdiensten, für die Gemeinschaft und zugleich zum eigenen Nutzen.
- Der Dienst muß allen offen stehen, die in Deutschland aufgewachsen sind bzw. ihren festen Wohnsitz in Deutschland haben, unabhängig von ihrer Staatsbürgerschaft.
- Möglichkeiten für Freiwilligendienste sollten in Wohnortnähe, in anderen Bundesländern und im europäischen Ausland angeboten werden.
- Bei Projekten im In- und Ausland sollten Jugendliche aus verschiedenen Ländern zusammen tätig sein: Internationale Jugendgemeinschaftsdienste sind von je her ein solides Werkzeug der Völkerverständigung und des interkulturellen Lernens.
- Die Realität sieht leider anders aus: Tausende junger Menschen bewerben sich jedes Jahr vergeblich um einen Freiwilligendienst. Auf einen Platz beim Freiwil-

ligen Sozialen Jahr, beim Freiwilligen Ökologischen Jahr oder beim Europäischen Freiwilligendienst kommen bis zu zehn Interessenten. Daß viel Motivation für ein Engagement in Freiwilligendiensten vorhanden ist, zeigen diese Zahlen ebenso wie vorliegende Studien.
- Es muß ein schneller erster Schritt getan werden! Jugendliche, die bereit sind, sich unentgeltlich für andere Menschen oder für die Umwelt zu engagieren, dürfen nicht länger enttäuscht werden. Wenn freiwilliges Engagement, ein tragendes Element jeder Bürgergesellschaft, nicht abgerufen wird, nimmt die Gemeinschaft Schaden. Das Gemeinwesen kann es sich nicht länger leisten, den guten Willen tausender Jugendlicher zu ignorieren und ihre Bereitschaft zum Engagement brachliegen zu lassen. Die reiche Industrienation Deutschland muß kurzfristig in der Lage sein, hier ein bedeutendes Signal zu setzen, das auch international Beachtung findet.

Argumente

Stärkung der Zivilgesellschaft
Die Zukunft unserer Demokratie wird wesentlich davon abhängen, ob sich in Deutschland und Europa eine lebendige Zivilgesellschaft entwickelt, die das bürgerschaftliche Engagement von Einzelnen sowie von Vereinigungen, Organisationen und Unternehmen zur Entfaltung bringt. Das tragende Fundament der Zivilgesellschaft ist eine funktionierende Gemeinschaft, in der Rechte und Pflichten, Geben und Nehmen zwischen allen Teilen der Gesellschaft in einem ausgewogenen Verhältnis stehen.

Verhältnis der Generationen
Mit jeder Generation stellt sich die Frage nach dem Verhältnis der Generationen und ihrer gegenseitigen Verpflichtung neu. Die dramatische Verschiebung der Altersstruktur in unserer Gesellschaft wirft grundlegende Fragen zum Miteinander der Generationen auf. Auch das bisherige Drei-Generationen-Modell mit Kindheit und Jugend, Erwachsenendasein und Alter hat sich gewandelt: Die Phase der Jugend hat sich massiv ausgedehnt, die Phase des nichterwerbstätigen Alters fast verdoppelt. Die daraus resultierende Umverteilung von Lasten gefährdet ernsthaft die Solidarität zwischen Alten und Jungen. Der Zusammenhalt in der Gesellschaft kann ohne Überforderung der Jungen nur gesichert werden, wenn die wechselseitige Verantwortung als kollektives Gut angesehen wird. Wir brauchen einen neuen Generationenvertrag, der gezielte Investitionen in die Jugend und die Mobilisierung auch von »sozialem Kapital« vorsieht.

Erfahrungen – Experimente – Verantwortung
Die Verpflichtung zur Solidarität der Generationen schließt auch die Verantwortung der Älteren und Alten ein. Ihr Engagement bei der Begleitung junger Menschen und der Finanzierung von Projekten, die dem Gemeinwohl dienen, ist unverzichtbar.

Jugendliche wollen Erfahrungen sammeln, experimentieren, Verantwortung übernehmen, Befriedigung und Freude finden. Verantwortung und Individualität sind für sie ebensowenig Gegensätze wie der Wunsch nach Selbstverwirklichung und das Bedürfnis, etwas Sinnvolles für andere und für die Gemeinschaft zu tun. Sie identifizieren sich mit überschaubaren und befristeten Projekten und Initiativen, bei denen sie ihre Fähigkeiten einbringen können und Anerkennung finden. Immer weniger attraktiv sind für sie dagegen die Hierarchien von Großorganisationen und Verbänden, Routine und die Vereinnahmung durch Stereotypen »selbstlosen Engagements« oder Ideologien.

Teilhabe statt Desintegration
In der häufig beklagten Tendenz zur Individualisierung steckt auch ein großes Potential, das die Macht der traditionellen Autoritäten, Regeln und Vorgaben in Frage stellt. Die »Kinder der Freiheit« wollen und müssen lernen, ihr Leben selbst zu gestalten. Nicht die Übernahme, sondern die Aneignung von Werten und »Spielregeln« eröffnet Jugendlichen die Wege in die Gesellschaft. Solche Wege bieten sich heute nicht mehr selbstverständlich an. Dort, wo es sie gibt, ist das Angebot zahlenmäßig gering und inhaltlich wie organisatorisch den Anforderungen der kommenden Jahrzehnte bei weitem nicht gewachsen.

Bildung und Orientierung
Die Begegnung mit fremden Sprachen und Kulturen, die Erfahrung anderer Lebenswelten und Arbeitszusammenhänge, die Erfahrung des Gebrauchtwerdens bei der Übernahme von sozialen Verpflichtungen: All das sind Lernerfahrungen, die das Hineinwachsen in ein zivilgesellschaftlich begründetes Europa begünstigen. Mehr als je zuvor sind für die heutigen Jugendlichen Schlüsselqualifikationen wie interkulturelle Kompetenz, Sprachen und Erfahrungen mit modernen Computer- und Kommunikationstechnologien nötig und attraktiv. Sie sind Lernziel und Motivation zugleich – mit Blick auf die personale Kompetenz ebenso wie hinsichtlich der späteren Berufschancen. Schule, Universität und Berufsausbildung können diese Lernerfahrungen, die Jugendliche in der Gesellschaft von morgen brauchen, nur unvollständig vermitteln. Sie bedürfen der Ergänzung durch Angebote außerhalb staatlich organisierter Lehrveranstaltungen. Die Schul- und Berufsausbildung muß durch Phasen freigewählten Lernens und Erfahrens ergänzt und erweitert werden.

Zusammenwachsen in Deutschland ...
Die deutsche Gesellschaft hat einen dauerhaft festen Anteil an eingewanderter Bevölkerung. Die Aufgabe der Integration dieser Menschen ist weitgehend ungelöst. Wirksame Angebote für Jugendliche nichtdeutscher Herkunft fehlen immer noch. Die zunehmenden Gewaltakte gegen Fremde sowie wachsende Gewaltbereitschaft von Jugendlichen unterschiedlicher Herkunft verschärfen dieses nicht gelöste Problem. Aber auch die nach wie vor spürbaren Brüche zwischen Ost- und Westdeutschland, die verschiedenen sozialen und kulturellen Milieus oder Jugend-Subkulturen verlangen Orte interkulturellen Lernens und Phasen der Begegnung und

gemeinsamer Tätigkeit. Nur so kann erlebt werden, daß Verschiedenheit und Vielfalt nicht bedrohlich sind, sondern eine Gesellschaft bereichern; nur so können Differenzen geklärt und Gemeinsamkeiten erkannt werden.

... und Europa
Auf dem Weg nach Europa muß jedes politische Handeln die europäische Dimension einbeziehen. Die Frage, ob Europa in zwanzig Jahren ein bürokratisches Monstrum sein wird oder ein ziviles, demokratisches und plurales Gemeinwesen, hängt davon ab, ob die Generation der heute Zwanzigjährigen zu einer Generation europäischer Bürgerinnen und Bürger wird, die Demokratie, Arbeitsmarkt und Ökologie nicht mehr im nationalstaatlichen, sondern im europäischen Rahmen denken. Ein demokratisches Europa wächst nicht allein in Parlamenten, Regierungsbehörden und Verwaltungen, sondern als plurale Zivilgesellschaft, durch bürgergetragene Organisationen, dort, wo sich Menschen begegnen und miteinander tätig sind. Es ist eine besondere Chance für das Gelingen dieses Prozesses, wenn auch die junge Generation Europas ihn gestalten kann, wenn Jugendliche voneinander lernen, die eigene Nationalität in Bezug zu anderen zu setzen, die Toleranz unter den Kulturen auszuweiten. Wer Freunde und Freundinnen in verschiedenen Ländern hat, ist gefeit gegen dumpfen Nationalismus.

Pflicht und Verpflichtung
Beziehungen innerhalb einer Gesellschaft und insbesondere zwischen den Generationen leben von frei eingegangenen wechselseitigen Verpflichtungen. Echter Gemeinsinn erwächst erst aus der freiwilligen Verpflichtung aller Bürgerinnen und Bürger gegenüber dem Gemeinwesen und in der freiwilligen Identifikation mit ihm. Wenn Menschen in diesem Sinne ihre »Pflicht und Schuldigkeit« tun, so handeln sie nicht nur nach Recht und Gesetz, sondern vielmehr ihren Wertvorstellungen und Überzeugungen gemäß; damit entsprechen sie den berechtigten Erwartungen ihrer Mitmenschen. Der Mensch wird weder als soziales Wesen geboren, noch werden gemeinschaftsfördernde Werte automatisch von einer auf die nächste Generation übertragen. Soziale Kompetenz und Gemeinsinn werden immer wieder neu gelernt. Da Familie, Schule und Nachbarschaft heute jungen Menschen oft nicht mehr Lebensformen, Freiräume und Aufgaben bieten, in denen diese sozialen Fähigkeiten und Haltungen geübt und gelernt werden können, müssen neue gesellschaftliche »Lernorte« geschaffen werden.

Freiwilligendienste: Ein Konzept

Alle jungen Menschen, Männer und Frauen, im Alter von 18 bis 27 Jahren erhalten die Möglichkeit, für die Dauer von einem Jahr einen Freiwilligendienst in einem Bereich ihrer Wahl zu leisten. Ihre unterschiedlichen sozialen, kulturellen oder geschlechtsbedingten Ausgangslagen werden in der inhaltlichen und organisatorischen Ausgestaltung der Dienste kreativ genutzt. Besonderes Augenmerk gilt Angeboten für benachteiligte und vielfach von Ausgrenzung betroffene Jugendliche.

Tätigkeitsfelder
Die Auswahl der Einsatzfelder bei freien Trägern, öffentlichen und kommunalen Einrichtungen ist groß. Tätigkeitsfelder wie Umwelt, Soziales, Bildung, Sport und Kultur bieten vielfältige, bisher noch unentdeckte Möglichkeiten für wertvolle Freiwilligendienste Jugendlicher. Die zunehmende Privatisierung von ehemals öffentlichen Aufgaben und Dienstleistungen hin zu gemeinwesenbezogenen Unternehmen läßt zudem neue Kooperationen zu.
Neue Tätigkeitsprofile (zum Beispiel Koordination für schulische Unterstützung, Umweltranger, Vorbeugung in gefährdeten U-Bahnstationen, Museums- oder Bibliotheks-Navigation, Tutorenprogramme für Kinder und Jugendliche aus anderen Kulturkreisen etc.) können entstehen und von den Jugendlichen erprobt werden. Die Weiterentwicklung von Freiwilligendiensten kann Anstöße geben sowohl für die Entwicklung neuer Berufsfelder wie auch für ein neues Verständnis von sinnvoller Tätigkeit jenseits der Erwerbsarbeit.
Neu entstehende Projekte Freiwilliger lassen sich mit bestehenden Programmen zum Beispiel der EU, der Arbeitsverwaltung und der Jugendhilfe verbinden. Die Zugangsmöglichkeiten zu den Freiwilligendiensten müssen nach den Interessen und Fähigkeiten der Freiwilligen differenziert werden.
Im europäischen Ausland, das hier identisch mit den Staaten des Europarates gesehen wird, werden Einsätze zum Beispiel über bestehende Schul- und Städtepartnerschaften, in der Friedens- und Versöhnungsarbeit, im Umweltschutz oder zum Erhalt des europäischen Kulturerbes möglich sein. Zudem sind Einsätze im außereuropäischen Raum denkbar, allerdings in begrenztem Umfang und unter bescheideneren Konditionen. Um den internationalen Charakter der Freiwilligendienste zu fördern, sollten, wo immer möglich, auch Inlandseinsätze in international zusammengesetzten Gruppen angeboten werden.

Trägerschaft
So verschieden die Einsatzfelder sind, so vielfältig sollten auch die Trägerschaften sein. Besser als neue und gesonderte Institutionen zu schaffen ist es, sich an vorhandene Rechts- und Finanzierungssysteme anzuschliessen, wo umfangreiche Erfahrungen und Kompetenzen genutzt werden können. Eine Großorganisation zur Durchführung von Freiwilligendiensten ist nicht sinnvoll. Vielmehr soll neben den bereits bestehenden Diensten das Schwergewicht auf lokalen Strukturen wie zum Beispiel Schulen, kommunalen Diensten, gemeinwesenbezogenen Wirtschaftsunternehmen, Migrantenorganisationen, freien Trägern und Vereinen liegen. Eine besondere Chance liegt in der Möglichkeit, daß Jugendliche von sich aus Tätigkeitsfelder entdecken und – gemeinsam mit anderen – ihre eigenen Dienste schaffen. Ältere, erfahrene Mentorinnen und Mentoren sind insbesondere aus jenen Gruppen zu gewinnen, die einen Freiwilligendienst oder andere Dienste absolviert haben.
Schließlich wird es, freilich in geringerer Anzahl, international arbeitende und supranationale Organisationen sowie transnationale Netzwerke als Träger geben. Von ihnen werden vor allem die europäischen Einsatzfelder organisiert.

Die Zugangsschwelle für Träger und Jugendliche soll niedrig sein und soll – ähnlich dem Europäischen Freiwilligendienst EFD – nach inhaltlichen und formalen Kriterien geregelt werden. Bei aller erwünschten Vielfalt von Angeboten und Trägern darf die Qualität der Einsatzangebote nicht gänzlich dem Selbstlauf überlassen bleiben. Deshalb sind nach einer Anlaufphase durch Zertifizierung von Trägern und Tätigkeitsfeldern Qualität und Kontrolle zu sichern. Die Zulassung als Träger und die Zertifizierung von erreichbaren Qualifikationen im Dienst kann von privaten, eventuell beliehenen Organisationen durchgeführt werden, die nach gemeinsamen Kriterien arbeiten.

Grundausstattung per Gutschein
Bei Freiwilligendiensten handelt es sich grundsätzlich um unbezahlte Tätigkeiten. Teilnehmende Jugendliche erhalten jedoch für die Zeit des Dienstes eine Grundausstattung, die sie sozial absichert.
Diese ist nach Auffassung der Kommission als monatlicher Festbetrag i.H.v. 950 DM zu gestalten, der die durchschnittlichen Kosten für Unterkunft, Verpflegung und Arbeitskleidung (300 DM), Beiträge zur gesetzlichen Renten-, Unfall-, Kranken-, Pflege- und Arbeitslosenversicherung (270 DM), ein Taschengeld (330 DM) sowie Fahrtkostenerstattung (50 DM) deckt. Starke Abweichungen von diesem Durchschnittsaufwand, insbesondere bei Auslandseinsätzen, sollten gesondert berücksichtigt werden.
Diese Grundausstattung erfolgt in Form von Gutscheinen, die vom Jugendlichen oder vom Träger abgerufen und nach Vertragsabschluß zwischen Freiwilligem und Träger eingelöst werden. Vorteile dieses Systems liegen zum einen in einer Verringerung des bürokratischen Aufwands und zum anderen in der finanziellen Gleichstellung der Freiwilligen. Vor allem aber bietet diese Art der Finanzierung einen Anreiz für Jugendliche, selber initiativ zu werden, um neue Einsatzmöglichkeiten zu entdecken und selbst zu organisieren.
Freiwilligendienste erhalten ihren Wert nicht nur durch die geleistete Arbeit, sondern ebenso durch die Vorteile, die ein Einsatz für die Jugendlichen bietet. An erster Stelle steht hier der Zuwachs an Erfahrungen und die Lernmöglichkeit.

Zertifikat und Bonus
Freiwilligendienste sind auch Orientierungs- und Qualifikationsschritte. Durch praktische, soziale, pädagogische oder kulturelle Tätigkeit, beim Umgang mit neuen Medien, beim Einsatz für die Umwelt oder in Friedensdiensten erwerben Jugendliche auf vielfache Weise Kompetenz. Sie erhalten nach dem Freiwilligendienst ein Zertifikat, das ihre Erfahrungen und Kompetenzen ausweist und mit dem sie, beispielsweise bei der Arbeitsplatzsuche, den Erwerb von Qualifikationen während ihres Einsatzes nachweisen können.
Darüber hinaus ist ein differenziertes Bonussystem zu entwickeln, das die Motivation Jugendlicher erhöht, weil es den immer schwierigeren Einstieg in den Ausbildungs- oder Berufsweg der jungen Erwachsenen erleichtert. Beispiele für ein solches Bonussystem sind Punkte für den Numerus clausus oder für das European

Credit Transfer System ECTS, Anrechnungszeiten für Pflichtpraktika oder ein späteres Sabbatjahr im Berufsleben.

Begleitung
Mentorinnen und Mentoren werden die Jugendlichen im Freiwilligendienst begleiten, sie praktisch beraten und in belastenden oder konflikthaften Situationen ansprechbar sein. Eine weitere Aufgabe dieser Begleitung ist – insbesondere bei Auslandseinsätzen und in international zusammengesetzten Gruppen – die sorgsame Auswahl der Teilnehmenden und die Vor- und Nachbereitung des Einsatzes.

Finanzierung
Trägern und allen Freiwilligen steht mit der Grundausstattung für ein Jahr ein fester Finanzierungsbetrag von maximal 11.400 DM zur Verfügung.
Durch die Grundausstattung nicht abgedeckt sind die Verwaltungskosten der Träger, pädagogische Begleitung, Bildungsmaßnahmen und die direkten Einsatzkosten. Die Grundausstattung will nur Teilfinanzierung des Freiwilligendienstes sein, zum Beispiel als Kofinanzierung zum Europäischen Freiwilligendienst der EU, der seinerseits 50% der Gesamtkosten für den Freiwilligeneinsatz aus EU-Mitteln beisteuert. Für solche Mischfinanzierungen, je nach Einsatzplatz und Träger verschieden, muß die Anschlußfähigkeit an andere Finanzierungssysteme (zum Beispiel aus den Arbeitsverwaltungen, der Sozialhilfe, der EU, aus Stiftungen oder durch steuerliche Relevanz für Unternehmen) gewahrt sein. Im übrigen ist damit zu rechnen, daß sich der Wettbewerb in Angebot und Nachfrage kostensenkend auswirkt.

Stiftung für Freiwilligendienste
Motor des Aufbaus soll auf Bundesebene eine »Stiftung für Freiwilligendienste« sein, die die Idee in der Öffentlichkeit und auf europäischer Ebene vertritt, die notwendigen übergreifenden Aufgaben der Finanzierung und Koordination erfüllt und administrative Funktionen hat. Sie soll als unabhängige, unbürokratische und bürgerschaftlich mitkontrollierte Instanz unter anderem die laufende Finanzierung der Grundausstattung der Freiwilligen und der Trägerentwicklungskosten sicherstellen, das Gutscheinsystem steuern, die Standards der Zertifizierung sichern und einen Kapitalstock ansammeln, der langfristig eine wichtige Quelle zur Finanzierung von Freiwilligendiensten sein kann. In den Stiftungsfonds sollen öffentliche und private Finanzmittel fließen. Es ist notwendig, daß auch auf Länderebene entsprechende Anstrengungen unternommen werden.

Pilotphase
Die Kommission schlägt als ersten Schritt vor, während einer zweijährigen Pilotphase einen »Förderfonds Freiwilligendienste« aufzubauen, der es ermöglicht, die gegenwärtig bestehenden Kapazitäten durch etwa 10.000 zusätzliche Freiwilligenplätze zu verdoppeln, um so die aktuelle Nachfrage von Jugendlichen nach Einsatzplätzen zu decken. In dieser Phase werden neue Projekte in ausgewählten Bereichen

entwickelt und erprobt. Für die Grundausstattung der zusätzlichen 10.000 jungen Freiwilligen beträgt der Bedarf jährlich ca. 114 Mio. DM.

Aufbauphase
Bis zum Jahr 2005 soll ein stufenweiser, nachfrageorientierter Ausbau auf 100.000 Freiwilligenplätze erfolgen. Damit ergeben sich für die Grundausstattung jährliche Kosten in Höhe von ca. 1,14 Mrd. DM. Diesen Kosten steht ein erheblicher volkswirtschaftlicher und gesellschaftlicher Nutzen durch Engagement und Tätigkeit der jugendlichen Freiwilligen gegenüber, der nach Berechnungen von PROGNOS insgesamt zu einem positiven Nettonutzen für die Gesellschaft führt.

Rechtlicher Rahmen
Spätestens nach der Pilotphase ist für den weiteren Ausbau der Freiwilligendienste auf mehrere zehntausend Plätze ein Bundesrahmengesetz erforderlich, das den Status der Freiwilligen, Sozialversicherungs- und Steuerfragen sowie arbeits- und aufenthaltsrechtliche Aspekte regelt und Kompetenz- und Aufgabenverteilung sowie die Finanzierung festlegt.
Dies ist einerseits nötig, weil viele Bereiche gemeinnütziger Tätigkeit in Freiwilligendiensten auf administrativer und verwaltungsrechtlicher Ebene schwach oder nicht geregelt sind; insbesondere Auslandseinsätze und sehr unterschiedliche Bonussysteme führen hier zu Problemen. Auf der anderen Seite ergeben sich Schwierigkeiten und Behinderungen durch Überregulierung, zum Beispiel wenn Freiwillige von öffentlichen Verwaltungen als Quasi-Arbeitnehmer geführt werden. Dringend bedürfen auch die Fragen einer Klärung, die sich mit der Besteuerung von Leistungen an Freiwillige (Taschengeld, Sachleistungen für Unterkunft und Verpflegung), mit staatlichen Sozialversicherungs- und Mindestlohnsystemen oder wegfallenden Leistungen nach dem Kindergeldgesetz ergeben.
Die Regelungsdichte des neuen gesetzlichen Rahmens soll so niedrig wie möglich gehalten werden und auf bestehende Regelwerke, insbesondere der EU-Ebene, abgestimmt sein. Ferner ist vom Gesetzgeber von vornherein die beabsichtigte nachfragegesteuerte Ausweitung aller Dienste zu berücksichtigen.
Die Notwendigkeit einer gesetzlichen Regelung für Freiwilligendienste wird von allen Parteien gesehen, es fehlte jedoch bislang der notwendige politische Gestaltungswille. Nachdem die EU mit ihrer Gesetzgebung zum Europäischen Freiwilligendienst Maßstäbe gesetzt hat, ist es an der Zeit, daß der Bundestag ein solches Gesetz endlich und mit Unterstützung aller Parteien auf den Weg bringt.

Appell

- Die Verantwortung für die junge Generation und die Zukunftsfähigkeit unserer Gesellschaft erfordert von uns allen, tätig zu werden. Gemäß ihrem Auftrag, ihrem gesellschaftlichen Gewicht und ihrer bürgerschaftlichen Verantwortung

sollen alle ihre jeweiligen Möglichkeiten nutzen, die Idee und den Aufbau von Freiwilligendiensten zu fördern.
- Es ist von entscheidender Bedeutung, daß in der Öffentlichkeit, auf allen gesellschaftlichen Ebenen, in Bildungseinrichtungen und Unternehmen ein Bewußtsein dafür entsteht, daß Freiwilligendienste im Interesse des Gemeinwohls liegen und daß die Teilnahme an einem Gemeinschaftsdienst in jeder Biographie einen Pluspunkt darstellt.
- Die Kommission richtet ihren Appell an die Großzügigkeit und Weitsicht der Bürgerinnen und Bürger unseres Landes. Wenn sie nur einen kleinen Bruchteil des Vermögens, das in diesem Jahrzehnt an die nächste Generation vererbt wird, dem Stiftungskapital für Freiwilligendienste zur Verfügung stellten, könnten dort Milliarden zum Wohle vieler Jugendlicher und der Allgemeinheit Zinsen unmittelbarer menschlicher Qualität erzielen.
- Der Appell richtet sich an Verbände, freie Initiativen, Kommunen und Schulen. Sie sind aufgerufen, ihrer gesellschaftlichen Verantwortung nachzukommen, indem sie die freiwillige Dienstbereitschaft vieler junger Menschen aufnehmen, geeignete Einsatzplätze schaffen und so der jungen Generation das Einüben in Gemeinschaft und gesellschaftliche Teilhabe ermöglichen.
- Der Appell richtet sich an die Unternehmen der Wirtschaft, die als »corporate citizens« auch dazu beitragen sollten, die sozialen Fundamente unserer Gesellschaft zu stärken. Beiträge für den Aufbau von Projekten der Freiwilligendienste und »social sponsoring« sind Investitionen in die Zukunft und in die Entwicklung der Zivilgesellschaft. Unternehmen sind auch Nutznießer der Fähigkeiten, die von Jugendlichen in Freiwilligendiensten erworben werden.
- Der Appell richtet sich an die Verantwortlichen in Politik und Verwaltung. Der Bundestag muß durch ein Bundesrahmengesetz mit europäischer Einbindung für alle Freiwilligendienste Rechtsklarheit und Rechtssicherheit schaffen. Zur Bildung des Stammkapitals der »Stiftung für Freiwilligendienste« kann Bundesvermögen aus Privatisierungen eingesetzt werden. Öffentliche Haushalte der Länder und Kommunen sollten Mittel für die laufenden Kosten des Aufbaus der Freiwilligendienste als eine Zukunftsinvestition, die diesen Namen verdient, bereitstellen und zugleich Schwerpunkte und Akzente für das Profil von Freiwilligendiensten setzen. Unter Ländern und Kommunen sollte sich rasch ein lebhafter ideeller Wettbewerb um die jungen Freiwilligen entfalten.

Günter Gerstberger

Das Manifest und seine Folgen: Kommunikationsschritte und Förderinitiativen der Robert Bosch Stiftung

1. *Die Rolle der Robert Bosch Stiftung*

Der Grund, der die Robert Bosch Stiftung 1996 bewog, eine mit jüngeren Politikern und Experten besetzte Kommission zum Thema »Jugendgemeinschaftsdienste in Deutschland und Europa« einzuberufen, war ein zweifacher: Zum einen wollte sie ihrem bürgerschaftlichen Auftrag gemäß eine breite öffentliche Diskussion um ein Thema entfachen, das sie – gemessen an seiner Bedeutung für die Zukunft freiheitlich-demokratisch verfaßter Gesellschaften in Europa – für allzu vernachlässigt hielt; zum anderen verfolgte sie damit die Absicht, sich für ihre gemeinnützige Fördertätigkeit ein neues Wirkungsfeld zu eröffnen, auf dem sie richtungsweisende Wege beispielhaft beschreiten konnte.

Damit war von vornherein klar, daß das Geschäft der Robert Bosch Stiftung mit der Beendigung der einjährigen Kommissionstätigkeit und der Vorstellung des Manifests nicht abgeschlossen sein, sondern, im Gegenteil, erst in seine eigentliche und schwierige Phase eintreten würde. Die Bewußtseinsarbeit, die in der Öffentlichkeit, insbesondere in der Politik, der Verwaltung und unter den Verbänden im Blick auf eine Veränderung des geistigen Klimas zu leisten war, tat sich nicht von alleine, sie mußte vielmehr zielgerichtet gesucht, entfacht und begleitet werden. Dieser Mentorenrolle in Sachen Öffentlichkeitsarbeit gesellte sich zwangsläufig, wie rasch deutlich wurde, die Rolle eines Katalysators und Promotors in der Umsetzung und Erprobung des im Manifest beschriebenen neuen Konzepts von Jugendfreiwilligendiensten hinzu. Neben der Unterstützung ausgewählter Freiwilligeninitiativen aus Stiftungsmitteln – mit notwendig beschränkter Reichweite – liegt die größere und schwierigere Aufgabe darin, andere, Stifter, Förderer und Sponsoren, öffentliche und private Hände dafür zu gewinnen, den im Manifest geforderten quantitativen wie qualitativen Auf- und Ausbau von Freiwilligendiensten in die Tat umzusetzen.

So entwarf die Stiftung im Zusammenwirken mit Mitgliedern der Kommission und anderen in ihrem Umkreis tätig gewordenen Mitstreitern eine Kommunikationsstrategie, in die die zur Rezeption der Idee und zur Realisierung des Konzepts wichtigen Institutionen und Persönlichkeiten einzubeziehen waren. Im folgenden werden die wichtigsten der bis heute unternommenen Schritte kurz beschrieben und bewertet. Ein besonderes Augenmerk gilt dabei dem kritisch-konstruktiven Dialog mit den Freiwilligendienste anbietenden Trägerorganisationen, großen Wohlfahrtsverbänden und unabhängigen kleineren Initiativen; ihm kommt in der Umsetzung eine Schlüsselrolle zu. Eine Darstellung des von der Stiftung zeitgleich mit der Präsentation des Manifests ausgeschriebenen »Programms zur Förderung von Freiwilligendiensten zwischen Deutschland und Mittel- und Osteuropa« beschließt diese Bilanz, die zum gegenwärtigen Zeitpunkt nur eine vorläufige sein kann.

2. Veröffentlichung des Manifests

Das »Manifest für Freiwilligendienste in Deutschland und Europa« wurde am 8. Oktober 1998, zwei Wochen nach der Bundestagswahl, aus der eine neue Regierungsmehrheit hervorgegangen war, im Bonner Wissenschaftszentrum der Presse und anschließend der Fachöffentlichkeit vorgestellt. Annähernd 50 der etwa 200 angeschriebenen (auf Bundesebene relevanten) Gruppen, Verbände, Organisationen sowie Behörden waren vertreten. Das Manifest wurde mit großer Aufmerksamkeit und grundsätzlicher Zustimmung aufgenommen, die Diskussion war geprägt von Sachkenntnis und konstruktiver Kritik. Die Kritik richtete sich, wie zu erwarten, auf den das gesamte Konzept tragenden »Paradigmenwechsel« mit seiner Betonung der Nachfragemacht und Gestaltungsfreiheit durch den Freiwilligen selbst gegenüber den wesentlich durch den anbietenden Träger gestalteten, gesetzlich geregelten Freiwilligendiensten Freiwilliges Soziales Jahr (FSJ) und Freiwilliges Ökologisches Jahr (FÖJ) mit ihren festgeschriebenen sozialen und pädagogischen Standards. Befürchtungen wurden geäußert, mit der vom Manifest nahegelegten »Entprofessionalisierung« von Vorbereitung und pädagogischer Begleitung und ihrer – auch kostengünstigeren – »Ersetzung« durch ehrenamtlich tätige Mentoren, Senioren oder andere, sei zwangsläufig auch eine Qualitätsminderung verbunden, die Jugendliche mit dieser höheren Eigenverantwortung möglicherweise überforderte. Dergleichen kritische Überlegungen wurden in den zahlreichen Zuschriften ausführlicher begründet dargestellt, sie konnten in der Folge im Dialog mit den Trägern erörtert werden.
Die gute Resonanz auf die Präsentation in der Fachöffentlichkeit belegen auch die zahlreichen An- und Nachfragen nach dem Manifest. Bis heute wurden über 12.000 Exemplare der Broschüre in englischer und deutscher Sprache an mehr als 800 Adressaten verschickt bzw. in Umlauf gebracht. Auch das Echo in den Druckmedien darf – in Anbetracht des Zeitpunkts mit seiner eigenen politischen Aktualität – als zufriedenstellend bezeichnet werden. Die großen und überregionalen Tageszeitungen, sowie eine große Wochenzeitung griffen das Manifest auf und dokumentierten es in unterschiedlicher Akzentuierung, Verbände und Fachorganisationen, zum Teil mit Verzögerung, dafür in um so größerer Breite, brachten und bringen Meldungen und Hinweise in ihren Fachorganen. Die Möglichkeit, das Manifest im Internet abzurufen, wird rege genutzt.

3. Resonanz in der Politik

Vorrangiges Ziel der Kommunikationsstrategie ist es, die Verantwortlichen in Politik und Verwaltung für das Anliegen des Manifests zu gewinnen, um auch möglichst früh die Rahmenbedingungen für seine schrittweise Realisierung zu schaffen. So wurden im Anschluß an die Bonner Präsentation insbesondere die neue Bundesregierung, die Fraktionsspitzen der Bundestagsparteien sowie die Ministerpräsidenten der Länder (in Baden-Württemberg auch die Minister und Staatssekretäre) angeschrieben. Darüber hinaus wurde das Manifest verschiedenen hochrangigen Kommissionen und Gremien zur Kenntnis gebracht, bei denen auf Grund ihrer Zielstellung ein genuines Interesse zu erwarten war, so der Kommission »Zukunft der Bundeswehr«, in Baden-Württemberg der Zukunftskommission »Gesellschaft 2000« und der Enquête-Kommission »Jugend – Arbeit – Zukunft« des Landtags. Ziel war und ist es, das Anliegen des Manifests zu einem Identifikationsthema und im Rahmen eines »Bündnisses für Jugend und Gemeinschaft« zur Aufgabe aller gesellschaftlichen Kräfte des Landes zu machen.

Insbesondere an die neue Bundesregierung waren in dieser Hinsicht Hoffnungen geknüpft, die in der Koalitionsvereinbarung begründet schienen; diese kündigt unter anderem die entschiedene Förderung von Selbsthilfe und sozialem Engagement, sowie den Ausbau und die rechtliche Absicherung nationaler und grenzüberschreitender Freiwilligendienste an. Zwar fand sich in der Regierungserklärung das Thema nicht erwähnt, dafür war um so gewichtiger in der Ansprache des Bundeskanzlers zum Jahreswechsel 1998/1999 von einem »Abkommen mit den jungen Menschen im Lande« die Rede, die gegen die Zusicherung eines Platzes in der Gesellschaft sich zu dem Versprechen aufgefordert sahen, »ihre Fähigkeiten, ihre Kreativität und ihre Unternehmungslust einzusetzen«.

Demgegenüber ließ die erste Reaktion des zuständigen Bundesministeriums deutliche Skepsis gegenüber dem »ungeregelten«, nachfrageorientierten Konzept des Manifests erkennen. Die Bereitschaft des Bundes, sich – über eine möglicherweise moderate Erweiterung der gesetzlich verankerten Freiwilligendienste hinaus – an einem massiven Ausbau von Jugendgemeinschaftsdiensten im Sinne des Manifests zu beteiligen, dürfte in der Tat derzeit eher skeptisch einzuschätzen sein. Die Finanzplanung des Bundes befindet sich in einer Kontraktionsphase, die größere zusätzliche Ausgaben nur bei überdurchschnittlich hoher politischer Priorität zuläßt. Dazu zählt der Ausbau der Freiwilligendienste derzeit erkennbar nicht. Es zeichnet sich jedoch ab, daß, angestoßen durch die im Bereich des Zivildienstes zu erbringende Einsparleistung – Abbau von 30.000 Plätzen und Verkürzung der Dienstzeit 0 auf elf Monate –, die Frage der »Konversion« des Zivildienstes, d. h. seiner Ersetzung durch tarifliche Beschäftigung oder eben auch durch Freiwilligendienste, von den betroffenen Trägern auf die politische Tagesordnung gesetzt wird. Was generell die Zukunft des Zivildienstes anlangt, so bleibt abzuwarten, wie die – bis zur Mitte der Legislaturperiode in Aussicht gestellten – Ergebnisse der Wehrstrukturkommission ausfallen, die nach den Worten des Verteidigungsministers »ohne Denkverbote« ihr Geschäft angehen soll. Ebenso bleibt zu sehen, ob das angekündigte Freiwilligengesetz in nächster Zukunft verabschiedet wird, an das insbesondere die Träger grenzüberschreitender Freiwilligendienste (wie des Europäischen Freiwilligendienstes/European Voluntary Service, EVS) große Erwartungen stellen, geht es doch um die »europakompatible« Regelung des Status der Freiwilligen als weder Arbeitnehmer noch Auszubildende.

Auf dem Hintergrund knapper öffentlicher Kassen und eines unverminderten Sparzwangs fällt es offensichtlich auch den Bundesländern schwer, ihr Engagement in Sachen Freiwilligendienste deutlich und nachhaltig zu verstärken. Doch scheinen einzelne Länder eher in der Lage, durch vorsichtige Umstrukturierungen begrenzte Handlungsspielräume zu gewinnen. In den ausführlichen Reaktionen zum Manifest, insbesondere aus Baden-Württemberg, Bayern, Rheinland-Pfalz und Nordrhein-Westfalen, wird auf die große Bedeutung von Ehrenamt und Freiwilligenarbeit verwiesen, die sich – neben der Förderung von Freiwilligem Sozialem und Freiwilligem Ökologischem Jahr – etwa in der Einrichtung von Ehrenamts- und Freiwilligenagenturen, Bürgerforen, Seniorengenossenschaften auf Landes- und kommunaler Ebene niederschlägt. In der im Manifest angeregten Aktivierung von Kommunen, Schulen und kulturellen Einrichtungen zur Ausweitung und Differenzierung der Trägerlandschaft sehen sie einen vielversprechenden Ansatz. In Baden-Württemberg ergeben sich Anknüpfungspunkte an die Empfehlungen der Zukunftskommission und der Jugendenquêtekommission des Landtags, in deren Folge die Bereitstellung von zusätzlichen Geldern für neue Initiativen in der Jugendarbeit zu erwarten ist. Es gibt interessante Ansätze, Freiwilligendienste auch auf die ehrenamtlich geprägten Freizeitbereiche des Sports und der Laienkultur zu erweitern und dafür neue Modelle zu entwickeln.

4. *Die Initiative des Bundespräsidenten Herzog*

Auf großes Interesse und aktive Anteilnahme stieß die Initiative »Jugend erneuert Gemeinschaft« bei Bundespräsident Roman Herzog. In seinen Reden und Aufrufen zur Erneuerung der Gesellschaft setzte er in der zweiten Hälfte seiner Amtszeit den Akzent verstärkt auf die Rolle der Jugend in einer zumindest demographisch unausweichlich alternden Gesellschaft, so etwa aus Anlaß der Eröffnung des Bundesjugendforums im Haus der Kulturen der Welt am 22. Mai 1999 in Berlin oder in einem Namensartikel in der ZEIT vom 10. Juni 1999, in dem er die Bedeutung der Jugendfreiwilligendienste für den Zusammenhalt und die Zukunftsfähigkeit einer Gesellschaft würdigte. An anderer Stelle in diesem Band ist davon einläßlicher die Rede.[1]

Bedeutende Schubkraft erhielten die Ideen des Manifestes durch eine Frageaktion, mit der sich der Bundespräsident nach einem Gespräch mit Mitgliedern der Kommission an 200 Persönlichkeiten des öffentlichen Lebens in Deutschland wandte. Das breite, durchweg positive Meinungsbild zu dem Thema Jugend und Gemein-

---

1 Vgl. Roman Herzogs Beitrag in diesem Band, S. 43 ff.

schaft, das sich aus über 100 Antworten, Kommentaren und Empfehlungen zusammenfügt, ist in einem eigenen Beitrag in diesem Band dargestellt.² Für die weitere Kommunikations- und Öffentlichkeitsarbeit im Interesse des Manifests ergeben sich aus der Umfrage wertvolle Anknüpfungspunkte. Nicht zuletzt ziehen Stiftung und Kommission daraus Bestätigung und Ermutigung, in ihren Bemühungen nicht nachzulassen.

Einen weiteren publizistischen Akzent zu dem Thema setzte das »Forum Bellevue«, ein in Zusammenarbeit mit der Berliner Zeitung, dem Deutschlandfunk und dem Fernsehsender Phoenix ausgerichtetes Symposium, das in unregelmäßiger Folge mehrmals im Jahr einen prominent besetzten Kreis zur Diskussion über ein aktuelles Thema einlädt. An dem Podium unter dem Titel »Dienen – Tugend oder Dummheit« nahmen unter anderem die Wehrbeauftragte des Deutschen Bundestages Claire Marienfeld, der ehemalige Generalinspekteur der Bundeswehr Dieter Wellershoff und Hans Koschnick teil. Der ehemalige Bundesbeauftragte für den Wiederaufbau in Bosnien und Herzegowina vertrat mit Nachdruck seine – auch in früheren Beratungen mit der Stiftung geäußerte – Auffassung, im Sinne der Dienstgerechtigkeit müsse ein sozialer Pflichtdienst für alle eingeführt werden. Die mitdiskutierende Medizinstudentin, die selber als Freiwillige auf einer Sozialstation in Ungarn gearbeitet hatte, machte auf das Mißverhältnis zwischen Nachfrage und Angebot auf dem Markt der Freiwilligenplätze aufmerksam. Mit ihr hätten sich seinerzeit 3000 junge Menschen auf 80 verfügbare Plätze beworben. Der Bundespräsident verfolgte die Debatte vor einem überwiegend jugendlichen Publikum.

5. *Im Dialog mit den Trägern von Jugendgemeinschaftsdiensten*

Eine lebhafte und vielfältige Resonanz löste das Manifest bei den Wohlfahrtsverbänden und Trägerorganisationen aus. Besonders die (in der Bundesarbeitsgemeinschaft der Freien Wohlfahrtspflege zusammengeschlossenen) großen Verbände, als Träger des Zivildienstes wie auch als Anbieter des Freiwilligen Sozialen Jahres in der Durchführung und Finanzierung von Sozialen Diensten von Jugendlichen erfahren und bewährt, äußerten sich auf differenzierte Weise. Doch auch eine große Zahl von Trägern mittel- und langfristiger, gesetzlich nicht geregelter Jugenddienste in der Sozial-, Friedens- und Versöhnungsarbeit im In- und Ausland meldeten sich zu Wort. Die lebhaften Reaktionen dieser »kleineren« Träger – klein sowohl in Hinsicht auf die Zahl ihrer Mitglieder als auch auf den Umfang der angebotenen Dienste und Einsatzplätze – zeigten besonderes Interesse an den neuen Ideen des Manifests und betonten den Gestaltungsspielraum, der sich für Freiwilligendienste bei geringerer gesetzlicher Regelungsdichte und minderer Abhängigkeit von staatlichen Subventionen ergibt.

Die Grundaussagen des Manifests, die Forderung nach einer generellen Verankerung von Gemeinschaftsdiensten in der Gesellschaft und in der Biographie mög-

2 Vgl. die Auswertung von Alfred Maria Polczyk in diesem Band, S. 503 ff.

lichst eines jeden jungen Menschen, werden uneingeschränkt begrüßt, wenngleich nicht jeder Kommentator die Hoffnung, damit auch in anderen gesellschaftspolitischen Problemlagen, in der Frage der jugendlichen Randgruppen, der Integration junger Ausländer, bei Sozialisierungsdefiziten etc. Remedur zu schaffen, so teilen mag. Gemeinschaftsdienste stellen nach Auffassung vieler Träger zwar unverzichtbare, aber nur ergänzende Lernorte und Erfahrungsräume dar.

Die zahlreichen kritischen Fragen und Kommentare richteten sich im Einzelnen auf die Strukturelemente des neuen Freiwilligenkonzepts, insbesondere die Qualitätssicherung durch Festlegung von Mindeststandards, die Zertifizierung von Trägern, Einsatzstellen und Diensten, sowie die Finanzierung durch Stiftungen und Gutscheinsystem. Große Aufmerksamkeit widmeten die Träger, eingedenk ihres Bildungsauftrags, der Frage der pädagogischen Begleitung, die sie durch ehrenamtliche Mentoren nur unzureichend gewährleistet sehen. Mentoren könnten allenfalls, qualifiziert angeleitet, als Unterstützung zu einer professionellen Pädagogik hinzutreten, für internationale Dienste seien zusätzliche kostenaufwendige Angebote (Sprachkurse, interkulturelles Training) vorzusehen. Ähnliches gelte im Falle von benachteiligten Jugendlichen für die sozialpädagogische Betreuung. Bei der Erschließung von neuen Einsatzfeldern und neuen Trägern würden möglicherweise die sozialen Sicherungssysteme entfallen, in die die klassischen sozialen Einrichtungen eingebunden sind, eine Refinanzierung über Pflegesätze etc. sei dann nicht möglich. Weiter wird bemerkt, das Manifest unterscheide nicht hinreichend zwischen Träger und Einsatzstelle und ihren jeweiligen Funktionen; so sei eine wesentliche Funktion der Träger die Vermittlung zwischen Jugendlichem und Einsatzstelle, besonders in Krisensituationen, sowie bei der Qualitätskontrolle. Schließlich wird die Frage gestellt, ob bei der angestrebten Ausweitung der Freiwilligendienste und den vielfältigen Einsatzstellen die Arbeitsmarktneutralität noch gewahrt sei. Diese Fragen dienen der Klärung und zeigen, wie wichtig der gesetzliche Rahmen ist, der von einem innovativen Gesetzgeber erwartet wird.

Überwältigende Zustimmung wird dem Manifest für seine eindeutige Stellungnahme zugunsten von Gemeinschaftsdiensten als Freiwilligendiensten zuteil: Keine der Trägerorganisationen läßt einen Zweifel an ihrer Ablehnung eines verpflichtenden Gemeinschaftsdienstes oder gar eines allgemeinen Sozialen Pflichtjahres – zumal in der Verbindung mit dem Wehrdienst als einer Variante. Einige wollen die Frage einer Erweiterung der Freiwilligendienste mit jener der Zukunft des Wehr- und des an diesen gekoppelten zivilen Ersatzdienstes nicht verknüpft sehen. Andererseits ist bei den Verbänden ein wachsendes Bewußtsein dafür zu spüren, daß angesichts der veränderten Sicherheitslage nach Beendigung des Kalten Krieges die Abschaffung von Wehr- und Zivildienstpflicht, wie in anderen westlichen Nachbarländern, in den Bereich der Möglichkeit gerückt ist. Szenarien werden durchgespielt, Konversionsmodelle konstruiert, wie die dann entfallenden Zivildienstplätze – in vielen sozialen Einrichtungen derzeit wesentlicher Bestandteil der Versorgung – durch Beschäftigungsverhältnisse und Freiwilligendienste aufgefangen werden können.

Die freien Träger sprechen sich indessen mehrheitlich um des Fortbestandes des Zivildienstes willen für eine Beibehaltung der Wehrpflicht aus. Dem entspricht die Skepsis der Träger, Freiwilligendienste könnten bei »deregulierter« Organisation und aufgrund des breiten gesellschaftlichen Ansatzes des Manifestes in ausreichender Zahl geschaffen werden, um die durch einen Wegfall des Zivildienstes aufklaffende Lücke zu schließen.

In der Natur der Sache liegt es, daß die im Manifest bezeichneten gesellschaftlichen Aufgaben nur in einer gemeinsamen Anstrengung zu leisten sind. Es müssen neue Träger gewonnen und innovative Trägertypen entwickelt werden, doch – wie insbesondere auch die Erfahrungen mit dem Europäischen Freiwilligendienst gezeigt haben – ist ein entscheidender Fortschritt ohne die aktive und kreative Mitwirkung der etablierten Träger, der freien Wohlfahrtsverbände, ihrer Untergliederungen und den ihrem Netzwerk angeschlossenen Initiativen und Basisgruppen nicht denkbar.

Ausgehend von einer Festlegung von Mindeststandards, die das Manifest im wesentlichen umreißt und definiert, ist durch die Träger zu prüfen, inwieweit sie das Spektrum ihrer Angebote auf eine Pluralität von freiwilligen Diensten und Dienstformen hin öffnen wollen. Dies schließt die grundsätzliche Offenheit für gesellschaftliche Organisationsformen ein, die auf der Folie der gesetzlich geregelten Freiwilligendienste bei erstem Eindruck als Abstriche erscheinen mögen, bei näherem Besehen in der Praxis sich aber als die zukunftsfähigeren Modelle erweisen.

6. *Öffentliche Veranstaltungen*

In den Diskussionsprozeß um das Manifest hat sich die Robert Bosch Stiftung immer wieder selbst eingebracht. Mitarbeiter der Stiftung, gelegentlich auch Mitglieder der Kommission, konnten auf zahlreichen Verbandstagungen, Arbeitskreissitzungen und öffentlichen Gesprächsforen das Freiwilligenkonzept des Manifests vortragen und diskutieren. Gelegenheit dazu boten insbesondere Veranstaltungen zur Zukunft der Bürgergesellschaft, wie sie im Umfeld des fünfzigsten Jahrestages der Verabschiedung des Grundgesetzes von verschiedenen Organisationen ausgerichtet wurden. Hinzu kam der Evangelische Kirchentag in Stuttgart, der die Jugendgemeinschaftsdienste in unterschiedlicher Form (Zukunft des Zivildienstes etc.) thematisierte. Kontakte zu den Evangelischen Akademien lassen erwarten, daß in der nächsten Zeit Tagungen im thematischen Umkreis unseres Themas angeboten werden, auf denen auch das Manifest detailliert zur Sprache kommen wird.

7. *Kampagne für den Ausbau von Jugendfreiwilligendiensten*

In der Absicht, Möglichkeiten der konkreten Zusammenarbeit zu prüfen, lud die Stiftung im Februar 1999 Vertreter ausgewählter Trägerorganisationen zu einem Werkstattgespräch ins Robert Bosch Haus ein. Im Mittelpunkt der Diskussionen standen die Themen Qualitätsstandards, Zertifizierung sowie Mittelbeschaffung (fund raising). Die Teilnehmer kamen überein, daß im Blick auf die Umsetzung des Konzepts – in einem ersten Schritt die Verdoppelung der gegenwärtig 15.000 Freiwilligenplätze – eine öffentlichkeitswirksame Kampagne zur Schaffung neuer Plätze und zur Einwerbung dafür erforderlicher Finanzmittel notwendig sei. Eine aus dem Teilnehmerkreis der Werkstatt konstituierte Arbeitsgruppe erarbeitete inzwischen, unter Hinzuziehung einschlägigen Sachverstands von außen, ein Konzept, das die Einrichtung eines Kampagnenbüros mit einem Gesamtbudget von knapp 3,5 Millionen Mark über eine Laufzeit von zwei Jahren vorsieht. Zu steuern und zu finanzieren wäre dieses Büro über ein Konsortium von Trägerorganisationen, Wohlfahrtsverbänden und anderen, sowie im Sozial- und Jugendsponsoring engagierten Wirtschaftsunternehmen. Doch sind, wie sich zeigt, noch erhebliche Anstregungen notwendig, um dieses Ziel zu erreichen.

8. *Förderinitiativen der Robert Bosch Stiftung*

Von Anfang an war es der Robert Bosch Stiftung darum zu tun, ihre gesellschaftlichen Initiativen durch praktische Förderbeispiele zu unterlegen. Parallel zur Tätigkeit der Kommission bereitete sie ein Programm zur Förderung von Freiwilligendiensten zwischen Deutschland und Mittel- und Osteuropa vor, das zeitgleich mit der Präsentation des Manifests unter dem Leitmotiv »Jugend erneuert Gemeinschaft« für eine Probephase 1999-2001 ausgeschrieben wurde. Mit der Ausschreibung des neuen Freiwilligenprogramms eröffnete die Stiftung einen Wettbewerb zur Entwicklung von innovativen, inhaltlich attraktiven wie organisatorisch überzeugenden Projektvorschlägen durch deutsche Träger von Freiwilligendiensten, die eine Partnerschaft mit Mittel- und Osteuropa anstreben oder weiterentwickeln wollen.
Das Förderprogramm versteht sich als Beitrag zur Umsetzung des dem Manifest zugrundeliegenden Konzepts. Die dort entwickelten Leitvorstellungen zu Tätigkeitsfeldern, Zertifizierung, Finanzierung und Begleitung »ungeregelter« freiwilliger Dienste sollen in Einzelprojekten konkretisiert und erprobt werden. Im Vordergrund des Programms steht der Austausch von Freiwilligen zwischen Deutschland und Mittel- und Osteuropa, sowie der Auf- und Ausbau unabhängiger Trägerstrukturen der Jugend- und Sozialarbeit in den Reformstaaten dieser Region. Durch das Programm sollen mehr Dienstplätze für deutsche und einheimische Freiwillige in der europäischen Idee des Freiwilligendienstes geschaffen werden. Dazu sollen die deutschen freien Träger, neben der Entsendung und der Aufnahme der geförderten Freiwilligen, auch selbst Hilfestellung beim Ausbau benachbarter Netzwerke leisten.
Mit dieser geographisch-politischen Ausrichtung entsprach die Stiftung auch einem Grundanliegen ihrer internationalen Fördertätigkeit, die sich die Völkerverständigung mit Mittel- und Osteuropa und die Heranführung dieser Länder an die Europäische Union zur Aufgabe gemacht hat. Sie führt damit eine Förderpraxis weiter, die sie seit vielen Jahren – beginnend bereits 1974 mit Polen und ab 1989 auf die ge-

samte Region erweitert – insbesondere auf dem Gebiet der Lehrer- und Schülerbegegnung betreibt. 1998 schrieb die Stiftung unter dem Titel »Junge Wege in Europa« einen neuen Wettbewerb zur Förderung der projektbezogenen Zusammenarbeit zwischen Schüler- und Jugendgruppen aus Deutschland und Mittel- und Osteuropa aus. Die Stiftung sieht sich hier in der Rolle des Wegbereiters, um so mehr, als die meisten Jugend- und Schulprogramme der Europäischen Union, etwa das Europäische Freiwilligenprogramm EVS, die Länder Mittel- und Osteuropas nur marginal einbeziehen oder in diesen Ländern erst ansatzweise greifen.

Die Resonanz in der deutschen Trägerlandschaft auf die Stiftungsinitiative zur Förderung von Freiwilligendiensten war außergewöhnlich stark. Angesichts der Vielzahl von qualifizierten Projekten, die von einer unabhängigen Jury zur Förderung vorgeschlagen wurden, sah sich das Kuratorium der Stiftung veranlaßt, die ursprünglich ausgeschriebene Fördersumme zu verdoppeln. So können nunmehr 22 Projekte realisiert werden und über 200 junge Menschen aus Deutschland und nahezu allen Ländern Mittel- und Osteuropas im Nachbarland einen Freiwilligendienst leisten.

Die Stiftung wird diese Pilotphase im Gespräch mit den deutschen Trägern und ihren Partnern aufmerksam verfolgen und evaluieren; es sind Projekttreffen vorgesehen, von denen sich die Stiftung Rückschlüsse für eine Weiterentwicklung des Programms und die Anwendung auf weitere, neu zu entwickelnde Freiwilligenprogramme verspricht. Ansätze dafür sieht sie in bisher für freiwillige Jugendgemeinschaftsdienste weithin unerschlossenen Bereichen wie kommunalen Einrichtungen, Museen, Krankenhäusern, Schulen oder (Sport- und Kultur-)Vereinen. Die Stiftung wird im Rahmen ihrer Förderung von Freiwilligkeit und Ehrenamt und mit neuen Initiativen weitere Impulse setzen, getragen von der Überzeugung, daß das gute Beispiel nicht anders kann als Schule machen: bei den jungen Menschen, aber auch bei Förderern und Trägern, öffentlichen wie privaten.

Hanna Beate Schöpp-Schilling

Persönliches Plädoyer eines Mitglieds der Kommission

Freiwilliges Engagement für Aufgaben, die dem sozialen Zusammenhalt, der Rettung der Natur, aber auch der Reform der Gesellschaft dienen, ist für mich Kern der Zivilgesellschaft in einem demokratischen Gemeinwesen. Dieses Engagement zu erhalten, zu stärken und zu einem integralen Bestandteil der Biographien von Bürgerinnen und Bürgern zu machen, scheint mir besonders in Zeiten gesellschaftlichen Umbruchs unabdingbar. Kreativität und Gestaltungswille junger Menschen müssen in diesem Rahmen eine Chance erhalten.
Der Auftrag der Robert Bosch Stiftung, als Mitglied der Kommission für Jugendfreiwilligendienste in Deutschland und Europa an der Erarbeitung eines Manifestes mitzuwirken, begeisterte mich: er berührte verschiedene Themen, mit denen ich mich sowohl auf persönlicher Ebene infolge konkreter Erlebnisse als auch in praktischer und theoretischer Auseinandersetzung im Beruf während der letzten Jahrzehnte befaßt hatte. Die Mitarbeit bot mir Gelegenheit, meine Erfahrungen, mein Wissen sowie meine Werte in einer lebendigen Diskussion mit anderen auf die gestellte Aufgabe hin erneut zu reflektieren und einzubringen.
Meine Überzeugung, daß freiwilliges Engagement für die Gesellschaft notwendig ist, aber auch daß es jene bereichert, die es leisten, habe ich in jungen Jahren als Austauschschülerin in den USA erfahren. Freiwilliges Spendenaufkommen sowie ehrenamtliche Arbeit vieler Menschen in diesem Land hatten meinen Aufenthalt ermöglicht und begleitet. Diese Erfahrung löste den Wunsch aus, Ähnliches an andere weiter geben zu können.
Ein Jahrzehnt später verdeutlichte mir meine theoretische und praktische Beschäftigung mit der Individualpsychologie Alfred Adlers, daß das Erleben von Gemeinschaft und der Einsatz für sie, und zwar über die engere Familie hinaus, wesentlicher Bestandteil der Persönlichkeitsstruktur des Menschen ist. Ein positiv erfahrenes »Gemeinschaftsgefühl« ist nach Adler notwendig, damit das Individuum »Minderwertigkeitsgefühl« und »Machtstreben« in sich ausgleichen kann und im Wirken für die Gemeinschaft den »Sinn des Lebens« als beglückend erfährt und erfüllt.
Wissenschaftliche Untersuchungen haben belegt, daß ein Eintauchen in eine andere Kultur und die Auseinandersetzung mit dem »Kulturschock« bei jungen Menschen eine interkulturelle »Öffnung« der Persönlichkeit auslöst. Fähigkeit zur Toleranz und zur friedlichen Konfliktlösung werden auf diese Weise entwickelt. Andere Untersuchungen haben gezeigt, daß Jugendlichen, die einen freiwilligen und unbezahlten Arbeitseinsatz außerhalb der eigenen Familie leisten, der Ablösungsprozeß von derselben erleichtert wird und sie gleichzeitig eine neue Sinnerfüllung erfahren. Es erscheint als eine Art anthropologischer Grundkonstante, daß junge Menschen

räumlich, durch Reisen, aber auch ideell, durch Auseinandersetzung mit bisher unbekannten Welten, über ihren bisherigen Horizont hinausstreben. Diese Bedürfnisse können letztlich nicht im Umgang mit »virtuellen Realitäten« erfüllt werden. Gleichzeitig sind Jugendliche aber aufgrund dieser Entwicklungskonstante auch »verführbar«, wie viele Beispiele aus der Geschichte es zeigen.

Diese Verführbarkeit junger (und älterer) Menschen einerseits sowie der staatliche Zwang, der in nicht-demokratischen Gemeinwesen zum »freiwilligen« Einsatz für die Gesellschaft ausgeübt wird, andererseits brachten mein ursprüngliches Plädoyer für einen Pflichtdienst für die Gemeinschaft ins Wanken. Gleichzeitig war es mir wichtig, daß jungen Menschen Jugendfreiwilligendienste durch die Verbindung mit gewissen Anreizen oder »Privilegien«, interkulturellen Lernerfahrungen und anderen begleitenden Bildungsmomenten als erstrebenswert erscheinen. In meiner jetzigen beruflichen Tätigkeit begegnet mir täglich das lebendige und schöpferische ehrenamtliche Engagement junger und älterer Menschen im Rahmen des internationalen Jugendaustausches.

Über mehrere Jahrzehnte hinweg haben sich mein berufliches und mein ehrenamtliches Interesse auf die rechtliche und tatsächliche Verbesserung der Situation von Frauen in Deutschland und weltweit gerichtet. Es war mir daher ein Anliegen, auch diese Perspektive in das Manifest einzubringen. Die rechtliche Gleichberechtigung von Frauen und Männern ist – bis auf den Einsatz in der Bundeswehr und damit auch im Zivildienst – in Deutschland erreicht. Bis zu einer tatsächlichen Gleichberechtigung der Geschlechter ist allerdings noch ein weiter Weg. Zudem verstärken sich Ungleichheiten für Mädchen und Frauen je nach Schicht oder ethnischer Herkunft.

Es ist bisher noch nicht ausreichend aufgearbeitet, in welchem Ausmaß Theorie und Praxis früherer Jugendgemeinschaftsdienste in diesem Jahrhundert die Geschlechterrollen von Jungen und Mädchen verstärkt oder aufgebrochen haben. Auch die Tatsache, daß heute in Deutschland Wehr- und Zivildienst nur männlichen Jugendlichen offen stehen bzw. für sie Pflicht sind, während junge Frauen freiwillig nur in wenige andere Programme gehen können, die ähnliche Sozialisationserfahrungen vermitteln, ist ebenfalls bisher nicht abschließend diskutiert worden. »Dienen« war immer schon Bestandteil der weiblichen Geschlechterrolle, wie sie für Frauen am Ende des 18. Jahrhunderts mit weitreichenden Konsequenzen bis in das 20. Jahrhundert definiert wurde. Allerdings geschah dieser »Dienst« in und an der Familie, bzw. seit dem 19. Jahrhundert dann als Verlängerung der Familie in die Gesellschaft hinein, im Sinne der Übertragung der »weiblichen Werte« von »Mütterlichkeit« und »Weiblichkeit« in die sozialen Dienste von Vereinen und Kirchen. Bis vor wenigen Jahrzehnten wurde noch der Ausschluß von Frauen aus der »öffentlichen« Sphäre der Gesellschaft propagiert. Die Frage nach – möglicherweise spezifischen – Sozialisationsinstrumenten für junge Frauen im Rahmen dieser öffentlichen gesellschaftlichen Aufgaben wurde nicht gestellt, ihre Bereitstellung war kein gesellschaftliches Anliegen. »Dienen« im Ehrenamt, d.h. in freiwilliger Arbeit in den unteren Rängen, ist auch heute noch kennzeichnend für das ehrenamtliche Engagement vieler Frauen.

In die Diskussion über Jugendgemeinschaftsdienste müssen aus meiner Sicht derartige Gesichtspunkte einfließen. Es müssen Lösungsangebote konzipiert werden, die die Rollenstereotypen der Geschlechter hinterfragen und ihr erneutes Entstehen vermeiden, vorhandene Strukturen, Einstellungen und Verhaltensweisen aufbrechen und eine Korrektur von starren Rollen- und Aufgabenzuweisungen für junge Frauen und Männer anstoßen.

II. Die Idee

Roman Herzog

Das Leben ist der Ernstfall

Es gibt keine Zukunft ohne Jugend.[1] Das ist eine Binsenweisheit. Aber welche Schlußfolgerungen ziehen wir daraus? Einerseits haben die Deutschen immer weniger Kinder; sie messen ihnen für ihre Zukunft also weniger Bedeutung zu als frühere Generationen. Andererseits würden weniger Kinder ein Mehr an Zuwendung möglich machen. Aber so scheint es nicht zu sein. Im Gegenteil: Die Angebote zur Kinderbetreuung in Deutschland sind mäßig, unser Bildungssystem verdient mehr Aufmerksamkeit, unsere Pädagogen sehen sich im Abseits. Die Gesellschaft überläßt es den Eltern, aus ihren Kindern das Beste zu machen – als ginge die Zukunft junger Menschen die anderen wenig an.

Mich treibt die Sorge um, unser Land könnte Zukunftschancen verpassen, weil Bedürfnisse, Wünsche und Fragen junger Menschen vernachlässigt werden und die Ressource Jugend verkümmert. Das aber hat nicht nur negative Konsequenzen für die jungen Menschen selbst, sondern vor allem fatale Folgen für die Gesellschaft insgesamt.

Zwar ist die Jugend in Werbung und Medien allgegenwärtig, aber eben nur noch dort und nicht mehr im realen Leben. In Wahrheit verliert die alternde Gesellschaft ihre Jugend. Natürlich ist das Problem vielschichtig. Für manche ist Kinderlosigkeit ein Schicksal, unter dem sie leiden. Für andere ist der persönliche Konflikt zwischen Kinderwunsch und Beruf nur schwer lösbar. Aber es gibt auch Menschen, die Kinderlosigkeit bewußt als Lebensform wählen; ihnen erscheinen Unabhängigkeit, Hobbys oder Reisen wichtiger als Kinder.

Ohne Generationenkonflikt wächst die Verständnislücke zwischen Jung und Alt

Eine freie Gesellschaft hat diese Entscheidung zu respektieren. Dennoch beschäftigt mich die Fixiertheit auf die Bedürfnisse des Augenblicks: Viele sind sich offenbar selbst genug und lehnen die Verantwortung für andere ab. Schon der bloße Blick über den Zaun des Ego ist manchem Zeitgenossen zu anstrengend.

Diese Art der Verletzung des Generationenvertrages könnte sich noch rächen. Denn eine alternde Gesellschaft verliert fast zwangsläufig an Dynamik, Spontaneität und Kreativität. Wenn aber Ideenreichtum und Engagement der Nachwachsenden zu Mangelerscheinungen werden, geht der Gesellschaft die produktive Unruhe verloren. Ich verkenne nicht, daß solche Unruhe auch Spannungen hervorrufen kann; der Generationenkonflikt ist ja nie als nur beglückend empfunden worden. Aber er

---

[1] Dieser Beitrag wurde erstmals veröffentlicht in: »Die Zeit« Nr. 24 vom 10.06.99

hat doch insgesamt die positive Folge, daß Menschen ihre Gewohnheiten überprüfen und ihre Erkenntnisse ergänzen. Je weniger aber Generationenkonflikte schon innerfamiliär erlebt werden, desto größer wird die Verständnislücke zwischen Jung und Alt. Man schottet sich dann zunehmend gegeneinander ab. Die kleiner werdende Zahl junger Menschen erlebt die Älteren vor allem als Bewahrer ihres Besitzstandes; die Älteren empfinden die jugendlichen als Störfaktoren, die es abzuwehren gilt. Fehlende Jugend wird übrigens durch kein noch so jugendliches Lebensgefühl der Älteren ersetzt. Daß jemand vor dreißig Jahren selbst einmal jugendbewegt gewesen ist, heißt noch lange nicht, daß er sich in die Gedankenwelt der heute Jungen hineinversetzen kann. Gerade in einer Welt, deren Veränderungsgeschwindigkeit sich immer mehr erhöht, darf die Erneuerungsbereitschaft nicht erlahmen.

Genau diese Gefahr besteht aber, wenn eine alternde Mehrheitsgesellschaft das Geschehen und die politische Tagesordnung aus ihren Erfahrungen und Forderungen bestimmt. Dann liegt es nahe, daß die Älteren alles abwehren, was ihre Vertrautheiten bedroht, und die Minderheit der jungen sich aus der gesellschaftlichen Mitverantwortung zurückzieht: entweder aus Resignation oder weil sie von den Älteren deren Fixiertheit auf die eigenen Fragestellungen abschaut. Schnell wird dann Unwilligkeit mit vermeintlicher Unmöglichkeit begründet, das Schwierige wird zum Alibi für das Bequeme und gibt dem Rückzug auf sich selbst eine Scheinlegitimation.

Zugespitzt: junge Menschen haben heute weniger Einflußmöglichkeiten. Sie haben weniger Rückhalt bei den Älteren. Sie ziehen im demokratischen Verteilungswettkampf den Kürzeren. Beim Entdecken des Neuen erleben sie die Älteren nicht als Helfer, sondern als Bremser. So geraten sie in eine strukturelle Verliererposition.

Natürlich gibt es auch eine positive Entwicklung: junge Menschen finden heute ein objektiv günstigeres Umfeld vor als alle Generationen vor ihnen. Sie verfügen im Durchschnitt über eine qualifiziertere Ausbildung und eine durchweg bessere materielle Ausgangsposition. Ihnen steht im Wortsinne die Welt offen, auch wenn ihnen – im Lande selbst – nur wenige Stühle freigehalten werden. Die Probleme ihrer Eltern und Großeltern waren viel existentieller; dennoch fiel deren Bewältigung oft leichter, weil harte Zeiten zur eigenen Anstrengung und zum Entwickeln von Selbstbewußtsein gezwungen haben. Wer dagegen von Kindesbeinen an dazu erzogen wird, Verantwortung zu delegieren, ist für seine eigene Zukunft schlecht gerüstet.

Dabei ist unsere Gesellschaft auch für junge Menschen faszinierend. Sie garantiert Demokratie. Sie verwirklicht Menschenrechte. Sie erlaubt freie Meinungsäußerung und gewährt im umfassendsten Sinne Freiheit. Aber diese Freiheit wird verschenkt, wenn sie nicht als Gestaltungsrecht verstanden und genutzt wird. Viele in unserer Gesellschaft neigen dazu, schädliche Folgen ihres Tuns zu sozialisieren, über die nützlichen aber privat zu verfügen. Die Spaßgesellschaft, die nicht über den Tag hinaus denkt, ist keine Erfindung der jungen Menschen, sondern wird von den Älteren, selbst von den Eliten, vorgelebt.

Wo die generationenübergreifende Sinnvermittlung fehlschlägt, trägt dafür die junge Generation am wenigsten Schuld. Eher ist sie ein Signal für das Versagen Älterer. Wo erlebt man noch, daß Vertrauen entsteht und gepflegt wird? Wenn die Familie als Zwangsgemeinschaft diskreditiert und die eheliche Partnerschaft zur »Lebensabschnittsgemeinschaft« herabgestuft wird, wenn moralische Pflichten als Dummheit belächelt werden und Anstand als Synonym für Trotteligkeit gilt, ist im besten Fall das Nebeneinander, häufig genug aber das Gegeneinander der Menschen die Folge. Es fehlen also immer mehr die sozialen Trainingsorte, an denen Bindungskräfte für eine Gesellschaft wachsen können.

Dabei scheint mir die Bereitschaft der Jugendlichen zum Engagement völlig ungebrochen. Beispielsweise gibt es weit mehr Bewerber als Stellen für ein Freiwilliges Soziales oder Ökologisches Jahr. Interessante soziale Projekte an Schulen finden begeistertes Interesse. Hunderttausende junge Menschen arbeiten in Bürgerinitiativen und Vereinen mit. Vielleicht suchen sie sich manchmal neue Formen des Engagements; ihrem Enthusiasmus tut das aber keinen Abbruch. Und zuweilen ist das Sitzfleisch alter Platzhirsche hinderlicher für die Mitarbeit als das angeblich fehlende Interesse der Jungen.

Die Zukunft unserer Kinder muß uns mehr wert sein als ein Achselzucken. Wir Älteren schulden den kommenden Generationen nicht die Hinterlassenschaft angehäuften Reichtums. Wir schulden ihnen vor allem Mitmenschlichkeit in allen Lebensbezügen, in den Familien, im privaten Umfeld, an den Arbeitsstätten, in den demokratischen Institutionen. Ein wenig mehr Kantscher Imperativ, ein bißchen weniger Egozentrik wäre gut. Weniger Staatsverliebtheit und mehr Vertrauen in die eigenen Fähigkeiten. Wir müssen uns dafür im täglichen Miteinander mehr abfordern. Wir müssen Probleme zuvörderst selbst lösen wollen, anstatt darüber nachzudenken, wem wir die Lösung übertragen.

Wenn wir den privaten Umgang miteinander menschlicher gestalten, befähigen wir uns gleichzeitig zu größerer gesellschaftlicher Teilhabe. Familie, Schule, Betrieb – dies alles sind Übungsfelder für soziale Kompetenz. Wo sie sich in dieser Funktion geschwächt zeigen oder ganz ausfallen, müssen wir uns Alternativen ausdenken. Die demokratische Gesellschaft braucht mehr Lernorte für Mitverantwortung.

Denn solche Verantwortung lernt man nur konkret – durch Übernahme von dauerhaften Aufgaben – nennen wir sie ruhig Pflichten – und durch die Konfrontation mit der Wirklichkeit in all ihren, auch belastenden, Facetten. Wenn junge Menschen in ihren ersten zwei Lebensjahrzehnten vom realen Leben abgeschottet werden, wenn sie – oft geschwisterlos – unter dem Obdach medienunterstützter Rundumverwaltung aufwachsen und nie die Relativität ihrer persönlichen Probleme erfahren, dann mindert sich auch ihre Fähigkeit zur freien Lebensführung, erst recht zur Mitverantwortung für andere.

Im freiwilligen Dienst an der Gemeinschaft reift die Persönlichkeit

Ich ziehe daraus die Konsequenz, daß wir mehr soziale Lernorte anbieten müssen, schon weil die bisherigen natürlichen Lernorte an Bedeutung verlieren. Das kann durch soziale Praktika während der Schulzeit geschehen, durch freiwillige soziale oder ökologische Dienste, durch ehrenamtliche Betätigung. Ich plädiere hier ausdrücklich nicht für ein soziales Pflichtjahr, das manchem zum Allheilmittel dieses Defizits geworden ist. Ein Pflichtdienst – wie etwa der Wehrdienst – bedarf einer ganz besonderen, verfassungsfesten Legitimation. Der bloße Wunsch, jungen Menschen lange nach Ende ihrer Schulpflicht einen Gemeinschaftsdienst abzuverlangen, reicht dafür sicher nicht. Aber was hindert uns, das Angebot freiwilliger Gemeinschaftsdienste massiv auszuweiten und für diese Dienste zu werben? Der Satz: »Entweder alle – oder keiner« darf in einer freien Gesellschaft kein Maßstab sein. Wir sollten tun, was möglich ist, statt darüber zu klagen, daß manches unmöglich ist.

Die Schule des Lebens ist kein zweiter Bildungsweg, den man erst im lang hinausgezögerten Berufsleben beginnt; sie gehört schon zur Grundausbildung, die wir von Anbeginn breit genug anlegen müssen. Es ist zwar nötiger denn je, die Jugend mit allem geistigen Rüstzeug auszustatten, das uns technisch und wissenschaftlich zur Verfügung steht, aber das reicht längst nicht, um gereifte Persönlichkeiten entstehen zu lassen. Denn dazu gehört auch und vor allem soziale Kompetenz, die nicht aus Lehrbüchern zu erfahren ist, sondern nur in Konfrontation mit den Problemen des Lebens. Wer glaubt, junge Menschen vor dieser Zumutung bewahren zu müssen, sperrt sie in einen goldenen Käfig, der ihnen die Fähigkeit zur Verantwortung raubt.

Das Leben ist der Ernstfall, auf den wir die Jungen vorbereiten müssen, und es richtet sich nach keiner Theorie, sondern wird nur durch eigene Erfahrung beherrschbar. Der Begriff »Lebenserfahrung« mag aus der Mode gekommen oder gar in Verdacht geraten sein, ein Synonym für Unbeweglichkeit und Innovationsfeindschaft zu sein. Aber das ist falsch. Wir brauchen beides: den unbekümmerten Wissensdurst junger Menschen und zugleich die Herausbildung einer Verantwortungsethik durch handelndes Lernen, die auch dem Mitbürger und dem Gemeinwesen Tribut zollt.

Nach meiner Überzeugung ist die Jugend in ihrem ganz überwiegenden Teil bereit, Verantwortung in unserer Gesellschaft und für sie zu übernehmen. Das setzt freilich voraus, daß wir sie in den Stand dazu versetzen. Mehr noch: daß wir auf junge Menschen auch tatsächlich Verantwortung übergehen lassen. Gelegentlich ist die Klage über ein geringes Engagement der Jungen nur Beleg für einen Mangel an Bereitschaft der Älteren, Funktionen aus der Hand zu geben. Trauen wir den Jungen mehr zu! Auch deshalb sollten wir Älteren nicht an allen Stühlen kleben.

> »Ein schwatzender Gaukler klagte, es sei so wenig Gemeingeist unter den Menschen.
> Ein Bauer, der ihn hörte, antwortete ihm: ›Ich fordere von meinem Zugvieh keinen Gemeingeist, ich fordere von ihm nur Gemeinkraft.‹ Dieses Wort ist im Munde eines Mannes, der mit Vieh umgeht und das Vieh braucht, ganz passend, aber für das Menschengeschlecht ist es bei weitem nicht auf gleiche Weise anwendbar. Gemeinkraft ohne Gemeingeist ist für das Menschengeschlecht keine Menschenkraft, sie ist für dasselbe eine reine, völlig vom menschlichen Geist und vom menschlichen Herzen entblößte Tierkraft (...).
> Wir können es uns nicht verhehlen; der Geist und Sinn unserer Zeit ist in der Bildung der Gemeinkraft der Völker weit, sehr weit mehr vorgeschritten, als in der Bildung seines Gemeingeists.«
> *Johann Heinrich Pestalozzi*

Bernd Guggenberger

Wieviel Gemeinschaft braucht die Gesellschaft?

Jugendgemeinschaftsdienste – eine Forderung im Schnittpunkt zeitaktueller Debatten

Erosion des Politischen

Begriffe wie »Bürgergesellschaft« oder »Civil Society«, die sich seit Ende der 80er Jahre – nicht zuletzt auch unter dem Eindruck der revolutionären Bürgerbewegungen in Mittel- und Osteuropa – wachsender Beliebtheit erfreuen, verweisen darauf, daß Demokratie und Marktwirtschaft allein noch kein wohlgeordnetes und gut verfaßtes Gemeinwesen verbürgen. Die Anrufung der Bürgergesellschaft enthält den Hinweis auf jene dritte Dimension jenseits von Markt und Staat, ohne die das Gemeinschaftsleben nicht gedeiht. Die Verfechter der Bürgergesellschaft suchen die Verengung auf den staatsbürgerlichen Interaktionszusammenhang aufzubrechen, der traditionell im Bürgerbegriff mitschwingt. Sie sind bestrebt, neben dem *Staatsbürger* vor allem auch den *Gesellschaftsbürger* sichtbar zu machen, der sich bereits weit unterhalb der staatlich-politischen Ebene aufgerufen fühlt.

Dies wird nirgends deutlicher als in der Beobachtung, daß die bevorzugte Bühne des Bürgers längst nicht mehr die der offiziellen, soll heißen: der *staatlichen* Politik ist. Fast immer bringt Sprache auf den Begriff, was Sache ist: Das Wort »Bürger« dementiert in seiner aktuell gebräuchlichsten semantischen Zuordnung längst die konkurrenzlose Zugehörigkeit zur staatlich-politischen Sphäre. Wortverbindungen wie Bürgerprotest, Bürgerbegehren, Bürgerinitiative, Bürgerbefragung, Bürgerwille, Bürgerforum und Bürgernähe signalisieren allesamt die enge Verbindung zu den partikularen Kräften des vor- und außerpolitischen Raumes, zu neuen sozialen

Bezugsgrößen diesseits der Sphäre repräsentativer Allgemeinheit. Von der »Basis«, von den sozialvitalen Restgrößen des Lokalen und Regionalen her wird Politik neu entworfen und als Urteil wie als Impuls »rekonstruiert«. Die »volonté générale« spricht fast nur noch im Idiom der »particuliers«. Das »small is beautiful« betrifft längst die Politik entscheidender als die Wirtschaft, auf die es gemünzt war.

Man kann die Verkümmerung öffentlicher Verantwortung und den Verlust des Bürgersinns heute mit dem Niedergang der mittelalterlichen Dorfgemeinschaft vergleichen, als deren Mitglieder die Allmende, die Gemeinschaftsweide, ohne Rücksicht auf ökologische Regenerierbarkeit übernutzten und damit zerstörten. Wo das Gemeingut verkümmert, löst sich auch der soziale Zusammenhalt auf. Es droht die Dissoziation, das Auseinanderdriften in den richtungsindifferenten Partikularismus disparater Einzelinteressen ohne die zentrierende Gravitation des verbindlich Verbindenden.

Das Soziale bildet jene Humusschicht auf der Oberfläche des gesellschaftlichen Globus, aus der allein das Politische hervorwachsen kann. Die »Säuren der Modernität« (Max Weber), die, gleich Wasser, Eis und Wind, die Erdkrume des Sozialen auswaschen, vernichten zugleich den Nährboden für die Politik. Wider die Auszehrung des Sozialen ist kein politisches Kraut gewachsen.

Von beiden »klassischen« Widersachern der Politik: dem technologisch begründeten Sachzwang und dem Partikularismus der Gruppenegoismen, ist in den Auseinandersetzungen der 60er, 70er und 80er Jahre viel die Rede gewesen. Aber möglicherweise gibt es noch einen dritten, viel zu selten beachteten Widersacher der Politik, der sich, in vielerlei Gestalt, seit Beginn der 90er Jahre bemerkbar macht: das Geschwisterpaar der Indifferenz und Ignoranz, – jene problematische Mischung aus Gleichgültigkeit, sozialer Unverbundenheit und politischem Urteilsverfall; kurz: die ganze Palette jener Phänomene sozialer und politischer Entropie, welche der Politik, bewegte sie sich wirklich in einem geschlossenen System, den »Wärmetod« auf Niedertemperaturniveau bescheren müßte. Wie für alles Geschehen auf der Erde und im All gilt auch für die Politik: Nur Energie*gefälle* sind nutzbar, Intensitätsdifferenzen im Dafür und Dagegen; die vorhandene Menge – und sei sie noch so groß – gleichförmig verdünnter Beliebigkeit ist zu gar nichts nütze. Der im Großen unvermeidliche Fluß der Dinge aus der Konzentration in die Zerstreuung (»Dissipation«) scheint auch jenen Stoff einzubeziehen, aus dem Politik ist: die Ordnungsgefüge psychologischer und sozialer Verdichtung. Psychologische Beliebigkeit und soziale Unzurechenbarkeit bedeuten immer auch einen Verlust an politischer Verfügbarkeit. Wie Materie und Energie in unkonzentrierter, unendlich verdünnter Zustandsform nicht mehr verwertbar sind, so lässt sich auch die pulverisierte Schwundform sozialer Instant-Wesen nicht mehr zu Aggregaten der politischen Meinungs- und Willensbildung fügen. Auch der politische Prozeß lebt von jenen Inseln »niedriger Entropie« im *mare magnum* der Gleichgültigkeit und der Urteilsvakanzen, d. h., er ist immer wieder auf die Lagerstätten hochgradiger Konzentration der politischen Ausgangsstoffe: Leidenschaft und Sachverstand, Urteil und politische Überzeugung, Engagement und Besorgnis, Zivilcourage und die Kraft der Vorschau verwiesen.

Nur wer fordert, fördert!

In dieser Einführung sollte es darum gehen, den allgemeinen Kontext, den umfassenden gesellschaftlichen Rahmen sichtbar zu machen, in den die Forderung nach Jugendgemeinschaftsdiensten gestellt ist; zugleich sollte dies in einer Weise geschehen, die über das Analytische hinaus auch das *Appellative* dieses Vorhabens deutlich macht.
Das aber heisst im Sinne jener »starken Motive«, die das oben dargestellte »Manifest« benennt und die das gesamte Projekt rechtfertigen und plausibel machen: mit den hier vorgetragenen Überlegungen zu einem zeitgemässen Jungbürgerdienst wird nicht bloss Papier beschriftet. Stets geht es auch schon um das Umsetzen und das »Machen« – und sei es in Form des beharrlichen Nachweises: so könnte es gehen! Dabei sind auch Risikobereitschaft und der Mut zur Zumutung gefragt. Nur wer fordert, fördert! Nur wer auch unangenehme Wahrheiten sagt, sagt die Wahrheit. Wer inmitten einer Menschenmenge, die zum Biergarten drängt, lauthals dazu auffordert, zum Biergarten zu gehen, schreit sich umsonst die Kehle heiser. Nur wer nicht im Mainstream mitschwimmt, hat die Chance, dem Fluss ein neues Bett zu graben! Jeder Trend bringt Hör- und Aufmerksamkeitschancen für Gegenläufiges. *Diese* gilt es zu nutzen.
Früher begann der Tag mit einer Gesellschaftsschelte. Das beginnt sich ganz allmählich zu ändern. Inzwischen haben zumindest die Gebildeteren unter den Gesellschaftsverächtern erkannt, dass zuerst einmal eine Gesellschaft da sein muss, bevor man sie abschaffen oder ändern kann. Das will sagen: Das stets Prekäre des Sozialen, das immer nur Vorläufige, Zeitbedingte und Umständegeschuldete könnte wieder in die Wahrnehmungsperspektive eines allgemeineren Bewusstseins treten.
Gleichwohl haftet dem Begriff »Jugendgemeinschaftsdienst«, wie ihn das hier publizierte »Manifest« und die daran anschliessenden Beiträge verwenden, noch immer etwas Sperrig-Unzeitgemäßes an. Zum kommunikativen Introitus im Jugenddiskurs scheint er nur begrenzt geeignet. Versucht man mit Jugendlichen in der Sache des Jugendgemeinschaftsdienstes ins Gespräch zu kommen, so wirkt er regelmäßig als rhetorischer Stolperstein, wo nicht als semantischer Ärgernisgeber. Und fast ebenso regelmäßig kommt der Vorschlag, man müsse diesen Begriff »abschaffen«, »aus dem Verkehr ziehen«, »umdefinieren« etc.; geradeso, als sei alles lediglich ein Problem der Sprachpolitik und als gelte es nur, deren Beschlüsse kommunikationspragmatisch umzusetzen und ferner: als seien *Sprach*bewältigung und *Problem*bewältigung eins.
Vielleicht werden wir bereits hier, in diesen Hörempfindlichkeiten gegenüber dem Begriff und in der Vorstellung einer jederzeit möglichen, quasi marketingförmlichen Begriffskosmetik, zumindest teilweise auch des Problems ansichtig, welches sich für nicht wenige mit dem Anliegen des Jugendgemeinschaftsdienstes verbindet: Wer sich den Zumutungen verweigert, die in den Begriffskonnotationen mitschwingen, der wird sich auch den sozialen Zumutungen der Sache selbst nicht gerade allzu freudig öffnen; vielleicht auch wird er gar nicht dieselbe »Sache« im

Sinn haben und mit der sympathiefördernden Begriffsarbeit unter der Hand auch die Zumutungen des Dienstes selber hinwegdefinieren. Verwundern könnte dies nicht. Für die politische wie für die Alltagssprache gilt: Sag mir, wie Du von einer Sache sprichst, und ich sage Dir, wie Du zu ihr stehst.
Und in der Tat: Spuren dieser – z. T. sicher unbewußten – Abwehrhaltung lassen sich selbst noch in der in diesem Band vorgelegten Kommissionsarbeit, dem »Manifest«, beobachten: etwa dort, wo von den immer wieder unvermeidlich auch mit Frust und Lustaufschub einhergehenden Dienstzwängen wenig bis gar nicht die Rede ist, der zu erwartende Persönlichkeits-Mehrwert für die private Entwicklung und die berufliche Karriere (vor allem durch den Erwerb sozialer, kommunikativer und Fremdsprachenkompetenz) dagegen geradezu emphatisch ausgelobt wird.[1] Gewiß ist dies weder in der Sache einfach falsch noch in der Tonlage unangemessen. Jugendgemeinschaftsdienste können selbstverständlich auch die Umgangsfähigkeiten und die sozialen Kompetenzen des einzelnen auf breiter Front befördern, und dies wiederum kann ein sich rechnender Beitrag zur individuellen Lebens- und Karrierefitness sein, der anders nicht erreichbar ist; etwa so, wie eine entbehrungsreiche Jugend mit frühen Askesezwängen und Verantwortungspflichten zu einem disziplinierten, selbstbewußten und autarken Lebensstil befähigen mag. Und doch ist es ein wichtiger Unterschied, ob alles, was der nachwachsenden Generation zugemutet wird, erst das Nadelör der individuellen Renditeerwartung und der legitimierenden Karriereförderlichkeit passieren muß, oder ob eine Gesellschaft das Selbstbewußtsein und den Mut aufbringt, allen ihren Mitgliedern, ohne semantische Abwiegelungs- und Ablenkungsmanöver, das Zumutbare zuzumuten. Noch einmal: nur wer fordert, fördert. Wer sich der Marketing-Psychologie der wohlfeilen »Fit-for-Fun«-Verheißungen nicht immer wieder versagt, verspricht gleichsam anstrengungsfrei jene Gratifikationen, die nur als Frucht autonomer Anstrengung zu haben sind. Die soziale Pädagogik fernerer Zeiten baute einst in schnörkelloser Gradlinigkeit auf ein Programm der »Zumutungen«: »per aspera ad astra – durch Mühen und Härte zu den Sternen«. Hier waltet noch die Schärfe jener Dialektik, welche in jedem Augenblick darum weiß, daß der Gang zu den Sternen nicht mit Fun, Gags und der Maximierung von individuellem Lustgewinn geebnet wird.
Muß man deshalb aber gleich in den dunklen Bierernst des Blut-, Schweiß- und Tränenappells verfallen? Natürlich nicht. Doch erscheint es auch unter dem Aspekt nachhaltigen Politikmarketings bedenkenswert, ob in Sachen des Gemeinschaftsdienstes langfristig nicht die schmucklose Redlichkeit des Tugend- und Pflichtenjargons, so irritierend unzeitgemäß und »old fashioned« sie in vielen Ohren klingen mag, weiterträgt. Spaß versprechen schließlich alle. Wer »Mühen und Härte« nicht verleugnet und sprachpolitisch verschleiert, nutzt zumindest die Hör- und Aufmerksamkeitschance für das ganz Andere.
Wahrheit war immer schon die Schwester der Klarheit. Und dies sollte, jenseits aller akzeptanzfördernden argumentativen Eingewandungen *klar* sein: Wer sozial rücksichtslos handelt, wer sozialen Ballast abwirft, um auf dem Rundkurs der »Karriere«

---

1 Vgl. z.B. dieser Band, S. 22.

leicht und schnell zu sein und sich den entsprechenden Vorsprung zu sichern, darf nirgends das Gefühl haben, dafür von der Gemeinschaft auch noch mit Achtung, Ansehen und geldwerten Vorteilen belohnt zu werden.

Darüber hinaus aber müssen wir uns wohl vor allem vor den eigenen, unbemerkt mitgeführten Widersprüchen hüten. Es kann nur eines gelten: Entweder wir loben »die Jugend« für ihre beispielhafte Karriere- und Zukunftsfitness, bzw. die kompromisslose Orientierung an deren mutmasslichen Erfordernissen, – dann aber dürfen wir nicht gleichzeitg über ihren hedonistisch-individualistischen Sozialattentismus zetern, über den Verlust an solidarischer Zuwendung, an Geduld, sozialer Anteilnahme und Gemeinschaftswerten; oder aber wir tadeln sie für ihre Selbstversessenheit, für soziale Härten, für den geradezu bekenntnisinnig beglaubigten Vorrang für Klamotten, Konsum und Karriere, – dann dürfen wir aber nicht gleichzeitig das Hohe Lied der Selbstverantwortung, der eigenständigen Daseinsvorsorge, der Konzentration auf Erfolg in Beruf und gesellschaftlichem Leben anstimmen.

Wen wir auf geschmeidige Effizienz und beruflichen Erfolg festlegen wollen, den dürfen wir nicht schelten, wenn er auf dem Ohr der Gemeinschaftsrhetorik und des Sozialen weniger musikalisch ist; und es macht schließlich auch wenig Sinn, die Republik zu verkabeln und das virtuelle Klassenzimmer zu favorisieren und sich gleichzeitig zu wundern, wenn das Soziale vor der Haustür und in der Echtzeit des Lebens Not leidet.

Generationstypische Wahrnehmung

Was schon die von der Robert Bosch Stiftung einberufene Kommission zutage gefördert hatte, bestätigte sich auch auf einer ganzen Reihe von Foren, Podien und Konferenzen zum Thema Jugendgemeinschftsdienste und findet sich nun auch als mal eher latente mal eher explizite Konfliktverlaufslinie in diesem Sammelband: jener *Generationensplit* in der Wahrnehmung, Bewertung und kontextuellen Positionierung von Jugendgemeinschaftsdiensten, welcher sich zuvorderst an der Beantwortung der Frage nach *Freiwilligkeit oder Pflicht* festmachen läßt. In der Tendenz wird diese oder werden verwandte Fragen von den über 45jährigen signifikant anders beantwortet als von den Jüngeren.

In allgemeinerer Form läßt diese Frage sich auch so zuspitzen: Soll sich der Staat und sollen sich die Parteien bei den »Zumutungen« an die Adresse der Bürger tunlichst zurückhalten oder verfehlen sie gerade dann ihren (ungeschriebenen) Auftrag, wenn sie dem Bürger »das Zumutbare« nicht zumuten?

Auf den unterschiedlichen Bühnen der Auseinandersetzungen und Debatten zeigte sich immer wieder in größerer oder geringerer Deutlichkeit, daß es eine lebensalterstypische Voreingenommenheit im Umgang mit dieser Kernfrage des sozialen Engagements gibt. Während die Jüngeren sich in der Beschreibung der Problemlandschaft lager- und parteiübergreifend eher in der suggestiven Semantik der Selbstverwirklichung bewegten, zeigten die Älteren deutlich weniger Scheu, in den rhetorischen Gefilden des Pflichtenjargons und der Gemeinsamkeitsappelle zu schweifen. Wir finden bei den Jüngeren im Allgemeinen größere Nüchternheit, auch eine aller falschen Sozialheuchelei abholde, ungeschönte Ehrlichkeit. Bekenntnisscham jedenfalls, auch wenn es um die eigenen, höchst trivialen Gelüste geht, ist hier fast gänzlich unbekannt. Die Älteren scheint bei ihren Stellungnahmen zum Thema fast durchweg die Sorge zu leiten, die Sprache des sozialen Zusammenhalts könnte sich, bis an den Rand der Verständigungsunfähigkeit, verflüchtigen. Sie beharren darauf, daß beide: Staat *und* Gesellschaft, nicht zum moralischen Nulltarif zu haben sind: Ein Staat, der seine Bürger nicht immer wieder mit begründbaren und begründeten Pflichten konfrontiert, unterläßt Entscheidendes zur eigenen langfristigen Daseinsvorsorge.

Es ist gewiß nicht unwichtig, die Tatsache einer generationstypischen Wahrnehmung und Beurteilung des Sozialengagements – hie wie da – ins Gedächtnis zu rufen. Dies zu erinnern bedeutet ja alles andere, als schwarze von weißen Schafen zu sortieren. Im übrigen kann es ja auch gar nicht verwundern, daß »die Jungen« beispielsweise über einen sozialen Pflichtdienst deutlich anders denken als die Älteren. Zum einen sind sie mehrheitlich vorderhand selbst eher Erbringer denn Nutznießer sozialer Dienste, jedenfalls dort, wo es um *Jugend*gemeinschaftsdienste geht; zum anderen aber wollen die Zumutungen einer kontinuierlich abzuleistenden Sozialpflicht scheinbar so gar nicht mit jenen anderen Zumutungen einer hypermobilen Gesellschaft zusammenstimmen, zu deren Ferment und sozialem Träger die nachwachsende Generation gern stilisiert wird: Jene amöbenhaft dauerbeweglichen, weder auf Menschen und Orte, noch auf Tätigkeiten und Weltanschauungen festgelegten Statthalter der »zukunftsfähigen« Individualistengesellschaft, die derzeit als »Bastelbiographen« in Sachen des eigenen Lebensentwurfs durch Feuilletons und Soziologenseminare geistern,[2] sind sozial wurzellose Schwebegewächse, los und ledig aller dauerhaften Bindungen und Festlegungen, – auch und gerade solcher der unverrückbaren Persönlichkeit und der eindeutigen Biographie. Multiple Identitäten, die nichts anerkennen als die situative eigene Stimmung nebst zugehörigem Rollenpart, sind nicht besonders verantwortungs- und pflichtenmusikalisch. Wer wollte es ihnen verdenken? Wären sie anders, dürften sie nicht als Hoffnungshelden jener vorbildlos neuen Zukunftsgesellschaft gelten, in der Innovation, Beweglichkeit und Rollenwechsel zu Zielwerten eigenen Rechts erhoben werden und in der nur gilt, daß nichts unumstößlich gelten darf, weil es der grenzenlos vorgestellten Mobilität Grenzen setzte.

Die Jugend ernst nehmen!

Anliegen dieses Sammelbandes ist, zur Initiative für eine soziale und politische Kampagne in Sachen des Jugendgemeinschaftsdienstes beizutragen. Das Schädlichste im Sinne dieses Vorhabens wäre, den Adressaten, die Jugendlichen und ihre

---

2 Vgl. paradigmatisch *Ulrich Beck*, Demokratisierung der Familie, in: Palentien, Hurrelmann (Hrsg.), Jugend und Politik, Neuwied u.a. 1997, S. 47-67.

Organisationen, nahestehende Erwachsene und die Öffentlichkeit, zu unterfordern und damit »die Jugend«, um die es geht, wieder einmal nicht wirklich *ernst* zu nehmen; denn wer ihr nur sagt, was sie hören will, nimmt sie nicht ernst. Wer ihr das Zumutbare nicht zumutet, bleibt schuldig, was die Erwachsenengeneration den Nachwachsenden – neben dem Zuhören – wie nichts sonst schuldet: den *Widerspruch mit Gründen*.

Dem Verdacht einer nur aufmerksamkeitszyklischen Jugendbeschäftigung entgeht man am ehesten, wenn man sich rückhaltlos und offen mit den Problemen der Gesellschaft selbst befasst. Ohne Rückbezug auf den Problemhaushalt der Gesamtgesellschaft hängen »jugendpolitische« Deutungen und Absichtserklärungen in der Luft. Glaubwürdig ist am ehesten, wer die Jugend ohne Wenn und Aber in die Verantwortung für die Probleme der Gesellschaft einbezieht: die Verantwortung für eine verbindliche Organisation der weltweiten Solidarität, für einen neuen Sozialkontrakt, für eine tragfähige Balance zwischen dem individuellen Erwerbsdasein und gemeinnützigen Solidaraktivitäten in der Freizeit, für den intergenerationellen Ableich im Geben und Nehmen, für die künftigen Lebensbedingungen, für die Identität schliesslich jener Gesellschaft, die nach der alten Arbeitsgesellschaft kommt. Im Idealfall bieten Jugendgemeinschaftsdienste dem Betätigungswillen Jugendlicher in diesen sozialen Brennpunkten einen sinnvollen *Handlungsrahmen*.

Zum Ernst*nehmen* »der Jugend« gehört zunächst, das Ernst*meinen* dessen, was wir ihr sagen und was wir ihr zumuten und von ihr fordern. In Wort und Sache der Jugendgemeinschaftsdienste, aber auch in der geschichtlichen Erfahrung mit vergleichbaren Sozialinitiativen steckt, wie immer man dies auch dreht und wendet, letztlich als Kern doch, dass für junge Menschen eine besondere Notwendigkeit besteht, *Gemeinschaft* (wir würden heute sagen: *soziales Verhalten, Zivilcourage, Solidarität*) systematisch *einzuüben*. Die Meister des Sozialen fallen nicht vom Himmel. So, wie wir als gehfähige Wesen zur Welt kommen, aber viel Trainingsschweiss vergiessen, um schnelle oder ausdauernde Läufer zu werden, so kommen wir eben auch nur als sozialfähige (und sozialbedürftige!) Wesen zur Welt, und es bedarf der ausdauernden Übung, vielleicht auch der Anleitung und kontrollierten Unterweisung, ehe wir zur sozialkompetenten oder gar sozialvirtuosen Zeitgenossen avancieren.

In Jugendgemeinschaftsdiensten geschieht vieles und vieles aus höchst unterschiedlichen Motiven und mit unterschiedlichem Akzent. Näher besehen aber geht es stets um die Tradierungs- und Kontinuierungspflichten in der Sache des Sozialen. In Jugendgemeinschafts*diensten* wird von Jugendlichen Gemeinschaft eingeübt durch – auch dies nicht ganz zu vergessen – *Dienen*! Im Mittelpunkt stehen eben nicht die Endlosschleifen von Fun und Selbstverwirklichung, sondern die Fähigkeit zur Selbstüberwindung und zur Selbstdisziplin, manchmal vielleicht sogar zur Entsagung, zum Verzicht, zum Altruismus. Natürlich steht nirgends geschrieben, dass Altruistisch-Sein nicht auch Spass machen darf, doch ist die quasi professionell animierte und produzierte Unterhaltung keineswegs das »Zentralgestirn«, um das sich alles dreht, wie die Event-Society dies propagiert.

»Selbstbeherrschungsfähigkeit« weit mehr als »Selbstverwirklichung« legt langfristig den Grundstein für ein subjektiv als »glücklich« und »geglückt« empfundenes Leben. Das Individuum ist nicht das Mass aller Dinge; für das Überleben in der Welt von morgen sind soziale Innovationen, kollektive Verbindlichkeitsarrangements und die Qualität des Gemeinschaftslebens von ebenso grosser Bedeutung. Jugendgemeinschaftsdienste können zur Qualitätsverbesserung des defizitären Gemeinschaftslebens einen entscheidenden Beitrag leisten.

Generationengerechtigkeit

Auch die Jugendphase steht im Zeichen der allgemeinen Verunsicherung. Wenn es an Vertrauen in die Zukunft mangelt, dann »betrifft« das vor allem jene Entwicklungsphase, die fast ganz von der Option auf Zukunft lebt – die Jugend. Gehört der Jugend nun die Zukunft? Die optimistischen, zukunftszugewandten Konnotationen verschwinden. Das hat zum einen mit dem allgemeinen »Zukunftsgewissheitsschwund« (Hermann Lübbe) zu tun, der die Hoffnungen und Sehnsüchte einer ganzen Epoche mit Unsicherheit und Bangen grundiert; zum anderen aber mit der psychologisch fatalen Ausdehnung der Jugendphase als eines sozialen Moratoriums nur vorläufiger Gültigkeit und eingeschränkter Teilhabe. Wenn das »Provisorium« Jugend gar nicht mehr enden will, dann vervielfacht diese anomische Sozialerfahrung noch die zwieschlächtigen Einstellungen und Gefühle, die sich mit diesem biographischen Abschnitt ohnehin verbinden.

In den Bestandsaufnahmen zum »Zustand des Sozialen« mischen sich meist Analyse und Kritik, Beschreibung und Appell: der Freisetzungs- und Individualisierungsschub der 90er Jahre, der Familienbande gelockert, berufliche Bindungen gekappt, »Klassenlagen« verwischt, Milieuidentitäten aufgelöst hat; der Hedonismus und die soziale Härte der »Joystick-Generation«, der »Cool-Sein« und »Fitness for fun« über alles gehen; die sozialerosive Drift von Medien- und Konsumwelt; Erlebnisgier und Unterhaltungssucht, die uns alle mehr oder weniger zu Sozialpatienten degradieren; der Verlust der sozialen Utopien und der politischen Ideale, der uns ganz aufs Private, auf die bornierten und bornierenden »Idia« zurückwirft; die sozialimplosive »Tyrannis des Ökonomischen«, die altruistische Motive: Solidarbereitschaft, Zukunftsverantwortung, Engagement fürs Gemeinwohl, entwertet und außer Kraft setzt.

So sehr sich die Defizienzbefunde oft gleichen – bei der Frage, wie Ansatzpunkte für neue Formen des Sozialwohlstands, für neue Formen von Solidarität und Gemeinsinn sich gewinnen lassen, scheiden sich die Geister. Die Autorinnen und Autoren des Manifests und mit ihnen auch nahezu sämtliche für die Kommentare und Beiträge dieses Sammelbandes Verantwortlichen allerdings sind sich darin einig, daß die erwünschte und für nötig befundene Revitalisierung und Erneuerung des Sozialen sich weder durch Moralappelle noch durch »Ruck«-Impulse herbeizwingen lassen. Das Soziale ist, wie alles, was sich nicht herstellen läßt, sondern wächst, der sorgfältigen Pflege, der Schonung und der aktiven »Wiederaufforstung« bedürftig. So, wie man für Garten und Landschaft Bedingungen angeben kann, unter denen etwas wächst und gedeiht, so lassen sich auch strukturelle Voraussetzungen für ein krisenfestes, qualitätvolles Gemeinschaftsleben benennen.

Die Debatte um Jugendgemeinschaftsdienste darf nicht suggerieren, es ginge darum, den Jungen noch mehr aufzubürden. Die Generationenlast, die sie zu schultern haben werden und die ihnen die große (Interessen-)Koalition aus Aktiven und Alten zubemißt, ist beispiellos. Diese Feststellung zielt nicht auf das, was der einzelne Heranwachsende heute konkret für sein Gemeinwesen zu leisten hat. Sie zielt auf das außer Balance geratene System der Lastenverteilung zwischen den Generationen. Hier bereitet unser Erbe den Jungen nicht nur Anlaß zur Freude: Überall werden mit den Entscheidungen der Gegenwart die »Müllhalden der Zukunft« (Ulrich K. Preuß) errichtet; das gilt wortwörtlich beim Abfall und den zerstörten, vergifteten und übernutzten Böden, den berstenden Megalopolen überall auf der Welt; das findet seine Fortsetzung in den Hinterlassenschaften des Bildungsnotstands und der sich auftürmenden innergesellschaftlichen und zwischenstaatlichen Konfliktlandschaften; das endet schliesslich bei der exorbitanten Staatsverschuldung.

Kann es eigentlich verwundern, daß eine neue »skeptische Generation« (Helmut Schelsky) die allfällige Begeisterung bei der Übernahme des Staffelholzes in der Generationenfolge vermissen läßt? Jener imaginäre »Generationenvertrag« ist längst ein ungleichgewichtiges und dringend (nach-)verhandlungsbedürftiges Paktwerk. Rechte und Pflichten zwischen den Generationen sind neu zu tarieren. Auf die Frage: Was können wir, die Älteren, den Nachwachsenden zumuten, was dürfen sie billigerweise von uns erwarten?, – auf diese Doppelfrage sind längst keine »naheliegenden« Antworten mehr zu finden, aus denen sich ein schlüssiges Bild der wechselseitigen Verpflichtungen und Rücksichtnahmen gewinnen ließe.

Wenn von Pflichten die Rede ist, ist es gut, die Schopenhauersche Definition samt der daran geknüpften Ermahnung im Ohr zu haben: nicht einfach alles, d.h. jede x-beliebige »lobenswerte Handlungsweise« – vom Platzfreimachen für Alte und Gebrechliche bis zur Mitwirkung beim Müllsortieren – zur *Pflicht* zu stilisieren. Was *Pflicht* ist, muß auch *Schuldigkeit* begründen: »Pflicht, tò déon, le devoir, duty *ist also eine Handlung, durch deren bloße Unterlassung man einen anderen verletzt, d.h. Unrecht begeht.*«

Man sollte sich sehr genau überlegen, welche *Schuldigkeit* begründenden *Pflichten* man in diesem strikten Sinn sozial verbindlich machen will. Legt man diese Definition zugrunde, dann war es vielleicht doch weise, wenn die von der Robert Bosch Stiftung eingesetzte Kommission letztlich davor zurückschreckte, den Jugendgemeinschaftsdienst in solch striktem Sinn unter die unaufkündbaren Sozialpflichten zu rubrizieren.

Politik als generationenübergreifende Gemeinschaftsaufgabe

Jugendgemeinschaftsdienste als »Regelfall« sozialen Lernens und sozialer Interaktion während eines fest umschriebenen biographischen Abschnitts sollen vor allem einen deutlichen Beitrag zur Verbesserung der *Beteiligungsgerechtigkeit* leisten. Das Ziel ist eine »*aktive Gesellschaft*«,[3] eine Gesellschaft von hoher »*responsiveness*«, wie die amerikanischen Kommunitaristen dies formulieren.[4] Das bedeutet aber vor allem: eine Gesellschaft, die jedem offensteht, die keinen ausgrenzt und die alle Motive, Vermögen, Fähigkeiten und Bereitschaften bündelt; eine Gesellschaft, die im Prinzip erst dann in vollem Umfang »gelungen« ist, wenn alle sich einbringen können und einbringen wollen. Jugendgemeinschaftsdienste fungieren gewissermassen als Motor und Förderband bei der Umsetzung dieser Vision einer »*responsible society*«. Sie sollen für möglichst viele Betroffene Zugangs- und Beteiligungschancen öffnen und sichern und auf diesem Weg das vorhandene und das nachwachsende Sozialkapital pflegen und nutzen. Es darf dabei jedoch keineswegs darum gehen, unter dem Eindruck knapper Kassen der jungen Generation, die sich nicht zu wehren weiss, zusätzlich zu den vorhandenen, *neue* Lasten aufzubauen. Wenn mit den Jugendgemeinschaftsdiensten nicht erkennbar auch die überfällige Investition in die darniederliegende Generationengerechtigkeit verbunden ist, werden sie keine verlässliche Verankerung in der Gesellschaft finden können.

Wie ist es hier, bei den Fragen der Generationengerechtigkeit, um unsere Bestände bestellt? Werden wir nicht, je unmerklicher umso unvermeidlicher, zu geschichtslosen Jetztzeit-Wesen, zu erinnerungslosen »Nur-Erwartern« (Odo Marquard), die rücksichtslos alles tun, was sie im Augenblick tun können, ohne Besorgnis um Folgen und Folgekosten für die Welt der Nachgeborenen?

Der Mensch ist kein Solitär. Er handelt stets in Gemeinschaft, zumindest aber in der Auseinandersetzung mit anderen. Doch ist er hierbei nicht nur auf die Mitlebenden verwiesen. Es gibt bleibende, in der Zeit überdauernde gemeinschaftliche Interessen, deren Zwecke nicht in den Werken einer Generation einzuholen sind. Hierin liegt wohl das Mysterium des Sozialen ebenso begründet wie die unvergleichliche Dignität des wahrhaft Politischen. Es wäre frevelhaft, meinte der konservative englische Staatsphilosoph Edmund Burke, den Staat wie eine »alltägliche Kaufmannssozietät«, wie einen blossen »Gemeinhandel mit Pfeffer und Kaffee« zu betrachten, als bürgerlichen Privatkontrakt, den man jederzeit aufkündigen könne. Der Staat ist ihm nicht bloss »Gemeinschaft in Dingen, deren die grobe tierische Existenz des vergänglichen Teils unseres Wesens bedarf, er ist eine Gemeinschaft in allem, was schätzbar und gut und göttlich im Menschen ist. Da die Zwecke einer solchen Verbindung nicht in einer Generation zu erreichen sind, so wird daraus eine Gemeinschaft zwischen denen, welche leben, welche gelebt haben, und denen, welche noch leben sollen.«

---

3   So schon *Amitai Etzionis* Hauptwerk von 1968 (»The Active Society«, dt. Opladen 1975).
4   Zu den Kommunitaristen rechnen vor allem die Philosophen *Alasdair MacIntyre* und *Charles Taylor*, der Soziologe *Robert Bellah*, der Ökonom *Amitai Etzioni*, der Historiker *Christopher Lasch* und der Politikwissenschaftler *Michael Walzer*.

Wo wir keine innige Gemeinschaft mehr pflegen mit denen, die waren, reisst auch der Funkkontakt zu denen, die nachkommen. Sensibilität und Bereitschaft, die Unversehrtheit *ihrer* Lebensbedingungen in die Entscheidungen des Tages miteinzubeziehen, nehmen Schaden. Ohne das Korrektiv der nachwirkenden Vergangenheit können Verbindlichkeiten über die Grenzen der Generationen hinweg nicht gedeihen. Auch Verantwortung und freiwillige Teilhabe erblühen nur, wo Gedenken und Gedächtnis über die Generationen hinweg uns nicht abhanden kommen.

Jugendgemeinschaftsdienste – der themenpolitische Kontext

Gegenstand dieses Sammelbandes sind nicht die Jugendfreiwilligendienste in sozialtechnisch verengter Perspektive; dies wäre wohl ein zu begrenzter Gesprächsrahmen für einen wohlgezielten Debattenstein, der in den trägen Wassern öffentlicher Resonanz Kreise ziehen soll. Es geht vielmehr darum, Jugendgemeinschaftsdienste in ihrem Ideenkontext und Debattenzusammenhang als eine Forderung im Schnittpunkt einer Vielzahl erstrangiger zeitaktueller Erörterungen und Diskurse zu etablieren.

Denn so spröde manchem das Thema der Jugendfreiwilligendienste auf den ersten Blick anmuten mag, – es liegt unübersehbar im Schnittpunkt einer ganzen Reihe von zeitaktuellen Problem- und Debattenverlaufslinien, die wir zu Recht als spannend und zukunftsweisend einstufen. Mit an vorderster Stelle zu nennen ist der Kontext der Globalisierung, welche das politische und ökonomische Handeln auf eine von Grund auf andere Basis stellt, mit neuen Herausforderungen, neuen, transnationalen Akteurstypen, neuen Organisationsformen, neuen Instrumenten der Mitwirkung, vor allem aber einem neuartigen »Denken über den Staat hinaus«; sodann geht es um die keimende Einsicht in die Bedeutung des »moralischen Kapitals« einer Gesellschaft; um die Einsicht, daß Gemeinsinn, Verantwortung und Bürgertugend auch ökonomische »Ressourcen« repräsentieren, d.h. daß sie in letzter Instanz jene Bürgerordnung tragen, von welcher die neoliberalen Marktapologien wie selbstverständlich profitieren, ohne sie hervorgebracht zu haben und ohne zu ihrer Erneuerung beizutragen. In der Spur dieser Einsicht bewegt sich auch jener neueste Wertewandel, der dem ungehemmten Individualismus eine nicht weniger scharfe Absage erteilt wie dem sozialfeindlichen Anspruchsdenken und der passiven Betreuungsmentalität und der selbst durch den »Habitus« sozialer Sensibilität und Solidarität, durch Verantwortung und Teilhabe gekennzeichnet ist; diese Haltung trifft sich mit der analytischen und fiskalischen Begründung der Grenzen sozial- und wohlfahrtsstaatlicher Gestaltungsfähigkeit: Der interventionspolitisch auf Diät gesetzte, sich verschlankende Staat appelliert nicht von ungefähr an die Selbstverantwortung und die Solidarität seiner Bürger. Die klaffenden Lücken des sozialen Netzes sind ohne eine Aktivierung der bürgergesellschaftlichen Sozialkompetenz nicht zu schließen. Selbst die Wirtschaft entdeckt neuerdings emphatisch im Rahmen der von ihr geförderten »Sozialeinsätze« von Mitarbeitern die brachliegende Ressource »Sozialkompetenz«.

Ein weiterer Zusammenhang ist mit der Formel vom »Ende der Arbeitsgesellschaft« im Sinne der Vollerwerbsgesellschaft mit punktgenauer Berufsausbildung und lebenslanger Festanstellung umschrieben: Freiwilligenarbeit wird gerade für die jugendlichen »Einsteiger« zum Qualifikations- und Beziehungssprungbrett fürs Erwerbsleben. Die entscheidende Herausforderung der Mitglieder dieser »Nacherwerbsgesellschaft« wird darin bestehen, eine neue, arbeitsjenseitige Identität zu finden, eine neue Lebensbalance zwischen den Erwerbssystemen, den Institutionen der Freizeitwelt und neuen Formen der Eigen-, resp. Bürgerarbeit vor allem in den Bereichen der sozialen und kulturellen »Reproduktion«. Hier fügt sich unmittelbar ein Problemzusammenhang an, ohne dessen Berücksichtigung sich das Phänomen der Freiwilligkeit nicht restlos aufschließt – der beziehungsreiche Kontext des »Imperialismus des Ökonomischen« und der gegenläufigen Versuche, ihn zurückzuweisen und einzudämmen: So belastend und anstrengend unentgeldliche Einsätze in sozialen Brennpunkten sein können, so viel Raum für zwischenmenschliche Begegnungen und Kontakte können sie eröffnen, soviel Anerkennung und Bestätigung vermitteln. Hinzu kommen Diskussionsfelder und Debattenzusammenhänge wie »demographische Entwicklung« und »neuer Generationenvertrag«, Individualismus und Postmoderne, Kommunitarismus und Zivilgesellschaft, Gemeinschaft versus Gesellschaft, Freiwilligkeit contra Pflicht, die alle in diesem Sammelband, an unterschiedlicher Stelle, behandelt werden.

Bleibt schließlich ein letzter Zusammenhang – die enge Verbindung von Idee und Sache der Jugendgemeinschaftsdienste mit der *allgemeinen Wehrpflicht* und dem an sie gekoppelten Zivildienst: Fällt die Wehrpflicht, wird die Bundeswehr Freiwilligen- und Berufsarmee, wie ihr dies bereits von einer Reihe anderer westlicher Verteidigungssysteme vorexerziert wird, so fällt auch der Ort, an dem junge Menschen in großer Zahl einen sichtbaren und verbindlichen Dienst für ihr Gemeinwesen erbringen.

Erfahrung gelingender Kooperation – neue soziale Lernorte für die Bürgergesellschaft

In fast allen Beiträgen dieses Bandes werden die *sozialen Lerneffekte* eines freiwilligen Sozialengagements hervorgehoben und gewürdigt. Und in der Tat – man kann diesen Aspekt kaum überpointieren: Das Vertrauen in die Möglichkeiten solidarischer Kooperation kann in der pluralen und säkularen Welt nur aus der vielfachen *Erfahrung gelingender Kooperation* erwachsen. Im günstigsten Fall vermitteln Jugendgemeinschaftsdienste den so wichtigen Einstieg in die erfahrungsverbürgte Erfolgsspirale aus (gelingender) Zusammenarbeit und darauf fußendem Vertrauen.

Unter den Bedingungen einer nachreligiös-partikularen Gesellschaft pflanzen sich Gemeinsinn, Bürgertugend, Wille und Fähigkeit zur aktiven Kooperation über die Generationen hinweg wohl nur fort, wenn die Gesellschaft in ausreichendem Maße *soziale Lernorte* anbieten kann, Gelegenheiten des aktiven Erfahrungserwerbs, die von der Mehrzahl der Interessierten als einleuchtend und akzeptabel empfunden werden. Ohne diese Lernorte können Fähigkeit und Bereitschaft zur sozialen Verantwortung nicht gedeihen.

Der Beitrag freier Bürgerinitiativen aus der Mitte der Gesellschaft ist in Deutschland noch immer eine zu entdeckende Ressource.[5] Noch immer deuten wir die soziale Landschaft im Schema strenger Ausschließlichkeit: *Markt* oder *Staat*. Tertium non datur. Unsere Geschichte ermutigt uns nicht allzusehr, auf die gesellschaftlichen Möglichkeiten der Selbsthilfe zu vertrauen. Daß es dieses »Dritte« aber gleichwohl gibt: den selbstaktiven, solidarisch handlungsfähigen Bürger diesseits von staatlicher Betreuung und bürokratischer Anleitung, aber auch diesseits der Logik marktförmiger Vermittlung – dies ist eine der Erfahrungen, die sich auf vielfältige Weise mit den Freiwilligendiensten verbinden.

Neben Markt und Staat steht als Kraftreservoir und »Sphäre eigenen Rechts« – die Gesellschaft als Vereinigung aktiver, selbstbewusster, verantwortungsbereiter Bürger. Weder die »Verstaatlichung des Gemeinsinns« noch seine »liberalistische Privatisierung« in der Marktökonomie ergeben ein zureichendes Bild des gesellschaftlichen Handlungsrahmens. Die ihrer selbst bewußte Gesellschaft vermag *mehr* und *anderes* – und dieses »Andere« und dieses »Mehr« auch meist *kostengünstiger* als die Akteure von Markt und Staat: »*More for less*« ist keine unzutreffende Charakterisierung sozialer Selbsthilfeaktivitäten.[6]

Auch Jugendfreiwilligendienste sind solche sozialen Selbsthilfeaktivitäten – Hilfen *für* die Gesellschaft *aus* der Gesellschaft. Die Tage, da ein jeder mit seinen Sorgen und Nöten ausschließlich auf das Eingreifen des vormundschaftlichen Staates setzte, scheinen gezählt. Maßgeblicher allerdings als das wachsende Vertrauen in die eigene Kraft scheint hierfür gegenwärtig die Erfahrung zu sein, daß sich die staatlichen Handlungsspielräume in den zurückliegenden Jahren auf allen Ebenen der Politik dramatisch verengt haben.

Die vielbeschworene »Globalisierung« ist ja, näher besehen, nur eine andere Formel für Ohnmacht und Abdanken der Politik. Wir befinden uns in einem Prozeß des tiefgreifenden Gestaltwandels des Politischen, bei dem nicht nur die Karten im Spiel zwischen nationalen und transnationalen Akteuren neu gemischt werden, sondern auch jene im Spiel zwischen dem mit der Allzuständigkeitsvermutung versehenen Staat und den selbstverantwortlichen, gestaltungswilligen Bürgerinnen und Bürgern. Die Politik wechselt die Form, und neue Spieler betreten die Bühne. Es bilden sich vielgestaltige Verbindungen und komplexe Netzwerke. Alte Mittelpunkte sinken zur Peripherie herab, neue Zentren, neue Dreh- und Angelpunkte der sozialen Problemlösungsfähigkeit beginnen sich zu etablieren. Den Bürgerinitiativen und Selbsthilfegruppierungen auf der innerstaatlichen Ebene entsprechen dabei die neuen Akteure und Formationen einer »*global governance*« auf der interstaatlichen Ebene wie *Global Citizen, Greenpeace, WWF* und *Amnesty International*. Irgendwo

---

5   Diese Aussage gilt trotz eines temporären Zwischenhochs in Sachen Bürgerinitiativen während der 70er und 80er Jahre; vgl. v. Verf. »Bürgerinitiativen in der Parteiendemokratie«, Stuttgart u.a. 1980.
6   Vgl. hierzu eingehend den Beitrag von *W. Dettling* in diesem Band, S. 439 ff.

in diesem institutionenpolitischen Neuland zwischen »*local*« und »*global governance*« ist auch der soziale Ort der Jugendgemeinschaftsdienste; sie gehören zu jener Welt sich neu formierender Sozialakteure, die allenthalben – lokal und weltweit – sich einmischen, mit»regieren« und mitgestalten und sich dabei nicht als Konkurrenten, sondern als Partner und Helfer der etablierten Politik und der zuständigen Sozialeinrichtungen sehen.

Was ist eigentlich »sozial«?

Sechzig Prozent der Jungwähler wollen mit Politik nichts zu tun haben, weil »die da oben ohnehin machen, was sie wollen«. »Gemeinwohlbezogene Äußerungen sind selten; es gilt nicht als cool, sich für die Belange anderer einzusetzen«, schreibt Susanne Gaschke über die deutsche Jugend der Jahrtausendwende. Zur Frage, wie sich dies ändern könnte, fällt ihr indes auch nicht gerade Weltbewegendes ein: »Irgendwie (!) muß es gelingen, *Gemeinwohlorientierung* wieder salonfähig zu machen« und »die Neue-Härte-Rhetorik des Individualisierungszeitalters« zu überwinden.[7] Na bitte. Geahnt haben wir dies seit Geraumem schon. Doch was den frohgestimmten Tatendrang »irgendwie« hemmt, ist eben jenes verflixte *Irgendwie*. Darin ist schließlich nicht weniger als der ganze abgrundtiefe Hiatus zwischen Denken und Tun erfasst. Doch immerhin – eine kleine »Antwort« ist uns eingefallen, und um diese kreisen die Beiträge des vorliegenden Sammelbandes. Diese kleine Antwort heißt: *Jugendgemeinschaftsdienste*. Nicht, daß jemand glauben dürfte, damit seien die Probleme der Welt und der Gesellschaft – von denen hier ebenfalls in allen Farben die Rede ist! – zu lösen oder doch zu bannen. Vielleicht ist die Überfrachtung mit zu vielen Erwartungen überhaupt das größte der Probleme, mit dem dieser katalytische Denk- und Handlungsimpuls zu kämpfen haben wird. Und vielleicht ist es noch schlimmer: Vielleicht können wir gar nicht als selbstverständlich voraussetzen, wir teilten alle das Interesse an jener Frage, auf die die Frage nach den Jugendgemeinschaftsdiensten einen kleinen Antwortversuch bedeutet?
Wie könnte diese Frage lauten? Sie ist ebenso schlicht wie unüberbietbar grundsätzlich: Was ist eigentlich *sozial*, was ist *das Soziale*?
Kann eine so schlichte Frage wirklich ernst gemeint sein? Gibt es jemand, der ernsthaft daran zweifelte zu wissen, was das ist – *sozial*? Aus welchem Stoff das ist, was uns umgibt – von der Wiege bis zur Bahre – *das Soziale*? Und doch behaupten wir in der Tat eben dies: dass wir keine klare Vorstellung davon haben, was das Soziale ist; ja, noch mehr – dass auch diejenigen, die wir dafür bezahlen, darüber nachzudenken, also die professionellen *Sozial*wissenschaftler, dass auch sie nicht wissen, was »sozial« ist. Im Gegenteil: die zuständige Wissenschaft, die Soziologie, glaubt es, will sie denn strenge Erfahrungswissenschaft bleiben, gar nicht wissen zu können und wissen zu dürfen. Sie verfährt – in freier Abwandlung eines berühmten

---

7   Dies., Hauptsache, weg von der SPD, in: DIE ZEIT vom 23. Sept. 1999.

Wittgenstein-Diktums – konsequent nach dem Motto: »Was man nicht streng wissenschaftlich formulieren kann, darüber soll man besser schweigen.«
Mit dem Sozialen geht es uns wie mit dem Allermeisten, mit dem wir uns wohlvertraut wähnen: mit dem Arbeiten etwa, mit der Liebe, mit der Gerechtigkeit – es entgleitet unserem prüfenden Zugriff, es verliert den Charakter des Vertrauten, wenn wir es zu begreifen versuchen. Wer also über das Soziale spricht, muss wissen, dass er sich in einem sprachlichen Unbestimmtheitshorizont bewegt.
Ziehen wir etwa die bis heute für soziologische Handbücher unüberboten aktuelle Definition Max Webers zu Rate, der soziales Handeln definierte »als Handeln, welches seines von dem oder den Handelnden gemeinten Sinn nach auf das Verhalten anderer bezogen wird«, als »daran in seinem Ablauf orientiertes Handeln«, also als Handeln, das auf das Handeln anderer zielt, dann kann man auf dem Boden dieser Definition streng wissenschaftlich das soziale Handlungsniveau einer Räuberbande nicht von dem einer Mütter- oder Behinderteninitiative unterscheiden.
Kurz und unmissverständlich: Wir verfügen über keine Philosophie und Soziologie des Sozialen. Wir kennen eben deshalb auch keine entsprechende Pädagogik, die systematisch in soziales Verhalten einübte. Wir haben keine öffentliche Kultur, die in besonderer Weise soziales Engagement honorierte und es gegenüber den egoistischen Bestrebungen des karrieresüchtigen Einzelgängers privilegierte. Wir kennen den Stoff nicht, aus dem das Soziale ist. Wir können wohl einige seiner Wirkungen beschreiben oder auch das Ausbleiben solcher Wirkungen, den Verlust bestimmter Leistungen des Sozialen, die eigentlich erwünscht sind, und die fehlen, wenn das Soziale mangelhaft ausgebildet ist; aber was das Soziale selbst *ist*, was den Sozialkörper ausmacht, was gute und schlechte Bedingungen für das Gelingen und Gedeihen des Sozialen sind – darüber »wissen« wir nichts! Die beharrliche Weigerung der Soziologie, das Soziale zu ihrem Gegenstand zu machen, geht soweit, dass nicht wenige Soziologen bezweifeln, dass es das Soziale überhaupt gebe, eben weil es im Sinn einer messbaren, in Raum und Zeit verlässlich ortbaren Grösse nicht greifbar ist.
Das Soziale ist nicht beschreibbar als die schlichte Summe der Aktionen der an ihm handelnd beteiligten realen Einzelwesen; es ist mehr, es ist anderes, es ist das, was an den Handlungen des je einzelnen über das Besondere, über das je einzelne hinaus verweist, der Überschuss, das, was, jenseits individueller Handlungsstrebungen und Handlungsinteressen des einzelnen, Gemeinsamkeit zwischen allen Beteiligten stiftet, also das, was *zwischen* den einzelnen Menschen wirkt, was sie zusammenführt, sie verbindet, sie aneinander interessiert macht. Wie bei einem geflochtenen Korb erst das unauflösliche Ineinander der einzelnen beteiligten Ruten den Zusammenhalt dieses bauchigen Behälters letztlich verbürgt (also nicht die einzelne Rute und auch nicht alle einzelnen Ruten zusammen, sonder das spezifische Verhältnis der Ruten zueinander, das *Beziehungsgeflecht*, die Art und Weise, wie sie aufeinander bezogen sind!), so verbürgt auch der Bindekitt des Sozialen den Zusammenhalt der vielen einzelnen beim politischen Gemeinwesen.
Dass Soziale direkt sehen, es »in die Finger nehmen« – das können wir natürlich nicht, aber wir erkennen es an seinen Wirkungen und am Ausbleiben dieser Wirkun-

gen. Wie die Schwanzflosse eines Fisches bereits den präzisen Steckbrief seines Bewegungselementes, des Wassers, verkörpert, so schwingt im Klagen eines Menschen, im Wirtshausgelächter oder im Weinen eines Kindes das ganze Mysterium des Sozialen mit.

Dass wir über keine Philosophie des Sozialen verfügen, ist nicht bloss ein verzeihliches Kavaliersdelikt; dass wir über das Soziale so wenig wissen, hat schwerwiegende Folgen für unser Leben und Zusammenleben. Dass wir das Soziale nicht wirklich *kennen*, bedeutet nämlich vor allem, dass wir es nicht *anerkennen*, dass wir es nicht wirklich schätzen und schützen, dass wir nicht unterlassen, was es gefährdet und zerstört, und dass wir nicht veranlassen, was es befördert und begünstigt. Wir wissen viel zu wenig über die Bedingungen des Sozialen, die institutionellen Voraussetzungen, die politisch-kulturellen Klimafaktoren, unter denen soziales Leben gedeiht. Wir wissen z.B. viel zu wenig über die uns sozial und psychologisch bekömmlichen Grössenordnungen unserer Unternehmungen. Wie gross sollte eine gute, das Glück der Beteiligten verbürgende Stadt sein? Eine Stadt, in der Bürgersinn seinen Platz hat? Wieviel Nähe, wieviel Distanz brauchen wir? Wie ist der Anspruch einer repräsentativen Öffentlichkeit mit dem Anspruch einer gehegten, geschützten Privatsphäre zu verbinden und zu versöhnen? Wieviel räumliche und soziale Mobilität, wieviel Veränderung, wieviel Innovation, wieviel Neuerungen pro Zeiteinheit verträgt der Mensch, und ab wann werden die Zumutungen des sozialen Wandels nur noch leidend erfahren? Bedarf das Soziale der physischen Präsenz des jeweils anderen, des personenhaften Visàvis, und welchen Einfluss haben vor diesem Hintergrund die neuen Distanzmedien, die auf breiter Front »Teilhabe ohne Anwesenheit«[8] versprechen?

Es ist kein Zufall, dass viele soziologische Verhaltenstypologien mindestens implizit ein Verhalten ächten, welches allzu zielstrebig auf die Gewinnung von sozialem Ansehen und Prestige hinausläuft. Einer solchen, meist am »locus classicus« sozialer Imagekritik, an Thorstein Veblen's »Theory of the Leisure Class« (1899) orientierten soziologischen Verhaltensächtung liegt, bei aller berechtigten Einzelkritik, eben jene Verkennung und Missachtung des Sozialen zugrunde, die wir hier anprangern. All diese Ansätze übersehen nämlich, dass eben hierin sich die menschliche Sozialnatur – und, wenn man so will, »das Soziale« – äussert: dass Menschen nach Anerkennung durch andere Menschen suchen, dass ihnen »Sozialresonanz« – sei es als Wärme oder als Respekt, sei es als Mitleid oder als Bewunderung, sei es als Freundschaft oder als Achtung – u.U. wichtiger und erstrebenswerter ist als Wissensmehrung und materieller Wohlstand; ja, dass letztere oft nur der durch sie ermöglichten Sozialresonanz wegen, also als »soziale Wirkungsverstärker«, erstrebt werden. Kurz, sie verkennen, dass der Wunsch, in den Augen der Mitmenschen etwas zu sein, den Kern des Sozialen ausmacht. Wer sozialer Anerkennung und Beachtung in besonderem Masse bedarf, ist auch in besonderer Weise auf die Gemeinschaft mit anderen verwiesen. Der »Sozialkontrakt« ist für ihn viel unauflöslicher als für den moralischen Rigoristen oder den selbstgenügsamen Solitär.

---

8   Zu diesem Aspekt vgl. vom Verf. »Das digitale Nirwana«, Hamburg 1997, bes. S. 24 f., 183 ff.

Sozialwissenschaften, die das Soziale ernst nehmen, müssten als ihre zentrale Fragestellung in den Mittelpunkt rücken, was sich aus dem sozialphilosophischen Adagium der menschlichen »Sozialnatur« theoretisch und praktisch folgern lässt.
Sie dürften beim überfälligen sozialen »Innovationsdiskurs« nicht länger abseits stehen; die Mitwirkung an Pflege, Fortentwicklung und »Erzeugung« von sozialen Sinnbeständen ist eine sozialwissenschaftliche Dienstleistung par excellence. Sie ist, wo die Wissenschaft versagt, weil die Wissenschaftler sich versagen, nicht nur anderweitig nicht kompensierbar, schlimmer: ihr Fehlen ist ein unfreiwilliger Beitrag gerade der faktenproduzierenden, empirischen Wissenschaft zur *Verwillkürlichung des Wirklichen*, zur Vermehrung der sozialen und kulturellen Entropie.
In Wahrheit aber haben wir weder in der Wissenschaft noch im Leben einleuchtende oder gar verbindliche Antworten dafür, was das eigentlich ist, was uns aneinander interessiert sein lässt; wie es kommt, dass aus der empirischen Vielheit, als die wir uns erfahren, immer wieder eine zum verbindlichen Handeln befähigende Einheit wird.
Jugendgemeinschaftsdienste können natürlich dieses Problem anthropologischen Gewissheitsschwundes nicht lösen, aber sie setzen es gewissermassen mit Befassungszwang auf die reflexive Tagesordnung: Es gilt, das Verhältnis von Individuum und Gesellschaft von Grund auf neu zu bedenken und dabei auch jene neuesten Legendenbildungen vom »allseitigen Individuum« nicht auszusparen, das sich pausenlos seine Identitäten und Biographien »bastelt« und von dem obendrein das soziale Heil kommen soll[9] – geradeso, wie einst die »invisible hand« hinterrücks den Eigennutz der Raffkes und Egomanen zur öffentlichen Wohltat adeln sollte . . .

Exkurs: Solidarität oder Gemeinsinn?

Friedhelm Hengsbach hat darauf hingewiesen,[10] daß die häufig – auch in diesem Band – synonym verwandten Begriffe »Gemeinsinn« und »Solidarität« sich aus unterschiedlichen Sozialmilieus herleiten und sich auf unterschiedliche soziale Aggregatzustände beziehen: Während hinter dem Wort »Gemeinsinn« die »ordnungsethische Konzeption einer wohlgefügten Gesellschaft« wirkt, spiegelt »Solidarität« die »prozeßethische Konzeption einer Gesellschaft, die vom Kräftespiel gegensätzlicher Interessen geprägt ist«. »Gemeinsinn« bezeichnet das Zusammengehörigkeitsgefühl innerhalb eines harmoniefähigen Gemeinwesens, welches sich nicht über seine Konflikte definiert und über seine Zerwürfnisse bedeutet; »Solidarität« dagegen die Abwehr- und Beistandstugend jener, die sich nur, real oder potentiell, in ähnlich defizitärer und als verbesserungsbedürftig empfundener Lebenslage befinden, in der sie sich im kollektiv-solidarischen Zusammenstehen Abhilfe verspre-

---

9 Vgl. z.B. *U. Beck*, Das Zeitalter des eigenen Lebens: Die Globalisierung der Biographien, Frankfurt a.M. 1998.
10 Ders., Gemeinsinn und Solidarität. Durch moralische Appelle nicht hervorzuheben, in: Das Parlament 50, vom 16.12.1994, S. 8.

chen. Kurzum: »Gemeinsinn« ist die Tugend der Wohlordnung, »Solidarität« die Verhaltensmaxime der Notgemeinschaft.
Schwer zu entscheiden, welcher sozialen Verhaltensnormierung unsere Gesellschaft dringlicher bedarf. Daß sie auf beide – Solidarität *und* Gemeinsinn – angewiesen ist, scheint indes unstrittig. Je nach dem, welche soziale Ausgangsbilanz uns leitet, mag mal der Appell an den Gemeinsinn, mal der Ruf nach Solidarität plausibler klingen: Wer die Gesellschaft als Gesamtkörper denkt, in ihren Beständen vor allem gefährdet durch Individualisierung und Vereinzelung, also durch die signifikante Verfehlung von gemeinschaftlichen Kontinuierungs- und Tradierungspflichten über die Generationenfolge hinweg, der wird den Gemeinsinn stark zu machen suchen; wer indes die Gesellschaft als vielfach fragmentierte Problemlandschaft widerstrebender Interessen und polarisierender Gegensätze wahrnimmt, wird auf die Binnensolidarität rivalisierender Gruppen, vor allem auf den mehr not- als neigungssolidarischen Schulterschluß der strukturell und aktuell Benachteiligten setzen.

Modell USA: Selbstverwirklichung und Gemeinwohl

Amerika bietet, wie keine zweite Nation, ein Modell dafür, daß extremer Individualismus und eine geradezu habitualisierte Bereitschaft zur spontanen privaten Wohlfahrt sich nicht nur nicht ausschließen, sondern sich sogar wechselseitig bedingen. *Volunteering*, der regelmäßige freiwillige Einsatz für die Gemeinschaft ohne monetären Profit, macht erst jene selbstbewußte *»Gesellschaft der einzelnen«* möglich, als die sich die Amerikaner gern sehen. Allein private Initiative mildert und überwindet immer wieder jene – in den letzten anderthalb Dekaden breiter gewordene – Kluft zwischen staatlicher Für- und Vorsorge und der unerbittlichen Marktrationalität. Nirgendwo auf der Welt ist Freiwilligenarbeit ähnlich selbstverständlich wie in den USA. Die Hälfte aller Amerikaner arbeitet regelmäßig in Freiwilligenprojekten, das sind mehr als zweieinhalbmal soviel wie in den vergleichbaren europäischen Ländern. Vieles von dem, was in Europa traditionell eine paternalistische Staatsbürokratie übernommen hat, ist in Amerika Aufgabe privater Initiativen. Nicht, daß diese per se alles besser machten: Zumal im Bereich der sozialen Aufgaben läge eine berechenbare, kontinuierliche Leistungserbringung im Interesse der Betroffenen. Hier offerieren das häufig modischen Orientierungen folgende selektive Caritasroulett oder das schlicht am Kalender (Vorweihnachtszeit!) ausgerichtete saisonale Beteiligungsplebiszit keine wirkungsvollen Lösungen.
Für eine effiziente und nachhaltige Kanalisierung des Helferwillens sind daher auch neue Formen des Managments im Freiwilligensektor nötig. In jedem Fall aber ist die von Bill Clinton gepriesene *»Big citizenship«* den Amerikanern um vieles näher als das vielgeschmähte *»Big government«*. »Ask not what your country can do for you, ask what you can do for your country« – so hat John F. Kennedy einst diese Einstellung klassisch auf den Begriff gebracht.
Zwischen Egoismus und Altruismus, zwischen Selbstverwirklichung und Gemeinwohl klaffen im Selbstverständnis der Amerikaner keine Welten. Für das durch und

durch individualistische Amerika ist »*citizenship*« – die Teilhabe an Rechten und Pflichten der *res publica* – Teil des nationalen Credos.
Amerika ist »*a nation of joiners*«. Die Pioniererfahrungen eines Existenzkampfes ohne staatliches Auffangnetz haben jenes Selbstbewußtsein und jenes Vertrauen in die eigene Kraft genährt, welches schon Alexis de Tocqueville in seinem berühmten Amerikabuch alle nur mögliche Bewunderung abnötigte: Niemand wendet sich mit einer Idee oder einer öffentlichen Unternehmung an den Staat um Unterstützung, sondern wirbt zusätzlich zum eigenen Engagement allenfalls um die Gefolgschaft anderer Individuen.[11] Die beiden Pole, welche für die amerikanische Kultur der Freiwilligkeit maßgeblich sind, lassen sich am treffendsten mit zwei – scheinbar – gegensätzlichen Formeln beschreiben, die im gedanklichen Einzugsfeld des »Volunteerism« immer wieder zitiert werden: »*to make a difference*« lautet die eine und »*to be part of something bigger*« die andere. Größer könnte der Spannungsbogen nicht sein: Während die erste Formel auf den unbedingten Willen abhebt, etwas Unverwechselbares, Einzigartiges zu bewirken und damit gleichsam den Beweis zu erbringen, daß man als Individuum mit Namen, Vornamen und individueller Biographie unersetzbar ist, beruft sich die zweite Formel auf das größere Ganze, das, was über den einzelnen und seine Vermögen hinausweist und allem Einzelstreben Richtung gibt, ihm Rang und Sinn zuspricht. In Wahrheit bedingen beide Visionen einander wechselseitig: Die Unverwechselbarkeit des einzelnen bereichert das soziale Ganze und dieses wirkt orientierend und motivschaffend auf den individuellen Einsatz zurück.

Die Ambivalenz staatlicher Alimentierung

In jedem Fall aber gilt: Es gibt ein Drittes jenseits staatlich-bürokratischer Lösungen und solchen der reinen Rentabilitätslogik des Marktes. Mit diesem »*Tertium datur*« tun wir uns in Deutschland aus den unterschiedlichsten Gründen anhaltend schwer. Helmut K. Anheier zeigt in seiner Analyse der Funktionsweise des Dritten Sektors in Deutschland[12], daß das Subsidiaritätsprinzip und nicht das Prinzip der Freiwilligkeit das »ökonomische Rückgrat des deutschen Nonprofit-Sektors« bildet; daß nicht Spenden und Ehrenamtlichkeit, sondern öffentliche Mittel seine Hauptressource ausmachen – mit bezeichnenden Folgen: Deutschland mit seinem hochentwickelten System der öffentlichen Förderung weist im Vergleich mit allen europäischen Nachbarn eine singuläre Einnahmestruktur des Dritten Sektors aus; es ist das Land mit dem größten Anteil an öffentlicher Finanzierung und dem geringsten Anteil an privatem Spendenaufkommen. Vergleichsweise geringe Beteiligung am Ehrenamt und ein unverhältnismäßig hoher Anteil an staatlicher Alimentierung des Dritten Sektors stehen in einem umgekehrt proportionalen Verhältnis zueinander. Daß diese Konstellation dem Entstehen von Freiwilligkeit und der sozialen Beachtung gemein-

---

11 Vgl. ders., Über die Demokratie in Amerika (1987).
12 Vgl. diesen Band, S. 305 ff.

schaftlicher Kontexte nicht eben förderlich ist, zeigt sich vor allem darin, daß in Deutschland der Postmaterialismus in Gestalt individualistisch-hedonistischer Werthaltungen besonders lautstark intoniert wird, ohne daß jedoch eine Bereitschaft sichtbar würde, deutliche Abstriche an den staatlich abgesicherten Leistungen der Daseinsvorsorge zuzulassen. Diese sozialambivalente Haltung, die sich im Kern seit den 80er Jahren beobachten läßt, zieht ihre Spuren bis in die jüngsten bundesrepublikanischen Landtagswahlergebnisse (1999) mit ihren mehr oder weniger deutlichen Rüffeln für die politischen Zumutungen des sogenannten »Sparpakets« der rot-grünen Bundesregierung.

Die deutsche Version des Sozialstaats hat vielfach verhindert, daß der Dritte Sektor das innovative Sozialpotential ausschöpfen oder auch nur erschließen konnte. Der Staat und die Kräfte des Dritten Sektors befinden sich in einer allzu innigen Interessenverflechtung – in einer Art auf Dauer angelegten Leistungskooperation –, als daß über den Dritten Sektor eine Infrastruktur zivilgesellschaftlicher Freiwilligkeit hätte erblühen können: Wenn die Wirtschaftskraft und die faktische Leistungsbilanz des Dritten Sektors bestaunt werden, wird meist übersehen, daß sich zur gesellschaftlichen Leistungserbringung regelmäßig die staatliche Risikoabsicherung und Finanzierungsbereitschaft gesellt.

Freiwilligkeit jenseits von Markt und Staat

Die vielzitierte »Dienstleistungslücke«, welche den deutschen Arbeitsmarkt nach Meinung einiger Beobachter anhaltend kennzeichnet, hat eine ihrer Ursachen in jenen spezifisch deutschen Schwierigkeiten, die wir mit dem Dienen überhaupt haben. Wir laborieren an einer vielfach gebrochenen Tradition, die uns bis heute hindert, ein unbefangenes Verhältnis zum Dienen und zum Dienst zu gewinnen.

Es sind die diskreditierten sozialen Kontexte, in denen *Dienen* und *Dienst* in Deutschland standen, die Begriff und Sache schließlich anhaltend infizierten:[13] der Dienst am Vaterland, an der Volksgemeinschaft, an der Partei, an der Arbeiterklasse, der Dienst im Namen der unsterblichen Revolution, der religiösen Sendung etc. Daß wir zurückzucken, wenn kollektive Zumutungen in der Ansinnensform des »Dienens« laut werden, daß wir, fast reflexhaft, Arbeits- und Militärdienst assoziieren, entspringt ja zunächst einem nicht unsympathischen, durch und durch »zivilen« Impuls. Doch dieser kann, sofern wir ihn nicht sorgfältig zu balancieren lernen, die »soziale Sache« selbst beschädigen, ohne die gerade die Zivilgesellschaft und die Demokratie nicht bestehen: das Dienen-Wollen und das Dienen-Können.

Freiwilligendienst ist kein sozialer Luxus. Ohne den Einsatz und das Engagement von Freiwilligen aller Altersstufen wäre unsere Gesellschaft längst nicht mehr funktionsfähig. Die Leistungen, die Freiwillige auf unterschiedlichsten Bühnen der Gesellschaft erbringen, stellen einen wichtigen Faktor auch der volkswirtschaftlichen Gesamtbilanz dar. In allen westlichen Demokratien spielt die unbezahlte Arbeit für

---

13 Vgl. den Beitrag von *W. Dettling* in diesem Band, S. 439 ff.

das Gemeinwesen in Vereinen, öffentlichen Ehrenämtern, in der Jugendbetreuung, in sozialen und kulturellen Initiativen und in (kommunal-)politisch motivierten Bürgerzusammenschlüssen eine wichtige Rolle. Rund zwanzig Prozent der Wahlbevölkerung – jeder fünfte Erwachsene – sind, mehr oder weniger regelmäßig, als Freiwillige für die Gemeinschaft tätig. Die sozialaktiven »Zeitmillionäre« des so wichtig gewordenen Non-Profit-Sektors erbringen in vielfältiger Form Leistungen, die für den wirklichen Reichtum dieser Gesellschaften gänzlich unverzichtbar sind, die aber gleichwohl in den in Geld verrechneten Wohlstandsbilanzen der volkswirtschaftlichen Gesamtrechnung nirgends auftauchen: Wer vor Ort aktiv den deutsch-französischen Jugendaustausch unterstützt, die Tischtennisabteilung des örtlichen Sportvereins managt, Zeitungsabonnements für jugendliche Straftäter besorgt oder Hausaufgabenhilfe für türkische Gastarbeiterkinder organisiert, der trägt zum wirklichen Reichtum dieser Gesellschaft, zum Wohlbefinden und langfristigen Wohlleben ihrer Mitglieder entscheidend bei, – obwohl er den *Geld*wohlstand nirgends sichtbar mehrt.

Die Freiwilligen stellen der Gesellschaft, neben ihren fachlichen und sozialen Kompetenzen, neben ihren Kernqualifikationen und ihrer Informations- und Lernbereitschaft, vor allem ihre *Zeit* zur Verfügung. Dies gilt zumal für die Teilnehmer der Jugendfreiwilligendienste. Ihre Ressourcen sind in erster Linie Zeit und Begeisterungsfähigkeit. Über die anderen Möglichkeiten des Freiwilligenengagements wie Grundqualifikationen, den Zugang zu solidarischen Netzen, aktive Fort- und Weiterbildungskompetenzen, vor allem aber auch die finanzielle Unabhängigkeit verfügen sie naturgemäß in erheblich geringerem Umfang.

Will die Gemeinschaft sich langfristig nicht von der Solidaritätsressource pflichtbewußt mitgestaltender Freiwilliger abschneiden, muß sie gezielt den Nachwuchs fördern. Im Falle der Jugendfreiwilligendienste geht dies – noch weniger als bei der Freiwilligenarbeit im allgemeinen – nicht ohne gezielte Investitionen in tragende Strukturen. Freiwilligkeit bedarf einer klug gewählten, tragfähigen Infrastruktur. Das Manifest, das diesem Sammelband zugrunde liegt und ihn einleitet, hat hierzu eine Reihe von Vorschlägen unterbreitet, mit denen es institutionelles Neuland betritt: so vor allem mit der Absicht, über ein Gutschein-System die »Nachfragemacht« der Freiwilligen gegenüber den bisher »allmächtigen« Trägern zu fördern[14], sowie dem zugehörigen Modellvorschlag einer Bundesstiftung[15], welche zu einem erheblichen Teil die trägerunabhängige Mittelausstattung der Freiwilligen sicherzustellen hätte.

Eine verläßliche Kultur des Miteinander ist nicht zum Nulltarif zu haben; sie bedarf gezielter öffentlicher Hilfen und Investitionen. Interessanterweise hat gerade das markt- und deregulierungsversessene Großbritannien der 80er und 90er Jahre diese Notwendigkeit nicht verkannt und mehr als alle anderen europäischen Nachbarn attraktivitätsfördernde Rahmenbedingungen und Strukturen für eine Non-profit- und Volunteering-Kultur hervorgebracht.[16] Vorbildhaft sind insbesondere die spe-

---

14 Vgl. diesen Band, S. 18 ff.
15 Vgl. den Beitrag von *U. Bopp*, in diesem Band, S. 370 ff.
16 Vgl. den Beitrag von *A. Münz*, in diesem Band, S. 160 ff., bes. S. 175 ff.

zifischen Serviceleistungen der drei Dachorganisationen: des *National Council for Voluntary Organizations* (NCVO), welches vor allem in Management- und Fundraisingfragen informiert und berät; der *National Association of Volunteer Bureaux* (NAVB), welche alle wichtigen Anlauf- und Vermittlungsstellen für Freiwillige koordiniert; und schließlich des *National Center for Volunteering* (NCV), welches sich in der öffentlichen Lobbyarbeit für die Freiwilligkeit engagiert, um Akzeptanz, Unterstützung und Motivation für das Freiwilligenengagement auf eine breite gesellschaftliche Basis zu stellen.

Es könnte sich lohnen, die britischen Erfahrungen im Freiwilligenengagement Jugendlicher hinsichtlich ihrer Übertragbarkeit auf die deutsche Situation genauer in den Blick zu nehmen. Woran es hierzulande noch immer deutlich mangelt: an der öffentlichen Reputierlichkeit der Freiwilligkeit und der entsprechenden breiten Förderung und Unterstützung vom Kindergarten und der Grundschule an über alle Einrichtungen der Gesellschaft hinweg, dies ist in England in den letzten anderthalb Dekaden systematisch aufgebaut und gefördert worden. Neben einer professionellen, lobbymäßigen Imagepolitik für die Freiwilligenarbeit wurden dieser auch zahlreiche neue Tätigkeitsbereiche erschlossen, Informations- und Konsultationsdienste sowie Vermittlungsagenturen zur Seite gestellt und vor allem auch ergänzende Bildungs- und Forschungseinrichtungen geschaffen.

Die gesellschaftliche Akzeptanz läßt sich u.a. daran bemessen, daß in vielen öffentlichen und kommerziellen Organisationen und Dienstleistungseinrichtungen die Einbeziehung der Freiwilligenarbeit sich zu einer eigenständigen Managementaufgabe verdichtet hat, für die nicht selten eine eigene, oft aus öffentlichen Mitteln (mit-)finanzierte Fachkraft zuständig ist. Die punktgenaue Unterstützung des Volunteer-Management-Prozesses bis hinunter auf die betriebliche Ebene zielt auf ein Problem, welches in der deutschen Debatte um Freiwilligkeit bislang weder theoretisch zureichend identifiziert, noch gar mit praktischen Lösungsvorschlägen versehen ist: das Problem einer möglichst effektiven, friktionsfreien Zuordnung und Kooperation von freiwilligen und professionellen Leistungserbringern.

Im Kontext der deutschen Erörterungen um Pro und Contra der Freiwilligkeit fristet dieses Thema unter der Chiffre der geforderten *Arbeitsmarktneutralität*[17] eine Art Gespensterexistenz mit wechselseitigen Berührungs- resp. Ausschließlichkeitsängsten. Von geschmeidigen, pragmatisch handhabbaren und wechselseitig bereichernden Kooperatonslösungen für eine vielgestaltige Dienstleistungswelt und eine Freiwilligenarbeit im Umbruch sind wir weit entfernt. Wir haben allzu starr auf die traditionellen Organisationen in den Angebotsgefilden der Freiwilligenarbeit gesetzt und – neben der Ausbildung neuer Strukturen und neuer, zeitgemäßer Angebote – vor allem in der Nachwuchsförderung des freiwilligen und ehrenamtlichen Engagements zu wenig unternommen.

Freiwilligenarbeit soll mit regulärer Arbeit nicht konkurrieren, gewiß. Doch das – nicht nur von Gewerkschaftsseite! – so vehement geltend gemachte Erfordernis der Arbeitsmarktneutralität kann auch zum Knüppel-aus-dem-Sack werden, der solange

---

17 Vgl. den Beitrag von S. Tönnies, in diesem Band S. 325 ff.

auf dem Rücken der Freiwilligen tanzt, bis keiner sich mehr »frei« fühlt und niemand mehr »willig« ist. Niemand kann, genau besehen, ein Interesse daran haben, daß Freiwilligenarbeit zum heimlichen oder offenen Jobkiller wird. Deshalb ist es zweifellos sinnvoll, das Kriterium der »Zusätzlichkeit« im Auge zu behalten: Für die Gratisarbeit soll jener Bereich reserviert sein, der nicht oder nicht ausreichend mit Kaufkraft versehen ist, so daß kein eindeutiger Impuls in Richtung einer regulären Arbeitsnachfrage von ihm ausgeht. Freiwilligenarbeit wird oft soziale Pionierarbeit sein und als solche der regulären Nachfrage den Weg bereiten; oder aber sie ist von vornherein als eine funktional begründete, sinnvolle Ergänzung zeitlich befristet konzipiert und wird – mit professioneller Begleitung – im Rahmen klarer Richtlinien organisiert.

Es gibt darüber hinaus aber auch Tätigkeiten, die nur als freiwillige Gegenseitigkeitsrelation ihren Auftragssinn kraftvoll und überzeugend erfüllen. Eine allzu enge, der Freiwilligkeit abträgliche Interpretation der Arbeitsmarktneutralität verbietet sich vor allem auch deshalb, weil Freiwilligenarbeit die willkommene, anderweitig nicht ersetzbare Chance eröffnet, sozialpolitische Verantwortung wieder breiter in der Gesellschaft abzustützen.

Wieviel Wahl, wieviel Verpflichtung?

Die Frage, ob wir eine »reiche« oder eine »arme« Gesellschaft sind, lässt sich nicht an der Ziffer des Bruttoinlandprodukts, des Pro-Kopf-Einkommens oder des monatlichen Durchschnittsverdienstes der Erwerbstätigen ablesen. Zum wirklichen gesellschaftlichen Reichtum gehört mehr und anderes als das, worüber uns die volkswirtschaftlichen Wohlstandsindikatoren belehren. Neben der Rate der *unbezahlten Dienstleistungen* sind es vor allem Zahl, Grösse und Ausstattung der »sozialen Räume« einer Gesellschaft, die als Gradmesser ihrer spezifischen *Qualität* fungieren. Auch wenn sämtliche ökonomischen Wohlstandsindikatoren anderes nahelegen, kann eine Gesellschaft hochgradig defizitär sein. Für unsere Gesellschaft lässt sich eine sich ständig verbreiternde Kluft zwischen »Optionen« und »Ligaturen« ausmachen, wie Ralf Dahrendorf diese beiden grundlegenden Orientierungsprinzipien einst genannt hat:[18] Nie zuvor wohl hatten die Mitglieder moderner Gesellschaften vergleichbare Optionsmöglichkeiten und wohl nie zuvor waren die Felder für gemeinschaftliches Handeln, für aktive soziale Teilhabe so eingeschränkt. *Wahl-* und *Bindungsmöglichkeiten* haben sich dramatisch auseinander entwickelt.

Verwenden wir – alles, was in der Tönnies-Nachfolge hierzu gedacht und geschrieben wurde, souverän missachtend – die Begriffe »Gesellschaft« und »Gemeinschaft«[19] ganz naiv, dann ist Gesellschaft die – sozial entsprechend »verdünnte« – *Gemeinschaft im Grossen*. Gesellschaft ist die residuale »Gemeinschaft« auf der Ebene des Staatsverbandes. Und es ist dieser grössere Organisationsverbund, dem

---

18 Vgl. ders., Lebenschancen. Anläufe zur sozialen und politischen Theorie, München, Zürich 1979.
19 Vgl. *F. Tönnies*, Gemeinschaft und Gesellschaft, Darmstadt 1887.

heute vielfach die sozialen Verdichtungsmöglichkeiten samt der entsprechenden sozialen Wärmegrade abhanden gekommen sind. Die kleineren Gemeinschaften unter dem Dach der anonymen Grossgesellschaften erst bieten jene Bühnen, auf denen das soziale Leben erblüht: Orte, die zum Mitmachen einladen, Räume und Gelegenheiten zur Einmischung und aktiven Gestaltung. Wahrscheinlich waren »Gemeinschaften« nie bloss attraktiv als Schon- und Rückzugsraum, sondern immer schon zugleich als »Marktplatz« der engagierten Zugehörigkeit, der tätigen Verantwortung und der gestaltenden »Mitwirkung«. Kommunitaristen wie Amitai Etzioni sprechen von der sozialaktiven Gesellschaft als von einer »responsive community«, in der das Schicksal des einen den jeweils anderen nicht kalt lässt.[20]

In dieser Gesellschaft wissen die einzelnen Mitglieder um die individuellen Bereicherungschancen sozialer Teilhabe. Ihnen ist auf allen Ebenen und Bühnen sozialer Interaktion bewusst, dass es soziale Beziehungen einer eigenen Logik, einer besonderen Qualität und Würde gibt, die sich weder der Logik der Ökonomie noch jener der staatlichen Für- und Vorsorge fügen.

Dies allem verantwortlichen Handeln vorausliegende Wissen um die objektiven und subjektiven Steigerungs- und Bereicherungsmöglichkeiten sozialer Verpflichtung und Indienstnahme konnte sich in Deutschland vor dem Hintergrund einer an missbrauchter Dienstbereitschaft und irregeleitetem Opferwillen anschauungsreichen Geschichte nie problemlos entfalten. Es kann kaum verwundern, dass auch jene überhaupt erst gesellschaftsermöglichende Balance zwischen »Optionen« und »Ligaturen«, zwischen den Möglichkeiten der Wahl und den Möglichkeiten der Verpflichtung aus dem Ruder läuft. Von den Schwierigkeiten und Nöten dieses Balanceverlustes, vor allem aber von der Notwendigkeit, ihm in einer gemeinschaftlichen Anstrengung zu begegnen, handeln (und zeugen wohl gelegentlich unfreiwillig auch selbst) die Beiträge dieses Sammelbandes.

Wieviel Nähe, wieviel Distanz?

Jugendgemeinschaftsdienste könnten auf ganz unprätentiöse Weise jener Zweiteilung der Welt in Gut und Böse entgegenwirken: in die, die nur sich selbst und dem eigenen Fortkommen verpflichtet sind und jene anderen, denen die Sorge um das Schicksal der Welt die Nachtruhe raubt. Die Botschaft, die von einem solchen gesellschaftsweit verankerten Dienst ausgehen könnte, lautet: Es gibt etwas Drittes jenseits von blinder Selbstaufopferung und rücksichtsloser Selbstverwirklichung. Engagement und Emanzipation, Altruismus und Individualismus müssen keine starren Gegensätze sein. Bürgerschaftliches Engagement zielt nicht auf selbstvergessene Sozialknechte, sondern auf eigensinnige, selbstbewusste Individuen, die mit ihrer Einmischung den sozialen Körper kräftigen und seinem Gesamtbild Farbtupfer verleihen.

---

20 Vgl. ders., The Spirit of Community, New York 1993.

In der neuen sozialen Umgangskultur, die durch einen solchen Dienst gefördert würde, wäre die angestrebte »Ebene der Vollkommenheit« weder das *totale Individuum* noch die *totale Gesellschaft*, sonder etwas Drittes: eine Gemeinschaft wechselseitig umeinander besorgter und aneinander interessierter Individuen, die umso reicher, bunter und sozial effizienter sich erfährt, je mehr die einzelnen sich in ihrem Rahmen als Individuen erfahren können. Das Soziale wäre immer in *Doppelgestalt* präsent: als Ressource der Bereicherung und Vervollkommnung einzelner, die danach trachten, sich im Massstab eines »erfüllten Lebens« selbst zu verwirklichen; *und* als existentielle Dimension eigenen Rechts, welche keiner zusätzlichen Begründung durch die Steigerung der individuellen Glückserwartungen bedarf.

So verstanden steht auch hinter dem mit der Manifest-Initiative verbundenen kurz- und mittelfristigen Ziel einer erheblichen *quantitativen* Steigerung der Jugendgemeinschaftsdienste immer auch ein grundsätzlicher, *qualitativ* gemünzter Appell: Macht Euch Gedanken um Euer Gemeinwesen! Wie unser Zusammenleben gestaltet ist, versteht sich keineswegs von selber! Und eine Frage von schwer überbietbarer Grundsätzlichkeit: In welcher Gesellschaft wollt Ihr leben – mit welchen Rechten und Pflichten, mit wieviel Gemeinsamkeit und wieviel Abstand?

Schopenhauer verdanken wir die kleine Geschichte von den Stachelschweinen und ihren Abstandsnöten: Wenn sie sich während des Winterschlafs in ihrer Höhle zu weit entfernt voneinander lagern, drohen sie zu erfrieren; rücken sie sich indes zu dicht auf den Stachelpelz, könnten sie sich unter Umständen arg verletzen. Es geht also um das rechte Mass in unseren Nähe- bzw. Distanzbedürfnissen zu den anderen. Eine distanzlose Gesellschaft malträtiert den einzelnen und seinen unveräusserlichen Freiheitswillen; und eine Gesellschaft der unüberbrückbaren Sozialdistanzen ist eine kalte, herzlose Gesellschaft, in der sich keiner wohl fühlt und in der nicht wenige auf der Strecke bleiben.

Wie also wollen wir leben? Wieviel Gemeinschaft braucht der Mensch? Wie gewinnen wir einen »mittleren Weg« zwischen dem kalten Kosmopolitismus der Solitärgesellschaft einerseits und der borniertern Enge der dauerbevormundenden Clangemeinschaft auf der Basis von Ethnie, Territorium oder religiösem Bekenntnis andererseits? Das sind die stets wiederkehrenden Fragen, auf welche die Frage nach den Jugendgemeinschaftsdiensten eine erste Antwort versucht.

III. Die Jugendgemeinschaftsdienste

Sibylle Tönnies

Gemeinschaft versus Gesellschaft

I.

Drei Worte nenn ich euch, inhaltsschwer: Jugend, Gemeinschaft und Dienst. Ein einziges Wort – Jugendgemeinschaftsdienst – trägt die ganze Last dieser drei Worte.

Fangen wir an mit »Jugend«. Obwohl es etwas Junges bezeichnet, klingt dieses Wort heute alt. Es wurde nämlich vor hundert Jahren modern, zusammen mit der Bewegung, die es gekennzeichnet hat, und zusammen mit dieser Bewegung ist es in den Schatten der Vergangenheit geraten: Die Jugendbewegung war die in den letzten Jahren des vorigen Jahrhunderts spontan ausbrechende Befreiung der Jugendlichen von den Zwängen der wilhelminischen Erwachsenenwelt, ein Ausbruch aus der Oberflächlichkeit und Profitsucht der Gründerjahre, der Verstädterung und Industrialisierung. Schüler zogen, ohne Geld und ohne Schlafsack, hinaus in die Wälder, um dort singend um nächtliche Feuerstellen zu lagern. Sie gingen in wilden, fröhlichen Horden auf Reisen und entwickelten eine eigentümliche, naturverbundene Lebensform, die von der Gesellschaft zunächst schockiert wahrgenommen wurde. Die kurzen Hosen galten als unanständig, die sturmdurchbrausten Lieder als Aufruhr. Es dauerte aber nicht lange, bis die Erwachsenen den pädagogischen und gesundheitlichen Wert dieser Bewegung erkannten und sie unterstützten. So wurde die Jugendbewegung in der Zeit um den Ersten Weltkrieg zu einer großen, die gesamte Kultur erregenden Welle. Auch die Ästhetik unterstellte sich – im Jugendstil – dem großen, von der Jugend ausgehenden Aufbruch.
Mit der Zeit verwandelten sich die Zeltlager in Barackenlager, die dauerhaft bewohnt werden konnten. Die Wandervögel ließen sich nieder, und die den Gymnasien und Universitäten entronnenen jungen Leute entdeckten den Reiz der Arbeit, der einfachen körperlichen Arbeit. In einem von der Romantik beeinflußten Idealismus suchten sie die Verbindung zum Volk, zum einfachen Menschen, und begannen, gemeinsame Arbeitslager mit Arbeitslosen aller Schichten zu organisieren. An diesem Punkt ging die auf kleine Gemeinschaften ausgerichtete Jugendbewegung in eine sozialpolitische, Massen erfassende Bewegung über. Letzten Endes entstand daraus die »Freiwilliger Arbeitsdienst« genannte Organisation, der Kirchen, Verbände, Gewerkschaften – Gruppierungen aller politischen Couleurs – angehörten. Nur die Kommunisten distanzierten sich von ihr. Sie erfaßte Tausende und Abertausende junger Menschen, die zumindest einige Wochen lang an den Projekten teilnahmen. Die Arbeitsdienstbewegung wurde zu einem Fokus, in dem sich alle idealistischen, gemeinschaftsbezogenen, pädagogisch begeisterten Kräfte der Weimarer

Republik trafen. Als Begründer dieser Bewegung kann man Hellmuth von Moltke und Eugen Rosenstock-Huessy ansehen, die sich in dem oberschlesischen Kreisauer Kreis zusammengeschlossen hatten.
Sollte der Arbeitsdienst zunächst eine Hilfe für die nach dem Ende des Weltkriegs nutzlos herumstreunenden Soldaten sein, so bot er während der Wirtschaftsdepression den durch Arbeitslosigkeit entwurzelten jungen Menschen die Möglichkeit, sich in gemeinschaftliche Zusammenhänge einzubinden, in denen sie sich vom Elternhaus lösen, Selbstbewußtsein gewinnen und Gleichaltrige aller Schichten kennenlernen konnten. Die gemeinsame Arbeit vermittelte der durch die Krise erschütterten Jugend ein Zusammengehörigkeitsgefühl und das Bewußtsein von Kraft und Nützlichkeit. Unter dem Einfluß der Jugendbewegung spielte das in freier Natur liegende »Arbeitslager« eine zentrale Rolle, in dem der Charme der Zeltlager nachwirkte. Die von der Jugendbewegung entdeckten Reize konnten sich in der Freizeit entfalten: der Reiz des nächtlichen Feuers, des gemeinsamen Singens, des Tanzens, der Reiz des Spielens, des Vorlesens und der Vortragsabende. Die jugendbewegte Erfahrung mit »Heimabenden« fand hier ein breites Betätigungsfeld. So wurde der Freiwillige Arbeitsdienst von einem großen Gefühl getragen: der Begeisterung.
Diese Entdeckung jugendlicher Identität ist nun aber schon so lange her, daß ihre Protagonisten nicht nur alt und grau, sondern tot sind. Deshalb hat auch das Wort Jugend einen gewissen Modergeruch.
Wollte man an den Geist der Jugendbewegung anknüpfen, so müßte man zur Kenntnis nehmen, daß er im Nationalsozialismus erstickt worden ist. Hitler hat die jugendbewegten Organisationen unterdrückt und verboten. Wo sie sich im Wildwuchs fortsetzte – wie bei den Edelweißpiraten – setzte er den Henker ein. Aber nicht durch diesen Terror hat Hitler die Jugendbewegung umgebracht – sie hätte nach 1945 aus den Ruinen auferstehen können. Vernichtend für die Jugendbewegung hat sich die Tatsache ausgewirkt, daß Hitler sie übernommen und weitergeführt hat. Er hat ihre attraktiven Elemente aufgesaugt und seinen teuflischen Plänen nutzbar gemacht.
Die Gesundheit, die Kraft und die Lebensfreude, der neugewonnene Kontakt mit der Natur, der Zusammenhalt der Gruppe – all diese beglückenden Erfahrungen wurden in den Dienst des Militarismus gestellt. Aus den Zeltlagern wurden paramilitärische Übungsfelder; der Geist der Romantik, die Liebe zur Heimat und zum Volk wurden umgemünzt in die Sterbebereitschaft für Deutschland.
Was zur Zeit der Jahrhundertwende noch Protest und Aufbruch gewesen war, verwandelte sich unter der Hand Hitlers in die staatstragende Haltung der Jugend. Hatte sich die Jugend um 1900 aus den schwarzen Anzügen befreit, die Vatermörder abgerissen und kurze Hosen angezogen, so wurden diese Hosen unter Hitler zur Staatstracht der jungen Pimpfe. War man früher gegen das Verbot der Eltern aus den Städten gezogen, um die Nächte im Freien zu verbringen und sich die Mahlzeiten am Feuer zu kochen, so wurde solcher kollektiver Auszug zur Vorschrift für die Hitlerjugend.
Auch andere Elemente des Nationalsozialismus stammen aus der Jugendbewegung – vorneweg das Führerprinzip. Der Name »Führer« stammt aus dieser Jugendkultur,

zu deren Struktur es gehörte, daß ein älterer Jugendlicher eine Gruppe von Jüngeren durch die Lande führte und dabei Autorität brauchte. Auch der Gruß »Heil« kommt aus dieser Tradition. Die naturverbundene, ungebundene Lebensform, das Draußen-Schlafen, das Feuermachen, das Singen zur Gitarre – all diese Elemente haben die Nazis usurpiert, um die junge Generation von ihren Eltern wegzulocken und sie zwischen Geländespiel und Lagerfeuer zu indoktrinieren und auf den Krieg vorzubereiten.

Aber: Sind diese Impulse schlecht, nur weil Adolf Hitler sie sich zunutze gemacht hat? Müssen wir alles verloren geben, was dieser Teufel sich unter den Nagel gerissen hat? Müssen wir das Gute meiden, weil sich das Böse damit ausstaffiert hat?

Offenbar ist nichts ist so gut, als daß es Hitlers Umarmung hätte überleben können. Wäre Hitler Christ gewesen, so hätte man nach dem Krieg die Kirchen schließen müssen. Seiner Umarmung ist ein Teil unserer Kultur zum Opfer gefallen. Heimat, Gemeinschaft, Volk und Volkslied, die von der Romantik entdeckten Gefühlswerte, die die Jugendbewegung Anfang des Jahrhunderts wiederbelebt hatte, wurden in die NS-Propaganda eingeschlossen, und bis heute konnten sie sich von dieser Inanspruchnahme nicht befreien.

Es ist die Aufgabe derjenigen, die sich an die Ursprünge erinnern und sich frei fühlen von Konservatismus, Gemeinschaftstümelei und Nationalismus, zwischen den guten und den schlechten Elementen dieser Denkwelt zu sortieren: »Die Guten ins Töpfchen, die Schlechten ins Kröpfchen«. Dabei kommt es darauf an, kritisch genug zu sein, um die Jugendbewegung nicht nur als vergewaltigt, nicht nur als Opfer anzusehen, sondern auch als aktive Kraft, die dem Nationalsozialismus aufgeholfen hat. Führer- und Rasseidee hatten hier ihren Nährboden. Zurückzugewinnen aber ist der pädagogische Gedanke der Arbeit.

2. Gehen wir über zu dem zweiten der drei inhaltsschweren Wörter – Gemeinschaft, so fällt dieser Übergang nicht schwer. Denn dieses Wort hatte für die Jugendbewegung eine zentrale Bedeutung. Aus seiner Rezeption in dieser Epoche hat das Wort seine besondere Einfärbung. Abgestoßen von der Kälte des sozialen Umgangs, in der jeder in der Begegnung mit dem anderen nur seinen persönlichen Vorteil verfolgte, strebten die jungen Leute nach Nähe, Intensität und gemeinsamer Lebenspraxis mit Freunden und Gleichgesinnten. In den neuen Lebensformen versuchten sie, die Verbindlichkeit und Geborgenheit der zerschlagenen alten Dorfgemeinschaft wiederherzustellen. Es entwickelte sich daraus in der Zeit nach dem ersten Weltkrieg eine Vielzahl von »Lebensbünden«, Kollektiven, Siedlungen alternativen Charakters, in denen die verlorene Einheit von Leben und Arbeiten zurückgewonnen werden sollte. (Keine von ihnen hat die Lebensbundidee verwirklichen können, sie sind alle zerfallen – mit einer Ausnahme: die von den jüdischen Bünden in Palästina gegründeten Kibbuzim sind noch heute lebendig und ziehen junge Leute aus der ganzen Welt zur Mitarbeit an.)

Dem Bedürfnis der Jugendbewegung, sowohl der angestrebten als auch der zurückgewiesenen Lebensform einen Namen zu geben, kam Ferdinand Tönnies' Buch

Gemeinschaft und Gesellschaft entgegen. Die Jugendbewegung »bemächtigte sich mit Begeisterung des Titels, und Gemeinschaft gegen Gesellschaft, als Ausdruck ›eines gesellschaftsfeindlichen Gemeinschaftsenthusiasmus‹[1] wurde geradezu ihre zentralste und zündendste Parole. Denn mit Recht bezeichnet Helmuth Pleßner die Jugendbewegung des Wandervogels' geradezu als ›einen Ausbruchsversuch aus der Gesellschaft‹. Daraufhin fühlten sich dann viele auch dazu verpflichtet, das Buch zu kaufen, und daher die weiteren Auflagen seit 1912 bis zur achten 1935. Bei dem Versuch des Lesens aber blieb man regelmäßig nach wenigen Seiten stecken, um mit einem Seufzer der Erleichterung sich wieder an den begeisternden Titel zu halten, und man kann wetten, daß von 1000 jungen Menschen, für die Gemeinschaft und Gesellschaft weltanschauliche Zentralbegriffe geworden waren, noch nicht einer das Buch von Anfang bis zu Ende gelesen hat. Nicht darauf, daß die Wirkung des Buches so allgemein war, sondern auf diesen völlig singulären Umständen und Hergängen beruht es, daß sie anonym und beinahe unterirdisch vor sich ging'[2].«[3] So beschrieb Alexander Rüstow die von ihm selbst erlebte Berührung zwischen der Soziologie und der Jugendbewegung.

Das Wort Gemeinschaft, das durch Tönnies' Vermittlung in die Soziologie kam, hatte seine besondere Verwendung zunächst in Friedrich Gentz' Übersetzung einer Textstelle von Edmund Burke gefunden. Gentz benutzte dieses Wort, um Burkes Lobgesang der *partnership*, und zwar der *partnership* zwischen den Toten, den Lebenden und den Zukünftigen, angemessen zu übertragen. Adam Müller trug den Begriff weiter. Schon in diesen Anfängen hatte das Wort einen reaktionären Unterton. Denn Burke ebenso wie Gentz und Müller ging es darum, die Ideen der Französischen Revolution, die vom isolierten Individuum ausgehen, mit einem organisch zusammengehaltenen Althergebrachten zu konfrontieren. Wenn auch Tönnies infolgedessen in den Ruch des Restaurativen geriet, geschah ihm allerdings Unrecht. Er hielt den Übergang von Gemeinschaft in Gesellschaft für unvermeidlich und sah in den gesellschaftlichen Neuerungen einen Fortschritt. In seinen letzten Lebensjahren trat er der Sozialdemokratie bei, um den Absichten »eines jungen Mannes aus Österreich, im Handstreich eine Volksgemeinschaft zu schaffen«, entgegenzutreten, und widerstand den Versuchen der Nazis, ihn mit der Fahne der Gemeinschaft in der Hand zu ihrem Chefsoziologen zu machen.

Das hat die Verknüpfung seiner Person mit einer restaurativen Pflege der Gemeinschaft aber nicht hindern können. Der Begriff und sein Autor fielen in den Orkus der Soziologie, nachdem René König 1955 – zum hundertsten Geburtstag von Tönnies – das Konzept in vernichtender Weise kommentiert hatte. Erst mit dem aus Amerika stammenden Kommunitarismus, der die Gemeinschaftsidee unbelastet von ihrer deutschen Rezeption wieder hochhält, hat eine Auseinandersetzung mit ihr begonnen, die nicht mehr im Schatten ihres politischen Mißbrauchs steht.

---

1   Helmuth Pleßner, Nachwort zu Ferdinand Tönnies, Kölner Zeitschrift für Soziologie und Sozialpsychologie 1955, Heft 3, S. 341 ff.
2   Hans Freyer, Soziologie als Wirklichkeitswissenschaft, Leißzig 1930, S. 185.
3   Alexander Rüstow, Ortsbestimmung der Gegenwart, Bd. III, Erlenbach-Zürich 1957, S. 147.

3. Auch das Wort »Dienst« zeigt eher rückwärts als vorwärts. Zwar schämt sich niemand, im »öffentlichen Dienst« zu stehen; außerhalb dieser Verknüpfung aber, zumal als Verb, hat das Dienen eine vormoderne, heute als entwürdigend empfundene Bedeutung. Es zeigt ein Oben/Unten-Verhältnis an, das heute, wo die Gemeinschaft in ein schlechtes Licht gerückt ist, auch dann als problematisch empfunden wird, wenn das »Oben« die Allgemeinheit ist. Auch zu dieser Allgemeinheit steht man lieber in einem gleichberechtigten Verhältnis, in einem *do ut des,* in dem man nur deshalb etwas hingibt, weil man etwas zurückbekommt.

Impulse, die einen dienenden Charakter haben – helfende Impulse – werden heute meistens als Pathologie aufgefaßt. Mit dem Begriff »Helfersyndrom«, der richtigerweise die problematischen Quellen und Wirkungen einer exzessiven Hilfsbereitschaft kennzeichnet, wird fälschlicherweise jedes Verhalten in ein schlechtes Licht gerückt, das von Nächstenliebe getragen wird.

Einen starken Kontrapunkt dazu bildeten allerdings zwei Ereignisse, die zu einem einzigen zu verschmelzen schienen: die Beerdigungen Prinzessin Dianas und Mutter Teresas. Die eine dieser beiden Frauen war jedenfalls dem Anschein nach, die andere unzweifelhaft ein Mensch, der gerne und ohne pathologische Anteile diente. Niemals haben sich weltweit so viele Fernsehzuschauer um eine Sendung geschart wie um diese Trauerfeiern. So schlecht das Dienen auch angesehen sein mag – es besteht offenbar ein großer Bedarf an seinem Geist.

II.

1. Der Zusammenklang der drei inhaltsschweren Worte hat ein Timbre, das letzten Endes an den *Arbeitsdienst* erinnert. Will man einen Jugendgemeinschaftsdienst wieder populär machen, so muß man sich mit der Geschichte des Arbeitsdienstes konfrontieren. Dabei stellt man fest, daß man über den Nationalsozialismus hinaus in die Weimarer Republik zurückgeführt wird, in die der Freiwillige Arbeitsdienst eine gesellschaftliche Erneuerung brachte, wie sie heute nur wünschenswert sein kann.

Beginnen wir mit einem Beispiel: Die kleine Stadt, in der ich wohne, liegt an einem See. Dieser See hat in der Mitte eine Verengung, einen sogenannten Sund, über den früher eine Fähre fuhr. Die Benutzung der Fähre machte viele Umstände, und deshalb war es für die Stadt ein großer Fortschritt, als der Sund mit Sandwällen verengt und mit einer Brücke überbaut wurde. Man gelangt jetzt über eine gewölbte, weißgestrichene Holzbrücke zum anderen Ufer, und nirgends kann man so schön – träumend an das Geländer gelehnt – rechts und links über das Wasser blicken wie hier. Unsere kleine Stadt liebt diese Brücke. Sie war das Werk des Arbeitsdienstes. – In jeder Stadt kann man auf solche volkstümlichen Meliorationen hinweisen: In Hannover zum Beispiel ist es der Maschsee, der von einer Arbeitsdienstkolonne geschaffen wurde und sich bis heute größter Beliebtheit erfreut. Die alten Fotos, die jetzt gerade in Hannover ausgestellt werden, zeigen, daß die Schufterei mit dem

Spaten unter dem Beifall der Öffentlichkeit den Beteiligten ganz offensichtlich Spaß gemacht hat.

Leider haben diese Maßnahmen nicht der gemeinnützigen Arbeit, sondern den Nazis Prestige eingebracht. Dieses Prestige hat dem Ansehen der öffentlich organisierten, sozial und ökologisch sinnvollen Tätigkeit nachhaltig geschadet. Dadurch, daß die gute Idee in die Hände des Teufels gefallen ist, ist sie unbrauchbar geworden. Bei ihrer Abwehr befindet man sich im Bann des Totalitarismus, der keine Hemmungen hatte, Menschen aus ihren Lebenszusammenhängen zu reißen und sie in quasi-militärische Organisationen zu zwingen. Das Wort »Arbeitsdienst« steht jetzt als Schreckgespenst hinter allen Anstrengungen, junge Menschen in sozial nützliche Arbeitsprojekte einzubinden.

Dabei war der Arbeitsdienst keineswegs ein Kind des Nationalsozialismus. Wie wir schon gesehen haben, wurden seine Grundlagen im Gegenteil in der Weimarer Republik von Menschen gelegt, von denen sich viele später im Widerstand befanden – Hellmuth James von Moltke und Harro Schulze-Boysen zum Beispiel – oder emigrierten, wie Eugen Rosenstock-Huessy. Als nach dem Ersten Weltkrieg massenhaft die sozial entwurzelten jungen Soldaten auf der Straße standen, begannen die von der Jugendbewegung geprägten Männer, sich des Problems anzunehmen. Sie planten, die Millionen aus dem Arbeitsleben Hinauskatapultierten zu tätigen Gemeinschaften zusammenzufassen, die einer pädagogischen Zielsetzung unterstanden. Nicht etwa sollte eine quasi-militärische staatliche Arbeitsfront gebildet werden, sondern eine Dachorganisation, die dem Subsidiaritätsprinzip untersteht. Die heterogenen gesellschaftlichen Gruppen – Parteien, Gewerkschaften, Kirchen, Wohlfahrtsverbände – sollten sich nach Arbeitsfeldern umsehen, die die Wirtschaft liegengelassen hatte.

Und so geschah es auch ansatzweise: An allen Ecken und Enden der Gesellschaft begann es zu kribbeln und zu krabbeln; überall bildeten sich Initiativen, die einen Freiwilligen Arbeitsdienst anboten, der von Arbeitslosen und Studenten, von Menschen aus allen sozialen Gruppen mit Begeisterung durchgeführt wurde. Die Arbeit wurde nicht bis zur Erschöpfung getrieben, sondern auf einige Stunden begrenzt; der Rest des Tages wurde mit Tanz, Sport und Musik ausgefüllt.

Unter Brüning und Papen wurden diese Ansätze zu großangelegten, Massen erfassenden Projekten ausgearbeitet, die Hitler nur zu übernehmen brauchte. Sein Mißbrauch dieser Einrichtungen, sein geschicktes Aufgreifen des großen mobilisierenden Schwunges, von dem die Arbeitsdienstbewegung getragen war, hat die Idee bis heute furchtbar kompromittiert. Das spricht aber nicht gegen die Idee selbst, die von ihren totalstaatlichen Verunreinigungen befreit werden muß.

2. Ein 87 Jahre alter Gewerkschaftsmann aus Weil am Rhein schickte mir diesen Brief, nachdem ich einmal in einer Zeitung auf die guten Seiten des Arbeitsdienstes der Weimarer Republik hingewiesen hatte: »Seit Jahren – seit Zunahme der Arbeitslosigkeit, vor allem auch bei der Jugend – bemühe ich mich, Interesse für den Arbeitsdienst bei den Politikern, Wissenschaftlern und Psychologen zu wecken, aber deren Wissen über den Arbeitsdienst beginnt am 1. Mai 1934, als die ›braunen

Soldaten mit geschultertem Spaten vor dem Führer aufmarschierten!‹ Das war nicht der Anfang, sondern das Ende des Arbeitsdienstes! Ich, Jahrgang 1909, war im Frühjahr 1933 aus Berlin geflohen, weil ich als Mitglied einer Widerstands-Gruppe Grund zur Angst vor Verfolgung hatte. Ich fand als Zuflucht den Arbeitsdienst der Evangelischen Kirche in der Mark Brandenburg gerade zu dem Zeitpunkt, wo die Nazis ihn übernahmen. Die Gruppe Berliner Jungens, die mit mir da Zuflucht suchten, hatte die gleichen Gründe wie ich: es waren Jung-Kommunisten, denen das Berliner Pflaster zu heiß geworden war. Nun schienen wir bei dieser NS-Übernahme des Arbeitsdienstes vom Teufel zum Beelzebub gekommen zu sein – aber das stimmte nicht, noch nicht! Der Lagerleiter, ein Weltkrieg I-Offizier, war ideologisch nicht interessiert, aber er konnte mit jungen Menschen umgehen: kameradschaftlich und lediglich auf das Maß von Ordnung bedacht, das zur Arbeit und zum Zusammenleben erforderlich war. Wir bauten in Linde bei Löwenberg in der Mark eine Baracke mit allen nötigen Einrichtungen, wir bekamen genügend Essen und – ziemlich notdürftig – auch Arbeitskleidung. Wir hatten Waldarbeit in verwahrlosten Beständen und die Anlage eines langen Entwässerungskanals als Aufgabe. Das reichte wirklich. Es kam auch irgendwann mal ein Parteimann und hielt uns einen Vortrag, und einmal hatten wir auch Scheibenschießen mit Karabinern. Wir waren aber mit wirklicher Arbeit vollauf ausgelastet und hielten vorzügliche Kameradschaft. Das ging bis zum Herbst 1933 ... Im Frühjahr 1934 erfolgte die ›wirkliche‹ Übernahme durch die Partei: braune Uniformen, Spaten-Exerzieren, militärische Umgangsformen und Ausbildung mit immer weniger Arbeit ... Entschuldigen Sie bitte, wenn ich Sie zu lange mit meiner Geschichte geplagt habe: sie diente ja nur zum Nachweis, daß der Arbeitsdienst nicht nur eine andere Herkunft hatte als den Nationalsozialismus, sondern daß er sogar noch in dessen Anfängen wegen seiner guten, ursprünglichen Idee Gutes brachte: sinnvolle Arbeit, körperliche Mühe, die manche ihr Leben sonst nicht erfahren, und Erkenntnis ganz verschiedener Herkunft, Interessen und Fähigkeiten. Das Militär kann diese Aufgabe viel weniger leisten: der Dienst ist streng, aber sinnlos, die eigentliche Dienstzeit ist ziemlich kurz, und der Rest wird durchgebummelt. Wofür das Ganze ist, kann niemand sagen, denn sogar oberste Chefs sagen bestenfalls: ›Hoffentlich werden wir nie gebraucht!‹ Der Arbeitsdienst wird immer gebraucht! Was geschieht alles nicht, bloß weil es zu teuer ist?! Dafür ist der Arbeitsdienst da, für alle!

Und jetzt brächte er noch etwas Gutes: Verminderung der Arbeitslosigkeit als wichtigen Beitrag und Information der ›geistigen‹ Arbeiter über ihre ›handarbeitenden‹ Kameraden, wobei sie oft feststellen können, daß die manches können, worin sie überlegen sind und was von den anderen vielleicht zum 1. Mal gewertet wird, weil ihnen ihr Rücken schmerzt und sie todmüde auf ihr Feldbett sinken. Die anderen geh'n vielleicht mit den Dorfmädchen tanzen! Ich hab' das erlebt und es hat mir sehr gut getan!

Ja, Arbeitsdienst ist gut und sehr nötig, aber kein NS-Arbeitsdienst! Einer mit gleichen Bedingungen für alle, Jungen und Mädchen, und ohne große Hierarchie.«

3. Eine schaurige Kette, die man leider zur Kenntnis nehmen muß, ist die Verbindung zwischen den Baracken des Arbeitsdienstes und den Konzentrationslagern. Arbeit macht frei – dieser Satz steht als teuflisches Scherzwort über dem Tor von Auschwitz, in schmiedeeisernen Lettern, die der Ästhetik der Jugendbewegung angehören. Nicht nur diese verhöhnenden Worte – auch einige andere Züge des Konzentrationslager lassen sich nur verstehen, wenn man diesen kulturellen Hintergrund kennt. Auschwitz hatte ein Lagerorchester – das kommt aus dieser Tradition. »Wir sind die Moorsoldaten und ziehen mit dem Spaten ins Moor« – dieses sogenannte Lagerlied haben die Häftlinge von Neuengamme auf Anordnung der Lagerleitung selbst verfaßt. Die von schwer bewaffneten Mannschaften bewachten Moorsoldaten sind die grausame Karikatur des Freiwilligen Arbeitsdienstes. Viele seiner Projekte haben die Nazis von Häftlingen weiterführen lassen. Das Arbeitslager ist tatsächlich der Vorläufer der Konzentrationslager. Den Spaten über die Schulter, mußten die Gefangenen, im militärisch geordnetem Trupp marschierend, singend an ihre Arbeit gehen.

Diese scheußliche Verkehrung wird es den nächsten Generationen verbieten, sich kulturell an den Freiwilligen Arbeitsdienst der Weimarer Republik anzuschließen. Als Bezugspunkt kommt deshalb nur der amerikanische New Deal in Frage, dessen Arbeitsbeschaffungspolitik bis heute einen guten Nachhall hat. In der Gestalt des emigrierten Juden Eugen Rosenstock-Huessy, der am New Deal mitwirkte, sind die guten Elemente der deutschen Tradition bewahrt. Er baute das Camp William James auf, in dem die reformpädagogischen, von der Idee der kleinen Gemeinschaft ausgehenden Impulse der Jugendbewegung in die amerikanische Großorganisation integriert wurden. Der Krieg bereitete Rosenstocks Ansatz ein frühes Ende, aber in den USA werden die dankbaren Berichte derer, die dabei waren, bis heute weitergegeben.

4. Der New Deal war ein riesengroßes staatliches Arbeitsbeschaffungsprogramm, mit dessen Hilfe die millionenfache Arbeitslosigkeit in den Vereinigten Staaten erfolgreich beseitigt wurde. Mit der Rückkehr der Arbeit gewann das Land seinen alten Optimismus zurück und überwand die Versuchung der totalitären Gleichschaltung, die auch Amerika erschüttert hatte. Das Land gewann wieder Boden unter den Füßen.

Der Held der Epoche war Franklin D. Roosevelt, der charismatische Präsident, der imstande war, die gesellschaftlichen Kräfte zum gegenseitigen Nachgeben zu bewegen. Ihm gelang es, die amerikanische Mentalität, die ganz auf Einzelkämpfertum eingestellt ist und vom Staat nichts wissen will, die amerikanische Mentalität, deren Leitfigur sich vom Tellerwäscher zum Millionär hocharbeitet, zu verwandeln und dem Gedanken des *Sozialen* zu öffnen. Der American Dream bekam ein neues, soziales Gesicht.

Wir kennen die Zustände, die dem New Deal vorausgingen, aus den Romanen von John Steinbeck: Menschen, die in herumliegenden Betonröhren leben und sich aus Mülltonnen ernähren – eine Gesellschaft, die in aufgezwungenem Müßiggang brütet. Roosevelt gelang es, in diese Gesellschaft neuen Wind zu blasen und den Bürgern ihre Verantwortlichkeit für das Wohlergehen aller klarzumachen; unter seinem Einfluß duldeten sie, daß der Staat eine aktive, intervenierende, der Wirtschaft überlegene Position einnahm.

Nachdem die Hoffnungslosigkeit besiegt war, waren alle bereit, die Ärmel aufzukrempeln. Der New Deal löste eine große Welle der Begeisterung aus; er gab der Gesellschaft den psychologischen Impuls, der nötig war, damit das Herz der Wirtschaft wieder zu schlagen begann. Die Idee des Sozialen hatte gesiegt. Eine CCC genannte Organisation, Civilian Conservation Corps, nahm die Arbeitslosen auf und setzte sie in neugeschaffenen Arbeitsprojekten ein. Das größte dieser Projekte war die Industrialisierung des Tennessee Valley.

Der New Deal war geistig vorbereitet durch die Gedanken des amerikanischen Philosophen William James. Er hatte nach dem Ersten Weltkrieg ein Büchlein geschrieben, das den Titel »A Moral Equivalent of War« trug. Dort wurde darauf hingewiesen, daß die Energien junger Männer, wenn sie brachliegen, zu Kriegsbereitschaft führen, und daß es deshalb die Aufgabe jeder Gesellschaft sei, diese Energien zu binden und sinnvoll einzusetzen. In enthusiasmierenden Worten hatte William James für einen nationalen Arbeitsdienst geworben, der die Tugenden, die sich sonst sinnlos im Krieg verströmen, einfängt und gesellschaftlich notwendigen Aufgaben zuführt.

Aus diesem Grund wurde das von Eugen Rosenstock-Huessy gegründete Reformlager des CCC, das in den Wäldern von Vermont entstand, Camp William James genannt. In diesem Camp ging es darum, einige Mißstände, die im CCC eingetreten waren, zu überwinden: Die staatliche Arbeitsorganisation war im Begriff, ein Ghetto zu werden, ein Auffangbecken für sozial Deklassierte, in dem sich eine rohe Subkultur herausbildete. Das Camp William James machte es sich zur Aufgabe, Studenten und Arbeiter zusammenzufassen, soziale Durchmischung herzustellen und dem Zusammenleben einen über die gemeinsame Arbeit hinausgehenden pädagogischen Sinn zu geben. Die Arbeit wurde auf sechs Stunden begrenzt, damit Kräfte freiblieben für eine geformte Gestaltung der Freizeit: Musik, Tanz, Sport, Literatur und Politik erhielten im Camp William James ihren Platz. Auf diese Weise ließ Rosenstock-Huessy seine Erfahrungen aus der deutschen Jugendbewegung in das amerikanische Projekt einfließen.

Mit Hilfe dieser Verbindungslinie, mit Hilfe dieser »Wäsche« des jugendbewegten Gedankenguts haben die von den Nazis beschmutzten Ansätze heute vielleicht wieder eine Chance, populär zu werden.

Andreas Gestrich

Geschichte der Jugendgemeinschaftsdienste. Eine Bewegung zwischen »Arbeitswehr« und »werktätigem Pazifismus«

I. *Vorbemerkung*

Der Gedanke, daß Jugendliche freiwillig oder verpflichtend anstelle des Militärdienstes zu sozialen oder Gemeinschaftsdiensten herangezogen werden sollen, entstand im ausgehenden 19. Jahrhundert. Die ersten Versuche zur praktischen Umsetzung dieses Konzeptes fallen in die Zeit nach dem Ersten Weltkrieg. Hinter der Vorstellung, daß »die« Jugend der als Gemeinschaft verstandenen Nation einen Dienst leisten solle, steht ein bestimmtes Bild von Jugend, Gemeinschaft und Erziehung durch Dienst. Die historische Einordnung dieser Vorstellungen in einen breiteren Kontext ist zum Verständnis dessen, was mit den Jugendgemeinschaftsdiensten des frühen 20. Jahrhunderts bewirkt werden sollte, unerläßlich. Dieser Kontext wird einleitend kurz skizziert (II). Im Zentrum der Ausführungen steht eine komprimierte Darstellung der Geschichte der Jugendgemeinschaftsdienste in Deutschland, aber auch in verschiedenen anderen Ländern (III). Dabei wird auf die Frage der Freiwilligkeit, der pädagogischen Ziele und der internen Organisation dieser Gemeinschaftsdienste jeweils besonderes Gewicht gelegt. Eine persönliche Beurteilung der historischen Erfahrung im Hinblick auf zukünftige Planungen steht am Schluß des Beitrages (IV).

II. *Jugend – Gemeinschaft – Dienst in historischer Perspektive*

1. Jugend: Der Begriff Jugend bezeichnet eine Phase im individuellen Lebenslauf und zugleich die soziale Gruppe derjenigen, die sich in dieser Phase befinden. Beide Dimensionen des Begriffs sind jedoch weiter definitions- und erklärungsbedürftig, denn sie sind beide historisch und kulturell außerordentlich wandelbar. Jugend als Phase des individuellen Lebenslauf ist keineswegs eine primär biologische Tatsache, sondern ein soziales Konstrukt. Alle Gesellschaften markieren zwar auf irgendeine Weise den Übergang zwischen Kindheit und Erwachsensein. Dieser Übergang kann jedoch im einen Extremfall wie in manchen Stammesgesellschaften in einem Initiationsritus konzentriert sein, im anderen Extrem kann es sich dabei – wie in den modernen europäischen Gesellschaften – um eine lange Phase des Übergangs handeln.

Die europäische Vorstellung von Jugend als einer gut zehnjährigen Phase nicht nur des körperlichen Wachstums, sondern auch der psychischen und sozialen Entwicklung (»Reifung«) ist selbst wiederum ein relativ neues Phänomen. Für die alteuropäischen Gesellschaften und vielfach bis weit ins 19. Jahrhundert hinein war kennzeichnend, daß die Jugendphase nicht als Ausdruck eines bestimmten Lebensalters und dessen Entwicklungsprobleme aufgefaßt wurde, sondern über den Status des »Ledigseins« definiert wurde. Jugend endete mit dem Zeitpunkt der Heirat – unabhängig davon, ob mit 18 oder erst mit 38 geheiratet wurde. Zwar »entdeckte« Rousseau schon im Ausgang des 18. Jahrhunderts die Jugend als eine eigenständige Entwicklungsphase zwischen Kindheit und Erwachsenensein, die ihre besonderen psychischen und sozialen Funktionen und Probleme habe. Dieses Konzept von Jugend blieb aber zunächst auf die bürgerliche Jugend beschränkt. Eine von der Sicherung des eigenen Lebensunterhalts befreite Phase der »Reifung« war ein Luxus, den sich nur die obersten Schichten für ihre Nachkommen leisten konnten. Für diese war sie allerdings als Zeit der Ausbildung von Selbständigkeit, von Leistungsbereitschaft und Vermittlung von Bildung von zentraler Bedeutung, denn das waren die Eigenschaften und Werte über die sich im Bürgertum die Sicherung des sozialen Status der Familie im Wechsel der Generationen vollzog.[1]

Erst im ausgehenden 19. Jahrhundert kam es im Rahmen der allgemeinen Durchsetzung der modernen Industriegesellschaft und ihrer höheren Anforderung an die Ausbildung der Jugend zu einer tendenziellen Angleichung der gesellschaftlichen Jugendkonzepte und auch der Lebensbedingungen von Jugendlichen. Schichtübergreifend wurde ihre Lebenswirklichkeit immer mehr durch Schule und Ausbildung geprägt. Sprachliches Signal für diesen Prozeß war das Auftauchen des allgemeinen Begriffs des Jugendlichen am Ende der 1880er Jahre. Die zuvor gängigen Begriffe wie Jüngling und Jungfrau waren stark schichtspezifisch auf das Bürgertum zugeschnitten und schienen auch hier seit der Wende zum 20. Jahrhundert keine adäquaten Bezeichnungen mehr für die nachwachsende Generation.

Der Begriff des Jugendlichen selbst tauchte zunächst in der Sprache der Gefängnisfürsorge auf. Das deutet daraufhin, daß Jugend seit dem Ende des 19. Jahrhunderts immer stärker als eine problematische und krisenhafte Phase im Leben wahrgenommen wurde. Jugendliche waren per se gefährdet und potentiell kriminell. Das Konzept der Adoleszenzkrise tauchte auf, und Jugend wurde zu einem intensiv bearbeiteten Gegenstand der sich etablierenden empirischen Sozialwissenschaften und damit verbunden auch staatlicher Steuerungsbemühungen.

Allerdings handelte es sich bei diesem Konzeptwandel nicht nur um Außenzuschreibungen von Erwachsenen, die sich um die Stabilität der Gesellschaft und die Fortdauer des Generationenvertrags sorgten. Auch die Jugendlichen selbst zeichneten sich zunehmend durch ein neues Selbstgefühl und Ansprüche auf Eigenständigkeit und Selbstverwirklichung aus. Dies fand in den verschiedenen Formen der Selbstor-

---

1 Vgl. zu diesen ganzen Zusammenhängen prägnant Ulrich Herrmann, Was heißt »Jugend«? Jugendkonzeptionen in der deutschen Sozialgeschichte, in: H.G.Wehling (Hg.), Jugend – Jugendprobleme – Jugendprotest (Bürger im Staat), Stuttgart 1982, S. 11-27.

ganisation der Jugend und der entstehenden Jugendkultur zu Beginn in der Zeit der Jahrhundertwende seinen Ausdruck.
Es ist kein Zufall, daß gerade in dieser Zeit des sich verschärfenden Generationenkonflikts intensiv über die Eingliederung von Jugendlichen in die Gesellschaft durch einen Dienste für die Gesellschaft nachgedacht wurde. Je nach politischer Couleur ging es dabei um die Stärkung der nationalen Identität durch Heranziehung zum Militär, die Stärkung des Klassenbewußtseins durch den Ausbau proletarischer Jugendorganisationen oder auch um den im Rahmen der Jugendbewegung formulierten Anspruch auf Selbstbestimmung. Jugendgemeinschaftsdienste wurden ursprünglich von Anhängern der Jugendbewegung und Reformpädagogen als autonome Veranstaltungen der Jugendlichen konzipiert, dann aber von den anderen Gruppen auch für ihre jeweiligen Ziele funktionalisiert

2. Gemeinschaft: Hingewiesen werden soll hier wenigstens kurz auf die Tatsache, daß der Begriff der »Gemeinschaft« in Deutschland außerordentlich stark normativ und emotional besetzt ist. Die Verwendung von »Gemeinschaft« als Synonym für Volk oder Nation stammt aus der politischen Romantik und sollte die Abkehr von dem auf die Rechte des Individuums konzentrierten Gesellschaftsbegriff der Aufklärung durchsetzen. Die Übergänge von diesem Gemeinschaftsbegriff des frühen 19. Jahrhunderts zu Vorstellungen völkischer Ideologien an der Wende zum 20. Jahrhundert sind vielfältig und bekannt.[2] Wichtig ist für diesen Zusammenhang, daß die Anfänge von Vorstellungen eines Jugendgemeinschaftsdienstes eben auch mit diesem Gedankengut eng verbunden waren. Ob man sich sprachlich an diese Tradition anlehnen soll, muß daher sorgfältig geprüft werden. Da es ein historischer Terminus ist, wird er hier für die Bereiche, für die er galt, weiterverwendet.

3. Dienst: Dienst ist zwar ein Begriff, der schon immer eng mit der Vorstellung von den Aufgaben der Jugend verbunden war, zunächst aber nur in der spezifischen Weise des Gesindedienstes. Vielfach war in der alteuropäischen Gesellschaft Jugendzeit identisch mit der Phase des außerhalb des elterlichen Hauses geleisteten Gesindedienstes. Dieser war aber nicht Dienst für die Gesellschaft oder Gemeinschaft, sondern eine Form abhängiger (Lohn-)Arbeit, die der Horizonterweiterung und Berufsausbildung dienen sollte.
Die Idee eines Dienstes für den Staat bzw. für die Gesellschaft kam erst im Rahmen der Mobilisierung der Massen in den Revolutionskriegen des ausgehenden 18. und beginnenden 19. Jahrhunderts zum Vorschein. In der französischen »levée en

---

2   Vgl. als Überblick Manfred Riedel, Art. »Gesellschaft, Gemeinschaft, in: Brunner, Otto u.a. (HG.), Geschichtliche Grundbegriffe. Historisches Lexikon zur politisch-sozialen Sprache in Deutschland, Bd. 2, Stuttgart 1975, v.a. S. 859: »Mit der Einführung des Wortes ›Gemeinschaft‹ ... kommt die soziologische Theorie ungewollt der reaktionären Opposition gegen die moderne industrielle Gesellschaft entgegen. Während sich die anderen europäischen Sprachen die Synonymität von ›Gesellschaft‹ und ›Gemeinschaft‹ bis heute bewahrt haben, wird ›Gemeinschaft‹ in Deutschland zum sozialideologischen Leitbegriff jener national-konservativen und völkischen Bewegung, die nach dem 1. Weltkrieg Sozialismus, Kapitalismus und Industrialismus zugleich zu ›überwinden‹ trachtete.«

masse« waren diese Dienste aber noch keineswegs jugendspezifisch konzipiert. Auch die Vorstellungen der preußischen Reformer zur Einführung einer allgemeinen Dienstpflicht waren im Rahmen der Befreiungskriege zunächst einmal nicht altersspezifisch gedacht. Für Scharnhorst waren »alle Bewohner des Staats geborene Verteidiger desselben« und sollten daher zusammen eine Nationalmiliz bilden. Mit der Einrichtung einer allgemeinen Wehrpflicht in Preußen im Jahr 1813/14 konzentrierte sich die Diskussion um die Dienstpflicht dann speziell auf die Jugend. Neben dem Aspekt der Verteidigung kam sehr rasch der Gedanke einer allgemeinen Erziehungsfunktion der Armee auf. Hier sollten »Nationalsinn« erzeugt, die sozialen Gegensätze der Gesellschaft überbrückt und den Rekruten ein heilsamer Sinn für »Ordnung, Subordination und Ehre« beigebracht werden.[3]

Der Gedanke des Dienstes als eines wichtigen pädagogischen Prinzips ist dann auch ganz prägnant in der Pädagogik der Weimarer Republik, insbesondere bei einem ihrer führenden Theoretiker, bei Hermann Nohl, faßbar. Durch den Dienst für die Gemeinschaft sollen nicht nur die Jugendlichen selbst bestimmte Lern- und Reifungsprozesse durchmachen, sondern soll zugleich die Gesellschaft insgesamt erneuert und umgebaut werden. Im Dienstgedanken Nohls sind stark antimodernsitsische bzw. antiindustrielle Züge enthalten. Gemeinschaftsdienst war für Nohl vor allem mit agrarischer Arbeit verbunden, durch die der »Wärmetod der Industriewirtschaft« abgewendet und eine Reagrarisierung Deutschlands eingeleitet werden sollte. Die ländlich-agrarische Lebensweise entsprach Nohls Vorstellungen von den Grundlagen einer erneuerten Volksgemeinschaft mehr als die urbanisierte Industriegesellschaft.[4]

Dieser pädagogisierte Dienstgedanke wurde dann auch von den Befürwortern eines freiwilligen oder pflichtmäßigen Arbeitsdienstes aufgegriffen. »In der Idee des Dienens und des Dienstes als ›freiwillige Hingabe der ganzen Person an die als höhere Ordnung anerkannte Gemeinschaft‹ trafen sich die Selbstdeutungen der Arbeitsdienstbewegung mit jenen akademischer Reflexion«.[5] Diese Verbindung von Dienst und Gemeinschaft konnte von den Nationalsozialisten aufgegriffen werden. Sie entkleideten die Gedanken Nohls und anderer Pädagogen der Weimarer Zeit ihrer emanzipatorischen Tendenzen und funktionalisierten den pflichtmäßigen Arbeitsdienst dann für die paramilitärische Erziehung der Jugend.

Die Vorstellung der Jugenderziehung durch Gemeinschaftsdienste hat somit gerade durch die enge Verbindung des Dienstes mit einem emphatischen und in Deutschland in der ersten Hälfte des 20. Jahrhunderts meist völkisch interpretierten Gemeinschaftsbegriffs ein schwieriges Erbe. Die Reflexion auf diese Geschichte macht

---

3   Zitate aus einer Denkschrift des Staatsrates von Raumer über »Die Grundlagen eines neuen Gesetzes wg. Allgemeine Verpflichtung zum Kriegsdienst«, zitiert nach Ute Frevert, Das jakobinische Modell: Allgemeine Wehrpflicht und Nationsbildung in Preußen – Deutschland, in: Dies. (Hg.), Militär und Gesellschaft im 19. und 20. Jahrhundert, Stuttgart 1997, S. 26.
4   Zu Nohls Pädagogik in diesem Zusammenhang vgl. v.a. Peter Dudek, Erziehung durch Arbeit. Arbeitslagerbewegung und Freiwilliger Arbeitsdienst 1920-1935, Opladen 1988, v.a. S. 30ff.
5   Ebd., S. 35. Das Zitat in diesem Zusammenhang aus Erich Gräf, Das Dienen im freiwilligen Arbeitsdienst, Diss. Leipzig 1933, S. 4.

manche nationalen Bildungstraditionen bewußter, die sich auch über die Zeit des Nationalsozialismus und den Zweiten Weltkrieg hinaus erhalten haben. Sie zwingt kritisch die Genese der Vorstellung zu beleuchten, daß Dienste für die Gemeinschaft Jugendliche bilde und ihnen ein stärkeres Verantwortungsgefühl für die Gemeinschaft besser vermitteln könne als andere Erziehungs- und Ausbildungsformen oder als praktische Berufstätigkeit.

III. *Geschichte der Jugendgemeinschaftsdienste*

Erste Ansätze zu einer altersspezifischen Arbeitsdienstpflicht für Jugendliche fallen in die Zeit der Jahrhundertwende. Ihre Vordenker kommen zum Teil aus ganz unterschiedlichen Zusammenhängen: der Jugendbewegung, der Diakonie, der Frauenbewegung oder aus pazifistischen Gruppen. Alle griffen sie mit dem Thema Jugenderziehung damals ein Problem auf, das in der Politik, den Medien und den Wissenschaften wie kaum ein anderes diskutiert wurde. Im folgenden werden in chronologischer Abfolge (1) die Ansätze vor dem Ersten Weltkrieg skizziert, (2) die Bemühungen um einen freiwilligen Arbeitsdienst als pazifistische Alternative zum Militär nach dem Ersten Weltkrieg dargestellt. Dann geht es (3) um die aus der Jugendbewegung kommenden Versuche zur Organisation eines autonomen und freiwilligen Arbeitsdienstes als jugendeigener Erziehungsinstitution und den Aufbau eines zunächst freiwilligen Arbeitsdienstes in der Weimarer Republik. In diesem Zusammenhang wird (4) die Dienstpflicht für Mädchen angesprochen und (5) die Überleitung des Freiwilligen Arbeitsdienstes in den obligatorischen Arbeitsdienst in der Zeit des Nationalsozialismus behandelt. Schließlich werden (6) die verschiedenen Entwicklungen nach dem Zweiten Weltkrieg kurz analysiert.

1. *Frühe Vorüberlegungen zu einem Arbeitsdienst für Jugendliche*

Die Ursprünge eines nichtmilitärischen Dienstes männlicher Jugendlicher sind bei der Auseinandersetzung um die frühneuzeitlichen Privilegien radikalpazifistischer religiöser Gruppen im Zuge der Formierung der Nationalstaaten des 19. Jahrhunderts zu suchen. Im Gegensatz zu den Staaten und Gesellschaften des Ancien Régime, in denen es über das System herrschaftlicher Privilegien Raum und Sonderrechte für abweichende Gruppen gab, läßt der moderne Nationalismus aufgrund seiner ihm eigenen egalitären Tendenzen solche Ausnahmen nicht zu. Das gilt gerade und besonders für den Bereich der Wehrpflicht. Als Beispiel dafür kann das Schicksal der radikalpazifistischen Mennoniten dienen.

Die aus dem Täufertum der Reformationszeit hervorgegangenen Mennoniten siedelten ursprünglich vor allem niederländisch-friesischen Raum, im Rheinland und in Westfalen sowie im Königreich Polen in Gebieten um Danzig. Die rheinisch-westfälischen Mennoniten gaben unter dem Assimilationsdruck, den der wachsende Nationalismus in Deutschland während des 19. Jahrhunderts ausübte, ihren strikten

Pazifismus bald auf.[6] Anders verlief die Entwicklung im Osten. Ein Teil der dortigen Mennonitengemeinden hatte nach den ersten polnischen Teilungen des ausgehenden 18. Jahrhunderts ihre Siedlungsgebiete um Danzig verlassen, da die neue preußische Regierung ihre Ablehnung des Militärdienstes immer weniger zu tolerieren bereit war. In Rußland dagegen wurden ihnen im Rahmen der Siedlungspolitik Katharinas II. großzügige Freiheiten gewährt. Die zunehmende staatliche Integration der verschiedenen Reichsteile und der aufkommende russische Nationalismus des ausgehenden 19. Jahrhunderts führten jedoch auch hier zu einer Zurücknahme des ursprünglichen Privilegs, mit dem die Mennoniten vom Militärdienst befreit worden waren. Seit den 1870er Jahren mußten sie auch in Rußland entweder als Sanitäter oder in Arbeitslagern als Waldarbeiter einen Ersatzdienst leisten.[7]

Das Beispiel der Mennoniten zeigt noch einmal, wie eng die Vorstellung einer allgemeinen Dienstpflicht für junge Männer mit der Formierung der Nationalstaaten im 19. Jahrhundert verbunden war. Es macht außerdem deutlich, wie lange dieser Prozeß sich im 19. Jahrhundert hinzog und wie aus der Ablösung älterer Strukturen sich dann in manchen Ländern wie in Rußland bereits Formen eines alternativen Dienstes entwickelt haben, der einerseits den Bedürfnissen des Nationalstaats nach gleichmäßigem Einsatz für die Nation Rechnung trug, andererseits aber auch die Gewissensprobleme religiöser Minderheiten respektierte.

In Deutschland wurde auf die Probleme religiöser Minderheiten weniger Rücksicht genommen. Die Anpassungsbereitschaft der Mennoniten und anderer protestantischer Gruppen ließen hier ohnehin die Entwicklung von Alternativen zum Militärdienst nicht zu einem wirklichen Problem werden. Erste Überlegungen zur Einführung eines Jugendgemeinschafts- oder Sozialdienstes entstanden daher vor allem aus pädagogischen und sozialpolitischen Gründen heraus als Reflex auf die zunehmenden sozialen Spannungen im Inneren der westlichen Industriegesellschaften. Die revolutionären Unruhen in Rußland im Jahr 1905 haben auch in Westeuropa verstärkt die Aufmerksamkeit auf die sozialen Probleme der eigenen Gesellschaft gelenkt.

Einer der einflußreichsten Propagandisten für einen Jugendgemeinschafts- bzw. Arbeitsdienst in Deutschland war der Historiker, Jurist und Soziologe Eugen Rosenstock-Huessy. 1912 verfaßte er nach Diskussionen mit Werner Picht die Denkschrift »Ein Landfriede«, mit der er beim preußischen Kriegsministerium aus sozialpolitischen Gründen für einen Arbeitsdienst der aus Gesundheitsgründen nicht eingezo-

---

6 Vgl. insgesamt Peter Brock, Freedom from Violence. Sectarian Nonresistance from the Middle Ages to the Great War, Toronto u.a. 1991, S. 97 ff.; Karl Holl, Zur Preisgabe mennonitischer »Wehrlosigkeit« um 1800, in: Jost Dülffer (Hg.), Kriegsbereitschaft und Friedensordnung in Deutschland 1800 – 1814. (Jahrbuch Historische Friedensforschung, Bd. 3) Münster 1994, S. 234-238; Reinhold Muhs, »Das schöne Erbe der frommen Väter«. Die Petition der badischen Mennoniten an die deutsche Nationalversammlung von 1848 um Befreiung von Eid und Wehrpflicht, in: Mennonitische Geschichtsblätter 42 (N.F. 37), 1985, S. 85-102.
7 Viele Mennoniten waren damit nicht einverstanden. Tausende von ihnen verließen im ausgehenden 19. Jahrhundert Rußland und siedelten in Kanada und in den Vereinigten Staaten.

genen Militärpflichtigen warb.[8] Dieser Einsatz sollte junge Menschen aus allen Schichten bei der Arbeit zusammenbringen und durch die gemeinsame Arbeit verbinden. Ziel Rosenstocks war eine Solidarität bei Anerkennung der Unterschiede, war die Öffnung für das gemeinsame, auch klassenübergreifende Gespräch, das er in der Wilhelminischen Gesellschaft vermißte. »Die Arbeitsdienste, die seit 1910 empfohlen, begonnen, versucht worden sind«, meinte Rosenstock-Huessy rückblickend, »... gingen auf die Vorbereitung des menschlichen Gesprächs«, denn »... man hat sich nur etwas zu sagen, wenn man zueinander gehört oder miteinander geschuftet hat«. Pädagogisches Ziel Rosenstocks war also die Überwindung der Klassengegensätze und die Bildung einer Volksgemeinschaft, die »Erlösung der Masse zum Volk«.[9]

Rosenstocks Eingabe an das preußische Kriegsministerium hatte 1912 noch keinen Erfolg. Das Erlebnis des Ersten Weltkrieges, an dem er als Frontoffizier teilgenommen hatte, die Wirtschaftskrise und die sich verschärfenden politischen Auseinandersetzungen in Deutschland ließen Rosenstock diese Konzepte des Arbeitsdienstes für Jugendliche nach dem Weltkrieg wieder aufgreifen. Er war einer der wesentlichen Inspiratoren der Arbeitslagerbewegung der 1920er Jahre.[10]

Der einflußreichste Vordenker eines Arbeitsdienstes für Jugendliche war außerhalb Deutschlands vor dem Ersten Weltkrieg der amerikanische Philosoph und Psychologe William James. James war Pazifist, hielt es aber für nötig, daß bestimmte Verhaltensweisen, die über das Militär seiner Meinung nach bisher besonders erfolgreich vermittelt worden waren, der Jugend weiterhin abverlangt würden. »Unerschrockenheit, Verachtung von Weichheit, Aufgabe privater Interessen, Gehorsam gegen den Befehl« sollten daher durch ein »moralisches Äquivalent des Krieges« aufrecht erhalten werden.[11] Dieses Äquivalent sollte in einem Arbeits- oder Friedensdienst bestehen, bei dem der Kampf zwischen den Völkern durch den Kampf gegen die Natur und ihre Unbilden im Rahmen von Kultivierungsarbeiten oder Katastropheneinsätzen ersetzt wird. Dieser Vorschlag William James aus dem Jahr 1910 wurde aber auch in Amerika vor dem Ersten Weltkrieg nicht in den Aufbau entsprechender Organisationen umgesetzt.

---

8 Erstmals gedruckt in ders. / Werner Picht, Im Kampf um die Erwachsenenbildung 1912-1926, Leipzig 1926.
9 Rosenstock, Eugen, Industrievolk, Frankfurt 1924, S. 39f. Rosenstocks Volks- und Gemeinschaftsbegriff war zwar wesentlich differenzierter als der der völkischen Bewegung, mit der man sein Denken und seine pädagogischen Bemühungen keineswegs identifizieren darf. Da er jedoch letztlich auf das gleiche gesellschaftliche Symptom reagierte und zum Teil die gleiche Begrifflichkeit benutzte, wurden die Trennungslinien auch von den Zeitgenossen teilweise nicht so scharf gesehen.
10 Zu weiteren Jugendgemeinschaftsdienstentwürfen der Vorkriegszeit vgl. z.B. auch Rosenstock-Huessy, Eugen: Dienst auf dem Planeten. Kurzweil und Langeweile im Dritten Jahrtausend, Stuttgart 1965, S. 52f., wo er über die Pläne eines Onkels von Karl Popper berichtet, weltweit einen zehnjährigen Arbeitsdienst für Jugendliche einzuführen, der »für die Erzeugung der zum Leben des ganzen Volkes nötigen Güter dienen sollte. Er hatte berechnet, daß dieser zehnjährige Dienst ausreiche, die notwendigen Güter der Menschheit ... zu produzieren.«
11 James, William: Das moralische Äquivalent des Krieges, in: ders.: Essays über Glaube und Ethik, Gütersloh 1948, S. 306.

2. *Arbeitsdienst als Friedensdienst? Pazifistische Konzepte und Organisationen nach dem Ersten Weltkrieg*

Gedanken wie die von William James waren der deutschen und auch der europäischen organisierten Friedensbewegung vor dem Ersten Weltkrieg weitgehend fremd. Die organisierte bürgerliche Friedensbewegung speiste sich vor allem aus dem Gedankengut der Aufklärung und zielte auf die Überwindung von Krieg durch den Aufbau internationaler Schiedsgerichtsbarkeit und durch multilaterale Abrüstung. Kriegsdienstverweigerung wurde von den Vertretern der 1892 gegründeten Deutschen Friedensgesellschaft explizit abgelehnt, auf Völkerverständigung zielende Ersatzdienste nicht in Erwägung gezogen.[12] Auch auf den Weltfriedenskongressen der Vorkriegszeit wurde das Mittel der Kriegsdienstverweigerung nur auf Drängen der radikalpazifistischen Quäker, die die amerikanische und englische Friedensbewegung stark beeinflußten, behandelt. Vertrauensbildende Maßnahmen durch Jugendaustausch oder das Problem eines grenzübergreifenden Jugendgemeinschaftsdienstes kamen nicht zur Sprache. Diese Thematik wurde erst während und dann vor allem nach dem Ersten Weltkrieg aktuell.

Einer der Pioniere eines als Friedensdienst konzipierten internationalen Arbeitsdienstes von Jugendlichen war der Schweizer Offizierssohn Pierre Cérésole (1879-1945). Beeinflußt von den Gedanken von William James versuchte Cérésole nach dem Ersten Weltkrieg eine internationale Arbeitslagerbewegung ins Leben zu rufen. Die gemeinsame Hilfe für Menschen in Not sollte die internationale Verständigung fördern und gegenseitige nationale Vorurteile unter den Mitgliedern des Arbeitslagers abbauen. Das erste Arbeitslager wurde von Cérésol im Jahr 1920 organisiert. Ziel war die Mithilfe beim Wiederaufbau des im Krieg zerstörten französischen Dorfes Esne bei Verdun. Die Aktion endete mit einem Mißerfolg, denn der Hilfseinsatz wurde von der Bevölkerung von Esne weitgehend abgelehnt. In der Folgezeit konzentrierte sich Cérésol auf Einsätze bei Naturkatastrophen. Insgesamt organisierte er mit der von ihm 1920 gegründeten Organisation Service Civil International in den Jahren zwischen dem Ersten und Zweiten Weltkrieg 30 Hilfslager. Das Ziel dieser Organisation war und ist die Völkerverständigung durch Arbeitslager von Jugendlichen zu fördern. Der Service Civil International ist inzwischen eine weitverzweigte internationale Organisation, die von der UNESCO, aber auch von religiösen Gruppen wie den Quäkern gefördert wird.[13]

Eine ähnliche Initiative wie diejeige Cérésoles kam in Deutschland nicht zustande. Zwar riefen Intellektuelle wie Martin Buber nach dem Krieg zur Mithilfe am Wie-

---

12 Zur Frühgeschichte des Pazifismus in Deutschland vgl. insgeamt Karl Holl, Pazifismus in Deutschland, Frankfurt 1988; Dieter Riesenberger, Geschichte der Friedensbewegung in Deutschland. Von den Anfängen bis 1933, Göttingen 1985; zur Position der Deutschen Friedensgesellschaft Guido Grünewald (Hg.), Nieder die Waffen! Hundert Jahre Deutsche Friedensgesellschaft (1892-1992), Bremen 1992.
13 Zu Cérésole vgl. Daniel Anet, Pierre Cérésole. La passion de la paix, Neuchatel 1969; Hélène Monastier/ Alice Brügger, Paix, Pelle et Pioche. Histoire du Service civil international de 1919 à 1965, o.O. 1966.

deraufbau Frankreichs auf. Zu einer praktischen Organisation von Arbeitsdiensten führte dies jedoch nicht.[14] Innerhalb des deutschen Pazifismus war nach dem Ersten Weltkrieg die Haltung gegenüber einem Zivildienst als Alternative zum Militärdienst geteilt. Da man die Wehrpflicht generell ablehnte, war man auch gegenüber allen Formen eines alternativen Ersatzdienstes skeptisch. Erst Anfang der 1930er Jahre gab es z.b. eine deutliche Annäherung der wichtigen pazifistischen Vereinigung Bund der Kriegsdienstgegner (BdK) an die Aktionen Pierre Cérésoles. Im Zuge des wachsenden Nationalismus in Deutschland fand der BdK aber bei den Jugendlichen immer weniger Gehör. In selbstkritischen Veröffentlichungen des BdK hieß es, die Kriegspropaganda und die Kriegsspiele der Nationalisten sei deshalb so wirkungsvoll, weil sie dem »Abenteuerdrang der Jugendlichen Rechnung trage«. Die Pazifisten müßten für die Jugendlichen daher als Äquivalent das »Friedensabenteuer« schaffen. 1932 organisierte der BdK eine Tagung für »werktätigen Pazifismus«, auf der man sich für einen zivilen Alternativdienst im Sinne von Cérésoles Service Civil International einsetzte. Die im November 1932 vom BdK gegründete deutsche Zweigstelle konnte in den wenigen Wochen bis zum Machtantritt Hitlers keine Aktivitäten mehr entfalten.[15] Nach dem Zweiten Weltkrieg kam es jedoch bereits 1946 zu einer Neugründung eines deutschen Zweiges Service Civil International, dem Internationalen Zivildienst.

Aus der pazifistischen Bewegung der Zwischenkriegszeit ging in Deutschland außerdem der christlich-ökumensich orientierte Internationale Versöhnungsbund (IVB) hervor. Bereits seit 1913 gab der Berliner Pfarrer Friedrich Siegmund-Schultze die pazifistische Zeitschrift »Die Eiche« heraus. Während des Krieges hatte Siegmund-Schultze Kontakte zu Kriegsdienstverweigerern in anderen europäischen Staaten aufrechterhalten. Diese Kontakte wurden nach dem Krieg intensiviert und führten 1919 zur Gründung des Internationalen Versöhnungsbundes mit einer deutschen Sektion unter dem Vorsitz von Siegmund-Schultze. Der Versöhnungsbund betrieb christliche Siedlungsgemeinschaften und setzte sich für die Völkerverständigung ein, indem er internationale Begegnungsstätten betrieb, die vor allem auch für Jugendliche gedacht waren. In Bezug auf die Kriegsdienstverweigerung und den zivilen Ersatzdienst blieb Siegmund-Schultze und der IVB jedoch zurückhaltend und elitär. Kriegsdienstverweigerung sah er als eine Entscheidung an, die besonders überzeugten und starken Pazifisten vorbehalten sein sollte. Er forderte daher zwar auch die Möglichkeit eines zivilen Alternativdienstes, dieser sollte aber länger als der Militärdienst dauern und gefährlich (Dienst im Seuchenlazarett etc.) sein.[16]

An diesen wenigen Beispielen ist zu sehen, daß in Deutschland in der Zwischenkriegszeit von der durchaus starken pazifistischen Bewegung keine entscheidenden

---

14 Vgl. Rosenstock-Huessy, Dienst (wie Anm. 9), S. 47.
15 Zum Bund der Kriegsdienstgegner vgl. Guido Grünewald, Kriegsdienstverweigerung in der Weimarer Republik, in: Andreas Gestrich u.a. (Hg.), Gewaltfreiheit. Pazifistische Konzepte im 19. und 20. Jahrhundert. (Jahrbuch für Historische Friedensforschung, Bd. 5) Münster 1996, S. 80-102, hier v.a. S. 93f.
16 Stefan Grotefeld, Friedrich Siegmund-Schultze. Ein deutscher Ökumeniker und christlicher Pazifist, Gütersloh 1995, S. 83f.

Impulse für die Gestaltung eines alternativen Dienstes ausgingen. Erst zu Beginn der 1930er Jahre setzte sich der Bund der Kriegsdienstverweigerer für die Einrichtung internationaler Friedens- und Gemeinschaftsdienste ein. Für die Arbeit von christlich-pazifistischen Vereinigungen wie dem Internationalen Versöhnungsbund stellte die Einführung von Jugendgemeinschaftsdiensten als Alternative zum Militärdienst ebenfalls keine zentrale Forderung dar. Insgesamt waren gerade die pazifistischen Gruppen skeptisch gegenüber allen Formen des staatlich organisierten Zwangsdienstes für Jugendliche. Weiterführende Impulse aus den Reihen der Pazifisten kamen in der Zwischenkriegszeit vor allem aus dem Ausland, aus der Schweiz und aus Amerika.[17]

3. Formen des Freiwilligen Arbeitsdienstes in der Weimarer Republik

Wie kaum ein anderes Thema beschäftigte in der Weimarer Republik die Öffentlichkeit die Frage der Einführung eines freiwilligen Arbeitsdienstes für Jugendliche als Ersatz für die im Versailler Vertrag aufgehobene allgemeine Wehrpflicht und als Heilmittel für die ökonomische und soziale Krise. In dieser Diskussion und auch in den schließlich verwirklichten Formen des freiwilligen Arbeitsdienstes überschnitten sich die verschiedensten politischen und pädagogischen Ansätze. Neben arbeitsmarkt- und sozialpolitischen Interessen standen genuin pädagogische Ziele, neben den emanzipatorischen Interessen der Jugendbewegung die disziplinierenden konservativer Sozialpolitiker und Militärs.

Die Diskussion um die Einführung eines Arbeitsdienstes setzte in Deutschland gleich nach dem Ende des Krieges ein. Bezugspunkt dieser Diskussion war vielfach das im Krieg erlassene Gesetz über den vaterländischen Hilfsdienst vom Dezember 1916, das alle heeresuntauglichen Männer zwischen 17 und 60 Jahren zum Arbeitsdienst verpflichtete. In der Notlage nach dem Krieg bildeten sich zum Teil spontane Arbeitsdienstorganisationen wie die aus ehemaligen Reichswehrangehörigen entstandene »Arbeitswehr« unter Josef Aumann, die sich mit Bau- und Erdarbeiten oder landwirtschaftlicher Saisonarbeit über Wasser zu halten versuchten. Aumann hatte als politisches Ziel den Ausbau eines nationalen Arbeitsdienstes für Jugendliche und war in der Folgezeit einer der wichtigsten Agitatoren für ein an national- und sozialpolitischen Kriterien ausgerichtetes Dienstjahr. Dieses sollte dazu beitragen, in der instabilen Nachkriegsgesellschaft »Ruhe und Ordnung« zu sichern, es sollte die Erziehung der Jugend zur Volksgemeinschaft fördern und ihre körperliche Ertüchtigung in einer Zeit sicherstellen, in der dem Militär dies durch die Beschränkung der Wehrmacht weitgehend verboten war.

Bereits 1920 gab es neben solchen, von der Regierung durchaus begrüßten und unterstützten Aktionen und Initiativen wie derjenigen Aumanns auch bereits eine breite Debatte dieser Frage im Reichstag. Sie wurde allerdings nicht von konservativen Abgeordneten ausgelöst, sondern von dem demokratischen Abgeordneten

---

17 Die Quäker veranstalteten schon vor dem Zweiten Weltkrieg Arbeitslager für Jugendliche in Krisen- und Notstandsgebieten.

Prof. Walter Schücking, der eher zu den Pazifisten zu zählen ist.[18] Schücking wollte mit seinem Vorstoß gerade nicht einen Arbeitsdienst als Militärersatz, sondern gewissermaßen als ein Zeichen eines Neuanfanges, als Mittel zur »Erziehung zur sozialen Gemeinschaft« und zum »bewußten Staatsbürgertum« im Sinne der Weimarer Republik. Die Arbeiten sollten auf Siedlungs- und landwirtschaftliche Meliorisierungsarbeiten gerichtet sein, also agrarischen Charakter tragen. Der Plan Schückings setzte sich im Reichstag nicht durch, da eine solche Arbeitsdienstpflicht weder ökonomisch sinnvoll noch organisatorisch unter den gegebenen Umständen bewältigbar war.

Die Agitation für einen Arbeitsdienst lebte dann ab 1923 erneut auf. Nun trat neben die Initiativen von Politikern und Wehrmachtsangehörigen auch eine Kampagne aus den Reihen der Jugendverbände. Die Argumente für den Arbeitsdienst erstreckten sich über das ganze Spektrum der politischen Strömungen der Weimarer Republik. Auf der rechtsradikalen Seite der Agitation für einen freiwilligen oder pflichtmäßigen Arbeitsdienst stand z.B. der aus dem politischen Umkreis der Freikorps entstandene Jungdeutsche Orden und dessen Gründer Arthur Mahraun, der einen Arbeitsdienst als nationalpolitisches Erziehungsinstrument und als Mittel gegen die Arbeitslosigkeit betrachtete. Vor allem durch die Verdrängung polnischer Wanderarbeiter aus der Landwirtschaft sollte Platz für deutsche arbeitslose Jugendliche geschaffen werden.[19] Ähnliche Ansätze verfolgte auch der sogenannte Bund der Artamanen, eine völkisch-rechtsradikale Gruppe, die eigenständig freiwillige Arbeitslager als Konkurrenz gegen polnische Arbeiter organisierte.[20]

Auf der anderen Seite standen die Überlegungen und Experimente der bündischen Jugend mit dem Arbeitsdienst. 1924 hatten verschiedene bündische Gruppen bereits die Einführung eines Arbeitsjahrs verlangt. Seit 1925 kam es zur Durchführung eigenständiger Arbeitslager der bündischen Jugend. Die Mischung von körperlicher Arbeit und Fortbildungskursen sollte gewissermaßen ein Ideal realisieren, das in der Überwindung der »einseitigen Geistigkeit des Akademikers«[21] und in der Erfahrung einer die sozialen Schichten übergreifenden Gemeinschaft bestand. Sie waren allerdings dominiert von Studenten und ihren wirtschaftlichen und sozialen Problemen. Zentral für die Arbeitslagerbewegung der bündischen Jugend wurde die Schlesische Jungmannschaft (SJ), ein Zusammenschluß von etwa 200 älteren Führern des Wandervogels und paralleler Gruppierungen. Sie engagierten sich in der Erziehungsarbeit in den Bünden und auch in der Jugend- und Erwachsenenbildung, darüber hinaus in der Organisation von Landhilfsdiensten, im Minderheitenschutz für ethnische Volksgruppen in Grenzbereichen und in beschränktem Umfang auch in der Völker-

---

18 Schücking war seit 1930 Richter am Internationalen Gerichtshof in Den Haag und wurde 1933 in Deutschland zwangspensioniert. Er unterstützte die organisierte Friedensbewegung.
19 Vgl. dazu v.a. Peter Dudek, Erziehung (wie Anm. 4), S. 63ff.
20 Vgl. Henning Köhler, Arbeitsdienst in Deutschland. Pläne und Verwirklichungsformen bis zur Einführung der Arbeitsdienstpflicht im Jahr 1935, S. 39ff. Die Artamanen waren aber bald nur bessere Landarbeiter, die sich keineswegs mehr kostenlos auf Höfen verdingten.
21 Georg Keil, Vormarsch der Arbeitslagerbewegung, Leipzig 1932, S. 7; zit. nach Dudek, Erziehung (wie Anm. 4), S. 121.

verständigung durch Kontakte zu ausländischen Jugendgruppen. Die SJ hatte als ihr Zentrum das sogenannte Boberhaus im Bobertal, einer der ärmsten Regionen in Schlesien. Dieses von dem Pädagogen Hans Dehmel geleitete Haus wurde von der SJ als freie Heimvolkshochschule betrieben. Von dort aus organisierte man Arbeitslager (auch als Hilfe für die eigene Region), steuerte die intensiver werdende Auslandsarbeit, bereitete Großfahrten in europäische Länder vor, die zugleich oft mit wissenschaftlichen Studien zum Problem des Arbeitsdienstes verbunden waren. Ein Beispiel für solche wissenschaftlich ambitionierten Unternehmungen waren die Fahrten der SJ nach Bulgarien, wo man sich intensiv mit den dortigen Formen der Arbeitsdienstpflicht für Jugendliche beschäftigte, indem man in den bulgarischen Arbeitslagern mitarbeitete.

Das mit Deutschland im Ersten Weltkrieg verbündete Bulgarien war das einzige europäische Land, das direkt nach dem Ersten Weltkrieg eine Arbeitsdienstpflicht für junge Männer und Frauen eingeführt hatte. Ein erste Gesetzgebung stammte bereits aus dem Jahr 1920. Sie wurde jedoch von der Pariser Botschschafterkonferenz vom Dezember 1920 als ein Verstoß gegen das im Vertrag von Neuilly für Bulgarien festgelegte Verbot der allgemeinen Wehrpflicht gewertet und verboten, da der bulgarische Arbeitsdienst in seiner Organisation ein stark militärisches Gepräge hatte. Die Neufassung des Gesetzes von 1921 weichte daher diesen paramilitärischen Charakter auf, verkürzte die Dienstpflicht für Männer auf acht und für Frauen auf vier Monate und schwächte vor allem durch die Möglichkeit des Loskaufs von der Arbeitsdienstpflicht den Zwangscharakter ab. Insgesamt war der bulgarische Arbeitsdienst vor allem am Ziel des wirtschaftlichen Wiederaufbaus des Landes und der Verbesserung der Infrastruktur (Straßenbau etc.) orientiert. Pädagogische Absichten wurden nicht verfolgt.[22]

Dies kritisierten auch die Beobachter der Schlesischen Jungmannschaft und lehnten eine Übertragung des bulgarischen Modells auf Deutschland daher ab.[23] Speziell die Tatsache der Loskaufmöglichkeiten und das daraus resultierende fast völlige Fehlen der akademischen Oberschichten im bulgarischen Arbeitsdienst wurde von der SJ bemängelt. Auf einer solchen schichtübergreifenden Zusammenarbeit von Jugendlichen in Arbeitslagern beruhte dagegen das pädagogische Konzept der SJ, die dabei über mehrere Jahre mit dem bereits genannten Breslauer Professor Eugen Rosenstock-Huessy zusammenarbeitete. Rosenstocks »Arbeiter-, Bauern- und Studentenlager« beruhten auf dem Konzept der gemeinsamen körperlichen Arbeit, die Grundlage eines Gemeinschaftserlebnisses und des Gesprächs über die sozialen Schichten hinweg sein sollte. Die Lager, die im wesentlichen für 18 bis 25jährige junge Männer gedacht waren, hatten somit das Ziel, das Ideal einer harmonischen Volksgemeinschaft im Kleinen vorwegzunehmen. Zugleich stellte das Prinzip der Selbstver-

---

22 Köhler, Arbeitsdienst (wie Anm. 18), S. 43 ff.; Hans Raupach, Arbeitsdienst in Bulgarien. Studienergebnisse der Schlesischen Jungmannschaft, Berlin/Leipzig 1932.
23 Raupach, Arbeitsdienst (wie Anm. 20); Helmut Neumann, Arbeitsdienst in Bulgarien. Vor 50 Jahren: Auslandsarbeit der Schlesischen Jungmannschaft, in: Jb des Archivs der deutschen Jugendbewegung 10 (1978), S. 147-161.

waltung der Lager den Anspruch der Jugendlichen klar, die bessere Zukunft Deutschlands zu verkörpern:[24]
»Der Sinn des Lagers«, schrieb Rosenstock-Huessy, »ist seine Selbstverwaltung. Jedes Kommando durch einen bürokratischen Stab vernichtete daher eine Anzahl Keime zu eigener Initiative der Teilnehmer. Der Arbeitsdienst muß das Entgegengesetzte leisten als das Vorkriegsheer. Im Arbeitslager gibt es keinen Feldwebel und keinen Hauptmann, d.h. keinen Vater und keine Mutter der Kompanie. Die Lagerteilnehmer können nicht mit ›Kinder‹ angeredet werden, selbst wenn sie es sind. Das Lager ist autonom, erwachsen. Denn diese Lagerteilnehmer kommen in das Lager, um aus Arbeitskräften, aus Akademikern oder Bauern Menschen, Mitarbeiter, Volksglieder zu werden. Sie brauchen also Verantwortung, Selbstverantwortung.«[25]
Die Arbeitslagerbewegung, so wie sie von der Schlesischen Jungmannschaft und in der Folgezeit auch von verschiedenen anderen Organisationen der bündischen Jugend verstanden und praktiziert wurde[26], hatte also keine Nähe zu irgendwelchen Formen des pflichtmäßigen Arbeitsdienstes oder zu paramilitärischen Veranstaltungen. Ihr Zweck war auch nicht die Versorgung arbeitsloser Jugendlicher, sondern letztlich die Erneuerung des Volkes aus dem Geist des Bundes.[27] Dadurch war die bündische Jugend anfällig für die weitere Radikalisierung dieses völkischen Gedankenguts und nur zum Teil immun gegen die einschlägige Rhetorik des Nationalsozialismus, auch wenn der Gedanke der selbstverwalteten Lager den nationalsozialistischen Vorstellungen des Arbeitsdienstes und seiner pädagogischen Effekte deutlich zuwiderlief.[28]
Die wachsende Arbeitslagerbewegung der bündischen Jugend verstärkte gleichzeitig die Stimmen, die einen Arbeitsdienst als Lösung des immer drängenderen Pro-

24 Mit dem vorrückenden Alter der ursprünglichen Führer und Aktivisten der SJ kam es daher auch immer mehr zu internen Konflikten, die auch mit zur Trennung Rosenstocks von der Boberhausbewegung beigetragen haben.
25 Eugen Rosenstock, Arbeitslager und Arbeitsdienst, in: Das Arbeitslager. Berichte aus Schlesien von Arbeitern, Bauern und Studenten, hg. v. E. Rosenstock u. C.D. v. Trotha, Jena [1931], S. 154, zit. nach Lemayer, Dienste (wie Anm. 33), S. 23f.
26 In den Jahren 1930/31 kam es zu einer deutlichen Ausweitung der Arbeitslagerbewegung über den Einflußkreis der SJ hinaus. Vor allen in Norddeutschland wurden ausgehend von studentischen Gruppen der Universität Kiel Arbeitslager abgehalten; zugleich versuchte man das Prinzip der schichtübergreifenden Gemeinschaft auch in den Alltag zu übertragen und gründete Wohnheime, in denen Arbeiterjugendliche und Studenten zusammen wohnen sollten.
27 Vgl. dazu auch Karl Bühler, Arbeitsdienst als Erziehungsaufgabe in frühen Theorien der zwanziger Jahre, in: Jb d. Archivs d. deutschen Jugendbewegung 7 (1975), S. 41-65, hier S. 55 f., Anm. 78: »In den Bünden der Jugendbewegung sollte der Prozeß der Volkswerdung vorbereitet werden. Hier wollte man ›vom Gedanken des Volkstums her Staat und Gesellschaft neu ordnen und so das organische Zusammenwirken aller Teile über alle Klassen, Parteien und Konfessionen hinweg gewährleisten‹ ... Der Bund als Gemeinschaftsform der bündischen Jugend war Mittel und Methode zur Erreichung des Erziehungszieles zugleich. Hier erfolgte die Konditionierung des jungen Menschen für seine politische Aufgabe, indem man in diesen Gemeinschaften ›Volksgemeinschaft‹ vorlebte und den einzelnen dazu erzog, sein Tun bewußt als Dienst daran zu empfinden.« (Das Zitat im Zitat nach F. Raabe, Die Bündische Jugend, Phil. Diss. Berlin 1959, S. 119.)
28 Diese Nähe vor allem auch des Führers der SJ, Hans Dehmel, zum NS war einer der Gründe für die Trennung Rosenstock-Huessys vom Boberhaus. Die Rosenstockschen Arbeitslager wurden später von den Nationalsozialisten verboten. Der Kern von Rosenstocks Anhängern bildete den oppositionellen Kreisauer Kreis, Rosenstock selbst emigrierte nach seiner Zwangsemeritierung in Breslau 1934 in die USA.

blems der Jugendarbeitslosigkeit forderten. Der Aufstieg der Nationalsozialisten, deren Programm die Einführung eines allgemeinen Arbeitsdienstes vorsah, verstärkte schließlich im Jahr 1931 den Druck auf die Regierung Brüning, sich mit diesen Forderungen auseinanderzusetzen. Volkswirtschaftlich machte ein Pflichtarbeitsdienst keinen Sinn. Der organisatorische und finanzielle Aufwand, für sämtliche 450 000 dienstpflichtigen Jugendlichen einen Arbeitsdienstplatz zu schaffen, wäre gigantisch gewesen; die Arbeiten, die von diesen Jugendlichen hätten ausgeübt werden können, hätten zugleich viele Arbeitsplätze ungelernter Arbeiter vor allem im Baugewerbe gefährdet. Die Gewerkschaften opponierten daher vehement gegen alle einschlägigen Pläne. Eine Regierungskommission unter Vorsitz des Zentrumsabgeordneten Heinrich Brauns empfahl aber schließlich 1931 doch die Einführung eines freiwilligen Arbeitsdienstes (FAD) für jugendliche Arbeitslose »zur Milderung der Folgen der Arbeitslosigkeit«. In Anlehnung an dieses Gutachten erweiterte die Regierung Brüning am 5. Juni das Gesetz über Arbeitsvermittlung und Arbeitslosenversicherung um einen neuen § 139, der der Reichsanstalt für Arbeit aufträgt, den freiwilligen Arbeitsdienst zu fördern. Dieser staatlich geförderte FAD umfaßte keineswegs ausschließlich Jugendliche, sondern auch ältere Arbeitslose, soweit sie noch Unterstützung aus der Arbeitslosenversicherung bezogen. Die Beteiligung war freiwillig, die Dauer der FAD-Maßnahmen betrug in der Regel maximal 20 Wochen, in denen die Teilnehmer weiterhin die Unterstützung vom örtlichen Arbeitsamt oder eine Pauschale von bis zu 2 Reichsmark pro Arbeitstag erhielten.
Trotz prinzipieller Offenheit, lag das Schwergewicht des FAD auf der Jugendarbeit, die in der Regel von kirchlichen und kommunalen Trägern, aber auch von den großen Jugendverbänden und anderen karitativen und gemeinnützigen Vereinen organisiert und getragen wurde. Auch die Idee des Arbeitslagers wurde als Element der Jugendarbeit in den FAD aufgenommen. Über die Frage der autonomen Verwaltung dieser Lager gab es jedoch immer wieder Konflikte zwischen den bündischen Jugendorganisationen und den zuständigen Behörden.
Gegen den Widerstand vor allem der Bauindustrie, die mit die höchste Arbeitslosenquote hatte, wurde unter der Regierung v. Papen der Arbeitsdienst 1932 organisatorisch ausgeweitet. Der Adressatenkreis wurde nun auf alle Jugendlichen unter 25 Jahren ausgedehnt, denen die Gelegenheit gegeben werden sollte »zum Nutzen der Gesamtheit in gemeinsamem Dienste freiwillig ernste Arbeit zu leisten und zugleich sich körperlich und geistig zu ertüchtigen«.[29] Die Förderdauer wurde auf 40 Wochen ausgedehnt, und der FAD organisatorisch zu einer selbständigen Verwaltungseinheit unter der Aufsicht eines Reichskommissars gemacht.[30] Zugleich wurde 1932 das pädagogische Element gegenüber dem reinen Arbeitseinsatz gestärkt. Arbeitslager im Sinne der bündischen Jugend wurden daher auch von dem Reichskommissar, Friedrich Syrup, als geeignete Einrichtung des FAD angesehen. In den Lagern sollte den Jugendlichen das Gemeinschaftserlebnis vermittelt werden, aber auch Vorträge

---

29 RGBl. I, 1932, S. 352; zit. nach Dudek, Erziehung (wie Anm. 3), S. 180.
30 Zum Reichskommissar wurde 1932 allerdings wieder der Präsident der Reichsanstalt für Arbeit, Friedrich Syrup, bestellt, dem im Prinzip auch nach dem alten System die Aufsicht über den FAD zugekommen war.

zur staatsbürgerlichen Erziehung und zur allgemeinen Weiterbildung, sportliche Veranstaltungen und sonstige Freizeitbeschäftigungen geboten werden.

Die Zahlen der vom FAD erfaßten Jugendlichen stieg im Jahr 1932 außerordentlich rasch an. Dies war zum Teil durch die organisatorische Ausweitung, zum Teil aber auch durch die wirtschaftliche Entwicklung bestimmt. Wurden im Mai 1932 15 000 junge Männer vom FAD gefördert, so nahmen im August des Jahres 138 000 und im November 1932 285 000 Jugendliche am Freiwilligen Arbeitsdienst teil. Die Freiwilligkeit dieser Einsätze war allerdings de facto recht eingeschränkt. Bei dem Großteil der Teilnehmer handelte es sich um arbeitslose Jugendliche, bei denen die Gemeinden eine Unterstützung vielfach von der Teilnahme an Aktionen des FAD abhängig gemacht hatte.

Diese aufgrund der wirtschaftlichen Not ständig steigenden Teilnehmerzahlen des FAD bereiteten in gewisser Weise den Übergang zu der im Reichsarbeitsdienst der Nationalsozialisten vollzogenen allgemeinen Dienstpflicht. Auch die Tendenz Friedrich Syrups, die Arbeitsdienstwilligen immer mehr in geschlossenen, anstatt in offenen Lagern unterzubringen und ihnen eine deutlich festere und stärker an den Tagesablauf in Kasernen erinnernde Zeitdisziplin aufzuerlegen, läßt die Übergänge zwischen dem FAD und dem nationalsozialistischen Reichsarbeitsdienst oft als eher fließend erscheinen. Mit einem gewissen Recht sah daher auch der Soziologe Helmut Schelsky in einer Stellungnahme »Für und Wider den Arbeitsdienst« die eigentliche Zäsur in der Geschichte des Arbeitsdienstes der Weimarer Zeit im Jahr 1931, als die Arbeitslager aus der alleinigen Initiative und Verantwortung von Jugendlichen als einem Mittel ihrer »Selbsterziehung« zu einer staatlichen Veranstaltung unter arbeitsmarktpolitischen und sozialdisziplinierenden Vorzeichen gemacht wurden.[31]

4. *Die Forderungen nach einem Arbeitsdienst für Mädchen*

Die Diskussionen der Weimarer Zeit um den Freiwilligen Arbeitsdienst waren weitgehend auf die männliche Jugend konzentriert. Zwar nahmen an manchen Arbeitslagern der Schlesischen Jungmannschaft und anderer Organisationen der bündischen Jugend auch junge Frauen teil, im Rahmen des Freiwilligen Arbeitsdienstes drehte sich die Diskussion dann aber wieder nur um die männliche Jugend. Deren Arbeitslosenprobleme wurden für gravierender und gesellschaftlich brisanter erachtet als die der jungen Frauen. Dies stieß allerdings auf Widerspruch von Sozialpolitikerinnen und Mitgliedern der Frauenbewegung.

Die Überlegungen zur Einführung einer nicht-militärischen sozialen Dienstpflicht sind so alt wie der Gedanke einer allgemeinen Wehrpflicht. Sie richteten sich allerdings zunächst ausschließlich auf eine Dienstpflicht für Frauen als Parallele zu der allgemeinen Wehrpflicht der Männer. Erste Vorschläge stammen daher auch aus dem Frankreich der Revolution. Bereits 1792 hatte Therese Cabarrus-Fontenay –

---

31 Helmut Schelsky, Für und Wider den Arbeitsdienst, in: Gewerkschaftliche Monatshefte 1 (1950), S. 353-359.

ohne Erfolg – in einer Eingabe an den Nationalkonvent eine Dienstpflicht für Frauen gefordert. Als Aufgabengebiet wurde die Armen- und Krankenpflege vorgesehen.[32]
Im Laufe des 19. Jahrhunderts kam es in verschiedenen Ländern und aus verschiedenen Anlässen immer wieder zu Vorschlägen für die Einführung eines dem männlichen Militärdienst äquivalenten sozialen Dienstes der jungen Frauen. Vor allem die beginnende diakonische Bewegung suchte in diese Richtung zu arbeiten. Allerdings waren auch diese Vorschläge in aller Regel nicht explizit alters- und jugendspezifisch.[33] Auch die bürgerliche Frauenbewegung thematisierte mehrfach den Gedanken einer Frauendienstpflicht. Dahinter stand bei Protagonistinnen wie Helene Lange und Gertrud Bäumer eine charakteristische Mischung zwischen einem relativ traditionellen, auf Arbeit im Haus und in der ehrenamtlichen Wohltätigkeit konzentrierten Frauenbild und dem Anspruch, gerade über solche Wohlfahrtstätigkeiten und sozialpädagogischen Dienste neue Berufsfelder für Frauen zu erschließen und ihre Stellung in Öffentlichkeit und Politik zu stärken. Vor dem Ersten Weltkrieg blieben diese Forderungen ohne praktische Konsequenzen.
Im Anschluß an die Teilnahme von Mädchen in den Arbeitslagern der bündischen Jugend wurde in den 1930er Jahren dann auch der Freiwillige Arbeitsdienst für Mädchen von Teilen der Frauenbewegung gefordert. Allerdings wurde darauf hingewiesen, daß sowohl die Gemeinschaftsform des Lagers wie auch die von den Arbeitslagern in der Regel ausgeübten Tätigkeiten (Kultivierungsarbeiten, Straßenbau etc.) für die weibliche Jugend wenig geeignet seien. Im November 1932 wurden daher auch die Anfänge zu einem stärker auf karitative Arbeiten von Frauen ausgerichteten Freiwilligen Arbeitsdienstes gelegt, der allerdings im Vergleich zur Größenordnung der Arbeitsdienste für die männliche Jugend marginal blieb. Erst mit dem Reichsarbeitsdienst der Nationalsozialisten wurde dann auch die weibliche Jugend systematisch erfaßt.

5. *Der Reichsarbeitsdienst*

Die Einführung einer Arbeitsdienstpflicht für Jugendliche hatten nach dem Ende des Ersten Weltkriegs eine Vielzahl verschiedener meist konservativer Gruppen gefordert, die damit vor allem die durch den Versailler Vertrag abgeschaffte Wehrpflicht kompensieren und militärische Verhaltensweisen bei der Jugend für ein evtl. militärisch wieder autonomes Deutschland erhalten wollten. Dazu zählten auch vor 1933 viele Angehörige der NSDAP. Protagonist der Nationalsozialisten in Sachen Arbeitsdienst war der Oberst a.D. Konstantin Hierl, der schon 1923 Reichswehr-

---

32 Vgl. Lilli Marawske-Birkner: Der weibliche Arbeitsdienst. Seine Vorgeschichte und gegenwärtige Gestaltung, Leipzig 1942, S. 19ff.
33 Vgl. z.B. die Vorschläge des protestantischen Pfarrers Franz Klönne (1795-1834) in: ders., Über das Wiederaufleben der Diakonissinnen der altchristlichen Kirche in unseren Frauen-Vereinen, in: Schuderoffs Jahrbücher, Bd. 37 (1820). Wirksamer dann das Auftreten der bei Theodor Fliedner in Kaiserswerth ausgebildeten Florence Nightingale (1820-1910). Ihr Engagement im Krimkrieg setzte sie dann in London mit der von ihr vorangetriebenen Krankenpflegeausbildung vor allem bürgerlicher Frauen fort. Sie richtete sich ebenfalls nicht explizit an Jugendliche.

minister Seeckt für die Einführung einer allgemeinen Arbeitsdienstpflicht zu gewinnen suchte. Über Strasser war Hierl zur NSDAP gekommen und wurde von Hitler 1931 zum »Beauftragten des Führers für den Arbeitsdienst« ernannt.

Hierl lehnte den 1931 eingeführten freiwilligen Arbeitsdienst zwar ab, benützte ihn aber gewissermaßen, um Erfahrungen für später zu sammeln, indem er über Tarnorganisationen (z.B. Verein zur Umschulung freiwilliger Arbeitskräfte) innerhalb des FAD auch nationalsozialistische Arbeitslager gründete. Als 1932 in Sachsen eine nationalsozialistische Landesregierung an die Macht kam, wurde dort der FAD staatlicher Kontrolle unterstellt. Im November des gleichen Jahres schlossen sich auch alle Organisationen, die eine Arbeitsdienstpflicht befürworteten, zum »Reichsverband Deutscher Arbeitsdienstvereine« zusammen. Insgesamt blieb der Einfluß der NSDAP auf den FAD jedoch gering.

Nach dem Machtantritt Hitlers konnte Hierl seine weitgehenden Pläne nicht sofort verwirklichen, denn der FAD blieb dem Reichsarbeitsminister und Stahlhelmführer Seldte unterstellt, während Hierl zunächst nur Beauftragter der NSDAP für den Arbeitsdienst blieb. Obwohl es in Hitlers Regierungserklärung vom 1. Februar 1933 hieß, daß der Gedanke der Arbeitsdienstpflicht zu den Grundpfeilern des nationalsozialistischen Regierungsprogramms gehöre, hatte Hitler selbst der Frage des Arbeitsdienstes zunächst keine besondere Aufmerksamkeit geschenkt. In einer Rede in Berlin stellte Hitler dann am 1. Mai 1933 zum ersten Mal konkret die Einführung der allgemeinen Arbeitsdienstpflicht in Aussicht. Er wolle »jeden einzelnen Deutschen, sei er, wer er sei, ob reich, ob arm, ob Sohn von Gelehrten oder Sohn von Fabrikarbeitern, einmal in seinem Leben zur Handarbeit« führen.[34] Außenpolitische Rücksichtnahmen ließen ihn nach den Erfahrungen Bulgariens jedoch bei der Verwirklichung zurückhaltend sein. Zwar verdrängten die Nationalsozialisten weitgehend alle freien Träger des FAD, besonders die kirchlichen, und versuchten offene in geschlossene Lager mit militärischer Disziplin umzuwandeln. Zur Durchsetzung der Arbeitsdienstpflicht kam es aber erst mit dem Erlaß des Reichsarbeitsdienstgesetzes vom 26. Juni 1935, das in § 1 bestimmte: »Der Reichsarbeitsdienst ist Ehrendienst am Deutschen Volke. Alle jungen Deutschen beiderlei Geschlechts sind verpflichtet ihrem Volke im Reichsarbeitsdienst zu dienen.« Der Arbeitsdienst sollte »die deutsche Jugend im Geiste des Nationalsozialismus zur Volksgemeinschaft und zur wahren Arbeitsauffassung, vor allem zur gebührenden Ehre der Handarbeit erziehen«. Die Dienstpflicht für Männer betrug sechs Monate und mußte vor dem 25. Lebensjahr abgeleistet werden.

Das Ziel, das die Nationalsozialisten mit dem Reichsarbeitsdienst verfolgten, war nur zum Teil wirtschaftlich bestimmt und wohl primär »pädagogisch« orientiert. Der RAD wurde zum wichtigen Glied der Erfassung der Jugend zwischen Schule und Kaserne und wurde in diesem Sinne immer straffer und militärischer organisiert. Die Lager des nationalsozialistischen Arbeitsdienstes hatten daher mit den

---

34 Zit. nach Wolfgang Benz, Vom Freiwilligen Arbeitsdienst zur Arbeitsdienstpflicht, in: Vierteljahreshefte für Zeitgeschichte 16 (1968), S. 317-346, hier S. 342.

Arbeitslagern der bündischen Jugend von ihrer inneren Organisation und pädagogischen Zielsetzung nichts mehr gemein. Ziel war nicht mehr eine gewisse Balance zwischen Autonomie und Unterordnung, sondern nur die Unterwerfung unter den nationalsozialistischen Staat, seine Disziplin und seine Ziele.

Der Dienst der Mädchen wurde im RAD-Gesetz von 1935 zunächst noch einer besonderen Regelung vorbehalten. Erst im Februar 1938 wurde das sogenannte Pflichtjahr für Mädchen eingeführt. Die forcierte Rüstungsproduktion hatte inzwischen zu einem deutlichen Arbeitskräftemangel an haus- und landwirtschaftlichen Arbeitskräften geführt. Ledige weibliche Arbeitskräfte unter 25 Jahren durften daher in Wirtschaft und Verwaltung nur angestellt werden, wenn sie vorher ein Pflichtjahr in Familien- oder sonstigen Sozialdiensten oder in der Landwirtschaft absolviert hatten. Jährlich leisteten ca. 300 000 Mädchen ein Pflichtjahr.[35]

Der Reichsarbeitsdienst für die weibliche Jugend, der im September 1939 dazuhin eingeführt wurde, hatte dagegen stärker die Siedlungshilfe im Osten zum Ziel, diente also der von Hitler geforderten Nutzung der neu eroberten Ostgebiete. Im Gegensatz zum Pflichtjahr, in dem die Mädchen in Familien untergebracht waren, lebten die »Arbeitsmaiden« des RAD wie die jungen Männer in Lagern. Während des Krieges wurden sie dann immer mehr in der Rüstungsindustrie und ab Herbst 1943 auch in der Wehrmacht eingesetzt. Das Lagerleben enthält allerdings auch »pädagogische« Elemente, die auf die Eingliederung der Mädchen in das »Volksganze« und ihre Unterwerfung unter die nationalsozialistische Ideologie zielten. Über den Lagertoren stand als Motto »Du bist nichts, Dein Volk ist alles«, und innerhalb des Lagers diente ein rigider Zeitplan, ein paramilitärischer Aufbau und eine eigene Strafordnung der Unterwerfung unter die »Gemeinschaft«.[36]

Biographisch wurde der paramilitärische Arbeitsdienst der NS-Zeit je nach politischer Couleur der Jugendlichen ganz unterschiedlich erfahren. Gerade aus dem Bereich des Arbeitsdienstes für die weibliche Jugend gibt es in der Erinnerungsliteratur immer wieder apologetische oder sogar positive Stimmen. Insgesamt aber kann an der totalitären Konzeption und inhumanen Durchführung des nationalsozialistischen Arbeitsdienstes kein Zweifel bestehen. Studieren kann man an dem Zwangsdienst der Nationalsozialisten aber nicht nur die Umsetzung nationalsozialistischer Ideologie in eine Erziehungspraxis, sondern unabhängig davon auch generell die Gefahren eines Pflichtdienstes, der sämtliche Elemente jugendlicher Eigeninitiative und Gestaltungsmöglichkeiten weitgehend verloren hat und in dem der Inhalt der zu bewältigenden Aufgaben völlig nebensächlich geworden ist gegenüber dem abstrakten Prinzip der Arbeitspflicht.

---

35 Christine Lemayr, Soziale Dienste im Jugendalter, Weinheim 1966, S. 34 f.
36 Vgl.v.a. Gisela Müller, Erziehung durch den Reichsarbeitsdienst für die weibliche Jugend (RADwJ). Ein Beitrag zur Aufklärung nationalsozialistischer Erziehungsideologie, in: M. Heinemann (Hg.), Erziehung und Schulung im Dritten Reich, Stuttgart 1980, S. 170-193.

6. Jugenddienste nach dem Zweiten Weltkrieg

Nach der Katastrophe des Zweiten Weltkriegs mit ihren Opfern, Zerstörungen und Vertreibungen in bisher nicht gekanntem Ausmaß stellten sich in Deutschland und auch in anderen Staaten rasch wieder sämtliche bisher besprochenen Formen und Ziele von Jugendgemeinschaftsdiensten ein: humanitär-pazifistische, arbeitsmarktorientierte, erzieherische und – in der DDR – auch paramilitärisch-totalitäre.[37]

In der DDR konnte sich Jugendarbeit praktisch nur im Rahmen der *Freien Deutschen Jugend (FDJ)* entfalten. Sie war die einzige offiziell zugelassene Jugendorganisation und zuständig für Jugendliche zwischen 14 und 25 Jahren.[38] Innerhalb der FDJ gab es Aufgabenbereiche und Untergliederungen, die nicht direkt auf die Zuarbeit für die Partei ausgerichtet waren, sondern sich durchaus an Modellen von Jugendgemeinschaftsdiensten orientierten. Dazu gehörten vor allem die internationalen Aktivitäten der FDJ und die in Länder der Dritten Welt (vor allem Afrika) entsandten »Freundschaftsbrigaden«. Sie arbeiteten dort zusammen mit einheimischen Jugendlichen an Entwicklungsprojekten.[39]

Eine Episode blieb in der DDR der »*Dienst für Deutschland*«, eine Organisation, die in den Jahren 1952 und 1953 Jugendliche mehr oder weniger freiwillig in Arbeitslagern erfaßte. Pädagogisches Ziel war die Erziehung dieser Jugendlichen zu »bewußten, disziplinierten Menschen mit hohen politischen und fachlichen Kompetenzen, erfüllt von glühendem Patriotismus und tiefer Freundschaft zur Sowjetunion«.[40] Diese pädagogische Aufgabe sollte angeblich durch den Einsatz der Jugendlichen »an den Großbauten des Sozialismus« realisiert werden. De facto jedoch diente der »*Dienst für Deutschland*« der paramilitärischen Ausbildung von Jugendlichen und dem geheimen Bau militärischer Anlagen in der Vorphase der Wiederbewaffnung. 1953 wurde die Organisation »*Dienst für Deutschland*« aufgrund schwerer organisatorischer Mängel, finanzieller Schwierigkeiten und Problemen der Rekrutierung von Jugendlichen wieder aufgelöst.

In der Bundesrepublik meldeten sich nach Kriegsende zum einen die von den Nationalsozialisten unterdrückten und verfolgten Reformpädagogen aus der Weimarer Zeit wieder zu Wort, die wie Hermann Nohl schon 1947 die Einführung eines Arbeitsdiensts forderten: »Unsere Jugend braucht zwischen Schule und ihrem Erwachsenendasein in Beruf und Familie die Erfahrung solchen einfachen Lebens in der Gestalt des Arbeitsdienstes ... Wir brauchen eine Einrichtung, in der diese Jugend durch gemeinnützige Arbeit den Sinn ihres Lebens erkennt und bewußt zu einem tätigen Mitglied des Volkes heranreift«.[41] Nohl plädierte für einen halbjährigen Arbeitsdienst für beide Geschlechter. Wie Nohl argumentierten in der Folgezeit

---

37 Vgl. dazu v.a. Michael Budrus, Die Organisation »Dienst für Deutschland«. Arbeitsdienst und Militarisierung in der DDR, Weinheim/München 1994.
38 Zur FDJ vgl. z.B. Rüdiger Henkel, Im Dienst der Staatspartei. Über Parteien und Organisationen der DDR, Baden-Baden 1994, S. 281ff.
39 Ebd., S. 297ff.
40 Argumentation des Zentralrats der FDJ für die Organisation »Dienst für Deutschland«, zit. nach Budrus, Organisation (wie Anm. 37), S. 18.
41 Zit. nach Lemayr, Soziale Dienste (wie Anm. 33), S. 39.

viele, und es gab bis in die frühen 1950er Jahre hinein, bis zur Wiederbewaffnung, in der Bundesrepublik eine ausgedehnte Debatte über einen Arbeitsdienst, die zum Teil mit pädagogischen, zum Teil mit wirtschaftspolitischen Argumenten geführt wurde, in der sich aber ganz deutlich die Positionen der Auseinandersetzungen der Weimarer Republik fortsetzten. Zum Teil waren auch die Protagonisten der Debatte identisch.

Während diese Auseinandersetzungen um einen Pflichtarbeitsdienst in Deutschland im Programmatischen stehen blieben und durch die Wiedereinführung der Wehrpflicht bzw. des alternativen zivilen Ersatzdienstes bald überholt wurden, blieben unabhängig davon die freiwilligen humanitären Einsätze von Jugendlichen nach dem Zweiten Weltkrieg ein praktisches und ständig wachsendes Betätigungsfeld von karitativen, pazifistischen und pädagogischen Einrichtungen. Sie wurden meist von internationalen, religiösen und pazifistischen Organisationen getragen, aber auch von politischen Institutionen wie der UNESCO unterstützt. Ein weitverbreitete Typ der freiwilligen Hilfsarbeit nach dem Zweiten Weltkrieg waren die internationalen Aufbaulager, die sowohl in Deutschland wie in anderen vom Krieg betroffenen Ländern durchgeführt wurden. Als Dachorganisation solcher internationaler Aufbaulager fungierte auch nach dem Zweiten Weltkrieg wieder der Service Civil International. In Deutschland schlossen sich die verschiedenen Initiativen 1950 zum Arbeitskreis Internationale Gemeinschaftsdienste zusammen, die UNESCO richtete schon 1948 in Paris ein Coordination Committee for International Voluntary Work Camps ein.[42]

Neben diesen gezielt das alte Ziel der Völkerverständigung durch internationale Arbeitslager aufnehmenden überkonfessionellen Organisationen richteten auch die großen pazifistischen Religionsgemeinschaften nach dem Zweiten Weltkrieg ähnliche Jugenddienstorganisationen ein. Die Quäker organisierten internationale Hilfsdienstlager für Jugendliche, ebenso die Mennoniten im Rahmen ihres Mennonite Voluntary Service. Aus einer Initiative der Mennoniten, der Methodisten und des Internationalen Versöhnungsbundes ging der Internationale Christliche Friedensdienst EIRENE hervor, der zunächst in Marokko mit Hilfsaktionen aktiv wurde, inzwischen aber ein sehr viel breiteres Spektrum an Einsatzgebieten hat.

In Deutschland griffen verschiedene Organisationen mit mehr oder weniger deutlicher pazifistischer Tendenz während der 1950er Jahre den Gedanken des Freiwilligendienstes von Jugendlichen auf: Die deutsche Kriegsgräberfürsorge veranstaltet seit 1953 in Zusammenarbeit mit Jugendverbänden (CVJM etc.) internationale Arbeitslager durch, aus einer Initiative der Evangelischen Kirche in Deutschland ging die »Aktion Sühnezeichen« hervor, aus einer niedersächsischen Schülerinitiative 1949 der Verein »Internationale Jugendgemeinschaftsdienste«.[43] Deren autonome Arbeitslager schlossen sehr stark an die Selbstverwaltungs- und Selbsterziehungs-

---

42 Albrecht Müller-Schöll, Jugendgemeinschaftsdienste, in: H.-H. Groothoff / M. Stallmann (Hg.) Pädagogisches Lexikon, Stuttgart 1964, Sp. 445f.; Lemayr, Soziale Dienste (wie Anm. 33), S. 41f.
43 Vgl. dazu v.a. Dieter Claessens/Dieter Danckwortt, Jugend in Gemeinschaftsdiensten. Eine soziologisch-psychologische Untersuchung über die Arbeit in den Internationalen Jugendgemeinschaftsdiensten, München 1957.

gedanken der Jugendbewegung an. Besondere Bedeutung für die internationale Verständigung haben auch die Jugendaustauschprogramme des 1963 gegründeten Deutsch-Französischen Jugendwerks erlangt.

Das Spektrum möglicher Institutionen zur Vermittlung freiwilliger Diensteinsätze hat sich in der Bundesrepublik in kurzer Zeit nach dem Zweiten Weltkrieg in einer außerordentlichen Bandbreite entfaltet. Hier wurden nur die größten Organisationen und nur diejenigen mit einer betont internationalen Ausrichtung genannt. Diese Institutionen haben in der Regel seit den 1950er Jahren Bestand und sind meist auch als Alternativen zum Militär- bzw. zum Zivildienst anerkannt. Die Ausdehnung des Zivildienstes im nationalen Rahmen hat die Bedeutung dieser Organisation in den letzten Jahren in Deutschland vielleicht etwas zurücktreten lassen, für die Konzeption und Organisation eines europäischen Jugenddienstes kann man hier jedoch sicher auf langjährige Erfahrungen und institutionelle Verbindungen zurückgreifen.

IV. *Persönliche Schlußbemerkung*

Die Geschichte der Jugendgemeinschaftsdienste ist in Deutschland wie in keinem anderen Land verwoben mit den politischen und weltanschaulichen Entwicklungen und Fehlentwicklungen des 20. Jahrhunderts. Im Rahmen der Jugendbewegung bzw. der bündischen Jugend nach dem Ersten Weltkrieg wurden Konzepte entwickelt, die nicht nur auf Bedürfnisse und Initiativen von Jugendlichen selbst zurückgingen, sondern auch den Gemeinschaftsdienst als eine autonome Veranstaltung der Jugendlichen ansahen, bei der der Dienst innerhalb einer Gemeinschaft von Jugendlichen zunächst mindestens so wichtig war wie der Dienst an der als Gemeinschaft aufgefaßten Gesellschaft bzw. dem ebenso definierten Volk. Diese Akzente verschoben sich jedoch zusehends und die Arbeitslager der Jugendbewegung und Reformpädagogik wurden dann zu Instrumenten der Arbeitsmarktpolitik und schließlich zu Mitteln der Ausübung totalitärer Herrschaft. Historisch anzusetzen wäre also – wenn überhaupt – an den Vorstellungen der Reformpädagogik und der Jugendbewegung, wobei allerdings zu bezweifeln ist, ob diese Ansätze direkt zu übertragen sind, da sich die Bedürfnisse der Jugendlichen nach Formen des Gemeinschaftserlebens doch stark gewandelt und verlagert haben. Auf jeden Fall sollten solche Dienste nicht an den Bedürfnissen der Jugend vorbei geplant werden und auch nicht ihrer Selbstinitiative ganz entzogen werden. Die Erfahrungen mit staatlich reglementierten Pflichtarbeitsdiensten waren in Deutschland nicht gut genug. Die staatlich verordnete Zwangsvermittlung einer wie auch immer definierten Identität mit einer größeren Gemeinschaft durch soziale Dienste ist in ihrer pädagogischen Berechtigung und Wirksamkeit mehr als zweifelhaft.

Maren Stell

Kontinuität und Aufbruch. Zur Politik und Soziologie der Jugendgemeinschaftsdienste seit den fünfziger Jahren

Dieser Beitrag stellt die geschichtliche Entwicklung und die fortschreitende Institutionalisierung der freiwilligen Jugendgemeinschaftsdienste und Friedensdienste in der Bundesrepublik Deutschland[1] nach 1945 vor. Durch Darstellung und Analyse der verschiedenen Trägerorganisationen dieser Gemeinschafts- und Friedensdienste werden Veränderungen und Unterschiede in Charakter und Zielsetzung deutlich. Der erste Teil dieses Beitrags thematisiert die Situation der Jugend und der Jugendverbandsarbeit nach dem 2. Weltkrieg. In einem zweiten und dritten Teil wird auf die Institutionalisierungsprozesse der Gemeinschafts- und Friedensdienste eingegangen. Den Schluß bildet eine Zusammenfassung mit einer perspektivischen Einordnung.

1. *Die Entwicklung der Jugendverbandsarbeit*

Die schon zu Beginn des Jahrhunderts in Deutschland begonnene und in der Weimarer Republik ausgebaute Jugendarbeit wurde mit der Machtübernahme des Nationalsozialismus abrupt unterbrochen. Die bis dahin bestehenden Organisationen wurden entweder verboten oder den vom Staat kontrollierten und ideologisch bestimmten neuen Massenjugendorganisationen einverleibt. Beim Neubeginn nach dem Zusammenbruch orientierte man sich auf deutscher Seite – die Alliierten hatten in ihren Reeducation-Programmen eigene Vorstellungen – sehr bald an den Traditionen der Weimarer Republik.

Die Gründungsphase der Jugendverbandsarbeit fällt in die Zeit von der unmittelbaren Nachkriegszeit bis zur Wahl der ersten Bundesregierung im September 1949. Gesamtgesellschaftlich ist diese Phase bestimmt von der Ablösung der alliierten Zuständigkeiten. Der Aufbau der Jugendverbandsarbeit war geleitet von dem Interesse, möglichst schnell einheitliche Nachwuchsorganisationen für die Erwachsenenverbände aufzubauen. Damit einher ging die Zurückdrängung der unabhängigen, selbstorganisierten kleineren Gruppen. So wurde mit der Gründung des Bundesjugendrings nur Verbänden mit mehr als 25.000 Mitgliedern die Möglichkeit gegeben, diesem beizutreten. Die Einführung der Bundes- und Landesjugendpläne 1950 führte zu einer finanziellen Förderung der Jugendverbandsarbeit. Jugendarbeit

---

[1] DDR-spezifische Aspekte der Jugendarbeit im östlichen Teil Deutschlands sind dabei nicht berücksichtigt.

fand hauptsächlich in geschlechtshomogenen Gruppen statt, wobei gesellschaftspolitische Fragestellungen ausgeklammert wurden, bzw. durch einen platten Antikommunismus ersetzt wurden. Zu einer kritischen Auseinandersetzung mit dem Faschismus kam es in dieser Zeit nicht; im Gegenteil – dieser stellte ein Tabuthema dar. Das Bild vom »begabten charismatischen Jugendführer« wurde langsam durch die Bildungsarbeit in den Jugendhöfen überwunden. Trotzdem hatten die Hälfte der Jugendführer in der Jugendarbeit bis 1957 keine entsprechende Ausbildung. Das Jugendbild der damaligen Zeit wurde durch das Erscheinen des Schelsky-Buches (1957) »Die skeptische Generation« geprägt. Diese skeptischen Jugendlichen strebten nicht nach Idealen, sondern entwickelten einen nüchternen und skeptischen Realitätssinn.

Mit der Wiederbewaffnung und der atomaren Aufrüstung kam es zu einer ersten Politisierung der Jugendlichen, z.B. in Form der »Kampf-dem-Atomtod« Bewegung. Der fortschreitende Anpassungsprozeß wurde gestoppt zugunsten einer verstärkten Auseinandersetzung mit der gesellschaftlichen Entwicklung.

Der ersten großen Wirtschaftskrise der Bundesrepublik von 1966/67 sollte durch die Bündelung der politischen Kräfte in Form einer Großen Koalition begegnet werden. Mit ihrer Installierung wurde eine breite kritische Auseinandersetzung mit den gesellschaftlichen Realitäten in der BRD ausgelöst, deren auffälligste Form die Studentenbewegung war. Die Studentenbewegung traf die Jugendarbeit völlig unvorbereitet und hatte große Auswirkungen auf sie. Zunächst wurde die praktizierte Jugendverbandsarbeit mit Begriffen wie »affirmativ, autoritär, reaktionär, militärisch oder gar faschistoid« betitelt[2]. Dies wurde mit den von manchen Vereinen verwendeten Symbolen oder Ritualen begründet. Insgesamt kam es zu einer Infragestellung der gesamten bisherigen Jugendverbandsarbeit. Dies führte 1968 auf der Vollversammlung des Bundesjugendringes dazu, daß die Verbände gezwungen waren, einen Richtungswechsel vorzunehmen.[3] Dieser Richtungswechsel stand unter dem Eindruck der Angst vor dem Zusammenbrechen der Vereine und fiel dementsprechend radikal aus, denn es schien nur durch ein rigoroses Eingehen auf die Inhalte der Studentenproteste möglich, diese Krise zu überwinden. »Die Jugendverbände beziehen selbst gesellschaftskritische Positionen. Dabei solidarisieren sie sich mit den Kräften in unserem Lande, die mit adäquaten Mitteln für Demokratisierung und Mitbestimmung in allen Bereichen eintreten.«[4] Im Rahmen dieser Reformen verschwanden Kluft, Halstücher, Rang- und Leitungsabzeichen, Koppel und Fahrtenmesser: die Alltagskleidung setzte sich in den Vereinen durch. Auch wurden traditionelle Bezeichnungen wie »Führer« nun gänzlich aufgegeben. Die Führerfunktion wurde nun von dem »Leiter« übernommen, der eine partnerschaftliche und demokratische Umgangsweise vertrat und vorzugsweise im Team agieren sollte. Entscheidend für die Veränderungen wurde bald eine sehr breit geführte Theoriediskussion. Diese war gekennzeichnet durch die Auseinandersetzung zwischen pro-

---

2 Krafeld, F.J. (1984) »Die Geschichte der Jugendarbeit: Von den Anfängen bis zur Gegenwart.« Weinheim: Beltz, S.164.Krafeld 1984, S.129 ff.
3 Krafeld 1984, S.129 ff.Giesecke, H. (1980) »Die Jugendarbeit« München: Juventa, S.37.
4 Giesecke, H. (1980) »Die Jugendarbeit« München: Juventa, S.37.

gressiver, emanzipatorischer und antikapitalistischer Jugendarbeit auf der einen Seite und der traditionellen Jugendarbeit auf der anderen.
In zunehmendem Maße stand die Bildungsarbeit der Jugendverbände im Mittelpunkt. Diese wurde durch Jugendbildungsgesetze, die 1974 in den ersten Bundesländern eingeführt wurden, gesetzlich verankert und abgesichert. In den 70er Jahren kam es zu einer Restaurierungsphase, und die Reformen wurden z.T. wieder zurückgenommen, da die praktizierte Arbeit vieler Jugendverbände für die meisten hinter ihnen stehenden Erwachsenenverbände völlig unvertretbar war. Dazu kamen viele Kooperationen von Jugendverbänden mit nicht jugendspezifischen Organisationen, z.B. politischen, die ihre Wurzeln in der Studentenbewegung hatten.
Insgesamt ist durchaus zu erkennen, daß nach 1968 der politischen Bildung ein besonderer Stellenwert zukam. Diese wurde von den entsprechenden Bundes- und Landesjugendplänen ausdrücklich gefördert: in NRW galt z.B. die Verpflichtung, mindestens 1/3 der Bildungsmittel für die politische Bildung aufzuwenden.[5]
In der Gesamtentwicklung kam den Jugendverbänden zugute, daß bei dem immer schneller werdenden Tempo der gesellschaftlichen Veränderungsprozesse die Notwendigkeit von ergänzenden Sozialisations- und Bildungsleistungen, die neben Familie und Schule standen, immer deutlicher und allgemeiner erkannt und anerkannt wurde. Diese außerschulischen und außerfamiliären Bildungsaktivitäten galten als Voraussetzungen für eine zukunftsträchtige Entwicklung.
Die höhere Wertschätzung von Bildungs- und Sozialleistungen in der Jugendarbeit drückte sich bis in die 70er Jahre z.B. in der Erhöhung von Förderungsmitteln aus. So wurden die Fördermittel im Landesjugendplan von NRW 1968/1969 von 39 auf 48 Mio. erhöht, um dann bei stetiger Steigerung 1978/1979 von 229 auf 239 Mio. angehoben zu werden. Dies entsprach einer Versechsfachung der Mittel innerhalb von 11 Jahren[6]. Anderseits konnte man durch die Zuwendungen der Bundes- und Landesjugendpläne ein politisches Wohlverhalten der Verbände erzwingen. So wurden gegenüber mehreren Verbänden Mittelsperrungen angedroht bzw. vollzogen, wie z.B. 1960 gegenüber dem SDS, 1969 beim VDS, 1977 bei den Jungdemokraten, 1977 bei der Naturfreundejugend und gegenüber dem Bund deutscher Pfadfinder 1973 und 1977/78. Dazu kamen Mittelsperrungen auf kommunaler Ebene oder bei den jeweiligen Erwachsenenverbänden.[7]

2. Die Entwicklung der Jugendgemeinschaftsdienste und ihrer Träger

Bei der Reorganisation des politischen und kulturellen Lebens orientierte man sich – soweit dies von den Besatzungsmächten zugelassen wurde – an der Entwicklung, wie sie durch den Beginn der NS-Herrschaft unterbrochen worden war. Dabei versuchten die Freiwilligenorganisationen und Jugendverbände spontan und unabhän-

---

5   Krafeld 1984, S.179.
6   Krafeld 1984, S.177.Krafeld 1984, S.179.
7   Krafeld 1984, S.179. (1957) »Jugend in Gemeinschaftsdiensten« München: Juventa, S.11.

gig voneinander, unmittelbare materielle Notstände zu beheben, z.B. durch Aufräumarbeiten. Diese Bemühungen wurden durch die Entwicklung auf internationaler Ebene gestützt. So stärkte die Gründung der Vereinten Nationen und die Deklaration der Menschenrechte den Willen zur internationalen Kooperation und die Hoffnung, die Schrecken des Krieges gemeinsam überwinden zu können. Praktisch wurden die Bemühungen auf nationaler Seite 1948 unterstützt durch die Gründung des »Coordinating Committee of International Voluntary Service – CCIVS« mit Anbindung an die UNESCO. Der CCIVS unterstützt die international arbeitenden Workcamporganisationen auf der praktischen Ebene durch die Organisation einer jährlich stattfindenden Tagung, die dem Austausch von Freiwilligen auf der ganzen Welt dient und gleichzeitig einen Platz zum Erfahrungsaustauch bietet.

Danckwortt/Claessens[8] unterscheiden drei Motivstränge von Gemeinschaftsdiensten, die sich in der Weimarer Republik herauskristallisierten und an die nach dem zweiten Weltkrieg wieder angeknüpft wurde:
– die pazifistisch-international-caritativen Gemeinschaftsdienste,
– die volkserzieherisch-nationalen Gemeinschaftsdienste,
– die sozialpolitischen Gemeinschaftsdienste.

So stand für einige Gruppen die manuelle Aufbauarbeit im Vordergrund, während anderen die internationale Völkerverständigung und Friedenserziehung wichtig war. Christen suchten die Versöhnung mit Nationen, die unter dem Faschismus besonders gelitten hatten, und waren bestrebt, an der Sicherung des Friedens mitzuarbeiten. Auch pädagogische Ziele, vergleichbar mit der Tradition der Lager, wie sie von Rosenstock-Huessy durchgeführt wurden, standen bei manchen Organisationen im Vordergrund.

Heute wird keiner dieser drei Motivstränge einer einzigen Organisation voll zurechenbar sein, die meisten Träger von Gemeinschaftsdiensten sind heute eine Mischung der ersten beiden Typen. Trotzdem lassen sich durch die drei Motivstränge die unterschiedlichen Motivationen und Ausprägungen von Jugendgemeinschaftsdiensten besser illustrieren.

Insgesamt sind heute eine Vielzahl von Trägern von Gemeinschaftsdiensten in Deutschland tätig, von denen die meisten nach dem 2. Weltkrieg gegründet wurden. Um die Entwicklung dieser unterschiedlichen Träger aufzuzeigen, werden drei verschiedene Organisationen vorgestellt.

Die Nothelfergemeinschaft der Freunde e.V. (NDF)

Die NDF wurde 1945 gegründet. Initiatoren waren Freunde der Quäker und Anhänger des Internationalen Versöhnungsbundes. Dabei definierte sich die NDF von Anfang an als unabhängig von politischen, religiösen oder nationalen Vorstellungen. Die Arbeit der NDF orientiert sich an einer christlich-versöhnlichen Grundhaltung und dem Bekenntnis zur Gewaltlosigkeit. Die NDF ist der Überzeugung, daß dauer-

---

8 (1957) »Jugend in Gemeinschaftsdiensten« München: Juventa, S.11.NDF (Hg) »Internationale Hilfsdienstlager« o.J., S.2.

haftes friedliches Zusammenleben von Menschen nur möglich ist durch die Überwindung von Vorurteilen und Gegensätzen und durch die Verwirklichung gerechterer sozialer Verhältnisse.[9] Zu diesem Zweck veranstaltet die NDF:
- internationale Hilfsdienstlager im In- und Ausland,
- langfristige Dienste in Übersee,
- Seminare, Kurse und Vorbereitungsdienste,
- Jugend- und Sozialhilfe im Bereich der freien Wohlfahrtspflege.

Bei all diesen Aktivitäten steht eindeutig die Linderung von Notständen im Vordergrund, d.h. Hilfe für »Menschen, die durch Alter, Krankheit, soziale Härten oder Naturereignisse in Not geraten sind und selbst mit ihrer Notlage nicht fertig werden können.«[10]

Diese Schwerpunktsetzung wurde hauptsächlich in den ersten zehn Jahren bis ca. 1957 verfolgt. In dieser Zeit dominierten sogenannte Wohnungsbauprojekte und der Wiederaufbau von Siedlungshäusern. Nachdem die größte Wohnungsnot beseitigt war, suchte man neue Arbeitsfelder wie z.B. die Instandsetzung von sozialen Einrichtungen. Neben den Gemeinschaftsdiensten mit den eben erwähnten Schwerpunkten finden auch Sozialdienste statt. Diese Dienste beschäftigen sich mit der Betreuung und Versorgung von Kindern, Jugendlichen und alten Menschen in Heimen, Krankenhäusern und Pflegeheimen, der Betreuung und Versorgung dieser Zielgruppen bei Erholungsmaßnahmen oder in Behindertenzentren.

Ein Dienst wird dann als erfolgreich angesehen, wenn »er im gleichen Maß nach außen und nach innen gewirkt hat, wenn die erbrachte Hilfe spürbar zur Linderung eines Notstandes beigetragen hat, und wenn auf der anderen Seite gegenseitiges Kennen- und Verstehenlernen dazu geführt haben, den Mithelfer in die Gemeinschaft aufzunehmen und ihn als Einzelmenschen, als Persönlichkeit zu akzeptieren und zu tolerieren«[11]. Damit haben das Helfen und der Dienstgedanke bei der NDF höchste Priorität, andere pädagogische oder politische Gedanken stehen im Hintergrund und spielen eine untergeordnete Rolle.

Service Civil International e.V.(SCI) Deutscher Zweig

Ab 1948 wurden in vielen Ländern vermehrt nationale Zweige des SCI gegründet, u.a. auch in Deutschland. Dabei konnte der SCI schon auf eine lange Tradition zurückblicken, da er bereits 1920 von dem Schweizer Pierre Ceresole als Reaktion auf die Schrecken des ersten Weltkriegs gegründet wurde. Heute ist der SCI eine weltweite Organisation, die ihren Schwerpunkt in Indien hat.

Aus der Satzung des SCI-Deutschland vom 23.11.1975 gehen folgende Zielsetzungen hervor:

---

9   NDF (Hg) »Internationale Hilfsdienstlager« o.J., S.2.
10 Ebenda.
11 NDF (Hg) »Dokumentation über die internationalen Gemeinschaftsdienste der Nothelfergemeinschaft der Freunde e.V.« o.J., S.2.Zit. n.: Mosebach, U. (1991) »Jugend auf der Suche nach Identität: Bieten Workcamps dazu eine Orientierung?« Saarbrücken, u.a.:Breitenbach, S.52.

- »Förderung der internationalen Jugendarbeit zur Entwicklung internationaler Verständigung, Zusammenarbeit und Verständigung auf der Basis parteipolitischer und weltanschaulicher Neutralität;
- Beitrag zur internationalen Völkerverständigung, zur Sicherung des Friedens in der Welt und zur Verbreitung des Gedankens der allgemeinen Abrüstung und zu sozialer Gerechtigkeit;
- Bemühen um eine Anerkennung des Freiwilligeneinsatzes für Kriegsdienstverweigerer als Alternativdienst.«[12]

Dabei fühlt sich der SCI als »Bestandteil der nationalen und internationalen Friedensbewegung. Angesichts der atomaren Bedrohung, besonders durch die weitere Aufrüstung mit neuen Mittelstreckenraketen, versucht der SCI mit anderen Gruppen (pazifistischen, christlichen, antimilitaristischen) zusammenzuarbeiten und durch Camps und andere Aktionen einen praktischen Beitrag zur Friedensbewegung zu leisten.«[13]

Zur Entwicklungsgeschichte: Nach dem zweiten Weltkrieg war der deutsche Zweig des SCI zunächst mit der Organisation von internationalen Workcamps, Hilfsdienstlagern und anderen Formen der internationalen freiwilligen Hilfsdienste befaßt. Dabei wurden die anfänglichen pazifistischen Ideale immer weiter in den Hintergrund gedrängt. Ende der sechziger Jahre wurde diese Tendenz durch junge, von der Studentenbewegung beeinflußten Aktivisten, angegriffen. Sie forderten, daß die gemeinsame Reflexion gesellschaftlicher Probleme im Vordergrund der Gemeinschaftsdienste stehen müsse. So wurden jetzt Arbeitsprojekte gezielt danach ausgesucht, daß sie die Möglichkeit einer unmittelbaren Verbindung von theoretischer und praktischer Arbeit boten. Beispielsweise wurde in einem Projekt in einem Erziehungsheim über die gesellschaftlichen Ursachen von Erziehungsschwierigen diskutiert, sowohl in der Gruppe selbst als auch mit den Erziehern und Jugendlichen. Dieserart Gemeinschaftsdienste nannten sich »Internationale Arbeitsseminare«.

Neben diesen Arbeitsseminaren entwickelten sich die »work-and-study camps«. Sie beinhalteten ebenfalls das Studium eines vorher bekannten Themas, das aber nicht notwendigerweise auf die praktische Arbeit bezogen war. Der Nutzen dieser Arbeitsseminare wurde auf der einen Seite positiv bewertet, da der politische Anspruch des SCI zum Tragen kam; allerdings wurde dabei kritisch vermerkt, daß der theoretische Anspruch der Studenten oft nicht voll eingelöst wurde und dies häufig zur Spaltung zwischen Praktikern und Theoretikern führte.

Die Teilnahme an den Weltfestspielen 1973 in Berlin führte zu einer entscheidenden Wende. Der SCI kam durch diese Veranstaltung in Kontakt mit anderen Organisationen, die wesentliche Zielsetzungen auf dem Gebiet der Entspannung und des Antimilitarismus' als Beitrag für den Frieden teilten. Daraus ergab sich eine intensive Zusammenarbeit mit Organisationen, Gruppen und Bürgerinitiativen der

---

12 Zit. n.: Mosebach, U. (1991) »Jugend auf der Suche nach Identität: Bieten Workcamps dazu eine Orientierung?« Saarbrücken, u.a.:Breitenbach, S.52.
13 SCI (Hg) »Information SCI« o.J., S. 3, Bonn.

sogenannten Neuen Sozialen Bewegungen. Projekte wurden nun so angelegt, daß sie direkt eingebettet waren in die langfristige Aktivität einer Bürgerinitiative oder einer befreundeten Organisation, die einerseits die materielle Arbeitsleistung der SCI-Gruppe benötigte, andererseits dieser Gruppe eine Arbeitsbasis gab, die sie nach außen hin im Sinn ihrer Tätigkeit erkennbar werden ließ und sie in einen intensiven Außenkontakt brachte. Die Wichtigkeit und Notwendigkeit des Außenkontakts zu den Bürgern bzw. des Workcamps als Multiplikator der SCI-Ideologie ist konstitutives Element des Workcampprogrammes des SCI bis heute und spielt bei der Planung der Workcamps eine große Rolle. Die Themen, die in den Camps angesprochen werden, sind »Frieden, Abrüstung, Antifaschismus, Dritte Welt, Jugendarbeitslosigkeit, Umweltschutz, Frauen, Stadtteilarbeit, Behindertenarbeit«[14]. Ihr Friedensverständnis, an den Leitideen der kritischen Friedensforschung (u.a. von Senghaas, Galtung) orientiert, zielt auf ein positives gesellschaftliches Verhältnis sozialer Gerechtigkeit ohne Gewalt, Ausbeutung und Unterdrückung. Damit sind die genannten Themenbereiche Teil eines Gesamtkonzeptes von Friedensarbeit.

Die praktische Umsetzung dieses Konzeptes bewirkte ab Anfang der 80er Jahre die verschiedensten Aktivitäten: z.B. Workcamps zum Thema Antifaschismus auf dem Gelände ehemaliger Konzentrationslager, Friedenscamps zur Unterstützung lokaler Friedensfestivals in Friedenshäusern, Unterstützung bundesweiter Friedensdemonstrationen, etc.

In möglichst vielen Camps sollten die Ziele und Inhalte der bundesdeutschen bzw. europäischen Friedensbewegung thematisiert werden. Dabei verfestigte sich die Einschätzung, die bereits Anfang der 70er Jahre dominierte, daß nämlich ohne direkten Arbeitszusammenhang zum Thema eine intensivere Auseinandersetzung nicht möglich sei.

In der Mitte der neunziger Jahre führte der SCI eine internationale Kampagne durch, die bei allen SCI-Veranstaltungen wie Workcamps und Gruppenleiterausbildungen angesprochen wurde. Die Kampagne hieß »Crossing Boarders« und thematisierte Intoleranz, Rassismus und Ausländerfeindlichkeit. Die aktuellen Schwerpunktthemen des SCI bilden Armut und Obdachlosigkeit. Diese Themen sind im Kontext des friedenspolitischen Profils des SCI zu sehen, das den Abbau von struktureller Gewalt sowie strikte soziale Gleichberechtigung vorsieht.

Heute führt der SCI in Deutschland neben den längerfristigen Diensten wie dem Europäischen Freiwilligendienst und dem Friedensdienst ca. 60 Workcamps durch.

Die Internationalen Jugendgemeinschaftsdienste e.V. (IJGD)

Die IJGD wurden im Jahre 1949 gegründet durch den »Aktionskreis Schulen (AKS)«. Dieser Aktionskreis wurde auf Anstoß des niedersächsischen Kultusministers Adolf Grimme initiiert, mit der Intention, die Mitbestimmung von Schülern an

---

14 SCI (Hg) »Information SCI« o.J., S. 2.

den niedersächsischen Schulen zu stärken und eine Schülermitverwaltung aufzubauen. Da es jedoch wegen der alten autoritären Strukturen der Schulen und der Schulbehörden nicht gelang, die Ideen der Schüler umzusetzen, und man so den eigentlichen Zielen des AKS nicht näherkam, widmete man sich den Gemeinschaftsdiensten: »Das, was eigentlich in der Schule hätte geschehen sollen, wurde nun in der Ferienzeit versucht. Die Reform ging ins ›Exil‹«[15], die Durchführung der ersten Gemeinschaftsdienste wurde als eine »Protest-Reaktion« gegen ein Schulsystem betrachtet, das sich einer inneren Reform widersetzte[16]. So wurde auch das Angebot, im Sommer 1948 ein Lager zur Wiederaufforstung zu organisieren, dankbar aufgenommen und bereits im Herbst des gleichen Jahres fest im Programm des AKS eingeplant. Durch die finanzielle Unterstützung der Stadt Hannover und des Niedersächsischen Kultusministeriums konnten im Jahre 1949 26 internationale Jugendgemeinschaftsdienste mit 542 Teilnehmern durchgeführt werden. Nach einem Zusammentreffen mit einem ehemaligen Mitarbeiter Rosenstock-Huessys und den anderen damals in Deutschland arbeitenden Freiwilligenorganisationen entdeckten die Schülervertreter das Potential dieser Gemeinschaftsdienste. Als leitende Prinzipien für die Gemeinschaftsdienste wurden damals die Selbstorganisation, Koedukation, Internationalität und die Freiwilligenarbeit benannt. Aufgrund der steigenden Anzahl von Gemeinschaftsdiensten, die einen immer größeren Raum einnahmen, kam man zu dem Entschluß, eine eigene Organisation zu gründen. So wurden im Dezember 1949 die »Internationalen Jugendgemeinschaftsdienste e.V. (IJGD)« gegründet. Die IJGD arbeiteten zunächst nur in Niedersachsen, gründeten schließlich aber auch in anderen Bundesländern Zweigstellen, was bereits 1950 zur Gründung des Bundesvereins IJGD führte. Im Fokus der Vereinsziele waren die politische Bildung und das teilnehmende Individuum. Dabei setzte man sich intensiv mit der nationalsozialistischen Vergangenheit Deutschlands auseinander. »Mithilfe, Kenntnisvermittlung und das internationale Gruppenleben verursachen Reflexion, Einstellungsänderungen und eine Haltung, die politisches Handeln in Parteien und Verbänden einschließt.«[17] Mit dem Selbstverwaltungsanspruch und dem Anspruch, kein »Stimmvieh« produzieren zu wollen, sondern den politisch engagierten Bürger, ging die kritische Auseinandersetzung mit Gruppenleitungsstilen einher. So fand nach der ersten Institutionalisierungsphase der IJGD Mitte der 50er Jahre eine intensive Auseinandersetzung mit der Gruppenpädagogik statt, in deren Rahmen man auch die Hilfe des »Hauses Schwalbach« unter Magda Kelber in Anspruch nahm, die unter anderem den Begriff der Gruppenpädagogik in Deutschland prägte[18].

---

15 Claessens/Danckwortt (1957) S.27.
16 Stell, M. (1999) »Workcamps als eine Form der internationalen Jugendarbeit.« S.92.
17 IJGD (Hg) »Durch Helfen Lernen – 20 Jahre Internationale Jugendgemeinschaftsdienste e.V.« o.J., S.5.
18 Müller, C.W. (Hg 1972) »Gruppenpädagogik: Auswahl aus verschieden Schriften und Dokumenten« Beltz: Weinheim, S.244.

Im Jahre 1958[19] wurde als Reaktion auf die Claessens und Danckwortt-Studie[20] das Sonderprogramm politische Bildung[21] eingeführt, an das sich schließlich 1960 die Einstellung eines Jugendbildungsreferenten für politische Bildung anschloß. Daraus ergab sich auch, daß vermehrt Referenten in die Workcamps eingeladen wurden, die mit Lagerteilnehmern über politische Fragen diskutierten.

Nachdem Mitte der 50er Jahre die Wiederaufbauarbeiten immer mehr in den Hintergrund rückten und sich die Frage nach einer Neudefinition und Legitimation der Arbeit stellte – sicherlich auch unter dem Eindruck der noch anhaltenden Jugendarbeitslosigkeit der frühen 50er Jahre – erweiterte sich der bisherige Arbeitsbereich auf die sogenannten »Sozialdienste« wie Gemeinwesenarbeit, z.B. in Krankenhäusern, Kinder- und Altenheimen. Anfang der 60er Jahre beschäftigten sich die IJGD verstärkt mit den »Entwicklungsländern«; so wurde 1966 ein Überseeprogramm eingerichtet, das der partnerschaftlichen Zusammenarbeit mit »Entwicklungsländern« dienen sollte. »Erfahrene Gruppen- und Seminarleiter fahren für einen mittelfristigen Einsatz in Länder der ›Dritten Welt‹, um dort beispielsweise in Argentinien, Indien oder Marokko den einheimischen Workcamporganisationen beim Aus- und Aufbau ihrer Tätigkeit zu helfen.«[22]

Ende der 60er, Anfang der 70er Jahre kam es – angestoßen durch die antiautoritäre Erziehungsdebatte – zu Experimenten mit der Gruppenleiterrolle. So wurde z.B. das »leiterlose Lager« propagiert und durchgeführt. Die Entdeckung der individuellen und gemeinsamen Bedürfnisse und deren Befriedigung waren in dieser Phase Hauptanliegen vieler IJGD Lager und Seminarteilnehmer.

Mit der Studentenbewegung gab es Anstrengungen, ein schärferes (parteipolitisches) Profil zu gewinnen. Dieser Ansatz wurde von einer Gruppe im Verein stark vertreten und führte zeitweise dazu, daß die finanzielle Unterstützung durch das Ministerium aussetzte. Dies brachte den Verein 1974 in eine finanzielle Krise, die ihn bis an den Rand der Auflösung führte. Nach einer erneuten Aufbauphase erweiterte der Verein seine Dienste und wurde auch Träger des FSJ. Ende der 70er Jahre beschäftigten sich die IJGD in ihren Camps zunehmend mit ökologischen Aspekten; so wurden beispielsweise Camps mit dem Thema Atomkraft und alternative Energieversorgung veranstaltet. Auch Gedanken und Ansätze der Neuen Friedensbewegung wurden intensiv aufgegriffen und thematisiert.

Insgesamt haben die IJGD kein eigenes politisches Profil ausbilden können. Es scheint, daß hier, wie es bereits Ende der 70er Jahre formuliert wurde, ein »die po-

---

19 Das Jahr 1958 führte im Rahmen der »Atomtod-Bewegung« und der Wiedereinführung der Wehrpflicht zu einer Politisierung der führenden IJGDler (vgl. Boll, F. (1995) »Auf der Suche nach Demokratie« Bonn: Dietz, S. 212ff).
20 Wie wichtig den IJGD die pädagogische Wirkung auf die Teilnehmer war, zeigt, daß sie 1957 eine Studie zur Evaluation der Wirkung der von ihnen durchgeführten Camps (Claessens/Danckwortt 1957) in Auftrag gab. Diese Studie kam zu dem Ergebnis, daß die Wirkungen der Camps verstärkt im Bereich der individuellen Reifung und Persönlichkeitsbildung lagen, politische Wirkungen aber sehr viel zufälliger und indirekter erzielt werden und der besonderen Unterstützung bedürfen.
21 Diese Sonderprogramm sah einen vermehrten Einsatz von Referenten in den Workcamps zu verschiedenen politischen Themen vor.
22 IJGD (Hg) »Durch Helfen Lernen« o.J. S.6.

litisch-pädagogische Arbeit der IJGD kennzeichnender Pluralismus der Konzepte erhalten bleiben sollte.«[23] Eine gemeinsame Basis der politisch-pädagogischen Arbeit des Vereins sind die sogenannten »5 Säulen«: Selbstorganisation, Freiwilligenarbeit, Soziales Lernen, Interkulturelles Lernen und Emanzipation der Geschlechter.[24] 1998 veranstalteten die IJGD 132 Gemeinschaftsdienste im gesamten Bundesgebiet, damit sind sie mit Abstand der größte Träger von Gemeinschaftsdiensten in Deutschland.

Insgesamt läßt sich für die hier betrachteten Organisationen sagen, daß es, trotz der unterschiedlichen Profile, deutliche Gemeinsamkeiten gibt: Die Organisationen sind mehrheitlich nach dem zweiten Weltkrieg gegründet worden, und eine der Hauptmotivationen lag in der Leistung von Aufbauarbeiten. Bei der NDF beispielsweise stand der Wiederaufbau von Wohnhäusern im Vordergrund, bei den IJGD die Aufforstung von Wäldern. Als die Wiederaufbauarbeiten abgeschlossen waren, stellte sich die Frage nach der Legitimation der verschiedenen Organisationen. Zugleich kam es durch die Wiedereinführung der Wehrpflicht und der Atomtodbewegung zu einer ersten Politisierung[25]. Profile, die vorher schon angelegt waren, bildeten sich jetzt manifest heraus, so z.B. das friedenspolitische Konzept des SCI und das pädagogisch-emanzipatorische Konzept der IJGD. Dabei kam es auch zu einem Wechsel der Arbeitsaufgaben, die jetzt meist in den sozialen Bereich gelegt wurden, was gewiß auch mit dem Mangel an Pflegekräften zu tun haben mochte. Die Institutionalisierung dieser Organisationen wurde im Übrigen auch durch den 1950 eingeführten Bundesjugendplan gefördert.

Eine weitere Besonderheit dieser Organisationen ist, daß sie ihre Arbeit von Anfang an international auszurichteten, was ihnen bei den Jugendlichen einen erheblichen Attraktivitätszuwachs einbrachte, da früher eine Fahrt ins Ausland kaum möglich war und die Wahrnehmung von Ausländern sich meist auf das Bild des Soldaten und »Besatzers« beschränkte.

3. *Die Geschichte der längerfristigen Freiwilligendienste*

Im folgenden beziehe ich mich auf die längerfristigen Dienste, d.h. auf Dienste, die länger als 6 Monate dauern.[26]

---

23 Stell (1999) S.132.
24 Vgl. IJGD (Hg 1996) Handbuch für TeamerInnen S. 59-103.
25 Boll (1995, S.212) bezeichnet diese Politisierung in Anlehnung an die »68er« als die »58er«.
26 Auf den Entwicklungsdienst wird hier nicht eingegangen, da er andere Anforderungen an den Freiwilligen selbst stellt als etwa das FSJ oder einer der Friedensdienste. So müssen Entwicklungshelfer in der Regel über eine Ausbildung und Berufspraxis verfügen und sind z.T. wesentlich länger in ihrem Gastland tätig als etwa Freiwillige von Aktion Sühnezeichen.

3.1 Die Jugendsozialdienste

Der zahlenmäßig mit Abstand umfangreichste und am besten institutionalisierte Freiwilligendienst in der BRD ist das »Freiwillige Soziale Jahr – FSJ«, das mittlerweile schon im 35. Jahr angeboten wird.

Der Vorgänger des FSJ war das von dem damaligen Rektor der Diakonissenanstalt Neuendettelsau, Hermann Dietzfelbinger, 1954 ausgerufene »Diakonische Jahr (DJ)«. Dieses DJ richtete sich in erster Linie an weibliche Berufstätige, Abiturientinnen und Studentinnen. Die Teilnehmerinnen sollten mindestens 18 Jahre als sein. Damit wendete man sich zunächst an berufstätige junge Frauen: »Ich bitte die evangelische, weibliche Jugend: Wagt ein Jahr eures Lebens für die Diakonie (d.h. für das Dienen in der Gemeinde d. Red.) . . . Ich sehe Euch in Euren Berufen, in den Fabriken, den Büros, den Geschäften; ich sehe die Abiturientinnen und Studentinnen, Verkäuferinnen, Sekretärinnen, oder wo ihr seid: wer kann und wer gerufen ist, der löse sich ein Jahr heraus und gebe dieses Jahr für solchen Dienst!«[27]

Damit grenzte sich das DJ ab von den Programmen für arbeitslose Jugendliche oder von Orientierungs- bzw. Berufsfindungsprogrammen für SchulabgängerInnen.

In dieser Zeit wurde auch die Wiedereinführung von Pflichtdiensten[28] verstärkt diskutiert – angesichts einer hohen Jugendarbeitslosigkeit und einem Mangel an Pflegepersonal. Dietzfelbinger grenzte deshalb das DJ ganz klar von den Forderungen nach Pflichtdiensten ab, indem er die Freiwilligkeit besonders betonte: »Wer es kann und wer gerufen ist, der löse sich ein Jahr heraus und gebe dieses Jahr für einen solchen Dienst!«[29] Dabei steht dieser Aufruf ganz klar in einer konservativen Tradition, die speziell die sozialen Dienste und das »Dienen« als solches als spezifisch weibliche Aufgabe sah. »Sonst sucht ein junges Mädchen gerne Ausbildung und Betätigung in der Hauswirtschaft, im Kochen und Nähen. Auch diese Aufgaben warten auf Euch: denn es geht um alles, was dem Menschen dient. Aber in dem DJ wird Euch noch eine andere Ausbildung angeboten, die noch wichtiger ist fürs ganze Leben: Ihr werdet ausgebildet werden im Dienen, Beten, Leiden und Mittragen!«[30] Aus diesen Worten spricht eine klare Rollenverteilung, was durchaus dem Anfang der fünfziger Jahre von konservativ-religiösen Kreisen vertretenen Frauenbild entspricht.

Trotzdem fand das DJ eine große Resonanz. Bis Ende der fünfziger Jahre breitete es sich über alle Landeskirchen aus, im katholischen Bereich begann 1959 das »Jahr

---

27 BMFSFJ (1998) Freiwilliges Soziales Jahr/Freiwilliges Ökologisches Jahr«, S.15.
28 Es gibt eine regelmäßig wiederkehrende Tradition von Forderungen nach einer Dienstpflicht. Kleine-Brockhoff (1996 »Arbeitsdienst? Niemals!« in: Die Zeit Nr.31) bringt die dahinterstehenden Interessen gut auf den Punkt: »Das Ergebnis ist immer dasselbe: der Ruf nach allgemeinen Dienstpflichten. Die Begründungen wechseln mit dem Zeitgeist: Anfang der fünfziger Jahre ging es um die Bekämpfung der Jugendarbeitslosigkeit; später sollten überfüllte Unis entlastet werden; danach galt es, dem Personalmangel im Pflegedienst zu begegnen; inzwischen ist die Diskussion wieder bei der Jugendarbeitslosigkeit angekommen und ein Dauerbrenner, dem Sittenverfall. All diesen Vorschlägen ist gemein: Sie sind verfassungswidrig.«
29 Ebenda.
30 Zit.n. Finckh, U. »Zur Geschichte der Friedens- und Freiwilligendienste in der BRD« in Loccumer Protokolle 13/89 (1989), S.13.

für den Nächsten«, und auch in der DDR wurde die Idee des Diakonischen Jahres aufgegriffen.
Für diese Art der längerfristigen Freiwilligenarbeit kristallisierten sich Regelungen heraus, die später z.T. im FSJ-Gesetz gesetzlich verankert wurden, z.B. die Zahlung eines Taschengelds, das Stellen von Arbeitskleidung, freie Unterkunft und Verpflegung, Sozialversicherung und die pädagogische Begleitung durch Rüstzeiten. In der Regel war der Einsatzort in stationären diakonischen Einrichtungen bei einer normalen Einsatzdauer von einem Jahr. Nach der anfänglichen Konzentration auf junge, berufstätige Frauen wurden ab 1957 auch junge Männer zum DJ aufgerufen. Damals war gerade die Wehrpflicht eingeführt worden und ein Ersatzdienst für Kriegsdienstverweigerer aus Gewissensfragen wurde gerade diskutiert, war aber noch nicht eingerichtet. Die Teilnehmerzahl des DJ pendelte sich auf die 1000 Teilnehmer ein, davon um die 10 % Männer.
Im Jahre 1964 wird dieses DJ abgelöst durch das neu installierte »Freiwillige Soziale Jahr (FSJ)«. Das FSJ-Gesetz, das die sozialen und finanziellen Rahmenbedingungen, die möglichen Einsatzbereiche, die Dauer (6-12 Monate)und die Altersgruppe (17-27) festlegt, trat am 17.8.1964 in Kraft. Mit der gesetzlichen Verankerung ging eine Erweiterung der Einsatzfelder des neuen FSJ einher, so daß dies auch für andere Träger attraktiv wurde, wie z.B. DRK, DPWV, AWO. Damit stiegen die Teilnehmerzahlen auf eine Größenordnung von 3000 pro Jahr an.
Die zentralen Motive, an einem FSJ teilzunehmen, waren vor 1978:

»— die Anerkennung des FSJ als Vorpraktikum im sozialen Bereich;
– von zu Hause fortkommen zu können;
– anderen Menschen etwas Gutes zu tun und helfen zu wollen.«[31]

Unter dem Eindruck der Studentenbewegung ging das Interesse älterer Jugendlicher am FSJ stark zurück – das klassische Konzept des Dienens und Helfens wurde kritisch hinterfragt. Evident wurde dies erstens durch einen Rückgang der Teilnehmerzahlen und zweitens durch ein relatives Anwachsen des Anteils der unter 18-jährigen. Um 1970 führte dies, zumindest im kirchlichen Bereich, zu einer Evaluation und Reflexion der bisherigen Konzepte. Als Folge wurde die pädagogische Betreuung intensiviert und Einsatzgebiete außerhalb des pflegerischen Bereichs gesucht.
Die 70er Jahre waren bestimmt durch den Trend von jungen Schulabgängerinnen, an einem FSJ teilzunehmen. Inzwischen besuchte ein weitaus größerer Teil der Schülerinnen weiterführende Schulen als in den fünfziger Jahren. Durch die Jugendarbeitslosigkeit und die Wartezeiten für manche Studiengänge stiegen die Bewerberzahlen für das FSJ stark an. Obwohl die Anzahl der Plätze auf 12-13.000 anstieg, konnten längst nicht alle Bewerberinnen genommen werden.
»Von TeilnehmerInnen am FSJ Mitte bis Ende der achtziger Jahre wurden relativ stärker Motive betont, die:

---

31 Heye, W. »Freiwilligenengagement junger Menschen in sozialen Diensten – Erfahrungen und Motive der Betroffenen« in Loccumer Protokolle (1989) S. 23.

- einen Berufsbezug erkennen lassen (gute Vorbereitung auf den Beruf, sinnvolle Überbrückung, besserer Berufseinstieg),
- auf den Wunsch zur Übernahme einer verantwortungsvollen Tätigkeit hindeuten,
- sich auf den Bereich »Erfahrungen (im Umgang) mit Menschen machen«[32] beziehen.

Mit der Novellierung des FSJ-Gesetzes 1993 – im gleichen Jahr wurde auch das »Freiwillige Ökologische Jahr« gesetzlich festgeschrieben – wurden die Vorschriften der pädagogischen Begleitung erweitert, dies verstärkte den Bildungscharakter des FSJ. Insgesamt sind bei einer 12monatigen Dauer 25 Seminartage verpflichtend festgeschrieben. So spricht man heute vom FSJ auch als einem »sozialen Bildungsjahr«: »Im Gesetz heißt es, daß das FSJ jungen Menschen soziale Erfahrungen vermitteln und bei ihnen das Verantwortungsbewußtsein für das Gemeinwohl stärken soll. Damit kann das FSJ als eine weitere Möglichkeit genutzt werden, soziale Verhaltensweisen zu erlernen und zu trainieren und gesellschaftspolitische Erfahrungen zu sammeln. Dadurch erhält das FSJ den Charakter eines sozialen Bildungsjahres.«[33]

1998 haben insgesamt 12.300 Jugendliche an den Freiwilligendiensten teilgenommen (10.800 im FSJ und 1500 im FÖJ), diese wurden vom Ministerium für Familien, Senioren, Frauen und Jugend mit 21,5 Millionen DM unterstützt[34].

3.2 Die Friedensdienste

Die meisten der Friedensdienste, wie sie z.B. der SCI durchführt, sind kurzfristige Dienste, die nur einige Wochen lang dauern. Längerfristige Dienste wurden durch die Gründung der »Aktion Sühnezeichen (AS)« institutionalisiert. Auch Aktion Sühnezeichen, eine der bekanntesten Organisationen für längerfristige Friedens- und Versöhnungsdienste, wurde durch eine einzelne Person aus dem evangelischen Bereich initiiert. Diese Organisation soll die historische Entwicklung beispielhaft illustrieren.

Die EKD-Synode im Frühjahr 1958, die ja noch gesamtdeutsch war, war geprägt von der Auseinandersetzung um die Atombewaffnung, um die sich im Aufbau befindliche Bundeswehr und um den Militärseelsorgevertrag. Schließlich kam kein Votum gegen Atomwaffen zustande, und der Militärseelsorgevertrag wurde gebilligt. In dieser Situation, die für viele Synodale bedrückend gewesen sein muß, legte der Ostberliner Präses Lothar Kreyssig einen Aufruf vor, der den Titel trug »Wir bitten um Frieden«. In diesem Aufruf hieß es unter anderem: »Wir Deutschen haben den Zweiten Weltkrieg begonnen und schon damit mehr als andere unmeßbares Leiden der Menschheit verschuldet; [...] Wir haben vornehmlich darum noch keinen Frieden, weil zu wenig Versöhnung ist. [...] bitten wir die Völker, die Gewalt von

---

32 Ebenda.
33 Ebenda, S. 20.
34 Zahlen nach Pressemitteilung des Bundesministeriums vom Dezember 1998.

uns erlitten haben, daß sie uns erlauben, mit unseren Händen und mit unseren Mitteln in ihrem Land etwas Gutes zu tun, ...«[35] Es ging darum, Gebäude als »Versöhnungszeichen« zu errichten. Anders als beim DJ wurden daher vor allem arbeitsfähige junge Männer »aller Stände und Konfessionen« gebeten, »auf ein Jahr nach Polen, Rußland oder Israel zu gehen, um dort gemeinsam ein Friedenszeichen zu errichten«. 79 von 120 Synodalen unterschrieben diesen Aufruf und forderten explizit Jugendliche in beiden Teilen Deutschlands zur Mitwirkung auf. Die Zeit der nächsten Monate ist die »Aktion Versöhnungszeichen« geprägt von der Suche nach passenden Einsatzprojekten. Spender und potentielle Freiwillige zeigen von Anfang an reges Interesse. Da Kritik am Wort »Versöhnungszeichen« geübt wird, wird der Name in »Aktion Sühnezeichen – AS« geändert.

1959 beginnt in der Organisation die erste Aufbauphase mit dem ersten Bauprojekt in den Niederlanden. Es folgen Projekte in Norwegen und Griechenland. 1961 kommen Bauprojekte in Frankreich und Großbritannien und die erste Fahrt in einen israelischen Kibbuz hinzu. Dabei erhalten jedesmal die DDR-Freiwilligen keine Ausreisegenehmigung. Die Schwierigkeiten am Einsatzort sind zunächst von Distanz und Mißtrauen gegen die jungen Deutschen geprägt. Der Mauerbau und damit die manifestierte Teilung der beiden deutschen Staaten erzwingt die organisatorische Trennung zwischen AS-Ost und -West. 1963 gelingt dem West-AS ein Einsatz in Jugoslawien und ein kurzfristiger Einsatz in der UdSSR. Politisch war die Arbeit des AS-West mit seinen Einsätzen im Ostblock in der Zeit des Kalten Krieges harter Kritik in der BRD ausgesetzt. Sowohl AS-Ost wie auch AS-West begannen 1965 mit der Arbeit in KZ-Gedenkstätten, zunächst im eigenen Land, dann in Polen und der CSSR. Die Erweiterung der Arbeit führte schließlich zu einer Namenserweiterung um das Wort »Friedensdienste«. 1968 beginnt auf Einladung der amerikanischen Friedenskirchen die Arbeit in den USA. Im gleichen Jahr werden die AS/F ein eingetragener Verein.

Seit 1969 haben sich die AS/F nochmals verändert. An die Stelle der Bauprojekte der Anfangszeit sind soziale Projekte getreten, statt in größeren Gruppen werden die Freiwilligen oft alleine oder zu zweit entsandt. Damit verbunden ist eine bessere Vorbereitung. Nicht zuletzt dadurch, daß anerkannte Kriegsdienstverweigerer statt des Zivildienstes auch einen verlängerten Dienst bei AS/F leisten können, wurden die durchschnittlichen Einsatzzeiten immer länger. Sie liegen jetzt bei 18-24 statt bei 6-12 Monaten. Ähnlich wie in den Freiwilligen Sozialen Diensten verschob sich die Herkunft der Teilnehmer von Berufstätigen zu Abiturienten und Studenten.[36]

Andere Organisationen, die Friedensdienste anbieten, sind der Service Civil International (SCI), der Christliche Friedensdienst (CFD) und Eirene, letztere ist auch anerkannter Träger des Entwicklungsdienstes. Diese genannten Organisationen sind auf nationaler Ebene zur »Aktionsgemeinschaft Dienst für den Frieden (AGDF)« zusammengeschlossen.

---

35 Finckh 1989, S. 15.
36 Vgl. ebenda.

4. Zusammenfassung und Perspektiven

Insgesamt lassen sich auch bei aller Unterschiedlichkeit der Organisationen Ähnlichkeiten in ihrer Entwicklung sehen, so zunächst bis Ende der 50er Jahre die Konzentration auf Wiederaufbauarbeiten und danach die Konzentration auf soziale Arbeiten, später erweitert durch Projekte im Bereich Behinderte und Benachteiligte bzw. Umweltfragen und ›Dritte Welt‹.

Dabei ist die Entwicklung der Jugendgemeinschafts- und Friedensdienste immer im Rahmen der allgemeinen Entwicklung der BRD zu sehen. Ein wichtiges Mittel zur Institutionalisierung war die Einführung des Bundesjugendplans 1950, der unter dem Schwerpunkt internationaler Jugendbegegnung und Jugendaustausch die Arbeit der hier vorgestellten Organisationen unterstützte. Weitere finanzielle Unterstützung gab es ab 1963 durch die Gründung des Deutsch-Französischen Jugendwerks, sowie später durch das Deutsch-Polnische Jugendwerk.

Die internationale Jugendarbeit ist immer auch Instrument der Politik und abhängig von den jeweiligen politischen Entwicklungen[37]. So dienen Jugendbegegnungen oder -austausche als erste Schritte auf dem Weg zur Initiierung von Kooperationen zwischen verschiedenen Staaten. Eine hohe Anzahl an Jugendaustauschen ist ein Indikator für gute, intensive Beziehungen und Kooperationen zwischen Staaten. Welchen Stellenwert dies auch für die Bundesrepublik hat, zeigt die finanzielle Unterstützung, die der Bundesjugendplan für solche Aktivitäten bietet. Jedoch führte die kompromißlose internationale Haltung, z.B. verbunden mit einem Versöhnungsgedanken wie bei AS/F, zu Konflikten mit politischen Interessen der BRD. Insbesondere in den 70er Jahren wurde der Bundesjugendplan vom Förderungsmittel zum Sanktionsinstrument für politisches Wohlverhalten der Jugendorganisationen.

Trotz der institutionalisierten, abgesicherten Position der internationalen Jugendgemeinschafts- und Friedensdienste fehlt es an einem Freiwilligengesetz zur Sicherung eines rechtlichen und sozialen Status für Freiwillige im In- und Ausland. Dies führt auf praktischer Ebene immer wieder zu Problemen, die manchmal auch unüberwindbar sind, wie z.B. bei Visafragen. Dieses Problem wurde mittlerweile auch auf der politischen Ebene erkannt, so geben die Koalitionsvereinbarungen der neuen rot-grünen Bundesregierung dem Willen Ausdruck, die rechtlichen Rahmenbedingungen für längerfristige Freiwilligendienste zu verbessern. Daß in diesem Bezug ein dringender Handlungsbedarf besteht, zeigen die Erfahrungen mit dem Europäischen Freiwilligendienst (EFD), der 1996 eingeführt wurde und als ein Instrument zur Realisierung der »Unionsbürgerschaft« dienen soll. Dabei ist er der erste institutionell von der europäischen Union geförderte längerfristige Freiwilligendienst.

Verbandspolitisch gesehen sind die Organisationen, die in diesem Bereich der jugendlichen Freiwilligenarbeit und der Friedensdienste arbeiten, eher schwach

---

37 Vgl. Ott, H. »Internationale Jugendarbeit als Element der Bildungs- und Außenpolitik« in: Politische Studien, 16. Jg. 1965, S.545-555.

organisiert. Verursacht ist dies durch ihre auf Flexibilität und Unabhängigkeit bedachten Traditionen, die sich bei den Friedensdiensten aus ihrem Interesse ergeben, möglichst schnell auf Notlagen, Katastrophen oder Kriege reagieren zu können, bei anderen Organisationen (so bei den IJGD) aus ihrem Selbstverwaltungsanspruch. Diese schwach ausgeprägte Organisationsstruktur trägt mit dazu bei, daß diese kleineren Trägerorganisationen nur eine Minderheit von Jugendlichen ansprechen können und so fast wie »exotische Randexistenzen« anmuten, vergleicht man sie mit den originären großen Jugendorganisationen wie den Pfadfinder, katholischen/ evangelischen Jugendverbänden, der Sportjugend, etc., die darüber hinaus durch die Anbindung an ihre »Mutterorganisationen« noch entscheidende strukturelle und materielle Unterstützung erfahren.

Die größte Lobbyeinrichtung dieser kleineren Trägerorganisationen auf nationaler Ebene, die »Trägerkonferenz der internationalen Jugendgemeinschafts- und Jugendsozialdienste«, hat sich weitgehend an die Positionen des Deutschen Bundesjugendrings angelehnt und hat somit jugendpolitisch kein eigenständiges Profil entwickelt.

Was nicht bedeutet, daß in den einzelnen Mitgliedsorganisationen nicht wertvolle und hochwertige pädagogische, friedenspolitische und -pädagogische Arbeit geleistet wurde und wird. So haben einige dieser Organisationen, wie beispielsweise die IJGD, ihrerseits auch der Jugendarbeit und Pädagogik neue Impulse geben können. Wie avantgardistisch und progressiv diese Neuerungen waren, wird deutlich wenn man sie mit der Entwicklung der Jugendverbandsarbeit im Allgemeinen vergleicht.

Literatur

Boll, F. »Auf der Suche nach Demokratie: Britische und Deutsche Jugendinitiativen in Niedersachsen nach 1945« Dietz, Bonn 1995
Bundesministerium für Frauen und Jugend Freiwilliges Soziales Jahr/Freiwilliges Ökologisches Jahr – Junge Leute beteiligen sich« Kongreß-Mappe, 1994
Bundesministerium für Familie, Senioren, Frauen und Jugend (Hg) »Freiwilliges Soziales Jahr/Freiwilliges Ökologisches Jahr« 4. überarbeitete Auflage o.V., 1998
Claessens, D. & Danckwortt, D. »Jugend in Gemeinschaftsdiensten. Eine soziologisch-psychologische Untersuchung über die Arbeit in den Internationalen Jugendgemienschaftsdiensten.«, Juventa, München 1957
Finckh, Ute »Zur Geschichte der Friedens- und Freiwilligen-Dienste in der BRD« in: Loccumer Protokolle 13/89 »Friedens- und Freiwilligenengagement Jugendlicher« 1989, S.12-19, o.V.
Frey, Ulrich »Nachdenken über die Gegenwart und Zukunft von freiwilligen Jugend- und Lerndiensten.« in: Arbeitskreis, »Lernen und Helfen in Übersee« »Freiwilligendienst Gegenwart und Zukunft – Bericht vom Workshop« unveröffentlichtes Manuskript, 1999
Heye, Werner »Freiwilligenengagement junger Menschen in sozialen Diensten« in Loccumer Protokolle 13/89, 1989, S. 19-40, o.V.

Institut für Entwicklungsplanung und Strukturforschung GmbH (Hg.) »Das Freiwillige Soziale Jahr – FSJ in der Bundesrepublik Deutschland – Entwicklungen und Erfahrungen« o.V., 1989

Kleine-Brockhoff, Th. »Arbeitsdienst? Niemals!« in: Die Zeit Nr. 31, 1996

Krafeld, F.-J. »Die Geschichte der Jugendarbeit: Von den Anfängen bis zur Gegenwart.« Beltz, Weinheim u.a. 1984

Mosebach, Ursula »Jugend auf der Suche nach Identität: Bieten Workcamps dazu eine Orientierung?« Breitenbach, Saarbrücken; Fort Lauderdale 1991

Müller, C.W. (Hg) »Gruppenpädagogik: Auswahl aus verschiedenen Schriften und Dokumenten« Beltz: Weinheim 1972

Ott, H. »Internationale Jugendarbeit als Element der Bildungs- und Außenpolitik« in: Politische Studien, 16.Jg. 1965, S. 545-555

Pax Christi (Hg) »Jenseits der Wehrpflicht: Freiwillige Friedensdienste als Alternative«, Komzi-Verlag: Idstein 1992

Schelsky, H. »Die skeptische Generation. Eine Soziologie der deutschen Jugend.« Eugen Diedrichs Verlag, Düsseldorf, u.a. 1957

Schörken, R. »Jugend 1945: Politisches Denken und Lebensgeschichte.« Lesken & Budrich, Opladen 1990

Smetan, Susanne »Das Freiwillige Soziale Jahr – auch ein Sprungbrett für eine weitergehende soziale Berufsausbildung?« Münster (unveröffentlichte Diplomarbeit) 1998

Stell, Maren »Workcamps als eine Form der internationalen Jugendarbeit. Analyse der historischen Anfänge und ihrer Entwicklung am Beispiel der »Internationalen Jugendgemeinschaftsdienste e.V.« Köln (unveröffentlichte Diplomarbeit) 1999

Werner Wüstendörfer, Roland Becker

Das Freiwillige Soziale Jahr und das Freiwillige Ökologische Jahr. Eine empirische Bilanz

1. Die Entstehung der Freiwilligendienste

Der Anfang des Freiwilligen Sozialen Jahres (im folgenden mit FSJ abgekürzt) geht zurück auf das Jahr 1954, als der damalige Rektor der Diakonissenanstalt Neuendettelsau, Hermann Dietzfelbinger, vornehmlich weibliche Jugendliche und junge Erwachsene im Alter bis zu 36 Jahren zu einem Diakonischen Jahr aufrief: »Ich bitte die evangelische, weibliche Jugend: Wagt ein Jahr eures Lebens für die Diakonie (das Dienen in der Gemeinde) . . . Ich sehe Euch in Euren Berufen, in den Fabriken, den Büros, den Geschäften; ich sehe die Abiturientinnen und Studentinnen, Verkäuferinnen, Sekretärinnen oder wo Ihr seid: wer kann, löse sich ein Jahr heraus und gebe dieses Jahr für solchen Dienst!«[1]

Der Bund der Deutschen Katholischen Jugend forderte im Jahr 1958 in Zusammenarbeit mit dem Katholischen Lagerdienst ebenfalls zu karitativer Tätigkeit auf. Freiwillige, insbesondere auch wieder die weibliche Jugend, sollten mit der Aktion »Jugend hilft Jugend« Hilfsdienste in Flüchtlingslagern leisten und somit ein »Jahr für die Kirche« oder ein »Jahr für den Nächsten« geben. Dafür sollte eine Berufs- bzw. Studienunterbrechung in Kauf genommen werden.

Anfang der 60er Jahre beteiligten sich weitere Verbände der freien Wohlfahrtspflege, so daß freiwillige Dienste auch bei den nicht-kirchlichen Trägern »Arbeiterwohlfahrt« (AWO), »Deutscher Paritätischer Wohlfahrtsverband« (DPWV), »Internationaler Bund für Sozialarbeit« (IB) und »Deutsches Rotes Kreuz« (DRK) geleistet werden konnten.

Alle Träger betrachteten es damals schon als ihre Aufgabe freiwillige soziale Dienste nicht nur zu ermöglichen, sondern auch die HelferInnen durch Gesprächsrunden und Wochenendfreizeiten pädagogisch zu betreuen. Stand bei den kirchlichen Trägern zunächst der »Dienst am Nächsten« im Vordergrund, wurde diese Aufgabe bei den freien Trägern durch stärker auf die HelferInnen orientierte (Bildungs-)Ziele geprägt, wie z.B. die Entwicklung des Erfahrungshorizontes und der Persönlichkeit der HelferInnen.

Im Jahr 1964 wurde aufgrund der Initiative der Trägergruppen, insbesondere der katholischen Kirche ein »Gesetz zur Förderung des Freiwilligen Sozialen Jahres« (FSJG) verabschiedet und damit verbindliche einheitliche Regelungen der Einsatzmöglichkeiten von TeilnehmerInnen am FSJ (im folgenden auch als FSJlerInnen

---

1 Vgl. Dietzfelbinger, 1986, S. 17.

bzw. HelferInnen bezeichnet) geschaffen wurden. Der Bildungsaspekt des Freiwilligen Sozialen Jahres wurde durch die gesetzliche Regelung der pädagogischen Begleitung unterstrichen. Außerdem wurden erstmalig Altersgrenzen festgelegt und die materielle und soziale Absicherung der HelferInnen geregelt.

Waren die HelferInnen in den 60er Jahren hauptsächlich junge Berufstätige, wandelte sich das Spektrum der TeilnehmerInnen in den 70er Jahren zu Jugendlichen mit Fachabitur und Fachhochschulreife. In den 80er und 90er Jahren nahmen vorwiegend AbiturientInnen teil, die das FSJ vermehrt zu einem Jahr der Überbrückung zwischen Schule und Beruf nutzten«[2].

Im Jahr 1964 beteiligten sich insgesamt ca. 1500 Freiwillige an einem FSJ. Die Teilnehmerzahlen nahmen in den siebziger Jahren kontinuierlich zu und erreichten Anfang der 80er Jahre ca. 3500 und Mitte der 80er Jahre ca. 6000 Jugendliche und junge Erwachsene[3]. Nach anschließend rückläufigen HelferInnenzahlen steigt die Nachfrage nach einem FSJ seit Anfang der 90er Jahre wieder sehr stark und erreicht im Jahr 1998/99 mit ca. 10800 TeilnehmerInnen den bisherigen Höchststand. Die hohe Attraktivität eines FSJ zeigt sich auch darin, daß einem FSJ-Platz durchschnittlich ca. fünf Anfragen und drei Bewerbungen gegenüberstehen.

Nach dem Vorbild des FSJ wurde im Jahr 1987 in Niedersachsen ein wissenschaftlich begleitetes Modellprojekt »Freiwilliges Ökologisches Jahr« (im folgenden mit FÖJ abgekürzt) begonnen[4], das als Ausdruck der wachsenden Bedeutung von ökologischen Zusammenhängen und damit auch einer zunehmenden Sensibilisierung für die Belange des Umweltschutzes gedeutet werden kann. Weitere Modellprojekte folgten in den Ländern Baden-Württemberg (1990-1993)[5] und Schleswig-Holstein (1991-1994)[6]. Die positiven Erfahrungen führten dazu, daß Anfang der 90er Jahre in allen neuen Bundesländern, in Berlin, Hessen, und Saarland ebenfalls ein FÖJ eingeführt wurde. Mitte der 90er Jahre beteiligten sich dann alle Bundesländer. Ein »Gesetz zur Förderung des Freiwilligen Ökologischen Jahres« (FÖJG) wurde analog dem FSJ-Gesetz im Jahr 1993 verabschiedet.

Das FÖJ begann im Jahr 1987 mit 32 TeilnehmerInnen. Im Zeitraum 1991/92 leisteten bereits ca. 250 Jugendliche und junge Erwachsene ein FÖJ. Durch die zunehmende Beteiligung aller Länder wurden bereits 1994/95 672 Plätze angeboten. Im FÖJ-Zeitraum 1989/99 sind ca. 1500 TeilnehmerInnen verzeichnet. In 1994/95 kommen auf einen FÖJ-Platz durchschnittlich ca. acht Anfragen und ca. vier Bewerbungen.

Die Freiwilligendienste FSJ und FÖJ erreichen 1998/99 einen Anteil von ca. 1,5% Prozent eines Geburtsjahrgangs.

---

2 Vgl. Bundesministerium für Familie, Senioren, Frauen und Jugend 1998.
3 Eine durchgängige quantitative Darstellung der TeilnehmerInnenzahlen ist wegen einer fehlenden gemeinsamen Datenbasis der Trägerverbände nicht möglich (vgl. Institut für Entwicklungsplanung und Strukturforschung, 1989, S. 22)
4 Vgl. Schuchardt, Siebert und Lilje, 1993/94.
5 Vgl. Schneider, Sagawe und Akbari, 1994.
6 Vgl. Balzer, Lake und Lauenstein, 1995.

2. Rahmenbedingungen des Freiwilligen Sozialen und Ökologischen Jahres

Das Freiwillige Soziale Jahr ist als ganztägige Hilfstätigkeit konzipiert, die vorwiegend im pflegerischen, erzieherischen oder hauswirtschaftlichen Bereich geleistet werden soll. »Es wird in Einrichtungen der Wohlfahrtspflege einschließlich der Kinder- und Jugendhilfe oder in Einrichtungen der Gesundheitshilfe (Einsatzstellen) geleistet, vor allem in Krankenanstalten, Altersheimen, Kinderheimen, Kindertagesstätten, Jugendzentren, Einrichtungen zum Schutz von Mädchen und Frauen vor Gewalt, Erholungsheimen sowie den Einrichtungen für körperlich und geistig Behinderte und in Einrichtungen, die Familienhilfe leisten« (§1, Abs. 1, Ziff. 3 FSJG[7]).

Das FÖJ wird ebenfalls als ganztägige »überwiegend praktische Hilfstätigkeit in geeigneten Stellen und Einrichtungen (Einsatzstellen) geleistet, die im Bereich des Natur- und Umweltschutzes tätig sind.« (§1, Ziff. 1, S. 2 FÖJG[8])

Das FSJ wird in der Regel von Jugendlichen und jungen Erwachsenen im Alter von 17 bis 27 Jahren geleistet, in Ausnahmefällen in geeigneten Einrichtungen schon nach Vollendung des 16. Lebensjahres, sofern die HelferInnen körperlich und geistig den Anforderungen genügen. Das FÖJ kann zwischen der Vollendung des 16. und 27. Lebensjahres absolviert werden.

Für einen Freiwilligendienst müssen sich die TeilnehmerInnen für mindestens sechs Monate verpflichten. Er kann nur einmalig und höchstens zwölf zusammenhängende Monate lang geleistet werden.

Die Träger eines Freiwilligendienstes können den TeilnehmerInnen Unterkunft, Verpflegung, Arbeitskleidung bzw. Geldersatzleistungen sowie ein angemessenes Taschengeld gewähren. Das Taschengeld kann bis zu einer Höchstgrenze von 6 von Hundert der in der Rentenversicherung der Arbeiter und Angestellten geltenden Beitragsbemessungsgrenze gewährt werden (§ 159 des sechsten Sozialgesetzbuches). Im Jahr 1996 betrug der Höchstsatz 480.– DM.

Die Träger der Freiwilligendienste sind zuständig für Verwaltung, Organisation und pädagogische Begleitung der Freiwilligen. Sie wählen die Einsatzstellen und die TeilnehmerInnen aus. Die pädagogische Begleitung umfaßt eine individuelle Betreuung durch Fachkräfte der Träger sowie Seminararbeit. Die Dauer der Seminare beträgt (bezogen auf eine zwölfmonatige Teilnahme) mindestens 25 Tage, gilt als Arbeitszeit für die Freiwilligen und ist obligatorisch. Die pädagogische Begleitung der TeilnehmerInnen beinhaltet ebenfalls die fachliche Anleitung und individuelle Betreuung durch die Einsatzstelle.

Um die hohe Zahl der Anfragen nach einem FSJ bewältigen zu können, haben die meisten Träger das Auswahlverfahren formalisiert. Wenn ein Jugendlicher nach einer Anfrage bei einem Träger eine konkrete Bewerbung anstrebt, bekommt die/der

---

7   Das Gesetz zur Förderung eines Freiwilligen Sozialen Jahres trat am 17. August 1964 in Kraft und wurde zuletzt durch Artikel 2 des Gesetzes zur Förderung eines Freiwilligen Ökologischen Jahres am 17. Dezember 1993 geändert.
8   Das Gesetz zur Förderung eines Freiwilligen Ökologischen Jahres wurde am 23. Dezember 1993 verkündet und trat rückwirkend zum 1. September 1993 in Kraft.

BewerberIn zunächst einen standardisierten Bewerbungsbogen. In einem persönlichen Gespräch mit MitarbeiterInnen des Trägers wird die Eignung der BewerberInnen festgestellt, wobei der persönliche Gesamteindruck sowie das Interesse und die Motivation der BewerberInnen eine entscheidende Rolle spielen.
Die Träger wählen auch die Einsatzstellen aus, die dem gleichen Träger angehören können, z.B. ein Altenwohnheim der Arbeiterwohlfahrt oder ein Diakonissenkrankenhaus der evangelischen Kirche. Die Zuteilung der Freiwilligen zu einer Einsatzstelle ist im allgemeinen alleinige Aufgabe des Trägers. Dabei werden in unterschiedlichem Ausmaß die Wünsche der Freiwilligen und der Einsatzstellen berücksichtigt. In manchen Fällen werden von den TeilnehmerInnen selbst Einsatzstellen vorgeschlagen und von den Trägern akzeptiert.

3. *Empirische Befunde*

Im folgenden werden Ergebnisse der empirischen Untersuchungen wiedergegeben, die im Auftrag des Bundesministeriums für Familie, Senioren, Frauen und Jugend vom Institut für Sozialarbeit und Sozialpädagogik in Frankfurt am Main durchgeführt wurden.[9]
Gegenstand der Untersuchung zum FSJ und FÖJ war es, eine Bestandsaufnahme zur aktuellen Praxis vorzunehmen. Hierzu wurden TeilnehmerInnen, Träger sowie Einsatzstellen sowohl standardisiert als auch unstandardisiert befragt.
Im Erhebungszeitraum 1994/95 wurden alle TeilnehmerInnen des FÖJ (N=562, Rücklaufquote 82,7%), Einsatzstellen (N=440, Rücklaufquote 64,6%) und Träger (N=32, Rücklaufquote 26%) mit Hilfe von schriftlichen Erhebungsbögen befragt. Vorausgegangen waren Expertengespräche mit ehemaligen und damaligen TeilnehmerInnen (»Experten in eigener Sache«), BetreuerInnen der Träger und Einsatzstellen. Aufgrund der sehr positiven Erfahrungen mit dieser Vorgehensweise wurden im Erhebungszeitraum 1995/96 die gleichen Erhebungsschritte für das Freiwillige Soziale Jahr durchgeführt. Es wurden insgesamt 982 FSJlerInnen (Rücklaufquote 91,5%, davon wieder 500 zufällig für die Auswertung ausgewählt), 620 Einsatzstellen (Rücklaufquote 53,0%) und 130 Träger (Rücklaufquote 76,2%) erreicht. Die Rücklaufquoten beider Untersuchungen sind als sehr hoch einzuschätzen, so daß von sehr aussagekräftigen Ergebnissen ausgegangen werden kann.
Die folgende Ergebnisdarstellung konzentriert sich auf die vier nachfolgend genannten Themenbereiche. Dabei stehen Sichtweisen und Einschätzungen der TeilnehmerInnen im Vordergrund.
– Beschreibung der Träger, Einsatzstellen und TeilnehmerInnen
– Motivationen zur Teilnahme
– Beurteilungen
– Auswirkungen

---

9   Vgl. Arnold und Wüstendörfer, 1996, 1997; Rahrbach, Wüstendörfer und Arnold, 1998.

3.1 Träger

Das FSJ wird vor allem von sieben Trägerverbänden angeboten:
- Evangelische Kirche
- Katholische Kirche
- Internationaler Bund für Sozialarbeit
- Deutsches Rotes Kreuz
- Paritätischer Wohlfahrtsverband
- Arbeiterwohlfahrt
- Jugendaufbauwerk Berlin/ Zentralstelle für Freiwillige Soziale Dienste

Diese Trägerverbände[10] weisen vielfältige Strukturen auf. Ein gemeinsames Merkmal ist, daß ihre Untergliederungen in der Regel relativ eigenständige Organisationen sind, die das FSJ mehr oder minder eigenverantwortlich gestalten. Insgesamt bieten ca. 130 solcher Untergliederungen (im folgenden alle kurz mit Träger bezeichnet) ein FSJ an.[11] Man kann davon ausgehen, daß damit ein flächendeckendes Netz von Anlaufstellen für das FSJ in allen Bundesländern existiert. Da diese (regionalen) Träger jeweils eigenverantwortlich die gesetzlichen Vorschriften ausgestalten, können nicht nur zwischen den Trägern, sondern auch innerhalb des gleichen Trägerverbandes unterschiedlichste Rahmenbedingungen für ein FSJ gegeben sein. Mit ca. einem knappen Drittel aller TeilnehmerInnen ist die evangelische Kirche der zahlenmäßig größte Träger des FSJ. Seit 1969 besteht ein Bundesarbeitskreis der Trägerverbände des FSJ, der grundsätzliche Fragen diskutiert, gemeinsame Anliegen koordiniert und mit dem zuständigen Bundesministerium für Familie, Senioren, Frauen und Jugend erörtert.

Im FÖJ sind die Trägerstrukturen unübersichtlicher. Es existiert eine Bandbreite von relativ kleinen eingetragenen Vereinen (vor allem in den neuen Bundesländern) bis hin zu zentralen Organisationen für einzelne Bundesländer wie z.B. in Baden-Württemberg oder Niedersachsen. Im Unterschied zum FSJ müssen alle Träger des FÖJ von den zuständigen Landesbehörden anerkannt werden. Gegenwärtig bieten knapp 60 Träger ein FÖJ an.

---

10 Aufgrund der historischen Entwicklung werden diese Trägerverbände im FSJ-Gesetz auch als »geborene« Träger bezeichnet. Darüber hinaus können ebenfalls Gebietskörperschaften sowie Körperschaften des öffentlichen Rechts ein FSJ anbieten. Weiterhin kann die zuständige Landesbehörde (in der Regel Ministerien) weitere Träger zulassen. Diese anderen Träger eines FSJ dürften jedoch in bezug auf die Platzzahlen nur eine geringe Rolle spielen.

11 In der Druckschrift »FSJ-FÖJ. Junge Leute beteiligen sich« des Bundesministeriums für Familie, Senioren, Frauen und Jugend sind alle Anlaufstellen (regionale) Träger des FSJ und FÖJ wiedergegeben. Diese Broschüre enthält informative Beiträge (einschließlich der gesetzlichen Regelungen) über die beiden Freiwilligendienste und dient der Information aller an einem FSJ oder FÖJ Interessierten. Die Broschüre ist kostenlos erhältlich.

3.2 Einsatzstellen

Ein FSJ kann in Einrichtungen der Wohlfahrtspflege einschließlich der Kinder- und Jugendarbeit oder in Einrichtungen der Gesundheitshilfe geleistet werden[12]. Am häufigsten leisten die HelferInnen ihren Dienst in einem Altenheim (23,7%), einem Krankenhaus (18,3%), einer Kindertagesstätte (13,3%) oder in einer Einrichtung der stationären Behindertenhilfe (13,1%).
Alle FSJlerInnen geben ein breites Spektrum an Tätigkeitsfeldern an, d.h., sie sind nicht auf bestimmte Arbeitsformen beschränkt, sondern übernehmen Arbeiten aus unterschiedlichen Tätigkeitsfeldern. Je nach Einsatzstelle unterscheidet sich das Tätigkeitsprofil. In Altenheimen dominieren beispielsweise die pflegerischen Tätigkeiten (70,6%). Hauswirtschaftliche Tätigkeiten sind mit ca. 10 % zu veranschlagen, während allgemein soziale Tätigkeiten oder erzieherische und organisatorische Tätigkeitsfelder mit unter 5% kaum von Bedeutung sind.
Das FÖJ wird von Einsatzstellen angeboten, die im Bereich des Natur- und Umweltschutzes tätig sind[13]. Die TeilnehmerInnen des FÖJ sind vor allem in Natur- und Umweltschutzorganisationen (26,0%), in Behörden bzw. staatlichen Einrichtungen (21,9%), in Institutionen der Jugend- und Erwachsenenbildung (14,2 %), in Privatunternehmen der Land- und Forstwirtschaft (8,8%) sowie in kommunalen Einrichtungen (7,7%) vorzufinden. Eingesetzt sind sie hauptsächlich in den Bereichen »Landschaftspflege und Naturschutz« (14,6%), Pflanzen- und Gartenpflegebereich (13,6%), Öffentlichkeitsarbeit (11,8%) und Umwelterziehung (11,4%), müssen jedoch auch Büro- und Hilfsdienste (15,9%) übernehmen.

3.3 TeilnehmerInnen

Der weit überwiegende Anteil der Freiwilligen ist weiblich. Die geringe Beteiligung junger Männer am FSJ ist wohl in erster Linie darauf zurückzuführen, daß sie zum Wehr- bzw. Zivildienst verpflichtet sind.[14]
Das Freiwillige Jahr wird vor allem von den 19- und 20jährigen geleistet, die mehr als die Hälfte der TeilnehmerInnen stellen. Andere Altersklassen sind bei weitem weniger stark besetzt. Im FSJ sind sehr viel mehr jüngere TeilnehmerInnen vorzufinden als im FÖJ. Im Durchschnitt sind die FÖJlerInnen mit 19,0 Jahren um ein Jahr älter als die FSJlerInnen mit 20 Jahren.
Die meisten Freiwilligen haben als höchsten Bildungsabschluß das Abitur. Insbesondere unter den FÖJlerInnen sind AbiturientInnen besonders häufig vertreten. Über mittlere Reife verfügen ca. ein Drittel der HelferInnen im FSJ und ca. ein Sechstel der FÖJlerInnen.

---

12 Vgl. §1, Abs. 1, S. 3 FSJG.
13 Vgl. §1, Ziff. 1, S. 2 FÖJG.
14 Möglicherweise kommt noch hinzu, daß »Jungen und junge Männer offenbar relativ selten dazu bereit sind – so wie sie es des öfteren sagen – ›ein Jahr meines Lebens zu verschenken‹« (Institut für Entwicklungsplanung und Strukturforschung 1989, S. 40). Ein weiterer Faktor beim FSJ ist, daß die sozialen Berufe traditionellerweise von Frauen dominiert werden.

Die meisten Freiwilligen kommen aus Gemeinden unter 5.000 Einwohner. Zusammen mit TeilnehmerInnen aus Kleinstädten/Städten bis zu 30.000 Einwohnern stellen sie über 50 % aller Freiwilligen.

Tabelle 1: *Alter, Geschlecht und Bildungsstand der TeilnehmerInnen am FSJ und FÖJ*

Merkmale		FSJ	FÖJ
Geschlecht	weiblich	90,7%	82,4%
Alter	19-20J.	55,7%	65,4%
Schulabschluß	Abitur	61,5%	80,6%
	mittlere Reife	32,1%	17,1%

Im FSJ lassen sich die meisten TeilnehmerInnen zwei Typen zuordnen: Mindestens jede zweite der Befragten (52,5 %) ist weiblich, hat das Abitur und ist zwischen 19 und 21 Jahre alt.
Ein weiterer typischer Personenkreis ist ebenfalls weiblich, hat die mittlere Reife und ist zwischen 16 und 18 Jahre alt (24,4 %). 76,6 % aller TeilnehmerInnen entsprechen diesen beiden Typen.
Im FÖJ gibt es im wesentlichen nur einen häufigen Typus: Junge Frauen nach dem Abitur zwischen 19 und 20 Jahre alt.
In der Befragung der FSJlerInnen wurden zusätzlich zu den schon genannten Merkmalen drei Variablen zum sozialen Hintergrund (Bildungsstand der Eltern, Beruf der Eltern, Schätzskala zur finanziellen Situation ihrer Familie) erfaßt. Die FSJlerInnen stammen aus mittleren bis höheren sozialen Schichten. Angehörige aus dem Arbeitermilieu bzw. aus der Unterschicht sind unterrepräsentiert. Die gleiche soziale Herkunft ist auch bei FÖJlerInnen zu vermuten.[15]

3.4 Motivation zur Teilnahme

Die FSJlerInnen nehmen nach ihrer Einschätzung vor allem am Freiwilligen Sozialen Jahr teil, weil sie später einmal einen Beruf ausüben bzw. ein Fach studieren möchten, der/das mit Menschen zu tun hat, sich über Tätigkeiten im sozialen Bereich informieren, mit Gleichgesinnten zusammenkommen und anderen Menschen helfen bzw. etwas Gutes tun möchten. Dagegen haben eine moralische Verpflichtung, aber auch eine finanzielle Absicherung durch das FSJ und stärker eigenzentrierte Bewegungsgründe wie die Überwindung von Zukunftsängsten nur eine zahlenmäßig geringe Bedeutung.
Im FÖJ sind die häufigsten Begründungen für eine Teilnahme, daß die Freiwilligen eine aktiven Beitrag zum Umweltschutz leisten, ihre ökologischen Kenntnisse und

---

15 In der Altersstufe zwischen 19 und 20 Jahren.

Fertigkeiten verbessern bzw. sich über Tätigkeiten im ökologischen Bereich informieren wollen. Ebenfalls eine wichtige Rolle spielt, sich durch den Freiwilligendienst über spätere Berufschancen im ökologischen Bereich zu informieren oder eine Orientierung über ein Studium eines ökologischen Faches bzw. eines Berufes zu bekommen.
Die Ergebnisse von Faktorenanalysen lassen folgende Motivationen zur Teilnahme an einem Freiwilligenjahr erkennen:

Übersicht 1: *Motive zur Teilnahme an einem Freiwilligendienst*

FSJ	FÖJ
Erkundung eines sozialen Berufsfeldes/ berufliche Orientierung/Qualifizierung	Erkundung eines ökologischen Berufsfeldes/ berufliche Orientierung/ Qualifizierung
Soziale und karitative Motive	Ökologischer Kenntniserwerb und ökologisches Engagement
Selbstfindung und Ablösung vom Elternhaus	Ablösung vom Elternhaus/Eigenständige Lebensgestaltung
Überbrückung eines Wartejahres bzw. sonstige Beweggründe	Selbstfindung bzw. sonstige Gründe

Die Teilnahme an einem Freiwilligendienst ist nicht (mehr) ausschließlich durch moralische oder ethische Verpflichtung motiviert. Vor dem Hintergrund eines ökologischen bzw. sozialen Engagements verfolgen die TeilnehmerInnen auch selbstbezogene bzw. persönliche Motive. Insofern stützen die vorliegende Ergebnisse die Aussage von Olk (1994, S. 5) über das FSJ: »Wenn sich junge Menschen angesichts äußerer Anforderungen aus der Arbeitswelt an ›stromlinienförmige‹ Ausbildungs- und Karriereverläufe steigender Leistungskonkurrenz für das Freiwillige Soziale Jahr entscheiden, dann erwarten sie im Gegenzug interessante, entwicklungsfördernde Tätigkeiten, qualifizierte und engagierte Begleitung und Unterstützung sowie soziale Absicherung während ihres Dienstes«.

3.5 Gesamtbeurteilung aus Sicht der TeilnehmerInnen

Das Freiwillige Soziale Jahr wird von nahezu allen TeilnehmerInnen insgesamt sehr positiv oder positiv bewertet (FSJ: 91,0 %; FÖJ: 91,3%). Die durchschnittliche Beurteilung in einer Rating-Skala von 1 bis 5 liegt ebenfalls zwischen sehr positiv und positiv.
Das FSJ und noch weniger das FÖJ wird insgesamt von den TeilnehmerInnen keinesfalls als vergeudetes Jahr beurteilt. Die vorgegebene Aussage, wonach dieses Jahr ein Zeitraum ist, über das die meisten doch nur lachen, wird deutlich abge-

lehnt.[16] Entsprechend dieser sehr positiven Gesamteinschätzung werden die Freiwilligendienste auch sehr stark anderen Jugendlichen empfohlen (FSJ: 96,6 %; FÖJ: 96,7 %). Für eine erneute Teilnahme sprechen sich nahezu alle TeilnehmerInnen aus (FSJ: 96,0 %; FÖJ: 97,1 %). Allerdings würden das nächste Mal nicht wenige Freiwillige eine andere Einsatzstelle wählen (FSJ: 19,3 %; FÖJ: 24,9 %) oder andere Rahmenbedingungen (vor allem mehr Taschengeld) haben wollen (FSJ: 11,7 %; FÖJ: 7,8%).

Abb. 1: *Gesamtbeurteilung des FSJ*

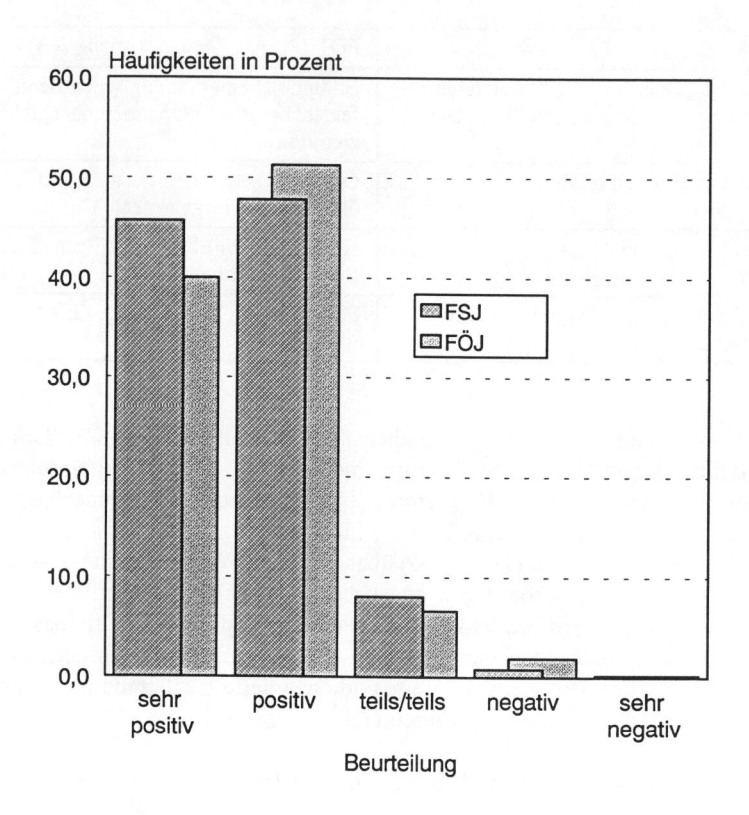

---

16 Vereinzelt kritisieren die Jugendlichen jedoch die mangelnde soziale Anerkennung ihres FSJ. Beispielsweise schreibt eine Befragte: »Es wird einfach nicht angerechnet. Bei Vorstellungsgesprächen wurde ich schief angekuckt, warum ich ein Jahr wegwerfen würde. Trotz Erklären waren sie nicht umzustimmen. Es ist wichtig, daß das FSJ viel bekannter wird. Zum Beispiel bei der Berufsberatung in der Schule.«

Alle unterschiedlichen Bereiche ihres Freiwilligendienstes[17] werden von den TeilnehmerInnen positiv beurteilt[18]. Die FSJlerInnen bewerten dabei durchgängig etwas besser als die FÖJlerInnen. Die Arbeit des Trägers (individuelle Betreuung in den Einsatzstellen, Organisation und Verwaltung) wird von den FSJlerInnen deutlich besser eingeschätzt (vgl. Tab. 2).

Tabelle 2: *Beurteilungen des FSJ und des FÖJ (arithmetische Mittelwerte und Standardabweichungen)*[19]

Beurteilungen	FSJ	FÖJ
Arbeit des Trägers	1,8 (0,7)	2,5 (1,0)
Einsatzstellen	1,9 (0,8)	2,2 (0,9)
Seminare	2,1 (0,8)	2,2 (0,9)
Gesamtbeurteilung	1,6 (0,7)	1,7 (0,7)

Die besonders positive Beurteilung des FSJ durch die TeilnehmerInnen erklärt sich einmal durch die Moratoriumssituation, die ein freiwilliges Jahr bietet. Eine Befragte drückte dies so aus: »FSJ gibt die Möglichkeit, nach der theoretischen Zeit in der Schule das Alltagsleben auf sich gestellt und mit seiner praktischen Seite kennenzulernen, aber trotzdem das Gefühl zu haben, eine Anleitung und einen Ansprechpartner zu finden. Allgemein finde ich, daß man durch das FSJ eine ›Korridorzeit‹ bekommt, in der man langsam in das Berufsleben hineinrutscht und immer noch ein bißchen Halt hat.«

Die Freiwilligendienste bieten somit die Möglichkeit einer »behutsamen« Ablösung vom Elternhaus, in der die Jugendlichen noch nicht völlig auf sich allein gestellt sind, sie können das »Erwachsensein üben«, wie das eine Befragte ausgedrückt hat. In die-

---

17 Man kann einen Freiwilligendienst in verschiedene Bereiche differenzieren:
  – Arbeit in den Einsatzstellen und die Betreuung durch Fachkräfte der Einsatzstelle;
  – Arbeit des Trägers allgemein, nämlich organisatorische und administrative Aufgaben und die individuelle Betreuung der Freiwilligen in ihren Einsatzstellen;
  – Seminararbeit, ebenfalls Aufgabe der Träger.
18 Eine Korrelationsanalyse zeigt, daß – wie nicht anders zu erwarten – die Beurteilung der Arbeit des Trägers stark mit der Beurteilung der veranstalteten Seminare zusammenhängt und beide eine relativ hohe Korrelation mit der Beurteilung des FSJ insgesamt haben. Auch die Beurteilung der Einsatzstellen korreliert mit der Beurteilung des FSJ insgesamt. Eine Berechnung von partiellen Korrelationskoeffizienten läßt deutlich werden, daß die Einzelkorrelationen der Beurteilungen von Trägern, Seminaren und Einsatzstellen mit dem FSJ insgesamt nicht deutlich geringer werden. Dieses Ergebnis läßt vermuten, daß die TeilnehmerInnen die Seminare, die sonstige Arbeit des Trägers und die Einsatzstellen als voneinander unabhängige Dimensionen betrachten, die alle in die Gesamtbeurteilung des FSJ eingehen. Eine gleiche Analyse beim FÖJ konnte zeigen, daß dessen Gesamtbeurteilung fast ausschließlich von der Beurteilung der Einsatzstellen abhängig war (vgl. Arnold/Wüstendörfer, 1996).
19 Die Freiwilligen wurden jeweils gebeten, auf einer Rating-Skala von 1-5 die Beurteilungen vorzunehmen, wobei 1 sehr positiv und 5 sehr negativ bedeuten. In Klammern sind die Standardabweichungen angegeben.

sen Zusammenhang sind auch die Herausbildung von Persönlichkeitskompetenzen und die Entwicklung von Lebensperspektiven einzuordnen. Die Jugendlichen erhalten einen Einblick in den sozialen bzw. ökologischen Bereich, können Kontakte zu den jeweiligen Zielgruppen schließen, z.B. Kinder, Behinderte, Senioren und sich mit deren Lebenssituation auseinandersetzen oder aktiv Umweltschutz bzw. andere ökologischen Lernfelder kennenlernen. Eine Ablösung von den Eltern und eine eigenständige Lebensführung wird allein schon dadurch gefördert, daß ein Freiwilligendienst eine institutionalisierte Form des Heraustretens aus der elterlichen Lebenswelt darstellt und insofern eine wichtige Voraussetzung für Selbständigkeit, persönliche Freiheit und somit Selbstgestaltung des eigenen Lebens bietet.

Ein weiterer zentraler Grund für die überaus positive Beurteilung der Freiwilligendienste kann darin gesehen werden, daß sie eine Berufsorientierung bieten (vgl. nächsten Abschnitt).

Besonders für das FÖJ könnte ein Grund für dessen hohe Akzeptanz auch sein, daß für die Jugend der neunziger Jahre postmaterialistische Werte wie z.B. Umweltschutz, an Bedeutung gewonnen haben (vgl. Hurrelmann, 1994, S. 170ff.). Indikatoren dafür sind die Wünsche der TeilnehmerInnen nach Verbesserung ihres ökologischen Wissens und des ökologischen Engagements als wichtige Gründe für die Beteiligung am FÖJ.

3.6 *Auswirkungen des Freiwilligen Jahres auf die TeilnehmerInnen*

Persönlichkeitsentwicklung
Das Freiwillige Jahr hat durch die sehr beeinflussende Tätigkeit in den Einsatzstellen, aber sicherlich auch durch die Behandlung und Diskussion von sozialen/ökologischen Fragestellungen in den Seminaren, eine Reihe von tiefgreifenden Auswirkungen auf die Freiwilligen.

In dieser Zeit erhöhen sich die Selbständigkeit, das Selbstbewußtsein, der Realitätssinn und die Durchsetzungsfähigkeit der TeilnehmerInnen. Das kommt z.B. sehr deutlich durch die Antwort einer FSJlerIn zum Ausdruck: »Durch die Zeit des FSJ wurde ich selbständiger und lerne mehr Verantwortung für mich und andere zu übernehmen.« Oder: »Persönlich hat mich das FSJ selbständiger und selbstbewußter gemacht als ich es vorher war.«

Der Freiwilligendienst hat dazu beigetragen, daß einige Befragte ihre »Stärken und Schwächen besser einzuschätzen« wissen. Eine FÖJlerIn drückt die persönlichen Auswirkungen für sich aus: »Ich bin persönlich reifer geworden, und habe mich selbst bei für mich völlig neuen Lebens- und Arbeitsbedingungen austesten können. Ich habe mehr Menschenkenntnis gewonnen« Oder: »›Abnabelung‹ von zu hause, Genuß bekommen auf ein eigenes Leben; noch mehr auf sich selbst zu vertrauen«. Insgesamt finden sich bei nicht wenigen Freiwilligen explizite Äußerungen, die darauf schließen lassen, daß dieses freiwillige Jahr bei ihnen zu einer größeren Reife geführt hat.

Das FSJ wird von nahezu allen TeilnehmerInnen als eine Zeit beschrieben, in der sie sich intensiv mit anderen Menschen auseinandersetzen müssen. Allein schon im

alltäglichen Umgang mit Menschen in sozialen Einrichtungen kann ein verantwortungsvolles soziales Handeln ausgebildet werden, das durch die fachliche und pädagogische Betreuung noch unterstützt wird. Im FSJ nimmt auch die Toleranz gegenüber Minderheiten oder besonderen Zielgruppen zu. Beispielsweise schreibt eine Befragte: »Durch den intensiveren Umgang mit älteren Menschen hat sich auch meine persönliche Meinung zu ihnen geändert (mehr Respekt, Verständnis). Keine Hemmungen zu haben (oder Angst), über den Tod zu sprechen und hautnah damit konfrontiert zu werden!«
Oder: »Ich kann besser mit Menschen umgehen, habe gelernt, sie zu verstehen und auf sie einzugehen. Die Achtung vor dem Menschen steigt, auch die Achtung vor dem Alter und das Umgehen mit dem Tod. Ich habe gelernt, andere Meinungen zu tolerieren.« Auch im FÖJ ist zu konstatieren, daß neue Sichtweisen und Lebenseinstellungen erschlossen werden, ein »größerer Horizont« erreicht wird. Das Verständnis für die Umwelt hat zugenommen, die TeilnehmerInnen berichten, daß sie (wieder) mehr Offenheit, Neugierde und Motivation bekommen haben.

Berufliche Orientierungen
Für nahezu alle TeilnehmerInnen stellt das Freiwillige Jahr eine gute Vorbereitung für einen sozialen bzw. ökologischen Beruf dar oder ist eine Möglichkeit, eine neue berufliche Perspektive bzw. Tätigkeit zu erkunden. Am Ende ihres Freiwilligen Jahres haben sie einen größeren Kenntnisstand, so daß der bisherige Berufswunsch überprüft bzw. ausgerichtet werden kann oder die Berufsfindung erleichtert ist.
So schreibt z.B. eine Befragte: »Das FSJ hat mir Zeit gegeben, mich für einen Beruf zu entscheiden, und mich bestärkt, diesen aus dem sozialen Bereich zu wählen.«
Oder: »Es hat mich in meiner Berufswahl bestärkt, ich konnte mich informieren, mal etwas anderes als Schule zu machen, und trotzdem noch etwas für den zukünftigen Beruf dazulernen.« Oder eine FÖJlerIn: »Ich bin jetzt völlig gestärkt in meiner Auffassung, einen ökologischen Beruf bzw. Studiengang zu belegen. Besonders gestärkt hat mich das Treffen von Jugendlichen, die gleicher Auffassung (ökologisch) sind und von denen ich viele Anregungen bekommen habe. Auch habe ich Argumente sammeln können, weil ich mein Grundwissen, besonders durch die Seminare, gefestigt habe«.
Für einige FSJlerInnen hat ihr freiwilliges Jahr jedoch auch zur Folge, daß sie desillusioniert über Arbeitsplätze, Verdienstmöglichkeiten und Arbeitsbedingungen im sozialen bzw. ökologischen Bereich werden, und sich umorientieren wollen. Dafür zwei Beispiele: »Ich weiß jetzt, daß ich keine Krankenschwester werden möchte (wegen Arbeitszeiten etc.).« Oder: »Es ist deutlich geworden, daß ich Umweltschutz nicht als Hauptberuf weiter ausüben will, sondern nach einem Jahr Weiterentwicklung, auch sehr unabhängig vom FÖJ, sehe, daß mir ein eher geistig anregender Beruf vielleicht mehr liegt, bei dem aber auch die Umwelt hineinspielt«. Andere TeilnehmerInnen sehen im FSJ einen direkten Bezug zu ihrer späteren beruflichen Tätigkeit, wie z.B. »Für mich ist das FSJ ein Vorpraktikum für mein Sozialpädagogik-Studium.« Andere TeilnehmerInnen sehen eine deutliche Verbesserung ihrer Berufschancen, wenn sie ein FSJ absolviert haben: ». . . hatte ich viel bessere

Chancen, einen Arbeitsplatz als Kinderkrankenschwester zu bekommen. Schließlich hatte ich dann zwei Zusagen von Krankenhäusern erhalten«.

Soziale Verantwortung und Engagement
Mit der Teilnahme an einem Freiwilligendienst ist per se eine Übernahme von sozialer bzw. ökologischer Verantwortung verbunden. Diejenigen Freiwilligen, die erkennbar diese Bereitschaft nicht in genügendem Maße aufbringen wollen oder können, werden in der Regel von der Einsatzstelle oder vom Träger nicht akzeptiert. Beispielsweise können echte Hilfestellung bei der Betreuung eines schwerkranken oder behinderten Menschen nur verantwortungsvolle HelferInnen leisten. Dieses Anforderungsprofil kommt den Teilnehmenden auch entgegen.

Ganz allgemein ist aber auch festzustellen, daß die Teilnahme an einem Freiwilligendienst nur in geringem Maß das soziale Engagement in der Gesellschaft neu initiiert und fördert. Dies bedeutet einerseits, daß diejenigen Jugendlichen, die sich immer schon engagiert haben, sich im gleichen Ausmaß weiter engagieren wollen. In anderen Lebenszusammenhängen wie Vereinen, Kirchen und Verbänden ist das Engagement allerdings wegen der Arbeitsbelastung während des Dienstes zurückgegangen. Andererseits neigen die Freiwilligen, die vor der Teilnahme am FSJ ihr soziales Engagement als »gering« einstufen, auch nach dem FSJ nicht dazu, dies zu verstärken.[20]

Für das FÖJ gilt ähnliches: Fast alle TeilnehmerInnen wollen ihr Engagement für die Natur auch im FÖJ beibehalten, vorwiegend wird dies jedoch im privaten Bereich der Freiwilligen angestrebt, d.h. zum Beispiel sich selbst ökologisch zu verhalten und auf Familienangehörige oder Freunde/Bekannte einzuwirken, daß sie sich umweltgerechter verhalten. Im Vergleich zum FSJ zeigen sich hinsichtlich des allgemeinen Engagements in unserer Gesellschaft gleiche Resultate. Jedoch scheinen sich die FÖJlerInnen stärker für das ihrem Einsatzfeld entsprechende ökologische Engagement auszusprechen als es die FSJlerInnen für den sozialen Bereich angeben. Ein Grund dafür könnte die wohl generationenübergreifende Bewertung von ökologischen Gesichtspunkten sein.[21]

---

20 Auf die Frage, ob das FSJ bewirkt hat, daß sich die FSJlerInnen ganz allgemein in unserer Gesellschaft engagieren wollen, antworten insgesamt lediglich 28,2 % mit einem sehr starken bzw. starken Einfluß. Nur sehr vereinzelt wird diese Frage kommentiert, wie z.B.: *»Ich möchte die Dinge, die mir gerade im Umgang der Gesellschaft mit Behinderten nicht gefallen, verändern.«* Oder: *»Ich habe Lust bekommen, mich für andere zu engagieren.«* Bei knapp zwei Drittel ist diese Bereitschaft zum Engagement gleichgeblieben; einen geringen Einfluß geben 5,7 % der Befragten an. Auf 6,5 % übt nach ihren Angaben das FSJ keinen Einfluß aus.
Noch weniger Einfluß hat das FSJ auf das künftige Engagement in Vereinen, Verbänden oder anderen Initiativen: Lediglich 6,9 % der Befragten berichten von starken bzw. sehr starken Auswirkungen. Für ca. 40 % hat das FSJ keinen Einfluß. Einen geringen Einfluß geben etwas über 10 % der FSJlerInnen an. In die gleiche Richtung weisen die Ergebnisse, wonach relativ wenige FSJlerInnen angeben, daß sie einen besseren Zugang zur Kirche (6,2 %) bzw. zu Wohlfahrtsverbänden (11,2 %) bekommen. Es wird aber bei dieser Frage immer wieder darauf hingewiesen, daß sich die FSJlerInnen vorher z.B. in Vereinen engagiert haben, während ihres FSJ dieses Engagement aber wegen der Dienstzeiten oder des Einsatzortes nicht mehr aufrechterhalten können.
21 Vgl. Arnold/Wüstendörfer, 1996, S. 80 ff.

4. Resümee

Insgesamt zeigt sich, daß die Freiwilligendienste FSJ und FÖJ sehr gut von den TeilnehmerInnen angenommen werden und als ein überaus erfolgreiches jugendpolitisches Programm angesehen werden können. Dies wird auch in der Einschätzung der Träger und Einsatzstellen deutlich: Beide bewerten das FSJ sehr positiv. Insofern sollte überlegt werden, mehr Plätze für Jugendliche zur Verfügung zu stellen. Angesichts hoher Bewerbungszahlen ließen sich solche Plätze problemlos besetzen. Es ist aber unter jugend- und sozialpolitischen Gesichtspunkten auch zu diskutieren, ob diese Freiwilligendienste nicht breiteren Bevölkerungsschichten, z.B. Hauptschülern, zugänglich gemacht werden sollte. Auch kann ein FSJ als Bildungsjahr weder eine arbeitsmarktpolitische Maßnahme für Jugendliche noch ein Personalersatz für Einsatzstellen sein. Es läge eine Fehlsteuerung vor, wenn ein FSJ ausschließlich zur Überbrückung eines Wartejahres oder einer schwierigen Lebensphase genutzt würde. Die Freiwilligendienste FSJ und FÖJ können in ihrer Funktion auch als Sozialisationsfelder gekennzeichnet werden, die nach der primären Sozialisation im Elternhaus und nach der sekundären Sozialisation in der Schule eine Vorstufe der tertiären Sozialisation, also dem Berufsleben darstellen.

10. Zusammenfassung

In diesem Beitrag werden wichtige empirische Ergebnisse der beiden Untersuchungen über das FÖJ und das FSJ des Instituts für Sozialarbeit und Sozialpädagogik berichtet, die im Auftrag des Bundesministeriums für Familie, Senioren, Frauen und Jugend in den Jahren 1995 und 1996 durchgeführt wurden. Es zeigte sich, daß die TeilnehmerInnen häufig weiblich, zwischen 19 und 21 Jahre alt sind und das Abitur haben. Motive für die Teilnahme an einem Freiwilligendienst sind vor allem berufliche Orientierungen/Qualifizierungen und Kenntniserwerb sowie Engagement in einem sozialen oder ökologischen Arbeitsfeld. Die Freiwilligendienste werden insgesamt sehr positiv beurteilt und haben eine Reihe von tiefgreifenden persönlichen Auswirkungen. Die besondere Attraktivität kann damit erklärt werden, daß die Freiwilligendienste besonders gut auf die Lebenssituation von Jugendlichen abgestimmt sind, die nach Beendigung der Schule nach persönlichen, vor allem aber beruflichen Zukunftsperspektiven suchen und sich von zu Hause lösen wollen.

Literatur

Arnold, T./Wüstendörfer, W. 1996: Abschlußbericht zum Freiwilligen Ökologischen Jahr, Stuttgart u. a., Schriftenreihe des Bundesministeriums für Familie, Senioren, Frauen und Jugend, Band 133
Arnold, T./Wüstendörfer, W. 1997: Das Freiwillige Ökologische Jahr. Ergebnisse einer bundesweiten Bestandsaufnahme, in: Neue Praxis, 27. Jg., H. 2, S. 127ff.

Balzer, B./Lake, A./Lauenstein, U. 1995: Modellversuch Freiwilliges ökologisches Jahr in Schleswig-Holstein. Abschlußbericht der wissenschaftlichen Begleitforschung über die Modelljahre 1991/92 bis 1993/94, im Auftrag des Schleswig-Holsteinischen Ministeriums für Natur und Umwelt und des Bundesministeriums für Frauen und Jugend, Koppelsberg/Plön, o.J.

Bundesministerium für Familie, Senioren, Frauen und Jugend 1998: Freiwilliges Soziales Jahr – Freiwilliges Ökologisches Jahr, Junge Leute beteiligen sich, Broschüre Pressereferat, Bonn, 3. erg. und erw. Aufl.

Bundesministerium für Frauen und Jugend 1994: Informationen zum Fachkongress Freiwilliges Soziales Jahr/Freiwilliges Ökologischen Jahr, Pressereferat, Bonn

Dietzfelbinger, H. 1986: Aufruf zum Diakonischen Jahr, in: Gerwig, Wilhelm; Sticht, Friedrich (Hg.): Das Diakonische Jahr. Ein Programm kirchlicher Jugendarbeit, edition alj Stuttgart und Verlagswerk der Diakonie Stuttgart

Hurrelmann, K. 1994: Lebensphase Jugend, Weinheim und München.

Inglehart, R. 1990: Kultureller Umbruch, Wertewandel in der westlichen Welt, Frankfurt am Main

Institut für Entwicklungsplanung und Strukturforschung 1989: Das Freiwillige Soziale Jahr (FSJ) in der Bundesrepublik Deutschland. Entwicklungen und Erfahrungen, Hannover

Kupferschmid, P. 1996: Freiwilliges Soziales und Ökologisches Jahr, in Kreft, D/Mielenz, I. (Hg.), Wörterbuch der Sozialen Arbeit. Weinheim/Basel, S. 220f.

Olk, Th. 1994: Perspektiven des freiwilligen sozialen Jahres. In: Bundesministerium für Frauen und Jugend (Hg.): Informationen zum Fachkongreß: Freiwilliges Soziales Jahr, Freiwilliges Ökologisches Jahr. Junge Leute beteiligen sich. Bonn, 6. Juli 1994.

Rahrbach, A.; Wüstendörfer, W.; Arnold, T. 1998: Untersuchung zum Freiwilligen Sozialen Jahr, Stuttgart u. a., Schriftenreihe des Bundesministeriums für Familie, Senioren, Frauen und Jugend, Band 157

Schneider, H./Sagawe, H./Akbari, H. 1994: Freiwilliges ökologisches Jahr in Baden-Württemberg. Modellprojekt 1990-1993. Abschlußbericht der wissenschaftlichen Begleitung, Heidelberg

Schuchardt, E./Siebert, H./Lilje, S. 1993/94: Vom Modellprojekt zum Bundesgesetz. Freiwilliges Ökologisches Jahr – Bundesweite Forschungsdokumentation im Auftrage des Bundesministers für Frauen und Jugend. Schriftenreihe des Bundesministeriums Bonn

Roland Becker, Werner Wüstendörfer

Neue Träger und neue Einsatzfelder für Freiwilligendienste in Ländern und Kommunen[1]

1. Einleitung

Dieser Beitrag berichtet über einige Erfahrungen und Ergebnisse aus einem Modellprojekt, in dem das Einsatzfeld der Kinder- und Jugendhilfe für das Freiwillige Soziale Jahr (FSJ) besser erschlossen und erprobt werden sollte. Es handelt sich um das Bundesmodellprojekt »Jugend hilft Jugend«, ein auf drei Jahre Laufzeit angelegtes Projekt des Bundesministeriums für Familie, Senioren, Frauen und Jugend, an dem sich die fünf Bundesländer Bayern, Baden-Württemberg, Nordrhein-Westfalen, Sachsen-Anhalt und Thüringen beteiligten (die ersten vier dieser Länder von 1996-1999, Thüringen von 1998-2000, bis auf Thüringen ist das Modellprojekt beendet). Im Rahmen der genannten Zielsetzung wurden mit dem Modellprojekt einige für die FSJ-Praxis innovative Ansätze beschritten. Außer einem Bericht über die Erfahrungen mit dem Einsatzfeld der Kinder- und Jugendhilfe stellt dieser Beitrag auch einen dieser Ansätze vor. Es handelt sich um einen Versuch des Bundeslandes Nordrhein-Westfalen, neue Träger für das FSJ zu gewinnen. Das Land hatte für die Durchführung des Modellprojektes Träger angesprochen (zwei Kreis-, drei Stadtjugendämter und die Landessportjugend), die allesamt nicht zu den etablierten FSJ-Trägern zählen. Dieser Versuch wird hier deshalb dargestellt, weil damit Träger in Erscheinung traten, die gesetzlich und auch praktisch mögliche Träger des FSJ sind, aber de facto im FSJ kaum eine Rolle spielen. Die traditionellen Träger des FSJ sind die evangelische und katholische Kirche, das Deutsche Rote Kreuz, der Paritätische Wohlfahrtsverband, die Arbeiterwohlfahrt und das Jugendaufbauwerk Berlin, allesamt also freie, verbandlich organisierte Träger.[2]

Das Modellprojekt beschritt mit seinem Ansatz, das FSJ in Einrichtungen der Kinder- und Jugendhilfe anzubieten, in der FSJ-Praxis kein absolutes Neuland. Den Ergebnissen von Rahrbach, Wüstendörfer und Arnold (1998, S. 110) zufolge, gibt es zwar die meisten FSJ-Plätze in Krankenhäusern (18,3%) und Einrichtungen der Alten- (24,5%) sowie der Behindertenhilfe (20,1%). Allerdings ist im FSJ-Gesetz der Bereich der Kinder- und Jugendhilfe als mögliches Einsatzgebiet explizit ge-

---

1 Die Autoren waren mit der wissenschaftlichen Begleitung des Modellprojektes »Jugend hilft Jugend« befaßt. Durchführendes Institut war das Institut für Sozialarbeit und Sozialpädagogik (ISS) Frankfurt am Main, im Auftrag des Bundesministeriums für Familie, Senioren, Frauen und Jugend.
2 Vgl. Beitrag von Wüstendörfer, W./Becker, R. in diesem Band.

nannt und immerhin 13,3 Prozent der Plätze befinden sich in Kindertagesstätten. Die Bereiche der Jugendarbeit und Jugendhilfe, die den Schwerpunkt des Projektes bildeten, nehmen sich demgegenüber aber recht bescheiden aus: Einrichtungen der offenen Jugendarbeit sind mit lediglich vier Prozent, Plätze in Kinder- und Jugendheimen mit knapp sechs Prozent veranschlagt. Andere Bereiche der Jugendhilfe kommen kaum vor. Das Modellprojekt verstand sich vor diesem Hintergrund als Versuch, den praktischen Einsatz von FSJlerInnen in verschiedenen Einrichtungsarten der Kinder- und Jugendhilfe (letzteres vorwiegend) zu fördern und zu erproben.

Der geringe Anteil von Einsatzstellen in der Jugendarbeit und Jugendhilfe ist nach Einschätzung von FSJ-Trägern nicht auf mangelndes Interesse seitens der TeilnehmerInnen zurückzuführen – im Gegenteil scheint dieser Bereich bei den FSJlerInnen sogar besonders beliebt zu sein –, sondern hängt nach Meinung vieler Praxisvertreter in erster Linie mit den schwierigeren Finanzierungsmöglichkeiten von FSJ-Plätzen in diesem Bereich zusammen. Die Einrichtungen der Jugendhilfe sind häufig noch – sofern es sich nicht um Einrichtungen handelt, deren Finanzgrundlage Pflegesätze, Leistungsvereinbarungen und Budgets sind – durch einen festgelegten Etat des öffentlichen oder freien Trägers finanziert, in dem im Personalbereich normalerweise keine FSJ-Stelle vorgesehen ist. Die Einrichtungen der Altenhilfe, der Behindertenhilfe und des Gesundheitswesens können dagegen die Kosten für FSJ-Plätze[3] relativ einfach decken, weil sie ihre Ausgaben über Pflegesätze refinanzieren können. In diesem Finanzierungsmodell lassen sich Ausgaben für Personal flexibel handhaben. Häufig sind im Stellenplan Mittel für verschiedene Hilfskräfte, PraktikanntInnen oder eben auch FSJlerInnen vorgesehen. Dem Träger einer Einrichtung der Kinder- und Jugendhilfe – beispielsweise einem Stadt- oder Kreisjugendamt – ist es zwar unbenommen, eine Finanzierung von FSJ-Stellen im Stellenplan oder Etat einer Einrichtung einzuplanen. Dies ist aber in der Jugendhilfe nicht üblich und erfordert deshalb von den EinrichtungsmitarbeiterInnen immer eine zusätzliche Begründungsleistung und Initiative, um diese Stellen auf der übergeordneten Organisationsebene oder politisch durchzusetzen. Neben solchen finanziellen Restriktionen können strukturelle Merkmale des Arbeitsfeldes Hemmfaktoren darstellen, zum Beispiel die Frage nach den Einsatzmöglichkeiten von FSJlerInnen als Hilfskräfte innerhalb der Arbeitsorganisation von Einrichtungen. Darüber hinaus spielen möglicherweise noch »kulturspezifische« Eigenheiten der Einsatzfelder eine Rolle. So sind zum Beispiel die klassischen Einsatzbereiche der Alten-, Kranken- und Behindertenhilfe typische Berufsfelder für Frauen, die auch 90 Prozent der FSJlerInnen stellen, während der Frauenanteil in manchen Bereichen der Jugendhilfe, zum Beispiel der Jugendarbeit, wesentlich geringer ist.

---

3   Die Kosten für einen FSJ-Platz werden von FSJ-Trägern auf ca. 1.200 bis ca. 1.400 DM geschätzt (ohne die Kosten für die pädagogische Begleitung; in den neuen Bundesländern liegen die Platzkosten bei ca. 1.000 DM).

2. Die Einsatzstellen des Projektes

Im Rahmen des Modellprojektes wurden in jedem Bundesland zwischen 20 und 30 FSJ-Plätze durch Bundes- und Ländermittel vollständig oder jedenfalls zu einem Großteil der Kosten gefördert, so daß die beteiligten Einsatzstellen keine oder vergleichsweise geringe Kosten (200 bzw. ca. 400 DM) zu tragen hatten. Dadurch war es möglich, Einrichtungen zu beteiligen, die sich sonst aus finanziellen Gründen nicht beteiligen können oder wollen. Wie aus der nachfolgenden Tabelle ersichtlich, handelte es sich bei den Einsatzstellen zum größten Teil um Jugendfreizeiteinrichtungen und Kindertagesstätten. Einen weiteren Schwerpunkt bildeten Einrichtungen der Ausländerarbeit (alle in Bayern), die ebenfalls Angebote in der Kinder- und Jugendarbeit machten. Etwa ein Drittel aller Einrichtungen zählte zu anderen Bereichen, darunter auch einige aus traditionellen FSJ-Einsatzbereichen.[4]

Überblickstabelle zu den Einrichtungstypen des Modellprojektes »Jugend hilft Jugend« im FSJ-Jahrgang 1997/1998

Jugendfreizeiteinrichtungen	32
Kindertagesstätten/Horte/offene Kinderarbeit	22
Arbeit mit ausländischen Kindern und Jugendlichen	20
Ferienfreizeitheime/Feriendörfer	6
Schülerhilfe/Schülerarbeit	4
Soziokulturelle Zentren	3
Stationäre Einrichtungen der Jugendhilfe (Wohngruppe und Kinderhilfe-Zentrum)	2
Einsatzstellen an Sonderschulen	2
Traditionelle Einrichtungen der Alten- und Behindertenhilfe sowie Krankenhäuser	9
Sonstige	6
Insgesamt	106

Die Einrichtungen waren in bezug auf die Organisationsform, die Größe und die zur Verfügung stehenden Mittel sehr unterschiedlich. Ein großer Teil der Einrichtungen wurde von freien Trägern betrieben. Überwiegend waren es kleine eigenständige Vereine oder Initiativgruppen. Besonders in den neuen Bundesländern, aber auch in Bayern gab es sehr viele Einrichtungen dieser Art. Einrichtungen, die den Wohl-

---

4 Dies war spezifischen Zielsetzungen in einem Bundesland geschuldet, die in diesem Zusammenhang nicht von Interesse sind.

fahrtsverbänden angehören, waren weniger vertreten. Neben den Einrichtungen in freier Trägerschaft gehörte ein weiterer größerer Teil, insbesondere in Nordrhein-Westfalen, zu Kommunalverwaltungen. In bezug auf die Mitarbeiterzahlen reichte die Spannbreite von kleinsten Einrichtungen mit einem/einer hauptamtlichen MitarbeiterIn bis hin zu Schullandheimen mit ca. 40 MitarbeiterInnen. Genau so große Unterschiede bestanden auch bei den finanziellen Budgets, den Räumlichkeiten und der Ausstattung.

3. Die Tätigkeiten der FSJlerInnen in den Einsatzstellen

Die FSJlerInnen wurden von den Einsatzstellen in der offenen Jugendarbeit unter pädagogischer Anleitung in fast allen Arbeitsbereichen eingesetzt: Sie unterstützten die Gruppenangebote für Jugendliche und entwickelten, je nach Fähigkeit und Interesse, auch eigene Angebote. Sie übernahmen organisatorische Aufgaben, z.B. in der Vorbereitung von Projekten. Sie waren im Alltagsbetrieb AnsprechpartnerInnen für die Jugendlichen und gaben Getränke und Spiele aus. Sie beteiligten sich auch an Ferienfreizeiten, Outdoor-Aktivitäten und Ausflügen. Der Einsatz der FSJlerInnen war dabei von der Größe, den Möglichkeiten und der Klientel der Einsatzstellen abhängig. Die Jugendfreizeiteinrichtungen waren hinsichtlich des Angebotes und der Arbeit sehr unterschiedlich. Es gab TeilnehmerInnen, die kleine, selbständige Jugendclubs in Stadtteilen unterstützten, und es gab Einsatzstellen in großen, gut ausgestatteten Häusern mit entsprechenden Entfaltungsmöglichkeiten.
In den Kindertagesstätten wurden die FSJlerInnen überwiegend unter fachlicher Anleitung in der Gruppenarbeit eingesetzt. Manchmal machten sie auch spezielle gruppenübergreifende oder offene Angebote. Je nach Fähigkeit wurden ihnen mehr oder weniger anspruchsvolle Aufgaben übertragen. Im Einzelfall übten sie teilweise auch eigenverantwortliche Tätigkeiten aus und machten z.B. Spiel- und Kreativangebote in den Kindergruppen. Wo es einen Hortbereich gab, wurden sie auch darin eingesetzt und arbeiteten dort zum Beispiel in der Hausaufgabenhilfe, in Kreativ- und Spielangeboten sowie sonstigen Freizeitangeboten. Zum Arbeitsalltag gehörten auch hauswirtschaftliche Tätigkeiten, wie z.B. Putzdienste und die Mithilfe in der Küche.
In den Einrichtungen der offenen Kinderarbeit unterstützten die TeilnehmerInnen die Gruppenarbeit in festen Gruppen, machten offene Angebote und waren ebenfalls in der Hausaufgabenhilfe beziehungsweise der Vermittlung von schulischen Lerninhalten tätig.
In den Einrichtungen der Ausländerbetreuung lagen die hauptsächlichen Einsatzfelder der Freiwilligen in der Hausaufgabenhilfe, in der Betreuung von Kindern und Jugendlichen sowie in der Mitarbeit in Freizeitangeboten.
In den meisten Einsatzstellen oblagen den TeilnehmerInnen neben den pädagogischen Aufgaben auch organisatorische und hauswirtschaftliche Tätigkeiten. In aller Regel waren die FSJlerInnen in die Mitarbeiterteams integriert und nahmen an

Dienstbesprechungen teil. Sie erhielten Einblick in Arbeits- und Verwaltungsabläufe sowie in Organisationsangelegenheiten.
Die Anforderungen in den Einsatzstellen waren im allgemeinen hoch. Die Einsatzstellen erwarteten von den FSJlerInnen Motivation, Interesse, Initiative, kreatives, selbständiges Arbeiten und Freude an der Arbeit. Die TeilnehmerInnen sollten sich dem Team zugehörig fühlen und sich den Kindern und Jugendlichen gegenüber entsprechend verhalten, das hieß, auch auf die Einhaltung der Hausregeln zu achten und sie gegebenenfalls durchzusetzen. Im Gegenzug erhielten sie in aller Regel eine qualifizierte fachliche Anleitung, da in den Einrichtungen meist pädagogisch ausgebildetes Fachpersonal arbeitete und die Anleitung von PraktikantInnen und sonstigen Hilfskräften zum Arbeitsalltag gehörte. Die Anleitung fand meist arbeitsbegleitend statt, das heißt, es wurde vorbereitet, bzw. vorgeplant und reflektiert. Feste Gesprächstermine waren selten vorgesehen.

4. *Impulse für die Einrichtungen durch die Arbeit der FSJlerInnen*

Die FSJlerInnen waren eine Bereicherung der Arbeit in den Einsatzstellen. Sie brachten, wie es eine Mitarbeiterin aus einer Einsatzstelle formulierte, »frischen Wind« und neue Ideen in die Einrichtung. Die jungen HelferInnen standen der Arbeit aufgeschlossen, interessiert, unbelastet und unvoreingenommen gegenüber und sahen aufgrund ihres Alters manche Dinge eher aus den Augen der Klientel als aus der Sicht der Professionellen. Dies zwang die MitarbeiterInnen immer wieder zur Auseinandersetzung mit neuen Vorschlägen, anderen Sichtweisen und damit zur Begründung und Reflexion ihrer eigenen Arbeit und ihrer Routinen. Einzelne Einsatzstellen formulierten sogar, daß sie von dem Alter der FSJlerInnen profitieren wollten. Aufgrund ihrer Altersnähe hatten die FSJlerInnen einen eigenen Zugang und einen eigenen Bezug zur Lebenswelt der Kinder und Jugendlichen. Sie wurden insbesondere dann als Ansprechpartner gerne von den Kindern und Jugendlichen angenommen, wenn der Altersunterschied zu den hauptamtlichen MitarbeiterInnen groß war. Oft standen die FSJlerInnen zwischen den Jugendlichen und den MitarbeiterInnen und nahmen eine vermittelnde Position ein. Zum Beispiel konnte durch die Vermittlung einer FSJlerin ein schwelender Konflikt zwischen einem MitarbeiterInnenteam und Jugendlichen beigelegt werden. Nicht zuletzt waren die HelferInnen in aller Regel hochmotiviert, wollten selbständig arbeiten und gestalteten auch einen Teil der Arbeit ihrer Einrichtung selbst. Gerade in kleineren Einrichtungen waren die Impulse, die von den FSJlerInnen ausgingen, beträchtlich.

5. *Probleme in den Einsatzstellen*

Probleme von FSJlerInnen traten nach bisherigen Erkenntnissen nicht häufiger und auch nicht gravierender auf als in anderen Einsatzfeldern. Einige davon waren typisch für die Arbeit in Einrichtungen der Kinder- und Jugendhilfe, andere waren typische Probleme, die junge Erwachsene in ersten beruflichen Tätigkeiten nach der Schulzeit haben. Besonders die Anfangszeit, in der die FSJlerInnen mit vielen Dingen gleichzeitig fertig werden müssen, kann sehr hart sein. Sie sind es nicht gewohnt, acht Stunden am Tag zu arbeiten. Sie sind unsicher darüber, was ihre Aufgaben, ihre Zuständigkeitsbereiche und Befugnisse sind. Sie wissen nicht, was die MitarbeiterInnen von ihnen erwarten. Sie erleben das Arbeitsfeld und die Arbeitsorganisation als unstrukturiert und teilweise chaotisch. Das Arbeitsfeld selbst und die Erwartungshaltungen der BetreuerInnen erfordern ein hohes Maß an eigener Strukturierung, zu der die FSJlerInnen vielfach noch nicht in der Lage sind. In allen Einsatzstellen müssen die FSJlerInnen eine Berufsrolle einnehmen. Dazu gehören die klare Positionierung im Team oder in der Hierarchie einer Einrichtung und das Einhalten von Rollendistanz zu den Kindern und Jugendlichen. In der Jugendarbeit erschwert der geringe Altersunterschied zwischen den FSJlerInnen und der jugendlichen Klientel die Einhaltung dieser gebotenen professionellen Haltung. Besonders in den ersten Wochen und Monaten ist das Ausbalancieren von Nähe und Distanz zur Klientel für die FSJlerInnen schwierig. Sowohl im Umgang mit Kindern als auch mit Jugendlichen müssen die Freiwilligen in der Lage sein, ein gewisses Maß an Sensibilität, Toleranz und Geschick aufzubringen, um auch mit ungewohnten Verhaltensweisen fertig zu werden. Die FSJlerInnen können auf Kinder und Jugendliche treffen, die aus anderen sozialen Schichten kommen und eine ganz andere Kommunikationskultur und andere Verhaltensweisen haben, als sie gewohnt sind. Gerade neue MitarbeiterInnen werden von den Kindern und Jugendlichen gerne ausgetestet und provoziert, um ihre Reaktionen und ihre Stellung im Team zu prüfen und eine Beziehung aufzunehmen. Außerdem können die FSJlerInnen mit Kindern und Jugendlichen in Berührung kommen, die traurige biographische Schicksale haben und in Mitleid erregenden Verhältnissen leben müssen. Die Erfahrung, nicht helfen zu können, ist nicht immer einfach zu ertragen. Wie in anderen Einsatzfeldern, können Probleme für die FSJlerInnen auch dadurch entstehen, daß die Anleitung nicht in ausreichendem Maße stattfindet, oder daß sie über- oder unterfordert werden.

6. *Voraussetzungen für erfolgreiches Arbeiten in den Einsatzstellen*

Aufgrund dieser Schwierigkeiten sind in der Anfangszeit eine systematische Einführung in die Arbeit und eine intensive fachliche Anleitung in der Einsatzstelle besonders wichtig. Aber auch im weiteren Verlauf des FSJ-Jahres sollte ein Mindestmaß an fachlicher Anleitung durch die Einsatzstellen gewährleistet sein, um einer Überforderung der FSJlerInnen vorzubeugen und den Ansprüchen an die pädagogische Begleitung des FSJ gerecht zu werden. Daß die Zuständigkeiten und der Verantwortungsbereich der FSJlerInnen sowie gegenseitige Erwartungshaltungen zwischen TeilnehmerInnen und den Betreuerinnen abgeklärt sein sollten, sind eigentlich Selbstverständlichkeiten, die aber offenbar im Arbeitsalltag schwer durchzuhalten sind. Viele FSJlerInnen kritisieren das Fehlen von klaren Arbeitsstrukturen und einer durchschaubaren Arbeitsorganisation. Weil es im Arbeitsalltag plötzlich zu schwierigen Situationen kommen kann, sollte während des Dienstes der FSJlerInnen immer mindestens eine hauptamtliche Kraft anwesend sein. Um die Kontinuität und Qualität der Anleitung zu sichern, sollte eine hauptamtliche MitarbeiterIn fest mit der Anleitung betraut sein und mit der FSJlerin/dem FSJler regelmäßige Reflexionsgespräche führen. Die Anleitungszuständigkeit sollte nicht zwischen mehreren Personen aufgeteilt sein, weil sonst die Gefahr besteht, daß niemand sich verantwortlich fühlt.

Die Träger sind für die Auswahl und die Beratung von geeigneten Einsatzstellen zuständig. Dabei ist darauf zu achten, daß die Einrichtungen geeignete Lern- und Erfahrungsmöglichkeiten bieten und die Anleitung der FSJlerin/des FSJlers gewährleistet werden kann. Bei der Vermittlung von FSJlerInnen in Einsatzstellen ist es wichtig, die Eignung und die Interessen der TeilnehmerInnen zu berücksichtigen und zu beurteilen, ob die FSJlerInnen den Anforderungen der Arbeit in der Einsatzstelle gewachsen sind. Während des Dienstes sind Einsatzstellenbesuche seitens des Trägers notwendig, um sich ein Bild von der Arbeit der FSJlerIn und der Situation in der Einsatzstelle zu machen. Auch regelmäßige Treffen mit den AnleiterInnen sind der wechselseitigen Information und der Qualität der Arbeit dienlich. Besonders bei der Zusammenarbeit mit neuen Einrichtungen ist der Informationsbedarf der MitarbeiterInnen regelmäßig hoch, da im Zusammenhang mit dem FSJ eine Reihe von dienstlichen und organisatorischen Angelegenheiten geklärt werden muß.

7. *Neue Träger für das FSJ – das Modellprojekt in Nordrhein-Westfalen*

In Nordrhein-Westfalen hatten sich drei Städte, zwei Kreise und die Landessportjugend als Träger an dem Modellprojekt beteiligt. Keiner dieser Träger war vorher im FSJ tätig. Mit dem Modellprojekt hatten sie Neuland betreten und mußten sich zunächst mit den Rahmenbedingungen des FSJ vertraut machen. In den Stadt- und Kreisverwaltungen wurden Fachkräfte aus den Jugendämtern mit der Organisation des Modellprojektes und der Betreuung der HelferInnen beauftragt. Sie verrichteten diese Arbeit im Rahmen ihres normalen Dienstes. Für Fragen der Personaleinstellung, Finanzen, Versicherungen etc. waren in der Regel die sachlich zuständigen Dienststellen (Personalamt, Hauptamt, Kämmerei) der Stadt- beziehungsweise der Kreisverwaltungen einbezogen. Die Landessportjugend hatte die organisatorische Arbeit einer Untergliederung ihres Verbandes, dem Jugendferienwerk, übertragen. Das Jugendferienwerk ist ein Verein mit pädagogischer Zielsetzung, der Kindern und Jugendlichen sportlich orientierte Ferienfreizeiten im In- und Ausland anbietet.

Die Stadtjugendämter hatten ihre FSJ-Plätze fast ausschließlich in städtischen Einrichtungen der Kinder- und Jugendhilfe eingerichtet. Die Kreisjugendämter hatten selbst nicht genügend in Frage kommende Einrichtungen im Bereich der Kinder- und Jugendarbeit und kooperierten deshalb mit Einrichtungen der kreisangehörigen Städte und Gemeinden sowie mit freien Trägern. Die Sportjugend hatte zwei Einsatzstellen in Einrichtungen des Jugendferienwerks und drei bei regionalen Sportjugendorganisationen in Bielefeld, Essen und Dortmund eingerichtet. Die meisten Einsatzstellen in Nordrhein-Westfalen waren dem Bereich der offenen Jugendarbeit zuzuordnen.

Weil es für keinen Träger zweckmäßig erschien, für nur fünf TeilnehmerInnen ein Seminarangebot zu gestalten, wurde vom zuständigen Landesministerium das Sozialpädagogische Institut (SPI) des Landes Nordrhein-Westfalen mit der pädagogischen Begleitung aller FSJlerInnen betraut. Mitarbeiterinnen des SPI führten die obligatorischen Seminare durch, fungierten als Ansprechpartner für Träger, Einsatzstellen und FSJlerInnen und nahmen regelmäßige Praxisbesuche in den Einsatzstellen vor.

Für die Träger stellte das Modellprojekt eine interessante und neue Möglichkeit der Förderung von Jugendarbeit in ihren Tätigkeitsbereichen dar, die sie gerne nutzten. Die ministerielle Vorgabe, Einsatzstellen in der offenen Jugendarbeit auszuwählen, wurde als sehr sinnvoll erachtet. Darüber hinaus wurden weitergehende Einsatzmöglichkeiten gesehen, zum Beispiel im Bereich der Kindertagesstätten und in Horten. Alle Träger sahen ihre Arbeit im Modellprojekt sehr positiv und hatten großes Interesse an einer Fortsetzung. Nur ein Träger, die Stadt Münster, sah sich jedoch in der Lage, die fünf FSJ-Plätze zukünftig aus eigenen Mitteln zu finanzieren und ein eigenes Seminarangebot zu machen. Die Landessportjugend hatte Interesse an einer Weiterfinanzierung ihrer Plätze, hätte sich aber als FSJ-Träger anerkennen lassen müssen. Dies soll im Jahre 2000 durch die Deutsche Sportjugend auf Bundesebene geschehen.

8. *Fazit*

Aus den Erfahrungen des Modellprojektes läßt sich das Fazit ziehen, daß die Praxisansätze zur Erprobung und Erschließung von Einsatzfeldern der Kinder- und Jugendhilfe für das Freiwillige Soziale Jahr sehr erfolgreich waren. Die beiden Schwerpunkte des Modellprojektes, die offenen Jugendfreizeiteinrichtungen und der Bereich der Kindertagesstätten und Horte, sind – mit einigen Einschränkungen – ein besonders gut geeignetes Einsatzfeld: Die FSJlerInnen stehen altersmäßig nahe bei der Zielgruppe und haben dadurch einen eigenen Bezug zu deren Lebenswelt. Die Kinder und Jugendlichen sind aufgeschlossen und motiviert und deswegen bei den FSJlerInnen sehr beliebt. Die Arbeit der Kinder- und Jugendeinrichtungen ist sehr vielfältig. Es besteht die Möglichkeit, den FSJlerInnen Aufgaben zu übertragen, die deren Neigungen und deren persönlicher Eignung entsprechen. Die FSJlerInnen können eigene Ideen in eine teamorientierte Arbeitsatmosphäre einbringen. In den Einrichtungen stehen qualifizierte pädagogische Fachkräfte für die Anleitung der FSJlerInnen zur Verfügung. PraktikantInnen und ehrenamtliche Kräfte gehören zum Arbeitsalltag der Einrichtungen.

Beschränkungen und Grenzen des Einsatzes liegen in Verwaltungs- und Organisationsaufgaben, in der Beratungsarbeit und anspruchsvoller pädagogischer Arbeit mit einzelnen oder mit Gruppen von Kindern und Jugendlichen. Weniger gut geeignet sind demzufolge solche Einrichtungen der Kinder- und Jugendhilfe, die hauptsächlich in den genannten Bereichen arbeiten und in denen zudem der Einsatz von FSJlerInnen als Unterstützung für die hauptamtlichen MitarbeiterInnen aus arbeitsorganisatorischen Gründen kaum in Betracht kommt. Als weniger gut geeignet erscheinen auch solche Einrichtungen, in denen mit besonders verhaltensauffälliger Klientel gearbeitet wird oder eine besonders hohe psychische oder physische Arbeitsbelastung vorliegt (zum Beispiel Einrichtungen in sozialen Brennpunkten).

Die Einsatzstellen profitieren von den FSJlerInnen, da sie eine wertvolle Unterstützung bei ihrer Arbeit haben und die FSJlerInnen neue Ideen und »frischen Wind« in die Arbeit einbringen. Eingeschliffene Routinen werden durch die FSJlerInnen in Frage gestellt. Die Wahrnehmung der Anleitungsfunktion bedingt auch ein Überdenken der eigenen Arbeit. Weil viele der FSJlerInnen einen sozialen Beruf ergreifen wollen, ist die Anleitung von FSJlerInnen nicht zuletzt auch eine Nachwuchsförderung von qualifizierten Fachkräften. Der Einsatz von FSJlerInnen kann eine große Unterstützung und impulsgebend für die Arbeit von kleineren Einrichtungen der Kinder- und Jugendarbeit sein.

Für die TeilnehmerInnen erleichtert das FSJ die Bewältigung des Übergangs vom Jugend- zum Erwachsenenalter. Ablöseprozesse vom Elternhaus werden unterstützt. Das FSJ hat in vielen Fällen eine berufsorientierende Funktion. Die FSJlerInnen können Berufsideen entwickeln, sich in Berufswünschen sicherer werden und erste praktische Erfahrungen sammeln. Neben der beruflichen Orientierung ist das FSJ eine Zeit des sozialen Lernens, in der soziale Kompetenzen weiterentwickelt und die Persönlichkeitsbildung insgesamt gefördert wird. Dafür ist das pädagogische Arbeitsfeld der Kinder- und Jugendhilfe, das ja genau diese Bildungsprozesse zum Gegenstand hat, besonders günstig.

Den Trägern in Baden-Württemberg, Bayern, Sachsen-Anhalt und einem Träger in Nordrhein-Westfalen ist es gelungen, die Praxisansätze des Modellprojektes fortzuführen (in Thüringen läuft das Projekt derzeit noch). Dies war für jeden Träger nur möglich, weil es gelang, einen Ersatz für die Bundesfördermittel für das Modellprojekt zu finden. Die Träger haben das auf ganz unterschiedliche Weise realisiert. Es konnten Mittel von Stiftungen eingeworben werden, die Modellprojektplätze in die Regelförderung des Landes miteinbezogen werden, sowie Förderzusagen von Kommunen erreicht werden. Zum Teil war es möglich, von den Einsatzstellen einen kleinen Eigenbetrag zu verlangen, der jedoch in keinem Fall in der Höhe der tatsächlichen Platzkosten lag. Das FSJ in der Kinder- und Jugendhilfe kann nur dann weiter ausgebaut werden, wenn die Einsatzstellen nicht den Hauptteil der Kosten tragen müssen.

Literatur

Becker, R./Wüstendörfer, W.: Erster Zwischenbericht der wissenschaftlichen Begleitung des Modellprojektes ›Jugend hilft Jugend‹, ISS-Aktuell 3/1998, Schriftenreihe des ISS, Frankfurt am Main 1997

Becker, R./Wüstendörfer, W.: Zweiter Zwischenbericht der wissenschaftlichen Begleitung des Modellprojektes ›Jugend hilft Jugend‹, ISS-Aktuell 9/1999, Schriftenreihe des ISS, Frankfurt am Main 1999

Rahrbach, A./Wüstendörfer,W./Arnold, T.: Untersuchung zum Freiwilligen Sozialen Jahr, Stuttgart u.a. 1998, Schriftenreihe des Bundesministeriums für Familie, Senioren, Frauen und Jugend, Band 157

Karoline Becker, Hans-Georg Wicke

»Das beste Jahr in meinem Leben!«

Europäischer Freiwilligendienst für Jugendliche – Geschichte, Gegenwart, Zukunft

Eigeninitiative ist gefragt: »Eine Chance für die Zukunft«

Der »Europäische Freiwilligendienst für junge Menschen« ist eines der wenigen Programme, das durch seine Aktionslinie »Future Capital« jungen Leuten auch nach Abschluß ihres Freiwilligendienstes eine Perspektive bietet. Zusammen mit den »Jugendinitiativen« mündet dieser Bereich im neuen Gemeinschaftlichen Aktionsprogramm Jugend der Europäischen Union ab 2000 in die Aktion »Eine Chance für die Jugend«.
Von diesem Programmteil geht eine der zentralen Botschaften an das gesamte Programm – und an internationale Jugendarbeit insgesamt – aus: Jugendliche sollen in die Entwicklung der Projekte weitgehend einbezogen sein, sie nach Möglichkeit selber gestalten. Selbstverantwortung, Eigeninitiative und Kreativität werden zum Maßstab für die Gestaltung von (internationaler) Jugendarbeit. Die stetig weiter steigende Nachfrage bei den Nationalagenturen bestätigt den Wertewandel, den Bedarf für die Unterstützung anderer Formen und Wege des Engagements Jugendlicher, jenseits starrer Verhaltensnormen von Vereinen und Organisationen. »Ohne den Ausbau und die Stärkung politischer Freiheit und ihrer Sozialform, der Bürgergesellschaft, läuft in Zukunft gar nichts. ... Spontaneität und Freiwilligkeit des politischen Engagements, Selbstorganisation, Abwehr von Formalismen und Hierarchie, Widerborstigkeit, Kurzfristigkeit, auch der Vorbehalt, sich nur dort einzusetzen, wo man Subjekt des Handelns bleibt, kollidieren zwar mit dem Parteiapparat, machen aber durchaus Sinn in Formen und Foren der Bürgergesellschaft.«[1]

Übergang Schule – Beruf

Anläßlich der Konferenz »Eine Chance für die Zukunft – Initiativen Jugendlicher nach dem Europäischen Freiwilligendienst« in Dresden wurde eine Umfrage unter denjenigen Freiwilligen gestartet, die ein Future Capital-Projekt entwickelt hatten.

---

1 Beck, Ulrich; Kinder der Freiheit: Wider das Lamento über den Werteverfall, S.17f; in: Beck, Ulrich (Hrsg.), Kinder der Freiheit, Frankfurt a.M. 1997.

Die meisten hatten spontane Projekte realisiert, gefolgt von Projekten, die der persönlichen Weiterbildung dienten (30 Prozent), und solchen, die dem beruflichen Fortkommen nützlich waren. Viele Projekte setzten sich jedoch auch aus einer Mischform der verschiedenen Projekttypen zusammen.[2]

Durch Beratung und finanzielle Unterstützung können Freiwillige soziale, kulturelle oder wirtschaftliche Projekte selbst initiieren. »Future Capital« werden die Projekte genannt; sie wollen eine Brücke schlagen zwischen den Erfahrungen und Qualifikationen, die die Freiwilligen während ihres Aufenthalts gewonnen haben und ihrem lokalen Umfeld, in das sie sich danach begeben.

Der Europäische Freiwilligendienst will durch Future Capital die Übergangsphase zu Studium, Beruf und Erwerbstätigkeit durch neue, eigenständige und zukunftsorientierte Handlungs- und Praxisfelder der Freiwilligen mitgestalten. So soll im nationalen Kontext das System der allgemeinen und beruflichen Bildung, der nichtformalen Bildungsmaßnahmen und der nationalen Beschäftigungsprogramme ergänzt werden. Hier bieten sich vielfältige Anknüpfungspunkte zu Programmen, Institutionen und Trägern. Wünschenswert sind dabei Kooperationen mit neuen Partnern.

Future Capital wird sich in den einzelnen Mitgliedstaaten unterschiedlich entwickeln. In der Bundesrepublik soll ein Berater- und Förderkreis aufgebaut werden. Die Verbindungen zu Bildung und Ausbildung, zum Arbeitsmarkt und zu öffentlichen Programmen soll hergestellt werden, auch um mögliche Strategien für die Zukunft des Europäischen Freiwilligendienstes zu entwickeln.

Alle Freiwilligen, die ihren Europäischen Freiwilligendienst geleistet bzw. mindestens die Hälfte ihres Europäischen Freiwilligendienstes abgeschlossen haben, können sich mit ihrem Projekt für einen Zuschuß von Future Capital bewerben. Projekte von Future Capital können in jedem Mitgliedstaat der EU, jedoch nicht in Drittländern außerhalb der EU, durchgeführt werden. Es ist aber auch möglich, daß das Projekt in einem dritten Mitgliedstaat der EU (nicht Entsende- oder Aufnahmeland des Freiwilligen) stattfindet.

BewerberInnen können Startkapital für die Entwicklung einer beruflichen Aktivität beantragen. Es kann sich dabei um die Einrichtung einer freiwilligen Vereinigung bis hin zur Gründung eines privaten Unternehmens handeln. Die Organisation einer Photoausstellung oder eines Cafés in einem Jugendzentrum ist ebenso denkbar.

Wer sich für ein gesellschaftliches Engagement entscheidet, kann ebenfalls mit einer Förderung rechnen. Transnationale Partnerschaften, z.B. im Rahmen der Aufnahme- und Entsendeorganisation oder anderer Initiativen, die die Suche nach gemeinsamen Lösungen von Problemen fördern, werden vorrangig behandelt. Die dabei möglicherweise neu entdeckten Strategien und Methoden sind im Sinne von Future Capital »Katalysatoren der Zusammenarbeit« für ein neues europäisches Bewußtsein.

Auch spontane Projekte werden gefördert. Diese Projekte haben einen zeitlich klar definierten Anfangs- sowie Endtermin und müssen nicht über einen längeren Zeit-

---

2 Follow-up Projects after European Voluntary Service, Documentation of Inquiry, Bonn, May 1999.

raum gehen. Beispiele dafür sind Projekte im Rahmen eines besonderen Ereignisses, oder solche, die die Kommunikation zwischen Organisationen oder Personen fördern, die an Freiwilligenaktivitäten beteiligt sind (z.B. die Einrichtung einer Website).

Auch die persönliche Ausbildung oder Bildung der Freiwilligen wird unterstützt. Future Capital ist jedoch kein Bafög, kein Stipendium und keine Ausbildungsbeihilfe. Ein Zuschuß kann Teil der Finanzierung eines ergänzenden Fortbildungskurses im Rahmen der Berufs- und Fachausbildung oder einer zusätzlichen Sprachausbildung sein. Die BewerberInnen müssen den Sinn des zu besuchenden Kurses begründen. Diese Projekte werden besonders aufmerksam geprüft, damit der Zuschuß von Future Capital keine direkten oder indirekten Finanzhilfen ersetzt.

»Wir haben alleine in Deutschland 18.000 Interessenten für die etwa 600 Plätze pro Jahr. Das heißt, daß die jungen Leute den Europäischen Freiwilligendienst mit Macht annehmen und wir viel mehr Bedarf für einen solchen Dienst haben, als wir im Moment befriedigen können. Trotz einer sehr schwierigen Phase der finanziellen Entwicklung der EU-Kommission bauen wir den Europäischen Freiwilligendienst in das neue EU-Programm ›JUGEND‹ ein. So hat diese Konferenz auch ihre Wirkung nach Brüssel gehabt.« Dies stellte Peter Haupt, Staatssekretär im Bundesministerium für Familie, Senioren, Frauen und Jugend, anläßlich dieser europäischen Konferenz fest. Rund 150 Fachleute hatten sich in Dresden versammelt. Konkret ging es dabei um Projekte und Initiativen, die junge Leute nach ihrem Freiwilligendienst starten.

»Eine Chance für die Zukunft« im neuen Aktionsprogramm ist ein sehr wichtiges Instrument europäischer Jugendbildungsarbeit, welches davon ausgeht, daß Jugendliche sehr wohl in der Lage sind, selbst Projekte und Ideen zu entwickeln, die der Gemeinschaft aller und ihnen selbst dienlich sind. Diesem Wunsch nach Selbstverwirklichung einerseits und nach eigenverantwortlichem Handeln für die Gesellschaft andererseits, soll bereits jetzt mit der Aktion »Future Capital« im Europäischen Freiwilligendienst und anderen nachfolgenden Projekten entsprochen werden. Voraussetzung ist die Teilnahme am Europäischen Freiwilligendienst, der eine sehr gute Basis für diese Art von Projekten bietet.

Alexandros Tsolakis, Referatsleiter für Allgemeine berufliche Bildung und Jugend in der Generaldirektion 22 der Europäischen Kommission, beschreibt die Grundidee von Future Capital so: »Wir wollten ein Instrument, das den Profit für die jungen Leute und für die Gesellschaft mehrt. So wurde Geld bereitgestellt für junge Freiwillige, die sagten ›okay, ich tue es und ich tue es selbst‹. Das ist besonders wichtig, da das größte Problem junger Leute heutzutage ist, daß die Gesellschaft ihnen nichts zutraut. Sie können zwar mit 18 wählen und auch im Parlament mitarbeiten, aber wenn sie zur Bank gehen und Geld für eine gute Idee haben wollen, werden sie kein Geld bekommen.

Einerseits werden Jugendliche ›verkindlicht‹ und andererseits wird gesagt: ›Oh ja, ihr seid die Zukunft, trage nun auch die Verantwortung.‹ Aber wie können sie das tun, wenn sie nicht den Freiraum und das Vertrauen haben, das auch wirklich zu tun, was sie tun möchten? Future Capital ist ein kleiner Stein, um Vertrauen aufzubauen.«[3]

Europäischer Freiwilligendienst für Jugendliche

1995 wurde, nicht zuletzt auf Drängen der deutschen Jugendpolitik, in das Europäische Aktionsprogramm »Jugend für Europa III« eine Aktion zur Förderung kurzfristiger Freiwilligendienste im Ausland eingeführt. Sie war politischer Vorläufer einer Pilotaktion, die 1996 vor allem auf Initiative des Europäischen Parlaments und der Europäischen Kommission begann und erstmals die Förderung von längerfristigen Freiwilligendiensten von Jugendlichen im Ausland erproben sollte.
In der Erklärung für die Schlußakte erkennt die Regierungskonferenz von Amsterdam den Beitrag der Freiwilligen Dienste »zur Entwicklung der sozialen Solidarität« an und beschließt: »Die Gemeinschaft wird die europäische Dimension freiwilliger Vereinigungen fördern und dabei besonderen Wert auf den Austausch von Informationen und Erfahrungen sowie die Mitwirkung von Jugendlichen und älteren Menschen an freiwilliger Arbeit legen.«[4] Vor diesem Hintergrund wurde im Anschluß an die Pilotaktion vom 1.1.98 bis 31.12.99 das EU-Aktionsprogramm »Europäischer Freiwilligendienst für junge Menschen«[5] verabschiedet. Der politisch bedeutsame Schritt von einer Pilotaktion zu einem Aktionsprogramm war getan. Praktisch hatten diese zwei Jahre allerdings vor allem dazu gedient, das Programm politisch zu profilieren, die Inhalte zu präzisieren, die Verfahren weiterzuentwickeln, die Zusammenarbeit aller Akteure zu verbessern und größere Akzeptanz der Zielgruppen zu schaffen.
Beim Europäischen Freiwilligendienst erhalten Jugendliche die Möglichkeit, sich freiwillig in einem gemeinnützigen Projekt in einem Land der Europäischen Union sowie in Norwegen, Island oder Liechtenstein zu engagieren und eine andere Kultur und Sprache kennenzulernen. Vor, während und nach dem Aufenthalt wird dafür gesorgt, daß diese Zeit für eine berufliche und persönliche Weiterorientierung genutzt werden kann.
Freiwilliger kann jeder werden. Einzige Voraussetzung ist, daß man zwischen 18 und 25 Jahre alt ist und in einem Programmland seinen ständigen Wohnsitz hat. Die Dienste dauern sechs bis zwölf Monate. Für besondere Zielgruppen können in dem neuen Aktionsprogramm auch kurzfristige Dienste zwischen drei Wochen und drei Monaten gefördert werden.

---

3   Rede auf der europäischen Konferenz »Eine Chance für die Zukunft – Initiativen Jugendlicher nach dem Europäischen Freiwilligendienst«, Dresden, Mai 1999.
4   Europäische Kommission, Vertretung in der Bundesrepublik Deutschland, Der Vertrag von Amsterdam – Ergebnisse, Erläuterungen, Vertragsentwurf, in: EU-Nachrichten, Dokumentation Nr.3 vom 9.Juli 1997, S. 46.
5   Beschluß Nr. 168/98/EG des Europäischen Parlaments und des Rates vom 20.Juli 1998 zur Einführung des gemeinschaftlichen Aktionsprogramms »Europäischer Freiwilligendienst für junge Menschen«, Amtsblatt der Europäischen Gemeinschaften, 31.7.98.

Das »Deutsche Büro Jugend für Europa« ist beauftragt worden, das neue Aktionsprogramm in Deutschland als Nationalagentur umzusetzen. Schätzungsweise 6000 Jugendliche werden von den Förderungen profitieren können, bis zu 400 Jugendliche können jährlich aus Deutschland entsandt werden. Für mehr als 250 ausländische Jugendliche pro Jahr werden Projektplätze in Deutschland finanziert.

Prinzip Projektpartnerschaft: Aufnahme- und Entsendeprojekt

Voraussetzung für einen Aufenthalt mit dem Europäischen Freiwilligendienst ist eine Partnerschaft zwischen einer inländischen Organisation und einer Partnerorganisation in einem Programmland. Die Organisationen können als »Entsendeprojekt« agieren, d.h. sie sind für die Vorbereitung der Freiwilligen auf den Dienst zuständig, und sie helfen ihnen nach der Rückkehr, möglichst großen Nutzen aus ihren Erfahrungen zu ziehen. Die andere Möglichkeit besteht darin, als »Aufnahmeprojekt« aktiv zu werden: Freiwillige werden aufgenommen, arbeiten in einem Projekt mit, und die Organisation sorgt während der Zeit für Kost und Logis sowie für die notwendige persönliche Unterstützung.
Der Europäische Freiwilligendienst bietet Jugendlichen die einmalige Chance, den eigenen Horizont zu erweitern, sich an andere gesellschaftliche und kulturelle Verhältnisse anzupassen. Jugendlicher Elan wird hier mit verantwortlicher Mitarbeit kombiniert. Kreativität und neue Ideen können in bestehende Aufgaben integriert werden. Außerdem wird das eigene Selbstvertrauen und die Fähigkeit zur Teamarbeit gestärkt.
Ein Auslandsaufenthalt mit dem Europäischer Freiwilligendienst gibt den jungen europäischen Freiwilligen die Möglichkeit, Eigeninitiative zu entwickeln und eine bessere Ausgangsposition für den Einstieg ins Berufsleben zu erwerben.
Der Europäische Freiwilligendienst soll vor allem die Entwicklung lokaler Projekte unterstützen. Die Arbeit der Freiwilligen soll vor Ort zu möglichst konkreten Ergebnissen führen und ihre Integration in die Gemeinde, Stadt oder Region ermöglichen.
Die Palette der möglichen Partner ist breit gestreut: Kommunen und Städtepartnerschaften, Bürgerinitiativen, gemeinnützige Vereine und Verbände jeglicher Art, freie und öffentliche Träger der Jugendhilfe, Freiwilligendienstorganisationen, Nichtregierungsorganisationen u.a. In einem breiten Spektrum von gemeinnützigen Tätigkeiten in gesellschaftlichen, sozialen, kulturellen, umweltpolitischen und anderen Feldern können Projekte entwickelt werden.
Mit dem neuen Aktionsprogramm bietet die Europäische Union den interessierten Organisationen ihre Unterstützung für die Umsetzung von europäischen Freiwilligendiensten an: ca. 50 Prozent der gesamten Projektkosten können bezuschußt werden. Darüber hinaus bietet das neue Aktionsprogramm Trägern eine breite Palette weiterer finanzieller und organisatorischer Unterstützungsmöglichkeiten bei der Vorbereitung, Organisation und Nachbereitung solcher Projekte.

Ein Blick in die Zukunft des Europäischen Freiwilligendienstes

Im Mai 1998 legte die Europäische Kommission einen Vorschlag für ein gemeinschaftliches Aktionsprogramm JUGEND von 2000 bis 2004 vorgelegt und an das Europäisches Parlament und den Rat zur Entscheidung weitergeleitet. Es wird die bisherigen Programme Jugend für Europa III und Europäischer Freiwilligendienst (EFD) ersetzen. Das neue Programm soll den folgenden Zielen dienen:
- »Stärkung des Solidaritätsgeistes durch ... Teilnahme von Jugendlichen ... an transnationalen Tätigkeiten im Dienste der Allgemeinheit«.
- »Förderung des aktiven Beitrags der Jugendlichen am europäischen Aufbauwerk durch deren Teilnahme an transnationalen Austauschverfahren, durch die die Jugendlichen die europäische Wirklichkeit in ihrer Vielfalt entdecken ..., was wiederum die Bekämpfung von Rassismus, Antisemitismus und Fremdenfeindlichkeit begünstigt«.
- »Anregung des Initiativ- und Unternehmergeistes und der Kreativität der Jugendlichen, damit sie sich aktiv in die Gesellschaft integrieren können«.
- Alle Jugendlichen sollen frei von jeglicher Diskriminierung Zugang zum Programm haben. Besondere Anstrengungen sollen zugunsten der Jugendlichen unternommen werden, »deren Teilnahme ... aus kulturellen, sozialen, physischen, wirtschaftlichen oder geographischen Gründen die größten Schwierigkeiten bereitet«.

Mit dem Aktionsprogramm JUGEND wird nun erstmals eine längerfristige politische Perspektive für den EFD beschrieben. Quantitativ wird der EFD in Zukunft neben den Freiwilligen Sozialen Jahr (FSJ) und dem Freiwilligen Ökologischen Jahr (FÖJ) einen unübersehbaren Bestandteil der Freiwilligendienste in Deutschland ausmachen. Europäische Freiwilligendienste werden in Zukunft keine jugendpolitische Marginalie mehr sein. Sie werden mehr als bisher durch ihre spezifischen Inhalte und Formen die Freiwilligendienste auf nationaler Ebene beeinflussen. Die Entsendung von Freiwilligen ins Ausland, in Deutschland bisher noch Sonderfall, wird damit zur Normalität. Erstmals wird in Deutschland die Aufnahme von Freiwilligen zum wechselseitigen Prinzip erhoben und gleichberechtigt gefördert.

Ebenso werden durch den EFD Freiwilligendienste im Ausland in einem Umfang und einer Form angeboten, die es vielen unterschiedlichen, auch neuen Trägern möglich macht, sie als konstituierenden Bestandteil ihrer Angebotspalette für Jugendliche zu entwickeln.

In der Freiwilligenarbeit wird sich die Trägerlandschaft verändern, sie wird durch den EFD neue Zielgruppen erreichen. Bereits jetzt beteiligen sich mehr und mehr Einrichtungen, die bisher noch nie Freiwilligendienste für Jugendliche angeboten haben, als Aufnahme- oder Entsendeeinrichtung im EFD. Es beteiligen sich auch zunehmend mehr Einrichtungen, die bisher ausschließlich national gearbeitet und keine internationalen Projekte durchgeführt haben.

Handlungskompetenzen für eine europäische Bürgergesellschaft

Der Europäische Freiwilligendienst ist Teil der europäischen Jugendbildung. Diese soll Jugendlichen die Chance bieten, interkulturelle Handlungskompetenz für das multikulturelle Zusammenleben, die internationale und europäische Kooperation und das globale Zeitalter zu entwickeln.
Ein großer Teil der heutigen Anforderungen an die politische und gesellschaftliche Gestaltung ergibt sich aus der zunehmenden Interkulturalisierung und Internationalisierung von Beziehungen.
Es ist notwendig geworden, die Nachbarn in Konzepte, Handeln und Leben miteinzubeziehen – und nicht nur die unmittelbaren Nachbarn, sondern auch diejenigen, die regional und kulturell sehr weit entfernt scheinen. Sie sind längst durch supranationale politische Strukturen, internationale wirtschaftliche Verflechtungen, grenzenlose Kommunikation, zunehmende Mobilität und gemeinsame Problemstellungen zu »echten« Nachbarn geworden.
Multikulturalisierung, Europäisierung und Globalisierung sind die Zukunftsperspektive für Jugendliche und junge Erwachsene. Dies stellt nicht nur eine Anforderung an deren Problemlösungsfähigkeit, sondern eröffnet ihnen auch ungezählte Chancen für die Lebensgestaltung, die es zukunftsweisend zu nutzen gilt.
In ihrem Weißbuch »Lehren und Lernen auf dem Weg zur kognitiven Gesellschaft« beschreibt die Europäische Kommission die Bedeutung von Formen außerschulischer Bildung, wie sie der Europäische Freiwilligendienst darstellt: »In der kognitiven Gesellschaft ist eine soziale und kulturelle Identität ihrem universellen Wesen nach nur teilweise vermittelbar. Sie muß nicht nur von der Schule, deren Funktion unersetzbar bleibt, sondern von jedem selbst entwickelt werden, indem er aus dem kollektiven Gedächtnis schöpft und verschiedene Informationen aus der ihm umgebenden Welt aufnimmt, durch das Hineintauchen in verschiedene berufliche, soziale und kulturelle Milieus.«[6] Gerade unter der Voraussetzung eines Prozesses von »lebenslangem Lernen«, einem »ungehinderten Zugang« zu einem »umfassenden Bildungsangebot« stellt der EFD einen Weg zur Weiterentwicklung der Kompetenzen dar.
Vier Lernziele stehen bei dieser Form europäischen Lernens im Vordergrund:
- Es könnte um die Herausbildung einer europäischen Identität gehen, die sich als Ergänzung zu den verschiedenen milieuspezifischen, regionalen oder nationalen Identitäten von Menschen versteht. Eine Identität, die offen ist und die Unterschiede akzeptiert. Eine Identität, die Europa in seine historischen wie gegenwärtigen Weltzusammenhänge einordnet und deswegen nicht euro- oder ethnozentristisch ist.
- Sie kann Teil der Befähigung zum Leben in einer multikulturellen Gesellschaft mit den dafür notwendigen Kompetenzen wie Akzeptanz von anderen, Bereit-

---

6 Europäische Kommission Generaldirektion XXII, Lehren und Lernen. Auf dem Weg zur kognitiven Gesellschaft, Weißbuch zur allgemeinen und beruflichen Bildung, Luxemburg 1996, S. 28.

schaft zu mehrperspektivischem Denken, Ambiguitätstoleranz, Handlungs- und Kommunikationskompetenz in multikultureller Umgebung sein.
- Sie kann, unter Anerkennung der gesellschaftlichen Entwicklungen, Jugendliche befähigen, sich unter den Vorzeichen multikulturellen Zusammenlebens, internationaler und europäischer Kooperation und des globalen Zeitalters selbst zu organisieren und die eigenen Chancen zu nutzen.
- Sie kann Wissen und Kenntnisse über politische und gesellschaftliche Strukturen im zusammenwachsenden Europa vermitteln, über die einzelnen Mitgliedstaaten und deren Regionen, über die Entwicklung, Perspektiven und Strategien der Europäische Union und deren Organe und auch über die historische und aktuelle Einbindung Europas in den Weltkontext; Wissen, das Handlungsfähigkeit in einem Europa der Zukunft eröffnet.

Aufbau einer Partizipationskultur

Viele aktuelle Untersuchungen scheinen zu zeigen, daß junge Leute sich immer mehr von der Politik distanzieren. Allerdings: »Dieselben Untersuchungen, die eine zynische Ablehnung von Parteipolitik und Politikern vermelden, berichten auch, daß junge Leute sich für eine breite Palette von Anliegen stark engagieren, die über rein egoistische und individualistische Bedürfnisse hinausgehen.«[7]
Wenn Demokratie zum Kernelement der europäischen Identität erklärt wird, ist es notwendig, gerade Jugendlichen Möglichkeiten anzubieten, sich an Europa aktiv zu beteiligen, Schritte zur Entwicklung von mehr personaler und politischer Kompetenz sowie zur »Demokratisierung der Demokratie in Richtung einer aktiven und offenen Bürgergesellschaft«[8] zu gehen. Notwendig ist der Aufbau einer Partizipationskultur, in der soziale Verantwortung übernommen werden kann, eine partizipative und kooperative Gestaltung von Wirklichkeit möglich wird und in der ein Prozeß in Gang gesetzt wird, der Raum für Flexibilität und Spontaneität zuläßt.
»Bildungsarbeit sollte deswegen Animation zur Selbstorganisation und gesellschaftlicher Einmischung leisten und sowohl die dazu nötigen Kenntnisse als auch Fähigkeiten und Motivationen entwickeln helfen.«[9] So verstanden gehören Persönlichkeitsbildung und politische Bildung unauflöslich zusammen, sie sind die zwei Seiten einer Medaille.
Jugendliche sollen im Europäischen Freiwilligendienst nicht Teilnehmer, sondern verantwortliche und gestaltende Subjekte sein. Ruft man sich den Bericht der Shell-Studie ins Gedächtnis, scheint das auch die Erwartungen von Jugendlichen zu treffen: »Jugendliche engagieren sich dann in Politik und Gesellschaft, wenn dies in

---

7 Wilkinson, Helen; Kinder der Freiheit, Entsteht eine neue Ethik individueller und sozialer Verantwortung?, in: Beck, Ulrich (Hrsg.), Kinder der Freiheit, Frankfurt a.M. 1997, S. 115.
8 Hubert Kuhn, Politische Bildung mit Verstand und Gefühl – ein ganzheitlicher Ansatz außerschulischer Bildung, in: ausserschulische bildung 2/95, S. 175.
9 Diethelm Damm, Perspektiven politischer Jugendbildung, in: deutsche jugend, 44. Jg. 1996, Heft 5, S. 210.

ihrem unmittelbaren, direkten Bezugskreis möglich ist, da sie dort davon ausgehen, etwas konkret und direkt bewirken zu können, ohne korrumpiert und vereinnahmt zu werden.«[10]

»Wirkungen und Kompetenzerwerb im Europäischen Freiwilligendienst« – vier Studien

Zeit der Reife und Orientierung

Von der EU-Kommission wurde eine »Struktur für die praktische Unterstützung« (Structure for Operational Support, SOS) ins Leben gerufen, um die erforderliche Hilfestellung für den Europäischen Freiwilligendienst sicherzustellen.
Die vorrangige Funktion der SOS besteht in der Information und Unterstützung der Nationalagenturen, der bestehenden und potentiellen Projekte und der Freiwilligen. In diesem Kontext hat SOS eine Befragung aller europäischen Freiwilligen in der Zeit von September 1996 bis August 1998 durchgeführt und konnte auf der Basis von 267 beantworteten Fragebögen Aussagen zur Motivation und zu den Effekten des EFD auf das Leben der Freiwilligen machen[11]:
In der Mehrzahl ergreifen junge Frauen die Chance, den eigenen Horizont zu erweitern, andere gesellschaftliche und kulturelle Verhältnisse kennenzulernen und damit umgehen zu lernen. Gefragt nach ihrer Motivation, äußern 34 Prozent den Wunsch, Arbeitserfahrungen zu sammeln; 29 Prozent wollen eine neue Sprache lernen, 25 Prozent wollen anderen Menschen helfen, und weitere 25 Prozent wollen mehr über sich selbst erfahren.
Daß sie auf dem richtigen beruflichen Weg sind, hat sich für 33 Prozent der jungen Leute herausgestellt. Sie wollen ihr Studium oder ihre Berufsausbildung wie geplant nach dem Freiwilligendienst beginnen. Neue Wege haben sich für 25 Prozent der Jugendlichen eröffnet. Sie würden gerne im Tätigkeitsfeld des Freiwilligendienstes weiterarbeiten.
Wie hilfreich die Erfahrungen bei der Arbeitsuche sind, zeigt die Befragung ebenfalls: 32 Prozent der jungen Leute haben danach eine Arbeitsstelle gefunden.

Lernen in Europa

Eine weitere Evaluation auf europäischer Ebene – die Evaluation der Pilotaktion Europäischer Freiwilligendienst – hat neun Kategorien identifiziert, welche das Lernen durch den Europäischen Freiwilligendienst charakterisieren[12]:

---

10 Vgl. Jugendwerk der Deutschen Shell, Jugend '97, Zukunftsperspektiven, Gesellschaftliches Engagement, Politische Orientierungen, Opladen 1997, S.17.
11 Impact of the EVS programme on young volunteers, Structure for Operational Support (SOS), vorläufige Ergebnisse einer Studie, Brüssel 1999.
12 Elliot Stern u.a., The Tavistock Institute; Continuous Assessment of European Voluntary Service: Report from the Evaluation of the Pilot Actions 1997/1998, Submitted to the DG XXII of the European Commission, Januar 1999, S.17.

- *in einem anderen Land leben*
- *entfernt von der Familie / nicht mehr zu Hause leben*
- *in einer sozialen Gruppe oder Gemeinschaft leben*
- *eine andere Kultur / ein anderes Land kennenlernen*
- *die Bedeutung der eigenen Nationalität erfahren*
- *erfahren, Europäer zu sein*
- *die eigene Person und die eigenen Fähigkeiten kennenlernen*
- *Klarheit über die Erwartungen, Ziele und Pläne für die eigene Zukunft gewinnen*
- *Freiwilligenarbeit lernen und kennenlernen*

Dort wurden auch eine Zahl positiver Faktoren für die Gestaltung von Projekten identifiziert, die Lernen fördern[13]:
- Erfolgreiches »Matching«, d.h. Übereinstimmung zwischen den Erwartungen von Freiwilligen und den Möglichkeiten des Aufnahmeprojektes.
- Das Vorhandensein einer angemessenen Unterstützung im Freiwilligenprojekt – ohne bevormundet zu werden.
- Integration des Freiwilligen in die Arbeit des Projekts in einem angemessenen Umfang.
- Eine angemessene Struktur des Projektes, die Orientierung und Unterstützung, aber auch gleichzeitig Freiheit und Flexibilität bietet.
- Die Möglichkeit, durch Erfahrungen zu lernen, Fehler zu machen und diese auch korrigieren zu können.
- Eingebundenheit in ein Team, das Lernen von anderen in einer nicht hierarchischen und gleichberechtigten Weise ermöglicht.

Pilotprojekt europäischer Rotkreuzgesellschaften

Rotkreuzgesellschaften aus verschiedenen EU-Mitgliedsstaaten haben unter der koordinierenden Mitwirkung des Deutschen Roten Kreuzes 1997 und 1998 ein Pilotprogramm realisiert.[14] An dem Projekt waren 26 Teilnemerinnen und Teilnehmer aus fünf EU-Mitgliedsstaaten beteiligt, die jeweils sechs bis neun Monate bei einem oder mehreren Rotkreuzprojekten in einem anderen EU-Staat eingesetzt waren.
Die befragten Einsatzstellen hatten im Hinblick auf die beobachtbaren Lernerfolge der Freiwilligen einen positiven Eindruck. Auch das persönliche Verhältnis zwischen Projektverantwortlichen und Jugendlichen wurde als sehr gut bezeichnet. Insgesamt wurde der EFD als eine »gute Initiative« bewertet.
Viele Befragte werteten das Pilotprogramm als innerverbandliches Positivbeispiel für ein innovationsförderndes, internationales Netzwerk, das der Zusammenarbeit

---

13 Ebenda, S.20.
14 Pilotprojekt europäischer Rotkreuzgesellschaften 1997 – 1998, Europäischer Freiwilligendienst, Innovatives Netzwerk im Rahmen des Programms »Europäischer Freiwilligendienst« der Europäischen Union, Zusammenfassung der Evaluation und Empfehlungen, Übersicht mit wichtigsten Ergebnissen und Empfehlungen des ausführlichen Evaluationsberichtes.

der Rotkreuzgesellschaften neue Impulse verleihen wird, nicht zuletzt auch im Hinblick auf das Jugendrotkreuz.
Das Pilotprogramm hat – so läßt sich das Ergebnis der Evaluation zusammenfassen – viele der mit dem EFD verbundenen Zielsetzungen erreicht.
Das gilt mit Sicherheit für die Ziele, Jugendlichen die Möglichkeiten intensiver interkultureller Erfahrungen und des Fremdsprachenerwerbs zu eröffnen, sowie ihre Mobilität zu steigern, die soziale Eingliederung der Jugendlichen bis hin zur Chancenverbesserung auf dem Arbeitsmarkt zu fördern, das Wissen der Jugendlichen über soziale Strukturen und Probleme in anderen Ländern zu stärken, ihr Verantwortungsbewußtsein und ihre Solidarität zu fördern, die Zusammenarbeit zwischen den beteiligten Rotkreuzgesellschaften auf sozialpolitischem Gebiet zu intensivieren.

Positive Bewertung durch die Freiwilligen

Im Rahmen einer vom Deutschen Büro Jugend für Europa beauftragten und vom Institut für Sozialarbeit und Sozialpädagogik (ISS) durchgeführten Evaluationsstudie[15] wurden sowohl die Freiwilligen selbst bezüglich der Auswirkungen des EFD auf ihr weiteres privates und berufliches Leben befragt, als auch die beteiligten Träger um eine Einschätzung aus ihrer Sicht gebeten.
Ziel der Untersuchung war es, die Wirkungen des Dienstes, die erworbenen Kompetenzen und die zugrunde liegenden Rahmenbedingungen zu betrachten. Hierzu wurden alle deutschen TeilnehmerInnen schriftlich befragt, die ihren Freiwilligendienst im europäischen Ausland gerade beendet bzw. zum Zeitpunkt der Befragung noch geleistet haben.
Der hauptsächliche *Erfahrungs- und Kompetenzerwerb* während des EFD – aus Sicht der Freiwilligen – läßt sich in folgenden fünf Bereichen zusammenfassen:
- *Autonomie/Selbsterfahrung:* Selbständigkeit, Selbstbewußtsein, Verantwortungsbewußtsein, persönliche Reife (»erwachsen geworden«), Zurechtfinden in unsicheren und neuen Situationen, Gewinnung von Stärke und Selbstbewußtsein aus der Bewältigung schwieriger Situationen und Krisen, Frustrationstoleranz;
- *Kommunikative Fähigkeiten:* Teamfähigkeit, Kommunikations- und Konfliktfähigkeit, mit widersprüchlichen Anforderungen anderer zurechtkommen, die eigene Position anderen gegenüber durchsetzen, auf andere zugehen und zuhören können;
- *Toleranz* gegenüber anderen, Toleranz und Offenheit gegenüber Fremdem, mehr Verständnis für andere Lebensentwürfe und Auffassungen;
- Erlernen der *Sprache* des Gastlandes;
- *Fachliche Qualifikationen* im ausgeübten Tätigkeitsbereich.

---

15 Institut für Sozialarbeit und Sozialpädagogik, vorläufige Ergebnisse der Evaluationsstudie »Wirkungen und Kompetenzerwerb im Europäischen Freiwilligendienst« im Auftrag des Deutschen Büros Jugend für Europa, Bonn 1999.

Als »Nebeneffekt« ergab sich für die meisten Befragten auch eine *berufliche Orientierung,* indem sich der ursprüngliche Berufswunsch oder der Studienwunsch häufig bestätigt haben oder begründet verworfen wurden (z.B.: »Ich möchte auf keinen Fall im sozialen Bereich arbeiten«). Für einige, die noch gar keine beruflichen Vorstellungen oder Pläne hatten, ergaben sich diese während des EFD.

Da Lernprozesse nicht zuletzt auch von der Zufriedenheit der Freiwilligen in ihrer Einsatzstelle mitbestimmt werden, lassen sich einige *lernförderliche Randbedingungen* aus der Zufriedenheit in der Einsatzstelle ableiten, die dann gegeben sind, wenn die Jugendlichen:
– bei der Ausübung ihrer Tätigkeit ein gewisses Maß an Eigeninitiative und Verantwortung übernehmen dürfen, sodaß sie sich weder über- noch unterfordert fühlen;
– eine kompetente Betreuungsperson zur Verfügung haben, so daß sie nicht völlig sich selbst überlassen sind, und ihnen darüber hinaus ein Ansprechpartner bei Konflikten und Problemen zur Verfügung steht;
– gut auf ihren Freiwilligendienst vorbereitet worden sind.

Alles in allem beurteilen 93 % der TeilnehmerInnen den EFD *positiv* (68 % sehr gut und 25 % gut). Fast alle würden sich noch einmal zur Teilnahme daran entscheiden, der größte Teil uneingeschränkt, ein kleinerer Teil in einem anderen Land, bzw. in einer anderen Einsatzstelle.

Sende- und Aufnahmeorganisationen sehen EFD als sinnvolles Bildungsprogramm

In diesem Zusammenhang wurden auch deutsche Aufnahme- und Entsendeorganisationen befragt. Bei den meisten Trägern handelt es sich um Entsende- und Aufnahmeorganisationen zugleich. Die Gruppe der befragten Träger ist im Unterschied zu den TeilnehmerInnen sehr heterogen hinsichtlich ihrer Erfahrungen mit dem EFD, seiner Bedeutung innerhalb der Organisation, der Zielsetzungen und der Programmgestaltung. Während für einige Träger die Arbeit mit den Freiwilligen einen Schwerpunkt bildet, spielt diese für andere nur eine untergeordnete bis nebensächliche Rolle. Einige sind schon seit Jahrzehnten mit der Durchführung von Freiwilligeneinsätzen vertraut, andere kommen erstmals durch den EFD mit den Fragestellungen von Freiwilligendiensten in Berührung. Die mit dem EFD-Engagement verbundenen gesellschaftspolitischen Ziele sind von Träger zu Träger sehr unterschiedlich. Trotz dieser Heterogenität sehen die befragten Träger den EFD nahezu uneingeschränkt als ein sinnvolles Bildungsprogramm für Jugendliche an und nennen folgende drei relevante Lernbereiche:
1. Unterstützung der *Persönlichkeitsentwicklung* (Autonomie und Selbstvertrauen, Flexibilität, Zurechtfinden in einer fremden Umgebung, Bewältigung von Einsamkeit und Unsicherheit);
2. Förderung des *interkulturellen Lernens* (Kennenlernen einer fremden Kultur, Erkennen der kulturellen Bedingtheit des eigenen Verhaltens, differenzierte Einschätzung der Herkunfts- und der Gastkultur);

3. Erwerb von *»vorberuflichen«* *Grundqualifikationen* (Flexibilität, Kommunikations- und Teamfähigkeit, Verläßlichkeit, Pünktlichkeit), die für den späteren Eintritt in das Berufsleben wichtig sind.

Die Bedeutung derjenigen Lernprozesse, die sich mehr oder weniger zufällig ergeben und sich nicht steuern lassen, wird wesentlich höher eingeschätzt als die jener, die steuerbar sind. Dennoch werden für den Erfolg der letzteren, der steuerbaren Lernprozesse, folgende vier notwendige Randbedingungen[16] genannt:
- die *Vorbereitung* der Freiwilligen;
- die *Betreuung* während des Einsatzes (vor einer »Überbetreuung« wird gewarnt);
- eine geeignete *Gestaltung der Tätigkeit* selbst im Hinblick auf drei lernfördernde Aspekte: die in der Aufgabe selbst realisierbare persönliche Kreativität, die Kommunikationsmöglichkeiten mit anderen und die Übernahme von Verantwortung für andere;
- die *geeignete Motivation* der Jugendlichen selbst, wobei eine überwiegend berufsorientierte Motivation häufig als – für den Erfolg des EFD – kontraproduktiv eingeschätzt wird.

---

16 Vgl. hierzu die Einschätzung der TeilnehmerInnen.

Angelika Münz

Der Blick zu den Nachbarn. Konzepte für Jugendfreiwilligendienste im Kontext von Wehrpflichtreform und bürgerschaftlichem Engagement in Europa

1. *Der Kontext*

In Deutschland wird in Verbindung mit der Debatte um eine Wehrpflichtreform die Frage nach der Zukunft des Zivildienstes gestellt. In diesem Zusammenhang wurde in den letzten Jahren darüber nachgedacht, ob das bestehende Angebot der Freiwilligendienste erweitert oder eine zivile Dienstpflicht auf nationaler Ebene eingerichtet werden soll. In den Nachbarländern der Bundesrepublik Deutschland fanden in den neunziger Jahren, in denen dort über das Ende der Wehrpflicht entschieden wurde, ähnliche Debatten statt. Die Notwendigkeit eines Dienstes kam in das Blickfeld der Politik, der den gemeinnützigen Einsatz von Jugendlichen mit der Einübung »aktiver Bürgerschaft« verknüpfen sollte. In der Folge wurden Konzepte für Jugendgemeinschaftsdienste entwickelt, jedoch nicht immer umgesetzt.

Ob ein Modell bereits in der Konzeptionsphase steckenblieb und scheiterte, oder in einen Prozeß der Weiterentwicklung bzw. der Umsetzung trat, ist von einer Reihe von Faktoren abhängig, die in allen europäischen Ländern eine Rolle spielen, jedoch durch die jeweiligen politischen und gesellschaftlichen Rahmenbedingungen unterschiedliche Ausprägungen aufweisen. Die Jugendarbeitslosigkeit, der Umbau des Sozialstaats, jugendpolitische Leitlinien und anstehende Bildungsreformen waren implizit und explizit Teil des Diskussions- und Entscheidungsprozesses um allgemeine Freiwilligendienste. Dabei bildeten die nationalen Kulturen freiwilligen Engagements den Hintergrund, auf dem die Chancen und Möglichkeiten eines solchen Dienstes begriffen und bewertet wurden.

Ziel dieses Beitrages ist es, die Erfahrungen mit staatlich initiierten Freiwilligendiensten und ihrer Umsetzung in den Nachbarländern Deutschlands zu beleuchten. Hierfür werden die Erfahrungen in Belgien, Frankreich und den Niederlanden vorgestellt, die jeweils die Wehrpflichtreform bereits ganz oder teilweise durchgeführt haben. Ebenso wird der Blick auf Großbritannien gerichtet, wo ein nationales Freiwilligenprogramm, unbeeinflußt von einer Rahmendiskussion um die Konversion des Zivildienstes, auf der Grundlage einer langen Tradition politischer Auseinandersetzung um die Förderung aktiven Bürgertums in der Zivilgesellschaft, entwickelt wurde. Die angelsächsische Tradition des *volunteering* bildet hier die Ausgangsbasis für eine konzeptionelle Weiterentwicklung der gängigen Formen freiwilligen Engagements in einen nationalen Dienst für Jugendliche.

Die entwickelten Konzepte werden vorgestellt und die Begründungs- und Entscheidungszusammenhänge im Kontext der gesellschaftlichen Rahmenbedingungen beschrieben. Abschließend wird der Frage nachgegangen, inwiefern die dargestellten Konzepte und Erfahrungen auch Perspektiven für die Zukunftskonzepte von Freiwilligendiensten in der Bundesrepublik Deutschland bieten.

1.1 *Zur Begriffsdefinition*

Trägerorganisationen kurz- und langfristiger Freiwilligendienste definieren in der Regel als Freiwillige diejenigen, die »im eigenen Land oder im Ausland, ohne Unterbrechung und in einer Ganztagsaktivität aufgrund einer freien, durchdachten, persönlichen Entscheidung tätig sind; sich in einem persönlichen, sozialen und interkulturellen Lernprozeß engagieren und in Vorhaben gemeinnützigen Charakters tätig sind ...«[1] Dieser Dienst wird nicht aus Erwerbsinteresse geleistet und ist unbezahlte Arbeit.

Dieser Definition entsprechen in den hier beschriebenen Ländern die dort verwandten Begriffe *Voluntary service, volontariat* und *vrijwilligersdienst*, unter die jedoch auch die Dienste der Entwicklungszusammenarbeit fallen. Das *volontariat* in Frankreich bezeichnet zudem auch die freiwillige Verpflichtung in der französischen Armee.

Ehrenamtliche Tätigkeiten, die in Deutschland auch zunehmend als freiwilliges soziales, oder bürgerschaftliches Engagement bezeichnet werden und inhaltliche Schnittflächen mit den oben genannten Diensten aufweisen, finden ihre Entsprechung in den Begriffen *volunteering, bénévolat* und *vrijwilligerswerk*. In den Niederlanden bezieht sich *vrijwilligerswerk* auch auf langfristige Dienste und das weit verbreitete ehrenamtliche Ganztagsengagement.

Da sich in der Praxis die Begriffe häufig überschneiden, werden hier im weiteren Freiwilligendienste für Jugendliche auch mit den Begriffen freiwilliges soziales Engagement, bürgerschaftliches Engagement und ehrenamtliche Arbeit beschrieben, um darin die möglichen konzeptionellen Erweiterungen zu erfassen.

1.2 *Auslöser gesellschaftspolitischer Debatten um Jugendgemeinschaftsdienste*

Die Wehrpflichtreform

Mit dem Ende des Kalten Krieges wurden in einer Reihe von NATO-Staaten die Aussetzung der Wehrpflicht und die Umschaltung auf ein Berufsarmee beschlossen.

Entscheidende Gründe für den Abschied von der Wehrpflicht war die Revision des Sicherheitskonzepts des Kalten Krieges, das von einer großflächigen Verteidigung der nationalen Landesgrenzen ausging. Die Hauptaufgabe der heutigen Armee im

---

1 Vgl. Dokumentation des Symposiums »Freiwilligendienst: Innovation in Europas Zukunft«, AGDF, Bonn 1994.

NATO-Verbund wird vorwiegend bei der Prävention von Konflikten gesehen. Dies erfordert kleine, schnell verfügbare, und hochtechnologisch ausgerüstete Einheiten, die zu »friedensstiftenden« und »humanitären« Missionen innerhalb und außerhalb des NATO-Gebietes eingesetzt werden können. Nachdem in den Nachbarstaaten eine Reihe von Erfahrungen mit UN- und NATO Einsätzen, an denen auch Wehrpflichtige teilnahmen, gesammelt und als riskant und schwierig beurteilt wurden, wurde für die notwendige vollständige Umschaltung auf eine Berufsstreitmacht entschieden.

Das Prinzip der Gleichstellung der Jugendlichen in der Armee war überdies nicht mehr vorhanden. Durchschnittlich nur noch ein Drittel der Wehrpflichtigen leisteten in Belgien, Frankreich und den Niederlanden ihren Wehrdienst in der Armee ab, während die anderen zwei Drittel entweder aus sozialen oder gesundheitlichen Gründen freigestellt wurden, im Zivil- und Katastrophenschutz einsetzt waren oder den Dienst mit der Waffe verweigerten. Zudem wurden Kosteneinsparungen im Verteidigungshaushalt nötig, da die Öffentlichkeit die Friedensdividende innenpolitisch einklagte.

In sowohl in Belgien und Frankreich, als auch in den Niederlanden war die Entscheidung für die Berufsarmee der Auslöser für die Debatte um einen alternativen nationalen Jugenddienst; dies trifft in Ansätzen auch auf Italien zu. Obwohl hier noch keine Wehrpflichtreform ins Auge gefaßt ist, hat die politische Diskussion um das Ende der Wehrpflicht doch bereits begonnen. Das italienische Parlament verabschiedete am 16.6.1998 ein Gesetz, das die Kriegsdienstverweigerung und den Zivildienst neu regelt. In Bologna und einigen anderen italienischen Gemeinden wird 1999 ein Pilotprogramm gestartet, in dem Zivildienstleistende und Frauen projektorientiert gemeinsam einen Freiwilligendienst leisten. Über die Zukunft des Zivildienstes im Spannungsfeld zwischen Pflichtdienst- und Freiwilligendienstoption für Männer und Frauen wird mittlerweile laut nachgedacht.

Es erscheint damit, als ob die Wehrpflichtreform eine automatische Zündungsfunktion für die Diskussion um einen nationalen Jugendgemeinschaftsdienst hätte. Denn wo keine Wehrpflichtreformen angedacht sind, wie z. B. in Griechenland oder den skandinavischen Ländern, ist auch keine Debatte um die Notwendigkeit eines solchen Dienstes zu verzeichnen. Jedoch können trotz anstehender Wehrpflichtreform auch innenpolitische Gründe vorliegen, die eine Debatte um Jugendgemeinschaftsdienste nicht aufkommen lassen.

In Spanien, wo die Wehrpflicht zum Jahr 2003 ausgesetzt werden wird, waren nicht die oben genannten sicherheitspolitischen Überlegungen im Vordergrund der Entscheidung, sondern die Tatsache, daß mittlerweile fast 70 % der Wehrpflichtigen den Dienst verweigern. Die Totalverweigerungskampagne, die Ende der achtziger Jahre von der antimilitaristischen Organisation MOC (*Movimiento de Objection de Conçiencia*) eingeleitet wurde, führte zu einer breiten Bewegung bürgerlichen Ungehorsams mit dem Ziel sozialer Demilitarisierung, der sich auch die Trägerorganisationen des Zivildienstes anschlossen. Dadurch brachen die Strukturen für den Zivildienst zusammen, und es kam zu einem Rückstau von 270.000 anerkannten Wehrdienstverweigerern, die ihren Zivildienst mangels Plätzen nicht ableisteten.

Die Armee, die 120.000 Soldaten umfassen sollte, leidet mit nur 34.000 Rekruten unter erheblichem Personaldefizit. Das Ende der Wehrpflicht wird hier als die Lösung des Problems gesehen, und es wird versucht, die Armee bereits vor 2003 vollständig zu professionalisieren. Auf diesem Hintergrund wurde bis dato jeder Versuch der Diskussion um einen allgemeinen Freiwilligendienst als politischer Versuch der Wiederbelebung der Trägerstrukturen des Zivildienstes interpretiert und in der Öffentlichkeit abgelehnt.

»Aktives Bürgertum« und zurücktretender Sozialstaat

In vielen europäischen Ländern wird derzeit der Rolle ehrenamtlichen Engagements und dem Konzept »aktiven Bürgertums« verstärktes Interesse geschenkt. Der Abbau des Sozialstaats, steigende Arbeitslosigkeit, soziale Ausgrenzung und Entsolidarisierungstendenzen sind hier Auslöser für eine Neubewertung freiwilliger Arbeit. Gekoppelt an die Diskussion um die demokratischen Rechte und Pflichten des Bürgers in der Zivilgesellschaft mündet diese Debatte im Falle Großbritanniens in ein nationales Jugendgemeinschaftsdienstprogramm.

Im Gegensatz dazu findet in den osteuropäischen Ländern aus historischen Gründen der Diskurs über den Aufbau der Zivilgesellschaft nach dem Fall der Mauer keine Verlängerung in eine öffentliche Debatte um die Notwendigkeit staatlicher Förderung freiwilligen Engagements. In den Jahren der kommunistischen Regierung wurde von der Partei »freiwilliges« Engagement in staatlich kontrollierten Massenorganisationen erwartet. Das Erbe dieser Zeit wirkt auch heute noch nach und bildet keinen Nährboden für eine Diskussion um nationale Jugendfreiwilligendienste. Das schlechte Image von ehrenamtlichem Engagement und staatlichen Jugendprogrammen schwindet nur langsam, und der dritte Sektor ist erst seit Anfang der neunziger Jahre im Aufbau.

1.3 *Diskussionsprozesse und Entscheidungsfaktoren*

In den Nachbarländern Deutschlands wurde mit der Entscheidung für die Aussetzung der Wehrpflicht die Debatte um das Pro und Kontra eines nationalen Dienstes von den folgenden Überlegungen bestimmt:

Pflicht- oder Freiwilligendienst

Sowohl in Frankreich, Belgien als auch in den Niederlanden wurde die Diskussion um einen Pflichtdienst für Jugendliche relativ kurz geführt. Als wesentliche Argumente dagegen wurden aufgeführt, der Pflichtdienst kollidiere mit internationalen Konventionen, die die Zwangsarbeit verbieten und führe zur Arbeitsplatzverdrängung und unzulässiger Arbeitsmarktverzerrung. Die Diskussion um den Pflichtdienst war in der Regel von den Parametern militärischer Pflichtlogik geprägt, und dem moralischen Appell, die Jugend müsse an die Gesellschaft zurückgeben, was sie über Erziehung und Ausbildung zuvor empfangen habe.

Aber auch in Großbritannien gab es in den achtziger Jahren eine Pflichtdiskussion, allerdings im Kontext des Abbaus des Wohlfahrtsstaates. Noch 1990 wurde von der *No Turning Back* Gruppe konservativer Abgeordneter in Verbindung mit den Vorschlägen zur Privatisierung des Sozialversicherungssystems die Idee lanciert, daß junge Leute, die keine Sozialbeiträge zahlen können, dazu verpflichtet werden sollten, Dienste zum Gemeinwohl als alternative Beitragszahlung zu leisten. Auch hier setzte sich die Pflichtdebatte nicht durch, da die Freiwilligenorganisationen fürchteten, daß alleine die Arbeitslosenstatistiken korrigiert werden sollten.

Beschäftigungsprogramm oder Freiwilligendienste

Die Höhe der Jugendarbeitslosigkeit und die Dringlichkeit ihrer Bekämpfung spielt eine maßgebliche Rolle in allen europäischen Ländern. In der Diskussion um Strategien der Bekämpfung der Jugendarbeitslosigkeit wurde die Einrichtung eines allgemeinen Freiwilligenprogramms immer gegen die Einrichtung eines Beschäftigungsprogramms oder die Fortschreibung laufender Maßnahmen gegen die Jugendarbeitslosigkeit abgewogen.

Die Jugendarbeitslosenquote betrug für die Gruppe 15 – 24jährige 1996:

Belgien	Frankreich	Großbritannien	Niederlande
17.3 %	25,1 %	17,9 %	11,5 %

Quelle: Eurostatistisches Jahrbuch 1997

Durch das Fehlen eines dualen Ausbildungssystems liegt die Zahl in Frankreich drastisch höher als in den anderen Ländern, die zumindest Elemente eines dualen Bildungssystems mit Zugängen zum Arbeitsmarkt kennen, oder wie vergleichsweise in Deutschland mit 10,5 %. Sowohl Frankreich als auch Belgien gaben politische Priorität an die Lancierung eines Beschäftigungsprogramms für Jugendliche bzw. die Fortschreibung laufender Maßnahmen. In Großbritannien entschied man sich für die Einrichtung sowohl eines Freiwilligendienstes wie auch eines Beschäftigungsprogramms, die wegen ihrer teilweisen Verzahnung auf vielfache Kritik im Freiwilligensektor stießen.

Die niederländische Regierung sah in erster Linie ebenfalls aus Arbeitsplatzargumenten von dem entwickelten Konzept eines Orientierungsjahres für Jugendliche ab, arbeitet aber an der Entwicklung einer Teilversion des Modells weiter. In allen Ländern hatte dabei die Position der Gewerkschaften auf die Umsetzung der konzipierten Freiwilligenprogramme entscheidende Bedeutung im politischen Gewichtungsprozeß. Von sowohl dem Freiwilligensektor als auch den Gewerkschaften wurden Versuche der Instrumentalisierung freiwilligen Engagements als billige Lösung des Abbaus sozialstaatlicher Dienstleistungen abgewehrt.

Auf dem Weg zur europäischen Wirtschaftsunion stehen alle Staaten unter Druck, ihre Arbeitslosenquoten zu verringern. Wenn also in dem Spannungsfeld zwischen Jugendarbeitslosigkeit und der Etablierung eines Jugendgemeinschaftsdienstes abgewogen werden mußte, kamen Zusatzfaktoren als Zünglein an der Waage zum Tragen.

Die Kultur freiwilligen Engagements und Jugendpolitik

Die nationale Tradition der Freiwilligenarbeit, ihre Verknüpfung mit jugendpolitischen Leitlinien und insbesondere Erfahrungen mit mittel- und langfristigen Freiwilligendiensten spielen eine große Rolle im politischen und gesellschaftlichen Entscheidungsprozeß im jeweiligen Land. Die langfristigen Freiwilligendienstprogramme, wie sie in Deutschland z.B. im Freiwilligen Sozialen oder Ökologischen Jahr zu finden sind, sind in den hier beschriebenen Ländern so nicht vertreten. Die meiste Erfahrung konzentriert sich auf die kurzfristigen Dienste.

In Großbritannien und in den Niederlanden, in denen ehrenamtliches Engagement über die Jahre hinweg durch positive Rahmenbedingungen und öffentliche Anerkennung gefördert wurde, ist ein nachhaltiger Einsatz für Initiativen im Freiwilligenbereich in unterschiedlicher Form zu konstatieren. Jugendpolitische Leitlinien, die in diesen Ländern unter den Kennworten »Chancengleichheit«, »Partizipation« und »Erziehung zum aktiven Bürger« gefaßt werden, finden unter diesen Bedingungen eher ihre Verlängerung in Freiwilligenprogrammen für Jugendliche. Für die Regierungen Frankreichs und Belgiens rückte Freiwilligenarbeit in den letzten Jahren unter dem Vorzeichen sozialstaatlichen Nutzens zunehmend ins Blickfeld. Es wurden hier jedoch nur begrenzt Fördermaßnahmen auf gesetzlicher und finanzieller Ebene entwickelt. Ein qualitativ neuer, öffentlicher Diskurs über die Rolle und den Mehrwert der Freiwilligenarbeit für die Gesellschaft wäre als Nährboden für neue Initiativen hier nötig, um jugendpolitische Programme im Freiwilligensektor zu stimulieren.

2. *Konzepte für Jugendgemeinschaftsdienste und ihre Umsetzung – Beispiele aus Europa*

Die hier vorgestellten Konzepte für Jugendgemeinschaftsdienste umfassen:
- den Freiwilligen Gemeinschaftsdienst in Belgien, der nicht umgesetzt wurde;
- den *Service National* in Frankreich, der in Teilbereichen noch entwickelt werden muß;
- das gesellschaftliche Orientierungsjahr (MOJ) in den Niederlanden, das in Teilbereichen weiterentwickelt wird;
- *Millenium Volunteers* in Großbritannien, das sich in der Umsetzung befindet.

Vier Leitideen sind in den hier vorgestellten Konzepten in unterschiedlicher Ausprägung erkennbar:

- Ein Gemeinschaftsdienst soll der Persönlichkeitsentwicklung der Jugendlichen und ihrer Qualifizierung dienen;
- Der Dienst soll dem Gemeinwohl durch Einsatz der Jugendlichen in Sozialprojekten zugute kommen;
- Der Dienst ist als *rite de passage* gedacht, und soll den Jugendlichen als Orientierungsphase auf ihrem Lebensweg zwischen Schule und Arbeitsmarkt dienen. Dafür muß der Dienst bei den Bedürfnissen und der Lebenswelt der Jugendlichen ansetzen.
- Der Dienst gehört zu den Bausteinen einer zivilen Gesellschaft durch praxisorientierte Erziehung der Jugendlichen zum aktiven Bürger zu gegenseitigem Gewinn.

In allen vorgestellten Ländern ist die Umsetzung dieser Leitideen von nationalen und kulturellen Gegebenheiten geprägt. So ist in Frankreich die Interpretation des Dienstes am Gemeinwohl von der republikanischen Idee des »Dienstes an der Nation« inspiriert, während in Großbritannien die Labourregierung »das gebende Zeitalter« (T. Blair) zum Milleniumwechsel einläutet und dessen Verkörperung im aktiven Bürgertum sieht.

In den Konzepten sowohl Belgiens als auch Frankreichs lag der Schwerpunkt auf der Betonung des Allgemeinwohls, und es wurde kaum Bezug auf die Bedürfnisse der Jugendlichen genommen. Dieses Element tritt stärker im niederländischen und britischen Konzept zum Vorschein.

In Großbritannien sind die Leitideen des Programms *Millenium Volunteers* von der Philosophie des Kommunitarismus in der Zielsetzung beeinflußt, individuelle Rechte mit der Verantwortlichkeit des Individuums für die Gemeinschaft ins Gleichgewicht zu bringen. Unbegrenztem Individualismus soll durch gemeinnützigen Einsatz entgegengewirkt werden. Freiwilliges Engagement und, daran gekoppelt, aktives Bürgertum, wird als lebendiger Ausdruck einer demokratischen Gesellschaft gesehen und kann nicht durch ein Pflichtprinzip erwirkt werden.

2.1 Das Beispiel Belgien

»Die Einführung eines Freiwilligen Gemeinschaftsdienstes muß ein gemeinschaftliches Regierungsprojekt werden, das zum »Bürgervertrag« paßt. Er ist eine gesellschaftliche Herausforderung, jenseits der Alltagspolitik und mit direkter, positiver Auswirkung auf die Gesellschaft« (Verteidigungsminister Delcroix, 22.2.1994)

Nachdem der belgische Ministerrat 1992 beschlossen hatte, die Armee bis zum Jahr 1994 in eine Berufsarmee umzuwandeln und die Wehrpflicht zu suspendieren, entstand eine breite gesellschaftliche Diskussion um die Notwendigkeit eines Jugendgemeinschaftsdienstes. Der Dienst sollte die bisher mit der Wehrpflicht verknüpfte Persönlichkeitsentwicklung Jugendlicher im Einsatz für die Gemeinschaft konzeptionell fortführen. Diese Idee wurde nach ersten Meinungsumfragen von breiten Teilen der Bevölkerung und den Trägerorganisationen des Zivildienstes befürwortet. Die Zahl der Zivildienstleistenden war zu diesem Zeitpunkt von durchschnittlich

2.000 in den achtziger Jahren auf 1.500 abgesunken. Nachdem die Pflichtdienstoption nach kurzer Debatte zur Seite gelegt wurde, gab die belgische Regierung dem Verteidigungsminister Delcroix 1993 den Auftrag, das Konzept eines Jugendgemeinschaftsdienstes auszuarbeiten, welches am 22.2.1994 in einer Pressekonferenz der Öffentlichkeit vorgestellt wurde.

Der Freiwillige Gemeinschaftsdienst (*Vrijwillige Gemeenschapsdienst, VGD*) sollte in seiner Umsetzung die folgenden Punkte umfassen:

- Dieser VGD wurde als gesellschaftliche Orientierungsphase zwischen Schule und Beruf gedacht und sollte der Persönlichkeitsentwicklung der Jugendlichen dienen. Der Dienst sollte »unbezahlte Arbeit in einem strukturierten Zusammenhang« sein und keine bezahlte Arbeitskraft ersetzen, sowie von freier Entscheidung getragen sein.
- Die Zielgruppe sollten Jugendliche im Alter von 18 – 25 Jahren sein: langfristig sollte der Dienst allerdings für alle Altersgruppen geöffnet werden; auch Jugendliche ausländischer Herkunft sollten sich am Dienst beteiligen können.
- Die Dauer des Dienstes sollte mindestens 6 Monate und maximal ein Jahr betragen, bei Auslandsdienste bis zu maximal 24 Monaten.
- Einsatzstellen sollten die Träger der freien Jugendarbeit, des Gesundheits- und Wohlfahrtssektors, Schulen, der Zivil- und Umweltschutz und die Träger der Entwicklungszusammenarbeit sein. Die freie Wirtschaft kam als Einsatzstelle nicht in Frage.
- Das Freiwilligenstatut sollte eine umfassende vertragliche und soziale Absicherung des Dienstes gewährleisten. Das betraf neben Kranken- und Unfallversicherung die Anrechnung des Dienstes auf die Altersversorgung, im Falle von Arbeitslosigkeit die Anrechnung als Wartezeit, sowie die Weiterzahlung des Kindergeldes während des Dienstes. Eine steuerfreie Vergütung von DM 750 war vorgesehen. Die Kosten des Dienstes sollten zwischen Regierung und Trägereinrichtungen aufgeteilt werden.
- Der VGD sollte auf nationaler Regierungsebene initiiert und auf föderaler Ebene umgesetzt werden. Dabei sollten in der Organisationsstruktur Provinzen und Gemeinden, Schulen und Jugendeinrichtungen ebenso wie Sozialämter für die Rekrutierung der Jugendlichen sorgen. Speziell einzurichtende Informationsbüros sollten zwischen Angebot und Nachfrage vermitteln und zu diesem Zweck interessierte Trägereinrichtungen und Behörden registrieren. Qualitätskontrolle der Dienste sollte durch eine speziell zu schaffende Koordinationsstelle gewährleistet werden.

Das vorgestellte Konzept, das sich in breiten Zügen an ein schon 1992 vom Verein Zivildienst für den Frieden (*Burgerdienst voor de Vrede*) vorgeschlagenes Modell anlehnte, wurde in Seminaren und Symposien von allen gesellschaftlich beteiligten Gruppen diskutiert und besonders von den großen Wohlfahrtseinrichtungen positiv begrüßt. Auf der politischen Ebene wurde jedoch der Gemeinschaftsdienst mit dem Votum der CVP (*Christelijke Volkspartij*) Flanderns gegen den im Senat eingebrachten Gesetzesvorschlag der eigenen Partei zu Fall gebracht. Dies mit dem Argument, daß ein als Arbeitsloser registrierter Jugendlicher im Freiwilligendienst mit den Bestimmungen des *Jongerenbaangarantieplan* (Arbeitsförderungsgesetz für Jugendliche) in Kollision käme. Mit dem Votum brach die politische Debatte um den VGD zusammen und wurde danach nicht wieder aufgenommen. Mehrere Faktoren waren für das Scheitern des Konzepts ausschlaggebend:

Der arbeitsmarktpolitische Faktor

Die Gewerkschaften lehnten das VGD Konzept ab. Der Jugendverband der Gewerkschaften reichte ein Minderheitsvotum mit den Argumenten ein, daß Freiwilligenarbeit generell bezahlte Arbeit verdränge und die Schaffung bezahlter Arbeitsplätze Vorrang haben müsse. Das Votum spiegelte die politische Einstellung der Gewerkschaften zu freiwilligem Engagement wider und fand ihren Niederschlag im Stimmverhalten der CVP Flandern, deren Parteimitglieder teilweise gewerkschaftlichen Hintergrund hatten. Darüber hinaus interpretierten auch die anderen Jugendverbände den VGD als arbeitsplatzverdrängende Initiative.
Die jahrelangen Bemühungen der Verbände in den achtziger Jahren um Professionalisierung der Jugendarbeit sah man durch die Einrichtung des VGD gefährdet. Da die Regierung für den VGD als einem möglichen Zugangsweg zu einem bezahlten Arbeitsplatz argumentierte, sahen die Jugendverbände hier eher eine Bestätigung ihrer Befürchtung, daß Arbeitslosenstatistiken retuschiert werden sollten.

Der jugendpolitische Faktor

Die Verantwortung für die belgische Jugendpolitik ist auf föderaler Ebene bei der flämischen, der wallonischen und der deutschsprachigen Gemeinschaft verankert. Wenn auch die jugendpolitischen Leitlinien gemeinschaftliche Züge tragen, so gehen doch Prioritäten und Methoden der Jugendarbeit häufig auseinander. Diese Struktur führt zu einer tendenziell fragmentierten Politik, die angesichts des flämisch-wallonischen Spannungspotentials die Implementierung einer Initiative, die von nationaler Ebene ausgeht, eher erschwert.

Mangelnde Förderung freiwilligen Engagements

Die belgische Regierung hatte bis zur Debatte um den VGD kaum Initiativen zur Förderung ehrenamtlichen Engagements entwickelt. Auf nationaler Ebene setzten die beschäftigungspolitischen Maßnahmen der Regierung über die letzten 20 Jahre hinweg den allgemeinen Status freiwilliger Arbeit eher herab. Auf der politischen Tagesordnung spielte Freiwilligenarbeit neben der Beschäftigungspolitik kaum eine Rolle. Eine eigene Tradition langfristiger Freiwilligendienste gibt es nicht. 1976 wurde in der Wallonie per Dekret die Rolle des Dritten Sektors für die soziale Entwicklung der Gemeinschaft durch die Regelung staatlicher Bezuschussung von Organisationen des dritten Sektors anerkannt. Auf flämischer Ebene gab es 1994 ein Gesetz, das einen Freiwilligenstatus für ehrenamtlich Engagierte zumindest in Teilbereichen regelte. Diese gesetzliche Maßnahme wurde als erste offizielle Anerkennung des Mehrwerts freiwilligen Engagements durch die flämische Regierung gewertet. Durch die Einrichtung einer Arbeitsgruppe zur Freiwilligenarbeit im Jugendrat der flämischen Regierung ab Februar 1999 ist zukünftig ein höherer Stellenwert des Themas zu erwarten, der mit einer intensiveren Diskussion um die Notwendigkeit eines Freiwilligenstatus einher gehen könnte.

Jedoch konnte die Diskussion um einen nationalen Jugendgemeinschaftsdienst bis dato nicht wiederbelebt werden und wird, nach allgemeinen Einschätzungen, für absehbare Zeit auch nicht mehr auf der Tagesordnung erscheinen.

2.2 Das Beispiel Frankreich

»*Die Reform des Service National ist ein gesellschaftspolitisches Projekt... weil sie eine neue Konzeption der Beziehung zwischen Bürger und Staat entwirft.« (Verteidigungsminister Millon, Le Monde, 7.10.1996)*

Jacques Chirac eröffnete in seiner Rede vom 22. Februar 1996, in der er die Umwandlung der französischen Streitkräfte in eine Berufsarmee bis zum Jahr 2003 ankündigte, die nationale Debatte um die Reform der Wehrpflicht in Frankreich.

Die damit einher gehende öffentliche Diskussion um die Einführung eines zivilen Pflichtdienstes war von Anfang an kontrovers. Traditionell wird die Armee in Frankreich als der Schmelztiegel der Nation angesehen, ein Bindeglied der Republik, in dem sich alle sozialen Schichten mischen. Ein sozialer Pflichtdienst wurde eingangs von dem damaligen Verteidigungsminister Millon als die Fortführung dieser Idee befürwortet, von den Gewerkschaften aus arbeitsmarktpolitischen Gründen allerdings abgelehnt.

In öffentlichen Meinungsumfragen sprachen sich 67 % der Bevölkerung Ende 1996 für die Einführung eines Freiwilligen Sozialen Dienstes aus. Mit der politischen Entscheidung für die Aussetzung der Wehrpflicht verlagerte sich der Schwerpunkt der Diskussion auf die potentielle Einführung eines solchen Freiwilligendienstes.

Die Fortführung der »Bindung der Jugend an die Nation« wurde im Konzept einer staatsbürgerlichen Begegnung (*rendez-vous citoyen*) ausgearbeitet, das fünf Tage dauern und jeweils 1.000 Jugendliche in 12 Bildungszentren im ganzen Land zusammenbringen sollte. Das Programm sollte eine medizinische Untersuchung, einen Bildungstest, die weitere Abklärung der beruflichen Laufbahn, Staatsbürgerkunde und Informationen über einen langfristigen Freiwilligendienst umfassen und als *rite de passage* zum aktiven Bürgertum verstanden werden.

Auch dieses Konzept wurde kontrovers diskutiert, weil der Bildungsplan für diese fünf Tage keine deutlichen Konturen zeigte und die Logistik für Zusammenkünfte dieser Größenordnung der Regierung Sorgen bereitete. Auf seiten der Jugendlichen war das Interesse für die gesamte Debatte eher gering. Obwohl im Laufe der großen nationalen Konsultation zur Wehrpflichtreform über 10.000 Veranstaltungen mit Jugendlichen organisiert wurden, blieb die Teilnehmerzahl niedrig.

Im Oktober 1997 verabschiedete das französische Parlament schließlich das Gesetz zur Wehrplichtsreform. Der neue *Service National* enthält die folgenden Komponenten:
a) die Suspendierung der Wehrplicht, die im Verteidigungsfall wieder auflebt; die Erfassung der Jugendlichen ist Pflicht und muß von den Jugendlichen im Rahmen ihrer Schul- und beruflichen Laufbahn nachgewiesen werden;
b) den eintägige »Aufruf zur Vorbereitung auf die Verteidigung« (*Appél de préparation à la défense*);
c) die tatsächliche Einziehung, die jedoch ausgesetzt ist;
d) die Einrichtung eines Freiwilligendienstes, der sowohl dem »allgemeinen Interesse, als auch der Entwicklung der Solidarität und der Zugehörigkeit zur Nation, dient«[2]: der Dienst soll in den Bereichen Verteidigung, Sicherheit und Prävention, in der Sozialarbeit und in der internationalen Zusammenarbeit und der humanitären Hilfeleistung erfolgen;
e) ab der Jahrtausendwende sind auch junge Frauen von der Erfassung betroffen.
In der Gesetzesreform stellt der ADP-Tag das Rudiment der eingangs angedachten staatsbürgerlichen Begegnung dar, in der der republikanische Gemeinschaftssinn gestärkt werden soll. Die Jugendlichen erhalten Informationen über Ziele und Organisation der nationalen Verteidigung sowie über die Möglichkeiten, Berufssoldat zu werden oder an einer kurzen militärischen Ausbildung teilzunehmen. Außerdem wird ein Sprachtest durchgeführt, der eventuell vorhandenen Analphabetismus aufspüren soll. Seit dem 3. Oktober 1998 ist diese Form des »Militärersatzdienstes« in Kraft und wird landesweit an Samstagen als ADP-Tag veranstaltet.
Die Förderung der zivilen Ersatzdienste wurde mit der Wehrpflichtreform von 1997 bis auf die Auszahlung des Grundsoldes (150 DM) an die Trägerorganisationen gestrichen. Die Trägerorganisationen sahen sich dadurch vor unvorhergesehenen finanziellen Engpässen, da sie plötzlich die Zivildienstleistenden selber bezahlen mußten. Die Zahl der Kriegsdienstverweigerer fiel mit der Ankündigung der Wehrpflichtreform von 15.000 im Jahr 1996 auf 9.445 im Jahr 1998.
Parallel zur Gesetzesreform wurde das Beschäftigungsprogramm l'*Emploi-Jeunes* lanciert. Das auf fünf Jahre angesetzte Programm legte einen Haushalt von 10,5 Milliarden DM vor, um 350.000 arbeitslose Jugendliche unter 26 Jahren zum Minimumlohn in ABM Stellen zu beschäftigen. 80 % des Lohns werden von der Regierung und die restlichen 20 % vom Arbeitgeber übernommen. 20 % des vorgesehenen Haushalts richtete sich speziell auf benachteiligte Jugendliche. Da diese Stellen der Privatwirtschaft keine Konkurrenz machen dürfen, wurden neue Stellen von »sozial nützlichem Charakter« im Dienstleistungsbereich geschaffen, insbesondere in den Feldern Sport, Kultur, Bildung und Umwelt. De facto wurden zu diesem Zweck 22 neue Berufsbilder geschaffen, wie z.B. »Vorbeugeagent« in Metrostationen, Koordinatoren für schulische Unterstützung, Kultur-Entwicklungsbeauftragte und Vermittler im strafrechtlichen und familiären Bereich. Berufsbegleitende Maß-

---

2   Loi no.97-1019 du 28 octobre 1997 portant réforme du service national.

nahmen sollen die Arbeitsplatzsuche nach Ende der 5jährigen Laufzeit erleichtern. Bis Ende 1998 hatten 150.000 Jugendliche über diese Maßnahme einen Arbeitsplatz gefunden.
Neben dem Programm l'*Emploi-Jeunes* wurde zudem im März 1998 das Programm »*Trace*« (*Trajét d'accès à l'emploi*) vorgelegt, das sich mit einem Haushalt von 54 Millionen DM schwerpunktmäßig auf benachteiligte Jugendliche richtete. In einem Zeitraum von 18 Monaten werden Praktikum, Weiterbildung und ein Arbeitsplatz miteinander verknüpft.
Die Diskussion um den zivilen Freiwilligendienst verschwand 1998 völlig hinter der Debatte um die verabschiedeten Beschäftigungsprogramme. Die französische Regierung legte eindeutig den Schwerpunkt ihrer Politik auf die Arbeitsmarktförderung, um der hohen Jugendarbeitslosigkeit und dem damit gekoppelten sozialen Sprengstoff zu begegnen. Die traditionelle Gewerkschaftsnähe der Regierung und ihre zurückhaltende Beziehung zum Freiwilligensektor waren hier ausschlaggebend. Seit den frühen achtziger Jahren hat es keine bemerkenswerten Maßnahmen zur Stimulierung der Freiwilligenarbeit gegeben und legislative Initiativen blieben oft in ausgedehnten Debatten ohne Resultate stecken. Die Schaffung von bezahlten Arbeitsplätzen behielt Priorität. Auch die Gewerkschaften lehnten bis dato die Förderung des Freiwilligensektors als konkurrierend zur Schaffung von Arbeitsplätzen ab.
Die französische Regierung arbeitet derzeit an einer Gesetzesvorlage zu dem in der Wehrpflichtreform angekündigten zivilen Freiwilligendienst. Die Zielgruppe sollen 18 – 30jährige sein, die zwischen 10 Monate und einem Jahr einen Dienst im sozialen Bereich leisten können. Die Entwicklung dieses zivilen Dienstes verläuft schleppend im Vergleich zur Umsetzung des *volontariats*, eines freiwilligen Dienstes in der militärischen Verteidigung, das bereits operationalisiert ist.
Hier wird die fehlende Tradition langfristiger ziviler Dienste, ausgenommen in der Entwicklungszusammenarbeit, bemerkbar. Bezeichnenderweise ist der Teil der Gesetzesvorlage, der sich mit den Diensten in der internationalen Zusammenarbeit befaßt, weit vorangeschritten. Während in diesem Feld auf konkrete Erfahrung zurückgegriffen werden kann, ist dies bei langfristigen Diensten im Wohlfahrtssektor, bis auf Einzelprojekte, nicht der Fall. Für die Entwicklungszusammenarbeit gibt es einen definierten Freiwilligenstatus, nicht aber für andere langfristige Dienste. Für die Gesetzesvorlage sollen nun verschiedene Definitionen und Konzepte zur Freiwilligenarbeit harmonisiert und die vorliegenden Projekterfahrungen ausgewertet werden. Außerdem sind klare Abgrenzungen gegenüber den Tätigkeitsfeldern des *Emploi-Jeunes* erforderlich, da hier eine Grauzone der Überschneidung mit dem Freiwilligensektor eröffnet wurde.
Für das Jahr 1999 werden in einer Reihe von Konferenzen Träger- und Jugendorganisationen in einem Konsultationsprozeß Bedarf und Erwartungen mit Blick auf das neue Gesetz klären. Das französische Modell des zivilen Freiwilligendienstes, als Teil des Service National, ist mit der Vorlage der Gesetzesinitiative zur Jahrtausendwende zu erwarten.

2.3 Das Beispiel Niederlande

> »Wir leben im ›Jahrhundert des Kindes‹, aber oft kommen Kinder kaum mit der gesellschaftlichen Realität in Berührung ... Es ist wesentlich, Jugendlichen eine breite Palette an Orientierungsmöglichkeiten in der Gesellschaft zu bieten ... Das ist nicht nur im Interesse der Jugend ... Es ist auch von kollektivem Interesse, denn die Jugend ist ›menschliches Kapital‹ für die Gesellschaft, heute und in der Zukunft.« (Jeugd op oriëntatie, Verwey Joncker Institut, 1998)

In den Niederlanden untersuchte die 1992 von der Regierung eingesetzte Kommission Meijer die Option eines zivilen Pflichtdienstes, der, neben der Einübung gesellschaftlicher Solidarität der Jugendlichen, den Arbeitskräftemangel im Gesundheitssektor ausgleichen sollte. Die Diskussion darüber war in Kürze beendet, da eine Umsetzung des Pflichtdienstes als nicht realistisch eingeschätzt wurde und auf Regierungsebene keine Mehrheit fand. Der damalige Premierminister Lubbers hielt mehr von der Idee einer Phase gesellschaftlicher Orientierung für Jugendliche. In der Folge gab die Ministerin für Wohlfahrt, Gesundheit und Sport, unter deren Ressort die Jugendpolitik fällt, im Dezember 1992 dem Rat für Jugendpolitik den Auftrag, ein Orientierungsprogramm (*Maatschappelijke Orientatie Jongeren – MOJ*) für Jugendliche auszuarbeiten, das mit der jugendpolitischen Leitlinie der Förderung der gesellschaftlichen Partizipation vereinbar sein sollte.
Im Jahr 1993 wurde die Reform der Wehrpflicht angekündigt und diese ab dem 1.2.96 ausgesetzt. Zu diesem Zeitpunkt war bereits die Zahl der Zivildienstleistenden von durchschnittlich 2.300 in den achtziger Jahren auf 1.500 abgesunken.

Das Konzept des Maatschappelijke Orientatie Jongeren (MOJ)

1994 wurde ein Konzept für MOJ mit den folgenden Leitgedanken vorgelegt:
- Das Programm sollte bei der Lebenswelt der Jugendlichen, ihrem Orientierungsbedarf in der Gesellschaft und ihren Bildungs- und Entwicklungsperspektiven ansetzen. Es sollte zur Horizonterweiterung beitragen und ein gesellschaftliches Übungsfeld für Jugendliche bieten, damit Jugendliche selbst entscheiden könnten, was sie für in die Gesellschaft einbringen wollten. Das Programm sollte bereits in der Schulzeit ansetzen, um auch benachteiligte Jugendliche einzubeziehen, die sonst nicht von Freiwilligenprogrammen erfaßt würden.
- Als Zielgruppe wurden Schüler bis zum 16. Lebensjahr und Schulabgänger zwischen 16 und 21 Jahren definiert.
- Für Schulabgänger sollte die Dauer des freiwilligen Programms zwischen drei Monaten und einem Jahr, bei einem Wochenstundenaufwand zwischen 16 und 32 Stunden, veranschlagt werden. Für Schüler sollten Angebote als Teil des Curriculums entwickelt werden.
- Einsatzstellen sollten u.a. Wohlfahrtseinrichtungen, Non-Profitorganisationen, Betriebe und die Kommunen werden. Dabei war an Einsätze im In- und Ausland gedacht.

- Durch ein Freiwilligenstatut sollten Jugendliche ein Taschengeld von DM 300,– sowie Vergünstigungen, z.B. Jahreskarten für die Bahn und Museen, erhalten. Es sollten Regelungen getroffen werden, daß Freiwilligendiensten arbeitsloser Jugendlicher nicht mit den Bestimmungen für den *Jeugdwerkgarantieplan* (Maßnahme gegen die Arbeitslosigkeit) kollidierten. Die Teilnahme am MOJ-Programm sollte die Anrechnung relevanter Erfahrungen auf die spätere Ausbildung ermöglichen.
- Die Organisationsstruktur sollte die Einrichtung von Transferstellen für die Vermittlung von Angebot und Nachfrage beinhalten, die die Qualitätskontrolle der Einsatzstelle sichern, für die Begleitung der Jugendlichen verantwortlich sind und Standards wie Verträge, Versicherungen und die Zeugnisausstellung garantieren.
- Das Programm sollte flexibel angelegt sein und, so weit möglich, maßorientiert für Jugendliche und Trägereinrichtungen sein.

Der Rat für Jugendpolitik berechnete, daß ein solches Programm kostenneutral sein könne, wenn man die Vermeidung abgebrochener Ausbildungen von Jugendlichen einberechnet und in Rechnung stellt, daß Maßnahmen gegen Jugendarbeitslosigkeit im Falle der MOJ-Vorlaufphase effizienter arbeiten würden.

Der Diskussionsprozeß

Das MOJ-Konzept wurde im Vorfeld in mehreren Städten mit Trägern der freien Jugendarbeit und Jugendorganisationen diskutiert. Die Resonanz der Jugendlichen auf das vorgeschlagene Orientierungsprogramm war positiv. Verschieden Schulen in Deventer, Haarlem und Hilversum waren bereit, an einer Probephase teilzunehmen.
Die Gewerkschaften begrüßten die schulische Orientierungsphase, lehnten jedoch die außerschulische Phase aus Gründen potentieller Arbeitsplatzverdrängung ab. Auch die Regierung gab dem Abbau der Arbeitslosigkeit letztendlich den Vorrang und sah eher die Förderung ehrenamtlicher Arbeit als Lösungsmöglichkeit des Bedarfs nach einer Orientierungsphase. Die Finanzierungsfrage spielte dabei eine ausschlaggebende Rolle.

Die Weiterentwicklung des Konzepts

Das Direktorat Jugendpolitik im Ministerium VWS (*Ministerie van Volksgezondheid, Welzijn en Sport*) ließ 1997 eine Forschungsstudie erstellen, die die allgemeinen Leitlinien des MOJ-Programms zu einem Konzept mit operationalisierbaren Bestandteilen weiter ausarbeitete.
Die Ergebnisse des Quick Scan wurden in einer Broschüre zusammengefaßt, die an Gemeinden, Schulen sowie Jugend – und Trägerorganisationen verteilt wurde. Als modifizierte Leitidee wurde darin primär die Entwicklung sozialer Fertigkeiten beschrieben, um aktiv an einer sich verändernden Gesellschaft teilzunehmen. Dabei ging es in erster Linie um Fertigkeiten, die Jugendliche zu selbständigen, selbst-

bewußten und urteilsfähigen demokratischen Bürgern machen, die der pluralen Gesellschaft gewachsen sind. In zweiter Linie ging es um die Entwicklung von Fähigkeiten, die Zugang zum Arbeitsmarkt verschaffen. Dazu gehören Flexibilität, Problemlösungsvermögen, Teamfähigkeit und soziale Kompetenzen. Die Bedürfnisse von Jugendlichen als Ausgangsfaktor für die Orientierungsphase standen damit nicht mehr explizit im Mittelpunkt des Konzepts.

Vier gesellschaftspolitische Trends, die solche Übungsräume erfordern, wurden benannt:
- die Notwendigkeit des »Lebenslangen Lernens«;
- die Notwendigkeit der offiziellen Anerkennung außerschulischer Leistungen durch Zeugnisse;
- die Förderung demokratischer Teilnahme Jugendlicher in der Kommunalpolitik; und
- die Notwendigkeit der Rückgewinnung öffentlichen Raums für Jugendliche.

Die Broschüre stellt eine Liste von Beispielen (*best practices*) im In- und Ausland zusammen und empfahl Kooperationspartner für die Entwicklung von Initiativen und Programmen.

Als Zielgruppe beschränkte sich das Konzept nun auf die 12-16jährigen, weil hier Freiwilligenarbeit mit Schulprojekten verknüpft werden kann und es dazu auch bereits eine Reihe von Initiativen gab. Die politische Umsetzung erschien damit wahrscheinlicher als bei einem außerschulischen Orientierungsjahr.

Die Perspektive des MOJ-Konzepts

Ehrenamtliches Engagement wird in den Niederlanden oft mit hohem Stundeneinsatz und verbindlich geleistet und gesetzlich durch die Sicherung sozialstaatlicher Leistungen gefördert. Obwohl die Niederlande im europäischen Vergleich die anderen Länder im Bereich ehrenamtlicher Arbeit überrundet, hat sich dieses hohe Engagement nie in eine Tradition langfristiger Dienste, wie sie dem Freiwilligen Sozialen Jahr in Deutschland oder dem AmeriCorps Programm in den USA entsprechen würden, ausweiten können. Die Aufgabe der Regierung für den Bereich der Freiwilligenarbeit ist traditionell im Bereich der Förderung von neuen Initiativen, Schaffung von gesetzlichen Rahmenbedingungen und der Einrichtung von unterstützenden Strukturen angesiedelt. Freiwilligenpolitik ist im Kontext der Dezentralisierung eine Aufgabe der Kommunen und keine nationale Aufgabe.

MOJ ist als jugendpolitisches Konzept nicht von Trägerorganisationen der Freiwilligenarbeit betrieben worden, und das Schlagwort MOJ ist bei Jugendverbänden und Trägern oft sogar unbekannt. Das Direktorat Jugendpolitik des Ministeriums VWS hält MOJ als zukunftsfähige Idee aber auf der Tagesordnung und sucht nach einer Strategie, die langfristig einen politischen Konsens zur Einrichtung eines solchen Programms ermöglicht, ohne daß man sich derzeit auf eine Lobby von Jugend- oder Trägerorganisationen dabei stützen könnte. Dadurch wird die Umsetzung des Konzepts voraussichtlich ein längerfristiger Prozeß werden.

2.4 Das Beispiel Großbritannien

»*Arbeiten zum Wohl von anderen ist charakteristisch für die zivile Gesellschaft. Diejenigen, die sich dazu verpflichten, zeigen eine Form guter Bürgerschaft. Wir honorieren dies dadurch, daß wir einen Rahmen für eine neue Partnerschaft mit dem Freiwilligensektor gebildet haben, ›Gemeinsam-an-der-Zukunft-bauen‹. Wir glauben, daß insbesondere junge Leute die Gelegenheit haben sollten, diese Verpflichtung einzugehen und ihnen dies von der Gesellschaft anerkannt werden sollte. Sie werden davon profitieren und die Gesellschaft ebenfalls.*« (aus der Einleitung des Konsultationsdokuments Millenium Volunteers)

In Großbritannien, in dem seit 1957 keine Wehrpflicht mehr besteht, wurde die Debatte um Freiwilligenprogramme für Jugendliche auf dem Hintergrund einer langen Tradition ehrenamtlichen Engagements und seiner Förderung geführt. In den letzten 15 Jahren wurde eine Politik der Neubewertung freiwilligen Engagements und seiner Rolle im Kontext des zurücktretenden Sozialstaates, sowohl von der konservativen als auch der Labour-Partei, vorgenommen.

Der mit dem Antritt der Regierung Thatcher 1979 verbundene Abbau des Sozialstaats führte zu steigender Arbeitslosigkeit und wachsender Armut. Ehrenamtliches Engagement wurde von der Regierung neu auf die politische Tagesordnung gesetzt und als eine Möglichkeit angepriesen, aus Spargründen Verantwortlichkeit für Sozialleistungen vom Staat auf den Freiwilligensektor zu verschieben. Zudem wurde die Rolle, die freiwilliges Engagement für die Vermittelbarkeit von Arbeitslosen auf dem Arbeitsmarkt spielte, neu beleuchtet, und eine Reihe von Förderprogrammen in diesem Bereich entwickelt.

Bei Regierung und Opposition entstand Interesse an der Entwicklung eines gemeinnützigen Dienstes für Jugendliche, der die Gemeinschaftsbildung fördern und gleichzeitig Jugendlichen Erfahrung und Fertigkeiten vermitteln sollte, die sie auf die Arbeitswelt vorbereiten würden. Die *Commission on Youth and the Needs of the Nation*, die, unterstützt durch einen Forschungsbericht der *London School of Economics*, einen nationalen, gemeinnützigen Dienst vorschlug, veröffentlichte 1981 den Bericht *Youth Call. A Debate on Youth and Service to the Community*. Dieser argumentierte für einen Jugendgemeinschaftsdienst, weil er »an den Idealismus der Jugendlichen appellieren würde und ihnen die Möglichkeit gäbe, durch einen Dienst die allgemeinen sozialen Dienstleistungen wiederzubeleben. Politisch (sei der Dienst attraktiv, e.A.), weil er signifikant die Arbeitslosenrate reduzieren würde, wenn viele Jugendliche daran teilnehmen. Wirtschaftlich, weil die Nettokosten signifikant niedriger sind, als wenn man ihre Energien (der Jugendlichen, e.A.) nicht nutzen würde.«[3]

Die Ideen fanden nur begrenzt Anklang beim Freiwilligensektor, der das Arbeitsmarktargument und das dem Dienst potentiell innewohnende Pflichtelement nicht akzeptierte. Allerdings verfolgte CSV (*Community Service Volunteers*), dessen

---

3 Vgl. Jos Sheard: Volunteering and Society, 1960 to 1990, in: R. Headley and J.D. Smith: Volunteering and Society, Principles and Practice, London 1992, S. 29.

heutige Direktorin Elizabeth Hoodless der *Commission on Youth and the Needs of the Nation* angehörte, die Konzeptionsentwicklung über die eigenen Programme weiter. CSV bildete über die Jahre hinweg eine starke Lobbyorganisation für einen landesweiten Jugendgemeinschaftsdienst.

In den neunziger Jahren wurde die Rolle ehrenamtlichen Engagements verstärkt im Kontext von »aktiver Bürgerschaft« (*citizenship*) diskutiert. In der konservativen Vision wird darunter ein aktiver Bürger verstanden, der nicht auf die Leistungen des Sozialstaates wartet, sondern sich in unterschiedlichen Formen ehrenamtlicher Arbeit engagiert, die dem Gemeinwohl dienen. Die konservative Regierung empfahl, daß vor allem Organisationen im dritten Sektor finanziert werden sollten, die die Arbeit mit Freiwilligen förderten (*Efficiency Scrutiny of Government Funding of the Voluntary Sector*).

1994 lancierte die Regierung die »*Make a Difference*« Kampagne, ein Finanzierungsprogramm zur Unterstützung sowohl kommunaler Projekte, die Ehrenamtliche in innovativer Weise involvierten, als auch von Initiativen, die die Möglichkeiten für ehrenamtliches Engagement von Arbeitslosen erweiterten.

In der gleichen Zeitspanne fand eine Neubewertung ehrenamtlicher Arbeit durch die Labour-Partei statt. Labour distanzierte sich von der früher eingenommene ablehnenden Position, die ehrenamtliche Arbeit als karitatives Konzept der Vergangenheit qualifizierte. Die Partei sah freiwilliges Engagement zunehmend als integralen Bestandteil der gemischten Wirtschaft des Sozialstaats und gleichermaßen als vitales Element in der Entwicklung einer neuen Beziehung zwischen Bürger und Staat. Diese neue Position wurde in dem 1992 veröffentlichten Dokument »*Building Bridges – Labour and the Voluntary Sector*« beschrieben, das die Einrichtung neuer Partnerschaften zwischen öffentlicher Hand und dem Freiwilligensektor befürwortete, um ehrenamtliches Engagement nachhaltig zu stimulieren.

Der Bericht der Parteikommission für soziale Gerechtigkeit befürwortete 1994 zum ersten Mal die Einrichtung eines *Citizens' Service*, eines nationalen Programms für Jugendliche, das ihnen ein ganztägiges freiwilliges Engagement für eine befristete Zeit ermöglichen sollte.

1995 fand die erste parlamentarische Anhörung über die Möglichkeiten eines solchen Programms statt, das von *Communiy Service Volunteers (CSV)* organisiert wurde. Die Ergebnisse der Anhörung, an der auch die Gewerkschaften beteiligt waren, legte die Rahmenbedingungen des zu entwickelnden Programms fest, das in der Folge im Rahmen eines Pilotprogramms von CSV bis März 1997 ausgeführt wurde.

Im jahrelangen Vorlauf zur Einrichtung von *Millenium Volunteers* der jetzigen Labour Regierung, war damit bereits ein breiter Konsens über die Notwendigkeit eines nationalen Programms hergestellt worden.

Im November 1997 kündigte die Regierung parallel die Einrichtung zweier großer Jugendprogramme an: *Millenium Volunteers* als nationales Freiwilligenprogramm und den *New Deal*, ein Beschäftigungsprogramm zur Bekämpfung der Jugendarbeitslosigkeit, das Herzstück des sozialstaatlichen *welfare-to-work* Programms der Labourregierung.

Das *Millenium Volunteers* Programm wurde im Rahmen eines Konsultationsdokuments allen großen Trägern der Freiwilligenarbeit vorgelegt und in einem bis Sommer 1998 dauernden Prozeß diskutiert und angepaßt. Das im Sommer 1998 lancierte Pilotprogramm arbeitet mit dem folgenden Konzept:
- der Dienst soll die persönliche Entwicklung der Jugendlichen und das Spektrum freiwilligen Engagements unter Jugendlichen fördern;
- er soll zu einer größeren Diversität an Organisationen und Möglichkeiten der Freiwilligenarbeit bei gleichzeitiger Entwicklung der Qualitätsstandards führen;
- er soll zu einer größeren gesellschaftlichen Anerkennung freiwilligen Engagements beitragen, den Kommunen dienen und aktives Bürgertum fördern.

Zielgruppe sind Jugendliche zwischen 16 und 25 Jahren, unabhängig von Ausbildungsstand, Herkunft und Arbeitsstatus. Das Programm soll einen breiten Querschnitt aller Jugendlichen erfassen. Trägerorganisationen sind von daher aufgerufen, neue Methoden zu entwickeln, um benachteiligte Jugendliche (u.a. Behinderte, ethnische Minoritäten, Alleinerziehende, Jugendliche verschiedenen religiösen Glaubens) in das Programm einzubeziehen. Es sollen nicht die bereits engagierten Jugendlichen mit diesem Programm mobilisiert werden, sondern Jugendliche unterschiedlichster Herkunft sollen gemeinsam Teamfähigkeit entwickeln.

Die Dienstdauer kann sich zwischen drei Monaten und einem Jahr mit einem Minimum von 200 Stunden bewegen. Das zeitliche Engagement wird jeweils individuell in einem verbindlichen Freiwilligenplan (*volunteer plan*) festgelegt, der gemeinsam mit dem Freiwilligen erarbeitet werden soll.

Die Trägerorganisationen sollen gemeinnützige Organisationen, Erziehungseinrichtungen, die freie Wirtschaft, die Kirchen, die Kommunen und andere Einrichtungen der öffentlichen Hand sein, die Einsatzstellen in den Bereichen Erziehung und Ausbildung, Sozialarbeit, Umwelt, Sport und Kunst anbieten sollen. Das Programm will in Partnerschaft mit bereits existierenden Trägerorganisationen arbeiten und keine Verdoppelung oder Ersatz für bestehende Strukturen einrichten. Allerdings sollen auch neue Organisationen ermutigt werden, mit Jugendlichen im Rahmen von *Millenium Volunteers* zu arbeiten, um Chancen für alle zu eröffnen.

Millenium Volunteers setzt definierte Qualitätsstandards, die von den Trägerorganisationen eingehalten werden müssen. Dazu gehören:
- die Sorge für die Entwicklung des *Volunteer Plan;*
- der Nutzen des Freiwilligeneinsatzes für die Kommunen;
- die freiwillige Teilnahme der Jugendlichen, die durch Unkostenvergütung ermöglicht werden soll;
- die Partizipation aller Beteiligten (*inclusiveness)*;
- die Entwicklung von Rahmenbedingungen, damit Jugendliche selbst Projekte entwickeln und ausführen können (*ownership*) und die Jugendliche als gleichwertige Partner im Prozeß auftreten läßt;
- Diversität der Einsatzfelder, die dem Bedarf und den Kapazitäten der Jugendlichen angepaßt sein müssen; die Einsatzstellen dürfen keine bezahlten Arbeitsplätze ersetzen;

- Partnerschaft der Trägerorganisationen, um Profile zu entwickeln und komplementär zu arbeiten;
- interne Qualitätskontrolle der Freiwilligenarbeit und Organisationsentwicklung durch regelmäßige Berichterstattung an die *Millenium Volunteers Unit* des zuständigen Ministeriums; (zudem werden durch diese Abteilung unabhängige Berater benannt, die den Organisationen unterstützend zur Verfügung stehen werden)
- die Anerkennung des Dienstes durch Zeugnisse.

Für die Verwaltung des Programms hat die Regierung in England die *Millenium Volunteers Unit* eingerichtet, die Teil des *Department for Education and Employment* der Regierung ist. *Volunteer Development Scotland,* der *Wales Council for Voluntary Action* und die *Northern Ireland Volunteer Development Agency* sind für die Ausführung in den jeweiligen Regionen zuständig.

Die Regierung finanziert das Programm mit rund 137 Millionen DM aus der »*Windfalltax*«, der Besteuerung privatisierter Monopolunternehmen. Auf der Basis von Kofinanzierung werden Trägerorganisationen für die Kosten der pädagogische Begleitung, Reisen, Werbung und Rekrutierung von Freiwilligen, Material für Freiwilligenaktivitäten und Verwaltung bezuschußt.

Das Programm lief mit 9 Pilotprojekten im Spätsommer 1998 an. Dazu gehört z.B. *Youth Action Cambridge*, denen es bis Ende 1998 erfolgreich gelungen war, aus unterrepräsentierten Gruppen im Rahmen des Pilotprojekts Freiwillige zu gewinnen und auch Freiwilligenarbeit im ländlichen Raum zu initiieren. Weiterhin sind erfahrene Trägerorganisationen wie *CSV* und *Prince's Trust Volunteers* beteiligt, die Freiwillige in ihre bestehenden Programme integrieren.

Die Freiwilligenorganisationen und -strukturen, die die Einrichtung des Programms begrüßt und den Entwicklungsprozeß in der Konsultationsphase kritisch begleitet haben, warten nun mit einer Beurteilung des Programms ab, bis eine längere Laufzeit erste Ergebnisse aufweist. Mit Skepsis und Kritik wurde der strukturellen Verankerung des Programms im Ministerium in England begegnet, da diese – wenig basisorientierte – Organisationsstruktur für die Einbeziehung der Jugendlichen kontraproduktiv sei. Kritisch aufgenommen wurde auch die gleichzeitige Lancierung des Beschäftigungsprogramms *New Deal*.

Das *New Deal*-Programm soll 18 – 24jährigen arbeitslosen Jugendlichen, die seit mehr als sechs Monaten ohne Anstellung sind, zu einem Arbeitsplatz verhelfen. Es ist einer der Hauptbestandteile des Regierungsprogramms zur Reform des Sozialstaates und ist mit einem Haushalt von 12 Milliarden DM das größte Beschäftigungsprogramm, das jemals in Großbritannien lanciert wurde.

Nach einer Eingangsperiode von vier Monaten (*Gateway*), in der Hilfe und Rat für die Jugendlichen mit intensiver Arbeitsplatzsuche kombiniert werden, sollen die Jugendlichen eine von vier Optionen auswählen müssen:
- Arbeit in einer von der Regierung subventionierten Stelle;
- Arbeit in der Landschaftspflege;
- Freiwilliges Engagement im Wohlfahrtssektor;

- eine Ganztagesausbildung oder Fortbildung, die zu einem anerkannten Abschluß führt.

Jede der ersten drei Optionen ist mit Fortbildungsmaßnahmen für die Jugendlichen verbunden. Sollte sich ein Jugendlicher nicht für eine dieser Optionen entscheiden können, wird ihm das Arbeitslosengeld gestrichen. Das Programm wird von der freien Wirtschaft, den Freiwilligenorganisationen, Arbeitsämtern und den Kommunen getragen.

Aus der Zielgruppe der 18-24jährigen waren zum Januar 1999 100.000 Jugendliche in einer der vier Angebote untergekommen, davon 7.700 im Freiwilligensektor. 1.350 Jugendliche scheiterten im Programm und verloren dadurch ihren Anspruch auf Arbeitslosengeld.

Der *New Deal* ist das Vorzeigeprojekt der Labour-Regierung und befindet sich noch immer im Entwicklungsprozeß mit neuen Teilprogrammen, die ab 1999 anlaufen werden.

Millenium Volunteers kommt nicht als eine der Optionen des *New Deal* in Betracht. Allerdings ist das Programm wohl für Jugendliche, die unter den *New Deal* fallen, als Möglichkeit zeitlich davor oder danach relevant, um entweder die Einsetzbarkeit der Jugendlichen im Rahmen des *New Deal* zu fördern oder um die dort erworbenen Fähigkeiten und Kenntnisse weiter zu entwickeln bzw. aufrechtzuerhalten. Damit wird auch hier eine Grauzone der Vermischung von Freiwilligen – und Beschäftigungsprogramm eröffnet, gegen die sich der Freiwilligensektor im Konsultationsprozeß zur Wehr setzte.

Millenium Volunteers wurde als *Flagship*-Programm im Januar 1999 offiziell von Tony Blair auf einer Konferenz »Dritter Sektor – Dritter Weg« lanciert, in der eine neue Partnerschaft von Regierung und Drittem Sektor proklamiert wurde. Diese soll durch verbesserte Rahmenbedingungen für die Teilnahme an Freiwilligenarbeit konkretisiert werden. Überdies wurde dem Freiwilligensektor stärkere finanzielle Förderung zugesagt, da er als positiver Wirtschaftsfaktor zum ökonomischen Aufschwung beitrage. Mit zusätzlichen 71,5 Millionen DM wird verstärkt in den Ausbau des *volunteering* von Senioren, der schwarzen Gemeinschaft und Initiativen der Arbeitgeber investiert.

Als flankierende Maßnahmen sind die Einrichtung einer *On-line*-Infrastruktur geplant, die eine Datenbank zu Möglichkeiten gemeinnütziger Arbeit bieten soll. Darüber hinaus soll jedem Haushalt ein »Gelbe-Seiten«-Führer des Freiwilligensektor zur Verfügung gestellt werden. Zuständige Regierungsabteilungen werden modernisiert: die *Voluntary and Community Unit* des Ministeriums wird in eine neue, finanziell und personell besser ausgestattete *Active Community Unit* umgeformt. Ähnlich der *Social Exclusion Unit* soll sie themenorientiert die Arbeit verschiedener Ministerien zum Freiwilligensektor koordinieren und damit das Profil des Freiwilligensektors auf Regierungsebene verstärken.[4]

Die ausgedehnte Vorlaufphase von *Millenium Volunteers*, der parteiübergreifende Konsens zur Einrichtung des Programms, die hochentwickelte Infrastruktur für

---

4 NVCO Conference – Third Sector, Third Way, Speech of the Prime Minister, January 1999.

Freiwilligenarbeit, und die geplanten strukturellen und finanziellen Zusatzinvestitionen geben dem Programm eine solide Grundlage und gute Voraussetzungen für eine langfristige Entwicklung. Es ist damit derzeit das tragfähigste aller hier vorgestellten Konzepte. Sollte es sich seinen Ansprüchen gerecht erweisen, könnte es wegweisend für die Entwicklung neuer Formen und Methoden in der Projektarbeit mit Freiwilligen werden.

3. Schlußfolgerungen – Lernen von den Nachbarn

Aus den Entwicklungen in den Nachbarländern lassen sich für die Perspektiven der Jugendgemeinschaftsdienste in Deutschland und ihrer konzeptionellen Weiterentwicklung einige Schlußfolgerungen formulieren:

3.1 *Pflichtdienst oder Freiwilligendienst*

Es ist sinnvoll, eine breite, ergebnisorientierte Diskussion um die perspektivische Erweiterung der kurz- und langfristigen Freiwilligendienste als Infrastruktur der Zivilgesellschaft entkoppelt von der Wehrpflichtdiskussion zu führen, und notwendige Prozesse vor einer Wehrpflichtreform in Gang zu setzen. Die Pflichtdienstdiskussion war in allen hier betrachteten Ländern eine Sackgassendebatte, da letztendlich immer konstatiert werden mußte, daß ein Pflichtdienst mit international unterzeichneten Verträgen kollidiert, arbeitsmarktverzerrend wirkt, logistisch sehr große Herausforderungen beinhaltet und der persönlichen Motivation von Jugendlichen zuwider läuft.

Es ist davon auszugehen, daß die Bundesrepublik sich, wie andere NATO-Partnerstaaten auch, über kurz oder lang ebenfalls von der Wehrpflicht verabschieden wird. Es ist kaum anzunehmen, daß die bereits geführte Pflichtdienstdebatte in Deutschland nicht an den gleichen Klippen wie in den andern Ländern scheitern würde, zumal ein Pflichtdienst in Deutschland eine Grundgesetzänderung erfordern würde. Angesichts der hohen Zahl von Zivildienstleistenden in Deutschland kann die rechtzeitige Erweiterung von Freiwilligendiensten auch eine zu erwartende Konversion des Zivildienstes begünstigen.

3.2 *Arbeitsplatzförderung oder Freiwilligenprogramme*

Das innovative Potential von Freiwilligendiensten und ihre konstruktive Rolle in der zivilen Gesellschaft verdienen ebensolche Aufmerksamkeit wie die Schaffung von bezahlten Arbeitsplätzen. Wenn es zum Schwur kam und zwischen der Förderung eines Freiwilligen- oder Beschäftigungsprogramms entschieden wurde, so ist zu konstatieren, haben die Mitte-Links-Regierungen in den Nachbarländern, mit Ausnahme Großbritanniens, in alter Tradition für die Beschäftigungsmaßnahmen votiert. Weiterhin ist als Trend in den neunziger Jahren die Verwischung der Gren-

zen zwischen Arbeitsförderungsprogrammen und Freiwilligendiensten zu beobachten.
Die Betonung des *Employability*-Faktors im MOJ und auch im *Millenium Volunteers*-Konzept suggeriert potentielle Vollbeschäftigung, die Möglichkeit eines bezahlten Arbeitsplatzes für alle, was an der wirtschaftspolitischen Realität vorbei geht. Bezahlte Arbeit wird dort noch immer als der Königsweg zur gesellschaftlichen Integration von Randgruppen gesehen. Das neue politische Denken über den »Dritten Weg« der europäischen Mitte-Links Regierungen entwickelt damit noch kein eigenes, innovatives Vokabular und Instrumentarium.
Ein neues Nachdenken über Vollbeschäftigung und Arbeit ist in Deutschland so notwendig wie in den anderen europäischen Ländern. Die reichhaltigen Erfahrungen, über die Deutschland gerade im Bereich der langfristigen Freiwilligendienste verfügt, bieten dafür einen guten Ausgangspunkt. Freiwilligendienste tragen in sich das Potential, den gesellschaftspolitisch notwendigen Diskurs für einen erforderlichen Paradigmenwechsel zur Rolle von bezahlter und unbezahlter Arbeit in Gang zu bringen. Dafür müssen politische Tabuzonen durchbrochen werden. Für eine quantitative Erweiterung der Freiwilligendiensten ist es nötig, daß die Gewerkschaften und der Freiwilligensektor in Deutschland, ähnlich wie in Großbritannien, miteinander ins Gespräch kommen. Es würde auf beiden Seiten, sowohl bei Trägern der Freiwilligenarbeit wie bei den Gewerkschaften, den Mut voraussetzen, Neuland zu betreten.

3.3 *Investitionen in Rahmenbedingungen*

Im Freiwilligensektor sind verstärkte Netzwerkbildung und Verzahnung, sowohl der langfristigen Dienste, als auch ehrenamtlicher Arbeit, erforderlich mit dem Ziel, der inhaltlichen und methodischen Weiterentwicklung bestehender und Schaffung neuer Angebote und neuer Organisationsformen. Die Einrichtung einer Koordinationsstelle, eventuell angebunden an die laufende Initiative zur Einrichtung einer Bundesstiftung für Freiwilligenarbeit, wäre dafür erforderlich.
Eine konzertierte Aktionen zur Ressourcenentwicklung muß gestartet werden, z. B. die Einrichtung einer Datenbank, die Informationen zu Einsatzstellen, Fortbildungseinrichtungen, Fundraising, Forschungs- und Beratungsstellen, technischer Unterstützung usw. anbietet.
Die Dokumentation und wissenschaftliche Aufarbeitung der Freiwilligenarbeit muß organisiert werden. Es ist im Ländervergleich nicht überraschend, daß diese Kapazitäten in Großbritannien mit der Existenz des *National Research Institute for Volunteering* in London am weitesten entwickelt sind.
Auf Regierungsebene ist die dringliche gesetzliche Regelung des Freiwilligenstatus umzusetzen. Die Gesetzeshindernisse, die insbesondere für die transnationalen Freiwilligendienste bestehen, müssen in Deutschland und auch in den anderen Ländern aus dem Weg geräumt werden. Die Bereitstellung finanzieller Mittel zur Förderung von Programmen und Infrastruktur muß durch die öffentlichen Haushalte sichergestellt werden.

Die Anerkennung der Freiwilligenarbeit in einer breiten Öffentlichkeit ist zu entwickeln. Hier gibt es in den Niederlanden und Großbritannien vielfältige Formen an Wettbewerben und Preisen, die im internationalen Austausch Anregungen und Ideen vermitteln können (z.B. das »Nationale Kompliment«, das in den Niederlanden jährlich an beispielhafte Freiwilligenprojekte verliehen wird).

3.4 Konzeptionelle Herausforderungen

Jugendliche sollen gleichberechtigte Partner in der Planung des Freiwilligendienstes und in der Entwicklung eigener Projekte sein. In der Regel müssen sich die Jugendlichen an die Angebote, Strukturen und Möglichkeiten der Trägerorganisationen anpassen und nicht umgekehrt. Jugendliche sollten hingegen von vornherein in der konzeptionellen Weiterentwicklung der Dienste als Akteure im Prozeß mit einbezogen werden. Es sollte ihnen die Herausforderung zugemutet werden, die Entwicklung dieser Dienste zu ihrem eigenen Anliegen zu machen. Über die Sprecherstrukturen der langfristigen Freiwilligendienste, des Zivildienstes und der Jugendverbände sollte in Foren und Zukunftswerkstätten gemeinsam mit den Trägerstrukturen an der praktischen Entwicklung der Freiwilligendienste gearbeitet werden.

Die Freiwilligendienste müssen eine Option für alle Jugendlichen werden. CSV in Großbritannien nimmt grundsätzlich alle jugendlichen Interessenten an. Prince's Trust Volunteers, der sich verstärkt auf die Arbeit mit benachteiligten Jugendlichen richtet, verzeichnet nur geringe Abbrecherquoten. Bei uns besteht Nachholbedarf in der Entwicklung von Strukturen und Methoden, um benachteiligte Jugendliche für die Freiwilligendienste zu gewinnen und vor allem, sie durch den Dienst zu begleiten. In den langfristigen Diensten, insbesondere in den Auslandsdiensten, arbeiten vorwiegend die Kinder der Mittelschicht. Das flagship-Projekt für benachteiligte Jugendliche des Europäischen Freiwilligendienstes gehört zu den wenigen Experimenten auf diesem Gebiet. Eine Flexibilisierung von Einsatzformen, organisatorischen Strukturen sowie innovative Begleitprogramme sind nötig. Dies wird verstärkte Investitionen erfordern, auch auf personeller Ebene.

Der Freiwilligendienst als soziales und interkulturelles Bildungsprojekt braucht eine konzeptionelle Weiterentwicklung. Dies betrifft die pädagogischen Begleitprogramme für die Freiwilligen vor, während und nach dem Dienst. Ebenso gehören die Weiterentwicklung der Fortbildungsangebote für die pädagogischen Begleiter und Mentoren dazu, die nach dem Beispiel der AmeriCorps-Programms in den USA nicht nur Supervisionsqualifikation, sondern auch Konfliktmediation und die Entwicklung interkultureller Kenntnisse und Fähigkeiten beinhalten sollte. Eine neue Kooperation von Bildungsplanern und Freiwilligensektor ist wünschenswert, um die Rolle von Freiwilligendiensten in Konzepten »Lebenslangen Lernens« auszuarbeiten. In Großbritannien findet das – in den USA schon länger verbreitete – Konzept des service learning zunehmend Eingang an Schulen, Hochschulen und Universitäten. Freiwilligenarbeit, die während Schule und Studium geleistet wird, wird als Studienpunkte oder in der Zeugnisbewertung angerechnet. In Großbritannien entwickelt CSV mittlerweile eine Vielzahl von Projekten in diesem Bereich unter dem

Gesichtspunkt, daß die Verankerung von Freiwilligenarbeit im schulischen Lehrplan die Offenheit für späteres freiwilliges Engagement der Jugendlichen fördert. Auch das MOJ-Konzept verweist auf Initiativen (z.B. Future Awards), in dem Schüler Projekte zur Verbesserung ihrer Lebensumgebung bedenken und durchführen. Die Erarbeitung standardisierter Zeugnisse ist erforderlich, die die Erfahrungen eines Gemeinschaftsdienstes bewerten und als Qualifikation für den späteren Bildungs- und Arbeitsweg nachweisen. Dies würde zu einer größeren Verzahnung von schulischen, beruflichen und in freiwilligen Einsätzen erworbenen Bausteinen im Lebenslauf führen.

Die Öffnung nationaler Freiwilligendienstprogramme für ausländische Teilnehmer sollte im zusammenwachsenden Europa Standard werden. Alle hier dargestellten Konzepte wurden als nationale Programme entwickelt und sind nicht für die Teilnahme ausländischer Interessenten vorgesehen. Dies ist ein Anachronismus im zusammenwachsenden Europa, auch angesichts der Entwicklung des Europäischen Freiwilligendienstprogramms.

Bei aller Verschiedenheit der nationalen Freiwilligenkulturen bietet internationale Zusammenarbeit und Vernetzung Lern- und Austauschmöglichkeiten für alle Akteure im Feld der Freiwilligenarbeit.

Literatur

Ajangiz, R.: Conscientious Objection in Spain, 1998

Aktionsgemeinschaft Dienst für den Frieden: Dokumentation des Symposiums »Freiwilligendienst: Innovation in Europas Zukunft«, Bonn 10. – 13. November 1994

CSV: Developing a blue-print for Citizens' Service, a nationwide volunteering scheme for young people in the UK, lessons from CSV's Citizens' Service pilot schemes, A CSV Occasional Paper, London 30 July 1997

BDJ- Info, Extra Editie, Persconferentie Vrijwillige Gemeenschapsdienst, Brüssel 1994

Department for Education and Employment: Fact Sheet, New Deal for young people, Work in the Voluntary Sector Option, März 1998

Department for Education and Employment: Millenium Volunteers, A consultation document for citizens' service, 1997 und Millenium Volunteers. The Guide, 1998

Gaskin K, Smith J.D.: A New Civic Europe? A study of the extent and role of volunteering, The Volunteer Centre UK, London 1995

Headley, R, Smith J.D.: Volunteering and Society, Principles and Practice, London 1992.

Kors, A.: t ís plicht dat ied're jongen. Geschiedenis van de dienstplicht in Nederland, Utrecht 1996

La Lettre du Gouvernement: Les emplois-jeunes sur le terrain, Juni 1998.

Potter, J.: Citizenship and Learning through Community Service, A UK Perspective, CSV, Februar 1998

Prince's Trust: The Prince's Trust Volunteers, A Personal Development Programme for 16 – 25s, Follow-up Survey of Participants, MORI Research Study, London 1997

Raad voor het Jeugdbeleid: Verder kijken dan de horizon, Een extra kans voor jongeren, Advies over maatschappelijke oriëntatie van jongeren, SWP, Utrecht 1994

Rathmann, P.: Die Wiederentdeckung der Freiwilligkeit, Zulassungsarbeit zur Diplomprüfung im Fach Interdisziplinäre Frankreichstudien, Freiburg, September 1996
Rijkschroeff R., Fortuin K., Hettinga G.: Quick Scan, Maatschappelijke Oriëntatie Jongeren, Verwey-Jonker Institut, Utrecht 1997
UNESCO: National Service, what are the choices? Paris 1994
Verwey Joncker Instituut: Jeugd op oriëntatie, Utrecht 1998
Volunteering, Nr. 45, London, February 1999
War Resisters' International: The COs Handbook, Part 1, Europe, London 1997

Josef Freise

Welchen Stellenwert haben Freiwilligendienste für Jugendliche und für die Gesellschaft?

Freiwilligendienste: eine Empfehlung für die Zukunft?

Schülerinnen und Schüler fragten bedeutsame Persönlichkeiten, was diese ihnen für die Zeit nach dem Abitur empfehlen würden.[1] Der inzwischen verstorbene Historiker Golo Mann schrieb: »Möglichst bald etwas tun und zwar etwas, was auf spätere Studien keinen Bezug zu haben braucht ... Ein Jahr aktiver Lebenserfahrung in einem wildfremden Land ist kein verlorenes, sondern ein überaus lohnendes.«
Der Bielefelder Reformpädagoge Hartmut von Hentig antwortete: »Ich schreibe Ihnen nun, was ich mir selbst verordnen würde: einen zweimonatigen Intensivkurs in Russisch und dann als Lehrer nach Rußland gehen, in einer mittelgroßen Stadt Deutsch unterrichten – deutsche Sprache, deutsche Geschichte und deutsche Wirklichkeit, ein aufschlußreiches, nichts beschönigendes Bild unserer Verhältnisse.«
Mit diesem Entwurf will von Hentig vier Grundsätze erfüllen: »(1) heraus aus den Bahnen, in denen mein westliches bürgerliches Leben seit Jahrzehnten läuft; (2) mich einsetzen, wo meine Hilfe gewünscht wird, in aller Voraussicht nützlich ist und jedenfalls keinen Schaden anrichtet; (3) mit etwas, was ich kann (nämlich unterrichten), in einem Kulturkreis, der mir nicht ganz fremd ist (Papuas und Eskimos, Japaner und Bewohner des Kongo wären es); (4) bei etwas, an dem ich selber Wichtiges über die Welt und über mich lerne.«
In beiden Stellungnahmen finden sich erste Hinweise auf die Bedeutung von Freiwilligendiensten für Jugendliche, die das Thema dieses Beitrags ist.
Der Begriff des Freiwilligendienstes hat im Deutschen nicht die Verbreitung gefunden wie das »volunteering« im anglo-amerikanischen Sprachraum. Unter einem Freiwilligendienst wird hier ein aus eigener Entscheidung übernommener, zeitlich befristeter und auf das Gemeinwohl bezogener Arbeitseinsatz verstanden, der nicht aus Erwerbsinteresse geleistet und auch nicht entsprechend entlohnt wird.[2] Der Freiwilligendienst geht auf zwei historische Wurzeln zurück: auf eine sozialpolitische und eine friedenspolitische. Freiwilligendienste entwickelten sich zum einen in Kirchen und anderen nichtstaatlichen Vereinigungen, um Armen zu helfen und Lücken in der sozialen Versorgung auszufüllen.[3] Zum anderen entsandten pazifistische

---

1   Vgl. unveröffentlichtes Manuskript des Deutsch-Leistungskurses des Abiturjahrgangs 1993 am Gymnasium Bad Iburg.
2   Zur Definition des Begriffs »Freiwilligendienst« vgl. Wolfgang von Eichborn, Freiwillige für den Frieden, Stuttgart 1970, 109f.
3   Vgl. Katharine Gaskin/ Justin Davis Smith/ Irmtraud Paulwitz u.a., Ein neues bürgerschaftliches Europa. Eine Untersuchung zur Verbreitung und Rolle des Volunteering in zehn Ländern, hrsg. von der Robert Bosch Stiftung, Freiburg 1996, 26f.

Organisationen aus der Erfahrung des Ersten Weltkriegs heraus insbesondere in England und in den USA Freiwillige in work-camps zur internationalen Verständigung und Versöhnung und gründeten Einrichtungen, die »gesellschaftlich nützliche Dienste« als Ersatz für den Kriegsdienst anboten.[4]

In diesem Beitrag wird der Frage nachgegangen, ob und inwieweit Freiwilligendienste Jugendlicher heute Sinn machen – aus der Sicht der Jugendlichen und aus der Sicht der Gesellschaft. Ergebnisse der Jugendforschung werden vorgestellt; zusammen mit Evaluierungen von Freiwilligendiensten geben sie Hinweise auf Perspektiven für zukünftige Konzeptionen von neuen, breitenwirksamen Freiwilligendiensten.

Allgemeine Kennzeichnung der Jugendsituation heute angesichts gesellschaftlicher Individualisierungsprozesse: Vielfalt der Optionen gleich Freiheitsgewinn und Orientierungslosigkeit

Allgemeine Gesellschaftsanalysen werden heute zunehmend unter dem Stichwort der Individualisierung vorgenommen.[5] Die durch die Individualisierung der Gesellschaft bedingte Mobilität beinhaltet einen Zuwachs an Freiheit – und an Orientierungslosigkeit. Das Zerbrechen der traditionalen Lebensformen beim Wechsel von der Agrar- zur Industriegesellschaft, das jetzt zum Abschluß und zum Höhepunkt kommt, brachte einen Zugewinn an individueller Freiheit und ermöglichte die Institutionalisierung der individuellen Menschenrechte.[6]

Es legt dem einzelnen zugleich die Pflicht auf, sich Normen, Werte, Verhaltensweisen und Lebensziele selber zu erarbeiten.

Für Jugendliche hat dieser Individualisierungsprozeß mit seinen zwei Seiten des Freiheitsgewinns und der Belastung durch Orientierungslosigkeit besonders extreme Veränderungen zur Folge: Jugendliche sind nicht mehr auf familien- und schichtenspezifische Vorbilder des Erwachsenwerdens festgelegt, was größere Wahlmöglichkeiten, aber eben auch die Qual der Wahl beinhaltet. Sie dürfen und sie müssen ihren eigenen Weg der persönlichen Entfaltung und der sozialen Integration suchen: »Letztlich trägt jede Jugendliche und jeder Jugendliche die Last und die Verantwortung der Koordination der divergierenden Handlungsanforderungen mit

---

4   Vgl. Wilfried Warneck, Gewaltfreie Dienste für Gerechtigkeit und Frieden als Herausforderung für die Kirchen, in: Josef Freise/ Eckehard Fricke (Hrsg.), Die Wahrheit einer Absicht ist die Tat. Friedensfachdienste für den Süden und den Norden, Idstein 1997, 73 – 91, 73f.
5   Vgl. zum folgenden: Heiner Keupp, Handeln in Gemeinschaft als Quelle der Selbstverwirklichung – für einen bundesrepublikanischen Kommunitarismus, in: Solidarität inszenieren . . . Freiwilligen-Agenturen in der Praxis. Dokumentation einer Tagung, hrsg. Von der Stiftung MITARBEIT, Bonn 1997, 13-37.
6   Vgl. Thomas Meyer, Solidarität und kulturelle Differenz. Erinnerung an eine vertraute Erfahrung, in: Was hält die Gesellschaft zusammen? Bundesrepublik Deutschland: Auf dem Weg von der Konsens- zur Konfliktgesellschaft, Band 2, hrsg. Von Wilhelm Heitmeyer, Frankfurt am Main 1997, 313-333, 323.

ihrer breiten Vielfalt von Optionen und den damit notwendigerweise einhergehenden Entscheidungsschritten ganz für sich allein.«[7]
Stand vor dreißig Jahren in der Studentenbewegung der Wunsch im Vordergrund, sich von engen autoritären Normen zu lösen, so suchen heute Jugendliche nach Orientierungsmaßstäben: 77 % der Jugendlichen meinen, den Menschen fehle heute ein richtiger Halt.[8]

Fehlende Auseinandersetzung und mangelnde Richtungskompetenz

Wurden Lebensziele vor dreißig Jahren durch äußere Autoritäten und normgebende Sozialisationsinstanzen wie die Kirchen vorgegeben, so müssen Jugendliche heute unter den verschiedensten Optionen selber wählen. Die Lebensziele haben sich individualisiert, und die eigene Identität »ist nicht als abschließbares Projekt zu betreiben, sondern wird zu einer Art Suchhabitus, der nie endet, oder enden kann, noch enden soll«[9]. Jugendliche experimentieren, führen ein Leben auf Probe, und handeln für sich in ihrem eigenen Innern aus, welche Ziele sie sich setzen. Dabei ist ihr »Innenraum« von den verschiedenen Bedeutungs- und Erfahrungswelten besetzt, die sie prägen, insbesondere von der Erfahrungswelt der Gleichaltrigen, der peer-group, sowie von der Bedeutungswelt des Fernsehens und der Werbung. Diese Instanzen vermitteln wesentliche Werte und Symbole.[10] Die Lebensziele und Werte der Eltern sind nur ein Bezugssystem unter vielen. Der ehemals harte Generationenkonflikt tritt in den Hintergrund, und an die Stelle der großen Auseinandersetzungen treten mühsam ausgehandelte Absprachen. »Alles muß gerechtfertigt und vereinbart werden.«[11] Bei den mühsamen »Tarifverhandlungen« zwischen den Generationen bestimmen oft die Jugendlichen das Tempo, und angesichts persönlicher und beruflicher Belastungen der Eltern bzw. des alleinerziehenden Elternteils ist es oftmals konfliktökonomisch billiger, sich wechselseitig den »eigenen Raum« zuzugestehen und sich Auseinandersetzungen zu ersparen. Die Frage, welche Fernsehfilme und wieviel Fernsehkonsum guttun, erledigt sich, wenn Jugendliche ihren eigenen Fernsehapparat auf ihrem Zimmer haben. »Die Erwachsenen erkaufen sich so ihre eigene Freiheit, ihr eigenes Leben. Wer seinem Nachwuchs dasselbe gönnt, erspart sich die Peinlichkeit – und Vergeblichkeit – des Besserwissens und autoritären Aufplusterns. Richtungskompetenz ist nirgends in Sicht.«[12]

---

7   Klaus Hurrelmann, Lebensphase Jugend. Eine Einführung in die wissenschaftliche Sozialforschung, Weinheim und München 1994, 291.
8   Vgl. Jugendwerk der Deutschen Shell (Hrsg.), Jugend '97. Zukunftsperspektiven, Gesellschaftliches Engagement, Politische Orientierungen, Opladen 1997, 318.
9   Ulrich Beck, Demokratisierung der Familie, in: Christian Palentien/ Klaus Hurrelmann (Hrsg.), Jugend und Politik. Ein Handbuch für Forschung, Lehre und Praxis, Neuwied, Kriftel, Berlin 1997, 47-67, 63.
10 Vgl. ebd. 62.
11 Ebd. 64.
12 Ebd. 65.

Die Überforderung der Selbstsozialisation: Gefahren der Selbst- und Fremdschädigung

Die Jugendphase war schon immer prekär, und beim Übergang ins Erwachsenenalter gelten Regelverstöße und Experimente auch jenseits des »Normalen« als normal. Damit dürfen aber nicht die besonderen »Kosten der modernen Lebensweise« heruntergespielt werden, die nach Hurrelmann für ein Fünftel bis ein Viertel der Jugendlichen heute die Gefahr von »Desintegration und die Gefährdung einer psychisch-gesundheitlich befriedigenden Persönlichkeitsentwicklung«[13] beinhalten. Die Aufgabe der Selbstsozialisation bringt Jugendliche in eine »prekäre Entwicklungsphase« mit nicht leicht zu bewältigenden Aufgaben der Loslösung von der Herkunftsfamilie, der Übernahme einer eigenen Geschlechterrolle und der Entwicklung einer eigenen biographischen Perspektive. Was diesen an sich schon schwierigen Identitätsfindungprozeß in der heutigen gesellschaftlichen Situation noch massiv erschwert, sind die Jugendarbeitslosigkeit, die Auflösung der Familie sowie eine durch ökologische und andere Bedrohungen bedingte gesamtgesellschaftliche Perspektivlosigkeit. War die Nachkriegsjugend noch voller Hoffnung auf eine bessere Zukunft (»Unsere Kinder sollen es einmal besser haben!«), so gehen die Jugendlichen heute davon aus, daß sie es nicht mehr so gut haben werden wie ihre Eltern. Sie empfinden sich als Erben einer heruntergekommenen sozialen Welt und einer zerstörten Natur. Als Hauptproblem, das ihn belaste, nennt fast jeder zweite Jugendliche die Arbeitslosigkeit. »Erwachsenwerdenwollen, aber – angesichts der Erschwernisse des Übergangs – Jugendlicher bleiben zu müssen ..., scheint gegenwärtig die paradoxe Aufgabe der Bewältigung der Jugendphase zu sein.«[14] Konsequenz kann ein Verhalten sein, das entweder sich oder andere schädigt. »Etwa jeder dritte Jugendliche zwischen 15 und 30 Jahren weist eine allgemeine Tendenz zur Selbstschädigung und eine ›Persönlichkeitslabilisierung in Form eines geringen Selbstwertgefühls‹ auf.«[15] Neben dem punktuellen »Ausflippen« und den Alltagsdrogen kommt als Selbstschädigung zunehmend der Konsum modischer synthetischer Drogen (Ecstasy) hinzu.

Eine andere Form nicht gelingender Identitätsbildung stellt die Suche nach Sündenböcken dar, das vorurteilsbesetzte Denken oder, als weitere Stufe, das gewalttätige Handeln. Auch wenn Fremdenfeindlichkeit, Rassismus und Gewalttätigkeit kein spezifisches Jugendphänomen sind, so stimmt doch, daß sie bei Jugendlichen am deutlichsten manifest werden, und es spricht vieles für die These, daß Jugendliche quasi stellvertretend die in der Gesellschaft vorhandene Gewaltbereitschaft ausleben. Fremdenfeindlichkeit und Gewaltbereitschaft finden sich unter jugendlichen »Modernisierungsverlierern«, die keinen Arbeitsplatz finden – in besonderem Ausmaß unter ostdeutschen Jugendlichen, aber auch unter gutbürgerlichen Mittel-

---

13 Klaus Hurrelmann, a.a.O. 293.
14 Jugendwerk der Deutschen Shell (Hrsg.), a.a.O. 15.
15 Rüdiger Peuckert, Die Destabilisierung der Familie, in: Was treibt die Gesellschaft auseinander? Bundesrepublik Deutschland: Auf dem Weg von der Konsens- zur Konfliktgesellschaft. Band 1, hrsg. von Wilhelm Heitmeyer, Frankfurt am Main 1997, 287-327, 316.

schichtsjugendlichen, die sich vom Abstieg bedroht fühlen und sich abgrenzen zu müssen glauben. Abgrenzungs- und Gewalttendenzen finden sich aber nicht nur bei einheimischen deutschen Jugendlichen, sondern auch bei den in Deutschland aufgewachsenen Jugendlichen ausländischer Herkunft, deren Identitätsfindung eigenen starken Belastungen ausgesetzt ist: »Ihre Identität gerät nicht nur durch die ... innerfamiliären Kulturkonflikte ins Schleudern, sondern auch und vor allem durch die Zurückweisung durch die deutsche Gesellschaft. Sie befinden sich in einer klassischen double-bind-Situation. Sie sollen und sie wollen sich an die deutsche Umgebung anpassen. Andererseits erfahren sie täglich, daß sie nicht erwünscht sind und nicht die gleichen Chancen eingeräumt bekommen.«[16]

Wer Freiwilligendienste als breites Angebot für Jugendliche aufbauen möchte, muß ernstnehmen, daß persönliche Selbstschädigung und Gewaltbereitschaft gegen andere unter Jugendlichen kein Randphänomen darstellen und auch nicht als jugendtypische Abweichungen anzusehen sind, die sich im Entwicklungsprozeß verlieren. Ob Freiwilligendienste einen direkten Beitrag gegen Selbstschädigung und Fremdschädigung leisten können, ist schwer zu beantworten. Bisher sind Freiwilligendienste eher eine Nische für Jugendeliten, die sich bereits auf dem Weg gelingender Identitätsbildung befinden. Jugendliche, die einen sozialen Freiwilligendienst leisten, kommen überwiegend aus Familien mit einem hohen sozialen Status. Bei den Auslandsfreiwilligen rekrutiert sich die große Mehrzahl aus Abiturient/innen, und der Anteil der Beamtenkinder ist doppelt so hoch wie im Bundesdurchschnitt.[17] Es wird eine der großen Herausforderungen für die Konzeption neuer breitenwirksamer Freiwilligendienste sein, auch benachteiligte Jugendliche anzusprechen.

Erlebnisorientierung: »Spaß haben« als zentrales Handlungsmotiv Jugendlicher

Bis in die siebziger Jahre hinein konnten Jugendliche von einer gesicherten beruflichen Zukunft ausgehen. Leistung, Askese und Belohnungsaufschub[18] waren unter diesen Voraussetzungen plausible Werte. Heute werden diese Werte angesichts einer unsicher erscheinenden Zukunft durch das Ziel ersetzt, jetzt Spaß und Erfolg zu haben. Jugendliche lassen sich nicht vertrösten und suchen jetzt Lebendigkeit, Gefühl und Intensität.[19]

Die überraschende Streikwelle an deutschen Hochschulen im November/Dezember 1997 wurde als »lucky Streik« organisiert, u.a. mit phantasievollen Aktionen wie Vorlesungen in der Straßenbahn, Beerdigungszeremonien (»Wir tragen die Bildung zu Grabe.«) und 24-Stunden-Marathons (»Wir laufen der Bildung hinterher.«). Ein

---

16 Stefan Gaitanides, Interkulturelle Öffnung der sozialen Dienste, in: Klaus Barwig, Wolfgang Hinz-Rommel (Hrsg.), Interkulturelle Öffnung sozialer Dienste, Freiburg 1995, 65-81, 69.
17 Vgl. Bundesministerium für Familie, Senioren, Frauen und Jugend (BMFSFJ) (Hrsg.), Untersuchung zum Freiwilligen Sozialen Jahr, Stuttgart, Berlin, Köln 1998, 209.
18 Vgl. Hartmut Lüdtke, a.a.O. 390.
19 Vgl. Jugendwerk der Deutschen Shell (Hrsg.) a.a.O. 34.

Jugend-Umwelt-Kongreß in Freiburg wurde vor einigen Jahren »JUKS« abgekürzt und dem Motto gemäß mit lustigen Beiträgen gewürzt. Am ehesten erscheint eine solche lustbetonte Erlebnisorientierung in Projekten möglich, die Jugendlichen Gestaltungsfreiraum lassen oder ganz von ihnen selber verantwortet und durchgeführt werden. Erfahrungen aus Bildungskursen in Freiwilligendiensten belegen, daß Jugendliche an erlebnisorientiertem Lernen das größte Interesse haben: Wenn sie in den Vorbereitungskursen auf einen Freiwilligendienst im Ausland ermutigt werden, im Schulunterricht, im Straßentheater oder durch die Produktion eines Videofilms im lokalen offenen Kanal ihr Projekt vorzustellen, sind sie kaum noch zu bremsen und arbeiten bis in die Nacht hinein an ihrem Vorhaben.[20]

Die »me-generation« ist keine egoistische Generation

Wo objektive Leitlinien und Ziele fehlen, müssen Jugendliche alle Orientierungsangebote auf ihre Bedeutung für sich selber hin durchspielen, alles auf sich beziehen (»me-generation«). Daraus aber die Schlußfolgerung zu ziehen, sie seien alle egoistisch und nicht an sozialem Engagement interessiert, ist ein Fehler. Individualisierung und Egoismus sind nicht dasselbe. Die Shell-Studie »Jugend '97« konstatiert: »Jugendliche engagieren sich dann in Politik und Gesellschaft, wenn dies in ihrem unmittelbaren, direkten Bezugskreis möglich ist, da sie dort davon ausgehen, etwas konkret und direkt bewirken zu können, ohne korrumpiert und vereinnahmt zu werden.«[21] Sie lehnen Verbandsmitgliedschaften weitgehend ab, und stehen allen ideologischen -Ismen (wie dem Kommunismus, Sozialismus oder Kapitalismus) skeptisch gegenüber, lassen sich aber auf überschaubare kleine Projekte und Initiativen ein, mit denen sie sich identifizieren können, bei denen sie ihre Fähigkeiten einbringen können, wo sie Anerkennung finden und wo es Spaß macht. Fuhren vor fünfzehn Jahren junge Erwachsene aus Dritte-Welt-Gruppen im Sommer zu internationalen Hilfsbrigaden nach Nicaragua in die Kaffeeplantagen, um dort beim Aufbau eines menschlichen Sozialismus mitzumachen, so waren im Jahr 1997 spontan Jugendliche zur Überschwemmungskatastrophe an die Oder gefahren, um dort konkrete Hilfe zu leisten.

Gerade in den am stärksten individualisierten sozialen Milieus sind nach Thomas Meyer solidarisches Engagement und Interesse an gerechter Gemeinwohlpolitik anzutreffen: »Es sind daher nicht die Prozesse sozialer Individualisierung an sich, die zu einer Korrosion der sozialen Solidaritätsbestände und zu einer Abkehr von gesellschaftlichen Gemeinwohlvorstellungen führen. Individualisierung als sozialer Begriff fällt keineswegs mit der moralischen Kategorie des Egoismus oder der politischen Kategorie der Politikverdrossenheit zusammen.«[22] Gegen den an Jugendliche gerichteten Vorwurf, sie seinen politikverdrossen, wirft die Shell-Studie ein,

---

20 Diese Beobachtungen beruhen auf persönlichen Erfahrungen des Verfassers.
21 Ebd. 35.
22 Thomas Meyer, a.a.O. 322.

das sei nur die Kehrseite der Jugendverdrossenheit der Politik. Politik und Politiker erscheinen »unglaubwürdig, interessegeleitet, trocken, unehrlich, korrupt und vom Alltagsleben ›Schaltjahre entfernt‹«[23].

Anders als früher nehmen Jugendliche allerdings eine gezielte Kosten-Nutzen-Rechnung vor, und sie begründen vor sich selber, welche biographische Bedeutung soziales Engagement für sie hat. War in früheren Jugendgenerationen die soziale und politische Dimension eines Engagements entscheidendes Begründungskriterium, so wird heute der persönliche Bezug und Nutzen thematisiert (Was hat das mit mir und meiner Zukunft zu tun?), ohne daß deshalb der soziale Bezug irrelevant würde. Heiner Keupp diagnostiziert eine wachsende Zahl von Menschen, die sich für das Gemeinwohl betätigen wollen, »allerdings zunehmend weniger aus einer moralisch-altruistischen Haltung der Aufopferung für andere, sondern aus dem Bedürfnis heraus, dabei etwas für sich zu tun, ›Selbstsorge‹ oder ›Selbsterfüllung‹ als Leitlinien zu betonen.«[24] Den Zusammenhang von altruistischen und persönlichen Motiven artikulieren Friedensdienstleistende der ökumenischen Freiwilligenorganisation EIRENE in einer psychologischen Untersuchung, in der sie durchweg eine Kombination von Sorge für andere (konkret durch den Friedensdienst im Ausland) und Sorge für sich selbst (durch Selbsterfahrung, Horizonterweiterung und Ablösung vom Elternhaus) als Motivation angeben.[25]

Bei Fragen, welche Gründe Jugendliche zu einem Freiwilligendienst motivieren, belegen mehrere Untersuchungen, daß persönliche Motive (sich selbst finden, andere Menschen kennenlernen, eine andere Kultur kennenlernen, den Horizont erweitern) und soziale Motive (etwas Sinnvolles tun, Menschen helfen, denen es schlechter geht, zur internationalen Verständigung beitragen) gleichrangig genannt werden.[26] In der Studie der Langzeit-Friedensdienste sind explizite politische Motivationen bei den Freiwilligen der achtziger Jahre höher als bei den aktuellen Freiwilligen der neunziger Jahre. Bezeichnend ist aber, daß die eher unbestimmte Motivation für soziales Engagement sich nach der Rückkehr politisch präzisiert.[27]

Freiwilligendienste haben zu berücksichtigen, daß Jugendliche mit Unbehagen auf Hierarchien, Vereinnahmung, Routine und Stereotypen ›selbstlosen Engagements‹ reagieren. Traditionelle Wohlfahrtsverbände können »diese unvertraute, organisatorisch ›schwer verdauliche‹ Verbindung von Egoismus und Altruismus nicht wirklich begreifen«[28].

---

23 Jugendwerk der Deutschen Shell (Hrsg.), a.a.O. 34.
24 Heiner Keupp, Handeln in Gemeinschaft, a.a.O. 23.
25 Vgl. Katharina Heimes, Soziales Engagement im Ausland. Eine qualitative Studie zur Familienbiographie engagierter Personen, Diplomarbeit an der Universität Bielefeld im Mai 1997.
26 Vgl. u.a. Ulrike Petry, Evaluierung der Langzeit-Friedensdienste in Ausland. Kurzfassung, Tübingen 1996, 23.
27 Vgl. ebd. 24.
28 Ulrich Beck, a.a.O. 151.

Lernprozesse an einer biographischen Schnittstelle

Biographische Schnittstellen und Übergänge von einer Lebensphase zur anderen vollziehen sich angesichts der vielfältigen Wahlmöglichkeiten einerseits und der durch die Arbeitsmarktlage versperrten Zugänge andererseits heute nicht mehr als reibungslose Statuspassagen, sondern werden zunehmend zu Experimentierräumen und gewinnen als Scharniere immer mehr an Bedeutung. Für Jugendliche bieten sich deshalb an den Übergängen von Schule zu Ausbildung oder Studium oder von der Ausbildung zum Berufseinstieg Freiwilligendienste als solche Scharniere an, in denen sie situationsbezogen in konkreten thematischen Einsatzfeldern aktiv werden können.[29]

In der Untersuchung des Bundesministeriums für Familie, Senioren, Frauen und Jugend (BMFSFJ) zum Freiwilligen Sozialen Jahr (FSJ) wird die Bedeutung des Freiwilligendienstes für die berufliche Zukunft hervorgehoben: »Es zeigt sich wiederholt, daß auf dem Weg in die berufliche Zukunft das FSJ für fast alle Freiwilligen eine richtungsweisende Funktion einnimmt und den FSJlerInnen angesichts verschiedener Wahlmöglichkeiten hilft, eine fundierte Entscheidung zu treffen.«[30]

Bei den Einsatzfeldern im Freiwilligendienst finden solche Orte bei vielen Jugendlichen Zuspruch, die Gemeinschaftserfahrungen ermöglichen. Die Jugendphase ist aufgrund der gesellschaftlichen Individualisierungsprozesse heute weniger als früher durch Gruppenerfahrungen gekennzeichnet: Vielen Jugendlichen fehlt die frühere typische Großfamilienerfahrung mit den dazugehörenden Generationen- und Geschwisterkonflikten. Jugendgruppen haben heute weniger Anziehungskraft als kommerzielle Jugendangebote oder werden durch Einzelförderung (Musikschule, Jonglierkurse usw.) verdrängt. Freiwilligendienste bieten die Chance sozialer Lernprozesse. Internationale Friedensdienste vermitteln Freiwillige auf Wunsch in Gemeinschaften, die mit Behinderten zusammenleben[31] oder Obdachlosen ein Zuhause bieten.[32] Für bestimmte Jugendliche vermitteln diese familienähnlichen Gemeinschaftserfahrungen die Möglichkeit nachholender Sozialisationserfahrungen: akzeptiert zu sein mit den persönlichen Fähigkeiten und Grenzen – so, wie man geworden ist, ohne daß zuerst nach besonderen Leistungen gefragt wird.

---

29 Vgl. Ulrich Beck, Erwerbsarbeit durch Bürgerarbeit ergänzen, in: Kommission für Zukunftsfragen der Freistaaten Bayern und Sachsen, Erwerbstätigkeit und Arbeitslosigkeit in Deutschland. Entwicklungen, Ursachen und Maßnahmen, Teil III: Maßnahmen zur Verbesserung der Beschäftigungslage, Bonn, November 1997, 146-210, 1150.
30 BMFSFJ (Hrsg.), a.a.O. 180.
31 Beispielhaft ist die von Jean Vanier gegründete Arche-Gemeinschaft, die für Behinderte und Nichtbehinderte Chancen persönlichen Wachstums im familiären Zusammenleben ermöglichen will.
32 Hier sind insbesondere die von Dorothy Day gegründete Catholic worker – Bewegung und die auf Abbé Pierre zurückgehende Emmaus-Gemeinschaft zu nennen.

Experimentelle Mitarbeit in sinnstiftenden Initiativen

Die Hoffnung der altgewordenen 68-er Generation, die ganze Welt ändern zu können, haben Jugendliche heute verloren, aber wenn sie konkrete, überschaubare Veränderungsmöglichkeiten in ihrem eigenen Handlungshorizont sehen, sind sie bereit sich einzusetzen. Am ehesten fühlen sie sich angesprochen von bürgerschaftlichen Organisationen wie Umweltschutzgruppen, Menschenrechtsinitiativen und Bürgerinitiativen.[33] Unkonventionelle Aktionen im Stile von Greenpeace finden die höchste Anerkennung, weil sie medien- und öffentlichkeitswirksam inszeniert werden. Traditionelle sinnstiftende Institutionen wie die Kirchen haben nur dann eine Chance, Jugendliche zu binden, wenn sie nicht vereinnahmend wirken, sondern ihnen Experimentierraum schaffen. Wo eine Iuxtaposition[34] ermöglicht wird, ein befristetes, projektbezogenes Mitmachen, ohne gleich die ganze institutionelle Ideologie »mitschlucken« zu müssen, fühlen sich Jugendliche am ehesten aufgehoben.

Bei der Konzeptionierung von Freiwilligendiensten wird eine Grundentscheidung gefragt sein: Sollen Freiwilligendienste flächendeckend möglichst alle Jugendlichen erreichen, wird es nicht möglich sein, überall den hohen Standard an Mitbestimmungsmöglichkeit, Freiraum, direkt sinnfälligem Engagement zu ermöglichen, wie Jugendliche sich das laut Shell-Studie wünschen. Die Qualität der Freiwilligendienste wird bei einem breitflächigen Angebot notwendigerweise sehr unterschiedlich sein. Sollen im wesentlichen die bestehenden Freiwilligendienste gefördert und ausgebaut werden, läßt sich ein höherer Qualitätsstandard erreichen, wohl kaum aber die angestrebte Breitenwirksamkeit.

Diversifizierung der Freiwilligendienste im Ausland und im lokalen Nahbereich

Nicht allen Jugendlichen steht der Sinn danach, ins Ausland zu gehen. Für einen breitenwirksamen Freiwilligendienst sind neben den internationalen Dienstformen auch lokale Angebote nach dem Vorbild des Freiwilligen Sozialen Jahres und des Freiwilligen Ökologischen Jahres wichtig. Die vom Bundesministerium für Familie, Senioren, Frauen und Jugend in Auftrag gegebene Untersuchung geht für das Untersuchungsjahr 1995/96 von 433 Freiwilligeneinsätzen im europäischen Ausland und von ca. 9500 Teilnehmer/innen am Freiwilligen Sozialen Jahr im Inland aus.[35] Im Vergleich mit den etwa 125 000 Zivildienstleistenden im Einsatz sind dies immer noch »Nischenprogramme«. Am FSJ im Inland beteiligen sich 90,7 % junge Frauen

---

33 Vgl. Jugendwerk der Deutschen Shell (Hrsg.), a.a.O. 16.
34 Iuxtaposition = Danebenstehen, nicht die ganze Arbeit verantworten müssen. Vgl. Wilhelm Mader, Gesellschaftspolitische und bildungspolitische Analyse, in: Politisch-soziales Bildungswerk – Christen für Europa e.V./CfE, Evaluation des Zusammenwirkens von Politischer Bildung und sozialem Dienst in Europa, Dresden 1996, 41-58, 48.
35 Vgl. BMFSFJ (Hrsg.), a.a.O. 56 und 199. Leider werden Freiwilligendienste in Übersee – wie der Solidarische Lerndienst bei EIRENE und die »Missionare auf Zeit« verschiedener Ordensgemeinschaften – von der Untersuchung des BMFSFJ nicht erfaßt.

und 9,3 % junge Männer, was in erster Linie auf die Wehr- und Zivildienstpflicht zurückzuführen ist.[36] Demgegenüber liegt beim Freiwilligendienst im Ausland der Männeranteil mit 36 % höher, weil junge Männer im Rahmen des § 14b des Zivildienstgesetzes einen »anderen Dienst im Ausland« anstelle des Zivildienstes ableisten können. Wie stark bei einem Wegfall der Wehrpflicht der männliche Anteil beim Freiwilligendienst wirklich würde, bleibt offen. Junge Männer scheinen weniger bereit zu sein, ein Jahr ihres Lebens »zu verschenken«.[37]
Die Untersuchung des Bundesministeriums zum Freiwilligen Sozialen Jahr nimmt in Bezug auf die Dienstmotivationen eine aufschlußreiche Unterscheidung vor. Beim FSJ im Inland stellt das Erkunden des sozialen Berufsfeldes mit der Möglichkeit erster berufsrelevanter Qualifizierung die Hauptmotivation dar.[38] Bei einem Freiwilligendienst im Ausland spielt die berufsbezogene Qualifizierung – vom Erlernen einer Fremdsprache abgesehen – keine zentrale Rolle. Auslandsfreiwillige wollen sich vielmehr »bewußt einer anderen Kultur aussetzen und Toleranz entwickeln gegenüber Fremden sowie gegenüber sozial Schwächeren«[39]. »Noch mehr als im Inland fordern freiwillige Dienste im Ausland die Freiwilligen heraus, ihre Identität und ihre Herkunft in Frage zu stellen. Soziale Dienste im Ausland bieten praktisch in komprimierter Form den ›harten Weg‹ des Erwachsenwerdens.«[40] Internationale Dienste stellen für Jugendliche in der Spätadoleszenz eine besondere Chance dar, weil bei der Abnabelung vom Elternhaus alternative Selbst- und Weltbilder auch über den eigenen kulturellen Horizont hinaus erprobt werden können.[41] Wer sich aber für einen Freiwilligendienst in ein fremdes Land begibt, muß mit einem Kulturschock rechnen. Der Kulturschock bezeichnet die Erfahrung, sich auf ein fremdes soziales System einstellen zu müssen, in dem vorangegangene Lernprozesse nicht mehr anwendbar sind:[42] Was wird von mir erwartet? Wie begrüße ich hier die Leute richtig: mit Handschlag, Küßchen (wann zwei-, wann dreimal?) oder Verneigung? Wie darf ich Kritik üben? Was beleidigt die Leute? Warum reagieren sie plötzlich belustigt, wenn ich etwas ernst gemeint habe? So, wie der Sinn der Handlungen anderer nicht mehr verstanden wird, wird das eigene Handeln plötzlich anders interpretiert, als es intendiert war. Das bringt Streß mit sich, ein Gefühl des Verlustes und der Ablehnung, Verwirrung, Überraschung, Angst, Empörung und Ohnmachtsgefühle.[43] Diesen Schritt in ein fremdes Land sollte nur jemand tun, der bereits im eigenen sozialen System Schritte in Richtung auf die Ausformung seiner sozialen Identität hin gegangen ist. Wer (noch) Mühe hat, seine Identitätsbalance zu finden, Rollenerwartungen anderer mit eigenen Bedürfnissen auszubalancieren,

---

36 Vgl. ebd. 67
37 Vgl. ebd. 67 Wünschenswert wäre auch eine statistische Aufstellung nach west- und ostdeutschen Freiwilligeneinsätzen gewesen. Nach meiner persönlichen Kenntnis ist der Anteil ostdeutscher Jugendlicher zumindest bei Diensten im Ausland noch stark unterrepräsentiert.
38 Vgl. BMFSFJ (Hrsg.), a.a.O. 179.
39 Ebd. 293.
40 Ebd. 294.
41 Vgl. Josef Freise, Interkulturelles Lernen in Begegnungen – eine neue Möglichkeit entwicklungspolitischer Bildung? Saarbrücken/Fort Lauderdale 1982, 127f.
42 Vgl. Wolf Wagner, Kulturschock Deutschland, Bonn 1996, 14.
43 Vgl. ebd. 15.

sollte zuerst im eigenen Land diesen Prozeß voranbringen. Im Ausland könnten Einsamkeit, Konflikte mit neugewonnenen Freunden, Nachbarn oder Kolleginnen und Kollegen, Fremheitserfahrungen durch mangelnde Sprachkenntnisse usw. zu einem unüberwindbar erscheinenden Problemberg anwachsen. Eine Folge ist dann häufig, daß Sündenböcke für den Problemberg gesucht werden. Der durch den Kulturschock empfundene Druck verhindert, die eigenen kulturell erworbenen Denk- und Verhaltensmuster zu relativieren.[44]

Die Evaluierungen von internationalen Freiwilligendiensten[45] belegen eine massive Dominanz von Abiturienten in Auslandseinsätzen. Abiturienten sind aufgrund ihrer schulisch erworbenen Fremdsprachenkenntnisse im Vorteil, und sie kommen auch oft aus Schichten, die sich am leichtesten die durchaus nicht immer geringen finanziellen Eigenbeiträge leisten können. Hier könnten sich bei finanzieller Förderung Verschiebungen ergeben. Unabhängig vom Bildungsgrad sind aber bei der Auswahl von Auslandsfreiwilligen die sozialen Kompetenzen (Kommunikationsfähigkeit, Verläßlichkeit, Empathie, Kritikfähigkeit) vorrangig zu überprüfen.[46] Gerade aufgrund der geschilderten gesellschaftlichen Individualisierungsschübe müssen viele Jugendliche grundlegende Sozialisationserfahrungen noch nachholen, die früher in Großfamilienkontexten eher eingeübt wurden, wie z.B. die selbstverständliche Mitarbeit im Haushalt, die Erfahrung des Aufeinanderangewiesenseins usw. Deshalb spricht viel dafür, bei einem Breitenangebot von Freiwilligendiensten auch solche Formen auszuprobieren, wo Jugendliche stufenweise Neues lernen, z.B. in einer gemeinnützigen Organisation mitzuarbeiten, ohne deshalb den Wohnort wechseln und wichtige Freundschaftsbeziehungen aufgeben zu müssen.

Internationale wie lokale Freiwilligendienste müssen durch intensive Bildungsarbeit begleitet werden. Das Gesetz zum Freiwilligen Sozialen Jahr schreibt solche Seminare zwingend vor; die Aktionsgemeinschaft Dienst für den Frieden (AGDF) hat Standards für die Begleitung von Auslandsfreiwilligen in mittel- und langfristigen Friedensdiensten entwickelt.

Freiwilligendienst und Arbeitsmarkt

Der Wohlfahrtsstaat ist am Ende; er scheint nicht mehr bezahlbar zu sein. Die sozialen Leistungen werden massiv gesenkt. Zugleich sehen Wohlfahrtsverbände einer möglichen Aufhebung der Wehrpflicht mit Sorge entgegen, weil weite Bereiche des Gesundheitssystems ohne Zivildienstleistende zusammenbrechen könnten. In dieser

---

44 Vgl. Josef Freise/ Norbert Schier, Praxisfeld Interkulturelle Erziehung und Bildung, in: Elisabeth Badry / Maximilian Buchka/ Rudolf Knapp (Hrsg.), Pädagogik. Grundlagen und Arbeitsfelder, 3., überarbeitete Auflage, Neuwied, Kriftel 1999, 463-493.
45 Vgl. insbesondere BMFSFJ (Hrsg.) a.a.O.; Politisch-soziales Bildungswerk – Christen für Europa e.V./ CfE, a.a.O. sowie Ulrike Petry, Evaluierung der Langzeit-Friedensdienste im Ausland. Kurzfassung im Auftrag der Aktionsgemeinschaft Dienst für den Frieden für Aktion Sühnezeichen Friedensdienste, Brethren Service/Europe, EIRENE, Service Civil International, Tübingen 1996.
46 Diese Überlegungen beruhen auf persönlichen Erfahrungen des Verfassers aufgrund zehnjähriger Personalauswahl und Bildungsarbeit beim Internationalen Christlichen Friedensdienst EIRENE.

Situation wird der Ruf nach dem Umbau der Sozialversorgung laut: In der »mixed economy of welfare« sollen nichtstaatliche Organisationen als Ergänzung des öffentlichen Wohlfahrtssystems aktiv werden.[47] Wird die Reduzierung des öffentlichen Hilfssystems von den einen als menschenverachtendes Durchschneiden des sozialen Netzes gebrandmarkt, sehen andere darin eine Chance, von einer Überbürokratisierung und von »kalter« Versorgung einen neuen Reformweg zu bürgernaher, menschlicher und »warmer« Solidarität zu finden. In dieser Perspektive steht auch die Idee des Kommunitarismus, die aus den USA kommend zunehmend in Deutschland rezipiert wird. Der von Amitai Etzioni geprägte Kommunitarismus setzt an dem Prozeß gesellschaftlicher Individualisierung an: Wo traditionale Bindungen aufgebrochen sind, brauchen wir neue »Ligaturen«, Bindungen, die unserem Leben Sinn geben. Sie sind am ehesten in überschaubaren, kommunitarischen Zusammenhängen erfahrbar: in lokalen Beziehungsnetzen, in sozialen Einrichtungen, wo wir anderen helfen und selber Solidarität und Gemeinschaft erfahren können. Soziale Zugehörigkeit, Lebenssinn und Identitätsvergewisserung finden einen neuen Platz in »posttradititonalen Gemeinschaften«, die zu fördern ein zentrales Anliegen des Staates sein müßte.[48] Diese posttraditionalen sozialen Netzwerke haben ihren Ursprung in den USA, wo die Auswanderer neue Gemeinschaften bildeten. Traditionsgemeinschaften wurden durch Willensgemeinschaften ersetzt[49], und es bildete sich eine neue Tradition der Selbstorganisation sozialer Netze heraus, die bis heute in freiwilligem Engagement weiter besteht. Heiner Keupp, der die Kommunitarismusidee in Deutschland verbreitet, zitiert eine amerikanische Studie, nach der in den USA »45 % der über 18jährigen AmerikanerInnen sich Woche für Woche fünf Stunden und mehr für freiwillige Hilfsleistungen und Wohltätigkeitszwecke zur Verfügung stellen, sich in Krisenzentren, Bürgerrechtsbewegungen engagieren, Nachbarschaftshilfen organisieren, soziale Netzwerke der Altenpflege aufbauen, Frauenhäuser unterhalten, Antidrogeninitiativen ergreifen und unentgeltliche Leistungen erbringen, die, würde man sie in ihrem Geldwert beziffern, weit über 150 Milliarden Dollar (pro Jahr) entsprechen«.[50] Der Kommunitarismus mit seiner Idee des gemeinsamen sozialen Engagements könnte als Gegenmittel gegen staatliche Kälte, aber auch gegen bürokratische Verordnung wirksam werden. Die Gemeinschaftsangebote des Kommunitarismus seien, so seine Verfechter, nicht als Ersatz für zu streichende sozialstaatliche Leistungen anzusehen, sondern als Ergänzungen. Haben Freiwillige in einem solchen Konzept bürgernaher sozialer Versorgung einen Platz? Sind sie billigere Arbeitskräfte, die anderen die Arbeit wegnehmen? Welche Arbeit soll von Freiwilligen und welche Arbeit soll von Arbeitskräften des ersten Arbeitsmarktes vollbracht werden? Sollen für arbeitslose Jugendliche

---

47 Vgl. Katharine Gaskin, Justin Davis Smith, Irmtraud Paulwitz u.a., a.a.O. 31.
48 Vgl. Heiner Keupp, a.a.O. 33.
49 Vgl. Walter Reese-Schäfer, Die politische Rezeption des kommunitarischen Denkens in Deutschland, in: Aus Politik und Zeitgeschichte. Beilage zur Wochenzeitung Das Parlament B36/96 vom 30.8.1996, 3-11, 3.
50 Heiner Keupp, a.a.O. 24.

neue Warteschleifen installiert werden, die sie vom ersten Arbeitsmarkt nur noch weiter entfernen?
Die Eurovol-Untersuchung zeigt, daß Arbeitslose nicht für ehrenamtliches freiwilliges Engagement zur Verfügung stehen.[51] Sie sind ganz von ihrem Grundproblem besetzt, einen Arbeitsplatz zu finden. Freiwillig engagiert sich nur, wer seine Grundbedürfnisse nach Arbeit und Wohnung geklärt hat. Freiwilligendienste könnten für arbeitslose Jugendliche dann interessant werden, wenn sie spüren, daß hier ihre Leistung wirklich gefragt ist, daß sie nicht abgeschoben werden, sondern im Gegenteil eine Chance erhalten, sich anschließend auf dem Arbeitsmarkt besser behaupten zu können.

Kurz- und mittelfristige Perspektiven für Jugendfreiwilligendienste

Die bisherigen Freiwilligendienste bringen entscheidende Erfahrungen mit, die für das Voranbringen der Idee eines breitenwirksamen Freiwilligendienstes von grundlegender Bedeutung sind. Sie verfügen über das Know-how, arbeiten oft mit großem Idealismus und Sachverstand und würden ihre Aktivitäten wesentlich ausweiten können, wenn ihre organisatorische Infrastruktur von öffentlichen Geldgebern stärker gefördert würde.[52] Dabei geht es nicht um eine Vollfinanzierung: Die Freiwilligen von Aktion Sühnezeichen Friedensdienste, von EIRENE wie auch von anderen Diensten bauen Unterstützerkreise auf. Sie fragen Kirchengemeinden, Verbände, Freundeskreise, Verwandte, Bundestagsabgeordnete ihres Wahlkreises u.a. an, ob sie ihre Projektarbeit im Ausland mitunterstützen. Es ist aber ein Skandal, daß die Bundesregierung die Leistung des »anderen Dienstes im Ausland« anstelle des Zivildienstes (nach § 14b des Zivildienstgesetzes) nicht finanziell fördert, obwohl doch durch diese Dienste Kosten im Zivildienstbereich eingespart werden.

Die Perspektive der Freiwilligendienste hängt von der Perspektive unserer Gesellschaft ab

Freiwilligendienste haben Zukunft; nur wird diese Zukunft jeweils anders aussehen, je nachdem, wie sich unsere Gesellschaft entwickelt.
Zwei Zukunftsentwürfe unserer Gesellschaft sollen mit Blick auf Freiwilligendienste idealtypisch – und damit notwendigerweise vereinfachend – vorgestellt werden: das Modell der marktwirtschaftlichen Hochleistungsgesellschaft und das Modell einer ökologisch und menschlich zukunftsfähigen Gesellschaft.
Das marktwirtschaftliche Hochleistungssystem setzt auf eine verstärkte gesellschaftliche Arbeitsteilung und eine Ausweitung des Dienstleistungssektors. Lei-

---

51 Katharine Gaskin u.a., a.a.O. 54.
52 Der ökumenische Friedensdienst EIRENE beispielsweise erhält pro Jahr über 5000 Erstanfragen von jungen Leuten, die einen Freiwilligendienst im Ausland leisten wollen, kann aber aus Kapazitätsgründen nur 35 Plätze vergeben.

stungsträger sind beruflich voll eingespannt (DINK als Modell: double income – no kids), haben einen hohen Verdienst und finanzieren damit den sich ausdehnenden Dienstleistungssektor; z.B. dadurch, daß sie Einkäufe telephonisch in Auftrag geben und sich die Waren von Service-Organisationen ins Haus liefern lassen. Ebenso werden die Privatwagen von einem Service abgeholt und gewaschen und gewartet zurückgebracht. Auch Kleidungsmodelle werden zum Anprobieren ins Haus gebracht. All das bringt Zeitersparnis und schafft neue Arbeitsplätze – allerdings vorwiegend im Niedrigstlohnbereich. Wer in diesem System nicht mithält, arbeitet in ein oder zwei solcher Billiglohnjobs und kann vielleicht auch durch staatlich geförderte Bürgerarbeit noch einige Vergünstigungen (wie billigere Tickets im Nahverkehr) erhalten. Gemeinnützige Freiwilligendienste wären hier ein Ausweg gegen das Abgleiten in die totale Armut. Jugendliche finden in dieser Gesellschaft nur noch zum geringeren Teil bezahlte Arbeitsplätze. Sie werden in Freiwilligendienste integriert.

Neben diesen staatlich geförderten Freiwilligendiensten stünden dann aber die konsequent staatskritischen kleinen Freiwilligendienste, die oft – wie in den USA – von urkirchlich geprägten christlichen Gruppen und Gemeinschaften getragen werden. Sie leben selber am Existenzminimum, ernähren sich mit den von Supermärkten geschenkten Nahrungsmitteln, bei denen das Verfallsdatum abläuft, beherbergen Obdachlose und illegal im Land lebende Flüchtlinge, die abgeschoben werden sollen, und organisieren Aktionen des zivilen Ungehorsams gegen militärische Einrichtungen.[53]

Eine Alternative zur marktwirtschaftlichen Hochleistungsgesellschaft zeigt die Studie »Zukunftsfähiges Deutschland« auf. Die weniger werdende Arbeit wird verteilt, und immer mehr Menschen arbeiten Teilzeit. Bezieher höherer Einkommen verzichten damit auf einen Teil ihres Einkommens, während diejenigen, die mit ihrem Lohn unter die festgesetzte Mindesteinkommensgrenze kommen, Ausgleichszahlungen vom Staat erhalten. Kürzere Arbeitszeiten bringen eine höhere Zeitsouveränität mit sich, und die freie Zeit wird für Eigenarbeit (z.B. im wieder neu angelegten Gemüsegarten), für Tauscharbeit (die in Tauschringen mit Gutscheinen vergütet wird) oder für sinnstiftende gemeinnützige freiwillige Tätigkeiten eingesetzt. Die männliche Normalbiographie mit einer Vollzeitarbeitsstelle vom Berufseinstieg bis zur Rente oder Pension ist eine Ausnahme geworden. Statt dessen nutzen immer mehr Männer das Angebot der Erziehungszeiten, um eine wirkliche Beziehung zu den eigenen Kindern entwickeln zu können; sie orientieren sich in Sabbatzeiten neu und teilen sich Erwerbs- und Familienarbeit mit ihren Partnerinnen paritätisch. Menschen definieren sich nicht mehr vorrangig über Erwerbsarbeit, sondern über die Tätigkeiten, die Sinn stiften und Spaß machen – wozu auch die Erwerbsarbeit wieder zunehmend gehören kann, wenn sie nicht mehr den ganzen Alltag besetzt

---

53 Solche radikalchristlichen Freiwilligengemeinschaften fassen auch in Deutschland Fuß: »Wie in der Urkirche. Ein Modell christlichen Lebens: Die ›Diakonische Basisgemeinschaft‹ beherbergt in ihrem ›Haus der Gastfreundschaft‹ Flüchtlinge und Obdachlose«, in: Deutsches Allgemeines Sonntagsblatt Nr.1 vom 2.1.1998, 14.

und dadurch Streß verursacht. Freiwillige Dienste sind so essentieller Bestandteil einer neuen bunten Kultur der Tätigkeitsgesellschaft[54].

Die beiden skizzierten Gesellschaftsentwürfe sind idealtypisch überzeichnet, aber sie machen doch deutlich, daß die Zukunft der Freiwilligendienste wesentlich dadurch bestimmt wird, welche Züge unsere Gesellschaft kennzeichnen werden.

Breitenwirksame Freiwilligendienste für Jugendliche: eine gesellschaftspolitische Priorität

Das Ideal einer Jugendzeit, die es gestattet, in einem nichtverzweckten Freiraum zu experimentieren und sich Orientierungshilfen zu suchen, ohne die Verwertbarkeit immer mitbedenken zu müssen, ist durch die von Jugendarbeitslosigkeit gekennzeichnete gesellschaftliche Situation zum einen bedroht, zum anderen aber durch die Tendenzen der Individualisierung in unserer Gesellschaft zunehmend gefordert. Dies führt zu einer paradoxen Lage: Ein Freiwilligendienst in der Jugendphase erscheint zum einen als Luxus, den sich viele mit Blick auf den Konkurrenzkampf am Arbeitsmarkt nicht leisten zu können glauben, und zum anderen erscheint er als Voraussetzung für die Gewinnung eines weiten Horizonts, den Jugendliche für die arbeitsmarktpolitischen Unwägbarkeiten der Zukunft brauchen. Die Individualisierungstendenzen unserer Gesellschaft lassen ein Angebot freiwilliger Dienste zur Bewältigung der beruflichen und persönlichen Orientierungskrisen in der Jugendphase als absolut dringlich erscheinen.[55]

Für einen breitenwirksamen und attraktiven Freiwilligendienst wäre es wünschenswert, viele Dienstmöglichkeiten als Angebote zur Verfügung zu haben, die freiwillig gewählt werden können und deren Ableistung mit gesellschaftlichen Vorteilen (Bonussystem, Rentenanrechnung, Ermöglichung des Zugangs zu bestimmten Studiengängen und Berufsausbildungen usw.) verbunden ist.

Ob Freiwilligendienste in Zukunft mehr als eine Nischenfunktion ausfüllen werden, hängt von zwei Faktoren entscheidend ab: von der Kreativität der Freiwilligendienstorganisationen, die auf das Spannungsfeld arbeitsmarktpolitischer Zwänge und jugendbiographischer »Passungsprobleme« reagieren müssen, und von den gesellschaftlichen Rahmenbedingungen: Nur wenn die Politik ihre Lethargie überwindet und mit dem lange angekündigten und überfälligen Freiwilligengesetz die erforderlichen Spielräume für freiwilliges Engagement öffnet, können freiwillige Dienste die gewünschte Breitenwirksamkeit entfalten.

---

54 Ulrich Becks Konzept der Bürgerarbeit paßt in diese Gesellschaftsvision der Tätigkeitsgesellschaft, aber auch in das Bild der marktwirtschaftlichen Hochleistungsgesellschaft. Kritiker werfen ihm vor, er stelle nicht die Frage der Verteilung von Arbeit. Seine Vision müßte präzisiert werden, um vor Mißbrauch geschützt zu bleiben.
55 Vgl. BMFSFJ (Hrsg.), a.a.O. 180.

Literatur

Beck, Ulrich, Demokratisierung der Familie, in: Christian Palentien/ Klaus Hurrelmann (Hrsg.), Jugend und Politik. Ein Handbuch für Forschung, Lehre und Praxis, Neuwied/ Kriftel/Berlin 1997, 47-67

Beck, Ulrich, Erwerbsarbeit durch Bürgerarbeit ergänzen, in: Kommission für Zukunftsfragen der Freistaaten Bayern und Sachsen (Hrsg.), Erwerbstätigkeit und Arbeitslosigkeit in Deutschland. Entwicklung, Ursachen und Maßnahmen, Teil III Maßnahmen zur Verbesserung der Beschäftigungslage, Bonn 1997

BUND/Misereor (Hrsg.), Zukunftsfähiges Deutschland. Ein Beitrag zu einer global nachhaltigen Entwicklung, Basel 1996

Bundesministerium für Familie, Senioren, Frauen und Jugend (Hrsg.), Untersuchung zum Freiwilligen Sozialen Jahr, Stuttgart/Berlin/Köln 1998

Von Eichborn, Wolfgang, Freiwillige für den Frieden, Stuttgart 1970

Freise, Josef/ Fricke, Eckehard (Hrsg.), Die Wahrheit einer Absicht ist die Tat. Friedensfachdienste für den Süden und den Norden, Idstein 1997

Freise, Josef, Interkulturelles Lernen in Begegnungen – eine neue Möglichkeit entwicklungspolitischer Bildung? Saarbrücken/Fort Lauderdale 1982

Freise, Josef/Schier, Norbert, Praxisfeld Interkulturelle Erziehung und Bildung in der internationalen Arbeit und Migrationsarbeit, in: Badry/Buchka/Knapp (Hrsg.), Pädagogik. Grundlagen und Arbeitsfelder, 3., überarbeitete Auflage, Neuwied/Kriftel 1999, 463-493

Freise, Josef, Leben lernen in der Postadoleszenz. Jugendpädagogische Überlegungen zur identitätsbildenden Bedeutung von Freiwilligendiensten, in: Evers, Reimund u.a. (Hrsg.), Leben lernen. Beiträge der Erwachsenenbildung, Münster 1999, 215-232

Gaitanides, Stefan, Interkulturelle Öffnung der sozialen Dienste, in: Klaus Barwig, Wolfgang Hinz-Rommel (Hrsg.), Interkulturelle Öffnung sozialer Dienste, Freiburg 1995

Gaskin, Katharine/Smith, Justin Davis/Paulwitz, Irmtraud u.a., Ein neues bürgerschaftliches Europa. Eine Untersuchung zur Verbreitung und Rolle von Volunteering in zehn Ländern, hrsg. von der Robert Bosch Stiftung, Freiburg 1996

Heimes, Katharina, Soziales Engagement im Ausland. Eine qualitative Studie zur Familienbiographie engagierter Personen, Diplomarbeit an der Universität Bielefeld 1997

Holtappels, Heinz Günter/Hornberg, Sabine, Schulische Desorganisation und Devianz, in: Was treibt die Gesellschaft auseinander? Bundesrepublik Deutschland: Auf dem Weg von der Konsens- zur Konfliktgesellschaft, Band 1, hrsg. von W. Heitmeyer, Frankfurt am Main 1997

Hurrelmann, Klaus, Lebensphase Jugend. Eine Einführung in die sozialwissenschaftliche Forschung, Weinheim und München 1994

Jugendwerk der Deutschen Shell (Hrsg.), Jugend '97. Zukunftsperspektiven, Gesellschaftliches Engagement, Politische Orientierungen, Opladen 1997

Keupp, Heiner, Handeln in Gemeinschaft als Quelle der Selbstverwirklichung – für einen bundesrepublikanischen Kommunitarismus, in: Solidarität inszenieren . . . Freiwilligen-Agenturen in der Praxis. Dokumentation einer Tagung, hrsg. von der Stiftung MITARBEIT, Bonn 1997

Kliche, Thomas/Dietsche, Stefan/Hüttmann, Frank/Jannink, Helge, Muskeln auf der Seele. Ergebnisse der neuesten Untersuchung über Zivis im Dienst, in: zivil. Zeitschrift für Frieden und Gewaltfreiheit, 4. Quartal, 27. Jg., 4-6, 1997

Lüdtke, Hartmut, Entgrenzung und Kontrollverlust in Freizeit und Konsum, in: Was treibt die Gesellschaft auseinander? Bundesrepublik Deutschland: Auf dem Weg von der Konsens- zur Konfliktgesellschaft, Band 1, hrsg. von W. Heitmeyer, Frankfurt am Main 1997

Mader, Wilhelm, Gesellschaftspolitische und bildungspolitische Analyse, in: Politisch-soziales Bildungswerk – Christen für Europa e.V./CfE (Hrsg.), Evaluation des Zusammenwirkens von Politischer Bildung und sozialem Dienst in Europa, Dresden 1996

Meyer, Thomas, Solidarität und kulturelle Differenz. Erinnerung an eine vertraute Erfahrung, In: Was hält die Gesellschaft zusammen? Bundesrepublik Deutschland: Auf dem Weg von der Konsens- zur Konfliktgesellschaft, Band 2, hrsg. von W. Heitmeyer, Frankfurt am Main 1997

Petry, Ulrike, Evaluierung der Langzeit-Friedensdienste im Ausland. Kurzfassung, Tübingen 1996

Peuckert, Rüdiger, Die Destabilisierung der Familie, in: Was treibt die Gesellschaft auseinander? Bundesrepublik Deutschland: Auf dem Weg von der Konsens- zur Konfliktgesellschaft, Band 1, hrsg. von Wilhelm Heitmeyer, Frankfurt am Main 1997

Politisch-soziales Bildungswerk – Christen für Europa (Hrsg.), Evaluation des Zusammenwirkens von Politischer Bildung und sozialem Dienst in Europa, Dresden 1996

Reese-Schäfer, Walter, Die politische Rezeption des kommunitarischen Denkens in Deutschland, in: Aus Politik und Zeitgeschichte. Beilage zur Wochenzeitung Das Parlament B 36/96 vom 30.8. 1996

Wagner, Wolf, Kulturschock Deutschland, Bonn 1996

Warneck, Wilfried, Gewaltfreie Dienste für Gerechtigkeit und Frieden als Herausforderung für die Kirchen, in: Josef Freise/Eckehard Fricke (Hrsg.), Die Wahrheit einer Absicht ist die Tat. Friedensfachdienste für den Süden und den Norden, Idstein 1997

Gudrun Kreft

Frühe Erfahrungen mit Beteiligung und Engagement. Freiwilligendienste im Kontext der übrigen Partizipationsangebote für junge Menschen

Alle Institutionen und Organisationen, die das Aufwachsen junger Menschen begleiten und fördern, haben die Integration junger Menschen in die Gesellschaft als mündige und aktive Bürgerinnen und Bürger zum Ziel. Die Zielsetzung des Manifestes »Jugend erneuert Gemeinschaft«, der nachwachsenden Generation Wege in die Gesellschaft zu öffnen und sie zum Engagement für die Gemeinschaft anzuregen[1], findet in anderen Lebensbereichen Jugendlicher ihre Entsprechung. Zu diesen Bereichen gehören nicht nur Schule und Ausbildung sondern auch die Jugendarbeit als außerschulischer Lernbereich.

Den in der Jugendarbeit tätigen Jugendverbänden und Organisationen ist die Motivierung zum Engagement ein besonderes Anliegen. Die Organisationen selbst werden durch das jugendliche Engagement getragen und sind gleichzeitig ein Lernfeld, in dem Jugendliche erste Erfahrungen in der Übernahme von Verantwortung und Engagement für andere sammeln. Die verschiedenen Arbeitsfelder und Arbeitsformen in der Jugendarbeit sind Orte gemeinschaftlichen Experimentierens und Handelns, in denen Jugendliche die ihnen angemessenen Formen sozialen und politischen Engagements erproben können. Einige Jugendverbände sind eng verknüpft mit Organisationen, die Freiwilligendienste gestalten. Sie sind damit gelegentlich »Vorfeldorganisationen«, die junge Menschen mit dem Angebot der Freiwilligendienste in Kontakt bringen.

Aus der Sicht der Jugendverbände ist es für eine demokratische Gesellschaft unverzichtbar, das vorhandene Beteiligungsinteresse Heranwachsender aufzugreifen und zu fördern, um einer Situation engegenzuwirken, »in der aufgrund der zunehmenden Individualisierungstendenzen der Eigennutz mehr Anerkennung erfährt als der Gemeinnutz, der als Ziel in der Regel zur aktiven Mitgestaltung der Gesellschaft anregt.«[2] Diese Anregung muß in großer Vielfalt geschehen, um individuelle Beteiligungspotentiale ausschöpfen zu können. Die verschiedenen Engagementformen in den Lebensbereichen junger Menschen können und müssen sich gegenseitig ergänzen, um die erforderlichen Schlüsselqualifikationen zu vermitteln, die eine funktionierende Zivilgesellschaft prägen sollen.[3]

---

1 Vgl. *Jugend erneuert Gemeinschaft,* Manifest für Freiwilligendienste, Stuttgart 1998, Seite 9.
2 *Deutscher Bundesjugendring:* »Jung und (un)beteiligt«, Schriftenreihe 26, Bonn 1996, Seite 9.
3 Vgl. Jugend erneuert Gemeinschaft, a.a.O., Seite 8.

Wie für den schulischen und den beruflichen Bildungsbereich ist auch für die Jugendarbeit ein gesetzlicher Rahmen vorgegeben, der ebenfalls die o. g. Zielstellungen enthält. Zu den rechtlichen Rahmenbedingungen für die Freiwilligendienste gehören nicht nur die Gesetze zum Freiwilligen Sozialen und Ökologischen Jahr, sondern auch die Leitlinien des Kinder- und Jugendhilfegesetzes, auf das hier kurz eingegangen wird. Außerdem werden Engagementformen in verschiedenen Lebensbereichen Heranwachsender angesprochen, die sich gegenseitig flankieren und gegebenenfalls eine Vorfelderfahrung für Freiwilligendienste bilden. Freiwilligendienste ihrerseits müssen die Partizipationserfahrungen, die junge Menschen bereits vollzogen haben, in ihre Planungen einbeziehen, da ihre Arbeit oft auf vorhandenen Engagementerfahrungen fußt. Diese Aspekte sollen deutlich machen, daß die unterschiedlichen Formen und Angebote der sozialen und politischen Partizipation für junge Menschen Hand in Hand gehen müssen, um ihr Ziel zu erreichen, »das demokratische Gemeinwesen zu stärken«[4].

1. Bildungs- und Partizipationsauftrag des Kinder- und Jugendhilfegesetzes

Die Angebote der Kinder- und Jugendhilfe sind in den Augen vieler Nichtfachleute Notfallmaßnahmen, die auf Problemsituationen reagieren. Jugendliche und ihre Eltern nehmen selbst oft gar nicht wahr, daß sie sich im Geltungsbereich des Kinder- und Jugendhilfegesetzes befinden, wenn sie an einer Veranstaltung des Sportvereins oder an einem Ökologieprojekt einer Umweltorganisation teilnehmen. In der Regel werden aber solche Angebote ebenso durch die Kommunalverwaltung gefördert wie ein Jugendzentrum oder eine Erziehungsberatungsstelle.

Das Kinder- und Jugendhilfegesetz als Achtes Sozialgesetzbuch formuliert in § 1 ein umfassendes Erziehungs- und Bildungsrecht eines jeden jungen Menschen:

»§ 1 Recht auf Erziehung, Elternverantwortung, Jugendhilfe
(1)   Jeder junge Mensch hat ein Recht auf Förderung seiner Entwicklung und auf Erziehung zu einer eigenverantwortlichen und gemeinschaftsfähigen Persönlichkeit.
(2)   Pflege und Erziehung der Kinder sind das natürliche Recht der Eltern und die zuvörderst ihnen obliegende Pflicht. Über ihre Betätigung wacht die staatliche Gemeinschaft.
(3)   Jugendhilfe soll zur Verwirklichung des Rechts nach Absatz 1 insbesondere
1. junge Menschen in ihrer individuellen und sozialen Entwicklung fördern und dazu beitragen, Benachteiligungen zu vermeiden oder abzubauen,
2. Eltern und andere Erziehungsberechtigte bei der Erziehung beraten und unterstützen,
3. Kinder und Jugendliche vor Gefahren für ihr Wohl schützen,
4. dazu beitragen, positive Lebensbedingungen für junge Menschen und ihre Familien sowie eine kinder- und familienfreundliche Umwelt zu erhalten oder zu schaffen.«

Bei den Aufgaben der Jugendhilfe wird die Unterscheidung zwischen Angeboten für alle und Kriseninterventionen für Problemsituationen deutlich:

---

4   Vgl. *Jugend erneuert Gemeinschaft,* a.a.O., Seite 3.

»§ 2 Aufgaben der Jugendhilfe
(1) Die Jugendhilfe umfaßt Leistungen und andere Aufgaben zugunsten junger Menschen und Familien.
(2) Leistungen der Jugendhilfe sind:
1. Angebote der Jugendarbeit, der Jugendsozialarbeit und des erzieherischen Kinder- und Jugendschutzes (§§ 11 bis 14),
2. Angebote zur Förderung der Erziehung in der Familie (§§ 16 bis 21),
3. Angebote zur Förderung von Kindern in Tageseinrichtungen und in Tagespflege (§§ 22 bis 25),
4. Hilfe zur Erziehung und ergänzende Leistungen (§§ 27 bis 35, 36, 37, 39, 40),
5. Hilfe für seelisch behinderte Kinder und Jugendliche und ergänzende Leistungen (§§ 35a bis 37, 39, 40),
6. Hilfe für junge Volljährige und Nachbetreuung (§ 41).«

Andere Aufgaben der Jugendhilfe betreffen die Inobhutnahme, die Pflegeerlaubnis, Vormundschaftsverfahren u.ä.

Die Leistungen der Jugendhilfe in den Bereichen Jugendarbeit, Jugendschutz und Kindertageseinrichtungen sind als ergänzende Angebote zur Erziehung in Familie und Schule gedacht. Diese Komplementärfunktion macht die Benennung der Ziele und Angebote der Jugendarbeit anschaulich:

»§ 11 Jugendarbeit
(1) Jungen Menschen sind die zur Förderung ihrer Entwicklung erforderlichen Angebote der Jugendarbeit zur Verfügung zu stellen. Sie sollen an den Interessen junger Menschen anknüpfen und von ihnen mitbestimmt und mitgestaltet werden, sie zur Selbstbestimmung befähigen und zu gesellschaftlicher Mitverantwortung und zu sozialem Engagement anregen und hinführen.
(2) Jugendarbeit wird angeboten von Verbänden, Gruppen und Initiativen der Jugend, von anderen Trägern der Jugendarbeit und den Trägern der öffentlichen Jugendhilfe. Sie umfaßt für Mitglieder bestimmte Angebote, die offene Jugendarbeit und gemeinwesenorientierte Angebote.
(3) Zu den Schwerpunkten der Jugendarbeit gehören:
1. außerschulische Jugendbildung mit allgemeiner, politischer, sozialer, gesundheitlicher, kultureller, naturkundlicher und technischer Bildung,
2. Jugendarbeit in Sport, Spiel und Geselligkeit,
3. arbeitswelt-, schul- und familienbezogene Jugendarbeit,
4. internationale Jugendarbeit,
5. Kinder- und Jugenderholung,
6. Jugendberatung.
(4) Angebote der Jugendarbeit können auch Personen, die das 27. Lebensjahr vollendet haben, in angemessenem Umfang einbeziehen.«

Die Angebote der Jugendarbeit sind besonders stark auf Integration und Partizipation ausgerichtet. Sie sind weder der schulischen Bildung noch der familiären Erziehung zugeordnet, sondern haben die Kinder, Jugendlichen und jungen Heranwachsenden selbst im Blick.[5]

---

5 Vgl. *Johannes Münder u.a.:* Frankfurter Lehr- und Praxiskommentar zum Kinder- und Jugendhilfegesetz/SGB VIII / 3. Aufl., Münster 1998, Seite 155ff.

Das Kinder- und Jugendhilfegesetz geht davon aus, daß Kinder und Jugendliche Anregungen zu gesellschaftlicher Mitverantwortung und sozialem Engagement benötigen. Die Hinführung geschieht in der Familie, in der Schule und in der außerschulischen Jugendarbeit mit jeweils anderen Schwerpunktsetzungen. Die politische und soziale Jugendbildung bezieht sich auf größere Sozialräume als die familiäre Erziehung und steht im Prinzip der Freiwilligkeit, das im schulischen Bereich viel weniger zum Tragen kommt.

Das Gesetz verpflichtet die Träger der öffentlichen und freien Jugendhilfe, Angebote zu entwickeln, die die Partizipation und soziale Kompetenz junger Menschen fördern. So bereitet es eine Grundlage für das Engagement in Freiwilligendiensten, die Bereitschaft zum persönlichen Engagement voraussetzen und Chancen zu weiterem Kompetenzerwerb bieten.

2. Beteiligungsangebote und Engagementformen für Jugendliche im Vorfeld der Freiwilligendienste

2.1. ... in der Schule

»Erkläre mir, und ich werde vergessen, zeige mir, und ich werde mich erinnern, beteilige mich, und ich werde verstehen.«[6] Dieser pädagogische Leitsatz wurde vor einiger Zeit von einer Vertreterin der BundesschülerInnenvertretung zitiert, um die Notwendigkeit demokratischen Engagements in der Schule zu unterstreichen.

Die Kulturhoheit der Länder macht generelle Aussagen zur Beteiligung von Schülerinnen und Schülern schwer. Jedoch ist dieser Bereich, in dem der größte Teil der Kindheit und Jugend verbracht wird, ein wichtiges Lernfeld und ein Ort für demokratische Beteiligung. Die Schule steht unter dem Anspruch, soziale und fachliche Kompetenzen zu vermitteln, und dazu gehört die Fähigkeit, demokratisch zu denken und zu handeln. Dies kann nur gelingen, wenn Schülerinnen und Schüler in der Schule demokratische Prozesse kennenlernen.

Die Beteiligungsmöglichkeiten von Schülerinnen und Schülern an Entscheidungsprozessen in der Schule variieren von Bundesland zu Bundesland. Schülerinnen- und Schülervertretungen (SV) als demokratisch gewählte Interessenvertretungen sind mit unterschiedlichen Mitwirkungsrechten und Arbeitsbedingungen ausgestattet. Vielerorts arbeiten sie als Mitwirkungsgremien autonom, sind auch finanziell abgesichert, haben in manchen Ländern, z.B. im Land Brandenburg einen ebenso großen Stimmenanteil in der Schulkonferenz wie das Lehrpersonal und die Eltern. Engagierte Schülerinnen und Schüler beklagen jedoch den ihrer Ansicht nach geringen Einfluß auf schulische oder bildungspolitische Entscheidungen und Abläufe.[7]

Die SV sind nicht überall als gleichwertige Gesprächspartner anerkannt und die teilweise geringe finanzielle Ausstattung beschneidet ihren Aktionsradius. Sie vertre-

---

6 *Deutscher Bundesjugendring:* »Jung und (un)beteiligt«, a.a.O., Seite 63.
7 Vgl. *Deutscher Bundesjugendring:* »Jung und (un)beteiligt«, a.a.O., Seite 61.

ten Schülerinnen und Schüler nicht nur innerhalb der Schule sondern auch gegenüber (Kommunal-)Parlamenten, Presse und Institutionen und nehmen damit ein allgemeinpolitisches Mandat wahr.
Allerdings ist diese Beteiligung an schulübergreifenden Themen – man erinnere sich etwa an die Lichterketten von Schülerinnen und Schülern während des Golfkrieges – nicht problemfrei. Durch die Schulgesetze werden den Schülerinnen- und Schülervertretungen Äußerungen zu allgemeinpolitischen Themen teilweise verboten. Dabei ist es häufig nicht einmal möglich, eine Abgrenzung zwischen bildungspolitischen und allgemeinpolitischen Fragestellungen vorzunehmen. Um das gesellschaftliche Engagement in der Schule zu verbessern, sind, regional unterschiedlich, zahlreiche Maßnahmen erforderlich. Schule muß sich verändern, wenn sie eine demokratische Beteiligung der Schülerinnen und Schüler sicherstellen will. Deren Interessen und Erfahrungen und die Probleme aus ihrem Lebenszusammenhang müssen den Ausgangspunkt schulischen Unterrichts bilden.
Eine wirklich demokratische Schule mit umfassendem Beteiligungsangebot für Schülerinnen und Schüler zeichnet sich dadurch aus, daß sie sowohl in schulpolitischen Fragen als auch im Unterricht die unmittelbare Mitsprache und Mitentscheidung ermöglicht.

2.2. ... in der beruflichen Ausbildung

Jugendliche, die den Sprung von der Schule in den Betrieb geschafft haben, sind in die betrieblichen Abläufe und deren Strukturen eingebunden. Sie haben, wie alle anderen Beschäftigten auch, Partizipationsrechte in Form von gesetzlich fixierten Mitbestimmungsrechten. Die Jugend- und Auszubildenden-Vertretung (JAV) hat in ihrer zweijährigen Legislaturperiode die Aufgabe, sich insbesondere für die Belange der Jugendlichen und Auszubildenden im Betrieb einzusetzen. Dazu gehört es, die Anregungen dieser Beschäftigten im Betrieb bzw. der Dienststelle einzubringen, aber auch die Einhaltung entsprechender Schutzrechte (Jugendarbeitsschutzgesetz, Berufsbildungsgesetz) zu beobachten und nötigenfalls einzufordern. Die Wahrnehmung dieser Aufgabe geschieht in der Regel über und mit dem Betriebs- bzw. Personalrat. Für die Umsetzung ihrer Aufgaben stehen der JAV u. a. Beteiligungs-, Mitwirkungs- und Initiativrechte gegenüber dem Betriebs- bzw. Personalrat zu, ihre Handlungsmöglichkeiten gehen bis zu einem zeitlich befristeten Vetorecht gegenüber Beschlüssen des Betriebs- bzw. Personalrats.
Diese Form der Partizipation stellt eine weitgehende Teilhabe an den innerbetrieblichen Abläufen und Entscheidungsprozessen dar. Sie wird insbesondere von Auszubildenden in großen Betrieben in Anspruch genommen. In mittelständischen Betrieben werden kaum JAV'en eingerichtet. Auch in außerbetrieblichen Bildungszentren erweist sich die Gründung von JAV'en aufgrund der gesetzlichen Vorgaben als sehr kompliziert, so daß dort die Interessen der Jugendlichen gegenüber dem Arbeitgeber nur individuell vertreten werden können.
Im Gegensatz zu den Rechten der Jugendlichen und Auszubildenden im Betrieb gibt es für den zweiten Bereich der dualen Ausbildung, die Berufsschule, so gut wie

keine Mitbestimmungsrechte. Da die Kulturhoheit bei den Ländern liegt, existieren sehr unterschiedliche Bedingungen für die Mitwirkung der Schülerinnen und Schüler. Für die Berufsschulen, die die Aufgabe haben, die betriebliche Ausbildung zu ergänzen und theoretisches Wissen zu vermitteln, gilt auch, daß die betriebliche Interessenvertretung keine Möglichkeiten zur Beeinflussung des Unterrichts hat. Die Folge ist, daß die betriebliche und schulische Ausbildung in ihren Inhalten und Zeitabläufen weit auseinanderfallen.

Neben der gesetzlich fixierten Interessenvertretung haben Beschäftigte in vielen Branchen die Möglichkeit, ihre Interessen im Betrieb auch über das Instrument der Vertrauensleute einzubringen. Die Jugendvertrauensleute sind ein Bindeglied zwischen der Belegschaft eines Betriebes und der zuständigen Gewerkschaft.

In der gewerkschaftlichen Jugendarbeit ist die Diskrepanz zwischen Mitgliederzahlen und aktivem ehrenamtlichen Engagement im letzten Jahrzehnt Thema verschiedener Initiativen und Projekte geworden. Zeitlich befristete und inhaltlich eingegrenzte Beteiligungsangebote in Projekten oder Arbeitskreisen treffen eher das Interesse junger Menschen an einer aktiven Mitarbeit. Durch zielgruppenspezifische Ansprache werden berufliche Interessen und Problemen junger Menschen bearbeitet und ihnen Hilfe zur Selbsthilfe angeboten. Sie werden zur aktiven Mitarbeit motiviert und dabei natürlich angeregt, auch die Handlungsmöglichkeiten einer Jugend- und Auszubildendenvertretung mit zu nutzen.

Die rechtlichen Möglichkeiten werden nicht in allen Bereichen umfassend genutzt. Je nachdem, welche Erfahrungen die Jugendlichen und Auszubildenden eines Betriebes gemacht haben, fällt es schwer, genügend engagierte Kandidatinnen und Kandidaten für die Wahl zu finden. Dieses ist nicht gleichzusetzen mit einem Desinteresse junger Menschen, ihre Anliegen im Betrieb selbst in die Hand zu nehmen. Es gibt Hinweise darauf, daß viele JAV'en in der Vergangenheit eher den Eindruck gewonnen haben, relativ wenig bewegen zu können. Neben Gründen wie ungenügenden rechtlichen Kenntnissen und mangelndem Verhandlungsgeschick kann die relativ hohe Fluktuation eine Ursache sein. Aber eine der ganz entscheidenden Grundlagen für eine qualifizierte Beteiligung der jungen Beschäftigten ist die Unterstützung durch die »erwachsenen« Betriebs- und Personalräte.

2.3. ... in der Arbeit der Jugendverbände und Jugendringe

Jugendverbände sind freiwillige Zusammenschlüsse von Kindern und Jugendlichen, mit dem Ziel, individuelle, soziale und politische Orientierung durch Erziehung und Bildung zu vermitteln und so persönliche Identität und Wertorientierung herauszubilden. Diese Aufgaben nehmen sie eigenständig neben den Erziehungsinstanzen Familie, Schule und Beruf wahr. Ihre wichtigsten Aufgaben sind Freizeitgestaltung und Interessenvertretung sowie insbesondere auch die Verknüpfung beider Bereiche. Grundlegende Charakteristika ihrer Tätigkeit sind Freiwilligkeit, Wertgebundenheit, Selbstorganisation und Ehrenamtlichkeit.

Im Zentrum der Aufgabenstellung steht neben der gemeinsamen Freizeitgestaltung die Interessenvertretung durch Kinder und Jugendliche selbst sowie durch von ihnen gewählte Vertreterinnen und Vertreter. Sie verstehen sich als Anwälte der Kinder und Jugendlichen und vertreten ihre Interessen in allen sie betreffenden Lebensbereichen. So beteiligen sie sich, ausgehend von ihrem Grundverständnis, daß Politik mit und für Kinder und Jugendliche Querschnittspolitik ist, an der Ausgestaltung verschiedenster Bereiche der Gesellschaftspolitik, wie z.B. der Jugend-, Bildungs-, Umwelt-, Friedens- oder Frauenpolitik.

Diese besondere Aufgabenstellung der Jugendverbände erkennt auch das Kinder- und Jugendhilfegesetz als die rechtliche Grundlage für die Kinder- und Jugendpolitik im § 12 an. Dort ist festgehalten: »Die eigenverantwortliche Tätigkeit der Jugendverbände und Jugendgruppen ist unter Wahrung ihres satzungsgemäßen Eigenlebens ... zu fördern.« Weiter heißt es: »In Jugendverbänden und Jugendgruppen wird Jugendarbeit von jungen Menschen selbst organisiert, gemeinschaftlich gestaltet und mitverantwortet. ... Durch Jugendverbände und ihre Zusammenschlüsse werden Anliegen und Interessen junger Menschen zum Ausdruck gebracht und vertreten.«

Zugleich bemühen sich Jugendverbände und Jugendringe, die eigenen demokratischen Strukturen so fortzuentwickeln, daß die Beteiligungsmöglichkeiten weiter gestärkt werden und sie ihrer Aufgabe, als Praxisfeld gelebter Demokratie zu wirken, gerecht werden. Dazu gehören: Mädchen und junge Frauen werden generell stärker einbezogen; das innerverbandliche Wahlalter wird abgesenkt; die Gremienkultur wird verändert und Projekte und Aktionen werden verstärkt; es wird mit Formen der Urabstimmung experimentiert; ausländische Kinder und Jugendliche werden in gemischten oder national homogenen Gruppen stärker einbezogen und ihre eigenen Organisationen werden in Jugendringe aufgenommen.

Jugendverbänden gemeinsam ist die Überzeugung, daß die Arbeit von ehrenamtlichen Mitarbeiterinnen und Mitarbeitern getragen und gestaltet werden muß, um ihrer selbstgestellten Funktion gerecht zu werden. Damit ist Partizipation eine existentielle Triebfeder in der Jugendverbandsarbeit. Die Verbände leben, nicht zuletzt auch als demokratisch strukturiertes System, von und durch die Beteiligung aller Kräfte. So ist Beteiligung zugleich Ziel wie auch Basis der Arbeit. Das manifestiert sich zum einen in ihrer Rolle als Teil des Jugendhilfesystems, zum anderen in ihrem Anspruch, Kindern und Jugendlichen mit ihren Interessen und Bedürfnissen Raum zu geben.

Ein typisches Strukturmerkmal ist das Klein- und Großgruppensystem einiger Pfadfinderverbände, das u.a. ganz bewußt schon im Kinderalter mit demokratischen Elementen wie Wahl und Delegation arbeitet. Kinder und Jugendliche nehmen auf verschiedenste Art und Weise direkt und indirekt Einfluß auf die Entscheidungen in ihrer Gruppe, Altersstufe und darüber hinaus. Das Nachdenken über eine stärkere Beteiligung von Kindern, Mädchen und Jugendlichen aus Migrantenfamilien kommt nicht nur den Zielgruppen selbst zugute. Infolge dieser Diskussionen setzen sich immer mehr Jugendorganisationen mit überalterten Strukturen, langweiligen Sitzungen und langwierigen Entscheidungsprozessen auseinander, um Beteiligungshürden abzubauen.

2.4. ... in der Sozialarbeit

Die Trennlinie zwischen Jugendarbeit und Sozialarbeit ist unscharf. Man kann deshalb sehr gut Aktivitäten der Jugendarbeit auch der Sozialarbeit zurechnen: die Hausaufgabenhilfe, die Einzelbetreuung von Kindern und Jugendlichen in Problemsituationen, die Betreuung von Behinderten. Gleichwohl wird am letzten Beispiel besonders deutlich, das diese »Fürsorge« Bestandteil der Jugendarbeit ist. Behinderte sind integriert in die Freizeit- und Bildungsarbeit; wenn ehrenamtliche Mitarbeiter/innen Schulprobleme bei Teilnehmer/innen ihrer Projekte wahrnehmen, organisieren sie nebenbei eine Hausaufgabenbetreuung, etc.

Die Zahl der jugendlichen Ehrenamtlichen in der Sozialarbeit ist nicht abschätzbar. Sicherlich gibt es eine Reihe von Helferinnen und Helfern in der Seniorenarbeit, in der Pflegearbeit, in der Arbeit mit Nichtseßhaften und sozial Benachteiligten. In diesen Feldern der sozialen Arbeit wird den ehrenamtlich Tätigen ein hohes Maß an sozialer Kompetenz und Lebenserfahrung abverlangt, die Jugendliche sich häufig noch nicht zutrauen. Ihnen bleibt dadurch zumeist nur die Rolle von Helfenden, die die Art ihrer Tätigkeit kaum beeinflussen und steuern können. Die gewandelten Ansprüche Jugendlicher an ehrenamtliches Engagement[8] sind allerdings im Rahmen solcher Tätigkeiten kaum zu realisieren.

Jugendliche lassen sich dann für Aktivitäten gewinnen, wenn sie
- durch ihr Engagement soziale Anerkennung erwerben,
- durch ihr Engagement Kompetenz und Selbständigkeit gewinnen, und
- partnerschaftliche (nichthierarchische) Strukturen vorfinden (z.B. Gleichaltrigengruppen).[9]

Die inhaltliche und örtliche Nähe von sozialer Arbeit und Jugendarbeit wird in einigen Bereichen zusätzlich unterstützt durch die gemeinsame Trägerschaft beider Arbeitsbereiche. So organisieren Wohlfahrtsverbände auch Kinder- und Jugendarbeit und einige Jugendverbände sind eng verknüpft mit »Erwachsenenorganisationen« – von den Kirchen über das Rote Kreuz bis zur Freiwilligen Feuerwehr, in denen Jugendliche in soziale Aufgaben einbezogen werden.

2.5. ... in der Politik

Angeregt wurde die Debatte um mehr Beteiligung auf kommunaler Ebene in den alten Bundesländern schon 1985 durch die Grundsatzentscheidung des Bundesverfassungsgerichts, daß der einzelne in möglichst weitem Umfang an den Entscheidungen für die Gesamtheit mitzuwirken und der Staat dafür den Weg zu ebnen habe. In den letzten Jahren wurden in Kommunen von der Ostsee bis zum Bodensee Kinder- und Jugendparlamente oder Jugendgemeinderäte ins Leben gerufen.

---

8   Vgl. *Dr. Heide Funk:* »Das modernisierte Ehrenamt«, (Hrsg.: Bundesleitung der Deutschen Pfadfinderschaft Sankt Georg), Neuss-Holzheim 1993, Seite 23 ff.
9   *Hans Gängler,* in: Müller, Rauschenbach (Hrsg.), Das Soziale Ehrenamt, Weinheim und München 1988, S. 127 ff.

Der erste Jugendgemeinderat in Baden-Württemberg trat 1985 zusammen; wann das erste Mal ein Jugendparlament zusammentrat, ist aufgrund der Formenvielfalt und Unterschiedlichkeit nicht genau festzustellen. Es ist auch kaum möglich, eine übersichtliche Darstellung der Jugendparlamente und Jugendgemeinderäte vorzunehmen. Zu unterschiedlich sind die Arbeitsweisen, die Zusammensetzungen und die Kompetenzen.

Allen gemeinsam ist, daß sich junge Menschen in den Jugendparlamenten und Jugendgemeinderäten unmittelbar mit den sie beschäftigenden Fragen ihres Wohnortes auseinandersetzen, eigene Vorstellungen und Vorschläge entwickeln, beraten und artikulieren. Sehr unterschiedlich ist die Themenauswahl. In einem Ort ist sie breit, woanders bezieht man sich ausschließlich auf einzelne Planungsvorhaben der Kommune. Die Jugendlichen erfahren die Einflußmöglichkeiten auf ihre Umwelt sehr unterschiedlich. Im allgemeinen verfügen die Jugendparlamente und Jugendgemeinderäte nicht über Haushaltskompetenzen. Jugendparlamente sind in vielen Fällen nicht von Jugendlichen initiiert, sondern von Kommunalpolitikerinnen und -politikern ins Leben gerufen worden. Diese Initiatorinnen und Initiatoren prägen demnach oft anhaltend die Arbeit und die Inhalte. Auch hier läuft die Arbeit schnell auf eine Beratungsfunktion zu.

Ein Problem liegt in der unklaren Struktur der Jugendparlamente und Jugendgemeinderäte. In einem Fall wählen alle Kinder bzw. Jugendlichen vorher festgelegter Geburtsjahrgänge einer Gemeinde ihre Vertreterinnen und Vertreter. In anderen Fällen sind beispielsweise nur ganz bestimmte Klassenstufen der am Ort vorhandenen Schulen wahlberechtigt. Das aktive Wahlrecht steht nicht allen zur Verfügung oder ist mit Zugangsschwellen versehen; das passive Wahlrecht und damit die Vertretungsstruktur birgt willkürliche Aspekte. Auf diese Weise werden »eigentliche« demokratische Vertretungsstrukturen (Gemeinderäte) und »uneigentliche« Vertretungsstrukturen (Jugendgemeinderäte) gebildet. Auf Dauer gibt das den Jugendlichen das Signal, daß sie für die »richtigen« parlamentarischen Formen noch nicht reif genug sind: es muß noch nicht wirklich demokratisch zugehen.

Die bisher praktizierten »Modelle« sind Insellösungen, denen die Einbindung in jugendpolitische, kommunalpolitische und darüber hinausgehende Strukturen weitgehend fehlt. Es ist zudem fraglich, ob diese Formen repräsentativer Demokratie – denn das sind Kinder- und Jugendparlamente und Jugendgemeinderäte gerade auch dann, wenn ihnen keine wirklichen Kompetenzen eingeräumt werden – dem Bedürfnis nach direkten Beteiligungsmöglichkeiten entsprechen. Es sind andere Beteiligungsformen möglich, in denen sich direkte, spontane Beteiligung mit Mitwirkungsrechten, deren Wirkungen kontrollierbar sind, verbinden. Sie werden als Jugendforen, Jugendversammlungen oder Jugendausschüsse diskutiert und auch schon praktiziert.[10]

Das Kinder- und Jugendhilfegesetz (KJHG) beschäftigt sich in mehreren Paragraphen mit Fragen der Beteiligung. Dabei nimmt es das einzelne Individuum, die

---

10 Vgl. *Michael C. Hermann:* »Jugendgemeinderäte in Baden-Württemberg – eine interdisziplinäre Evaluation«, Dissertation an der Universität Konstanz, 1995.

Jugendverbände und die Strukturen und Schwerpunktaufgaben der Kinder- und Jugendhilfepolitik ins Visier: »Kinder und Jugendliche sind entsprechend ihrem Entwicklungsstand an allen sie betreffenden Entscheidungen der öffentlichen Jugendhilfe zu beteiligen.« Für die Beteiligung im Rahmen des KJHG ist der Jugendhilfeausschuß von herausragender Wichtigkeit. Daß die Betroffenen in die Bedarfserhebung der Jugendhilfe einbezogen werden, z.B. in Form von Anhörungen, aber auch durch aktive Einbeziehung bei der Planung und Ausstattung von Jugendfreizeitstätten, versteht sich keineswegs von selbst und bedarf eines aktiven Einforderns.

3. *Partizipationsangebote für junge Menschen nach dem Freiwilligendienst*

Für die meisten Freiwilligen ist ihr Dienst nicht die erste Engagementerfahrung. Sie besitzen zumeist Vorerfahrungen im sozialen und politischen Engagement, an die sie anknüpfen können. Im Rahmen der früheren ehrenamtlichen Mitarbeit sind sie qualifiziert worden, aber Ihre Kompetenz ist durch den Freiwilligendienst noch um ein Vielfaches gewachsen. Jugendorganisationen erleben das Engagement von ehemaligen Freiwilligen als Bereicherung, und dies trifft sicherlich auch für alle anderen gesellschaftlichen Organisationen zu.
Aber der möglichen Beteiligung stehen einige Hürden im Weg:
- Die berufliche Ausbildung ist in der Regel noch nicht abgeschlossen, wenn der Freiwilligendienst angetreten wird. Nach dem Freiwilligendienst steht eine weitere Phase beruflicher oder universitärer Bildung an, die häufig mit einem neuen Wohnort verbunden ist, an dem auch die sozialen Beziehungen erst neu aufgebaut werden müssen. Frühere Kontakte zu Organisationen bieten der/dem Einzelnen einen Erfahrungshintergrund, der aber durch aktive Kontaktpflege durch die Organisationen stabilisiert und erneuert werden muß. Die Forderung der Jugendverbände, Engagierten einen wohnortnahen Studienplatz zu ermöglichen, trifft zwar auf Zustimmung, wird aber nicht immer umgesetzt.
- Eine Weiterführung der Arbeit, die während des Freiwilligendienstes ausgeübt wurde, ist nur möglich, wenn die Freiwilligenorganisationen hierzu Rahmenbedingungen schaffen. Es muß berücksichtigt werden, daß der Freiwilligendienst in aller Regel an einem anderen Ort geleistet wurde und daß das Engagement danach nur in einem entsprechend veränderten Umfang und anderen Arbeitsformen fortgesetzt werden kann.
- Wenn die Tätigkeit im Freiwilligendienst isoliert steht und anschließend nicht in einen sozialen und politischen Zusammenhang mit weiteren Aktivitäten für dieses Feld gebracht werden kann, wirkt sich dies negativ auf ein mögliches Folgeengagement aus. Die Erfahrungen werden dann zwar als individuelle Bereicherung betrachtet, aber nicht als Anregung zu weiterem Engagement.

Die individuelle Entwicklung der/des Freiwilligen und die Erfahrungen des Freiwilligendienstes haben persönliche Einschätzungen geprägt und verändert. Aufgrund dessen ist der Wunsch nach einem veränderten Engagement möglicherweise größer als das Interesse, früheres Engagement wieder aufzunehmen. Außerdem beobachten Jugendverbände seit längerem eine Tendenz, Funktionen kürzer auszuüben.

»1970 betrug die durchschnittliche Amtsdauer noch 2,1 Jahre, 1980 1,8 Jahre (... sie) liegt heute bei 1,6 Jahren. Der Anteil der GruppenleiterInnen, die ihre Funktion seit mehr als 3 Jahren ausüben, hat sich auf 14 % halbiert.«[11]

Die genannten Hürden stellen zugleich eine Aufforderung an die Trägerorganisationen des Freiwilligendienstes, aber auch an alle anderen gesellschaftlichen Organisationen dar, Freiwilligendienste in ihre Arbeit mit engagierten jungen Menschen einzubeziehen. Besonders berücksichtigt werden müssen dabei die unterschiedlichen Gruppen der Freiwilligen. Bisher sind es in der Mehrzahl junge Frauen, deren Partizipationsinteressen deutlich von ihrer Lebensplanung geprägt werden, die Familien- und Erziehungsarbeit einschließt. Sollte die Wehrpflicht entfallen, wird sich ein wesentlich größerer Anteil männlicher Freiwilliger ergeben. Darüber hinaus muß auch das unterschiedliche Partizipationsverhalten von sozial benachteiligten Zielgruppen bedacht werden, deren Interesse für den Freiwilligendienst geweckt werden soll (z.B. Jugendliche aus Migrantenfamilien und solche mit niedrigen Bildungsabschlüssen).

Neben den obengenannten Organisationen bieten die neu entstandenen Freiwilligenzentren eine weitere Partizipationsmöglichkeit. Nach den Erfahrungen des Dortmunder Freiwilligenzentrums wenden sich besonders die jüngeren Interessierten einem solchen offenen Angebot zu. 58 % der im Dortmunder Freiwilligenzentrum Beratenen waren unter 35 Jahren alt.[12] Die Freiwilligenagenturen und -zentren verstehen sich als Vermittlungseinrichtungen zwischen Engagementbereiten und Organisationen, die freiwilliges Engagement benötigen. In die Organisation von Freiwilligendiensten sind sie aber – trotz der ähnlichen Begrifflichkeit – nicht direkt involviert.

4. *Engagementformen innerhalb und außerhalb der Alltagstrukturen junger Menschen*

Ein wesentliches Unterscheidungsmerkmal zwischen Freiwilligendiensten und anderen Partizipationsformen junger Menschen ist die Tatsache, daß erstere nicht im Lebensumfeld der Heranwachsenden angesiedelt sind, sondern den Wechsel in einen neuen Lebenskontext mit sich bringen. Damit verkörpern sie eine völlig andere Qualität von Engagementerfahrung. Sie sind »Vollzeit«-Engagement gegenüber dem sonstigen »Freizeit«-Engagement neben dem schulischen, universitären, betrieblichen und familiären Alltag. Der besondere Lerneffekt im Freiwilligendienst besteht in der Herausforderung einer neuen Situation, dem Kennenlernen eines fremden Handlungsfeldes, dem Bewältigen neuer Aufgaben.

11 *Bund der Deutschen Landjugend* (Hrsg.): »Landjugendportrait 90«, Bonn 1992, Seite 31.
12 Vgl. *Jugendring Dortmund:* »Freiwillige Tätigkeit und gesellschaftliche Beteiligung«, Münster 1998.

Das Engagement im Alltag ist hingegen eng mit den vertrauten Lebensbereichen wie Schule oder Stadtteil verbunden. Es ist auf Integration in das jeweilige Umfeld und seine Mitgestaltung angelegt. Es ermöglicht individuelle Abstufungen und ein Hineinwachsen ins Engagement. Es ist zeitlich in der Regel nicht begrenzt und überläßt die Entscheidung über die Dauer der/dem Engagierten. Die Arbeitsformen des Engagements können von den ehrenamtlich Tätigen in großem Umfang mitbestimmt werden.

Diese kurze Skizze verdeutlicht die jeweils anderen Erfahrungsdimensionen, die ein Engagement parallel zu Schule oder Betrieb im Gegensatz zu einem Engagement außerhalb dieser Alltagsstrukturen beinhaltet. Beide Felder können und müssen sich ergänzen, denn ebenso wenig, wie ein Freiwilligendienst über viele Jahre denkbar ist, so wenig bestehen Chancen, seine verdichtete Erfahrung im Alltag neben der Ausbildung zu erlangen.

5. Kontinuierliches und befristetes Engagement

Kurzfristiges »Vollzeit«-Engagement und kontinuierliches »Teilzeit«-Engagement sind keine sich gegenseitig ausschließenden Alternativen. Wenn die »Gestaltung des Sozialen«[13] eine Aufgabe für alle gesellschaftlichen Bereiche ist, dann müssen kurz- und langfristiges Engagement sich ergänzen und bereichern.

Aus Sicht der verbandlichen Jugendarbeit ist die Kontinuität allerdings ein sehr wichtiges Kriterium bei der Förderung des ehrenamtlichen Engagements. Denn eine umfassende Mitsprache und Mitentscheidung läßt sich nur auf der Basis eine Mindestmaßes an Kontinuität realisieren. Ein ausschließlich kurzfristiges Engagement verzichtet auf die Möglichkeit, den Bereich, in dem man arbeitet, auch nachhaltig mitzugestalten. Junge Menschen, die sich erproben und durch ihr Engagement Einfluß gewinnen möchten, werden enttäuscht und demotiviert, wenn sie keine unmittelbaren Auswirkungen feststellen können. Da dies kurzfristig häufig nicht möglich ist, ist es unerläßlich, die Ergebnisse des Engagements den Jugendlichen möglichst schnell zugänglich zu machen bzw. sie längerfristig an einem Veränderungsprozeß zu beteiligen.

Die Erwartungen, die mit den Freiwilligendiensten und ihren Auswirkungen auf das Gemeinwesen verbunden sind, müssen sich stärker an der Realität orientieren. Jugend war und ist ein Seismograph für gesellschaftliche Entwicklungen. Aber um die Gemeinschaft, um die Kultur des Sozialen zu erneuern, braucht es mehr als 50 000 junge Freiwillige. Gesellschaftliche Gestaltung müßte von allen Altersstufen und Gruppen als Aufgabe angenommen werden. Die Motivation zum Engagement ist auf Chancen, Vorbilder, gute Erfahrungen und langfristige Unterstützung angewiesen. Dann besteht auch nicht die Gefahr, daß ein kurzfristiges Engagement bloß zu einem »Ausflug ins Soziale« wird.

---

13 Titel des »Bundeskongresses Soziale Arbeit 1998« in Dresden.

Wilhelm Mader

Freiwillige soziale Dienste als Erfahrungsfelder einer zivilen Gesellschaft

Überblick und Zusammenfassung

Freiwillige Dienste junger Menschen in öffentlichen Aufgaben einer Gesellschaft können eine grundlegende und reiche Ressource für Bestand und Weiterentwicklung einer zivilen Gesellschaft sein und werden. Ob diese Dienste zu einer solchen Quelle werden, hängt nicht nur von den Dienstleistungen selbst, sondern auch von den Bildungsanstrengungen ab, mit denen junge Menschen in solchen Diensten begleitet werden. Zivile Gesellschaften, die ihre Konflikte durch für alle gleich geltende Verfahren und nicht durch die Waffen physischer, ökonomischer oder struktureller Gewalten zu lösen versuchen, sind elementar von der Bildung ihrer Mitglieder und deren Bereitschaft zur Akzeptanz von zivilen Verfahren und Institutionen abhängig. Wenn freiwillige Dienste gleichzeitig als Chance für jeden einzelnen wie für das System eines Gemeinwesens konzipiert werden, dann wachsen in ihnen und durch sie grundlegende Erfahrungen von Verantwortung und Loyalität, ohne die eine zivile Gesellschaft zusammenbricht.
Die folgenden Überlegungen zum Bildungsaspekt solcher Freiwilligendienste versuchen einer gestuften Argumentationskette zu folgen. Sie basiert auf den für die Struktur ziviler Gesellschaften konstitutiven Abgrenzungen, Interdependenzen und relativen Eigenständigkeiten der Teilsysteme Staat (1), Wirtschaft (2) und Bildung (3) mit ihren je eigenen Aufgaben und Institutionen. Die Überlegungen beginnen daher mit grundlegenden und allgemeinen Auffassungen zur zukünftigen Entwicklung einer durch Informationsströme bestimmten zivilen Gesellschaft und Kultur, markieren die Bedeutung und Funktion von Gemeinschaftsdiensten in diesen Gesellschaften und skizzieren schließlich Sinn, Konzept und Organisation von Bildung in und für zukünftige Jugendgemeinschaftsdienste.
Freiwillige soziale Dienste werden in Zukunft eine neue und institutionell verankerte Lebenslauf- und Bildungspassage für junge Menschen neben und aufbauend auf allgemein- und berufsbildenden Schulen mit je eigenen Risikolagen darstellen.
Dieser Beitrag ist von der Überzeugung getragen, daß Jugendgemeinschaftsdienste gerade wegen ihrer biographisch prägenden Bedeutung für junge Menschen ein sowohl öffentlicher wie ein vom Prinzip individueller Freiwilligkeit gestalteter »Lernort« mitten in den widersprüchlichen Entwicklungsdynamiken spätmoderner Gesellschaften sein kann. Junge Menschen werden im Bildungskonzept dieser Jugendgemeinschaftsdienste in ihren Fähigkeiten angesprochen, sich aus Einsichten

in Bedingungen und Notwendigkeiten einer lebendigen und humanen Gemeinschaft freiwillig und selbstverantwortlich in Brennpunkten ihrer eigenen zivilen Gesellschaft mit zu engagieren und zu bewähren. Sie werden in einem umfassenden Sinn als Bürger einer zivilen Gesellschaft angesprochen, deren individuelles Engagement in den Modernisierungsschüben ziviler Gemeinschaften unerläßlich ist und geschätzt wird.

Dieser Beitrag versucht daher deutlich zu machen, daß Bildungsfragen in der Moderne überhaupt nur in wachsenden Interdependenzen mit anderen Teilsystemen einer Gesellschaft wie Wirtschaft und Staat konzipiert, von diesen aber nicht hegemonial diktiert werden können. Gerade aufgrund dieser Interdependenzen wird neben einer staatlichen oder ökonomischen Begründungslogik eine relativ eigenständige bildungstheoretische Begründung notwendig. Postindustrielle Informationsgesellschaften werden ihren zivilen Charakter und ihre Kraft zur zivilen Regulierung von Konflikten langfristig nur durch verstärkte Anstrengungen um die mentalen Grundlagen des Gemeinwesens erhalten und weiterentwickeln können. Die ständig neu drohenden Entzivilisierungsprozesse können nachhaltig nur durch lebenslange Bildung bekämpft werden.

So wird Bildung für diese sensible biographische Phase der jungen Menschen in der Passage der Jugendgemeinschaftsdienste als interkulturelles, soziales Lernen und Persönlichkeitsbildung konzipiert. Die jungen Menschen lernen in diesen Diensten nicht nur neue Strukturen mit ihren »Sachlogiken« kennen, sondern begegnen in individueller und persönlicher Weise anderen Menschen in anderen sozialen und kulturellen Lebenslagen im Inland und Ausland. Erfahrung ohne Reflexion und Bewertung kann allerdings, da sie selbst ein komplexes soziales Konstrukt ist, nicht mehr allein und aus eigener Kraft ein Garant von Bildung und Lernen sein. Die diese Erfahrung begleitenden Bildungsanstrengungen in den freiwilligen Diensten werden erst das notwendige und lebenslang wirksame Gegengewicht zu den steigenden Anforderungen eng spezialisierten beruflichen Qualifikationslernens mit kurzen Halbwertzeiten und dessen Folgen zu schaffen.

Die Form dieses Beitrags ist in sechs thesenartigen Argumentationsfiguren gegliedert, die in dieser Reihenfolge wie Treppenstufen – vom Allgemeinen zum Besonderen führend – aufeinander aufbauen. Jede dieser Stufen wird in einem kurzen, thesenförmig zugespitzten Argument zusammengefaßt und dann erläutert.

1. *Die Paradoxien freiwilliger Pflichten*

Moderne Informationsgesellschaften lassen sich durch Entgrenzungen territorialen und nationalen Zusammenhalts, durch Individualisierungen der Lebensläufe ihrer Bürger und durch Pluralisierungen von Lebensmilieus charakterisieren. Ihre Kraft zu zivilen Konfliktregulierungen hängt mehr und mehr von mentalen Strukturen und Akzeptanzbereitschaften ziviler Verfahren ab. Der einzelne Bürger kann in freiwilligen und öffentlichen Dienstleistungen, die aus der Sicht des Gemeinwesens notwendige Pflichten sind, sowohl Einsichten in komplexe Strukturen als auch

Zivilcourage und kritische Akzeptanzbereitschaften gewinnen. Das Paradox einer freiwilligen Pflicht entspringt nicht nur den Schuldigkeiten des einzelnen Bürgers gegenüber seinem zivilen Gemeinwesen, sondern der Notwendigkeit einer frei gewählten Identifikation mit ihm.

Erläuterung

Zivile Gesellschaften zeichnen sich dadurch aus, daß sie die unterschiedlichen Überzeugungen und Interessenkonflikte ihrer Mitglieder über die Grundlagen des Gemeinwesen und über die Teilhabemöglichkeiten am verfügbaren ökonomischen, sozialen und kulturellen Kapital durch Verfahren und Institutionen regeln, zu denen jeder gleichen Zugang hat. Die wesentlichen Gehalte der Grundlagen einer zivilen Gesellschaft sind in Deutschland in den sogenannten Grundrechten des Grundgesetzes niedergelegt. Zivile Gesellschaften verzichten bei der Gestaltung ihrer Entwicklung und Strukturen und bei der Regulierung von Konflikten auf militärische, ökonomische oder kulturelle Machthegemonien. Sie können auf solche Hegemonien allerdings nur dann verzichten, wenn sie – gewissermaßen in einem spannungsvollen Dreieck – neben dem Teilsystem *Staat* mit seinen durch Wahlen legitimierten Gewalten und neben dem Teilsystem *Wirtschaft* mit seinen Produktions- und Gewinninteressen – ein drittes, komplexes Teilsystem *Kultur* mit seinen Freiheiten eingerichtet haben und grundrechtlich schützen. Erst in einem freien Austausch von Wissen und Wissensdeutungen und der lebendigen Begegnung unterschiedlicher Weltanschauungen bildet sich eine zureichende Akzeptanz der öffentlichen Aufgaben eines solchen Gemeinwesens. Dieses dritte Teilsystem hat so eine konstitutive und eigenständige Bedeutung für Staat und Wirtschaft in einer zivilen Gesellschaft und darf von diesen nicht instrumentalisiert werden. Zu ihm gehört eine vielfältige Presse ebenso wie alle Ausdrucksformen der Künste. Hierher gehören aber vor allem alle Bildungsinstitutionen von der Grundschule bis zur Universität und Erwachsenenbildung, von der Allgemeinbildung bis zur Berufsbildung, von einer verpflichtenden Grundbildung bis zu allen Formen freiwilliger Fort- und Weiterbildung mit ihren Trägern. Die Teilsysteme *Staat*, *Wirtschaft* und *Kultur* sind in zivilen Gesellschaften in ihrer Existenz und in ihrem Funktionieren elementar voneinander abhängig. In postindustriellen Informationsgesellschaften wird vor allem die Bedeutung von Leistungen der Kultur und darin des Bildungssystemes für Staat und Wirtschaft immer gravierender, da in ihr originär Wissen produziert und Wissensdeutungen verhandelt werden.
Hier werden nicht nur die notwendigen Qualifikationen erbracht, auf denen wirtschaftliche Leistungen und Entwicklungen aufbauen. Hier werden die mentalen Grundlagen geschaffen, die besonderen Konflikt- und Interessenregulierungen einer zivilen Gesellschaft überhaupt zu akzeptieren und als Maxime des je individuellen Handelns gelten zu lassen. Ohne diese Bereitschaften zur Akzeptanz ziviler Verfahren bricht eine zivile Gesellschaft zusammen. Es findet eine Mafiosierung der Gesellschaft oder ein Individualanarchismus, also Entzivilisierung, statt.

Es gehört zur Eigenart einer zivilen Gesellschaft, daß diese Bereitschaft zur Akzeptanz von Verfahren oder die Legitimität von Institutionen (wie etwa der Organe der Rechtssprechung) weder durch staatliche Gewalt verordnet noch durch wirtschaftliche Interessen erzwungen werden kann.[1] In der Bildung jedes einzelnen müssen diese Bereitschaften zur Akzeptanz in einem nie ganz gesicherten Prozeß mit langem Atem immer wieder ausgehandelt werden. So gerät eine zivile Gesellschaft strukturell unvermeidbar in die Paradoxie, daß sie nicht nur unter der Rücksicht von Qualifikationen und Kompetenzen von der Bildung ihrer Mitglieder abhängig ist, sondern daß auch die unverzichtbaren Notwendigkeiten für das Zusammenspiel des Ganzen und für die Leistungen einzelner Bereiche in nicht erzwingbaren Prozessen erbracht werden müssen. Unverfügbarkeit und Gewissensfreiheit sind traditionale und weiterhin gültige Ziele eines solchen Bildungsprozesses. Der Begriff der Pflicht umfaßt diese Spannung zwischen Zwang einerseits und Beliebigkeit andererseits. Imanuel Kant definierte sie als »die Notwendigkeit einer Handlung aus Achtung fürs Gesetz«. Wenn wir für spätmoderne zivile Gesellschaften an die Stelle der selbst immer wieder auszuhandelnden Zivilität von Gesetzen in der Definition Kants »zivile Freiheiten« setzen, dann käme man der verantwortungsethischen Maxime Max Webers sehr nahe, »daß man für die voraussehbaren Folgen seines Handelns aufzukommen habe«.

Zivile Gesellschaften sind darauf angewiesen, daß ihre Mitglieder ihre Freiheiten auch für solche Pflichten und Verantwortungen nutzen. Eben diese Notwendigkeit aber ist nicht natur-, sondern nur »kulturwüchsig« zu haben. Sie wird in einer komplexen Folge von Entwicklungs- und Bildungsphasen einzelner Menschen und ganzer Generationen jeweils wieder neu erzeugt und gesichert werden müssen.

Jugendgemeinschaftsdienste setzen so gleichzeitig ein gerütteltes Maß solcher freiwillig zu übernehmender Pflichten und Verantwortungen schon voraus; sie stellen aber durch die besonders prägende biographische Phase, in der sie stattfinden, ebenfalls ein bedeutsames Potential zur weiteren Entwicklung und Sicherung der Zivilität einer modernen Gesellschaft dar. Die Spannung zwischen notwendigen Pflichten und freiwilligen Engagements muß daher für diese Dienste konstitutiv bleiben.

2. Soziale Dienste und öffentliche Güter eines Gemeinwesen

Moderne Informationsgesellschaften tendieren dahin, alle Güter zu ökonomisieren. Auch freiwillige, unbezahlte, öffentliche und soziale Dienstleistungen werden zwar erwartet und in ihrer ökonomischen Bedeutung gewichtet, erhalten aber nur geringe öffentliche Anerkennung. Substantielle Wertschätzungen und Anerkennungen von freiwilligen sozialen Diensten sind daher in Zukunft dringend notwendig, aber auch abhängig vom Verständnis ihrer Funktion in einem gesellschaftlichen Gesamtsystem. Es entsteht eine neue Notwendigkeit, mit konkreten, biographisch verwertbaren Anerkennungen die Leistungen der jungen Menschen in diesen öffentlichen

---

1 Vgl. Mader 1980.

und notwendigen Diensten zu belohnen und so die traditionale Vorstellung der Entlohnung von Arbeit weiterzuentwickeln.

Erläuterung

Im Zuge eines allgemeinen Wertewandels in spätmodernen Gesellschaften verändern sich die Motive für soziale Dienstleistungen. Es findet keineswegs ein Rückgang der Bereitschaft zu sozialem Engagement, wohl aber ein »Austausch der Engagementmotive«[2] statt. So lassen sich verringerte Bereitschaften zur Übernahme von Rollenpflichten unabhängig von eigener Zustimmung und Vermeidungen von nur schwer auflösbaren Bindungen oder Mitgliedschaftspflichten von unabsehbarer Dauer in allen Bereichen moderner Gesellschaften feststellen.[3] Eine aus einer ständischen Moral und Gesellschaft erwachsene ausschließlich karitative Motivation für freiwillige soziale Dienste kann in Zukunft keine zureichende Begründung für soziale Dienste liefern.

Die spätmoderne Gesellschaft läßt sich zu größeren Bildungsanstrengungen auch kaum noch durch traditionale Argumente und Ziele einer humanistisch-geisteswissenschaftlichen Pädagogik wie die »Ausbildung des Individuums zu der in ihm gelegenen Vollkommenheit und Glückseligkeit«[4] bewegen. Mehr und mehr verlangen spätmoderne Gesellschaften nicht-pädagogische, vor allem ökonomische Argumente für ihre Investitionen in Bildung. Es findet eine durchaus problematische Substitution pädagogischer, anthropologischer und auch gesellschaftlicher Argumente durch ökonomische statt. Auch Bildung muß sich »rechnen«. Ein Grund liegt in der Entwicklung von spätmodernen Gesellschaften selbst, die unter neuen Bedingungen und mit den neuen Waren *Bildung* und *Wissen* um ihre Standortvorteile und Strukturen ringen müssen. Wissen und Informationen, früher Mittel zur Produktion der eigentlichen, materiellen Güter, werden selbst zu umkämpften Waren auf einem milliardenschweren Markt. In der Folge wird das Bildungssystem als Zukunftsindustrie gesehen und ähnlich umkämpft wie früher Territorien, Rohstoffe und billige Arbeitskräfte. Doch »die Dominanz ökonomischer Argumente und Beweisregeln im Bereich der Bildung«[5] drohen auch den Blick auf die komplexen Bedingungen und Regeln, denen Gesellschaften und Menschen folgen, auf das Maß und die Regeln des einen Teilsystems *Wirtschaft* zu verengen und so aufgrund der beschriebenen Interdependenzen auch diesem wiederum indirekt und mittelfristig zu schaden. Die Konflikte zwischen pädagogischen und ökonomischen Argumenten lassen sich letztlich nicht pädagogisch entscheiden[6]. Sie selbst sind in zivilen Gesellschaften ein Politikum, in dessen Spannungsfeld sich allerdings das Bildungspotential dieser Dienste erst entfalten kann, wenn auch die Frage des volkswirtschaftlichen Nutzens dieser Dienste herausgearbeitet wird.

2 Klages 1998: 2.
3 Vgl. Klages 1998; Mader, Rieth, Weymann 1996.
4 Dilthey 1971: 28.
5 Vogel 1997: 365.
6 Vgl. Vogel 1997.

Unbeschadet jedoch der Antworten, die sich aus dieser Debatte um staatliche Aufgaben und Interessen ergeben werden, wird eine phantasievolle Debatte um eine substantielle und von einem breiten gesellschaftlichen Konsens getragenen Wertschätzung und ein Anerkennungssystem solcher Jugendgemeinschaftsdienste notwendig.
Sobald nämlich den Jugendgemeinschaftsdiensten eine solche zentrale Rolle in der Weiterentwicklung einer zukünftigen Gesellschaft zugewiesen wird, kann nicht mehr auf eine allein von moralischen Überzeugungen getragenen Pflicht vertraut werden, da diese ja gerade durch die Dienste oft erst wachsen soll. Gerade dann, wenn es keine öffentliche Dienstverpflichtung geben soll, stellt sich die Frage gesellschaftlich wirksamer Anerkennungssysteme besonders dringlich. Vor allem, wenn diese Dienste im Ausland absolviert werden, ist es notwendig, über ein System von Finanzierungsschecks die jungen Menschen während der Zeit ihres Dienstes in die im übrigen gültigen sozialen Sicherungssysteme eines Staates einzubinden. Doch ein Bonussystem kann die weitergehende Frage der gesellschaftlichen Anerkennung nicht ersetzen. Anerkennungssysteme für geleistete Dienste spielen eine doppelte Rolle: Sie symbolisieren die grundlegende Wertschätzung der Gesellschaft für die Bereitschaft, solche notwendigen Dienste zu leisten. Sie sollen aber auch einen substantiell lohnenden Anreiz bieten, sich auf solche freiwilligen Pflichten einzulassen.
Solche Anerkennungssystem müssen mit viel Phantasie zwischen moralischer Belohnung einerseits und materieller Entlohnung andererseits entwickelt werden. Beide Aspekte aber müssen in der Zeitökonomie eines Lebenslaufs wirklich verwertbar sein.
Beispiele mögen die Richtung skizzieren, in der staatlich gesicherte und auch von der Wirtschaft geförderte Anerkennungssysteme gesucht und eingerichtet werden können.
Eine variable Weise, ein Anerkennungssystem allmählich zu entwickeln, liegt in der Vergabe von Gutscheinen.[7] Solche Gutscheine werden ähnlich der *credit points* im European Credit Transfer System (ECTS) an den Universitäten durch solche Dienste erworben. Sie können dann später für Leistungen ganz anderer und sehr verschiedener Art eingelöst werden, die in der weiteren Entwicklung und im Lebenslauf dieser Menschen eine Bedeutung haben werden, die aber ein »knappes« und so leicht nicht zu bekommendes Gut darstellen. Solche durch Gutscheine einlösbaren Leistungen könnten in Zugangs- und Teilnahmemöglichkeiten zu und an späteren beruflichen oder allgemeinen Weiterbildungsmaßnahmen bestehen; sie könnten in bildungs- und begegnungsorientierten Auslandsaufenthalten bestehen; sie könnten in Pluspunkten bei Zulassungen zum Studium und bei Bewerbungen bestehen; sie könnten in einem »Zeitkonto« bestehen, durch das man sich eine Auszeit, ein sabbatical, im späteren Lebenslauf ansparen und so selbst gewähren kann. Ein phan-

---

7 Alheit, 1998, hat von »vouchers« in diesem System geschrieben; vgl. auch die Schrift der *Kommission für Zukunftsfragen der Freistaaten Bayern und Sachsen*, die eine vielfältige immaterielle Belohnung – nicht Entlohnung – solcher Bürgerarbeit vorschlägt.

tasievolles Nachdenken darüber, was in Zukunft in einem Lebenslauf notwendig, nützlich und sinnvoll wird, wird genauer beschreiben müssen, was mit der »Währung« dieser Gutscheine eingelöst werden kann.

Es bestünde auch die Möglichkeit, daß – geprüft und akzeptiert durch eine noch zu schaffende Instanz – privatwirtschaftliche Initiativen vielfältige und reizvolle Angebote zur Einlösung solcher Gutscheine machen, die signalisieren, daß die Wirtschaft nicht nur Engagement und Leistung in ihren eigenen engen Grenzen fordert und fördert, sondern auch in solchen, schließlich auch ihr nützlichen anderen Diensten belohnt (z.B. durch besondere Praktikumsplätze, Hospitationsmöglichkeiten, Förderprogramme etc.) Dies wäre eine eigene und indirekte Art von »Sponsering« der Jugendgemeinschaftsdienste im eigenen und der jungen Menschen Interesse, die der Interdependenz zwischen Wirtschaft und Kultur auch für diese Dienste Taten folgen ließe.

Eine Liste solcher Einlösbarkeiten kann sowohl sehr vielfältig wie auch variabel sein: Es können Einlösemöglichkeiten gestrichen und hinzugefügt werden. Es wird darauf ankommen, solche Varianten zu finden, die wirklich nahe an den Gestaltungsnotwendigkeiten und Lebensperspektiven der jungen Menschen liegen, ohne das Prinzip der Freiwilligkeit mit all den auch dazugehörigen Risiken, Verzichten und Entscheidungen unter der Hand aufzulösen.

Wichtig jedoch ist: Weder ökonomische noch staatstheoretische Argumentationslinien machen eine originäre bildungstheoretische Begründung überflüssig bzw. können diese substituieren.

3. *Persönlichkeitsbildung als biographisches und soziales Lernen*

Die biographische Phase, in der die Jugendgemeinschaftsdienste stattfinden, ist die erste Lebensphase, in der die jungen Menschen nach einigen in aller Regel durch Eltern vorentworfenen Schul- und Ausbildungsphasen ihre Interessen und Fähigkeiten mit der Entscheidung für einen Freiwilligendienst eigenverantwortlich in ihren Lebensentwurf zu integrieren suchen. Im Unterschied zu einer Lernorganisation des öffentlichen, allgemeinen und beruflichen Bildungssystems, das verstärkt Schlüssel- und Spezialqualifikationen in den Vordergrund stellt, wird daher die Bildungsdimension der Jugendgemeinschaftsdienste um den Mittelpunkt einer Persönlichkeitsbildung und des sozialen Lernens im biographischen Kontext angestrebt. Die traditionale Auffassung einer nachhaltigen Persönlichkeitsbildung und eines kritischen sozialen Lernens wird in einer spätmodernen Gesellschaft eine wachsende Bedeutung bekommen.

Erläuterung

Persönlichkeitsbildung ist sowohl im Bildungssystem wie in den Bildungswissenschaften als Leitorientierung aus der Mode gekommen. Sie klingt als konzeptionelle Orientierung erstaunlich verstaubt, obwohl vermehrt »Persönlichkeiten« vor allen in Führungspositionen gesucht werden. Mit ihr werden idealistische und geisteswissenschaftliche Auffassungen von Bildung und Erziehung aus der Zeit vor der sogenannten *Realistischen Wende* des Bildungssystems in den 60er Jahren assoziiert. Seit der Bildungsreform Ende der 60er und Anfang der 70er Jahre werden verstärkt zweckbestimmte, berufsbezogene Schlüsselqualifikationen, Handlungskompetenzen oder selbstgesteuertes Lernen in den Vordergrund von Bildungspolitik und Lernorganisation gestellt. Im gleichen Zuge haben die Lehrenden im Bildungssystem das Ansinnen, Schüler und Studierende zu erziehen und Persönlichkeiten zu bilden, zurückgewiesen und sich auf die Aufgabe der Vermittlung von Fachwissen und Kompetenzen beschränkt. Professoren verengen sich zu Forschern; Lehrer streifen das Erzieherische ab.

So gerät die für eine schnellebige Gesellschaft wie für den lern- und anpassungsbereiten einzelnen unverzichtbare Aufgabe, die Vielfalt der Erfahrungen, die Komplexität der Rollen, die Widersprüchlichkeiten und Halbwertzeiten des Wissens und der Kompetenzen zu einer Identität und Persönlichkeit zu synchronisieren und zu integrieren, nicht nur in den Hintergrund. Für diese schwierige und zunehmend wichtige biographische Aufgabe bieten sich zudem immer weniger Vorbilder an, an denen junge Menschen sich reibend abarbeiten können. Zwar wurde diese Aufgabe der Persönlichkeitsbildung eingefordert, aber entweder einer jeweils anderen Instanz (z.B. der Familie) als Leistung abverlangt oder als quasi naturwüchsiges Produkt betrachtet. Doch auch die Instanzen der Familie oder anderer Wertegemeinschaften waren und sind nicht mehr in der Lage, diese Aufgabe einfach durch ihre Existenz und Struktur selbst unter optimalen Bedingungen zu bewältigen. So entstand eine Situation, in der gleichzeitig über Entzivilisierungen (etwa über Gewalt auf dem Schulhof oder in der Familie) geklagt wird und Persönlichkeiten mit Urteilsvermögen und Zivilcourage gesucht werden, sich aber keine Instanz und kein »Lernort« zuständig weiß für die komplexen Prozesse, in denen diese Ziele verwirklicht werden können.

Die bisher vorliegenden Evaluationen der freiwilligen Dienste zeigen überdeutlich, wie sehr die jungen Menschen selbst die Zeit dieser Dienste als Gelegenheiten der Gärungen und Klärungen ihrer Persönlichkeitsentwicklung durchaus in Abgrenzung zu den bisherigen Erfahrungen in Schule und Elternhaus verstehen.[8]

Es kann kein Zweifel daran bestehen, daß spätmoderne Gesellschaften wegen eines Bündels ganz unterschiedlicher Bedingungen von der Erosion der Familien über die kurzfristig zu lernenden und auch wieder zu verlernenden Qualifikationen bis zur Individualisierung und Enttraditionalisierung von Wertorientierungen und der sie tragenden Gemeinschaften ihren Mitgliedern die Aufgabe, eine stabile und tragfähige Persönlichkeit und Identität zu entwickeln, nicht nur sehr schwer machten, sondern selbst radikal individualisierend wirken. Bei der Bewältigung der unvermeidlichen Brüche und Diskontinuitäten sowohl der Lebensumstände wie der Qualifikationen sind daher immer mehr Menschen auf passagere Hilfen auch in Psychotherapien angewiesen. Neben den genannten Dynamiken der Moderne liegt ein

---

8 Vgl. Mader, Rieth, Weymann 1996; Rahrbach, Wüstendörfer, Arnold 1998.

Grund auch im Bildungssystem selbst, das diese Aufgabe zwar keineswegs aus ihrem offiziellen Leistungskatalog ausgeklammert hat, die Bedingungen und Ausstattungen zur Verwirklichung aber unter erschwerten Bedingungen immer weniger bekommt. Die *Empfehlungen zur Weiterentwicklung der Ausbildung von Lehrerinnen und Lehrern* der DGfE von 1997 beispielsweise vollziehen diese schwerwiegenden Modernisierungsschübe sehr differenziert nach und ziehen entsprechende Folgerungen für die Aufgaben und Strukturen der Schule. »Die aus der gesellschaftlichen Entwicklungsdynamik und dem Wertewandel resultierende Verunsicherungen verlangen nach stärker auch auf Persönlichkeits- und Identitätsförderung gerichteten erzieherischen Bemühungen, nach einer Schule als Erfahrungsraum sowie nach der Schaffung von Bedingungen, unter denen Kinder und Jugendliche Wertbindungen entfalten können«.[9] Ein »outsourcing« findet also weniger auf der Ebene von Einsichten der Pädagogen selbst, sondern auf der Ebene der Strukturbedingungen statt (z.B. mangelnde Generationenmischung und einseitige Altersstruktur der Lehrenden; Dauerkritik über mangelndes Schreib- und Rechnenlernen und Zuweisung von Sozialarbeitsaufgaben etc.). Die Folgen aber sind nicht nur menschlich, sondern auch ökonomisch teuer. Sie schlagen sich in Kosten des Gesundheitssytems als Folge von z.B. psychosomatischen Erkrankungen vor allem von Lehrenden, als Kosten im Sicherheitssystem als Folge von Gewalttaten und auch als Kosten im Rentensystem als Folge von z.B. frühzeitigen Verrentungen nieder.

Es bietet sich daher für die spezifische biographische Phase, in denen Jugendgemeinschaftsdienste stattfinden werden, geradezu an, nicht die im übrigen dominante Ausrichtung der vorhergehenden Bildungspassagen auf unmittelbar verwertbare Qualifikationen und Kompetenzen zu verlängern, sondern in und durch die sozialen Erfahrungen eine persönlichkeitsbildende Integrationsphase wirklich überzeugend zu ermöglichen.

Eine wesentliche Voraussetzung dafür ist aus psychologischen Gründen, daß die jungen Menschen sich durch Wahlfreiheiten mit den Diensten und den Erfahrungen in ihnen zureichend identifizieren können. Sie müssen die Chance erhalten, diese Dienste wirklich zu ihrer ureigenen Sache (tua res agitur) machen zu können. Die bisherigen Evaluationen zeigen ebenfalls sehr klar, wie bedeutsam das Moment der Freiwilligkeit dieser Dienste im Lebenskonzept der jungen Menschen war und ist.[10]

Wenn man also aus guten Gründen nicht auf eine öffentliche Dienstpflicht hinaus will und kann, aber auch nicht ein beliebig freies Angebot machen, sondern über ein substantiell ausgestattetes Anerkennungssystem die soziale und moralische »Pflicht und Schuldigkeit« zu solchen Diensten fördern und bestärken will, dann wird man diese notwendigen Identifikationen über die Vielfalt von Wahlen (als Wahlpflichten) ermöglichen müssen und auch können.

Diese Identifikationsmöglichkeit mit den Diensten ist so wichtig, weil der Dienst allein und seine Absolvierung keinerlei Garantie irgendeiner nachhaltigen Wirk-

---

9   DGfE 1997: 87.
10 Vgl. hierzu die Angaben bei Rahrbacher u.a. 1998: 165ff.

samkeit bietet. Menschen sind in der Lage, gute wie schlimme Umstände, in die sie hineingeraten, folgenlos abtropfen zu lassen. Das innere, personale Verhältnis der jungen Menschen zu ihrem Dienst und nicht der Dienst an sich und allein ist also die entscheidende Bedingung, um überhaupt in diesem Zusammenhang von Bildung sprechen zu können. Bildung ist immer ein Verhältnis gemäß einem dialogischen Prinzip. Dies hat weitreichende Folgen sowohl für die inhaltliche wie methodische Gestaltung der begleitenden Bildung. So verlangt eine personale und soziale Bildung nicht nur eine Organisation von inhaltlich gut durchdachten Bildungsmaßnahmen, sondern als zentrale Struktur auch das Angebot eines personalen »Gegenübers«, eines DU zum ICH und WIR, während des gesamten Dienstes. Ein Mentorensystem bietet sich daher als Kern- und Angelpunkt der diese Dienste begleitenden Bildung an. So verlangt beispielsweise das Verhältnis von kognitiven und emotionalen Bedingungen in diesem Bildungsprozeß eine besondere Aufmerksamkeit. Die Evaluationen vermitteln ein plastisches Bild von der Vielfältigkeit der Bildungsmaßnahmen und auch von den Bedürfnissen der jungen Menschen selbst, für die »Themen der Sinnfindung, Lebensorientierung und -gestaltung«[11] während dieser Phase zentral sind.

Viele dieser Aspekte haben schon Eingang in pädagogische Rahmenkonzepte gefunden. Das vom Bundesministerium für Familie, Senioren, Frauen und Jugend im Juni 1997 verabschiedete *Rahmenkonzept für das freiwillige ökologische Jahr* beinhaltet viele dieser Aspekte. Solche Konzepte können aufgegriffen und weiterentwickelt werden.

4. *Biographisierung und Institutionalisierung der Bildung*

Spätmoderne Gesellschaften erwarten von ihren Mitgliedern komplexe Biographisierungsleistungen. Biographisierungsleistungen können nicht unter Bedingungen einer radikalen Individualisierung erbracht werden. Jugendgemeinschaftsdienste stellen daher ein besonderes »institutionelles Formular« dar, mit dessen Hilfe die biographischen Synchronisations- und Integrationsleistungen eher zu bewältigen sind.

Erläuterung

Die sogenannte Individualisierungsdynamik moderner Gesellschaften muß um eine Biographisierungsdynamik erweitert werden, um das Bildungspotential einer Lebensphase ausschöpfen zu können. Biographisierung meint folgendes: Eine der grundlegendsten Vergesellschaftungsformen der Moderne ist die Notwendigkeit zur Ausbildung einer Individualität. Spätestens seit der Aufklärung werden moderne Gesellschaften von einem mächtigen und unumkehrbaren Individualisierungsschub

---

11 Rahrbacher u.a. 1998: 140.

vorangetrieben. Individuelle Profile und Leistungen, nicht Zugehörigkeiten zu Ständen oder Klassen, ermöglichen und garantieren die Teilhabe am ökonomischen, sozialen oder kulturellen Kapital einer Zeit und Gesellschaft. Diese Individualisierung als grundlegende Vergesellschaftungsform erzwingt jedoch auf Seiten jedes einzelnen Menschen die Ausbildung einer den Lebenslauf wirklich umgreifenden biographischen Gestalt als Ressource, die als Lebensgeschichte die individuellen Leistungen und Vielfältigkeiten tragfähig integriert und synchronisiert. Das soziale Konstrukt *Biographie* als verzeitlichte Sozialstruktur (als »identity over time«) verlangt ein hohes Maß an Reflexivität, an Wissen und Gespür für die Relativität des je eigenen Standortes und der je eigenen Lebenslage, ein Sensorium für zukünftige Horizonte und eigene Möglichkeiten und Begrenztheiten darin. Mit dem Begriff *Detraditionalisierung* ist gemeint, daß alles dies dem Individuum nicht mehr durch Institutionen oder andere Sozialstrukturen vorgegeben und abgenommen wird, sondern von ihm selbst gültig für sein Leben erarbeitet werden muß. Diese Reflexivität und Relativität verbunden mit der Notwendigkeit, die Gültigkeit und Kontinuität der Regeln des je eigenen Lebens und der je eigenen Lebenswelt bewußt und überzeugt zu leben, kann nicht mehr zureichend durch quasi nebenher laufende Sozialisationsprozesse gesichert werden. Das Arbeiten an dem sozialen Konstrukt *Biographie*, um sinnhafte Kontinuität im je eigenen und individuellen Leben zu erfinden, wird zu einer Notwendigkeit in der Moderne und zu einer zentralen Bildungsaufgabe. Insofern ist diese Aufgabe, in besonderen Phasen eine reflexiv bewußte biographische Gestalt zu entwickeln, nicht eine luxuriöse und um ein in sich selbst verliebtes Individuum kreisende Nabelschau im Gewand von Bildung. Sie ist Not und Notwendigkeit in modernen Gesellschaften, die Fragilitäten von Biographien gleichzeitig erzeugen und doch auch wiederum von stabilen Biographien abhängen.

Diese früher nicht lebenslang zu leistende Aufgabe (in traditionalen Gesellschaften war die Identitätsbildung in frühen Erwachsenenjahren abgeschlossen) ist jedoch kein autonomer Akt des Individuums. Biographie entwickelt sich aus einem komplexen Wechselverhältnis zwischen Person und Institutionen. Institutionen fungieren aber nicht mehr einfach als fest vorgegebene Strukturen, denen man sich anzupassen hat. Sie werden zu »Stichwortgebern« für ganz verschiedenartige biographische Leistungen, deren Text das Individuum selbst erfinden und erzählen muß. So evoziert die Institution eines Gerichts andere biographische Konstruktions- und Rekonstruktionsleistungen als die Institution einer Arztpraxis oder die Lehrjahre auf der Couch oder die Institution der Schule. Auch institutionalisierte Jugendgemeinschaftsdienste werden zu Schlüsselerfahrungen oder »Stichwortgebern« für Biographisierungsleistungen der jungen Menschen. Für ein Bildungskonzept kommt es also darauf an, die Art der Schlüssel und der Stichworte dieser Institution sorgfältig zu erwägen, um die Passungen, die sie strukturell fördern, bewußt und gewollt einschließlich ihrer Folgen auch zu wollen.

5. Erfahrungslernen und reflexive Begleitung

Das Leben in einer Gesellschaft, in der vielfältige kulturelle Milieus nebeneinander existieren und in der real-soziale Räume und Erfahrungen von virtuell-vernetzten Welten überlagert werden, erfordert zunehmend interkulturelle und soziale Kompetenzen, mit denen die Andersartigkeiten verschiedener Kulturen und die Vermischungen von realen und virtuellen Welten ausbalanciert werden können. Diese Kompetenzen lassen sich weder allein durch ein *learning by doing* oder durch ein *training on the job*, jedoch auch nicht allein durch Schulung und Wissensvermittlung erlangen. Allerdings ist Erfahrung selbst unter den Bedingungen der Moderne ebenfalls zu einem ambivalenten Ort des Aushandelns von Deutungen und Bedeutungen geworden, an dem neue Vorurteile ebenso verfestigt wie alte erschüttert werden können. Erforderlich ist daher eine spezifische Passung von gegensätzlichen Erfahrungsräumen und begleitender Reflexion im Konzept eines interkulturellen und sozialen Lernens.

Erläuterung

Die *Modernisierung des sozialen Raumes*[12] zeigt sich besonders eindrucksvoll in der Auflösung traditionaler Soziallagen und der Pluralisierung von Lebensstilen und Sozialmilieus[13]. Diese neuen Sozialmilieus gehen einher mit dem »Bedürfnis nach kleinräumiger sozialer Integration und nach Vergemeinschaftungsstrategien im sozialen Nahbereich«[14]. Kontrapunktisch zur Globalisierungsdynamik werden Regionen und Lebenswelten mit ihren Sprachen, Gebräuchen, Sitten und Beziehungsnetzen zum Ort realer sozialer Erfahrung, zur Heimat. Gleichzeitig ist aber aufgrund der Vermischungen von Kulturen interkulturelles Wahrnehmen, Lernen und Handeln fast in jeder privaten Lebenswelt wie auch in vielen Berufswelten zwingend geworden. Interkulturelle Kompetenz kann angesichts dieser Modernisierung des sozialen Raums nicht mehr nur eingeschränkt auf die traditionalen Unterschiede von (in der Regel »fernen«) Kulturen in überwiegend national verfaßten Staaten- und Sprachengemeinschaften verstanden werden. Kulturelle Gegensätze und interkulturelle Herausforderungen begegnen uns heute schon zwischen zwei Straßen einer Stadt, zwischen den Generationen, zwischen den Geschlechtern, zwischen beruflichen Praxen in gleichen Professionen. Die Unterschiede und Grenzen dieses »Zwischen« sind vor allem mental bis hin zu den Mauern in den Köpfen und Herzen wirksam. Jeder muß einen je eigenen profilierten Lebensstil ausbilden, der aber gleichzeitig alltäglich in unmittelbarer Nähe an andere »aneckt«. Angesichts dieser Entwicklung geht es nicht mehr nur darum, andere Lebensstile multikulturell zu tolerieren. Das tiefere Problem liegt darin, daß die unterschiedlichen bis gegensätzlichen Lebensstile auch zu sehr unterschiedlichen Vorstellungen über Lösungen von

---

12 Alheit 1994.
13 Vgl. hierzu die SINUS-Studien.
14 Alheit 1994: 242.

durchaus gemeinsamen Problemlagen und Konflikten führen. Es gibt keinen verbindlichen Konsens mehr über Konfliktlösungsstrategien. Die moderne Gesellschaft hat das früher so nicht bekannte bzw. weniger dringliche Problem entstehen lassen, daß alltäglich nebeneinander lebende Menschen trotzdem oft in »verschiedenen Welten« leben, diese »Welten« auch verschieden beschreiben, gegensätzliche Folgerungen ziehen und daher oft die Prinzipien von Konfliktlösungen weder verstehen noch sich über sie in einem gemeinsamen Verfahren verständigen können. Die sozialen Konstruktionen der Wahrnehmung von Gesellschaft und Umwelt haben den Charakter verschiedener Kulturen angenommen, die trotzdem auf zivile Weise zu vermitteln und auszuhandeln sind, weil sonst Entzivilisierung und Gewalt überhand nimmt. Spätmoderne Gesellschaften zwingen so jeden einzelnen gleichzeitig zur Entwicklung eines je eigenen kontext-gebundenen Lebensstils und zur Fähigkeit, ein emotionales und kognitives Gespür für die Kontexte neben sich zu bekommen. Dieser Lebensstil im Kontext ist das eigentliche soziale Netz, in dem der moderne Mensch wirklich lebt. Auf diesem Hintergrund ist Erfahrung keine natürliche Quelle des Lernens mehr. Erfahrungen können nicht mehr einfach als Kriterium von Wissen und Entscheidungen genommen werden, da sie selbst schon komplexe und medial geprägte Deutungskonstruktionen sind. Sie können – wie die Amerikaner Usher, Bryant und Johnston in ihrer Arbeit über Bildung angesichts postmoderner Herausforderungen schreiben – starke ebenso wie schwache Persönlichkeiten, ebenso eine bekräftigende Befähigung wie eine einengende Domestizierung hervorbringen. »Learners can become unreflexive prisoners of their experience«.[15]

Die Vorstellung, allein die Begegnung oder das Arbeiten in einem anderen Milieu bewirke interkulturelles Verstehen, Akzeptanz und Handlungsfähigkeit, unterschätzt also die Möglichkeit, daß Menschen unter bedrängenden, ihre eigene Identität und Mentalität erschütternden Bedingungen zu tiefgreifenden emotionalen Abwehrmechanismen Zuflucht suchen, die in der Folge als mentale »Mauern« oder neue Vorurteilsstrukturen, nun zementiert durch Erfahrung, in Erscheinung treten. Da die bisherigen Erfahrungen in freiwilligen sozialen Diensten zeigen, wie subtil solche wechselseitigen Labeling- oder Stigmatisierungsprozesse sein können, können diese Dienste nicht nach dem Muster eines Praktikums oder eine Hospitation in einem zukünftigen Berufsfeld angelegt werden. Erst die behutsam begleitende und explizite Reflexion der sozialen Erfahrungen während der Dienste kann das eigentliche Bildungspotential der Dienste unter der Rücksicht von sozialem Lernen, interkultureller Kompetenz und Persönlichkeitsbildung heben. Der Begleitende ist dann nicht mehr in erster Linie jemand, der Wissen und Kompetenzen vermittelt, sondern jemand, der den inneren Sinn und Kontext von Erfahrungen aufzuschlüsseln hilft. Eben dies soll durch das Mentorensystem gewährleistet werden.

---

15 Usher, Bryant, Johnston 1997:11.

6. Die Struktur begleitender Bildungsmaßnahmen

Zukünftige Jugendgemeinschaftsdienste beabsichtigen, für einen überwiegenden Teil eines Jahrgangs von Jugendlichen (längerfristig und im Prinzip: für alle) ein differenziertes Angebot von Diensten zur Wahl zu stellen. In der Konsequenz müssen dann nach der entsprechenden Ausstattung der Träger für diese Dienste (vor allem für die Verwirklichung des Mentorensystems) eine Reihe weiterer Folgeentscheidungen für die Bildungsmaßnahmen während der Dienste gefällt werden. Formal lassen sich diese Entscheidungen in einem Raster von drei Leitfragen ordnen:
Welches Bildungsangebot muß vor, während oder nach dem Dienst erfolgen?
Welches Bildungsangebot soll durch den Träger, welches soll trägerübergreifend und von wem konzipiert und durchgeführt werden?
Welches Bildungsangebot kann bzw. muß – bei Diensten im Ausland – im Heimatland, welches im Gastland erbracht werden?

Erläuterung

Es ist aus den bisherigen Darlegungen sicher deutlich geworden, daß das skizzierte Mentorensystem tragender Mittelpunkt des Bildungskonzepts sein soll. Allerdings muß dieses System um andere Elemente erweitert werden und bleiben. Bisher haben die jeweiligen Träger eines freiwilligen Dienstes in sehr unterschiedlichen Formen und Inhalten begleitende Bildungsmaßnahmen in eigener Regie und Kompetenz angeboten. Für das FSJ und das FÖJ gibt es entsprechende Richtlinien. Dies kann und muß im Grundsatz auch so bleiben. Wenn jedoch die Zahl der jungen Menschen in Jugendgemeinschaftsdiensten erheblich gesteigert werden soll und wenn gleichzeitig eine Vielfalt von kleineren und größeren Trägern auch weiterhin in einem verbindlich gesetzten Rahmen solche Dienste anbieten und durchführen können sollen, dann bietet sich geradezu an zu klären, ob alle Bildungsmaßnahmen für die von einem Träger betreuten jungen Menschen, ausschließlich und allein durch die jeweiligen Träger geleistet werden können und müssen. Hier sind Weiterentwicklungen und Entlastungen sowohl mit Blick auf die einzelnen Teilelemente wie auf das sich dann zunehmend stellende Problem der Qualitätssicherung vorstellbar.
Aufgrund der unbedingt zu nutzenden Erfahrungen bisheriger Träger und aufgrund der Nähe zu den jeweiligen sozialen Diensten lassen sich eine Reihe von nur durch den jeweiligen Träger durchzuführenden Bildungsmaßnahmen definieren. Es lassen sich aber auch einige vorteilhafte Verlagerungen von begleitender Bildung trägerübergreifend denken und entwickeln, die die Träger entlasten und den Horizont der Dienstleistenden erweitern. Wie solche Arbeitsteilungen sinnvoll strukturiert werden können, wird mehrere Jahre Arbeit und Diskussion dicht an der Wirklichkeit der Jugendgemeinschaftsdienste erfordern. Aufgrund bisheriger Erfahrungen läßt sich aber das Problem exemplifizieren, ohne es im Detail schon vorzuentscheiden.
Zu den trägergebundenen Maßnahmen zählen beispielsweise die Praxisanleitung und die Organisation eines regelmäßigen und stabilen persönlichen Kontaktes, der

immer wieder von den jungen Menschen eingefordert wird.[16] Der Aufbau eines verbindlichen Mentorensystems wird so unverzichtbare, neue Struktur von Jugendgemeinschaftsdiensten und vornehmste Aufgabe des jeweiligen Trägers. Für diese Mentoren wird es eigens zu entwickelnde Fortbildungen geben müssen, die wiederum trägerübergreifend denkbar sind. Die Mentoren sind – wie erläutert – mehr als die Trägerinstitution selbst oder die Inhalte von Vor- und Nachbereitungskonferenzen die eigentlichen Moderatoren (»Lehrenden«) der Bildungsprozesse der freiwilligen Dienste. Wenn dieses Mentorensystem gut eingerichtet wird und funktioniert, werden die zusätzlichen Seminare nicht nur entlastet, sondern können durch die Mentoren auch präziser vorbereitet werden.

Zu trägerübergreifenden Maßnahmen könnten in Zukunft zählen, Konferenzen in Form von »Marktplätzen« so zu organisieren, daß einerseits die wirklich übergeordneten Themen wie die der Bedeutung der Jugendgemeinschaftsdienste in einer zivilen Gesellschaft, das vielfältige Angebot, die bisherigen Erfahrungen von Ehemaligen etc. kontrovers und kompetent behandelt würden; andererseits könnten einzelne Träger sich auf diesen Konferenzen mit ihren Aktivitäten und Interessen wie auf einer Informationsbörse vorstellen. Solche übergeordneten Konferenzen bieten sich einerseits vor Beginn des eigentlichen Dienstes, vielleicht sogar vor der endgültigen Entscheidung, andererseits einige Monate nach Absolvierung des Dienstes an.

Auf diesen Konferenzen kann auch an einem virtuellen Kommunikationsnetz von Jugendgemeinschaftsdiensten gearbeitet werden. Die schon erwähnten Fortbildungen der Mentoren können zumindest teilweise trägerübergreifend konzipiert und organisiert werden.

Wenn bei einem Einsatz im Ausland Träger und Dienststelle nicht identisch sind, dann ergibt sich die Notwendigkeit zu entscheiden, welche begleitenden Bildungsmaßnahmen vom Träger und welche von der Dienststelle durchgeführt werden sollen. So könnte beispielsweise die Einführung in Sprache und Kultur des jeweiligen Gastlandes auch Angelegenheit der Dienststelle im Ausland sein, während die jeweiligen Mentoren im Auftrag des Trägers im Heimatland arbeiten, aber das Umfeld der Dienststelle persönlich kennen müssen. Ein wichtiges Desiderat, das sich aus den bisherigen Evaluationen ergeben hat, ist der Aufbau einer wenigstens minimalen Kommunikationsstruktur zwischen den Leitern der Dienststellen, da sich auf dieser Ebene alle interkulturellen und multikulturellen Problemlagen, in die die Dienstleistenden eingespannt sind, wiederholen.

In einem sehr grundlegenden Sinn sind die sozialen Dienste von jungen Menschen in die spannungsvollen und widersprüchlichen Dynamiken zwischen gemeinschaftsbildenden Lebenswelten mit ihren Wertorientierungen, Zugehörigkeiten und Solidaritäten einerseits und gesellschaftsbildenden Institutionen, Regulierungen und Funktionen andererseits eingespannt. Aus eben diesen Spannungen erwächst das diesen Diensten eigene Bildungspotential für zivile Gesellschaften.

---

16 Vgl. auch Rahrbacher u.a. 1998: 131ff.

Literatur

Alheit, Peter, Zivile Kultur – Verlust und Wiederaneignung der Moderne, Frankfurt; New York 1994

Alheit, Peter, Two Challenges to a Modern Concept of Lifelong Learning, In: Alheit, *Peter/ Kammler, Eva* (Hrsg.), Lifelong Learning and its Impact on Social and Regional Development, Bremen1998

DgfE, Erziehungswissenschaft, 8.Jg. (1997), Heft 16, Opladen 1997

Dilthey, Wilhelm, Schriften zur Pädagogik, Paderborn 1971

Klages, H.: Motive des Bürgerengagements – Trends für die Bundesrepublik Deutschland. In: KGST 43. Jg. (1998) Nr. 01 S

Mader, Wilhelm, Legitimitätsproduktion und sozialpolitische Erwachsenenbildung, In: *Olbrich, Josef* (Hrsg.), Legitimationsprobleme in der Erwachsenenbildung, Stuttgart 1980, S. 69 – 86

Mader, Wilhelm/Rieth, Theobald/Weymann, Verena, Evaluation des Zusammenwirkens von politischer Bildung und sozialem Dienst von Freiwilligen in Europa, Dresden 1996

Rahrbach, A./ Wüstendörfer, W./ Arnold, Th., Untersuchung zum Freiwilligen sozialen Jahr. Stuttgart; Berlin; Köln 1998

Usher, R. / Bryant, I. / Johnston, R., Adult Education and the Postmodern Challenge. London; New York1997

Vogel, P.: Ökonomische Denkformen und pädagogischer Diskurs. In: Krüger, H.-H. & *Olbertz, J.-H.* (Hrsg.), Bildung zwischen Staat und Markt, Opladen 1997, S. 351 – 366

Hakki Keskin

Gar nicht so viel anders!

Türkische Jugendliche in Deutschland
und ihre Stellung zu Freiwilligendiensten

Einleitung

Die von der Robert Bosch Stiftung ins Leben gerufene Kommission zur Erarbeitung eines »Manifestes für Freiwilligendienste in Deutschland und in Europa« hat die Durchführung einer Befragung unter türkischen Jugendlichen für notwendig erachtet.
Als Mitglied dieser Kommission habe ich die Durchführung einer qualitativen Befragung übernommen.
Ziel dieser Erhebung unter jungen Menschen türkischer Herkunft in Deutschland war es zu erkunden, wie der Kenntnisstand und die Einstellung dieser Personengruppe zu einem »Freiwilligen Sozialen Jahr« ist.
In der Türkei und entsprechend bei den Eltern von Jugendlichen türkischer Herkunft in Deutschland sind sogenannte »Jugendgemeinschaftsdienste« nicht bekannt. Auch liegen bis heute keinerlei Untersuchungen darüber vor, wie die Einstellung dieser Jugendlichen zu derartigen Diensten ist.
In der türkischen Gesellschaft haben insbesondere auf dem Lande gegenseitige Nachbarschaftshilfe, aber auch kollektive Arbeiten zur Durchführung von Gemeinschaftsaufgaben, wie Straßenbau, Trinkwasserversorgung, Schul- und Moscheenbau etc. eine gute Tradition. Soziale Dienste wie in Deutschland, für die es gesetzliche Grundlagen gibt und deren Ableistung demzufolge von staatlichen Stellen und freien Trägern organisiert und überwacht wird, sind jedoch unbekannt. Gerade aus diesem Grunde war es geboten zu untersuchen, wie der Informationsstand und die Bereitschaft zur Mitarbeit in Jugendgemeinschaftsdiensten unter den jungen Türken Deutschlands sind.

1. *Zielgruppe der Befragung*

Die vorliegende qualitative Erhebung wurde von Juni bis Oktober 1998 unter 200 türkischen Jugendlichen und jungen Erwachsenen im Alter zwischen 16 und 27 Jahren durchgeführt.

Geschlecht

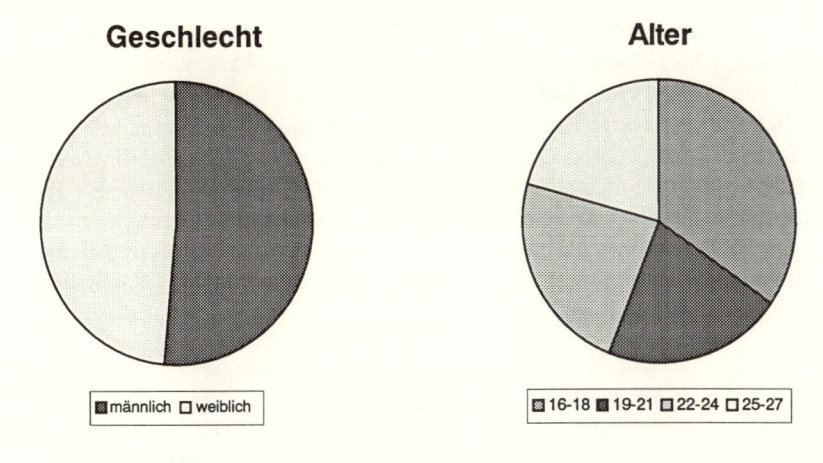

☐ männlich ☐ weiblich

Alter

☐ 16-18 ☐ 19-21 ☐ 22-24 ☐ 25-27

51,5 % der Befragten waren männlich, 48,5 % weiblich. Für die Befragung wurden Schulen, Universitäten und Jugendhäuser ausgewählt, um zu einer möglichst breitgefächerten Streuung bezüglich Alter, Schul- und Berufsausbildung zu kommen.
Gleichwohl haben wir nur die Einrichtungen, an denen die Befragung durchgeführt werden sollte, vorgegeben; die Auswahl im einzelnen blieb den Interviewern überlassen. Aufgrund der begrenzten Anzahl von Interviews, die dieser Erhebung zugrunde liegen, kann zwar nicht von einer repräsentativen Untersuchung gesprochen werden, wohl aber von einer qualitativen, und zwar in dem Sinne, daß die Befragten den sehr umfangreichen Erhebungsbogen eigenständig, in Ruhe und ohne Beeinflussung ausfüllen konnten.

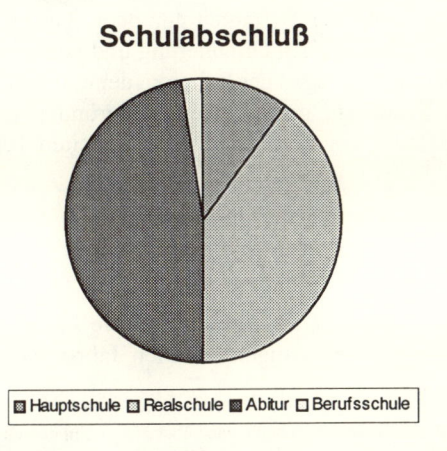

Schulabschluß

☐ Hauptschule ☐ Realschule ☐ Abitur ☐ Berufsschule

Die Auswertung ergab folgendes Bild: 44,0 % der Befragten waren Schüler, 30,0 % Studenten, 10,5 % befanden sich in einer Ausbildung, 7,5 % waren arbeitslos und 4,5 % warteten auf einen Studienplatz.
85,0 % von ihnen waren ledig, 14,0 % verheiratet und 1,0 % geschieden.
Die Erhebung fand an fünf Orten statt: Hamburg, Berlin, Duisburg, Kiel und Pinneberg. Diese Orte wurden gezielt nach ihrer Größe ausgewählt, um auch von dieser Seite ein möglichst repräsentatives Ergebnis zu erzielen.[1]
Bei der Beantwortung des umfangreichen Fragebogens wurden die Befragten für ihren Zeitaufwand honoriert, damit sie sich mit der notwendigen Geduld und Motivation den Fragen widmen konnten.

2. *Konzeptionelle Überlegungen zur Befragung*

Einleitend wurden die Befragten durch das unter 4.1 beigefügte Schreiben über das Thema und das Ziel der Erhebung kurz und sachlich informiert.
Diesem persönlichen Schreiben von mir folgte ein 15-seitiger Fragebogen mit 36 Haupt- und zahlreichen Unterfragen. Für das Ankreuzen der zutreffenden Antworten waren im Durchschnitt zwei Stunden erforderlich.
Die Fragen waren in zwei Hauptteile gegliedert. Im ersten Teil wurden spezielle Fragen zu »Jugendgemeinschaftsdiensten« gestellt. Hierbei sollte herausgefunden werden, welchen Informationsstand die Befragten über das »Freiwillige Soziale Jahr« haben und wie ihre Einstellung zu Freiwilligen Diensten im allgemeinen ist. Dieser Teil der Erhebung gibt uns Hinweise über allgemeine, soziale und persönliche Motive für eine mögliche Teilnahme der Befragten an einem Freiwilligendienst. Darüber hinaus wollten wir uns ein Bild davon machen, welche Erwartungen die jungen Menschen mit einem solchen Engagement verknüpfen, und zwar im Hinblick auf Tätigkeitsfelder, Einsatzorte und Trägereinrichtungen.
Im zweiten Teil wurden Fragen zur Person sowie Hintergrundfragen zu den Lebensumständen, zur Einstellung der Befragten zur deutschen und türkischen Gesellschaft, zur Familie, zur beruflichen Orientierung und den eigenen beruflichen Zielen, zur eigenen Identität, zu Fragen der Religion, der nationalen Zugehörigkeit oder der Einstellung zur Gewalt etc. gestellt. Aus Platzgründen kann hier nur eine sehr knappe Zusammenfassung der Ergebnisse dieses zweiten Teils der Untersuchung vorgelegt werden.

3. *Die Ergebnisse der Erhebung – Teil I*

Unerwartet hoch fiel die bejahende Antwort auf die Frage aus, ob die Befragten schon einmal von einem »Freiwilligen Sozialen Jahr« gehört hätten. Knapp die

---

1 Die Einwanderer aus der Türkei leben heute ganz überwiegend in den Großstädten der industriellen Ballungsgebiete. Daher entspricht die Auswahl der Städte weitgehend den Gegebenheiten.

Hälfte der Befragten, nämlich 45,5 %, hatten bereits davon gehört, zumeist über Freunde, Schule oder die Medien. Auf die für uns besonders wichtige Frage, ob und wenn ja aus welchen Gründen sie bereit wären, ein Soziales Jahr freiwillig abzuleisten, erklärten sich 72 % – ein ebenfalls erstaunlich hoher Prozentsatz – grundsätzlich dazu bereit. Allerdings lehnen 56,5 % der Befragten freiwillige Dienste unter den gegebenen Voraussetzungen ab, weil sie die deutsche Staatsbürgerschaft und die damit verbundene gleichwertige Rechtsstellung noch nicht besitzen.

prinzipielle Bereitschaft

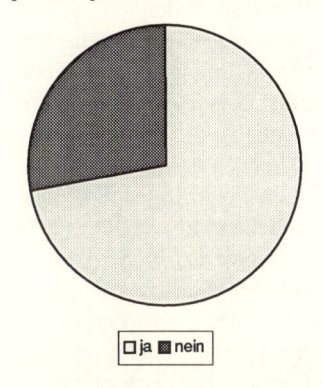

☐ ja ■ nein

Bei den Motiven, sich für einen Freiwilligen Sozialen Dienst zu entscheiden, wurden von uns allgemeine, soziale und persönliche Gründe abgefragt. Es ergab sich, daß die persönlichen Gründe dabei eindeutig im Vordergrund standen. Die hauptsächlich genannten Gründe waren mit 72 % »die Verbesserung der eigenen Sprachkenntnisse«, »das Kennenlernen einer neuen Kultur« (61,0 %) und »um sich persönlich weiter zu entwickeln« (60,5 %). Auch soziale Motive waren von Bedeutung: 46,5 % würden ein Freiwilliges Soziales Jahr leisten »um anderen Menschen zu helfen.«

Als Trägereinrichtung bevorzugen 52,0 %. der Befragten mit großem Abstand »eine staatliche Organisation«, ihr folgen mit 17,0 % die Wohlfahrtsverbände. In einer Rangfolge der angestrebten Tätigkeiten (wobei Mehrfachnennungen möglich waren) rangieren erzieherisch-pädagogische Tätigkeiten mit 49,0 % an erster Stelle, dicht gefolgt von der Beschäftigung in einem Unternehmen (43,5 %) und allgemeinen sozialen Arbeiten (40,0 %).

50,5 % der Befragten wünschen sich »eine der Arbeit angemessene Bezahlung« für den Freiwilligen Dienst an der Allgemeinheit. 49,0 % wären auch mit einem Taschengeld zufrieden, sofern Beiträge zur Kranken-, Arbeitslosen- und Rentenversicherung vom Träger abgeführt würden.

Bei den Anforderungen an die Arbeitsstelle steht mit 73,0 % der Befragten »ein gutes Arbeitsklima« an der Spitze, gefolgt von einer »menschlichen Atmosphäre«

(67,5 %), »angemessener Betreuung« (60,5 %) sowie »Team- und Gruppenarbeit« (52,5 %).
Auf ihre beruflichen Erwartungen angesprochen, erhoffen sich 44,0 % »eine neue berufliche Perspektive« und 40,5 % »Bonuspunkte für das Ergreifen eines Berufs.«
41,5 % die Befragten würden es begrüßen, das Freiwillige Soziale Jahr als »Ersatzwehrdienst in der Türkei« und 39,0 % »anstelle des Wehrdienstes« leisten zu können.
Als Zielland für Freiwilligendienste werden mit 47,5 % die USA, mit 45,5 % die Türkei und mit 20,0 % Deutschland favorisiert.
Unter ihrem gegenwärtigen Rechtsstatus lehnen 35,5 % die Ableistung eines Freiwilligen Sozialen Jahres ab, weil sie »die deutsche Staatsbürgerschaft noch nicht besitzen«, 14,0 %, weil »soziales Engagement gleiche Rechte voraussetzt« und 7,0 % weil sie »dort mit ihrer türkischen Herkunft diskriminiert würden« (auch hier waren Mehrfachnennungen möglich).
Es überrascht positiv, wie groß bei den türkischen Jugendlichen und jungen Erwachsenen die Bereitschaft ist, einen Freiwilligen Sozialen Dienst leisten zu wollen, wenn auch aus sehr unterschiedlichen Motiven. Dies hat möglicherweise mit der hohen Erwartungshaltung der Befragten an ein Soziales Jahr zu tun. Der größte Teil von ihnen würde einen Freiwilligen Dienst vor allem gern in den USA oder in der Türkei leisten. Sie erhoffen sich dadurch eine Verbesserung ihrer Sprachkenntnisse, das Kennenlernen einer neuen Kultur und eine Entwicklung der eigenen Persönlichkeit; alles Kriterien, die ihre Chancen bei der Stellensuche deutlich verbessern werden. Interessanterweise gilt diese Motivation bei den Befragten ganz offensichtlich auch für die Türkei. Die Interviews wurden nicht ohne Grund in deutscher Sprache durchgeführt, weil die Kenntnisse der türkischen Sprache bei dieser Personengruppe oft sehr mangelhaft ist. So bezeichnen auch 64,05 der Befragten ihre Kenntnis des Deutschen als sehr gut, dagegen nur 27,0 % die des Türkischen. Ähnliches gilt für den Wusch, die türkische Kultur kennenzulernen. Selbst wenn die Jugendlichen in Familien aufwachsen, deren Mitglieder aus der Türkei stammen, so bedeutet dies längst noch nicht, daß sie die türkische Kultur und die Türkei genügend kennen.

Teil II

Diesem ersten Teil folgt ein umfassender Interviewteil zu der persönlichen, familiären und gesellschaftlichen Situation, sowie zur Einstellung der Befragten zu bestimmten gesellschaftlichen Phänomenen. Hierzu kann aus Platzgründen lediglich eine kurze Zusammenfassung geboten werden.
Zu diesem Thema sorgten insbesondere die Veröffentlichung von W. Heitmeyer[2] für großes Aufsehen. Nach den Ergebnissen dieser Untersuchung sollen überdurchschnittlich viele türkische Jugendliche ein großes Maß an Gewaltbereitschaft neben einer oft fundamentalistischen und nationalistischen Orientierung aufweisen. Daher war es auch für uns von Bedeutung, im Rahmen dieser Erhebung auszuloten, wie die

Einstellung türkischer Jugendlicher und junger Erwachsener zu Gewaltbereitschaft, zu Islam und Nationalismus ist, sowie etwas über ihre Werteorientierung zu erfahren.

Staatsangehörigkeit

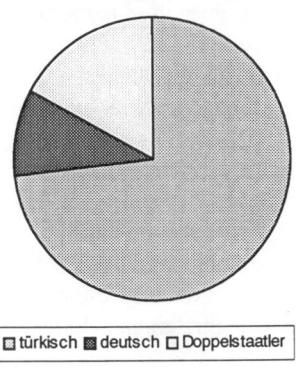

☐ türkisch ▨ deutsch ☐ Doppelstaatler

Von den Befragten sind 70,5 % in Deutschland geboren, weitere 15,5 % waren seit Beginn ihrer Schulzeit in Deutschland; 36,5 % besaßen bereits die deutsche bzw. die doppelte Staatsbürgerschaft.

Als Ziel für ihren Schulabschluß gaben die Schüler unter den Befragten zu 34,5 % das Abitur an, 39,0 % der übrigen hatten bereits das Abitur. Als weitere Ausbildungsziele gaben 39,0 % ein Universitätsstudium und 7,5 % ein Studium an einer Fachhochschule als geplanten Abschluß an.

Spätestens ab der 3. Generation hat sich unter den Kindern der Einwanderer die deutsche Sprache zum dominierenden Kommunikationsmittel entwickelt. 72,5 % der Befragten gaben an, mit ihren Geschwistern oder Freunden in der deutschen Sprache zu kommunizieren. Mit den Eltern wird jedoch nach wie vor ganz überwiegend türkisch gesprochen, und zwar zu 87,5 %.

Für das Erlernen des Türkischen als Muttersprache plädieren 40,7 %, als eine der wählbaren Fremdsprachen, also als zweite oder dritte Fremdsprache, 61,5 %. Das Ergebnis zeigt, daß die türkische Sprache bei den Befragten einen hohen Stellenwert hat. Welchen realen Hintergrund das Plädoyer für Türkisch als wählbare Fremdsprache in den Schulen hat, wurde nicht abgefragt.

---

2   *Heitmeyer, W.*, Verlockender Fundamentalismus, Frankfurt am Main 1997, S. 110f. Heitmeyers Studie wurde vom Spiegel vom 14.4.97 für eine Titelstory »Ausländer und Deutsche – gefährlich fremd. Das Scheitern der multikulturellen Gesellschaft« zu Lasten der Immigrantenkinder ausgewertet. Insbesondere diesem Teil der Studie widerspricht eine repräsentative Untersuchung aus Berlin, vgl. Die Ausländerbeauftragte des Senats von Berlin, »Türkische Jugendliche in Berlin«, Oktober 1997, S. 5 f.

Türkische Jugendliche und junge Erwachsenen haben zu Deutschen weit mehr intensive Kontakte als zu Türken. Ihren Kontakt zu Deutschen bezeichnen 71,0 % der Befragten als sehr intensiv oder intensiv, zu Türken jedoch nur in einer Größenordnung von 53,5 %. Unter Deutschen fühlen sich indes nur 7,0 % der Befragten »wohler«, unter Türken dagegen 32,3 %. Der größte Teil der Befragten, nämlich 60,5 %, machte hierzu allerdings keine Angaben.

Auf die Frage »Was denken Sie über die Deutschen?«, fanden 42,0 %, die Deutschen seien arrogant und überheblich, 22,5 hielten sie für ausländer- bzw. türkenfeindlich. Bei der gleichen Frage zu den Türken antworteten 64,5 % der Befragten, daß die »Türken unter sich blieben«, bzw. 38,0 %, daß sie »sich selbst in Deutschland isolieren würden«.[3]

Die Bindungen zu Deutschland werden je nach Intention der Frage recht unterschiedlich beschrieben Nur 23,5 % der Befragten betrachten Deutschland als ihre Heimat oder als neue Heimat, 58,0 % leben allerdings gern in Deutschland.

Die Verbundenheit mit dem Herkunftsland der Eltern, der Türkei, scheint ungebrochen groß zu sein. 68,5 % der Befragten bezeichnen die Türkei nicht nur als die Heimat ihrer Eltern, sondern auch als ihre eigene Heimat. 19,5 % fühlen sich jedoch in der Türkei als Fremde.

Genau ein Viertel würde Deutschland verlassen, wenn es könnte. 34,5 % der Befragten meinen, daß die Türken ungleich behandelt würden. 56,0 % sehen ihre Zukunft in Deutschland eher optimistisch und sind mit ihrer Akzeptanz durch die deutsche Gesellschaft eher zufrieden.

Auch die Einstellung der Befragten zu den viel diskutierten Themen Gewalt, Nationalismus und Islam wollten wir erfahren. 58,5 % lehnen jede Art von Gewalt ab, 9,0 % haben aber bereits gegen Rechtsradikale Gewalt angewendet. Jeder zehnte bezeichnet sich als »türkisch-nationalistisch«. 66,5 % der Befragten wollen, daß die Religion »reine Privatsache« bleibt. 8,5 % der Befragten bezeichnen sich als streng religiös.

Für 41,0 % ist die Nationalität und für 26,0 % die Religion bei der Wahl des Lebenspartners unwichtig. 38,7 % würden jedoch einen türkischen Partner vorziehen.

Erstaunlich groß ist das politische Interesse der Befragten. 80,5 % von ihnen sind an der politischen Entwicklung in Deutschland und 78,5 % auch an der politische Entwicklung in der Türkei interessiert. 71,0 % der Befragten informieren sich sowohl aus deutschen als auch aus türkischen Medien. Während sich 21,0 % nur aus deutschen Zeitungen bzw. 30,0 % über das deutsche Fernsehen auf dem laufenden halten, informieren sich lediglich 12,5 % aus türkischen Zeitungen bzw. 13,0 % aus dem türkischen Fernsehen.

---

3   Auch hier waren Mehrfachnennungen möglich.

4. *Auswertung des Fragebogens im Einzelnen*

4.1 *Einleitung zum Fragebogen*

Mit dem folgenden einführenden Text wurde über das Soziale Jahr und den Grund dieser Erhebung informiert.

»In vielen europäischen Ländern, darunter in Deutschland, aber z.B. auch in den USA, leisten viele Jugendliche freiwillig sogenannte ›Gemeinschaftsdienste‹. Die jungen Menschen wollen sich damit für die Gesellschaft vornehmlich im sozialen Bereich engagieren. Diese Arbeit wird als ›Freiwilliges Soziales Jahr‹ bezeichnet. Ziel dieses sozialen Engagements ist es, vor dem Einstieg in das Berufsleben Erfahrungen zu sammeln, den eigenen Horizont zu erweitern, seine Persönlichkeit zu entwickeln und dadurch für die Gesellschaft etwas sinnvolles und nützliches zu leisten. Ein weiteres Ziel ist es, das soziale Verantwortungsbewußtsein in Familie und Gesellschaft zu stärken.

Das ›Freiwillige Soziale Jahr‹ soll den jungen Menschen die Möglichkeit eröffnen, nach der Schule, nach einer beruflichen Ausbildung oder auch während des Studiums für ein Jahr in einem sozialen Bereich im Ausland zu arbeiten. Dies wird helfen, ein anderes Land, seine Einrichtungen, seine Kultur kennenzulernen und nicht zuletzt auch, die eigenen Sprachkenntnisse zu verbessern.

Dieses Soziale Jahr kann bei verschiedenen sozialen Diensten wie der Arbeit mit älteren Menschen, mit Kindern, mit Behinderten, mit Frauen und Mädchen, mit Migranten und Flüchtlingen, mit Obdachlosen und Drogenabhängigen, mit straffälligen Jugendlichen, auf Sozialstationen oder in den Bereichen Umwelt, Entwicklungshilfe, Kultur, Bürgerinitiativen, Alphabetisierung etc., aber auch in einem Unternehmen geleistet werden.

Während dieser Arbeit werden Beiträge zur Sozial-, Kranken- und Rentenversicherung abgeführt. Die freiwillige Teilnahme an einem ›Jugendgemeinschaftsdienst‹ wird später bei Bewerbungen für ein Studium, in vielen Fällen aber auch bei Bewerbungen um einen Arbeitsplatz als Bonus angesehen werden.

Wir möchten Sie bitten, sich die Zeit zu nehmen und gemäß ihrer persönlichen Überzeugung diesen Fragebogen auszufüllen.

Da Sie ihren Namen nicht zu nennen oder auf dem Fragebogen zu vermerken brauchen, werden Sie bei dieser Erhebung völlig anonym bleiben.

Vielen Dank für Ihre Mitarbeit!«

4.2. Die Einstellung türkischer Jugendlicher und junger Erwachsener zum »Freiwilligen Sozialen Jahr« gemäß den Ergebnissen der Erhebung im einzelnen

Kenntnisstand

	Gesamte Gruppe (n= 200)	
	%	n
1. Haben Sie vorher schon einmal von einem »Freiwilligen Sozialen Jahr« (FSJ) gehört?		
ja	45,5 %	(89)
nein	55,5 %	(111)
2. Ja ich habe von einem »Freiwilligen Sozialen Jahr« gehört, und zwar		
über Freunde	25,5 %	(51)
über Zeitungen	7,5 %	(15)
über Rundfunk/Fernsehen	7,0 %	(14)
über das Arbeitsamt	4,5 %	(9)
über Familienangehörige	3,0 %	(6)
in der Schule	14,0 %	(28)
über andere Behörden	4,0 %	(8)
über Vereine	3,5 %	(7)
über ehemalige Teilnehmer an einem FSJ	2,5 %	(5)

Die Antwort auf diese Frage gibt uns zwei Hinweise: Obwohl das Freiwillige Soziale Jahr unter den Eltern der türkischen Jugendlichen kaum bekannt sein dürfte, war fast die Hälfte der Befragten darüber informiert, wobei die Informationsquellen sehr breit gestreut sind. Der Freundeskreis steht dabei an erster Stelle.

Grundsätzliche Bereitschaft

	Gesamte Gruppe (n =200)	
	%	n
3. Wären Sie prinzipiell bereit, ein Freiwilliges Soziales Jahr abzuleisten?		
ja	72 %	(144)
nein	28 %	(56)
4. Das Freiwillige Soziale Jahr kommt für mich nicht in Betracht, weil		
ich mit meiner türkischen Herkunft diskriminiert werde	7,0 %	(14)
das freiwillige soziale Engagement gleiche Rechte voraussetzt	14,0 %	(28)
ich die deutsche Staatsbürgerschaft noch nicht besitze	35,5 %	(71)

Knapp zwei Drittel der Befragten, ein erstaunlich großer Anteil, bekunden zunächst einmal ihre prinzipielle Bereitschaft zur Mitarbeit in Freiwilligendiensten. Jedoch folgt bei der Frage 4 eine erhebliche Einschränkung. Unverkennbar sind die mangelnde rechtliche Gleichstellung und vor allem die fehlende deutsche Staatsbürgerschaft, aber auch die erlebte oder wahrgenommene Diskriminierung in Deutschland für mehr als der Hälfte der Befragten die Hauptgründe für eine Ablehnung.

Allgemeine soziale Motive

	Gesamte Gruppe (n= 200)	
	%	n
5. Ich würde ein Freiwilliges Soziales Jahr leisten:		
um anderen Menschen zu helfen	46,5 %	(93)
um eine wichtige Arbeit durchzuführen	21,0 %	(42)
5. ff:		
um etwas Gutes zu leisten	27,5 %	(55)
um soziale Bereiche kennenzulernen	35,5 %	(71)
um neue Arbeits- und Lebensbereiche kennenzulernen	39,5 %	(79)
um von zu Hause wegzugehen	9,5 %	(19)
um mehr Kontakte mit anderen Menschen zu haben	31,0 %	(62)

Persönliche Motive

	Gesamte Gruppe (n= 200)	
	%	n
6. Wären Sie bereit, ein Freiwilliges Soziales Jahr abzuleisten,		
um sich persönlich weiterzubilden	60,5 %	(121)
um später im sozialen Bereich arbeiten zu können	20,0 %	(40)
um später bessere Berufschancen zu haben	38,5 %	(77)
um ein Wartejahr nach der Schule oder der Ausbildung sinnvoll zu überbrücken	29,0 %	(58)
um ein Wartejahr nach dem Abitur sinnvoll zu überbrücken	19,0 %	(38)
um während des Studiums etwas Neues kennenzulernen	12,5 %	(25)
um sich finanziell für dieses Jahr abzusichern	18,0 %	(36)
um sich in das Sozialversicherungssystem einzubinden	8,5 %	(17)
um danach Anspruch auf Arbeitslosengeld zu haben?	7,0 %	(14)
7. Wären Sie bereit, ein Freiwilliges Soziales Jahr abzuleisten,		
um im Ausland ihre Sprachkenntnisse zu verbessern	72,0 %	(144)
um ein anderes Land und seine Besonderheiten kennenzulernen	54,0 %	(108)
um vielleicht später in einem anderen Land zu leben	29,5 %	(59)
um ein Jahr beispielsweise in der Türkei zu leben	40,0 %	(80)

Bei den Fragen 5, 6 und 7 wollten wir etwas über die Motive für die Bereitschaft zum Ableisten eines Freiwilligen Sozialen Jahres erfahren, seien diese gesellschaftlicher oder persönlicher Art.

Fragen zu den Trägereinrichtungen

	Gesamte Gruppe (n= 200)	
	%	n
8. Wenn Sie bereit wären, ein Freiwilliges Soziales Jahr abzuleisten, welche Trägereinrichtung würden Sie bevorzugen?		
eine städtische Organisation	52,0 %	(104)
eine kirchliche Organisation	0,5 %	(1)
eine Organisation der Wohlfahrtsverbände	17,0 %	(34)
das spielt für mich keine Rolle	36,5 %	(73)
9. Welche Bedeutung hätte für Sie die finanzielle Seite, wenn Sie ein Freiwilliges Soziales Jahr ableisten? Neben den Lebenshaltungskosten müßte ich		
eine der Arbeit angemessene Bezahlung erhalten	50,5 %	(101)
nur ein Taschengeld erhalten	8,0 %	(10)
ein Taschengeld sowie die Beiträge zur Kranken-, Arbeitslosen- und Rentenversicherung erhalten	49,0 %	(98)

Die Einstellung der Befragten zu den Trägereinrichtungen unterscheidet sich deutlich von der gleichaltriger Deutscher. Städtische Organisationen und Wohlfahrtsverbände werden im Vergleich zu den kirchlichen Einrichtungen mit großem Abstand priorisiert. Die Zugehörigkeit zur islamischen Glaubensgemeinschaft scheint hier eine Rolle zu spielen.

Die finanziellen Erwartungen entsprechen dagegen weitgehend denen der deutschen Jugendlichen.[4]

---

4 Vgl. *Bundesministerium für Familie, Senioren, Frauen und Jugend* (Hg.), Untersuchung zum Freiwilligen Sozialen Jahr, Stuttgart-Berlin-Köln 1998, S. 100 ff.

Tätigkeitsfeld und Arbeitsstelle

	Gesamte Gruppe (n=200)	
	%	n
10. An welcher Art von Tätigkeiten wären Sie in einem Freiwilligen Sozialen Jahr interessiert?		
erzieherische Tätigkeiten	49,0 %	(98)
pflegerische Tätigkeiten	12,0 %	(24)
allgemeine soziale Tätigkeiten	40,0 %	(80)
hauswirtschaftliche Tätigkeiten	3,0 %	(6)
Tätigkeiten in einer Migrantenorganisation	22,5 %	(45)
Tätigkeiten in einem Unternehmen	43,5 %	(87)
sonstige Tätigkeiten	23,0 %	(46)
11. Welche Aspekte/ Bedingungen wären für Sie bei der Arbeitsstelle wichtig?		
menschliche Atmosphäre	67,5 %	(135)
Arbeit mit Menschen	41,0 %	(82)
Team-, Gruppenarbeit	52,5 %	(105)
praktische Arbeit	26,0 %	(52)
Hilfe für einzelne Personen	27,5 %	(55)
organisatorische Arbeit	23,0 %	(46)
eigenständige Arbeit	27,5 %	(55)
vielfältige Arbeit	40,5 %	(81)
Sonstiges	7,0 %	(14)

Soziale Tätigkeitsbereiche sind auch bei türkischen Jugendlichen sehr beliebt, wobei knapp die Hälfte der Befragten ebenso gern in einem Unternehmen das Soziales Jahr ableisten würde.

Bei den Arbeitsbedingungen steht der Umgang der Kolleginnen und Kollegen untereinander im Vordergrund des Interesses. Die jungen Leute bevorzugen Teamarbeit, die auch vielfältig sein sollte. Überraschend ist dennoch, daß kaum mehr als ein Viertel Wert auf Eigenständigkeit bei der Arbeit legt, offenbar hat die Arbeit im Team diesen Aspekt weitgehend in den Hintergrund treten lassen. Diese Einstellung deckt sich im großen Ganzen mit den Erwartungen deutscher Jugendlicher.[5]

---

5 Vgl. *Bundesministerium für Familie, Senioren, Frauen und Jugend* (Hg.), a.a.O., S. 123 f.

Information und Organisation

	Gesamte Gruppe (n= 200)	
	%	n
12. Vor dem Ableisten eines Freiwilligen Sozialen Jahres erwarte ich		
fundierte Informationen über die Einrichtung und die Arbeitsbedingungen	73,5 %	(147)
Durchführung von Vorbereitungsseminaren	38,5 %	(77)
allgemeine Informationen über das Land	53,5 %	(107)
Vorbereitung auf soziale Arbeit	45,5 %	(91)
13 Von den Organisatoren und der Arbeitsstelle erwarte ich		
angemessene Betreuung	60,5 %	(121)
gutes Arbeitsklima	73,0 %	(146)
akzeptable Unterkunft und Verpflegung	64,5 %	(129)
theoretische Wissensvermittlung	39,0 %	(78)
praxisbezogene Wissensvermittlung	59,5 %	(119)
Hilfestellung bei persönlichen Schwierigkeiten	44,5 %	(89)
Mitbestimmungsmöglichkeiten bei der Arbeit	47,5 %	(95)
Möglichkeiten, die eigene Meinung zu vertreten	58,5 %	(117)

Der Wunsch der Befragten, vor dem Ableisten des Freiwilligen Dienstes über die Einrichtung und die dort herrschenden Arbeitsbedingungen gründlich informiert zu werden, kommt hier ganz deutlich zum Ausdruck.

Neben einem guten Arbeitsklima, einer angemessene Betreuung, akzeptabler Unterkunft und Verpflegung wird insbesondere einer praxisbezogenen Wissensvermittlung und der Möglichkeit, die eigene Meinung frei zu vertreten, große Bedeutung beigemessen.

Erwartungen an ein Freiwilliges Soziales Jahr

	Gesamte Gruppe (n=200)	
	%	n
14. Von einem Freiwilligen Sozialen Jahr erwarte ich		
Sensibilisierung für soziale Fragen und Probleme	38,5 %	(77)(77)
Verstärkung meines Bewußtseins für gesellschaftliches Engagement	39,7 %	(79)
bessere Bewältigung von Konflikten und Belastungen	41,0 %	(82)
offene Auseinandersetzung mit anderen Menschen	42,0 %	(84)
Entwicklung von mehr Selbstbewußtsein	37,5 %	(75)
Entwicklung von mehr Toleranz und Dialogfähigkeit gegenüber anderen Menschen	41,0 %	(82)
Verbesserung meiner Sprachkenntnisse	60,0 %	(120)
Kennenlernen einer neuen Kultur	61 %	(122)
15 Welche berufsmäßigen Erwartungen haben Sie an ein Freiwilliges Soziales Jahr?		
eine neue berufliche Perspektive	44,0 %	(88)
eine gute Vorbereitung für einen sozialen Beruf	36,0 %	(72)
Qualifizierung für den Beruf	26,0 %	(52)
Bonuspunkte für das Ergreifen eines Berufs	40,5 %	(81)
Bonuspunkte für den Zugang zum Studium	22,0 %	(44)

Die Erwartungen an ein Freiwilliges Soziales Jahr sind groß und vielfältig. Als Motive für ein Engagement für einen der Freiwilligendienste im Ausland rangieren die Verbesserung der eigenen Sprachkenntnisse und das Kennenlernen einer neuen Kultur mit Abstand an erster Stelle. Im allgemeinen wird mit Hilfe des Sozialen Jahres eine neue berufliche Perspektive und werden verbesserte Chancen für den zukünftigen Beruf erwartet.

Bei der Verbesserung der persönlichen Fähigkeiten werden zuvörderst die Bewältigung von Konflikten und die damit im Zusammenhang stehenden Belastungen genannt, wichtig ist aber auch die Entwicklung von mehr Toleranz und Dialogfähigkeit.

Freiwilligendienste anstelle des Wehrdienstes

	Gesamte Gruppe (n=200)	
	%	n
16. Ich würde es sehr begrüßen, wenn das Freiwillige Soziale Jahr		
anstelle des Wehrdienstes bei gleicher Dauer abgeleistet werden könnte	39,0 %	(78)
anstelle des Wehrdienstes abgeleistet werden könnte; ich wäre dann auch bereit, für einen längeren Zeitraum als die Wehrdienstzeit Jugendgemeinschaftsdienst zu leisten	9,5 %	(19)
als Ersatzwehrdienst in Deutschland	20,5 %	(41)
als Ersatzwehrdienst in der Türkei	41,5 %	(83)
als Ersatzwehrdienst in einem anderen Land geleistet werden könnte	21,5 %	(43)

Die Diskussion darüber, ob die Freiwilligendienste anstelle des Wehrdienstes geleistet und anerkannt werden sollten, wurde auch in der Kommission geführt. Auch wir wollten erfahren, wie die Meinung der türkischen Jugendlichen und jungen Erwachsenen in dieser Frage ist. Knapp die Hälfte der Befragten würde dies begrüßen, wobei der weitaus größte Teil unter ihnen für die gleiche Dauer von Wehrdienst und Freiwilligendienst eintritt. Überraschen ist jedoch die Tatsache, daß die Türkei als bevorzugter Ort für die Ableistung eines Ersatzwehrdienstes von doppelt so vielen Befragten als beispielsweise die Bundesrepublik Deutschland genannt wird. Der Wunsch des Kennenlernens der sozialen Institutionen, aber auch der Kultur und der Sprache in der Türkei scheint für türkische Jugendliche in Deutschland besonders wichtig zu sein.

Einsatzländer

	Gesamte Gruppe (n=200)	
	%	n
17. Ich möchte mein Freiwilliges Soziales Jahr am liebsten leisten		
in der Türkei	45,5 %	(91)
in Deutschland	20,0 %	(40)
in Großbritannien	18,0 %	(36)
in Frankreich	16,0 %	(32)
in den USA	47,5 %	(95)
in Afrika	19,0 %	(38)
in Lateinamerika	21,0 %	(42)
das Land ist für mich unwichtig	15,5 %	(31)

Bei der Wahl der Einsatzländer bevorzugen 47,5 % die USA, mit nur geringem Abstand gefolgt von der Türkei. Das Interesse, das Soziale Jahr im Ausland abzuleisten, ist sehr groß. Interessant ist, daß nur ein Fünftel der Befragten sich für Deutschland als Land für das Soziale Jahr ausspricht.

Beate Finis Siegler

Konversion des Zivildienstes. Sozialpolitische Betrachtungen zum Thema »Konversion«

I. *Vorbemerkungen*

Die Tragweite der Abschaffung der Wehrpflicht ergibt sich aus sozialpolitischer Sicht aufgrund der Transformation des Zivildienstes seit seiner Entstehung, von einem Instrument zur Erfüllung der Wehrpflicht mit anderen Mitteln, zu einem Instrument zur Absicherung sozialer und pflegerischer Dienstleistungen[1]. Er ist heute ein eigenes, nicht-erwerbsmäßiges soziales Hilfesystem, das in die noch überwiegend bedarfswirtschaftlich orientierten, jedoch professionell erwerbsmäßig arbeitenden Hilfesysteme in freier Trägerschaft integriert ist. Auf diese Weise wurden und werden im sozialen Sektor Versorgungs- und Personallücken geschlossen, und zwar auf eine für Kostenträger wie Leistungsanbieter ökonomisch interessante Art. Der sozialpolitische Pferdefuß dieses Arrangements wird dabei allerdings von den Beteiligten geflissentlich übersehen. Die Konversionsdebatte fördert ihn zutage. Es wird offensichtlich, daß das wohlfahrtsstaatlich zugesagte Versorgungsniveau mit sozialen und pflegerischen Dienstleistungen in quantitativer und qualitativer Hinsicht in beachtlichem Umfang von zwangsweise erbrachten Solidaritätsleistungen abhängt, die *volkswirtschaftlich* auf eine Fehlallokation des Faktors Arbeit, *berufspolitisch* auf eine Abwertung von Pflege- und Sozialberufen und *gesellschaftspolitisch* auf eine Minderschätzung sozialer und pflegerischer Zukunftsaufgaben hinauslaufen. Die Suche nach einem alternativen Produktions- und Finanzierungsprogramm für die bislang von Zivildienstleistenden erbrachten sozialen und pflegerischen Dienstleistungen macht die kollektive Selbsttäuschung offenkundig, daß diese Hilfen zum Billigtarif zu haben sind. Wenn nun auch seitens der Einsatzstellen von Zivildienstleistenden und ihren Verbänden über Alternativen nachgedacht wird, so geht es für sie in erster Linie um die personal- und finanzpolitischen Aspekte der Konversion. *Personalpolitisch* ist die Substitution der Personalgruppe »Zivildienstleistende« durch andere Gruppen und deren Rekrutierbarkeit das Thema. *Finanzpolitisch* stellt sich die Frage, von wem in welchem Umfang diese Leistungen künftig über welches Finanzierungsinstrument zu bezahlen sind. Außer den Einrichtungen, die bislang Zivildienstleistende eingesetzt haben, müssen sich aber auch die politisch Verantwortlichen und die Gesellschaft insgesamt Gedanken darüber machen, wie der in Zukunft aufgrund demographischer und gesellschaftlicher Veränderungen noch steigende Bedarf an sozialen und pflegerischen Dienstleistungen realisiert und

---

1 Finis Siegler 1998.

welche Anteile des Sozialprodukts dafür aufgebracht werden sollen, ohne einer Entsolidarisierung der Gesellschaft Vorschub zu leisten.

II. Konversion als Chance

Auf mittlere Sicht scheint der Zivildienst gesamtgesellschaftlich mit erheblichen negativen externen Effekten verbunden zu sein. Die Konversionsdebatte läßt sich folglich auch als Chance interpretieren, über eine kritische Auseinandersetzung mit der Funktion des Zivildienstes im sozialen Sektor zu einer grundlegenden Neubestimmung sozialstaatlicher Verantwortung und gesellschaftlicher Solidarität zu kommen.
Der Zivildienst hat sich im Laufe der Jahre de facto zu einem Teil des Sozialsystems entwickelt. Er trägt auf dem Wege der Zwangsverpflichtung zur Sicherstellung des sozialen Dienstleistungsangebots bei, wobei analytisch zwischen drei Varianten zu differenzieren ist, die das Gebot der Arbeitsmarktneutralität des Zivildienstes unterschiedlich tangieren: Zivildienst als Lückenfüller, als Innovation und als Jobkiller.
Nach dem Willen des Gesetzgebers müssen die von Zivildienstleistenden wahrgenommenen Aufgaben im sozialen Bereich zusätzlicher Natur sein. Die Verbände der Freien Wohlfahrtspflege beschreiben den Einsatz von Zivildienstleistenden in ihren Reihen denn auch als »Hilfe und Ergänzung für die haupt- und ehrenamtlichen Mitarbeiter. Sie erfüllen in der Regel zusätzliche Aufgaben. Sie müssen sinnvoll dort eingesetzt werden, wo die Gesellschaft einer besonderen Unterstützung bedarf«.[2] Viele Zivildienstleistende sehen sich selbst eher als »Mädchen für alles«. Zivildienstleistende übernehmen häufig Aufgaben, die bei marktmäßiger Versorgung entweder gar nicht angeboten würden oder so kostspielig wären, daß sie von den meisten Nachfragenden gar nicht selbst finanziert werden könnten. So betrachtet, fungiert der Zivildienst als *Lückenfüller*. Von Zivildienstleistenden werden insbesondere sozialkommunikative Aufgaben im Rahmen bestehender Leistungsangebote öffentlicher oder freier Träger übernommen. Der Zivildienst dient als billiger Ausweg, um soziale Hilfe im Gewand des Dienstes für das Gemeinwohl staatlich zu erzwingen und damit überhaupt anbieten zu können.[3]
Ein Blick auf die Verteilung der Zivildienstplätze und -leistenden nach Tätigkeitsgruppen verrät das breite Spektrum an Einsatzmöglichkeiten. Eine besondere Stellung nehmen die Individuelle Schwerstbehindertenbetreuung (ISB) und der Mobile Soziale Hilfsdienst (MSHD) ein, die als Erfindung der Wohlfahrtsverbände in Kooperation mit dem Bundesamt für den Zivildienst gelten, um die steigende Zahl von Kriegsdienstverweigerern auf Zivildienstplätzen unterbringen zu können.[4] Hierbei handelt es sich um Modellvorhaben zur Förderung selbstbestimmten Le-

---

2 BAG 1991, S. 3.
3 Vgl. Kuhlmann/Lippert 1991.
4 Vgl. Finckh 1990.

bens von behinderten und alten Menschen. Da es bis dahin ein derartiges Dienstleistungsangebot überhaupt nicht gab, wird hier der Zivildienst auf sozialpolitischem Gebiet innovativ tätig. Der Einsatz von Zivildienstleistenden ermöglicht den Erhalt der Autonomie der Betroffenen und verhindert bzw. verkürzt die stationäre Unterbringung der betroffenen Personen. Für Lorenz übernimmt der Zivildienst damit Aufgaben des Arbeitsamtes.[5] Zivildienstleistende werden zu *Pionieren* für die Erprobung neuer Tätigkeiten und damit für die Schaffung neuer Arbeitsfelder. ISB und MSHD stellen kein ergänzendes, sondern ein völlig neues ambulantes Dienstleistungsangebot dar, das auf eine rege Nachfrage seitens der Hilfebedürftigen und ihrer Angehörigen gestoßen ist und mittlerweile zu den Standardversorgungsaufgaben der Freien Wohlfahrtspflege gehört. Obwohl sie ihren Modellcharakter längst verloren haben, sind sie eine Domäne des Zivildienstes geblieben.

Dem Zivildienst wird aber auch nachgesagt, sich als *Jobkiller* erwiesen zu haben, obwohl die Richtlinien zur Durchführung des Zivildienstgesetzes bestimmen, daß er arbeitsmarktneutral gestaltet werden muß. Arbeitsmarktneutralität heißt: weder dürfen durch den Einsatz von Zivildienstleistenden bestehende Arbeitsplätze abgebaut, noch die Errichtung neuer verhindert werden. Die von den Zivildienstleistenden zu erbringenden Aufgaben müssen zusätzlicher Natur sein. M.a.W. beim Wegfall ihres Einsatzes müßten alle Einrichtungen, die Zivildienstleistende beschäftigen, in der Lage sein, ihr Regelleistungsangebot mit den festangestellten Mitarbeitern abzudecken. Dies ist allerdings realitätsfremd, wie der Einbruch im sozialen Dienstleistungsangebot durch die Reduzierung der Zivildienstzeit von 20 auf 15 Monate gezeigt hat. Ein Blick auf die Personalstruktur der Einsatzstellen und die Einsatzfelder von Zivildienstleistenden macht deutlich, daß mehr als 10 % der Wochenarbeitsleistung des gesamten Personals in der Freien Wohlfahrtspflege heute von Zivildienstleistenden erbracht wird, und sie in einigen Bereichen den Hauptanteil des Personals ausmachen.[6]

Es steht deshalb zu vermuten, daß der Einsatz von Zivildienstleistenden mit beschäftigungspolitischen Auswirkungen verbunden ist; denn die Bereitstellung von Zivildienstplätzen wurde von den Wohlfahrtsverbänden als Chance wahrgenommen, kostengünstig soziale Dienste auszubauen.[7] Zivildienstleistende sind billige Vollzeitkräfte, die flexibel einsetzbar sind. Sie sind Arbeitnehmer mit einem besonderen Status. Für sie gilt das Zivildienstgesetz und nicht das Arbeitsrecht. Sie können zu allen Aufgaben, die in der Einsatzstelle anfallen, herangezogen werden. Es gilt das Prinzip von Befehl und Gehorsam.

Was auf den ersten Blick wie eine quantitative und qualitative Verbesserung des Leistungsangebots aussieht, entpuppt sich auf den zweiten Blick als sozial- und berufspolitische Mogelpackung.[8] Es wäre deshalb zu kurz gegriffen, unter Konversion nur den möglichen Ersatz für die verschiedenen Varianten des Zivildiensteinsatzes zu diskutieren und damit vom status-quo auszugehen. Die sozialpolitische Brisanz

---

5 S. Lorenz 1990, S. 165.
6 Vgl. Staufer 1990, S.190.
7 Vgl. Staufer 1990; Lorenz 1989, S. 150 ff; Stachowski 1990, S. 171 ff.
8 Finis Siegler 1992.

der Zivildienstthematik liegt ja gerade in der fraglosen Akzeptanz dieses status-quo. Es geht bei der Auseinandersetzung mit der Konversion letztlich um die Fragen, wie sich Gesellschaft im 21. Jahrhundert gestaltet, von welchem Sozialstaatsverständnis auszugehen ist, welche Rolle staatliche Sozialpolitik spielen und welchen Platz die übrigen Akteure einnehmen sollen. In Wissenschaft, Politik und veröffentlichter Meinung gibt es hierzu sehr unterschiedliche Vorstellungen. Und dennoch: Den Debatten um Zukunft oder Ende der Arbeitsgesellschaft[9], Wohlfahrtsstaat oder Wohlfahrtsgesellschaft[10], Übergang von der Ersten zur Zweiten Moderne[11], Wohlstand für alle oder Wohlstand für niemand[12] ist trotz unterschiedlicher theoretischer Ansätze und Denkschulen, politischer Positionen und weltanschaulicher Überzeugungen eines gemeinsam: die Betonung des Bedeutungszuwachses solidarischer Hilfeformen jenseits familialer Beziehungs- und marktlicher sowie staatlicher Dienstleistungsarbeit.

Als Argumente für eine Ausweitung und Förderung dieser Hilfeformen werden sowohl Defizite und Krisen der anderen Hilfesysteme, als auch die besonderen Stärken und Potentiale solidarischer Hilfen genannt. Grenzen der sozialstaatlichen Leistungserstellung seien aufgrund der Eigenlogik des Systems insbesondere bei immateriellen Notlagen erreicht, so daß es zu Ineffektivität und Ineffizienz kommt.[13] Die Erosion des Normalarbeitsverhältnisses und die damit einhergehende abnehmende gesellschaftliche Integrationsfähigkeit des Sozialstaates habe gleichermaßen eine Finanz- wie eine Vertrauens- und Akzeptanzkrise heraufbeschworen, denen mit einer Reform des Sozialstaat von unten begegnet werden soll. Modernisierung bedeute Vernetzung der vielfältigen Hilfeformen auf lokaler Ebene mit der Folge, daß der Staat zunehmend als Ermöglicher und Moderator auftreten könne und die Nutzer aus der Rolle des Fürsorgeempfängers in die des mündigen Bürgers und souveränen Konsumenten wechseln sollen.[14] Auf diese Weise soll nicht nur das Angebot paßgenauer, die Wahlmöglichkeiten des Konsumenten erhöht, sondern auch solidarisches Verhalten durch Bürgerpartizipation gefördert werden.[15] Unter den Bedingungen der modernen Industriegesellschaft habe die Solidarität ihren Charakter von einer Gemeinschaftshilfe zu einem Rechtsanspruch gegenüber Institutionen gewandelt, was nicht ohne Auswirkungen auf das Bewußtsein der Gesellschaftsmitglieder geblieben sei.[16] Kritiker sprechen daher von dem Erfordernis, aus dem Wohlfahrtsstaat eine Wohlfahrtsgesellschaft zu machen[17] und aus der Anspruchs- eine Verantwortungsgesellschaft. Gesellschaft als Gemeinschaft zu denken gehört auch zum Credo des Kommunitarismus.[18] Sich freiwillig solidarisch zu verhalten

---

9 Rifkin 1995; Kommission für Zukunftsfragen 1997.
10 Dettling 1995a.
11 Millenium 1998; Beck 1997.
12 Afheldt 1996.
13 Gross 1983; Heinze u.a. 1988.
14 Heinze/ Buchsteeg 1995; Dettling 1995b.
15 Hummel 1995.
16 Prisching 1996.
17 Walzer 1995.
18 Vgl. Etzioni 1994.

und für das Gemeinwesen einzutreten, wird auch als zivile Tugend bezeichnet. Die Theoretiker der Zivilgesellschaft halten sie trotz der vielfach behaupteten Entsolidarisierung aufgrund rational-egozentrischer oder hedonistischer Bestrebungen für eine relevante Antriebsfeder menschlichen Handelns im 21. Jahrhundert.[19] Die außerordentliche Variationsbreite freiwilliger und solidarischer Hilfeformen wird mit der Auflösung traditioneller sozialer Milieus und der Pluralisierung von Lebensstilen ebenso in Verbindung gebracht wie mit der Wiederentdeckung des Lokalen als Art Gegenbewegung zur Globalisierung.[20]

Was folgt aus alle dem für das hier zu behandelnde Thema der Konversion des Zivildienstes?

Zunächst ist das bisherige sozialstaatliche Arrangement daraufhin zu prüfen, ob es effektiv und effizient ist, unter Beteiligung und Mitsprachemöglichkeit der Nutzer erbracht wird und institutionelle Arrangements enthält, die den qualitativen und quantitativen Anforderungen gerecht werden können. M. a. W. es geht zugleich um eine öffentliche Auseinandersetzung mit der staatlichen Verantwortung für Erstellung, Finanzierung und Verteilung von sozialen Dienstleistungen, der Definition von Versorgungsstandards sowie der Rolle der Freien Wohlfahrtspflege im Wohlfahrtsmix.[21]

Sozialpolitisch heißt Konversion dann »Beibehaltung der staatlichen Verantwortung für eine meritorische Sozialpolitik in Form bedürfnisadäquater in-kind-Transfers« bei pflegerischen und sozialen Standardversorgungsaufgaben auf neu gestalteten »Sozialmärkten«.[22] *Personalpolitisch* liegt die Konversion im Trend zur Dienstleistungsgesellschaft und zur Aktivierung bürgerschaftlichen Engagements. Auch in Zukunft wird die Nachfrage nach Dienstleistungen des sozialen Sektors weiter steigen und damit die Möglichkeit zur Einrichtung von Erwerbsarbeitsplätzen in unterschiedlicher Trägerschaft gegeben sein. Allerdings sollte dieser Bereich nicht über die Lösung der Konversionsproblematik zum gemeinwohlorientierten Auffangbecken für die Verlierer der Erwerbsarbeitsgesellschaft werden, indem der Versuch unternommen wird, über die Finanzierung gemeinwohlorientierter Arbeit das Arbeitslosigkeitsproblem zu entschärfen. Damit würde der soziale Sektor als Einfallstor für die »Tätigkeitsgesellschaft« deprofessionalisiert. Der Vorschlag der bayerisch-sächsischen Zukunftskommission, Bürgerarbeit mit einem Bürgergeld für diejenigen zu entlohnen, die existentiell darauf angewiesen sind, zielt in diese Richtung.[23] Eine Verdrängung erwerbswirtschaftlicher Initiativen im sozialen und pflegerischen Bereich wäre die Kehrseite aller Modelle, die gemeinwohlorientierte Tätigkeiten als beschäftigungspolitische Instrumente erproben[24], es sei denn, sie würden als echte Brücken in den Erwerbsarbeitsmarkt gestaltet[25].

---

19 S. Wendt 1996.
20 Beck 1997.
21 Vgl. Badelt 1997; Evers 1998; Manderscheid 1998.
22 Finis Siegler 1996.
23 Kommission für Zukunftsfragen 1997.
24 Wiethölter/Bogai 1998.
25 Schmid 1997.

III. *Sozialpolitische Substitutionsstrategien*

Aus gesamtgesellschaftlicher Sicht bieten sich verschiedene Alternativen zum Zivildienst an, die mit den bei Wegfall des Zivildienstes frei werdenden Mitteln finanziert werden könnten. Wenn das bislang unter Mitwirkung des Zivildienstes erbrachte Dienstleistungsangebot auch künftig sozialpolitisch gewollt ist und aufrechterhalten werden soll, bedeutet Konversion, daß die staatlichen Mittel auch weiterhin zur Finanzierung dieser Dienstleistungen in einem neuen Produktionsprogramm eingesetzt und entsprechend umgewidmet werden müßten. Angesichts der gängigen Verschiebebahnhofpraxis und dem Töpfchendenken, finanzielle Belastungen nach Möglichkeit auf andere Kostenträger abzuwälzen und nur den jeweils eigenen Haushalt im Blick zu haben, stehen die Chancen hierfür angesichts erheblichen Konsolidierungsbedarfs eher schlecht. Der politische Geist mag ja willig, das finanzwirtschaftliche Fleisch dürfte aber eher schwach sein.

Personalpolitisch könnte Konversion des Zivildienstes so verstanden werden, daß man einen Zwangsdienst durch einen anderen substituiert: statt Wehrpflicht und Zivildienst würde eine allgemeine Dienstpflicht eingeführt. Die Zwangsdienste könnten aber auch durch freiwillige Dienste ersetzt werden, zu denen u.a. das Freiwillige Soziale Jahr, das traditionelle Ehrenamt und bürgerschaftliches Engagement gehören. Eine andere Variante ist die Beschäftigung von qualifizierten und nicht-qualifizierten Arbeitskräften.

1. *Dienstpflicht*

Gemessen am Zivildienst wäre die Dienstpflicht eine strukturidentische Alternative, die alle die Probleme reproduzieren würde, die den Zivildienst aus sozialpolitischer Sicht problematisch erscheinen lassen. Dennoch wird er immer wieder ins Feld geführt, wenn es um die Behebung personeller Engpässe im sozialen Sektor geht. Bereits seit einiger Zeit wird die Debatte geführt, ob man die allgemeine Wehrpflicht nicht durch eine allgemeine Dienstpflicht ersetzen soll, die den Betroffenen die Wahl läßt zwischen Sozial-, Militär- und Umweltdiensten[26]. Die Argumente reichen von der aufgrund der veränderten sicherheitspolitischen Lage entstandenen Wehrungerechtigkeit, der Förderung des Gemeinsinns bei jungen Menschen als Reaktion auf zunehmende soziale Kälte und Entsolidarisierung, den Erwerb positiver sozialer Lernerfahrungen über das Thema Gleichbehandlung von Männern und Frauen, bis hin zum Ausgleich von Mitarbeitermangel im sozialen Sektor. Auch im Zusammenhang mit der Einrichtung von Jugendgemeinschaftsdiensten wurde das pro und contra einer allgemeinen Dienstpflicht erneut debattiert, nachdem in einigen europäischen Nachbarländern die allgemeine Wehrpflicht abgeschafft bzw. ausgesetzt worden ist. Da mit Wegfall des Wehr- und Zivildienstes schlagartig neue Ausbildungs- und Arbeitsplätze gebraucht würden, könnte die Dienstpflicht auch als Instrument zur Entschärfung der Situation auf dem Arbeits- und Lehrstellenmarkt Befürworter

---

26 Blätter der Wohlfahrtspflege 1994; Fleckenstein 1995.

finden. Aus volkswirtschaftlicher Sicht ist von der Einführung eines Pflichtdienstes abzuraten: »Der Vorschlag ist ökonomisch unsinnig und teuer, er kann weder den Pflegenotstand beheben, noch schafft er zusätzliche Arbeitsplätze. Der Staatshaushalt wird nur um den Preis erhöhter volkswirtschaftlicher Kosten und verringerter gesamtwirtschaftlicher Effizienz entlastet, ein Resultat, das keinen Ökonomen befriedigen kann.«[27] Zwangsdienste erzeugen eine Fehlallokation der Arbeitskraft; denn die Zwangsverpflichteten könnten in ihren erlernten Berufen produktiver beschäftigt werden. Die volkswirtschaftlichen Kosten werden somit den volkswirtschaftlichen Nutzen übersteigen. Eine Kosten-Nutzen-Analyse läßt Zwangsdienste als ineffizientes Mittel erscheinen, weil die Vorteile der Spezialisierung und Arbeitsteilung nicht genutzt werden und überdies Motivationsprobleme auftreten dürften.[28] Motivation zu sozialen und pflegerischen Hilfeleistungen läßt sich nicht staatlich erzwingen. Die Entlastung des Staatshaushalts durch Zwangsdienste als Naturalleistungen bedeutet aber Belastung an anderer Stelle in Form individueller Einkommenseinbußen der Verpflichteten und erhöhter volkswirtschaftlicher Opportunitätskosten durch eine niedrigere Wertschöpfung und geringere Steuereinnahmen und Sozialabgaben. Daneben ist durch die künstlich erzeugte Verbilligung des Arbeitsangebots mit schädlichen Nebenwirkungen auf dem Arbeitsmarkt für professionelle Kräfte zu rechnen.

2. *Freiwillige Dienste*

Ein Ausbau freiwilliger Dienste würde hingegen voll im Trend der erfragten Bereitschaft der Bevölkerung zu sozialem und bürgerschaftlichem Engagement liegen. Als zeitlich befristetes soziales Engagement für Dritte gibt es bereits seit den 60iger Jahren das Freiwillige Soziale Jahr (FSJ) für junge Menschen zwischen 17 und 27 Jahren, das als ganztägiger Hilfsdienst im pflegerischen, hauswirtschaftlichen und erzieherischen Bereich bei öffentlichen und freien Trägern abgeleistet werden kann. In einer im Auftrag des Bundesministeriums für Familien, Senioren, Frauen und Jugend durchgeführten Studie kommen Rahrbach u.a.[29] zu dem Ergebnis, daß das Interesse bei der Zielgruppe in den letzten Jahren erheblich gestiegen ist und die Nachfrage das Angebot im Verhältnis 3:1 deutlich übersteigt. Die Gründe sind vielfältig. Zum einen liegen sie in der Motivation der Bewerber wie Überbrückung von Wartezeiten bei der Zulassung zum Studium, Anerkennung als Praktikum für bestimmte Berufe, Vermeidung von Jugendarbeitslosigkeit bis hin zum Wunsch nach Selbst- und Sozialerfahrung, zum anderen am mangelnden Interesse der Einrichtungen, weil Absolventen des Freiwilligen Sozialen Jahres teurer sind als Zivildienstleistende. Fällt der Zivildienst weg, so könnte durch einen weiteren Ausbau des Freiwilligen Sozialen Jahres eine Kompensation geschaffen werden, zumal die FSJler bereits heute in denselben Organisationen und Bereichen arbeiten wie die Zivil-

---

27 Beck 1995, S. 21.
28 S. Merten 1992.
29 Rahrbach u.a. 1998.

dienstleistenden. Allerdings müßte die Förderung erheblich ausgebaut und die Attraktivität des FSJ durch vermehrte Öffentlichkeitsarbeit, bessere Anreize und stärkere gesellschaftliche Anerkennung gesteigert werden. Obwohl das FSJ 1954 als »Diakonisches Jahr« im kirchlichen Bereich als Personalrekrutierungsmaßnahme konzipiert worden war, hatte es schon immer eine bildungspolitische Komponente, die mit der Novellierung des FSJ–Gesetzes 1993 eindeutig in den Vordergrund gerückt wurde. Dem Bildungscharakter des FSJ wurde durch den Ausbau der pädagogischen Betreuung Rechnung getragen. Als jugendpolitische Bildungsmaßnahme ist auch die Initiative der Robert Bosch Stiftung »Jugend erneuert Gemeinschaft – Manifest für Freiwilligendienste in Deutschland und Europa« interpretierbar. Sie fordert, abgesichert über ein Freiwilligengesetz, an dem zur Zeit in Bonn gearbeitet wird, und finanziert über öffentliche und private Mittel eines Stiftungsfonds, einen stufenweisen, nachfrageorientierten Ausbau auf 100.000 Freiwilligenplätze bis zum Jahre 2005, um jungen Menschen zwischen 18 und 27 Jahren für ein Jahr die Möglichkeit zu geben, bei freien, öffentlichen oder kommunalen Einrichtungen bis hin zu gemeinwesenbezogenen Unternehmen in den Bereichen Umwelt, Soziales, Bildung, Sport, Kultur u.a. tätig zu werden. Im Vorwort des Manifests wird explizit auf einen möglichen Wegfall des Zivildienstes Bezug genommen. »Sollte es – ähnlich wie in einer Reihe unserer Nachbarländer – künftig zu einer Abschaffung oder Aussetzung der Wehrpflicht und damit des an sie geknüpften Zivildienstes – kommen, könnten entsprechend quantitativ erweiterte und zugleich (qualitativ) attraktivere Freiwilligendienste den Bedarf an Zivil- und Gemeinschaftsdiensten auf anderer Grundlage auffangen. Voraussetzung dafür ist, daß die gegenwärtig aus den laufenden öffentlichen Haushalten in den Zivildienst fließenden Mittel – derzeit ca. 2,7 Mrd. DM für etwa 140.000 Plätze – dem Stiftungsfonds für die Grundausstattung der Freiwilligendienste zugute kommen.«[30]
Wie der Zivildienst ist das FSJ und die erweiterte Variante des Jugendgemeinschaftsdienstes auf eine bestimmte Altersgruppe begrenzt. Für freiwilliges Engagement kommen aber auch andere Altersgruppen in Frage. Voraussetzung sind allerdings eine gewisse materielle Absicherung, vorhandene Zeitressourcen und die Überzeugung, aus dieser Art von Tätigkeit einen wie auch immer gearteten Nutzen ziehen zu können. Ein Teil des hier angesprochenen Personenkreises ist bereits ehrenamtlich helfend im Rahmen des traditionellen sozialen Ehrenamts in Erscheinung getreten. Neuere Untersuchungsergebnisse gehen von einem Strukturwandel des freiwilligen Engagements in Richtung eines neuen, individuellen Wünschen, Mitsprache und Partizipation mehr entsprechenden Ehrenamtes aus.[31] Von dem beachtlichen Interesse der Bevölkerung an einem freiwilligen Einsatz[32] profitiert auch die Selbsthilfebewegung. Durch Selbsthilfegruppen werden etwa 2,65 Mio. Menschen erreicht.[33] Das bürgerschaftliche Engagement – als individuelles, gemeinschaftliches oder politisch bürgerschaftliches – gilt als weitere Form freiwilli-

30 Kommission Jugendgemeinschaftsdienste in Deutschland und Europa 1998, S. 4.
31 Olk 1989; Tews 1995; Jakob 1993; Ueltzhöffer 1996.
32 S. Statistisches Bundesamt 1996.
33 Braun u.a. 1997.

gen Engagements.[34] Dieses unterscheidet sich vom freiwilligen sozialen Engagement durch seine Teilhabe am Gemeinwesen durch demokratische Partizipation und Förderung gesellschaftlicher Solidarität. Als Beispiele gelten Seniorengenossenschaften und Bürgerbüros.

Als sozialpolitische Substitutionsstrategie könnte ein Ausbau freiwilligen Engagements dort in Frage kommen, wo Zivildienstleistende bislang als Lückenfüller tätig waren. Wie die Erfahrung zeigt, sind wenig abwechslungsreiche und anstrengende soziale Dienstleistungen ehrenamtlich allerdings kaum organisierbar. Experten gehen davon aus, daß sich bei Wegfall des Zivildienstes, die auftretenden Lücken im sozialen Sektor kaum durch freiwilliges Engagement schließen ließen, insbesondere dann nicht, wenn Zivildienstleistende eben nicht arbeitsmarktneutral eingesetzt waren, sondern als Vollzeitkräfte Standardversorgungsaufgaben wahrgenommen haben. Die Bewältigung derartiger Aufgaben durch freiwilligen und spontanen Einsatz, der auch jederzeit widerrufen werden kann, wäre zudem ein Widerspruch in sich. Zur Aktivierung von zusätzlichem freiwilligen Engagement über das vorhandene Maß hinaus ist zu beachten, daß die Helfer über Zeit und eigene finanzielle Absicherung verfügen müssen und ihren individuellen Gratifikationserwartungen Rechnung getragen wird. Ehrenamtliches Engagement, in welcher Form auch immer, gibt es nicht zum Nulltarif. Die Rekrutierung freiwilliger Helfer hat deren unterschiedlichen Orientierungen, Wünschen, Motiven und Interessen Rechnung zu tragen, indem zielgruppenstrategisch vorgegangen wird und die organisatorischen Rahmenbedingungen Entfaltungsmöglichkeiten zulassen. Von den Einrichtungen verlangt das ein Überdenken ihres bisherigen Umgangs mit ehrenamtlichen Mitarbeitern und Freiwilligen und deren Beziehung zu den hauptberuflich Tätigen.

Generell werden zur Förderung freiwilligen Engagements finanzielle und rechtliche Verbesserungen sowie personelle Hilfen und Fort- und Weiterbildung gefordert.[35]

3. *Beschäftigungspolitische Offensive*

Von grundsätzlich anderer Strukturbeschaffenheit ist die beschäftigungspolitische Offensive, durch die es möglich wäre, den Zivildienst insbesondere in den Bereichen, in denen er innovativ war, durch intelligente Arbeitsorganisation[36] zu ersetzen und die reguläre Beschäftigung im gesamten sozialen Sektor auszuweiten. Für qualifizierte Tätigkeiten, die bislang von Zivildienstleistenden, zum Teil auch ohne pflegefachliche Ausbildung, übernommen wurden, wäre Fachpersonal zu beschaffen, für unqualifizierte Arbeit entsprechendes Hilfspersonal, etc.

Hinsichtlich der zu erwartenden Kostenbelastung kommen Blandow[37] und von Boetticher[38] in zwei unterschiedlichen Modellrechnungen zu ähnlichen Schlußfolgerungen. Blandow kommt bei seinen Berechnungen zu dem Ergebnis, daß dem von

---

34 Brosch 1995.
35 S. Igl 1996; Braun u.a. 1997.
36 Lorenz 1998.
37 Blandow 1994.
38 Boetticher 1994.

Zivildienstleistenden erbrachten Arbeitswert von 3,3 Mrd. DM Aufwendungen des Bundes und der Wohlfahrtspflege von 2,3 Mrd. DM gegenüberstehen, so daß beim Ersatz von Zivildienstleistenden durch reguläre Personalgruppen noch 1 Mrd. DM aufgebracht werden müßte, um die gleiche Arbeitsleistung sicherzustellen. Unter der Annahme, daß regulär eingearbeitetes Personal eine höhere Arbeitsproduktivität als Zivildienstleistende hat, muß entsprechend weniger Personal ersetzt werden. Je nach benötigter Personalgruppe – qualifizierte Pflege- und Betreuungskräfte und Hilfskräfte, qualifizierte und angelernte Handwerker sowie Kraftfahrer, Rettungshelfer und andere Helfer – kommt er auf einen Wiederbeschaffungswert von knapp 3 Mrd. DM. Im Vergleich zu den Zivildienstleistenden bleibt eine Finanzlücke von 0,7 Mrd. DM, die unter der Annahme, daß es sich bei den Beschäftigten zum Teil um ehemals Arbeitslose und Sozialhilfeempfänger handelt, nahezu ausgeglichen werden könnte, weil deren Beschäftigung die sozialen Haushalte entlastet und Steuereinnahmen bringt. »Vielleicht etwas zu kühn behauptet, aber der Tendenz nach richtig: Unter Kostengesichtspunkten und volkswirtschaftlich gesehen waren und sind ZDL als Arbeitskräfte im Wohlfahrtswesen entbehrlich. So schön dieses Ergebnis in politisch-ästhetischer Hinsicht auch ist, relevant ist es nur, wenn es beim Wegfall des Zivildienstes den politischen Willen gäbe, das bislang für den ZDL aufgebrachte Geld der Zivildienstverwaltung und womöglich auch die sonstigen »Gewinne« wieder für soziale Zwecke einzusetzen.«[39]

Von Boetticher legt eine andere Modellrechnung vor, jedoch mit ähnlichem Resümee: »Als Ergebnis bleibt festzuhalten, daß die weit verbreitete Annahme, ZDL seien billige Arbeitskräfte und der jetzige »soziale Standard« sei ohne sie bzw. andere vermeintlich billige, zwangsverpflichtete Arbeitskräfte nur mit immensem finanziellen Mehraufwand haltbar, einer sehr engen, betriebswirtschaftlich ausgerichteten Sichtweise entspringt. Bei Einbeziehung gesamtwirtschaftlicher Überlegungen hingegen scheint der Verzicht auf den Zivildienst sehr wohl ohne Abstriche bei den Leistungen im sozialen Bereich möglich zu sein. Voraussetzung dafür wäre allerdings eine »Umschichtung« der Einsparungen und Mehreinnahmen zugunsten der KostenträgerInnen wie z.B. den Krankenversicherungen und Sozialämtern.«[40]

Er errechnet einen Zivildienstwert (tarifliche Entlohnung der ZDL) von 4,5 Mrd. DM, deren 100%iger Ersatz durch tariflich bezahlte Arbeitskräfte 5,3 Mrd. DM an Kosten verursachen würde. Da auch er davon ausgeht, daß weniger hauptamtliche Arbeitskräfte notwendig werden, reduzieren sich die Kosten auf 4,8 Mrd. DM. Den Kosten stehen Einspareffekte gegenüber: Etat des Bundesamtes für den Zivildienst, Dienststellenkosten für Zivildienstleistende, Regiekosten in Zusammenhang mit der Wehrpflicht.

Bei Wegfall des Zivildienstes müßten 90.000 Arbeitsplätze neu geschaffen werden, die lediglich Zusatzkosten von 400 Mio. DM verursachen würden. Ob sich die entsprechende Anzahl von Erwerbspersonen beschaffen ließe, wird unter Kennern unterschiedlich beurteilt. In den Pflege- und Betreuungsdiensten der Freien Wohl-

---

39 Blandow 1994, S. 66.
40 A.a.O., S. 60 f.

fahrtspflege waren 1996 72.883 Zivildienstleistende beschäftigt, während 39.159 Pflegeberufler arbeitslos gemeldet waren. Die Arbeitsmarktdaten für Pflegeberufe weisen für 1997 ca. 28.300 arbeitslose Alten- und Krankenpfleger sowie 18.800 arbeitslose Krankenpflegehelfer aus. Im Durchschnitt kommen auf eine offene Altenpflegerstelle fünf arbeitslose Altenpfleger. Ihre steigende Zahl bei Abnahme der Zahl offener Stellen wird seitens der Arbeitsverwaltung mit »Umschulung in die Arbeitslosigkeit« erklärt. Sozialpolitisch mutet es geradezu grotesk an, die Dienstleistungsgesellschaft zu propagieren und mit öffentlichen Mitteln in Dienstleistungsberufe umzuschulen und gleichzeitig Rahmenbedingungen, wie den Einsatz von Zivildienstleistenden in diesen Arbeitsfeldern oder die Aussetzung der Heimpersonalverordnung, zu schaffen, die die Entwicklung von Arbeitsplätzen in diesem Sektor verhindern.

Ein weiteres Arbeitsfeld, in dem Dauerbeschäftigung entstehen könnte, ist der Rettungsdienst, in dem gegenwärtig auf drei Hauptamtler ein Zivildienstleistender kommt. Mit dem Rettungsassistentengesetz (RettAssG) von 1989 ist der Rettungsassistent zwar zu einem anerkannten Beruf geworden, die Eigenfinanzierung der Ausbildung und begrenzte Aufstiegsmöglichkeiten haben in Verbindung mit dem Interesse der Träger der Rettungsdienste am Einsatz von billigeren Zivildienstleistenden allerdings dazu beigetragen, daß es in diesem Bereich einen Engpaß an Hauptamtlern gibt. Die Bundesanstalt für Arbeit kommt deshalb zu der Feststellung, daß die Berufsaussichten hinsichtlich einer Daueranstellung als günstig einzustufen sind.

Die Abschaffung des Zivildienstes wäre ein Schritt zur Förderung von Erwerbsarbeit im sozialen Sektor und zur Aufwertung von Pflege- und Sozialberufen, letzteres allerdings nur dann, wenn es nicht zu einer überproportionalen Beschäftigung un- und angelernter Arbeitskräfte kommt. Der sehr hohe Anteil bislang nicht sozialversicherungspflichtiger Beschäftigungsverhältnisse bei privaten ambulanten Pflegediensten und die für weitere zwei Jahre erfolgte Aussetzung der Heimpersonalverordnung sollte unter berufs- und sozialpolitischen Gesichtspunkten zu denken geben.

IV. *Einrichtungsspezifische Substitutionsstrategien*

Während aus gesamtwirtschaftlicher und sozialpolitischer Sicht der Verzicht auf den Zivildienst ohne Abstriche bei den Leistungen im sozialen Bereich, unter der Voraussetzung der Umwidmung der staatlichen Zivildienstaufwendungen in die Substitute, möglich scheint, könnte sich aus betriebswirtschaftlicher Sicht der Einsatzstellen ein anderes Bild ergeben, weil die Zivildienstleistenden immer noch ein günstiges Kosten-Leistungsverhältnis bieten. Einrichtungsspezifische Substitutionsstrategien sind abhängig von Refinanzierungsmöglichkeiten durch die jeweiligen Kostenträger, Rekrutierungschancen für Ersatzkräfte, vorherigen Einsatz der Zivildienstleistenden in unterschiedlichen Bereichen und ihrer Rolle als Lückenfüller, Pionier oder Jobkiller. Es verwundert daher nicht, wenn die bisherigen Einsatzstellen vom Wegfall der Wehrpflicht Angebotseinschränkungen im Sinne quantitativer und qualitativer Einbußen, und eine Verteuerung des verbleibenden Angebots erwarten. Als Beispiele werden der Rettungsdienst und die ISB genannt. Insgesamt wird erwartet, daß die Dienstleistungsdichte in der mobilen Versorgung sinkt, und zwar um so stärker, je mehr Zivildienstleistende diesen Bereich getragen haben. Für die Einrichtungen gibt es verschiedene Substitutionsmöglichkeiten: Angebotseinschränkungen auf der output-Seite, Optimierung des Produktionsprozesses und/oder input-Variationen, insbesondere in Form verstärkten Einsatzes von ehrenamtlichen Helfern, FSJlern und anderen freiwilligen Helfern, Praktikanten und Aufstockung des hauptamtlichen Personals im Rahmen regulärer oder sozialversicherungsfreier Beschäftigungsverhältnisse. In Anbetracht der Debatte um die neuen Formen solidarischen Engagements und seiner Aktivierungsbedingungen scheint es angezeigt, daß auch die Wohlfahrtsverbände und ihre Einrichtungen ihre Strukturen und Konzeptionen überdenken und die Beziehungen zwischen Professionellen und freiwillig mitarbeitenden Menschen neu definieren.[41] Als Lückenbüßer für Leistungskürzungen und nicht mehr finanzierbare professionelle Arbeit werden letztere nicht zur Verfügung stehen.[42] Je weniger sich steigende Produktionskosten auf den Endnachfrager oder die Kostenträger überwälzen lassen, um so eher werden soziale Einrichtungen dann allerdings versucht sein, die Arbeitsleistung der Zivildienstleistenden durch möglichst billige Arbeitskräfte zu ersetzen, so daß auch im Bereich der Freien Wohlfahrtspflege mit einem Anstieg von 630-DM-Beschäftigungsverhältnissen zu rechnen wäre. Man darf gespannt sein, wie die Einrichtungen auf die mittlerweile zum Juli 2000 beschlossene Kürzung der Zivildienstdauer auf 11 Monate reagieren und wie sie sich verhalten werden im Fall einer weiteren Reduzierung auf möglicherweise 7 Monate, worüber spekuliert wird.

V. *Fazit*

Der soziale und demographische Wandel der Gesellschaft führt zu einer steigenden Bedeutung des sozialen Sektors als Wohlfahrtsproduzent. Die Nachfrage nach sozialen und pflegerischen Dienstleistungen wird ebenso zunehmen wie die Erwartungen an ihre qualifizierte und nutzerfreundliche Erbringung, sei es als Erwerbsarbeit in Profits, Nonprofits oder in der Kommune, sei es im Rahmen freiwilligen Engagements. Auf die Personalgruppe »Zivildienstleistende« kann dabei verzichtet werden. Mögliche Einsatzfelder für Freiwillige liegen aufgrund der Eigenlogik dieses Hilfesystems dort, wo es sich nicht um Standardversorgungsaufgaben handelt, sondern um willkommene Zusatzangebote etwa im sozialkommunikativen und hauswirtschaftlichen Bereich, in Feldern, in denen heute bereits FSJler eingesetzt werden. Freiwilliges Engagement eröffnet Hilfebedürftigen unabhängig von ihren finanziellen Möglichkeiten zusätzliche Nutzungschancen und bildet gleichzeitig als

---

41 Freier 1998; Zinner 1998.
42 Hörrmann 1996.

unmittelbare Solidarität ein Gegengewicht gegen die schwindende Bedeutung institutionalisierter Solidarität in der Gesellschaft.

Literaturhinweise

Afheldt, H. (1996): Wohlstand für niemand? Die Marktwirtschaft entläßt ihre Kinder. 2. Aufl. München.
Badelt, Ch. (1997): Soziale Dienstleistungen und der Umbau des Sozialstaats. In: Reform des Sozialstaats I, hrsg. v. Richard Hauser, Berlin, S. 181 – 220.
BAG (1991): Zivildienst in der freien Wohlfahrtspflege – 30 Jahre Zivildienstgesetz, in: Theorie und Praxis der sozialen Arbeit, Nr.1, S. 33-36.
Beck, H. (1995): Zur Ökonomie von Pflichtdiensten. In: 4/3 Fachzeitschrift zur Kriegsdienstverweigerung, Wehrdienst und Zivildienst, Sonderheft Allgemeine Dienstpflicht, Mai, S. 16 – 22.
Beck, U. (1997): Was ist Globalisierung? Frankfurt.
Blätter der Wohlfahrtspflege (1994): Zivildienst im Umbruch, Heft 7 u.8.
Boetticher von, D. (1994): Die Ersetzung Zivildienstleistender durch tariflich bezahlte Kräfte – eine Modellrechnung. In: 4/3 Zeitschrift für Kriegsdienstverweigerung, Wehrdienst und Zivildienst, Nr. 2, S. 56 – 62.
Blandow, J. (1994): Wenn es keinen Zivildienst mehr gäbe ... In: 4/3 Fachzeitschrift zur Kriegsdienstverweigerung, Wehrdienst und Zivildienst, Nr. 2, S. 63 – 66.
Braun, J. u.a. (1997): Selbsthilfe und Selbsthilfeunterstützung in der Bundesrepublik Deutschland; hrsg. v. BuMin. für Familie, Senioren, Frauen und Jugend, Stuttgart – Berlin- Köln.
Brosch, A. (1995): Ehrenamtliches Engagement und öffentliche Förderung. In: Bürgerengagement, hrsg. v. Konrad Hummel, Freiburg, S. 234 – 249.
Dettling, W. (1995 a): Politik und Lebenswelt. Vom Wohlfahrtsstaat zur Wohlfahrtsgesellschaft, Gütersloh.
Dettling, W. (1995 b): Solidarität neu denken – Über Grundlagen, Ziele und Methoden des Sozialstaats in einer veränderten Welt. In: Jahrbuch Arbeit und Technik 1995, hrsg. v. Werner Fricke, Bonn, S. 100 – 111.
Evers, A. (1998): Sozialstaat versus Freiheit. In: Institut für Sozialforschung der JWGoethe-Universität Frankfurt, Mitteilungen, Heft 8, S. 36 – 48.
Etzioni, A. (1994): Jenseits des Egoismus-Prinzips. Stuttgart.
Finckh, U. (1990): Lästig – lästig. Zur Umgestaltung des Zivildienstes seit 1982, in: Kriegs-/Ersatzdienstverweigerung in Ost und West, hrsg. v. H. Janning, Essen, S. 58 – 67.
Finis Siegler, B. (1992): Zivildienst/Sozialjahr. In: Sozialpolitisches Forum – Der Pflegenotstand – Lösungsvorschläge aus sozialpolitischer Sicht, hrsg. v. Schweizerische Vereinigung für Sozialpolitik, Zürich, S. 27 – 38.
Finis Siegler, B. (1996): Konversion des Zivildienstes. In: 4/3 Fachzeitschrift zu Kriegsdienstverweigerung, Wehrdienst und Zivildienst, Nr. 4, S. 138 – 151.
Finis Siegler, B. (1998): Konversion des Zivildienstes. In: Was kommt nach dem Zivildienst? Dokumentation des Fachgesprächs der Bundestagsfraktion Bündnis 90/Die Grünen am 11. 05. 1998 im Bonner Wasserwerk, S. 8 – 16.
Fleckenstein, B. (1995): Von der Wehrpflicht zur Dienstpflicht – Ausweg oder Irrweg?, in: 4/3 Fachzeitschrift zu Kriegsdienstverweigerung, Wehrdienst und Zivildienst, Nr. 1, S. 15-17.

Freier, D. (1998): Bürgerengagement für gemeinnützige soziale Einrichtungen. In: Freie Wohlfahrtspflege im Übergang zum 21. Jahrhundert, hrsg. v. Bernd Maelicke, Baden-Baden, S. 87 – 99.
Gross, P. (1983): Die Verheißungen der Dienstleistungsgesellschaft. Soziale Befreiung oder Sozialherrschaft?, Opladen.
Heinze, R.G. u.a. (1988): Der neue Sozialstaat. Analyse und Reformperspektiven. Freiburg.
Heinze, R.G./ Buchsteeg, M. (1995): Modernisierung der lokalen Sozialpolitik. Potentiale freiwilligen sozialen Engagements im »Wohlfahrtsmix. In: Jahrbuch Arbeit und Technik 1995, hrsg. v. Werner Fricke, Bonn, S. 208 – 218.
Hummel, K. (1995): Das bürgerschaftliche Engagement als Lernprojekt des Sozialstaats. In: Bürgerengagement, hrsg. v. dems., Freiburg, S. 14 – 41.
Hörrmann, S. (1996): Bürgerschaftliches Engagement und die Wohlfahrtsverbände. In: Zivilgesellschaft und soziales Handeln, hrsg. v. Wolf R. Wendt, Freiburg, S. 112 – 120.
Igl, G. (1996): Rechtsfragen des freiwilligen sozialen Engagements – Rahmenbedingungen und Handlungsbedarf, hrsg. v. BuMi für Familien, Senioren, Frauen und Jugend, 2. veränd. Aufl. Stuttgart – Berlin – Köln.
Jakob, G. (1993): Zwischen Dienst und Selbstbezug. Eine biographieanalytische Untersuchung ehrenamtlichen Engagements, Opladen.
Kommission »Jugendgemeinschaftsdienste in Deutschland und Europa« (1998): Jugend erneuert Gemeinschaft. Manifest für Freiwilligendienste in Deutschland und Europa. Eine Initiative der Robert Bosch Stiftung, Stuttgart.
Kommission für Zukunftsfragen der Freistaaten Bayern und Sachsen (1997): Erwerbstätigkeit und Arbeitslosigkeit in Deutschland, Teil III, Bonn.
Kuhlmann,J./ Lippert, E. (1991): Kriegsdienstverweigerung und Kriegsdienst in Deutschland, Sowi-Arbeitspapier Nr. 49, München.
Lorenz, A. (1989): 50.000 reguläre Arbeitsplätze – Zivildienstleistende als Arbeitnehmer im Sozialbereich. In: Tatort Pflegeheim, hrsg. v. Trude Unruh, Essen S. 150 – 165.
Lorenz, A. (1990): Zivildienstleistende- die billigen Handlanger. In: Ost und West, hrsg. v. H. Janning..., Essen, S. 159 – 170.
Lorenz, A. (1998): »Raus aus der Zivildienstfalle«. Über den Abbau von Zivildienstplätzen in einem Krankenhaus. In: Was kommt nach dem Zivildienst? Dokumentation des Fachgesprächs der Bundestagsfraktion Bündnis 90/Die Grünen am 11.05.1998 im Bonner Wasserwerk, S. 17 – 22.
Manderscheid, H. (1998): Freie Wohlfahrtspflege im Aufbruch?. In: Freie Wohlfahrtspflege im Übergang zum 21. Jahrhundert, hrsg. v. Bernd Maelicke, Baden-Baden, S, 25 – 42.
Merten, R. (1992): Allgemeine Dienstpflicht. In: Neue Praxis, Heft 2, S. 141 – 148.
Millenium Tage Kassel (1998): Aufbruch in die 2. Moderne. Die Zukunft der sozialen und ökonomischen Systeme, Kassel.
Olk, T. (1989): Vom »alten« zum »neuen« Ehrenamt. In: Blätter der Wohlfahrtspflege 1/89, S. 7 – 10.
Prisching, M. (1996): Bilder des Wohlfahrtsstaates, Marburg.
Rahrbach, A. u.a. (1998): Untersuchung zum freiwilligen Sozialen Jahr, hrsg. v. BuMin. für Familie, Senioren, Frauen und Jugend, Stuttgart – Berlin- Köln.
Rifkin, J. (1995): Das Ende der Arbeit und ihre Zukunft. Frankfurt/New York.
Schmid, G. (1997): Übergangsarbeitsmärkte als neue Strategie der Arbeitsmarktpolitik. In. Jahrbuch Arbeit und Technik 1998, hrsg. v. Werner Fricke, Bonn, S. 170 – 181.
Stachowski, B. (1990): Über den Handel mit der Arbeitskraft der Zivildienstleistenden zwischen Verbänden und Staat. In: Kriegs- Ersatzdienst-Verweigerung in Ost und West, hrsg. v. H. Jannig, Essen, S. 171 – 175.
Statistisches Bundesamt (1996): Ehrenamtliches Engagement in Deutschland. Ergebnisse der Zeitbudgeterhebung 1991/1992). In: Wirtschaft und Statistik, Nr. 4, S. 259 – 266.

Staufer, W. (1990): Ich bin ein Zivi – ein Handbuch für Zivildienstleistende, Reinbek bei Hamburg.
Tews, H P. (1995): Ältere Menschen und bürgerschaftliches Engagement. In: Bürgerengagement, hrsg. v. Konrad Hummel, Freiburg, S. 80 – 128.
Ueltzhöffer, J. (1996): Wege zur Bürgergesellschaft: die Geislingen – Studie. In: Zivilgesellschaft und soziales Handeln, hrsg. v. Wolf R. Wendt, Freiburg, S. 121 – 137.
Walzer, M. (1995): Die Sozialisierung des Wohlfahrtsstaates als Zukunftsperspektive der Wohlfahrt. In: Bürgerengagement, hrsg. v. Konrad Hummel, Freiburg, S. 42 – 56.
Wendt, W. R. (1996): Bürgerschaft und zivile Gesellschaft. Ihr Herkommen und ihre Perspektiven. In: Zivilgesellschaft und soziales Handeln, hrsg. v. dems. Freiburg, S. *13 – 77.*
Wiethölter, D./Bogai, D. (1998): Ehrenamt und Bürgerarbeit. Ein Mittel gegen die Arbeitslosigkeit? In: Soziale Sicherheit, Heft8-9, S. 289 – 292.
Zinner, G. (1998): Entstaatlichung als Glücksfall. Das bürgerschaftliche Engagement ist der Kern freier Wohlfahrtspflege. In: Blätter der Wohlfahrtspflege 5+6, S. 103 – 106.

Heinz Bartjes

Den Zivildienst beerben!
Lehren aus dem Zivildienst für die Gestaltung freiwilligen Engagements

1. Zivildienstleistende – vom »Drückeberger« zum »Sozialhelden«

In der bundesdeutschen Nachkriegsgeschichte galt die Bundeswehr lange als selbstverständliche und unhinterfragte Instanz im männlichen Lebenslauf – als »Schule der Nation«[1]. Kriegsdienstverweigerung wurde als Querulantentum und »Drückebergerei« angesehen. Ein paar Jahre nach Einführung der Allgemeinen Wehrpflicht (1956) wurde ein ziviler Ersatz-Dienst (1961) für Kriegsdienstverweigerer konzipiert, der von Beginn an in militärische Strukturen eingebunden war. Als wesentliches Tätigkeitsfeld wurde der soziale Bereich festgelegt; waren die Ersatzdienstleistenden hier zu Beginn noch mit äußerster Skepsis und Unsicherheit empfangen worden, stellte sich im weiteren Verlauf heraus, daß die jungen Männer sich in diese Arbeit gut »einfügten« und Anerkennung fanden. Aufgrund der sprunghaft steigenden Zahlen bei den Kriegsdienstverweigerern und Zivildienstleistenden einerseits[2] und den personellen Engpässen im sozialen Bereich andererseits, wurden die Zivil-

---

[1] Höhn (1963) hat in einer materialreichen Untersuchung aufgezeigt, daß die Formel von der »Armee als Erziehungsschule der Nation« seit Beginn des 19. Jahrhunderts für das Verhältnis von Militär und Gesellschaft prägend war. Dabei ist festzuhalten, daß der entsprechende erzieherische Auftrag nicht von der Gesellschaft an die Armee delegiert wurde: »Die Armee hat sich vielmehr selbst im Kampf gegen die Gesellschaft zur Erziehungsschule der Nation erhoben, um innerhalb der Gesellschaft eine bestimmte politische Aufgabe erfüllen zu können. Dieser Erziehungsanspruch der Armee bedeutete eine Kampfansage gegen die bürgerliche Gesellschaft« (*Höhn* 1963, XLIII). Die so erkämpfte politische Integrationsaufgabe der Armee bestand darin, so Höhn weiter, die nachwachsende männliche Generation gegen die als Reaktion auf die Veränderung der Produktionsweise entstehenden bürgerlichen und später sozialistischen politischen Ordnungsvorstellungen abzuschotten und zu »immunisieren«.

[2] Die Zahl der Anträge auf Kriegsdienstverweigerung verdoppelte sich im Jahre 1968 (11952) gegenüber 1967 (5963). In den folgenden Jahren bestätigte sich diese Entwicklung und verstärkte sich kontinuierlich Jahr für Jahr. In den achtziger und neunziger Jahren ist die Kriegsdienstverweigerung zu einer Massenbewegung geworden, ein Ende dieser Entwicklung ist bisher nicht festzustellen. Tendenziell bewegen sich die Zahlen der anerkannten Kriegsdienstverweigerer auf einen Anteil von 30-40 % der tauglichen Wehrpflichtigen zu. Entsprechend rasant ist die Entwicklung bei den Zivildienstleistenden: Im April 1961 waren die ersten 300 Ersatzdienstleistenden einberufen worden, 1971 waren 6149 ZDL im Dienst (Jahresdurchschnitt), 1981: 33000, 1987: 70533, 1990: 89051 und 1997: 136989 Zivildienstleistende (Zahlen nach: *Bundesamt für den Zivildienst* 1998, 22).
Für den hier interessierenden groben Überblick mögen diese Daten ausreichen; gleichwohl sind die Zahlen mit Vorbehalt zur Kenntnis zu nehmen: Laut eines Berichtes der Frankfurter Rundschau v. 14.04.1998 bestätigte das Verteidigungsministerium, daß die KDV-Statistik des Ministeriums massive Fehler enthalten habe. Nach den unterschiedlichen Vorlagen des Verteidigungsministeriums fehlten bei den Geburtsjahrgängen 1970 bis 1976 123002 KDV-Anträge. Bis Redaktionsschluß dieses Bandes konnte der Vorgang nicht endgültig aufgeklärt werden.

dienstleistenden (im folgenden: ZDL) zu einem bedeutenden Faktor in den sozialen und pflegerischen Diensten. Heute herrscht in großen Teilen der Öffentlichkeit weitgehend Einigkeit darüber, daß die jährlich ca. 130.000 ZDL einen nicht mehr wegzudenkenden Stellenwert besitzen: »Ohne Zivis läuft nichts mehr in der Altenhilfe« – solche Stimmen sind in vielen Bereichen zu hören. Diese Entwicklung war nicht geplant und staatlicherseits auch nicht unbedingt gewollt: auf den Anstieg der Kriegsdienstverweigerungen hatte man mit einer restriktiveren Handhabung des Grundrechtes (vgl. dazu etwa: Liepmann 1966; Krölls 1976) und mit der Ausgestaltung des Zivildienstes als »lästige Alternative« geantwortet, um einen weiteren Anstieg einzudämmen. In den neunziger Jahren hat sich bei vielen wehrpflichtigen Jugendlichen der Eindruck verfestigt, daß sie am »Fixpunkt Wehrpflicht« (Birckenbach 1985) eine Wahl zwischen zwei staatlichen Diensten haben: Bundeswehr oder Zivildienst; dabei wurde der Zivildienst für immer mehr junge Männer zur »sinnvolleren Alternative«. Auch angesichts der inzwischen selbstverständlichen Einbindung des Zivildienstes in große Bereiche sozialer Arbeit herrscht in weiten Teilen der Öffentlichkeit der Eindruck vor, daß der Zivildienst eine sinnvolle[3] Institution zur Entlastung sozialer Arbeit darstelle und daß dies seine Wesensbestimmung sei[4].

2. *Der Zivildienst als »trojanisches Pferd der Sozialpolitik«*

Vor diesem Hintergrund ist daran zu erinnern, daß der Zivildienst seinem Verfassungswesen nach Erfüllung der Wehrpflicht ist und an sich keine eigene Zielsetzung hat. Exemplarisch hier die Definition des seinerzeit für den Zivildienst zuständigen Ministerialdirigenten im damaligen BMJFFG: »Der Wehrdienst dient dem Staatsziel der Verteidigungsbereitschaft. In gewisser Weise dient der Zivildienst dem gleichen Ziel. Ein darüber hinausgehendes eigenes Staatsziel, dessen Verfolgung und Erreichung im positiven Sinne dem Zivildienst als Aufgabe gestellt wäre, gibt es dagegen nicht.« (Steinwender 1989, 116) »Arbeitsmarktneutralität« lautet entsprechend das Gebot, d.h. die Tätigkeiten der ZDL sind grundsätzlich von zusätzlicher Natur. De facto hat sich aber vor allem in den achtziger und neunziger Jahren eine

---

3   Bei dieser Aufwertung darf nicht vergessen werden, daß ZDL gleichsam um ihren Anteil der Kriegsdienstverweigerung betrogen wurden. Es erfolgte eine Aufteilung in (angesehene) ZDL und (unerwünschte) Kriegsdienstverweigerer: als Kriegsdienstverweigerer standen die jungen Männer immer in Verdacht, die Wehrbereitschaft zu untergraben, die Allgemeine Wehrpflicht zu gefährden, als Zivildienstleistende waren sie in fast allen Feldern sozialer Arbeit willkommen.
4   Der Zivildienst, so hat es nach diesem knappen Überblick den Anschein, hat dem Militärdienst den Rang abgelaufen; er scheint unter den aktuellen Bedingungen der gesellschaftlich wertvollere Dienst zu sein. Dies wird noch einmal bestätigt durch *Ulf Fink*, der auf der Suche nach einer neuen »Kultur des Helfens«, einer »Ökologie des Sozialen« zum Zivildienst notiert: ». . . es ist im Zeichen des Übergangs vom Aufbau zum Umbau der modernen Industrienationen zu begrüßen, wenn allmählich eine Mehrheit sich der Jugendlichen sich eher für einen zivilen Dienst erwärmt als für den militärischen« (*Fink* 1990, 64). Auch in Teilen der Arbeitswelt scheint ein differenzierteres Bild von ZDL und ihrer Arbeit zu greifen. Einer Umfrage bei fünfundzwanzig Personalleitern großer und mittlerer Betriebe zufolge, betrachten viele Personalleiter zwischenzeitlich den Zivildienst sogar als ». . . besonders gute Schule für spätere Managementaufgaben, die Kreativität, selbständiges Arbeiten und Verantwortungsbewußtsein weitaus stärker fördere als die Bundeswehr.« (*Blumencron* 1989, 185)

Abhängigkeit sozialer und pflegerischer Arbeit vom Zivildienst entwickelt. Einer regionalen Arbeitsmarktstudie zufolge waren 1987 6,4 % aller Beschäftigten der stadtbremischen Freien Wohlfahrtspflege Zivildienstleistende. Sie erbrachten (nach Stunden) 11,4 % der gesamten Arbeitsleistungen des Wohlfahrtswesens in Bremen (Blandow 1989)[5]. Für die ambulante und stationäre Altenhilfe im Diakonischen Werk Württemberg konnte gezeigt werden, daß erstens der Anteil der ZDL an der Mitarbeiterschaft rapide anstieg und zweitens zu Ende der achtziger Jahre fast kaum eine Einrichtung ohne ZDL arbeitete (Raichle 1992, 108ff)[6]. Nach der Untersuchung von Kraus (1988) zur volkswirtschaftlichen Bedeutung[7] des Zivildienstes beträgt der Wert der Gesamtleistungen der ZDL (bezogen auf das Jahr 1987) ca. 2,2 Milliarden DM[8].

Diese Abhängigkeit vom Zivildienst wurde etwa im Sommer 1990 deutlich: Aufgrund der veränderten sicherheitspolitischen Situation in Mitteleuropa war der Wehrdienst verkürzt worden und in dessen Gefolge auch der Zivildienst – von zwanzig auf fünfzehn Monate. Die direkte Folge waren Massenentlassungen von ZDL (ca. 35000), die große Bereiche der sozialen und pflegerischen Arbeit völlig unvorbereitet trafen, vor allem die ambulanten Dienste. Fast täglich lieferten die Medien Katastrophenmeldungen, die zumeist der Grundformel folgten: »ZDL fallen aus – Soziale Dienste sind gefährdet – Pflegenotstand – Pflichtjahr für Frauen?« – so titelte Der Spiegel im September 1990.

Der Zivildienst wurde zu einer Reservetruppe im Sozial- und Gesundheitswesen, auf die häufig zurückgegriffen wird, wenn sich eine (Personal-)Lücke auftut. Die ungeschützte Möglichkeit des Rückgriffs auf diese »billigen« und weitgehend rechtlosen Arbeitskräfte (dazu ausführlicher Lorenz 1990; 1998) führte zum einen zu Zuständen, die oft hart an der Grenze der »gefährlichen Pflege« lagen: ZDL wurden häufig ohne entsprechende Einarbeitung rasch in die Regelabläufe sozialer Arbeit eingebaut; setzten Spritzen (auch subkutan), legten Sonden und Katheter,

---

5 Das Gesamtfazit der Studie lautet: Zivildienstleistende sind keine »arbeitsmarktpolitische Neutren«. »Es gibt auch keinerlei Hinweise darauf, daß ZDL »zusätzliche«, also außerhalb der Regelaufgaben wahrgenommene Tätigkeiten ausüben. Selbst jene speziell über das Instrument ›ZDL-Beschäftigung‹ aufgebauten Arbeitsgebiete (i.e. Mobiler Sozialer Hilfsdienst und Individuelle Schwerbehindertenbetreuung, H.B.) sind keine zusätzlichen Aufgaben, da sie längst zum funktionalen Bestand der gesamten Wohlfahrtspflege geworden sind, aus ihrem Leistungsspektrum nicht mehr wegzudenken sind.« (*Blandow* 1989, 182)

6 Beispiel ambulante Altenhilfe (*Raichle* 1992, 108ff): Während der Anteil der hauptamtlichen MitarbeiterInnen an der GesamtmitarbeiterInnenschaft leicht abnehmende Tendenz aufwies, stieg im gleichen Zeitraum (1975 – 1989) der durchschnittliche ZDL-Anteil von 3 % auf 12,6 %, also über das Vierfache an. Bei dieser Entwicklung fällt vor allem ins Gewicht, daß immer mehr Einrichtungen mit einem höheren Anteil von ZDL arbeiten. Bei 26,8 % der Einrichtungen liegt der ZDL-Anteil zwischen 10 % und 15 %, bei 17,1 % der Einrichtungen zwischen 20 % – 25 %, 4,9 % der Einrichtungen arbeiten zu 100 % mit ZDL. Zum Stichtag 1.3.1989 arbeiten nur noch 2,4 % der Einrichtungen ohne ZDL – zum Vergleich: 1980 hatten 45 % der Einrichtungen keinen ZDL eingesetzt.

7 Die Untersuchung von *Kraus* (1988) zur volkswirtschaftlichen Bedeutung des Zivildienstes kommt bezüglich der sozialen Dimension des Zivildienstes zum Ergebnis: »Prinzipiell könnte der Zivildienst (...) arbeitsmarktpolitisch als nachfragedominierte wirksame »Arbeitsmarkt-Eingreif-Truppe« für niedrigqualifizierte Tätigkeiten »vorrangig des sozialen Bereichs« benutzt werden.« (*Kraus* 1988, 11)

8 Eine dritte, ähnlich gelagerte Untersuchung (*von Boetticher* 1993), kommt zu vergleichbaren Ergebnissen.

reinigten Wunden, hielten allein Nachtwache auf einer Pflegestation. Die Erfahrungsberichte der ZDL[9] und entsprechende Untersuchungen[10] zeugen, neben vielfältigen Lernprozessen (dazu unten), auch von psychischer und physischer Überlastung bis hin zu psychosomatischen Erkrankungen, Desillusionierung und Frustration über die Ausbeutung ihres Idealismus[11]. Zum anderen führte der massenweise Einsatz von ZDL dazu, daß der Mangel an professionellen Kräften zumindest teilweise kompensiert werden konnte. Der vorhandene Pflegenotstand – verstanden als Mangel an und Notstand der professionell Pflegenden – wurde durch die Reservetruppe Zivildienst immer wieder verdeckt: »Der Zivildienst ist das trojanische Pferd der Sozialpolitik, weil er die Illusion erzeugt hat, fast zum Nulltarif im sozialen Bereich Versorgungs- und Personallücken schließen zu können.« (Finis Siegler 1998, 8)

Abschließend läßt sich der Zivildienst charakterisieren als ein in militärische Strukturen eingebundener und staatlich reglementierter, auf Befehl und Gehorsam basierender Pflichtdienst für eine besondere Gruppe der wehrpflichtigen Männer, der sich – ungeplant und gleichsam unter der Hand – als ein unverzichtbares Element, gleichwohl ein Fremdkörper, im Gefüge sozialer Arbeit entwickelt hat.

3. *Sozialisationsprozesse im Zivildienst*

Wie bewegen sich die Subjekte, die Zivildienstleistenden, in dieser »facettenreichen Widerspruchskonstellation« (Matzen 1996, 210) Zivildienst? Wie sehen die jungen Männer die ihnen auferlegte Zeit im Zivildienst? Wird diese Zeit von ihnen eher als biographisches »time-out« abgehakt oder in die je eigene individuelle Lebensplanung integriert und entsprechend genutzt? Dies war die Ausgangsfrage einer von mir durchgeführten qualitativen[12] Studie (Bartjes 1996), die die Subjektperspektive der jungen Männer in den Mittelpunkt stellte. Dabei konzentrierte sich die Arbeit auf die Zivildienstleistenden als männliche junge Erwachsene:

---

9   Einen Eindruck der physischen und psychischen Überforderung der Zivildienstleistenden vermittelt vor allem *Unruh* 1989. Weitere Erfahrungsberichte von ZDL: *Gagelmann* 1983; *Gerke* 1983; *Kämper* 1990; *Tietzrath* 1986; *Schmitt* 1990; *Temsch* 1996.
10 Vgl. hierzu vor allem die Arbeiten von *Beckord* 1989; *Raichle* 1992; *Hüwel* 1993; *Kliche* 1998.
11 Die Untersuchung von *Beckord* 1989 trägt den bezeichnenden Titel »... Mit meinem Idealismus eiskalt spekuliert«.
12 Der geringe Wissensstand in Bezug auf den Zivildienst als Sozialisationsinstanz und vor allem in Bezug auf die Selbstdeutungen der ZDL konstituierte mein methodisches Vorgehen. In Bereichen, in denen Erfahrungen erst noch zur Sprache gebracht und der Wahrnehmung zugänglich gemacht werden müssen, kann nicht auf standardisierte Verfahren mit vorgängigen Interpretationen der Umfrage- und Einstellungsforschung zurückgegriffen werden. Das Untersuchungskonzept war insofern aufgefordert, den ZDL selbst zur Darstellung ihrer eigenen Sichtweise des Zivildienstes (Motivation, Erfahrungen, Lernprozesse, etc.) zu verhelfen und ihnen darin möglichst viel Raum zu gewähren. Die Entscheidung für qualitative Methoden entspricht der zentralen Forderung nach der Gegenstandsangemessenheit des empirischen Verfahrens. Im Gegensatz zu quantitativen Forschungsansätzen zielt qualitative Forschung nicht auf die Prüfung vorgedachter Hypothesen, sondern auf die Entwicklung neuer Zusammenhänge und Fragestellungen. Ihr erkenntnisleitender Wert besteht im Entdecken und Anregen neuer Hypothesen.

Ca. zwei Drittel der jungen Männer, die ihren Zivildienst ableisten, arbeiten in der direkten Pflege und Betreuung von Menschen, führen also Tätigkeiten aus, die klassischerweise Frauen zugeschrieben werden, als Beziehungs- und Liebesarbeit: Sorge tragen, für andere Da-sein, zuhören, trösten, den Alltag teilen, mitleiden, putzen, einkaufen, in schwierigen Lebenslagen unterstützend eingreifen, pflegen, Essen geben. Die Welt des Helfens ist empirisch belegbar eine weibliche – ob in der Familie, Verwandtschaft oder Nachbarschaft (Nestmann/Schmerl 1991), im sozialen Ehrenamt (Notz 1989) oder in der professionellen Sozialarbeit (Cremer u.a. 1990) und in allen pflegerischen Berufen. Vor diesem Hintergrund fragt die Untersuchung nach den Erfahrungen der jungen Männer als »cross-gender-freaks« (Williams 1989)[13].

Im Zuge des Strukturwandels der Jugendphase – Verlängerung, Entstrukturierung, Biographisierung, Individualisierung (Albrecht 1990; Heitmeyer/Olk 1990; Ferchhoff/Neubauer 1989) – muß auch der Zivildienst hinsichtlich seines Stellenwertes in der Lebensphase Jugend neu gesehen werden. Für zunehmend mehr Jugendliche oder junge Erwachsene verschieben sich die Übergangsprozesse und -probleme in die Altersphase von 18 bis 25 Jahren, der Zivildienst wird dadurch strukturell zu einem Teil des Sozialisationsprozesses »Jugend« und bildet längst nicht mehr den Abschluß der Jugendphase vor dem Eintritt in den Erwachsenenstatus. Was bedeutet es, in dieser spezifischen Lebensphase Zivildienst zu leisten?

Der Zivildienst als »Zwischenstufe« zwischen Jugend- und Erwachsen-Sein

Die Verlängerung der Jugend gilt als ein zentrales Charakteristikum des allgemein konstatierten Strukturwandels der Jugend. Als ein Aufbau auf die klassische Jugendphase entwickelte sich eine Nach-Jugendphase oder Postadoleszenz (Baethge 1989; Zinnecker 1991): als »Zwischenstufe« (Böhnisch 1992, 155) zwischen Jugend- und Erwachsensein. Diese Phase enthält sowohl jugendtypische (Experimentieren, ökonomische Abhängigkeit), als auch erwachsenentypische Elemente (Unabhängigkeit, Eigenständigkeit des Lebensstils, eigene soziale Netze, etc.). Dabei vollzieht sich der Übergang fließend: alte Bindungen und Abhängigkeiten (Familie, elterliche Wohnung, kein eigenes Einkommen, etc.) werden immer wieder neu austariert mit Momenten der Verselbständigung (beispielsweise die eigene Wohnung und das Zimmer bei den Eltern).

Im Spagat zwischen Nicht-mehr-Jugendlich-sein, aber auch noch nicht Erwachsensein wird der Zivildienst von manchen ZDL gesehen als ein Schritt weiter in Richtung Erwachsensein. Für die in dieser biographischen Phase anstehenden Aufgaben der Trennung vom Elternhaus und dem Aufbau einer eigenen Existenz sehen die ZDL im Zivildienst eine gute Chance. Zum einen lösen sich die jungen Männer von einer Lebensphase, die ein ZDL so charakterisiert: ». . . eine Epoche, in der ich das

---

13 *Williams* (1989; 1993) hat in ihren Untersuchungen für Männer, die in klassischen Frauenberufen und Frauen, die in Männerberufen arbeiten, die Bezeichnung »cross-gender-freaks« geprägt. Versucht man diese Kategorie in die deutsche Sprache zu übersetzen, ergibt sich in etwa das Wortgetüm »gegengeschlechtlicher Typ«.

hatte, was ich für mich hätte erreichen können, aber jetzt was Neues brauche und nicht wieder zurück und immer wieder an diesem Alten mich festzuhalten.«[14] Zum anderen kann der Zivildienst als Orientierungsraum dienen: »Neue Umgebung, Neue Gedanken, Neue Leute«. Beides zusammen genommen bietet der Zivildienst die Möglichkeit, so formuliert ein ZDL griffig, »sich eine kleine Existenz zu gründen« – ein (kleiner) Schritt in Richtung unabhängiger Existenz. In diesem Sinne nutzen die ZDL die unterschiedlichen Rahmenbedingungen des Zivildienstes für sich. Etwa die (relativ) freie Wahl der Dienststelle und damit die Wahl eines Ortes, in Distanz oder Nähe zum bisherigen Lebensfeld, inklusive der Wahl, ob man lieber zu Haus wohnen bleiben will oder sich eine Dienststelle sucht, in der ein eigenes Zimmer zur Verfügung gestellt wird, das einen eigenen Lebensraum abseits vom Elternhaus schafft.

Der Zivildienst als »Lebensschule«

Jugendzeit ist Schulzeit – so wird allgemein festgestellt (Rosewitz u.a. 1985; Schweitzer/Thiersch 1983) und die »schulisch bestimmte Lebensform« (Baethge 1983, 221f) wie folgt charakterisiert: entsinnlichtes, körperloses Lernen; das Bewegen in abstrakten Zusammenhängen; relative Unverbindlichkeit; individuelle Leistungsmoral; wenige Verantwortungserlebnisse, etc. (vgl. dazu ausführlicher Hurrelmann 1989, Rumpf 1981). Hartmut von Hentig pointiert diese Befunde indem er feststellt, das vorhandene Bildungssystem produziere bei den Jugendlichen einen »Hunger nach Erfahrung«. Zu den gestiegenen Bildungsanforderungen und dem längeren Verbleib in schulisch orientierten Institutionen kommen Engpässe in den klassischen Statuspassagen (vgl. dazu ausführlicher Olk/Strikker 1990): im Übergang von der Schule in die berufliche Ausbildung zum einen (Lehrstellenmangel), und von der beruflichen Qualifikation in die abhängige Erwerbsarbeit zum anderen (Jugendarbeitslosigkeit). Als zentrale Charakterisierung der Situation Jugendlicher verwendet Hurrelmann (1989, 7) die Metapher der »Warteschleife«: »Unsere Gesellschaft verordnet Jugendlichen »Warteschleifen«: Landebahnen und Anschlußverbindungen sind überfüllt und verstopft, das Betreuungspersonal überreicht angelegentlich einen Bildungscocktail nach dem anderen und bietet Unterhaltungsmagazine an, der Flugkapitän erklärt mit fester Stimme, Zeitpunkt und Ort der Landung seien zwar noch ungewiß, zu Unruhe bestehe aber kein Anlaß. Bei den Passagieren herrscht je nach Temperament Nervosität oder Apathie – die Reise geht ins Ungewisse.« Die »Schwierigkeit erwachsen zu werden« erleben viele Jugendliche so als die »Nutzlosigkeit erwachsen zu werden« (Heinzen/Koch 1985)[15].

14 Alle weiteren Zitate dieses Kapitels sind, soweit nicht anders angegeben, Äußerungen von ZDL, die in dem entsprechenden Kapitel der Untersuchung (*Bartjes* 1996, 135ff) nachgewiesen sind.
15 Die letzte Shell Jugendstudie (1997) belegt diese Tendenz noch einmal eindrücklich: »Die Krisen im Erwerbsarbeitssektor, Arbeitslosigkeit, Globalisierung, Rationalisierung und Abbau oder Verlagerung von Beschäftigten sind inzwischen nicht mehr ›bloß‹ eine Randbedingung des Aufwachsens (...) Sie haben inzwischen vielmehr das Zentrum der Jugendphase erreicht, indem sie ihren Sinn in Frage stellen. Wenn die Arbeitsgesellschaft zum Problem wird, dann muß auch die Jugendphase als Phase der biographischen Vorbereitung auf diese Gesellschaft zum Problem werden«. (*Fischer/ Münchmeier* 1997, 13)

Ein großer Teil der jungen Männer kommt nach dem Abitur zum Zivildienst, d.h. nach durchschnittlich dreizehn Jahren schulischen Lernens. Die Schule wird als »heile Welt« umschrieben, bei der die Probleme außen vor bleiben. Im Zivildienst dagegen werde man auf neue Probleme aufmerksam und vor allem: sie vermitteln sich den ZDL nicht »theoretisch«, sondern per direkter, sinnlicher Erfahrung und Anschauung: »Ich denke, daß man (im Zivildienst, H.B.) vor allem auf neue Probleme aufmerksam wird, ... in der Schule gibt es nur die heile Welt, größtenteils und auch die eigentlich konkreten sozialen Probleme, auf die wird man gar nicht so stark aufmerksam, vielleicht mal über einen Text, aber im Krankenhaus ist es echt so, daß man die Probleme am eigenen Körper spürt: wenn man dann mit Themen wie Sterben und Tod konfrontiert wird und nicht nur auf einer theoretischen Ebene, sondern wirklich, hier: zack, da ist jemand gestorben und jetzt müßt ihr ihn noch versorgen, da wird einem das schon ganz anders bewußt, als wenn man nur einen Text drüber liest, das ist schon ein gravierender Unterschied.« Zu dieser Erfahrungsarmut in der Schule bietet der Zivildienst gleichsam ein abwechslungsreiches Kontrastprogramm: konkrete, körperlich-sinnliche Tätigkeit, direkte Erfahrung von Nützlichkeit der eigenen Person und Arbeit, verbindliches, verantwortliches und vor allem sinnvolles Handeln, Eingebundensein in einen strukturierten Alltag, etc. Der Zivildienst bietet Erfahrungen mit Menschen, denen sie sonst kaum begegnet wären: alten und kranken Menschen; Menschen mit Suchtproblemen, mit Behinderungen, mit psychischen Schwierigkeiten; Kindern und Jugendlichen aus schwierigen und belasteten Verhältnissen.

Der Zivildienst vermittelt auch eine andere Sicht dieser Gesellschaft als die meisten der jungen Männer dies durch Elternhaus und Schule erfahren haben. Sie erleben vielfältige Armut in einer reichen Industrienation; sie erfahren die massive Schräglage von Ausgaben im sozialen Bereich gegenüber anderen gesellschaftlich Bereichen. Im Vergleich zur Schule lernt man hier auch etwas über sich selbst; etwa die eigenen Möglichkeiten und Kompetenzen und Grenzen besser einzuschätzen. Der Zivildienst vermittelt – so eine charakteristische Aussage – »Stärke- und Schwächebewußtsein: Früher wußte ich nur, daß ich in Mathe schlecht bin, in Deutsch aber gut. Jetzt weiß ich aber, daß ich auch gut mit Menschen umgehen und arbeiten kann.«

Der Zivildienst bietet auch die Möglichkeit, erste Erfahrungen mit der Arbeitswelt zu machen und vage vorhandene Ausbildungs- und Berufsvorstellungen zu testen: Traue ich mir die Arbeit mit behinderten, kranken oder alten Menschen zu?

Der Zivildienst als zweite biographische Chance

Als ein wesentlicher Befund männlicher Sozialisation gilt die soziale Unterforderung von Jungen und Männer (Böhnisch/Winter 1993; Enders-Dragässer/Fuchs 1989).

Ein Großteil der ZDL arbeitet in der Pflege und Betreuung von Menschen; sie verrichten damit Arbeiten, die in unserer Gesellschaft vorrangig von Frauen ausgeführt werden. Die Arbeit in den für die jungen Männer in der Regel ungewohnten Tätigkeiten der Pflege und Betreuung eröffnet neue Möglichkeiten. Sie entwickelt, fördert und aktiviert Kompetenzen und Eigenschaften der jungen Männer, die in ihrer bisherigen Sozialisation tendenziell weniger abgefragt wurden: Geduld, Empathie, Für-Andere-Da-Sein, Pflegen, Betreuen, hauswirtschaftliche Tätigkeiten, etc. Damit werden traditionelle männliche Geschlechterorientierungen zumindest zum Teil gelockert und relativiert: das betrifft z.B. die Einstellungen zu reproduktiven Arbeiten – Kindererziehung, Pflege, Hausarbeit –, und damit auch die Vorstellungen und Antizipationen bezüglich der Arbeitsteilung in der Partnerschaft: »In Bezug auf Familie – ich habe mir früher vorstellen können: einen Ganztagsjob und daß die Frau die Kinder erzieht; das kann ich mir aber jetzt nicht mehr vorstellen, weil mir das sehr viel Spaß macht, so mit Kindern und daß ich mir das auch schlecht vorstellen könnte, das nur meiner Frau zu überlassen«.

Selbstbehauptung als Herausforderung und möglicher Lernprozeß im Zivildienst

Selbstbehauptung wird als das leitende Orientierungsmuster bei Jugendlichen beschrieben (Fischer u.a. 1985, 21f; Fuchs 1985, 155f): als Beschreibung der Nicht-Passung von Ich und Gesellschaft. Zum anderen: Selbstbehauptung als Reaktion auf diese Umbrüche, als aktiver Umgang mit den Veränderungen: die Behauptung des Ichs gegen die Sozialwelt.
Der Zivildienst stellt zum einen eine Herausforderung für die ZDL dar, weil er für viele ZDL eine »Fremde Welt« auf den verschiedensten Ebenen bedeutet: es ist häufig der erste Kontakt mit beruflicher Arbeit, mit den dortigen Handlungszwängen, Zeitstrukturen, etc.; die Zivildienstleistenden müssen sich in einer Organisation, einer Einrichtung zurecht finden und einen Platz im Team, unter den KollegInnen finden; im Zivildienst bekommen sie Einblick in unterschiedlichste Lebenslagen und -felder, die ihnen in der Regel völlig unbekannt sind und die sie häufig in vorher nicht gekannter Weise auf sie selbst zurückwirft, z.B. die Konfrontation mit Sterben und Tod. Der Eintritt in diese »Fremde Welt«, die ersten Erfahrungen werden häufig mit »Schock« umschrieben, der sich vor allem auf die Verschiedenheit der bisherigen und der dann folgenden Zivildienstzeit, auf ungewohnte Situationen und Tätigkeiten bezieht: Zum anderen bietet die konkrete Ausgestaltung des Zivildienstes vor Ort Möglichkeiten und Strukturen sich zu behaupten, bzw. dies zu erlernen. Im Zivildienst gäbe es – so die ZDL – im Vergleich zur Bundeswehr eine »Diskussionskultur«. Das formal existierende Befehl-Gehorsam-Verhältnis erweist sich im Alltag sozialer Arbeit als nicht funktional: es dominiert die diskursive Verständigung und das Aushandeln von unterschiedlichen Sichtweisen und je »richtigem« Handeln: »Wenn sie (seine vorgesetzte Kindergartenleiterin; H.B.) mir einen Befehl gibt, dann kann ich sagen: »Entschuldigung, das halte ich für schwachsinnig, das mache ich nicht«, und dann kann ich darüber diskutieren, was bei der Bundeswehr überhaupt nicht möglich wäre. Da wird erst ausgeführt und dann was dagegen gesagt.« Die eigene Meinung und Einschätzung einer Situation im Zivildienst wird hervorgehoben: »Im Zivildienst muß man sich selber einbringen« und »man ist mehr als Person gefragt«.

Die Möglichkeiten sich mit anderen auseinanderzusetzen, einen Konflikt auszutragen, dies auch erst zu lernen – solche Möglichkeiten sind für die ZDL im Zivildienst eher gegeben als bei der Bundeswehr: »Es ist so, daß ich da, in unserem Kindergarten, gelernt habe, mich durchzusetzen. Das ist das, was ich auch im normalen Leben für mich rübergezogen habe, daß wenn ich irgendwo was habe, was mich stört, an Freunden oder sonstwo, dann gehe ich direkt hin und sage: »hier so läuft es nicht««.

4. *Lob des Zivildienstes?*

Die aufgezeigten Nutzungen des Zivildienstes durch die ZDL geschehen aktiv und selbstbewußt. Die ZDL akzeptieren zwar weitgehend den Zivildienst, sehen die Sinnhaftigkeit ihrer Arbeit darin, daß sie »Menschen, die es brauchen, helfen« – aber: es muß auch deutlich werden, was diese Zeit für sie selbst einbringt: »Wenn ich schon achtunddreißigeinhalb Stunden arbeiten muß in der Woche, dann will ich auch was von haben.« Der den ZDL häufig zugeschriebene »Idealismus des sozialen Dienens« (Hecker 1980, 211ff) ist damit nicht hinfällig, er erfährt aber eine Erweiterung. Der Zivildienst wird neben Motiven des Helfens auch auf direkte und aktuelle Verwertbarkeit befragt. Diese Haltung – die in fast allen Interviews nachzuweisen war – drückt sich aus etwa in dem folgenden Satz eines ZDL: »Ich tu's für die Leute und ich tu's für mich, was ich tue«. Aspekte des Selbstbezugs stehen so gleichrangig neben eher idealistischen Motiven.

Diese Beobachtungen lassen sich verbinden mit ähnlichen Erkenntnissen aus der sozialwissenschaftlichen Forschung über das soziale Ehrenamt; Erkenntnisse, die darauf hinweisen, daß der Anspruch auf Selbstbezug nicht als jugendtypisches Phänomen bezeichnet werden kann: »Auffällig ist die steigende Bedeutung selbstbezogener Aspekte für das ehrenamtliche Engagement. Das Engagement ... erhält für die ehrenamtlich Tätigen Bedeutung als Lernprozeß, als Forum für die Selbsterfahrung oder für die Realisierung eigener biographischer Planungen im Sinne einer Selbstverwirklichung.« (Olk 1993, 272; ausführlicher dazu: Jakob 1993)[16]

16 Die Zunahme selbstbezogener Aspekte ist aber nicht auf die soziale Arbeit beschränkt, sondern scheint ein umfassenderes Phänomen gesellschaftlicher Modernisierung zu sein: *Baethge* (1991) kommt aufgrund industriesoziologischer Untersuchungen zu folgendem Befund: »In den hochentwickelten Arbeitsgesellschaften des Westens kommt es im Zuge fortschreitender gesellschaftlicher Modernisierung zu einer zunehmenden normativen Subjektivierung des unmittelbaren Arbeitsprozesses.« (*Baethge* 1991, 6) Normative Subjektivierung versteht er dabei im Sinne der Geltendmachung persönlicher Ansprüche, Vorstellungen und Forderungen in der Arbeit: »Man will innerlich an der Arbeit beteiligt sein, sich als Person in sie einbringen können und über sie eine Bestätigung eigener Kompetenzen erfahren. Man will sich in der Arbeit nicht wie ein Jedermann, sondern als Subjekt mit besonderen Fähigkeiten, Neigungen und Begabungen verhalten können und die Tätigkeit in der Dimension persönlicher Entfaltung und Selbstverwirklichung interpretieren können. Sätze wie: ›Die Arbeit soll mir persönlich etwas bringen‹, ›sie soll mir Spaß machen‹ oder ›sie soll etwas mit mir zu tun haben‹ bilden häufig die Quintessenz der Erzählungen über ihre Arbeit.« (ebd., 7f) Die These von *Zoll* (1989), daß bei Jugendlichen Umrisse eines neuen kulturellen Modells sichtbar werden, verweist ebenfalls in diese Richtung: Das neue kulturelle Modell sei durch ein verändertes Verhältnis der Individuen zu sich selbst und zu den anderen charakterisiert; weiter beinhalte es auch ein anderes Verhältnis zur Lohnarbeit, die in einer neuen Art des Selbstbezuges von den Individuen neu beurteilt werde.

Aus der Sicht einer wachsenden Zahl junger Männer ist der Zivildienst inzwischen die modernere Form der Ableistung der Wehrpflicht: er bietet angemessenere Möglichkeiten zur Bewältigung ihrer Lebensaufgaben als bei der Bundeswehr. Hierbei wirken unterschiedliche Aspekte zusammen:
- zunächst die größere strukturelle Flexibilität, die dem Zivildienst innewohnt: Einverständniserklärung, freiere Orts- und Zeitwahl;
- im Zivildienst steht eine größere Spannbreite bei der Wahl von Tätigkeitsfeldern zur Verfügung;
- ein großer Teil der Tätigkeiten im Zivildienst selbst verspricht mehr an subjektivem Sinn als die Tätigkeiten bei der Bundeswehr;
- im Zivildienst sehen sich die ZDL mehr als Subjekt angesprochen – mit ihren je eigenen und spezifischen Wahrnehmungen und Handlungsmöglichkeiten;
- der Zivildienst entspricht durch seine (zumindest potentiell vorhandene) »Diskussionskultur« – der flexiblere Umgang mit dem formal gegebenen Befehl-Gehorsam-Verhälnis – den wachsenden Ansprüchen auf diskursive Verständigung;
- Diskursfähigkeit und Kommunikation ist auch eine wesentliche Voraussetzung für die Möglichkeiten der Selbstbehauptung;
- vor dem Hintergrund einer bis zum Zivildienst schulisch bestimmten Lebensform bietet der Zivildienst positiv gewertete Erfahrungen des Gebraucht-werdens und von sozialer Verantwortung;
- einen für viele akzeptablen Einstieg oder Übergang in die Arbeitswelt (»auf humane Art«), insgesamt in die Welt der Erwachsenen;
- im Zivildienst sind andere Formen von Männlichkeit lebbar als bei der Bundeswehr.

Unter der Hand und weitgehend unbemerkt hat sich damit der Zivildienst, entlang der aufgezeigten Punkte (die keine Vollständigkeit beanspruchen), zum für Viele insgesamt sinnvolleren Dienst – für sich und für Andere – entwickelt.

Die Deutungen der Zivildienstleistenden stehen in deutlichem Kontrast zur oben skizzierten Zwangs-Struktur des Zivildienstes. Wie ist diese Diskrepanz zu erklären? Zunächst: Individualisierung als aktuelle Vergesellschaftungsform bedeutet auch den Zwang zur Herstellung und Selbstgestaltung der eigenen Biographie. Die Individuen müssen, um nicht zu scheitern, improvisieren und sich den verändernden Umständen anpassen können (Beck 1995; Brose/Hildenbrandt 1988). Für Jugendliche, deren Sozialisation sich auch als Aneinanderreihung von Warteschleifen aller Art interpretieren läßt, gilt dies in besonderem Maße: flexibel sein, schauen was kommt und jeweils das Beste heraus holen[17]. Anders und pointiert gesagt: Wer kann es sich unter dem Druck der Selbstbiographisierung schon leisten, eine wesentliche Phase seines Lebens als »verschenkte Zeit« anzusehen? Der Blick der jungen Männer ist vor diesem Hintergrund notwendigerweise auf den Ertrag des Zivildienstes gerichtet. Wie in der Schule sind die Energien eher darauf konzentriert, die Zeit für sich sinnvoll in das eigene Leben einzubauen und zu nutzen.

---

17 *Goebel/Clermont* (1997) nennen diese Kompetenz die »Die Tugend der Orientierungslosigkeit«.

Ein weiteres Moment kommt hinzu: Der Zivildienst wird nicht als isolierte Sozialisationsinstanz betrachtet. Die jungen Männer sehen und bewerten ihre Zeit im Zivildienst im Kontrast zu ihrer bisherigen Sozialisation und im Vergleich zu möglichen Lernprozessen bei der Bundeswehr: der Blick auf die Zeit im Zivildienst wird mit dem Blick zurück und dem Blick auf die Seite (Bundeswehr) zusammengedacht. Zur Seite blicken die ZDL – wie gesehen – sehr selbstbewußt, ja stolz. Sie sind diejenigen, die den sinnvolle(re)n Dienst verrichten; darüber hinaus sehen sie im Zivildienst auf verschiedenen Ebenen günstigere Bedingungen als bei der Bundeswehr. Der Blick zurück: die von den ZDL formulierten Lernprozesse im Zivildienst können als Hinweise auf vorenthaltene Lernchancen in den vorangegangenen Sozialisationsinstanzen interpretiert werden. Erfahrungen des persönlichen Gebrauchtwerdens, von sozialer Verantwortung, die Erweiterung der durch Geschlechterstigmatisierung reduzierten Handlungsmöglichkeiten, Einsichten in Handlungsabläufe, Reichweite und Strukturen sozialer Arbeit, Einblicke in andere Lebenswelten – die Chance, solche Erfahrungen vor dem Zivildienst zu machen, sind offensichtlich gering. Wesentliche Barrieren für derartige Lernchancen sind einerseits die Verschulung der Jugendphase und andererseits die herrschende Konstruktion von Männlichkeit.

Die vorenthaltenen Lernchancen provozieren Rückfragen an diejenigen Sozialisationsinstanzen, die die jungen Männer vor dem Zivildienst durchlaufen haben. Was bedeutet es für eine Gesellschaft und eine ihrer zentralen Institutionen (die Schule), wenn junge Männer erst mit durchschnittlich zwanzig Jahren intensivere Erfahrungen des persönlichen Gebrauchtwerdens, von Sozialer Verantwortung machen? Dazu: diese in einem staatlichen Zwangsdienst stattfinden?

Die Einlassungen der ZDL scheinen die vernichtende Analyse von Hentigs zu bestätigen: »Eine Gesellschaft, die ihre jungen Leute bis zum 25. Lebensjahr nicht braucht und sie dieses wissen läßt, indem sie sie in ›Schulen‹ genannte Ghettos sperrt, in eine Einrichtung, die nichts Nützliches herstellt, an der nichts von dem geschieht, was die Menschen für wichtig halten, die sich nicht selbst erhält und die man nicht freiwillig besucht – eine Gesellschaft, die ihren jungen Menschen dies antut, wird sie verlieren, ganz gleich wie reich, wie demokratisch, wie aufgeklärt sie ist...« (von Hentig 1993, 195).

Mit dieser Sichtweise – die Lernprozesse im Zivildienst mit den vorenthaltenen Lernchancen vor dem Zivildienst und antizipierten Lernmöglichkeiten in der Bundeswehr zusammenzubringen – wird auch augenfällig, daß die beschriebenen Prozesse nicht dem Zivildienst als Institution zuzuschreiben sind. Die Nutzung – und das Herausarbeiten dieser Nutzung – einer Institution bedeutet nicht deren Legitimation, erst recht nicht eine Belobigung derselben. Auf dieser Einsicht ist auch und gerade vor dem Hintergrund der immer wieder erhobenen Forderung nach einer Allgemeinen Dienstpflicht zu insistieren. Die Befürworter einer solchen Maßnahme (beispielsweise Dettling 1993) betonen, vor dem Hintergrund einer behaupteten »Entsolidarisierung der Gesellschaft«, die Notwendigkeit Sozialen Lernens – und verweisen dabei häufig auf die vielfältigen Lernprozesse im Zivildienst. In diesem

Zusammenhang ist an die aufgezeigte Genese des Zivildienstes zu erinnern: An die staatlich gewollte und mit entsprechenden politischen Mitteln verfolgte Linie der Ausnahmestellung der Kriegsdienstverweigerung und des Zivildienstes, an die Ausgestaltung des Zivildienstes zur »lästigen Alternative«, an die vielfältige Ausbeutung der ZDL und ihren häufig fahrlässigen Einbau in die Handlungsabläufe sozialer Arbeit, an die Auswirkungen des ungesteuerten und ungebremsten Einsatzes der billigen Arbeitskräfte, die faktisch zu einer Deprofessionalisierung mancher Bereiche beigetragen hat. Im Lichte dieser Entwicklungen wird der Zivildienst geradezu gegen die vorhandenen Intentionen zum Möglichkeitsraum für vielfältige Nutzungen – durch aktive Bearbeitung wandelten die ZDL die »lästige Alternative« für sich zur »sinnvollen Alternative« um.

Der Zivildienst eignet sich nicht als Vorbild für eine Zwangsverpflichtung einer ganzen Generation. Neben juristischen (Pietzcker 1991; Tobiassen 1994), lerntheoretischen (Bartjes 1994a, 1994b), ökonomischen (Beck 1994), theologischen (Gohde 1994), berufs- und sozialpolitischen (Backhaus-Maul 1991) Gründen[18] können vor allem demokratietheoretische Gründe gegen eine Allgemeine Dienstpflicht geltend gemacht werden. Das Ziel einer lebendigen Zivilgesellschaft, einer BürgerInnengesellschaft, in der Verantwortung des Einzelnen und demokratische Teilhabe konstitutiv sind, läßt sich nicht mit einer obrigkeitsstaatlichen Zwangsmaßnahme von oben herab durchsetzen. Sicher: Mitverantwortung und Solidarität – häufig genannte Lernziele für eine Allgemeine Dienstpflicht – sind unverzichtbare Qualitäten in einem demokratischen Gemeinwesen. Diese zu lernen aber, dazu braucht es bestimmte Bedingungen. Wer will, daß Menschen Verantwortung tragen und solidarisch handeln, muß den entsprechenden Rahmen dafür herstellen: »Ist nicht denkbar, daß die einzig erfolgversprechende Weise, jene Haltungen, die für ein einvernehmliches und engagiertes Zusammenleben in einer komplexen Gesellschaft nötig sind, zu fördern, im Etablieren gemeinsamer, von echten Anerkennungs-, Teilhabe- und Mitwirkungschancen geprägter Sozialbezüge liegt?« (Brumlik 1994, XIV) Die Allgemeine Dienstpflicht ist insofern eine vormoderne Antwort auf die Herausforderungen der Moderne.

---

18 Zur Übersicht über das ganze Themenfeld und die unterschiedlichen Argumentationsfelder vgl. die kommentierte Bibliographie von *Bartjes* 1995 bzw. die überarbeitete Fassung in diesem Band, S. 643 ff.

5. Lehren aus dem Zivildienst

Die sozialpolitische Dimension[19] wird unter dem Stichwort »Konversion des Zivildienstes«[20] verhandelt. Unter dem Eindruck der sich in den neunziger Jahren mehrenden Anzeichen für eine Aussetzung oder Abschaffung der Allgemeinen Wehrpflicht[21] wird zunehmend auch die Frage erörtert[22], welche Auswirkungen eine potentielle Abschaffung der Wehrpflicht auf die mit dem Zivildienst verbundenen Felder sozialer Arbeit haben könnten. In diesem Kontext werden vor allem folgende Problemfelder diskutiert:
Wie ist die Abhängigkeit verschiedener Felder sozialer Arbeit vom Zivildienst einzuschätzen?
Welche sozialpolitischen/beschäftigungspolitischen Alternativen sind denkbar?
Wie verläuft der Meinungsbildungs- und Diskussionsprozeß in den betroffenen Trägerorganisationen des Zivildienstes, vor allem also in den Wohlfahrtsverbänden?

ad 1: Die Trägerorganisationen bestätigen im wesentlichen, daß von einer »Arbeitsmarktneutralität« des Zivildienstes nicht gesprochen werden kann; daß sie vielmehr in unterschiedlichen Graden von den Leistungen der ZDL abhängig sind. Das Ende des Zivildienstes wird, im Vergleich zu den anderen anstehenden Änderungen im Sozial- und Gesundheitsbereich, als bewältigbar eingeschätzt. Mit Ausnahme

---

19 Die lerntheoretische bzw. bildungspolitische Dimension scheint mir in der aktuellen Diskussion zu sehr auf die Gestaltung von Jugendgemeinschaftsdiensten verengt. Beispielsweise heißt es im Manifest (in diesem Band) zur Begründung von Jugendgemeinschaftsdiensten: »Da Familie, Schule und Nachbarschaft heute jungen Menschen oft nicht mehr Lebensformen, Freiräume und Aufgaben bieten, in denen diese sozialen Fähigkeiten und Haltungen geübt und gelernt werden können, müssen neue gesellschaftliche ›Lernorte‹ geschaffen werden.« (*Manifest*, 11) Auch wenn der Analyse, daß die traditionellen Sozialisationsinstanzen Defizite aufweisen, zuzustimmen ist, kann die einzige Schlußfolgerung nicht darin bestehen, Lernorte außerhalb der bzw. zusätzlich zu den angesprochenen Instanzen zu etablieren. Ein bildungspolitisches Erbe des Zivildienstes wäre auch, den Ergebnissen meiner oben vorgestellten Untersuchung folgend, den vorenthaltenen Lernchancen in den aktuell existierenden Sozialisationsinstanzen nachzugehen und auch hier – neben der Konzipierung von attraktiven Freiwilligendiensten – entsprechende Ansätze zu verfolgen. Hier liegen Erfahrungen (etwa: Sozialpraktika in Schulen; Projekte, in denen Soziale Kompetenzen ein wesentliches Lernziel ist, etc.) vor, deren Weiterverfolgung und Ausbau lohnenswert wäre. Beispielsweise das Projekt »Soziales Lernen«, das vom Diakonischen Werk Württemberg und vom Evangelischen Landesjugendpfarramt Württemberg 1996 gestartet wurde. In diesem Projekt erhalten junge Menschen aus den Bereichen Schule, Betrieb und Jugendarbeit die Chance, eine für sie fremde Lebenswelt – z.B. von behinderten, asylsuchenden, straffälligen Menschen – näher kennenzulernen (vgl. dazu ausführlicher Projekt Soziales Lernen 1999). Neben solchen Projekten, die Erfahrungen Sozialen Lernens außerhalb der Schule einbeziehen, ist die spezifische Lebenswelt Schule selbst ebenfalls geeignet, sie zum Thema zu machen. Hier ließe sich anschließen etwa an die diversen Bemühungen, die Koedukationsdebatte durch Thematisierung des sozialen – und geschlechtsspezifisch aufgeladenen – Geschehens im Klassenzimmer neu zu beleben (vgl. hierzu z.B. *Kaiser* 1997).
20 Von *Finis Siegler* (1998, 8) definiert als »Fortsetzung der bestehenden Güter- und Dienstleistungsproduktion mit einem alternativen Produktionsprogramm: Kontinuität in der Erfüllung sozialer Aufgaben, allerdings mit anderen Mitteln.«
21 Hier ist nicht der Rahmen für eine Erörterung der mit diesem Thema in Zusammenhang stehenden Fragen. Einen Überblick über die verschiedenen relevanten Argumentationsfelder bieten *Kistler/Klein* 1991; *Vogt* 1992, 1993; *Kuhlmann/Lippert* 1992; *Opitz/Rödiger* 1994; *Messerschmidt* 1993.
22 Ich beziehe mich im folgenden vor allem auf die dokumentierten Diskussionsprozesse innerhalb der Wohlfahrtsverbände (vgl. hierzu vor allem *Caritas* 1994; *Zivildienst im Umbruch* 1994) und im politischen Raum (hier liegt ausschließlich die Dokumentation von *Bündnis 90/Die Grünen* 1998 vor).

des ambulanten Sektors sieht man bei entsprechender Vorlaufzeit für fast alle derzeitigen Tätigkeitsbereiche des Zivildienstes durchaus Chancen, den Strukturwandel organisieren zu können.

ad 2: Nachtwei/Körner (1998) kommen bei ihrer Verbändebefragung zu dem Befund, daß es zwar seit Jahren eine kritische Reflexion über die Zukunft des Zivildienstes gibt, und einige wenige Beschäftigungsstellen bewußt auf den Einsatz von ZDL verzichtet bzw. den Zivildienstanteil niedrig gehalten haben. Ausgearbeitete alternative Konzepte liegen von Seiten der angesprochenen Verbände aber nicht vor. Dies liegt u.a. daran, daß man generell von einer längeren Vorlaufzeit für die Abschaffung der Wehrpflicht ausgeht.

Als sozialpolitische Substitutionsstrategien zum Zivildienst werden diskutiert: eine allgemeine Dienstpflicht – im Fachgespräch der Bundestagsfraktion von Bündnis 90/ Die Grünen (1998) wurde diese Variante von fast allen Organisationen explizit abgelehnt, der Ausbau freiwilliger Dienste und/oder eine beschäftigungspolitische Offensive.

ad 3: In der Diskussion wird die aktuelle Situation immer wieder als »Balanceakt« (Haug) oder »Zwickmühle« (Maas) beschrieben: Die Möglichkeit eines Wegfalls des Zivildienstes werde zwar durchaus gesehen und es werde über mögliche Alternativen nachgedacht; andererseits sei aber das »Instrument Zivildienst« gut eingeführt und von unterschiedlichen Interessen gestützt. Gegenüber den Unwägbarkeiten einer erst aufzubauenden »Freiwilligenkultur« stellt sich der Zivildienst aus der Sicht der Einrichtungen als äußerst verläßliche Planungsgröße dar. Solange die Wehrpflicht existiert, ist ihnen ein fest einkalkulierbares (und tendenziell steigendes) Reservoir an jungen Männern, die für ein gutes Jahr einsetzbar sind, gewiß. In der Konsequenz bedeutet dies, daß unter den aktuellen Bedingungen der Zivildienst den Ausbau von Freiwilligenplätzen blockiert. Der erhebliche Nachfrageüberhang in den Freiwilligendiensten[23] ist hier ein eindeutiges Indiz. Gefordert wird vor diesem Hintergrund ein eindeutiges politisches Signal: Die Aufhebung der Allgemeinen Wehrpflicht soll mit einer entsprechenden Vorlaufzeit versehen werden, die den Trägerorganisationen des Zivildienstes die Umstellung auf Freiwilligendienste ermöglicht. Weiter sollen die unter dem Haushaltstitel »Zivildienst« verwandten Mittel[24] für eine solche Umstellung zur Verfügung gestellt werden.

Mit Blick auf den Ausbau von Freiwilligendiensten[25] lassen sich die Erfahrungen aus nunmehr achtunddreißig Jahren Zivildienst – ohne Anspruch auf Vollständigkeit – wie folgt zusammenfassen:

---

23 *Arnold/Wüstendörfer* (1997, 127) berichten in Bezug auf das Freiwillige Ökologische Jahr (FÖJ) von einem Teilnahmepotential von ca. 9000 Jugendlichen gegenüber 1100 Plätzen, d.h. acht Jugendliche bewerben sich um einen Platz im FÖJ; im Freiwilligen Sozialen Jahr stellt sich dieses Verhältnis als drei zu eins dar (vgl. dazu *BMFSFJ* 1998).

24 *Otto Haug* vom Diakonischen Werk Württemberg verweist darauf, daß der Titel »Zivildienst« im Bundeshaushalt z.Zt. ca. 2,5 Mrd. DM im Jahr beträgt und die Verbände noch einmal ca. 2,5 Mrd. DM für den Zivildienst investieren (*Bündnis 90/Die Grünen* 1998, 25f).

25 Hierzu, wie auch zu anderen Aspekten von Freiwilligendiensten, hat *Maas* (1997) viele weit verstreute Hinweise in einer umfangreichen Literaturliste gesammelt.

Alternativen, deren Strukturen mit dem Zivildienst identisch sind (Allgemeine Dienstpflicht) stehen in der Gefahr, die negativen Erfahrungen mit dem Zivildienst schlicht zu wiederholen: schlechte Einarbeitung und Begleitung ebenso wie strukturelle Überforderung der ZDL, der Zivildienst als Fremdkörper sozialer Arbeit und ein Anachronismus in der anvisierten Zivilgesellschaft, der die Entwicklung einer Freiwilligenkultur eher hemmt als fördert. Die im Zivildienstbereich mühsam und gegen viele Widerstände entwickelten Strukturen, Erfahrungen und professionellen Kompetenzen z.B. mit einer fachlichen Einführung und Begleitung junger Menschen bieten für den anvisierten Aufbau von Freiwilligendiensten vielfältige Anregungen und unverzichtbare Hinweise. Vor allem in den kirchlichen Wohlfahrtsverbänden haben die Auseinandersetzungen um eine Ausgestaltung des Zivildienstes als »Sozialen Friedensdienst« dazu geführt, daß ein umfassendes Begleitkonzept (vgl. hierzu vor allem Deutscher Caritasverband 1991; Kirchenamt der EKD/Diakonisches Werk der EKD 1990) entwickelt wurde. Ein Konzept, das in seinen zentralen Bausteinen hohe Anschlußfähigkeit an angloamerikanische Bemühungen, die Anleitung von Volunteers zu professionalisieren, aufweist. Die etwa von Paulwitz (1988, 158ff) herausgearbeiteten »Schlüsselaufgaben für die Vorgehensweisen mit Volunteers« finden z.Zt. Eingang in Professionalisierungsprofile für ein Freiwilligenmanagement (Biedermann 1998; Akademie für Ehrenamtlichkeit 1998)[26]. Bezeichnenderweise gibt es zwischen den Diskursen – Zivildienst einerseits und Freiwilligenbereich andererseits – kaum eine aktive Bezugnahme[27].

Die Selbstdeutungen der ZDL in Bezug auf ihre Lernerfahrungen im Zivildienst weisen darauf hin, daß die Herstellung eines Selbstbezugs ein wesentliches Element für eine attraktive Gestaltung von Freiwilligendiensten darstellt; Selbstbezug, der nicht nur passiv zuzulassen ist, sondern deren Ermöglichung aktiv zu gestalten ist.

---

26 Vgl. hierzu ausführlicher die Studie von *Bartjes/Otto* 1999, die sich mit der Notwendigkeit und den bislang erfolgten Bemühungen um eine Qualifizierung der Professionellen, die mit Ehrenamtlichen zusammenarbeiten, auseinandersetzt.

27 Ein wesentlicher Grund liegt hier sicherlich darin, daß der Zivildienst in der sozialen Arbeit eine äußerst sperrige und zweideutige Institution darstellt. Das beginnt schon bei der begrifflichen Bestimmung, bzw. Einordnung des Zivildienstes in das Gesamtsystem sozialer Hilfen. *Olk* (1988, 20ff) ordnete das Spektrum denkbarer Institutionalisierungsformen sozialer Hilfen auf einem Kontinuum an, das von partikularistischen bis zu universalistischen Sozialbeziehungen reicht. Er unterscheidet die Varianten Familiale Hilfeleistungen – Hilfeleistungen in Selbsthilfegruppen – Ehrenamtliches Engagement – Berufliche, bzw. professionelle Hilfeleistungen. Ohne weiteres läßt sich der Zivildienst in diesem Spektrum nicht verorten – vor allem deshalb, weil der Zivildienst in der sozialen Arbeit aufgrund seiner oben skizzierten Zwangsstruktur eine Ausnahmeerscheinung darstellt. Diese wird, wenn der Zivildienst überhaupt einmal in den Blick gerät, nicht ausreichend berücksichtigt. *Bendele* etwa (1988, 80) subsumiert den Zivildienst (und mit ihm das Freiwillige Soziale Jahr) unter den Bereich der ». . . institutionalisierten Mischformen zwischen unbezahlt freiwilliger und bezahlt beruflicher Mitarbeit«, ohne diese Besonderheit zu thematisieren.

Literatur

Albrecht, Richard, Differenzierung – Pluralisierung – Individualisierung. Hinweise auf neue Vergesellschaftungstendenzen in der bundesdeutschen Gesellschaft, in: neue praxis, 20.Jg., 448-455 (1990).
Akademie für Ehrenamtlichkeit, Jahrbuch 1998, Berlin 1998.
Arnold, Thomas/Wüstendörfer, Werner, Das Freiwillige Ökologische Jahr. Ergebnisse einer bundesweiten Bestandsaufnahme, in: neue praxis, 27. Jg., 127-138 (1997).
Backhaus-Maul, Holger u.a., Eine allgemeine Dienstpflicht als Mittel zur Lösung des Pflegenotstandes. Neue Kultur des Zwangshelfens?, in: Zeitschrift für Sozialreform, 37.Jg., 349-366 (1991).
Baethge, Martin u.a., Jugend und Krise: Krise aktueller Jugendforschung, Frankfurt/M und New York 1983
Baethge, Martin, u.a., Jugend: Arbeit und Identität, Opladen 1988.
Baethge, Martin, Jugend – Postadoleszenz in der nachindustriellen Gesellschaft, in: *Markefka/Nave-Herz*, 155-166 (1989).
Ders., Arbeit, Vergesellschaftung, Identität – Zur zunehmenden normativen Subjektivierung der Arbeit, in: Soziale Welt, 32.Jg., 6-19 (1991).
Bartjes, Heinz, Zwang zur Gemeinschaft? Vom Zivildienst zur Dienstpflicht, in: Widersprüche, 14.Jg., 1994, 91-106 (1994a).
Ders., Pflichtdienste – ein Lernprogramm für soziale Kompetenz?, in: Diakonie Korrespondenz, 11/1994, Dokumentation der Fachtagung Freiwilliger Sozialer Dienste, 9-18 (1994b).
Ders., Allgemeine Dienstpflicht. Funktionelle Dokumentation, hg. von der Bundestagsfraktion von Bündnis 90/Die Grünen, Bonn 1995.
Ders., Der Zivildienst als Sozialisationsinstanz. Theoretische und empirische Annäherungen, Weinheim und München 1996.
Ders., Heinz, Stichwort: Zivildienst, in: Handbuch Sozialarbeit/Sozialpädagogik, hgg. von Otto, Hans-Uwe/Thiersch, Hans, Neuwied und Darmstadt 2000.
Bartjes, Heinz/Bolay, Eberhard, Zivildienst als Produktionsort modernisierter Männlichkeit, in: Widersprüche, 15.Jg., Heft 56/57, 145-160 (1995).
Bartjes, Heinz/Otto, Ulrich, Mit Engagement können. Qualifizierung von Professionellen zur Zusammenarbeit mit Ehrenamtlichen, Studie im Auftrag der Robert-Bosch-Stiftung, Tübingen 1999.
Beck, Hanno, Zur Ökonomie von Pflichtdiensten, in: 4/3 – Fachzeitschrift zu Kriegsdienstverweigerung, Wehrdienst und Zivildienst, 12.Jg., 94-99 (1994).
Beck, Ulrich, eigenes leben. Skizzen zu einer biographischen Gesellschaftsanalyse, in: Bayerische Rückversicherung (Hg.), Eigenes Leben: Ausflüge in die unbekannte Gesellschaft, in der wir leben, München 1995, 9-15.
Beckord, Jörg, »... Mit meinem Idealismus eiskalt spekuliert«. Die Situation von Zivildienstleistenden als Arbeitskräfte im sozialen Bereich, unv. Ms., Tübingen 1989.
Bendele, Ulrich, Soziale Hilfen zu Discountpreisen. Unbezahlte Ehren-Arbeit in der Grauzone des Arbeitsmarktes, in: Müller/Rauschenbach, 71-86 (1988).
Biedermann, Christiane, Freiwilligenarbeit koordinieren, Berlin 1998.
Birckenbach, Hanne-Margret, Mit schlechtem Gewissen – Wehrdienstbereitschaft von Jugendlichen, Baden-Baden 1985.
Blandow, Jürgen, Zivildienstleistende als Personalgruppe des Wohlfahrtswesens, in: EAK, 168-184 (1989).
Blumencron, Mathias von, Weiche Welle, in: Capital, Heft 2, 185-187 (1989).
BMFSFJ, Bundesministerium für Familie, Senioren, Frauen und Jugend, (Hg.), Abschlußbericht zum Freiwilligen Ökologischen Jahr, Bonn 1996.

BMFSFJ, Bundesministerium für Familie, Senioren, Frauen und Jugend, (Hg.), Untersuchung zum Freiwilligen Sozialen Jahr, Bonn 1998.
Böhnisch, Lothar, Sozialpädagogik des Kinder- und Jugendalters, Weinheim und München 1992.
Böhnisch, Lothar/Winter, Reinhard, Männliche Sozialisation, Weinheim und München 1993.
v. Boetticher, Dietmar, Zivildienst und Sozialer Bereich, unv. Ms., Bonn 1993.
Brose, Hanns-Georg/Hildebrandt, Bruno, Biographisierung von Erleben und Handeln, in: dies. (Hg.), Vom Ende des Individuums zur Individualität ohne Ende, Opladen, 11-30 (1988).
Brumlik, Micha, Solidarität gedeiht nur in Freiheit, in: Zivildienst im Umbruch, XII-XV (1994).
Bündnis 90/Die Grünen im Deutschen Bundestag (Hg.), »Was kommt nach dem Zivildienst?«, Dokumentation einer Fachtagung, Bonn 1998.
Bundesamt für den Zivildienst (Hg.), Daten und Fakten zur Entwicklung von Kriegsdienstverweigerung und Zivildienst, Köln 1998.
Caritas. Beihefte der Zeitschrift für Caritasarbeit und Caritaswissenschaft, Heft 4: Zukunft des Zivildienstes (1994).
Cremer, Christa u.a. (Hg.), Frauen in sozialer Arbeit, Weinheim und München 1990.
Dettling, Warnfried, Solidarität – neu buchstabiert, in: Die Zeit, 05.03.1993.
Deutscher Bundestag, Unterrichtung durch den Wehrbeauftragten: Jahresbericht 1993, Bonn (Drucksache 12/6950) (1994).
Deutscher Caritasverband (Hg.), Konzeption und Gestaltung von Einführungslehrgängen für Zivildienstleistende Freiburg 1991.
Deutscher Caritasverband (Hg.), Zivildienst in der Sackgasse? Politische, theologische und pädagogische Perspektiven, Freiburg 1993.
Dunkel, Wolfgang, Wenn Gefühle zum Arbeitsgegenstand werden, in: Soziale Welt, 39.Jg., 66-87 (1988).
(EAK) Evangelische Arbeitsgemeinschaft zur Betreuung der Kriegsdienstverweigerer (Hg.), Sozialer Friedensdienst im Zivildienst, Bremen 1989.
Enders-Dragässer, Uta/Fuchs, Claudia, Jungensozialisation in der Schule, Darmstadt 1989.
Ferchhoff, Wilfried/Neubauer, Georg, Jugend und Postmoderne, Weinheim und München 1989.
Finis-Siegler, Beate, Konversion des Zivildienstes, in: Bündnis 90/Die Grünen im Deutschen Bundestag (Hg.), »Was kommt nach dem Zivildienst?«, Dokumentation einer Fachtagung, Bonn, 8-16 (1998).
Fink, Ulf, Die neue Kultur des Helfens. Nicht Abbau, sondern Umbau des Sozialstaates, München 1990.
Fischer, Arthur u.a., Einleitung zu Jugendliche + Erwachsene '85, in: Jugendwerk der Deutschen Shell 1985.
Fischer, Arthur/Münchmeier, Richard, Die gesellschaftliche Krise hat die Jugend erreicht. Zusammenfassung der zentralen Ergebnisse der 12. Shell Jugendstudie, in: Jugendwerk der Deutschen Shell (Hg.), Jugend »97, Opladen, 11-23 (1997).
Fuchs, Werner, Soziale Orientierungsmuster: Bilder vom Ich in der sozialen Welt, in: Jugendwerk der Deutschen Shell (Hg.), Bd. 1 (1985).
Gagelmann, Hartmut, Kai lacht wieder, München 1983.
Gerke, Thomas, Oft wird mir deutlich, daß wir »nur« die Zivis sind, in: *Pokatzky*, 82-87 (1983).
Goebel, Johannes/Clermont, Christoph, Die Tugend der Orientierungslosigkeit, Berlin 1997.
Gohde, Jürgen, Kann man Gemeinsinn erzwingen? – Gedanken über die Dienstpflichtdiskussion, in: Zentralstelle für Recht und Schutz der Kriegsdienstverweigerer aus Gewissensgründen e.V., Allgemeine Dienstpflicht, Bremen, 15-18 (1994).

Hecker, Konrad, Kriegsdienstverweigerung – Dienen in Zivil, in: Deutsches Jugendinstitut (Hg.), »Immer diese Jugend«, München, 468-480 (1985).

Heinzen, Georg/Koch, Uwe, Von der Nutzlosigkeit erwachsen zu werden, Reinbek 1985.

Heitmeyer, Wilhelm/Olk, Thomas (Hg.), Individualisierung von Jugend, Weinheim und München 1990.

v. Hentig, Hartmut, Die Schule neu denken, München 1993.

Höhn, Reinhard, Die Armee als Erziehungsschule der Nation. Das Ende einer Idee, Bad Harzburg 1963.

Hüwel, E., Zivildienst und Zivildienstleistende in Wohlfahrtsverbänden – Einstellungen, Motive und Problemlagen, Paderborn 1988.

Hurrelmann, Klaus, Warteschleifen, Weinheim und Basel 1989.

Hurrelmann, Klaus/Ulich, Dieter (Hg.), Neues Handbuch der Sozialisationsforschung, Weinheim und Basel 1991.

Jakob, Gisela, Zwischen Dienst und Selbstbezug, Opladen 1993.

Janning, Heinz, u.a. (Hg.), Kriegs-/Ersatzdienstverweigerung in Ost und West, Essen 1990.

Janning, Heinz/Bartjes, Heinz, Ehrenamt und Wirtschaft. Beiträge zum Ehrenamt 2, hrsg. von der Robert Bosch Stiftung, Stuttgart 1999.

Kämper, Sebastian, Von der Pflicht als Chance, in: *Janning u.a.*, 135-139 (1990).

Kaiser, Astrid (Hg.), Koedukation und Jungen. Soziale Jungenförderung in der Schule, Weinheim 1997.

Keupp, Heiner, Riskante Chancen, Das Subjekt zwischen Psychokultur und Selbstorganisation, Heidelberg 1988.

Kirchenamt der EKD/Diakonisches Werk der EKD (Hg.), Der staatliche Zivildienst als Herausforderung für kirchlich-diakonische Einrichtungen, Stuttgart 1990.

Kistler, Kurt/Klein, Paul, Keine Zukunft für die Wehrpflicht?, in: *Klein, Paul (Hg.)*, Wehrpflicht und Wehrpflichtige heute, Baden-Baden, 125-128 (1991).

Kliche, Thomas u.a., Der blockierte Zwitter. Belastungen und Lernen in der gespaltenen Organisationskultur des Zivildienstes, in: Politische Psychologie, 6.Jg., 113-128 (1998).

Kraus, Cornelius, Die Probleme kommen noch auf uns zu, Frankfurt/M., unv. Ms. (1988).

Krölls, Albert, Kriegsdienstverweigerung. Grundrecht zwischen Gewissensfreiheit und Kriminalität, Leverkusen 1986.

Krüger, Heinz-Hermann (Hg.), Handbuch der Jugendforschung, Leverkusen 1988.

Kuhlmann, Jürgen/Lippert, Ekkehard, Wehrpflicht ade? Argumente für und wider die Wehrpflicht in Friedenszeiten, in: *Kaldrack, Gerd/Klein, Paul (Hg.)*, Die Zukunft der Streitkräfte angesichts weltweiter Abrüstungsbemühungen, Baden-Baden, 41-76 (1992).

Liepmann, Heinz (Hg.), Kriegsdienstverweigerung oder Gilt noch das Grundgesetz?, Reinbek bei Hamburg 1966.

Lippert, Ekkehard, Zivildienst: Meinungsgegenstand und Rekrutierungsfeld, in: *Markefka/Nave-Herz*, 497-508 (1989).

Lorenz, Alfred, Zivildienstleistende – die billigen Handlanger, in: *Janning u.a.*, 159-170 (1990).

Ders., Raus aus der Zivildienstfalle, in: *Bündnis 90/Die Grünen im Deutschen Bundestag (Hg.)*, »Was kommt nach dem Zivildienst?«, Dokumentation einer Fachtagung, Bonn, 17-21 (1998).

Markefka, Manfred/Nave-Herz, Rosemarie (Hg.), Handbuch der Familien- und Jugendforschung, Bd II: Jugendforschung, Neuwied und Frankfurt/Main 1989.

Maas, Henner, Freiwillig Engagiert! Eine Literatur-Übersicht, unv. Ms., Bottrop 1997

Ders, Konversion des Zivildienstes in Freiwilligendienste – eine realistische Option für Kirche und Gesellschaft?, in: *Bündnis 90/Die Grünen im Deutschen Bundestag (Hg.)*, »Was kommt nach dem Zivildienst?«, Dokumentation einer Fachtagung, Bonn, 67-82 (1998).

Matzen, Jörg, Der Zivildienst als Instanz politischer Sozialisation, in: *Claußen, Bernhard/ Geißler, Rainer (Hg.)*, Die Politisierung des Menschen. Instanzen der politischen Sozialisation, Opladen, 205-217 (1996).
Messerschmidt, Manfred, 200 Jahre Wehrpflicht – eine demokratische Errungenschaft?, in: 4/3-Fachzeitschrift zu KDV, Wehrdienst und Zivildienst, 11. Jg., 61-65 (1993).
Metz-Göckel, Sigrid, Geschlechterverhältnisse, Geschlechtersozialisation und Geschlechtsidentität, in: Zeitschrift für Sozialisationsforschung und Erziehungssoziologie, 7. Jg., 85-97 (1988).
Müller, Siegfried/Rauschenbach, Thomas (Hg.), Das soziale Ehrenamt, Weinheim und München 1988.
Notz, Gisela, Frauen im sozialen Ehrenamt, Freiburg 1989.
Nachtwei, Winfried/Körner, Andreas, Bedeutung und Zukunft des Zivildienstes. Ergebnisse einer Verbändebefragung, in: *Bündnis 90/Die Grünen im Deutschen Bundestag (Hg.)*, »Was kommt nach dem Zivildienst?«, Dokumentation einer Fachtagung, Bonn, 56-66 (1998).
Nestmann, Frank/Schmerl, Christiane (Hg.), Frauen – das hilfreiche Geschlecht, Reinbek 1991.
Olk, Thomas/Strikker, Frank, Jugend und Arbeit, in: *Heitmeyer/Olk*, 159-193 (1990).
Olk, Thomas, Zwischen Hausarbeit und Beruf. Ehrenamtliches Engagement in der aktuellen sozialpolitischen Debatte, in: *Müller/Rauschenbach*, 19-36 (1988).
Ders., Sozialengagement als Lebensstil, in: Blätter der Wohlfahrtspflege, 140. Jg., 270-272 (1993).
Opitz, Eckardt/Rödiger, Frank (Hg.), Allgemeine Wehrpflicht, Bremen 1994.
Paulwitz, Irmgard, Freiwillige in sozialen Diensten, Weinheim und München 1988.
Pietzcker, Jost, Gutachten zu Rechtsfragen der Einführung einer allgemeinen Dienstleistungspflicht, Bonn 1991.
Pokatzky, Klaus (Hg.), Zivildienst – Friedensarbeit im Inneren, Reinbek 1983.
Projekt Soziales Lernen, Das Soziale Lernen, Stuttgart 1999.
Räder, Hans-Georg, Kriegsdienstverweigerung im neuen Deutschland, in: *Zentralstelle für Recht und Schutz der Kriegsdienstverweigerer aus Gewissensgründen e.V.*, Kriegsdienstverweigerer 1993: Zivis, Märtyrer und Flüchtlinge, Bremen, 19-39 (1994).
Raichle, Ulrich, Zivildienst. Entwicklung und soziale Bedeutung, Stuttgart 1992.
Robert, Günther, Junge Erwachsene, in: neue praxis, 20. Jg., 99-110 (1990).
Rosewitz, Bernd u.a., Die biographische Bedeutung der Schullaufbahn im Jugendalter, in: *Baake, Dieter/Heitmeyer, Wilhelm (Hg.)*, Neue Widersprüche – Jugendliche in den achtziger Jahren, Weinheim und München, 108-130 (1985).
Rumpf, Horst, Die übergangene Sinnlichkeit, München 1981.
Sagawe, Helmuth, Ökologisch orientierte Jugend, eine »post-ökologische« Bewegung? Eine Untersuchung über das Freiwillige ökologische Jahr, in: neue praxis, 26. Jg., 313-326 (1996).
Schmitt, Alexander, Zwang, in: *Janning u.a.*, 154-156 (1990).
Schweitzer, Friedrich/Thiersch, Hans (Hg.), Jugendzeit – Schulzeit. Von den Schwierigkeiten, die Jugendliche und Schule miteinander haben, Weinheim und Basel 1983.
Der Spiegel, Nr. 40, v. 29.09.1980.
Staufer, Walter R., Ich bin Zivi. Ein Handbuch für Zivildienstleistende, Reinbek 1990.
Steinwender, Klaus, »Zivildienst vorrangig im sozialen Bereich ...«, in: *EAK*, 109-121 (1989).
Temsch, Joachim, Das wird schon wieder. Ein Bericht, Reinbek bei Hamburg 1996.
Tietzrath, Andreas, Helfen Sie mir denn gleich 'nen Kaffee zu machen. Aus dem Tagebuch eines ZDL, Rasch und Röhrig 1986.

Tobiassen, Peter, Das Verbot von Zwangs- und Pflichtdiensten – national und international, in: 4/3 – Fachzeitschrift zu Kriegsdienstverweigerung, Wehrdienst und Zivildienst, 12. Jg., 6-8 (1994).
Unruh, Trude (Hg.), Tatort Pflegeheim. Zivildienstleistende berichten, Essen 1989.
Vogt, Wolfgang R., Wider die Wehrpflicht: Zur Enttabuisierung einer antiquierten Wehrform, in: Jahrbuch Frieden 1993, hrsg. von *Birckenbach, Hanne-Margret*, München, 161-169 (1992).
Ders., Allgemeine Wehrpflicht – ein politisches Tabu auf dem Prüfstand, in: 4/3-Fachzeitschrift zu KDV, Wehrdienst und Zivildienst, 11. Jg., 19-21 (1993).
Williams, Christine, Gender differences at work. Women and men in nontraditional occupations, Berkeley and Los Angeles 1989.
Dies., Doing women's work. Men in nontraditional occupations, Newbury Park, London, New Delhi 1993.
Zinnecker, Jürgen, Jugend 1981: Porträt einer Generation, in: *Jugendwerk der Deutschen Shell*, Bd. 1, 80-122 (1981).
Zivildienst in Kirche und Diakonie, hg. von den Zivildienstreferenten der Diakonischen Werke der Ev. Kirche in Deutschland, o.Ort, o.Jahr.
Zivildienst im Umbruch, Dokumentation einer Fachtagung des Paritätischen Wohlfahrtsverbandes vom 08.-09.09.1993, in: Blätter der Wohlfahrtspflege, 141. Jg., Heft 7+8, I-XIX (1994).
Zoll, Rainer u.a., »Nicht so wie unsere Eltern!« Ein neues kulturelles Modell?, Opladen 1989.

Alfred L. Lorenz

»Was wäre, wenn es keine Zivis mehr gäbe?«

Ein Erfahrungsbericht aus der Praxis

Ein Mann für alle Fälle. Nett, hilfsbereit und fröhlich. Und ohne Murren macht er zumeist alles, was so anfällt. Und dabei kostet er doch fast nichts.
Ein Zwangsarbeiter. Ohne Arbeitnehmerrechte macht er einen Job, für den er sich als das kleinere eines grundsätzlichen Übels entschieden hat.
Über 140.000 junge Männer in Deutschland leben für gut ein Jahr ihres Lebens in diesem Spannungsfeld zwischen fröhlichem Helfen und Zwangsarbeit. Rund hunderttausend von ihnen arbeiten in Einrichtungen und Betrieben, die einen eindeutigen Arbeitsauftrag haben, und die diesen Auftrag mit festeingestellten Mitarbeiterinnen und Mitarbeitern erfüllen. Die jungen Männer machen meist eine vergleichbare Arbeit wie sie – Zivildienstleistende.
Nachgedacht wird nicht viel in der Gesellschaft, weder über den Zwangscharakter dieser Arbeit noch über den Status dieser Mitarbeiter ohne Mitarbeiterstatus. Aber es dauert ja auch in jedem einzelnen Fall nur gut ein Jahr, dann haben die Jung's es hinter sich. Die anderen mußten eben zum Bund.
In diesem einem Jahr werden von den jungen Menschen oft lebenswichtige Entscheidungen getroffen. Für viele Zivis ist es die erste langandauernde Begegnung mit der Arbeitswelt. Sie beobachten den Umgang zwischen Arbeitnehmern und Arbeitgebern, zwischen ihren »Kollegen« und deren Vorgesetzten, sie lernen etwas über »oben« und »unten«. Wer diskutiert mit ihnen, bietet Hilfen zum Begreifen? Die Gewerkschaft in der Regel nicht, die betrieblichen Interessenvertretungen auch nicht. Wenn, dann sind Zivis selbst organisiert, untereinander. Oder sie werden vom Arbeitgeber betreut, manchmal sehr gut und einfühlsam, oft geht es zu wie beim Militär.
Es gibt drei »gute« Gründe, warum sich weder Einrichtungsleitungen und die Verbände, die die Einrichtungen tragen, noch die Gewerkschaften und Personalvertretungen darum weiter kümmern:
1. Die Zivis sind beliebt bei den Kolleginnen und Kollegen, eben weil sie jung und freundlich und immer die fehlende helfende Hand sind.
2. Mit Zivis lassen sich Personalengpässe wunderbar beheben.
3. Das »Arbeitsverhältnis« der Zivis wird durch Gesetze und Verordnungen geregelt, die viel mit militärischem Denken und wenig mit dem vertrauten Arbeitsrecht zu tun haben. Wollte man dies in Frage stellen, müßte man sich auch gut auskennen.

»Gute« Gründe sind es, weil sie verständlich und nachvollziehbar sind. Vernünftige Argumente sind es nicht, sie sind sehr subjektiv, drücken mehr Stimmungen und Gefühle aus. Letztlich sind es Vorwände für Untätigkeit.
Und es gibt auch zwei »schlechte« Gründe:
1. Nach einem Jahr ist jeder Zivi wieder weg. Was lohnt der Einsatz?
2. Aus der eigenen Begleitung eines Projektes zur Abschaffung von Zivildienstplätzen kenne ich noch diesen Grund für die Nichtbefassung: Die Personalvertretungen müßten sich da raushalten, heißt es, leider, weil das gesetzlich so geregelt sei, daß sie da nichts mitzubestimmen hätten. Zivis würden nicht unter die Mitbestimmung fallen.
Diese beiden Argumente sind fatal für unsere Gesellschaft. Das eine ist zynisch, das zweite politisch riskant: In einer sensiblen Entwicklungsphase werden junge Menschen nicht mit den für ihr künftiges Leben als Arbeitnehmer so wichtigen Erfahrungen, Möglichkeiten und auch nicht mit der dafür geschaffenen Organisation, der Gewerkschaft, bekannt gemacht. Ein verschwendete Chance, oft für immer. Meine Ansicht war: Eine Personalvertretung, die hier freiwillig und resignativ Einflußmöglichkeiten aufgibt, wird auch andere Krisen kaum bestehen können, weil es schließlich immer die Möglichkeit gibt zu sagen: Tut mir leid, da kann man nichts machen.
Berichtet wird hier die Geschichte aus dem Krankenhaus, in dem ich von 1980 bis 1996 Mitglied im Personalrat und von 1986 bis 1992 für die Personalratsarbeit freigestellt war. Es ist die Geschichte einer Abschaffung von Zivildienstplätzen in einem Arbeitsbereich, in dem derzeit wahrscheinlich gut 10 % der Zivildienstleistenden arbeiten.
Ende der 80er Jahre kam ein Krankenpfleger der Intensivstation, ÖTV-Vertrauensmann, in das Personalratsbüro: »Jetzt hab ich es satt. Überall nur Hilfskräfte. Wenn du sagst, daß mehr Personal her muß, was kommt: Praktikanten, Hospitanten und jetzt schicken die mir einen Zivi.« Solche Leute müßten raus. Der Mann war Kriegsdienstverweigerer und hatte selbst als Zivi Ersatzdienst geleistet.

Erstmals beschäftigten wir uns in der Personalvertretung mit dem Problem und machten folgende Feststellungen:
1. Feststellung: Im Krankenhaus (ein Betrieb mit ca. 1.300 Betten und etwas über 2.000 Beschäftigten) gibt es 46 Zivildienstplätze. Rund 20 sind schon vor 10 Jahren für den Patiententransport eingerichtet worden, die Zivis aber sind inzwischen direkt auf den Stationen eingesetzt, da können sie ja auch sonst mal zupacken. Überall im Krankenhausbetrieb sind Zivis tätig: In der Gärtnerei, im Archiv, in der Aufnahme, in der Radiologie, bei den Handwerkern: Wo immer es Handlangertätigkeit gibt (z.B. Archiv, Mikroverfilmung), die niemand mehr machen will, oder wo es strukturelle Probleme gibt, weil offizielle Personalberechnungen mit der betrieblichen Wirklichkeit nicht zusammenpassen (z.B. Pforte): Zivis. Alles ohne Mitbestimmung.
2. Feststellung: Es gibt ein rechtliches Gebot der Arbeitsplatzneutralität. Zivis dürfen dort nicht eingesetzt werden, wo die Arbeit üblicherweise von festeingestell-

tem Personal gemacht wird, im Wortlaut: »Zivildienstplätze dürfen nicht anerkannt werden, wenn sie nachweislich einen bisherigen Arbeitsplatz ersetzen oder eine Einrichtung eines neuen Arbeitsplatz erübrigen sollen.« Diese Regelung von 1984 war damals gültig.

Wir nehmen über die Zentralstelle KDV in Bremen Kontakt zur »Zivildienst-Szene« auf und erfahren: Die Verbände und Organisationen, die sich mit Fragen des Zivildienstes befassen, betonen die Arbeitsplatzneutralität. Sie interessieren sich für unsere Absicht, in Zivildienstfragen innerbetrieblich mitreden zu wollen. Wir machen dann die

3. Feststellung: Die Zivis haben Probleme bei der Selbstorganisation im Hause, haben keinen Raum, streiten sich mit dem Zivildienstbeauftragten des Hauses.

4. Feststellung: Die Zivis sind oft überfordert: sie begegnen menschlichen Grenzsituationen in der Pflege, bei denen sie allein gelassen werden.

Wir recherchieren, lesen die Gesetze vorwärts und rückwärts und erkennen: Es gibt auch hier ein Mitbestimmungsrecht. Zivis werden für ganz bestimmte, gut beschreibbare Aufgaben eingesetzt. Immer machen auch regulär Beschäftigte eine vergleichbare oder gar dieselbe Arbeit. Also ist der Zivi-Einsatz Ausdruck einer Organisationsänderung, zumindest einer Geschäftsverteilung. Geschäftsverteilungspläne unterliegen der Mitbestimmung, nach allen Personalvertretungsgesetzen, dem Betriebsverfassungsgesetz und den Mitarbeitervertretungsregelungen.

5. Feststellung: Auch wenn die Zivis vom Bundesamt für den Zivildienst einberufen werden, trifft die Dienststelle eine Entscheidung, und zwar eine Personalentscheidung. Sie hat maßgeblichen Einfluß darauf, welcher Zivi kommt, weil sie dem Bundesamt für den Zivildienst mitteilt, wer auf welchen Zivildienstplatz einberufen werden soll. Zivis suchen sich ihre Plätze in der Regel selbst. Für Personalentscheidungen gibt es ebenfalls Mitbestimmungsregelungen.

Der Direktion des Krankenhauses wurde vom Personalrat schon mal mitgeteilt, daß man beabsichtige, Mitbestimmungsrechte auszuüben, und daß das langfristige Ziel sei, alle Zivildienstplätze abzuschaffen.

Das war eine gravierende Entscheidung. Bevor sie getroffen wurde, haben wir uns umgehört in der »Zivildienst-Szene«, haben an Konferenzen und Beratungen teilgenommen. Wir haben uns versichert: Ein Abbau von Zivildienstplätzen dort, wo reguläre Arbeit stattfindet, ist im starken Interesse der Verbände. Wir informierten uns und fanden heraus, daß im Umfeld des Krankenhauses, also in der Stadt Bremen, genug Zivildienstplätze vorhanden sind. Wir sind also gegen zwei zu erwartende Einwände gewappnet. Niemand kann kommen und sagen: »Ihr wollt nur dem Krankenhaus schaden. Die Zivis selbst denken da völlig anders.« Und niemand kann behaupten: »Ihr schadet den Zivis. Die armen Leute kriegen keine Plätze und werden nachher noch weit weg von zu Hause eingesetzt.«

Wir nahmen dann intensiven Kontakt zu den Zivis in unserem Krankenhaus auf, luden ihren Sprecher häufig, eine Zeitlang auch regelmäßig, zu Personalratssitzungen ein. Ein Personalratsvertreter nahm an den gesetzlich vorgeschrieben Versammlungen der Zivis teil, auch wenn es der Zivildienst-Betreuer der Dienststelle nicht gern sah. Wir lernten dazu, wir lernten auch die Rechte der Zivis kennen.

Der Belegschaft wurde die Linie erklärt: Abbau aller Zivildienstplätze, die reguläre Arbeitsplätze ersetzen, keine Zivis als »Hiwis«. Es gibt viel Widerspruch, wir bekamen richtig Ärger mit manchen Leuten, die uns auch androhten, uns nicht wieder zu wählen, wenn wir ihnen die Zivis wegnähmen. Oft kamen ja die Leute ins Personalratsbüro und sagten: »Hier haben wir so eine Arbeit, die wir nicht schaffen, warum kriegen wir dafür keinen Zivi?« Wenn der Personalrat dann sagte: »Weil es keine Zwangsarbeiter und Handlanger geben soll«, dann klang das manchem nach ideologischer Verblendung. Die Direktion sah das erstmal auch so.

Wir hatten aber berechtigte Motive für unsere Zielsetzung und für unser Handeln:

1. Ein Krankenhaus, das mit Zivis Personalplanung macht, wird bei Verhandlungen mit Kostenträgern oder bei der Beurteilung durch Wirtschaftsprüfungen darauf festgenagelt. In einem Prüfbericht heißt es: »Einen Patientenbegleitdienst gibt es nicht. Die Kosten für den Einsatz von Zivildienstleistenden in diesem Bereich sind angemessen.« Hätte das Krankenhaus einen Patientenbegleitdienst mit festeingestellten Mitarbeiterinnen und Mitarbeitern gehabt, hätte die Wirtschaftlichkeitsprüfung das anerkannt. Es gibt keine einzige Bestimmung im ganzen komplexen und massiv auf Kostensenkung ausgerichteten Gesetzes- und Verordnungswerk der Krankenhausfinanzierung, die verlangt, Kosten durch Zivi-Einsatz zu minimieren. Das gilt für die Altenpflege und Behindertenarbeit genauso. Also ist Zivi-Einsatz immer auch Ausdruck einer Gestaltungsschwierigkeit und von organisatorischem Unvermögen der Einrichtungsleitung, zumindest aber werden die Folgen schlechter Ergebnisse der Verhandlungen mit den Kostenträgern zur Personalbemessung durch Zivis »korrigiert«.

2. Ende der 80er Jahre wurde ein massiver Rückgang der Zahlen von Zivis prognostiziert: Die »Horrorkurve« der Militärplaner (Rückgang der Zahlen junger Männer und Gefahr für die Bestandsstärke der Bundeswehr) ging auch die Einrichtungen etwas an, die sich mit Zivis organisieren. Es war die Gefahr absehbar, daß Zivildienstplätze mangels Angebot an Zivis unbesetzt blieben. Diese Gefahr hatte sich damals durch die Auswirkungen des Golfkriegs und die danach gestiegene Zahl der Kriegsdienstverweigerer verringert. Inzwischen hat sich die Zahl der Zivildienstplätze massiv erhöht: Es gibt weit mehr Plätze als Zivis, nur gut 70 % sind derzeit besetzt. Die Zivis können ein wenig aussuchen, wo sie hingehen und was sie machen wollen. Wieder ist da für den konkreten Betrieb, der mit Zivis kalkuliert, die Gefahr, daß der Zivildienstplatz frei bleibt.

Dann begann ein gelegentliches Mitbestimmungsgerangel: Organisationsänderungen und Personalentscheidungen wurden immer mit dem konkreten Zivi-Problem abgeglichen. So entstand Mitbestimmung in Zivi-Fragen.

Es tat sich eine gute Möglichkeit auf, doch zu einer Linie mit der Leitung des Krankenhauses zu kommen: Organisatorische Veränderungen in der Pflege, der Übergang von der Funktionspflege zur Bereichspflege, bewirkten mehr Planung in der Arbeit der Pflegenden mit der Folge, daß sie nicht mehr jederzeit auf Abruf einen Patienten zu Untersuchungen begleiten konnten: Es wurde die Einrichtung eines

Patientenbegleitdienstes notwendig. Bis dahin wurde die Begleitung von Patienten zu Untersuchungen von den Zivis geleistet. War der »Stationszivi« nicht da oder bereits mit einem Patienten unterwegs, dann mußten die Pflegenden selbst losziehen, sie konnten ihre Arbeitsplanung nicht aufrechterhalten, ein unerwünschtes Ereignis. Das Angebot des Personalrats: Abschaffung aller Zivildienstplätze in der Verwaltung und im technischen Bereich; Umwidmung der verbleibenden ca. 20 Stellen in Pflegestellen mit dem Arbeitsinhalt »Patientenbegleitung«; Aufbau eines Patientenbegleitdienstes, von Anfang an mit festeingestellten Mitarbeiterinnen und Mitarbeitern – zusätzlich die restlichen 20 Zivis; danach Abbau der Zivildienstplätze und schrittweises Ersetzen durch festeingestellte Mitarbeiterinnen und Mitarbeiter mit dem Ziel, einen Patientenbegleitdienst mit rund 10 Festeingestellten ohne Zivis im Hause zu haben.

Wichtige Regeln:
- Kein Zivi muß das Haus verlassen, alle machen ihren Dienst bei uns zu Ende. Wer seine Versetzung in den Patientenbegleitdienst nicht mitmachen will, macht seinen Dienst dort zu Ende, wo er gerade eingesetzt ist.
- In den Fällen, in denen die Umstellung auf ein Arbeiten ohne Zivis schwierig war oder wo nur eine längerfristige Personalplanung möglich war, galt: einmaliges Wiederbesetzen des Zivildienstplatzes.
- Sperren der frei gewordenen Zivildienstplätze beim Bundesamt für den Zivildienst.

Ziel: Ab 1996 sollte es nur noch 4 Zivildienstplätze geben, und zwar im Kulturbereich des Krankenhauses. Ein Kompromiß wurde gefunden: Eine Außeneinrichtung (Psychiatrische Tagesklinik) des Krankenhauses hatte zwei Zivildienstplätze für einen Fahrdienst. Das war – noch bevor der Personalrat das Gespräch mit der Direktion gesucht hatte – in der Pflegesatzvereinbarung mit den Krankenkassen für die Patienten dieser Einrichtung vereinbart worden. Ohne Fahrdienst hätten viele Patienten die Einrichtung nicht mehr aufsuchen können. Die Zivildienstplätze blieben vorerst bestehen.

Fazit: Von ehemals 46 Zivildienstplätzen sind sechs geblieben: Die zwei im Fahrdienst der psychiatrischen Tagesklinik und die vier für den Kulturbereich umgewidmeten. So ist die Lage heute.

Die Plätze im »Kreativbüro« des Kulturbereichs im Krankenhaus sollen bleiben. Das Zentralkrankenhaus Bremen Ost hat für den Osten der Stadt eine aktive kulturelle Funktion übernommen, führt Kulturveranstaltungen und -programme durch, kooperiert mit Initiativen und Projekten, betreut eine Galerie. Das alles sind Tätigkeiten, die nicht zum gesetzlichen Aufgabenbereich des Krankenhauses gehören. Hier sollen die Zivildienstplätze ausdrücklich bleiben: Wenn es denn durch die Wehrpflicht einen Zivildienst gibt, dann soll der Einsatz der »dienenden« jungen Männer dort geschehen, wo sich die Tätigkeit vieler Akteure mehr in Projekten, Initiativen und Aktionen regelt, und nicht auf festen Arbeitsplätzen.

Das Krankenhaus hat bei alledem schließlich nicht gelitten. Für den Bereich des Krankenhauses gilt nach meiner Erfahrung: Die Zivildienstleistenden sind immer mit regulärer Arbeit befaßt. Wenn sie gehen, muß etwas geschehen, weil die Arbeit,

die sie bisher gemacht haben, von anderen Menschen oder auf andere Art gemacht werden muß. Oft wurden daher gerade in den Bereichen unseres Krankenhauses, in denen früher die Zivis tätig waren, gute neue und moderne Arbeitseinheiten geschaffen, es wurde zielstrebiger unangenehme Arbeit an Maschinen abgegeben. Beispiele aus der Entwicklung in unserem Haus:
Die Pforte z.B. wurde als zentrale Schaltstelle zur Öffentlichkeit überhaupt erst richtig wahrgenommen und mit Fachkräften besetzt. Die Aufgabenverteilung zwischen dem Patientenempfang, der Patienten- und der sog. Verwaltungsaufnahme ist neu geregelt, der Eingangsbereich des Hauses wurde bei einem Umbau so gestaltet, daß ein Empfangstresen entstand; dort, am Empfang, sind inzwischen Mitarbeiterinnen beschäftigt, die früher bei uns nicht tätig waren, manche mit ganz anderen Berufserfahrungen; sie kommen z.B. aus Arztpraxen oder aus der Hotellerie. Der Patientenbegleitdienst arbeitet heute mit den zu Beginn projektierten ca. 10 Mitarbeiterinnen und Mitarbeitern effektiv. Im Fahrdienst werden Kraftfahrer beschäftigt. Die Mikroverfilmung in der Radiologie geschieht mit neuen Geräten durch die MTAs selbst, wenn die Bilder nicht inzwischen unmittelbar in EDV-Systemen gespeichert werden. Das sind praktische Beispiele. Woher kamen die Stellen? Beim Aufbau des Patientenbegleitdienstes wurden teilweise Stellenzuwächse nach Einführung der Personalverordnung Psychiatrie (PsychPV) und der inzwischen wieder aufgehobenen Personalregelung Pflegedienst (PPR) genutzt. Beim Empfang wurde die Stellen u.a. durch Aufgabenverlagerung aus der Verwaltung heraus geschaffen.
Der Fall, daß durch den Einsatz von Zivildienstleistenden neue Arbeitsfelder erschlossen werden, kommt in den Krankenhäusern seltener vor als in der freien Wohlfahrtspflege. Aber auch da gilt, daß zu Beginn der Entwicklung reguläre Arbeit gemacht wird. Ein Beispiel: Der Einsatz von Integrationshelfern für behinderte Kinder in regulären Kindergartengruppen wird von Anfang an begleitet durch den Abbau von Betreuungsangeboten in den sonderpädagogischen Kindergärten. Die Integration ist als Konzept natürlich sehr gut und richtig. Man muß nur ehrlich feststellen: Für den Einsatz von Zivis in den Integrationsgruppen sind an anderer Stelle Arbeitsplätze weggefallen. In der Antwort auf die große Anfrage der SPD (Bundestagsdrucksache 13/9330) wird ja auch ohne Umschweife der Vergleich zu den AB-Maßnahmen gezogen: Der Zivildienst wird hier als arbeitsmarktpolitisches Instrument gesehen.
Unser Ziel war nicht, dem »drohenden« Wegfall der Wehrpflicht zuvorzukommen, der ja die Folge hätte, daß es auch keinen Zivildienst mehr gäbe; wir hatten nicht die Ansicht, die Zivildienstplätze vorsorglich rechtzeitig abzubauen.

Es ging und geht um einen ganz zentralen Punkt, den ich zusammenfassend noch einmal betonen will:
In nahezu allen Zivildienststellen machen junge Männer eine Arbeit, die notwendig ist, und die auch von anderen Menschen in regulären Arbeitsverhältnissen gemacht wird. Die Zivildienstleistenden aber haben keine Rechte wie Arbeitnehmer, sie unterliegen einer Art Kommandostruktur, wie die Soldaten – auch wenn sie natürlich in den vielen Einsatzorten im sozialen Bereich nur sehr, sehr selten herumkom-

mandiert werden wie auf dem Kasernenhof. Aber Rechte haben sie nicht, oder eben völlig andere, die ihre Kolleginnen und Kollegen, und in aller Regel auch die Interessenvertretungen ihrer Kolleginnen und Kollegen nicht kennen. Wie gesagt: Es wäre etwas anderes, wenn diese Zeit in sozialen Einrichtungen und Initiativen verbracht würde, in denen alle Akteurinnen und Akteure davon ausgehen, daß man Projekte für kurze Zeit macht, daß man für ein Honorar hier oder einen kleinen Werkvertrag dort jobbt, in Bereichen also, in denen es mehr auf kreative Gestaltung der Welt ankommt als auf Ableistung regulärer und dringend gebrauchter Arbeit. Wenn dieser Gedanke berücksichtigt würde, wären wir auch näher an der altersgemäßen Erlebniswelt der jungen Männer, wir wären näher am gesellschaftlichen Engagement.

Für mich gab es in unserem ganzen Projekt zur Abschaffung der Zivildienstplätze ein persönliches Motiv, ein pazifistisches:
Ich weiß, daß viele junge Männer sich heute die Frage stellen: »Gehe ich zum Bund oder mache ich Zivildienst?« Das erwägen sie auch ganz pragmatisch, die einen wie die anderen, sie denken dabei an ihr Alltagsleben, ans Geld, an die Karriere . . . Daran, das Kriegshandwerk zu erlernen, denken die einen in der Regel nicht; daran, den Kriegsdienst zu verweigern, die anderen manchmal erst in zweiter Linie. Unser alltäglicher Sprachgebrauch vom »Zivildienst« läßt leicht vergessen, daß es sich um einen zivilen Ersatzdienst für den Kriegsdienst mit der Waffe handelt. Ich habe mich immer gefragt, warum denn dieser Ersatzdienst nicht unmittelbar als Kontrapunkt zum Kriegsdienst konzipiert wurde. Warum gibt es praktisch keine Zivildienstplätze, bei denen der Kriegsdienstverweigerer etwas für ein friedliches Leben der Menschen tut? Frieden ist im Zusammenhang dieser Überlegungen weniger ein Zustand als ein aktives Konzept: Solange mit der Option Krieg operiert wird, ist Frieden die Maßnahme oder das Bündel von Maßnahmen und Handlungen von Menschen, das den Krieg nicht zuläßt, verhindert, ihn zumindest im Augenblick hinauszögert. Natürlich gibt es auch einen »sozialen Frieden«. Man kann auch sagen, dieser soziale Frieden wäre die Alternative zu einem sozialen Krieg – aber es gibt keinen sozialen Dienst mit der Waffe, den man verweigern könnte. Soziales Engagement trägt sehr zum friedlichen Leben der Menschen bei, das ist keine Frage. Soziales Engagement junger Menschen zu fördern, ist dringend angesagt. Aber einen Friedensdienst als Kontrapunkt zum Kriegsdienst gibt es im sozialen Bereich nicht, auch nicht im ökologischen, so gewalttätig die zerstörerischen Eingriffe in die Natur derzeit auch sein mögen. Engagement in der Form von Arbeit im Sozialbereich oder im ökologischen Bereich kann nicht zwangsweise verordnet werden.
Wäre der Ersatzdienst für den Kriegsdienst als *Friedensdienst*, also als eine Art Anti-Kriegsdienst konzipiert, müßte sich niemand mit der Frage der Konversion des Zivildienstes befassen.

Michael Ott, Thomas Hoffmann

Diakonie ohne Zivildienst.
Was passiert, wenn die Wehrpflicht fällt?

Ein Positionspapier für die Zeit nach der Abschaffung der Wehrpflicht

Vorbemerkung

Im Januar 1999 veröffentlichte der Beirat Zivildienst des Diakonischen Werkes Württemberg[1] ein Arbeitspapier mit dem Titel *Diakonie ohne Zivildienst – Was passiert, wenn die Wehrpflicht fällt?*. Es sollte den Gremien des Diakonischen Werkes und den Zivildienststellen als Diskussionsgrundlage und als Entscheidungshilfe in Sachen Zivildienst dienen.

Der Beirat Zivildienst erstellte das Arbeitspapier aus der Erkenntnis heraus, daß ein möglicher Wegfall der Zivildienstleistenden in den Einrichtungen Lücken reißen könnte, die anderweitig geschlossen werden müßten. Mit diesem Papier sollte ein Beitrag dazu geleistet werden, diesen Prozeß, falls er ins Rollen käme, aktiv mitzugestalten. Deshalb erachteten die Verfasser es für notwendig, im Vorfeld und ohne zeitlichen Druck sorgfältig zu analysieren, was eine Diakonie ohne Zivildienstleistende bedeuten würde, und Ideen und Konzepte für die Zeit danach zu entwickeln und auszuprobieren.

Das Papier ist die erste verbandsstrukturelle Analyse für den Ersatz des Zivildienstes in einem großen Träger sozialer Arbeit. Der vorliegende Text stellt die Zusammenschau der wichtigsten Aussagen dar.

Politische Situation

Der Zivildienst ist in seinem Fortbestand von der Entwicklung des Wehrdienstes abhängig. Eine Entscheidung für die Abschaffung oder Aussetzung der Wehrpflicht gilt automatisch auch für den Zivildienst. Von Bedeutung ist hierbei der Art. 12a, Abs. 2 des Grundgesetzes, der die Dienstpflicht begründet. Er definiert den Zivildienst als Ersatzdienst für den aus Gewissensgründen nicht geleisteten Wehrdienst. Wenn keine Wehrpflicht mehr besteht, bedarf es auch keines Ersatzes mehr. Andere Formen des Zwangsdienstes untersagt das Grundgesetz im Art. 12a, Abs. 2.

---

1   Der Beirat Zivildienst des Diakonischen Werks Württemberg setzt sich aus VertreterInnen der Einrichtungen, die Einsatzstellen für ZDL sind, des Pfarramtes für Kriegsdienstverweigerer und Zivildienstleistende und Mitarbeitern der Landesgeschäftsstelle zusammen.

Für den Wegfall der Wehrpflicht bedarf es keiner Grundgesetzänderung, es genügt die Änderung des Wehrpflichtgesetzes mit einfacher Mehrheit. Im Wehrpflichtgesetz ist festgelegt, daß junge Männer zum Wehrdienst einberufen werden können, von einem Muß ist nicht die Rede.

Die im Bundestag vertretenen Parteien äußern zum Fortbestand der Wehrpflicht unterschiedliche Auffassungen. Die Fraktion der CDU/CSU-Abgeordneten verteidigt die Wehrpflicht annähernd geschlossen, ebenso große Teile der SPD. In der F.D.P. gibt es keine einheitliche Meinung. Bündnis 90/Die Grünen und PDS sind für eine Abschaffung der Wehrpflicht.

In der Koalitionsvereinbarung der neuen Bundesregierung vom 20.10.98 ist folgende Aussage zu lesen: »Eine ... Wehrstrukturkommission wird ... Auftrag, Umfang, Wehrform, Ausbildung und Ausrüstung der Streitkräfte überprüfen und Optionen einer zukünftigen Bundeswehrstruktur bis zur Mitte der Legislaturperiode vorlegen.«[2] Mittlerweile hat diese Kommission unter der Leitung von Altbundespräsident Richard von Weizsäcker ihre Arbeit aufgenommen. Sie soll bis zum Herbst des Jahres 2000 ihre Ergebnisse vorlegen.

Es mehren sich Hinweise, daß die Wehrpflicht wohl auch bei deren offiziellen Befürwortern zur Disposition stehen könnte. Es scheint mehr eine Frage der politischen Vermittelbarkeit eines plötzlichen Meinungswechsels, denn eine Frage der weiteren Notwendigkeit der Wehrpflicht zu sein. Dies führt zu der Einschätzung, daß die Wehrpflicht innen- und außenpolitisch nicht mehr vermittelbar ist. Die Abschaffung der Wehrpflicht – und damit des Zivildienstes – könnte noch im Laufe dieser Legislaturperiode eingeleitet werden. Einige Gründe lassen diesen Schritt möglich erscheinen: die NATO-Osterweiterung und eine dadurch erforderliche Verringerung der Streitkräfte; die veränderte Sicherheitslage in Mitteleuropa; die Neudefinition der Aufgaben der Bundeswehr; notwendige Umschichtung von Personalkosten in der Bundeswehr für Investitionen aufgrund einer neuen Militärstrategie. Insbesondere die Erörterungen um einen Einsatz von NATO-Bodentruppen im Kosovo könnten die Diskussion um eine Abschaffung oder zumindest Aussetzung der Wehrpflicht beschleunigen.

Die Bedeutung von Zivildienstleistenden in Einrichtungen der Diakonie Württemberg

Befragung diakonischer Einrichtungen

Im Herbst 1997 wurde in 30 ausgewählten Einrichtungen der Diakonie in Württemberg eine Stichprobe zum Anteil der Zivildienstleistenden innerhalb der Mitarbeiterschaft erhoben. Diese Stichprobe wurde ein halbes Jahr später kontrolliert. Ermit-

---

2 Koalitionsvertrag zwischen SPD und Bündnis 90/Die Grünen vom 20.10.1998, Abschnitt XI. Abdruck in der Frankfurter Rundschau am 22.10.1998.

telt wurde das Verhältnis von besetzten Zivildienstplätzen zu hauptamtlich Beschäftigten im selben Bereich bezogen auf Vollzeitstellen.
Die ermittelten Zahlenwerte wurden dann von den Mitgliedern des Beirates Zivildienst einer Bewertung anhand eines Kriterienkataloges unterzogen, um eine qualifizierte Aussage über die Bedeutung von Zivildienstleistenden für die Einrichtungen und die betreuten Menschen zu bekommen. Die Ergebnisse stellen somit eine nichtrepräsentative Einschätzung im Sinne einer qualitativen Expertenbefragung dar.

Folgende Bewertungskriterien wurden herangezogen:
- der Personalanteil der Zivildienstleistenden bezogen auf Vollzeitstellen;
- arbeitspraktischer Wert (Status des Zivildienstleistenden beispielsweise als Fachkraft, körperlich kräftiger Helfer);
- ideeller Wert (besondere Bedeutung des Zivildienstleistenden beispielsweise aufgrund des Alters, der Klientelnähe, seiner Kreativität);
- ökonomische Bedeutung (und damit die Belastung für die Einrichtung bei Wegfall des Zivildienstes);
- arbeitsmarktpolitische Relevanz (und damit die Frage, wie leicht der Dienstleistende durch anderes Personal ersetzt werden kann).

Betrachtet wurden folgende Arbeitsfelder:
- Behindertenhilfe (mit einer Binnendifferenzierung Pflege und Betreuung; Schule; Werkstatt für Behinderte und Technischer Dienst);
- Altenhilfe (mit einer Binnendifferenzierung stationäre Pflege und Betreuung; Technischer Dienst in stationären Einrichtungen; Ambulante Altenhilfe)
- Kinder- und Jugendhilfe (ohne Binnendifferenzierung)
- Krankenhaus (ohne Binnendifferenzierung)

Interpretation der Ergebnisse der Befragung

Hinsichtlich des Personalanteils stellt der Beirat fest, daß es Arbeitsbereiche gibt, in denen der Wegfall von Zivildienstleistenden teilweise erhebliche Lücken reißen würde. Dies gilt insbesondere für alle technischen Dienste und die Stellen in Werkstätten für Behinderte, aber auch in Teilen für die Jugendhilfe. In anderen Bereichen, insbesondere in der Pflege und Betreuung von Alten oder Behinderten wäre der Wegfall der Zivildienstleistenden nach Einschätzung des Beirats verkraftbar.
Bei den Antworten nach dem arbeitspraktischen Wert der Dienstleistenden zeichnete sich eine ähnliche Tendenz ab wie beim Stichwort Personalanteil. So wurde für die Bereiche der Fahrdienste und der Technischen Dienste, in denen ansonsten Fachpersonal beschäftigt würde, und für manche Tätigkeiten im Krankenhaus und der Altenhilfe, in denen Tätigkeiten anfallen, die körperliche Kraft verlangen, der arbeitspraktische Wert von Zivildienstleistenden hoch bewertet. Im Bereich der Betreuung hingegen wurde der Einsatz von Dienstleistenden als entbehrlich beschrieben.

Die Bewertung der Frage nach dem ideellen Wert des Zivildienstes ergab, daß überall dort, wo Dienstleistende unmittelbar im Kontakt mit den zu Betreuenden stehen, ein sehr großer Verlust für Klientel und Einrichtungen befürchtet wird. Diese Einschätzung fand sich für die Alten-, Behinderten- und Jugendhilfe gleichermaßen und äußerte sich in Aussagen von Einrichtungen wie »Der Zivildienstleistende hat Zeit für die kleinen Dinge«; ». . . bringt neue Ideen . . .« oder ». . . ist ein Vorbild für die Jugendlichen . . .«. Für die Bereiche Technik und Verwaltung hingegen spielte die Frage nach dem ideellen Wert nach Einschätzung des Beirats keine Rolle.

Die Äußerungen zur ökonomischen Bedeutung des Zivildienstes zeigten eine enge Beziehung zu den Aussagen zu Personalanteil und dem arbeitspraktischen Wert der Dienstleistenden. Übereinstimmendes Fazit der Beirats: Der Zivildienstleistende ist und bleibt eine billige Arbeitskraft. Darüber hinaus wurde nachdrücklich darauf hingewiesen, daß bestimmte Einsatzfelder ohne den Einsatz von Dienstleistenden kaum denkbar wären, so der Mobile Soziale Hilfsdienst (MSHD), die Individuelle Schwerstbehindertenbetreuung (ISB), aber auch die Betreuung in den Werkstätten für Behinderte.

Zur arbeitsmarktpolitischen Relevanz des Zivildienstes schließlich fiel die Bewertung des Beirates kurz und eindeutig aus: Bei der gegenwärtigen Arbeitsmarktsituation sollte es eigentlich genügend arbeitslose Techniker, Kaufleute, Pflegehelfer oder Reinigungskräfte geben, die 140.000 Dienstleistende ersetzten, wenn man sie nur anstellen und vor allem bezahlen könnte.

Sozialpolitische Überlegungen

»Der ZD hat sich als eigenes, nicht-erwerbsmäßiges soziales Hilfssystem etabliert und ist in die erwerbsmäßigen, professionell agierenden Hilfesysteme in freier Trägerschaft eingebunden. ZDL sind faktisch zu einem Teil des Sozialsystems geworden, weil über den ZD sozialpolitisch relevante soziale und pflegerische Dienstleistungen in einer Art und Weise abgewickelt werden, die für die Kostenträger sowie die Leistungsanbieter gleichermaßen ökonomisch interessant sind.« Diese Aussage von Beate Finis Siegler bei einer Anhörung der Bundestagsfraktion der Bündnisgrünen im Mai 1998[3] macht deutlich, welchen sozialpolitischen Stellenwert der Zivildienst heute hat.

Einzelne gewichtige sozialpolitische Punkte seien genannt:

Mit dem Zivildienst wurden ganz neue Aufgabenfelder eröffnet (so die Individuelle Schwerstbehindertenbetreuung ISB) oder bestehende ausgebaut (beispielsweise Essen auf Rädern).

Mit Zivildienstleistenden werden Personallücken geschlossen, die trotz der vom Staat postulierten Arbeitsmarktneutralität des Zivildiensts durch Kosteneinsparungen beziehungsweise mangelnde Finanzierung der Kostenträger entstanden sind.

---

3 Fachgespräch der Bundestagsfraktion Bündnis 90/Die Grünen am 11.05.1998 in Bonn, erschienen als Dokumentation ›lang und schlüssig‹ 13/83, Bonn 1998, Seite 9.

Der Zivildienst verschleiert somit einen politisch zu verantwortenden Mangelzustand.

Der Zivildienst hat Einfluß auf das Prestige der sozialen Berufe. Das Sozialprestige eines Berufes hängt zu einem großen Teil von seiner professionellen Identität ab. Negative Auswirkungen auf die Professionalität haben unter anderem der vermehrte Einsatz von unzureichend ausgebildeten Kräften, die faktisch die gleichen Tätigkeiten ausüben wie qualifizierte Kräfte.[4] Durch die hohe Anzahl von Zivildienstleistenden wird das Prestige der sozialen Berufe negativ beeinflußt.

Steigender Kostendruck beinhaltet verstärkt die Gefahr, daß Pflege und Betreuung immer mehr auf die körperlichen Grundbedürfnisse reduziert werden. Geistige, seelische und geistliche Bedürfnisse werden gesellschaftlich immer weniger beachtet. Die Lebendigkeit des Angebots kann oft nur durch den Einsatz von zusätzlichen Kräften wie Zivildienstleistenden aufrecht erhalten werden (Spazierengehen, Spielen, Vorlesen und ähnliches). Deshalb droht beim Wegfall des Zivildienstes ein weiterer Verlust von Betreuungszeit und damit Zeit für menschliche Zuwendung in den Heimen. Der Zivildienst ermöglicht ein deutliches Mehr an Lebensqualität für behinderte, alte, junge und kranke Menschen.

Trotz der oben beschriebenen Ambivalenz im Einsatz von Dienstleistenden sieht Frau Finis Siegler in der Abschaffung des Zivildienstes eine politische Chance, die genutzt werden sollte: »Die Konversion des Zivildienstes kann ein Beitrag zum Umbau des Sozialstaates werden, der einer Entsolidarisierung der Gesellschaft entgegenwirkt, wenn ein Konsens darüber hergestellt werden kann, daß soziale und pflegerische Hilfe produktive Arbeit ist, die weder durch Erwerbsarbeit zum Billig-, noch durch freiwilliges Engagement zum Nulltarif zu haben ist, und zu der sozialverträgliche Zugriffsmöglichkeiten für die Nutzer bestehen müssen.«[5]

Gerade die Diskussion über den Stellenwert sozialer Arbeit und anderer Dienstleistungen (auch bei der Bewertung im Sinne des Bruttosozialproduktes) ist dringend geboten, um den Herausforderungen des Arbeitsmarktes gerecht zu werden.[6] Der Wegfall des Zivildienstes könnte dieser Diskussion zusätzlichen Rückenwind geben.

Auf jeden Fall müßte der Wegfall des Zivildienstes für eine beschäftigungspolitische Offensive genutzt werden.

Neben allen diesen Aspekten gilt es noch zu beachten, daß mit dem Wegfall des Zivildienstes ein wichtiges gesellschaftliches Lernfeld entfiele. Der Zivildienst ermöglicht, trotz seines Pflichtcharakters, vielen jungen Männern, ihre soziale Kompetenz zu erweitern und gibt ihnen einen grundlegenden Einblick ins staatliche und kirchliche Sozialwesen. Der Wegfall dieses Lernfeldes ist sozial- und gesellschaftspolitisch höchst folgenreich.

---

4 So eine Feststellung im Arbeitsbericht der Arbeitsgruppe ›Soziales Pflichtjahr‹ des Landesausschusses des Diakonischen Werkes Württemberg, Stuttgart, 1991, Seite 2.
5 ›Lang und schlüssig‹ 13/83; Bonn 1998, Seite 10.
6 Siehe Patrick M. Liedtke »Wie wir arbeiten werden – ein Bericht für den Club of Rome«, 1998.

Ökonomische Überlegungen

In Zeiten, in denen soziale Arbeit aus finanziellen Gründen in ihrer Substanz bedroht ist, spielen ökonomische Überlegungen beim Ersatz der Zivildienstleistenden eine zentrale Rolle. Hierbei ist zu unterscheiden, welche betriebswirtschaftlichen Folgen der Wegfall des Zivildienstes für die betroffene Einrichtung hat, und welche volkswirtschaftlichen Auswirkungen beim Ersatz des Zivildienstes zu erwarten wären.

Ein Vergleich durchschnittlicher Personalkosten ergibt, daß hauptamtliche MitarbeiterInnen im Vergleich zu einem Zivildienstleistenden das Drei- bis Vierfache an Personalkosten für die Einrichtungen verursachen.[7] Bei der Beurteilung der Leistung des Dienstleistenden als Gegenwert zu seinen Kosten hat der Beirat Zivildienst, wie bereits zuvor ausgeführt, erhebliche Unterschiede festgestellt. So bringt beispielsweise ein ausgebildeter Zivildienstleister in einer Werkstatt für Behinderte für wenig Geld eine Leistung, die in vielen Punkten der hauptamtlicher MitarbeiterInnen kaum nachsteht. Ein Ersatz dieser Leistung müßte also auf dem Arbeitsmarkt tatsächlich teuer eingekauft werden. Dagegen könnte ein unausgebildeter Zivildienstleister im Pflegebereich auch durch eine/n Praktikanten/in oder eine/n Diakonische/n Helfer/in ersetzt werden.

Ebenfalls berücksichtigt werden muß, daß Zivildienstleistende nicht in gleichem Maße einsetzbar sind wie Angestellte. Hierfür finden sich einige Gründe, so die Beschränkungen des Bundesamtes für Zivildienst bei den Einsatzmöglichkeiten, der immer wiederkehrende Aufwand für die Einarbeitung des Dienstleistenden, die Tatsache, daß Fehlzeiten von Hauptamtlichen geringer sind und die Effekte einer zunehmenden Berufserfahrung, die mit der Dauer der Betriebszugehörigkeit zunehmen, für Dienstleistende nicht eintreten. Deshalb geht der Beirat davon aus, daß von sechs bis sieben Hauptamtlichen die Arbeitsleistung von ungefähr zehn Zivildienstleistenden erbracht werden kann.

Volkswirtschaftliche Betrachtung

Bei der volkswirtschaftlichen Betrachtung ist die Frage zu untersuchen, welche Kosten der Zivildienst insgesamt verursacht, das heißt, welche Mittel gegebenenfalls aufkommensneutral für seine Kompensation zur Verfügung stehen könnten. Ob diese Mittelumschichtung politisch durchgesetzt werden kann, steht hier nicht zur Debatte.

Dabei muß mit eingerechnet werden, daß neben den Kosten, die der Zivildienst selbst verursacht, der Gesellschaft Einnahmensverluste entstehen, die bei der Bezahlung hauptamtlicher Kräfte nicht auftreten würden, beispielsweise bei den Sozialversicherungsbeiträgen und den Steuern. Es sollen an dieser Stelle jedoch

---

7   Zivildienstleistende ca. 1.400,- monatlich; Pflegehelfer ohne Ausbildung, verheiratet, ein Kind ca. 5.400 monatlich; Hausmeister, ledig ca. 4.300,- monatlich. Modellrechnung nach Dietmar von Boetticher ›Die Ersetzung Zivildienstleistender durch tariflich bezahlte Arbeitskräfte‹ in: 4/3 Fachzeitschrift zu Kriegsdienstverweigerung, Wehrdienst und Zivildienst, Velbert 1994.

keine Spekulationen über Auswirkungen bei Arbeitslosen- und Sozialhilfe angestellt werden, da einer eventuellen Entlastung des Arbeitsmarktes neue Belastungen durch arbeitssuchende Wehrpflichtige entgegenstehen.

Übersicht Kosten des Zivildienstes

Bundesetat für den Zivildienst 1997 (lt. Bundesamt)	ca. 2.500.000.000 DM
Eigenleistungen der Wohlfahrtsverbände (lt. Bundesamt)	ca. 2.500.000.000 DM
Gesamtkosten des Zivildienstes	ca. 5.000.000.000 DM
Verlust an Steuern und Sozialabgaben ca. 45%	ca. 4.000.000.000 DM
Volkswirtschaftliche Gesamtkosten	ca. 9.000.000.000 DM
Jährlicher volkswirtschaftlicher Aufwand pro ZDL (137.000 ZDL)	ca. 65.700 DM

(nach Blandow/v. Boetticher)[8]

Vergleicht man nun die betriebswirtschaftlichen mit den volkswirtschaftlichen Zahlen, kommt man zu dem Ergebnis, daß sich mit den eingesparten Mitteln ohne finanzielle Mehraufwendungen hauptamtliche MitarbeiterInnen bezahlen lassen.
Entscheidend ist allein die Frage, ob der Staat bereit ist, diese Mittel komplett für die Kompensation des Zivildienstes zur Verfügung zu stellen. Anders formuliert: Ohne Dienstleistende (zumindest finanziell) auszukommen, könnte gelingen, wenn den Wohlfahrtsverbänden die volkswirtschaftlichen Gesamtkosten von 9 Mrd. DM zur Verfügung stehen würden.
Schwerpunkt des Zivildienst-Ersatzes müßte demnach die Umwandlung von Zivildienstplätzen in reguläre, tariflich entlohnte Arbeitsplätze sein, teils für qualifizierte, teils für angelernte Kräfte.
Freiwilligendienste wären allenfalls eine sinnvolle Ergänzung, die nicht in erster Linie aus finanziellen Notwendigkeiten, sondern aus der Erkenntnis heraus geschaffen werden, daß solche Möglichkeiten sozialen Lernens den Freiwilligen wichtige Lebenserfahrungen bescheren können.

---

8   Modellrechnung nach v. Boetticher, Velbert 1994; und Blandow: ›Wenn es keinen Zivildienst mehr gäbe ...‹ in Blätter der Wohlfahrtspflege – Deutsche Zeitschrift für Sozialarbeit 6/93, Stuttgart 1993; Dr. Jürgen Blandow ist Professor an der Universität Bremen.

Zusammenfassung der Analyse

Der Zivildienst ist aus betriebswirtschaftlicher und volkswirtschaftlicher Sicht zu betrachten und zu bewerten. Die Wissenschaftler Jürgen Blandow und Dietmar v. Boetticher haben dargelegt, daß der Zivildienst volkswirtschaftlich kein Gewinn ist. Auch Beate Finis Siegler kommt zu diesem Urteil: »Unter gesamtwirtschaftlicher Perspektive ist der Verzicht auf den Zivildienst ohne Abstriche bei den Leistungen im sozialen Bereich unter der Voraussetzung möglich, daß die vom Bundesamt für den Zivildienst aufgewendeten Kosten umgewidmet werden und in die Substitutionsstrategien einmünden.«[9] Bei betriebswirtschaftlicher Sicht kommen auf die Dienststellen je nach Aufgabenstellung der Zivildienstleistenden und ihrer Berufsqualifikation zum Teil enorme Finanzierungsprobleme zu.

Da die Relevanz von Zivildienstleistenden in kirchlichen und diakonischen Einrichtungen, wie zuvor festgestellt, je nach Einsatzbereich sehr unterschiedlich ist, muß die Bewertung im Einzelfall differenziert übertragen werden.

Die Aussetzung der Wehrpflicht und somit der Wegfall des Zivildienstes wären für die Diakonie Württemberg ein großer Verlust, insgesamt aber keine Katastrophe – vorausgesetzt, es kommt zu einem geplanten Übergang.

Nicht alle Bereiche wären in der Lage, den Wegfall von Zivildienstleistenden ohne zum Teil erhebliche finanzielle Probleme und Qualitätseinbußen zu verkraften. Besonders in den Werkstätten für Behinderte wäre eine Umstellung der Personalstruktur sehr schwer. Hier gibt es erhebliche Abhängigkeiten vom Zivildienst. Das Betreuungsangebot »Individuelle Schwerstbehindertenbetreuung« wäre grundsätzlich gefährdet.

Es gibt Einrichtungen und Bereiche, für die der Zivildienst kaum eine Rolle spielt (besonders in den Bereichen, in denen ein sehr hoher Bedarf an qualifiziertem Pflege- und Betreuungspersonal besteht). Insbesondere in Krankenhäusern wäre der Verlust von Zivildienstplätzen finanziell und ideell fast nicht spürbar.

Der ökonomische Nutzen von Dienstleistenden im Bereich der Pflege und Betreuung ist aufgrund einer intensiven Einarbeitungszeit im Verhältnis weit weniger groß als im technischen und handwerklichen Bereich.

Bei einer betriebswirtschaftlichen Kostenrechnung, bei der nicht nur die Personalkosten, sondern auch alle anderen relevanten Posten (beispielsweise der Fuhrpark) eingerechnet werden, verringert sich der ökonomische Nutzen deutlich.

Bei speziellen Aufgaben profitieren die Einrichtungen enorm von den fachlichen Qualitäten der Dienstleistenden. Besonders im Bereich des technischen Dienstes ersetzen Zivildienstleistende teilweise teure Fachkräfte. Hier entstünden enorme Mehrausgaben.

Arbeitsmarktpolitisch wäre der Wegfall des Zivildienstes durchaus zu begrüßen. Es muß jedoch bedacht werden, daß bei einem Wegfall der Wehrpflicht zusätzlich mehrere hunderttausend junge Männer auf den Arbeitsmarkt drängen.

Volkswirtschaftlich wirkte sich der Wegfall nicht negativ aus.

---

9 ›Lang und schlüssig‹ 13/83, Bonn 1998. S. 10.

Der größte Verlust für die Diakonie wäre ideeller Art. Die Gefahr ist groß, daß mit dem Wegfall des Zivildienstes der Abbau von Lebendigkeit und Menschlichkeit in den Einrichtungen zu Lasten der Betreuten weiter fortschreitet. Außerdem wäre es ein großer Verlust an frischem Engagement (jung, engagiert, zeitlich beschränkt, kreativ).

Darüber hinaus sind die Zivildienstleistenden wichtige Multiplikatoren für die Anliegen der Einrichtungen. Sie wirken in gesellschaftliche Kreise hinein, die sonst oft gar nicht erreicht werden. Mit dem Wegfall des Zivildienstes fällt auch diese Art von Öffentlichkeitsarbeit weg. Außerdem entfiele eine wichtige Plattform für die Nachwuchsgewinnung.

Der Zivildienst ist ein wichtiges Feld sozialen Lernens für junge Männer.[10] Gerade in der Lebensphase, die durch den Übergang von Schule und Ausbildung in die Erwerbsarbeit geprägt ist, sind entsprechende Erfahrungen von großer Bedeutung. Es darf Kirche und Diakonie nicht gleichgültig sein, wenn dieses Erfahrungsfeld ersatzlos wegfällt.

Konsequenzen aus der Sicht des Beirats

Politische Chance nutzen

Der Beirat empfiehlt in seinem Papier dem Diakonischen Werk Württemberg politisch aktiv die Diskussion zu bestreiten und rechtzeitig in die Offensive zu gehen. Folgende Handlungsschritte werden dabei genannt:

- Das Diakonische Werk Württemberg sollte sich in der politischen Diskussion nicht gegen die Abschaffung oder Aussetzung der Wehrpflicht aussprechen.
- Die Einrichtungen und die Landesgeschäftsstelle sollten aber deutlich auf die Konsequenzen, die sich für das Klientel und für die sozialen Einrichtungen ergeben, aufmerksam machen. Dies muß so differenziert wie möglich geschehen. Herausgehoben werden muß, daß der ideelle Verlust sehr hoch ist, und daß es dadurch auf jeden Fall zu Einbußen in der Lebensqualität der behinderten, der alten und der kranken Menschen kommt, wenn kein Ausgleich konzipiert und finanziert wird.
- Das Diakonische Werk Württemberg muß sich auf einen möglichen Wegfall des Zivildienstes rechtzeitig vorbereiten. Vorüberlegungen und Strategieplanungen sind schon jetzt vorzunehmen. Die betreffenden Fachverbände, die Finanzfachleute und die Verantwortlichen der Einrichtungen müssen in die Diskussion miteinbezogen werden.
- Jede einzelne Einrichtung muß eine eigene Analyse unter ideellen und ökonomischen Kriterien erarbeiten.

---

10 Eine ausführliche Würdigung dieses Aspekts findet sich in Bartjes, ›Der Zivildienst als Sozialisationsinstanz‹, Weinheim und München 1996. Vgl. auch dieser Band S. 262 ff.

- Schon jetzt muß begonnen werden, Abhängigkeiten vom Zivildienst abzubauen.
- Das Diakonische Werk Württemberg muß frühzeitig neue Formen eines Freiwilligendienstes entwickeln und modellhaft ausprobieren. Dies muß in Kooperation mit anderen kirchlichen Trägern wie beispielsweise dem Evangelischen Jugendwerk geschehen.

Wenn es zu einer Abschaffung des Zivildienst kommt, müssen folgende Sachverhalte politisch erstritten werden:
- Das Diakonische Werk Württemberg muß bei der Umstellung, die mit einer öffentlichen Diskussion einhergehen und ihm den Rücken stärken wird, die Chance nutzen, den gesamtwirtschaftlichen Stellenwert sozialer Arbeitsleistung deutlich zu machen und auf eine neue Bewertung zu drängen.
- Das Diakonische Werk Württemberg muß sich vorrangig zusammen mit dem Diakonischen Werk der Evangelischen Kirche in Deutschland dafür einsetzen, daß der Wegfall des Zivildienstes für eine beschäftigungspolitische Offensive genutzt wird.
- Die Wohlfahrtsverbände müssen bei der Umsetzung mit einbezogen werden.
- Es muß eine geregelte Übergangszeit eingeplant werden.
- Ein Freiwilligengesetz (mit EU-Reichweite), das sehr flexible Freiwilligenformen zuläßt, muß politisch auf den Weg gebracht werden.
- Der Bundesetat Zivildienst (2,5 Mrd. DM) muß komplett für die Konversion, beispielsweise für Stellenneuschaffungen, Freiwilligendienste und ähnliches verwendet werden.
- Frühzeitige Verhandlungen mit den Kostenträgern/Pflegekassen über die Umwandlung von Zivildienstplätzen in normale Arbeitsplätze müssen stattfinden.
- Der ideelle Mehrwert, der durch die Zivildienstleistenden für die betreuten Menschen entsteht, muß besonders beschrieben und als unverzichtbarer Bestandteil verhandelt werden. Deshalb muß auch die Zahl der Hände weitgehend gleichbleiben.

Konversion des Zivildienstes

Eine Konversion des Zivildienstes ist aus der Sicht des Beirates möglich. In diesem Zusammenhang muß die Einstellung von festangestellten Arbeitskräften angestrebt werden, beispielsweise durch Kooperation mit Beschäftigungsfirmen des 2. Arbeitsmarktes. Parallel hierzu ist ein Aufbau eines attraktiven Freiwilligendienstes erforderlich, der vielfältige Ausgestaltungsformen haben muß.

Einstellung von festangestellten Arbeitskräften

Die Umwandlung eines Teils der Zivildienstplätze in feste Arbeitsverhältnisse ist in bestimmten Arbeitsgebieten unbedingt notwendig und arbeitsmarktpolitisch erstre-

benswert. Es werden zusätzliche Arbeitsplätze geschaffen und in den Einrichtungen entsteht mehr Kontinuität und Qualität. Diese Qualitätsverbesserung kann betriebswirtschaftlich durchaus Vorteile bringen. Durch die Reduzierung des ständigen Wechsels der Kurzzeitmitarbeiter gewinnt die Arbeit mehr Planungssicherheit und spart Zeit (10 Zivildienstleistende = 6-7 festangestellte Kräfte). Je nach Aufgabe müßte auf Fachkräfte oder ungelernte Kräfte zurückgegriffen werden (beispielsweise berufliche Wiedereinsteiger, Erwerbslose). Entsprechende Umschulungs- oder Weiterbildungskurse müßten angeboten werden.
Eine Finanzierung wäre durch ein Kooperationsabkommen zwischen Bund (Gelder des Bundesamts für den Zivildienst), der Arbeitsverwaltung und den Kostenträgern ohne zusätzliche gesamtwirtschaftliche Belastung möglich.

Zusammenarbeit mit Beschäftigungsunternehmen

Die Arbeitslosigkeit wird in den nächsten Jahren vermutlich hoch bleiben, und es werden immer mehr Beschäftigungsfirmen entstehen, die sehr häufig in der Trägerschaft der Wohlfahrtsverbände liegen. Im Rahmen einer Kooperation mit Beschäftigungsunternehmen könnten die Einrichtungen neue Arbeitsplätze (vorwiegend im technisch/organisatorischen Bereich) schaffen, die mit Arbeitslosen besetzt werden. Die Beschäftigungsunternehmen beschäftigen und qualifizieren Arbeitslose meist in befristeten Maßnahmen. Möglich ist die gemeinnützige Überlassung von geeigneten Arbeitnehmern mit dem Ziel, das Zusammenpassen von Arbeitsplatz und Bewerber zu klären, oder die Vermittlung von geeignet erscheinenden qualifizierten Bewerbern. Eine weitere Möglichkeit ist auch die zielgerichtete Qualifizierung durch das Beschäftigungsunternehmen für entsprechende Aufgaben wie Hausmeisterdienste oder den Gartenbau.
Im Rahmen der Kooperation können auch finanzielle Mittel zur beruflichen Wiedereingliederung von (Langzeit-)Arbeitslosen eingesetzt werden. Eine Zusammenarbeit mit Beschäftigungsunternehmen wäre arbeitsmarktpolitisch sehr wertvoll.

Aufbau eines attraktiven Freiwilligendienstes

Die Globalisierung der Wirtschaft und die rasante technologische Entwicklung führen dazu, daß immer weniger Menschen im klassischen Sinn erwerbstätig sein werden. Hieraus läßt sich die Forderung ableiten, daß der nicht-gewerblichen Arbeit in Zukunft mehr Bedeutung zukommen muß. Auf diesem Hintergrund ist ein vielgestaltiges Freiwilligenprogramm positiv zu bewerten. Es würde die Bemühungen, den Arbeitsbegriff neu zu definieren, unterstützen. Es könnte Teil einer neuen Arbeitskultur werden.
Hinzu kommt: soziale Kompetenz ist unverzichtbar für eine moderne Gesellschaft. Dazu bedarf es spezieller Lernfelder, um soziales Lernen zu ermöglichen. Gerade Freiwilligendienste scheinen hierzu besonders geeignet.
Entgegen der weitverbreiteten Meinung ist das Interesse junger Menschen am Sozialbereich groß. Doch gibt es bis jetzt nur eine einzige Form längerfristigen freiwil-

ligen Engagements für junge Menschen: das Freiwillige Soziale Jahr (FSJ), im Diakonischen Werk »Diakonisches Jahr« genannt. Würden in der Bundesrepublik zusätzliche Freiwilligendienste in vielfältiger, aber sehr verbindlicher Form (mit Verträgen) angeboten, würden u. E. viele junge Frauen und Männer davon Gebrauch machen. Die gegenwärtige Anzahl von bundesweit 10.000 FSJ-HelferInnen ließe sich deutlich steigern.

Beispielsweise könnten Möglichkeiten freiwilliger Tätigkeit angeboten werden, die sich in Zeitumfang und -verteilung vom bisherigen einjährigen Dienst unterscheiden: halbjährige und Teilzeitangebote oder eine Verpflichtung über mehrere Jahre mit einem bestimmten Zeitkontingent (z. B. acht Wochenenden und 50 Abende). Vorstellbar sind andere Einsatzformen: Eine Gruppe Auszubildender übernimmt die Wartung des Maschinenparks einer Werkstätte für Behinderte. Nicht zuletzt liegen auch neue Kooperationsformen im Bereich des Möglichen: In einem Stuttgarter Gymnasium wird während des 11. Schuljahres ein halbjähriger Einsatz durchgeführt.

Eine Arbeitsgruppe des Diakonischen Werkes Württemberg hat fünf Modellprojekte freiwilligen sozialen Engagements entworfen:

a) *FSJ vor Ort*
Die Landesgeschäftsstelle der Diakonie ist Trägerin des Freiwilligendienstes, die Organisation geschieht aber vor Ort beim jeweiligen Evangelischen Jugendwerk oder der Diakonischen Bezirksstelle. Der Vorteil dieser Regionalisierung besteht in der größeren Nähe zwischen Organisator, Einsatzstelle und Freiwilligem.

b) *Freiwilligendienst und Universität (»Rent a student«)*
StudentInnen leisten über acht Semester einen freiwilligen Dienst ab, entweder semesterbegleitend oder in der vorlesungsfreien Zeit. Die Vergütung wird über zehn Semester verteilt ausbezahlt, so daß in der Examenszeit eine finanzielle Absicherung besteht. Darüber hinaus ließe sich das Engagement mit den Bafög-Schulden verrechnen.

c) *Kombination mehrerer Einsatzbereiche*
Freiwilligendienste müssen nicht notwendigerweise im sozialen Sektor vonstatten gehen. Würde der Sozialbereich mit Tätigkeiten in humanitären, ökologischen und politischen Feldern kombiniert oder gar ein Einsatz im Ausland ermöglicht, so würde dies aus Sicht der jungen Menschen die Attraktivität solcher Dienste enorm steigern.

d) *Freiwilligendienste und Schule*
SchülerInnen die Möglichkeit zu geben, erste Erfahrungen im Arbeitsleben zu sammeln, ist Zielsetzung dieses Modells. Die Freiwilligen erbringen für die sozialen Einrichtungen eine gewisse Arbeitsleistung und bekommen dafür neben weiteren Vergütungen vor allem soziale Kompetenz vermittelt.

e) *Freiwilligendienste im Sozial- und Medienbereich (»FSJ auf allen Kanälen«)*
Die Ausgangsüberlegung für dieses Projekt war, daß sich junge Leute im Sozialbereich engagieren und gleichzeitig bei Presse, Funk und Fernsehen ihre Erfahrungen einbringen und verwerten können (etwa im Verhältnis 80:20).
Die beiden letztgenannten Modelle werden in diesem Jahr in die Praxis umgesetzt. Das Stuttgarter Schulprojekt startet im Herbst des Jahres, fünf junge Männer und Frauen sollen im Rahmen des Diakonischen Jahres zum gleichen Zeitpunkt ihren Freiwilligendienst im Sozial- und Medienbereich absolvieren.

IV. Die Instrumente

Helmut K. Anheier

Dritter Sektor und Freiwilligendienste in Deutschland

Einleitung

Die internationale Forschung zu den Themen Dritter Sektor und Ehrenamt hat in den letzten Jahren einen beachtlichen Fortschritt erfahren. Während diesen Themen noch in den 80er Jahren kaum Beachtung geschenkt wurde, so hat dies mit der sich abzeichnenden Krise des Wohlfahrtsstaates und der gesellschaftlichen Transformation in Mittel- und Osteuropa eine entscheidende Wende erfahren. Die Forschung steht zwar in vieler Hinsicht erst am Anfang, aber es zeichnen sich schon jetzt zentrale empirische und theoretische Konturen ab, die es ermöglichen, Wege für zukünftige Forschungsvorhaben abzustecken und politische Handlungsspielräume auszuloten.

Der Dritte Sektor in Deutschland

Im Folgenden werden zunächst die wesentlichen Umrisse des Dritten oder Nonprofit-Sektors in Deutschland beschrieben, wobei das Augenmerk auf acht empirischen Befunden liegt, die zusammengenommen den Kern einer sozialökonomischen Bestimmung dieses Sektors ausmachen und für jedwede Diskussion über seine Potentiale und die Rolle von Ehrenamt und Freiwilligendiensten von grundlegender Bedeutung sind.
Dabei zeigt sich, daß der deutsche Nonprofit-Sektor, wie auch in anderen Ländern, wirtschaftlich gesehen ein Produkt des späten 20. Jahrhunderts ist. Er hat in den vergangenen Jahrzehnten ein beachtliches Wachstum erfahren. Der Aufschwung des Dritten Sektors war und ist eingebettet in die allgemeine Entwicklung der deutschen Wirtschaft von einer industriellen zu einer postindustriellen Wirtschaft, insbesondere in der Ausweitung des Dienstleistungsbereichs.
Jedoch findet das mit dieser Transformation verknüpfte Wachstum in Deutschland in einem politisch rückwärtsgewandten Klima statt, d.h. der Dritte Sektor bleibt Prinzipien verhaftet, die aus der industriellen Ära stammen. Diese Prinzipien gehen zum Teil auf das späte 19. Jahrhundert zurück – so zum Beispiel die spezifisch bundesdeutsche Version der Subsidiarität oder das Verhältnis zwischen Staat und den öffentlich-rechtlich verfaßten Kirchen – oder stellen politische Kompromisse der Nachkriegszeit dar, wie im Fall der Zivildienstleistenden bei der Wiederbewaffnung oder der Arbeitsbeschaffungsmaßnahmen bei zunehmender Rigidität des bundes-

deutschen Arbeitsmarktes in den 80er Jahren und als Zwischenlösung in der Frühphase der Wiedervereinigung.

Als Folge prägt den Nonprofit-Sektor eine gewisse Ambivalenz: Nachdem er durch die wohlfahrtsstaatliche Entwicklung und den Aufschwung der Dienstleistungsökonomie in den letzten 30 Jahren eine immer größere wirtschaftliche Bedeutung erlangte, halten die politisch entscheidenden Instanzen des Dritten Sektors, d.h. die freien Wohlfahrtsverbände, die Kirchen und die zentralen Interessenverbände im politischen Vorfeld der Parteien jedoch stark an ihrer Ausrichtung auf den Status quo fest, der sich aber immer weniger mit den neuen sozialen und wirtschaftlichen Herausforderungen vereinbaren läßt.

Natürlich ist die aktuelle politische Diskussion stark geprägt durch die Folgen der deutschen Wiedervereinigung. Der Vereinigungsvertrag dehnte das westdeutsche System auf das Gebiet der ehemaligen DDR aus und hält in Artikel 32 die besondere Stellung der freien Wohlfahrtspflege fest. Seitdem sind die Verbände der freien Wohlfahrtspflege, unterstützt mit erheblichen öffentlichen Mitteln, nach Ostdeutschland expandiert und versuchen, der wachsenden Nachfrage nach Dienstleistungen im sozialen Bereich und im Gesundheitswesen zu entsprechen. In Ostdeutschland gehört, anders als in Westdeutschland, wo 85 % der Bevölkerung entweder katholisch oder evangelisch ist, nur etwa ein Viertel der Bevölkerung einer Kirche an. Tatsächlich stellt Ostdeutschland, zumindest hinsichtlich der Religionszugehörigkeit, den am stärksten säkularisierten Teil der westlichen Welt dar. Insofern ist die enge politische Verbindung zwischen den etablierten Kirchen und dem westdeutschen Subsidiaritätsprinzip auf dem Gebiet der ehemaligen DDR in ihrem Wirkungsgrad stark eingeschränkt.

Der Nonprofit-Sektor in Deutschland unterscheidet sich vom Dritten Sektor in anderen Ländern und Gesellschaftstypen insofern, als zentrale Bereiche der Beziehungen zwischen dem öffentlichen und dem Nonprofit-Sektor hoch strukturiert sind. Die deutsche Situation ist gekennzeichnet durch drei grundlegende Prinzipien:[1]

- Das *Subsidiaritätsprinzip* entstand ursprünglich im Kontext säkular-religiöser Spannungen und hat sich nach dem zweiten Weltkrieg voll entwickelt. Es weist Nonprofit-Organisationen den Vorrang gegenüber der öffentlichen Hand bei der Erstellung sozialer Dienstleistungen zu.
- Das *Selbstverwaltungsprinzip* ging aus dem Konflikt zwischen Staat und Bürgern im 19. Jahrhundert hervor; es ermöglichte, daß in einer autokratischen Gesellschaft, in der die Vereinigungsfreiheit nur teilweise garantiert war, sich Nonprofit-Organisationen aus der kommunalen und ständischen Ordnung heraus entwickeln konnten.
- Das *Prinzip der Gemeinwirtschaft* entspricht der Suche nach einer Alternative sowohl zum Kapitalismus als auch zum Sozialismus. Es brachte die Genossen-

---

1 Anheier und Seibel (1998) erörtern die historische Entwicklung des deutschen Nonprofit-Sektors erschöpfender und legen auch ausführlich dar, wie die drei Prinzipien sich im Laufe der Zeit entwickelt haben.

schaftsbewegung und die Einrichtung von Organisationen auf Gegenseitigkeit im Bank- und Wohnungswesen auf den Weg.
Diese drei Prinzipien haben in unterschiedlichem Ausmaß die verschiedenen Bereiche des Nonprofit-Sektors geprägt. Jedes von ihnen ist institutionell an einen bestimmten Bereich oder Sektor der Gesellschaft gebunden und auf ihn ausgerichtet: das Prinzip der Selbstverwaltung auf die Beziehungen zwischen dem Staat, den kommunalen Körperschaften und der Zivilgesellschaft; das Subsidiaritätsprinzip auf die Erstellung sozialer Dienstleistungen und Wohlfahrtspflege und das Prinzip der Gemeinwirtschaft auf die Wirtschaftsorganisationen.
Hinsichtlich der ökonomischen Bedeutung übertrifft das Subsidiaritätsprinzip die beiden andern mit weitem Abstand. Im Wesentlichen beinhaltet das Subsidiaritätsprinzip, daß der Staat nur Funktionen übernimmt, die der private Sektor nicht übernehmen kann. Weiterhin bedeutet Subsidiarität, daß größere Einheiten – wie die staatliche Verwaltung – nur solche Aufgaben übernehmen, die die Kapazitäten kleinerer Einheiten auf der regionalen und kommunalen Ebene oder auch privater Einheiten wie der Kirchengemeinde oder der Familie übersteigen.
Subsidiarität kombiniert also Elemente der Dezentralisierung und Privatisierung staatlicher Funktionen. Eben diese Kombination macht das Subsidiaritätsprinzip in der aktuellen politischen Diskussion in Europa und anderswo so attraktiv. Subsidiarität beschreibt jedoch kein altbewährtes Prinzip, das schon seit Jahrhunderten funktioniert, auch wenn es gut in die reiche deutsche Tradition der Dezentralisierung und kommunalen Selbstverwaltung paßt. Vielmehr zeigt sich, daß die Subsidiarität ein recht neuer Wachstumsmotor ist, der die wirtschaftliche Expansion des Nonprofit-Sektors in Deutschland in den letzten Jahrzehnten angetrieben hat.
Das Selbstverwaltungsprinzip hingegen förderte die Entstehung eines hoch strukturierten Systems von Verbänden des Wirtschafts- und Berufslebens sowie zahlreicher kommunaler und regionaler Organisationen und Körperschaften, von denen viele einen quasi-staatlichen Status als Körperschaften des öffentlichen Rechts genießen. Das Prinzip der Gemeinwirtschaft war am stärksten ausgeprägt im Wohnungs- und Genossenschaftswesen. Beide Gebiete haben in den vergangen Jahren gravierende Veränderungen durchlaufen und sich generell dem kommerziellen Sektor angenähert.

Acht Punkte

Die sozialökonomische Bestimmung des Sektors für den Bereich Ehrenamt und freiwillige soziale Dienste, läßt sich in acht Punkten zusammenfassen:

1. *Der deutsche Nonprofit-Sektor ist ein bedeutender Wirtschaftsfaktor.*

Wenn man das ökonomische Gewicht des deutschen Nonprofit-Sektors in Arbeitsplätzen ausdrückt, so stellte der Sektor 1990, d.h. vor der Wiedervereinigung, 1,3 Millionen Arbeitsplätze, was einem Äquivalent von etwa einer Million Vollzeitarbeitsplätzen gleich kommt. Diese 1,018 Millionen Vollzeitarbeitsplätze entsprechen 3,7 % der Gesamtbeschäftigung oder jedem 10. Arbeitsplatz im Dienstleistungsbereich. Die Nonprofit-Einrichtungen hatten im Jahr 1990 insgesamt einen Umsatz von 93,4 Milliarden, das entspricht etwa 3,9 % des Bruttoinlandprodukts (BIP). Hinsichtlich der Nettowertschöpfung müßte der Beitrag zum BIP mit etwa 2,5 – 3 % zu beziffern sein. Zudem enthalten die Angaben zu Kosten und Wertschöpfung in Tabelle 1 noch nicht den Wert der freiwilligen oder ehrenamtlichen Arbeit. Wäre der Wert dieser Arbeit einbezogen worden, so würde sich der Beitrag des Nonprofit-Sektors an der Wertschöpfung, je nach zugrunde gelegtem Berechnungsschema, auf 4-5 % steigern.[2]

2. *Der deutsche Nonprofit-Sektor ist in seiner Zusammensetzung durch die Bereiche Gesundheitswesen und Soziale Dienste geprägt, Ehrenamtlichkeit aber durch die Bereiche Kultur und Freizeit.*

Hinsichtlich seiner Zusammensetzung wird der deutsche Nonprofit-Sektor durch die Bereiche Gesundheitswesen und soziale Dienste dominiert (Tabelle 1): Jeder dritte Arbeitsplatz findet sich im Bereich der Gesundheitsfürsorge. Auch für den Bereich der sozialen Dienste ist es jeder dritte Arbeitsplatz; alle anderen Nonprofit-Aktivitäten zusammengefaßt decken ebenfalls jeden dritten Arbeitsplatz.
Wenn man ehrenamtliche und freiwillige Arbeit einbezieht, ändert sich die Zusammensetzung des Nonprofit-Sektors entscheidend: Obwohl die Organisationen, die im Bereich Kultur und Erholung tätig sind, nur für 6,3 % der bezahlten Nonprofit-Beschäftigung aufkommen, sind bei ihnen die meisten ehrenamtlichen und freiwilligen Mitarbeiter tätig. Bezieht man die ehrenamtliche Arbeit in die Bilanz ein, so muß man dieser das Äquivalent von 400.000 Vollzeitarbeitsplätzen hinzufügen. Wie aus Tabelle 2 hervorgeht, werden 50 % aller ehrenamtlichen und freiwilligen Arbeit im Bereich Kultur und Erholung geleistet, überwiegend in Sportvereinen und ähnlichen Organisationen. Aber auch im Gesundheitswesen, bei den sozialen Diensten, bei Umweltschutzgruppen und Staatsbürgervereinigungen sind zahlreiche freiwillige und ehrenamtliche Mitarbeiter tätig. Insgesamt sind es also vier Bereiche, die überwiegend durch freiwillige, unbezahlte Arbeit gekennzeichnet sind: der Bereich Kultur und Erholung, Umweltschutzorganisationen, Staatsbürgervereinigungen und schließlich Stiftungen. Der Bereich Bildung und Forschung, das Gesundheitswesen und die sozialen Dienste dagegen, sind hauptsächlich auf bezahlte Arbeit angewiesen. So kommt zum Beispiel auf dem Gebiet der sozialen Dienstleistungen ein ehrenamtlicher oder freiwilliger Mitarbeiter auf neun bezahlte Angestellte; auf dem Gebiet von Freizeit und Kultur dagegen kommen sechs Freiwillige auf einen bezahlten Mitarbeiter.

---

[2] Das am häufigsten verwendete Berechnungsmodell folgt dem Substitutionskostenansatz und ersetzt freiwillig oder ehrenamtlich geleistete Arbeitszeit durch die durchschnittlichen zu bezahlenden Arbeitskosten entweder für die Gesamtwirtschaft oder branchenspezifisch. Vgl. auch die Beiträge von H. Beck (S. 328 ff.) und J. Scheelhase (S. 343 ff.) in diesem Band.

3. *Der Nonprofit-Sektor hat den höchsten Frauenanteil unter den Beschäftigten und bietet einen hohen Anteil an Teilzeitarbeit.*

Der deutsche Nonprofit-Sektor hat einen höheren Anteil an weiblichen Beschäftigten als jeder andere Sektor und jede andere Branche. Frauen stellen 69 % der Arbeitskräfte im Nonprofit-Sektor, gegenüber 39 % in der Gesamtwirtschaft. In den vergangenen Jahren stieg die Zahl der berufstätigen Frauen in der Gesamtwirtschaft, und im Nonprofit-Sektor addierte sich diese Steigerung zusätzlich auf einen bereits recht hohen Anteil an weiblichen Beschäftigten. Außerdem ist der Dritte Sektor generell durch einen hohen Prozentsatz an Teilzeitarbeitsplätzen gekennzeichnet. Im Jahre 1990 betrug der Anteil an Teilzeitarbeitsplätzen im Nonprofit-Sektor 30 %, gegenüber 16 % in der Gesamtwirtschaft. Bei Ehrenamtlichkeit gleicht sich das Verhältnis zwischen den Geschlechtern aus, da Männer und Frauen etwa gleich häufig ehrenamtlich tätig sind, obwohl es bereichsspezifische Unterschiede gibt: Männer sind eher in den Bereichen Sport und Freizeit tätig, Frauen eher in karitativen Einrichtungen.

4. *Der deutsche Nonprofit-Sektor ist in einigen Bereichen der Leistungsbereitstellung zentral, in anderen eher peripher.*

Der Nonprofit-Sektor hat einen beachtlichen Anteil an der Bereitstellung von Dienstleistungen in einer Reihe von Bereichen. Nahezu jedes zweite Krankenhausbett, die Hälfte aller Plätze in Pflegeheimen und jeder dritte Kindergartenplatz werden vom Dritten Sektor getragen. Im Bereich Bildung und in Teilen des kulturellen Schaffens ist der Nonprofit-Sektor weniger stark vertreten: nur 8,7 % aller Besucher von Symphoniekonzerten und Opernaufführungen gingen zu einer Nonprofit-Einrichtung.
Den Beschäftigungszahlen nach (Tabelle 3) ist der Anteil des Nonprofit-Sektors am höchsten im Gesundheitswesen und im Bereich sozialer Dienstleistungen, die, wie zu sehen war, auch für über 50 % der Ausgaben stehen. Wie sich im Folgenden zeigen wird, ist die unterschiedliche Zusammensetzung der Bereiche hinsichtlich des Anteils des Nonprofit- und des erwerbswirtschaftlichen Sektors sowie des öffentlichen Sektors größtenteils die Folge einer Sozialpolitik, die jedem Sektor spezifische Rollen zuweist und »Märkte« nur für jeweils bestimmte Anbieter eröffnet.

5. *Der Nonprofit-Sektor ist auf Wachstumskurs. Die Ehrenamtlichkeit hat mit dieser Entwicklung aber nicht mitgehalten.*

Im Laufe der vergangenen 20 Jahre hat der Dritte Sektor, relativ zu seiner Größe, alle anderen Wirtschaftssektoren und Industriezweige in der Schaffung neuer Arbeitsplätze überholt. Die Beschäftigungszahlen haben sich im Dritten Sektor in der Zeit von 1970 bis 1990 fast verdoppelt, und sein relativer Anteil an der Gesamtbeschäftigung ist von 2,4 % auf 4,3 % gestiegen.[3] Von den (netto) 2.575.334 zwischen 1970 und 1987 in Westdeutschland neu geschaffenen Arbeitsplätzen befanden sich 579.860 im Nonprofit-Sektor, das entspricht 22,5 % oder jedem fünften neu geschaffenen Arbeitsplatz. Während die Beschäftigungszahlen im Agrarsektor zurückgingen und im Bereich der verarbeitenden Industrie und im Handel stagnierten, zeigte nur der erwerbswirtschaftliche Dienstleistungssektor ähnliche Wachstumsraten wie der Nonprofit-Sektor (Tabelle 4). Während die Gesamtbeschäftigungszahlen zwischen 1960 und 1990 um 12 % expandierten, steigerte sich die Beschäftigung im Nonprofit-Sektor viel kräftiger um 328 % von 383.000 auf 1,256 Millionen Stellen. Nach den neuesten Daten, die vom Statistischen Bundesamt vorliegen, hat sich dieses Wachstum zumindest bis in die Mitte der 90er Jahre fortgesetzt. So erhöhte sich die Beschäftigung im Dritten Sektor 1990 um 4,6 % gegenüber dem Vorjahr und 1994 um 3,4 %.

Aber auch in anderer Hinsicht ist der Dritte Sektor auf Wachstumskurs. Besonders jene Organisationen, die die »Infrastruktur« der Zivilgesellschaft ausmachen, haben in den letzten Jahren ein enormes Wachstum erfahren – und es sind dies Organisationen, die größtenteils außerhalb der traditionellen Säulen des deutschen Nonprofit-Sektors stehen. Die Zahl der eingetragenen Vereine ist in den vergangenen Jahren auf über 250.000 beachtlich gestiegen. Die Vereinsdichte hat sich sogar beinahe verdreifacht. So kamen 1990 fast 500 Vereine auf je 100.000 Einwohner, während es 1960 nur 160 Vereine waren. Sie geben die zunehmende Heterogenisierung der Bevölkerung bei steigendem Wohlstand wieder. Ebenso hat sich das Stiftungswesen in Deutschland in den letzten Jahren beträchtlich ausgeweitet. Die 6000-7000 deutschen Stiftungen bilden weltweit den zweitgrößten Stiftungssektor nach dem der Vereinigten Staaten.

Dabei ist es wichtig hervorzuheben, daß es keine vergleichbaren Anstiege bei der Ehrenamtlichkeit gegeben hat. Längere Zeitreihen zeigen einen relativ konstanten Bevölkerungsanteil, der ehrenamtlich tätig ist.

6. *Das Subsidiaritätsprinzip und nicht das Freiwilligkeitsprinzip bilden das ökonomische Rückrat des deutschen Nonprofit-Sektors.*

Das Gesundheitswesen und die sozialen Dienstleistungen sind gleichzeitig die Bereiche, die durch sechs große Agglomerate von Nonprofit-Organisationen dominiert werden. Es handelt sich hierbei um die Verbände der freien Wohlfahrtspflege. In Deutschland wurden die Wohlfahrtsverbände zum Inbegriff des Subsidiaritätsprinzips. Ihre Rolle wurde in die Sozialgesetzgebung mit aufgenommen, in der sie eine privilegierte Stellung einnehmen. Die gesetzliche Verortung des Subsidiaritätsprinzip in der Sozialgesetzgebung bewirkte, daß staatliche Wohlfahrtsmaßnahmen zwar öffentlich finanziert aber häufig durch die Träger der freien Wohlfahrtspflege aus-

---

[3] Aufgrund der mangelnden Datenbasis für die 70er Jahre ist ein Umrechnen in Vollzeitarbeitsplätze nicht möglich, so daß sich diese Angaben auf die Zahl der Arbeitsstellen und nicht auf vollzeitäquivalente Arbeitsplätze beziehen.

geführt wurden, welche entsprechend wuchsen und expandierten, wie durch das angeführte Datenmaterial belegt wird.
Mit anderen Worten: Das Subsidiaritätsprinzip stellt das ökonomische Fundament des deutschen Nonprofit-Sektors dar. Es beschreibt eine spezifische Form der Partnerschaft zwischen dem Staat und bestimmten Teilen des Nonprofit-Sektors. Dort, wo sich eine derartige Partnerschaft entwickelt hat, wie es etwa im Bereich der sozialen Dienstleistungen der Fall ist, ist der Nonprofit-Sektor bedeutend gewachsen, jedoch dort, wo eine solche Partnerschaft nicht zustande kam, wie etwa im Bereich der Bildung, war das Wachstum des Nonprofit-Sektors wesentlich schwächer. Ohne die finanzielle Basis der Subsidiarität wäre der deutsche Dritte Sektor international gesehen weit unterentwickelt.

7. *Öffentliche Mittel und nicht Spenden und Ehrenamtlichkeit bilden die Hauptressource des deutschen Nonprofit-Sektors.*

Gerade in den Bereichen, in denen das Subsidiaritätsprinzip zur Anwendung kommt, erhält der deutsche Nonprofit-Sektor einen hohen Anteil seiner Gesamteinnahmen aus öffentlichen Mitteln, so etwa bei den sozialen Diensten und im Gesundheitswesen. In anderen Bereichen dagegen, besonders in Kultur und Sport, fällt diese Einnahmequelle deutlich geringer aus. Insgesamt ist der Sektor zu ungefähr zwei Dritteln auf öffentliche Mittel angewiesen und erhält nur in sehr geringem Umfang Mittel aus privaten Spenden.
Zuwendungen und Subventionen stellen nur einen Teil der staatlichen Förderung für den Nonprofit-Sektor dar. Etwa 35 % des Nonprofit-Einkommens werden von der gesetzlichen Krankenversicherung und der Sozialhilfe getragen und zwar in Form verschiedener Arten von Kosten- bzw. Leistungserstattungen, die administrativ festgesetzten Preisen entsprechen und auf Kostendeckung ausgerichtet sind. Im Bereich des Gesundheitswesens (Krankenhäuser, Pflegeheime, psychiatrische Einrichtungen) macht dieser Teil über 80 % der Einnahmen aus. In diesen Bereichen sind jedoch starke Veränderungen in der Finanzierungsstruktur zu erwarten.
Andere Bereiche des Nonprofit-Sektors finanzieren sich überwiegend durch Gebühren und andere private Mittel wie etwa Mitgliedsbeiträge und Erlöse aus Verkaufs-Aktionen. Der Bereich Freizeit und Kultur wird zu über 75 % durch Einnahmen aus privatwirtschaftlicher Tätigkeit getragen, Staatsbürgervereinigungen finanzieren sich über Mitgliederbeiträge und Stiftungen beziehen ihre Einnahmen aus ihrem Kapital- und Anlagevermögen. Alles in allem machen Mitgliedsbeiträge, Gebühren und andere Kostenerstattungen etwa 28 % der Einnahmen des Dritten Sektors aus.
Das Niveau des privaten Spendenaufkommens ist relativ niedrig (Tabelle 5). In einer repräsentativen Bevölkerungsumfrage stellte sich heraus, daß 44,1 % der erwachsenen Bevölkerung durchschnittlich 191 DM oder 0,31 % ihres privaten Einkommens spenden. Wenn man die Kirchensteuer dazuzählt, deren Behandlung als freiwillige Leistung jedoch umstritten ist, so erhöht sich diese Summe auf knapp über 1 %. Auch freiwillige und ehrenamtliche Arbeit ist, obwohl sie über 650.000 Arbeitsplätze stellt, nicht sehr weit verbreitet: nur 13,1 % der deutschen Bevölke-

rung üben eine ehrenamtliche Tätigkeit aus. Private Individualspenden machen ganze 2,1 % der Nonprofit-Einnahmen aus, Unternehmensspenden und Stiftungsgelder tragen weitere 1,8 % dazu bei, so daß also das Spendeneinkommen insgesamt gerade 4 % des Gesamteinkommens des Nonprofit-Sektors ausmacht.

8. *Bezüglich Größe und Wachstum liegt der deutsche Nonprofit-Sektor international im Mittelfeld.*

Wie sieht der deutsche Nonprofit-Sektor im Vergleich zu anderen Ländern aus? Seiner Größe nach liegt der deutsche Nonprofit-Sektor mit einem Anteil an der Gesamtbeschäftigung von 3,7 % relativ nahe am Durchschnitt von 3,4 % der Länder, für die vergleichbare Daten vorliegen (USA, Japan, Großbritannien, Frankreich, Italien, Schweden, Ungarn). Hinsichtlich seiner Zusammensetzung ist festzustellen, daß die Bereiche Gesundheit und soziale Dienste in Deutschland eine wichtigere Rolle spielen als in den anderen Ländern, wohingegen die Bereich Kultur und Erholung, Bildung und Wissenschaft einen unterdurchschnittlichen Anteil an der Beschäftigung haben. Die Unterschiede in anderen Bereichen sind relativ unbedeutend.

Das Subsidiaritätsprinzip und das hochentwickelte System der öffentlichen Förderung sind dafür verantwortlich, daß der deutsche Nonprofit-Sektor (neben dem französischen) eine recht einzigartige Einnahmenstruktur aufweist. Deutschland ist das Land mit dem größten Anteil an öffentlicher Finanzierung (68,2 % gegenüber 40,9 %), der Anteil der Spendeneinnahmen ist jedoch im Vergleich zu den anderen europäischen Ländern am geringsten. Darüber hinaus liegt der Anteil der Gebühren und anderer Zahlungen, das heißt das Einkommen aus wirtschaftlicher Tätigkeit, über 20 Prozentpunkte unter dem internationalen Durchschnitt.

Schließlich kann man das Wachstum des deutschen Nonprofit-Sektors mit dem Wachstum in anderen Ländern, von denen die entsprechenden Daten vorliegen, vergleichen. Hierbei stellt sich heraus, daß die bedeutenden Wachstumsraten, die der Dritte Sektor in Deutschland zu verbuchen hat, keineswegs so außergewöhnlich sind; so weisen der französische, der japanische und der amerikanische Sektor sogar noch leicht höhere Wachstumsraten auf. An dieser Stelle fällt auf, daß in allen Ländern das Wachstum des Nonprofit-Sektors durch politische Maßnahmen gestützt wurde: in Deutschland durch die Subsidiarität, in Frankreich und Japan durch die Dezentralisierungspolitik der 80er Jahre und in den Vereinigten Staaten durch die Form des »third party government«.

Sechs Thesen

Auf dem Hintergrund der Darstellung wesentlicher Strukturmerkmale des Dritten Sektors, wollen wir uns nun um mögliche Themenschwerpunkte für die Diskussion zur Zukunft des Ehrenamts und der Freiwilligendienste im Nonprofitbereich kümmern. Dies soll anhand von sechs Thesen geschehen, die aber notwendigerweise auch über den empirischen Rahmen des bisher Gezeigten hinausgehen müssen. Die Thesen sollen im Sinne von Orientierungshypothesen verstanden werden, nicht jedoch als gesicherte Erkenntnisse.

These 1: *Die geringe Ehrenamtlichkeit in Deutschland ist eine Folge der staatlichen Alimentierung des Dritten Sektors.*

Wie wir gesehen haben, ist das ehrenamtliche Engagement in Deutschland international gesehen gering. Was sind die Ursachen?
Einerseits kann behauptet werden, daß die Ehrenamtlichkeit in Deutschland deshalb so gering ist, weil es zumindest in den letzten Jahrzehnten keinen effektiven, politisch umsetzbaren und umgesetzten Bedarf für sie gegeben hat. Da die Leistungsbereitstellung des Dritten Sektors wesentlich durch öffentliche Mittel erfolgte, war der Rekurs auf Ehrenamtlichkeit keine dringliche Aufgabe, von der Vorstandstätigkeit bei den einzelnen Trägerorganisationen einmal abgesehen. Daher ist verständlich, daß von Seiten des Dritten Sektors, maßgeblich also von den Verbänden und Einrichtungen im Wohlfahrtsbereich und der Kultur, keine Anstrengungen unternommen wurden, Ehrenamtlichkeit gezielt einzubinden und zu fördern. Zudem gab es die Möglichkeit des Zugriffs auf ABM-Stellen und Zivildienstleistende. Letztlich ließ sich aus der Ehrenamtlichkeit kaum politisches Kapital schlagen, d.h., ob eine Organisation stark oder kaum von Ehrenamtlichkeit geprägt war, hatte für Zwecke staatlicher Mittelvergabe und für die politische Legitimation im Gegensatz zu anderen Ländern keine Bedeutung.
Andererseits kann dagegengehalten werden, daß durch die Professionalisierung des Dritten Sektors und die ausgeprägte staatliche Alimentierung Organisationen des Dritten Sektors es versäumen konnten, das in der Bevölkerung vorhandene Potential an Ehrenamtlichkeit zu nutzen und zu fördern. Aus Forschungsergebnissen wissen wir, daß ehrenamtliches Engagement durch lokale Kontakte und Netzwerke aktiviert wird und erhalten bleibt. Ehrenamtlichkeit muß also Teil einer lokalen politischen und organisatorischen Kultur sein, die auf Eigeninitiative und Eigenverantwortung setzt und diesen Werten und Wertehandlungen auch Freiraum schafft. Wir können annehmen, daß diese durch die oft stark korporatistische Einbindung und die Orientierung des Dritten Sektors auf öffentliche Mittel hin zumindest teilweise unterbunden wurden.

These 2: *Ehrenamtlichkeit und bezahlte Arbeit werden zu sehr gegeneinander gerichtet und aufgerechnet, was einem modernen Verständnis von Organisationen im Dritten Sektor widerspricht.*

Es scheint plausibel anzunehmen, daß das erhebliche ökonomische Wachstum des Dritten Sektors allein mit ehrenamtlicher Arbeit nicht möglich gewesen wäre. Aus der vergleichenden Forschung wissen wir aber auch, daß eine stärker ausgeprägte Ehrenamtlichkeit dem Wachstum des Dritten Sektors durchaus nicht im Wege stehen muß. In den USA liegt der Anteil der Ehrenamtlichkeit bei 40-50 % der Bevölkerung (in Deutschland zwischen 12-18 %), bei gleichzeitig höheren Wachstumsraten. Was aber können wir über das Verhältnis zwischen bezahlter und ehrenamtlicher Arbeit sagen?

Allgemein wissen wir wenig über das betriebswirtschaftliche und soziologische Verhältnis ehrenamtlicher und bezahlter Arbeit. Dies betrifft nicht nur die Frage der Bewertung oder den Grad der Substituierbarkeit ehrenamtlicher und bezahlter Tätigkeit. Es betrifft auch die grundlegendere Frage nach der Regulierung ehrenamtlicher Arbeit und die Einbindung freiwillig erbrachter Leistungen in Organisations- und Managementkonzepte, die von der Effizienz der Leistungsbereitstellung und der optimalen Mittelverwendung ausgehen. Insbesondere bei den Wohlfahrtsverbänden breitet sich eine gewisse Ambivalenz aus, da versucht wird, angesichts massiver Kürzungen in den öffentlichen Haushalten, gleichzeitig mehr auf Ehrenamtlichkeit und Effizienz zu setzen, ohne sich den möglichen Zusammenhängen und Komplikationen bewußt zu sein.

Resultat ist oft eine unüberlegte Rationalisierung der Ehrenamtlichkeit im Bereich sozialer Dienste, die sich zur starken, bereits vorhandenen Verrechtlichung ehrenamtlicher Vorstandstätigkeit gesellt, welche schon seit längerer Zeit zu einem Ausdünnen und Veraltern der freiwilligen Vorstände geführt hat.

Beide Probleme hängen damit zusammen, daß wir darüber im Unklaren sind, welche Aufgaben Ehrenamtliche in den Organisationen und Bereichen des Dritten Sektors leisten könnten und sollten und wie diese Anforderungsprofile den Vorstellungen der ehrenamtlichen Mitarbeiter entsprechen.

Darüber hinaus muß berücksichtigt werden, daß viele Organisationen im Dritten Sektor keine geeigneten innerorganisatorischen Institutionen der Konfliktregulierung und Interessenvertretung haben. Der Dritte Sektor ist gewerkschaftlich kaum erfaßt, in Teilen sogar aus der sozialpartnerschaftlichen Regelung gesetzlich ausgenommen, was mit der Kunstformel »Tendenzbetrieb« erreicht wurde. Obwohl wir wenig über Mitarbeiterzufriedenheit im Dritten Sektor wissen, lassen die vorliegenden Studien in ihren Teilaussagen kein positives Gesamtbild erahnen. Wie soll eine hohe Betriebszufriedenheit erreicht werden, wenn sowohl für bezahlte als auch für ehrenamtliche Mitarbeiter Mechanismen der innerorganisatorischen Interessenregulierung unterentwickelt sind?

These 3: *Das Thema Werte, insbesondere Religion, bleibt weitgehend ausgeklammert und eine säkulare Vorstellung der Ehrenamtlichkeit überwiegt in der derzeitigen Diskussion.*

Der Dritte Sektor ist kein politisch oder ideologisch neutraler Bereich. Im Gegenteil, tiefe Konfliktlinien und die weltanschauliche Heterogenität moderner Gesellschaften spiegeln sich auch im Dritten Sektor wider. So zählt »Religion« zu den wichtigsten Erklärungsfaktoren im Bereich der Dritte-Sektor-Theorien. Da Ehrenamtlichkeit sich in großen Teilen im Dritten Sektor abspielt, ist es verwunderlich, daß dem Ehrenamt eine »konfliktfreies Image« anhängt und es in der derzeitigen Diskussion fast »aseptisch« behandelt wird.

In der Tat gibt es einen klaren Zusammenhang zwischen Religiosität und Ehrenamtlichkeit in dem Sinne, daß sich als religiös bezeichnende Menschen sich weitaus häufiger ehrenamtlich betätigen als solche, die keine Religion ausüben. Nicht die Religionszugehörigkeit, sondern der Grad der Teilhabe an Religion ist dabei entscheidend, ein Zusammenhang, der sich auch auf das Spendenverhalten ausdehnt. Wenn daher an eine Ausweitung der Ehrenamtlichkeit gedacht wird, so muß mit einbezogen werden, daß zumindest die öffentlich-rechtlichen Kirchen an einem Mitgliederschwund leiden und einer schwelenden Legitimationskrise entgegensteuern, die den Bestand an Ehrenamtlichkeit in kirchlichen Bereichen zumindest langfristig gefährden könnte.

Vorliegende Daten geben wenig Hoffnung, daß Ehrenamtlichkeit außerhalb weltanschaulich-fundierter und wertegeleiteter Handlungseinstellungen weit verbreitet anzufinden und zu erschließen sein wird. Insbesondere postmaterielle Wertestrukturen, die in Deutschland – anders als in anderen Ländern, insbesondere den USA und Großbritannien – auf eine Individualisierung der Lebensgestaltung im Freizeitbereich bei gleichzeitig hohen Anforderungen an staatlich abgesicherte Leistungen der Daseinsvorsorge hinauslaufen, scheinen nur begrenzt für Ehrenamtlichkeit erschließbar. Die zentralen Forschungsfragen lauten demnach: wieviel Ehrenamtlichkeit ist ohne eine (religiöse) Werteorientierung möglich, und welche Wertekonstellationen werden in der Zukunft mit ehrenamtlichen Tätigkeiten zu verbinden sein?

These 4: Die Begriffe Ehrenamt, Gemeinnützigkeit und Subsidiarität müssen neu überdacht werden.

Wir brauchen nicht nur weit mehr empirisch fundierte Daten und Informationen zum Thema Ehrenamtlichkeit und Dritter Sektor; der eklatante Datenmangel, der in diesem Gebiet fast als charakteristisch angesehen werden kann, deutet auf ein grundlegenderes Problem hin: Die oft verwendeten und zur Verfügung stehenden Begriffe scheinen überlagert mit politischen Assoziationen und Dissonanzen, ohne daß sich leicht geeignete Alternativen anböten.

Nehmen wir die Begriffe des Ehrenamts oder der Ehrenamtlichkeit, die in Deutschland stark politisch vorgeprägt sind und die kulturhistorischen Wurzeln der »Ehre« mit dem politisch-verwaltungstechnischen Begriff des »Amts« in eigentümlicher Weise in Verbindung bringen. In der Tat läßt sich die Verknüpfung der öffentlich-rechtlichen Konstruktion des verliehenen Amts mit dem individual-voluntaristischen Wertbegriff der »Ehre« in kaum einem anderen Land finden. In Frankreich und Italien, in den USA wie in Großbritannien liegt der begriffliche Schwerpunkt weit mehr auf der Ebene der Freiwilligkeit und des Voluntarismus. Begriffe wie »freiwillige Arbeit« oder »unbezahlte Arbeit« hingegen betonen den Arbeitscharakter der Tätigkeit, obwohl nicht offensichtlich und sinnhaft ist, ob »Arbeit« in beiden Fällen gleichermaßen gemeint sein soll. Aber grundsätzlicher stellt sich die Frage, ob alle Formen freiwilliger Tätigkeiten, die in dem hier verwendeten Kontext relevant sind, mit dem Begriff Ehrenamt erfaßt werden.

Eigentlich sollte uns hier die Diskussion über das »Ende der Arbeitsgesellschaft« weiterhelfen und Begrifflichkeiten anbieten, die es erlauben, voluntaristisches, öffentliches Handeln jenseits der Grenzen von Markt und Politik analytisch und methodisch zu fassen. Leider scheint diese Diskussion eher geneigt, einen überregulierten, inflexiblen Arbeitsmarkt als Ausgangspunkt zu nehmen, von dem dann auf das angebliche Potential des Dritten Sektors als Kompensationsfaktor für die Schwächen der »Arbeitsgesellschaft« hingewiesen wird, als auf den wirklichen Stärken und Grenzen des Dritten Sektors aufzubauen. Aber hier lohnt es sich, weiterzudenken.

Obwohl dies nicht weiter ausgeführt werden kann, soll vorgeschlagen werden, für den wirtschafts- und sozialwissenschaftlichen Zusammenhang Ehrenamt und Ehrenamtlichkeit durch das Begriffspaar freiwillige Tätigkeit (nicht: Arbeit, nicht: Dienst) und Voluntarismus zu ersetzen. Dies käme zum einem dem europäischen Sprachgebrauch näher und böte zum zweiten die Möglichkeit, den engen und doch etwas belasteten Begriff des Ehrenamts zu vermeiden.

Wir haben ähnliche Probleme mit dem Begriff der Gemeinnützigkeit, der in der Wirtschaftswissenschaft und der Soziologie als eigenständiger Fachterminus kaum vorkommt, allenfalls in Anlehnung an das Problem der öffentlichen Güter und des Gemeinwohls. In der Tat ist der Begriff der Gemeinnützigkeit in Deutschland sehr stark verrechtlicht (in den USA hingegen zu sehr ökonomisiert) und wird auch zunehmend im Sinne der Abgabenordnung verstanden. Die gegenwärtige Gesetzeslage jedoch ist kompliziert, oft wenig schlüssig, stückwerkhaft und kaum zeitgemäß. Der Begriff Gemeinnützigkeit muß aus seiner steuerrechtlichen Konnotation gelöst werden, da er mehr meint und umfaßt, als in der Abgabeordnung geregelt ist und ausgedrückt werden kann.

Schließlich ist eine grundlegende Revision des Gemeinnützigkeitsrechts angesagt. Um die Abhängigkeit von öffentlichen Mitteln zu vermindern und Flexibilität auch in Hinblick auf eine größere Einbindung freiwilliger Tätigkeit zu erreichen, sollten die Organisationen des Dritten Sektors dazu ermuntert werden, Rücklagen und Vermögen zu schaffen, deren Erträge dem Organisationszweck zugeführt werden können. Dies ist leider nach dem Gemeinnützigkeitsrecht kaum möglich, da dort eine zeitnahe Verwendung der gegebenen Mittel eingefordert wird, was eine Rücklagenbildung unterbindet und somit den Handlungsspielraum der Organisationen wesentlich einschränkt.

Wenden wir uns dem Begriff der Subsidiarität zu: Angesichts sich leerender Haushaltskassen wird es in Ostdeutschland am ehesten zu einer größeren Flexibilität in der Anwendung des Subsidiaritätsprinzips kommen und daher vielleicht auch am ehesten zu einer Neubestimmung von Ehrenamtlichkeit. Im Westen neigte man dazu, »Subsidiarität« und einige etablierte Bereiche des Dritten Sektors gleichzusetzen und auf der Grundlage einer sehr engen Auffassung dessen, was Subsidiarität bedeutet, politisch zu handeln. Dabei beschreibt Subsidiarität ein viel allgemeineres Prinzip, als es oft in Deutschland dargestellt wird. In Deutschland hat sich dieses Prinzip eher zu einem Quasi-Monopol der Anbieter entwickelt als zu einem auf die Klientel ausgerichteten, auf individueller Wahl beruhenden System. So sind zum

Beispiel die neuen sozialen Bewegungen der 70er Jahre und die Selbsthilfegruppen der 80er Jahre als vorsichtige Vorreiter in Richtung auf eine weiter gefaßte Interpretation des Subsidiaritätsprinzips zu verstehen.
Subsidiarität muß durchaus nicht nur auf die Verbände der freien Wohlfahrtspflege anzuwenden sein und kann als ein Ordnungsprinzip gesehen werden, das eine viel größere Bandbreite an institutionellen Optionen bietet, als sie bisher in Deutschland verwirklicht wurden. Dieser Ansicht entsprechend, wird in der aktuellen politischen Diskussion untersucht, inwieweit andere Nonprofit-Organisationen und erwerbswirtschaftliche Anbieter eine Rolle im sozialen Dienstleistungssektor spielen können. Mit der Einführung der Pflegeversicherung im Jahre 1995 kam es bereits zu einer ersten flexibleren Interpretation des Subsidiaritätsprinzips.

These 5: Vereine nehmen zahlenmäßig zu, Großverbände verlieren an Mitgliedern; die Vereinslandschaft wandelt sich.

Wie wir gesehen haben, hat die Zahl der Vereine in den letzten Jahren markant zugenommen. Parallel dazu hat sich der Anteil der in Vereinen engagierten Bevölkerung viel weniger verändert, und das Mitgliederaufkommen der Kirchen, der politischen Parteien und der Gewerkschaften, d.h. der traditionellen Verbände, stagniert bzw. nimmt ab. Was wir beobachten, ist demnach eine Umstrukturierung der deutschen Vereinslandschaft, was international gesehen auch ein Aufholen bedeutet. Im Vergleich zu anderen Ländern sind sowohl die Zahl der Vereine als auch das Ausmaß an Vereinsmitgliedschaft im internationalen Mittelfeld anzusiedeln. Die skandinavischen Länder haben z.B. eine weit höhere Vereinsdichte als Deutschland.
Wenn wir nach den Ursachen für die Umstrukturierung und für die leichte Unterentwicklung des deutschen Vereinswesens suchen, so werden wir z. T. auf gemeinsame Faktoren stoßen. Eine wesentlicher Grund für die geringere Vereinsdichte und die derzeit zu beobachtende Auffächerung der Vereinslandschaft ist einerseits in den historisch bedingten Zentralisierungstendenzen zu sehen, wobei lokale Vereine zu landesweiten Großvereinen und Verbänden zusammengeschlossen sind; andererseits müssen aber auch die erheblichen Diskontinuitäten und Zäsuren in Kauf genommen werden, die in den letzten 100 Jahren dem deutschen Vereinswesen widerfahren sind und zu abrupten Schrumpfungs- und Expansionsphasen führten.
In diesem Zusammenhang soll beachtet werden, daß ein enger Zusammenhang zwischen Ehrenamtlichkeit und Mitgliedschaft besteht, so zum Beispiel in Sportvereinen oder im Umweltschutz. In Deutschland haben wir aber, wie in nur wenigen anderen modernen Staaten, die kulturell und soziologisch interessante Konstruktion, daß Mitgliedschaften in der öffentlich verfaßten Kirche nicht als solche von der Bevölkerung verstanden werden; hier sprechen wir eher von Zugehörigkeit. Bei internationalen Umfragen stiftet dies häufig Verwirrung, da in einigen Ländern die Mitgliedschaft in allen Religionsgemeinschaften als Mitgliedschaft angesehen wird, in anderen Ländern ein grundlegender Unterschied zwischen der öffentlich verfaßten Kirche, die somit keine private Einrichtung ist, und allen sonstigen Religionen gemacht wird.

Ein weiterer Punkt, der von der Forschung beleuchtet werden sollte, bezieht sich auf die negative Besetzung der Begriffs »Vereinsmeier«, der lokale Aktivisten bezeichnet, die sich in mehreren Vereinen gleichzeitig ehrenamtlich betätigen. In gewisser Hinsicht ist der Vereinsmeier aber auch eine positive soziologische Figur, die dem Ideal einer lokal verwurzelten Zivilgesellschaft zumindest im Aktionsgrad recht nahe kommt. Ist an einer Ausweitung der Ehrenamtlichkeit gelegen, so müßte der negativen Bewertung des unspektakulären sozialen Engagements mehr Beachtung geschenkt werden.

Letztlich muß aber auch darauf hingewiesen werden, daß ein bestimmter Teil des deutschen Dritten Sektors weitgehend von Ehrenamtlichkeit geprägt ist, was aber in der derzeitigen Diskussion kaum zur Kenntnis genommen wird: das Stiftungswesen. Die große Mehrheit der deutschen Stiftungen wird ehrenamtlich verwaltet, und da die Zahl der Stiftungen in den letzten Jahren stark angestiegen ist und wahrscheinlich weiter ansteigen wird, stellt sich hier die Frage, inwieweit bisher nicht erkannte ehrenamtliche Potentiale vorhanden sind, und was darüber hinaus die Vor- und Nachteile einer weitgehend ehrenamtlich verwalteten Stiftungslandschaft sind, die immerhin viele Milliarden Mark repräsentiert.

These 6: Der Dritte Sektor kann sein gesellschaftliches Innovationspotential nicht voll ausschöpfen.

Es wird zuwenig erkannt, daß der Dritte Sektor in einer gewachsenen Partnerschaft zum Staat steht und eben nicht in einer isolierten Stellung gesehen werden darf. Die deutsche Version des Sozialstaats, bei der die Leistungsbereitstellung oft vom Dritten Sektor übernommen wird, die Finanzierung aber wesentlich über öffentliche Kanäle läuft, hat zu engen Verflechtungen von Staat und Nonprofit-Sektor geführt. Hier muß zumindest in Teilen entflochten werden.

Der Dritte Sektor wird aber kaum in der Lage sein, ohne die finanzielle Verbindung zur öffentlichen Hand das gegenwärtige Leistungsangebot aufrechtzuerhalten, noch wird es bei den hohen Wachstumsraten der Vergangenheit bleiben können. In anderen Worten, der Dritte Sektor wird nur dann auch in der Zukunft einen vergleichbaren Beitrag leisten können, wenn Alternativen zur staatlichen Unterstützung gerade in den Bereichen gefunden werden können, die vom Subsidiaritätsprinzip getragen bzw. wesentlich erfaßt sind.

Dies bedeutet, angesichts leerer Staatskassen, angespannter Finanzlagen bei den Kommunen und den Sozialversicherungen und einer zu erwartenden Erosion der Kirchensteueraufkommen, daß Wachstum, ja der Bestand des Sektors auf derzeitigem Niveau überhaupt nur möglich sein wird, wenn der Bereich der privaten Finanzierung ausgebaut wird. Dies betrifft insbesondere alle Finanzquellen, die weder auf direkte Subventionen hinauslaufen, noch administrativ vorgeschriebene Kostenerstattungen aus dem Sozialversicherungswesen darstellen.

Wenn erwartet wird, daß der Dritte Sektor weiterhin auf Wachstumskurs bleibt, und wenn eine bessere Ausschöpfung nicht-staatlicher Mittel dazu als notwendig angesehen wird, dann muß auch erkannt werden, daß die geeigneten gesetzlichen Rahmenbedingungen geschaffen werden müssen. Diese sind nicht oder nur ungenügend vorhanden. Einerseits ist, wie oben angedeutet, an eine flexiblere Handhabung des Subsidiaritätsprinzips zu denken, die über das von den freien Wohlfahrtsverbänden abgesteckte Terrain hinausgeht. Dies sollte aber nicht durch die »Hintertür« eingeleitet werden, wie etwa bei der Pflegeversicherung, sondern sollte Bestandteil eines politisch offen ausgehandelten Entwurfs zur Zukunft des Dritten Sektors und der Wohlfahrtsverbände sein. Einige Länder der Europäischen Union haben solche Entwürfe in jüngster Zeit vorgelegt, und es wäre wünschenswert, wenn der Bund und die Länder zumindest Enquetekommissionen zu dieser Frage einsetzen und einen breiteren Dialog suchen würden.

Wir haben auch gesehen, daß einige Bereiche, wie Sport und Kultur, stark von Ehrenamtlichkeit geprägt sind, während in anderen Bereichen, so im Schul- und Gesundheitswesen, relativ wenig an freiwilliger Arbeit geleistet wird, zumindest im internationalen Vergleich. Es wäre zu überlegen, wann und unter welchen Bedingungen ehrenamtliche Tätigkeiten in bestimmte Formen bezahlter Arbeit umgewidmet werden kann, so z.B. im Sportbereich, und wann Ehrenamtliche eingesetzt werden können, um starke soziale oder ökonomische Pressionen abzuwehren. Hier ist an die nachschulische Betreuung von Kindern zu denken oder auch an den vermehrten Einsatz von Ehrenamtlichen in Krankenhäusern oder auf der Gemeindebene im Falle ambulanter sozialer Dienste. Dabei wird es erforderlich sein, bereichsspezifisch vorzugehen; das Hauptziel wäre, bezahlte und ehrenamtliche Tätigkeit auf ihren jeweiligen besten Nutzen hin einzusetzen bzw. zu fördern.

Abschließende Bewertung

Wenn an eine Neubestimmung des Dritten Sektors, der Ehrenamtlichkeit und der freiwilligen sozialen Dienste gedacht wird, so ist es wichtig, dabei nicht den gesamtgesellschaftlichen Kontext aus den Augen zu verlieren. In der Tat wäre zu überlegen, ob das Begriffstrio Gemeinwohl, Voluntarismus und Zivilgesellschaft nicht den Kern dessen ausmacht, was politisch neu gefaßt werden soll.

Gerade der Begriff Zivilgesellschaft ist in letzter Zeit häufig mit dem Begriff Dritter Sektor in Verbindung gebracht worden. Einige Autoren gehen gar soweit und benutzen beide Begriffe synonym, wohingegen andere im Dritten Sektor die »soziologische Infrastruktur« der Zivilgesellschaft sehen. In beiden Perspektiven sind wesentliche theoretische und politische Einschränkungen enthalten. Es ist dabei nicht nur problematisch, daß die individuelle Handlungskompetenz ausgeklammert wird: Bürger handeln nicht nur im und durch den Dritten Sektor im zivilgesellschaftlichen Sinne.

Von einschneidender Konsequenz ist die Tendenz, Zivilgesellschaft gegenüber dem Staat und der Wirtschaft abzugrenzen oder sie ihnen zumindest gegenüberzustellen. Diese Sichtweise verstellt den Weg auf das eigentlich Neue an der sich abzeichnenden Diskussion zur Integration moderner Gesellschaften: Wenn sich Wirtschaft, Staat und Dritter Sektor in ihren Inhalten wandeln, warum nicht auch die Zivilgesellschaft? Unter Zivilgesellschaft ist eine Koordinierungs- und Kommunikationsinstanz zu verstehen, die zwischen Staat, Markt, Drittem Sektor und Bürgern vermittelt. Dies kann sich in durchaus unterschiedlichen Zusammenhängen und auf unterschiedlichen Ebenen abspielen. Zivilgesellschaft ist zugleich Fundament und Zwischenraum, in dem sich institutionelle Bereiche und Individuen bewegen und entfalten können. Ehrenamt und freiwillige Dienste in diesem Sinne zu rekonstruieren und umzudefinieren – dies erscheint mir als die zentrale Herausforderung, denen sich politische Neuentwürfe stellen müssen.

Ausgewählte Literatur

Anheier, Helmut und Seibel, Wolfgang, 1998: The Nonprofit-Sector in Germany, Manchester: Manchester University Press.
Anheier, Helmut K., Eckhard Priller, Wolfgang Seibel und Annette Zimmer (Hrsg.), 1997: Der Dritte Sektor in Deutschland. Berlin: Sigma.
Bauer, Rudolph und Anna-Marie Thränhardt, 1987: Verbandliche Wohlfahrtspflege im internationalen Vergleich. Opladen: Westdeutscher Verlag.
Best, Heinrich (Hrsg.), 1993: Vereine in Deutschland. Vom Geheimbund zur gesellschaftlichen Organisation. Bonn: Informationszentrum Sozialwissenschaften.
Boeßenecker, Karl-Heinz, 1995: Spitzenverbände der Freien Wohlfahrtspflege in der BRD, Münster: Votum.
Goll, Eberhard, 1991: Die freie Wohlfahrtspflege als eigener Wirtschaftssektor. Theorie und Empirie ihrer Verbände und Einrichtungen. Baden-Baden: Nomos.
Pankoke, Eckhard, 1998: »Ehrenamt«, in: Handbuch des Stiftungswesens. München: Gabler Verlag.
Sachße, Christoph, 1994: Subsidiarität: Zur Karriere eines sozialpolitischen Ordnungsbegriffes, in: Zeitschrift für Sozialreform, 40. Jg., Heft 1: 717-731.
Salamon, Lester und Helmut Anheier, 1996. The emerging nonprofit sector: an overview. Manchester: Manchester University Press.
Wohlfahrt, Norbert, 1996: Neue Förderformen für die Freien Wohlfahrtsverbände: zu den Folgewirkungen von Leistungsverträgen, in: Theorie und Praxis der sozialen Arbeit 5, S. 27-31.
Zimmer, Annette, 1996: Vereine – Basiselement der Demokratie, Opladen: Leske + Budrich.

Tabelle 1: *Vollzeit-äquivalente Beschäftigung im Nonprofit-Sektor, 1990*

Untergruppen (ICNPO)	Beschäftigung	In %
KULTUR UND ERHOLUNG	64.346	6,3 %
Kunst & Kultur	5.320	0,5 %
Sport, Freizeit & Erholung	59.017	5,8 %
Sonstige Klubs	9	0,0 %
BILDUNG UND FORSCHUNG	131.451	12,9 %
Schulen, Primar- und Sekundarstufe	34.339	3,4 %
Universitäten und Hochschulen	2.150	0,2 %
Sonst. Organisationen des Bildungswesens	63.044	6,2 %
Forschung	31.917	3,1 %
GESUNDHEITSWESEN	364.056	35,8 %
Krankenhäuser	237.920	23,4 %
Pflegeheime	74.807	7,3 %
Psychiatrische Krankenhäuser	20.824	2,0 %
Sonst. Org. des Gesundheitswesens	30.505	3,0 %
SOZIALE DIENSTE	328.733	32,3 %
Soziale Dienste	324.245	31,9 %
Katastrophenschutz und -hilfe	4.488	0,4 %
UMWELT UND NATURSCHUTZ	2.462	0,2 %
Umwelt und Naturschutz	1.361	0,1 %
Tierschutz und Tierheime	1.102	0,1 %
WOHNUNGSWESEN & BESCHÄFTIGUNG	60.592	6,0 %
Entwicklung & Gemeinwesenarbeit	16.539	1,6 %
Wohnungswesen	37.611	3,7 %
Beschäftigung und berufliche Fortbildung	6.443	0,6 %
BÜRGER- & VERBRAUCHERINTERESSEN	13.677	1,3 %
STIFTUNGS- UND SPENDENWESEN	2.686	0,3 %
INTERNATIONALE AKTIVITÄTEN	5.138	0,5 %
WIRTSCHAFTS- & BERUFSVERBÄNDE	44.803	4,4 %
GESAMT	1.017.945	100 %

Quelle: Johns Hopkins Comparative Nonprofit Sector Project

Tabelle 2: *Beschäftigte und Ehrenamtliche nach ICNPO-Bereichen, 1990*

ICNPO-Gruppe	BESCHÄFTIGUNG In %	EHRENAMTLICHE UND FREIWILLIGE			Verhältnis Beschäftigte/ Freiwillige
		Anzahl	In %	Als Vollzeitäquivalent	
KULTUR & ERHOLUNG	6,32	2.834.418	50,44	411.306	0,16
Kunst & Kultur	0,52	621.583	11,06	60.502	0,09
Erholung	5,80	2.212.835	39,38	350.804	0,17
BILDUNG & FORSCHUNG	12,91	174.043	3,10	19.608	6,70
GESUNDHEIT	35,76	447.540	7,96	42.574	8,55
SOZIALE DIENSTE	32,29	422.676	7,52	36.785	8,94
UMWELT & NATURSCHUTZ	0,24	397.813	7,08	59.635	0,04
WOHNUNGSWESEN ETC.	5,95	49.727	0,88	1.359	44,59
BÜRGER- & VERBRAUCHER	1,34	646.446	11,50	61.046	0,22
STIFTUNGS-/ SPENDENWESEN	0,26	198.906	3,54	18.380	0,15
INTERNATIONALE AKTIVITÄTEN	0,50	99.453	1,77	5.898	0,87
WIRTSCHAFTS-/ BERUFSVERB.	4,40	348.086	6,19	22.750	1,97
GESAMT	100 %	5.619.108	100 %	679.341	1,50

Quelle: Johns Hopkins Comparative Nonprofit Sector Project

Tabelle 3: *Der Beschäftigungsanteil des Nonprofit Sektors in ausgewählten Bereichen*

Untergruppe (ICNPO)	Beschäftigung			
	Nonprofit-Sektor	Öffentl. Sektor	Markt-Sektor	Vollzeitäquivalente Beschäftigung
	%	%	%	Gesamt
KULTUR & FREIZEIT	10,7	44,9	44,4	175.158
Theater und Opernhäuser	4,5	72,7	22,9	31.602
Orchester, Chöre, etc.	9,5	19,0	71,5	5.915
Museen, Ausstellungshäuser	9,2	71,7	19,2	17.490
Allgemeine Bibliotheken	2,7	38,1	59,2	30.559
Erholungsheime	65,2	10,1	24,7	15.207
Ferienheime	22,2	2,6	75,3	10.977
Sporteinrichtungen	2,3	45,2	52,6	62.603
Sportschulen	68,3	31,7	–	805
BILDUNG & FORSCHUNG	10,9	83,3	5,7	1.144.216
Schulen	6,0	92,2	1,7	632.106
Hochschulen	1,2	98,6	0,2	198.042
Erziehungsheime	76,2	12,1	11,7	9.136
Berufsausbildung	21,5	60,9	17,6	202.898
Erwachsenenbildung	100,0	–	–	9.559
Forschungsarchive und -bibliotheken	5,7	88,7	5,6	7.779
Forschungseinrichtungen	34,8	59,8	5,4	49.984
GESUNDHEITSWESEN	34,4	48,8	16,8	1.050.222
Krankenhäuser	29,7	57,4	12,9	830.126
Pflegeheime	63,0	16,8	20,2	128.510
Sonst. Einrichtungen des Gesundheitswesens	36,2	16,2	47,6	91.586
SOZIALE DIENSTE	61,2	22,1	16,7	428.766
Kantinen, Suppenküchen	8,5	6,8	84,7	38.220
Jugend- Studenten- Arbeiterwohnheime	34,5	8,5	57,0	23.571
Altenwohnheime	67,6	14,7	17,7	67.140
Jugendheime	73,0	17,6	9,4	17.388
Behindertenhilfe	83,6	6,9	9,5	96.171
Tagesheime	46,4	48,1	5,4	22.766
Kindertagesstätten	62,3	36,7	1,0	155.874
Humanitäre und Flüchtlingshilfen	63,1	30,1	6,8	7.636

Quelle: Johns Hopkins Comparative Nonprofit Sector Project

Tabelle 4: *Relatives Beschäftigungswachstum in einzelnen Nonprofit-Subsektoren, Westdeutschland, 1960 – 1990*

Sektor	1960	1970	1980	1987	1990
Landwirtschaft	3.581	2.262	1.403	1.125	964
Warenverarbeitendes Gewerbe	12.497	12.987	11.721	10.889	11.316
Handel	4.759	4.755	5.032	5.012	5.315
Dienstleistungen	2.364	2.933	3.970	4.654	5.269
Staat	2.098	2.978	3.929	4.226	4.303
Nonprofit-Sektor	383	529	925	1.144	1.256
Gesamt	25.682	26.444	26.980	27.050	28.423

1960=100

ICNPO-Gruppe	1960	1970	1987	1990
Kultur & Erholung	100	110	167	181
Bildung & Forschung	100	144	247	267
Gesundheitswesen	100	149	351	379
Soziale Dienste	100	157	353	381
Wirtschafts-/Berufsverb.	100	91	132	142
Sonstiges	100	107	127	138
Religion	100	131	215	232
Gesamt	100	138	275	297

Quelle: Johns Hopkins Comparative Nonprofit Sector Project

Tabelle 5: *Spenden und ehrenamtliche Tätigkeiten, 1991/92*

Spenden	inkl. Kirchensteuer	ohne Kirchensteuer
Von allen Befragten haben in den letzten 12 Monaten gespendet (in %)	etwa 90-95	44,10
Spender haben durchschnittlich gespendet (in DM)	n/a	191
Alle Befragten haben durchschnittlich von ihrem Haushaltseinkommen gespendet (in %)	1,12	0,31
Spender haben durchschnittlich von ihrem Haushaltseinkommen gespendet (in %)	n/a	0,85
Ehrenamtliche Tätigkeiten		
Von allen Befragten haben in den letzten 12 Monaten ehrenamtliche Tätigkeit geleistet (in %)	13,1	
Durchschnittliche Stundenzahl pro Jahr, die für ehrenamtliche Tätigkeit von Ehrenamtlichen geleistet wird	235	

Quelle: Johns Hopkins Comparative Nonprofit Sector Project

Sibylle Tönnies

Arbeitsmarktneutralität

Eine Neuorganisation des sozialen Freiwilligendienstes steht, wenn sie hunderttausend Kräfte zum Einsatz bringen will, vor dem Problem der Arbeitsmarktneutralität.
Denn wenn man Menschen Gelegenheit zur Arbeit gibt, nimmt man sie anderen weg – so ist es jedenfalls, wenn man sich die in einer Gesellschaft zu verrichtende Arbeit wie ein Bettuch vorstellt, an dem man nicht ziehen kann, ohne daß es am anderen Ende fehlte. Mit diesem Problem hat jedes Projekt kämpfen, das Menschen in Arbeit setzen will. Wenn der Staat in Zeiten von Arbeitslosigkeit Arbeitsplätze zur Verfügung stellt, hilft er zwar den unmittelbar Begünstigten, schadet aber denen, die diese Arbeit potentiell hätten verrichten können. Da die vom Staat organisierte Arbeit nicht marktgerecht entlohnt wird, macht sie der Wirtschaft unerträgliche Konkurrenz, die von dieser als »Verdrängungs- und Substitutionskonkurrenz« mit Recht bekämpft wird. Ein Beispiel: Die an vielen Orten als Arbeitsbeschaffungsmaßnahmen betriebenen Fahrradreparaturwerkstätten haben die ansässigen Handwerker oft an die Grenze ihrer Existenz gebracht. Sie mußten deshalb geschlossen werden.
Dagegen hilft auch die Gemeinnützigkeit der vom Staat eingerichteten Arbeit nicht. Denn Gott sei Dank ist auch vieles von dem, was auf dem regulären Arbeitsmarkt getan wird, nützlich. Es werden dort ja nicht nur Rennwagen, Computerspiele und Schokoladenriegel hergestellt, sondern auch sinnvolle, hilfreiche Tätigkeiten verrichtet. Auch gute Taten sind käuflich: der Altenpflegedienst ist ein Beispiel. Wo auch immer sich der Staat mit karitativer, mehr oder weniger ehrenamtlicher Tätigkeit hineinschiebt, läuft er Gefahr, marktgerecht bezahlte Arbeitskräfte zu verdrängen.
Das Problem ist alt. Nur im Merkantilismus, als der Staat sich ohnehin als Unternehmer ins Zeug legte, paßte die unterbezahlte, staatlich betriebene Arbeit ins System. Die billigen Kräfte der Arbeitshäuser, die es im achtzehnten Jahrhundert überall gab, verhalfen den staatlichen Manufakturen zu guten Einnahmen. Unter dieser Konkurrenz konnte sich aber die freie Wirtschaft nicht entfalten, und als sie, bevor sie ganz verödete, die merkantilistischen Fesseln sprengte und den Liberalismus durchsetzte, mußte der Staat seine mit den sogenannten »starken Bettlern« betriebenen, den Markt unterbietenden Konkurrenzunternehmen schließen. Zwar hat der Gesetzgeber dem Staat erst 1974 die Erlaubnis zur Betreibung von Arbeitshäusern entzogen – es gab sie aber schon lange nicht mehr.
Außerhalb der kasernierten Form besteht das Problem, daß der Staat einen zweiten Arbeitsmarkt öffnet und dem ersten Verdrängungskonkurrenz macht, allerdings weiter. Ihm stehen zwar keine »starken Bettler« mehr zur Verfügung, wohl aber

»starke« Sozialhilfeempfänger. Aus der Tatsache, daß er sie versorgt, entnimmt der Staat das Recht, sie zur Arbeit zu verpflichten: Sowohl das Arbeitslosenförderungsgesetz (§ 91) als auch das Bundessozialhilfegesetz (§ 19) sehen vor, daß die aus öffentlichen Mitteln Unterhaltenen ohne marktgerechte Entlohnung gemeinnützige Tätigkeiten verrichten. Das alte Problem der verdrängenden Wirkung wird im Bundessozialhilfegesetz durch die Forderung gelöst, daß die staatliche Arbeit »zusätzlich« sein muß; im Arbeitsförderungsgesetz wird verlangt daß sie»nicht auch sonst durchgeführt werden würde«. Damit ist eben das gemeint, was das Wort »arbeitsmarktneutral« ausdrückt. Der Einsatz der allzu billigen Arbeitskraft muß auf Feldern geschehen, auf denen sich weder die freie Wirtschaft noch der öffentliche Dienst bislang betätigt.

Wenn das Problem der Arbeitsmarktneutralität nicht ernst genommen wird – wenn über einen »zweiten Arbeitsmarkt« Stellen geschaffen werden, die nicht »zusätzlich« zu den bereits vorhandenen hinzukommen, wenn Arbeit verrichtet wird, die »nicht auch sonst durchgeführt würde« – so muß damit gerechnet werden, daß die wohltätigen Projekte unter den Beschuß sowohl der Unternehmer als auch der Gewerkschaften geraten. Dieses Schicksal haben die nach 1989 im Osten eingerichteten, die plötzliche Vernichtung von vielen hunderttausend Arbeitsplätzen kompensierenden Arbeitsbeschaffungsmaßnahmen erlitten. Obwohl diese Projekte sehr erfolgreich waren, mußten sie beendet werden. Die freie Wirtschaft hatte Erfolg mit der sogenannten Konkurrentenklage. Darüber hinaus wurden die Arbeitsbeschaffungsmaßnahmen, die der Wirtschaft die (von Marx) so genannte »industrielle Reservearmee« schmälerten, in FAZ und Handelsblatt so lange als störende staatliche Regulierung kritisiert, bis das gesamte ABM-Programm im Frühjahr 1997 durch eine Gesetzesänderung heruntergefahren wurde.

Die Folgen sind im sozialen Bereich überall äußerst schmerzlich zu spüren. Ursache dieser sozial schädlichen, aber wirtschaftlich tatsächlich notwendigen »Deregulierung« war die vorangegangene Stumpfheit des Staates gegenüber dem Erfordernis der Arbeitsmarktneutralität – die fehlende »Zusätzlichkeit« der Arbeit.

Wenn man jetzt wieder daran denkt, unterbezahlte, idealistisch motivierte Arbeitskraft zu mobilisieren, muß man sich diesem Problem stellen. Man muß schöpferische Phantasie entwickeln und Arbeit tatsächlich neu »schaffen«. Der Versuch, nur in vorhandene, aber bisher unentdeckte Lücken zu stoßen, wird nicht ausreichen. Dem Vorwurf der »Verdrängung und Substitution« wird man nur ausweichen können, wenn man völlig neue Arbeitsfelder aufmacht. Am einfachsten entgeht man ihm durch das räumliche Ausweichen in desolate Regionen. Solche Regionen findet man (wenn man eine europäische Ausweitung im Auge hat) an den Rändern Europas, gegenwärtig zuvorderst im Kosovo; man findet sie aber auch schon im Osten Deutschlands und selbst in dessen Mitte. Man kann sich bei der Suche nach solchen Feldern am amerikanischen New Deal, am Freiwilligen Arbeitsdienst der Weimarer Republik und – soweit sie auf vor-faschistische Planungen zurückgehen – sogar an den Anfängen der nationalsozialistischen Arbeitsbeschaffung orientieren.[1]

---

1 Vgl. auch meinen Beitrag in diesem Band, S. 75 ff.

Das Schicksal, das die nach dem Arbeitsförderungsgesetz vorgesehenen Arbeitsbeschaffungsmaßnahmen erlitten haben – die Reduzierung auf ein Minimum –, sollte aber auch in anderer Weise zu denken geben. Wenn man versucht, das Freiwillige Soziale Jahr bedarfsgerecht zu organisieren, wird man auf ideologischen Widerstand stoßen, der aus derselben Richtung kommt wie der Widerstand gegen die Arbeitsbeschaffung. Bei dieser handelt es sich um eine Keynessche Maßnahme, und als solche wurde sie auch bekämpft. Man wehrt sich gegen die Artikulation eines aktiven Staates, der in Zeiten der Rezession antizyklisch in öffentliche Arbeitsprojekte investiert. John Maynard Keynes steht in seinem Ansehen heute ganz tief. Der Neoliberalismus hat allen Ideen, die in den Kreis seiner Konzeption gehören, den Kampf angesagt. An ihre Stelle ist das auf staatliche Zurückhaltung und lediglich auf die Regulierung der Geldmenge setzende Konzept Milton Friedmans getreten.

Die Vorschläge, die Keynes für öffentliche Arbeiten gemacht hat, waren in den zwanziger Jahren, als man ebenfalls auf Laissez faire setzte, zunächst auf völliges Unverständnis gestoßen. Erst in der Zeit der Großen Depression besann man sich seiner, und er wurde der einflußreichste Ökonom des vorigen Jahrhunderts. Die segensreichen Wirkungen des New Deal, den Roosevelt in Gang gesetzt hatte, sind auf Keynes zurückzuführen. Auch die von Hitler aus den Schubladen der demokratischen Ministerien übernommenen Arbeitsdienstprojekte standen bereits unter dem Einfluß Keynes.

Sollte das Projekt eines umfassenden Freiwilligen Sozialen Jahres zunächst nicht die Resonanz finden, die es verdient, so sollte man es auch vor diesen Hintergrund stellen und nicht die Geduld verlieren. In denselben Zyklen, in denen die wirtschaftliche Konjunktur auf- und niedergeht, steigt und sinkt auch das Ansehen der auf öffentliche Arbeit ausgerichteten Konzeptionen. Es folgt diesen Zyklen allerdings mit einer Verzögerung, die abzuwarten ist.

Hanno Beck

Wie rechnet sich ein Jugendgemeinschaftsdienst?
Zur Ausgestaltung eines Freiwilligen Sozialen Jahres aus ökonomischer Perspektive

1. Einleitung

Die ökonomischen Vor- und Nachteile von Pflicht- und Freiwilligendiensten lassen sich nur schwer quantifizieren, da eine Kosten- Nutzen-Rechnung solcher Maßnahmen mit vielen Unwägbarkeiten verbunden ist. Zwar lassen sich durchaus Anhaltspunkte zur Quantifizierung der Kosten und Nutzen solcher Dienste finden, aber jede Schätzung wird mehr oder weniger darunter leiden, daß die ihr zugrunde liegenden Annahmen, welche man aus Gründen der Praktikabilität treffen muß, nicht allen Aspekten des Themas gerecht werden können. Dennoch kann die ökonomische Theorie Aussagen zur grundsätzlichen Bewertung solcher Maßnahmen machen und Hinweise darauf geben, wie ein Freiwilligendienst auszugestalten ist, um den Gesamtnutzen für die Gesellschaft zu erhöhen. Zu diesem Zweck sollen im folgenden zunächst die Kosten- und Nutzenkomponenten einer solchen Maßnahme erörtert werden. Anhand dieser Komponenten lassen sich unter Berücksichtigung der Ziele einer solchen Maßnahme Empfehlungen für die Ausgestaltung von Freiwilligendiensten geben.

2. Kosten- und Nutzenkomponenten eines Freiwilligen Sozialen Jahres

Um Ansatzpunkte dafür zu finden, wie man den gesamtwirtschaftlichen Nutzen eines Sozialen Jahres erhöhen kann, muß man sich zuerst einen genauen Überblick über die einzelnen Kosten- und Nutzenkomponenten zu verschaffen. Dies erfolgt in Tabelle 1. Hier kann zwischen der privaten und der gesellschaftlichen Ebene unterschieden werden: Der einzelne potentielle Dienstleistende wird bei der Abwägung der Vorteile einer solche Maßnahme andere Kosten- und Nutzenkomponenten berücksichtigen als der Staat in einem gesamtgesellschaftlichem Kalkül. Diese beiden Ebenen sollen nun im folgenden kurz erläutert werden.

Die größte Kostenkomponente im privaten Kalkül stellen die entgangenen Lohnzahlungen dar. In der Zeit, in der die Dienstleistenden ihren Sozialdienst ableisten, verzichten sie auf Erträge aus anderen Tätigkeiten (Position 1.2). Diese Opportunitätskosten müssen im privaten Kalkül bei der individuellen Entscheidung für oder

Tabelle 1: *Kosten- und Nutzenkomponenten eines Freiwilligen Sozialen Jahres*

	Privates Kalkül	*Gesellschaftliches Kalkül*
Direkte Kosten	1.1 entgangene Transferzahlungen	2.1 Vergütungen 2.2 Aufbau der Infrastruktur
Indirekte Kosten	1.2 Entgangenes Gehalt 1.3 höhere zukünftige Steuerzahlungen	2.3 entgangene Steuern 2.4 Alternative Verwendungsmöglichkeit der eingesetzten Mittel 2.5 Zusatzlasten (excess burden)
Direkter Nutzen	1.4 Vergütungen 1.5 eingesparte Steuern	2.6 Wert erbrachter Dienstleistungen 2.7 eingesparte Transferleistungen
Indirekter Nutzen	1.6 höhere zukünftige Lohnzahlungen 1.7 Nichtmonetäre Nutzen	2.8 höhere zukünftige Steuerzahlungen 2.9 Positive externe Effekte 2.10 sonstige indirekte Nutzen
Saldo	stets positiv	unbestimmt

gegen einen Sozialdienst berücksichtigt werden[1]. Weiterhin entgehen den Dienstleistenden eventuelle Transferleistungen des Staates (Position 1.1); so verzichtet der Dienstleistende beispielsweise auf die Zahlung von Ausbildungsunterstützung (Bafög)[2]. Die wohl wichtigsten Nutzenkomponenten im privaten Kalkül sind die höheren zukünftigen Lohnzahlungen, die mit einer verbesserten Ausbildung verbunden sein können (Position 1.6) sowie der nichtmonetäre Nutzen, der mit einer solchen Tätigkeit verbunden ist (Position 1.7). Zudem sparen die Dienstleistenden unter Umständen Steuerzahlungen ein, die sie im Falle einer regulären Tätigkeit an den Staat leisten müßten (Position 1.5). Dem stehen allerdings die höheren Steuerzahlungen im Falle eines späteren höheren Verdienstes gegenüber (Position 1.3). Als weitere direkte Nutzenkomponente muß man die Vergütungen berücksichtigen, die den Dienstleistenden während ihrer Dienstzeit gezahlt werden. Unter Berücksichtigung von Tabelle 1 läßt sich dann der Gesamtnutzen eines Freiwilligenjahres durch Saldierung der Kosten- und Nutzenkomponenten ermitteln. Dabei muß berücksichtigt werden, daß sich einzelne Posten gegenseitig saldieren. So tauchen beispielsweise die vom Staat gezahlten Vergütungen als Kostenelement im Kalkül des Staates auf, stellen aber für die Dienstleistenden gleichzeitig ein direktes Nutzenelement dar. Insgesamt ergibt sich folgende Berechnung:

---

[1] Für eine detaillierte Diskussion des Opportunitätskostenkonzeptes und eine Quantifizierung dieser Kosten im Zusammenhang mit Sozialdiensten vgl. *Hanno Beck* Zur Ökonomie von Pflichtdiensten, in: 4/3, Fachzeitschrift zu Kriegsdienstverweigerung und Zivildienst, 12. Jg. (1994), Heft 3 (August), S. 94ff.
[2] Hierzu zählen auch mögliche Unterstützungen im Falle der Arbeitslosigkeit. Zur genauen Berechnung der Opportunitätskosten bei Arbeitslosigkeit vgl. beispielsweise *A. Alex Schmid*: Benefit-Cost-Analysis: A political economy approach, Boulder 1989, S. 115ff.

Kosten:	Aufbau der Infrastruktur + Opportunitätskosten d. eingesetzten Mittel + Zusatzlasten + entgangene Lohnzahlungen
– Nutzen:	– Wert der erbrachten Leistungen – höhere zukünftige Lohnzahlungen – nichtmonetärer Nutzen – externe Effekte – sonstige indirekte Nutzen
= gesamtwirtschaftliche Nettokosten/nutzen	

Neben den Zahlungen für die Dienstleistenden und den Kosten für den Aufbau und den Betrieb des dazu notwendigen Betreuungsapparates spielen für den Staat vor allem die Opportunitätskosten der eingesetzten Mittel sowie die sogenannten Zusatzlasten (excess burden) eine wichtige Rolle. Beide Komponenten sollen später noch ausführlich erläutert werden, da sie für den Nettonutzen eines Dienstjahres bedeutsam sind. Ebenfalls wichtig für den gesellschaftlichen Nutzen des Dienstes sind die sogenannten externen Effekte einer solchen Maßnahme, die ebenfalls später noch erläutert werden sollen. Die Einführung eines Sozialen Jahres hat keinen direkten Einfluß auf die Höhe der gesamtwirtschaftliche Wertschöpfung, wie man auf den ersten Blick vermuten könnte: Der Verlust an Wertschöpfung, der dadurch erfolgt, daß die Dienstleistenden nicht ihrer regulären Tätigkeit nachgehen, wird durch die Einsparung an Lohnzahlungen kompensiert, so daß die Wertschöpfung per Saldo unverändert bleibt. Der Wert der erbrachten Güter und Dienstleistungen sinkt zwar, aber zugleich sinken auch die dafür notwendigen Lohn- und Gehaltszahlungen, so daß die Höhe der Wertschöpfung insgesamt unverändert bleibt.

Mit Hilfe der bisher angestellten Überlegungen lassen sich einige Empfehlungen hinsichtlich der Ausgestaltung eines Freiwilligen Sozialen Jahres machen, die helfen könnten, den volkswirtschaftlichen Nettonutzen einer solchen Maßnahme zu erhöhen. Dabei soll zuerst das individuelle Kalkül der Dienstleistenden untersucht werden.

3. Das individuelle Kalkül: Freiwilligkeit und Zwang

Solange das Soziale Jahr freiwillig geleistet wird, kann davon ausgegangen werden, daß der gesamte Saldo der individuellen Kosten-Nutzen-Rechnung immer positiv sein wird. Dies folgt aus dem *Axiom der bekundeten Präferenzen*: Entscheidet sich ein Wirtschaftssubjekt aus freien Stücken für eine Alternative, so zeigt es damit an, daß es diese Alternative allen anderen Handlungsmöglichkeiten vorzieht und ihr damit den höchsten Nutzen einräumt. Sollte sich aus der Teilnahme am Freiwilligen Sozialen Jahr für den einzelnen ein negativer Gesamtsaldo ergeben, so würde er von der Teilnahme absehen. Die Freiwilligkeit der Maßnahme trägt unter diesen Annahmen dazu bei, daß der individuelle Nutzen unter Berücksichtigung aller Kosten- und Nutzenkomponenten für jeden Teilnehmer stets positiv sein wird. Aus ökonomischer Perspektive spricht in diesem Fall nichts gegen ein Freiwilliges Soziales Jahr.[3]

Diese Überlegungen zeigen auch zugleich, welchen Wert man *für die Untergrenze des individuellen Nutzens eines Freiwilligen Sozialen Jahres* ansetzen kann: Sie entspricht mindestens dem im gleichen Zeitraum entgangenen Gehalt abzüglich der vom Staat gezahlten Aufwandsentschädigung für den Dienst. Dies ist unmittelbar einsichtig: Entscheidet sich eine Person dafür, ein Soziales Jahr abzuleisten, so muß der Gesamtnutzen aus diesem Dienst mindestens dem Nutzen aus der zweitbesten Alternative entsprechen – andernfalls würde man freiwillig Nutzeneinbußen in Kauf nehmen. Der Umstand der Freiwilligkeit hingegen weist darauf hin, daß der Nutzen aus dem freiwilligen Dienst über dem Nutzenentgang aus der nächstbesten Alternative liegt.[4]

Anders ist dies im Falle einer allgemeinen Dienstpflicht: Hier kann nicht als gesichert gelten, daß der vor allem durch die entgangenen Gehaltszahlungen bedingte Nutzenentgang vom individuellen Nutzen der Maßnahme kompensiert wird; die Notwendigkeit des Zwanges deutet eher auf das Gegenteil hin[5]. Ein Soziales Pflichtjahr wird also stets mit individuellen Nettonutzenverlusten verbunden sein. Der Dienstleistende erleidet einen Verlust in mindestens der Höhe des individuellen Lohnentganges abzüglich der vom Staat für den Dienst geleisteten Aufwandsentschädigung. Im Falle von Pflichtdiensten wird der Saldo des individuellen Kalküls vermutlich negativ sein.[6]

Weiterhin ist zu vermuten, daß eine erzwungene Beschäftigung der Dienstleistenden gegen ihren Willen zu einer Fehlallokation von Ressourcen führt: Da die Dienstleistenden gegen ihren Willen zu einer Tätigkeit, für die sie nicht spezialisiert sind, verpflichtet werden, ist davon auszugehen, daß sie in diesem Dienst eine geringere Wertschöpfung erbringen als in ihren angestammten Tätigkeiten. Dies dürfte die Erträge eines solchen Pflichtjahres zusätzlich schmälern.

Auch das Argument, daß ein Pflichtdienst kostengünstig sei, da der Staat der Gesellschaft auf diesem Wege Leistungen billiger zukommen lassen könne als im Falle professioneller Beschaffung, ist aus gesamtwirtschaftlicher Perspektive nicht korrekt: Zwar kann sich der Staat auf diesem Wege billige Arbeitskräfte beschaffen, die

---

3   Ein Problem könnte allerdings dann entstehen, wenn aufgrund von gesellschaftlichem Druck oder wegen erwarteter Benachteiligung im späteren Berufsleben bei Nicht-Teilnahme ein indirekter Zwang zur Teilnahme an einer solchen Maßnahme entsteht.
4   Ein anderer – in Humankapitalstudien oft beschrittener – Weg zur Ermittlung des individuellen Nutzens einer Ausbildung besteht darin, die Differenz zwischen dem Lohn ohne Ausbildung und den erwarteten höheren Lohnzahlungen auf die Gegenwart abzudiskontieren. Dies entspricht dem Punkt 1.6 in Tabelle 1.
5   Das Argument, daß die Dienstleistenden oft »nicht wüßten, was gut für sie sei«, ist paternalistischer Natur und kollidiert mit dem Werturteil, daß es erstrebenswert sei, jeden Menschen über sein eigenes Schicksal entscheiden zu lassen.
6   Für eine vertiefende Diskussion vgl. *Hanno Beck*: Zur Ökonomie von Pflichtdiensten, a.a.O., S. 94.

Kosten dafür werden aber – wie man anhand von Tabelle 1 sehen kann – den Dienstleistenden auferlegt, nämlich in Form entgangener Gehälter[7]. Vom fiskalischen Standpunkt aus kann eine allgemeine Dienstpflicht als Naturalsteuer aufgefaßt werden, die anstatt in Geldleistungen in Form von Dienstleistungen abgeleistet wird.[8] Die Kosten der erbrachten Dienstleistungen verschwinden nicht, indem man sie den Dienstleistenden auferlegt – die Entlastung des Staatsbudgets geht auf Kosten der privaten Budgets. Volkswirtschaftlich gesehen läßt sich auf diesem Wege nichts einsparen, es entstehen aufgrund der damit verbundenen Zusatzlasten weitere Wohlfahrtsverluste. Diese Zusatzlasten sollen später noch erläutert werden.

Ein Blick auf die individuellen Kosten- und Nutzenkomponenten in Tabelle 1 zeigt auch Ansatzpunkte dafür, wie man den Freiwilligendienst konzipieren müßte, um dessen Attraktivität zu steigern: Neben entsprechend hohen Vergütungen, die aber auf staatlicher Seite Probleme mit sich bringen, kann man die Attraktivität des Freiwilligendienstes dadurch steigern, daß dessen Ausgestaltung den Dienstleistenden höhere Lohnzahlungen in der Zukunft verspricht oder den nichtmonetären Nutzen des Dienstes steigert. Diesen Punkt gilt es im Auge zu behalten, wenn die inhaltlichen Ausgestaltungsmöglichkeiten eines solchen Dienstes diskutiert werden.

4. *Das staatliche Kalkül: Zusatzlasten und Opportunitätskosten*

Im Gegensatz zum Ergebnis des individuellen Kalküls bei einem Freiwilligenjahr ist das Vorzeichen des Saldos des staatlichen Kalküls a priori nicht bestimmbar. Der Nutzen einer solchen Maßnahme läßt sich für den Staat dadurch positiv beeinflussen, daß man die Ausgestaltung des Dienstes an den einzelnen Kosten- und Nutzenkomponenten orientiert. Die direkten Kosten und Nutzen eines Freiwilligenjahres ergeben sich für den Staat vor allem aus den Vergütungszahlungen an die Dienstleistenden und dem Wert der erbrachten Dienstleistungen. Die fiskalischen Interessen des Staates kollidieren hier mit dem Ziel einer anreizkompatiblen Ausgestaltung des Dienstes: Je höher die Differenz zwischen der Vergütung und dem Wert der Dienstleistungen ist, um so höher fällt der Nettonutzen der Gesellschaft aus, aber um so geringer werden die Anreize für die Dienstleistenden sein, ein solches Jahr zu absolvieren, da den hohen Anstrengungen zum Erbringen der Dienstleistungen ein geringer Verdienst gegenübersteht, was ihren Nettonutzen schmälert. Hier wird noch einmal deutlich, daß die Kosten der Dienstleistung im Falle von Zwangsdiensten aus dem staatlichen auf die Budgets der Dienstleistenden verlagert werden. Eine ähnliche Argumentation gilt auch für die Steuern, die dem Staat entgehen oder in Zukunft zusätzlich zufallen, und die eingesparten Transferleistungen: Der Budget-

---

[7] Die Auffassung, daß diese Kosten den Staat nicht beunruhigen, »... weil sie nicht zu Lasten des Bundeshaushaltes gingen ...«, greift aus volkswirtschaftlicher Perspektive sicherlich viel zu kurz. Vgl. *Steinlechner, Wolfgang*: Allgemeine Dienstpflicht, in: Zeitschrift für Rechtspolitik Nr. 9, 28. Jg. (September 1995), S. 323.

[8] Bei der Naturalsteuer handelt es sich um eine sehr alte Form der Besteuerung, die einem modernen Staat nicht unbedingt angemessen ist.

entlastung oder -belastung auf staatlicher Seite stehen entsprechende Ent- oder Belastungen auf individueller Seite gegenüber. Dennoch muß es nicht sein, daß die Höhe des Lohnes für die Dienstleistenden in einer gesamtwirtschaftlichen Betrachtung letztlich keine Rolle spielt, wie es solche Überlegungen nahelegen könnten. Der Grund dafür liegt in den mit einer höheren staatlichen Eingriffsintensität verbundenen Zusatzlasten (excess burden).

Zusatzlasten stellen gesamtwirtschaftliche Kosten dar, die immer dann entstehen, wenn der Staat in funktionierende Märkte eingreift, sei es, um die Marktergebnisse aus zumeist normativen Überlegungen zu korrigieren, oder um Einnahmen zu erzielen. Ein staatlicher Eingriff in den Markt führt in der Regel immer zu einer Beschränkung der Marktteilnehmer dergestalt, daß sie nicht mehr gemäß ihren eigentlichen Präferenzen handeln können. Dies hat einen Wohlfahrtsverlust zur Folge. Dies gilt auch im Falle von Steuern, die man zur Finanzierung des Dienstes unter Umständen erheben müßte: Da die Vergütung der Dienstleistenden über Steuern finanziert wird, muß der Staat entsprechend mehr Steuern erheben. Diese Steuererhebung führt zu Zusatzlasten auf den Märkten, auf denen die zusätzlichen Steuern erhoben werden: Die Besteuerung verändert die Preisstrukturen auf den besteuerten Gütermärkten und führt dazu, daß die Wirtschaftssubjekte ihre Konsumstruktur anpassen müssen. Hierbei kommt es zu Nutzeneinbußen für den Konsumenten, die zusätzlich zu den durch die Steuer bedingten Einkommensverlusten entstehen. Letztlich entsteht der Wohlfahrtsverlust durch die Zusatzlast dadurch, daß die Konsumenten durch die Steuererhebung daran gehindert werden, ihr Einkommen nach Steuern nach ihren eigenen Vorstellungen auszugeben[9]. Die Veränderung der Preisverhältnisse durch die Steuererhebung zwingt die Konsumenten, ihre Konsumpläne den neuen Preisverhältnissen anzupassen, wodurch ihnen Nutzeneinbußen entstehen. Eine durch die Lohnzahlungen an die Dienstleistenden bedingte Erhöhung der Steuern führt nach dieser Argumentation zu Wohlfahrtsverlusten. Unter diesem Blickwinkel ist es aus gesamtwirtschaftlicher Perspektive wünschenswert, die Vergütungen für die Dienstleistenden möglichst gering zu halten. Das bedeutet, daß man den Nutzen aus dem Dienst für die Dienstleistenden möglichst durch andere Maßnahmen als hohe Vergütungen erhöhen sollte.

Neben den Zusatzlasten aus der Besteuerung können weitere Allokationsverzerrungen vor allem auf dem Arbeitsmarkt entstehen. Tritt der Staat als Anbieter von Gütern oder Dienstleistungen auf dem Markt auf, so kann es passieren, daß er private Anbieter vom Markt verdrängt, vor allem, wenn er seine Beschäftigten billiger entlohnen kann als die privaten Anbieter[10]. Dies kann dazu führen, daß privates Angebot durch staatliches Angebot verdrängt wird, mit entsprechend negativen Auswirkungen auf die Beschäftigung. Jede zusätzliche Produktion durch ein Freiwilliges Soziales Jahr beinhaltet somit die Gefahr einer Verdrängung von privater Beschäftigung, d.h. Beschäftigung im regulären Arbeitsmarkt würde durch zusätzliche Beschäftigung der Dienstleistenden ersetzt.

---

9 Vgl. *Cezanne, Wolfgang*: Allgemeine Volkswirtschaftslehre, 3. Auflage 1997, München, S. 175f.
10 Dies dürfte allein schon deswegen der Fall sein, weil die Dienstleistenden keine Steuern zahlen müßten.

Ein freiwilliges Dienstjahr könnte aber noch weitere Verzerrungen auf dem Arbeitsmarkt mit sich bringen: Wird dem Arbeitsmarkt ein größeres Kontingent an Berufsanfängern (um solche wird es sich bei den Dienstleistenden vorwiegend handeln) entzogen, so ist damit zu rechnen, daß sich die Lohnstruktur auf dem Markt für Berufsanfänger verändern wird. Hier könnte es – je nachdem, wieviel Dienstleistende antreten werden – zu Lohnsteigerungen kommen, die wiederum Rückwirkungen auf die Produktion und die Preise haben könnten. Die Ausgestaltung eines Freiwilligendienstes sollte möglichst dergestalt erfolgen, daß die damit verbundenen Zusatzlasten und Allokationsverzerrungen auf dem Arbeitsmarkt minimiert werden.[11]

Bei der Betrachtung der Kosten müssen wie im Falle des individuellen Kalküls auch die Opportunitätskosten der für den Freiwilligendienst aufgebrachten Mittel beachtet werden. Da es sich dabei um staatliche Mittel handelt, gilt es zu fragen, inwiefern diese Mittel anderweitig vom Staat hätten eingesetzt werden können, um staatliche Zielsetzungen zu erreichen. So könnte man die Mittel, welche zur Bezahlung des Soldes und zur Errichtung der zur Betreuung der Dienstleistenden notwendigen Einrichtungen erforderlich sind, beispielsweise für Infrastrukturprojekte oder Beschäftigungsmaßnahmen verwenden. Eine weitere alternative Möglichkeit der Mittelverwendung bestände darin, die Steuern zu reduzieren und damit die mit der Besteuerung verbundenen Zusatzlasten zu reduzieren. Insofern muß man bei der Ausgestaltung des Dienstjahres fragen, inwiefern der gesamtwirtschaftliche Nutzen aus dem Dienstjahr über dem Nutzen anderer staatlicher Handlungsalternativen liegt. Dabei gilt es auch, die Folgen für die gesamtwirtschaftliche Wertschöpfung zu berücksichtigen. Empirische Studien über die gesamtwirtschaftliche Rentabilität von Bildungsinvestitionen deuten darauf hin, daß die Rentabilität solcher Investitionen sich durchaus mit der Rentabilität von Sachinvestitionen messen kann: Pfeiffer schätzt, daß die gesellschaftlichen Erträge von Bildungsinvestitionen aufgrund der noch zu erläuternden positiven externen Effekte ähnlich hoch sind wie deren private Erträge und gibt eine Rendite von etwa 7 Prozent an[12]. Die OECD benennt für die Bundesrepublik Deutschland die sozialen Erträge einer Ausbildung für 1995 mit einer Rendite zwischen 5 und 10 Prozent.[13]

In Hinblick auf diese Daten scheint ein Freiwilligendienst, der mit den zugehörigen Ausbildungsinhalten angereichert ist, bei entsprechender Ausgestaltung auch unter Berücksichtigung der Opportunitätskosten durchaus rentabel. Dies läßt sich auch durch die externen Effekte begründen, die erhöhte Bildung mit sich bringt.

---

11 Eine Möglichkeit bestände darin, die mögliche Zahl der Dienstleistenden zu beschränken.
12 Vgl. *Pfeiffer, Wilhelm*: Der Faktor Humankapital in der Volkswirtschaft: Berufliche Spezialisierung und technologische Leistungsfähigkeit, Baden-Baden 1999, S. 151.
13 Vgl. *OECD – Centre for educational research and innovation*: Human capital investment. An international comparison, Paris 1998, S. 71. Hier finden sich auch Vergleichswerte für andere OECD-Länder.

5. Externe Effekte

Wie aus Tabelle 1 ersichtlich wird, spielen die sogenannten externen Effekten eines Dienstjahres eine wichtige Rolle für den Nutzen dieser Maßnahme. Externe Effekte entstehen, wenn die Folgen wirtschaftlichen Handelns eines Wirtschaftssubjektes für andere Wirtschaftssubjekte nicht vollständig in das private Kalkül Eingang finden.[14] Als Folge externer Effekte liegt der individuelle Nutzen (die Kosten) einer wirtschaftlichen Handlung unter (über) den volkswirtschaftlichen Nutzen (Kosten). Im Falle positiver externer Effekte (der volkswirtschaftliche Nutzen einer Handlung liegt über ihrem individuellen Nutzen) führt das dazu, daß das Angebot des betreffenden Gutes, das positive externe Effekte impliziert, aus volkswirtschaftlicher Perspektive zu gering ausfällt. Die Existenz positiver externer Effekte erfordert dann die Bereitstellung eines staatlichen Angebotes, da die Privaten aufgrund des zu geringen individuellen Nutzens das betreffende Gut nicht anbieten werden.

Im Zusammenhang mit der Bereitstellung von Bildung wird auch die Existenz externer Effekte als Rechtfertigung für ein staatliches Angebot angeführt. So besteht ein denkbarer externer Effekt von Bildung darin, daß die Produktivität gering ausgebildeter Arbeiter durch die Zusammenarbeit mit gut ausgebildeten Arbeitern gesteigert werden kann[15]. Ein weiterer externer Effekt von Bildung kann darin bestehen, daß die Ausbildung einer Generation die Produktivität der nächsten Generation positiv beeinflußt[16]. Die neuere Literatur in der Wachstumstheorie geht davon aus, daß die Wachstumsrate des technischen Fortschrittes entscheidend vom Humankapitalbestand einer Volkswirtschaft beeinflußt wird: Bildungsinvestitionen bewirken in der neuen Wachstumstheorie eine Beschleunigung des technischen Fortschrittes und tragen zur schnelleren Verbreitung neuen Wissens bei[17]. Externe Effekte sorgen nach dieser Theorie für höhere Wachstumsraten in einer Volkswirtschaft und damit für Wohlfahrtsgewinne. Will man den volkswirtschaftlichen Nettonutzen eines Freiwilligendienstes erhöhen, so sollte die Ausgestaltung dieses Dienstes darauf abstellen, daß der Dienst und das dazugehörige Ausbildungsprogramm Fertigkeiten fördern, welche das Entstehen solcher externer Effekte begünstigen.

Ein weiterer Teil dieser externen Effekte spiegelt sich nicht unbedingt in einer höheren Wertschöpfung wider, sondern in positiven Folgen für das Staatsbudget. So deuten Studien darauf hin, daß ein erhöhtes Bildungsniveau beispielsweise zu einem Absinken der Kriminalitätsrate, besseren Beschäftigungsaussichten und damit verbunden auch geringeren zukünftigen Transferzahlungen führt.[18] Ein weiterer posi-

---

14 Vgl. dazu beispielsweise *H. Bartling, F. Luzius*: Grundzüge der Volkswirtschaftslehre, 11. Auflage, München 1996, S. 129.
15 Vgl. *Woodhall, Maureen*: Cost-benefit-analysis in educational planning. Unesco: International Institute for Educational Planning, Paris 1970, S. 31.
16 Vgl. ebenda, S. 31.
17 Vgl. dazu *Pfeiffer, Wilhelm*: Der Faktor Humankapital in der Volkswirtschaft, a.a.O., S. 24f.
18 Vgl. dazu *Edward M. Gramlich*: A Guide to Benefit-Cost-Analysis, second edition, New Jersey, S. 167.

tiver Effekt läßt sich darin sehen, daß eine verbesserte Ausbildung in der Regel auch mit einem besseren Gesundheitszustand einhergeht[19].

6. Die Zielsetzung von Freiwilligendiensten

Nachdem die wesentlichen ökonomischen Aspekte eines Freiwilligendienstes diskutiert worden sind, lassen sich nun unter der Zielsetzung einer Erhöhung des Nettonutzens einer solchen Maßnahme Hinweise für die Ausgestaltung eines Freiwilligen Dienstes geben. Dabei bietet es sich an, zwischen den verschiedenen Zielsetzungen eines Freiwilligendienstes zu unterscheiden:
Bei der bildungspolitischen Zielsetzung geht es darum, mit Hilfe des Freiwilligenjahres das Ausbildungsniveau der Dienstleistenden zu erhöhen. Hier wird vor allem auf die bereits diskutierten positiven Effekte eines erhöhten Ausbildungsniveaus abgestellt. Unter arbeitsmarktpolitischen Gesichtspunkten geht es darum, die Beschäftigungsaussichten der Dienstleistenden zu verbessern und den Dienst so auszugestalten, daß die Verzerrungen auf dem Arbeitsmarkt möglichst gering gehalten werden. Unter gesellschaftspolitischen Gesichtspunkten geht es darum, die sonstigen positiven Folgen eines Freiwilligendienstes für die Gesellschaft zu maximieren.

6.1 Die bildungspolitische Zielsetzung

Ein wesentlicher individueller und gesellschaftlicher Nutzen eines Freiwilligenjahres besteht darin, daß die Dienstleistenden auf diesem Weg zusätzliche Qualifikationen und Kompetenzen erwerben, welche ihre Humankapitalausstattung erhöhen. Die Anreicherung des Dienstjahres mit Qualifikationskomponenten erhöht den Nutzen dieser Maßnahme
- auf individueller Ebene: eine zusätzliche Ausbildung erhöht die Aussicht auf spätere höhere Lohnzahlungen (Position 1.6). Die meisten Studien deuten darauf hin, daß eine erhöhte Ausbildung eine wesentliche Determinante für das spätere Einkommen darstellt[20]. Das vergrößert den individuellen Nutzen der Dienstleistenden und damit den Anreiz zur freiwilligen Teilnahme. Neuere Studien geben als durchschnittliche Rendite von Bildungsinvestitionen einen Wert von etwa 5 Prozent an[21].

---

19 Vgl. *OECD – Centre for educational research and innovation*: Human capital investment, a.a.O., S. 66ff.
20 Vgl. beispielsweise *Werner Clement, Manfred Tessaring, Gernot Weißhuhn*: zur Entwicklung der qualifikationsspezifischen Einkommensrelationen in der Bundesrepublik Deutschland, in: Mitteilungen aus der Arbeitsmarkt- und Berufsforschung, 13. Jahrgang (1980), S. 184ff. Auch *Buttler* und *Tessaring* kommen zu dem Schluß, »... die Einkommensverteilung ... und die Renditen einer weiterführenden Ausbildung zeigen, daß sich Ausbildung nach wie vor lohnt«, vgl. *Friedrich Buttler; Manfred Tessaring*: Humankapital als Standortfaktor. Argumente zur Bildungsdiskussion aus arbeitsmarktpolitischer Sicht, in: Mitteilungen zur Arbeitsmarkt- und Berufsforschung, 26. Jg. (1993), S. 469.
21 Vgl. *Wilhelm Lorenz; Joachim Wagner*. A Note on returns to human capital in the eigthies: Evidence from twelve countries, in: Jahrbücher für Nationalökonomie und Statistik, Vol. 211 (1993), S. 68.

- auf staatlicher Ebene: Neben den bereits erwähnten positiven Folgen für das staatliche Budget (wie beispielsweise eine verringerte Kriminalität, Punkt 2.10) reduzieren zusätzliche Anreize zur freiwilligen Teilnahme die Notwendigkeit, höhere Vergütungen zu zahlen. Dem stehen allerdings unter Umständen höhere Aufwendungen für die Ausbildung gegenüber (Punkt 2.2), es sei denn, die von den Dienstpflichtigen verrichtete Arbeit hat ebenfalls Ausbildungseffekte, indem beispielsweise soziale Kompetenzen eingeübt werden.

Indem im Zuge eines erhöhten Ausbildungsniveaus die externen Effekte der Ausbildung zunehmen, erhöht ein derart ausgestaltetes Freiwilliges Jahr den technischen Fortschritt und damit das zukünftige Wachstum (Punkt 2.9).

Diese Argumente zeigen, daß eine Anreicherung des Freiwilligendienstes mit Qualifikationskomponenten wesentlich dazu beitragen kann, den Nutzen dieser Maßnahme zu erhöhen. Welcher Art diese Qualifikationskomponenten sein könnten, soll unter Einschluß der anderen Zielsetzungen diskutiert werden.

6.2 Die arbeitsmarktpolitische Zielsetzung

Die arbeitsmarktpolitische Zielsetzung besteht aus zwei Komponenten: Zum einen gilt es, negative Beschäftigungseffekte auf dem Arbeitsmarkt zu vermeiden (Punkt 2.5), zum anderen sollte überlegt werden, inwiefern durch die Gestaltung der Ausbildungsinhalte und der zu verrichtenden Dienste zusätzlich positive beschäftigungspolitische Effekte erzielt werden können (Punkt 2.9).

Die mit einer zusätzlichen Ausbildung verbundenen positiven Wachstumseffekte bringen sicherlich positive beschäftigungspolitische Effekte mit sich, und ein Rückgang der Arbeitslosigkeit aufgrund einer besseren Qualifizierung der Dienstleistenden entlastet auch das Budget des Staates, wenngleich der Effekt nur gering sein dürfte. Eine weitere positive beschäftigungspolitische Wirkung eines Freiwilligendienstes könnte darin bestehen, daß man den Jugendlichen über diesen Dienst eine Brücke in den ersten Arbeitsmarkt baut: Schulabgänger, denen aufgrund geringer Qualifikationen oder schlechter Berufsaussichten Arbeitslosigkeit drohen würde, könnte das Freiwillige Jahr Gelegenheit geben, ihr Humankapital zumindest zu erhalten und neue Fertigkeiten zu erwerben. Die Teilnahme an einer solchen Maßnahme könnte für potentielle Arbeitgeber ein positives Signal in Bezug auf die Qualifikationen und die Motivation der Dienstleistenden darstellen und dadurch deren Aussichten auf eine Festanstellung verbessern. Dies wird um so mehr der Fall sein, je höher die im Rahmen des Dienstes erworbenen Fertigkeiten vom zukünftigen Arbeitgeber bewertet werden. Zudem erhöhen sich für die Dienstleistenden die Aussichten auf ein höheres Einkommen in der Zukunft (Punkt 1.6).

Schwieriger ist es, Verzerrungen auf dem ersten Arbeitsmarkt zu vermeiden. Die Folgen für den Arbeitsmarkt für Berufsanfänger lassen sich kaum vermeiden, vielmehr verhält es sich dergestalt, daß mit zunehmender Attraktivität des Dienstjahres – und, damit verbunden, zunehmenden Teilnehmerzahlen – auch diese Verzerrungen zunehmen werden. Eine Bewertung dieser Verzerrungen scheint allerdings kaum möglich.

Die Verdrängung von Beschäftigung auf dem regulären Arbeitsmarkt hingegen läßt sich um so besser vermeiden, je mehr es gelingt, die Freiwilligendienste auf Beschäftigungsbereiche auszudehnen, die in keiner Konkurrenz zum regulären Arbeitsmarkt stehen. Dies wird um so eher der Fall sein, je mehr man den Dienst auf Bereiche ausdehnt, in denen die Zahlungsbereitschaft der Nachfrager nicht ausreicht, um ein – aus gesellschaftlicher Sicht erwünschtes – Angebot zu ermöglichen[22]. Insofern ohne den Freiwilligendienst kein Angebot der betreffenden Dienstleistung erfolgen würde, werden die Verzerrungen auf dem Arbeitsmarkt durch den Dienst gering sein. Sie nehmen in dem Maße zu, in dem auf dem betreffenden Markt aufgrund ausreichender Zahlungsbereitschaft der Nachfrager auch ein privates Angebot erfolgen würde. Hier würde ein Angebot durch Freiwillige, die zu wesentlich günstigeren Konditionen beschäftigt werden – sie zahlen beispielsweise keine Steuern – zu einer allokationspolitisch unerwünschten Verdrängung des privaten Angebotes führen.

Damit wird deutlich, daß sich das Angebot der im Rahmen des Freiwilligenjahres zu erbringenden Dienstleistungen vor allem auf sogenannte öffentliche oder meritorische Güter konzentrieren sollte, deren Angebot entweder aus strukturellen Gründen oder aber nach Maßgabe staatlicher Wertschätzung zu gering ist. Hierbei ist allerdings zu beachten, daß auch ein staatliches Angebot von Leistungen beispielsweise im Umweltschutz zu Verdrängungseffekten führt, da der Staat hier auch als Nachfrager am Markt tätig ist. Die Produktion der Umweltgüter könnte ebenso privatwirtschaftlich organisiert werden. Insofern sieht sich die Institutionalisierung eines Freiwilligendienstes einem ähnlichen Dilemma ausgesetzt wie Maßnahmen des sogenannten zweiten Arbeitsmarktes: Erstellt er gesellschaftlich gewünschte Leistungen, so besteht die Gefahr einer Verdrängung privaten Angebots; verdrängt er die Beschäftigung im privaten Sektor nicht, so besteht die Gefahr, daß nichts Nutzbringendes hergestellt wird.[23] Sobald der Staat Initiative als Produzent ergreift, sind Verdrängungseffekte schwer zu vermeiden, aber diese Effekte sollten bei der Ausgestaltung des Freiwilligendienstes beachtet werden, um die Kosten einer solchen Maßnahme möglichst gering zu halten. Solange der Nettonutzen einer solchen Maßnahme insgesamt positiv ist, lassen sich auch Verdrängungseffekte rechtfertigen.

6.3 Die gesellschaftspolitische Zielsetzung

Unter diesem Begriff lassen sich die übrigen von einem Freiwilligendienst erhofften positiven Effekte zusammenfassen, die vor allem im staatlichen Kalkül in Tabelle 1 unter dem Punkt sonstige indirekte Nutzen erfaßt sind wie beispielsweise eine Reduktion der Kriminalität, eine Verbesserung der demokratischen Kultur oder eine Zunahme der sozialen Kohäsion innerhalb der Gesellschaft. Diese Zielsetzungen

---

22 Ein Beispiel: So könnten beispielsweise archäologische Ausgrabungen in solchen Diensten organisiert werden, wenn diese ansonsten aufgrund zu hoher Kosten vom Staat nicht finanziert werden.
23 Vgl. zu dieser Kritik beispielsweise *Martin Schneider*: Der »zweite Arbeitsmarkt« als legitime und funktionsfähige Institution der Beschäftigungspolitik? Ein ökonomischer Aufriß der Debatte, in: Jahrbuch für Wirtschaftswissenschaften, 46. Jg. (1995), S. 253.

sprechen für eine Anreicherung der Ausbildungsinhalte des Freiwilligenjahres mit staatsbürgerlichen Elementen und Elementen der politischen Bildung. Solche Ausbildungsinhalte können auch zu einer Entwicklung der sozialen Identität der Dienstleistenden beitragen und damit auch deren nichtmonetären Nutzen steigern. Das würde im individuellen Kalkül auch die Anreize zu einer freiwilligen Teilnahme der Jugendlichen erhöhen (Punkt 1.7).

7. Zur Ausgestaltung von Freiwilligendiensten

Vor dem Hintergrund der einzelnen Kosten- und Nutzenelemente eines Freiwilligendienstes und der mit einer solchen Maßnahme verbundenen Zielsetzungen lassen sich nun einige Vorschläge machen, wie ein solcher Dienst auszugestalten wäre, um den gesamtwirtschaftlichen Nettonutzen zu erhöhen.

Der *Personenkreis*, der im Rahmen eines solchen Dienstes angesprochen werden sollte, ist recht einfach zu bestimmen: Hier kommen überwiegend Jugendliche in Frage, die am Anfang ihrer Berufslaufbahn stehen. In diesem Fall werfen Investitionen in Humankapital die höchste Rendite ab, da man am Anfang des Erwerbslebens steht und diese Fertigkeiten damit über einen längeren Zeitraum einsetzen kann, als das im Falle einer Ausbildung an Ende des Berufslebens der Fall wäre. Zudem ist es kaum vorstellbar, daß ein Beschäftigter ein Jahr aus seinem Beruf aussteigt und den Verfall seiner speziell auf seine Beschäftigung hin erworbenen Fertigkeiten riskiert. Die Frage ist, ob innerhalb des so identifizierten Personenkreises weitere Zielgruppen angesprochen werden sollten. In Hinblick auf die beschäftigungspolitische Zielsetzung wäre es vorteilhaft, vor allem solche Jugendlichen anzusprechen, die ansonsten damit rechnen müßten, arbeitslos zu werden. Dies würde mögliche Verzerrungen auf dem Arbeitsmarkt reduzieren. Zugleich hätte dieses Vorgehen den Vorteil, daß die Brückenfunktion des Dienstes gefördert würde, indem man diesen Jugendlichen ein Sprungbrett in den Arbeitsmarkt bietet.[24] So wäre es überlegenswert, im Rahmen des Dienstes auch geringer qualifizierte Jugendliche oder Schulabbrecher anzusprechen, die eine zusätzliche Ausbildung und Hilfen beim Übergang in den Arbeitsmarkt sicherlich dringender benötigen als beispielsweise Abiturienten. Grundsätzlich sollte man allerdings jedem Jugendlichen den Zugang zu solchen Diensten ermöglichen, aus arbeitsmarktpolitischer Perspektive allerdings wäre es vorteilhaft, sich intensiver um die bereits angesprochenen Personengruppen zu bemühen. Dies wäre auch aus verteilungspolitischer Perspektive zu erwägen.

Problematischer hingegen ist die Auswahl der von den Dienstleistenden *angebotenen Dienste*: Hier muß Rücksicht genommen werden auf die möglichen Verzerrungen auf dem Arbeitsmarkt. Ziel des Dienstes muß es sein, Dienstleistungen anzubieten, die auf dem Markt aufgrund der zu geringen Zahlungsbereitschaft der Nachfrager – auch des Staates – ansonsten nicht angeboten würden. Das spricht dafür, vor

---

24 Die Empirie zeigt, daß vor allem Berufsanfänger von Arbeitslosigkeit bedroht sind, vgl. *OECD – Centre for educational Research and innovation*: Human capital investment, a.a.O., S. 57.

allem Tätigkeitsfelder anzusteuern, die bereits zum jetzigen Zeitpunkt vor allem in ehrenamtlichen Engagements angeboten werden. Dies muß nicht unbedingt bedeuten, daß es in diesem Bereich keine Verdrängungseffekte gibt, dennoch kann unterstellt werden, daß sie geringer ausfallen werden als in anderen Beschäftigungsbereichen.

Möglicherweise ist der Einsatz von Sozialdienstleistenden sogar komplementär zum Einsatz regulärer Arbeitskräfte, was die beschäftigungspolitischen Zielsetzungen des Sozialen Jahres unterstützen würde. Dies hängt vor allem von den Beschäftigungsfeldern ab, auf denen man Sozialdienstleistende einsetzen will: So ist es z.B. denkbar, Sozialdienstleistende in Bereichen einzusetzen, in denen sich noch kein regulärer Arbeitsmarkt etablieren konnte. So könnten die Sozialdienste zu einem Test- und Experimentierfeld vor allem im sozialen Sektor werden. Modellprojekte mit Sozialdienstleistenden in sozialen Bereichen könnten dazu dienen, die Marktchancen von Innovationen im sozialen Bereich abzuschätzen und das Risiko eines unternehmerischen Fehlschlages in der Erprobungsphase zu reduzieren. Sollte sich das über Sozialdienste erschlossene neue Beschäftigungsfeld als rentierlich erweisen, so könnte man es nach dem Ende der Erprobungsphase dem regulären Arbeitsmarkt überantworten. Auf diese Art könnte es möglicherweise gelingen, neue Beschäftigungsfelder und -möglichkeiten zu erschließen. Sozialdienste könnten als eine Art »Forschung und Entwicklung« im sozialen Bereich angesehen werden und durchaus Innovationseffekte mit sich bringen. So könnten Sozialdienste zu einer Verbesserung der sozialen Infrastruktur beitragen. Gleichzeitig hält man auf diesem Weg die Verzerrungen auf dem Arbeitsmarkt gering (Punkt 2.5).

Als letzter Punkt sollen noch die *Ausbildungsinhalte* angesprochen werden, die im Rahmen eines Freiwilligendienstes vermittelt werden sollten. In bezug auf die gesellschaftspolitischen Zielsetzungen ist bereits deutlich geworden, daß ein staatsbürgerlicher Unterricht den Nutzen eines Freiwilligenjahres erhöhen würde. Hinsichtlich der bildungspolitischen und der arbeitsmarktpolitischen Zielsetzungen lassen sich nur einige allgemeine Aussagen machen: Um den Nutzen der Ausbildung sowohl aus individueller als auch aus gesamtwirtschaftlicher Perspektive zu erhöhen, empfiehlt es sich, Qualifikationen zu fördern, die möglichst breit in verschiedenen Berufsbereichen einsetzbar sind und darüber hinaus möglichst wenig Obsoleszenz in dem Sinne aufweisen, daß sie nach kurzer Zeit durch den technischen Fortschritt im Arbeitsleben entwertet sind. Die universelle Einsetzbarkeit dieses Wissens und seine längere Haltbarkeit garantieren eine möglichst umfassende und dauerhafte Nutzung der erworbenen Fähigkeiten und damit eine hohe Rendite. Das fördert sowohl den individuellen Nutzen der Dienstleistenden und begünstigt auch das Entstehen positiver externer Effekte (Punkte 1.6 und 2.9). Auch aus arbeitsmarktpolitischer Sicht empfiehlt es sich, allgemeine Lerninhalte zu vermitteln. Zum einen käme es zu beträchtlichen Verzerrungen auf dem Arbeitsmarkt, wenn der Staat Qualifikationen in einzelnen Berufsfeldern fördern würde, während die Berufstätigen in anderen Beschäftigungsfeldern ihre Ausbildung alleine in die Hand nehmen müßten. Darüber hinaus gibt es ein weiteres gewichtiges Argument gegen die Förderung spezieller Ausbildungsinhalte im Rahmen des Freiwilligendienstes: Die selektive

Auswahl einzelner zu fördernder Berufsqualifikationen durch den Staat würde eine »Anmaßung von Wissen« (Hayek) darstellen; es läßt sich nur schwer begründen, warum der Staat besser wissen sollte als die Privaten, welche speziellen Berufskenntnisse in einem zukünftigen Arbeitsmarkt benötigt werden könnten. Akzeptiert man die grundsätzliche Entscheidung für ein marktwirtschaftliches System, so muß man die Auswahl der in Zukunft wichtigen Ausbildungsinhalte dem Markt überlassen. Es ist nicht zu begründen, warum in bestimmten Berufsfeldern andere Allokationsmechanismen gelten sollten als für den Rest der Volkswirtschaft.

Sowohl die bildungspolitische als auch die arbeitsmarktpolitische Argumentation sprechen also dafür, im Rahmen des Freiwilligendienstes weniger berufsspezifische als vielmehr berufsübergreifende Qualifikationen zu fördern, die oft unter dem Begriff »Schlüsselqualifikationen« subsumiert werden. Ohne auf die in der Literatur recht umfangreiche Diskussion zu diesem Begriff einzugehen[25], lassen sich Schlüsselqualifikationen unter drei Gesichtspunkten erfassen:[26]

Unter *Methodenkompetenz* versteht man die Fähigkeit, geplant und zielsicher mit Fachwissen umgehen, Probleme analytisch, kreativ, strukturiert und kontextual zu lösen.

Mit *Sozialkompetenz* bezeichnet man die Fähigkeit, im Team zu kooperieren und zu kommunizieren sowie Konflikte zu lösen.

Mit *Selbstkompetenz* ist der kompetente Umgang mit sich selber gemeint, also die Fähigkeit, sich selbst zu beurteilen, einzuschätzen und sich weiterzuentwickeln.

Diese knappe Darstellung der Schlüsselqualifikationen zeigt, daß eine Förderung dieser Ausbildungsinhalte geeignet ist, sowohl die bildungspolitischen als auch die arbeitsmarktpolitischen Zielsetzungen zu unterstützen. Zudem lassen sich diese Kompetenzen im Rahmen freiwilliger Dienste gezielt vermitteln; vor allem in Bereichen mit sozialer Zielsetzung könnten die Dienste in der Vermittlung sozialer Kompetenzen auch dem herkömmlichen Schulsystem überlegen sein, da diese Kompetenzen im Rahmen einer praktischen Tätigkeit vermittelt werden.

8. Zusammenfassung

Insgesamt läßt sich festhalten, daß die Einrichtung von Freiwilligendiensten auch aus ökonomischer Perspektive sinnvoll sein kann. Durch eine entsprechende Ausgestaltung des Dienstes sind gesamtgesellschaftliche Wohlfahrtsgewinne möglich: Aus arbeitsmarktpolitischer Perspektive sollte man darauf achten, durch eine entsprechende Auswahl der angebotenen Dienste die Verzerrungen auf dem regulären Arbeitsmarkt möglichst gering zu halten und möglicherweise sogar neue Beschäftigungsperspektiven auszuloten. Zudem läßt sich der Nutzen einer solchen Maßnahme sowohl für die Dienstleistenden als auch für die Gesellschaft als Ganzes

---

25 Vgl. dazu beispielsweise *Lothar Reetz, Thomas Heitmann* (Hrsg.): Schlüsselqualifikationen – Fachwissen in der Krise? Dokumentation eines Symposiums in Hamburg, Hamburg 1990.
26 Vgl. *Christoph Richter*: Schlüsselqualifikationen, Alling 1995, S. 35ff.

durch eine entsprechende Auswahl der während des Dienstes vermittelten Ausbildungsinhalte erheblich erhöhen.

Literatur

Bartling, Hartwig; Luzius, Franz: Grundzüge der Volkswirtschaftslehre, 11. Auflage, München 1996.
Beck, Hanno: Zur Ökonomie von Pflichtdiensten, in: 4/3, Fachzeitschrift zu Kriegsdienstverweigerung und Zivildienst, 12. Jg. (1994), Heft 3 (August), S. 94 – 99.
Buttler, Friedrich; Tessaring, Manfred: Humankapital als Standortfaktor. Argumente zur Bildungsdiskussion aus arbeitsmarktpolitischer Sicht, in: Mitteilungen zur Arbeitsmarkt- und Berufsforschung, 26. Jg. (1993), S. 467 – 476.
Cezanne, Wolfgang: Allgemeine Volkswirtschaftslehre, 3. Auflage 1997, München.
Clement, Werner; Tessaring, Manfred; Weißhuhn, Gernot: zur Entwicklung der qualifikationsspezifischen Einkommensrelationen in der Bundesrepublik Deutschland, in: Mitteilungen aus der Arbeitsmarkt- und Berufsforschung, 13. Jahrgang (1980), S. 184 – 208.
Gramlich, Edward M.: A Guide to Benefit-Cost-Analysis, second edition, New Jersey.
OECD – Centre for educational research and innovation: Human capital investment. An international comparison, Paris 1998.
Lorenz, Wilhelm; Wagner, Joachim: A Note on returns to human capital in the eigthies: Evidence from twelve countries, in: Jahrbücher für Nationalökonomie und Statistik, Vol. 211 (1993), S. 60 – 72.
Pfeiffer, Wilhelm: Der Faktor Humankapital in der Volkswirtschaft: Berufliche Spezialisierung und technologische Leistungsfähigkeit, Baden-Baden 1999.
Reetz, Lothar; Heitmann, Thomas (Hrsg.): Schlüsselqualifikationen – Fachwissen in der Krise? Dokumentation eines Symposiums in Hamburg, Hamburg 1990.
Richter, Christoph: Schlüsselqualifikationen, Alling 1995.
Schneider, Martin: Der »zweite Arbeitsmarkt« als legitime und funktionsfähige Institution der Beschäftigungspolitik? Ein ökonomischer Aufriß der Debatte, in: Jahrbuch für Wirtschaftswissenschaften, 46. Jg. (1995), S. 253.
A. Alex Schmid: Benefit-Cost-Analysis: A political economy approach, Boulder 1989.
Steinlechner, Wolfgang: Allgemeine Dienstpflicht, in: Zeitschrift für Rechtspolitik Nr. 9, 28. Jg. (September 1995), S. 323.
Woodhall, Maureen: Cost-benefit-analysis in educational planning. Unesco: International Institute for Educational Planning, Paris 1970.

Janina Scheelhase

Positiver Nettonutzen von Jugendgemeinschaftsdiensten. Volkswirtschaftliche und gesellschaftliche Kosten-Nutzen-Analyse

1. *Hintergrund, untersuchte Optionen und Untersuchungsansatz*

Das *Freiwillige Soziale Jahr* (FSJ) und das *Freiwillige Ökologische Jahr* (FÖJ) sind sehr attraktiv bei Jugendlichen. Am 1. September 1998 haben erstmals über 12.000 junge Menschen ein Freiwilliges Soziales oder Ökologisches Jahr begonnen. Trotz des immer wieder bemängelten Bekanntheitsgrads dieser Jungendgemeinschaftsdienste *übersteigt* die *Nachfrage* jedoch bei weitem die Zahl der *angebotenen Plätze*. Zur Zeit entfallen auf jeden FSJ-Platz etwa drei, auf jeden FÖJ-Platz vier Bewerber.

Angesichts der überwiegend positiven Einschätzung der Teilnehmer an Jugendgemeinschaftdiensten und einer Nachfrage, die die angebotenen Plätze bei weitem übersteigt, stellt sich die Frage nach den *volkswirtschaftlichen und gesellschaftlichen Kosten und Nutzen* einer *Ausweitung dieser Dienste.* Die von der Robert Bosch Stiftung eingesetzte unabhängige Kommission »Jugendgemeinschaftsdienste in Deutschland und Europa« hat die Prognos AG mit der Überprüfung dieser Fragestellung beauftragt.

Ziel dieser *ökonomischen Expertise* ist die Abschätzung und Quantifizierung der volkswirtschaftlichen und gesellschaftlichen Vor- und Nachteile im Sinne von Kosten und Nutzen, die mit einer Ausweitung von Jugendgemeinschaftsdiensten verbunden wären. Hierzu gilt es, verschiedene Optionen szenarienartig »durchzuspielen«. Es wurden drei Optionen untersucht:

Übersicht 1-1: *Untersuchte Optionen*

Option 1:	Status-quo Finanzierung und Entgelt sowie aktuelle zahlenmäßige Teilnahme
Option 2:	Status-quo Finanzierung und Entgelt, aber Verdopplung der Teilnahmezahlen
Option 3:	Status-quo Finanzierung, an durchschnittliche Ausbildungsvergütungen für vergleichbare Tätigkeiten angepaßtes Entgelt, Verdopplung der Teilnahmezahlen

Quelle: Prognos.

Auftragsgemäß beziehen sich diese Optionen auf das FSJ und FÖJ in Deutschland. In einer späteren Untersuchung könnte die Fragestellung, sofern ausreichende empirische Daten verfügbar sind, auf Europa ausgeweitet werden.

Tabelle 1-1: *Angenommene Teilnehmerzahlen für die Optionen 1 bis 3*

	Option 1	Option 2	Option 3
Teilnehmer	10.297,5	20.595	20.595

Quelle: Prognos.

Grundsätzlich kann es in einer *volkswirtschaftlichen* Analyse der Kosten und Nutzen, die mit einer Ausweitung von Jugendgemeinschaftsdiensten verbunden sind, nicht darum gehen, diese Größen auf Heller und Pfennig auszurechnen. Denn eine solche Rechnung wäre mit zu vielen Unwägbarkeiten und Unsicherheiten verbunden.[1] Ziel dieser ökonomischen Analyse ist vielmehr aufzuzeigen, *welcher Art* die Kosten und Nutzen sind und wie sie sich *zusammensetzen*. Auf diese Weise kann ein Überblick über die Größenordnungen und das Verhältnis der Kosten und Nutzen zueinander gegeben werden. Dies dürfte eine wichtige Grundlage für eine Entscheidung liefern, die nur *politisch* gefällt werden kann.

Übersicht 1-2: *Ansatz der Untersuchung*

	Direkte Volkswirtschaftliche Kosten
+	Indirekte volkswirtschaftliche Kosten
=	Gesamte volkswirtschaftliche Kosten
./.	Volkswirtschaftlicher Nutzen
./.	Gesellschaftlicher Nutzen
=	Positiver, neutraler oder negativer Nettonutzen

Quelle: Prognos.

2. Berechnung der volkswirtschaftlichen Kosten von Jugendgemeinschaftsdiensten

2.1 Methodisches

Die volkswirtschaftlichen Kosten der Jugendgemeinschaftsdienste Freiwilliges Soziales und Freiwilliges Ökologisches Jahr setzen sich aus den *direkten und den*

---

[1] Vgl. Beck, Hanno (1994), S. 19.

indirekten Kosten dieser Dienste zusammen. *Direkte Kosten* sind dabei solche, die unmittelbar zu Ausgaben, beispielsweise für die pädagogische Begleitung, das Taschengeld, aber auch für die Bereitstellung einer Unterkunft bei der Einsatzstelle führen.

Indirekte Kosten lassen sich ökonomisch als *Opportunitätskosten* beschreiben. Allgemein werden Opportunitätskosten definiert als Alternativkosten im Sinne von entgangenen Erträgen oder Nutzen im Vergleich zu einer besseren Handlungsalternative. Da sich das Wirtschaftssubjekt für die bessere Alternative entschieden hat, wird der Nutzen dieser Alternative offensichtlich höher eingeschätzt als der Nutzenentgang, der daraus resultiert, daß man die andere Lösung nicht gewählt hat. Opportunitätskosten entstehen somit *unabhängig davon*, ob das Wirtschaftssubjekt die Entscheidung *freiwillig* getroffen hat oder dazu *verpflichtet* wurde. Wenn die Wahl freiwillig getroffen wurde, werden die Opportunitätskosten in der Regel natürlich niedriger sein als der Nutzen, denn sonst hätte sich das Wirtschaftssubjekt anders entschieden.

Um es an einem Beispiel zu erläutern: Angenommen, ein Mitarbeiter eines Unternehmens entschließt sich zu einem Sabbat-Jahr, annahmegemäß ohne Bezahlung. Während dieses Jahres geht er vielleicht auf eine Weltreise, vielleicht bildet er sich beruflich fort. Er hat sich zu diesem Jahr entschlossen, weil der für ihn damit entstandene Nutzen offensichtlich größer ist, als der Nutzen der Berufstätigkeit während dieses Jahres. Gleichwohl entstehen in der Volkswirtschaft Opportunitätskosten, weil der Mitarbeiter seine Arbeitskraft, also den Produktionsfaktor Arbeit, in diesem Jahr nicht zur Verfügung stellt. Dies gilt unabhängig davon, ob die Entscheidung freiwillig erfolgte oder nicht. Diese Kosten sind in einer volkswirtschaftlichen Betrachtung dem Nutzen aus dem Sabbat-Jahr gegenüberzustellen.

Im Rahmen von *Jugendgemeinschaftsdiensten* können Opportunitätskosten dadurch entstehen, daß eine alternative Verwendung der für diese Dienste eingesetzten Zeit (1 Jahr) zu einem höheren Einkommen bei den Jugendlichen führen kann.

2.2 Berechnung der direkten volkswirtschaftlichen Kosten

2.2.1 Option 1

Es ist davon auszugehen, daß die durchschnittlichen Gesamtkosten der Träger bzw. Einsatzstellen pro Kopf und Monat (inkl. der Kosten für die Seminare) im Rahmen des FSJ etwa 1.300 DM betragen,[2] wenn eine freie Unterkunft gewährt wird, was zu 75,8 % der Fall ist.[3] Werden finanzielle Zuwendungen für die Unterkunft gewährt, erhöhen sich diese Kosten auf etwa 1.600 DM pro Kopf und Monat.[4] Beim FÖJ sind

---

2 Fachgespräch mit Herrn Thomas Arnold, Institut für Sozialarbeit und Sozialpädagogik e. V., Frankfurt.
3 Vgl. Rahrbach et al. (1998), S. 104.
4 Expertengespräch mit der Kommission für internationale Jugendgemeinschaftsdienste, Bonn.

die Gesamtkosten der Träger bzw. Einsatzstellen etwas höher.[5] Dabei fallen die Zuwendungen für Taschengeld und Verpflegung in etwa wie beim FSJ aus. Die Kosten für die Unterkunft sind jedoch höher, da eine freie Unterkunft nur in 36,3 % der Fälle gewährt werden kann.[6] Insgesamt betragen die Kosten der Träger bzw. Einsatzstellen für das FSJ und das FÖJ im Durchschnitt etwa 1.400 DM pro Kopf und Monat.[7] Im einzelnen können die durchschnittlichen Gesamtkosten der Träger pro Kopf und Monat folgendermaßen aufgeschlüsselt werden:

Tabelle 2-1: *Monatliche Gesamtkosten der Träger pro Kopf*

Taschengeld	330[1]
Geldersatzleistungen für Unterkunft, Verpflegung und Arbeitskleidung	300[1]
Kosten für pädagogische Begleitung	250[2]
Fahrtkostenerstattung	50[3]
Beiträge zur gesetzl. Renten-, Unfall-, Kranken-, Pflege-, Arbeitslosenversicherung	270[4]
Verwaltungskosten	200[5]

1 gerundeter Wert nach Rahrbach et al. (1998), S. 101.
2 gerundeter Wert aus Einschätzung Herr Arnold, Institut für Sozialarbeit und Sozialpädagogik und Frau Faltin, Umweltzentrum Karlshöhe der Stadt Hamburg.
3 Schätzung auf Basis der durchschnittlichen Kosten für eine Monatskarte für den ÖPNV (Bereich bis 20 km) und der durchschnittlichen Erstattung dieser Kosten durch die Träger (70 %) und der Fahrtkostenermäßigung.
4 Als Berechnungsgrundlage dienen das Taschengeld plus Wert der Sachbezüge: Unterkunft und Verpflegung.
5 Auskunft der Kommission für internationale Jugendgemeinschaftsdienste, Bonn.

Multipliziert man die durchschnittlichen Gesamtkosten mit den aktuellen Teilnehmerzahlen[8] und rechnet diese auf Jahresbasis hoch, erhält man direkte volkswirtschaftliche Kosten für Option 1 in Höhe von 173,00 Mio. DM pro Jahr.

5 Fachgespräch mit Herrn Thomas Arnold, Institut für Sozialarbeit und Sozialpädagogik e. V., Frankfurt, sowie Fachgespräch mit Frau Faltin, Umweltzentrum Karlshöhe der Stadt Hamburg. Frau Faltin bezifferte der Kosten pro Helfer wie folgt: 300,- DM Taschengeld, 350,- DM Verpflegungszuschuß, 261,- DM Sozialabgaben, 260,- DM Seminarkosten und 50,- DM Fahrtkosten. Addiert man hierzu die Kosten der zur Zeit unentgeltlich geleistete Verwaltungstätigkeit, erhält man Gesamtkosten von 1.341,- DM pro Helfer und Monat in Hamburg.
6 Vgl. Arnold/Wüstendörfer (1998), S. 135.
7 Arnold/Wüstendörfer (1998) bzw. Rahrbach et al. (1998) kommen zu ähnlichen Einschätzungen. Die in Arnold/Wüstendörfer (1998), S. 16, angegebene Spannbreite »von 1.500 bis 3.000 DM« pro Teilnehmer und Monat im Rahmen des FÖJ muß nach Rücksprache mit Herrn Arnold als Illustration der Bandbreite, nicht aber als Durchschnittswert angesehen werden. Er hält durchschnittliche Kosten von etwa 1.400 bis 1.500 DM für realistisch. Höhere Angaben kommen nach seiner Einschätzung dadurch zustande, daß einzelne Träger auch Investitionskosten, z. B. für FÖJ-Projekte oder für die Unterbringung hinzuaddiert haben.
8 Gemittelter Wert der Teilnehmerzahlen von 1996 und 1997.

2.2.2 Optionen 2 und 3

Wir schätzen die Kosteneinsparpotentiale in Option 2 auf etwa 20 Prozent der Verwaltungskosten. Die übrigen Kostenpositionen verändern sich hingegen nicht. Denn die schon gegenwärtig eher knappe Mittelausstattung zwingt die Träger bzw. Einsatzstellen bereits im Status quo zur weitgehenden Ausschöpfung von Rationalisierungspotentialen. Die direkten volkswirtschaftlichen Kosten von Jugendgemeinschaftsdiensten betragen in der *Option 2* demnach *336,11 Mio. DM pro Jahr*.[9]

In Option 2 ergeben sich somit leicht degressiv verlaufende direkte volkswirtschaftliche Kosten. Anders ist es hingegen in *Option 3*. Hier ist annahmegemäß ein *Entgelt* einzubeziehen, das sich an der durchschnittlichen Ausbildungsvergütung für vergleichbare Tätigkeiten orientiert.[10] Dieses Entgelt wurde für Tätigkeiten im FSJ in Anlehnung an eine durchschnittliche Ausbildungsvergütung im ersten Jahr in Pflegeberufen errechnet.[11] Für Tätigkeiten im FÖJ wurde das Entgelt anhand der durchschnittlichen Vergütung nach BAT im ersten Ausbildungsjahr errechnet. Denn Tätigkeiten, die dem FSJ vergleichbar sind, sind in aller Regel Pflege- oder ähnliche Berufe. Dies gilt für Tätigkeiten im Krankenhaus, Altenheim oder Behinderteneinrichtungen, die einen Großteil der FSJ-Einsatzstellen ausmachen. Tätigkeiten, die dem FÖJ vergleichbar sind, werden hingegen – so sie denn bezahlt werden – im allgemeinen nach BAT entlohnt. Hierzu gehören ökologisch ausgerichtete Tätigkeiten wie Pflege von Brutgebieten, Hilfe beim Jugendumweltmarkt, Durchführung von Verkehrszählungen bis hin zu Verwaltungs- und Öffentlichkeitsarbeit. Da die FSJler bzw. FÖJler in der Regel keine spezifischen Vorerfahrungen bzw. Ausbildung mitbringen, wurde die Vergütung für das erste Ausbildungsjahr gewählt.

Hieraus errechnet sich ein durchschnittliches Entgelt im FSJ und FÖJ in Höhe von 1.191 DM pro Monat. Bei der Ermittlung des Jahresentgelts ist zu berücksichtigen, daß die Teilnehmer an Jugendgemeinschaftsdiensten 25 Tage im Jahr an Seminaren teilnehmen und hierfür keine Entlohnung, sondern ein Taschengeld erhalten sollten. Zieht man deshalb der Einfachheit halber einen Monatslohn ab, errechnet sich ein durchschnittlicher Jahresverdienst in Höhe von 13.431 DM pro Kopf. Zu diesem Entgelt kommen die Arbeitgeberanteile zur Sozialversicherung, die auf das Jahr bezogen 2.746,63 DM pro Kopf betragen. Weiterhin fallen auch in Option 3 Kosten für die pädagogische Begleitung sowie Verwaltungskosten an, die wie in Option 2 errechnet werden. Die jährlichen Kosten für die pädagogische Begleitung

---

[9] Hier wurde implizit unterstellt, daß die momentane Betreuung der Dienstleistenden grundsätzlich ausreichend ist. Analog wurde in Option 3 verfahren.
[10] Die anzunehmende Höhe des Entgelts wurde vom Auftraggeber vorgegeben.
[11] Die Verdopplung der Teilnehmerzahlen an Jugendgemeinschaftsdiensten hat keinen Einfluß auf die Lohnstruktur des Arbeitsmarktes. Diese Annahme ist aus unserer Sicht unproblematisch, da dem Arbeitsmarkt unter Berücksichtigung des Erwerbsstatus der Jugendlichen im betreffenden Alter höchstens die Hälfte der Jugendlichen (also etwa *10.300 Jugendliche*) entzogen werden. Hinzu kommt, daß Pflegekräfte und Helfer im ökologischen Bereich bereits heute nicht in dem eigentlich benötigten Umfang bezahlbar sind, so daß die Arbeitsmarktrelevanz der Freiwilligen Dienste in diesen Bereichen relativ gering sein dürfte.

betragen 3.000 DM pro Kopf, die Verwaltungskosten 1.920 pro Kopf. Taschengeld, Fahrtkosten sowie Kosten für die Unterkunft, Verpflegung und Arbeitskleidung werden hingegen nicht gezahlt. Auf 20.595 Teilnehmer hochgerechnet ergeben sich somit in *Option 3* direkte volkswirtschaftliche Kosten in Höhe von *434,51 Mio. DM im Jahr.*

Die *Finanzierbarkeit der Optionen 2 und 3* konnte im Rahmen dieser Untersuchung nicht geprüft werden. Angesichts der Größenordnung der Kosten für den Zivildienst könnte sich bei einer teilweisen Umwidmung der Mittel hier eine Finanzierungsmöglichkeit ergeben.

Alternativ könnte ein Stiftungsmodell für die Finanzierung der Basisabsicherung der Jugendlichen herangezogen werden. Eine gemeinnützige Stiftung mit 1 Mrd. DM Kapital könnte, eine längerfristige Anlage und eine hohe Liquidität der Stiftung unterstellt, durchschnittlich etwa 5 Prozent jährliche Zinseinkünfte erwirtschaften. Da keine konkreten Angaben zur Ausgestaltung des Stiftungsmodells vorliegen, wurde eine längerfristige und risikoarme Anlageform angenommen. Je nachdem, welche Kombination aus Vermögenszuwachs und Rendite des Stiftungskapitals gewählt wird, können die tatsächlich realisierbaren Kapitalerträge hiervon abweichen. Anhand des 5-prozentigen Zinssatzes errechnen sich jährliche Erträge in Höhe von 50 Mio. DM. Diese Zinseinkünfte sind jedoch um etwa 2,5 % bzw. 1,25 Mio. DM Stiftungsverwaltungskosten zu mindern.[12] Steuern auf Kapitalerträge sind hingegen nicht zu entrichten, wenn es sich nachweislich um eine gemeinnützige Stiftung handelt. Hieraus resultieren Netto-Kapitaleinkünfte in Höhe von 48,75 Mio. DM. Diese könnten die Basisabsicherung (11.400 DM pro Jahr und Kopf) von etwa 4.276 Jugendlichen pro Jahr finanzieren. Zur Finanzierung der Basisabsicherung von 20.959 Jugendlichen im Jahr (Optionen 2 und 3) würde man demnach rein rechnerisch Kapital in Höhe von 4,89 Mrd. DM benötigen.

2.3 *Berechnung der indirekten volkswirtschaftlichen Kosten*

2.3.1 *Methodisches*

Indirekte Kosten von Jugendgemeinschaftsdiensten bzw. die Opportunitätskosten dieser Dienste entstehen dadurch, daß die Jugendlichen, die an Jugendgemeinschaftsdiensten teilnehmen, bei einer alternativen Verwendung dieses Jahres *Einkommen* aus anderen Tätigkeiten bzw. Quellen erzielt hätten. Dieses Einkommen geht den Jugendlichen individuell und (auf alle Teilnehmer hochgerechnet) der Volkswirtschaft insgesamt verloren. Ökonomisch spricht man hier von einem Wertschöpfungsausfall. Hinzu kommen Steuermindereinnahmen des Staates. Hingegen resultieren keine Mindereinnahmen im Bereich Sozialversicherung, da die Jugendlichen im FSJ bzw. FÖJ sozialversichert sind und diese Beiträge in ähnlicher Höhe leisten, als wenn sie regulär beschäftigt wären. Von diesem Wertschöpfungsausfall

---

12 Einschätzung Herr Strachwitz, Mäcenata Management GmbH, München. Diese Verwaltungskosten hängen jedoch sehr stark von dem Zweck der Stiftung und der Art der Kapitalanlage ab.

zuzüglich der Steuermindereinnahmen sind danach die staatlichen Ausgaben für Sozialhilfe, Arbeitslosengeld bzw. -hilfe sowie Bafög abzuziehen, die der Staat bei einer alternativen Verwendung dieses Jahres an die Jugendlichen gezahlt hätte. Ergebnis sind die indirekten Kosten der Volkswirtschaft für Jugendgemeinschaftsdienste. Die nachfolgende Übersicht 2-1 veranschaulicht diesen Berechnungsansatz noch einmal.

Übersicht 2-1: *Berechnungsansatz: Indirekte volkswirtschaftliche Kosten von Jugendgemeinschaftsdiensten*

Durchschnittliches Einkommen aus entlohnter Tätigkeit der Jugendlichen (= Wertschöpfungsausfall der Volkswirtschaft)
+ Steuermindereinnahmen
./. Sozialhilfe, Arbeitslosengeld bzw. -hilfe, Bafög
= gesamte indirekte volkswirtschaftliche Kosten von Jugendgemeinschaftsdiensten

Quelle: Prognos.

Diese indirekten volkswirtschaftlichen Kosten entstehen, wie oben gezeigt, *unabhängig* davon, ob diese Dienste *freiwillig* sind, *oder* ob eine *allgemeine Dienstpflicht* besteht. Denn der Volkswirtschaft geht dieser Anteil der Wertschöpfung und der Steuereinnahmen auf jeden Fall verloren.

2.3.2 *Option 1*

Als erster Schritt zur Berechnung der indirekten volkswirtschaftlichen Kosten wird untersucht, welchen Tätigkeiten die Jugendlichen bei einer alternativen Verwendung dieses Jahres wahrscheinlich nachgehen würden. Hierzu ist es erforderlich, den potentiellen *Erwerbsstatus* der in Frage kommenden Jugendlichen zu bestimmen. Dieser gibt Auskunft über den Anteil der Jugendlichen, die bei einer alternativen Verwendung dieses Jahres
- eine Lehre beginnen würden oder ohne betriebliche Ausbildung erwerbstätig wären,
- ein Studium an einer Fachhochschule oder Universität beginnen würden,
- keiner Erwerbstätigkeit nachgehen und Arbeitslosengeld, -hilfe oder Sozialhilfe erhalten würden oder
- keiner Erwerbstätigkeit nachgehen, aber auch keine staatlichen Unterstützungsleistungen beziehen würden.

Tabelle 2-2: *Erwerbsstatus in der Status quo Option*

	Prozent	Absolut
Berufsausbildung bzw. -ausübung	64,75	6.667,63
Studium	32,25	3.320,94
Keine Erwerbstätigkeit und Arbeitslosengeld, -hilfe oder Sozialhilfe	1,20	123,57
Keine Erwerbstätigkeit und keine staatliche Unterstützung	1,80	185,36

Quelle: Rahrbach et al. (1998), S. 76; Arnold/Wüstendörfer (1998), S. 29; Mikrozensus (1995) und eigene Berechnungen.

Zur Berechnung des Einkommens aus einer Berufsausbildung bzw. -ausübung wird die durchschnittliche Ausbildungsvergütung in Deutschland im ersten Lehrjahr zugrundegelegt. Dieser Ansatz erscheint aus folgenden Gründen auch für Berufsausübende plausibel: Jugendliche, die nach Ende ihrer schulischen Ausbildung ohne eine Lehre, also als »Ungelernte« erwerbstätig sein werden, dürften erstens angesichts der sozialen Herkunft und des Ausbildungsniveaus der FSJler und FÖJler zahlenmäßig nicht ins Gewicht fallen. Hinzu kommt zweitens, daß diese (ungelernten) Tätigkeiten ohnehin den unteren Lohngruppen zuzurechnen ist, so daß diese Einkommen sich nicht wesentlich von einer Ausbildungsvergütung unterscheiden dürften.

Die durchschnittliche monatliche Ausbildungsvergütung in Deutschland im ersten Lehrjahr beträgt 967,20 DM pro Monat.[13] Auf das Jahr hochgerechnet ergibt sich somit ein durchschnittliches Einkommen von 12.573,60 DM pro Kopf.

Auf 64,75 % der Teilnehmer an Jugendgemeinschaftdiensten in der Status quo Option hochgerechnet ergibt sich ein Einkommensverlust in Höhe von insgesamt 83,83 Mio. DM pro Jahr. Steuermindereinnahmen des Staates entstehen jedoch nicht, da das durchschnittliche Einkommen der Jugendlichen unterhalb des Grundfreibetrags von zur Zeit 13.000 DM bzw. 15.000 DM (unter Berücksichtigung aller steuermindernden Pauschbeträge) liegt. Da auch bezüglich der geleisteten Beiträge zur Sozialversicherung keine Unterschiede zwischen Jugendgemeinschaftsdiensten und einer alternativen Beschäftigung bestehen, sind im hier betrachteten Fall Bruttoeinkommensverluste gleich den Nettoeinkommensverlusten. Dieser Wertschöpfungsverlust ist um die staatlichen Ausgaben für Bafög, Arbeitslosengeld, -hilfe und Sozialhilfe zu mindern. Auf 32,25 Prozent der Teilnehmer an Jugendgemeinschaftdiensten bezogen ergeben sich Bafög-Einsparungen in Höhe von 3,09 Mio. DM im Jahr.[14]

---

13 Angaben für 1996.
14 Datengrundlage: Deutscher Bundestag (1997), S. 10 f. Bezugsjahr 1996.

Die staatlichen Ausgaben für Arbeitslosengeld, -hilfe und Sozialhilfe reduzieren sich aufgrund folgender Überlegungen bei dem hier betrachteten Alterssegment auf die Kosten der Sozialhilfe: Ein Anspruch auf Arbeitslosengeld entsteht erst, wenn drei Jahre beitragspflichtig gearbeitet wurde. Angesichts des Durchschnittsalters der Teilnehmer am FSJ (19 Jahre) bzw. FÖJ (20 Jahre), der Tatsache, daß in Deutschland in aller Regel nicht vor dem 16 Lebensjahr begonnen wird zu arbeiten und der durchschnittlichen Ausbildung der Teilnehmer ist nicht damit zu rechnen, daß nennenswerte Ansprüche auf Arbeitslosengeld geltend gemacht werden könnten. Ansprüche für Arbeitslosenhilfe können zeitlich schneller erarbeitet werden. Da diese Hilfe im hier betrachteten Einkommenssegment aber dem Sozialhilfeniveau entsprechen wird, wird auf eine gesonderte Berechnung der Arbeitslosenhilfe verzichtet.

Die durchschnittlich gewährte Sozialhilfe betrug im Jahr 1995 in der Altersgruppe 18-25-jährige: 652,- DM pro Kopf und Monat.[15] Auf den in Frage kommenden Anteil der Jugendlichen an Jugendgemeinschaftsdiensten von 1,2 % bezogen, betragen die durch das FSJ und FÖJ eingesparten Sozialhilfeleistungen 0,96 Mio. DM im Jahr.

Zieht man die durch Jugendgemeinschaftsdienste eingesparten staatlichen Ausgaben vom Wertschöpfungsverlust der Volkswirtschaft ab, ergibt sich als *Saldo 79,78 Mio. DM im Jahr*. Dieser Saldo stellt die *indirekten volkswirtschaftlichen Kosten* von Jugendgemeinschaftsdiensten in der Status quo-Option dar.

2.3.3 *Optionen 2 und 3*

In den Optionen 2 und 3 wird angenommen, daß sich am Erwerbsstatus der Teilnehmer im Vergleich zu Option 1 nichts wesentliches ändert. Diese Annahme ist aus folgenden Gründen plausibel:

– Angesichts dessen, daß die Nachfrage nach Jugendgemeinschaftsdiensten gegenwärtig wesentlich höher ist als das Angebot[16] und
– die Auswahl bei den Trägern im wesentlichen nach dem persönlichen Gesamteindruck und dem Interesse an einem freiwilligen Dienst, nicht aber nach den Vorkenntnissen oder dem Ausbildungsstand getroffen wird,[17]

kann davon ausgegangen werden, daß bei einer Verdopplung der angebotenen Plätze ein Teilnehmerkreis mit einem ähnlichen Bildungsniveau und Erwerbsstatus zustande käme. Hieraus ergeben sich folgende linear ansteigende indirekte volkswirtschaftliche Kosten von Jugendgemeinschaftsdiensten für die Optionen 2 und 3.

---

15 Anspruch Sozialhilfe Ledige, ohne Kinder: 539 DM pro Monat (ggf. plus 450 DM Mietzuschuß (= Durchschnittliche Miete für diese Haushaltsgruppen) plus 80,85 DM durchschnittliche einmalige Hilfen pro Monat.
16 Das Verhältnis: Bewerbungen – FSJ-Plätze beträgt gegenwärtig etwa 2,6:1, vgl. Rahrbach et al. (1998), S. 96 f. Beim FÖJ ist die Nachfrage noch deutlich höher als die Zahl der angebotenen Plätze.
17 Vgl. Rahrbach et al. (1998), S. 98.

Tabelle 2-3: *Indirekte volkswirtschaftliche Kosten in den Optionen 2 und 3*

Einkommensverlust aus Berufsausbildung bzw. -ausübung (= Wertschöpfungsverlust der Volkswirtschaft)	167,66 Mio. DM
./. Bafögminderausgaben	6,18 Mio. DM
./. Sozialhilfeminderausgaben	1,92 Mio. DM
= Indirekte volkswirtschaftliche Kosten	159,56 Mio. DM

Quelle: Prognos.

3. Abschätzung des volkswirtschaftlichen und gesellschaftlichen Nutzens von Jugendgemeinschaftsdiensten

3.1 Methodisches

Während sich die Abschätzung der volkswirtschaftlichen Kosten im vorangegangenen Abschnitt auf vergleichsweise gut dokumentierte statistische Daten stützen konnte, wird im nun folgenden Arbeitsschritt *quantitatives Neuland* betreten. Denn der Nutzen von Jugendgemeinschaftsdiensten läßt sich nicht unmittelbar an einschlägigen statistischen Größen wie z. B. der Wertschöpfung ablesen. Eine erste Annäherung ist durch eine Untergliederung des Nutzens in volkswirtschaftlicher Nutzen und individueller Nutzen möglich. Unter dem *volkswirtschaftlichen Nutzen* wird der Wert der im Rahmen von Jugendgemeinschaftsdiensten erbrachten Dienstleistung verstanden. Die Bewertung dieser Leistung ist aus folgenden Gründen schwierig: Normalerweise entscheiden die Marktpreise über den Wert eines Produkts oder einer Leistung. So bestimmt sich beispielsweise der Wert eines Tisches, den ein Handwerker herstellt, über den erzielten Verkaufspreis.[18] Jugendgemeinschaftsdienste werden hingegen nicht am Markt angeboten und nachgefragt, sondern freiwillig gegen ein Taschengeld, Unterkunft, Verpflegung und Fahrgeld erbracht.
Wie kann man den volkswirtschaftlichen Wert abschätzen, der dadurch entsteht, daß z. B. ein Jugendlicher eine Stunde Behinderte betreut, oder hilft, ein Vogelschutzgebiet zu erhalten? Hier sind im Grunde nur näherungsweise Ansätze möglich. Eine uns sinnvoll erscheinende Methode besteht darin, eine Bewertung über die Kosten der Leistungserstellung vorzunehmen, d. h. den volkswirtschaftlichen Nutzen anhand des Arbeitslohns für vergleichbare Tätigkeiten zu ermitteln.
Der *individuelle Nutzen* von Jugendgemeinschaftsdiensten besteht im wesentlichen darin, daß eine soziale Einübung bzw. Einarbeitung in die gesellschaftlichen Regeln ermöglicht wird. Auf diese Weise können Jugendliche soziale, multikulturelle und ökologische Kompetenz sowie Verantwortung erlernen. Gesellschaftlicher Nutzen

---

18 Vgl. Beck (1994), S. 22.

entsteht dadurch, daß die Gesellschaft als Ganzes von der sozialen Einübung bzw. Einarbeitung aller Jugendlichen profitiert. Dabei dürfte der gesellschaftliche Nutzen auf jeden Fall größer sein als die Summe aller individuellen Nutzen.
Die Abschätzung und Quantifizierung dieses Nutzens ist naturgemäß sehr schwierig. Denn was ist es für den einzelnen Jugendlichen und für die Gesellschaft wert, daß er die Gelegenheit hatte, sich in die gesellschaftlichen Regeln einzuüben bzw. einzuarbeiten? Hat sich dadurch sein Werdegang verändert? Wurde die Gesellschaft hierdurch insgesamt weniger »störanfällig«? Konnte kriminellen Fehlentwicklungen vorgebeugt werden? Wurden Qualifikationen oder Kenntnisse erworben, die tatsächlich zu besseren Chancen auf dem Arbeitsmarkt geführt haben? Eine Beantwortung dieser Fragen dürfte in allgemeingültiger Form sicherlich nicht möglich sein. Entsprechend unmöglich scheint eine exakte Quantifizierung dieser individuellen Einschätzungen. Somit bleibt nur die Möglichkeit einer *annäherungsweisen Abschätzung* des individuellen und gesellschaftlichen Nutzens von Jugendgemeinschaftsdiensten. Hierzu werden folgende *Analogieschlüsse* gezogen: Im einzelnen besteht der Nutzen von Jugendgemeinschaftsdiensten darin, daß
– Wissen über soziale bzw. ökologische Zusammenhänge erworben wird,
– eine berufliche Orientierung und Persönlichkeitsentwicklung ermöglicht wird,
– Erfahrungen durch (erste) praktische Tätigkeiten gewonnen werden und
– eine Vorbereitung und Besserqualifizierung für den Arbeitsmarkt ermöglicht wird.
Eine annäherungsweise Abschätzung und Quantifizierung des individuellen Nutzens ist dann dadurch möglich, daß ermittelt wird, was ein Jahr zusätzlicher schulischer Ausbildung, beruflicher Orientierung und Vorbereitung bzw. Qualifizierung für den Arbeitsmarkt kosten würde.[19] Insgesamt geht es um eine Abschätzung der Kosten für Maßnahmen, die einen vergleichbaren Nutzen stiften. Die durch Jugendgemeinschaftsdienste »eingesparten« Kosten sind spiegelbildlich der individuelle bzw. auf alle Jugendlichen hochgerechnet der gesellschaftliche Nutzen dieser Dienste.

3.2 Abschätzung des volkswirtschaftlichen Nutzens

Der volkswirtschaftliche Nutzen von Jugendgemeinschaftsdiensten wird, wie bereits eingangs dargelegt, grundsätzlich dadurch ermittelt, daß die Kosten der Erstellung der betreffenden Dienstleistungen im sozialen oder ökologischen Bereich abgeschätzt werden. Hierzu wird das durchschnittliche Ausbildungsgehalt für ent-

---

19 Die näherungsweise Abschätzung des individuellen Nutzens anhand der Kosten für ein Jahr schulischer Ausbildung ist sicherlich nicht ganz unproblematisch. Denn die Vergleichbarkeit zwischen dem Nutzen einer schulischen Ausbildung und dem Nutzen aus Freiwilligendiensten ist nicht unmittelbar gegeben, da sich die vermittelten Inhalte unterscheiden. Allerdings konnte diese Problematik dadurch entkräftet werden, daß die Kosten für einen Berufsfachschulplatz ermittelt wurden. Insofern sind sich die vermittelten Inhalte durchaus relativ ähnlich. Außerdem tragen die Kosten für einen Berufsfachschulplatz nur anteilig (20 %) zur rechnerischen Ermittlung des gesellschaftlichen Nutzens bei, wie im folgenden erläutert wird. Vor diesem Hintergrund ist das gewählte Verfahren ein durchaus gangbarer, vorsichtiger Ansatz.

sprechende Tätigkeiten im ersten Lehrjahr herangezogen. Diese Methode hat den Vorteil, daß ein Einkommen zugrundegelegt wird, das der Produktivität der Jugendlichen weitestgehend entsprechen dürfte.

Dabei gibt es keine grundlegenden Unterschiede im Berechnungsverfahren zwischen den Optionen 1 bis 3. Denn der volkswirtschaftliche Nutzen erhöht sich unter diesen Bedingungen linear mit der Anzahl der Teilnehmer, da eine vergleichbare Leistung erbracht wird. Hinzu kommt, daß es auf der Nutzenseite keine Rolle spielt, ob ein Taschengeld oder ein Entgelt für vergleichbare Tätigkeiten gewährt wurde. Dies hat lediglich Einfluß auf den in Abschnitt 4 ermittelten Saldo von Kosten und Nutzen.

Auf der Basis dieser Überlegungen errechnet sich der volkswirtschaftliche Nutzen von Jugendgemeinschaftsdiensten für die Optionen 1 bis 3 durch die Multiplikation der Teilnehmerzahl mit dem Entgelt für vergleichbare Tätigkeiten im ersten Ausbildungsjahr, das bereits in Abschnitt 2 abgeleitet wurde.

Tabelle 3-1: *Jährlicher volkswirtschaftlicher Nutzen Optionen 1 bis 3*

	Option 1	Option 2	Option 3
Zahl der Teilnehmer	10.297,5	20.595	20.595
Nutzen	134,90 Mio. DM	269,81 Mio. DM	269,81 Mio. DM

Quelle: Prognos.

3.3 *Abschätzung des individuellen und gesellschaftlichen Nutzens*

Der individuelle und gesellschaftliche Nutzen von Jugendgemeinschaftsdiensten wird im folgenden anhand der Kosten für Maßnahmen, die einen vergleichbaren Nutzen stiften, annäherungsweise abgeschätzt. Im einzelnen geht es um Kosten für eine
– zusätzliche schulische Ausbildung,
– berufliche Orientierung, erste Einübung und Persönlichkeitsentwicklung sowie
– Vorbereitung bzw. Qualifizierung für den Arbeitsmarkt.

Die durch Jugendgemeinschaftsdienste »eingesparten« Kosten werden dabei als Spiegelbild des individuellen, bzw. auf alle Jugendlichen hochgerechnet, des gesellschaftlichen Nutzens dieser Dienste aufgefaßt.

Die Verteilung des individuellen Nutzens und damit auch der Kosten auf die drei Segmente: Erwerb von Wissen über soziale oder ökologische Zusammenhänge, berufliche Orientierung, erste praktische Erfahrungen und Persönlichkeitsentwicklung sowie Vorbereitung und Qualifizierung für den Arbeitsmarkt ist *nicht bekannt*. Diesbezüglich können auch die Befragungsergebnisse von Rahrbach et al. und Arnold/Wüstenhöfer nicht entscheidend weiterhelfen, da die Bewertung aus Teilnehmersicht hier nur in qualitativer Form erfragt wurde. Immerhin lassen diese Ergebnisse die Vermutung zu, daß dem Erwerb von Wissen über soziale oder ökologische Zusammenhänge ein insgesamt etwas geringerer Stellenwert eingeräumt wird als den anderen Nutzensegmenten.[20] Die übrigen Nutzensegmente werden etwa gleich hoch bewertet.[21]

Aufgrund dessen schätzen wir die Verteilung des individuellen Nutzens auf die drei Segmente grob auf etwa: 20 : 40 : 40. Mit der anteiligen Aufteilung der Kosten wird analog verfahren. Entsprechend wird bei der Quantifizierung von einem 20 %igen Anteil der Kosten für ein Jahr schulischer Ausbildung, einem 40 %igen Anteil der Kosten für eine berufliche Orientierung, erste Einübung und Persönlichkeitsentwicklung sowie einem ebenfalls 40 %igen Anteil der Kosten für eine Vorbereitung und Qualifizierung für den Arbeitsmarkt ausgegangen.

Zur Ermittlung der Kosten für ein Jahr zusätzlicher schulischer Ausbildung wurden die Kosten der öffentlichen Haushalte für einen Schülerplatz an Berufsfachschulen in Vollzeitform berechnet. Der Bildungsbereich der Berufsfachschulen wurde aus drei Gründen gewählt: Erstens kommt zur Ermittlung der Kosten für ein Jahr zusätzlicher schulischer Ausbildung bei dem hier betrachteten Alterssegment und Ausbildungsniveau nur der Bereich der Berufsschulen in Frage. Zweitens wurde hieraus der Bereich der Berufsfachschulen exemplarisch herausgegriffen, da die hier vermittelten berufsrelevanten Spezialkenntnisse noch am ehesten mit dem Nutzen durch den Erwerb von Spezialwissen über ökologische und soziale Zusammenhänge vergleichbar sein dürften. Drittens ist der Bereich der Berufsfachschulen das im Vollzeitbereich bedeutendste Segment. Die Berechnungen beziehen sich auf Nordrhein-Westfalen. Bezugsjahr der Berechnung ist das Jahr 1994, die Ergebnisse werden am Ende der Betrachtung auf das Jahr 1996 hochgerechnet. Hierzu erstellte Herr Prof. Dr. Klaus Klemm, Universität Essen, in unserem Auftrag eine kleinere Expertise.[22] Auf der Basis dieser Arbeiten errechnen sich Jahreskosten je Schulplatz in Höhe von etwa 9.500 DM.

Die Kosten für die übrigen beiden Nutzensegmente: berufliche Orientierung, erste Einübung und Persönlichkeitsentwicklung sowie Vorbereitung bzw. Qualifizierung für den Arbeitsmarkt werden folgendermaßen abgeschätzt: Die Kosten für eine berufliche Orientierung werden anhand der Kosten für Orientierungsseminare errechnet. Das Arbeitsamt bietet solche Seminare regelmäßig für Schulabgänger und Studierende an. Die Kosten betragen etwa 6 DM/h pro Teilnehmer.[23] Auf ein Jahr hochgerechnet würden hieraus Kosten in Höhe von 11.520 DM pro Kopf und Jahr resultieren. Diese Kosten fließen jedoch nur anteilig in die Berechnung der Kosten für das zweite Nutzensegment ein. Denn hinzu kommt der Nutzen einer ersten Einübung und Persönlichkeitsentwicklung. Eine erste Einübung kann einerseits im Rahmen eines betrieblichen Praktikums, andererseits in einer sog. Übungsfirma stattfinden. Da Kostenschätzungen über betriebliche Praktika nicht vorliegen, wer-

---

20 Vgl. Rahrbach et al. (1998), S. 179 ff. und Arnold/Wüstendörfer (1998), S. 161.
21 Vgl. Rahrbach et al. (1998), S. 179 ff. und Arnold/Wüstendörfer (1998), S. 161.
22 Vgl. Klemm (1998). Die Expertise ist bei der Prognos AG in Köln erhältlich.
23 Auskunft Landesarbeitsamt Rheinland-Pfalz-Saarland.

den die Kosten für eine Übungsfirma herangezogen. Diese betragen jährlich etwa 14.400 DM pro Teilnehmer.[24] Kostenäquivalente für die Schaffung günstiger Rahmenbedingungen zur weiteren Entwicklung der Persönlichkeit konnten nicht gefunden werden. Wir gehen hilfsweise davon aus, daß diese Kosten in den anderen Kostenblöcken enthalten sind.

Die Gesamtkosten für das zweite Nutzensegment ergeben sich aus einer anteiligen Verteilung der Kosten von Orientierungsseminaren und Übungsfirmen von 2 zu 8. Denn im Rahmen von Jugendgemeinschaftsdiensten wird überwiegend praktisch gearbeitet, so daß der Nutzen einer ersten Einübung bei weitem den Nutzen der beruflichen Orientierung überwiegen dürfte. Hieraus errechnen sich jährliche Gesamtkosten für das zweite Nutzensegment in Höhe von 13.824 DM pro Kopf.

Die Kosten für das dritte Nutzensegment: Vorbereitung bzw. Qualifizierung für den Arbeitsmarkt werden anhand der Kosten für Umschulungsmaßnahmen durch das Arbeitsamt näherungsweise abgeschätzt. Zu berücksichtigen ist, daß solche Umschulungen eigentlich nicht für die betreffenden Jungendlichen angeboten werden. Jugendliche, die bereits eine Lehre abgebrochen oder vollständig absolviert haben und danach den Beruf wechseln möchten, können grundsätzlich eine weitere Lehre beginnen. Gleiches gilt für Studienabbrecher. Lediglich nach Abschluß des Studiums ist eine Teilnahme an Umschulungslehrgängen des Arbeitsamtes möglich.

Insofern ist die Verknüpfung zwischen den Kosten für das dritte Nutzensegment und Umschulungsmaßnahmen unter Anspruchsgesichtspunkten *angreifbar*. Aber hier geht es nicht primär um geltend zu machende Ansprüche gegenüber dem Arbeitsamt, sondern um eine Abschätzung der Kosten für Maßnahmen, die einen vergleichbaren Nutzen stiften. Umschulungsmaßnahmen stiften einen Nutzen, der dem dritten Nutzensegment vergleichbar ist, da sie berufsbezogene Kenntnisse vermitteln und dadurch helfen, sich besser auf den Arbeitsmarkt vorzubereiten und zu qualifizieren.

Die Kosten für Umschulungsmaßnahmen variieren relativ stark zwischen den verschiedenen Berufen bzw. Berufsgruppen. So kostet beispielsweise eine Umschulung auf den Beruf des Logopäden etwa 26.000 DM pro Kopf und Jahr. Hingegen sind andere Maßnahmen deutlich günstiger. Im Durchschnitt über alle Berufe betragen die jährlichen Kosten etwa 15.000 DM pro Teilnehmer.[25] Hierin sind sämtliche Kosten für Lehr- und Lernmittel, Räume sowie die Honorare für die Lehrkräfte enthalten. Nicht enthalten sind hingegen die sonstigen Ausgaben des Arbeitsamts für Umschüler für den täglichen Lebensunterhalt.

Die Gesamtkosten für Maßnahmen, die einen den Jugendgemeinschaftsdiensten vergleichbaren individuellen Nutzen stiften, werden auf Jahresbasis anhand der Kosten der drei Nutzensegmente und der oben abgeleiteten Gewichtung von 20 : 40 : 40 errechnet. Hieraus ergeben sich folgende Gesamtkosten, die spiegelbildlich den gesellschaftlichen Nutzen von Jugendgemeinschaftsdiensten für die Optionen 1 bis 3 darstellen:

---

24 Auskunft Landesarbeitsamt Rheinland-Pfalz-Saarland.
25 Auskunft Landesarbeitsamt Rheinland-Pfalz-Saarland.

Tabelle 3-2: *Quantitative Abschätzung des gesellschaftlichen Nutzens*

	Option 1	Option 2	Option 3
Gesellschaftlicher Nutzen	138,29 Mio. DM	276,58 Mio. DM	276,58 Mio. DM

Quelle: Prognos.

Wie aus der Tabelle ersichtlich, steigt der Nutzen linear im Verhältnis zur Teilnehmerzahl. Dies kann damit begründet werden, daß Jugendgemeinschaftsdienste auch bei einer Verdopplung der Teilnehmerzahl unter den gleichen nutzenstiftenden Bedingungen wie im Status quo organisiert und durchgeführt werden sollten, wie für die Untersuchung angenommen wurde. D. h., daß sich beispielsweise am Verhältnis: Helfer/Einsatzstelle nichts wesentliches ändert, daß eine dem Status quo vergleichbare Zeit zur Betreuung der Jugendlichen verwendet wird, oder daß Seminare im gleichen Umfang mit einer ähnlichen Teilnehmerzahl durchgeführt werden.

4. Zusammenfassung der Ergebnisse in Übersichtsform

Die nachfolgende Tabelle stellt die in den Abschnitten 2 und 3 ermittelten Kosten und Nutzen von Jugendgemeinschaftsdiensten für die Optionen 1 bis 3 noch einmal in Übersichtsform gegenüber.

Tabelle 4-1: *Gegenüberstellung: Kosten und Nutzen von Jugendgemeinschaftsdiensten*

	Option 1	Option 2	Option 3
Teilnehmerzahl (absolut)	10.297,50	20.595,00	20.595,00
Direkte Kosten (in Mio. DM)	173,00	336,11	434,51
Indirekte Kosten (in Mio. DM)	79,78	159,56	159,56
Summe Kosten	*252,78*	*495,67*	*594,07*
volksw. Nutzen	134,90	269,81	269,81
gesell. Nutzen	138,29	276,58	276,58
Summe Nutzen	*273,19*	*546,39*	*546,39*
Saldo: Nutzen./. Kosten	20,41	50,72	./. 47,68

Quelle: Prognos.

Wie aus der Tabelle ersichtlich, fällt der *Saldo zwischen Nutzen und Kosten* bei den Optionen 1 und 2, die im Rahmen von Jugendgemeinschaftsdiensten ein *Taschengeld gewähren, positiv* aus. Ökonomisch spricht man hier von einem positiven Nettonutzen. Eine Ausweitung von Jugendgemeinschaftsdiensten kann unter diesen Bedingungen aus ökonomischer Sicht *befürwortet* werden. Anders ist es hingegen in der *Option 3*. Hier wird annahmegemäß ein Entgelt gewährt, das sich an vergleichbaren Tätigkeiten orientiert. Offensichtlich ist dieses *Entgelt zu hoch*, so daß ein *negativer Nettonutzen* resultiert. Aus ökonomischer Sicht können derart ausgestaltete Jugendgemeinschaftsdienste *nicht befürwortet* werden. Um zu einem Ausgleich der Kosten und Nutzen zu kommen, müßte das Entgelt in Option 3 auf 1.046,30 DM pro Kopf und Monat gesenkt werden.[26] Nur dann ist bei dieser Option mit einem *nutzenneutralen* Ergebnis zu rechnen.

Literatur

Akbari, Hasan, Risikobewußtsein und Jugend – Die Bestimmungsfaktoren und Funktionen des Risikobewußtseins bei Jugendlichen, in: Neue Praxis, 6/1993

Arnold, Thomas/Wüstendörfer, Werner, Abschlußbericht zum Freiwilligen Ökologischen Jahr, Schriftenreihe des Bundesministeriums für Familie, Senioren, Frauen und Jugend, Band 133, Stuttgart u. a. (1998)

Beck, Hanno, Ökonomische Aspekte einer allgemeinen Dienstpflicht, in: Diakonie Korrespondenz 11/(1994)

Bundesministerium für Arbeit und Sozialordnung, Tarifstatistik, Bonn (1997)

Bundesministerium für Bildung, Wissenschaft, Forschung und Technologie, Grund- und Strukturdaten 1995/96, Bonn (1996)

Bundesministerium für Familie, Senioren, Frauen und Jugend (Hrsg.), Freiwilliges Soziales Jahr – Freiwilliges Ökologisches Jahr – Junge Leute beteiligen sich, Bonn (1996)

Deutscher Bundestag (Hrsg.), 12. Bericht nach § 35 des Bundesausbildungsförderungsgesetzes zur Überprüfung der Bedarfssätze, Freibeträge sowie Vomhundertsätze und Höchstbeträge nach § 21 Abs. 2, Bundestagsdrucksache 13/9515 vom 18. 12. (1997)

Deutscher Bundestag, Berufsbildungsbericht 1997, Bundestagsdrucksache 13/7607 (1997)

Elbert, Harald/Fröbe, Klaus, Beck-Rechtsberater: Kriegsdienstverweigerung und Zivildienst, München (1989)

Endres, Alfred, Jarre, Jan, Klemmer, Paul, Zimmermann, Klaus, Der Nutzen des Umweltschutzes, Synthese der Ergebnisse des Forschungsschwerpunktprogramms »Kosten der Umweltverschmutzung/Nutzen des Umweltschutzes«, Berlin (1992)

Gans, O., Marggraf, R., Kosten-Nutzen Analyse und ökonomische Politikbewertung – Wohlfahrtsmessung und betriebliche Investitionskriterien, Heidelberg (1997)

Heidinger, Michael, Ökonomische Dimensionen einer allgemeinen Dienstpflicht, in: Sozialer Fortschritt, 6-7/1993

Hummel-Beck, Ulrike, Hilfe als Eigennutz. Über die Motive junger Menschen, sich sozial zu betätigen – Beispiel freiwilliges soziales Jahr, in: Blätter der Wohlfahrtspflege 1/1990

Hanusch, Horst, Nutzen-Kosten-Analyse, 2. überarbeitete Auflage, München (1994)

IG-Metall-Jugend, Kriegsdienstverweigerung – Ein Ratgeber, Köln (1996)

---

26 Nettoentgelt ohne Arbeitgeberanteile Sozialversicherung.

Jugendwerk der Deutschen Shell (Hrsg.), Jugend '97, Zukunftsperspektiven, Gesellschaftliches Engagement, Politische Orientierungen, 12. Shell Jugendstudie, Opladen (1997)

Kaiser, Wilfried, Kosten-Nutzen-Analyse, Grundlagen, Theorie, Modell, 4. erweiterte Aufl., Stuttgart (1995)

Klemm, Klaus, Expertise zur Berechnung der Kosten eines Schülerplatzes an beruflichen Schulen in Vollzeitform – 1994 am Beispiel der Berufsfachschulen, Essen, (1998)

Kultusministerkonferenz, Schüler, Klassen, Lehrer und Absolventen der Schulen 1987 bis 1996, Bonn 1997)

Lenz, Wolfgang, Gesichtspunkte zur Arbeit der Kommission »Jugendgemeinschaftsdienste in Deutschland und Europa« der Robert Bosch Stiftung – Organisation und Trägerschaft, Thesenpapier für die Sitzung der Kommission am 5. und 6. April 1998 in Berlin, Solingen (1998)

Lippert, Ekkehard, Allgemeine Dienstpflicht als sicherheits- und sozialpolitischer Ausweg?, in: Aus Politik und Zeitgeschichte, 6/1995

Mosebach, Ursula, Jugend auf der Suche nach Identität: Bieten Workcamps dazu eine Orientierung, herausgegeben vom Sozialwissenschaftlichen Studienkreis für internationale Probleme (SSIP) e. V., Saarbrücken u. a. (1991)

Müller, Harald, Jugendgemeinschaftsdienste und ihre politische Verankerung in Deutschland und Europa, Expertise im Auftrag der Robert Bosch Stiftung, Wustrow (1997)

ÖTV, Tarifrunde 1988, Öffentlicher Dienst, Bund, Länder, Gemeinden, Stuttgart (1997)

Rahrbach, Andrea/Wüstendörfer, Werner/Arnold, Thomas, Untersuchung zum Freiwilligen Sozialen Jahr, Schriftenreihe des Bundesministeriums für Familie, Senioren, Frauen und Jugend, Band 157, Stuttgart u. a. (1998)

Raichle, Ulrich, Zivildienst, Entwicklung und soziale Bedeutung, Stuttgart (1992)

Rauschenbach, Thomas, Freiwilligendienste: Eine Alternative zum Zivildienst und zum sozialen Pflichtjahr, Formen sozialen Engagements im Wandel, in: Archiv für Wissenschaft und Praxis der sozialen Arbeit, 4/1992

Sagawe, Helmuth, Ökologisch orientierte Jugend, eine »post-ökologische« Bewegung? – Eine Untersuchung über das Freiwillige ökologische Jahr, in: Neue Praxis, 4/1996

Schaefer, Dorothea, Zamek, Walburga, Soziales Pflichtjahr für Frauen? In: Sozialer Fortschritt 1/1989

Schmid, Gerhard, Wehr- und Zivildienst in europäischen Ländern, Schwalbach (1994)

Schneeweiss, Christoph, Kostenwirksamkeitsanalyse, Nutzwertanalyse und Multi-Attributive Nutzentheorie, in: Wirtschaftswissenschaftliches Studium, 1/1990

Statistisches Bundesamt, Rechenergebnisse der öffentlichen Haushalte für Bildung, Wissenschaft und Kultur, Fachserie 14, Reihe 3.4, Wiesbaden (1996)

ders.: Struktur der sozialversicherungspflichtig Beschäftigten 1996, Fachserie 1, Reihe 4.2.1, Wiesbaden (1997)

ders.: Statistisches Jahrbuch 1996 für die Bundesrepublik Deutschland, Wiesbaden (1996)

ders.: Statistisches Jahrbuch 1997 für die Bundesrepublik Deutschland, Wiesbaden (1997)

Trube, Achim, Fiskalische und soziale Kosten-Nutzen-Analyse örtlicher Beschäftigungsförderung, Nürnberg (1995)

von Balluseck, Hilde, Zum Verhältnis von unbezahlter und bezahlter Sozialarbeit in der Bundesrepublik Deutschland und Berlin (West) von 1950 – 1980, in: Soziale Arbeit 8-9/1984

von Bardeleben, Richard, Individuelle Kosten und individuelle Nutzen beruflicher Weiterbildung, Bielefeld (1996)

von Bardeleben, Richard/Beicht, Ursula, »Investitionen in die Zukunft« – eine bildungsökonomische Betrachtung der Berufsausbildung aus betrieblicher Sicht, in: Zeitschrift für Berufs- und Wirtschaftspädagogik, Beiheft 12, Kosten und Nutzen beruflicher Bildung, (1996)

Wirtschafts- und Sozialwissenschaftliches Institut in der Hans-Böckler-Stiftung, WSI-Tarifarchiv, Jahresbericht 1997, Düsseldorf (1998)

Wolfgang Lenz

Mehr Gemeinschaft wagen. Ein Bündnis für Jugend und Gemeinschaft

Die neue Unübersichtlichkeit des tätigen Lebens in der pluralisierten Gesellschaft

Die Unterscheidungen zwischen Erwerbsarbeit und Ehrenamt, zwischen Freiwilligendienst und Pflichtdienst gehen von einem Gesellschaftsmodell aus, dessen Grundlagen möglicherweise zunehmend obsolet werden, zumindest aber einem grundlegenden Wandel unterworfen zu sein scheinen. Unter den Bedingungen von Individualisierung und Pluralisierung, von Internationalisierung und Globalisierung, des Wandels von der Industrie- zur Dienstleistungs- und Wissensgesellschaft werden sowohl die lebenslange Vollzeiterwerbsarbeit wie auch die starre Abfolge von Bildungs-, Erwerbsarbeits- und Ruhestandsphase als Modelle immer prekärer (für die, die den gewandelten Anforderungen nicht zu genügen vermögen) bzw. immer zwanghafter (für die, die anders leben und arbeiten wollen). U ch weitgehend auf relativ homogene soziale Großgruppen und klar definier, gen von Lebensphasen bezogenen Regel- und Organisationsmuster passen weniger auf die gewandelten ökonomischen Rahmenbedingungen; sie entsprechen aber auch immer weniger den Wünschen und Erwartungen gerade der jüngeren Generationen (denen der jüngeren älteren Generation im übrigen auch nicht).

Würde und Demütigung in der unanständigen Gesellschaft

Die Diskrepanz zwischen dem institutionellen Korsett und den davongaloppierenden ökonomischen und kulturellen Entwicklungen läßt in zentralen Feldern Exklusionsmechanismen entstehen, insbesondere sichtbar in der dramatisch angewachsenen Massenarbeitslosigkeit. Eine Gesellschaft, die Millionen ihrer Mitglieder von einem sinnvollen tätigen Leben ausschließt, ist eine unanständige Gesellschaft.
Die damit verbundene Demütigung der Betroffenen und ihrer Familien[1], die Vernichtung sozialen Kapitals und individuellen Arbeitsvermögens führen nicht aus sich heraus zu einem »Ruck« in der Gesellschaft, wie ihn Bundespräsident Roman Herzog in seiner Berliner Adlon-Rede forderte. Vielmehr bedarf es einer kollektiven Selbstvergewisserung, eines breiten gesellschaftlichen Dialogs darüber, was

---

1 Vgl. A. Margalith »Politik der Würde«, Frankfurt 1999.

eine »decent society«, eine anständige Gesellschaft im Sinne Avishai Margaliths heute auszeichnet, wie ihre ethischen Grundsätze – die ja nicht neu erfunden werden müssen – unter gewandelten ökonomischen und kulturellen Rahmenbedingungen so aktualisiert werden können, daß ein neues Verständnis von Arbeit und Wohlstand, von inklusiver Gemeinschaft, »inclusive community« entstehen kann, eine Gemeinschaft, die die einzelnen zugleich fordert und fördert.

Daß jede nachwachsende Generation für einen solchen Wertekonsens neu gewonnen werden muß und daß unter Modernitätsbedingungen diese Tradierung ein ausgesprochen sensibles Unterfangen ist, versteht sich von selbst. Entsprechende Angebote an die junge Generation zu machen, Lern- und Einübungsfelder zu schaffen, zu fordern und zu fördern, ist somit eine besonders bedeutsame gesellschaftspolitische Gestaltungsaufgabe.

»Op die Tour mähs de mich nur stur« (BAP)

Fragwürdig allerdings erscheint die moralisierende Wendung, die eindimensional den angeblich verlorenen Gemeinsinn, die Entsolidarisierung beklagt, um dann daraus die Rechtfertigung für die Einführung »drakonischer Solidaritäten« z.B. in Form sozialer Pflichtdienste abzuleiten. Ein solcher vergleichsweise »drakonischer« Eingriff in die Biographie jeder/jedes einzelnen war bisher an die Bedrohung durch existentielle Risiken (Abwehr äußerer Feinde – Militärdienst; Bekämpfung von Seuchen – Impfpflicht) oder die Notwendigkeit der Vermittlung grundlegender Kulturtechniken (Schulpflicht) gebunden. Daß das »Sozialvermögen« (C. Offe) weiter Teile der jungen Bevölkerung in einem existentiell relevanten Maß gesunken bzw. gefährdet sei oder daß es eines kollektiven Nachhilfeunterrichts in dieser »Kulturtechnik« unter Einsatz von Zwang bedürfe – dies scheint mir, auch jenseits aller verfassungsrechtlichen Bedenken, doch eine ziemlich gewagte Behauptung zu sein. Dafür gibt es keine harten empirischen Befunde. Fehlen diese jedoch, gibt es meines Erachtens keine Argumentation für einen Pflichtdienst, die so überzeugend formuliert werden könnte, daß sie nicht nur die zu erwartende Polarisierung der gesellschaftlichen Diskussion überwinden würde, sondern daß auch die Betroffenen sie – zumindest zähneknirschend – akzeptieren könnten. Hinzu kommt, daß der Zwangscharakter – über die große Zahl der zu Erfassenden hinaus – sicher auch in sich ein eher kostentreibender Faktor ist.

Unabgerufenen Potentialen Räume anbieten

Viele Befunde deuten bei genauerem Hinsehen eher darauf hin, daß es eine überschüssige, nicht abgerufene Bereitschaft zum Engagement gibt und daß es viel eher um die oben beschriebene fehlende Passung zwischen den Wünschen und Orientierungen der Individuen und den institutionellen Angebotsstrukturen geht. Engagement ja, mit hoher Verbindlichkeit und hohem Einsatz, aber nicht unbedingt in den traditionellen Organisationen, nicht unbedingt auf lange Dauer, sondern inhaltlich und zeitlich fokussiert.

Die »arbeitsmarktpolitische Neutralität« darf kein Hemmschuh sein

Im Hinblick auf das in der Diskussion um den Ausbau von Jugendgemeinschaftsdiensten angesprochene Problem der arbeitsmarktpolitischen Neutralität ist ebenfalls ein tiefgreifender Wandlungsprozeß in Rechnung zu stellen, der traditionelle Trennungen aufweicht: die zunehmende Privatisierung von ehemals öffentlichen Aufgaben und Dienstleistungen. Darin drückt sich sowohl der Übergang zur Dienstleistungsgesellschaft aus wie auch die Finanzknappheit der öffentlichen Haushalte.

Wenn die Grenze zwischen öffentlichen und privaten, zwischen gemeinnützigen und wirtschaftlichen Tätigkeiten sich aber zunehmend verwischt, wird es auch zunehmend schwieriger, den Unterschied zwischen den Bereichen zu bezeichnen, die – weil gemeinnützig bzw. im öffentlichen Interesse liegend – Einsatzfelder für Freiwilligendienste sein könnten und den Bereichen, die – weil marktförmig und wirtschaftlich strukturiert – davon ausgeschlossen bleiben müssen. Da diese Entwicklung sich vermutlich verstärkt fortsetzen wird, wäre eine Fundierung von Freiwilligendiensten auf den traditionellen Trennlinien wenig zukunftsträchtig.

Ein neues Verständnis von Arbeit und sinnvoller Tätigkeit fördern

Einer der interessantesten Ansätze einer neuen Betrachtungsweise ist der jüngste Bericht an den Club of Rome »Wie wir arbeiten werden«[2], der von einem 3-Schichten-Modell der Arbeit ausgeht und der als dritte Schicht der Arbeit die nicht-monetarisierte Arbeit nennt, ein Tätigkeitstypus, der als freiwillige, nicht-bezahlte Arbeit für die Gesellschaft beschrieben wird. Mit scheint, daß dieser Ansatz für die Überlegungen des vorliegenden Projekts außerordentlich fruchtbar sein könnte.

Die CSA-Stiftung – bürgergesellschaftliche Verantwortung, Innovation und Flexibilität

Die Organisationsform von Zivil- und Freiwilligendiensten heute folgt in wichtigen Aspekten Institutionalisierungspfaden, die im Fall des Zivildienstes aus dem Zwang resultierten, unter der Bedingung von Wehrgerechtigkeit eine Alternative zum Wehrdienst schaffen zu müssen und im Fall der Freiwilligendienste ähnlichen Professionalisierunsstrategien folgte, wie sie in vielen Bereichen des Jugendhilfesystems zu beobachten waren.

2 Giarini/Liedtke, Hamburg 1998.

Beide Modelle können – aus unterschiedlichen Gründen – nur mit einem relativ hohen Kostenaufwand gefahren werden. Eine massive Ausweitung der Zahl der Teilnehmenden würde Haushaltsmittel in einer Größenordnung erfordern, die kaum realistisch erscheint. Würde man heute eine neue Dienstform »wehrdienst-ersatztauglich« strukturieren, würde man notwendigerweise Strukturelemente »erben«, die bei einem zukünftig nicht ausschließbaren Wegfall des Wehrdienstes nicht unbedingt zukunftsfähig wären.

Vorgeschlagen wird deshalb die Gründung einer Stiftung, an deren Ausstattung sich öffentliche Hände und privater Sektor beteiligen können. Diese Stiftung – deren Leitungsorgane, neben staatlichen Vertretern, aus Repräsentanten der Bürgergesellschaft, der potentiellen Einsatzbereiche und auch aus Dienstleistenden bestehen sollten – organisiert und gestaltet die Rahmenbedingungen für den »community service«, jedoch nicht als zentralisierte Behörde, sondern eher als Moderator und »Lizenzgeber«.

Warum eigentlich nur Jugendliche?

Unter der Perspektive, daß es ohnehin langfristig um eine Restrukturierng der verschiedenen Tätigkeitstypen in der Biographie der Individuen wie auch der Gesellschaft insgesamt geht, könnte ein kluger Ausbau dessen, was wir heute Freiwilligen- oder Jugendgemeinschaftsdienste nennen, ein Wegbereiter für ein neues Verständnis von Arbeit und sinnvoller Tätigkeit, ja sogar von Wohlstand sein. Gleichzeitig würden eine Reihe struktureller Beschränkungen (z.B. arbeitsmarktpolitische Neutralität) wesentlich leichter handhabbar werden. In diesem Licht erscheint allerdings auch die Beschränkung auf eine bestimmte Altersgruppe als eher künstlich: Wenn es nicht mehr a priori nur um den *jugendlichen* Freiwilligen oder Zivildienstleistenden geht, sondern eher um den *Community Service Assistant*«, den »Gemeinwesenassistenten«, öffnet sich tendenziell eine Perspektive auf alle Generationen. Die prioritäre Förderung der Jüngeren wäre dann zu verstehen als die Chance zur Einübung in neue, zukunftsfähige Kombinationen von Tätigkeitsformen.

Wer, wo, wie? Träger, Einsatzbereiche, Chancen

Folgende Trägerbereiche sind unter der Prämisse denkbar, daß der »Community Service« nach Möglichkeit an vielfältig vorhandene Strukturen »angedockt« werden soll:

Trägerbereich	Mögliche Tätigkeiten	Finanzierungsquellen
Schulsystem	z.B. Förderangebote für einzelne Schüler/innen; Gewährleistung des gesicherten Ganztags an Grundschulen; Tätigkeiten in Bibliotheken und Fachsammlungen;	Budgetmittel der Schule, social sponsoring, matching funds
freie Träger (Jugendorganisationen, Bildungseinrichtungen, etc.)	je nach Schwerpunkt des Trägers	Eigenmittel, öffentliche Zuschüsse als »matching funds«
kommunale Dienstleistungen	Umweltschutz; Kultur; Sozialprogramme; multikulturelle Integrationsporjekte	Eigenmittel, Stadtstiftungen (community foundations), matching funds, Mittel der Arbeitsverwaltung, kommunale Haushaltsmittel
Internationale Organisationen (z.B. UN, EU, Europarat, OSCE)	»Peace Corps«; Versöhnungsarbeit; Völkerverständigung; Umwelt; Kulturerbe	Eigenmittel, öffentliche Zuschüsse, Stiftungen
Transnationale Netzwerke (z.B. Städtepartnerschaften, Schulpartnerschaften)	(je nach Schwerpunkt der Netzwerke)	Eigenmittel, öffentliche Zuschüsse
Gemeinwesenbezogene Wirtschaftsunternehmen (z.B. Umweltschutz und -beratung, Pflege)	(je nach Schwerpunkt des Unternehmens)	Eigenmittel, matching funds, »Lohn«kostenzuschüsse (wenn Arbeitslose einbezogen werden),

Diese Bereiche sind als Beispiele zu verstehen, um zu verdeutlichen, welches breite Spektrum an gesellschaftlichen Handlungsfeldern offenstehen könnte. Das hier öfters angeführte Modelle der »matching funds« bedeutet, daß der öffentliche Zuschuß um einen vergleichbaren Betrag aus anderweitig aufgebrachten Mitteln aufgestockt wird, um die anfallenden Gesamtkosten zu decken. Der amerikanische Terminus »seed money« drückt plastisch aus, worum es geht: die Saat ermöglichen, aus der Größeres wachsen kann.

Gestaltungsprinzipien und Rahmenbedingungen

Geht man an die Frage der Organisation, der Trägerschaft, also an die härteren Realisierungsbedingungen, so gibt es eine Reihe von Kriterien, die sich vorab formulieren lassen und die im einzelnen wie in ihrer Kombination erhebliche Auswirkungen auf die Erfolgschancen haben. Im folgenden seien einige wichtige Kriterien mit den dafür relevanten Soll-Annahmen skizziert:

- *Finanzierbarkeit:* Die Kosten müssen deutlich unter denen des heutigen Zivildienstes liegen. Die Finanzierung darf nicht nur auf speziell für diesen Bereich bereitgestellte öffentliche Haushaltsmittel beschränkt bleiben; vielmehr sollte versucht werden, eine Konstruktion zu wählen, die aus möglichst vielen vorhandenen Quellen gespeist werden kann. Je nach Grad des Gemeinschaftsinteresses kann über Modelle von »matching funds« nachgedacht werden.
- *Gutscheinsysteme / »CSA-Schecks«:* Zu prüfen wäre, ob die Einführung eines Gutschein- oder Schecksystems (z.B. in Anlehnung an Gutscheinsysteme für Haushaltshilfen oder in Frankreich erprobte Modelle) ein effizienter Finanzierungsmodus sein kann. Solche Gutscheine könnten sowohl von den Jugendlichen als auch von den Trägern eingelöst werden.
- *Organisationsform:* Zu vermeiden wäre in jedem Fall die Einrichtung oder Herausbildung einer zentralisierten Organisationsform. Anzustreben wäre eine weit gefächerte dezentrale Organisation mit vielen »Andockungspunkten«.
- *»Einfache« Organisation und Flexibilität:* Die Regelungsdichte für den neuen »Community Service« muß niedrig gehalten werden, ebenso die Zugangsschwellen sowohl für Träger als auch für Betroffene. Die Möglichkeit von fortlaufenden Veränderungen und Weiterentwicklungen muß von vornherein eingebaut werden.
- *Multi-Optionen-Modell:* Es kann nicht darum gehen, sich auf eine oder wenige »Dienst*formen*« zu beschränken; vielmehr muß eine Vielfalt von Optionen zur Verfügung stehen. In überschaubaren Zeiträumen müssen sich diese auch verändern können, um auf gewandelte Bedingungen reagieren zu können.
- *Einheitliches attraktives Label:* Je unterschiedlicher die Optionen sind, um so notwendiger ist ein aussagekräftiges, attraktives und einheitliches Label, das den »Community Service« insgesamt wie auch die einzelne tätige Person charakterisiert und legitimiert. Ein solches einheitliches und attraktives Label hilft auch dabei, Teilnehmende aus unterschiedlichen sozialen Gruppen und Lebenslagen gleichermaßen zu würdigen.
- *Akzeptanz:* Die Konstruktion muß so gewählt werden, daß eine hohe Akzeptanz bei den Betroffenen wie auch in der Öffentlichkeit insgesamt erwartet werden kann. Nur in diesem Fall wird die Beteiligung an diesem »Community Service« selbst schon zu einem Element der Gratifikation.
- *Freiwilligkeit und Bonus-System, Vertrag:* Nach dem oben Gesagten ist Freiwilligkeit als Grundprinzip vorzuziehen. Auf dieser Basis kann an ein vielgestaltiges Bonus-System gedacht werden (So könnte z.B. daran gedacht werden,

daß erhaltene Bafög-Leistungen über den »Community Service« abgearbeitet statt zurückgezahlt werden können). An ein »Malus-System« sollte nicht gedacht werden, es ist ohnehin die »Rückseite« jedes Bonus-Systems. Außerdem sollte es eine klare vertragliche Grundlage über Dauer und Inhalt der Tätigkeit geben.

- *Reziprozität:* Alle drei Seiten (die Gemeinschaft, der Träger und der Einzelne) müssen »etwas davon haben«, dieses Nutzenverhältnis muß einigermaßen symmetrisch sein.
- *Zeitliche Flexibilität:* Statt von einer starr festgelegten Zeitdauer auszugehen, könnte an ein Minimum-Maximum-Schema gedacht werden, das sowohl hinsichtlich der Zeitblöcke (z.B. kann eine Gesamtdauer von 12 Monaten auf drei Phasen mit einer Mindestdauer von vier Monaten aufgeteilt werden) als auch hinsichtlich der täglichen Dauer (z.B. mindestens 4 Stunden täglich über einen entsprechend längeren Zeitraum) flexibel ist.
- *Alter und Wiederholbarkeit:* Während die Festlegung auf zeitliche Minimalwerte aus vielen Gründen Sinn macht, muß eine Maximaldauer nicht unbedingt fixiert werden. Wenn man sich den »Community Service« nicht mehr im traditionellen Sinn als etwas Einmaliges in der Lebenszeit des Individuums vorstellt, sondern als einen Tätigkeitsbereich, in dem man sich je nach Interesse und Lebenslage wiederholt engagieren kann, dann könnte es sogar Sinn machen, gerade die Möglichkeit der Verlängerung bzw. des wiederholten »Community Service« zu einem zusätzlichen Anreiz zu machen.
- *Keine Verlängerung der Bildungszeiten, aber Kooperation mit dem Bildungssystem:* Aus Gründen der internationalen Vergleichbarkeit wie auch aus prinzipiellen Gründen sollte nicht an eine direkte oder indirekte Verlängerung der Bildungszeiten durch den »Community Service« gedacht werden. Andererseits könnte eine Integration bzw. Kooperation mit dem Bildungssystem durchaus sinnvoll sein (z.B. wenn das 13.Schuljahr fallen sollte, könnten bestimmte Dienstformen bei gleichbleibender Bildungsdauer ins Bildungssystem integriert werden; eventuell auch im 10. Pflichtschuljahr).
- *Arbeitsmarktrelevanz:* Diese Hürde sollte offensiv übersprungen werden. Wenn das Angebot des »Community Service« potentiell allen Organisationen, Einrichtungen und Unternehmen offensteht, bei deren Tätigkeit der Aspekt des Dienstes am Gemeinwohl bzw. an der Produktion kollektiver Güter ein dominantes Merkmal darstellt, lassen sich einige der bisherigen Schwachpunkte (steuerliche und versicherungsrechtliche Aspekte) vielleicht sogar in Stärken verwandeln. Damit würde auch Entwicklungen Rechnung getragen, die sich aus den vielfältigen Privatisierungsstrategien z.B. im Bereich der kommunalen Dienstleistungen ergeben.
- *Qualitätssicherung:* Nach einer gewissen Pilot- und Anlaufphase, die sorgfältig zu evaluieren wäre, kann an eine Art »Zertifizierung« (ISO) der Träger und Tätigkeitsfelder gedacht werden.
- *Anknüpfung an vorhandene Kompetenzen:* Um auf eine möglichst große Breite in Bezug auf unterschiedliche gesellschaftliche Einsatzbereiche zu kommen,

sollte eher an vorhandene Kompetenzen angeknüpft werden statt neue oder besondere Organisationen zu schaffen.

Zur Rolle der bisherigen Freiwilligendienste

Eine strategisch wichtige Rolle könnte den bisherigen Jugendgemeinschafts- und Freiwilligendiensten aufgrund ihrer reichen Erfahrung zukommen: Sie könnten zum einen ihr Profil stärker in Richtung auf Fortbildung und Beratung (als ein Element von Qualitätssicherung) weiterentwickeln; zum anderen käme ihnen die Aufgabe zu, Modelle und Innovationen in solchen Bereichen zu entwickeln, die als gesellschaftspolitisch prioritär angesehen werden, in denen aber nicht »naturwüchsig« ein Angebot entsteht (insbesondere vermutlich im transnationalen Bereich, aber auch im Blick auf besondere Zielgruppen oder Einsatzfelder); insgesamt also eher Spezialisierung und Qualifizierung statt lediglich quantitativer Ausbau.

Garantie für Qualität

Die Wahrnehmung dieser Aufgaben sollte ihnen jedoch nicht exklusiv übertragen werden; dies wäre bei einer entsprechenden Ausweitung des Angebots auch gar nicht leistbar. Freie Beratungsinstitute sind hier sicher mit gefragt. Ihnen könnte gemeinsam die Aufgabe zufallen, auf der Basis von durch die CSA-Stiftung definierten Kriterien die Zulassung von Trägern und Einsatzfeldern in einem sorgfältigen Zertifizierungsverfahren vorzubereiten. Es liegt auf der Hand, daß das hier skizzierte Modell des »community service assistant« Begehrlichkeiten weckt und Mißbrauch nicht ausgeschlossen werden kann. Um so mehr kommt es auf transparente und gründliche Verfahren und Kriterien bei der Zulassung, Qualifizierung, innovativen Weiterentwicklung und Evaluation an.

Grundsicherung

Als Teiltypus eines Mehrschichtenmodells der Arbeit[3] ist der »Community Service« grundsätzlich dem Bereich der nicht-monetarisierten Arbeit zugehörig, d.h. er wird nicht im üblichen Tausch entlohnt. Allerdings sollte eine gewisse Grundsicherung gewährt werden (denkbar wäre eine Größenordnung von ca. 1.000 DM pro Monat bei Vollzeittätigkeit, inklusive der üblichen Versicherungsleistungen). Die Relation zu anderen Transfereinkommen muß in diesem Zusammenhang geprüft werden (Arbeitslosengeld, -hilfe, Sozialhilfe, Bafög etc.).
Die Einheitlichkeit des Status und der Grundsicherung für alle »Community Service Assistants«, wo auch immer sie tätig sind, ob beim Heckenschneiden im städtischen

---

3   Giarini/Liedtke, a.a.O.

Park oder in einer internationalen Organisation, trägt im übrigen auch dazu bei, soziale Stigmatisierungen zu vermeiden.
Der Orientierung auf die Anschlußfähigkeit des »Community Service« an eine Vielzahl von gesellschaftlichen Bereichen sollte eine Vielzahl von anteiligen Finanzierungsmodellen entsprechen (z.B. eigene Modelle im Bereich der Arbeitsverwaltung und der Sozialhilfe sowie der Institutionen, die der Budgetierung unterworfen sind; steuerliche Relevanz für gemeinnutzennahe Unternehmen; Mittel der »CSA«-Stiftung). Angebot, Nachfrage und Wettbewerb wären wichtige Regelungsmechanismen.

Gesetzliche Grundlage

Für die allgemeinen Rahmenbedingungen wäre eine gesetzliche Grundlage zur Schaffung eines besonderen Status des »Community Service Assistants« und für die finanziellen Regelungen erforderlich. Dabei wäre darauf zu achten, daß kein hochdifferenziertes »Zwangskorsett«, sondern ein flexibler Rahmen mit minimaler Regelungsdichte geschaffen wird.

Umsetzung

In einem ersten Schritt sollte das Grundkonzept in seinen konkreten Bestandteilen juristisch, ökonomisch, steuerrechtlich usw. durchgeprüft werden. Gesprächforen mit potentiellen Trägern aus unterschiedlichen Bereichen, Diskussionen mit potentiellen Adressaten (insbesondere jungen Menschen) sowie Meinungsbefragungen würden zusätzliche Entscheidungshilfen und Anregungen produzieren. Die für die Pilotphase ausformulierte Konzeption sollte von Werbeprofis überarbeitet und mit einer professionellen Kommunikationsstrategie angereichert werden.
Für einen Zeitraum von 3 bis 5 Jahren könnten Pilotprojekte in ausgewählten Bereichen (z.B. in einer Kommune, in einem Unternehmen, in einem transnationalen Netzwerk etc.) organisiert werden. Parallel dazu würde ein gesellschaftlicher Diskurs initiiert, der auf die Verbreiterung nach der Pilotphase vorbereitet. Auch in dieser Phase ist eine professionelle Kommunikationsstratgie erforderlich.
Auf der Basis der Evaluation der Pilotphase könnten dann allgemeinere Regelungen implementiert werden.

Der Anfang – ein gesellschaftliches »Bündnis für Jugend und Gemeinschaft«

Vielleicht ist die Einführung des »community service«-Angebots für alle und jede(n) noch zu utopisch. Aber ein Anfang ist heute möglich, und er sollte sich an alle Jugendlichen und jungen Erwachsenen richten. Ihnen ein gesellschaftlich relevantes Angebot der Mitwirkung und Teilhabe zu machen, ihren vielfältigen Engagementwünschen interessante Formen anzubieten, ist nicht nur eine überaus sinnvolle Investition in die politische und soziale Kultur, sondern mit Sicherheit auch eine Quelle für gesellschaftliche Innovation und damit ein wichtiger Beitrag zur Zukunftsfähigkeit des Gemeinwesens.

Ulrich Bopp

Warum eine Stiftung für Freiwilligendienste auf Bundesebene?

Ein breiter Ausbau von Freiwilligendiensten für junge Menschen in Deutschland und deren Verknüpfung mit den europäischen Nachbarn ist nicht kostenlos zu haben. Mag auch der volkswirtschaftliche und gesellschaftliche Nutzen eines solchen Freiwilligendienstes, der von vielen geleistet wird, eindeutig positiv sein, so kostet doch der notwendige Lebensunterhalt der unentgeltlich ihren Dienst versehenden Freiwilligen erhebliche Beträge. Das Manifest errechnet für 100.000 Freiwilligenplätze jährliche Kosten der Grundausstattung in Höhe von ca. 1,14 Mrd. DM. War eine solche Summe in früheren Zeiten ausgabenfreudiger Parlamente und wachsender öffentlicher Haushalte kein unüberwindliches politisches Hindernis, so stellt sich die Lage heute grundlegend anders dar. Alle Parteien in Deutschland – mit Ausnahme der PDS – sind sich darin einig, daß der Staatsanteil am Bruttoinlandsprodukt unserer Volkswirtschaft ebenso wie die Staatsverschuldung zurückgeführt werden müssen. Der ethische Kern dieser Richtungsänderung liegt weniger in volks- und weltwirtschaftlichen Gründen, als vielmehr in der wachsenden Erkenntnis, daß die Gesellschaft nicht noch mehr auf Kosten der kommenden Generationen leben darf. Will die Politik nicht bei ihren Bemühungen um Konsolidierung der öffentlichen Haushalte und der Sozialversicherungen nachhaltige Legitimationsverluste hinnehmen, so muß sie über lineare Kürzungsvorschläge hinaus zu neuen Verteilungsmaßstäben kommen, und zwar sowohl innerhalb der staatlich zu gewährleistenden Aufgaben als auch im Verhältnis von Staat und Gesellschaft.
In dieser Lage sind neue Staatsausgaben nur dann und soweit zu rechtfertigen, als die Kräfte der Gesellschaft für das erstrebte Ziel nicht ausreichen und mit öffentlichen Mitteln nicht nur kurzfristige Konsumeffekte, sondern nachhaltige Investitionen bewirkt werden. Wo die Verantwortung der Bürger im einzelnen und die einer freien und wohlhabenden Gesellschaft im ganzen als politische Gestaltungsaufgabe begriffen wird, verändern sich auch die Formen staatlichen Handelns. An die Stelle hoheitlicher Unterordnungsverhältnisse, umfassender Rechtsansprüche und einer breiten Subventionspraxis mit immer weniger durchschaubaren Verteilungswirkungen müssen neue kooperative Formen des partnerschaftlichen Zusammenwirkens von Amtsträgern und bürgerschaftlichen Kräften treten. In diesem Sinn fordert das Manifest »Jugend erneuert Gemeinschaft« nicht ein neues öffentliches Dienstrecht für Freiwillige, ein Bundesleistungsgesetz zur Sicherung der Existenz von Freiwilligen während ihrer Dienstzeit oder zur Gewährleistung eines Rechtsanspruches auf Ableistung eines solchen Dienstes. Vielmehr wird neben einer rahmenrechtlichen Statusbestimmung der Freiwilligen eine »Stiftung für Freiwilligendienste« auf Bun-

desebene vorgeschlagen, die als ein »Motor des Aufbaus (...) die Idee in der Öffentlichkeit und auf europäischer Ebene vertritt, die notwendigen übergreifenden Aufgaben der Finanzierung und Koordination erfüllt und administrative Funktionen hat«. Die Rechts- und Handlungsform der Stiftung wird also nicht als politische Verlegenheitslösung vorgeschlagen, sondern als das am besten geeignete Instrument zur Förderung bürgerschaftlicher Verantwortung in der Gesellschaft. Es ermöglicht eine neue Zuordnung der Ressourcen von Staat und Gesellschaft und bündelt private und öffentliche Kräfte, die mit wachsender Unabhängigkeit von den Zwängen des Bundeshaushaltes ein breites Angebot von Freiwilligendiensten fördern und unterstützen: als nachhaltige Investition in das »social capital« des staatlich verfaßten Gemeinwesens und der europäischen Völkergemeinschaft.

Um das Neue dieses Ansatzes zu verdeutlichen, empfiehlt sich ein Blick auf den Zivildienst, dessen Kürzung auf 11 Monate und die damit bezweckten »Einsparungen« eine heftige Debatte ausgelöst haben. In keinem Land Europas hat der gesetzliche Zivildienst als Alternative zur Wehrpflicht der Zahl und dem Umfang nach ein solches Gewicht erlangt wie in Deutschland. 1999 hat allein der Staat nahezu 2,8 Mrd. DM für 133.000 Zivildienstleistende aufgewendet, die in 39.000 anerkannten Zivildienststellen der Träger der freien Wohlfahrtspflege ihren Dienst taten. Eine Folge davon ist, daß der Zivildienst, der seine Rechtfertigung ausschließlich aus der Erhaltung der Wehrgerechtigkeit bei der Erfüllung hoheitlicher Aufgaben der Verteidigung bezieht, von den freien Trägern als eine gleichsam unersetzliche Leistung zur Erfüllung sozialstaatlicher Aufgaben wahrgenommen und verteidigt wird. Demgegenüber verfolgt das Manifest für Jugendfreiwilligendienste einen ganz anderen Ansatz: Die unentgeltliche und freiwillige Dienstleistung zur Erfüllung von Aufgaben des Gemeinwohls ist in ihrem Kern nicht staats-, sondern gesellschaftsbezogen zu denken. Die Motivation zu einem solchen Dienst und seine gesellschaftliche Anerkennung und Unterstützung sind notwendige, aber staatlich nicht »gewährleistbare« Voraussetzungen. Die gemeinnützigen Einsatzfelder und die Qualität ihres Dienstes lassen sich nicht durch staatliche Anerkennung regulieren, sondern bedürfen – wenngleich auf rahmenrechtlicher Grundlage – der kontinuierlichen Ausfüllung durch überprüfbare Verantwortung für die Freiwilligen. Dafür sind Zertifizierungsverfahren zu entwickeln, die sich den sich verändernden Bedingungen anpassen. Und schließlich kann die Finanzierung der Freiwilligendienste nicht über ein ausgefeiltes Dienstrecht und die darin geregelten Geld- und Sachbezüge aus dem Bundeshaushalt gewährleistet werden. Vielmehr bedarf es künftig einer abgestimmten Finanzierungspartnerschaft der öffentlichen Hände und privater Spender und Stifter.

Zwischen dem Zivildienst und den Freiwilligendiensten stellt das Manifest jedoch insoweit einen wichtigen politischen Bezug her, als gefordert wird, die bisher für den Zivildienst bereitgestellten Bundesmittel bei Einschränkung oder Abschaffung des Zivildienstes nicht zur Haushaltssanierung zu verwenden, so notwendig diese ist, sondern sie schrittweise in einen »Förderfonds Freiwilligendienste« und sodann in eine »Stiftung für Freiwilligendienste« zu überführen. Zur Begründung dieser »Umschichtung« wird auf das Manifest verwiesen: Der Staat kann es sich weder aus politischer noch aus moralischer Sicht leisten, die freiwillige Dienstbereitschaft junger Menschen aus fiskalischen Gründen brachliegen zu lassen.

Das Manifest »Jugend erneuert Gemeinschaft« hat sich mit seinem Vorschlag bewußt gegen zwei andere Lösungen entschieden, die in der unabhängigen Kommission nicht mehrheitsfähig waren: Nämlich gegen die Einführung einer allgemeinen, freiheitlich ausgestalteten Dienstpflicht (unter Aufhebung des Verfassungsverbots des Art. 12 Abs.2 des Grundgesetzes) und gegen die Einführung eines subjektiv-öffentlichen Rechts des Einzelnen auf Bereitstellung und Finanzierung einer Dienstmöglichkeit. Beide Lösungen mögen in der politischen Diskussion weiterhin eine Rolle spielen, nicht zuletzt deshalb, weil sie den in Deutschland nach wie vor besonders ausgeprägten Erwartungen an die Problemlösungsfähigkeit des Staates entsprechen. Der Staat hätte dabei die volle, auch finanzielle Last des Dienstes für alle zu tragen oder doch den Rechtsanspruch all jener zu erfüllen, die einen solchen Dienst freiwillig tun wollen. Die hoheitlichen oder »schlicht hoheitlichen« Regelungen kämen den Staat teuer und wären für die Bürger mit bürokratischen Auflagen und Einschränkungen verbunden. Beispielsweise liegen die Aufwendungen des Bundes für einen Zivildienstleistenden für 13 Monate bei etwa 20.000 DM, zu denen die Kosten der Einsatzstelle in Höhe von durchschnittlich 10.000 DM hinzukommen. Demgegenüber legt das Manifest überzeugend dar, daß ein Freiwilliger für seinen unentgeltlichen Einsatz während eines Jahres lediglich eine Grundausstattung in Höhe von maximal 11.400 DM benötigt, die zu finanzieren ist, wenn ein der tatsächlichen Nachfrage entsprechender Ausbau an Freiwilligendienstplätzen erreicht werden soll. Für die bei den Trägern des freiwilligen Einsatzes entstehenden Verwaltungs- und Begleitkosten, die erheblich unter jenen des Zivildienstes liegen können, sieht das Manifest bewußt keine staatliche Gewährleistung vor. Die hieran von manchen Verbänden geübte Kritik verkennt, daß freie Träger ihren eigenen Auftrag und nicht den des Staates erfüllen, wenn sie ihre Belegschaft durch junge Freiwillige ergänzen.

In diesem Zusammenhang verdient das Unterstützerkreismodell besondere Würdigung, das vor allem von kleineren Trägern praktiziert wird, die Freiwilligendienste im Ausland und außerhalb der Regelungen des Freiwilligen Sozialen Jahres und des Freiwilligen Ökologischen Jahres anbieten. Sie machen aus der Not, daß bei Diensten in den Ländern Mittel- und Osteuropas oder in der Dritten Welt die Möglichkeit einer auch nur teilweisen Refinanzierung der Einsatzkosten über Sozialleistungen nicht gegeben ist, eine Tugend. Der private Unterstützerkreis, den jeder Freiwillige als eine Voraussetzung seiner Tätigkeit selbst konstituiert, sichert über einen monatlichen Festbetrag seine notwendigen Ausgaben. Der Freiwillige hält in regelmäßigen Rundbriefen mit seinem Unterstützerkreis persönlichen Kontakt, so daß dieser im Sinne einer echten Patenschaft (als »Sponsor« im ursprünglichen Wortsinne) sich für den Dienstleistenden und seinen Einsatz in der Verantwortung fühlt. Solche ergänzende Finanzierungsformen sind ein Vorbild für ideell und finanziell in der Bürgergesellschaft verankerte und von ihr mit getragene Freiwilligendienste.

Wenn *allen* Jugendlichen in Deutschland die Möglichkeit eingeräumt werden soll, sich für ein Jahr als Freiwillige zu engagieren, so bedarf es vor allem der Einrichtung eines nachhaltigen, öffentlich und privat gespeisten Finanzierungsinstrumentes, für das sich die Rechtsform einer gemeinnützigen Stiftung privaten Rechts besonders anbietet. Sie wird durch Bundesgesetz errichtet, das Stiftungszweck, Stiftungsorganisation und Stiftungsvermögen regelt.

Stiftungszweck

Stiftungszweck ist die Förderung von Freiwilligendiensten junger Menschen in Deutschland, im europäischen Austausch und in der Welt. Auch wenn das Herzstück des Stiftungsauftrages die Förderung von Freiwilligendiensten im eigenen Land ist, so sollte die Stiftung von Anfang an einen allmählich wachsenden Anteil europäischer Freiwilliger in Deutschland und von Inländern in den europäischen Nachbarstaaten fördern, um über den gemeinsamen Dienst die politische Idee eines gemeinsamen Europa auch in der jeweils heranwachsenden jungen Generation zu verankern. Durch Kofinanzierung des ausbaufähigen Programms eines Europäischen Freiwilligendienstes der EU kann vielen jungen Menschen eine attraktive und prägende »europäische« Erfahrung vermittelt werden. Schließlich sollte die Stiftung gemeinsam mit der Freiwilligenagentur der Vereinten Nationen sorgfältig konzipierte Friedens- und Entwicklungsdienstprogramme junger Freiwilliger fördern, um damit einen sichtbaren Beitrag zur Idee der »Einen Welt« zu leisten.

Aufgaben der Stiftung

Zur Erfüllung des Stiftungszweckes lassen sich fünf Aufgaben der Stiftung unterscheiden:

I. *Die Finanzierung von Freiwilligen*

Die bisher im Bundeshaushalt zur Förderung von Freiwilligendiensten (insbesondere FSJ und FÖJ) eingestellten Mittel sollten in einer jährlichen Globalzuweisung an die Stiftung gegeben werden. Ferner sollte, wie oben dargelegt, zumindest ein Teil der durch die Kürzung des Zivildienstes frei werdenden Mittel nicht eingespart, sondern der Stiftung für satzungsmäßige Zwecke zur Verfügung gestellt werden. Der Umfang der insgesamt erforderlichen Mittel bemißt sich im Rahmen der Programmplanung der Stiftung aufgrund der konkreten Nachfrage Freiwilliger nach Gutscheinen zur Grundausstattung. Durch entsprechende Abstimmung der Stiftung mit den öffentlichen Förderquellen in den Ländern und Kommunen kann eine praktische Subsidiarität der Förderung aus Bundesmitteln erreicht werden.

II. Kapitalbildung

Neben der nachfragegesteuerten Förderung von laufenden Programmen hat die Stiftung den Auftrag, ein Stiftungskapital aufzubauen, das die Abhängigkeit vom Bundeshaushalt schrittweise lockert und eine unabhängige, nachhaltige Finanzierungsquelle für Freiwilligendienste bildet. Wesentlich ist, daß die Stiftung einen Anreiz setzen kann für private Spender und Stifter, indem sie jede gestiftete private DM durch eine DM aus öffentlichen Mitteln verdoppelt. Zwar ist nach den bisherigen Erfahrungen die Bereitschaft privater Stifter, sich an Bürgerstiftungen auf kommunaler oder nationaler Ebene zu beteiligen, nicht sehr ausgeprägt, doch liegt hier nach Einschätzung vieler Beobachter ein braches Feld, dessen sorgsame und verantwortungsvolle Bestellung gute Erträge für das Gemeinwesen verspricht. Dazu gehören auch die Bestrebungen des Bundestages, durch steuerliche Erleichterungen die Spendenbereitschaft der Bürger für gemeinnützige Zwecke zu vergrößern und stiftungsfreundlichere Rahmenbedingungen zu schaffen. Daß die Idee der privaten Finanzierung junger Freiwilliger durchaus attraktiv ist, haben bereits die kleinen Unterstützerkreise von Freiwilligen in Osteuropa unter Beweis gestellt. Allerdings muß auch der Staat seinen Beitrag leisten, indem er z.B. Teile von Privatisierungserlösen in gemeinnützige Stiftungen als »challenge grants« einbringt und damit den Bürgern signalisiert, daß zur Zukunftssicherung des Gemeinwesens gemeinsame Anstrengungen erforderlich und lohnend sind. Die Stiftung für Freiwilligendienste könnte hier als Schrittmacher dienen.

III. Regulierungsaufgaben

Eine wichtige Aufgabe der Stiftung wird es sein, Regeln zur Qualitätssicherung von Freiwilligendiensten zu entwickeln und für deren Einhaltung Sorge zu tragen. Dabei ist selbstverständlich nicht an eine zentrale bürokratische Kontrollinstanz gedacht. Vielmehr geht es um Regeln und Verfahren, die gesellschaftliche Verantwortlichkeit und Transparenz in den vielfältigen Einsatzfeldern gewährleisten.

IV. Koordinierungsaufgaben

Die Stiftung wird unter Nutzung der neuen Kommunikationsmöglichkeiten Koordinierungsaufgaben wahrnehmen, die der Zusammenschau, dem Erfahrungsaustausch und gegebenenfalls der Abstimmung mit Freiwilligenprogrammen auf Länderebene dienen. Sie sorgt dadurch für Gleichgewichte zwischen Nachfrage und Angebot auf den sich allmählich herausbildenden »Freiwilligenmärkten«. Vor allem jedoch bemüht sie sich um Abstimmung mit Partnereinrichtungen in den europäischen Nachbarländern, um den Austausch von Freiwilligen zu fördern.

V. *Promotionsfunktion*

Die Stiftung hat schließlich die Aufgabe, unter Nutzung der neuen Medien für die Idee und Qualität von Freiwilligendiensten in der Gesellschaft zu werben, innovative Tätigkeitsfelder zu dokumentieren und begleitende Forschung zu veranlassen.

Stiftungsorgane

Was die Gestaltung der Stiftungsorgane anbelangt, so bietet sich hier ein Modell ähnlich dem der Bundesumweltstiftung an. Als Vorstand ist ein 14köpfiges Kuratorium einzurichten, das je zur Hälfte aus Vertretern des Bundes und aus angesehenen Persönlichkeiten des öffentlichen Lebens besteht. Bei letzteren könnte darauf geachtet werden, daß auch Persönlichkeiten aus europäischen Nachbarländern berufen werden, mit denen die intensivsten Austauschbeziehungen im Bereich der Freiwilligendienste bestehen. Das Kuratorium wählt einen Vorsitzenden und zwei Stellvertreter. Die Bestellung des Kuratoriums erfolgt durch die Bundesregierung. Um Unabhängigkeit und Gewicht der Stiftung hervorzuheben, wäre auch eine Bestellung durch den Bundespräsidenten auf Vorschlag der Bundesregierung denkbar. Die Stiftung sollte ferner einen Beirat haben, in dem die Vertreter der Spitzenverbände der freien Wohlfahrtspflege, der Kommunen und der Wirtschaft vertreten sind, um mit ihrem Rat und Engagement die Entwicklung von Freiwilligendiensten zu begleiten. Die Geschäftsstelle der Stiftung wird von einem Generalsekretär geleitet, der auf fünf Jahre bestellt wird – mit der Möglichkeit der Verlängerung bei erfolgreicher Geschäftsführung.

Damit sind die Aufgaben und die Ausgestaltung der Stiftung für Freiwilligendienste hinreichend umschrieben. Sie wirft keine unlösbaren sachlichen Probleme auf. Entscheidend ist, ob Bundesregierung und Parlament die in dem Manifest »Jugend erneuert Gemeinschaft« vorgeschlagenen Ideen aufgreifen und den politischen Willen entfalten, hier einen wirklichen Neubeginn zu wagen. Der Eintritt in ein neues Jahrhundert deutscher und europäischer Geschichte sollte nicht nur von komplizierten, für viele Bürger schwer nachvollziehbaren politischen Gestaltungsaufgaben begleitet sein, bei denen das materielle Kalkül von Wählergruppen und Interessenverbänden den Ausschlag gibt. Vielmehr sollte die Politik neben dem politischen Wettbewerb um die materiellen Erwartungen der Bürger an den Staat und seine Leistungen auch einmal bewußt den umgekehrten Weg gehen: in der Weckung und Ermutigung von Freiwilligkeit und Freigebigkeit der Bürger für ihr demokratisches Gemeinwesen, für das einzutreten sich lohnt.

Ulrich Frey

Für ein neues Freiwilligengesetz.
Ausgangslage und Perspektiven der Weiterentwicklung

Das Angebot an längerfristigen Freiwilligendiensten in Deutschland und Europa ist heute für die jungen Menschen unübersichtlich und unzureichend. Freiwilligendienste sind zwar vorhanden, aber den jugendpolitischen Notwendigkeiten in Deutschland und Europa nicht angepaßt. Die vorhandenen Rahmenbedingungen für längerfristige Freiwilligendienste haben sich, historisch und politisch bedingt, aus unterschiedlichen Interessenlagen und deshalb unsystematisch entwickelt. Die angebotenen Dienste sind miteinander nur unvollkommen kompatibel. Die Zahl der zur Verfügung stehenden Plätze deckt bei weitem nicht die Nachfrage. Das alles summiert sich zu einem drängenden jugend- und bildungspolitischen Defizit. Mit vergleichsweise geringen Mitteln für die Verbesserung der Rahmenbedingungen kann dieses Defizit behoben werden.
In der Koalitionsvereinbarung von SPD und Bündnis 90/Die Grünen vom 20.10.1998 versprechen die Regierungsparteien (Kapitel VI: Soziale Sicherheit und Modernisierung des Sozialstaates, Abschnitt 9 »Bürgerengagement anerkennen und unterstützen«):
»Die neue Bundesregierung mißt dem gesellschaftlichen Engagement der Bürgerinnen und Bürger in Wohlfahrtsverbänden, Kirchen und in Ehrenämtern, Selbsthilfegruppen und Freiwilligendiensten hohe Bedeutung zu. Die neue Bundesregierung wird daher folgende Schritte unternehmen: Abbau rechtlicher und institutioneller Hindernisse, die sich der Selbsthilfe und dem sozialen Engagement entgegenstellen; Schaffung und Unterstützung zeitgemäßer Zugänge zum sozialen Engagement; Ausbau und rechtliche Absicherung nationaler und grenzüberschreitender Freiwilligendienste.«
Die jugendpolitische Diskussion über Verbesserungen der gesetzlichen Regelungen von Freiwilligendiensten, auch angestoßen durch das Manifest der Robert Bosch Stiftung »Jugend erneuert Gemeinschaft«, hat begonnen. Dieser Aufsatz analysiert die vorhandenen Rahmenbedingungen und führt Ideen und konkrete Vorschläge zu deren Weiterentwicklung auf.

I. *Analyse der vorhandenen Rahmenbedingungen*

1. *Die Situation in Deutschland*

Als längerfristige Freiwilligendienste werden im folgenden das Freiwillige Soziale Jahr und das Freiwillige Ökologische Jahr analysiert, die durch Gesetze geregelt sind und zum größten Teil im Inland, aber auch im Ausland abgeleistet werden. Gegenstand der Betrachtung sind auch die nicht gesetzlich geregelten längerfristigen sozialen Lerndienste, wie sie z.B. von der Aktion Sühnezeichen/Friedensdienste und von EIRENE – Internationaler Christlicher Friedensdienst, größtenteils im Ausland durchgeführt werden.

Verständnis und Charakter von längerfristigen Freiwilligendiensten

Auf nationaler und europäischer Ebene hat sich im Laufe langjähriger Diskussionen und Experimente ein gemeinsames Verständnis von längerfristigen Freiwilligendiensten herausgebildet[1]:
Längerfristige Freiwilligendienste sind keine Arbeitsverhältnisse zum Gelderwerb im arbeitsrechtlichen Sinne. Sie dienen vielmehr den Zwecken von außerschulischer Bildung und Erziehung und damit dem individuellen und gleichzeitig sozialen Lernen. Längerfristige Dienste werden gewöhnlich für eine begrenzte Zeit von mindestens 6 bis zu maximal 24 Monaten durchgeführt im Gegensatz zu den kurzfristigen Gemeinschaftsdiensten, von 3 Wochen bis zu 6 Monaten Dauer (in der Regel work camps) und den langfristigen Diensten, z.B. im Bereich der personellen Entwicklungszusammenarbeit nach dem Entwicklungshelfer-Gesetz ab 24 Monaten. Die Freiwilligen werden mit Unterstützung von Entsende- und Empfangsorganisation im In- und Ausland tätig. Diese schließen mit den Freiwilligen Dienstvereinbarungen ab, die u.a. die Art des Dienstes, die gegenseitigen Rechte und Pflichten, die Vorbereitung, Begleitung und Nachbereitung und den Schutz gegen Risiken aus Krankheit, Unfall und Haftpflicht zum Inhalt haben. Gewöhnlich liegt ein Dreiecks-

---

1   Vgl. Dokumentation des Symposiums »Freiwilligendienst: Innovation in Europas Zukunft«, Bonn, November 1994, AGDF, Blücherstraße 14, 53115 Bonn: »Ein Freiwilliger/eine Freiwillige ist eine Person, die im eigenen Lande oder im Ausland, ohne Unterbrechung und in einer Ganztagsaktivität aufgrund einer freien, durchdachten persönlichen Entscheidung tätig ist. Der/die Freiwillige engagiert sich in einem persönlichen sozialen und/oder interkulturellen Lernprozeß, indem er/sie an Aktivitäten teilnimmt, die Lösungen für neue Bedürfnisse oder für neue Zugänge zu schon bestehenden Problemen im Rahmen des gesellschaftlichen Veränderungsprozesses erprobt. Der/die Freiwillige ist in Vorhaben von gemeinnützigem Charakter tätig. Freiwillige sind auf der Grundlage einer Freiwilligendienstvereinbarung für eine nicht erwerbsorientierte Aktivität von begrenzter Dauer aktiv, die mit einer entsendenden oder empfangenden Organisation abgeschlossen wird. Diese Organisation hat die Verantwortung für die pädagogische Begleitung des jungen Menschen, für die Gewährung von freier Unterkunft und Verpflegung, für die Zahlung des Taschengeldes und die soziale Sicherung.« Weitere Informationen zu Dienstformen, Einsatzfeldern und Trägerstrukturen sind nachzulesen bei Frey, Ribustini, Stringham, »Potential Development of Voluntary Service Activities, Report to the Commission of the European Communities«,1994, herausgegeben von der Steering Group of Voluntary Service Organisations, 174 Rue Joseph II, B 1040 Brüssel; sowie: Frey, U., Die Förderung eines freiwilligen Dienstes auf europäischer Ebene, Bericht für den Europa-Rat, Straßburg 1993 CDEJ (92)1.

verhältnis zwischen dem/der Freiwilligen, der entsendenden Organisation (Träger) und der empfangenden Organisation im In- oder Ausland vor. Die Träger der Projekte im In- und Ausland beteiligen die Freiwilligen an vielseitigen Aufgaben: praktische Hilfeleistungen oder Solidaritätsaktionen, Kampagnen, Dokumentationen, Zusammentragen oder Verbreiten von Informationen, Bereitstellen von Material für Medien, Assistenz bei Forschung, Beratung und Lobby-Arbeit, Hilfstätigkeiten bei Pflege und Erziehung im Bereich der Wohlfahrtspflege.

Die Projektbereiche sind so breit gefächert wie unsere modernen Gesellschaften Lernfelder bieten: Es sind Projekte zur Förderung von sozialer Gerechtigkeit und Projekte im Bereich der Wohlfahrtspflege. Auch frauenspezifische Probleme warten auf Betätigung. Projekte gegen Gewalt und für Versöhnung und Frieden sind von ganz aktueller Bedeutung. Vorhaben zur Erhaltung der natürlichen Umwelt und des menschlichen Lebens liegen im besonderen Interesse der nachwachsenden Generation. Aufgaben zur Stärkung der religiösen Toleranz und kulturell akzentuierte Projekte gewinnen an Bedeutung in der Arbeit mit verschiedenen Ethnien.

Freiwilligendienste im deutschen Jugendhilfesystem

Die längerfristigen Freiwilligendienste in Deutschland sind in das System der Jugendhilfe eingegliedert. Es zeichnet sich durch einige Strukturmaximen und Handlungsprinzipien wie Prävention, lebensweltorientiertes Lernen, Alltagsorientierung, integrative Orientierung, Existenzsicherung und Alltagsbewältigung, Partizipation, Freiwilligkeit und Einmischung aus[2]. So garantieren die staatlichen und zwischenstaatlichen Förderinstrumente: Kinder- und Jugendplan des Bundes (KJP), Deutsch-Französisches Jugendwerk (DFJW), Deutsch-Polnisches Jugendwerk (DPJW) den Trägern im Sinne der Subsidiarität und Partnerschaft eine weitgehende Autonomie zur Selbstorganisation. Freiwilligkeit und Partizipation sind tragende Elemente der Mitwirkung auf der Seite der Teilnehmenden. Daraus hat sich in Deutschland eine vielgestaltige Jugendhilfe-Landschaft entwickelt. Deren Kennzeichen sind nicht nur die Autonomie der Träger, sondern auch eine im Vergleich zu anderen Ländern gut entwickelte Kooperation unter den Verbänden und eine partnerschaftliche Zusammenarbeit mit dem Staat. Andere Länder verfahren nach anderen Mustern. So werden entweder staatlicherseits Vorgaben gemacht, an denen sich die Organisationen zu orientieren haben, oder Jugendhilfe-Aufgaben werden an bestimmte Organisationen vergeben (sub-contracting).

Der jugend- und bildungspolitische Wert der längerfristigen Freiwilligendienste liegt in ihrer Wirkung auf die Entwicklung der Persönlichkeit von jungen Menschen; sie fungieren als eine Sozialisationsinstanz in Ergänzung zu Elternhaus, Schule und Beruf, weil in den Diensten Anreize gesetzt werden, die zu Hause, in der schulischen und in der beruflichen Bildung, nicht vorhanden sind. Freiwilligendienste bieten unaufdringliche Möglichkeiten, soziale Verantwortung und Engagement zu üben und dadurch zu lernen. Das schließt den politischen Bereich ein. Freiwil-

---

2 Nach Münder, Frankfurter Lehr- und Praxiskommentar zum KJHG 1993, Einleitung, Rz. 10, S. 84.

ligendienste sind deshalb Orte der politischen Bildung. Bei Diensten im Ausland, aber auch im Inland, machen die jungen Frauen und Männer, die oft zum ersten Mal in ihrem Leben längere Zeit von zu Hause fort sind, grundlegende Erfahrungen mit anderen Kulturen und unterschiedlichen Lebensbedingungen, so daß sich ihre bisherige heimatliche deutsche Sozialisation relativiert. Alle diese Faktoren tragen im Zusammenwirken auch nachhaltig zur Schärfung der angestrebten beruflichen Orientierung bei, wie dies wissenschaftliche Untersuchungen ausweisen[3]. Die Entsende- und Empfangsorganisationen der Freiwilligen sind nicht nur Agenturen, die die Freiwilligen vermitteln. Diese Träger mobilisieren die Gesellschaft auch durch die Bereitstellung der Lernfelder, durch die pädagogische Begleitung der ihnen anvertrauten jungen Leute und die allgemein-politische Programmatik der von ihnen verantworteten Dienste.

Abgrenzung von Freiwilligendiensten

Längerfristige Freiwilligendienste sind Veranstaltungen eigener Art. Sie sind nicht zu verwechseln mit Au-pair-Diensten nach der Konvention des Europa-Rates vom 24.11.1969 oder mit staatlichen Pflichtdiensten, z.B. zur Erfüllung der Wehrpflicht durch Wehrdienst oder Zivildienst. Sie sind auch keine teilzeitlich ausgeübten ehrenamtlichen und freiwilligen Einsätze, die in angelsächsischen Ländern als »Volunteering« bezeichnet werden. Wegen ihres überwiegenden Charakters als Lerndienste sind sie auch keine Dienste von Fachkräften wie z.B. die von Entwicklungshelfern nach dem Entwicklungshelfer-Gesetz oder von Diensten von Fachkräften für die zivile Konfliktbearbeitung. Längerfristige Freiwilligendienste können im Rahmen von Programmen der Jugendsozialarbeit zur sozialen Integration von Benachteiligten, z.B. jungen Arbeitslosen, beitragen. Diese Programme erfordern dann abgestufte Teilprogramme (step by step) und besonders qualifiziertes Personal und damit höhere Zuschüsse. Freiwilligendienste sind auch keine typischen Programme von humanitären und Katastrophen-Einsätzen.

Trägerstrukturen

Die Träger der längerfristigen Freiwilligendienste sind ausnahmslos Nicht-Regierungsorganisationen. Sie haben ihren Sitz in der Bundesrepublik Deutschland. Sie sind entweder auf nationaler Ebene organisiert und arbeiten zum Zwecke des internationalen Austausches mit befreundeten Partnergruppen im Ausland zusammen, oder sie sind Zweige von international organisierten Verbänden, die den Austausch von Teilnehmenden im wesentlichen unter sich vollziehen.

---

3   Rahrbach, Andrea/Wüstendörfer, Werner/Arnold, Thomas »Untersuchung zum Freiwilligen Sozialen Jahr, Bd. 157 der Schriftenreihe des Bundesministeriums für Familie, Senioren, Frauen und Jugend, Kohlhammer, Stuttgart/Berlin/Köln 1998.

Gesetzlich geregelte Freiwilligendienste

Gesetzliche Regelungen gibt es im Gesetz zur Förderung eines Freiwilligen Sozialen Jahres (FSJG) vom 17.8.1964, zuletzt geändert durch das Gesetz zur Förderung eines Freiwilligen Ökologischen Jahres vom 17.12.1993 (FÖJG) jeweils für Dienste im Inland und im europäischen Ausland. Freiwillige dieser Dienste haben keinen Status als Arbeitnehmerinnen oder Arbeitnehmer. Die Träger müssen jedoch Arbeitgeber- und nehmeranteile in die gesetzliche Sozialversicherung einzahlen.
Im Jahre 1998 haben nach Angaben des Bundesministeriums für Familie, Senioren, Frauen und Jugend (BMFSFJ) 12.300 junge Menschen an einem Freiwilligen Sozialen oder Freiwilligen Ökologischen Jahr im In- und Ausland teilgenommen, 10.800 im FSJ, 1.500 im FÖJ, die meisten im Inland. Dafür wurden DM 21,5 Mio. DM aufgewendet[4], im Vorjahre 1997 waren es 19,7 Millionen DM[5]. Aber nicht alle Träger des Freiwilligen Sozialen Jahres, die Auslandsdienste anbieten, entsenden ihre Helferinnen und Helfer unter dem FSJ/FÖJ-Gesetz, weil die geforderten Leistungen für die Kosten der gesetzlichen Sozialversicherung (Rente, Krankheit, Unfall, Pflege) im Auslandsdienst von den Trägern nicht aufgebracht werden können und auch von dritter Seite nicht refinanzierbar sind. Die Träger, die auch für den Dienst im Ausland die vollen Leistungen für die gesetzliche Sozialversicherung erbringen, müssen in einigen Ländern zum gegenwärtigen Zeitpunkt mit der Verpflichtung zur Zahlung von Steuern und Mindestlöhnen rechnen. Die Zahl der Helferinnen und Helfer, die im Rahmen des FSJG oder des FÖJG einen Dienst im Ausland leisten, ist deshalb sehr gering. Anerkannte Träger des FSJ sind dazu übergegangen, Freiwillige mit deren Einverständnis außerhalb des FSJG zu entsenden. Das Gesetz über ein Freiwilliges Soziales Jahr kann also nicht in der erwarteten Weise für einen Dienst im Ausland genutzt werden, weil es die besonderen Rahmenbedingungen des Dienstes dort verfehlt.
Geborene Träger des Freiwilligen Sozialen Jahres sind die in der Bundesarbeitsgemeinschaft der Freien Wohlfahrtspflege zusammengeschlossenen Verbände und ihre Untergliederungen, die Kirchen, die Gebietskörperschaften sowie nach näherer Bestimmung der Länder sonstige Körperschaften des öffentlichen Rechtes. Die Länder können weitere Träger zulassen (gekorene Träger), wenn sie die Voraussetzungen für die Durchführung des Gesetzes erfüllen. Träger von Gesetzes wegen sind die Mitgliedsverbände der Bundesarbeitsgemeinschaft der Freien Wohlfahrtspflege. Die Träger des Freiwilligen Ökologischen Jahres werden von den zuständigen Landesbehörden zugelassen. Die Träger des Freiwilligen Sozialen und Ökologischen Jahres erhalten zur Finanzierung ihrer pädagogischen Arbeit Zuschüsse von der öffentlichen Hand des Bundes und der Länder.

---

4 Bundesministerin Bergmann, epd ZA 3.12.1998.
5 Epd ZA vom 1.9.1997.

Nicht gesetzlich geregelte längerfristige Freiwilligendienste

Die Träger der nicht gesetzlich geregelten längerfristigen Freiwilligendienste sind in der Regel eingetragene Vereine oder Stiftungen. Entstanden sind sie aus freien gesellschaftlichen Initiativen in- oder außerhalb von Kirchen. Die kirchlich inspirierten Träger sind in der Überzahl. Insgesamt gibt es in Deutschland ca. 30 Träger von längerfristigen Freiwilligendiensten. Einer der bekanntesten ist die Aktion Sühnezeichen/Friedensdienste. Diese Träger unterfallen nicht dem Gesetz über ein Freiwilliges Soziales oder Ökologisches Jahr, weil sie dessen Bedingungen hinsichtlich der Einbeziehung der Freiwilligen in die gesetzliche Sozialversicherung nicht erfüllen. Gleichwohl bieten die Träger den Freiwilligen einen ausreichenden Schutz gegen Krankheit, Unfall und Haftpflicht durch private Gruppenversicherungsverträge. Finanziert werden diese Dienste durch Spenden, Eigenleistungen der Träger und durch Unterstützergruppen der Freiwilligen, Zuwendungen von Kirchen sowie zum geringen Teil aus öffentlichen Zuschüssen.

Die außerhalb des gesetzlichen Rahmens des FSJG und des FÖJG arbeitenden Träger sind strukturell mehrfach benachteiligt, weil sie weder einen gesetzlichen Status haben noch finanzielle Zuwendungen des Staates erhalten wie die Freiwilligen und Träger nach FSJG und FÖJG. Zu diesen benachteiligten Organisationen gehören z.B. die Aktion Sühnezeichen/Friedensdienste, EIRENE – Internationaler christlicher Friedensdienst, das Diakonische Jahr im Ausland und andere Träger mit ca. 1.000 Freiwilligen pro Jahr. Ein weiteres Problem ist, daß die nicht unter dem FSJG oder FÖJG arbeitenden Träger keine Möglichkeit haben, Freiwillige aus dem Nicht-EU-Ausland für längere Zeit als 3 Monate zu empfangen.

Deutsche im Ausland und Ausländer in Deutschland, die im Rahmen des von der Europäischen Union eingeführten Europäischen Freiwilligendienstes (EFD) tätig sind, werden nicht von einem auf ihre jugend- und bildungspolitische Situation passenden Gesetz erfaßt, weder in Deutschland noch in anderen europäischen Staaten. Dies ist ein schweres Hindernis, wenn die im Rahmen des Programms »Jugend« der EU angepeilten hohen Austauschzahlen erreicht werden sollen, weil die legalen Voraussetzungen für die Aufnahme der jungen Menschen im Gastland nicht gegeben sind.

Anderer Dienst im Ausland nach § 14b Zivildienstgesetz (ZDG)

Mangels einer umfassenden gesetzlichen Regelung für längerfristige Freiwilligendienste hat sich § 14b ZDG de facto als ein beliebtes, aber unzureichendes Instrument zur Entsendung von jungen Männern als Freiwillige entwickelt. Nach § 14b ZDG können anerkannte Kriegsdienstverweigerer mit anerkannten Trägern einen anderen Dienst im Ausland mit der Folge leisten, daß sie nicht mehr zum Zivildienst herangezogen werden. Ende 1998 waren 837 anerkannte Kriegsdienstverweigerer bei 150 anerkannten Trägern unter Vertrag. § 14b ZDG hat ebenso wie der Zivildienst selbst keine eigenständige jugend- und bildungspolitische Begründung. Die jungen Männer, die einen Dienst nach § 14b ZDG tun, verstehen sich im allgemeinen als Freiwillige. Sie nutzen gleichzeitig die Möglichkeiten, einen Freiwilligendienst zu leisten *und* sich für diese Zeit vom staatlichen Zivildienst freistellen zu lassen. Sie sind gleichzeitig in einer privatrechtlich gestalteten Freiwilligendienstvereinbarung *und* im Rahmen eines staatlichen Pflichtdienstes tätig. Die Dienstvereinbarung ist unabhängig von der Dienstleistung nach § 14b ZDG zu beurteilen. Die Ableistung des anderen Dienstes im Ausland kann in der Freiwilligendienstvereinbarung nicht geregelt werden. Gegenwärtig erhalten diese Freiwilligen aber keine Förderung aus dem Kinder- und Jugendplan des Bundes (KJP) mit der juristisch formalen Begründung, ihr Dienstverhältnis sei durch den § 14b ZDG als Surrogat für den staatlichen Zivildienst begründet und deshalb kein wirklich freiwilliger Dienst. Die Motivation der jungen Männer, aufgrund einer eigenen Entscheidung einen Freiwilligendienst zu leisten, und damit die von der Bundesregierung hervorgehobene jugend- und bildungspolitische Bedeutung von Freiwilligendiensten, bleibt dabei unberücksichtigt. Das Motiv, vom Zivildienst freigestellt zu werden, entwertet den Charakter als Freiwilligendienst nicht. Tatsächlich leisten diese jungen Männer einen Dienst wie alle anderen Freiwilligen – Frauen und Männer – auch. Die Einordnung aber von Freiwilligendiensten in den Rahmen des staatlich geregelten Zivildienstes wäre nach dem Charakter und den Einsatzbedingungen eines Freiwilligendienstes verfehlt. Außerdem ist § 14b ZDG politisch sehr anfällig: Wird die Wehrpflicht abgeschafft, entfällt auch der Zivildienst und damit der andere Dienst im Ausland nach § 14b ZDG. Es empfiehlt sich deshalb, Freiwilligendienste unabhängig von staatlichen Pflichtdiensten zu begründen und zu regeln.

2. *Die Situation auf der Ebene der Europäischen Union*

Die Jugend- und Bildungspolitik der Europäischen Union (EU) ist bisher nicht vergemeinschaftet. Deshalb gibt es keine Rahmenbedingungen für längerfristige Freiwilligendienste auf europäischer Ebene. Die EU hat aber auf der Grundlage der bis Ende April 1999 gültigen Artikel 126 (Allgemeine und berufliche Bildung) und 127 (berufliche Bildung) des Maastricht-Vertrages durch Aktionen eine Jugend- und Bildungspolitik entwickelt. Gegenwärtig veranstaltet die EU aufgrund eines Beschlusses des Europäischen Parlamentes und des Rates vom 20. Juli 1998 (Nr. 1686/98/EG) den Europäischen Freiwilligendienst (EFD). Vorgesehen sind 8.000 bis 10.000 Freiwillige (Alter 18 bis 25 Jahre) für die beiden Jahre 1998 und 1999. Insgesamt 47,5 Millionen ECU werden dafür zur Verfügung gestellt. Vorausgegangen war eine Pilotphase von 1996 bis 1998 mit insgesamt ca. 2.300 Freiwilligen. Ab dem Jahre 2000 bis zum Jahre 2004 soll der EFD im Rahmen eines umfassenden Programmes »Jugend« der EU fortgeführt werden. Der Status dieser nicht unerheblichen Zahl von grenzüberschreitenden Freiwilligen ist bisher nicht europaweit geregelt. Nach Artikel 7 (2) des Beschlusses der Europäischen Parlamentes und des Rates vom 20. Juli 1998 »bemüht sich jeder Mitgliedstaat so weit wie möglich, die Maßnahmen zu treffen, die er für erforderlich und wünschenswert hält, um ein ordnungsgemäßes Funktionieren des Programms insbesondere hinsichtlich der rechtlichen und administrativen Hindernisse für den Zugang der Jugendlichen zum Pro-

gramm, der Hindernisse für die grenzüberschreitende Mobilität der jungen Freiwilligen und die Anerkennung der besonderen Situation der jungen Freiwilligen zu gewährleisten.« Weit haben diese Bemühungen bisher allerdings nicht geführt.
Ab dem 1.5.1999 gilt der Vertrag über die Europäische Union vom 7.2.1992 in der Fassung vom 2.10.1997 (Vertrag von Amsterdam). Sein Artikel 149 führt den Artikel 126 des Maastricht-Vertrages in verbesserter Weise fort. Art. 149 schreibt u.a. als neue Regelung vor, daß der Rat der Europäischen Union mit qualifizierter Mehrheit auf Vorschlag der Kommission unter strikter Beachtung der Verantwortung der Mitgliedstaaten Empfehlungen zur Förderung des Ausbaus des Jugendaustausches erlassen kann. Solche Empfehlungen bereitet die Kommission gegenwärtig vor. Sie gehen davon aus, daß die Freiwilligen nicht als Arbeitnehmer behandelt werden.
Leider zu wenig beachtet, weil nicht mit Zuschüssen bedacht und deshalb von weniger praktischer Bedeutung, ist der im Europa-Rat diskutierte Vorschlag einer Konvention zur Förderung eines transnationalen längerfristigen Freiwilligendienstes[6]. Der Vorteil einer solchen Konvention wäre, daß sie in allen Mitgliedstaaten des Europa-Rates gelten würde, also weit über den Rahmen von EU-Europa hinaus. Die Konvention stellt einen Rahmen zur Verfügung. Sie beschränkt die Dauer des Dienstes zwar auf ein Jahr. Im übrigen ist sie aber geeignet, einem längerfristigen Freiwilligendienst in Gesamteuropa Gesicht und Profil zu geben. Die Konvention ist auch neben dem Europäischen Freiwilligendienst der EU praktikabel. Jugendpolitisch kommt es darauf an, beide Elemente stärker aufeinander zu beziehen und kompatibel zu machen, z.B. hinsichtlich der Entscheidung über Träger und Projekte.

II. *Perspektiven*

Einige zentrale Probleme

Gesetzliche Regelungen sind nötig, weil anders die offensichtlichen Probleme nicht beseitigt werden können und administrative Regelungen wegen des hohen Gesetzgebungsstandards in Deutschland nicht ausreichen.
Die bestehenden unübersichtlichen und der gewachsenen Bedeutung des längerfristigen Freiwilligendienstes nicht angepaßten Rahmenbedingungen behindern seine Weiterentwicklung.
Das zentrale Problem ist die soziale Sicherung der Freiwilligen. Wenn die deutschen Freiwilligen, die einen längerfristigen Dienst im Ausland leisten möchten, wie die Helfer und Helferinnen des FSJG und des FÖJG in die Renten-, Arbeitslosen-, Unfall- und Pflegeversicherung aufgenommen werden sollen, müssen die Träger monatlich erhebliche Leistungen aufbringen, wenn man die Summe der Geldleistungen (Taschengeld) und der Sachwertbezüge (Unterkunft und Verpflegung) zugrundelegt. Außerdem wären dann große visa-, arbeits- und steuerrechtliche

---

6   CDEJ(97) 1 rev.10, 23. 2.1998.

Probleme im Gastland zu erwarten, weil Freiwillige mit einer arbeitnehmergleichen sozialrechtlichen Ausstattung auch wie Arbeitnehmer behandelt würden. Gegenwärtig können die Träger von Auslandsdiensten die zusätzlichen hohen Kosten nicht aufbringen. Für die Probleme mit Visa, Arbeitserlaubnissen und zusätzlichen steuerlichen Belastungen gibt es derzeit in vielen Ländern Europas keine Lösungen. So besteht im Falle der vollen Einbeziehung in die gesetzliche Sozialversicherung das Risiko, daß auch ein neues Gesetz leerläuft, wenn nicht finanzielle Ausgleiche durch zusätzliche Förderung seitens des deutschen Staates und freiwilligenfreundliche Regelungen in den Gastländern eingeführt werden.

Unterschiedliche Standards z.B. bei der sozialen Sicherung und hinsichtlich des Kindergeldes nach dem Bundeskindergeldgesetz haben verschiedene Klassen von Freiwilligen und damit ungerechte Verhältnisse entstehen lassen: Helfer und Helferinnen nach FSJG und FÖJG im In- und Ausland, Freiwillige außerhalb dieser Gesetze, Dienstleistende nach § 14b ZDG, Freiwillige des EFD.

Darüber hinaus entsprechen die bisherigen Regelungen für Freiwillige nicht mehr den politischen Standards für Mobilität und Freizügigkeit in Deutschland und Europa: Die Freizügigkeit für deutsche Freiwillige im Ausland ist nach dem FSJG und dem FÖJG auf Europa beschränkt. Ausländer/innen von außerhalb der EU können nur im Rahmen des FSJG und des FÖJG nach Deutschland einreisen.

Zu beseitigen sind auch Probleme aus einer unterschiedlichen finanziellen Förderung von Freiwilligendiensten. Ein Freiwilligengesetz könnte zu einer gerechteren Struktur der öffentlichen Bezuschussung beitragen. Obwohl der Charakter und die Anforderungen von Freiwilligendiensten im wesentlichen gleich oder vergleichbar sind, gehen die finanziellen Förderstrukturen im KJP für das FSJG und das FÖJG und die nicht gesetzlich geregelten Dienste untereinander und im Vergleich zum EFD erheblich auseinander. Die Förderkriterien des KJP des Bundes für längerfristige Freiwillige sind grundsätzlich und in vielen Einzelpunkten revisionsbedürftig, u.a. weil männliche Freiwillige, die als anerkannte Kriegsdienstverweigerer gleichzeitig einen anderen Dienst nach § 14b ZDG leisten, aus der Förderung des Bundes ausgeschlossen sind.

Konkrete Vorschläge

Gesetzliche Regelungen sind nötig für deutsche Freiwillige im Ausland und für solche Ausländer und Ausländerinnen, die ihren gewöhnlichen Aufenthaltsort in Deutschland haben, aber einen Dienst im Ausland machen möchten, sowie für ausländische Freiwillige für einen Dienst in Deutschland. Dieses kann in einem neuen Entsendegesetz für den internationalen Freiwilligendienst (FIDG) (für die Entsendung von Freiwilligen von Deutschland in das Ausland) oder in einem kombinierten Entsende- und Empfangsgesetz (für Freiwillige aus Deutschland in das Ausland und gleichzeitig für ausländische Freiwillige nach Deutschland) geschehen. Das FSJ- und das FÖJ-Gesetz sollte für Helfer und Helferinnen für einen Dienst in Deutschland erhalten bleiben.

Der freiwillige Dienst für die Zielgruppen des neuen Gesetzes sollte von mindestens 6 bis höchstens 24 Monate dauern und, soweit er das Ausland betrifft, im europäischen und außereuropäischen Ausland stattfinden können. Teilnehmen sollten junge Frauen und Männer im Alter zwischen 18 und 27 Jahren. Die pädagogische Begleitung der jungen Erwachsenen sollte den Bedingungen im Ausland angemessen sein und mindestens 15 Tage umfassen. Die Dauer der pädagogischen Begleitung ist noch umstritten.

Ein Freiwilligengesetz wird auch ein Anlaß sein, die für eine öffentliche oder für eine Förderung seitens privater Stiftungen oder Sponsoren erforderlichen pädagogischen Qualitätsstandards zu fixieren und durch Fördermaßnahmen zu unterstützen. Dadurch kann den Trägern geholfen werden, die trotz guter Leistungen Schwierigkeiten haben, das für die pädagogische Arbeit mit den Freiwilligen (Vorbereitung, Begleitung, Nachbereitung) erforderliche Personal und die nötigen sachlichen Mittel sowie die eigenen Verwaltungskosten vorzuhalten.

Wenn erst ein Gesetz für Freiwilligendienst im Ausland existiert, verliert der § 14b ZDG seine Ersatzfunktion und kann als das genutzt werden, was er in der Substanz ist: eine Freistellung vom Zivildienst. Längerfristiger Freiwilligendienst wäre damit auch von der politischen Hypothek der Abschaffung der Wehrpflicht befreit.

Leitlinien für neue gesetzliche Rahmenbedingungen

Als wesentliche Leitlinien für neue gesetzliche Regelungen seien zusammengefaßt:
Der Grundsatz der Freiwilligkeit ist als oberste Priorität durchzuhalten. Die längerfristigen Freiwilligendienste sind unabhängig von staatlichen Pflichtdiensten zu regeln. Dies ist von Bedeutung wegen Überlegungen, die Dauer des Wehrdienstes und damit die Dauer des Zivildienstes zu verkürzen. Damit würde auch die Dienstzeit nach § 14b ZDG geringer. Die Forderung der Zentralstelle für Recht und Schutz der Kriegsdienstverweigerer, den Trägern des § 14b ZDG das Geld zuzuschießen, das der Bund für Zivildienstleistende aufwendet, weil der Bund es beim anderen Dienst im Ausland »einspart«, widerspricht der Systematik des Zivildienstgesetzes. § 14b ZDG statuiert eben keinen Zivildienst, sondern nur ein Surrogat dazu mit sehr beschränkten Rechtsfolgen für die Nichtheranziehung zum Zivildienst. Im übrigen: Wer die Abschaffung der Wehrpflicht fordert, kann nicht gleichzeitig den Ausbau des § 14b ZDG fordern.

Freiwillige sind als Nicht-Arbeitnehmer/innen und als Nicht-Auszubildende hinsichtlich der Sozialversicherung, des Aufenthaltsrechts, der »Arbeitserlaubnis«, des Steuerrechtes usw. zu behandeln. Dies entspricht der Philosophie von Freiwilligendienst, wie er/sie auch von der Europäischen Union mit dem EFD vertreten wird.

Frauen und Männer sind gleich zu behandeln. Die Chancengleichheit für die Ableistung von Freiwilligendienst durch Deutsche in Deutschland, Deutsche im Ausland und ausländische Freiwillige in Deutschland ist zwecks Erreichung von mehr Gegenseitigkeit im internationalen Jugendaustausch herzustellen.

Ein neues Freiwilligengesetz muß europatauglich sein. Es muß die Fehler vermeiden, die bei der Novellierung des FSJG zugunsten eines Dienstes im Ausland im Jahre 1973 gemacht wurden. Das Freiwillige Soziale Jahr im Ausland wurde damals nur vor dem Hintergrund der deutschen Situation geschrieben. Es paßte nicht auf die Bedingungen in anderen Ländern und lief deshalb leer. Längerfristige Freiwilligendienste sind also auf europäischer und nationaler Ebene zusammenhängend und sich gegenseitig ergänzend so zu fördern, daß allgemeine Grundsätze auf europäischer Ebene und nationale gesetzliche Regelungen harmonieren. Solche allgemeinen Grundsätze sind z.B. von der deutschen EU-Ratspräsidentschaft 1994 in den »Schlußfolgerungen des Rates und der im Rat vereinigten Minister für Jugendfragen« vom 30.11.1994 (94/C/348/02) über die »Förderung von Praktika für Jugendliche im Rahmen eines freiwilligen Dienstes« durchgesetzt worden. Das Diakonische Werk und die Aktionsgemeinschaft Dienst für den Frieden (AGDF) haben dazu vorgeschlagen[7], sich auf europäischer Ebene auf allgemeine Grundsätze zu verständigen, die dann auf nationaler Ebene in die einschlägigen Gesetze eingearbeitet werden. Allgemeine Grundsätze, nach denen längerfristige Freiwillige europaweit behandelt werden sollten, können sein:
Der Dienst von Freiwilligen ist eine Hilfstätigkeit von Nicht-Arbeitnehmern. Er wird aufgrund einer persönlichen Entscheidung geleistet. Er dient der Entwicklung der Persönlichkeit und der Stärkung der Verantwortung für die Gesellschaft. Der Dienst hat eine eigenständige jugend- und bildungspolitische Bedeutung unabhängig von staatlichen Pflichtdiensten.
Diese allgemeinen Grundsätze für Freiwilligendienste auf der europäischen Ebene sind auf der nationalen Ebene gesetzgeberisch umzusetzen. Das erfordert europaweit kompatible Regelungen u.a. für das Aufenthaltsrecht, die Erlaubnis von freiwilligen, erzieherisch wirksamen Hilfstätigkeiten außerhalb von Arbeitsverhältnissen und im Hinblick auf Steuern und Mindestlöhne.
Zusätzlich sind Regelungen u.a. zur sozialen Sicherung der Freiwilligen, zur Anerkennung von Trägern, für die Integration von Trägern und Diensten in das nationale System von Jugendhilfe, Bildung und Ausbildung zu finden. Diese Regelungen sollen nur für die Freiwilligen des entsendenden Landes und der entsendenden Organisation gelten. Sie binden nicht das Gastland oder die empfangende Organisation.
Für den Fall, daß die Empfehlungen der Europäischen Union nicht befolgt werden, ist eine Richtlinie für Freiwillige zur Stärkung der Unionsbürgerschaft und konkret zur Vervollständigung des allgemeinen Freizügigkeitsrechtes wünschenswert. Die Richtlinie für Studenten zur Verbesserung der Mobilität könnte entsprechend angewandt werden.

---

7   Empfehlungen der Aktionsgemeinschaft Dienst für den Frieden (AGDF) für einen europäischen Status für längerfristige Freiwilligendienste vom 14.3.1994 und die Stellungnahme des Diakonischen Werkes zum Grünbuch der Kommission der Europäischen Gemeinschaften »Allgemeine und berufliche Bildung – Forschung: Hindernisse für die grenzüberschreitende Mobilität, in: Diakonie-Korrespondenz 4/97, Seite 4, Punkt 2.

Die pädagogischen Mindeststandards sind zu gewährleisten. Die pädagogische Begleitung der Freiwilligen durch die Träger ist nach der Dauer und den Anforderungen des Dienstes den Bedingungen im Ausland bzw. für ausländische Freiwillige in Deutschland denen hierzulande anzupassen. Die Vorschriften des FSJG und des FÖJG können nicht ohne weiteres übernommen werden.

Von großer jugendpolitischer Bedeutung ist, daß Träger anerkannt werden (Trägerprinzip), die die Verantwortung für ihre Freiwilligen tragen. Die Anerkennung von einzelnen Einsatzplätzen wie z.B. im Zivildienst ist nicht sachgerecht und stünde im Gegensatz zum deutschen Jungendhilferecht.

Ein zeitgemäßes Freiwilligenrecht zu schaffen, wird, wie man aus den vorstehenden Ausführungen schließen kann, eine lohnende Aufgabe der gesetzgebenden Organe für die betroffenen Freiwilligen und die Träger.

Literatur

Aktionsgemeinschaft Dienst für den Frieden AGDF, Dokumentation des Symposiums »Freiwilligendienst: Innovation in Europas Zukunft«, Bonn 1994

Aktionsgemeinschaft Dienst für den Frieden AGDF, Empfehlungen für einen europäischen Status für längerfristige Freiwilligendienste, Bonn 1994

Diakonischen Werkes, Stellungnahme zum Grünbuch der Kommission der Europäischen Gemeinschaften »Allgemeine und berufliche Bildung – Forschung: Hindernisse für die grenzüberschreitende Mobilität, in: Diakonie-Korrespondenz, 1997

Frey, Ulrich/Ribustini, W./Stringham, John, Potential Development of Voluntary Service Activities, Report to the Commission of the European Communities, hg. von der Steering Group of Voluntary Service Organisations, Brüssel 1994

Frey, Ulrich, Die Förderung eines freiwilligen Dienstes auf europäischer Ebene, Bericht für den Europa-Rat (CDEJ (92)1, Straßburg 1993

Kay Hailbronner und *Christine Kreuzer*

Staats- und europarechtliche Aspekte der Einführung von Jugendgemeinschaftsdiensten*

Gliederung

I. Das Projekt des Freiwilligendienstes im Kontext von Grundrechten und Grundpflichten
   1. Einführung
   2. Grundrechte und Grundpflichten
II. Dienstpflicht oder Dienst auf freiwilliger Basis
   1. Die Schaffung einer Dienstpflicht über Art. 12 a GG
   2. Die Schaffung einer Dienstpflicht über die in Art. 12 Abs. 2 GG enthaltenen Ausnahmen
   3. Die Einführung einer Dienstpflicht als ungeschriebene Pflicht
   4. Ergebnis
III. Rechtsanspruch auf Zulassung
   1. Berufsfreiheit
   2. Recht auf freie Wahl der Ausbildungsstätte
   3. Recht auf Arbeit
   4. Recht auf Bildung bzw. soziale Betätigung
   5. Schaffung eines gesetzlichen Zulassungsanspruchs
   6. Ergebnis
IV. Europäische Aspekte der Einführung eines Freiwilligendienstes
   1. Der Europäische Freiwilligendienst und die Vorschläge der Kommission
   2. Die Anwendung des Arbeitnehmerbegriffs auf den in Deutschland geplanten Jugendgemeinschaftsdienst
   3. Das Aufenthalts- und Arbeitserlaubnisrecht
   4. Soziale Sicherheit
   5. Drittstaatsangehörige
V. Zusammenfassung
Abkürzungsverzeichnis
Literaturübersicht

I. Das Projekt eines Freiwilligendienstes im Kontext von Grundrechten und Grundpflichten

1. Einführung

a. Während der letzten Jahre wurde die Bundeswehr verstärkt bei internationalen Einsätzen im Rahmen der Vereinten Nationen, der NATO und zuletzt im Kosovo-

---

* Das Manuskript wurde noch vor Inkrafttreten des Amsterdamer Vertrages fertiggestellt.

Konflikt tätig. Dies führte u.a. zu einer Diskussion darüber, ob die Wehrpflicht aufrechterhalten, oder ob die Streitkräfte nicht in eine Berufsarmee umgewandelt werden sollen.[1] Da der Wegfall der Wehrpflicht zugleich die ersatzlose Streichung der Pflicht zur Leistung eines Ersatzdienstes zur Folge hätte, steht die Einführung eines Freiwilligen- oder Jugendgemeinschaftsdienstes im Mittelpunkt der Diskussion.[2] Doch während zunächst die Bekämpfung der Arbeitslosigkeit[3] tragender Gesichtspunkt für die Einführung eines solchen Gemeinschaftsdienstes war, stehen heute die Förderung sozialer Kompetenzen[4], der Umweltschutz[5] und der Pflegenotstand[6] im Vordergrund.

b. Bei ihrer Initiative und der Vorstellung des Pilotprojektes im Oktober 1998 greift die Robert Bosch Stiftung diese Gesichtspunkte auf und verweist auf die positiven Erfahrungen, die bei der Einführung eines Freiwilligen Sozialen Jahres gemacht wurden.[7] Es wird vorgeschlagen, Frauen und Männern zwischen 18 und 27 Jahren die Möglichkeit zu eröffnen, ein Jahr in Form eines freiwilligen Gemeinschaftsdienstes zu absolvieren. Während dieses Jahreszeitraumes sollen die Jugendlichen, die sowohl Deutsche, Unionsbürger als auch Drittstaatsangehörige sein können, eine praktische, soziale, pädagogische oder kulturelle Tätigkeit bzw. einen Dienst für die Umwelt, den Erhalt von Kulturgut oder den Frieden im In- und Ausland leisten.[8] Der Einsatz der Jugendlichen erfolgt zwar grundsätzlich unbezahlt, jedoch soll für eine soziale Absicherung Sorge getragen werden. Daher ist vorgesehen, den diesen Dienst leistenden Personen einen monatlichen Festbetrag von 950 DM für die durchschnittlichen Unterkunftskosten zur Verfügung zu stellen. Darüber hinaus sollen sie für die Verpflegung und Arbeitskleidung 300 DM erhalten, eine Fahrtkostenerstattung von 50 DM, ein Taschengeld von 330 DM sowie Beiträge zur gesetzlichen Renten-, Unfall-, Kranken-, Pflege- und Arbeitslosenversicherung von rund 270 DM.[9] Diese Grundausstattung soll in Form von Gutscheinen erfolgen, die vom Jugendlichen oder vom Träger abgerufen und nach Vertragsschluß zwischen Frei-

---

1 Vgl. zur Wehrpflicht allgemein etwa *Böttcher*, ZRP 1998, S. 399 ff. und *Thesen*, ZRP 1999, S. 32; zur Frage der Notwendigkeit der Bundeswehr *v. Münch*, NJW 1993, S. 3244, 3245, der sich ähnlich wie später *Steinlechner* (ZRP 1997, S. 364 ff.) für eine Freiwilligenarmee aufgrund der Wehrgerechtigkeit ausspricht; für eine Abschaffung der Wehrpflicht sprechen sich *Baldus*, NZWehrR 1993, S. 92, 102; *Roos*, Vorgänge 1996/3, S. 7, 9 ff. und zuletzt *Vosgerau*, ZRP 1998, S. 85, 87, aus. Vgl. zur Frage der Berufsarmee sowie den Auslandseinsätzen *Feser*, ZRP 1993, S. 351 ff.; *Thalmair*, ZRP 1993, S. 201 ff.; *Walz*, NZWehrR 1998, S. 110 ff.
2 Vgl. zur Einführung von Jugendgemeinschaftsdiensten insbesondere das Gutachten von *Müller*, Jugendgemeinschaftsdienste und ihre politische Verankerung in Deutschland und Europa, Mai 1997, den Beitrag von *Lippert*, Parl. Beilage 1995, B 6, S. 37, 41 ff., der verschiedene Konzepte eines freiwilligen Dienstes vorstellt; zum Anlaß der Diskussion vgl. *Merkel*, Zivildienst 3 (1994), S. 1.
3 Vgl. etwa den Beitrag von *Simon*, Arbeit und Sozialpolitik 1977, S. 251 ff.
4 *Lippert*, Parl. Beilage 1995, B 6, S. 37, 40 mit zahlreichen Nachweisen; Vgl. zu den Formen sozialen Engagements im Wandel etwa *Rauschenbach*, ArchsozArb 1992, S. 254 ff.
5 *Köhler*, ZRP 1995, S. 140 f.
6 Vgl. etwa *Backhaus-Maul*, ZSR 1991, S. 349 ff.; *Inescu*, Vorgänge 4/1995, S. 14 ff.; *Köhler*, ZRP 1995, S. 140, 141 m.w.N.; *Merten*, Sozialer Fortschritt 1992, S. 166 ff.; *Lippert*, Parl.Beilage 1995, Nr. 6, S. 37 ff.; zum Pflichtjahr für Mädchen *Kübler*, DÖV 1962, S. 809 ff.
7 Vgl. hierzu auch die Untersuchung des Bundesministeriums für Familie, Senioren, Frauen und Jugend von 1998.
8 Vgl. hierzu insbesondere S. 7 ff. des Manifestes.
9 S. 14 des Manifestes.

willigem und Träger eingelöst werden. Nach Ableisten dieses Freiwilligendienstes sollen die Jugendlichen ein Zertifikat erhalten, das ihre Kompetenzen und Erfahrungen ausweist. Es ist beabsichtigt, hier ein differenziertes Bonussystem wie etwa Punkte beim Numerus Clausus oder für das Europe Credit Transfer System ECTS oder auch Anrechnungszeiten für Pflichtpraktika oder ein späteres Sabbatjahr im Berufsleben einzuführen, um die Motivation der Jugendlichen zu erhöhen.[10] Den Trägern und allen Freiwilligen wird mit der Grundausstattung für ein Jahr ein fester Finanzierungsbetrag von max. 11.400 DM zur Verfügung stehen. Nicht abgedeckt sind die Verwaltungskosten der Träger, die pädagogische Begleitung, Bildungsmaßnahmen sowie die direkten Einsatzkosten. Einige Einzelfragen wie etwa die Besteuerung von Leistungen an die Freiwilligen sind noch zu klären.[11]

2. *Grundrechte und Grundpflichten*

a. Die verschiedenen Modelle eines Gemeinschaftsdienstes gehen davon aus, daß dem Einzelnen neben Rechten auch Pflichten gegenüber der Gemeinschaft obliegen. So führt etwa *Pufendorf* 1672 aus:

»Jedermann muß gemeinschaftlich handeln und dem Ganzen dienen, so gut er kann. Die menschliche Natur ist so geschaffen, daß wir ohne Gemeinschaft nicht leben und unsere Art nicht erhalten können, auch vermag unser Verstand das nicht ohne weiteres einzusehen.«[12]

Pufendorf verweist zur Begründung der Pflichten gegenüber Gott, sich selbst und anderen darauf,[13] daß der Mensch in seinem Naturzustand von mannigfachen Begierden, von Selbstliebe und Besitzstreben geprägt ist; auch zeige der Mensch eine stärkere Neigung zu schaden als ein Tier.[14] Andererseits sei der Mensch aber u.U. auch hilflos und auf die Unterstützung durch andere Menschen angewiesen. So formuliert er denn etwa als oberste absolute und umfassende allgemeine Pflicht die Regel »Keiner schädige den anderen«, gefolgt von der Gleichberechtigung der Menschen und der Pflicht, dem anderen so viel wie möglich zu nützen.[15]

Die Existenz von Pflichten ist bis heute anerkannt.[16] So lautet etwa Art. 117 der Bayerischen Verfassung:

---

10 Vgl. S. 15 des Manifestes.
11 Vgl. zu den sozialversicherungsrechtlichen Aspekten des Gesetzes zur Förderung eines Freiwilligen Ökologischen Jahres (FÖJG) und des Gesetzes zur Förderung des Freiwilligen Sozialen Jahres (FSJG) *Prochaska*, MittLVA Oberfr. 1994, S. 137 ff. Weitere Aspekte des freiwilligen sozialen Engagements werden in dem Gutachten von *Igl*, Rechtsfragen des freiwilligen sozialen Engagements, erstellt im Auftrag des Bundesministeriums für Familie und Senioren, 1994, erörtert.
12 Zitiert nach *Randelzhofer*, Pflichtenlehre, S. 15.
13 Vgl. zur Systematik auch *Marcic*, in: Internationale Festschrift Verdross, S. 246 ff.
14 Vgl. zur Natur des Menschen auch die Darstellung bei *Marcic*, in: Internationale Festschrift Verdross, S. 221, 233 ff.
15 Vgl. auch *Hegel*, Grundlinien der Philosophie des Rechts, 1821, § 36: »Das Rechtsgebot ist daher: sei eine Person und respektiere die anderen als Personen.«
16 Vgl. *Randelzhofer*, Pflichtenlehre, S. 28: »Ich komme zum Schluß und darf auch in Würdigung von Pufendorfs Pflichtenlehre feststellen: Objektiv ist die Verbindung von Rechten und Pflichten in einer Rechtsordnung unvermeidlich, und zwar richtig gesehen nicht im Sinne einer Gegenüberstel-

»Der ungestörte Genuß der Freiheit für jedermann hängt davon ab, daß alle ihre Treuepflicht gegenüber Volk, Verfassung, Staat und Gesellschaft erfüllen. Alle haben die Verfassung und die Gesetze zu achten und zu befolgen, an den öffentlichen Angelegenheiten Anteil zu nehmen und ihre körperlichen und geistigen Kräfte so zu betätigen, wie es das Wohl der Gesamtheit erfordert.«

b. Trotz der Bejahung der Pflichten des Einzelnen werden diese sowohl auf internationaler[17] als auch auf innerstaatlicher Ebene nur vereinzelt genannt.[18] Während in Art. 163 Abs. 1 der Weimarer Reichsverfassung eine allgemeine Nennung von Pflichten[19] erfolgte (»Jeder Deutsche hat unbeschadet seiner persönlichen Freiheit die sittliche Pflicht, seine geistigen und körperlichen Kräfte so zu bestätigen, wie das Wohl der Gesamtheit es erfordert«)[20], und auch Art. 19 des Herrenchiemsee-Entwurfes eine ähnliche Vorschrift für das Grundgesetz vorgesehen hatte (»Jeder hat die Pflicht der Treue gegen die Verfassung und hat Verfassung und Gesetze zu achten und zu befolgen«)[21], wurde auf eine Aufnahme in das Bonner Grundgesetz verzichtet, da man die Existenz von Pflichten als selbstverständlich ansah.[22] Der Be-

---

lung von These und Antithese, sondern im Sinn eines sich gegenseitigen Bedingens.« Vgl. ferner *Bethge*, JA 1985, S. 249, 251 mit zahlreichen Nachweisen; *Huber*, Verfassungsgeschichte VI, 1981, S. 97; *Kaufmann*, JZ 1972, S. 46; *Kimminich*, Einführung in das Öffentliche Recht, 1972, S. 114; *Müller* in: Festschrift Stein, 1969, S. 21; *Nawiasky/Leussner/Schweiger/Zacher*, Die Verfassung des Freistaats Bayern, 1976, S. 40; *C. Schmitt*, Verfassungslehre, 1954, S. 154; *Siekmann* (Hrsg.), Klaus Stern. Der Staat des Grundgesetzes. Ausgewählte Schriften und Vorträge, Köln, Berlin, Bonn, München 1992, S. 293 ff.; *Stober*, NVwZ 1982, S. 473, 475; *v. Unruh*, DVBl. 1982, S. 517 f. sowie BVerfGE 12, S. 45, 50 f.: »Die Wehrpflicht besteht heute in fast allen freiheitlich-demokratischen Staaten (. . .). In den meisten dieser Staaten wird sie seit langem als selbstverständliche Pflicht des (männlichen) Staatsbürgers angesehen, eine Pflicht zumal, in der ideelle Grundprinzipien gerade eines demokratischen Gemeinwesens – die Zugehörigkeit zu dem allen gemeinsamen, nicht mehr obrigkeitlichen Staates, der Grundsatz der gleichen Lasten für alle – sich besonders deutlich aussprechen. (. . .) sein Menschenbild (des Grundgesetzes) ist nicht das des selbstherrlichen Individuums, sondern das der in der Gemeinschaft stehenden und ihr vielfältig verpflichteten Persönlichkeit.«

17 Pflichten gegenüber der Gemeinschaft wurden insbesondere in die Afrikanische Charta der Menschenrechte und der Rechte der Völker aufgenommen (abgedruckt in EuGRZ 1986, S. 677 ff.); vgl. ferner *Hailbronner*, in: Graf Vitzthum (Hrsg.), Völkerrecht, S. 252 m.w.N. Vgl. zu den Pflichten im Völkerrecht auch *Marcic*, in: Internationale Festschrift Verdross, S. 221, 226; zur Bedeutung von Menschenpflichten *Pannwitz*, Beiträge zu einer Europäischen Kultur, 1954, S. 4.

18 Vgl. zu den Pflichten etwa *Badura*, DVBl. 1982, S. 861 ff.; *Bethge*, NJW 1982, S. 2145 ff.; *Gusy*, JZ 1982, S. 657 ff.; *Isensee*, DÖV 1982, S. 609 ff.; *Hans H. Klein*, in: Der Staat 1975, S. 153 ff.; *Merten*, BayVBl. 1978, S. 554 ff.; *Stober*, Grundpflichten und Grundgesetz, 1979; *ders.*, NVwZ 1982, S. 473 ff.; sowie *Randelzhofer*, Pflichtenlehre, S. 10 ff.; *Wertenbruch*, Grundgesetz und Menschenwürde, 1958, S. 61 ff.

19 Vgl. zur Bedeutung von Art. 163 *Anschütz*, Die Verfassung des Deutschen Reiches, 14. Auflage, Nachdruck 1965: »Eine allgemeine Steigerung der sittlichen Pflicht zur Rechtspflicht würde eine Änderung der Verfassung erfordern.«

20 Vgl. zu den Pflichten in der Reichsverfassung *Hofacker*, Grundrechte und Grundpflichten der Deutschen, 1926, S. 62 ff. Hofacker nennt ferner als Vorschriften, in denen Pflichten enthalten sind: Art. 109 Abs. 2 (grundsätzlich gleiche Rechte und Pflichten für Männer und Frauen), Art. 120 (die Kindererziehung als oberste Pflicht und natürliches Recht der Eltern), Art. 132 (Übernahme ehrenamtlicher Tätigkeiten), Art. 133 Abs. 1 (persönlicher Dienst für Staat und Gemeinde), Art. 133 Abs. 2 S. 1 (Wehrpflicht), Art. 134 (Beitrag zu den öffentlichen Lasten), Art. 153 Abs. 3 (Eigentum verpflichtet), Art. 145 Abs. 1 (Schulpflicht), Art. 163 Abs. 1 (sittliche Pflicht der Betätigung zum Allgemeinwohl).

21 Vgl. hierzu auch *H. Bayer*, Entstehung und Bedeutung wirtschaftlicher Grundrechte und Grundpflichten, Dissertation Frankfurt am Main, 1937, S. 14.

22 *C. Schmitt*, Erinnerungen, 1979, S. 372; vgl. aber *Nawiasky*, Die Grundgedanken des Grundgesetzes, 1950, S. 33.

richterstatter v. *Mangoldt* führte hierzu im Parlamentarischen Rat aus, daß Grundpflichten als Ausdruck des »Gedankens von der Notwendigkeit der sozialen Einordnung jedes einzelnen« den Grundrechten und deren Ausübung zugrunde liegen.[23] In den Verfassungen der einzelnen Bundesländern hingegen werden Pflichten oftmals ausdrücklich genannt,[24] oder sie kommen indirekt über das Erziehungsziel »Verantwortung« zum Tragen. So lautet etwa Art. 27 Abs. 1 der Verfassung des Landes Sachsen-Anhalt:

> »Ziel der staatlichen und der unter staatlicher Aufsicht stehenden Erziehung und Bildung der Jugend ist die Entwicklung zur freien Persönlichkeit, die im Geiste der Toleranz bereit ist, Verantwortung für die Gemeinschaft mit anderen Menschen und Völkern und gegenüber künftigen Generationen zu tragen.«[25]

c. Im Grundgesetz ist in der Überschrift zwar nur von Grundrechten die Rede, dennoch wurden in die Art. 1 bis Art. 19 GG auch Pflichten aufgenommen. Hinsichtlich der genauen Zahl der im Grundgesetz enthaltenen Pflichten und der Systematik besteht jedoch keine Einigkeit.[26] Erwähnt seien die allgemeinen Wehrpflicht, die Pflicht zur Leistung vergleichbarer Dienste (Art. 12 a GG), die herkömmlichen Dienstpflichten des Art. 12 Abs. 2 GG, die Pflicht der Eltern zur Kindererziehung (Art. 6 Abs. 2 GG), die Gemeinwohlpflichtigkeit des Eigentums in Art. 14 Abs. 2 GG, die gleichen staatsbürgerlichen Pflichten in Art. 33 Abs. 1 GG und die Verfassungstreue des Hochschullehrers (Art. 5 Abs. 3 GG). In der Judikatur des BVerfGs findet sich neben den verfassungsrechtlich verankerten Pflichten wie der Wehrpflicht[27] auch die Nennung der Zeugenpflicht als allgemeine staatsbürgerliche Pflicht[28] und die der Vormundschaft als »Ehrenamt«.[29]

d. Zur Begründung der geringen Aufmerksamkeit, die heute den Pflichten geschenkt wird, findet sich oft der Hinweis darauf, daß das Recht als eine Ordnung verstanden werde, in der die Rechte den Hauptakzent tragen:

---

23 Anlage zum Stenographischen Bericht über die 9. Sitzung des Parlamentarischen Rates vom 6.5.1949, Drs. Nr. 850, 854, S. 6.
24 Vgl. etwa die Verfassungen von Bayern vom 2.12.1946, von Bremen vom 21.10.1947, von Hessen vom 1.12.1946 (Art. 27-47: Soziale und wirtschaftliche Rechte und Pflichten), die Verfassung des Landes Rheinland-Pfalz vom 18.5.1947 (in Art. 20 ff. werden die Treuepflicht gegenüber Staat und Verfassung, die Pflicht zur Übernahme von Ehrenämtern, sowie die Pflicht zur Hilfe bei Unfällen und in Notfällen genannt), die Verfassung des Saarlandes vom 15.12.1947.
25 Verfassung vom 16.7.1992, GVBl. Nr. 31/92. Vgl. auch Art. 22 Abs. 1 der Thüringischen Verfassung vom 25.10.1993: »Erziehung und Bildung haben die Aufgabe, selbständiges Denken und Handeln, Achtung vor der Würde des Menschen und Toleranz gegenüber der Überzeugung anderer, Anerkennung der Demokratie und Freiheit, den Willen zu sozialer Gerechtigkeit, die Friedfertigkeit im Zusammenleben der Kulturen und Völker und die Verantwortung für die natürlichen Lebensgrundlagen des Menschen und der Umwelt zu fördern.«
26 Vgl. etwa *Stober*, Grundpflichten und Grundgesetz, S. 74 ff.; *Bethge*, JA 1985, S. 249, 251 m.w.N.; *Luchterhandt*, Grundpflichten als Verfassungsproblem, S. 23 ff. Vgl. zu den Grundpflichten ferner die Beratungsgegenstände der Konstanzer Tagung der Staatsrechtslehrer 1982.
27 BVerfGE 48, S. 127, 163; BVerfGE 28, S. 243, 261.
28 BVerfGE 49, S. 280, 283 f.
29 BVerfGE 54, S. 251, 270 f. Vgl. zum Begriff des »Ehrenamtes« und der Abgrenzung zu einer Dienstleistungspflicht *Günther*, DVBl. 1988, S. 429 ff.

»Das Recht wird als eine Ordnung verstanden, in der die Rechte, die Ansprüche, den Hauptakzent tragen, mag die Pflicht logisch den Vorrang genießen. Die Moral wird indes als ein System von Pflichten gedeutet, wo der Gedanke des Anspruchs untergeht.«[30]

Isensee steht diesem Verfassungsbewußtsein, in dem die Ansprüche im Vordergrund stehen, skeptisch gegenüber. Er führt 1982 aus:

»Die Grundpflichten verkümmern auch im Verfassungsbewußtsein der Politiker und der Bürger. Das deutsche Staatsdenken, das traditionell durch Pflichtenethik geprägt wurde, wird heute beherrscht von Anspruchsmentalität. Das populäre Bild der Bürger-Staat-Beziehung läßt das Pflichtenelement im Dunkeln. Damit freilich erweist es sich als bequem. Es kommt hedonistischen, emanzipatorischen und partizipatorischen Bedürfnissen entgegen. Der schlaraffenländischen Vision des Bürgerstatus entspricht die Staatsverheißung der Angebots- und Gefälligkeitsdemokratie. Soweit Rechtspolitiker darauf ausgehen, den Bürger zu stärkerer Integration in das politische Gemeinwesen zu bewegen, bieten sie noch mehr Staatsminimierung, noch mehr Demokratisierung, noch mehr soziale Teilhaberechte. (...) Die staatspsychologische Verdrängung der Pflichten führt zunehmend zur Desintegration. Ein Staat, der nichts kostet, hat auch keinen Integrationswert. Verfassungsnotwendige Pflichten, die nicht deutlich erkannt werden, können auch nicht legitimiert werden.«[31]

II. *Dienstpflicht oder Dienst auf freiwilliger Basis*

1. *Die Schaffung einer Dienstpflicht über Art. 12 a GG*[32]

a. Nach Art. 12 a Abs. 1 GG können Männer sowohl zum Dienst in den Streitkräften[33], als auch – gleichwertig – im Bundesgrenzschutz oder in einem Zivilschutzverband verpflichtet werden.[34] Während der Bundesgrenzschutz eine Polizei des Bundes darstellt[35], ist es Aufgabe des Zivilschutzes, durch nichtmilitärische Maßnahmen die Bevölkerung, ihre Wohnungen und Arbeitsstätten, lebenswichtige zivile Betriebe, Dienststellen, Anlagen und das Kulturgut vor Kriegseinwirkungen zu schützen, deren Folgen zu beseitigen oder zu mildern.[36] Ein Zivilschutzkorps wurde

---

30 *Marcic*, in: Internationale Festschrift Verdross, S. 221, 226.
31 DÖV 1982, S. 609, 618. Er verweist bei der Integrationslehre auf *Hegel*, Grundlinien der Philosophie des Rechts, Berlin 1821, § 261: »Das Individuum, nach seinen Pflichten Untertan, findet als Bürger in ihrer Erfüllung den Schutz seiner Person und Eigentums, die Berücksichtigung seines besonderen Wohls und die Befriedigung seines substantiellen Wesens, das Bewußtsein und Selbstgefühl, Mitglied dieses Ganzen zu sein, und in dieser Vollbringung der Pflichten als Leistungen und Geschäfte für den Staat hat dieser seine Erhaltung und sein Bestehen.«
32 Vgl. hierzu insbesondere das Gutachten von *Pietzcker*, Bonn 1991, sowie *Kaleck*, Zur Verfassungsmäßigkeit einer allgemeinen Dienstpflicht, AMI (1994), S. 10; *Schophius*, in: Probleme des Friedens, 1993/3-4, S. 17 ff.
33 Vgl. zur Einführung der Wehrpflicht auch BVerfG, BVerfGE 48, S. 127 ff.
34 Die Wehrpflicht entfällt, wenn der Wehrpflichtige acht Jahre im Zivil- oder Katastrophenschutz mitgewirkt hat, wenn er also Dienste etwa beim Technischen Hilfswerk, der Deutschen Lebensrettungsgesellschaft, dem Deutschen Roten Kreuz, dem Malteser-Hilfsdienst, der Johanniter-Unfallhilfe oder dem Arbeitersamariterbund erbracht hat.
35 Vgl. zur Aufgabenübertragung an den Bundesgrenzschutz u.a. *Hecker*, NVwZ 1998, S. 707 ff.
36 *Kokott*, in: Sachs (Hrsg.), Grundgesetz, Rn. 11 zu Art. 12 a GG.

nicht errichtet.[37] All diese Dienstpflichten stehen jedoch in Zusammenhang mit dem Verteidigungsfall, so daß eine Ausdehnung der Wehrpflicht und der ihr gleichgestellten Dienstpflichten auf einen allgemeinen Dienst für die Gemeinschaft nicht in Betracht kommt.[38]

b. Denkbar wäre es jedoch, aus der Existenz des Ersatzdienstes und der hohen Zahl der Ersatzdienstleistenden eine Dienstpflicht abzuleiten. So ist insbesondere in der Literatur darauf verwiesen worden, daß aufgrund der hohen Zahl der Ersatzdienstleistenden[39] eine allgemeine Wehrpflicht gar nicht mehr existiere:

»Infolge dieser Politik besteht eigentlich heute schon eine allgemeine Dienstpflicht für Männer, die zwischen dem Wehrdienst und den zahllosen Varianten des Zivildienstes im allgemeinen frei wählen können.«[40]

Diesem Hinweis auf die tatsächliche Zunahme der Zahl der Ersatzdienstleistenden wird aber richtigerweise entgegengehalten, daß der Ersatzdienst von der Verfassung nicht als gleichberechtigter Dienst zur Wehrpflicht vorgesehen ist.[41] So führt das BVerfG aus:

»Der Kerngehalt des Grundrechts aus Art. 4 Abs. 3 GG besteht darin, den Kriegsdienstverweigerer vor dem Zwang zu bewahren, in einer Kriegshandlung einen anderen töten zu müssen, wenn ihm sein Gewissen eine Tötung grundsätzlich und ausnahmslos verbietet. (...) Der Verfassungsgeber hat nicht eine allen Staatsbürgern – also gemäß Art. 3 Abs. 2 GG auch dem weiblichen Teil der Bevölkerung – obliegende Dienstpflicht für das allgemeine Wohl zugelassen. Der in Art. 12 a Abs. 2 GG vorgesehene Ersatzdienst ist vom Grundgesetz nicht als alternative Form der Erfüllung der Wehrpflicht gedacht; er ist nur Wehrpflichtigen vorbehalten, die den Dienst mit der Waffe aus Gewissensgründen verweigern. (...) Angesichts des Mißverhältnisses zwischen der Zahl der verfügbaren Ersatzdienstpflichtigen und der Zahl der vorhandenen und besetzbaren Einsatzplätze im Zivildienst sowie im Hinblick darauf, daß der Gesetzgeber den ihm von Art. 12 a Abs. 2 S. 2 und 3 GG für die rechtliche Ausgestaltung des Zivildienstes gezogenen Rahmen bislang nicht ausgeschöpft hat, kann die Ersatzdienstpflicht gegenwärtig nicht als eine im Verhältnis zur Wehrdienstpflicht auch nur gleichermaßen aktuelle und gleichbelastende Pflicht angesehen werden.«[42]

c. Doch selbst wenn man aufgrund der faktischen Situation in der Pflicht zum Ersatzdienst eine alternative Pflicht zum Wehrdienst sehen würde, stünde einer Ausweitung als allgemeine Dienstpflicht entgegen, daß nach Art. 12 a Abs. 1 GG[43] nur Männer zum Dienst in den Streitkräften herangezogen werden[44], nicht jedoch

---

37 Vgl. hierzu das 1990 aufgehobene Gesetz über das Zivilschutzkorps (BGBl. 1990 I, S. 120).
38 So auch *Köhler*, ZRP 1995, S. 140, 141.
39 Vgl. zur Bedeutung des Ersatzdienstes bereits *Jaworsky*, VR 1979, S. 129 ff.
40 *Vosgerau*, ZRP 1998, S. 85, 86; vgl. ferner *Fröhler*, ZRP 1996, S. 433 ff.; *Roos*, Vorgänge 1996/3, S. 7, und z.T. die in Fn. 1 genannten Veröffentlichungen.
41 *Jarrass*, in: ders./Pieroth, Grundgesetz, Rn. 5 zu Art. 12 a GG; *Steinlechner*, ZRP 1997, S. 364 ff.
42 BVerfGE 48, S. 127 ff.
43 Vgl. auch BVerfGE 48, S. 127, 165; *Sachs*, in: Isensee/Kirchhof (Hrsg.), Handbuch des Staatsrechts, Bd. V, 1992, § 126, Rn. 105.

Frauen. Nach der Entscheidung des BVerfG vom 28.1.1992 über die Verfassungswidrigkeit des Nachtarbeitverbots für Arbeiterinnen ist eine Anknüpfung an das Geschlecht grundsätzlich untersagt; Differenzierungen sind ausnahmsweise zulässig, wenn im Hinblick auf die objektiven, biologischen oder funktionalen, d.h. arbeitsteiligen Unterschiede nach der Natur des jeweiligen Lebensverhältnisses eine besondere Regelung erlaubt oder sogar geboten ist.[45] Bei der Einführung eines Gemeinschaftsdienstes im Bereich von Kultur, Umweltschutz und sozialen Diensten, damit also Tätigkeiten, die denen des bereits existierenden sozialen Jahres im wesentlichen entsprechen, werden solche Rechtfertigungsgründe einer nach Geschlechtern differenzierenden Regelung nur schwerlich erkennbar sein. Das BVerfG führt zu der Feuerwehrdienstpflicht, die in einigen Bundesländern auf Männer beschränkt war, aus:

»Die festgestellte Ungleichbehandlung ist auch nicht durch das Gleichberechtigungsgebot des Art. 3 Abs. 2 GG gerechtfertigt. Die zur Prüfung stehenden Vorschriften des baden-württembergischen und bayerischen Landesrechts bieten keinen Anhaltspunkt dafür, daß mit der Beschränkung der Feuerwehrdienst- und -abgabepflicht auf Männer faktische, typischerweise Frauen treffende Nachteile (in anderen Lebensbereichen) durch eine Frauen begünstigende Regelung ausgeglichen werden sollten. Die Feuerwehrdienstpflicht ist nicht deshalb auf Männer beschränkt worden, um frauenspezifische Nachteile zu kompensieren, sondern weil Frauen nach überkommener Vorstellung als weniger geeignet galten. Die Beschränkung des Feuerwehrdienstes auf Männer ist auch den Zielen des inzwischen ergänzten Art. 3 Abs. 2 GG, die Gleichberechtigung der Geschlechter in der gesellschaftlichen Wirklichkeit durchzusetzen und überkommene Rollenverteilungen zu überwinden (vgl. BVerfGE 85, 191, 207), nicht förderlich, sondern verfestigt im Gegenteil die überkommene Rollenverteilung. Den auch heute noch typischerweise Frauen treffenden Mehrfachbelastungen durch Hausarbeit, Kinderbetreuung und Beruf kann bei einer vom Gesetzgeber angeordneten grundsätzlichen Indienstnahme für den Feuerwehrdienst sachgerechter und spezifischer durch Freistellungsregelungen Rechnung getragen werden, die (geschlechtsunabhängig) an solche Mehrfachbelastungen anknüpfen.«[46]

2. *Die Schaffung einer Dienstpflicht über die in Art. 12 Abs. 2 GG enthaltenen Ausnahmen*

Nach Art. 12 Abs. 2 GG darf niemand zu einer bestimmten Arbeit gezwungen werden, sofern diese nicht im Rahmen einer herkömmlichen allgemeinen, für alle gleichen Dienstpflicht erfolgt. Nun würde die Einführung einer Dienstpflicht in sozialen und kulturellen oder dem Umweltschutzbereich zwar die Voraussetzung einer öffentlichen Dienstleistungspflicht erfüllen, da der Gemeinschaftsdienst zum Nutzen des Gemeinwesens erbracht werden soll; ob die Leistung entgeltlich oder unent-

---

44 Vgl. zur Frage eines freiwilligen Dienstes in der Bundeswehr für Frauen die Vorlage des BVerwG an den EuGH vom 30.1.1996, NJW 1996, S. 2173, mit einer Anmerkung von *Repkewitz*, der die Auffassung vertritt, daß Art. 12a Abs. 4 S. 2 GG nur dazu diene, die Wehrpflicht auf Männer zu beschränken, jedoch kein verfassungsrechtliches Verbot eines freiwilligen Wehrdienstes für Frauen existiere (NJW 1997, S. 506).
45 BVerfGE 85, S. 191, 207.
46 BVerfGE 92, S. 91, 112.

geltlich erbracht wird, wirkt sich auf das Vorliegen einer öffentlichen Dienstleistungspflicht nicht aus.[47] Die Dienstleistungspflicht müßte aber darüber hinaus die Voraussetzung der Herkömmlichkeit, der Allgemeinheit und der Gleichheit erfüllen.[48] Herkömmlich ist eine Dienstleistungspflicht dann, wenn sie seit geraumer Zeit besteht[49] und im Rechtsbewußtsein als überkommener Bestandteil der Pflichtenordnung verwurzelt ist.[50] Der Parlamentarische Rat hatte insoweit die gemeindlichen Hand- und Spanndienste, die Feuerwehr-[51] und die Deichschutzpflicht im Auge. Die Einführung eines pflichtigen Gemeinschaftsdienstes könnte sich allenfalls auf das Vorbild des Reichsarbeitsdienstes[52] stützen. Die Anknüpfung an Dienstverpflichtungen, wie sie in der Zeit des Nationalsozialismus bestanden hatten, sollte jedoch gerade vermieden werden, wie die Entstehungsgeschichte der Vorschrift zeigt.[53] Nach der Weimarer Reichsverfassung waren alle Staatsbürger nach Art. 133 Abs. 1 verpflichtet, nach Maßgabe der Gesetze persönliche Dienste für den Staat und die Gemeinde zu erbringen. Hier war jedoch – abgesehen von der in Art. 133 Abs. 2 WRV genannten Wehrpflicht – im wesentlichen an polizeiliche und kommunale Dienste gedacht worden, wie etwa die Nothilfepflicht bei Unglücksfällen, die Feuer- und Wasserwehrpflicht, die Leistung von Gemeindediensten (Hand- und Spanndienste) und die Zeugnispflicht.[54] Nach Art. 163 Abs. 1 WRV hatte jeder Deutsche unbeschadet seiner persönlichen Freiheit die sittliche Pflicht, seine geistigen und körperlichen Kräfte so zu betätigen, wie das Wohl der Gesamtheit es erforderte. Hier handelte es sich um eine sittliche, nicht jedoch eine rechtliche Pflicht:

> »Abs. 1 proklamiert die Arbeitspflicht, Abs. 2 das Recht auf Arbeit. Doch wohnt weder der einen noch der anderen Bestimmung aktuelle Rechtswirksamkeit inne. Die Arbeitspflicht ist im Abs. 1 ausdrücklich und mit Absicht als ›sittliche‹ Pflicht bezeichnet, was das Gegenteil einer Rechtspflicht bedeuten soll. Inwieweit ›im Dienst übertragene Forderungen des Gemeinwohls‹ (Art. 151 Abs. 2) zu bestimmten Zwecken rechtliche, d.h. durch die Staatsgewalt erzwingbare Pflichten zur Leistung gewisser Arbeiten einzuführen sind, bleibt der Entscheidung der Gesetzgebung vorbehalten. Eine allgemeine Steigerung

---

47 Vgl. zur Definition der öffentlichen Dienstleistungspflicht *Scholz*, in: Maunz/Dürig, Rn. 485 zu Art. 12 GG; *Tettinger*, in: Sachs (Hrsg.), Grundgesetz, Kommentar, Rn. 154 zu Art. 12 GG.
48 Kritisch zu einer Altersbegrenzung auf die Gruppe der 18- bis 25-jährigen äußert sich *Köhler*, ZRP 1995, S. 140, 143.
49 *Tettinger*, in: Sachs (Hrsg.), Grundgesetz, Rn. 154 f. zu Art. 12 GG.
50 BVerfGE 92, S. 91, 111; *Scholz*, in: Maunz/Dürig, Rn. 486 zu Art. 12 GG.
51 Vgl. zur Feuerwehrabgabepflicht BVerfGE 9, S. 291 ff.; 13, S. 167 ff; und zuletzt BVerfGE v. 24.1.1995, BVerfGE 92, S. 91 ff. mit Anm. von *Bausback*, BayVBl. 1995, S. 737 ff.; *Bleckmannn*, EuGRZ 1995, S. 387 ff.; *Engelken*, BWGZ 1995, S. 259 ff.; *Fleischer*, SteuerStud 1996, S. 68 ff.; *Kirchmer*, FiWi 1995, S. 737 ff.; *Müller*, ThürVBl. 1955, S. 193 ff.; *Rozek*, BayVBl. 1993, S. 646 ff.; *Sachs*, JuS 1995, S. 736 ff.; *Winkler*, JA 1996, S. 13 ff.
52 Vgl. das Reichsarbeitsdienstgesetz vom 26.6.1935, RGBl. I, S. 769; die Anordnung vom 15.2.1938 über das Pflichtjahr für Mädchen, RuStAnz. Nr. 43, und die Anordnung vom 23.12.1938, RuStAnz. Nr. 105; ferner zur Jugenddienstpflicht das Gesetz vom 1.12.1936, RGBl. I, S. 993, i.V.m. der Verordnung vom 25.3.1939, RGBl. I, S. 710; vgl. ferner *Albrecht*, Das Pflichtjahr, 1942; *Kretzschmann/Edel*, Der Reichsarbeitsdienst in Wort und Bild, 1936.
53 BVerfGE 92, S. 91, 111; JöR n.F. 1951, S. 135, 137 f.; *Jarrass*, in: ders./Pieroth, Grundgesetz, Rn. 60 zu Art. 12 GG.
54 *Anschütz*, Die Verfassung des Deutschen Reiches, S. 615.

der sittlichen Pflicht zu einer Rechtspflicht würde eine Änderung der Verfassung erfordern.«[55]

Die Einführung einer allgemeinen Dienstpflicht ist daher mangels »Herkömmlichkeit« nicht möglich.

3. *Die Einführung einer Dienstpflicht als ungeschriebene Pflicht*

Die Existenz von (auch) ungeschriebenen Pflichten wie etwa der Rechtsgehorsamspflicht[56], der Friedens-[57] und Verfassungstreuepflicht[58] und der Steuerpflicht[59] legt den Gedanken nahe, die Dienstpflicht als Bestandteil der ungeschriebenen Pflichten aufzufassen und vom Prinzip des Verfassungsvorbehalts abzusehen[60]. Zur Begründung dieser Pflicht[61] könnte etwa auf das in Art. 20 GG enthaltene Sozialstaatsprinzip verwiesen werden. Nun sind die Dienstpflichten in der Verfassung in Art. 12 und Art. 12 a GG ausdrücklich geregelt. Zum anderen ist das Sozialstaatsprinzip, das auf eine gerechte und ausgeglichene Gestaltung der gesellschaftlichen Verhältnisse zielt,[62] viel zu unbestimmt, als daß hieraus allein bereits eine Pflicht zu einem sozialen Gemeinschaftsdienst abgeleitet werden könnte.[63]

4. *Ergebnis*

Die Einführung einer Dienstpflicht ist daher nach der geltenden Rechtslage nicht möglich.[64] Zulässig ist hingegen ein Dienst auf freiwilliger Basis, solange die an diesen Dienst geknüpften Rechtsfolgen bzw. Auswirkungen nicht die Voraussetzungen des – auch mittelbaren – Zwangs erfüllen, der etwa dann vorliegen würde, wenn dem Einzelnen Nachteile bei Nichtarbeit etwa durch die Auferlegung finanzieller Nachteile (Kürzung oder Streichung des Arbeitslosengeldes/der Sozialhilfe bei Nichtannahme einer angebotenen zumutbaren Arbeit) entstünden.[65] Ein solcher

---

55 *Anschütz*, Die Verfassung des Deutschen Reiches, S. 740. In der Verfassung der Hansestadt Hamburg vom 6.6.1952 kommt dies ebenfalls zum Ausdruck: »Jedermann hat die sittliche Pflicht, für das Wohl des Ganzen zu wirken. Die Allgemeinheit hilft in Fällen der Not den wirtschaftlich Schwachen und ist bestrebt, den Aufstieg der Tüchtigen zu fördern. (...)«
56 Vgl. hierzu *Gusy*, JZ 1982, S. 657; *Hirsch*, JZ 1983, S. 1 ff.; *Isensee*, VVDStRL 41 (1983), S. 131 ff.; *ders.*, DÖV 1982, S. 609, 612; *ders.*, DÖV 1983, S. 569 f.
57 *Isensee*, in: Paus (Hrsg.), Werte, Rechte, Normen, 1979, S. 131 ff.; *ders.*, VVDStRL 41 (1983), S. 131; ders., in: Festschrift Eichberger, 1982, S. 23 ff.; ferner *Gusy*, JZ 1982, S. 659; *Kröger*, JuS 1984, S. 172 ff.
58 *Badura*, DVBl. 1982, S. 869 f.; *Götz*, VVDStRL 41 (1983), S. 22 m.w.N.; *H.H. Klein*, VVDStRL 37 (1979), S. 81.
59 *Isensee*, VVDStRL 41 (1983), S. 130.
60 Vgl. hierzu auch *Bethge*, JA 1985, S. 149, 255; *ders.*, NJW 1982, S. 2150; *Stober*, NVwZ 1982, S. 476.
61 *Bethge* führt aus, daß bei der Ermittlung solcher Pflichten an das Wesen der Verfassungsrechtsordnung, die Grundrechtsschranken, die Staatszielbestimmungen und die Kompetenznormen anzuknüpfen sei. (JA 1985, S. 249, 256)
62 BVerfGE 22, S. 180, 204.
63 Vgl. *Bethge*, JA 1985, S. 249, 254.
64 Vgl. auch *Köhler*, ZRP 1995, S. 140, 142, sowie das Gutachten von *Pietzcker* zu Rechtsfragen der Einführung einer allgemeinen Dienstpflicht, 1991.
65 *Tettinger*, in: Sachs (Hrsg.), Grundgesetz, Rn. 152 zu Art. 12 GG.

Druck soll bei der Verwirklichung des geplanten Jugendgemeinschaftsdienstes auf freiwilliger Basis gerade nicht ausgeübt werden; auch bringt die Tatsache, sich zu einem solchen Dienst nicht zu melden, keine negativen Auswirkungen mit sich. Es soll vielmehr ein Anreizsystem in Form eines differenzierten Bonussystems[66] geschaffen werden, das etwa die Gewährung von Punkten für den Numerus clausus bzw. das ECTS oder eine Anrechnung des freiwilligen Jahres für während der Ausbildung erforderliche Praktikumszeiten ermöglichen soll.[67]

III. *Rechtsanspruch auf Zulassung?*

Wird nun ein Gemeinschaftsdienst in Form eines Freiwilligen Sozialen Dienstes geschaffen, stellt sich die Frage, inwieweit dem einzelnen Jugendlichen ein Anspruch auf Zulassung gegenüber einem gegebenenfalls öffentlichen Träger zukommen könnte.

1. *Berufsfreiheit*

a. Nach Art. 12 Abs. 1 GG haben alle Deutschen das Recht, Beruf, Arbeitsplatz und Ausbildungsstätte frei zu wählen. Für Ausländer gilt nach h.M. nicht Art. 12 Abs. 1 GG, sondern Art. 2 Abs. 1 GG:

> »Ein Verstoß gegen Art. 12 Abs. 1 GG liegt in diesem Verbot allerdings nicht, weil dieses Grundrecht nur für Deutsche gilt (...). Zwar wird die Auffassung vertreten, die Bürgerrechte seien über ihren Menschenrechtskern auch auf Ausländer anwendbar (...). Jedoch kann auch die Selbstverständlichkeit, daß Ausländer Träger von Menschenrechten sind, nicht zu einer – wenn auch eingeschränkten – Anwendung des Art. 12 Abs. 1 GG auf diesen Personenkreis führen, soll die ausdrückliche Entscheidung des Grundgesetzes, die Berufsfreiheit nur bei deutschen Staatsbürgern zu gewähren, nicht unterlaufen werden. (...) Die Unanwendbarkeit des Art. 12 Abs. 1 GG auf Ausländer bedeutet nicht, daß die Verfassung sie in diesem Bereich schutzlos läßt. Der systemgerechte Ansatz liegt vielmehr bei dem subsidiären allgemeinen Freiheitsrecht des Art. 2 Abs. 1 GG. (...) Das darf allerdings nicht so verstanden werden, daß der Nichtdeutsche, dem die Berufung auf die Berufsfreiheit verwehrt ist, denselben Schutz über Art. 2 Abs. 1 GG beanspruchen könnte. (...) Das allgemeine Freiheitsrecht ist insoweit nur anwendbar, als es im Rahmen der in ihm geregelten Schranken die Handlungsfreiheit gewährleistet.«[68]

---

66 Vgl. zur »sozialen Ehrenkarte« der Niederlande *Jetter*, Soziale Sicherheit 1996, S. 18, 20.
67 Vgl. S. 10 des Manifestes.
68 BVerfGE 78, S. 179, 196 f. Vgl. aber *Erichsen*, in: Isensee/Kirchhof (Hrsg.), Handbuch des Staatsrechts, Bd. VI, S. 1206, Rn. 49: »Aus der Existenz von ›Jedermann-Grundrechten‹ ist vielmehr zu schließen, daß im Falle der Bürgerrechte eine negative Regelung zu Lasten des Grundrechtsschutzes von Ausländern vorliegt, die einen Rückgriff auf Art. 2 Abs. 1 GG generell ausschließt. Dies wird durch folgende Überlegung bestätigt: Enthielten die ausschließlich den Deutschen zugewiesenen Freiheitsrechte gegenüber Ausländern keine Regelungswirkung, könnten diesen auch die benannten Schutzbereichsbegrenzungen nicht entgegengehalten werden, ein aus Art. 2 Abs. 1 GG entnommenes Grundrecht auf Versammlungsfreiheit wäre also etwa ohne die Einschränkungen ›friedlich und ohne Waffen‹ gewährleistet. Die Herstellung gleicher Bedingungen für die Grundrechtsausübung wäre dann auf eine konstitutive Regelung im einfachen Gesetz angewiesen.«

Streitig ist allerdings, ob sich Angehörige von EU-Mitgliedstaaten unmittelbar auf Art. 12 Abs. 1 GG berufen können.[69] Auch wenn der Wortlaut eigentlich eine unmittelbare Anwendung ausschließt,[70] wird in der Literatur insbesondere nach der Gravier-Entscheidung des EuGH die Auffassung vertreten, daß Unionsbürger Deutschen als Inhaber der Freiheiten in Art. 12 Abs. 1 GG gleichgestellt sind:

»Die Berufsfreiheit kommt nach Art. 12 Abs. 1 GG nur Deutschen (...) zugute. (...) Dagegen bestehen jedoch aus neuerer, europarechtlich fundierter Sicht durchgreifende Bedenken. Der Europäische Gerichtshof hat entschieden, daß es eine gegen Art. 7 EWGV verstoßende Diskriminierung aus Gründen der Staatsangehörigkeit darstellt, wenn eine Hochschule eines Mitgliedstaates von einem EG-Ausländer Studiengebühren verlangt, die von Inländern nicht verlangt werden. Zieht man hieraus die gebotenen Konsequenzen, so muß EG-Ausländern in der Bundesrepublik Deutschland die Berufsfreiheit ebenso wie Deutschen, also im vollen Umfang des Art. 12 Abs. 1 GG, gewährt werden. (...) EG-Ausländer sind danach gemäß Art. 6, 7 EWGV hinsichtlich der Berufsfreiheit des Art. 12 Abs. 1 GG Deutschen gleichgestellt.«[71]

Andere versuchen, dieses Ergebnis über eine entsprechende Auslegung des Art. 2 Abs. 1 GG zu erreichen:

»Zusammenfassend ist festzuhalten, daß die durch den Text des Grundgesetzes vorgegebene Unterscheidung zwischen Deutschen-Grundrechten und Jedermann-Grundrechten auch im Hinblick auf ›neuere europarechtlich fundierte‹ Entwicklungen keiner grundsätzlichen Korrektur bedarf, sondern weiterhin als Ausdruck verfassungsgeberischer Dezision zu respektieren ist. Soweit wegen des EG-Rechts eine partielle Öffnung von Art. 12 Abs. 1 für EU-Ausländer befürwortet wird, kann man dem damit verbundenen Anliegen durch einen qualifizierten Grundrechtsschutz für EU-Ausländer im Rahmen von Art. 2 Abs. 1 GG gerecht werden, ohne daß es eines auch nur partiellen Rückgriffs auf Art. 123 Abs. 1 GG bedürfte. Das gilt insbesondere auch für die sog. Kapazitätsprozesse von nichtdeutschen Gemeinschaftsangehörigen. Der qualifizierte Grundrechts-Schutz für EU-Ausländer nach Art. 2 Abs. 1 GG stellt diese hinsichtlich der Deutschen-Grundrechte des Grundgesetzes in Anwendungsbereich und nach Maßgabe des EG-Vertrages Deutschen gleich. Er kommt immer dann zur Anwendung, wenn das Europarecht im Regelungsbereich von Deutschen-Grundrechten eine Gleichstellung von Deutschen und anderen Gemeinschaftsangehörigen fordert. Im übrigen bleibt es auch für EU-Ausländer bei dem Grundrechtsschutz für ›normale Ausländer‹ nach Art. 2 Abs. 1 GG.«[72]

b. Ein »Beruf« im Sinn von Art. 12 Abs. 1 GG liegt vor, wenn es sich – im Gegensatz zu einem reinen Hobby – um eine Tätigkeit handelt, die in ideeller wie in materieller Hinsicht der Schaffung und Erhaltung einer Lebensgrundlage dient bzw. dazu

---

69 Vgl. hierzu *Wieland*, in: Dreier (Hrsg.), Grundgesetz, Kommentar, Bd. I, 1996, Rn. 66 zu Art. 12 GG mit weiteren Literaturhinweisen.
70 So *Scholz*, in: Maunz/Dürig, Rn. 97 zu Art. 12; *Bauer/Kahl*, JZ 1995, S. 1077 m.w.N.
71 *Breuer*, in: Isensee/Kirchhof (Hrsg.), Handbuch des Staatsrechts, Bd. VI, S. 877, 895; *Quaritsch*, Handbuch des Staatsrechts, Bd. V, S. 712: »Das Grundrecht der Berufsfreiheit (Art. 12 Abs. 1 GG) enthält den Deutschen-Vorbehalt, (...). Von vorneherein nicht betroffen sind wieder Angehörige der EG-Mitgliedstaaten sowie kraft deutschen Rechts (...).« *Wieland* spricht von »einer im Vordringen befindlichen Meinung« (in: Dreier (Hrsg.), Grundgesetz, Kommentar, Bd. I, 1996, Rn. 66 zu Art. 12 GG).
72 *Bauer/Kahl*, JZ 1995, S. 1077, 1085.

beiträgt (»jede auf Dauer berechnete und nicht nur vorübergehende, der Schaffung und Erhaltung einer Lebensgrundlage dienende Betätigung«).[73] Der geplante Freiwilligendienst, in dessen Rahmen sowohl für die soziale Absicherung, als auch für die durchschnittlichen Unterkunftskosten, die Verpflegung, Arbeitskleidung und Fahrtkostenerstattung Sorge getragen und in dessen Rahmen zusätzlich ein Taschengeld von 330 DM gezahlt werden soll,[74] erfüllt diese erste Voraussetzung. Da der Begriff des »Berufes« nach h.A. weit auszulegen ist,[75] wird auch eine untypische Tätigkeit dem »Beruf« zugeordnet werden können; ob die für den Freiwilligendienst genannten Aufgaben der verschiedensten Bereiche wie Kultur, Umweltschutz und Soziales jedoch zu einem einheitlichen »Beruf« zusammengefaßt werden können, erscheint höchst fraglich. Kennzeichen eines Berufs im Sinn von Art. 12 GG ist ferner, daß es sich um eine auf Dauer angelegte bzw. nachhaltige Tätigkeit handelt.[76] Nun ist zwar für die Dauerhaftigkeit nicht erforderlich, daß der einzelne Grundrechtsträger eine Tätigkeit auf Dauer und bis an sein Lebensende ausübt, bzw. die Tätigkeit subjektiv mit dieser Absicht beginnt;[77] auch auf die tatsächliche Dauerhaftigkeit kommt es nicht an.[78] Andererseits muß er aber doch die Absicht haben, die Tätigkeit für eine gewisse Dauer zu betreiben, und es muß sich objektiv um eine Tätigkeit handeln, die wesensgemäß auf Dauer angelegt sein kann.[79] Betrachtet man hier jedoch den geplanten Gemeinschaftsdienst, so ist festzustellen, daß dieser gleich doppelt beschränkt ist: zum einen haben nur Heranwachsende zwischen 18 und 27 Jahren Zugang zu diesem freiwilligen Dienst, zum anderen ist die maximale Dauer pro Person auf ein Jahr beschränkt. Eine Verlängerungsmöglichkeit ist nicht vorgesehen, so daß kein »Beruf« im Sinn von Art. 12 Abs. 1 GG vorliegt.

2. Recht auf freie Wahl der Ausbildungsstätte

In Betracht kommt, das Recht auf Zulassung zu einem Gemeinschaftsdienst auf das Recht auf freie Wahl der Ausbildungsstätte zu stützen. Da die Wahl der Ausbildungsstätte eng mit der Wahl des Berufs verknüpft ist, würden Einschränkungen an der vom BVerfG entwickelten Drei-Stufen-Theorie zu messen sein:

> »In materiellrechtlicher Hinsicht folgt schon aus den bisherigen Erwägungen, daß an absolute Zulassungsbeschränkungen strenge Anforderungen zu stellen sind. Nach der sog. Stufentheorie (...) ist die Regelungsbefugnis gemäß Art. 12 Abs. 1 GG umso enger

---

73 BVerfGE 7, S. 377, 397; BVerfGE 54, S. 301, 313; *Jarrass*, in Jarrass/Pieroth, Grundgesetz, Rn. 4 zu Art. 12. Nach der Rspr. des BVerfGs schützt Art. 12 Abs. 1 GG die Freiheit des Bürgers, jede Tätigkeit, für die er sich geeignet glaubt, als Beruf zu ergreifen, d.h. zur Grundlage seiner Lebensführung zu machen und damit seinen Beitrag zur gesellschaftlichen Gesamtleistung selbst zu bestimmen. (BVerfGE 7, S. 377, 379; BVerfGE 50, S. 299, 362).
74 Vgl. S. 14 ff. des Manifestes.
75 BVerfGE 14, S. 19, 22; BVerfGE 68, S. 272, 281.
76 Vgl. hierzu auch BVerfGE 32, S. 1, 28.
77 BVerwGE 21, S. 195, 196.
78 *Scholz*, in: Maunz/Dürig, Grundgesetz, Rn. 18 zu Art. 12 GG.
79 *Scholz*, in: Maunz/Dürig, Grundgesetz, Rn. 19 zu Art. 12 GG. Vgl. zu einer Tätigkeit, die zunächst nur für eine Übergangszeit zugelassen wurde, BVerfGE 32, S. 1, 28.

begrenzt, je mehr sie auch die Freiheit der Berufswahl berührt. Da von der Wahl der Ausbildung zugleich die Wahl des späteren Berufs abhängt, und da ein auf der Erschöpfung der Ausbildungskapazität beruhender absoluter numerus clausus für eine bestimmte Fachrichtung einer objektiven Zulassungsvoraussetzung (...) gleichkommt, ist eine Anordnung schon nach den zu Art. 12 Abs. 1 GG entwickelten Grundsätzen nur zur Abwehr nachweisbarer oder höchstwahrscheinlich schwerer Gefahren für ein überragend wichtiges Gemeinschaftsgut und unter strikter Wahrung des Grundsatzes der Verhältnismäßigkeit zulässig (...).«[80]

Allerdings ist der Rechtsprechung zu Art. 12 zu entnehmen, daß das Recht der freien Wahl der Ausbildungsstätte nur den Zugang zu solchen Einrichtungen umfaßt, die der Ausbildung für bestimmte Berufe oder Berufsgruppen dienen. So werden insbesondere Hochschulen, Fachhochschulen, staatliche Vorbereitungsdienste, betriebliche und überbetriebliche Ausbildungslehrgänge, Lehrstellen und Sprachschulen erfaßt. Kennzeichnend für all diese Einrichtungen ist, daß dort Prüfungen abgelegt werden, die es ermöglichen, Berufe zu ergreifen und öffentliche Ämter zu bekleiden, die gerade diese Qualifikationen voraussetzen.[81] Ein solch berufsqualifizierender Abschluß soll aber durch das freiwillige Jahr im Jugendgemeinschaftsdienst nicht erworben werden. Zwar ist beabsichtigt, den Teilnehmern ein Zertifikat bei Beendigung ihrer Tätigkeit auszustellen, das ihre Kompetenzen und Fähigkeiten ausweist; die Tätigkeit als solche findet aber allenfalls im Rahmen von berufsbedingten Ausbildungszeiten oder Praktika bzw. beim Zugang zu einer bestimmten Ausbildungsstätte Berücksichtigung.[82] Ein Recht auf Zulassung zum Jugendgemeinschaftsdienst kann sich daher nicht aus dem Recht auf freie Wahl der Ausbildungsstätte ergeben.

3. *Recht auf Arbeit*

a. Zum Recht auf Arbeit wurde in Rechtsprechung und Literatur unter verschiedenen Gesichtspunkten Stellung bezogen, die von dem Recht auf Arbeit für bestimmte Personengruppen wie Strafgefangene,[83] sich lange im Inland aufhaltende Ausländer,[84] Asylbewerber,[85] über soziale Aspekte,[86] die allgemeine Bedeutung eines solchen Rechts für die Bekämpfung der Arbeitslosigkeit,[87] bis zu (kollektiv-)arbeits-

---

80 BVerfGE 33, S. 303, 337 f. Vgl. ferner BVerfGE 54, S. 173, 191; BVerfGE 66, S. 155, 179; BVerfGE 85, S. 36, 54.
81 BVerwGE 6, S. 1, 15 (Aufnahme in den Vorbereitungsdienst für Rechtsreferendare); BVerwGE 16, S. 241, 242 f. (Vorbereitungsdienst für den höheren Forstdienst); BVerwGE 91, S. 24, 32 (Privatdozentur); BVerfGE 33, S. 303, 331 f.; BVerfG 59, S. 1, 25; BVerfGE 85, S. 36, 53 f. Vgl. ferner *Breuer*, in: Isensee/Kirchhof (Hrsg.), Handbuch des Staatsrechts, Bd. VI, S. 933.
82 Vgl. S. 14 f. des Manifestes.
83 Vgl. zum Recht auf Arbeit in der Untersuchungshaft OLG Hamm, Strafverteidiger 1998, S. 208.
84 BSG 11.11.1982, RegNr. 9988 (zur Erteilung einer Arbeitserlaubnis an türkische Arbeitnehmer: Hier wurde u.a. festgestellt, daß es das Sozialstaatsprinzip nicht gebiete, den lange im Inland lebenden Ausländern eine Arbeitserlaubnis zu erteilen).
85 BVerwG NVwZ 1989, S. 750.
86 *Pfannkuche*, in: Armut und soziale Arbeit, 1996, S. 53 ff. Vgl. zu theoretischen Aspekten auch *Poulis/Massen*, ASP 1996, S. 38 ff.; *Jetter*, Arbeitsmarktpolitik am Wendepunkt, Zwischen Krise und Solidarität, 1992, S. 29 ff.
87 *Dabrowski*, JbchristSozwiss 38, S. 115 ff.; *Steinvorth*, Arbeit und Arbeitslosigkeit, 1996, S. 77 ff.

rechtlichen[88] Stellungnahmen reichen.[89] Die Frage nach einem Recht auf Arbeit wurde nach dem Beitritt der Länder der ehemaligen DDR zur Bundesrepublik Deutschland erneut aufgegriffen. Trotz dieser Debatten wurde in das GG kein Recht auf Arbeit aufgenommen; aus Art. 12 GG ergeben sich keine Leistungsansprüche des Einzelnen auf Arbeit:

»Dagegen ist mit der Wahlfreiheit weder ein Anspruch auf Bereitstellung eines Arbeitsplatzes eigener Wahl noch eine Bestandsgarantie für den einmal gewählten Arbeitsplatz verbunden. (. . .) Wie bereits dargelegt, gewährt Art. 12 Abs. 1 GG keinen Anspruch auf Schaffung oder Erhalt von Arbeitsplätzen.«[90]

b. In einigen Länderverfassungen hingegen existiert ein solches Recht auf Arbeit. So lautet etwa Art. 48 Abs. 1 der Verfassung des Landes Brandenburg:

»(1) Das Land ist verpflichtet, im Rahmen seiner Kräfte durch eine Politik der Vollbeschäftigung und Arbeitsförderung für die Verwirklichung des Rechts auf Arbeit zu sorgen, welches das Recht jedes einzelnen umfaßt, seinen Lebensunterhalt durch freigewählte Arbeit zu verdienen.
(2) Unentgeltliche Berufsberatung und Arbeitsvermittlung werden gewährleistet. Soweit eine angemessene Arbeitsgelegenheit nicht nachgewiesen werden kann, besteht ein Anspruch auf Umschulung, berufliche Weiterbildung und Unterhalt. (. . .).«[91]

c. Die hier gewählte Formulierung, wonach das Land »im Rahmen seiner Kräfte« und durch eine »Politik der Vollbeschäftigung und Arbeitsförderung« verpflichtet ist, für eine Verwirklichung des Rechts auf Arbeit »zu sorgen«, macht deutlich, daß selbst dann, wenn ein Recht auf Arbeit, wie hier, in die Verfassung aufgenommen wurde, kein subjektives und soziales Recht auf Arbeit des Einzelnen, sondern eine allgemeine Pflicht des Landes zu einer bestimmten Politik statuiert werden sollte.[92]

---

88 *Häberle*, ZfP 1992, S. 233 ff.; *Kemper* steht einem Recht auf Arbeit ablehnend gegenüber und befürwortet eine Stärkung des kollektiven Arbeitsrechts (in: FS Albert Gnade, 1992, S. 57 ff.); kritisch zur Aufnahme des Rechts auf Arbeit in die Verfassung äußern sich auch *Gode*, DVBl. 1990, S. 1207 ff.; *Nebendahl*, ZRP 1991, S. 257 ff.; *Wipfelder*, VBlBW 1990, S. 367 ff.; befürwortend hingegen *Klenner*, KritV 1992, S. 274 ff.; *Schmitthenner/Bobke*, GM 1990, S. 638 ff.; *Zielke*, RdA 1992, S. 185 ff.; zur Weimarer Reichsverfassung *Nörr*, ZfA 1992, S. 361 ff.
89 Vgl. allgemein zu den sozialen Grundrechten wie dem Recht auf Arbeit und Bildung: *Diercks*, LKV 1996, S. 231 ff.; *Forsthoff*, VVDStRL 12 (1953), S. 8 ff.; *Friauf*, DVBl. 1971, S. 674 ff.; *Kemper*, in: FS Gnade, 1992, S. 57 ff.; *Kittner*, in: Böckenförde/Jekewitz/Ramm (Hrsg.), S. 91 ff.; *Müller*, Soziale Grundrechte in der Verfassung, 1981; *Ramm*, in: Böckenförde/Jekewitz/Ramm (Hrsg.), S. 33 ff.; *Richter* in: Böckenförde/Jekewitz/Ramm (Hrsg.), S. 119 ff.; *Schmidt*, Beiheft 5 zu Der Staat 1981, S. 9 ff.; *Scholz*, in: Böckenförde/Jekewitz/Ramm (Hrsg.), S. 75 ff.; *Schlink* in: Böckenförde/Jekewitz/Ramm (Hrsg.), S. 129 ff.; *Vitzthum*, VBlBW 1991, S. 404 ff.; *Wertenbruch*, in: FS Küchenhoff, 1967, S. 343 ff.; *Wiegand*, DVBl. 1974, S. 657 ff.
90 BVerfGE 84, S. 133, 146 und 147; *Jarrass*, in: ders./Pieroth, Grundgesetz für die Bundesrepublik Deutschland, Rn. 15 zu Art. 12 GG; vgl. ferner BVerwGE 8, S. 170, 171 f.; BVerfGE 85, S. 360, 373; und BVerfGE 39, S. 334, 369; BVerfGE 73, S. 280, 294 (öffentlicher Dienst).
91 Vgl. zur Entstehung der Verfassung des Landes Brandenburg *Franke*, in: Stern, Deutsche Wiedervereinigung. Zur Entstehung von Landesverfassungen in den neuen Ländern, 1992, S. 1 ff.; ferner Art. 15 der Verfassung des Landes Mecklenburg-Vorpommern (hierzu *Wedemeyer*, in: Stern, a.a.O., S. 37 ff.).
92 So zu Art, 45 S. 2 der Saarländischen Verfassung SaarlVerfGH v. 9.6.1995, NJW 1996, S. 383 ff. mit Anm. von *Sachs*, JuS 1996, S. 743 ff. Vgl. zum Recht auf Arbeit in den Verfassungen der Bundesländer auch *Ahlborn*, ZRP 1992, S. 112 ff.

Ein ähnliches Ergebnis läßt sich auch Art. 1 Nr. 1 der Europäischen Sozialcharta entnehmen, in der etwa festgestellt wird, daß sich die Vertragsparteien zur Gewährleistung der wirksamen Ausübung des Rechtes auf Arbeit verpflichten, »zwecks Verwirklichung der Vollbeschäftigung die Erreichung und Aufrechterhaltung eines möglichst hohen und stabilen Beschäftigungsstandes zu einer ihrer wichtigsten Zielsetzungen und Aufgaben zu machen«. Ein Recht auf Arbeit besteht daher nur insoweit, »wie es zu den elementaren Voraussetzungen eines jeden menschenwürdigen Daseins und einer sich in Freiheit wie Sozialität entfaltenden Persönlichkeit gehört, sich nach freier Willensentscheidung zwecks Sicherung der eigenen materiellen Lebensexistenz beruflich zu betätigen.«[93]

d. Ein Recht auf Arbeit läßt sich auch nicht aus dem in Art. 20 Abs. 1 GG und dem in den Länderverfassungen enthaltenen Sozialstaatsprinzip ableiten, da diesem ein objektiv-rechtlicher Gehalt sowie der Auftrag zu sozialer Sicherheit, einer gerechten Sozialordnung und sozialer Gerechtigkeit zukommt:

»Wenn Art. 20 Abs. 1 GG ausspricht, daß die Bundesrepublik ein sozialer Bundesstaat ist, so folgt daraus nur, daß der Staat die Pflicht hat, für einen Ausgleich der sozialen Gegensätze und damit für eine gerechte Sozialordnung zu sorgen, dieses Ziel wird er in erster Linie im Wege der Gesetzgebung zu erreichen suchen.«[94]

Das Sozialstaatsprinzip fordert daher eine aktive staatliche Vollbeschäftigungspolitik, enthält aber kein subjektives Recht des Einzelnen auf Arbeit.[95]
Ein Anspruch auf Zulassung kann daher nicht auf ein Recht auf Arbeit gestützt werden.

4. *Recht auf Bildung bzw. soziale Betätigung*

a. Eine Berechtigung auf Zulassung zum Jugendgemeinschaftsdienst könnte sich ferner aus Art. 2 Abs. 1 GG ergeben, wonach jeder das Recht auf freie Entfaltung seiner Persönlichkeit hat, soweit er nicht die Rechte anderer verletzt und nicht gegen die verfassungsmäßige Ordnung oder das Sittengesetz verstößt. Da dem Begriff der »Entfaltung« ein aktives Element innewohnt[96], spricht man bei Art. 2 Abs. 1 GG auch von der »allgemeinen Handlungsfreiheit« oder einem »allgemeinen Freiheitsrecht«,[97] dem auch weitere, nicht ausdrücklich in der Verfassung genannte Freiheitsrechte zugeordnet werden.

---

93 *Scholz*, in: Maunz/Dürig, Rn. 44 zu Art. 12 GG, wobei er hier insbesondere auf die wechselseitige Beziehung zwischen dem Recht auf Arbeit und der Pflicht zur Arbeit und Art. 24 Abs. 2 der Verfassung der ehemaligen DDR verweist, der lautete: »Das Recht auf Arbeit und die Pflicht zur Arbeit bilden eine Einheit.«
94 BVerfGE 22, S. 180, 204; BVerfGE 33, S. 303, 334; *Herzog*, in: Maunz/Dürig, Rn. 18 ff. zu Art. 20.
95 *Scholz*, in: Maunz/Dürig, Grundgesetz, Rn. 45 zu Art. 12 GG.
96 *Kunig*, in: von Münch, Grundgesetz, Kommentar, Rn. 11 zu Art. 2 GG.
97 BVerfGE 63, S. 45, 60.

b. Der Freiwilligendienst soll dem einzelnen Jugendlichen bzw. Heranwachsenden soziale Kompetenzen im Dienst für die Gemeinschaft vermitteln, so daß es nahe liegt, einen möglichen Zulassungsanspruch auf ein Recht auf Bildung und soziokulturelle Entfaltung zu stützen.[98]

aa. Inwieweit ein solches Recht auf Bildung der Verfassung entnommen werden kann,[99] ist noch nicht abschließend geklärt. Der HessStGH führt zum Recht auf Bildung aus:

»Geht man davon aus, daß die Sicherung einer sozialgebundenen Entfaltungsfreiheit ebenso wie die Achtung und der Schutz der Menschenwürde nicht nur negative Freiheitsrechte, sondern Staatszwecke des freiheitlichen demokratischen und sozialen Rechtsstaats sind, so liegt es nahe, im Recht von Kindern, Jugendlichen und jungen Erwachsenen auf Entwicklung ihrer körperlichen, geistigen und seelischen Kräfte entsprechend ihrer Wesensart auch ein Recht auf Bildung beschlossen zu sehen. (...) Einfachgesetzlich ist ein solches Recht im Grundsatz anerkannt, seit im Jahre 1975 das Erste Zusatzprotokoll zur Konvention zum Schutze der Menschenrechte und Grundfreiheiten (...) bundesrechtlich in Kraft gesetzt worden ist. Art. 2 S. 1 des 1. Zusatzprotokolls lautet, daß das Recht auf Bildung niemandem verwehrt werden darf. (...) Ein Recht auf Bildung könnte sich in einem Anspruch auf Zugang zu öffentlichen Bildungseinrichtungen und auf eine gewisse Freiheit der Bildung durch Rücksichtnahme auf die individuelle Entfaltung, sei es bei der Wahl zwischen Bildungsmöglichkeiten, sei es in der Einflußnahme bei der Darbietung des Lernstoffs, äußern. (...)«[100]

Während das BVerfG die Frage nach einem Recht auf Bildung bislang offen gelassen hat,[101] steht das BVerwG einem solchen Recht positiv gegenüber.[102] Es führt in seiner jüngsten hierzu ergangenen Entscheidung, in der zu klären war, ob Deutschen zum Zweck der Finanzierung eines Privatschulbesuchs Sozialhilfe gewährt werden sollte, aus:

---

98 In den Verfassungen der einzelnen Bundesländer wird die Bildung vielfach erwähnt. So beschäftigt sich etwa Art 29 der Verfassung des Freistaates Sachsen mit der Bildungsfreiheit, Art. 106 mit der Berufsbildung und Art. 108 der Verfassung mit der Erwachsenenbildung (vgl. zur Verfassung des Freistaates Sachsen auch *Degenhart*, LKV 1993, S. 33 ff.; *Hinds*, ZRP 1993, S. 149 ff.). In Art. 29 der Verfassung von Brandenburg vom 20.8.1992 findet sich das Recht auf Bildung, in Art. 33 wird die Weiterbildung genannt. Vgl. ferner Art. 30 der Verfassung von Sachsen-Anhalt und Art. 20 der Thüringischen Verfassung vom 25.10.1993 (»Jeder Mensch hat das Recht auf Bildung«) und Art. 29 für den Bereich der Erwachsenenbildung. Vgl. zum Recht auf Bildung (auch) in der Weimarer Reichsverfassung *Lange*, in: Böckenförde/Jekewitz/Ramm (Hrsg.), S. 49 ff. Vgl. zu den sozialen Rechten auch *Wiegand*, DVBl. 1974, S. 657 ff., und *Ramm*, in: Böckenförde/Jekewitz/Ramm (Hrsg.), S. 33 ff. Vgl. ferner *Stein*, Das Recht des Kindes auf Selbstentfaltung in der Schule, 1967.
99 *Brandl* befürwortet eine Ableitung aus Art. 7 Abs. 1, Art. 12 Abs. 1 und dem Sozialstaatsprinzip (Das Sozialstaatsprinzip als subsidiäre Anspruchsgrundlage für nicht ausdrücklich normierte Grundrechte, S. 15 f.).
100 NJW 1982, S. 1381, 1385.
101 BVerfGE 45, S. 400, 417; BVerfGE 53, S. 185, 203.
102 BVerwGE 56, S. 155, 158 zur Nichtversetzung eines Schülers: »Jedenfalls berührt die hier beanstandete Nichtversetzung erheblich das Grundrecht des Art. 2 Abs. 1 GG, das dem einzelnen Kind ein Recht auf eine möglichst ungehinderte Entfaltung seiner Persönlichkeit und damit seiner Anlagen und Befähigungen gibt (...) und nach der Rechtsprechung des Senats (vgl. BVerwGE 47, 201, 206) auch Elemente eines Rechts auf Bildung (...) enthält.«

»Nach diesen Grundsätzen kann auch bei nicht unerheblichen Gefahren für eine angemessene Schulausbildung Hilfe im Ausland in Betracht kommen. Das Recht auf Bildung und Ausbildung ist ein wesentlicher Bestandteil des Grundrechts des Art. 2 Abs. 1 GG, das dem einzelnen Kind ein Recht auf eine möglichst ungehinderte Entfaltung seiner Persönlichkeit und damit seiner Anlagen und Befähigungen gibt.(...) Um dem jungen Menschen die für eine spätere eigenständige Existenz erforderlichen Start- und Förderungschancen zu geben, hat der Staat entsprechend seinen – dem elterlichen Erziehungsrecht gleichgeordneten – Erziehungsauftrag aus Art. 7 Abs. 1 GG ein Schulsystem zu gewährleisten, das allen jungen Bürgern gemäß ihren Fähigkeiten die dem heutigen gesellschaftlichen Leben entsprechenden Bildungsmöglichkeiten (...) und damit den Eintritt in das Erwerbsleben eröffnet. (...)«[103]

Dies stellt die Frage nach der exakten Abgrenzung der Anwendungsbereiche von Art. 12 Abs. 1 GG und Art. 2 Abs. 1 GG. Eine einheitliche Auffassung hierzu liegt noch nicht vor;[104] die Abgrenzung richtet sich vielmehr nach der Intensität der Auswirkungen auf einen möglichen späteren Beruf. Das BVerfG führt in einer Entscheidung zur Entlassung eines Schüler aus:

»Zweifelhaft kann dabei sein, ob der Schutzbereich des Art. 12 Abs. 1 GG oder der des Art. 2 Abs. 1 GG berührt wird. (...) Bei Abwägung aller Gesichtspunkte wird man jedenfalls für die hier in Frage stehenden allgemeinbildenden weiterführenden Schulen (Gymnasien) zwischen Schulausschluß und bloßer Nichtversetzung in die nächsthöhere Klasse/Jahrgangsstufe differenzieren müssen: Die zwangsweise Entlassung eines Schülers aus dem Schulverhältnis, insbesondere wenn sie mit dem Ausschluß vom Besuch einer ganzen Schulart verbunden ist, beeinflußt den weiteren Bildungs- und Lebensweg des Betroffenen und damit seine soziale Rolle. (...) Die Entlassung aus dem Gymnasium tangiert somit das Grundrecht des betroffenen Schülers auf freie Berufswahl und freie Wahl der Ausbildungsstätte gemäß Art. 12 Abs. 1 GG. Art. 2 Abs. 1 GG muß somit als subsidiäre Vorschrift zurücktreten.«[105]

bb. Eine einheitliche Definition dessen, was dem Begriff der »Bildung« zuzuordnen ist, existiert nicht. Im Unterschied zu der reinen Stoff- oder Wissensvermittlung wird ausgeführt, daß Bildung auch nach außen gerichtet ist:

»Bildung unterscheidet sich vom Wissen folglich nur dadurch, daß hier die Seite des nach außen handelnden Subjekts hinzutritt und das Wissen dergestalt als leitendes Prinzip in die Wirklichkeit geht, so daß umgekehrt das vernünftige Subjekt das konkrete und organische Leben als die Substanz des Wissens setzt. Darauf folgend bildet die Realisierung des allgemeinen Selbstbewußtseins und damit einhergehend die Gestaltung der Gesellschaft jenem gemäß den allgemeinen Zweck bzw. den Selbstzweck des Subjekts, denn nur darin kommt das dumpfe Gegeneinander der Interessen zur Aufhebung.«[106]

---

103 Entscheidung vom 5.6.1997 – 5 C 4/96, BVerwGE 105, S. 44 ff. Vgl. auch die Parallelentscheidungen des BVerwGs v. 5.6.1997 – 5 C 3/97 und 5 C 17/96.
104 Vgl. hierzu *Starck*, Das Bonner Grundgesetz, Rn. 58 zu Art. 2 GG.
105 BVerfGE 58, S. 257, 272 f. Vgl. zur Frage der Versetzung bzw. Nichtversetzung BVerwGE 56, S. 155, 158.
106 *Betz*, Arbeit und Bildung, 1991, S. 160. (Ausführungen zur Wesensbestimmung der Bildung finden sich auf S. 186 ff.) Vgl. zur bildenden Tätigkeit und der Vernunft ferner *Hegel*, Phänomenologie des Geistes, S. 365: »Die Bewegung der sich bildenden Individualität ist daher unmittelbar das Werden derselben als des allgemeinen gegenständlichen Wesens, d.h. das Werden der wirklichen Welt.«

Neben der reinen Wissens- bzw. Stoffvermittlung können auch soziale Kompetenzen zu den zu vermittelnden Kenntnissen und Fähigkeiten gehören. Dies ergibt sich auch aus der Entscheidung des BVerwGs vom 25.3.1993 über die Befreiung einer Schülerin islamischen Glaubens vom koedukativen Sportunterricht.[107] In den Entscheidungsgründen geht das Gericht auch auf die Bedeutung des Sportunterrichts im Rahmen der Ausbildung ein:

»Das Berufungsgericht hat zutreffend darauf hingewiesen, daß die staatliche Befugnis, die Ausbildungsgänge und Unterrichtsziele festzulegen, auch für den Sportunterricht gilt; dem Staat steht es daher frei, als Inhalt und Ziel des Sportunterrichts nicht allein die Förderung der Gesundheit der Schüler sowie die Entwicklung von sportlichen Fertigkeiten und Fähigkeiten, sondern zusätzlich z.B. die Einübung sozialen Verhaltens anzustreben und derart den Sportunterricht inhaltlich anzureichern und aufzuwerten. Derartige Bildungs- und Erziehungsziele enthält beispielhaft das sog. Zweite Aktionsprogramm für den Schulsport, das auf übereinstimmenden Beschlüssen der Ständigen Konferenz der Kultusminister der Länder, des Deutschen Sportbundes und der kommunalen Spitzenverbänden beruht (...). Danach soll der Schulsport als Handlungsraum, der Spontaneität ebenso erfordere wie planerisches Denken, Durchsetzungsvermögen wie Sensibilität, Leistungsstärke des einzelnen wie Solidarität mit Schwächeren, dazu dienen, Probleme im Sozialverhalten zu verringern und jene Spannungen positiv wirksam werden zu lassen, die aus unterschiedlichen Begabungen, Neigungen und Temperamenten resultieren (...).«[108]

Auffällig ist jedoch, daß auch dann, wenn andere Bildungsinhalte genannt werden oder auf das Sozialstaatsprinzip verwiesen wird, immer wieder auf die bestehenden Ausbildungseinrichtungen wie etwa die Schule Bezug genommen wird. Das Recht auf Bildung[109] steht also in enger Verbindung mit existierenden Bildungseinrichtungen wie etwa der Schule.[110] Einige Dokumente wie etwa einige der Länderverfas-

---

107 BVerwG RiA 1994, S. 198 ff.; s. auch die Anm. von *Albers*, DVBl. 1994, S. 984 ff. und *Füssel*, KJ 1994, S. 500 ff.
108 Vgl. zu den Erziehungszielen etwa auch Art. 27 Abs. 1 der Verfassung von Sachsen-Anhalt vom 16.7.1992 (GVBl. Nr. 31/1992): »Ziel der staatlichen und der unter staatlicher Aufsicht stehenden Erziehung und Bildung der Jugend ist die Entwicklung zur freien Persönlichkeit, die im Geiste der Toleranz bereit ist, Verantwortung für die Gemeinschaft mit anderen Menschen und Völkern und gegenüber künftigen Generationen zu tragen.« Oder Art. 28 der Verfassung von Brandenburg vom 20.8.1992 (GVBl. 1992 I, S. 298): »Erziehung und Bildung haben die Aufgabe, die Entwicklung der Persönlichkeit, selbständiges Denken und Handeln, Achtung vor der Würde, dem Glauben und den Überzeugungen anderer, Anerkennung der Demokratie und Freiheit, den Willen zu sozialer Gerechtigkeit, die Friedfertigkeit und Solidarität im Zusammenleben der Kulturen und Völker und die Verantwortung für Natur und Umwelt zu fördern.«
109 Vgl. zu den einfachgesetzlichen Ausformungen des Rechts auf Bildung (Arbeitsförderungsgesetz, Weiterbildungs- bzw. Erwachsenenbildungsgesetze, Bildungsurlaubsgesetze) *Richter*, DÖV 1987, S. 586 ff. Vgl. zum Recht auf Bildung ferner *Heymann/Stein*, AöR 97 (1972), S. 185 ff.; *Oppermann*, 51. DJT, Bd. 1, 1976, C 82 ff.; *Reuter*, DVBl. 1974, S. 7 ff.
110 Vgl. etwa *Brandl*, Das Sozialstaatsprinzip als subsidiäre Anspruchsgrundlage, 1989, S. 15: »Der Zusammenhang zwischen Sozialstaatsprinzip und Bildung besteht schon insofern, als die soziale Gerechtigkeit, welche durch das Sozialstaatsprinzip angestrebt wird, auch vermittels des Bildungswesens zu verwirklichen ist. Dieser wird man in bezug auf das Bildungswesen durch ein gerechtes Bildungssystem gerecht.« S. ferner *Stüer*, RdJB 1986, S. 282 ff.; *Theuersbacher*, NVwZ 1997, S. 744 ff. So etwa *Betz*, Arbeit und Bildung, 1991; *Dostal*, Bildung und Beschäftigung im technischen Wandel, 1982; *Hartung/Nuthmann/Teichler*, Bildung und Beschäftigung, 1981; *Herlyn*, Bil-

sungen oder auch Art. 2 des 1. Zusatzprotokolls zur EMRK[111] fassen Bildung, Ausbildung und den Zugang zu den existierenden Ausbildungseinrichtungen zusammen.[112] Dieses Verständnis von Bildung wird zum Teil mit Hinweis darauf begründet, daß Bildung der individuelle, momentane Wissensstand eines Menschen sei, der sich durch ständiges Hinzulernen, aber auch durch Verlernen von Kenntnissen stets verändere, so daß der Staat Bildung gar nicht vermitteln könne.[113]

cc. Der geplante Jugendgemeinschaftsdienst wird nun zwar sehr wohl (auch) bestimmte Kenntnisse und Fertigkeiten vermitteln, über die am Ende ein Zertifikat ausgestellt wird; auch sollen bestimmte Tätigkeiten unter Umständen als Praktika im Rahmen einer späteren Ausbildung Berücksichtigung finden,[114] so daß man eigentlich von einer »Bildung« sprechen könnte. Doch ist die Wissensvermittlung bzw. der Erwerb von sozialen Fähigkeiten nicht der Hauptzweck des Dienstes, sondern ein positiver Nebeneffekt, ein Reflex. Hauptanliegen ist trotz der verschiedenen Motive für die Einführung eines Freiwilligendienstes die Leistung von Diensten für die Allgemeinheit und im öffentlichen Interesse; die Wissens- bzw. Kenntnisvermittlung kommt erst an zweiter Stelle, so daß dieses Jahr nicht im Sinn des herkömmlichen Begriffs der »Bildung« verstanden werden kann.[115]

---

dung ohne Berufsperspektive?, 1987; *Rothlauf*, Die Beziehung zwischen Bildung, Berufsausbildung und Arbeitsmarkt, 1990. Vgl. demgegenüber aber *Bubolz-Lutz*, Bildung im Alter, 2. Auflage 1983. Vgl. etwa auch Art. 11 der Verfassung des Landes Baden-Württemberg: »(1) Jeder junge Mensch hat ohne Rücksicht auf Herkunft oder wirtschaftliche Lage das Recht auf eine seiner Begabung entsprechende Erziehung und Ausbildung. (2) Das öffentliche Schulwesen ist nach diesem Grundsatz zu gestalten.«
111 Art. 2 des 1. Zusatzprotokolls lautet: »Das Recht auf Bildung darf niemandem verwehrt werden. Der Staat hat bei der Ausübung der von ihm auf dem Gebiete der Erziehung und des Unterrichts übernommenen Aufgaben das Recht der Eltern zu achten, die Erziehung und den Unterricht entsprechend ihrer eigenen religiösen und weltanschaulichen Überzeugungen sicherzustellen.« Vgl. hierzu auch *Evrigenis*, EuGRZ 1981, S. 637 ff.; *Norgaard*, EuGRZ 1981, S. 633 ff.; sowie die Erläuterungen von *Villiger*, Handbuch der EMRK, Rn. 646. Vgl. zu den sozialen Grundrechten in der Schweizerischen Rechtsordnung, in der Europäischen Sozialcharta und den UNO-Menschenrechtspakten *Müller*, in: Böckenförde/Jekewitz/Ramm (Hrsg.), Soziale Grundrechte, 1981, S. 61, 70 ff.
112 Die Verbindung von Bildung und Schule bzw. Bildungseinrichtungen ergibt sich auch aus den Verfassungen der einzelnen Bundesländer. So wird in Art. 29 Abs. 1 der Verfassung von Brandenburg etwa das Recht auf Bildung genannt; nach Abs. 2 ist das Land verpflichtet, öffentliche Bildungseinrichtungen zu schaffen und berufliche Ausbildungssysteme zu fördern. Ähnliches gilt für Art. 25 der Verfassung von Sachsen und Art. 20 der Verfassung von Thüringen (hierzu *Starck*, ThürVBl. 1992, S. 10 ff.). Vgl. auch die Entscheidung des OVG der Freien Hansestadt Bremen zu Art. 27 der Verfassung v. Bremen, FRES 5, S. 328 ff.
113 *Diercks*, LKV 1996, S. 231 ff.
114 Vgl. S. 14 f. des Manifestes.
115 Vgl. demgegenüber aber die Umschreibung im Beschluß Nr. 1686/98/EG des Europäischen Parlamentes und des Rates »zur Einführung des gemeinschaftlichen Aktionsprogramms ›Europäischer Freiwilligendienst für junge Menschen‹ vom 20.7.1998 (ABl. EG Nr. L 214/1 vom 31.7.1998): »Die Teilnahme junger Menschen an Tätigkeiten des Freiwilligendienstes stellt eine Art nicht formaler Bildung dar, deren Qualität weitgehend von einer geeigneten Vorbereitung, auch in sprachlicher und kultureller Hinsicht, abhängen wird. Sie trägt zur Wahl ihres künftigen beruflichen Weges und zur Erweiterung ihres Horizontes bei, fördert die Entwicklung ihrer sozialen Fähigkeiten, einer aktiven Teilnahme am öffentlichen Leben und einer ausgewogenen Eingliederung in das wirtschaftliche, soziale und kulturelle Leben der Gemeinschaft und ermöglicht es, ihnen ein stärkeres Bewußtsein einer echten europäischen Bürgerschaft zu vermitteln.«

c. Ein Anspruch auf Zulassung und Beschäftigung könnte sich daher allenfalls aus einem allgemeinen Recht auf soziale und kulturelle Betätigung ergeben (originäres Teilhaberecht) oder einem mittelbaren Leistungsanspruch aus Art. 3 Abs. 1 GG[116].

aa. Grundrechte sind primär Abwehrrechte gegen den Staat,[117] doch können diesen auch Leistungs- und Teilhaberechte zugeordnet werden:[118]

> »Der verfassungsrechtliche Grundrechtsschutz im Bereich des Ausbildungswesens erschöpft sich indessen nicht in der den Freiheitsrechten herkömmlich beigemessenen Schutzfunktionen gegen Eingriffe der öffentlichen Gewalt. Das Bundesverfassungsgericht hat mehrfach ausgesprochen, daß die Grundrechte zugleich als objektive Normen eine Wertordnung statuieren, die als verfassungsrechtliche Grundentscheidung für alle Bereiche des Rechts Geltung beansprucht, und daß daher die Grundrechte nicht nur Abwehrrechte des Bürgers gegen den Staat sind. (. . .). Je stärker der moderne Staat sich der sozialen Sicherung und kulturellen Förderung der Bürger zuwendet, desto mehr tritt im Verhältnis zwischen Bürger und Staat neben das ursprüngliche Postulat grundrechtlicher Freiheitssicherung vor dem Staat die komplementäre Forderung nach der grundrechtlichen Verbürgung der Teilhabe an staatlichen Leistungen. Diese Entwicklung zeigt sich besonders deutlich im Bereich des Ausbildungswesens, das sich insoweit trotz des im übrigen bestehenden engen Zusammenhangs mit der Berufswahl von dieser unverkennbar abhebt. (. . .)«[119]

bb. Die Teilhaberechte gründen sich auf ein Grundrecht in Verbindung mit dem in Art. 20 Abs. 1 GG enthaltenen Sozialstaatsprinzip:

> »(. . .) so können sich doch, wenn der Staat gewisse Ausbildungseinrichtungen geschaffen hat, aus dem Gleichheitssatz in Verbindung mit Art. 12 Abs. 1 GG und dem Sozialstaatsprinzip Ansprüche auf Zutritt zu diesen Einrichtungen ergeben. Dies gilt insbesondere dort, wo der Staat (. . .) ein faktisches, nicht beliebig aufhebbares Monopol für sich in Anspruch genommen hat. (. . .) Hier folgt vielmehr daraus, daß der Staat Leistungen anbietet, ein Recht jedes hochschulreifen Staatsbürgers, an der damit gebotenen Lebenschance prinzipiell gleichberechtigt beteiligt zu werden. Art. 12 Abs. 1 GG in Verbindung mit Art. 3 As. 1 GG und dem Sozialstaatsprinzip gewährleistet allen ein Recht des die

---

116 Vgl. hierzu auch *v. Mangoldt/Klein/Starck*, Das Bonner Grundgesetz, Bd. 1, Rn. 114 ff. zu Art. 1 GG.
117 BVerwGE 27, S. 360. 362: »Eine staatliche Hilfe für die Privatschulen ist in Art. 7 GG allerdings nicht vorgesehen, sie sollte auch nicht geregelt werden (. . .), und es trifft grundsätzlich zu, daß die Schutzwirkungen eines verfassungsrechtlichen Freiheitsrechts sich nicht auf positive Leistungen der sog. gewährenden Verwaltung erstrecken. In außergewöhnlichen Fällen kann sich aus einer verfassungsrechtlichen Garantie aber ein Leistungsanspruch ergeben.«; vgl. auch BVerwGE 61, S. 15, 19, zur Veröffentlichung eines Erlasses über die Behandlung von Ausländerangelegenheiten: »Ein solcher Anspruch läßt sich auch nicht unmittelbar aus dem Grundrecht des Art. 12 Abs. 1 GG herleiten. Dieses stellt in erster Linie ein Abwehrrecht gegen Eingriffe der öffentlichen Gewalt dar. Im vorliegenden Zusammenhang geht es indessen um eine behördliche Leistung. Ansprüche auf behördliche Leistungen ergeben sich aber unmittelbar aus dem Grundrecht allenfalls ausnahmsweise, wenn die begehrte und der Behörde mögliche Leistung zum Schutz des grundrechtlich gesicherten Freiheitsraums unerläßlich ist.«
118 Vgl. *Sachs*, in: ders. (Hrsg.), Grundgesetz, Kommentar, Rn. 30 vor Art. 1 GG mit zahlreichen Nachweisen.
119 BVerfGE 30, S. 303, 330.

subjektiven Zulassungsvoraussetzungen erfüllenden Staatsbürgers auf Zulassung zum Hochschulstudium seiner Wahl.«[120]

cc. Die Nennung des Sozialstaatsprinzips zusammen mit dem jeweiligen Grundrecht macht deutlich, daß Teilhaberechte immer dann zum Tragen kommen, wenn etwa Fragen der Daseinsvorsorge, der Umverteilung oder der Schaffung sozialer Gerechtigkeit oder gleicher Chancen in Frage stehen.[121] Der Staat unterstützt dann aktiv die Förderung und Verwirklichung von Freiheitsbetätigungen. Dieser Zusammenhang hat aber auch zur Folge, daß Ansprüche auf Leistungen nur unter bestimmten Voraussetzungen und in bestimmten Bereichen bejaht werden. Aus Art. 2 Abs. 1 GG und aus Art. 1 Abs. 1 GG etwa werden Leistungsansprüche dann entnommen, wenn es sich um zum Leben unerläßliche Güter handelt wie etwa das Existenzminimum, ein Recht auf Wohnung, ein Recht auf menschenwürdige Existenz, oder die kostenlose Telephon- und Fernsehbenutzung;[122] zum Teil wird eine zwingend erforderlichen materielle Sicherung verlangt.[123] Inwieweit ein Recht auf soziale Entfaltung und Betätigung im Dienst an der Gemeinschaft verbunden auf Zulassung in einem bestimmten Freiwilligendienst diesen Rechten gleichgestellt werden kann, erscheint höchst fraglich.

dd. Hingewiesen sei auch darauf, daß Teilhaberechte nicht uneingeschränkt gewährt werden, sondern unter dem Vorbehalt des Möglichen und dem, was der Einzelne vernünftigerweise von der Gemeinschaft beanspruchen kann, stehen:

»Auch soweit Teilhaberechte nicht von vornherein auf das jeweils Vorhandene beschränkt sind, stehen sie doch unter dem Vorbehalt des Möglichen im Sinne dessen, was der Einzelne vernünftigerweise von der Gesellschaft beanspruchen kann. Dies hat in erster Linie der Gesetzgeber in eigener Verantwortung zu beurteilen, der bei der Haushaltswirtschaft auch andere Gemeinschaftsbelange zu berücksichtigen und nach der ausdrücklichen Vorschrift des Art. 109 Abs. 2 GG den Erfordernissen des gesamtwirtschaftlichen Gleichgewichts Rechnung zu tragen hat (...) Andererseits verpflichtet ein etwaiger Verfassungsauftrag nicht dazu, für jeden Bewerber zu jeder Zeit den von ihm gewünschten Studienplatz zur Verfügung zu stellen. (...) Das liefe auf ein Mißverständnis von Freiheit hinaus, bei dem verkannt würde, daß sich persönliche Freiheit auf die Dauer nicht losgelöst von Funktionsfähigkeit und Gleichgewicht des ganzen verwirklichen läßt und daß ein unbegrenztes subjektives Anspruchsdenken auf Kosten der Allgemeinheit unvereinbar mit dem Sozialstaatsgedanken ist. Das Grundgesetz hat – wie das Bundesverfassungsgericht wiederholt und in Zusammenhang mit dem Grundrecht der allgemeinen Handlungsfreiheit hervorgehoben hat (...) – die Spannung Individuum – Gemeinschaft im Sinne der Gemeinschaftsbezogenheit und Gemeinschaftsgebundenheit der Person entschieden; der Einzelne muß sich daher diejenigen Schranken seiner Handlungsfreiheit gefallen lassen,

---

120 BVerfGE 30, S. 303, 332.
121 Vgl. hierzu auch *Bieback*, EuGRZ 1985, S. 657 ff.; *Friauf*, DVBl. 1971, S. 647 ff.; *Häberle*, DÖV 1972, S. 729 ff.; Scheuner, DÖV 1971, S. 505 ff.; *Schmidt*, Beih. 5 zu Der Staat 1981, S. 9 ff.; *Zeidler*, DÖV 1972, S. 437 ff.; zum Sozialstaatsprinzip *Wollny*, DVBl. 1972, S. 525 ff.
122 *Murswiek*, in: Sachs (Hrsg.), Grundgesetz, Kommentar, Rn. 224 ff. zu Art. 2 GG.
123 *V. Mangoldt/Klein/Starck*, Das Bonner Grundgesetz, 3. Auflage, Bd. 1, Rn. 119 zu Art. 1 GG mit weiteren Nachweisen.

die der Gesetzgeber zur Pflege und Förderung des sozialen Zusammenlebens in den Grenzen des allgemein Zumutbaren vorsieht, vorausgesetzt, daß dabei die Eigenständigkeit der Person gewahrt bleibt.[124]

d. Der Einzelne hat daher keinen unbeschränkten verfassungsrechtlichen Anspruch auf Zulassung zum Jugendgemeinschaftsdienst oder auf die Schaffung von neuen Plätzen, sollte die Kapazität erschöpft sein.

5. *Schaffung eines gesetzlichen Zulassungsanspruchs*

a. Denkbar ist jedoch die Aufnahme eines gesetzlichen Zulassungsanspruchs zu Jugendgemeinschaftsdiensten, sollten diese nach der Pilotphase endgültig eingeführt werden. Jüngstes Beispiel für die Schaffung eines gesetzlichen Anspruchs ist die Einführung eines Rechtsanspruchs auf einen Kindergartenplatz als ein Recht des Kindes gemäß § 24 KJHG/SGB VII (»Ein Kind hat vom vollendeten dritten Lebensjahr bis zum Schuleintritt Anspruch auf den Besuch eines Kindergartens«).[125] Das OVG des Saarlandes entschied zum Anspruch auf einen Kindergartenplatz, daß es die Frage der Finanzierung nicht rechtfertige, den Antragsgegner von seiner Gewährleistungspflicht mit Blick darauf freizustellen, daß in anderen Ortsteilen noch ausreichend Kindergartenplätze verfügbar sind.[126] Der Anspruch auf einen Kindergartenplatz richtet sich entweder gegen öffentliche oder aber freie Träger.[127] Die Zusammenarbeit erfolgt zwischen beiden über sog. »Leistungssicherungsvereinbarungen«.[128] Zum Inhalt des gesetzlichen Rechtsanspruchs erfolgte mittlerweile eine Konkretisierung dahingehend, daß sich der Kindergartenplatz im Regelfall höchstens in einer Entfernung von zwanzig Fußminuten von der Wohnung befinden soll.[129] Für den Fall der Nichterfüllung des Rechtsanspruchs steht dem Betroffenen die Möglichkeit offen, Schadensersatz und eine Erstattung der für die durch die selbst verschaffte Betreuung anfallenden Kosten zu verlangen.[130]

b. Diese zum Anspruch auf einen Kindergartenplatz entwickelten Grundsätze lassen sich allerdings nur schwer auf den freiwilligen Jugendgemeinschaftsdienst übertragen. Zunächst ist zu klären, welchen Inhalt ein möglicher Anspruch haben soll. Ist Ziel des gesetzlichen Anspruchs primär die Sicherung der monatlichen Grundsicherung für den Einjahreszeitraum, so wird sich der Anspruch gegen die Stiftung und auf Ausgabe der Gutscheine richten, die ja (auch) vom Jugendlichen abgerufen und nach Vertragsschluß zwischen Freiwilligem und Träger eingelöst werden kön-

---

124 BVerfGE 30, S. 303, 332 und 334.
125 Vgl. zum Rechtsanspruch auf einen Kindergartenplatz *Brick*, LKV 1996, S. 403 ff.; *Lakies*, ZfJ 1996, S. 299 ff.; *Oehlmann-Austermann*, ZfH 1996, S. 7 ff.; *Siegfried*, SozSich 1997, S. 105 ff.; *Stähr*, ZfJ 1998, S. 24 ff.; *Struck*, ZfJ 1996, S. 157 ff.
126 Entscheidung vom 16.12.1997 – Az. 8 W 6/97 (nicht veröffentlicht); vgl. auch die Entscheidung des OVG Rheinland-Pfalz vom 16.9.1996 – 7 A 10388/97.OVG (nicht veröffentlicht).
127 Vgl. zur Frage des Anspruchsgegners auch *Lakies*, ZfJ 1998, S. 299 ff.; *Struck*, ZfJ 1996, S. 157 ff.
128 *Lakies*, ZfJ 1998, S. 299, 202.
129 *Oehlmann-Austermann*, ZfJ 1996, S. 7 ff.
130 *Struck*, ZfJ 1996, S. 157 ff.; *Wilke*, ZfJ 1996, S. 120, 122.

nen.[131] Hier wäre es allerdings sinnvoll, den Anspruch auf Grundsicherung bzw. Vermittlung unter den Vorbehalt der wirtschaftlichen Leistungsfähigkeit oder der Finanzierbarkeit zu stellen, sollten sich mehr Interessenten bewerben als der Stiftung Mittel zur Verfügung stehen. Schwieriger gestaltet sich die Frage dann, wann dem einzelnen Jugendlichen ein Anspruch auf Zulassung zu einer bestimmten Tätigkeit gewährt werden soll. Anders als bei der Diskussion über die Zurverfügungstellung von Kindergartenplätzen, wo eine bestimmte Nähe zur Wohnung notwendig ist, stellt sich die Frage, inwieweit ein Anspruch sich konkret auf einen bestimmten Platz bei einem bestimmten Träger richten kann, oder ob hier nicht allgemein auf die Vertragsfreiheit verwiesen werden sollte. Kann dem Einzelnen zugemutet werden, einen Platz im Bereich des Umweltschutzes anzunehmen, wenn er gerne kulturell arbeiten würde? Muß er Fahrtzeiten in Kauf nehmen? Ist es zumutbar, ihm gegebenenfalls einen Platz in einem anderen Bundesland, im Europäischen Freiwilligendienst oder in anderen Staaten anzubieten? Und fraglich ist schließlich, in welchem Umfang ein Schadensersatz bei Nichterfüllung der Verpflichtung gewährt werden sollte. Wie ist der Schaden eines Jugendlichen zu beziffern, der nicht am Freiwilligendienst teilgenommen, dafür aber sein Studium begonnen hat?

6. *Ergebnis*

Ein unbeschränkter verfassungsrechtlicher Anspruch auf Zulassung und Aufnahme, gegebenenfalls Schaffung neuer Plätze oder Erhöhung der Mittel, existiert nicht. Denkbar wäre es jedoch, einen Anspruch gegen die Stiftung auf Grundsicherung – gegebenenfalls im Rahmen des Finanzierbaren bzw. der Leistungsfähigkeit – einzuführen, sollte der Jugendliche einen Vertragspartner oder einen Platz vorweisen können. Ein Anspruch auf Zulassung zu konkreten Tätigkeiten hingegen wäre angesichts der verschiedenen Tätigkeiten, der unterschiedlichen Träger und der Verknüpfung auch mit ausländischen Organisationen nur schwer realisierbar.

IV. *Europarechtliche Aspekte der Einführung eines Freiwilligendienstes*

Seit einigen Jahren wird auf europäischer Ebene durch die Kommission seit 1996 ein Freiwilligenprogramm (»Europäischer Freiwilligendienst für Jugendliche«) pilotmäßig durchgeführt, zu dem bereits die ersten Berichte sowie ein Beschluß von Rat und Europäischem Parlament von Juli 1998 vorliegen.[132] Der Freiwilligendienst ist darüber hinaus in der Erklärung Nr. 38 zu dem am 1. Mai 1999 in Kraft getretenen Amsterdamer Vertrag genannt:

> »Die Konferenz erkennt an, daß die freiwilligen Dienste einen wichtigen Beitrag zur Entwicklung der sozialen Solidarität leisten. Die Gemeinschaft wird die europäische Dimension freiwilliger Vereinigungen fördern und dabei besonderen Wert auf den Austausch

---

131 Vgl. S. 14 des Manifestes.

von Informationen und Erfahrungen sowie die Mitwirkung von Jugendlichen und älteren Menschen an freiwilliger Arbeit legen.«

Ein darüber hinaus gehender Vorschlag, Rechte und Pflichten von Unionsbürgern sowie den Freiwilligendienst in Art. 17 EGV aufzunehmen, wurde bislang nicht verwirklicht.[133]

1. Der Europäische Freiwilligendienst und die Vorschläge der Kommission

Der Europäische Freiwilligendienst ist durch den Beschluß Nr. 1686/98/EG des Europäischen Parlamentes und des Rates »zur Einführung des gemeinschaftlichen Aktionsprogramms ›Europäischer Freiwilligendienst für junge Menschen‹« vom 20. Juli 1998[134] konkretisiert worden. Durch diesen Beschluß soll ein gemeinschaft-

---

[132] Zweiter Zwischenbericht der Pilotaktion: Europäischer Freiwilligendienst für Jugendliche, KOM (97) 512 endg.; der erste Bericht wurde KOM (96) 610 beigefügt. Vgl. ferner die legislative Entschließung mit der Stellungnahme des Europäischen Parlaments zu dem Vorschlag für einen Beschluß des Europäischen Parlaments und des Rates zur Einführung des Gemeinschaftlichen Aktionsprogramms (Europäischer Freiwilligendienst für Jugendliche«, KOM (96) 610 C4-0681/96 96/ 0318 (COD); die Stellungnahme des Wirtschafts- und Sozialausschusses zu dem »Arbeitsdokument der Kommission« Leitlinien für einen Europäischen Freiwilligendienst für Jugendliche, ABl. Nr. 204 vom 15.7.1996, S. 76; die Stellungnahme des Ausschusses der Regionen zu dem »Vorschlag für einen Beschluß des Europäischen Parlaments und des Rates für ein gemeinschaftliches Aktionsprogramm – Europäischer Freiwilligendienst für Jugendliche », ABl. Nr. C 244 vom 11.8.1997, S. 47; den Gemeinsamen Standpunkt (EG) Nr. 6/98 vom Rat festgelegt am 16.12.1997 im Hinblick auf den Erlaß des Beschlusses 98/. . ./EG des Europäischen Parlaments und des Rates vom . . . zur Einführung des gemeinschaftlichen Aktionsprogramms »Europäischer Freiwilligendienst für junge Menschen«, ABl. Nr. C 43 vom 9.2.1998, S. 35; die Stellungnahme der Kommission gemäß Art. 189 b Abs. 2 Buchst. d) des EGV zu den Abänderungen des Europäischen Parlamentes des gemeinsamen Standpunkts des Rates betreffend den Vorschlag für einen Beschluß des Europäischen Parlaments und des Rates zur Einführung des Gemeinschaftlichen Aktionsprogramms »Europäischer Freiwilligendienst für Jugendliche« (KOM/98/0201 endg.); den geänderten Vorschlag für einen Beschluß des Europäischen Parlaments und des Rates zur Einführung des Gemeinschaftlichen Aktionsprogramms »Europäischer Freiwilligendienst für Jugendliche« (KOM/98/ 201 endg.); den Vorschlag der Kommission für einen Beschluß des Europäischen Parlaments und des Rates zur Einführung des Gemeinschaftlichen Aktionsprogramms »Jugend«, KOM (1998) 331 endg.; den Beschluß Nr. 1686/98/EG des Europäischen Parlaments vom 20. Juli 1998 zur Einführung des gemeinschaftlichen Aktionsprogramms »Europäischer Freiwilligendienst für junge Menschen«, ABl.EG Nr. L 214/1 vom 31.7.1998; die schriftliche Anfrage Nr. 2254/97 von *Amadeo Amadeo* an die Kommission, ABl. Nr. C 45 vom 10.2.1998, S. 163; die Anfrage Nr. 59 (H-0864/97) von *María Izquierdo Rojo* an die Kommission. Maghreb-Partnerländer und »Europäischer Freiwilligendienst für Jugendliche«, ABl. Nr. C 302 vom 3.10.1997; die Anfrage Nr. 3 (H-0863/97) von *María Izquierdo Rojo* an den Rat. Maghreb-Partnerländer und »Europäischer Freiwilligendienst für Jugendliche », ABl. Nr. C 302 vom 3.10.1997; die schriftliche Anfrage Nr. 969/97 von *Marjo Matikainen-Kallstroem* an die Kommission. Freiwilligendienst, ABl. Nr. 319 vom 18.10.1997, S. 208.
[133] Vgl. hierzu den Vorschlag der Freien Wohlfahrtsverbände; Art. 17 Abs. 2 und 3 EGV sollten lauten: »(2) Jede Frau, jeder Mann und jeder junge Mensch ist Unionsbürger in der Europäischen Bürgergesellschaft. Ihre Rechte und Pflichten bestimmen sich nach einer für die Grundrechte gewährleistenden offenen, flexiblen und transparenten Europäischen Verfassung, die nach den Prinzipien der Subsidiarität und des Bürgerdialogs zu entwickeln und zu gestalten ist.
(3) Zur menschenwürdigen Entfaltung ihrer Person nehmen Unionsbürger ethisch und ökonomisch Einfluß auf die wirtschaftlichen und sozialen Belange der Europäischen Union. Die Grundbedürfnisse eines jeden werden erfüllt. Insbesondere durch freiwillige Dienste z.B. in den Wohlfahrtsverbänden ist jedem Gelegenheit zu geben, seine Pflicht zur Zivilität zu erfüllen.«
[134] ABl.EG Nr. L 2124/1 vom 31.7.1998. Vgl. hierzu auch Schuler, ZFSH/SGB 1999, 717 ff. Vgl. darüber hinaus auch den Vorschlag der Kommission vom 28. August 1998 (KOM [1998] 331 endg.) und den Vorschlag für einen Beschluß des Europäischen Parlaments und des Rates zur Einführung des Gemeinschaftlichen Aktionsprogramms »Jugend« (598PC0331).

licher Rahmen geschaffen werden, der zur Entwicklung grenzüberschreitender Tätigkeiten im Rahmen des Freiwilligendienstes beitragen soll.[135] Das Programm gilt für den Zeitraum vom 1.1.1998 bis 31.12.1999;[136] der Finanzrahmen wird in Art. 3 Abs. 1 auf 47,5 Millionen ECU festgesetzt. Die Teilnahme soll jungen Menschen zwischen 18 und 25 Jahren ermöglicht werden.[137] Zum Freiwilligendienst selbst wird ausgeführt, daß es sich hier um eine Tätigkeit ohne Erwerbszweck handle, bei dem das Aufnahmeprojekt für den jungen Erwachsenen einen Rahmen für eine nicht formale Bildung darstelle; diese Tätigkeit könne keinesfalls einem Arbeitsverhältnis gleichgesetzt werden:[138]

»Die Teilnahme junger Menschen an Tätigkeiten des Freiwilligendienstes stellt eine Art nicht formaler Bildung dar, deren Qualität weitgehend von einer geeigneten Vorbereitung, auch in sprachlicher und kultureller Hinsicht, abhängen wird. Sie trägt zur Wahl ihres künftigen beruflichen Weges und zur Erweiterung ihres Horizontes bei, fördert die Entwicklung ihrer sozialer Fähigkeiten, einer aktiven Teilnahme am öffentlichen Leben und einer ausgewogenen Eingliederung in das wirtschaftliche, soziale und kulturelle Leben der Gemeinschaft und ermöglicht es, ihnen ein stärkeres Bewußtsein einer echten europäischen Bürgerschaft zu vermitteln.«[139]

Alle jungen Menschen mit rechtmäßigem Wohnsitz in einem Mitgliedstaat sollen ohne jede Diskriminierung Zugang zum Freiwilligendienst haben,[140] der für einen Einjahreszeitraum vorgesehen ist. Darüber hinaus soll das Programm aber auch den assoziierten mittel- und osteuropäischen Ländern zur Teilnahme offenstehen, und zwar gemäß den Bedingungen der Europa-Abkommen oder der bereits geschlossenen oder noch zu schließenden Zusatzprotokolle über die Mitwirkung dieser Länder an Gemeinschaftsprogrammen. Das Programm steht daneben Zypern und Malta auf der Grundlage von zusätzlichen Finanzmitteln und nach den gleichen Regeln, wie sie auf die am Europäischen Wirtschaftsraum teilnehmenden EFTA-Staaten angewendet werden, sowie nach mit diesen Ländern zu vereinbarenden Verfahren offen.[141] Die Erteilung der Aufenthaltsgenehmigung und gegebenenfalls des Visums fällt in die Zuständigkeit der Behörden der Mitgliedstaaten.[142]

2. Die Anwendung des Arbeitnehmerbegriffs auf den in Deutschland geplanten Jugendgemeinschaftsdienst

a. Unabhängig davon, wie der Freiwilligendienst im Rahmen eines europaweiten Projektes konkret ausgestaltet wird, und welcher Kategorie (Studenten, Praktikanten, etc.) der einzelne Jugendliche zugeordnet wird, ist zu prüfen, ob ein Jugendli-

---

135 Erwägung Nr. 13.
136 Art. 1 Abs. 1 des Beschlusses.
137 Art. 2 Abs. 1 des Beschlusses.
138 Erwägung Nr. 19.
139 Erwägung Nr. 14; ähnlich auch Art. 1 Abs. 2 des Beschlusses.
140 Erwägung Nr. 23 und Art. 1 Abs. 1 sowie Art. 4 Abs. 1 des Beschlusses.
141 Erwägung Nr. 32 und Art. 5 des Beschlusses.
142 Erwägung Nr. 24.

cher, der nach deutschem Recht seinen Jugendgemeinschaftsdienst antritt, unter den gemeinschaftsrechtlichen Begriff des »Arbeitnehmers« fällt. Diese Entscheidung wirkt sich insbesondere auch auf andere Rechte wie das Aufenthaltsrecht oder den Bereich der sozialen Sicherheit bei einer Tätigkeit in einem anderen EU-Mitgliedstaat aus.[143]

b. Nach der Rechtsprechung des EuGH ist der Begriff des »Arbeitnehmers« weit auszulegen. Arbeitnehmer ist jeder, der »für einen anderen nach dessen Weisung Leistungen erbringt, für die er als Gegenleistung eine Vergütung erhält«.[144] Maßgeblich ist allein die tatsächliche Ausübung einer (erlaubten) Beschäftigung im Lohn- oder Gehaltsverhältnis, ohne Rücksicht darauf, ob der Aufenthalt ursprünglich zum Zweck der Arbeitsaufnahme gestattet worden war.[145] Selbst eine Teilzeitbeschäftigung, aus der die Einkünfte nicht das in dem betreffenden Mitgliedstaat festgelegte Existenzminimum erreichen, kann genügen.[146] Gelegenheitsarbeiten[147] oder eine Tätigkeit von zwölf Wochenstunden eines Musiklehrers, der seinen Lebensunterhalt neben den Einkünften aus seiner Erwerbstätigkeit aus öffentlichen Mitteln des Wohnortmitgliedstaates bestreitet,[148] reichen für eine Anwendung des Art. 39 EG aus. Auch ein Praktikant, der nur gegen ein geringes Entgelt arbeitet, kann Arbeitnehmer sein.[149] Abgelehnt wurde die Arbeitnehmereigenschaft vom EuGH dann, wenn die bezahlte Beschäftigung nur ein Mittel zur Rehabilitation und Wiedereingliederung darstellt, da sie dann keine wirkliche und tatsächliche wirtschaftliche Tätigkeit darstellt.[150] Entscheidend ist nach der Rechtsprechung des EuGH, daß die Tätigkeit nicht einen so geringen Umfang hat, daß sie unwesentlich und untergeordnet ist.[151] Speziell zum Merkmal der Entgeltlichkeit hat der EuGH in der Entscheidung *Udo Steinmann* Stellung genommen, in der es um Arbeiten der Bhagwan-Vereinigung und für deren Rechnung als Teil der gewerblichen Tätigkeiten dieser Vereinigung ging.[152] Diese Arbeiten nahmen im Leben der Sekte einen bedeutenden Platz ein, und die Mitglieder konnten sich diesen Arbeiten nur unter besonderen Umständen entziehen. Die Baghwan-Sekte ihrerseits sorgte, abhängig von Art und Umfang der Arbeit, die ihre Mitglieder verrichteten, für deren Lebensunterhalt und zahlte ihnen ein Taschengeld. Der EuGH legte in seiner Entscheidung dar, daß in einem solchen Fall nicht von vornherein ausgeschlossen werden kann,

---

143 Vgl, hierzu insbes. Schuler, ZFSH/SGB 1999, S. 717, 719 ff. mit zahlreichen Nachweisen auf den außerarbeitsrechtlichen Charakter der Freiwilligendienste.
144 *Lawrie-Blum*, Slg. 1986, 2124; vgl. auch die Kommentierung von *Erhard*, in: Lenz (Hrsg.), Kommentar, Rn. 6 zu Art. 48 EGV.
145 Hamburgisches OVG vom 15.5.1991, InfAuslR 1991, 337. Vgl. zur Arbeitnehmereigenschaft auch *Hailbronner*, in: ders./Klein/Magiera/Müller-Graff, (Hrsg.), Handkommentar zum EUV/EGV, Rn. 1 zu Art. 48 EGV.
146 *Levin*, Rs. 53/81, Slg. 1982, 1035.
147 *Raulin*, Rs. 357/89, Slg. 1992 I-1027.
148 *Kempf*, Rs. 139/85, Slg. 1986, 1749.
149 *Bernini*, Rs. C-3/90, Slg. 1992 I-3161.
150 *Bettray*, Rs. 344/87, Slg. 1989, 1621.
151 Vgl. ferner die Ausführungen von *Randelzhofer*, in: Grabitz, Kommentar, Rn. 2 ff. zu Art. 48 EGV.
152 Rs. 196/87, Slg. 1988, 6159; vgl. hierzu auch *Hailbronner*, in: ders./Klein/Magiera/Müller-Graff (Hrsg.), Kommentar, Rn. 7 zu Art. 48 EGV.

daß die von den Mitgliedern dieser Vereinigung verrichteten Arbeiten einen Teil des Wirtschaftslebens im Sinne des EGV darstellen; diese Tätigkeiten der Mitglieder einer auf Religion oder einer anderen Form der Weltanschauung beruhenden Vereinigung im Rahmen der gewerblichen Tätigkeit dieser Vereinigung machten insoweit einen Teil des Wirtschaftslebens aus, als die Leistungen, die die Vereinigung ihren Mitgliedern gewährt, als mittelbare Gegenleistung für tatsächliche und echte Tätigkeiten betrachtet werden können.[153]

c. Überträgt man diese Grundsätze auf die Einführung des Jugendgemeinschaftsdienstes in Deutschland, so wird man trotz des Bildungsaspektes der freiwilligen Tätigkeit die Arbeitnehmereigenschaft nicht verneinen können. Denn bereits im Rahmen des Pilotprojektes soll für die finanzielle Absicherung des Freiwilligen Sorge getragen werden. Sie erhalten einen monatlichen Festbetrag von 950 DM für die durchschnittlichen Unterkunftskosten, 300 DM für Verpflegung und Arbeitskleidung, 50 DM Fahrtkostenerstattung und darüber hinaus auch noch ein Taschengeld. Die Beiträge zur gesetzlichen Renten-, Unfall-, Kranken-, Pflege- und Arbeitslosenversicherung von rund 270 DM werden ebenfalls übernommen.

3. *Das Aufenthalts- und Arbeitserlaubnisrecht*

Die Richtlinie 68/360[154] verwirklicht das Recht der Unionsbürger, sich im Hoheitsgebiet der Mitgliedstaaten frei zu bewegen und sich dort aufzuhalten.[155] Für die Ein- und Ausreise genügt nach Art. 2 und 3 der Richtlinie die Vorlage eines gültigen Reisepasses oder Personalausweises. Weder für die Ein- oder Ausreise dürfen ein Sichtvermerk oder ein gleichartiger Nachweis verlangt werden. Werden die in Art. 3 der Richtlinie genannten Unterlagen vorgelegt, wird das Aufenthaltsrecht gewährt. Zum Nachweis des Aufenthaltsrechtes wird eine besondere (deklaratorische Aufenthalts-)[156] Bescheinigung ausgestellt, die »Aufenthaltserlaubnis für Angehörige eines Mitgliedstaates der EWG«, in der vermerkt sein muß, daß sie aufgrund der Verordnung Nr. 1612/68 und der von den Mitgliedstaaten gemäß der Richtlinie Nr. 68/360 erlassenen Vorschriften ausgestellt wurde. Nach Art. 6 Abs. 1 muß die Aufenthaltserlaubnis eine Gültigkeitsdauer von mindestens fünf Jahren haben und ohne weiteres verlängert werden können. Nach Art. 6 Abs. 1 lit. a muß die Aufenthaltserlaubnis für das gesamte Hoheitsgebiet des erteilenden Mitgliedstaates gelten. Art. 10 enthält einen allgemeinen Vorbehalt der öffentlichen Ordnung, Sicherheit

---

153 Der Vorschlag des Generalanwalts *Darmon* lautete: »Eine in einem Mitgliedstaat von einem Angehörigen eines anderen Mitgliedstaats im Rahmen oder im Dienste einer weltanschaulichen Gemeinschaft ausgeübte Berufstätigkeit kann vom einzelstaatlichen Gericht als Teil des Wirtschaftslebens im Sinne des Vertrages angesehen werden, wenn sie die notwendige Gegenleistung für das Entgelt, unabhängig von dessen Art, darstellt, das der Betroffene von dieser Gemeinschaft erhält.«
154 Richtlinie des Rates vom 15.10.1968 zur Aufhebung der Reise- und Aufenthaltsbeschränkungen für Arbeitnehmer der Mitgliedstaaten und ihre Familienangehörigen innerhalb der Gemeinschaft, ABl. Nr. L 257/68. Vgl. zum Inhalt der Richtlinie etwa die Kommentierung bei *Randelzhofer*, in: Grabitz (Hrsg.), Kommentar, Rn 38 ff. zu Art. 48 EGV.
155 Diese hat ihren Niederschlag in dem Aufenthaltsgesetz/EWG gefunden.
156 Vgl. die Entscheidung des EuGH in der Rs. 8/77, *Sagulo*, Slg. 1977, 1495.

und Gesundheit. Die in der Richtlinie genannten Aufenthaltsdokumente für die Staatsangehörigen der Mitgliedstaaten werden nach Art. 9 Abs. 1 unentgeltlich oder gegen die Entrichtung eines Betrages, der die Ausstellungsgebühr von Personalausweisen für Inländer nicht übersteigen darf, erteilt und verlängert.[157]

4. Soziale Sicherheit

Für Arbeitnehmer finden die Verordnungen 1408/71[158] und 1612/68 Anwendung.[159] Eine Harmonisierung der innerstaatlichen Rechtsvorschriften im Bereich der sozialen Sicherheit kann zwar die Folge der gegenwärtigen Arbeiten und Anstrengungen der Kommission sein, bislang jedoch beschränken sich die gemeinschaftsrechtlichen Regelungen auf eine Koordinierung der Systeme der sozialen Sicherheit. Die Mitgliedstaaten können frei darüber entscheiden, wer versichert ist, welche Leistungen gewährt werden und zu welchen Voraussetzungen welche Beiträge zu entrichten sind.[160] Die Koordinierung soll verhindern, daß Personen, die in der Gemeinschaft zu- und abwandern, ihre Sozialversicherungsansprüche verlieren oder Beiträge doppelt entrichten müssen. Die gemeinschaftsrechtlichen Bestimmungen beruhen auf dem Prinzip der Gleichbehandlung der Gemeinschaftsangehörigen, dem Export von Leistungen und dem Prinzip der Zusammenrechnung der in mehreren Mitgliedstaaten zurückgelegten Versicherungszeiten. Eine Änderung für den Bereich der sozialen Sicherheit enthält durch den Vertrag von Amsterdam der Art. 42 EG. Der Rat beschließt nunmehr nach Art. 251 EG Maßnahmen auf dem Gebiet der sozialen Sicherheit und führt ein System ein, welches aus- und einwandernden Arbeitnehmern und deren anspruchsberechtigten Angehörigen folgendes sichert: die Zusammenrechnung aller nach den verschiedenen innerstaatlichen Rechtsvorschriften berücksichtigten Zeiten für den Erwerb und die Aufrechterhaltung des Leistungsanspruchs sowie für die Berechnung der Leistungen; die Zahlung der Leistungen an Personen, die in den Hoheitsgebieten der Mitgliedstaaten wohnen.[161]

5. Drittstaatsangehörige

a. Einreise, Aufenthalt und Erwerbstätigkeit von Drittstaatsangehörigen werden noch durch nationale Vorschriften geregelt. Sie fielen in den Bereich der Zusammenarbeit zwischen den Bereichen Justiz und Inneres. Freizügigkeitsrechte können Drittstaatsangehörige nicht in Anspruch nehmen. Ein Aufenthaltsrecht in einem Mitgliedstaat führt daher nicht dazu, daß sich der Einzelne nun erlaubterweise in

---

157 In der Bundesrepublik Deutschland wird für die Erteilung oder Verlängerung der Aufenthaltserlaubnis – so § 13 AufenthG/EWG – keine Gebühr erhoben. Vgl. zur Qualifikation nach inländischem Arbeitsrecht Schuler, ZFSH/SGB 1999, S. 717, 720 f.
158 1999 wurde ein Vorschlag für eine Änderung dieser Verordnung vorgelegt.
159 Erwähnt sei auch die Verordnung (EWG) Nr. 574/72 vom 21.3.1972 zur Durchführung der Verordnung (EWG) Nr. 1408/71.
160 Zu beachten ist allerdings der Grundsatz der Nichtdiskriminierung.
161 Vgl. zum deutschen Sozialversicherungsrecht Schuler, ZFSH/SGB 1999, S. 717, 721 f.

einen anderen Mitgliedstaat begeben kann.[162] Fraglich ist allerdings, inwieweit Vorschläge für Rechtsakte wie etwa die Ausdehnung des persönlichen Anwendungsbereiches der Verordnung 1408/71 zugunsten von Drittstaatsangehörigen[163] auch Auswirkungen auf die Freizügigkeit und Erwerbstätigkeit von Drittstaatsangehörigen haben kann.[164]

b. Auf völkervertraglicher Ebene enthält das Schengener Übereinkommen[165] den Grundsatz der Gleichwertigkeit zwischen Aufenthaltsgenehmigung und Sichtvermerk; es erstreckt sich jedoch nicht auf Aufenthalte von längerer Dauer oder den Zugang zu einer Beschäftigung. Es wurden verschiedene Vorschläge vorgelegt, um die Rechtsstellung der Drittstaatsangehörigen in der Gemeinschaft zu verbessern bzw. gemeinschaftsrechtlich zu regeln. Ein Vorschlag der Kommission gilt einer Richtlinie des Rates über die Reisefreiheit von Drittstaatsangehörigen von Drittländern; in diesem Vorschlag wird der Grundsatz der Gleichwertigkeit zwischen Aufenthaltstitel und Visum bei Aufenthalten von weniger als drei Monaten aufgenommen.[166] Die Kommission legte ferner am 30. Juli 1997 den Entwurf eines Übereinkommens zur Regelung der Zulassung von Staatsangehörigen von Drittländern in das Hoheitsgebiet der Mitgliedstaaten vor.[167] Die Entscheidung über die erste Zulassung verbleibt hiernach bei der zuständigen Behörde des Mitgliedstaates, die die erstmalige Einreise in das Gemeinschaftsgebiet unter bestimmten Voraussetzungen gestatten kann. Der Vorschlag enthält jedoch darüber hinaus eine Anerkennung von Drittstaatsangehörigen als auf Dauer aufhältige Staatsangehörige dritter Staaten mit der Folge der Gleichbehandlung dieses Personenkreises mit Unionsbürgern.[168] Nach Art. 32 des Vorschlages sollen Staatsangehörige dritter Staaten als in einem Mitgliedstaat auf Dauer aufhältig anerkannt werden, wenn sie seit mindestens fünf Jahren ihren gewöhnlichen und rechtmäßigen Aufenthalt in diesem Mitgliedstaat haben, und wenn sie in Besitz einer Aufenthaltsgenehmigung sind, die ihnen einen Aufenthalt von insgesamt mindestens zehn Jahren ab der Erstzulassung ermöglicht.

c. Mit dem Vertrag von Amsterdam wurden die Bereiche Visa, Asyl, Einwanderung und andere Politiken betreffend den freien Personenverkehr in Gemeinschafts-

---

162 Im Einzelfall kann hier ein Visum erforderlich sein; ferner darf der Aufenthalt nicht dem Zweck der Aufnahme und Ausübung einer entgeltlichen Tätigkeit dienen.
163 Vgl. KOM (97) 561 endg; KOM (98) 779 endg.
164 Die Kommission neigt zu der Auffassung, solche Auswirkungen abzulehnen (KOM [97] 561 endg).
165 Vgl. zur Einbeziehung des Schengen-Besitzstandes in den Rahmen der Europäischen Union das Protokoll Nr. 2 in EUV/EGV.
166 KOM (95) 346; vgl. zur Frage einer ausreichenden Rechtsgrundlage *Weber*, ZAR 1997, 25.
167 KOM (97) 387 vom 30.7.1997.
168 Ähnliche Vorschläge und Stellungnahmen liegen auch vom Europäischen Parlament und dem Wirtschafts- und Sozialausschuß vor; vgl. etwa die Entschließung des Parlaments vom 14.6.1990 zu den Wanderarbeitnehmern aus Drittländern, ABl. C 175 vom 16.6.1990, S. 180; Entschließung vom 18.11.1992 zur europäischen Einwanderungspolitik, ABl. C 337 vom 21.12.1992, S. 94; Entschließung vom 15.7.1993 zur europäischen Einwanderungspolitik, ABl. C 225 vom 20.9.1993, S. 184; und die Entschließung vom 30.1.1997 zu Rassismus, Fremdenfeindlichkeit und Antisemitismus und zum Europäischen Jahr gegen Rassismus (1997), ABl. C 55 vom 24.2.1997; vgl. ferner etwa die Stellungnahme des Wirtschafts- und Sozialausschusses vom 25.9.1991 über die Stellung der Wanderarbeitnehmer aus Drittstaaten, ABl. Vom 31.12.1991, S. 82.

recht überführt.[169] Neben Fragen der Kontrolle der Einwanderung sollen aufgrund der neuen Kompetenzen auch die Rechte von Drittstaatsangehörigen gemeinschaftsrechtlich geregelt werden können. Weitere Regelungen betreffen die Freizügigkeit von Drittstaatsangehörigen.[170]

d. Die Verordnung 1408/71 findet nach Art. 2 grundsätzlich nur auf die Angehörigen von EG-Mitgliedstaaten Anwendung, sofern keine Privilegierung der Drittstaatsangehörigen im Einzelfall gegeben ist.[171] Die Koordinierung auf gemeinschaftsrechtlicher Ebene ist rein intern und betrifft ausschließlich die Systeme der sozialen Sicherheit der Mitgliedstaaten, nicht jedoch die dritter Staaten.[172] Hier ist der Einzelne bislang auf die mit diesen abgeschlossenen Sozialversicherungsabkommen angewiesen, die jedoch zumeist nur bestimmte Zweige der sozialen

---

[169] Art. 61 EG lautet: »Zum schrittweisen Aufbau eines Raums der Freiheit, der Sicherheit und des Rechts erläßt der Rat
a) innerhalb eines Zeitraumes von fünf Jahren nach dem Inkrafttreten dieses Titels Maßnahmen zur Gewährleistung des freien Personenverkehrs nach Artikel 14 in Verbindung mit unmittelbar damit zusammenhängenden flankierenden Maßnahmen in bezug auf die Kontrollen an den Außengrenzen, Asyl und Einwanderung nach Artikel 62 Nummern 2 und 3, Artikel 63 Nummer 1 Buchstabe a und Nummer 2 Buchstabe a sowie Maßnahmen zur Verhütung und Bekämpfung der Kriminalität nach Artikel 31 Buchstabe e des Vertrags über die Europäische Union;
b) sonstige Maßnahmen in den Bereichen Asyl, Einwanderung und Schutz der Rechte von Staatsangehörigen dritter Ländern nach Artikel 63;
c) Maßnahmen im Bereich der justitiellen Zusammenarbeit in Zivilsachen nach Art. 65;
d) geeignete Maßnahmen zur Förderung und Verstärkung der Zusammenarbeit der Verwaltungen nach Artikel 66;
e) Maßnahmen im Bereich der polizeilichen und justitiellen Zusammenarbeit in Strafsachen, die durch die Verhütung und Bekämpfung der Kriminalität in der Union nach dem Vertrag über die Europäische Union auf ein hohes Maß an Sicherheit abzielen.« Vgl. auch Art. 63 Nr. 4, in dem Maßnahmen zur Festlegung der Rechte und der Bedingungen, gemäß denen Staatsangehörige dritter Länder, die sich rechtmäßig in einem Mitgliedstaat aufhalten, sich in anderen Mitgliedstaaten aufhalten dürfen.«
[170] Vgl. Art. 62: »Der Rat beschließt nach dem Verfahren des Artikels 67 innerhalb eines Zeitraumes von fünf Jahren nach Inkrafttreten des Vertrages von Amsterdam
1. Maßnahmen, die nach Art. 14 sicherstellen, daß Personen, seien es Bürger der Union oder Staatsangehörige dritter Länder, beim Überschreiten der Binnengrenzen nicht kontrolliert werden;
2. Maßnahmen bezüglich des Überschreitens der Außengrenzen der Mitgliedstaaten, mit denen folgendes festgelegt wird:
a) Normen und Verfahren, die von den Mitgliedstaaten bei der Durchführung der Personenkontrollen an diesen Grenzen einzuhalten sind;
b) Vorschriften über Visa für geplante Aufenthalte von höchstens drei Monaten einschließlich
i) einer Liste der Drittländer, deren Staatsangehörige beim Überschreiten der Außengrenzen im Besitz eines Visums sein müssen, sowie der Drittländer, deren Staatsangehörige von dieser Visumspflicht befreit sind;
ii) der Verfahren und Voraussetzungen für die Visumserteilung durch die Mitgliedstaaten;
iii) der einheitlichen Visumsgestaltung;
iv) der Vorschriften für ein einheitliches Visum.
3. Maßnahmen zur Festlegung der Bedingungen, unter denen Staatsangehörige dritter Länder im Hoheitsgebiet der Mitgliedstaaten während eines Aufenthalts von höchstens drei Monaten Reisefreiheit genießen.«
[171] Eine solche kommt für Familienangehörige eines Gemeinschaftsangehörigen in Betracht. Darüber hinaus gilt das Staatsangehörigkeitserfordernis auch nicht für Flüchtlinge und Staatenlose, die im Hoheitsgebiet eines Mitgliedstaates wohnen sowie die Angehörigen von EWR-Mitgliedstaaten.
[172] Zu beachten sind hier aber die Assoziierungsabkommen, die auch Vorschriften im Bereich der sozialen Sicherheit enthalten können; vgl. etwa das Assoziierungsabkommen mit der Türkei, den Beschluß Nr. 1/80 des Assoziiationsrates vom 19.9.1980, sowie die Abkommen mit Marokko, Tunesien und Algerien.

Sicherheit betreffen. Probleme, die bei Drittstaatsangehörigen etwa durch einen doppelten Einzug von Beiträgen entstehen könne, wurden von der hochrangigen Arbeitsgruppe unter dem Vorsitz von *Simone Veil* bereits im Bericht zum freien Personenverkehr, der am 18.3.1997 vorgelegt wurde, angesprochen. Als Lösung wird vorgeschlagen, Drittstaatsangehörige, die in einem Mitgliedstaat ansässig und versichert sind, ganz oder teilweise in die gemeinschaftsrechtlichen Koordinierungsregelungen einzubeziehen. Diese Vorschläge stehen in Übereinstimmung mit dem Urteil des Europäischen Gerichtshofs für Menschenrechts vom 16.9.1990 (*Gaygusuz* gegen Österreich)[173]. Der Gerichtshof hat hier entschieden, daß das Verbot der Diskriminierung aufgrund der Staatsangehörigkeit auch im Bereich der sozialen Sicherheit Anwendung findet, wenn die Leistung mit eigenen Beitragszahlungen des Antragstellers verbunden ist.[174]

e. Im November 1997 unterbreitete die Kommission einen Vorschlag für eine Verordnung des Rates, um den persönlichen Anwendungsbereich der Verordnung 1408/71 auf Drittstaatsangehörige zu erweitern.[175] Durch diesen Vorschlag sollen diejenigen Drittstaatsangehörigen, die rechtmäßig im Gebiet der Gemeinschaft ansässig sind, in die Koordinierung der Systeme der sozialen Sicherheit einbezogen werden.[176] Dann würde auch ihnen die Zusammenrechnung von Versicherungs-, Erwerbstätigkeit- und Wohnzeiten innerhalb der Gemeinschaft, die Ausfuhr für Leistungen bei Alter, Invalidität oder für Hinterbliebene innerhalb der Gemeinschaft, die Berücksichtigung der innerhalb der Gemeinschaft wohnenden Familienangehörigen bei der Berechnung von Familienleistungen oder Leistungen bei Arbeitslosigkeit, sowie die soziale Sicherung für Grenzgänger zugute kommen.[177]

V. *Zusammenfassung*

1. Auch wenn in der Verfassung Pflichten genannt werden, so ist es gegenwärtig nicht möglich, eine allgemeine Dienstpflicht einzuführen. Sie läßt sich weder auf Art. 12 a GG stützen, noch auf Art. 12 Abs. 2 GG, da sich die dort genannten Aus-

---

173 Vgl. zur dieser Entscheidung *Hailbronner*, JZ 1997, 397; die Entscheidung lautet in ihrer wesentlichen Passage: »Die Gewährung von Notstandshilfe darf nicht allein aufgrund der Staatsangehörigkeit abgelehnt werden wenn der Anspruch auf diese Nothilfe mit der Zahlung von Beiträgen zur Arbeitslosenversicherung verbunden ist, die von allen Arbeitnehmern unabhängig von der Staatsangehörigkeit gezahlt werden müssen.«
174 Vgl. zur Geltung der Rechte der EMRK im Gemeinschaftsrecht Art. 6 Abs. 2 EU. Vgl. zum gemeinschaftsrechtlichen Grundrechtsschutz *Kingreen/Störmer*, EuR 1998, S. 263 ff.; *Pauly*, EuR 1998, S. 242 ff.
175 Vorschlag für eine Verordnung (EG) des Rates zur Änderung der Verordnung (EWG) Nr. 1408/71 in bezug auf dessen Ausdehnung auf Staatsangehörige von Drittländern, KOM (97) 561 endg. Vgl. zu einer möglichen Ausdehnung des Anwendungsbereiches etwa *Pieters*, in: Commmission of the European Communities (Hrsg.), Social Security, S. 189 ff.
176 Entsprechende Vorschläge wurden bereits im Weißbuch zur Europäischen Sozialpolitik und dem mittelfristigen sozialpolitischen Aktionsprogramm vorgelegt.
177 Vgl. zur Frage der Rechtsgrundlage KOM (97) 561 endg., S. 8 ff.

nahmen auf herkömmliche Dienstpflichten wie etwa gemeindliche Hand- und Spanndienste, die Feuerwehr- oder die Deichschutzpflicht beschränken.

2. Die Einführung eines Gemeinschaftsdienstes auf freiwilliger Basis ist hingegen möglich, solange die mit diesem Dienst verbundenen Rechtsfolgen nicht die Voraussetzungen eines mittelbaren Zwangs erfüllen. Da im gegenwärtigen Zeitpunkt ein Anreizsystem geschaffen werden soll, das den einzelnen Jugendlichen zur Teilnahme an diesem Dienst ermutigt, an die Nichtteilnahme jedoch keinerlei dem Einzelnen nachteilige Rechtsfolgen geknüpft sind, stößt der Jugendgemeinschaftsdienst in der gegenwärtigen Form auf keine verfassungsrechtlichen Bedenken.

3. Ein verfassungsrechtlicher Anspruch auf Zulassung bzw. auf die Zurverfügungstellung eines Platzes und die damit verbundene Finanzierung gegenüber einem öffentlichen Träger oder der Stiftung besteht nicht. Ein solcher Anspruch kann nicht auf Art. 12 Abs. 1 GG gestützt werden, da der Jugendgemeinschaftsdienst weder die Voraussetzungen eines »Berufs« im Sinne dieser Vorschrift erfüllt, noch eine Ausbildung verbunden mit einem Abschluß vermittelt.

4. Ein Anspruch auf Zulassung und Teilnahme kann sich auch nicht aus anderen sozialen Rechten ergeben. Ein Recht auf Arbeit wurde in das GG nicht aufgenommen; aus dem Sozialstaatsprinzip läßt sich ein solches subjektives Recht nicht ableiten. Doch auch wenn – wie in einzelnen Bundesländern – ein verfassungsrechtliches Recht auf Arbeit existiert, so enthält dieses kein subjektives Recht des Einzelnen auf Arbeit, sondern dient als Leitlinie für die Politik.
Auch aus Art. 2 Abs. 1 GG läßt sich ein Recht auf Zulassung aufgrund eines Rechtes auf Bildung und sozio-kulturelle Entfaltung nicht entnehmen, da der Begriff der »Bildung« eng mit den existierenden Ausbildungsstätten verbunden ist. Die durch den Jugendlichen zu leistende Tätigkeit stellt jedoch in erster Linie einen Dienst für die Allgemeinheit dar, und bewirkt allenfalls reflexartig eine weiterführende Bildung, die später eventuell als Praktikum im Rahmen einer weiteren Ausbildung anerkannt werden kann.

5. Im übrigen ist zu beachten, daß die verfassungsrechtlichen Teilhaberechte des Einzelnen unter dem Vorbehalt des Möglichen im Sinne dessen stehen, was der Einzelne vernünftigerweise von der Gesellschaft beanspruchen kann. Ein Anspruch des Einzelnen wäre daher auf die Zuteilung im Rahmen des Finanzierbaren beschränkt.

6. Möglich wäre es, in Anlehnung an die Schaffung des gesetzlichen Anspruchs auf einen Kindergartenplatz auch einen einfachgesetzlichen Anspruch auf Aufnahme in den Freiwilligendienst zu schaffen. Sinnvoll wäre allerdings angesichts des begrenzten finanziellen Rahmens, einen Vorbehalt der wirtschaftlichen Leistungsfähigkeit aufzunehmen.

7. Werden die Freiwilligen grenzüberschreitend tätig bzw. werden Unionsbürger oder in der Bundesrepublik Deutschland wohnhafte Angehörige von Drittstaaten zum Jugendgemeinschaftsdienst zugelassen, richtet sich deren Rechtsstellung (auch) nach Europa- bzw. Assoziationsrecht.

8. Angesichts der finanziellen Ausstattung des einzelnen Freiwilligen mit verschiedenen Pauschalen ist davon auszugehen, daß bei einer grenzüberschreitenden Tätigkeit von Unionsbürgern die für Arbeitnehmer geltenden Freizügigkeitsregelungen auf diese Freiwilligen Anwendung finden. Dies gilt insbesondere für das Aufenthaltsrecht und den Bereich der sozialen Sicherheit.

9. Nichtprivilegierte Drittstaatsangehörige genießen hingegen – solange keine anderweitige Regelung für den Freiwilligendienst getroffen wird – keine so weitgehenden Rechte.

Abkürzungsverzeichnis

a.A.	andere Ansicht
a.a.O.	am angegebenen Ort
ABl.EG	Amtsblatt EG
AiB	Arbeitsrecht im Betrieb
a.F.	alte Fassung
Anm.	Anmerkung
ArbuR	Arbeit und Recht
Art.	Artikel
ASP	Arbeit und Sozialpolitik
Aufl.	Auflage
BayVBl.	Bayerische Verwaltungsblätter
Bd.	Band
BGBl.	Bundesgesetzblatt
BT-Drs.	Bundestagsdrucksache
BVerfG	Bundesverfassungsgericht
BVerfGE	Amtliche Sammlung der Entscheidungen des Bundesverfassungsgerichts
BVerwG	Bundesverwaltungsgericht
BVerwGE	Amtliche Sammlung der Entscheidungen des Bundesverwaltungsgerichts
BWGZ	Baden-Württembergische Gemeindezeitung
DÖV	Die Öffentliche Verwaltung
Drs.	Drucksache
DVBl.	Deutsches Verwaltungsblatt
EU	Europäische Union
EuGRZ	Europäische Grundrechte-Zeitschrift
ff.	fortfolgende
FRES	Entscheidungssammlung zum gesamten Bereich v. Ehe u. Familie
FS	Festschrift
GG	Grundgesetz
GM	Gewerkschaftliche Monatshefte

GVBl.	Gesetz- und Verordnungsblatt
HessStGH	Hessischer Staatsgerichtshof
h.M.	herrschende Meinung
JA	Juristische Arbeitsblätter
JbchristSozwiss	Jahrbuch für christliche Sozialwissenschaften
Jura	Juristische Ausbildung
JuS	Juristische Schulung
JZ	Juristenzeitung
KJ	Kritische Justiz
KOM	Kommission
LKV	Landes- und Kommunalverwaltung
MDR	Monatsschrift für Deutsches Recht
m.w.N.	mit weiteren Nachweisen
n.F.	neue Fassung
NJW	Neue Juristische Wochenschrift
Nr.	Nummer
NVwZ	Neue Zeitschrift für Verwaltungsrecht
NZWehrR	Neue Zeitschrift für Wehrrecht
OVG	Oberverwaltungsgericht
Parl.	Parlament
RdA	Recht der Arbeit
RdJB	Recht der Jugend und des Bildungswesens
Rdnr.	Randnummer
RGBl.	Reichsgesetzblatt
RiA	Das Recht im Amt
Rspr.	Rechtsprechung
RstAnz.	Reichs- und Staatsanzeiger
S.	Seite
SozSich	Soziale Sicherheit
ThürVBl.	Thüringische Verwaltungsblätter
u.a.	unter anderem
Verf.	Verfassung
VG	Verwaltungsgericht
vgl.	vergleiche
VR	Verwaltungsrundschau
VVDStRL	Veröffentlichungen der Vereinigung Deutscher Staatsrechtslehrer
WRV	Weimarer Reichsverfassung
ZAR	Zeitschrift für Ausländerrecht
z.B.	zum Beispiel
ZfA	Zeitschrift für Arbeitsrecht
ZfJ	Zentralblatt für Jugendrecht, Jugend und Familie, Jugendhilfe, Jugendgerichtshilfe
ZfP	Zeitschrift für Politik
ZRP	Zeitschrift für Rechtspolitik
ZSR	Zeitschrift für Sozialreform
z.T.	zum Teil

Literatur

Ahlhorn, Gerhard: Grundrecht auf Arbeit im marktwirtschaftlichen System?, ZRP 1991, S. 257 ff.
Albrecht, Gertrud: Das Pflichtjahr, Berlin 1942.
Anschütz, Gerhard: Die Verfassung des Deutschen Reiches vom 11.8.1919. Ein Kommentar für Wissenschaft und Praxis, Nachdruck der 14. Auflage (Berlin 1933), Bad Homburg 1965.
Bachof, Otto: Begriff und Wesen des sozialen Rechtstaates, VVDStRL 12 (1953), S. 37 ff.
Backhaus-Maul, Holger: Eine allgemeine Dienstpflicht als Mittel zur Lösung des Pflegenotstandes. Neue Kultur des Zwangshelfers?, ZSR 1991, S. 349 ff.
Badura, Peter: Grundpflichten als verfassungsrechtliche Dimension, DVBl. 1982, S. 861 ff.
Baldus, Manfred: Die Verfassungsmäßigkeit der allgemeinen Wehrpflicht unter veränderten militärpolitischen Bedingungen, NZWehrR 1993, S. 92 ff.
Bauer, Hartmut/Kahl, Wolfgang: Europäische Unionsbürger als Träger von Deutschen-Grundrechten?, JZ 1995, S. 1077.
Bethge, Herbert: Grundpflichten als verfassungsrechtliche Dimension, NJW 1982, S. 2145 ff.
Ders.: Die verfassungsrechtliche Problematik der Grundpflichten, JA 1985, S. 249 ff.
Betz, Martin: Arbeit und Bildung. Die Wesensmerkmale des Bildungsbegriffs und die Grundlinien einer Berufsbildungstheorie, Weinheim 1991.
Bieback, Karl-Jürgen: Sozialstaatsprinzip und Grundrechte, EuGRZ 1985, S. 657 ff.
Bittmann, Folker: Kernfragen der Verfassungsreform, ZRP 1992, S. 72 ff.
Böckenförde, Ernst-Wolfgang/Jekewitz, Jürgen/Ramm, Thilo (Hrsg.): Soziale Grundrechte. 5. Rechtspolitischer Kongreß der SPD vom 29. Februar bis 2. März 1980 in Saarbrücken, Heidelberg 1981.
Brandl, Georg: Das Sozialstaatsprinzip als subsidiäre Anspruchsgrundlage für nicht ausdrücklich normierte Grundrechte, Frankfurt 1989.
Breuer, Rüdiger: Freiheit des Berufs, in: Isensee, Josef/Kirchhof, Paul (Hrsg.), Handbuch des Staatsrechts für die Bundesrepublik Deutschland, Bd. VI, S. 877 ff.
Brick, Gabriele: Novellierung des Kindertagesstättengesetzes in Mecklenburg-Vorpommern. Chancen und Herausforderungen, LKV 1996, S. 403 ff.
Bubolz-Lutz, Elisabeth: Bildung im Alter. Eine Analyse geragogischer und psychologisch-therapeutischer Grundmodelle, 2. Auflage Freiburg 1982.
Bundeskanzleramt-Verfassungsdienst: Wirtschaftliche und soziale Rechte, Recht auf Arbeit. Referate und Diskussionsbeiträge anläßlich der 4. Grundrechtsreform-Enquête am 13. Juni 1990, Wien 1991.
Busch, Eckart: Zur sicherheitspolitischen Orientierung der Verfassung, Parl. Beilage 1993, Nr. 52-53, S. 27.
Dabrowski, Martin: »Arbeitslosigkeit« als Thema des Konsultationsprozesses im Bistum Münster, JbchristSozwiss 38, S. 115 ff.
Deutscher Gewerkschaftsbund (DGB): Bausteine zur Entwicklung des Grundgesetzes, Vorgänge 1992, Nr. 1, S. 62 ff.
Dirschmied, Karl: Das soziale Grundrecht »Recht auf Arbeit«, ArbuR 1972, S. 257 ff.
Dostal, Werner: Bildung und Beschäftigung im technischen Wandel. Bildungsökonomische und arbeitsmarktpolitische Rahmenbedingungen des technischen Wandels am Beispiel der elektronischen Datenverarbeitung und der Mikroelektronik, Nürnberg 1982.
Dreier, Horst (Hrsg.): Grundgesetz, Kommentar, Bd. I, Art. 1-19, Tübingen 1996.
Engelen-Kefer, Ursula: Sozialstaat und Grundgesetz. Gewerkschaftliche Vorschläge zur Verfassungsreform, SozSich 1993, S. 65 ff.

Erichsen, Hans-Uwe: Allgemeine Handlungsfreiheit, in: Isensee, Josef/Kirchhof, Paul (Hrsg.), Handbuch des Staatsrechts der Bundesrepublik Deutschland, Bd. VI, Freiheitsrechte, Heidelberg 1989, S. 1185 ff.

Europäische Kommission: Allgemeine und Berufliche Bildung – Forschung. Hindernisse für die grenzüberschreitende Mobilität. Grünbuch. KOM (96) 462.

Dies.: Pilotaktion: Europäischer Freiwilligendienst für Jugendliche. Zweiter Zwischenbericht, KOM (97) 512 endg.

Evrigenis, Dimitros: Der Europäische Gerichtshof für Menschenrechte und das Recht auf Bildung, EuGRZ 1981, S. 637 ff.

Feser, Andreas: Die Bundeswehr im Ausland – eine offene Verfassungsfrage, zu Thalmair, ZRP 1993, S. 201, ZRP 1993, S. 351 ff.

Fleiner-Gerster, Thomas: Allgemeine Staatslehre, 2. Auflage, Berlin, Heidelberg 1995.

Forsthoff, Ernst: Begriff und Wesen des sozialen Rechtsstaates, VVDStRL 12 (1953), S. 8 ff.

Franke, Dietrich: Der Entwurf der brandenburgischen Landesverfassung, in: Stern, Klaus, Deutsche Wiedervereinigung: Zur Entstehung von Landesverfassungen in den neuen Ländern der Bundesrepublik Deutschland, Köln 1992, S. 1 ff.

Friauf, Karl Heinrich: Zur Rolle der Grundrechte im Interventions- und Leistungsstaat, DVBl. 1971, S. 647 ff.

Fröhler, Oliver: Verfassungsrechtliche Konsequenzen aus der Ambivalenz von allgemeiner Wehrpflicht und Mißbrauch des Kriegsdienstverweigerungsrechts, ZRP 1996, S. 433 ff.

Gode, Johannes: Recht auf Arbeit, DVBl. 1990, S. 1207 ff.

Göppel, Helmut: Die Zulässigkeit von Arbeitszwang nach Art. 12 II Satz 1 des Grundgesetzes, Diss. Bamberg, München 1967.

Götz, Volkmar: Grundpflichten als verfassungsrechtliche Dimension, VVDStRL 41 (1983), S. 7 ff.

Grabitz, Eberhard/Hilf, Meinhard (Hrsg.): Kommentar zur Europäischen Union. Vertrag über die Europäische Union, Vertrag zur Gründung der Europäischen Gemeinschaften, Loseblatt, München.

Grimm, Christian: Allgemeine Wehrpflicht und Menschenwürde, Diss. Berlin 1982.

Günther, Monika: Die Heranziehung als Volkszähler und das Verbot des Arbeitszwanges (Art. 12 Abs. 2 GG), DVBl. 1988, S. 429 ff.

Gusy, Christoph: Grundpflichten und Grundgesetz, JZ 1982, S. 657 ff.

Ders.: Arbeitszwang – Zwangsarbeit – Strafvollzug – BVerfGE 74, 102, JuS 1989, S. 710 ff.

Häberle, Peter: Die Kontroverse um die Reform des deutschen Grundgesetzes (1992/1992), ZfP 1992, S. 233 ff.

Hailbronner, Kay: Die sozialrechtliche Gleichbehandlung von Drittstaatsangehörigen – ein menschenrechtliches Postulat?, JZ 1997, S. 397.

Ders.: Der Staat und der Einzelne als Völkerrechtssubjekte, in: Graf Vitzthum (Hrsg.), Völkerrecht, Berlin 1997, S. 181 ff.

Ders./Klein, Eckart/Magiera, Siegfried/Müller-Graff, Peter-Christian (Hrsg.): Handkommentar zum Vertrag über die Europäische Union (EUV/EGV), Loseblatt, Köln, Berlin, Bonn, München.

Hamann, Andreas: »Zivildienst« – (Notdienst-) gesetzesentwurf und Grundrechte, ArbuR 1962, S. 362 ff.

Hartung, Dirk/Nuthmann, Reinhard/Teichler, Ulrich: Bildung und Beschäftigung. Probleme, Konzepte, Forschungsperspektiven, München 1981.

Hauck, Karl, Sozialgesetzbuch SGB, Kommentar, Berlin (Loseblatt).

Hecker, Wolfgang: Rechtsfragen der Aufgabenübertragung an den Bundesgrenzschutz, NVwZ 1998, S. 707 ff.

Hegel, Georg Wilhelm Friedrich: Grundlinien der Philosophie des Rechts, Berlin 1821.

Ders./Hoffmeister, Johannes:: Phänomenologie des Geistes, 6. Auflage, Hamburg 1952.

Herlyn, Ingrid/Weymann, Ansgar (Hrsg.): Bildung ohne Berufsperspektive?, Frankfurt 1987.
Heymann, Klaus-Dieter/Stein, Ekkehart: Das Recht auf Bildung, Dargestellt am Beispiel der Schulbildung, AöR 97 (1972), S. 185 ff.
Hinds, Caroline: Die neue Verfassung des Freistaates Sachsen – berechtigte oder unberechtigte Kritik an der Verfassungsgebung?, ZRP 1993, S. 149 ff.
Hofacker, Wilhelm: Grundrechte und Grundpflichten der Deutschen, Stuttgart 1926.
Hofmann, Hasso: Grundpflichten als verfassungsrechtliche Dimension, VVDStRL 41 (1983), S. 120 ff.
Huber, Ernst Rudolf: Deutsche Verfassungsgeschichte seit 1789, Stuttgart 1981.
Igl, Gerhard: Rechtsfragen des freiwilligen sozialen Engagements – Rahmenbedingungen und Handlungsbedarf. Gutachten im Auftrag des Bundesministeriums für Familie und Senioren, Stuttgart, Berlin, Köln 1994.
Inescu, Lotte: Frauen an die Front? Zur Diskussion um eine allgemeine Dienstpflicht, Vorgänge 1995, Nr. 4, S. 14 ff.
Isensee, Josef: in: Paus, Ansgar (Hrsg.), Werte, Rechte, Normen, 1979, Graz, Wien u.a. 1979, S. 131 ff.
Ders.: Die verdrängten Grundpflichten des Bürgers – Ein grundgesetzliches Interpretationsvakuum, DÖV 1982, S. 609 ff.
Ders.: Verfassung ohne Ernstfall: Der Rechtsstaat, in: Peisl, Anton/Mohr, Armin, Der Ernstfall, 1979, S. 98 ff.
Ders.: Die verdrängten Grundpflichten des Bürgers, DÖV 1982, S. 609 ff.
Ders.: Staatsorganisation und Staatsfunktionen im Wandel, in: Festschrift Kurt Eichenberger, Basel, Frankfurt a.M., 1982, S. 23 ff.
Ders.: Erster Beratungsgegenstand: Grundpflichten als verfassungsrechtliche Dimension, VVDStRL 41 (1983), S. 130 ff.
Jarrass, Hans D./Pieroth, Bodo: Grundgesetz für die Bundesrepublik Deutschland, Kommentar, 4. Auflage, München 1997.
Jaworsky, Nikolaus: Zivildienst – Sozialer Dienst – Soziale Dienste, VR 1979, S. 129 ff.
Jellinek, Georg: System der subjektiven öffentlichen Rechte, Neudruck der 2. Auflage (Tübingen 1919), Aalen 1963.
Jetter, Christoph: Arbeitsmarktpolitik am Wendepunkte, Zwischen Krise und Solidarität, 1992, S. 29 ff.
Jetter, Frank: Ehre statt Zwang. Das Marketingkonzept »Soziale Ehrenkarte« zur Attraktivitätssteigerung von Sozialen Diensten – Teil 1, SozSich 1996, S. 18 ff.
Kaufmann, Ekkehard: Wissenschaftsfreiheit und Mitbestimmung, krit. Anm. zu Dallinger, JZ 1971, S. 665, in JZ 1972, S. 45.
Kemper, Otto Ernst: Die Zweischneidigkeit des Rechts auf Arbeit – Reflexion über eine wenig reflektierte Forderung, in: Festschrift Albert Gnade, 1992, S. 57 ff.
Kimminich, Otto: Einführung in das Öffentliche Recht, Freiburg, 1972, S. 114.
Ders.: Deutsche Verfassungsgeschichte, 2. Auflage Baden-Baden 1987.
Kingreen, Thorsten/Störmer, Rainer: Die subjektiv-öffentlichen Rechte des primären Gemeinschaftsrechts, EuR 1998, S. 263 ff.
Kittner, Michael: Recht auf Arbeit: Oberster sozialstaatlicher Verfassungsgrundsatz, in: Bökkenförde, Ernst-Wolfgang/Jekewitz, Jürgen/Ramm, Thilo (Hrsg.): Soziale Grundrechte. 5. Rechtspolitischer Kongreß der SPD vom 29. Februar bis 2. März 1980 in Saarbrücken, Heidelberg 1981, S. 91 ff.
Köhler, Michael. Allgemeine Dienstpflicht für junge Erwachsene?, ZRP 1995, S. 140 ff.
Klein, Hans H.: Über Grundpflichten, in: Der Staat XIV (1975), S. 153 ff.
Ders.: Verfassungstreue und Schutz der Verfassung, VVDStRL 37 (1979), S. 53 ff.
Klenner, Hermann: Von der Pflicht zur Gesetzgebung im Rechtsstaat, KirV 1992, S. 274 ff.

Kretzschmann, Hermann/Edel, Fritz: Der Reichsarbeitsdienst in Wort und Bild, Berlin 1936.
Kreutzer, Hartmut: Öffentliche Dienstleistungspflichten für Zwecke der zivilen Verteidigung, Diss. Würzburg, 1970.
Kriebel, Hellmut: Die Rechtsnatur des ehrenamtlichen Dienstes in Nothilfeorganisationen, DÖV 1962, S. 766 ff.
Kröger, Klaus: Die vernachlässigte Friedenspflicht des Bürgers, JuS 1984, S. 172 ff.
Kübler, Klaus: Das Pflichtjahr für Mädchen, DÖV 1962, S. 809 ff.
Lakies, Thomas: Neues zum Rechtsanspruch auf einen Kindergartenplatz, ZfJ 1996, S. 299 ff.
Lange, Klaus: Soziale Grundrechte in der deutschen Verfassungsentwicklung und in den derzeitigen Ländervefassungen, in: Böckenförde, Ernst-Wolfgang/Jekewitz, Jürgen/Ramm, Thilo (Hrsg.): Soziale Grundrechte. 5. Rechtspolitischer Kongreß der SPD vom 29. Februar bis 2. März 1980 in Saarbrücken, Heidelberg 1981, S. 49 ff.
Lenz, Carl Otto: EG-Vertrag, Kommentar zu dem Vertrag zur Gründung der Europäischen Gemeinschaften, Köln 1994.
Lippert, Ekkehard: Allgemeine Dienstpflicht als sicherheits- und sozialpolitischer Ausweg?, Parl. Beilage 1995, Nr. 6, S. 37 ff.
Luchterhandt, Otto: Grundpflichten als Verfassungsproblem in Deutschland. Geschichtliche Entwicklung und Grundpflichten unter dem Grundgesetz, Berlin 1988.
Majer, Dietmut: Neuregelungen im Zivil- und Katstrophenschutzrecht – eine verfassungsrechtliche Bestandsaufnahme, NVwZ 1991, S. 653 ff.
Von Mangoldt, Hermann/Klein, Friedrich/Starck, Christian: Das Bonner Grundgesetz, Kommentar, Bd. 1: Präambel, Artikel 1 bis 5, 3. Auflage, München 1985.
Marcic, René: Menschenpflichten. Eine Gedanken- und Problemskizze, in: Internationale Festschrift für Alfred Verdross zum 80. Geburtstag, München/Salzburg, 1971, S. 221 ff.
Maunz, Theodor: Die gegenwärtige Gestalt des Grundgesetzes, BayVBl. 1979, S. 513 ff.
Ders./Dürig, Günter/Herzog, Roman/Scholz, Rupert u.a.: Grundgesetz, Kommentar, Band II, Art. 12 a – 37 GG, Lieferungen 1-33, München 1997.
Merkel, Angela: Zivildienst 3 (1994), S. 1 ff.
Merten, Detlef: Grundpflichten im Verfassungssystem der Bundesrepublik Deutschland, BayVBl. 1978, S. 554 ff.
Ders.: 30 Jahre Grundgesetz, Berlin 1979.
Ders.: Sozialer Fortschritt 1992, S. 166 ff.
Miller, Susanne: Soziale Grundrechte in der Tradition der deutschen Sozialdemokratie, in: Böckenförde, Ernst-Wolfgang/Jekewitz, Jürgen/Ramm, Thilo (Hrsg.): Soziale Grundrechte. 5. Rechtspolitischer Kongreß der SPD vom 29. Februar bis 2. März 1980 in Saarbrücken, Heidelberg 1981, S. 35 ff.
Müller, Gerhard: 30 Jahre Grundgesetz, in Festschrift Stein, Berlin 1969, S. 21.
Müller, Harald: Jugendgemeinschaftsdienste und ihre politische Verankerung in Deutschland und Europa, Mai 1997.
Müller, Jörg Paul: Soziale Grundrechte in der Verfassung?, 2. erweiterte Auflage, Basel und Frankfurt am Main, 1981.
Ders.: Soziale Grundrechte in der Schweizerischen Rechtsordnung, in der Europäischen Sozialcharta und den UNO-Menschenrechtspakten, in: Böckenförde, Ernst-Wolfgang/Jekewitz, Jürgen/Ramm, Thilo (Hrsg.): Soziale Grundrechte. 5. Rechtspolitischer Kongreß der SPD vom 29. Februar bis 2. März 1980 in Saarbrücken, Heidelberg 1981, S. 61 ff.
von Münch, Ingo: Wehrgerechtigkeit – mehr Gerechtigkeit, NJW 1993, S. 3244.
Ders./Kunig, Philip (Hrsg.): Grundgesetz-Kommentar, Band 1, Präambel bis Art. 20, 4. Auflage, München 1992.
Nawiasky, Hans: Die Grundgedanken des Grundgesetzes, Stuttgart 1950.
Ders./Leusser, Claus/Schweiger, Karl/Zacher, Hans: Die Verfassung des Freistaats Bayern, 1976, S. 40.

Nebendahl, Mathias: Grundrecht auf Arbeit im marktwirtschaftlichen System?, ZRP 1991, S. 257 ff.

Nörr, Knut: Arbeitsrecht und Verfassung. Das Beispiel der Weimarer Reichsverfassung von 1919, ZfA 1992, S. 361 ff.

Nogaard, Carl Aage: Die Rechtsprechung der Europäischen Kommission für Menschenrechte zum Recht auf Bildung, EuGRZ 1981, S. 633 ff.

Oehlmann-Austermann, A.: Rechtsanspruch auf Kindergartenplatz vor der Haustür – oder was? ZfJ 1996, S. 7 ff.

Oppermann, Thomas: Nach welchen rechtlichen Grundsätzen sind das öffentliche Schulwesen und die Stellung der an ihm Beteiligten zu ordnen? 51. Deutscher Juristentag, Bd. 1, 1976, C 82 ff.

Pannwitz, Rudolf: Beiträge zu einer Europäischen Kultur, Nürnberg 1954.

Partsch, Karl-Josef: Die Rechte und Freiheiten der Europäischen Menschenrechtskonvention, Berlin 1966.

Pauly, Walter: Strukturfragen des unionsrechtlichen Grundrechtsschutzes, EuR 1998, S. 242 ff.

Peters, Hans: Geschichtliche Entwicklung und Grundfragen der Verfassung, 1969.

Pfannkuche, Walter: Gibt es ein Recht auf Arbeit?, in: Armut und soziale Arbeit 1996, S. 53 ff. (interdisziplinäre Arbeitsschrift zum 60. Geburtstag von Gregor Sauerwald).

Pieters, Danny: Enquiry into the legal foundations of a possible extension of Community provisions on social security, in: Departamento de Relacoes Internacionais e Convencoes de Seguranca/Commission of the European Communities (Hrsg.): Social Security in Europe.

Pietzcker, Jost: Gutachten zu Rechtsfragen der Einführung einer allgemeinen Dienstpflicht, Bonn 1991.

Poulis, Johannes A./Massen, Carl H.: Gedankenexperiment zum »Recht auf Arbeit«, ASP 1996 (Nr. 11, 12), S. 38 ff.

Prochaska, Petra: Die Förderung sozialer und ökologischer Arbeit unter sozialversicherungsrechtlichen Gesichtspunkten. Recht der gesetzlichen Rentenversicherung, MittLVA Oberfr 1994, S. 137 ff.

Quaritsch, Helmut: Der grundrechtliche Status des Ausländers, in: Isensee, Josef/Kirchhof, Paul (Hrsg.), Handbuch des Staatsrechts der Bundesrepublik Deutschland, Band V, Heidelberg 1992, S. 663 ff.

Rahrbach, Andrea/Wüstendörfer, Werner/Arnold, Thomas: Untersuchung zum Freiwilligen sozialen Jahr, Bd. 157 der Schriftenreihe des Bundesministeriums für Familie, Senioren, Frauen und Jugend, Stuttgart, Berlin, Köln 1998.

Ramm, Thilo: Die sozialen Grundrechte im Verfassungsgefüge, in: Böckenförde, Ernst-Wolfgang/Jekewitz, Jürgen/Ramm, Thilo (Hrsg.): Soziale Grundrechte. 5. Rechtspolitischer Kongreß der SPD vom 29. Februar bis 2. März 1980 in Saarbrücken, Heidelberg 1981, S. 17 ff.

Randelzhofer, Albrecht: Die Pflichtenlehre bei Samuel von Pufendorf, Berlin 1983.

Rauschenbach, Thomas: Freiwilligendienste – eine Alternative zum Zivildienst und zum sozialen Pflichtjahr? Formen sozialen Engagements im Wandel, ArchsozArb 1992, S. 254 ff.

Reinartz, Berthold: Staatsziele im Grundgesetz. Grenzen und Möglichkeiten, SozSich 1993, S. 69 ff.

Reiter, Heinrich: Bedeutung des Verfassungsrechts der Bundesrepublik Deutschland für das Sozialversicherungsrecht. Verfassungsrechtliche Probleme des Sozialversicherungsrechts 1989, S. 33 ff. (Wiener Beiträge zum Arbeits- und Sozialrecht).

Repkewitz, Ulrich: Kein freiwilliger Waffendienst für Frauen?, NJW 1997, S. 506 ff.

Richter, Ingo: Überlegungen zur Kodifikation von Grundrechten auf Bildung, in: Böckenförde, Ernst-Wolfgang/Jekewitz, Jürgen/Ramm, Thilo (Hrsg.): Soziale Grundrechte. 5. Rechtspolitischer Kongreß der SPD vom 29. Februar bis 2. März 1980 in Saarbrücken, Heidelberg 1981, S. 119 ff.

Ders.: Das Recht auf Weiterbildung, DÖV 1987, S. 586 ff.

Robert Bosch Stiftung: Jugend erneuert die Gemeinschaft. Manifest für Freiwilligendienste in Deutschland und Europa, Oktober 1998.

Roos, Alfred: Für ein schnelles Ende der allgemeinen Wehrpflicht?, Vorgänge 1996, Nr. 3, S. 7 ff.

Rothlauf, Jürgen: Die Beziehung zwischen Bildung, Berufsausbildung und Arbeitsmarkt. Ein Vergleich zwischen der Bundesrepublik Deutschland und Italien, Fuchsstadt 1990.

Rozek, Jochen: Feuerwehrdienst, Feuerwehrschutzabgabe und die »neue Formel« des Bundesverfassungsgerichts zu Art. 3 Abs. 3 GG, BayVBl. 1993, S. 646 ff.

Rüfner, Wolfgang: Grundrechte, Rechts- und Sozialstaatsprinzip in der Rechtsprechung des Bundesverfassungsgerichts, in: Die Kontrolle der Verfassungsmäßigkeit in Frankreich und in der Bundesrepublik Deutschland 1985, S. 91 ff.

Sachs, Michael: Rechtsprechungsübersicht. Kein subjektives Recht auf Arbeit, JuS 1996, S. 743 ff.

Saladin, Peter: Verantwortung als Staatsprinzip. Ein neuer Schlüssel zur Lehre vom modernen Rechtsstaat, Bern 1984.

Scheuner, Ulrich: Die rechtliche Tragweite der Grundrechte in der deutschen Verfassungsentwicklung des 19. Jahrhunderts, in: Festschrift Ernst Rudolf Huber zum 70. Geburtstag am 8. Juni 1973, Göttingen 1973, S. 139 ff.

Ders.: in: Staatstheorie und Staatsrecht, 1978, S. 668 ff.

Schlink, Bernhard: Überlegungen zur Kodifikation von Grundrechten auf Bildung, in: *Bökkenförde, Ernst-Wolfgang/Jekewitz, Jürgen/Ramm, Thilo (Hrsg.)*: Soziale Grundrechte. 5. Rechtspolitischer Kongreß der SPD vom 29. Februar bis 2. März 1980 in Saarbrücken, Heidelberg 1981, S. 129 ff.

Schmidt, Walter: Soziale Grundrechte im Verfassungsrecht der Bundesrepublik Deutschland, in: Instrumente der sozialen Sicherung und der Währungssicherung in der Bundesrepublik Deutschland und in Italien, 1981, S. 9 ff. (Der Staat, Beiheft 5).

Schmitt, Carlo: Erinnerungen, Bern, München, Wien, 1979.

Schmitthenner, Horst/Bobke, Manfred: Das Recht auf Arbeit in einer gesamtdeutschen Verfassung, GM 1990, S. 638 ff.

Scholz, Rupert: Das Recht auf Arbeit. Verfassungsrechtliche Grundlagen. Möglichkeiten und Grenzen einer Kodifikation, in: Böckenförde, Ernst-Wolfgang/Jekewitz, Jürgen/Ramm, Thilo (Hrsg.): Soziale Grundrechte. 5. Rechtspolitischer Kongreß der SPD vom 29. Februar bis 2. März 1980 in Saarbrücken, Heidelberg 1981, S. 75 ff.

Schultz-Gerstein, Hans-Georg: Zur Dauer des zivilen Ersatzdienstes nach ganz oder teilweise abgeleistetem Wehrdienst, MDR 1989, S. 227.

Schwacke, Peter: Anmerkung zu BVerfG 13.4.1978, VR 1978, S. 427 ff.

Seifert, Karl-Heinz/Hömig, Dieter: Grundgesetz für die Bundesrepublik Deutschland, 5. Auflage, Baden-Baden 1995.

Siegfried, Matthias: Grundgesetzwidriger Verschiebungsmodus des § 24 a SGB VIII beim Rechtsanspruch auf einen Kindergartenplatz, SozSich 1997, S. 105 ff.

Siekmann, Helmut (Hrsg.): Klaus Stern. Der Staat des Grundgesetzes. Ausgewählte Schriften und Vorträge, Köln, Berlin, Bonn, München 1992.

Simon, Gerhard: Dienstpflicht statt Arbeitslosigkeit? Jugendbeschäftigung, ASP 1977, S. 251 ff.

Sommer, Monika: Vom Grundgesetz zu einer Verfassung für Deutschland, AiB 1992, S. 247 ff.

Dies.: Arbeitnehmerrechte in der Verfassung? Arbeitnehmerrechte in die Verfassung?, GM 1993, S. 89 ff.

Stähr, Axel: Führt der Rechtsanspruch auf einen Kindergartenplatz zu einem Rechtsanspruch der freien Träger auf Finanzierung?, ZfJ 1998, S. 24 ff.

Starck, Christian: Verfassungsgebung in Thüringen, ThürVBl. 1992, S. 10 ff.

Stein, Ekkehart: Das Recht des Kindes auf Selbstentfaltung in der Schule. Verfassungsrechtliche Überlegungen zur freiheitlichen Ordnung des Schulwesens, Neuwied 1967.

Steinlechner, Wolfgang: Unechte Kriegsdienstverweigerung, ZRP 1997, S. 364 ff.

Steinvorth, Ulrich: Das Recht auf Arbeit, Arbeit- und Arbeitslosigkeit, 1996, Bd. 56 der Rechtsphilosophischen Hefte.

Stern, Klaus: Unternehmen und Unternehmer in der verfassungsrechtlichen Ordnung der Wirtschaft, VVDStRL 35 (1977), S. 137.

Stober, Rolf: Grundpflichten und Grundgesetz, Berlin 1979.

Ders.: Grundpflichten als verfassungsrechtliche Dimension, NVwZ 1982, S. 473 ff.

Ders.: Entwicklung und Wandel der Grundpflichten, in: Recht und Staat im sozialen Wandel, Festschrift für Hans Ulrich Scupin, 1983, S. 643 ff.

Stüer, Bernhard: Recht auf unverkürzten Unterricht, RdJB 1986, S. 282 ff.

Struck, Jutta: Zum Rechtsanspruch auf einen Kindergartenplatz und seiner Modifizierung, ZfJ 1996, S. 157 ff.

Thalmair, Roland: Die Bundeswehr im Ausland – eine offene Verfassungsfrage?, ZRP 1993, S. 201 ff.

Thesen, Rainer: Weg von den staatlichen Zwangsdiensten, ZRP 1999, S. 32.

Theuersbacher, Paul: Die Entwicklung des Schulrechts in den Jahren 1995 und 1996, NVwZ 1997, S. 744 ff.

Von Unruh, Georg-Christoph: Die Verfassung als Gewähr für Recht und Freheit, konstituionelle Bedingungen für den Bestand des demokratischen Rechtsstaates, DVBl. 1982, S. 517 ff.

Villiger, Mark E.: Handbuch der Europäischen Menschenrechtskonvention (EMRK), Zürich 1993.

Vosgerau, Ulrich: Zur Verfassungswidrigkeit der Allgemeinen Wehrpflicht nach stillschweigender Umwandlung in eine Dienstpflicht, ZRP 1998, S. 84 ff.

Walz, Dieter: Wehrpflicht und »Landes«verteidigung, NZWehrR 1998 S. 110 ff.

Wedemeyer, Kai: Das Verfahren der Verfassungsgesetzgebung in Mecklenburg-Vorpommern, in: Stern, Klaus, Deutsche Wiedervereinigung: Zur Entstehung von Landesverfassungen in den neuen Ländern der Bundesrepublik Deutschland, Köln 1992, S. 37 ff.

Wertenbruch, Wilhelm: Grundgesetz und Menschenwürde. Ein kritischer Beitrag zur Verfassungswirklichkeit, Köln 1958.

Ders.: Sozialhilfeanspruch und Sozialstaatlichkeit, in: FS Küchenhoff, 1967, S. 343 ff.

Wiegand, Dietrich: Sozialstaatsklausel und soziale Teilhaberechte, DVBl. 1974, S. 657 ff.

Wilke, Reinhard: Rechtsanspruch auf einen Kindergartenplatz. Rechtliche Probleme familienergänzender Betreuung, ZfJ 1996, S. 120 ff.

Wipfelder, Hans-Jürgen: Ein »Recht auf Arbeit« im Grundgesetz? VBlBW 1990, S. 367 ff.

Zielke, Oliver: Das Recht auf Arbeit in der Verfassung, RdA 1992, S. 185 ff.

Wilhelm Mader

Strukturelle Perspektiven für die begleitende Forschung

1. *Referenzrahmen und Koordinaten*

Die *Deutsche Forschungsgemeinschaft* (DFG) sah sich durch Fälle von Fälschungen wissenschaftlicher Daten vor allem in der klinischen Forschung gezwungen, der Öffentlichkeit im Jahre 1998 in Form einer Denkschrift, die vor allem an die Institutionen der Wissenschaft adressiert war, *Vorschläge zur Sicherung guter wissenschaftlicher Praxis* und Regeln für eine verbesserte *Selbstkontrolle in der Wissenschaft* vorzulegen.[1] Die Vorfälle, die für eine alarmierte *Deutsche Forschungsgemeinschaft* zum Anlaß dieser Denkschrift wurden, zeigen, daß das institutionell verfaßte Wissenschaftssystem natürlich auch allen in den übrigen Bereichen menschlichen Handelns und gesellschaftlicher Praxis geltenden Gefährdungen unterliegt. Sie zeigen aber auch, wie sehr Wissenschaft und Forschung einen grundlegenden und unverzichtbaren Typus von Rationalität und Steuerung für moderne Gesellschaften repräsentieren. Eben daher fordert die Denkschrift der *Deutschen Forschungsgemeinschaft*, daß die Verfahren, Institutionen und Personen der Forschung vor allen anderen Regeln von der »Ehrlichkeit gegenüber sich selbst und anderen«[2] geleitet sein müssen, um ihre Aufgaben erfüllen zu können.

Eine Skizze der Forschungsperspektive und Forschungsstruktur, die den weiteren politischen und gesellschaftlichen Verwirklichungsprozeß von freiwilligen Diensten von Jugendlichen in Deutschland und Europa begleiten kann, soll und muß, kann sich mit Gewinn an diesen, von der *Deutschen Forschungsgemeinschaft* beschriebenen Problemlagen des Wissenschaftssystems und den normativen Regeln für Forschung orientieren.

Zuerst und vor allem ist daher eine Verständigung über folgende Maxime notwendig: Forschung braucht institutionelle Bedingungen, die sie zureichend frei und unabhängig von eben den gesellschaftlichen Interessen und Strukturen macht, deren Wirksamkeit und Wirklichkeit sie im übrigen zu erforschen beauftragt wird. Grundlegend wird also auch für die Forschung gelten, die sich dem Gegenstand von Freiwilligendiensten mit allen seinen Differenzierungen zuwendet, daß sie primär ein Teil des in modernen Gesellschaften relativ eigenständig verfaßten Wissenschaftssystems mit seinen Regeln und Selbstkontrollen sein muß und nicht ein Teil des Systems sein kann, das zu erforschen ihre Aufgabe ist. Diese Maxime mag nicht (oder weniger) für die Forschungen gelten, die ein Industriebetrieb im eigenen Inter-

---

1   Vgl. DFG 1998.
2   DFG 1998: 5.

esse zur Weiterentwicklung seiner Produkte betreibt und selbst bezahlt. Grundsätzlich aber muß diese Eigenständigkeit und Freiheit der Forschung gegenüber öffentlichem, gesellschaftlichem und politischem Handeln gelten, wenn diese zu ihren Gegenstandsbereichen werden. Hierher gehören die Freiwilligendienste ebenso eindeutig wie alle Teilbereiche des öffentlichen Bildungssystems.
Diese erste und grundlegende der Maximen, die gute wissenschaftliche Praxis und Selbstkontrolle ermöglichen, ist so nicht eine Folge von Finanzierungsüberlegungen, sondern deren Voraussetzung.
Über diesen grundlegenden normativen Referenzrahmen hinaus gelten für den Bereich zukünftiger und erst noch zu entwickelnder Forschung im Umfeld von Freiwilligendiensten aufgrund ihres jungen Entwicklungsstandes gegenwärtig noch empirisch-faktische Bedingungen, deren Besonderheit eine Forschungsperspektive berücksichtigen muß, um zureichend geerdet zu sein. Zustands- und Lagebeschreibung, wie sie schon für den Bereich der ähnlich verfaßten Erwachsenenbildung beschrieben und zusammengefaßt wurden, können ohne Abstriche zitiert und übernommen werden:[3]

Es fehlt an einer Forschungstradition.
Der Bedeutungszuwachs verführt einerseits dazu, Fragen der Forschung auf solche nach ihrer Funktionalität zu verkürzen. Andererseits verstärkt dieser Bedeutungszuwachs die Tendenz, ins Grundsätzliche gehende Legitimationsdebatten zu führen.
Das Erwachsenenbildungs-Geschehen ist noch zufällig und fragil, so daß die fehlende Kontinuität die Entwicklung tragfähiger Kategorien behindert.
Das Selbstbewußtsein der »Praktiker« ist ungesichert, so daß sie ihr Arbeitsfeld gegenüber der Forschung abschirmen.
Die Fragilität des Arbeitsfeldes führt zu mangelnder Repräsentativität und Übertragbarkeit der Forschungsergebnisse.
Es bestehen Verständigungsschwierigkeiten zwischen Forschern und »Praktikern«.
Die im Bildungsbetrieb Stehenden sind wenig vorbereitet, die Relationen zwischen Untersuchungsergebnissen und ihren Bedingungen herzustellen.[4]

Kurz: Der Charakter des Forschungsfeldes und sein gegenwärtiger Entwicklungsstand machen zureichende Abgrenzungen zwischen sehr verschiedenen Funktionen, die Forschungen und Forschungsergebnisse haben können, schwer. Wird das durch Forschung erhobene Wissen als Anwendungswissen, als Reflexionswissen, als Legitimationswissen, als Innovationswissen oder schlicht und funktionslos als die Erfüllung eines Ritus nach dem Motto *Begleitforschung muß sein!* mit der einzigen Folge, ein kleines Beschäftigungsprogramm auszulösen, genutzt?

---

3 Vgl. Faulstich 1998: 37.
4 Faulstich 1998: 37 in Anlehnung an Hans Tietgens.

Akzeptiert man jedoch diese Zustandsbeschreibung einerseits und die normativen Dimensionen andererseits auch für diesen neuen Bereich von Freiwilligendiensten, dann lassen sich, trotz möglicherweise sich immer wieder verwischender Funktionen, ganz pragmatisch kurzfristige, mittelfristige und langfristige Aufgaben und Strukturen einer zukünftigen Begleitforschung auf einem mittleren und niedrigeren Abstraktionsniveau beschreiben. Im Rahmen dieses Koordinatensystems läßt sich ein offener und konstruktiver Anfang konzipieren.

Forschung ist ja nicht eine Frage abstrakter oder bloß theoretischer Ableitungen. Forschung ist ein lebendiger Prozeß der Erkenntnis- und Wahrheitssuche mitten in den verwickelten Umständen politischen und gesellschaftlichen Handelns mit allen Irrtums- und Selbsttäuschungsmöglichkeiten, aber auch mit der Notwendigkeit, immer dort zu beginnen, wo man kein Wissen, manchmal nicht einmal eine Ahnung hat, was das Problem sein könnte, dieses Wissen und diese Ahnung aber gewonnen werden muß, um nicht ständig in der Situation zu sein, mit starken Behauptungen schwache Wissenslagen übertönen zu müssen.

2. *Desiderate und Aufgaben*

Was also zeichnet sich jetzt schon ab, was diejenigen, die über Freiwilligendienste in Zukunft nachdenken und entscheiden werden, wirklich wissen müssen? Die Tatsache, daß an dieser Stelle gemäß aller Regel wissenschaftlichen Arbeitens eigentlich ein Überblick über den gegenwärtigen Stand der Forschung zum Gegenstand *Freiwilligendienste* geliefert werden müßte, aber nicht geliefert werden kann, ist selbst das Symptom, das der Bearbeitung bedarf. Einige sehr einfache und weiter zu entwickelnde, aber durchaus nicht so leicht zu verwirklichende Orientierungen lassen sich doch skizzieren.

2.1 Gebraucht werden Daten, die diesen sich neu- und weiterentwickelnden Bereich gesellschaftlichen Handelns überhaupt beschreiben. Nötig ist ein differenziertes und permanentes »statistical monitoring«, also eine Datenbank, die mit einem Informationssystem gekoppelt ist, die diese Daten sowohl für die Träger dieser Dienste als auch für Politiker, aber auch für Forscher jeweils auf dem neuesten Stand zugänglich macht. Hierher gehören ständig fortzuschreibende Daten über die Teilnehmer und Teilnehmerinnen, über Träger und Kosten. Hierher gehört auch die Bereitstellung von rechtlichen oder konzeptionellen Materialien und die Sammlung und Archivierung von Veröffentlichungen und Forschungsarbeiten.

Es wird also eine Institution, eine Art Büro, mit einer zwar zunächst kleinen, aber doch auf Dauer arbeitenden Personalausstattung einzurichten sein, die diese Daten sammelt, archiviert, verwaltet und verfügbar macht, so daß daraus ein Umschlagplatz für alle notwendigen Informationen, die die Freiwilligendienste betreffen, wird.

Der erste Schritt muß sein, das Konzept dieser Institution und die Struktur der Aggregation der Daten kooperativ zwischen Fachleuten, Trägern, Politikern und

Forschern zu entwickeln. Eine erste Aufgabe dieser Institution bestünde darin, einen ersten Bericht über den gegenwärtigen Stand der Forschung zu den Freiwilligendiensten zu erstellen.

2.2 Während dieser erste Bereich eher die Voraussetzungen sowohl für Forschung wie für politisches Handeln schafft, kann ein zweiter Bereich, der im engeren Sinn der Forschung zugehört, mit dem Stichwort *Evaluation* überschrieben werden. Unter dieser Überschrift ginge es um kleinere oder größere, aber immer thematisch und zeitlich begrenzte Projekte, die entweder eine Evaluation der *Wirkungen* von Freiwilligendiensten oder eine Evaluation der *Prozesse* betreibt. Gegenstände solcher Evaluationsanalysen können sehr vielfältig sein und sehr unterschiedlichen Erkenntnisinteressen folgen.
Diese Wirkungsanalysen könnten beispielsweise Fragen solcher Art nachgehen: Welchen Einfluß haben Freiwilligendienste auf die Einstellungen und Werthaltungen der Teilnehmer? In welchen Milieus und unter welchen Voraussetzungen entfaltet sich überhaupt die Maxime von Freiwilligkeit als real wirksames Gestaltungsprinzip von Lebenslaufpassagen? Welche langfristigen Wirkungen solcher Dienste lassen sich in den späteren Lebensläufen von ehemaligen Freiwilligen wirklich nachweisen? Welche Interdependenzen bestehen zwischen Freiwilligendiensten und späteren beruflichen Chancen? Etc. *Lebenslaufforschung* und biographietheoretisch begründete Zugänge würden leitende Paradigmen dieses Typs von Forschungen sein können, um die komplexen Zusammenhänge zwischen Handlungsstrategien individueller Akteure und der besonderen Steuerung dieser Handlung durch institutionalisierte Freiwilligendienste im Rahmen sozialer und kultureller Rahmenbedingungen aufzuklären.
Prozeßevaluationen hingegen können dem Ineinandergreifen der verschiedenen Teilaspekte der Dienste selbst (Vorbereitung, Einsatz, Bildungsmaßnahmen, Reflexionsphasen etc.) nachgehen.
Die Regel wird sein, daß in bekannter und klassischer Form solche Evaluationsstudien aus der Distanz und von außen – also von Forschern mit einer gewissen Neutralität gegenüber dem Gegenstand – an die Wirklichkeit der Dienste herangetragen werden. Eigens beauftragte Forscher oder Forschergruppen oder Forschungsinstitute werden diese Arbeit in der Hoffnung leisten, möglichst *keine* Gefälligkeits- oder Legitimationsforschung zu betreiben und zu fördern.

2.3 Ein ganz anderer Typus von sogenannter Evaluationsforschung hat sich inzwischen – von Holland übernommen – auch in Teilen des deutschen Bildungssystems erfolgreich etabliert. Dieser Typus[5] versucht in einer sorgfältig aufeinander bezogenen Mischung von sogenannter Selbstevaluation und externer Gutachtertätigkeit institutionelles Handeln von innen zu verbessern, indem es ein erhöhtes Potential von

---

5   Vgl. Fischer-Bluhm 1995.

Informationen und Selbstreflexivität in die Entwicklung einer Bildungsinstitution einspeist und so das Selbstmanagement einer Institution qualifiziert. Im Kern dient diese Art von Forschung einer konzeptionellen Organisationsentwicklung von innen. Eben dies macht sie für einen sich strukturell noch nicht auf eine lange Tradition berufenden neuen Bereich hilfreich und wertvoll. Dieser Typ von Evaluationsforschung folgt einem kollegialen Prinzip und einer Verbindung von Selbst- und Fremdbeobachtung. Er trägt der Tatsache Rechnung, daß zwar die in Institutionen unter ständigem Entscheidungs- und Handlungsdruck stehenden Menschen ihre eingeschliffenen Muster und blinden Flecke haben mögen, daß sie aber gleichzeitig über die differenziertesten Einblicke und Informationen verfügen. Zudem sind sie es, die mit Forschungsergebnissen umgehen müssen. Dieser Typus von Evaluationsforschung verzahnt also die Erkennntnisgewinnung unmittelbar mit einem Transferprozeß, in dem die Akteure eigenständige Subjekte des Prozesses und nicht nur Rezipienten von Forschungsergebnissen sind. Die Akteure in den Institutionen werden nicht »beforscht«, sondern werden selbst zu einem konstitutiven Teil des Forschungsprozesses, der unmittelbar Teil der Weiterentwicklung einer Institution wird.

2.4 Viele Forschungsfragen, denen kurz- und mittelfristig im Umfeld der sich weiterentwickelnden Freiwilligendienste in den kommenden Jahren nachgegangen werden muß, lassen sich diesen ersten drei klassischen Forschungstypen zuordnen. Eine andere Dimension kommt ins Spiel, wenn die Aufgabe nicht mehr einfach ist, herauszufinden was – gemäß einer spezifischen Fragestellung – »der Fall« ist, sondern wenn konzeptionelle Zukunftsorientierungen gefragt sind und wenn Zusammenhänge zwischen der Funktion von Freiwilligendiensten und anderen grundlegenden gesellschaftlichen Entwicklungen aufgedeckt werden müssen. Hierher gehören Fragen dieser Art: Wie verändert sich Solidarität in einer zivilen Gesellschaft und welche Funktion kommt den Freiwilligendiensten in diesen Veränderungen zu? Welche Folgewirkungen haben arbeitsmarktrelevante Substitutionswirkungen der Freiwilligendienste für einen Sozialstaat? Etc. Wer Orientierungen sucht, was unter welchen Bedingungen in Zukunft sein *soll*, muß den Typus der Untersuchung nochmals verändern. Hier geht es um vergleichende Studien von Konzepten mit ihren Implikationen. Hier geht es um erkenntniskritische Analysen der Wirklichkeitskonstruktionen, die die Praxis einerseits und die praktizierte Forschung andererseits beherrschen. Es geht um gesellschaftliche und politische Folgeabschätzungen von Entscheidungen und Strukturen, die eingerichtet wurden oder eingerichtet werden sollen.

Hier bietet sich auch für das Umfeld der Freiwilligendienste das ebenfalls klassische Instrument von Expertisen und Gutachten an, die die Sachverhalte zwar kennen und aufarbeiten und gegebenenfalls auch die Gewinnung neuer Daten einfordern, sie aber dann in einen konzeptionellen Entwurf so einarbeiten, daß Alternativen und politische Kontroversen besser beurteilt und entschieden werden können.

3. Zusammenfassung und Verwirklichung

Zum gegenwärtigen Zeitpunkt ist eine Verständigung über und Verwirklichung von Strukturen, in denen sich fruchtbare begleitende Forschung entwickeln kann, entscheidender als inhaltliche Festlegung von Projekten oder eine Auflistung von mehr oder weniger kreativ erfundenen Fragestellungen für zukünftige Projekte. Wenn die Strukturen gut angelegt sind, werden sich in Fülle gute und notwendige Fragestellungen in Kooperation mit sehr unterschiedlichen Forschungsgruppen und Forschungsinstitutionen anregen lassen.

Mit der Frage von Strukturen ist die der Finanzierung eng verknüpft, aber erst als ihre Folge. Ohne Frage muß für die unter 2.1 skizzierte Institution eine eigene und neue Initiative auf Bundesebene mit eigenem Finanzrahmen gestartet werden. Viele der sinnvollen und notwendigen Projekte gemäß 2.3 lassen sich auch im Rahmen bewährter Fördermöglichkeiten und bestehender Geldquellen durch Einzelanträge angehen. Träger und Personen zukünftiger Freiwilligendienste müssen nur sich selbst mit Überzeugung zu einem lohnenden Forschungsfeld erklären.

Entwicklungsschritte auf dem Wege zu einer entfalteten Forschungsaktivität im Umfeld der Freiwilligendienste könnten – in eben dieser Reihenfolge – diese sein:

1. Zunächst ist eine mentale und nie abgeschlossene Verständigung unter vielen Beteiligten darüber notwendig, daß begleitende Forschung von allem Anfang an ein den Freiwilligendiensten immanentes Strukturprinzip sein kann und soll. Eine solche Verständigung könnte in Form eines interessanten jährlich wiederkehrenden *Round-Table-Kolloquiums* vorangebracht werden, an dem Vertreter der Träger, der Politik, Forschungsinstitutionen und Freiwilligen teilnehmen. Hier ginge es um die Schaffung einer kommunikativen Kultur unter allen Beteiligten, die der Tatsache Rechnung trägt, daß zwar die Regeln und Normen des Handelns in Bereichen der Politik und der Träger der Dienste einerseits und der Forschung andererseits verschieden sind, aber fruchtbar aufeinander bezogen werden können, wenn sie in einen dauerhaften Diskurs über die gemeinsamen Problemlagen einbezogen werden. Diese Aufgabe könnte an eine Stiftung und/oder eine Akademie delegiert werden.

2. Die Schaffung einer Institution gemäß 2.1 kann durch die Einsetzung eines kleinen, zeitlich befristeten Arbeitsgremiums gefördert werden, das die Struktur, Finanzierung und Besetzung einer solcher Institution zu erarbeiten und einzurichten beauftragt wird. Hier wird eine zentrale Aufgabe der Politik im Rahmen der Durchsetzung eines Freiwilligengesetzes liegen. Zudem empfiehlt es sich, solche Institutionen von vornherein im Einvernehmen mit anderen europäischen Ländern einzurichten, so daß vergleichbare Daten gesammelt und Kommunikationsstrukturen zwischen den Ländern von Anfang an mit eingerichtet werden.

3. Ein experimentelles Erproben mit ausgewählten und dazu bereiten Trägern von Freiwilligendiensten nach dem kollegialen Evaluationstypus 2.3 kann sofort beginnnen. Diese Aufgabe könnte und sollte nicht von außen an die Träger herangetragen werden, sondern couragiert als Eigeninitiative von den Trägern selbst in Angriff genommen werden, bevor irgendwelche anderen Evaluationen von außen an sie herangetragen werden. Erfahrungen über das Procedere dieses Typs von Evaluation liegen genügend vor, so daß man sich dabei auch kundiger Hilfe vor allem aus dem Hochschulbereich bedienen kann.

4. Um die Freiwilligendienste als ein attraktives Feld für empirische Forschung überhaupt bekannt zu machen und die Forschungskapazitäten und -ressourcen schon bestehender Einrichtungen zu nutzen, macht es Sinn, zumindest einen entsprechend ausgewählten Kreis solcher Forschungseinrichtungen gründlich zu informieren und zu Forschungen auch in diesem Bereich zu animieren. Es gibt beispielsweise Sonderforschungsbereiche der Deutschen Forschungsgemeinschaft, in deren Rahmenthematik Forschungen zu den Freiwilligendiensten sehr gut hineinpassen würden. Es gibt andere universitäre Forschungseinrichtungen, die angesprochen werden könnten. Natürlich müssen die Stiftungen als potentielle Drittmittelgeber einbezogen werden. Es ist erstaunlich, wie viele kleine, aber interessante Diplom- oder Magisterarbeiten zu Teilaspekten von Freiwilligendiensten schon bisher geschrieben wurden. Dieser eher zufällige Beginn kann koordiniert werden.
Sicher: Auch hier gilt »Allem Anfang wohnt ein Zauber inne« (Hermann Hesse) – was nicht gegen die Erfahrung feiht, daß dann der Teufel eben doch im Detail steckt und zu zäher Arbeit mit langem Atem zwingt. Doch um eben diesen zähen und langen Atem geht es überall, wo die Forschung in ihr Recht gesetzt wird.

Literatur

DFG, Sicherung guter wissenschaftlicher Praxis, Denkschrift, Weinheim 1998
Faulstich, Peter/Bayer, Mechthild/Krohn, Miriam, Zukunftskonzepte der Weiterbildung – Projekte und Innovationen. München1998
Fischer-Bluhm, Karin, »Gemeinsam geht es besser« – Evaluationsprojekte im Verbund norddeutscher Hochschulen. In: Handbuch Hochschullehre. Informationen und Handreichungen aus der Praxis für die Hochschule. Bonn 1995

V. Die Kontroverse

Warnfried Dettling

»Fit for Nothing?«
Jugendgemeinschaftsdienste in der Bürgergesellschaft

Vor einiger Zeit hatte die Robert Bosch Stiftung eine unabhängige Kommission eingeladen, über eine zeitgemäße Weiterentwicklung der Jugendgemeinschaftsdienste nachzudenken. Auf diese Weise sollte an das soziale Engagement des Gründers Robert Bosch und seines Unternehmens angeknüpft werden, denen es Anfang des 20. Jahrhunderts ein Anliegen war, Kinder und Jugendliche »von der Straße zu holen«. Die Verantwortlichen der Stiftung werden sich wohl gedacht haben, wenn man junge Abgeordnete und Politiker, die das eigensinnige Denken noch nicht in den Zwängen und Ritualen des Parteiengeschäftes haben verkommen lassen, mit ein paar freischwebenden Fifty-somethings zusammenbringt, dann werde schon etwas Vernünftiges entstehen, was nicht gerade die Welt aufhorchen läßt, aber doch der sozialen Tradition eines großen Unternehmens ebenso gerecht wird wie den sozialen Fragen des 21. Jahrhunderts.

Jugendgemeinschaftsdienste: Der sperrige Begriff ragt wie ein Ärgernis aus früheren Zeiten in die Gegenwart herein, wie ein Stolperstein auch, über den man nicht so einfach hinweg- und zu einer politischen Tagesordnung übergehen kann, die den Menschen in den vergangenen fünfzig Jahren immer mehr Rechte und Möglichkeiten und immer weniger Pflichten und Zumutungen gebracht hat. Kann man mit »Jugendgemeinschaftsdiensten« künftig überhaupt noch etwas anfangen, oder sollte man besser ganz darauf verzichten, wenn nicht auf die Sache selbst, so doch ganz gewiß auf den Begriff?

Was »Jugend« meint, scheint noch einigermaßen klar und problemlos zu sein. Doch blickt man etwas genauer hin, beginnen schon hier die Fragen. Kann Jugend heutzutage noch als ein anderes Wort für Aufbruch, Hoffnung, gar für einen neuen Anfang gedacht werden, als eine besondere Gruppe der Gesellschaft oder wenigstens als eine besondere Phase des Lebens, oder hat sie jede Emphase (»Der Jugend gehört die Zukunft«) verloren? Des weiteren: Ist »Gemeinschaft« nicht ein diskreditierter Begriff, der eine falsche Geborgenheit verspricht und soziale Harmonie vorschwindelt und dabei allzu oft reale soziale Zwänge und Enge verharmlost, welche die Freiheit des einzelnen einschnüren, als »Volksgemeinschaft« nicht nur im Dritten Reich der Gegenbegriff zu einer liberalen Demokratie und zu einer offenen Gesellschaft? Und schließlich »Dienste«: Erinnern sie nicht eher an die unseligen, nicht-zivilen Traditionen Deutschlands, den Militär- und den Arbeitsdienst beispielsweise? »In serviendo consumor« (»Im Dienst fürs Vaterland verzehre ich mich«) stand früher auf den Koppelschlössern der Soldaten. Wie soll das alles, was im Begriff »Jugendgemeinschaftsdienste« zusammenkommt, in die heutige Zeit passen?

Sperrige Begriffe kann man entsorgen, auf den sprachlichen Müll werfen. Man kann sie aber auch nehmen, aufmachen und schauen, welchen Inhalt, welche Bedeutung sie für eine andere Welt und für eine andere Zeit bereit halten.
Jugend heute, das ist nicht mehr ein zeitliches Moratorium zwischen Kindheit und Erwachsenenalter. Jugend läßt sich auch nicht länger definieren als jene Phase, in der man sich aufs Leben vorbereitet, eine Phase, die zu Ende geht, wenn junge Menschen Beruf und Familie, eigenes Geld und eigene Kinder haben. Nach wie vor hängt viel fürs weitere Leben von einigen Entscheidungen ab, die junge Menschen zwischen fünfzehn und dreißig treffen. Jugend bleibt ein wichtiger Abschnitt, aber sie ist künftig mehr als eine fest umrissene Phase im Leben eines Menschen. Gewiß, auch früher schon, in der bündischen Jugend, bei den Pfadfindern oder den Naturfreunden, hat es manche gegeben, die »die kurzen Hosen nicht ausbekamen«. Und die Zahl der Menschen nimmt zu, die bis ins hohe Alter hinein einem oft lächerlichen Jugendkult anhängen. Das alles ist nicht gemeint, wenn gesagt wird, daß die Jugend künftig in einem sehr elementaren Sinne nicht mehr so richtig aufhören will. Gemeint ist etwas anderes: In Zukunft werden Aufgaben und Möglichkeiten, Probleme und Optionen, die sich bisher auf die Jugendphase konzentrierten, stärker als bisher auf das ganze Leben verteilt sein. *»Wir werden nie mehr Hans, wir bleiben immer Hänschen.«* Mit diesen Worten hat ein Ministerpräsident einmal diese Veränderung des Lebenslaufes auf einen kurzen Nenner gebracht. Früher war die Jugend die erste Stufe in der Lebenstreppe. In der Jugend lernte man. Im Erwachsenenalter hatte man Beruf und Familie. Im Alter ruhte man sich aus. Das war einmal. Vieles von dem, was früher in der Jugend geschah, wird künftig auch im Erwachsenenalter geschehen müssen. Dazu gehören der Erwerb neuen Wissens; der Zwang und die Chance, neu anfangen zu können (oder zu müssen); die Notwendigkeit, aktive Beziehungen zu knüpfen und zu pflegen zwischen (Groß-)Eltern und (Enkel-)Kindern, mit Gleichaltrigen und Freunden, sogar Fremden, Alltagssolidaritäten zu leben. Nicht mehr die Loslösung vom Elternhaus, sondern der Aufbau lebenslanger Beziehungen in sehr unterschiedlichen Phasen und Situationen wird künftig die Beziehungen zwischen den Generationen in den Familien prägen.
Damit aber stellt sich der ungeschriebene Pakt zwischen Jugend und Gesellschaft auf eine neue Weise, die Frage also: Was können und was müssen beide, Junge und Ältere, Jugend und Gesellschaft, voneinander erwarten an Rechten und Pflichten, was können sie einander auch (noch) zumuten, welche wechselseitigen Verpflichtungen wollen sie begründen?
Gemeinschaft heute: Es ist in Deutschland schwerer als anderswo, darüber in politischer Absicht öffentlich zu reden. Niemand bestreitet, daß Gemeinschaften für die privaten Beziehungen und für die positive Entwicklung eines Menschen wichtig sind, in der Familie, unter Freunden, zwischen Partnern. Aber Gemeinschaft als öffentliche, als politische Kategorie? Da schwingen noch immer, wie gesagt, schlechte Erinnerung und viel Unbehagen mit; eine Aversion gegen die Gesellschaft; die Sehnsucht nach Geborgenheit und die Angst vor Entfremdung; die Unfähigkeit, in sozialen Konflikten auch einen produktiven Faktor und ein Zeichen von Freiheit sehen zu können.

Doch auch hier hat längst schon ein Themenwechsel stattgefunden, nicht nur in den akademischen und politischen Debatten, sondern vor allem auch im Alltag, in den Lebenswelten der Menschen. Nie zuvor hatten so viele (junge) Menschen so viele Optionen und Möglichkeiten. Aber in anderer Hinsicht ist die Gesellschaft eher defizitär: Es fehlen die sozialen Räume, wo sich (junge) Menschen engagieren, wo sie aktiv sein können, auf eine Art und Weise, die Sinn und Spaß macht, freiwillig, aber nicht privat, öffentlich, aber weder in einem staatlichen noch in einem kommerziellen Kontext. Schon vor Jahren hat der Soziologe Ralf Dahrendorf von »Optionen und Ligaturen« gesprochen und gefragt, ob denn nicht die Balance aus dem Gleichgewicht zu geraten droht zwischen den *Wahlmöglichkeiten* auf allen möglichen Märkten und den *Bindungsmöglichkeiten* und den *Zugehörigkeiten* zu einem sinnvollen sozialen Zusammenhang, zu Gemeinschaften eben. Man kann »Gemeinschaft« ja auch so übersetzen: nicht als sozialen Schonraum, in den man sich vor den Fährnissen der Welt zurückzieht, sondern als Gemeinwesen, das man gestalten kann, dem man etwas zu verdanken und gegenüber dem man auch Verantwortung hat. »Responsive Community« nennen das Kommunitarier wie Amitai Etzioni. Es ist der Weg von der sozialen Gartenlaube zu einem sozialen Unternehmertum, das Räume öffnet und besiedelt, in denen soziale Beziehungen besonderer Art ablaufen, Aktivitäten, die nicht der Logik des Staates und auch nicht der Logik der Ökonomie gehorchen.

Und schließlich, was kann *Dienst heute* heißen? Wer anderen dient, erscheint den meisten Zeitgenossen nicht gerade als ein attraktives Rollenmodell. Mutter Theresa bleibt ein Vorbild, zu dem man aufschaut, das man aber nicht unbedingt nachahmt. Dienstmädchen hat man gerne, wenn man sie sich leisten kann, aber sie genießen kein soziales Ansehen. Wer anderen dient, so die gängige Meinung, hat es selber noch nicht weit gebracht. Er paßt irgendwie nicht in die Landschaft der Selbstverwirklichung, in der alle Fit for Fun (oder einfach Fit for Nothing) sind. Personenbezogene soziale Dienstleistungen werden mit dem Niedriglohnbereich – und deshalb eher mit den Modernisierungsverlierern in Verbindung gebracht.

Soziale Dienste haben heute eine gute und eine schlechte Konjunktur. Im nächsten Jahrhundert werden sie zu den wenigen Wachstumsbranchen auf dem Arbeitsmarkt gehören, in denen auch reguläre Arbeitsplätze entstehen. Als solche sind sie begehrt. In den – freilich eher schrumpfenden – sozialmoralischen Milieus rund um die Kirchen und die Arbeiterbewegung genießen sie, und das zu Recht, nach wie vor ein beträchtliches Ansehen: Als »ehrenamtliche« Dienste sind sie geehrt. Dazwischen – zwischen den neuen Berufen und dem »alten« Ehrenamt – liegt ein weites Feld. Hier hat die Abwertung des sozialen Dienstes für andere viel mit jenem moralisierenden manichäischen Dualismus zu tun, der, über alle Partei-, Ideologie- und Religionsgrenzen hinweg, die Zeit- und die Gesellschaftskritik in Deutschland seit langem beherrscht. Diese Kritik teilt die Welt in Gerechte und Ungerechte, in sozial gute und in sozial schlechte Menschen ein. Die einen opfern sich selbstlos für die anderen auf. Die anderen trachten auf egoistische Weise danach, sich selbst zu verwirklichen. In diesem dualistischen Weltbild gibt es keinen Platz und auch keine Formen für die Idee und die Praxis eines altruistischen Individualismus und einer sozialen

Transzendenz, dank derer Menschen für sich selbst ein reicheres und interessanteres Leben führen in dem Maße, in dem sie mit anderen und für andere sozial etwas unternehmen, sich für andere, für das Gemeinwesen engagieren. Wer soziale Dienste aufwerten will, der muß diesen manichäischen Dualismus hinter sich lassen und sich für eine neue soziale Kultur einsetzen, in der bürgerschaftliches Engagement für eigensinnige und emanzipierte Menschen möglich und attraktiv wird.

Die Frage nach der Zukunft der Jugendgemeinschaftsdienste hat, so betrachtet, einen vordergründigen Aspekt: Wie läßt sich die Zahl derer, die solche Dienste leisten, vergrößern, verdoppeln, verdreifachen? Dabei geht es dann um eine bestimmte Zielgruppe und um einen bestimmten Zweck. Und sie hat einen sehr grundsätzlichen Aspekt: In welcher Gesellschaft wollen wir eigentlich leben? In einer Gesellschaft, die nur Rechte kennt, aber keine Pflichten? Oder in einer Gesellschaft, die sich als sozialer Zusammenhang auch dadurch konstituiert, daß sie sich auf geteilte Werte (shared values) und wechselseitige Verpflichtungen verständigt? In einer Gesellschaft, die – in zwei berühmten Wendungen von Adam Smith – sich nicht nur um den »Reichtum der Nation«, sondern auch um die »Moral Sentiments« der Menschen sorgt?

In den Vereinigten Staaten von Amerika und in Großbritannien waren und sind es vor allem die Kommunitarier, die diese Themen wieder auf die Tagesordnung der Politik gebracht haben. Die Rezeption dieser Ideen auf dem europäischen Kontinent verläuft langsam, aber stetig. In Österreich, Deutschland und anderswo, vor allem in manchen Ländern Ostmitteleuropas, hat die Idee der »Bürgergesellschaft« gegenwärtig eine gewisse Konjunktur, aber keine Tradition. Bei vielen stößt die »Bürgergesellschaft« auf mehr oder weniger starke Vorbehalte: Die einen meinen, Demokratie und Marktwirtschaft seien genug, wozu brauche man da noch eine Bürgergesellschaft? Die anderen fürchten um den Sozialstaat, der hinter dieser schönen Kulisse abgebaut werden solle. Wieder andere sorgen sich um das traditionelle Ehrenamt. Wie auch immer: Ohne die Ausfallserscheinungen in den öffentlichen Kassen wäre der Ruf nach mehr Bürgerengagement wohl nicht so laut und so breit erschallt. Nachhaltige Resonanz aber dürfte die Idee der Bürgergesellschaft nur haben, wenn sie nicht als »Kompensationsveranstaltung« unter die Leute gebracht wird. Eine Zukunft wird die Bürgergesellschaft nur haben, wenn eine eigenständige Begründung gelingt, welche die Werte und Wünsche der Zeit mit den Problemen und Chancen des 21. Jahrhunderts verbindet. Diese positive Begründung kann nur in einem idealistischen Vorgriff liegen, im Bild des Menschen als eines einzigartigen und auf Gemeinschaft hin angelegten Wesens, das, um ein gutes und glückliches Leben führen zu können, die Gemeinschaft braucht, ihr gegenüber aber auch Verantwortung trägt. Für das »gute Leben« (Aristoteles) brauchen Menschen eine politische Ordnung, einen Staat zur Regelung der alle gemeinsam betreffenden, der öffentlichen Dinge. Sie brauchen eine Ökonomie und eine wirtschaftliche Ordnung, um die Mittel des Lebens zu erwirtschaften und zu verteilen. Und sie brauchen vor und über alledem Freundschaft, Liebe, soziale Beziehungen, die nicht durch den Staat oder die Wirtschaft dominiert sind. Es gibt ein soziales Leben jenseits von Markt und Staat.

Die Bürgergesellschaft braucht also Staat und Wirtschaft, geht aber nicht in ihnen auf. Sie meint einmal das Große und Ganze, als normativer Begriff, der Folgen hat für die Staats- und für die Wirtschaftsordnung. Und sie meint zum anderen jene sozialen Räume, in denen sich Menschen jenseits von Markt und Macht vergesellschaften. In beiden Dimensionen, im Sozial*staat* wie in der Sozial*gesellschaft,* stellen sich die nämlichen grundsätzlichen Fragen, die sich bei den Jugendgemeinschaftsdiensten dann zuspitzen:
- die Frage nach der *Beteiligungsgerechtigkeit*: Wie läßt sich eine Gesellschaft denken und gestalten, in der alle zum Gelingen des Ganzen beitragen, eine Gesellschaft, in die sich jeder einbringen kann und aus der keiner ausgegrenzt wird?
- die Frage nach dem Prinzip der *Gegenseitigkeit*: Ist es billig und recht, manchen Menschen nur Geld, soziale Transfers zu geben, aber ansonsten nichts mehr von ihnen zu erwarten? Oder wird es eine vordringliche Aufgabe, Solidarität künftig stärker als eine Zwei-Bahn-Straße zu organisieren nach der Maxime: Jedem, der in Not geraten ist, wird geholfen. Das ist die sozialmoralische Pflicht der Gesellschaft. Jeder, der etwas bekommt, hat die Pflicht, nach Kräften etwas zurückzugeben. Das ist die sozialmoralische Pflicht jedes einzelnen. Übertragen auf die Beziehungen zwischen Jugend und Gesellschaft hieße das: Die Gesellschaft hat die Pflicht, in die Zukunft der jungen Generation zu investieren, wahrscheinlich mehr als heute. Die Jugend (und nicht nur sie – was ist mit den Alten?) hat die Pflicht, im Laufe des Lebens nach Kräften etwas zurückzugeben, wahrscheinlich mehr als heute.
- die Frage nach *Freiwilligkeit oder Zwang,* konkret: Genügt es, bessere Anreize zu schaffen für ein Freiwilliges Soziales Jahr, oder läßt sich ein Soziales (Pflicht-)Jahr begründen und legitimieren, damit am Ende nicht die einen soziale Zeit für das Gemeinwesen geben, derweil die anderen dies Zeit privat nutzen, um sich einen Vorsprung in der Karriere zu sichern?

Bei diesen drei Fragen war der Vorrat an Gemeinsamkeiten in unserer Kommission unterschiedlich verteilt. Alle wünschten sich eine Gesellschaft, in der, neben einer gewissen Verteilungsgerechtigkeit, möglichst auch Beteiligungsgerechtigkeit verwirklicht wird. Schwieriger wurde es schon bei der Frage, ob und wie das Prinzip der Gegenseitigkeit umgesetzt werden soll. *Freiwilligkeit oder Zwang* – diese Frage spaltet dann jede Diskussionsrunde und so auch diese Kommission, und der Riß geht vermutlich mitten durch die Gesellschaft. Das wäre nicht weiter schlimm, wenn nicht, durchaus gegen die Absicht jener, die die Fahne der Freiwilligkeit hochhalten, möglicherweise ein sozialkulturelles Klima befördert würde, in dem dann über Solidarität, sozialen Zusammenhalt und soziale Spaltung eines Tages gar nicht mehr gestritten werden könnte, weil alle verlernt haben, die Sprache, in der diese Begriffe einen Sinn machen, auch nur zu verstehen.

Zwei Hinweise mögen andeuten, was gemeint ist: Wer Zwang a priori als Mittel ablehnt, um öffentliche Ziele zu erreichen, sollte sich daran erinnern, daß es ohne Zwang nie einen Steuer- und deshalb auch nie einen Sozialstaat gegeben hätte und nie einen solchen geben wird. Kein Mensch zahlt Steuern aus schierer Lust und

Laune. Die Frage ist immer: Welches Maß an Zwang möchte eine Gesellschaft aus welchen Gründen und im Hinblick auf welche Ziele als legitim erachten, und welches nicht. In den Zeiten der Globalisierung und der Digitalisierung braucht die Gesellschaft vermutlich mehr und nicht weniger Solidarität der Modernisierungsgewinner mit denen, die kurz- oder langfristig sich auf der Verliererseite wiederfinden werden. Alles nur freiwillig? Man kann anarcholiberale Argumente nicht wie einen Knüppel aus dem Sack holen, wenn es gegen einen sozialen »Zwangsdienst« zu kämpfen gilt, und sie dann schnell wieder einpacken, wenn es darum geht, den Staat als die »Schutzmacht der kleinen Leute« in Stellung zu bringen.

Der zweite Hinweis: Es ist wohl nur eine Frage der Zeit, bis die Wehrpflicht und damit auch der Zivildienst fällt. Das wird eines Tages kommen – eher früher als später –, nicht als Folge ideologischer Debatten, sondern als Folge veränderter Wirklichkeiten: in der Natur internationaler Konflikte, die eher freiwillige, professionelle Krisenreaktionskräfte erfordern, aber auch in einer veränderten sozialen Wirklichkeit, die einen gleichberechtigten Zugang von Männern *und* Frauen zur Bundeswehr mit sich bringen wird. Keine Wehrpflicht, kein Zivildienst, kein Soziales Jahr: Das wäre dann das öffentliche Eingeständnis des Staates, daß er nichts mehr von den jungen Leuten für das Gemeinwesen erwartet. Diese haben dann nur noch Rechte, keine Pflichten. Ein Staat, der sich derart billig macht, darf sich nicht wundern, wenn ihn die (jungen) Menschen dann auch so behandeln. Ein Staat zum moralischen Nulltarif wird auch sonst bald mit leeren Händen dastehen. Er wird seine Autorität verspielen auch für jene Fälle, bei denen man ihn noch brauchen wird. Der geordnete Rückzug des Staates aus jenen Bereichen, in denen er sich übernommen hat, ist eine Sache. Der ungeordnete moralische Rückzug des Staates aus allen Gebieten, wo er seinen Bürgern mit begründeten Pflichten gegenübertritt, ist eine andere Sache, und sie dürfte auf Dauer schwerer wiegen. Die Alternative zu einer Gesellschaft der geteilten Werte und der wechselseitigen Verpflichtungen wäre eine sozial gespaltene Gesellschaft des »Rette sich wer kann«, in deren »Rat Race« dann jene vorn liegen werden, die rechtzeitig allen sozialen Ballast abgeworfen haben. Ohne soziales Gepäck reist es sich leichter in der globalen, flexiblen Welt, das ist wohl wahr. Die Frage ist nur, ob das das letzte Wort sein muß, das einer zivilen Gesellschaft dazu – und zu sich selber einfällt.

Sibylle Tönnies

Freiwillig oder verpflichtend? – Vom Wert der Arbeit

1. In dem Projekt, in dessen Rahmen diese Veröffentlichung steht, soll der Ausbau eines Freiwilligen Sozialen Jahres gefördert werden. Zwar gibt es diese Einrichtung schon – die Nachfrage nach Stellen ist aber um ein Vielfaches höher als das Angebot. Es gibt lange Listen von Bewerbern, von denen nur ein kleiner Teil erfolgreich ist. Der Staat sieht sich nicht verpflichtet, in ausreichendem Maße Stellen zu organisieren. Auch für ihn ist die Einrichtung des Sozialen Jahres »freiwillig«. Handelte es sich um ein Pflichtjahr, wäre er zur Einrichtung der Stellen gezwungen, so hätte er dazu auch die Mittel und fände die Wege. Was dem Militär gelingt – die jungen Männer für den Staat einzuziehen – sollte auch der Zivilen Gesellschaft nicht unmöglich sein. Ihre moralische Berechtigung ist keineswegs schlechter.
Bisher ist das Freiwillige Soziale Jahr nur ein Ornament und kein wesentlicher Bestandteil der Gesellschaft. Daran wird sich auch grundsätzlich nichts ändern, wenn man es ausweitet. Die Diskussion darüber, ob statt eines freiwilligen ein verpflichtendes soziales Jahr eingerichtet werden soll, muß weitergeführt werden – nicht nur, um die Jugendlichen, sondern auch, um den Staat in Pflicht zu nehmen.
Davon ist die öffentliche Meinung aber weit entfernt. Der Gedanke an eine soziale Zwangsverpflichtung erregt sogar Abscheu. Hier sollen weitere Vorteile aufgezeigt werden: Neben dem schon beschriebenen, daß mit einem Pflichtjahr auch der Staat in Pflicht wäre, hätte die Einrichtung der Verpflichtung erhebliche sozialpädagogische Vorteile:

2. Die Bewerber um eine Stelle im Freiwilligen Sozialen Jahr können heute nicht das Gefühl haben, daß sie der Gemeinschaft nützlich sind. Sie sind ihr – da man sie zum größten Teil abwimmelt – offenbar lästig. Wenn sie sich um eine solche Stelle nicht bewerben, sondern »eingezogen« würden, würde ihnen klar, daß ihre Tätigkeit tatsächlich erwünscht und hilfreich ist. Das wohltuende Gefühl, das jetzt das Militär vermittelt: Dein Land braucht dich! würde ebenso und besser durch die Verpflichtung zu einem Sozialdienst erzeugt.
Ich bin in diese Richtung durch eine Anekdote beeinflußt worden, die mir vor zwei Jahren meine damals neunzehnjährige Tochter erzählt hat: Bei einem der üblichen Sofagelage sagte ihre Freundin Inga im Zuge eines Aktivitätsschubs: »Ist doch schlimm, daß wir nichts für andere Menschen tun! Eigentlich sollte man doch irgend jemandem helfen oder sonst was Sinnvolles machen!« – und meiner Tochter gefiel die Antwort sehr gut, die Freund Butsch darauf gab: »Das finde ich nicht! Man soll sich nicht in die Verhältnisse anderer Leute einmischen. Es genügt, daß man dann zur Verfügung steht, wenn man um Hilfe gebeten wird. Zum Beispiel würde ich nie Nein sagen, wenn ein Nachbar klingeln und um Salz bitten würde.«

Ich hatte für die warmherzige Zustimmung, die meine Tochter dieser Antwort gab, zunächst überhaupt kein Verständnis. Ich fand sie empörend. Immerhin hat Salz fast gar keinen Wert: Ein Teelöffel kostet kaum einen Pfennig; und ich fand den Gedanken, soziales Engagement durch die Bereitschaft zu ersetzen, auf Anfrage etwas Salz herzugeben, einfach absurd.
Butschs Antwort hat mich aber weiter beschäftigt, und inzwischen verstehe ich, warum sie meiner Tochter so gut gefiel. Salz ist das Symbol für das Lebensnotwendige. Trotz seines lächerlichen Wertes ist Salz unentbehrlich, und ich hatte mich in dem Irrtum von King Lear befunden, der seine Tochter verstieß, als sie auf die Frage, wie sehr sie ihn liebe, die Antwort gab: So sehr wie das Salz in der Suppe. Dieses Bild des Notwendigen wird in Butschs Bemerkung dadurch ergänzt, daß er nur auf Anfrage bereit sein will, etwas herzugeben: Er möchte nicht als guter Engel herumlaufen, sondern gebraucht und angefordert werden.

3. Quamquam coactus, tamen voluit! Zwar war er (oder sie) gezwungen, dennoch wollte er (oder sie)! – so faßt ein altes Wort eine widersprüchliche Konstellation zusammen. Sie zeigte sich bei einem Treffen, das im Rahmen dieser Veröffentlichung unter der Beteiligung von Jugendlichen stattfand: Als der dem passenden Jahrgang angehörende Mario befragt wurde, ob er selbst gern ein Freiwilliges Soziales Jahr absolvieren würde, antwortete er: »Nein. Ich will meine Pflicht tun. Freiwillig – das klingt so, als wollte ich mich als guter Mensch aufspielen«. Wurde er aber gefragt, ob er es besser fände, wenn ein Soziales Pflichtjahr eingerichtet würde, wies er das entschieden zurück. Dieser Widerspruch erklärt sich ganz einfach: Kein junger Mensch spricht sich für die Verpflichtung aus. Er wäre ja sonst in paradoxer Lage: Freiwillig würde er in die Pflicht gehen. Nein – er (oder sie) will nicht gefragt werden. Er (oder sie) will so dringend gebraucht werden, daß er (oder sie) einfach angefordert wird.
Allerdings: Man kann mit dem Quamquam-coactus-Wort alles Böse rechtfertigen, es ist schillernd und mit Vorsicht anzuwenden. Man wird es in dem hier behandelten Zusammenhang nur ertragen können, wenn man die Einschätzung teilt, daß sich die gegenwärtige Jugend in einer verheerenden Situation der Beliebigkeit befindet und das dringende Bedürfnis nach formenden Kräften hat.
Die Idee der Freiwilligkeit ist in den letzten Jahren überstrapaziert worden. Als es in den siebziger Jahren starke Selbstinitiativen gab, als in allen Städten Jugendzentren entstanden, die von den Jugendlichen selbst eingerichtet und geleitet wurden, gewöhnte sich die Sozialpädagogik daran, sich zurückzulehnen und nur auf Anfrage wohlwollende Unterstützung zu geben. Es entstand eine Angebotsideologie, die bis heute in vielen Jugendfreizeitheimen zu einer völligen Lähmung der Arbeit führt. Wer will, kann Schach spielen, wer will, kann töpfern und so weiter. Tatsächlich passiert – nichts. Die Jugendlichen von heute werden überschätzt, wenn man sie sich selbst überläßt. Sie brauchen aber erheblich mehr Führung als die Jugendlichen vor zwanzig Jahren. Von Selbstinitiative kann bei ihnen keine Rede sein. Sie werden überfordert, wenn man von ihnen erwartet, ihre Sache selbst in die Hand zu neh-

men. Sie leiden unter dem Übermaß an Kontingenz und dem Mangel an Notwendigkeit.
Geht man davon aus, daß sich die Jugend tatsächlich alleingelassen sieht, daß sie Sehnsucht hat nach einer außerelterlichen Autorität, dann ist das, was ihr fehlt, eine fühlbare Allgemeinheit, mit anderen Worten: ein fühlbarer Staat. Er fehlt ihr objektiv, nicht subjektiv. Wer wollte schon danach rufen, vom Staat ergriffen zu werden? Trotzdem ist das Bedürfnis da. Wenn sie sich von ihren Eltern losgerissen haben, entbehren die jungen Leute eine überfamiliale Instanz, die um sie besorgt ist. Sie haben Angst, sich in einer Gesellschaft zu bewegen, in der nur egoistische Kräfte am Werk sind, und brauchen die Gewißheit, daß über diesen Kräften eine Agentur schwebt, die das allgemeine und damit auch ihr persönliches Wohl im Auge hat. Viele Einrichtungen, die früher Zeugnis von einer solchen Agentur waren, sind weggefallen. Da gibt es keine Bundespost mehr, die möchte, daß die Briefe gut ankommen; da gibt es keine Bundesbahn mehr, die möchte, daß die Menschen gut reisen – da gibt es nur noch private Unternehmen, die auf Geldverdienen aus sind. Ich will die wirtschaftliche Richtigkeit der Privatisierung hier nicht in Frage stellen; wohl aber scheint es mir wichtig, ihre massenpsychologische Wirkung zu besprechen. Ein Gefühl von Geborgenheit ist weggefallen. Wenn damit auch Freiheitsgewinne verbunden sind, so müssen die Verluste auf der Seite des gesellschaftlichen Sicherheitsgefühl doch zur Kenntnis genommen werden. Sie führen tendenziell in einen Zustand, der soziologisch »Anomie« genannt wird, einen Zustand unerträglicher Vereinzelung und Haltlosigkeit, in dem keine Gesetze mehr gelten.
Die Verpflichtung zu einem Sozialen Jahr würde dem entgegenwirken. Gerade im richtigen Alter – nach Abschluß der Schule, vor der Einrichtung eines eigenen Lebens – würden die Jugendlichen sich einerseits »erfaßt« und andererseits geborgen wissen. Sie würden Staatspräsenz merken: So wahr dich der Staat in die Pflicht nimmt, so wahr wird er notfalls auch für dich da sein.
Wenn solche Gedanken heute fernliegen, so liegt das daran, daß aus lauter Angst vor Big Brother, dessen Auge über der Szenerie von »1984« wachte, das Pendel in die Gegenrichtung ausgeschlagen hat. Um dem Totalitarismus auszuweichen, ist man ins andere Extrem übergegangen, das wiederum die Gefahr in sich birgt, daß das Pendel wieder in den totalitären Extremzustand zurückschlägt. »Selbstregulierung« – diese Maxime der Gegenwart – ist eine gute Idee. Werden die Verhältnisse aber vollständig sich selbst überlassen, versagen die selbstregelnden Kräfte des Chaos, an die heute geglaubt wird, so wird irgendwann eine Gleichschaltung unumgänglich. Der Staat beugt dem vor, wenn er sich wieder bemerkbar macht.
Ich möchte noch einmal auf den Allgemeinplatz hinweisen, wie problematisch und mißbrauchbar dieser Standpunkt ist. Er ist letzten Endes nur vertretbar vor dem Hintergrund des Krieges, nach dem offenbar ein so großes gesellschaftliches Bedürfnis besteht, daß er nicht auszurotten ist. Ein Element dabei ist die Sehnsucht der Jugend nach Druck. Alexander Rüstow hat das in seiner »Ortsbestimmung der Gegenwart« im Abschnitt »Kriegsbegeisterung« überzeugend geschildert. Sehen wir mit William James die Verpflichtung zur Ableistung eines Sozialen Jahres als »Moral Equivalent of War« an, so verliert der Gedanke an den Zwang viel von seinem Schrecken.

4. Das Soziale Pflichtjahr wäre ein wirksames Mittel gegenüber dem steigenden, letzten Endes auf Krieg ausgerichteten Rechtsradikalismus. Diese Bewegung versteht es, Jugendliche einzufangen, die nichts weiter wollen als gebraucht werden. Tatsächlich findet man in ihren Reihen vorzugsweise solche Jugendliche, die eine konventionelle Arbeitsmoral, herkömmliche Tugenden wie Fleiß, Pünktlichkeit und Sauberkeit haben und diese Tugenden nirgends unterbringen können. Sie sind nicht schlechter als ihre Altersgenossen – sie sind nur weniger »gut« an die Unverbindlichkeit der gesellschaftlichen Umfeldbedingungen angepaßt. Sie haben noch ein Bedürfnis nach gesellschaftlichem Druck, nach Kanalisierung ihrer Potenzen, das nicht mehr in die heutige Zeit paßt. Man sollte sie nicht den Kräften überlassen, die dieses Bedürfnis politisch mißbrauchen. Man sollte ihnen die Möglichkeit geben, dem Bedürfnis nach Einordnung in sozial nützlicher Weise nachzugeben.
Das öffentliche Bewußtsein hat unleugbare und dankenswerte Fortschritte gemacht, indem es in den letzten Jahrzehnten Randgruppen integrierte und Homosexuellen, Hausbesetzern, Prostituierten und Ausländern ihre Würde gab. Aber dabei blieb der ganz normale deutsche Junge auf der Strecke. Warum sage ich »deutsche« Junge? Weil ihm tatsächlich sonst jede Qualifikation fehlt. Deshalb muß er aus diesem Merkmal sein Selbstbewußtsein ziehen. »Ich bin stolz, ein Deutscher zu sein« – so muß er plakatieren, ungeachtet der Tatsache, daß es aus nicht weit zurückliegenden Gründen keinen Anlaß gibt, auf das Deutschsein besonders stolz zu sein. Er integriert diese Hindernisse in sein Selbstbild und wagt den abenteuerlichen Sprung, sich mit den deutschen Verbrechen zu identifizieren. In schrecklicher Verirrung flieht er in die Symbolwelt des Bösen.
Die rechtsradikale Identität gibt die von der Gesellschaft sonst verweigerte Möglichkeit, sich einem Kollektiv – Deutschland – zuzurechnen. Das Wort »deutsch« heißt seiner ethymologischen Herkunft nach: dem einfachen Volk zugehörig. Diese Bedeutung bekommt es auf diese Weise wieder. Die in keiner Weise exzentrischen, sondern stinknormalen und deshalb völlig uninteressanten Jugendlichen versuchen sich auf diese Weise eine Kontur zu geben.
Denn auch sie wollen wahrgenommen werden. Wenn sie nichts weiter sind als fleißig, sauber und zuverlässig, gehen sie unter. Da der Arbeitsmarkt sie nicht braucht, sind sie auf andere gesellschaftliche Signale angewiesen, die sie bestätigen und ihnen zeigen, daß sie bemerkt und anerkannt werden. Da sie diese Signale nicht erhalten, sehen sie sich vor der traurigen Alternative, entweder in Arbeitslosigkeit und Alkohol zu verkommen oder, wenn ihnen Ordnung, Sauberkeit und Disziplin wichtig sind, diese Tugenden aggressiv nach vorn treiben und sie als deutsch zu verkaufen.
Sie besitzen nichts als ihre einfache Arbeitskraft, ihre Bereitschaft zu einförmiger, kraftraubender Maloche, die ihnen niemand abnimmt. Der Stolz auf die eigene Körperkraft und Arbeitswilligkeit kann nur im rechten Kontext gepflegt werden. Während die alten Linken ihre im übrigen verlorene Identität aus ihrer Abgrenzung vom Nationalsozialismus beziehen, verhilft er den jungen Rechten zu einer Gegenidentität.

Der Rechtsdrang besteht nur zum Teil aus bösen, illegitimen Neigungen. Er hat auch einen berechtigten Anteil, solange die Gesellschaft keine Vorsorge dafür trifft, daß die unqualifizierte Arbeitskraft zum Einsatz und damit zu Selbstbewußtsein kommen kann. Es war nicht nur ein übler Trick der Nazis, daß sie die einfache Arbeit mit der Schaufel zu Ansehen brachten. Ein Foto aus dieser Zeit zeigt eine fröhliche Arbeitsdienst-Parade, in heroisierender Weise von unten fotografiert, eine Reihe kräftiger Männer mit korrektem Haarschnitt, die, den Spaten geschultert, singend über eine Düne marschieren. Das ist eine alberne Revue, bei der es dem heutigen Betrachter hochkommt. Trotzdem liegt in dieser Apotheose der einfachen Arbeit etwas Richtiges – eine Anerkennung, die den Menschen zusteht.

Die Sorge, daß mit der Einführung eines Sozialen Pflichtjahres eine Art von Arbeitsheer entstünde, eine dem Staat untergeordnete Großorganisation, die totalitär anfällig wäre, ist unberechtigt. Auch der Zivildienst ist keine solche Einrichtung. Ebenso wie dort bestünde in einem Sozialen Pflichtjahr die Freiheit der Wahl, in welchem Rahmen es abgeleistet werden soll. Das Prinzip der Subsidiarität würde herrschen, was bedeutet, daß einzelne Organisationen die Durchführung in eigener Regie vornehmen würden und auf diese Weise die ganze Bandbreite an sozialer Initiative mit all ihrer Unterschiedlichkeit vertreten wäre.

5. Ein anderer Vorteil eines Pflichtdienstes wäre die bessere soziale Durchmischung des Sozialen Jahres. Jetzt sind neunzig Prozent derjenigen, die sich zu dem Hilfsdienst motiviert fühlen, junge Frauen. Die Verpflichtung würde hier zu einer Ausgewogenheit führen. Auch die verschiedenen sozialen Schichten würden sich hier treffen – was unter der Maxime der Freiwilligkeit nicht der Fall ist. Bisher nämlich fühlen sich hauptsächlich die Angehörigen der sogenannten höheren Bildungsschichten angesprochen. Auch Kinder aus Ausländerfamilien sind unterrepräsentiert. Der typische Angehörige des Sozialen Dienstes ist »female, white and middle-class«. Die erwünschten pädagogischen Wirkungen des Sozialen Jahres wären aber sehr verstärkt, wenn eine größere Vermischung einträte, wenn sich junge Männer und Frauen, Kinder aus deutschen und ausländischen, aus Ober- und Unterschichtsfamilien hier träfen.

6. Die Arbeitslosenforschung weiß schon lange, daß ohne den Wechsel von Arbeit und Freizeit das Persönlichkeitskonzept angegriffen wird, die Zeitstruktur verlorengeht und die Identitätsgrenzen instabil werden. Depression, Sucht und Kriminalität sind die normalen Folgen. Aber es gibt keine ernsthaften, durchgreifenden Bestrebungen, sozial und ökologisch nützliche Arbeit zu organisieren, um dem vorzubeugen.

Dabei bieten sich die Arbeitsfelder an. Zumal dann, wenn die Wehrpflicht und mit ihr der Zivildienst wegfällt, wird ein hoher Bedarf an solchen Tätigkeiten entstehen. Es kann nicht mehr, wie im New Deal, um Industrialisierung gehen. Im Gegenteil: Unter *gemeinnützig* kann man heute nur noch solche Arbeiten verstehen, die die Industrialisierungsfolgen *rückgängig* machen. *Rückbau* ist angesagt, zumal im Osten, wo die rücksichtslose Industrialisierung durch den Sozialismus schwere öko-

logische Schäden hinterlassen hat. Aber nicht nur dort: Überall sind Böden zu reinigen, überall sind Flüsse zu deregulieren, überall braucht der Wald Hilfe, die mit Maschinen nicht geleistet werden kann, überall braucht die ökologische Landwirtschaft Hände. Überall gibt es überforderte Mütter und einsame Alte.
Warum kümmert sich niemand um diese vernachlässigten Felder und nutzt sie dazu, jungen Menschen ein Arbeitsethos beizubringen? Weil auch die Erwachsenen selbst kein Arbeitsethos haben. Die Bedeutung der Arbeit für den Menschen wird verkannt. Heute wird die Notwendigkeit von Arbeit nicht zur Conditio humana gerechnet.

Und das war auch früher keineswegs immer der Fall. Das Charakterbild der Arbeit schwankt in der Geschichte. Jede Zeit hatte ihre eigene Einschätzung. Oscar Wilde zum Beispiel machte die Bemerkung, die Arbeit sei der Fluch der trinkenden Klassen.
In der *Antike* genoß sie über ihre Nützlichkeit hinaus keine moralische Wertschätzung. Die in der Polis versammelten Grundbesitzer ließen sie von Sklaven verrichten und schufen sich eine dazu passende Philosophie, nach der die Freiheit von Arbeit ein Zeichen der Vornehmheit und Würde war. Es war nicht der Müßiggang, der damit propagiert wurde, sondern ein Leben in höheren Sphären, in denen die Künste, die Philosophie und die Politik betrieben wurden. Diese Wertung drückt sich auch in der *christlichen* Geschichte von Maria und Martha aus: Maria war diejenige, die dem Herrn lauschte, während Martha in der Küche das Essen zubereitete, und der Herr – obwohl er es sich wahrscheinlich anschließend schmecken ließ – gab Maria, die den Hang zum Höheren hatte, den Vorzug.
Man findet diese Haltung bis heute im Orient. Im Westen änderte sie sich in der Reformation. Luther verlieh der Arbeit – jeder Arbeit, auch der einfachen, körperlichen – ihre Würde. Die Magd, die die Diele fegt, verrichtet Gottesdienst. Bei Calvin hatte sich die Wertschätzung der Arbeit so weit gesteigert, daß er sie in seine Lehre von der Gnadenwahl einbaute. Er behauptete, daß es im Leben eines Menschen Indizien dafür gäbe, ob er zu den Auserwählten gehört, und erstes Indiz sei der Erfolg seiner Arbeit. Wer ertragreich arbeite, dürfe zu den von Gott Begnadeten gerechnet werden.
Das *protestantische* Arbeitsethos hat aber gelitten. Max Weber hat die weitreichenden Konsequenzen der calvinistischen Lehre zum Thema seiner Schrift über die *Protestantische Ethik* gemacht, und die Überlegenheit der westlichen Welt wurde von ihm mit dieser Arbeitsauffassung begründet. Ebenso wie Calvins Arbeitsethik einige Jahrhunderte zuvor machte Webers Schrift, die sie zum Gegenstand hatte, Epoche und prägte das Bild, das die heutigen Intellektuellen von der Arbeit haben. Unter Webers Einfluß gilt ihnen die protestantische Ethik als der Schlüssel für den Erfolg des kapitalistischen Westens, des okzidentalen Rationalismus, der sich den Rest der Welt unter den Nagel gerissen hat. Ihrer Tüchtigkeit werden die scheußlichen ausbeuterischen, ökologisch vernichtenden Begleiterscheinungen der westlichen Vorherrschaft angelastet. Diese ungünstige Beurteilung hat das Bild der Arbeit getrübt. Im Auge des gegenwärtigen Betrachters ist sie durch die ihre promi-

nente Stellung in der protestantischen Ethik abgewertet. Die dort hochgehaltene Strebsamkeit hat ihren häßlichen Prototyp in einer Dickensfigur, dem alten Scrooge, der selbst in der Weihnachtsnacht noch über die Bücher gebückt in seinem Kontor sitzt und über neue Bereicherungsmöglichkeiten nachgrübelt.

Das ungünstige Licht, das von der protestantischen Ethik her auf die Arbeit fällt, beleuchtet aber nur einen kleinen Ausschnitt dessen, was man unter Arbeit zu verstehen hat. Es ist die rastlose, raffgierige Tätigkeit der *Oberschicht*, die von dieser Ethik animiert wurde (und wird). Die protestantische Arbeitsethik hat die antike und mittelalterlich-feudale Hochachtung des Gentleman, der von Arbeit freigestellt ist, untergraben und durch das Idealbild des Oberschichtsmenschen, der am Schreibtisch schuftet, ersetzt. *Darin* liegt ihre Problematik.

Soweit sie aber die Arbeit des normalen Menschen aufgewertet hat, war ihre Wirkung gut. Sie half dabei, die soziale Stufe zwischen denen, die arbeiten, und denen, die müßiggehen, abzubauen, und wirkte auf diese Weise demokratisierend. Die weichen Hände, die vornehme Blässe des Gentleman besitzen in der westlichen Kultur keine größere Attraktivität als die kräftigen Hände, denen man die Arbeit ansieht, als die Haut, die von körperlicher Arbeit im Freien gebräunt ist. »Arbeit ist keine Schande« – diese neuzeitlichen Wertung ist das Ergebnis der protestantischen Ethik – und es ist ein gutes Ergebnis.

Eine neue Qualität bekam die Würdigung der Arbeit im Sozialismus. Ihre Kollektivierung befreite sie aus dem Ruch der Abhängigkeit und Bedrückung. Kollektivierung heißt: der Zusammenschluß der Arbeiter in Parteien und Gewerkschaften, mit deren Hilfe sie nicht mehr als ohnmächtige Einzelne auf den Markt traten, sondern als einheitliches, zusammengeschmiedetes Ganzes. In der geballten Arbeitskraft entwickelte sich ein Machtgefühl. »Alle Räder stehen still, wenn mein starker Arm es will« konnte der Arbeiter erst sagen, als dieser starke Arm nicht mehr nur sein eigener war, sondern der Inbegriff der Kraft seiner Klasse. Der Sozialismus – sei er sozialdemokratisch, sei er kommunistisch eingefärbt – hat die Arbeit auf die Höhe ihres Selbstbewußtseins gebracht.

Diejenigen, die heute in sozialen Fragestellungen die Verantwortung tragen, sind überwiegend alte Linke. Sie kommen also aus einer Gedankenwelt, die der Arbeit eine zentrale Rolle gab. Das kommt ihrem Drang, sozial nützliche Tätigkeit zu organisieren, aber nicht zugute. Denn aus dem linken Kontext wird andererseits eine paranoide Ausbeutungsangst weitergetragen. Die helfende, geschweige denn dienende Tätigkeit hatte hier niemals ein Ansehen. Sie hatte sich ja, zumal im vorigen Jahrhundert, als Deckmäntelchen der Ausbeutung erwiesen, als die höheren Töchter der ausbeutenden Klassen wohltätig durch Lazarette schwebten – in erster Linie um ihr eigenes Gewissen bemüht.

Es sind dieselben, von links herkommenden Kreise, die jetzt den Begriff Helfersyndrom inflationär benutzen. Die von der Liebe zu dem Lebendigen getragene, uneigennützige Tätigkeit gibt es in ihrem Konzept überhaupt nicht. Sie sind deshalb auch nicht imstande, ihr ein Betätigungsfeld zu schaffen.

Man findet heute, wohin man auch blickt, keine Ideenwelt, in der die Arbeit zu ihrer Ehre kommt.

Entsprechend verkannt werden die Gefahren der Untätigkeit, die Heinrich Seidel im vorigen Jahrhundert in einer »Hymne an die Arbeit« so beschrieb:

»In der müß'gen Stunde Gähnen
stirbt das letzte Fünkchen Mut,
träge in den kranken Venen
schleicht das böse schwarze Blut;
tiefer Gram umwölkt die Stirne,
Wahnsinn brütet im Gehirne,
bis das Herz im Tode ruht.
Mensch, was dich auch immer quäle,
Arbeit ist das Zauberwort,
Arbeit ist des Glückes Seele,
Arbeit ist des Friedens Hort!
Deine Pulse schlagen schneller,
deine Blicke werden heller,
und dein Herz pocht munter fort.
Völker! Laßt das Murren, Klagen
über Götzendienerei;
wollt ihr einen Götzen schlagen,
schlagt den Müßiggang entzwei!
Nur die Arbeit kann erretten,
nur die Arbeit sprengt die Ketten,
Arbeit macht die Völker frei!

Die Devise »Arbeit macht frei« hat sich verbraucht. Der Gedanke aber muß sich aus seinem faschistischen Mißbrauch befreien. Denn er ist richtig.

Eike Gebhardt

Freiwilligendienste – ein Paradoxon?

Schon der Titel: »Freiwilligen-Dienste« hat etwas vom Gang ins Kloster: Jemand entscheidet sich frei, seine Freiheit aufzugeben – wenigstens zeitweilig: denn Dienst heißt ja nichts weiter, als der eigenen Entscheidung über Handlungsziele zu entsagen, d.h. die eigenen Urteile und Entscheidungen auf die Ebene der Mittelwahl zurückzunehmen. Idealtypisch eine temporäre Selbstverstümmelung des mündigen Individuums – zumindest eine Selbstentmündigung.
Freilich findet solche Selbstentmündigung im Alltag unaufhörlich statt, es gäbe keinen Alltag ohne sie. In vermutlich 99 % unserer Handlungen denken wir nicht über die Ziele nach sondern führen Vorgaben aus, seien es Sachzwänge, Pflichten oder Befehle. Sogar selbstgesetzte Ziele, stehen sie einmal fest, reduzieren das Handeln zum Vollzug. Im Extremfall kann »Verantwortung übernehmen« heißen, die Verantwortung für das eigene Urteil ablegen: man (oder frau) handelt ja »im Dienst« – z.B. an anderen.
Abgesehen werden soll auch von der skurrilen Dialektik zielstrebigen Handelns. Tendenziell suspendieren Ziele ja unser situatives Urteil, und sie verarmen unsere Sensibilitäten, indem sie uns zwingen, Erfahrungen danach zu sortieren, ob sie förderlich oder hinderlich für das Ziel sind – wodurch ihr Eigenwert, also ihr nicht-instrumenteller Wert, gar nicht erst ins zieldefinierte Blickfeld gerät. Darüber hinaus steckt im Begriff der »Frei-Willigkeit« eine kuriose Metapsychologie des Willens: Aus freiem Willen soll heißen ohne Zwang und Druck. Ein Zirkelschluß: Denn was als Zwang und Druck wirkt, wird durchaus nicht immer als solcher erfahren. Schon Erich Fromm hatte die oft fröhliche Fremdbestimmung spöttisch auf den Begriff des »Sozialcharakters« gebracht: Menschen meinen, spontan und aus ihrem tiefsten Inneren zu wollen, was sie im Grunde nur müssen. D.h. sie haben irgendeinen Fremdwillen, einen Glaubens- oder Grundsatz, jedenfalls ein vorgängiges Orientierungsraster derart effizient und umfassend verinnerlicht, daß es aus ihrem wahren, wesenhaften, authentischen Selbst wieder hervorzusteigen scheint, wenn eine passende Anwendung ansteht.
Eine solche Angestellten-Mentalität lebt von sogenannten Sekundärtugenden wie Pflicht, Treue – und eben »Dienst«. Die gesellschaftlichen Institutionen, die diese Tugenden in operationale Szenarien übersetzen, d.h. in konkrete Anwendungen, haben daher fast unvermeidlich selber einen moralischen Stellenwert. Im Extremfall kann dann der Chef einer Firma behaupten »What's good for General Motors is good for the nation«. Ob Nation, Staat, Gesellschaft, ob Sekte oder Familie, immer scheint das Kollektiv ein höhere moralische Instanz, unabhängig davon, wie willkürlich sie sein mag. Wenn uns aus diesen Institutionen entgegentönt, dies oder je-

nes sei sozial nützlich, hilfreich, edel und gut, dann wird das eigene Urteil oft gar nicht mehr bemüht. Treue oder Pflichterfüllung einer unwürdigen Autorität gegenüber sind aber kein Indiz eines aufrechten moralischen Charakters sondern schlichte Selbstentmündigung. Manche sozialen Dienste und Institutionen – z.B. Militär und Kirche – funktionieren einzig auf dieser Grundlage.

Aus solcherlei Bedenken hatte schon Schiller gespottet, es mache kaum einen Unterschied, ob wir äußeren oder inneren Befehlen gehorchten – in beiden Fällen gehorchen wir nur. Im Befehlsnotstand unserer inneren Stimme sind wir um nichts authentischer als beim Befehl von außen. Auch unseren inneren Impulsen gegenüber handeln wir unfreiwillig, d.h. ohne den Vorbehalt eigener Urteils- und Entscheidungskompetenz. Unsere Impulse sind ja angeblich wir selber – ein schier unausrottbares Vorurteil. Je authentischer wir in diesem Sinne sein wollen, je spontaner, desto eher handeln wir blind, unreflektiert, also unfreiwillig.

Nun kann den Strategen der Freiwilligen-Dienste die Motivationsfrage egal sein. Formalrechtlich melden sich solche Vollzugs-Typen freiwillig, das genügt. Und: Die Dienstwilligen akzeptieren zumeist das Definitions-Monopol der Anbieter. Solange diese auf offensichtliche Ad-hoc-Probleme reagieren, ist das auch völlig legitim. Freilich begräbt man mit dieser Beschränkung womöglich auch ein Potential. Denn fraglos gibt es unter den Freiwilligen einen Teil, der diesen Weg eines »Dienstes« nur gewählt hat, weil eine andere Option für eine Engagement an einer gesellschaftlich sinnvollen Front sich nicht zu bieten schien. (Über den klassenspezifischen Hintergrund der Teilnehmer gibt es noch kaum verläßliche Information, doch es steht zu vermuten, daß sie sich nicht vorrangig aus solchen Schichten rekrutieren, die ums Überleben kämpfen, für die also ein Freiwilliges Jahr ein unvorstellbarer Luxus wäre.) Aber auch für jene mit einem breiteren Optionsspektrum gilt: Wir sind hierzulande nicht eben verwöhnt mit Spielräumen der »Selbstverwirklichung« für Lebensentwürfe, die an das Leitbild des Menschen als Unternehmer seines eigenen Lebens appellieren und dabei zugleich auf Mitwirkung am Aufbau einer besseren Gesellschaft verpflichtet sind (die als Grundlage der eigenen Zufriedenheit durchaus häufiger anerkannt wird als einige Studien und auch Jugend-Manifeste vermuten lassen).

Lange war das Leitbild des Unternehmers hierzulande diskreditiert, eine Abwehr, die sich z.T. aus der Sozialmythologie des Blutsaugers, des asozialen Ausbeuters speiste, z.T. aber auch durch Erziehungsideale vertieft wurde, die jene (eben »sekundären«) Angestelltentugenden verdichteten. Ohne auf die Debatte der Obrigkeitshörigkeit einzugehen, läßt sich ein historisches Manko festhalten: Anders als in angelsächsischen Ländern (die ja ähnliche Sekundärtugenden verkündeten), fehlt in Deutschland das Gegengewicht einer gefestigten Tradition des Individualismus. Erst in diesem Spannungsfeld kristallisierte sich ja die Idee einer zivilen Gesellschaft.

Nicht zufällig gediehen die »sozialen Dienste« in jenen Ländern auf freiwilliger, selbstorganisierter Basis, eine philanthropische Tradition, die hierzulande noch immer mit Mäzenatentum in Verbindung gebracht wird, die aber auf ein alltägliches Verantwortungsgefühl für das Gemeinschaftsleben zurückzuführen ist.

So hatten die sogenannten »Hippies«, die sich ja nicht mehr als Sub- oder Protestkultur begriffen sondern als *Gegen*kultur, sehr bald begonnen, ein eigenes Subsistenz-System aufzubauen: die sogenannten Free Shops, in denen jeder seine nicht mehr benötigten Gebrauchsgüter abgab, und in denen sich andere wiederum mit dem Benötigten versorgen konnten – ein Warenkreislauf ohne den Umweg über den Geldkreislauf. Ähnlich verfuhren sie mit Übernachtungsmöglichkeiten und einer Reihe von anderen freiwilligen, aber selbstorganisierten Sozialdiensten, von den sogenannten Free Clinics bis hin zur Nachbarschaftsfürsorge.[1]

»Aussteiger« waren sie ja nur insofern, als ihnen nichts daran lag, sich mit den Normen der aus ihrer Sicht falschen Gesellschaft herumzuschlagen – Normen, die ungeheuer viel Potential für eine solche bessere Gesellschaft lahmlegten. Zumeist waren sie ja durchaus in Bereiche der Gesellschaft eingebunden, mit Jobs oder auch an den sozialen Randzonen um die Colleges und Universitäten. Sie wollten ja nicht gleich das ganze soziale System umstürzen, sondern die Nischen, die »zones of benign neglect« nutzen – so heißen im Englischen jene sozialen, wirtschaftlichen oder ordnungspolitischen Nischen, die für die herrschenden Kräfte uninteressant, also vernachlässigbar sind; in ihnen gedeihen bekanntlich – das ist kein Mythos, sondern statistisch belegbar und durch die Kreativitätsforschung auch theoretisch untermauert – schöpferische Entwürfe, skurril, willkürlich, nach geltenden künstlerischen oder ethischen Kriterien oft nicht legitimierbar: eine Art experimenteller Anthropologie. Viele führten ihr Leben nur zeitweilig in diesem Stil, in den Ferien z.B. oder während des sogenannten »Summer of Love« oder mal so, scheinbar grundlos für ein, zwei Jahre. Sie waren also typische Wanderer zwischen den Welten, und glichen in dieser Hinsicht den »Freiwilligen Emigranten« von heute.

Diese nun sind eine faszinierende Gruppe aus der Sicht unseres Themas. In den letzten zwei Jahrzehnten haben sich in allen westlichen Metropolen zunehmend Teilzeit-Emigranten herausgebildet, die über die Ressourcen mehrerer Kulturen verfügen, deren Identifikationszwängen jedoch nicht unterworfen sein wollen. Sie wechseln entweder innerhalb des Jahres mehrmals ihren Wohnsitz oder bleiben ein, zwei Jahre in New York, dann in Berlin oder London usf. Überall bauen sie sich spontan eine Existenzgrundlage auf, vernetzen sich sozial und dienen so, ohne das zu beabsichtigen, im jeweiligen Alltag als Zwischenhändler der Kulturen, die mehr zur internationalen Verständigung beitragen als alle offiziellen Programme. Ein sozialer Dienst also, der sich nicht einmal als solcher verstehen muß, sondern allein als unbeabsichtigtes Nebenprodukt aus der Wahl einer Lebensform entsteht.

Ähnliche soziale Bewegungen, die sich weithin den sozialwissenschaftlichen und schon gar den politischen Verortungen entziehen, und deshalb mitunter schlicht unsichtbar sind, finden sich zuhauf in westlichen, pluralistischen Gesellschaften. Zumindest tragen sie zur Erweiterung des Optionsspektrums dieser Gesellschaften

---

1   Da der Gebrauchswert unserer Güter immer mehr zugunsten des Marktwerts aus dem Blick entschwindet, diese Tendenz aber eine Verarmung der Lebensqualität darstellt, wären sogar von Jugendlichen organisierte Tauschringe denkbar, die jeweils den Wert gebrauchter Güter einschätzen und vergleichen müßten. Das leitende Gefühl hierbei wäre, ein bessere Gesellschaft des fürsorglichen Umgangs miteinander sei Grundlage auch des individuellen Glücks für alle Teilnehmer.

bei – übrigens auch ein nicht zu unterschätzender langfristiger »Sozialdienst«. Denn wo sich eine Kultur durch Fortschritt und Wachstum, d.h. durch historisch offene Horizonte definiert, ist das qualitative Wachstum meist zu kurz gekommen: noch heute wird der Begriffskomplex »sozialer (also nicht nur wirtschaftlicher) Fortschritt« ja fast ausschließlich quantitativ verstanden. Schon der amerikanische Philosoph Thoreau (dem wir den Begriff des »zivilen Ungehorsams« verdanken), verhöhnte diesen Fortschrittsbegriff: Wir suchten immerfort »improved means for unimproved ends«, d.h. wir verbessern immer nur die Mittel, nie die Ziele. Gerade die aber wären ein primäres Thema für das Leitbild des Unternehmers des eigenen Lebens. Denn mit der geschichtlichen Evolution Hand in Hand geht die »Emergenz« neuer Gestaltungschancen. Vor der Überflußgesellschaft wären die Hippies undenkbar gewesen, so wie die freiwilligen Emigranten vor der praktischen Möglichkeit der Billigflüge (die es, z.B. über den Atlantik, erst seit Anfang der 70er Jahre gab). So banal kann das manchmal sein, und so weitreichend können fundamentale Folgen sich entfalten: neue Persönlichkeitstypen, neue Lebensformen, neue Gesellungsformen, neue Ethiken.

Nicht jeder sieht die Chancen und Nischen, die sich für solche Lebensexperimente und Lebensentwürfe auftun, und kulturelle Wahrnehmungsfilter fungieren immer zugleich als moralische. Wie gesagt, das Modell des »Unternehmers« war lange belastet vom Bild des Egoisten, des zynischen Sozialdarwinisten (noch Herbert Spencer verkündete die Pflicht des Unternehmers, für eine natürliche sozioökonomische Auslese zu sorgen), des asozialen Raffkes – alles, nur keinen Hinweis auf soziale Verantwortung.

Womöglich aber kann die Gesellschaft solche historischen Chancen bis zu einem gewissen Grade institutionalisieren – in Form neuer Leitbilder, die z.B. heute ohnehin als Antwort auf eine Lage wachsen, in der der Arbeitsgesellschaft die Arbeit ausgeht. Immer weniger wird ja Erwerbsarbeit als Lebenssinn erfahren, und zugleich wird es immer weniger davon geben. Die Bastel-Biographie ist schon heute – selbst unter Jugendlichen – die Regel, und immer mehr leben als multiple Selbständige, also als unternehmerische Verwalter ihres Lebens. Noch stehen gewisse Assoziations-Automatiken über die Würde der Arbeit dem entgegen (übrigens selbst eine nützliche Ideologie, die anderen Kulturen völlig fremd ist). Und auch eine gewisse Interessenpolitik kann sich, aus verständlichen Gründen, nicht restlos damit identifizieren. (Es läßt sich durchaus unideologisch argumentieren, daß eine Reservearmee abhängiger Werktätiger für Arbeitgeber angenehmer ist als lauter kleine Selbständige.)

Nun läßt sich eine »experimentelle Anthropologie« schlechterdings und ex definitione nicht in soziale Rahmen einbetten, ganz abgesehen davon, daß man Jugendlichen, die sich womöglich zum ersten Mal an eine eigenständige Entscheidung herantasten, nicht gleich vor solche radikalen Optionen stellen sollte. Zu denken wäre vielmehr an ein gestaffeltes Optionsspektrum, d.h. ein Angebot, gestaffelt nach dem Grad der Selbständigkeit, die eine entsprechende Arbeit erfordern würde. Für die fördernden Institutionen wäre das anfangs eine erhebliche Mehrarbeit, Kommissionen müßten sich z.B. mit der individuellen Auswertung beschäftigen – doch nach einer gewissen Zeit würde auch diese Aufgabe zum Teil eines solchen »Dienstes« werden. (So sitzen z.B. in den Abteilungen »Continuing Education« in US-Universitäten auch deren Absolventen, um anhand der Biographie eines Studienbewerbers zu entscheiden, was als Lebenserfahrung akademisch anzurechnen ist und was für ein Studium für sie bzw. ihn realistisch wäre.)

Die prädestinierten Diener, die am liebsten Vorgaben vollstrecken, sollten fraglos solche festen Vorgaben erhalten. Sie könnten, wie alle diese Tätigkeiten, mit Prestige aufgeladen werden durch entsprechende öffentliche Rituale etc.. Darüber hinaus allerdings sollten Bereiche bereitgestellt werden, in denen gestalterische Fähigkeiten zum Zuge kommen, z.B. teilautonome Verantwortungen. Zu denken wäre hier natürlich zunächst an Führungspositionen innerhalb solcher Freiwilligen-Teams. Schließlich sollte es Bereiche geben, in denen nur Ziele vorgegeben und Ressourcen verfügbar gemacht werden, wo also der/die Jugendliche wie ein Unternehmer handelt, eigene Kontakte herstellt, ein Netz aufbaut, selber Ressourcen mobilisiert etc.. Das kann von der Organisation eines kleinen Nachbarschaftsladens bis hin zur Organisation einer Konferenz reichen.

Sinn dieser Staffelung ist in jedem Fall, die Jugendlichen nicht nur »dienen« zu lassen und ihnen das Gefühl zu geben, nur im Sozialopfer, also in der Form des Dienens, könnten sie etwas Sinnvolles zur Gesellschaft beitragen. Ohnehin schillert der Begriff des Freiwilligendienstes im Spektrum zwischen Arbeitsdienst und Heilsarmee. Vielmehr will diese Modellskizze die Grundeinstellung ermutigen, gestaltend am Gesellschaftsleben teilzunehmen – eine Einstellung, die erfahrungsgemäß die Identifikation eher fördert als der relativ unpersönliche »Dienst«einsatz und die somit eine nachhaltige Wirkung erwarten läßt.

Denn daran muß uns gelegen sein – an der Aufhebung dieser Assoziationsautomatik: daß sozial nützlich und dienlich nur sei, was per Selbstaufgabe beigetragen wird. Daß nur gut seit, was Opfer verlange, und daß, was Nutzen oder gar Genuß mit sich bringe, keinerlei sozialethischen Wert habe. Allzu lange haben wir »Altruismus« so definiert, als sei sein einziges Gegenstück »Egoismus« – ein Pseudo-Konflikt, den wir einem einfältigen Konservatismus verdanken. Die Gesellschaft kennt den Wert des »aufgeklärten Eigeninteresses« kaum noch – ein unschätzbarer Verlust, denn einst galt just dieses Interesse als Motor gesellschaftlichen Fortschritts, und zugleich als Zähmung des sozialen Dschungels: Wer sein Eigeninteresse verfolgen durfte, begrenzt durch das Interesse anderer, der würde auch Eigeninitiative entfalten statt sein Schicksal als gottgegeben hinzunehmen und er würde potentielle Aggressionen in geregelten Bahnen, dem sozialen Urteil unterstellt, ausleben können. Zwei Fliegen also mit einer Klappe.

Darüber hinaus aber ist zwischen diesen beiden Pseudo-Polen (Egoismus-Altruismus) eine Verhaltensform aufgerieben worden, die im 18. Jahrhundert noch allgegenwärtig schien, theoretisch wenigstens: Das sogenannte »interesselose Wohlgefallen«. Verkürzt gesagt bezeichnete es eine Einstellung zu Menschen, an denen man Gefallen hatte (man mußte sie dazu nicht einmal persönlich kennen) und die man fördern mochte unabhängig vom persönlichen Interesse an ihnen, also unabhängig vom Gewinn, den man selber daraus zog. Es war eine Variante mäzenatischen Handelns, eine philanthropische Einstellung, die aber wiederum eine heute unmodische Basisannahme voraussetzte: wenn die Gesellschaft allgemein sich vervollkommnen sollte, wäre sie auch ein besserer, glücklicherer, genußvollerer Ort zum Leben. Ein typischer Aufklärungsglaube.

Dennoch: ein Hinweis darauf, daß soziale Motivation in unserem heutigen Gesellschaftbild nicht etwa nur pluralisiert wurde mit all den Chancen einer pluralistischen Moderne, sondern daß wir gewisse Verhaltensformen und ihre »Utopien« verschüttet, begraben oder in eine Art evolutionären Winterschlaf versetzt haben. Dieses »Dornröschen«-Syndrom ist in der Kulturgeschichte immer wieder zu beobachten. Oft sei eine Zeit einfach nicht »reif« für gewissen Ideen, sagen wir dann. Dann gibt es die sogenannten »Revivals«, nachdem die Geschichte gleichsam aufgeholt, die Ideen eingeholt hat. Die sechziger Jahre erleben gerade ein derartiges Comeback, das durchaus nicht auf Lifestyle-Themen beschränkt ist. Womöglich sind erst jetzt die materiellen, technischen und kulturellen Ressourcen ausreichend entwickelt, um aus der damaligen Utopie einen praktikablen Lebensentwurf werden zu lassen. Unter den damals zirkulierenden Leitvorstellungen des guten Lebens sind die oben skizzierten – ohne ausdrücklichen Bezug bei unserer heute weithin ahistorischen Jugend – wieder »in«. Die Medien und Arenen zur Verwirklichung sind andere, doch die Leitvorstellungen waren »nachhaltig« (wie man heute im Jargon der Entwicklungspolitik sagt).

Der Bezug ist auch gar nicht nötig, womöglich gar fatal – nach all den Polemiken gegen die APO-Opas und den Erfahrungen mit der Generation ihrer Lehrer. Der/die Jugendliche darf bei seinen/ihren Lebensentwürfen nicht das Gefühl haben, er stehe unter Dauerverdacht, das Rad neu zu erfinden. Er/sie muß mehr oder minder das Gefühl haben, am historischen Nullpunkt zu stehen. Genau das zeichnet traditionell das viel zitierte amerikanische Lebensmodell aus, das, nach Klaus Harpprechts schöner Formulierung, die Jungen dort »zum Glück entschlossen« sein läßt. Sie glauben gleichsam an den offenen Horizont, die weiten offenen Territorien, die der Gestaltung harren, glauben an die permanente »Frontier«, die es vorzuschieben gelte. Noch sei alles offen und gestaltbar – auch wenn das in physischen und geographischen Begriffen längst nicht mehr zutrifft. Der Weltraum sei die letzte »Frontier«, tönte Präsident Johnson, dann war wieder die Armut die eigentliche »Frontier«, später die elektronische Revolution usf.. Die Einstellung ist geblieben, daß es Neues nicht nur zu entdecken, zu erobern und zu gestalten gibt, sondern auch zu erschaffen. Der Schöpfer-Mythos des Individualismus hat sich in der US-amerikanischen Mythologie auf fruchtbarste Weise verquickt mit dem Mythos vom Pionier an den ewig neuen »Frontiers«.

Vergleichbare Mythen fehlen in der deutschen Geschichte, aus naheliegenden Gründen. Doch die Wahlverwandtschaft mit den USA, die Jugendliche empfinden, scheint nicht ganz zufällig. Gerade in den subkulturellen Milieus, in den Texten der Pop-Musik wie in den Romanen, in den Lifestyle-Vorbildern wie in den Formen der Musik wird diese Grundeinstellung heraufbeschworen.

Das bringt uns naturgemäß auf die Frage, wie man Leitbilder, die Jugendliche von Hause aus mitbekommen – Angestellten-, Abhängigkeits- und Dienst-Modelle samt Sekundärtugenden – verändern kann. Gewiß hat heute das Elternhaus eine weniger einflußreiche Sozialisationsmacht als noch vor zwei Jahrzehnten; die Peergroup hat weithin diese Funktion übernommen, oft tyrannischer als die Eltern. Dennoch: Das Repertoire an Leitbildern ist dürftig, verglichen mit früher, als alle möglichen Kulturhelden noch relevant und respektabel waren, und die Jugendlichen ihr persönliches Rollenmodell aus Rilke, Elvis Presley, Humphrey Bogart und Willy Brandt zusammenstoppeln konnten. Wie der Soziologe Ulrich Beck beschreibt auch Wieland Schmid in seinem Buch über Lebenskunst das heutige Dilemma des Wählenmüssens, nämlich, daß »die moderne Kultur sich zwar um die Möglichkeiten, nicht aber um ein Können bemüht hat, wie eine Wahl vorzubereiten und zu treffen sei«.

Schon vor anderthalb Jahrzehnten begannen an der Harvard University Untersuchungen zur Frage, wie man eine »Education for Values« institutionalisieren könne, nachdem lange als Gemeinplatz galt, Bildung habe Wissen zur Verfügung zu stellen und seinen Gebrauch den mündigen Individuen zu überlassen. Daß Wissenschaft – entgegen dem Anspruch der Tradition von der Antike bis zur Aufklärung – keine Orientierungshilfe mehr leisten könne, darüber waren sich Anfang des Jahrhunderts so grundverschiedene Geister wie Husserl oder Russel einig. Inzwischen rebellieren nicht nur Außenseiter wie von Hentig gegen diese Einfalt der Bildungspolitiker. Jede analytische Methode filtert und ordnet zugleich die Wirklichkeit auf eine bestimmte Weise. Die Einstellung ist die Einstellung: So wie wir die Welt sehen, so bewerten wir sie – und vice versa: unsere Wertung ist zugleich das Relevanzkriterium bei der Auswahl der Ingredienzien unseres Wirklichkeitsbildes. Dieser Dialektik auf die Spur zu kommen, versuchte die Wissenschaftskritik der letzten Jahrzehnte, und viel von der angeblich antiwissenschaftlichen Einstellung heutzutage ist wohl darauf zurückzuführen, daß man ahnt, im Gewande der wertneutralen Wissenschaft werde ein Weltbild – eben eine bestimmte »Einstellung« – verkauft. Und wie alle »Einstellungen« – im fotografischen wie im psychologischen Sinn – betonen sie, schon durch den Fokus und die Tiefenschärfe, eine bestimmte Art der Erfahrung und blenden andere Erfahrungsformen aus. Bloß virtuelle Spielräume genügen nicht zum Ausgleich. Das Widerständige fehlt, im virtuellen Raum gibt es kein Risiko und keinen Einsatz. Im Gegensatz zur quasi behavioristischen Bildungsmetaphysik sind weder Leistungsdruck noch externer Lohn die wirksamste Verführung zur sozialen Kreativität, sondern das, was in der Lernpsychologie etwas ungeschickt und ungenau »interner Lohn« heißt: Lust an der Sache, die Chance zur persönlichen Entwicklung, die Anwendbarkeit schöpferischer Fähigkeiten bzw. die Entdeckung schöpferischer Potentiale, Neugier, Entdeckerfreude, Verfügungsfreude – und das Gefühl, konkrete Änderungen bewirken bzw. objektive Änderungsszenarien entwerfen und anbieten zu können.[2]

Welche institutionellen Rahmenbedingungen wären also denkbar, die diese Chancen eines nicht nur wirtschaftlichen »Unternehmertums« als allgemeine Grundeinstellung eröffnen könnten, zugleich aber die existentielle Bedrohung abfedern

---

2   Cf. Eike Gebhardt: *Kreativität und Mündigkeit*. Deutscher Studien Verlag. Weinheim, 1992.

und zu alledem noch zum unmittelbaren gesellschaftlichen Nutzen beitragen könnten?

Im Folgenden sollen Vorschläge für »Sozialdienste« entwickelt werden, die sich dieses Leitbilds bedienen, die also vom strengen Begriff des »Dienstes« als Vollzug fremder Vorgaben absehen – und dennoch als Tätigkeiten mit sozialem Nutzen zu begreifen wären; auch wenn dieser Aspekt erst langfristig sichtbar wird bzw. sich mitunter auch nur indirekt äußert.

Eigenständige Organisation von Sozialdiensten: Auch in existierenden Sozialdiensten, ja den parallel laufenden Freiwilligendiensten wäre eine Staffelung nach Verantwortlichkeiten anzubieten, bis hin zu leitenden Logistik-Positionen – unter Aufsicht, versteht sich; hier böte sich das Advisor-System an, das dem Handelnden größtmögliche Handlungsfreiheit beläßt, ihm aber zugleich ständigen Zugang zu Ratgebern sowie eine verläßliche Krisenintervention garantiert.

Vorstellbar aber wären auch Pflegedienste in kleinen, selbstverantwortlich organisierten Gruppen, z.B. Essenslieferung bzw. Kochen im Haus bei Alten und Pflegebedürftigen – was die unpersönlichen Fahrküchen mit ihrer oft miserablen Speisung ersetzen könnte. Kostenfreundlicher wäre ein solcher Freiwilliger Dienst ohnehin, und er würde dem Bedürfnis der Älteren nach einem Minimum an persönlichem Umgang Rechnung tragen. Solchen Unterfangen hätte ein logistisches Training vorauszugehen, denn schließlich hängt das Wohlbefinden vieler Betroffener von der Funktionstüchtigkeit solcher Dienstleistungen ab.

Neben Küchen wäre diverse Dienste denkbar, Lese-Dienste z.B, Vorlesedienste, auch Reinigungsdienste (als Vorbereitung auf die Gründung eines entsprechenden Dienstleistungsunternehmens) und Spezialdienstleistungen. Auch solche Unternehmungen könnten selbstorganisiert funktionieren, unter »Supervision« institutioneller Anbieter, die damit – ohne Mehrkosten – eine soziale Doppelaufgabe wahrnehmen könnten: die übliche Dienstleistung und eine Ausbildungsfunktion. Letztere wiederum muß durchaus nicht als potentielle Konkurrenz begriffen werden, wäre aber eine gesellschaftlich wünschbare Erweiterung eigenständiger Handlungsfähigkeit in Krisen (z.B. in Analogie zur Ersten Hilfe).

Neben solchen Sozial- und Pflegediensten wären kleine Unternehmensgründungen zu fördern. Das sieht zunächst durchaus nicht nach »Dienst« aus, kann aber diesen Charakter im Rahmen unseres Programms erhalten. Zum Beispiel ist die ganz normale Versorgung mit dem Lebensnotwendigen in strukturschwachen Regionen alles andere als ideal, wie sich etwa im östlichen Brandenburg oder im südlichen Mecklenburg unschwer im Alltag feststellen läßt. Zweimal die Woche kommt der Fleischwagen oder der Bäcker ins Dorf, die weniger mobilen Einwohner sind darauf angewiesen. Hier ließen sich Bestelldienste mit einer breiten Sortimentpalette denken, die ja nicht profitabel arbeiten müßten, eben weil sie keine kommerziellen Unternehmen sind – diese aber als Training vorbereiten könnten. Ein Effekt eines so verstandenen Sozialdienstes wären regionale Entwicklungsimpulse.

Vorstellbar sind auch Workshops für noch Jüngere, in denen spezielle Fähigkeiten weitergereicht werden – mit dem Bonus, daß man von einem annäherungsweisen

Altersgleichen lieber lernt. Das können handwerkliche »Skills« sein, aber auch soziale (hier wäre das geringe Altersgefälle besonders hilfreich). In einer Zeit, in der Kommunikationsfähigkeiten eine zentrale Qualifikation sind, ist die »Lehre« durch ungefähr Gleichaltrige anderen Lehrveranstaltungen vorzuziehen. Zu denken wäre auch an die Leitung und Organisation von Jugendhäusern, inklusive Schutz und Bewirtschaftung.

Schon vor einem Vierteljahrhundert beobachtete Charles Jencks, daß schulische Leistungen praktisch keinen Einfluß auf späteren Erfolg hätten; wohl aber die Dauer des Schulbesuchs – offenbar eine Frage der nachhaltigen weil andauernden Einübung in die richtigen Verhaltensweisen, bis sie ausgefeilt und ausgereift sind.

In den USA, vor allem an den großen Universitäten, funktionieren solche ausgefeilten Dienstleistungsunternehmen, mit solidem Erfahrungsschatz, eigenständig verwaltet und betriebswirtschaftlich geleitet – freilich zugeschnitten auf Studenten-Standards. Die lassen sich durchaus auf andere Zielgruppen hin anlegen – und könnten den Arbeitsämtern vermutlich einen großen Teil ihrer Umschulungs- und Nachschulungsaufgaben abnehmen.

Ermutigt werden könnte auch eine selbstständige, themengeleitete Forschung, womöglich in Teams wie sie für Graduierten-Kollegs typisch ist. Forschung in diesem Sinne muß nicht akademisch sein, wie der angelsächsische Gebrauch des Wortes »research« suggeriert. Sie kann Hintergrundsrecherchen meinen. Seit geraumer Zeit haben diverse Medien solche Abteilungen ausdrücklich zu Zwecken des Erwerbs von Hintergrundwissen gegründet, z.B. in Form investigativer Reportagen. Der gesellschaftliche Nutzen stellt sich oft erst später heraus – aber auch das wäre ein »Dienst« an der Gesellschaft.

Zu denken wäre etwa an Umfragen dort, wo öffentliche Anhörungen nicht geplant, nicht erwünscht oder nicht bezahlbar erscheinen. Wie im Kulturbereich wachsen Themen aus Nischen, Grauzonen und von der Peripherie her zu zentralen sozialen Belangen zusammen. Sie müssen nur medial sachgerecht aufgearbeitet werden.

Gewisse kritische Zeitschriften haben sich auf Themen zwischen den Zeilen, d.h. jenseits der willkürlich in den Mittelpunkt des öffentlichen Interesses gerückten Themen spezialisiert. Den meisten Medienexperten kann man heute kaum noch klarmachen, daß schon die Themenauswahl eine durchaus »unsachliche« Entscheidung ist, die langfristig ein Wirklichkeitsbild prägt und damit ein Ethos und seine Einstellungen.

Projektorientierte Auslandsaufenthalte

Mit Projekten wäre zugleich eine gewisse Kontaktgarantie gewährleistet, die sich wiederum in praktischen Alltagserfahrungen niederschlagen würde. Erst im praktischen Alltag kommen die Mythen und anderen stillschweigenden Voraussetzungen einer Kultur zum Tragen. Ganz nebenbei ist der Streueffekt der sozialen Kontakte ungemein größer als bei »klassischen« Auslandsaufenthalten zur Allgemeinbildung, da in spezifischen Projekten sich Menschen ganz unterschiedlicher Herkunft und Zugehörigkeit zusammenfinden.

Unverständlich wenig Gebrauch machen wir übrigens von den ungeheuren Ressourcen, die ehemalige ausländische Kommilitonen verkörpern, nachdem sie in ihre Heimatländer zurückgekehrt und dort meist, aufgrund ihrer Ausbildung, in hohen Positionen tätig sind. Hier wäre eine große Chance für Public Relations-Organisationen, die nicht einmal einer begleitenden Aufsicht bedürften. Umgekehrt könnten sich die sozialen und politischen Institutionen der persönlichen Verbindungen der Studenten bedienen – eine kulturell und volkswirtschaftlich möglicherweise ungemein nützliche Dienstleistung, die nur einer gewissen logistischen Unterstützung bedürfte.

Dieses unverzeihliche Versäumnis ist freilich vor allem unseren Bildungspolitikern anzulasten. Vor nicht allzu langer Zeit wurden Studenten ermutigt, häufig die Universität zu wechseln, um verschiedene Herangehensweisen kennenzulernen; heute sollen sie so schnell wie möglich mit der Aus-Bildung fertig werden, durchaus nicht im Sinn von E-ducatio: Diese nämlich meinte das »Herausführen« aus stillschweigenden kulturellen Selbstverständlichkeiten – eben durch die Konfrontation mit anderen Kulturen, Lebensformen, Ansichten etc.. Das wiederum setzte die eigenen Selbstverständlichkeiten unter ständigen Legitimationsdruck; diese Relativierung des scheinbar Natürlichen eröffnete wiederum vormals unvorstellbare Handlungsspielräume. In jenen Zeiten (bis ca. Ende der 60er Jahre) galt das Leitbild der kreativen Persönlichkeit. Mit dem neuen Ausbildungsmodell, das so rasch wie möglich eine Fachkompetenz und sonst gar nichts anstrebt, liegen immense Potentiale brach. Zwar wird heute von jedem kaufmännischen Lehrling »Kreativität« verlangt, doch unsere Ausbildungsordnung untergräbt gerade diese Entwicklungsmöglichkeit.[3]

Den Auslands-»Dienstleistenden« sollte zudem ein Vorschlagsrecht eingeräumt werden, das Projekt, je nach praktikablen Möglichkeiten vor Ort, zu erweitern bzw. umzudefinieren. Praktischerweise würde man in größeren Städten Tutoren vor Ort gewinnen – die Vertretungen der deutschen Handelskammern bieten sich an nebst diversen anderen Institutionen, in New York z.B. der German Council, der Council on Foreign Relations u.a.. Man nimmt dort die Jugendarbeit wesentlich ernster als bei uns und arbeitet gern mit einem »Vorschuß an Mündigkeit«.

Ein rasch wachsender Bereich, in dem sich Souveränitäts-Training zwanglos verbinden kann mit Lernerfahrungen über die Funktionsweise von Unternehmen ist das Fundraising. In Zeiten sogenannter Sparmaßnahmen, also der Umgewichtungen seitens des Staates, ist der gesamte kulturelle Bereich akut gefährdet – angesichts der Entwicklung zur Informationsgesellschaft eine fast selbstmörderische Strategie.

---

3   Das Modell der USA wird hier meist mißverstanden, denn in den USA werden zugleich extracurriculare Tätigkeiten honoriert, teilweise sogar aufs Studium angerechnet, die bei uns als private Ablenkungen geschmäht und abgestraft werden. Eine Sozialmythologie wie die individualistische Tradition läßt sich nicht einfach adoptieren, indem man sich – zum Beispiel – nur den Leistungsaspekt herauspickt.

Denn Kultur ist nicht nur das Medium der Selbstreflexion einer Gesellschaft, wie der neue Staatsminister für Kultur verlauten ließ: sie ist der Gärungsbereich für alle möglichen neuen Ideen, Methoden, Perspektiven usf.. Das wissen und verkünden zuallererst die Wirtschaftsverbände selber; die Manifeste häufen sich, in denen sie den Kulturbereichen Persönlichkeitstypologien, Arbeitsweisen und Arbeitsumfelder abgeschaut haben. Sicherstes Indiz: Die Manager-Seminare, die gern die letzten Weisheiten des sogenannten »Neuen Denkens« beschwören, haben die Künste als Modelle für die Wirtschaft entdeckt.

Wir können uns schlecht leisten, diese Tendenzen nicht zu fördern. In den USA mit ihren 3000 Colleges, Universitäten etc. entsteht gleichsam naturwüchsig ein gewisser Pluralismus. Irgendwo haben immer Entwicklungen stattgefunden, auf die man, sollten sie sich als wichtig erweisen, zurückgreifen kann.

Da Unternehmen Zukunft mit Jugend gleichsetzen, wären Jugendliche auch für das Fundraising zukunftsträchtiger Entwicklungen sinnvoll einsetzbar.

Zu überlegen wäre auch der Aufbau eine eigenen kleinen Medien-Anstalt, weder staatlich noch privat-kommerziell. Das sogenannte »Dritte System« in anderen Ländern kennt verschiedene Förderungsmodelle dafür (Beispiele: De Balie in Amsterdam, oder das Huddersfield-Projekt in England). Jedes vierte US-College betreibt einen eigenen Sender. Damit der Kommerz-Geschmack nicht dupliziert wird, könnte man eine Art Versorgungs-Auftrag einbauen – z.B. öffentliche Diskussionen zu senden im Stil angelsächsischer »Debating Clubs«: Diskussionsforen, für die zwar das Thema feststeht, nicht aber die Position, die der Betroffene einzunehmen hat; so ist man oft in der Lage, feindliche Positionen vertreten zu müssen. Damit werden demokratische Verhaltensweisen eingeübt.

Auch dies würde ein soziales Defizit abdecken. Und wiederum wäre es zugleich eine Art Berufstraining – wie so oft also ein produktiver Nebeneffekt, der sich gleichfalls als sozialer Dienst verstehen läßt: er nimmt nämlich Aufgaben wahr, für die eigentlich andere soziale Institutionen verantwortlich sind.

Und da ein solcher Sender weder Profit abwerfen noch sich vor dem Gebührenzahler rechtfertigen muß, wäre der Gestaltungs-Spielraum theoretisch wesentlich weiter. Hier könnten sich sogar Modelle für die ARD-Anstalten entwickeln. Die Investition ließe sich womöglich durch die oben genannte Sponsoren-Tätigkeit finanzieren; wünschenswert wäre allerdings eine Anfangs-Grundausstattung, die aus gebrauchtem, ausrangiertem aber funktionstüchtigem Equipment der etablierten Anstalten billig zusammengestellt werden könnte.

Apropos PR: Begehrt sind in den USA kurzfristige Jobs im Büro eines Politikers, als Volontär, als Praktikant oder einfach als Aushilfe. Nicht nur lernt man hier das Handwerk der Öffentlichkeitsarbeit wie wohl nirgends sonst. Weil die Tätigkeit aber nicht als Karriere angelegt ist, fließt die vox populi oft ohne große Bedenken in die Diskussionen ein. US-Politiker äußern sich immer wieder lobend über diese Einrichtung, die im Idealfall zur einer Art eigener Mini-Kultur wird. Der Umgang mit Gruppen unterschiedlicher Größe ist als Qualifikation für spätere Dienstleistungs-Jobs kaum zu überschätzen. In Deutschland ist er noch immer ein Defizitsektor.

Volkswirtschaftlich gesehen sind solche Qualifikationen also durchaus als »sozialer Dienst« zu sehen.

Dem entspricht die Kommissions-Arbeit, z.B. die Mitarbeit bei der Personal-Abteilung großer Firmen. Auch hier wäre ein Profit beider Seiten zu veranschlagen: der Lerneffekt für die Jugendlichen läge auf der Hand; aber auch die Personalchefs können sich des oft feingestimmten Gehörs der Jugendlichen bedienen, die noch ein Ohr haben für falsche Töne, für den Zeitgeist-Jargon, für Propaganda und Theatralik. Des Kaisers neue Kleider fallen dem unbefangenen Blick eher auf. In jedem Fall verkörpern sie eine zusätzliche Erfahrungsebene. Wie rasch sich Grundeinstellungen ändern, die eben noch als geschäftsfördernd oder geschäftsschädigend angesehen wurden, darüber belehrt nicht zuletzt das Buch zweier junger Geschäftsleute, die womöglich, hätten sie nicht ihre eigene Firma gegründet, bei Vorstellungsgesprächen glatt durchgefallen wären.[4]

Diese kleine Auswahl an Alternativen zu vordefinierten »Diensten« soll suggerieren, daß sozialer Dienst und Nutzen durchaus nicht an institutionelles Problembewußtsein gebunden ist. Durchgängig plädiert dieser Text für die Eigenverantwortung als »Dienst«. Es ist das Modell der Zukunft, und was die Entwicklung fördert, wird, gesamtgesellschaftlich gesehen, einen Nutzeffekt auslösen, der dem der Einzeldienste an vorgegebenen Problemfronten nicht nachstehen muß.

---

4   Christoph Clermont und Johannes Goebel: *Die Tugend der Orientierungslosigkeit*. Volk & Welt, Berlin 1997.

Christian Bartels

Jugendfreiwilligendienste und der gute Glaube an die Jugend oder Das Problem, jung zu sein

»Alle Jugendlichen müssen die Möglichkeit haben, sich für ein Jahr als Freiwillige zu engagieren«, statuiert das Manifest für Freiwilligendienste in Deutschland und Europa. Das hinter dem Manifest stehende Projekt »Jugendfreiwilligendienste« ist zweierlei: Einerseits ein engagiertes Konzept zur Einrichtung einer Dienstleistungsmöglichkeit für junge Menschen auf freiwilliger Basis, andererseits die Vorstufe einer Wehrstrukturreform, denn das Werk des Freiwilligendienstes soll über kurz oder lang den Grundwehr- und Zivildienst ersetzen.
Ein tradiertes System zu verändern, also einen ständigen Bestand von etwa 300.000 Dienstleistenden in der Truppe und den Sozialeinrichtungen des Landes nach einer Probephase des Freiwilligendienstes aufzugeben, wird unterschiedliche und diffuse Gefühle erzeugen und vitale Interessen der sozialen Arbeit berühren. Die Wehrpflichtigen der Zukunft werden sich freuen über den Vorstoß der Robert Bosch Stiftung. Für sie zieht am Horizont eine Chance auf, vielleicht doch nicht mehr dienen zu müssen, sondern ungestört eine Ausbildung absolvieren zu können und schnellstmöglich in das Berufsleben einzutreten. Auf der anderen Seite stehen die Profiteure der Dienstpflicht, wie zum Beispiel die vielen Sozialeinrichtungen mit ihren knappen finanziellen Möglichkeiten, die auf den Einsatz von kostengünstigem Personal wie der Gruppe der Zivildienstleistenden angewiesen sind und den Abbau dieser Stellen oftmals nur schwerlich werden verkraften können. Über diese Probleme und ihre Vernetzung wird man noch nachdenken müssen, wenn man sich für einen Jugendfreiwilligendienst entscheidet, der nicht nur ein kleines Projekt für einige wenige tausend junge Menschen sein soll. Für die Übergangszeit (also bis zur Abschaffung der Wehr- und Zivildienstpflicht) wird noch das Problem zu klären sein, ob für die (noch) jungen Männer die Freiwilligendienstmöglichkeit alternativ oder kumulativ zu verstehen ist. Ist sie alternativ zu verstehen, dann ist zu erwarten, daß sich kaum noch irgendein junger Mann in das öffentlich-rechtliche Gewaltverhältnis des Grundwehr- oder Zivildienstes begibt. Folge wäre eine faktische Abschaffung der Dienstpflicht. Tritt der Freiwilligendienst kumulativ zur Wehrpflicht, wird ihn kein junger Mann leisten.
Eine realistische Chance des Projekts »Jugendfreiwilligendienste« auf Umsetzung erfordert dessen nachhaltige Schlüssigkeit und Lauffähigkeit sowie eine sorgfältige Abwägung und die Entscheidung, ob die Vorteile des Freiwilligendienstes die mit der Aufgabe der Dienstpflicht verbundenen Risiken mittel- und langfristig übersteigen. Vor allem aber ist zunächst eine pragmatische Betrachtung der Gruppe von Menschen angezeigt, an die das Projekt adressiert ist: die Jugendlichen. Wer sind

denn eigentlich die Jugendlichen, die das Angebot eines Freiwilligendienstes bekommen sollen? Und vor allem: Wer von diesen Jugendlichen wird denn tatsächlich dienen?
Bedeutet die Altersbegrenzung »18- bis 27« einen Dienst ausschließlich für Abiturienten?
Nach den Ausführungen der Kommission wird der Begriff »Jugendliche« gleichgesetzt mit der »Generation der 18- bis 27jährigen«, also interessanterweise mit genau der Altersgruppe, die heute von der Dienstpflicht erfaßt ist. Die Generation der 18- bis 27jährigen wird beschrieben als eine verantwortungsvolle und zugleich individuelle Gruppe junger Menschen mit einem hohen Potential an sozialen Fähigkeiten. Soziale Fähigkeiten? Ein großes Fragezeichen – diese »Unterstellung« bedarf noch näherer Untersuchung. Zweifelhaft ist zunächst, ob es überhaupt gelingen kann, die Gruppe der 18- bis 27jährigen zu vereinheitlichen, sie quasi zum gemeinsamen Nenner der Idee zu machen. Diese Frage ist auch nicht rein theoretischer Natur, denn vom Grad der Ausdifferenzierung dieser Gruppe hängt ab, wie ausdifferenziert ein Regelwerk »Freiwilligendienst« seinerseits sein muß, um eine möglichst große Zahl von Menschen rekrutieren zu können.
Versteht man unter dem Begriff der Generation eine Gruppe von Menschen innerhalb eines etwa gleichen Lebensabschnittes, so ist zu sehen, daß die Gruppe der 18- bis 27jährigen nicht sehr viel mehr gemeinsam hat als ihr junges Alter. Ansonsten ist die Gruppe der 18- bis 27jährigen in sich vollkommen inhomogen. Der eine absolviert gerade eine handwerkliche Ausbildung, der andere eine akademische, die eine beendet gerade ihr Abitur, die andere nimmt den Mutterschaftsurlaub, der eine nimmt seine Arbeit im elterlichen Betrieb auf, der andere muß sich als arbeitsloser Jungakademiker neu orientieren ... und so fort. Alle 18- bis 27jährigen unter den gleichen Begriff »Jugendliche« zu fassen, ist genauso fragwürdig, als würde man 60- und 69jährige unter einen Begriff subsumieren. Während die einen sich mit dem Ende des Erwerbslebens auseinandersetzen müssen, müssen sich die anderen mit dem Einstieg in das Arbeitsleben beschäftigen. Und das ist bekanntlich nicht ganz einfach.
Konsequenz für das Projekt: 18- bis 27jährige können als Altersgruppe vorrangige Zielgruppe eines Freiwilligendienstes sein, wobei die Hintergründe einer solchen Beschränkung noch erklärungsbedürftig sind. Die 18- bis 27jährigen sind – sofern männlich und deutsch – heute die Dienstpflichtigen. Bezogen auf die Dienstpflicht macht die Altersbegrenzung auch Sinn, denn durch sie wird der latente Eingriff in diverse Grundrechte zeitlich überschaubar. Es besteht also eine Planungssicherheit, anhand derer der Beginn und das Ende einer drohenden Dienstverpflichtung abzuschätzen und das Leben im übrigen auszurichten ist. Es ist absehbar, innerhalb welchen Zeitraumes ein junger Mann sein gewöhnliches Leben wird unterbrechen müssen und mit allen anderen (dienenden) jungen Männern in Rechten und Pflichten gleichgestellt sein wird.
Diese Ratio greift jedoch dann nicht, wenn die Dienstverpflichtung freiwillig erfolgt, also die Diensteintrittsentscheidung den Interessenten überlassen wird. Denn

eine solche Entscheidung hängt von den persönlichen Lebensumständen und davon ab, zu welcher Zeit ein Dienst sinnvollerweise leistbar ist.
Daher ist als Überlegung ins Feld zu führen, daß – wenn man schon beim »zivilgesellschaftlichen« Menschen ein soziales Engagement und damit ein hohes Maß an Lebensflexibilität voraussetzt – man ihm genausoviel Flexibilität entgegenbringen muß. Der Freiwilligendienst ist zweifelsohne ein »Lebensexperiment«, und zum Experimentieren braucht man Freiräume. Dort, wo Sachzwänge existieren, kann ein solches Experiment nicht durchgeführt werden:
Bei einer Altersbegrenzung des Dienstes für 18- bis 27jährige sind die Haupt- und Realschulabsolventen faktisch ausgeschlossen. In der Regel steht diese Gruppe nach Beendigung ihrer Schulzeit im Alter von etwa 16 Jahren erstmals an einer »Lebensschnittstelle«: beim Übergang vom Schul- in das Berufsleben. Hier ist ein Freiwilligendienst sehr viel sinnvoller unterzubringen als später, insbesondere dann, wenn er auch der beruflichen und menschlichen Orientierung dienen soll. Nach Beendigung ihrer Berufsausbildung sind die Infragekommenden dann volljährig, doch ist eine berufliche Orientierung bereits erfolgt, im Zweifel stehen zu diesem Zeitpunkt schon ganz andere Probleme im Vordergrund, die eine Unterbrechung des Arbeitslebens nicht mehr erlauben. Der Geselle muß schlicht für seinen Lebensunterhalt sorgen und hoffen, daß er von seinem Meister übernommen wird. Es ist zu befürchten, daß die untere Altersgrenze von 18 Jahren sich faktisch dergestalt auswirkt, daß eigentlich nur Abiturienten (die an der Schnittstelle »Schulabschluß« volljährig sind) die Wahl zwischen Freiwilligendienst oder Berufsausbildung, respektive Studium haben.
Ob und unter welchen Voraussetzungen bzw. jugendschutzrechtlichen Einschränkungen ein Freiwilligendienst für junge Menschen unterhalb der Volljährigkeitsgrenze rechtlich Bestand haben kann, wäre zu untersuchen. Ein wünschenswertes Ziel ist die Auflösung der Volljährigkeitsgrenze allemal, zumal sich die Zahl der potentiellen Freiwilligen erhöhen wird.
Nachzudenken ist auch über eine Öffnung der Freiwilligendienstmöglichkeit für Menschen jenseits der 27 Jahre. Eine weitere Überlegung der Kommission ist nämlich ebenso fragwürdig: Geht man mit ihr davon aus, daß wechselseitige Verantwortung als kollektives Gut angesehen werden und sich – warum auch immer – das Gefüge von gesellschaftlicher Verantwortungsübernahme verändern muß, dann liegen zwei Schlußfolgerungen auf der Hand: Erste und von der Kommission favorisierte Konsequenz ist, daß Deutschland (vielleicht sogar Europa) einen neuen Generationenvertrag benötigt mit der Folge, daß junge Menschen einen Freiwilligendienst leisten und »Ältere und Alte« die jungen Menschen begleiten und finanzieren. Hier ist eine strikte Rollenverteilung zwischen Jung und Alt vorgesehen, die allerdings zum aktuellen Prototypen des Freiwilligendienstes, nämlich dem bestehenden Ehrenamt, in hartem Widerspruch steht.
An diesem Widerspruch setzt folgende Überlegung und damit die zweite denkbare Konsequenz an: Ein neuer Gesellschaftsvertrag jenseits der Generationenstruktur muß her. Es ist nämlich ein Irrtum zu glauben, daß sich in der Altersgruppe der heute 20jährigen mehr Potential sozialen Betätigungswillens findet als in anderen

Altersgruppen, was die sehr gemischten Altersstrukturen in ehrenamtlichen Gruppen von Sozialerinrichtungen zeigen. Die unter 27jährigen sind bei weitem nicht in der Mehrheit, es arbeiten dort genauso ältere Frauen und Männer. Entscheidend ist nicht das Alter, sondern die persönliche Motivation, wie beispielsweise die Überbrückung von Arbeitslosigkeit, die Überwindung von Einsamkeit oder die Verarbeitung einschneidender persönlicher Erlebnisse, die Suche nach einer neuen Facette oder gar einem neuen Sinn im Leben. Allen ausschlaggebenden Motiven ist eines gemeinsam: der innere Wille, einzelnen Menschen oder der Gemeinschaft bei gleichzeitiger Erfüllung von eigennützigen Beweggründen zu dienen.

Hinter dem Vorschlag, die von der Kommission vorgegebene obere Altersgrenze aufzugeben oder sie zumindest aufzuweichen, steht auch die grundsätzliche Erwägung, daß das Konzept nachhaltig Bestand haben sollte. Das setzt voraus, daß langfristig soziales »human capital« vorhanden ist. Soziales »human capital« ist vorhanden in allen Altersgruppen und wird voraussichtlich auch immer vorhanden sein. Darauf zu vertrauen, daß allein die Altersgruppe der 18- bis 27jährigen das Potential heute und in 20 Jahren hergibt, wäre fatal. Wie sich noch zeigen wird, ist ein unreflektiertes Vertrauen allein in die Jugend schon heute nicht möglich. Gleiches gilt für den Versuch, den typischen Jugendlichen von morgen aufgrund des typischen Jugendlichen von gestern und von heute zu ermitteln. Erfahrungsgemäß verändern sich jugendliches Dasein und jugendliches Leben recht rasant, so daß eine Gruppe von vermeintlich ideal-sozialen 20jährigen morgen schon ganz anders aussehen kann. Das Gesicht eines »typischen Jugendlichen« (so es ihn denn überhaupt gibt) wird sich ständig wandeln, das Gesicht einer hilfsbereiten Gruppe von Menschen hingegen nicht.

Die Initiative der Robert Bosch Stiftung sowie die Überlegungen der Kommission schlagen ohnehin einen Weg ein, den man getrost als paradigmatischen Wandel im Sozialgefüge unserer Gesellschaft bezeichnen kann, und: diesen Wandel kann man auch umfangreicher fordern. Wenn das Instrumentarium des Freiwilligendienstes sich aber in der Inanspruchnahme Jugendlicher erschöpft, dann muß sich die Initiative einige Fragen von Jugendlichen und allen Hilfsbereiten gefallen lassen: Aus Sicht der Jungen liegt zunächst die Frage auf der Hand, warum ein neuer Generationenvertrag gerade die Jugendlichen in sozialer Arbeit sieht, während »Ältere und Alte« sich auf den bequemen Standpunkt der Begleitung und Finanzierung zurückziehen. Diese Rollenverteilung ist schon deshalb unausgewogen und überdenkenswert, weil die heute jungen Menschen während ihrer Erwerbstätigkeit dank des Umlageverfahrens im Sozialversicherungssystem ohnehin schon eine anwachsende Sozialbelastung erfahren werden. Die Relation der Erwerbstätigen zu den Pensionären verschiebt sich zuungunsten der nachfolgenden Generationen. Kann man von jungen Menschen allen Ernstes erwarten, daß sie im Vorfeld der Erwerbsarbeit einen sozialen Dienst leisten und während der Phase der Erwerbsarbeit in steigendem Umfange bezahlen?

Auch ehrenamtliche Helfer jenseits der »27« werden Bedenken anmelden, denn ihre ehrenamtliche Betätigung wird nicht gleichsam eine zivilgesellschaftliche Anerkennung mit allen Rechten und Pflichten erfahren. Vor diesem Hintergrund bleibt zu befürchten, daß eine Initiative für Jugendfreiwilligkeit sich als eine Initiative gegen ehrenamtliche Freiwilligkeit auswirkt.

Eine Vielzahl von Argumenten spricht also dafür, die Tür zum Freiwilligendienst auch für andere Altersgruppen zu öffnen. Sie bedürfen einer unvoreingenommenen Abwägung, wobei die Entscheidung aus politischen Gründen auch gegen den neuen Gesellschafts- und für den neuen Generationenvertrag fallen kann. Dies muß aber sauber begründet werden. Denkbarer Kompromiß: Ziel- und damit Regelaltersgruppe sind die 18- bis 27jährigen (womit im übrigen auch mittelfristig die Aufgabe der Grundwehr- und Zivildienstpflicht politisch durchsetzbarer erscheint), darüber hinaus gibt es bei noch zu bestimmenden Indikationen auch die Möglichkeit eines Freiwilligendienstes außerhalb dieser Altersgrenzen.

Die Einführung eines Freiwilligendienstes wäre somit zugleich die Chance, Facetten der Freiwilligenarbeit wie Ehrenamt und Sabbatjahr zu verbessern.

Das soziale Gesicht der Jugendlichen – ein Hirngespinst der »Alten«?

Im gegenwärtigen Focus der Jugendfreiwilligendienste steht ein idealtypischer Jugendlicher im Alter zwischen 18 und 27 Jahren. Aber gibt es wirklich eine Generation junger Menschen, die auf so wunderbare Art und Weise Individualität und Streben nach gesellschaftlicher Anerkennung miteinander verbindet, die sich rückhaltlos engagieren möchte für eine entstehende europäische Zivilgesellschaft? Die Frage muß sinnvollerweise beantwortet werden, denn hiervon hängt entscheidend ab, ob und in welchem Ausmaß sich Jugendfreiwilligendienstleistende rekrutieren lassen werden. Die Kommission geht offenbar von einem sehr positiven Bild aus, wenn sie von mehreren tausend Freiwilligendienstleistenden (FSJ, FÖJ) zuzüglich der großen Bewerberzahlen sowie der jährlichen Zahl von 150.000 Zivildienstleistenden auf die Masse schließt. Entspricht dies der Realität?

Man kann sich der Frage von zwei Seiten nähern: Zum einen mag eine Betrachtung der Masse heutzutage dienender Grundwehr- und Zivildienstleister eine Antwort geben. Diese Gruppe ist ja immerhin potentieller Adressat des Projektes. Zum anderen kann man trotz aller Inhomogenität innerhalb der Gruppe der 18- bis 27jährigen nach einer Grundeinstellung und -stimmung suchen. Eine Bestandsanalyse kann brauchbare Orientierungspunkte für das Projekt der Freiwilligendienste geben.

Wehr- und Zivildienstleistende: Lust auf den Dienst? Die Dienstpraxis in Deutschland am Ende des 20. Jahrhunderts

Um es vorweg zu nehmen: Die Gruppe der Dienstpflichtigen erlaubt nicht den Schluß auf den von der Kommission diagnostizierten mustermäßigen Jungbürger. Im Gegenteil, das Bild der Dienstleistenden ist heutzutage eher erschreckend. Ein

Parforceritt durch die tatsächliche Praxis im »Dienst für das Vaterland« und ihren krassen Gegensatz zur Theorie könnte wie folgt aussehen:
Bekanntermaßen müssen sich hierzulande junge Männer ab einem Alter von etwa 17 Jahren mit der Frage beschäftigen, wie sie sich verhalten, wenn erstmalig die Ladung zur Musterung von ihrem Kreiswehrersatzamt den elterlichen Briefkasten erreicht: Zieht man den Musterungstermin hinaus, zieht man ihn nicht hinaus und beantragt eine Zurückstellung, versucht man mit allen Mitteln die Ausmusterung zu erreichen oder verweigert man und wenn ja, dann wann? An einem jungen Menschen setzt ein bürokratischer Mechanismus an, der oftmals erst 10 Jahre später, nach Verfassen ganzer Berge von Schriftverkehr und abgeleisteter Dienstzeit endet.
Das deutsche Wehrrecht sieht dabei als Regelfall den Wehrdienst junger Männer und als Ausnahme einen Ersatzdienst vor. Voraussetzung der Kriegsdienstverweigerung ist das Gewissen des jungen Mannes, das ihm den Dienst an der Waffe verbietet. Dieses mit Verfassungsrang ausgestattete und im Zivildienstgesetz einfachgesetzlich geregelte Recht der Kriegsdienstverweigerung soll das Spannungsfeld zwischen der politischen Entscheidung für eine Wehrpflichtigenarmee (»Bürger in Uniform«) und den individuellen ethischen, religiösen oder politischen Anschauungen des jungen Wehrpflichtigen ausbalancieren. Vorausgesetzt natürlich, eine dieser Anschauungen ist überhaupt vorhanden.
In den Jahrzehnten des Kalten Krieges konnte sich dieses System noch als tauglich erweisen. Es gab zunächst wehrpflichtige Nachkriegsgenerationen, die zum Teil die Auswirkungen des Zweiten Weltkrieges noch selbst erleben mußten, sowie einen breiten gesellschaftlichen Diskurs zu Militarismus und Pazifismus, der die Gesellschaft und folglich auch die jungen Männer polarisierte. Infolgedessen entstand eine praktische Balance, in der einerseits genügend »Bürger in die Uniform« zu bringen waren, als auch andererseits das pazifistische Gedankengut der Gruppe der Verweigerer respektiert werden konnte. Das System war in sich schlüssig und funktionierte vermutlich auch deshalb, weil der dienende Soldat in der gesellschaftlichen Wahrnehmung ursprünglich höheres Ansehen genoß als der Kriegsdienstverweigerer, der nicht selten als »Drückeberger« oder »Feigling« stigmatisiert wurde.
Es ist heute kaum mehr zu bestreiten, daß sich die politischen Lager des Kalten Krieges wegen Wegfalls desselben sowie mangels militärischer Bedrohung Deutschlands aufgelöst haben und sich die abstrakte gesellschaftliche Wahrnehmung und Beurteilung von Soldaten und Kriegsdienstverweigerern (im Ergebnis der Zivildienstleistenden) verändert, wenn nicht sogar umgekehrt hat.
In der Konsequenz sieht auch die Wehrpraxis am Ende der 90er Jahre vollkommen anders aus. Faktisch besteht längst eine allgemeine Dienstpflicht für Männer im Alter zwischen 18 und 27 Jahren, geprägt von einem skurril anmutenden Verfahren: Der Akt der Kriegsdienstverweigerung ist im Laufe der Jahrzehnte verkommen zu einem leicht überwindbaren Formalismus, einer Art Tauschgeschäft: Das Mitglied des Kriegsdienstverweigerungsausschusses erhält eine Reihe gängiger Argumente und Stichworte zum Thema »Gewissen und Waffengebrauch« und genehmigt im Gegenzug den Antrag. Diese Entscheidung wird üblicherweise nach Aktenlage ge-

fällt, damit beide Seiten den Arbeits- und Zeitaufwand reduzieren können. Die Frage ist längst nicht mehr, ob man den Dienst an der Waffe mit seinem Gewissen vereinbaren kann, sondern ob man die längere Dauer des zivilen Ersatzdienstes für Vorteile in anderen Bereichen hinzunehmen bereit ist. Zu diesem politisch inopportunen Ergebnis kam im März 1999 auch die Wehrbeauftragte des Deutschen Bundestages, Claire Marienfeld, als sie den Jahresbericht für 1998 vorlegte und angesichts der 171 657 Kriegsdienstverweigerer in 1998 erklärte, daß von Gewissensentscheidungen keine Rede sein könne, sondern vielmehr pragmatische Gründe für oder gegen den Grundwehrdienst ausschlaggebend seien. Im Ergebnis ist festzuhalten, daß zwar der Zivildienst seine gesellschaftliche Anerkennung erfahren hat, dies aber erschütternd wenig über die tatsächliche soziale Einstellung des Zivildienstleistenden aussagt. Zeitpunkt und Art des Dienstes werden – soweit der Dienstpflichtige das steuern kann – so ausgerichtet, daß der Dienst möglichst wenig stört.

Derartige Entscheidungskriterien seitens der Pflichtigen führen zu einem – aus Sicht der Zivildienststellen – traurigen Ergebnis: Waren Zivildienstleistende früher noch politisch engagierte, zumindest aber politisch motivierte junge Männer mit hohem Einsatzwillen, sind es heute ganz überwiegend Menschen, die zunächst einmal das tun, was sie müssen: Sie erledigen ihre Pflicht. Ein Lehrer der Zivildienstschule in Braunschweig fragte kürzlich in einem der obligatorischen Einführungslehrgänge die anwesenden Zivildienstleistenden nach ihren persönlichen Beweggründen für die Kriegsdienstverweigerung und der Motivation für den Zivildienst. An erster Stelle kamen plakative Antworten wie »Ich geh' doch nicht zum Bund, da muß ich ja im Osten durch den Schlamm robben« oder »Ich wollte halt in meiner Heimatstadt bleiben«. Das entgegenstehende und im Verweigerungsverfahren heftig artikulierte Gewissen scheiterte in dieser Runde ganz offensichtlich ebenso an der »5 %-Hürde der guten Gründe«, wie der soziale Gedanke. Es mag erschreckend sein, aber dieses Bild bietet sich diesem Lehrer nach eigenen Auskünften Woche für Woche.

Rückschlüsse auf die »Lust zu dienen« läßt auch das Musterungsverhalten der Wehr- und Zivildienstleistenden zu. Es ist schon erstaunlich, wie schwerkrank auch noch so gesund wirkende Männer sein können, zumindest bis zur »erfolglos« verlaufenen Musterung. (Als Reaktion auf den vorherrschenden Trend der Ausmusterungsflut wurde vom BMVg 1995 ein Tauglichkeitsgrad »T 7« ins Leben gerufen.) Es ist wohl eine deutsche Kuriosität, daß zahlreiche ausgemusterte junge Männer erfolgreiche Leistungssportler sind. Danach, also im Verfahren der Eignungs- und Verwendungsprüfung, respektive der Suche nach einer angemessenen Zivildienststelle, sind dann plötzlich alle wieder topfit. Der Grund liegt auf der Hand: Vermeintlich gute Stellen sind an eine verläßliche Konstitution des Pflichtigen geknüpft. Wer eine solche Stelle haben möchte, muß seinen Gesundheitszustand entsprechend darstellen.

Nicht der Dienstpflichtige, sondern das System der Wehrpflicht ist krank, zumal der Begriff der Wehrgerechtigkeit zunehmend leerläuft angesichts der Tatsache, daß finanziell bessergestellte Wehrpflichtige sich mit gekaufter anwaltlicher und ärztlicher Hilfe auch ohne nennenswerten Aufwand ihrer Wehrpflicht entziehen kön-

nen, indem sie eine Schar gut bezahlter Anwälte und Ärzte mit der Ausmusterung »beauftragen«.
Wer dann noch dient, hat eben Pech gehabt, oder, wie man dem Umgangston entnehmen kann, muß einfach akzeptieren, daß »halt ein Jahr verloren ist«. So erscheint dann auch die große Gruppe der Dienstleistenden als wabernde, lustlose Masse. Bedenklich und erschütternd ist auch der erhebliche Alkoholkonsum der Rekruten in den Kasernen, den Zügen der Deutschen Bahn am Freitag und am Sonntag sowie in den Zivildienstschulen des Landes.
Aus der Masse stechen einige gut Motivierte und ehrlich Gewissenhafte hervor, sowohl in der uniformierten Truppe als auch in den Sozialeinrichtungen dieses Landes, doch sie sind in der Minderheit. Hierunter leiden wiederum die Dienststellen. Gerade Zivildienststellen müssen oftmals einen immensen Aufwand betreiben, um ihre »Zivis« bei Laune zu halten und zu zuverlässiger, pünktlicher Arbeit zu bewegen. Sie tun dies entweder im positiven Sinne durch Motivation, die auch in der Schaffung großer Freiräume bestehen kann, oder aber durch Disziplinarmaßnahmen. Aussage eines Regionalbeauftragten des Bundesamtes für den Zivildienst (BAZ): »In vielen Dienststellen wird nicht lange gefackelt, da gibt es sofort ein Disziplinarverfahren.« Infolge stetig steigender Krankenstände im Zivildienst führte das BAZ mittlerweile versuchsweise den Dienstarzt ein, um die Zivildienstleistenden von ihrem krankschreibungsfreudigen Hausarzt fernzuhalten.
»Ohne Zivis geht es nicht«, lautet der Aufdruck eines Zivi-T-Shirts, für das in dem offziellen Magazin des BAZ geworben wird. Dieses Statement wäre kaum erforderlich, wenn es nicht täglich hundertfach Diskussionen über – auch moralische – Rechte und Pflichten der Zivildienstleistenden gäbe.
Zurück zum Freiwilligendienst: Sicherlich gibt es unter Jugendlichen ein großes Potential an Verantwortungsbewußtsein und Willen zu sozialem Engagement. Doch die Alltagserfahrungen im Musterungsverhalten, im Verweigerungsverhalten und in den Dienststellen erlauben massiven Zweifel, ob es insgesamt genügend junge Menschen gibt, die bereit sind, sich eine Zeit lang freiwillig aus ihrem Berufs- oder Ausbildungsleben zurückzuziehen und der Gemeinschaft zu dienen. Die Gruppe der heute Zwanzigjährigen als eine engagierte Mustergeneration zu sehen, ist illusionär. Die einigen tausend Absolventen des Freiwilligen Ökologischen und Sozialen Jahres sowie die erfolglosen Bewerber sind die Ausnahme. Das Projekt der Freiwilligendienste darf daher nicht übersehen, daß es ein Angebot schaffen möchte, das derzeit ein Angebot für eine Minderheit wäre. Es wird diese Fakten berücksichtigen müssen, hat aber zugleich die Chance, auf das überaus marode System der Wehrpflicht, unter anderen Vorzeichen, Einfluß zu nehmen. Hierin zeigt sich erneut, daß es sich bei dem Projekt nicht nur um eine Initiative für Freiwilligentätigkeit, sondern ebenso um eine Initiative gegen die Dienstpflicht (zumindest in der heutigen Form) handelt.
Die Frage, ob sich ausreichend junge Menschen für einen Freiwilligendienst finden werden, läßt sich bis hierher, mit einem Blick auf die Grundwehr- und Zivildienstleistenden von heute, nicht bejahen.

Die Schraube der Zukunftsangst und das Spannungsverhältnis zwischen freiwilliger Betätigung und individuellen Zwängen

Ein Freiwilligendienst setzt immer die autonome Entscheidung des Dienstwilligen voraus, die im Einzelfall auch gegen die Interessen Dritter (Eltern, Lebens- oder Ehepartner, Arbeitgeber) verstoßen kann. Gemeint sind etwa das elterliche Interesse, das Kind nicht länger als nötig unterstützen zu müssen, oder das legitime Interesse des Arbeitgebers, einen jungen, ausgebildeten Menschen gewinnbringend einsetzen zu können.
Auch hierin zeigt sich der psychologische Vorteil der Dienstpflicht, denn indem ein Dienstpflichtiger seiner Pflicht nachkommt, kann ihm nichts vorgeworfen werden. Die Entscheidung des jungen Mannes, für einen begrenzten Zeitraum aus dem bisherigen Leben auszusteigen und damit gleichzeitig kollidierende Interessen außer acht zu lassen, übernimmt im Zusammenhang mit Dienstpflichten der Staat. Es obliegt nicht dem Dienstpflichtigen, diese Interessen gegeneinander abzuwägen und sich für das eine oder das andere zu entscheiden. Er muß dienen, ob er will oder nicht, und genau dies müssen Eltern, Arbeitgeber und andere Interessenträger respektieren. Der Staat erhält also neben seiner Funktion, hoheitliche Gewalt auszuüben, auch die Funktion der Interessenneutralisation.
Anders bei den Freiwilligendiensten: Soweit diese staatlich gefördert und bereitgestellt werden, würde sich der Staat insoweit vom Hoheitsträger zum Anbieter wandeln, seine Neutralisationsfunktion ginge gänzlich verloren. Die Interessenskonflikte würden quasi »nach unten« verlagert. Hier sammelt sich neuer Sprengstoff an: Junge Menschen müßten ihren Willen gegen Eltern, Partner, Ausbildungsbetriebe oder Arbeitgeber durchsetzen. Sie träfen eine autonome Entscheidung zu Lasten anderer. Wie Stellenanzeigen zu entnehmen ist, ist es schon heute eine Einstellungsvoraussetzung für junge Männer in Unternehmen, daß eine Dienstpflicht nicht besteht oder ein Dienst bereits absolviert wurde. Auch junge Frauen geraten bekanntlich in Erklärungsnöte bei Einstellungsgesprächen, wenn es um die Frage eines Kinderwunsches geht. Man mag argumentieren, daß junge Leute in Einstellungsgesprächen die Frage, ob sie irgendwann einen Freiwilligendienst absolvieren möchten, nicht beantworten müssen oder gar das arbeitsrechtlich anerkannte »Recht auf Lüge« beanspruchen können. Das wäre aber ein unglücklicher Start des Projektes »Jugendfreiwilligendienste«. Unter heutigen Vorzeichen ist realistisch zu erwarten, daß nur die wenigsten willigen Jugendlichen sich gegen die Interessen der Eltern, der Partner oder der Arbeitgeber durchsetzen werden. Einfacher und damit auch Regelfall wird es für den Großteil sein, daß – selbst bei grundsätzlich vorhandenem Willen – die Idee eines Freiwilligendienstes aufgegeben wird.
Die bisher gesetzten Rahmenbedingungen zum Jugendfreiwilligendienst bewirken mit Sicherheit nicht, daß »allen Jugendlichen die Möglichkeit offensteht, sich für ein Jahr als Freiwillige zu engagieren«. Sie laufen eher darauf hinaus, daß die Möglichkeit nur für eine Minderheit offensteht. Diejenigen, die soziale Berufe ergreifen wollen, können sich durch einen Freiwilligendienst berufliche Vorteile verschaffen; diejenigen jungen Menschen, die nach der Schule noch orientierungslos sind und

denen auch die Eltern nicht helfen können, haben ein weiteres Orientierungsjahr; diejenigen, die ein persönliches Erlebnis verarbeiten wollen (wie den Tod oder die Krankheit eines Angehörigen oder Freundes), haben in entsprechender sozialer Tätigkeit die Möglichkeit dazu; diejenigen, die auf einen Studienplatz warten, können ihre Wartezeit gesellschaftlich sinnvoll überbrücken, und diejenigen, die schlicht arbeitslos sind, gewinnen Zeit und möglicherweise Qualifikationen (und sie fallen aus der Statistik!).

Bei genauer Betrachtung ist es bereits heute die Minderheit, für die der Grundwehr- und Zivildienst ein eher erfreuliches oder zumindest unschädliches Ereignis ist. Derlei Motive stehen aber in Widerspruch zu der Idee der Freiwilligendienste, die ja mehr an einem sozialen Verantwortungsgefühl junger Menschen ansetzt als an dem Gedanken, eine Arbeitsbeschaffungs- oder Therapiemaßnahme zu bieten.

Hinzu kommt, daß insbesondere die Überlegungen des Jugendfreiwilligendienstes zu den Maßstäben der Versorgung und der sozialen Sicherung jegliche Individualität außer acht lassen. Auch dies mag ein Vergleich zwischen dem Grundwehr- bzw. Zivildienst und dem Jugendfreiwilligendienst verdeutlichen. Der Grundwehr- bzw. Zivildienstleistende wird zwar nicht reich, aber er ist gut und der individuellen Situation entsprechend versorgt. Neben Sold, Verpflegung, Unterkunft, Fahrtkosten, Kleider- und Reinigungsgeld findet nämlich auch eine umfangreiche Unterhaltssicherung statt, in deren Rahmen etwa die zivile Wohnung inklusive Nebenkosten und sogar Kosten für personellen Ersatz in selbständigen Betrieben gezahlt wird. Der Jugendfreiwilligendienst sieht eine pauschale Unterhaltszahlung in Höhe von ca. 950 Mark bei einem frei verfügbaren Anteil von 630 Mark vor. Es soll keine Zahlenkrämerei betrieben werden, aber die Summe von 320 Mark für Unterkunft, Personen- und Sachversicherungen hinterläßt eklatante Versorgungslücken bei all denjenigen, die nicht mehr in der elterlichen Wohnung leben oder sich schon irgendeinen erhaltenswerten Lebensstandard geschaffen haben. Folglich verkürzt sich der Kreis potentieller Freiwilligendienstleistender weiter, während das Konfliktpotential zwischen jungen Menschen und ihren Versorgern steigt.

Es mag eingeworfen werden, daß finanzielle Aspekte kein Anreiz sein sollen, aber sie dürfen auch kein Hindernis sein. Andernfalls käme einfach keiner. An die Adresse der Kommission sei die Frage gerichtet: Würden Sie Ihre Kinder ernsthaft mit 950 Mark im Monat allein lassen wollen?

Wie ist dieses psychologische und finanzielle Dilemma im Zuge eines Freiwilligendienstes zu überwinden? Denkbar sind zunächst gesetzliche Regelungen, die in Anlehnung sowohl an das geltende Wehrrecht als auch an das Arbeitsrecht Maßnahmen Dritter mit Sanktionscharakter verbieten, also einen vergleichbaren Kündigungsschutz und teure Unterhaltssicherung gewährleisten. Bei der Unterhaltssicherung verbieten sich pauschale Vergütungsmuster, sie müssen sich an die individuelle finanzielle Situation des Dienstwilligen anlehnen. Zu den Chancen des Dienstleistenden beim Einstieg in das Berufsleben ist eigentlich nur denkbar, daß im Sinne des »Manifests für Freiwilligendienste in Deutschland und Europa« ein Prozeß angestoßen wird, der langfristig Akzeptanz für diese Idee schafft. Die Stärkung des demokratischen Gemeinwesens und die Verbesserung der Lebenschancen junger Menschen sind gewünschtes Ziel der Implementierung von Freiwilligendiensten, aber zugleich auch dessen Voraussetzung. Leider. Ohne den Konsens von Staat (einschließlich Schulen und Universitäten), Gewerkschaften, Unternehmensverbänden, Handwerkskammern und Mittelstandsvereinigungen, daß Engagement junger Menschen »gut« ist, ohne den Konsens, daß Freiwilligendienstabsolventen etwas Positives, auch wirtschaftlich Verwertbares getan haben (etwa: sich soziale oder berufliche Fähigkeiten erworben haben) oder tun werden, ohne den Konsens, daß diese junge Menschen gleiche (oder besser: größere) Chancen auf persönliches Fortkommen haben sollen, wäre die freiwillige Tätigkeit für junge Menschen ein nicht einzugehendes Karriere- und Finanzrisiko. Im Ergebnis ist zu erwarten, daß ohne die Gewißheit, daß der Freiwilligendienst keine finanziellen und sozialen Nachteile nach sich zieht, ihn kein junger Mensch leisten wird.

Das hier gezeichnete Bild des jungen Menschen in seinen familiären, sozialen oder beruflichen Umfeldern verkehrt sich zugegebenermaßen langsam ins Bild des jungen Pragmatikers. Die Vision des jungen Europäers, der für sein Vaterland und Europa eine neue Zivilgesellschaft prägen wird, verschwimmt hinter taktischen Abwägungsmustern. Das ist auch folgerichtig. Das vereinte Europa am Beginn des neuen Jahrhunderts bringt doch nicht nur großartige Perspektiven mit sich, sondern auch einen harten Arbeitsmarkt mit immer noch starkem Lohn- und Wohlstandsgefälle sowie einer realistischen Arbeitslosigkeit deutlich über 10 % in Deutschland. Die jungen Menschen in diesem Land wachsen in eine Gesellschaft hinein, in der es zunehmend schwerer wird, den Leistungsanforderungen des Arbeitsmarktes gerecht zu werden. Ein Jugendfreiwilligendienst ist adressiert an Individuen, die ihren Platz in der Gesellschaft noch nicht gefunden haben. Es sind junge Menschen, die sich eine Perspektive erst noch entwickeln müssen.

In der Süddeutschen Zeitung vom 10. Februar 1999 ist in einem Beitrag unter dem Titel: »Ohne Tempolimit ins Irgendwohin – Eine Zukunft mit immer rasanter werdenden technischen Veränderungen und ohne Sicherheiten macht vielen Angst«, die Äußerung einer 17jährigen Schülerin zu lesen: »Schon in der Schule schauen alle nur auf Sicherheit. Wenn gute Noten in Aussicht sind, machen sie mit (bei Arbeitsgruppen und Projekten, der Verf.), aber was Soziales – das kannst Du vergessen.«

Eine Entscheidung für oder gegen einen Freiwilligendienst läßt sich perspektivisch aus der Sicht eines Zwanzigjährigen sehr viel schlechter treffen als im Rahmen »retrospektiver Gedankenspiele« sozial abgesicherter Menschen wie etwa (auch junger) Bundestagsabgeordneter oder Hochschulprofessoren. Ein Mensch, der monatlich Bezüge von ca. 12.500 Mark erhält, kann recht einfach sagen, »Wenn ich noch einmal 20 Jahre alt wäre, dann würde ich einen Freiwilligendienst leisten.« Aus der Sicht eines Fünfundzwanzigjährigen Hochschulabsolventen oder eines achtzehnjährigen Handwerkers ist dies sehr viel schwieriger und riskanter.

Nicht unerwähnt bleiben sollte an dieser Stelle das typisch deutsche Problem zu langer Ausbildungszeiten, insbesondere in akademischen Berufen. Die Feststellung der Kommission, die Phase des nichterwerbstätigen Alters habe sich fast verdoppelt, heißt: der Weg in die Erwerbsarbeit ist doppelt so lang. Je nach Lesart kann man darauf schließen, daß innerhalb der nichterwerbstätigen Phase ein neues Angebot geschaffen werden muß, zum Beispiel ein Freiwilligendienst. Genauso kann man aber auch argumentieren, daß der Weg verkürzt werden muß, etwa indem die Stellschraube der Bildungspolitik bedient wird. Letzteres ist natürlich nicht nur notwendig zur Verlängerung der Erwerbstätigkeit, sondern auch zur sinnvolleren Allokation von Kapazitäten und zur europäischen Angleichung der Ausbildungszeiten.

Das Projekt der Jugendfreiwilligendienste, wenn es großflächig greifen soll, kann und darf nicht als autarkes Werk verfolgt werden. Es erlangt nur Schlüssigkeit und nachhaltige Wirkung, wenn es durch Strukturreformen (etwa im Bildungsbereich) und durch einen Mentalitätswandel in der Arbeitswelt flankiert wird. Es darf nicht der Eindruck entstehen, daß eine einseitige Leistung von Jugendlichen verlangt wird und ihre materiellen, beruflichen und sozialen Ängste unter den Tisch gekehrt werden. So sieht es aber im Moment aus: Hinter der »Möglichkeit, sich als Jugendlicher für ein Jahr zu engagieren«, steht die Erwartung an die Jugend, daß sie dies auch tun wird. Die Erwartung wird als Chance verpackt und den Jugendlichen serviert. Zusätzlich gibt es Bonbons, etwa durch den einjährigen Dienst Praktikumszeiten angerechnet zu bekommen, bei der Vergabe von Studienplätzen vorrangig berücksichtigt zu werden oder später ein Sabbatjahr einlegen zu dürfen. Das ist gut gemeint, hat aber angesichts der Usancen auf dem Arbeitsmarkt eher kosmetischen Wert. Es ist, als würde man die Geburtenrate durch Subventionierung von Kinderbekleidung steigern wollen.

Alle Kritik darf bitte nicht mißverstanden werden als systematische Zerstörung des Gedankens »Freiwilligendienste«, sondern als Aufforderung, im Zusammenhang mit der Einrichtung von Freiwilligendiensten sinnvolle Korrekturen an den äußeren Umständen vorzunehmen. Gründliche Arbeit am Rahmen ist erforderlich. Das ist eine Voraussetzung, damit im Ergebnis eine ausreichende Zahl Freiwilligendienstleistender tatsächlich ihre Arbeit aufnehmen werden. Es schließt sich die Frage an, um welche Arbeiten es eigentlich gehen soll.

Grenzen des Freiwilligendienstes vor dem Hintergrund des Alltags im sozialen Sektor

Die Kommission geht davon aus, daß attraktive Freiwilligendienste den Bedarf an Zivil- und Gemeinschaftsdiensten auffangen. Wehr- und Zivildienstpflicht sollen ausgesetzt oder abgeschafft werden, sicher eine wahre Freudenbotschaft für die meisten Wehrpflichtigen. Bereits hier stellen sich eine Reihe von Fragen: Ergibt die volkswirtschaftliche Kosten-Nutzen-Analyse von Jugendgemeinschaftsdiensten einen Positivsaldo? Ist die Umstrukturierung der Bundeswehr zu einer Berufsarmee – soweit sie politisch gewollt ist – bei Aufgabe der kostengünstigen Wehrpflichtigen und gegebenenfalls personeller Verkleinerung volkswirtschaftlich und haushaltsrechtlich darstellbar? Fängt ein neu entstehender Arbeitsmarkt in Zusammenhang mit der Organisation und Durchführung von Jugendfreiwilligendiensten die Kapazitäten auf, die die regionalen Wehrverwaltungen, das Bundesamt für den Zivildienst inklusive seiner regionalen Dienstgruppen, die Wohlfahrtsverbände und sonstige Träger der Zivildienstverwaltung freisetzen würden? Wie ist die Einrichtung eines Jugendfreiwilligendienstes verfassungs-, sozial- und verwaltungsrechtlich umzusetzen? Aber diese Fragen sind im ersten Stadium der Initiative untersucht und offenbar positiv beantwortet worden.

Jenseits dieser wirtschaftlichen und juristischen Probleme ist dann darüber nachzudenken, was man mit Freiwilligendiensten tatsächlich alles machen kann. Ein Blick auf entstehende Tätigkeitsprofile ist fantastisch: Umweltranger, Präventionsarbeit in U-Bahnstationen, Tutorenprogramme für Jugendliche und Kinder aus anderen Kulturkreisen kann es geben, aus neuen Tätigkeitsprofilen können neue Berufsfelder entstehen, die der Friedens- und Versöhnungsarbeit dienen und dem Erhalt des europäischen Kulturerbes zugute kommen. Es sind noch zahlreiche weitere Einsatzfelder denkbar, etwa im Bereich der Denkmals- und Landschaftspflege und Präventionsarbeit in Gebieten mit hohem sozialen Spannungspotential (wovon es allein in Berlin mindestens zehn nennenswerte Areale gibt).

Dies wäre ein richtiger und wichtiger Schritt in Richtung einer neuen europäisch-kosmopoliten Werteordnung. Jugendliche, die schon jetzt weitgehend keine europäischen Binnengrenzen mehr kennen, erhalten mehr Möglichkeiten zu kulturellem Austausch. Nicht zu vergessen ist, daß auch in den Mitgliedsstaaten lebende Nicht-EU-Staatsbürger integriert werden können und sollen. Vor diesem Hintergrund wäre ein Jugendfreiwilligendienst auch ein interessanter Versuchsballon parallel zur aktuellen Debatte rund um das neue Staatsangehörigkeitsrecht.

Eine Menge idealtypischer Vorstellungen. Leider fehlt in diesem Werbekatalog für Gemeinschaftsdienste bislang jede Aussage zum »unangenehmen Rest«.

Ein Blick in den Zivildienstalltag: Nicht nur »multikulturelle« Gespräche zwischen dem Jugendherbergs-Zivi und Schülern aus Andalusien finden statt, es müssen auch Krankenhausbetten bezogen werden. Der eine Zivildienstleistende fährt mit Mitarbeitern eines Landschaftsamtes durch die Mark Brandenburg und geht bei der Denkmalpflege und -sicherung zur Hand, der andere wäscht Leichen in der Pathologie der Charité. Der eine fährt das »Essen auf Rädern« durch die Gegend, der andere leert Bettpfannen. Diese Liste ist beliebig fortsetzbar. Hinweis einer Mitarbeiterin der Zivildienstgruppe Berlin: »Junger Mann, ich empfehle Ihnen: Gehen Sie nicht in eine Kindertagesstätte. Da dürfen Sie den ganzen Tag Spielzeug reparieren und Geschirr spülen. Von den Kindern bekommen Sie nichts zu sehen, da Sie keine pädagogische Ausbildung haben und die Eltern das meist nicht wollen.«

Der Zivildienst ist Wehrdienst in anderer Form, er basiert wie das Soldatenverhältnis auf einem Über- und Unterordnungs-, beziehungsweise Befehls- und Gehorsamsverhältnis. In manchen Einrichtungen kommt diese Struktur nicht zum Tragen, in vielen ist sie allerdings unerläßlich zur Aufrechterhaltung des Betriebes. Das pünktliche Erscheinen eines Zivildienstleistenden im Krankenhaus morgens um 6 Uhr wird sichergestellt durch eine strikte und durchsetzbare Anordnung des Dienststellenleiters, nötigenfalls mit Disziplinarmaßnahmen. Zivildienstleistende können nicht gehen, wenn sie unfair behandelt werden, oder sich unfair behandelt fühlen, etwa wenn sie ständig unangenehme Aufgaben erfüllen müssen. Diverse Grundrechte wie die der körperlichen Unversehrtheit oder der freien Meinungsäußerung und -betätigung sind eingeschränkt. Ein Zivildienstverhältnis ist ein Dienstverhältnis und kein Arbeitsverhältnis, und der Betrieb zahlreicher Einrichtungen würde auch kaum funktionieren, wenn es anders wäre und der Dienstleistende die Wahl hätte zwischen »Gehen« oder »Bleiben«.

Wer wird die Arbeit machen, wenn die hervorragend steuer- und einsetzbare Gruppe der Zivildienstleistenden wegfällt? Sicherlich kein Jugendgemeinschaftsdienstleistender, es sei denn, er bindet sich dahingehend durch privatrechtliche Vereinbarung. Das würde allerdings bedeuten, daß man dem jungen Menschen eine freiwillige Entscheidung zur bedingungslosen Unterordnung abverlangt, eine vertragliche Selbstverpflichtung zu einjährigem Altruismus.

Wie bereits dargestellt, entsteht im Zuge des Freiwilligendienstes das psychologische Dilemma zwischen dem Dienstleistungswillen des jungen Menschen und den kollidierenden Interessenlagen Dritter. Diese Interessenkollision neutralisiert im Dienstpflichtsystem der Staat. Eine vergleichbare Interessenkollision entsteht auch hier, nämlich im Verhältnis zwischen Freiwilligendienstleistenden und der Gruppe der Beschäftigten im sozialen Bereich. Und wieder ist festzustellen, daß der Staat durch ein Dienstpflichtsystem diesen Konflikt neutralisiert. Das strikte Reglement des Zivildienstrechts verhindert einigermaßen, daß Zivildienstleistende als Angestelltenersatz eingesetzt werden. Beispiel Krankenhausbetriebe: Diese beschäftigen billige Zivildienstleistende, die Stimmung unter den Krankenschwestern und -pflegern ist bekannt. Zivildienstleistende werden geduldet und großer Protest bleibt bislang aus, da insbesondere in Krankenhäusern die wirklich allerschlimmste Arbeit auf die Zivildienstleistenden abgewälzt werden kann. Beide Seiten, also Personal und Dienstleister akzeptieren ihre Rolle, weil sie es angesichts der legislativen Entscheidung zugunsten einer Dienstpflicht müssen. Aussage eines Krankenpflegers in einem Berliner Krankenhaus: »Ihr Zivildienstleistenden verderbt uns gelernten Pflegern und Schwestern die Preise, aber daran können wir alle nichts ändern.«

Die gängige Rollenverteilung muß mit Sicherheit aufgegeben werden, wenn in Zukunft anstelle der Zivildienstleistenden die Freiwilligendienstleistenden in die Krankenhäuser gehen sollen. Es bedarf eines Angebotes, etwa pflegerisches Know how erwerben zu können oder bei der Vergabe von Ausbildungsplätzen vorrangig berücksichtigt zu werden. Angesichts der angespannten Finanzsituationen und den deutlichen Rationalisierungstendenzen im Gesundheitswesen ist ein eklatanter Konflikt vorprogrammiert; in der Wahrnehmung der (ohnehin mäßig bezahlten) Angestellten werden Freiwilligendienstleistende eine Art Jobkiller sein, die auch noch höchst freiwillig und für wenig Geld arbeiten. Dieser Mechanismus ist nicht nur im Krankenhauswesen, sondern im überwiegenden Teil des Gesundheits- und Sozialwesens zu erwarten. Unter der Prämisse, daß das Projekt der Freiwilligendienste eben kein Nischendienst für neue Sozialexperimente, sondern eine echte Alternative zum Zivildienst sein soll, besteht hier Steuerungsbedarf.

Doch auch hier zeigt sich die Möglichkeit, den Freiwilligendienst in ein sinnvolles und ausgewogenes Reformwerk einzubinden. Es besteht die großartige Chance, unter Berücksichtigung der Befindlichkeiten im Sozial- und Gesundheitswesen die dort angespannte finanzielle und personelle Situation zu verbessern. Denkbar ist es, abweichend vom Vorschlag der Kommission, einen Teil der umzuleitenden 2,7 Mrd. Mark jährlich in die Versorgung des im Sozial- und Gesundheitswesen tätigen Personals zu investieren. Unter dieser Voraussetzung ist es auch eher vorstellbar, daß die Gewerkschaften und die einzelnen Arbeitnehmer einen Freiwilligendienst akzeptieren oder gar begrüßen werden.

Weiterer Diskussionsbedarf findet sich in diesem Zusammenhang bei der Betreuung und Begleitung der Freiwilligendienstleistenden. Das Konzept der Freiwilligendienste sieht eine Betreuung der Dienstleistenden vor, wobei eine differenzierte Darstellung noch aussteht. Für die Frage, ob und in welchem Umfang eine Betreuung gewährleistet werden muß, mag wieder ein Vergleich zum Zivildienst herhalten: Psychisch und physisch schwere Arbeiten erzeugen Notlagen. Es ist schmerzhaft, in Krankenhäusern oder Altenheimen Menschen sterben zu sehen. Am schlimmsten ist es für junge Menschen, die erstmalig damit konfrontiert werden. Ihnen, den Nicht-Profis, fällt es schwer, tödliche Krankheiten, den Tod selbst oder auch »nur« soziales Elend täglich zu erleben. Es gibt im heutigen Dienstalltag zwei Formen des Umgangs damit: Die eine Kategorie von Einrichtungen läßt den jungen Menschen mit den Erlebnissen allein und hofft, daß er damit zurecht kommt. Kommt er damit nicht zurecht und droht er daran zugrunde zu gehen, nimmt man dies in kauf. Es ist egal, was nach einem Jahr aus dem Menschen wird, Hauptsache, er hat seinen Dienst geleistet. Die andere Kategorie von Einrichtungen schafft Abhilfe durch Supervisionen oder psychologische Betreuung.

Es liegt auf der Hand, daß in menschlich sensiblen Bereichen eines entstehenden Freiwilligendienstes ein Betreuungssystem installiert werden muß, das sehr ausdifferenziert und leistungsfähig ist. Es wird sich um ein System handeln müssen, das feuerwehrartig Probleme aus der Welt schafft und in der Lage ist, einen jungen Menschen auch bei größter physischer oder psychischer Belastung noch im Freiwilligendienst zu halten. Es wird eine Institution sein müssen, die präventiv Problemlagen erkennt und eine sachgerechte Zuordnung von Kandidaten zu den jeweiligen Stellen sichert. Beispiel: Ein junger Mensch mit einer bestimmten Affinität zu Drogen darf vernünftigerweise nicht in Einrichtungen mit drogengebrauchendem Klientel eingesetzt werden.

Konsequenz ist, daß bereits im Vorfeld der Einrichtung eines Freiwilligendienstes möglichst viele denkbare kritische Situationen erfaßt und entsprechende Instrumentarien sowie Organisationsstrukturen eingerichtet werden müssen. Der Verweis auf die Einrichtung einer pauschalen Gesprächsinstitution reicht bei weitem nicht aus.

Wenn also der Freiwilligendienst nicht nur eine neue Spielwiese schaffen möchte mit neuen, modernen und zukunftsorientierten Einsatzfeldern, sondern darüber hinaus auch mittelfristig all das abdecken soll, was traditionell von den 150.000 Zivildienstleistenden vollbracht wird, dann ist einiges an struktureller Arbeit zu leisten. Gute Konzepte sind allein schon deshalb erforderlich, weil es ein Chaos im sozialen Alltag beim Übergang vom Pflicht- ins Freiwilligensystem zu vermeiden gilt. Eines ist klar: Ein Experiment (»Mal sehen, was kommt«) auf dem Rücken kranker, alter oder sozial schwacher Menschen darf nicht stattfinden. Die etwa 6 Millionen Wochenarbeitsstunden von Zivildienstleistenden müßten überall dort ersetzt werden, wo die Arbeitskraft der Zivildienstleistenden schon heute kein Luxus der Sozialeinrichtungen ist. Entweder die Arbeit wird quasi ohne Vergütung auf freiwilliger Basis geleistet, oder es wird professioneller (sprich: teurer) Ersatz besorgt.

Geht die Entscheidung allerdings dahin, die bisherigen Einsatzfelder des Zivildienstes nicht durch den Freiwilligendienst abzudecken, sondern die entstehenden Lücken durch die Träger selbst schließen zu lassen (sei es durch Kappung der Angebote, sei es durch Neueinstellung von Mitarbeitern), dann liegt auf der Hand, daß die derzeit aus den öffentlichen Haushalten in den Zivildienst fließenden Mittel von ca. 2,7 Mrd. DM nicht einfach in einen Stiftungsfond für Freiwilligendienste umgeleitet werden können.

Dies wäre auch politisch nicht vermittelbar. Es ist schlicht nicht akzeptabel, daß Gelder, die mittelbar (über die Beschäftigung von Zivildienstleistenden) in die Versorgung schwerstkranker, alter oder sozial schwacher Menschen fließen, nunmehr völlig neuen und bislang entbehrlichen Projekten wie »Umweltrangern« und »U-Bahn-Prävention« zufließen. So wichtig diese Projekte auch sind und künftig sein werden, so sehr sind sie im Vergleich mit Kliniken und Altenheimen doch Luxus.

Diskussionsbedarf auf dem Weg zum Jugendfreiwilligendienst

Jugendgemeinschaftsdienste auf freiwilliger Basis sind eine wünschenswerte Zielvorstellung. Nur erscheinen die Überlegungen zu den Voraussetzungen und den Folgen noch nicht weit genug gediehen. Die Altersgruppe der heute Zwanzigjährigen ist keine Gruppe durchweg verantwortungsbewußter Jungbürger – sie wird es auch morgen nicht sein. Diese Altersgruppe ist vollkommen normal, sowohl in Bezug auf materielle und berufliche Erwartungen als auch in ihren Zukunftsängsten. Sie ist eingebunden in harte Auseinandersetzungen am Bildungs- und Arbeitsmarkt. Ihr die Tür zu freiwilliger Betätigung zu öffnen, setzt zwingend mehr voraus als bloßes Vertrauen in Ideale, es müssen – ganz pragmatisch – an den Rahmenbedingungen Veränderungen vorgenommen werden, damit sich freiwillige Betätigung nicht nur lohnt, sondern auch keine evidenten Nachteile auf dem Karriere- und Lebensweg für den Einzelnen entstehen.

Das heute bestehende System einer Dienstpflicht zugunsten des Freiwilligendienstes aufzugeben, erfordert eine systematische und sorgfältige Abwägung zwischen den jeweiligen Vor- und Nachteilen. Wenn sich die Gesetzgebung nicht für umfassende Reformen erwärmt, sondern sich auf die Einrichtung eines autarken Mikrokosmos namens »Jugendfreiwilligendienst« beschränkt, dann spricht aus heutiger Sicht mehr für die Beibehaltung der Dienstpflicht. Denn nur mit ihr sind im existenten sozialen Gefüge notwendige Leistungen kostengünstig durchsetzbar. Das System ist trotz aller Skurrilität (wie beispielsweise der Verweigerungs- und Musterungspraxis) einigermaßen funktionsfähig. Jedenfalls kann und darf das heute stark differenzierte und bürokratische Dienstpflichtsystem nicht durch ein undifferenziertes Freiwilligensystem ersetzt werden, in dem eine sehr indifferente Gruppe wie die der jungen Menschen eine ebenso indifferente Menge von sozialen Aufgaben leisten soll und dabei durchweg eine gleiche Sicherung und gleiche Betreuung innerhalb des Dienstes erfährt. Ein neues System erfordert viel Zeit und gute Konzepte, eine umfassende Berücksichtigung aller Befindlichkeiten, sowohl der potentiellen Freiwilligen als auch der im sozialen Alltag Beschäftigten, sowie der Leistungsempfänger. Das Projekt der Jugendgemeinschaftsdienste wird dann aber ein großes Unternehmen sein müssen, eine Bildungs-, Wehrstruktur- und Sozialsystemreform zugleich, in der alle betroffenen gesellschaftlichen Kräfte ihre Interessen artikulieren und wiederfinden können. Dies gilt zumindest dann, wenn es glimpflich und verlustfrei verlaufen soll. Auf dem Weg vom einen in das andere System sind behutsame Zwischenschritte zumindest diskussionswürdig, wie etwa eine allgemeine Dienstpflicht für Männer und Frauen mit deutlich verkürzten Dienstzeiten. Derartige Zwischenschritte bieten sich auch als Versuchsballons an, denn in den Diskussionen darüber wird eine Meinungsvielfalt entstehen – mit der Folge, daß sich auch die gesellschaftliche Akzeptanz für Freiwilligendienste deutlicher zeigen wird. Vor dem Hintergrund, daß sich Freiwilligendienste in großem Umfange erst noch etablieren werden müssen, ist die Einführung einer allgemeinen Dienstpflicht durchaus erwägenswert. So unpopulär der Wortgebrauch auch ist: Die Gesellschaft muß wohl doch erst daraufhin erzogen werden, daß sie einen Freiwilligendienst »für alle« für gut befindet.

Entscheidend ist, daß in den Mittelpunkt der Überlegungen nicht nur Vorstellungen einer künftigen Struktur mit neuen Tätigkeitsfeldern einbezogen werden, sondern auch das, was auf dem Weg dahin flankierend geändert wird, wie etwa die Struktur der Streitkräfte und die Lastenverteilung im Wohlfahrtsstaat. Jeder einzelne Aspekt muß politisch mehrheitsfähig werden, was hinsichtlich der Abschaffung der Wehrpflicht heute und absehbar noch nicht der Fall ist.

Es gibt tausend gute Gründe für Jugendfreiwilligendienste, die aber von den jungen Menschen allesamt erst einmal verstanden werden müssen. Umgekehrt müssen politische Entscheidungsträger erst einmal die jungen Menschen verstehen. Sonst werden junge Menschen das Gefühl haben, daß sich ihre demokratisch legitimierten Vertreter in den Parlamenten lediglich »kosmetisch« ihrer Reformpflichten entledigen. Veränderung ist eben nicht nur das Ziel eines gesellschaftlichen und politischen Prozesses, sondern zunächst vor allem dessen Voraussetzung.

Dieter Schöffmann

Jugend erneuert Gemeinschaft: Und wer soll das bezahlen?

Der Finanzbedarf

»Alle Jugendlichen müssen die Möglichkeit haben, sich für ein Jahr als Freiwillige zu engagieren«, so lautet die ambitionierte, langfristige Vorstellung des Manifests für Freiwilligendienste in Deutschland und in Europa. In den nächsten Jahren sollen als Pilotprojekt und erster Schritt die vorhandenen Einsatzmöglichkeiten für Einjahresfreiwilligendienste auf ca. 30.000 verdoppelt werden. Zur Finanzierung eines Einjahresdienstes ist pro jungem Freiwilligen und Jahr ein Betrag von ca. 16.000 DM erforderlich (s. Tabelle 1). Für das Pilotprojekt müssen also ca. 240 Mio. DM pro Jahr bewegt werden. Mittelfristig werden 100.000 Freiwilligendienststellen angestrebt mit einem jährlich zu finanzierenden Volumen von rd. 1,6 Mrd. DM.

Tabelle 1: *Kosten pro Freiwilligem / Einsatzplatz und Jahr*

Kostenpositionen:	pro Monat DM	pro Jahr DM
Unterkunft, Verpflegung, Arbeitskleidung	300	3.600
Taschengeld	330	3.960
Sachkosten / Fahrtkosten	50	600
Sozialversicherung	270	3.240
Umlagen für:		
Träger-, Vermittlungs-, Begleitungsleistungen	330	3.960
Pädagogische bzw. vergleichbare Maßnahmen (kalkuliert auf der Grundlage 10 Seminartage à 40 DM = 400 DM/Jahr, 33,33 DM/Mon.)	33	396
gesamt:	1.313	15.756

Die Kostenschätzungen für die einzelnen Positionen beziehen sich auf Überlegungen der Manifest-Kommission und auf Vergleichszahlen aus dem Europäischen Freiwilligendienst (EVS).

Die Manifestautorinnen und -autoren gehen davon aus, daß ein wesentlicher Teil der erforderlichen Gelder nicht vom Staat, sondern aus Wirtschaft und Gesellschaft aufgebracht werden sollte. Im Rahmen dieses Beitrages gehe ich der Frage nach, ob diese Finanzierungsvorstellungen realisierbar sind, und zwar von der Annahme ausgehend, daß die für 100.000 Plätze aufzubringenden 1,6 Mrd. DM zu einem Drittel von seiten des Staates und zu zwei Dritteln aus Gesellschaft und Wirtschaft gedeckt werden sollten.

Wirtschaft

Welches Interesse könnten Wirtschaftsunternehmen an der Förderung von Jugend und Gemeinschaft haben? Lassen wir hier einige große Firmen zu Wort kommen:

»Ein verantwortlicher Bürger zu sein, ist gut für's Geschäft. So, wie wir dabei helfen, die Lebensqualität in unseren Gemeinden zu verbessern, so steigern wir unser eigenes Geschäftspotential.
Jeden Tag beeinflußt Citibank auf zahllosen Wegen Gemeinden in der ganzen Welt, und wir arbeiten daran, daß dies ein guter Einfluß ist. Wir wissen, daß unser Beitrag zur wirtschaftlichen und sozialen Vitalität von Gemeinden unsere Wachstums- und Gewinnmöglichkeiten erhöht.«[1]
»Barclays hat eine Verantwortung, zu den Gemeinden beizutragen, in denen das Unternehmen tätig ist. Lokale Aktivitäten zu ermutigen, ist ein Schlüssel zu seinem gemeinnützigen Investmentprogramm. Wir suchen die partnerschaftliche Zusammenarbeit mit örtlichen Gemeinden und gemeinnützigen Organisationen, um den Problemen zu begegnen, die für sie von Bedeutung sind.«[2]
»Compaq empfindet eine Verpflichtung, sich in der Welt zu engagieren, in der das Unternehmen wirkt. Dieses Engagement ist sowohl an geschäftlichen als auch an sozialen Zielen ausgerichtet. Wir glauben, daß diese Ziele zueinander passen und daß es wirtschaftlich sehr vernünftig ist, ein verantwortlicher Unternehmensbürger zu sein.«[3]
»Während wir gegenüber unseren Aktionären, Kunden, Mitarbeitern und Lieferanten verantwortlich sind, hat sich [Marks & Spencer's] in seiner Philosophie immer den Glauben daran bewahrt, daß wir mit der Unterstützung der Gemeinden, in denen wir tätig sind, zu einer wohlhabenderen und sich selbst genügenden Gesellschaft beitragen. Für uns ist es ebenso wichtig, ein guter Unternehmensbürger zu sein, der seinen Erfolg mit gemeinnützigen und anderen dem Gemeinwohl verpflichteten Organisationen teilt, wie uns die Prinzipien von Qualität, Werterhalt und Dienstleistung wichtig sind. ...

---

1   Citibank im Internet: http://www.citibank.com/corporate_affairs/citizen.htm – Stand: 4.6.99 Übersetzung vom Autor. Originaltext: *»Responsible citizenship is good business. As we help improve the quality of life in our communities, we enhance our own business potential. Every day in countless ways, Citibank has an impact on communities around the world, and we work to make that impact a positive one. We know that our contribution to the economic and social vitality of communities increases our ability to thrive and profit.*
2   Barclays Bank im Internet: http://www.community.barclays.com/ – Stand: 4.6.99 Übersetzung vom Autor. Originaltext: *»Barclays has a responsibility to contribute to the communities in which it operates and encouraging local action is a key to its community investment programme. We seek to work in partnership with local communities and voluntary organisations to tackle the issues that matter to them.*
3   Compaq im Internet: http://www.compaq.com/corporate/community/ – Stand: 4.6.99 Übersetzung vom Autor. Originaltext: *»Compaq is committed to being involved in the world in which it functions. This involvement is designed to achieve both business and social goals. We believe these goals are compatible and that being a responsible corporate citizen makes good business sense.*

Darüber hinaus gibt es ausgezeichnete wirtschaftliche Gründe für unsere Aktivitäten. Unser Programm gemeinwohlorientierten Engagements ist eines des ›erleuchteten Eigeninteresses‹. Mit der Unterstützung des Gemeinwesens, in dem wir tätig sind, bringen wir einen Mehrwert, schaffen eine sicherere Lebens- und Arbeitsumgebung, besser gebildete junge Menschen, effektivere kleine Gewerbe, ein reicheres kulturelles Leben und eine gesündere Nation. Im Gegenzug schafft dies eine wohlhabendere Gesellschaft, die offensichtlich gut für's Geschäft ist.«[4]

»Die Firma Timberland glaubt daran, daß Unternehmen eine Kraft für den positiven Wandel in der Gesellschaft sein können. Wir empfinden die Verpflichtung, mit dem Einsatz unserer Zeit, unserer Talente und unserer finanziellen Möglichkeiten unser Gemeinwesen mit aufzubauen. Der Geist der Einzelnen, der Unternehmen und der gemeinnützigen Organisationen kann für Aktionäre, Kunden, Mitarbeiter und für's Gemeinwesen Werte schaffen.«[5]

Sponsoring

Es gibt also aus Unternehmenssicht gute Argumente für ein gesellschaftliches Engagement. Und es wird sich ja auch finanziell für die Gesellschaft engagiert: Neben Spenden wurden von deutschen Unternehmen 1997 3,5 Mrd. DM für Sponsoring aufgewendet. Für 1998 wird ein Gesamtvolumen von 4 Mrd. DM geschätzt.[6] Rund 500 Mio. DM gehen hiervon in den Kulturbereich, 200 Mio. DM in den Öko- und 200 Mio. DM in den Sozialbereich. Ein Sechstel des jährlichen Finanzbedarfes für 100.000 Freiwilligenplätze würde den kompletten Sozial-Sponsoring-Etat aller deutschen Unternehmen absorbieren und müßte dabei sämtliche anderen sozialen Projekte von diesem Topf verdrängen. Eine irreale Perspektive.

Spenden

Neben dem werblich geprägten Sponsoring können Unternehmen auch schlicht spenden, und zwar idealerweise gemeinsam mit ihren Mitarbeitern. Sie könnten z.B. Patenschaften für dienstleistende Jugendliche bzw. entsprechende Einsatzplätze

---

4   Marks & Spencer im Internet: http://www.marks-and-spencer.co.uk – Stand: 4.6.99 Übersetzung vom Autor. Originaltext: *»Whilst responsible to shareholders, customers, employees and suppliers, the [Marks & Spencer's] philosophy has always maintained a belief in supporting the communities in which we operate, thus creating a more prosperous and self-sufficient society. Being a good corporate citizen and sharing our success with charities and other voluntary sector organisations is as important to us as the principles we hold on quality, value and service. . . . In addition, . . . there are excellent commercial reasons for our activity. Our Community Involvement programme is one of ›enlightened self-interest‹. By supporting those communities where we operate we bring added value, create safer living and working environments, better educated young people, more effective small businesses, and an enriched cultural life and a healthier nation. In turn, this creates a more prosperous and self-sufficient society, which is obviously good for business.*
5   Timberland im Internet: http://www.timberland.com/ – Stand: 4.6.99. Übersetzung vom Autor. Originaltext: *»The Timberland Company believes that business can be a force for positive change in society. We are committed to building our community by investing our time, our talents and our financial resources. The spirit of individuals, enterprises and non-profit organizations can create value for shareholders, customers, employees and communities.*
6   ISPR (Internationale Sportrechte Gesellschaft): SponsoringKlima '98, München; zit. nach: Bundesarbeitsgemeinschaft Sozialmarketing – Zahlen zum Spendenwesen in Deutschland, http://www.sozial-marketing.de/zahlen.htm

übernehmen. Wenn wir von 100.000 Jugendlichen im Freiwilligendienst pro Jahr und ca. 35 Mio. Erwerbstätigen ausgehen, kommt auf 350 Arbeitnehmerinnen und Arbeitnehmer jeweils ein Jugendlicher, dem ein einjähriger Freiwilligendienst dadurch zu ermöglichen wäre, daß für ein Jahr die Kosten von 16.000 DM (oder ein Teil davon) übernommen würden. Wenn ein Drittel der Erwerbstätigen und ihrer Arbeitgeber sich zusammentäten und ihre finanziellen Beiträge im 1:1-Verhältnis ergänzen würden, hieße dies für die Drittelfinanzierung von einem Jugendlichen für ein Jahr, daß rd. 100 Mitarbeiterinn und Mitarbeiter im Durchschnitt jeweils rd. 27 DM zahlen und das Unternehmen entsprechend 2.700 DM drauflegt. Dies scheint für beide Seiten kein unermeßlich hoher Betrag zu sein.[7] Allerdings müßten mindestens 12 Mio. Arbeitnehmer und ihre Arbeitgeber von der Idee eines Jugendgemeinschaftsdienstes begeistert sein und zur Spende motiviert werden.

Gesellschaft

Spenden

In Deutschland werden jährlich ca. 10 Mrd. DM gespendet.[8] Ein Drittel des Finanzierungsbedarfs für 100.000 Freiwilligenplätze entspricht 5,4 % des gesamt Spendenvolumens. Auf einen solchen Marktanteil kommen keine der größten spendensammelnden Organisationen. Der Hermann-Gmeiner-Fonds (SOS-Kinderdörfer), dem mit 188 Mio. DM in 1997 das größte Spendenvolumen zugeschrieben wird[9], kommt gerade mal auf 1,9 % Marktanteil.

Aber vielleicht sind ja die Bürgerinnen und Bürger zu zusätzlichen Spenden zu motivieren. 100.000 Jugendlichen eines zukünftigen Freiwilligendienst-Jahrgangs stehen etwa 46 Millionen Bürgerinnen und Bürger in einem Alter ab 35 Jahre gegenüber, von denen ca. 40-50 %, also etwa 23 Mio., mindestens einmal im Jahr spenden[10]. Auf ca. 250 dieser über 35jährigen potentiellen Spender käme ein Jugendlicher im Freiwilligendienst. Sollte diesem Jugendlichen ein Einjahresdienst ermöglicht und ein Drittel der Kosten hierfür aus Spenden getragen werden, müßte jede und jeder der über 35jährigen potentiellen Spender für das entsprechende Jahr eine Spende von durchschnittlich etwa 24 DM aufbringen. Der durchschnittliche Spendenbetrag bei Kleinspendern lag 1998 bei 175 DM. Also muß es »nur« gelingen,

---

7 Bei 100 Mitarbeitern und einer angenommenen Lohnsumme hierfür von 8 Mio. DM würden 2.700 DM 0,03 % der Lohnsumme ausmachen. Ein Unternehmen kann bis zu 0,2 % von der Lohn- *und* Umsatzsumme an gemeinnützigen Spenden von der Steuer absetzen.
8 Einschätzung aufgrund diverser Schätzungen, zusammengetragen von: Bundesarbeitsgemeinschaft für Sozialmarketing – Zahlen zum Spendenwesen, http://www.sozialmarketing.de/zahlen.htm (Stand: Juni 1999).
9 BSM-Newsletter 3/97 und 4/98; zit. n.: Bundesarbeitsgemeinschaft für Sozialmarketing – Zahlen zum Spendenwesen, http://www.sozialmarketing.de/zahlen.htm (Stand: Juni 1999).
10 EMNID-Spendenmonitor 1998; zit.n.: Bundesarbeitsgemeinschaft für Sozialmarketing – Zahlen zum Spendenwesen, http://www.sozialmarketing.de/zahlen.htm (Stand: Juni 1999).

von über 20 Mio. Spendern rd. 14 % ihres Spendenetats auf die Jugendgemeinschaftsdienste zu lenken.

Erbschaften

»*Im Jahr 2000 sollen mehr als 200 Milliarden DM vererbt werden.*«[11] Diese »Erbschaftswelle« soll auch noch einige weitere Jahre anhalten. Und ein Teil dieser Welle kommt auch gemeinnützigen Zwecken zu gute. »*Verstorbene Karola Koch vermachte 184.000 Mark. Freude bei der Marktheidenfelder Lebenshilfe über ein großes Vermächtnis*« titelte dieser Tage z.B. die Mainpost.[12] Es gibt also die Bereitschaft bei Erblassern und wohl auch bei Erben, zumindest einen Teil des Vermögens dem Gemeinwohl zur Verfügung zu stellen. Gerade älteren Bürgerinnen und Bürgern könnte es ein Anliegen sein, daß Jugend die Gemeinschaft erneuert und hierzu von der Gemeinschaft auch die Chance erhält. Wenn z.B. über die nächsten zehn Jahre jeweils 1 % des zu vererbenden bzw. vererbten Vermögens in eine entsprechende Stiftung gegeben würde, könnte allein hieraus ein Stiftungsvermögen von ca. 20 Milliarden DM zusammenkommen. Diese Stiftung hätte dann in spätestens zehn Jahren die Möglichkeit, bei unterstellten 5 % Kapitalerträgen, jährlich 1 Milliarde DM auszuschütten, um etwa der Jugend einen Gemeinschaftsdienst zu ermöglichen. Allerdings lassen sich Vermächtnisse nicht einfach für ein Anliegen mobilisieren, das kaum bekannt ist und emotional wenig bewegt. Wer sich hier Chancen ausrechnen kann, das zeigen Befragungsergebnisse nach den Top-Begünstigten beim Vererben[13]: SOS-Kinderdörfer (31 % der Befragten), DRK (21 %), Deutsche Krebshilfe (19 %), Aktion Sorgenkind (9 %), Brot für die Welt (9 %), UNICEF (9 %), Greenpeace (8 %), Amnesty International (8 %), Kindernothilfe (8 %).

Stiftung

Eine Finanzierungsüberlegung der ManifestautorInnen geht dahin, daß über die Errichtung einer Stiftung ein Teil der notwendigen Mittel zur Verfügung gestellt werden könnte. Hierzu müßten Erbschaften oder Schenkungen zu Lebzeiten bei Menschen mit großem oder kleinem Vermögen akquiriert werden. In Deutschland gibt es eine Stiftertradition, d.h. es gab und gibt (Unternehmer-)Persönlichkeiten, die ihr in und mit der Gesellschaft verdientes Vermögen zumindest teilweise in diese Gesellschaft reinvistiert haben oder dies noch tun. Einer dieser Persönlichkeiten, Kurt A. Körber, hat dies in seiner Autobiographie – zur Begründung seines stifterischen Engagements – folgendermaßen formuliert:

---

11 Wirtschaftswoche; 47/1994; S. 4.
12 Mainpost, 7.6.1999, zit. nach: http://www.mainpost.de/nl2view/?id=7LRFV.
13 EMNID-Spendenmonitor 1998; zit. n.: Bundesarbeitsgemeinschaft für Sozialmarketing – Zahlen zum Spendenwesen, http://www.sozialmarketing.de/zahlen.htm (Stand: Juni 1999).

»Wir leben von der geistigen Fruchtbarkeit unserer Gesellschaft. Diese zu erhalten und zu fördern kann nicht allein Aufgabe des Staates sein. . . . Wenn die Parole mehr und mehr heißt, abzukassieren statt vom persönlichen auf den gesellschaftlichen Nutzen umzuverteilen, sägen wir den Ast ab, auf dem wir sitzen, gefährden wir eben jene Grundlagen, die unsere gesellschaftliche Ordnung und unseren Wohlstand sichern. . . . Wir müssen den Acker, der uns gute Ernte bringen soll, düngen, uns also als vorsorgende Ökonomen verhalten und nicht wie die Sammler und Jäger früherer Epochen nur von der Hand in den Mund leben.«[14]

Wieviel Stiftungskapital wäre erforderlich, wenn durch die Stiftung mindestens 1/6 der für 100.000 Plätze jährlich erforderlichen 1,6 Mrd. DM ausgeschüttet werden kann? Und wie könnte die Beschaffung dieses Stiftungskapitals aussehen?
Damit eine *Förderstiftung* jährlich 270 Mio. DM ausschütten kann, muß sie bei einer angenommenen 5%igen Verzinsung über ein Stiftungskapital von ca. 5,4 Mrd. DM verfügen. Dieses Kapital könnte aus Vermächtnissen, Schenkungen, Zustiftungen kleiner und großer Vermögen über zehn Jahre hinweg gebildet werden. Die hierfür erforderliche Fundraisingkampagne ist bislang in Deutschland ohne Vorbild (es sei denn, man hofft darauf, daß der Staat einen Privatisierungserlös in eine solche Stiftung einbringt). Auf entsprechende Erfahrungen kann also nicht zurückgegriffen werden. In den USA werden solche voluminösen Kapitalkampagnen – zum Beispiel von Universitäten – nach dem Muster einer Pyramide konzipiert: Beginnend mit einem bzw. einer GroßspenderIn bzw. StifterIn und einem der zu akquirierenden Gesamtsumme angemessenen Betrag. Hierauf konzentrieren sich zunächst alle Akquisitionsbemühungen. Ist dieser erste Gönner gewonnen, lassen sich auf dieser Grundlage zunehmend mehr mit jeweils geringeren Beträgen akquirieren. Wenn etwa die Hälfte des Zielbetrages eingeworben ist und damit der Gesamterfolg realistisch wird, geht man damit an die Öffentlichkeit und gewinnt die große Zahl der Spender mit den jeweils kleineren Beträgen über breit angelegte Direktmarketingaktionen, die durch eine entsprechende Medienberichterstattung unterstützt werden. Solche Kampagnen erstrecken sich in den USA ohne weiteres über fünf oder auch zehn Jahre. Auf unser Vorhaben bezogen, könnte eine Stifterpyramide wie in der Tabelle 2 entwickelt aussehen, und zwar mit einem/r StifterIn zu einem Betrag von 50 Mio. DM beginnend. Dies entspricht der Hälfte des Betrages, den die Deutsche Bank damals auf Betreiben von Alfred Herrhausen für die Gründung Deutsche Bank-Stiftung »Hilfe zur Selbsthilfe« aufgebracht hat. Der größte einzelne Schenkungsbetrag einer Privatperson, der mir in den letzten Jahren zu Ohren gekommen ist, belief sich auf 50 Millionen DM, die einer Universität zugute kamen. Die Progression der Stifterzahl und die Degression des Stiftungsbetrages pro Ebene ist in der Tabelle beispielhaft gewählt. Es bedürfte intensiver Recherche, Beratungen und konzeptioneller Arbeit, um die Kalkulation für die Stiftungspyramide auf solide Füße zu stellen. Nach dieser beispielhaften Rechnung müßten insgesamt rund 1,1 Mio. Bürgerinnen und Bürger, Unternehmen, Institutionen, Stiftungen usw. gemeinsam ein Stiftungskapital von etwa 5,4 Mrd. DM aufbringen. Etwa

---

14 Kurt A. Körber: Das Profit-Programm. Ein Unternehmer geht stiften. Hamburg 1992, S. 199f.

bis zur Ebene IX würde die Ansprache der potentiellen Stifterinnen und Stifter auf persönlichem Wege erfolgen müssen, und zwar idealerweise jeweils durch Personen, die selbst schon für dieses Vorhaben gestiftet haben. Sollte die Kapitalkampagne bis dahin erfolgreich gewesen sein, wird verstärkt der Weg in die Öffentlichkeit gesucht werden.

Tabelle 2: *Kapitalkampagne-»Stifterpyramide«*

Ebene	Anzahl Stifter pro Ebene	DM-Betrag je Stifter	DM-Betrag pro Ebene
I	1	50.000.000	50.000.000
II	3	25.000.000	75.000.000
III	10	10.000.000	100.000.000
IV	25	5.000.000	125.000.000
V	50	2.500.000	125.000.000
VI	100	1.000.000	100.000.000
VII	300	500.000	150.000.000
VIII	1.000	250.000	250.000.000
IX	3.000	100.000	300.000.000
X	10.000	50.000	500.000.000
XI	30.000	25.000	750.000.000
XII	80.000	10.000	800.000.000
XIII	160.000	5.000	800.000.000
XIV	320.000	2.500	800.000.000
XV	500.000	1.000	500.000.000
	1.104.489		5.425.000.000

Staat

Die rot-grüne Regierung setzt in ihrem Koalitionsvertrag vom 20.10.1998 *»auf die Jugend unseres Landes. Zur Modernisierung unserer Gesellschaft braucht Deutschland qualifizierte, motivierte, kreative junge Menschen, die individuelle Entwicklungschancen mit politischem, sozialem und kulturellem Engagement verbinden. Deshalb wollen wir ihnen mehr Möglichkeiten der Beteiligung eröffnen.«*[15] Und weiter heißt es: *»Die neue Bundesregierung ... wird anregen, den Jugendaustausch, insbesondere den europäischen Freiwilligendienst, in Europa stärker zu fördern.«*[16]

In der Tat sollte die Förderung von Jugendgemeinschafts- bzw. Freiwilligendiensten im Interesse der Bundes- und auch der Landesregierungen liegen, da sie zur Stärkung der Zivilgesellschaft beitragen, Jugendlichen Orientierung und Kompetenzen vermitteln und ihre Chancen der Integration in den Arbeitsmarkt und in die Gesellschaft erhöhen könnten. Allerdings erscheint es angesichts der großen Sparbemü-

---

15 Koalitionsvertrag vom 28.10.1998, Kapitel VII.1.
16 Koalitionsvertrag vom 28.10.1998, Kapitel XI.2.

hungen fraglich, ob im Bundeshaushalt in absehbarer Zeit jährlich 540 Mio. DM zur Drittelfinanzierung von 100.000 Freiwilligenplätzen bereitgestellt würden. Die Lage könnte sich ändern, sobald die Wehrpflicht abgeschafft und damit der Zivildienstetat von derzeit 2,7 Mrd. DM frei würde. Der überwiegende Teil des Zivildienstetats wird dann wahrscheinlich und sinnvollerweise in die Schaffung regulärer Arbeitsplätze fließen.[17] Vor dem Hintergrund der spezifischen Sozialisationswirkungen des Zivildienstes, die auch mit einem Freiwilligendienst erreicht werden sollten, könnte jedoch mit einer entsprechenden Öffentlichkeits- und Lobbyarbeit darauf hingearbeitet werden, daß ein Fünftel dieses Etats dauerhaft der Finanzierung von Langzeitfreiwilligendiensten gewidmet wird.

Resümee

Ich habe für diesen Beitrag exemplarisch einige Finanzierungsideen durchgespielt und komme zu dem Schluß, daß es nicht realistisch ist, davon auszugehen, daß jährlich 100.000 Langzeitdienste überwiegend aus Wirtschaft und Gesellschaft finanziert angeboten werden können. In allen relevanten privaten Fördermärkten (Sponsoring, Spenden, Stiftung) müßte mit immensem Aufwand ein Verdrängungswettbewerb ingang gesetzt werden, der weder erstrebenswert noch zu gewinnen wäre.
Das im Manifest durchscheinende Anliegen einer tendenziell allgemeinen Dienstpflicht auf freiwilliger Basis wird nur zu realisieren sein, wenn der Staat sich zur überwiegenden Finanzierung entschließt.
Wenn das für mich wesentliche Hauptmotiv des Manifestes – »Jugend erneuert Gemeinschaft« – eine Chance erhalten soll, muß meines Erachtens die Fixierung auf die Form des Langzeitfreiwilligendienstes aufgegeben werden zugunsten einer Orientierung, die Jugendlichen in vielfältiger Weise Erfahrung mit und Zugang zu gesellschaftlichem Engagement ermöglicht, und zwar stunden-, tage-, wochen- oder monatsweise neben der Schule, dem Studium, der Arbeit und ohne wesentlichen Finanzierungsaufwand. Hier gibt es sicher vielfältige Möglichkeiten.

---

17 Prof. Dr. Beate Finis Siegler: Konversion des Zivildienstes; in: Bündnis 90 / Die Grünen: Was kommt nach dem Zivildienst? Dokumentation des Fachgesprächs der Bundestagsfraktion Bündnis 90/ Die Grünen am 11. 5. 1998 im Bonner Wasserwerk, S. 8-16. »Bei Wegfall des Zivildienstes müßten 90.000 Arbeitsplätze neu geschaffen werden, die lediglich Zusatzkosten von 400 Mio. DM verursachen würden.« (S. 14). »Die Abschaffung des Zivildienstes wäre ein Schritt zur Förderung von Erwerbsarbeit im sozialen Sektor und zur Aufwertung von Pflege- und Sozialberufen ...« (S. 16); vgl. auch dieser Band, S. 247 ff.

Peter Grottian

Baustelle Arbeitsgesellschaft: Freiwilligendienste und Strategien für die Jugend

I. *Freiwilligendienst mit Anschlußfähigkeit?*

Das beeindruckende Projekt der Freiwilligendienste ist gleichwohl ambivalent: Bei ca. 800.000 aus dem Ausbildungs- und Arbeitsprozeß ausgegrenzter Jugendlicher im Alter von 15-25 Jahren vereint es eine Aktivität der Fähigkeiten mit einem Warteschleifen- und Notfalleffekt, der geradezu nach einer strukturell anderen Einbettung mit beruflichen Perspektiven schreit. Freiwilligendienste für sich allein genommen, ohne größere Anstrengungen mit Blick auf die berufliche Perspektive für Jugendliche geraten leicht in die Gefahr, beruhigende Brosamen für Jugendliche und die Gesellschaft zu produzieren und den eigentlichen Ausgrenzungsprozeß der jungen Generation nicht ernsthaft anzugehen. Deshalb kann die Idee der Freiwilligendienste mit einer öffentlichen Basisfinanzierung und privaten Stiftungsfonds nur wirklich gedeihen, wenn sie nicht als isoliertes Projekt des freiwilligen Jugendengagements gesehen wird, sondern ihre Anschlußfähigkeit im Sinne beruflicher Zukünfte mitgedacht wird. Kurz: Die qualifizierten Tätigkeiten in den Freiwilligendiensten müssen so wertvolle gesellschaftliche Arbeit leisten, daß Anschlußfähigkeit für neue Berufsoptionen tatsächlich möglich ist. Freiwilligendienste und neue Arbeitsgesellschaft sollten ein System kommunizierender Röhren werden, in welchen unterschiedliche Optionen möglich sind: Die jungen Leute können nach einem Jahr freiwilligen Engagements aufhören und sich beruflich ganz anders orientieren, sie können aber auch ihre Freiwilligendienste in einen damit zusammenhängenden Bereich stellen und fortentwickeln. Prüfen wir doch einfach, ob es solche Verbindungsmöglichkeiten geben könnte, ob sich demnach eine andere Arbeitsgesellschaft entwickeln könnte.
Dies etwa wäre machbar: Das Bündnis für Arbeit könnte im Jahr 2000 mit einer mittleren Sensation aufwarten – 400.000 Jugendlichen werden unkonventionell Arbeitsplätze angeboten, oder sie müssen sich selbst solche mit öffentlicher Unterstützung suchen. Ein öffentliches Programm selbstorganisierter Arbeit, Teilzeiteinstellungskorridoren für die junge Generation, gesellschaftlich sinnvoller Arbeit im Nonprofit-Sektor, Teilprofessionalisierung ehrenamtlicher Arbeit, New Work und Jugend-Netzwerkarbeit könnte rasch wirken und Jugendliche dauerhaft in Arbeit bringen. Das wäre teuer (7 Mrd. DM), aber es wäre der Vorbote einer anderen Arbeits- und Tätigkeitsgesellschaft. Ein 30 Mrd. DM Einsparpotential ohne konkrete Angebote an Erwerbslose ist ein stupides, sozial weiter deklassierendes Projekt ohne Perspektive. Anderes wäre machbar, wenn wir endlich akzeptierten, daß die herkömmlichen Mittel nicht mehr greifen.

II. Teilabschied von der alten Arbeitsgesellschaft

Wer auf die Wiedergewinnung des klassischen Wachstums und die Transformation zur Dienstleistungsgesellschaft setzt, verkennt immer noch, daß wir es schon lange nicht mehr mit einer konjunkturellen Krise, auch nicht mit Anpassungsproblemen an die Globalisierung zu tun haben, sondern daß wir die Epoche der europäischen Lohnarbeitsgesellschaft mit ihren Vollzeitarbeitsbiographien verlassen. Ein innovationsgetriebenes Wachstum der Spitzentechnologien, für die Deutschland immer noch einer der besten Standorte ist, wird das Sozialprodukt steigern, aber kaum in nennenswertem Umfang Arbeitsplätze schaffen, im Gegenteil: Es wird sie in der langen Tendenz eher vermindern.

III. Was ansteht

In dieser Situation müßte eine rot-grüne Regierung vor allem das Leitbild einer zukunftsfähigen Gesellschaft entwickeln. Dazu gehören soziale Sicherungssysteme für eine Arbeitswelt, in der die lebenslange Vollzeitarbeit schon demnächst zur Ausnahme wird – etwa durch den Umstieg auf einen Finanzierungsmix aus Steuern (für eine allgemeine bedarfsdeckende Grundsicherung), Beiträgen (für eine leistungsbezogene Aufbaurente) und privater Vorsorge. Dazu gehören Überlegungen, wie der durch Kapitalwanderung und Steuervermeidung erodierende Steuerstaat instandzusetzen ist, damit er die Gemeinschaftsaufgaben, die diese Gesellschaft zukunftsfähig machen, wieder lösen kann.

Von der Entwicklung eines solchen Leitbilds einer ökologisch aufgeklärten, sozialen und kulturellen Tätigkeitsgesellschaft für Männer und Frauen wird es abhängen, ob die Menschen auch größere Verwerfungen, Einschränkungen und Einbußen schlicht hinnehmen oder ob sie in Vertrauen auf neue, haltende Strukturen selbst experimentier- und wagnisfreudiger werden. Wir glauben, daß strukturelle Änderungen der Arbeitsmärkte und Sozialsysteme möglich sind, wenn die Regierten und die Regierenden wissen, wohin sie gehen wollen. Leitbilder sind keine Pläne, sondern Orientierungen, die Strategien allererst eröffnen. Sie ermöglichen unterschiedliche, auch flexible und verschieden große Schritte in die Zukunft. Eine zielgerichtete Politik ist ohne sie nicht denkbar. Jospin und Blair haben – was immer davon zu halten ist – wenigstens einen Versuch gemacht, bei Rot-Grün ist bisher wenig zu sehen.

In der sozialdemokratischen und grünen Programmatik der letzten Jahre finden sich aber genug Ideen zu einer solchen Leitbild-Diskussion:
- über den ökologischen Umbau der Gesellschaft, der, etwa im Bereich der Energieeinsparung, Energietechnologieinnovation und Arbeitswachstum kombiniert;
- über die Sanierung ökologischer Schäden und die Erneuerung der Verkehrs- und Gesundheits-, Kommunikations- und Bildungssysteme, die Beschäftigung schaffen, vor allem aber die Infrastruktur für einen Sozialsaat entwickeln, der nicht mehr auf einer klassischen Arbeitsgesellschaft ruht;

- über einen neuen, stark reduzierten Normalarbeitstag, der zur Grundlage der Sozialsysteme wird und der die Produktivitätsgewinne der Vergangenheit gleichmäßiger verteilt, als der Markt es kann, und der langfristig die Grundlage zu einer »Dreizeitgesellschaft« (J. Rinderspacher) legt, die nicht vertikal gespalten ist (in Kernarbeiter, Dienstleister, ABM-Kräfte und ehrenamtlich Tätige), sondern in der tendenziell jede Arbeitsbiographie aus Erwerbsarbeit, Eigenarbeit und Bürgerarbeit besteht, Nur so läßt sich Demokratie in hochindustrialisierten Nationen sichern, lassen sich historisch erworbene Qualifikationen weiterentwickeln und »europäische« Lebensformen neu erlernen.

IV. *Ausloten*

Junge Menschen und Arbeitslose können nicht auf die Ergebnisse eines solchen Diskurses warten, Ausbildungsprogramme und Arbeitsbeschaffungsmaßnahmen werden jetzt gebraucht. Aber es macht einen Unterschied, ob sie der – langfristig wirkungslosen – Stützung erodierender Strukturen dienen oder ob sie als »erste Schwalbe« den anstehenden Umbau vorbereiten und erkunden.
In diesem Sinne sollten:
- staatliche Maßnahmen Neuerungspfade betreten und in Teilbereichen testen. Das gilt z.B. für die Subventionierung von niedrigqualifizierten Tätigkeiten im privaten Sektor: ein regional und zeitlich begrenztes Programm könnte die umstrittene Behauptung prüfen, hier läge ein großes Arbeitsplatzpotential.
- zukunftsweisende Aktivitäten im Kern staatlicher Arbeitsförderung stehen. ABM-Programme sollten, wo immer es sinnvoll ist, von kurzfristiger und oft genug ineffektiver Beschäftigung und versickernden Lohnkostenzuschüssen auf dauerhafte Beschäftigung in wirklichen gesellschaftlichen Modernisierungsprogrammen umorientiert werden: im sozialökologischen Umbau, in Wärmedämmung und Solarisierung, in der Reurbanisierung der Städte, in der Entwicklung der Ganztagsschulen mit Nachmittagsbetreuung. Dabei können Privat- und Gemeinwohlunternehmer auf neuartige Weise um die neuen öffentlichen Dienste konkurrieren, indem die Vorhaben nicht mehr wie bislang bei ABM auf Antrag nach Zuwendungsrecht gefördert werden. 27 Milliarden im Etatansatz für aktive Arbeitsmarktpolitik der Bundesanstalt für Arbeit gäben hier den Spielraum für innovative Experimente, wenn lähmende Vorschriften gelockert und regionale Versuche ermutigt würden.
- Tarifverhandlungen im öffentlichen Dienst den staatlichen Körperschaften die Möglichkeit geben, Strukturen zu entwickeln, die Zeitwohlstand an die Stelle ausschließlich monetär wachsender Lebenschancen setzen. Gerade der öffentliche Dienst muß Vorreiter werden bei einer langfristig geplanten, allgemeinen und starken Verkürzung der Regelarbeitszeit (mit wachstumsabhängigem, sozial abgestuftem Teillohnausgleich). Statt einer linearen Stellenkürzung eine lineare Arbeitszeitverkürzung. In den neuen Ländern haben Kindergärten und Schulen gezeigt, daß es möglich ist, Lohnstop mit Beschäftigungswachtum zu

koppeln. Wenn Menschen sehen, daß solidarische Arbeitsumverteilung tatsächlich zu mehr Arbeitsplätzen führt, ist nachgewiesenermaßen ihre Bereitschaft, Neues zu wagen, höher als bei denjenigen, die für sie in den Tarifverhandlungen sitzen.
- betriebliche Arbeitszeitverkürzung und Überstundenreduktion nicht nur akute Krisen bewältigen helfen. Sie können ein handlungsorientiertes öffentliches Bewußtsein für das epochale Problem der Rationalisierung der Lohnarbeit bei zugleich wachsender Erwerbsbeteiligung schaffen. Eine wirksame Strategie zwischen bloß betrieblichen (und rücknehmbaren) Vereinbarungen und gesetzlich festgelegter Höchststundenzahl bestünde darin, die Beiträge der Sozialversicherung stufenweise an einen deutlich sinkenden Normalarbeitstag zu koppeln – etwa, indem der Normalbeitrag auf 30 Arbeitsstunden berechnet wird, Mehrarbeit mit prozentual höheren, Teilzeitarbeit mit geringeren Beiträgen belegt wird (bei gleicher Leistung). Ein derartiger Hebel würde auch familienpolitisch wirken und eine gleitende Umverteilung von den jetzt arbeitenden zu den künftigen Generationen ins Werk setzen. Wichtig wäre, daß dieser Übergang auf die neue Normalarbeitszeit rechtzeitig angekündigt und stufenweise vorgenommen wird, so daß die Unternehmen Zeit haben, sich anzupassen und Engpässe bei spezifischen Qualifikationen zu vermeiden.

V. *Konkrete Vorschläge*

Ein zukunftsorientierter Umbau der Arbeitsgesellschaft setzt mittelfristig wirkende Entscheidungen voraus, für die eine umfassende gesellschaftliche Diskussion die Voraussetzung ist. Regierung, Bündnis für Arbeit und Öffentlichkeit sollten sie anstoßen. Vor allein aber sollte die Regierung, möglichst in enger Abstimmung mit den Tarifpartnern und anderen gesellschaftlichen Institutionen, mit ihren Sofortmaßnahmen, für die erhebliche Summen zur Verfügung stehen, deutliche Schritte in die Richtung struktureller Veränderungen gehen.
Wir plädieren aus mehreren Gründen dafür, den Akzent eindeutig auf die junge Generation der 15-27jährigen zu setzen. Erstens: Jeder fünfte Jugendliche zwischen 15 und 25 Jahren ist ohne Ausbildungs- oder Arbeitsplatz, etwa 800.000 Jugendliche haben derzeit keine Beschäftigungsperspektive. Zweitens: Beschäftigungspolitische Experimente für Jugendliche zu wagen – auch wenn sie finanzielle Risiken in sich tragen – findet leichter politischen Konsens. Drittens: Mit Jugendlichen eine neue Arbeitsgesellschaft vorzuleben hätte auf Dauer die größte Chance, Arbeits- und Lebensmuster den neuen Bedingungen anzupassen und selbst gestalterisch zu wirken.

Die Vorschläge, die wir im folgenden konkret unterbreiten, sind Vorschläge zum Experiment. Sie sind nicht ohne Risiko, sie gehen über bisherige Strategien hinaus, könnten aber, bei Erfolg, relativ rasch greifen.

100.000 selbstorganisierte Arbeitsplätze

Die Arbeitslosigkeit, aber auch die ABM-Schleifen ohne langfristige Perspektive ebenso wie das »Verwaltet-Werden« führen bei jungen Erwachsenen zu Frust und Zynismus: sie beziehen Geld, sitzen Lehrgänge ab und verlieren dabei oft eigene Kraft und Zutrauen in die Gesellschaft. Das ist schon jetzt eines der Defizite des »100.000 Arbeitsplätze-Programms« gegen Jugendarbeitslosigkeit. Wir schlagen daher eine dreistufige Initiative für Aufbruch vor, die sich an diejenigen jungen Leute wendet, die keinen Arbeitsplatz gefunden haben, und auf ihre Findigkeit, Flexibilität und Tätigkeitslust setzt.
Erste Stufe: Junge Menschen, die eine Berufsidee haben – selbständig, im Nonprofit-Bereich oder angelehnt an existierende Kleinunternehmen – erhalten einen einmaligen Zuschuß von 2.000 DM. Sie probieren einen Arbeitsplatz aus oder bereiten sich darauf vor. Sie können sich Beratung und Unterstützung einkaufen – bei privaten Beratungsagenturen, ehrenamtlichen Unternehmensberatern, unkonventionellen Beratungsagenturen, aber auch in staatlichen Organisationen –, um ein berufliches Ziel zu formulieren und einen Vorschlag für einen individuell zugeschnittenen Arbeitsplatz und eine entsprechende Förderung zu entwickeln. Das kann eine unterstützende Anschubfinanzierung sein, aber auch die Finanzierung von Praktika in Firmen, Fortbildungen, vielleicht auch Auslandsaufenthalten. Es kann auch bezuschußte Probearbeit sein, wenn junge Leute rasch etwas gefunden haben oder etwas selbst versuchen.
Zweite Stufe: Spätestens nach drei Monaten wird dieser »Berufswegeplan« geprüft – von einem ehrenamtlichen lokalen Gremium, in dem Lehrer, Unternehmer, Handwerker, Arbeitnehmer mitwirken, Hinzuzuziehen sind die jeweiligen Beschäftigten. Dieses Gremium bewertet den beruflichen Lebensplan, macht Verbesserungsvorschläge, gibt Anregungen und entscheidet über eine weitere Förderung nach den Kriterien: Realismus der Perspektive und der Selbsteinschätzung, Sparsamkeit und Qualität der Selbstdarstellung.
Dritte Stufe: Für einen Zeitraum bis zu drei Jahren werden Mittel für die Verwirklichung der Berufskarriere bereitgestellt. Die Auszahlung wird an die Vorlage von Ergebnisberichten an das ehrenamtliche Gremium gebunden. Die Höhe der Förderung orientiert sich an halben oder Zweidrittel-Arbeitsverhältnissen und sollte zwischen 1.200 und 2.500 DM brutto betragen. Es kämen noch die Kosten des Arbeitsplatzes hinzu, zusammen wäre das nicht teurer als laufende Arbeitsförderungsmaßnahmen.
Wie viele junge Menschen gefördert werden können, hängt davon ab, wie viele sich beteiligen und wieviel Mittel aufgewendet werden sollen. Schon jetzt enthalten die Förderungen für den Arbeitsmarkt 2,7 Mrd. für die sogenannte freie Förderung: damit könnten bereits 200.000 Bewerber für die Ausarbeitung eines Berufsplans (1. Stufe) und darüber hinaus 100.000 von ihnen für die Verwirklichung ihres Plans (3. Stufe) unterstützt werden.
Eine dezentralisierte und entbürokratisierte Form der Einstiegsförderung kann erfolgreich sein, weil sie auf die Ideen, die Initiative und die Kraft der Jungen selbst

setzt. Nicht das von der Kammer gesetzte Berufsbild, ein »Maßnahmeträger« oder eine Behörde gibt den Weg vor, sondern die Jungen selbst werden gefordert und mit einem Vertrauensvorschuß auf den Weg geschickt. Dabei werden sie nicht allein gelassen, können aber selbst entscheiden, welche Hilfe sie brauchen und in Anspruch nehmen wollen. Durch die Beteiligung von Menschen mit institutioneller und professioneller Erfahrung am Ort der Arbeitsuche wird eine Beurteilung der Bewerber möglich, werden existierende Verbindungen genutzt und persönliche Beziehungen gestiftet.

Mit einem solchen Ansatz wird ausgeschlossen, daß mit staatlichen Mitteln unkontrolliert Privatunternehmen subventioniert werden. Unkonditionierte Arbeitsplatzzuschüsse in Milliardenhöhe haben in der Vergangenheit kaum neue Arbeitsplätze, sondern fast nur Mitnahmeeffekte und Wettbewerbsungerechtigkeiten produziert. Damit ist nicht ausgeschlossen, daß ein Betrieb zum Ort für Weiterbildung und Praktika wird – und dafür bezahlt wird – oder daß neue Jobs angelehnt an Nonprofit-Organisationen entstehen.

Eine flankierende Ergänzung könnte darin liegen, die Banken für ein Arbeitsplatzkreditprogramm zu gewinnen, das die Wirkung unserer Vorschläge rasch verstärken würde. Die Banken müßten die Kredite zu zinsgünstigen Konditionen verschaffen, die Kreditnehmer sie langfristig zurückzahlen, der Staat für den Ausfall bürgen.

Steuerbürger schaffen Jugendarbeitsplätze

Viele Steuerbürger haben naheliegende oder phantasievolle Ideen, wie in ihren beruflichen, persönlichen oder stadtteilbezogenen Arbeitszusammenhängen neue, nützliche Arbeit möglich wäre (private Dienstleistungen, Betreuung von Kindern und alten Menschen, Verbesserung der Bibliotheken, etc.). Statt Lohn- und Einkommensteuer zu zahlen, können sie dieses Geld für die Schaffung von Arbeitsplätzen im Nonprofit-Sektor einsetzen. Ein oder mehrere Steuerzahler richten einen tarifangelehnt bezahlten Arbeitsplatz ein, und das Finanzamt schreibt Ihnen (nach einer Änderung des § 34 a Einkommensteuergesetz) im ersten Jahr 100 %, im zweiten 80 % des Bruttolohns auf ihrem Steuerkonto gut. So werden Steuerzahler, Bürger, Individuen an der Verantwortung für die Schaffung von Arbeitsplätzen interessiert, sie können eigene Nutzen- und Lebensqualitätskalküle realisieren und persönliche, kommunale und arbeitsrechtliche Zusammenhänge stiften. Das könnte den gesellschaftlichen »Verdichtungsgrad« erhöhen; außerdem: Arbeitsplätze zu schaffen, könnte zu einer qualitativ anderen Reputation von Steuerermäßigungen führen. 50.000 Arbeitsplätze in dieser Form halten wir für plausibel.

Wer »Halbe-Halbe mit Kind« arbeitet, wird belohnt

Langfristig müssen kürzere Arbeitszeiten ökonomisch attraktiver werden, indem sie von Steuern und Sozialabgaben teilweise entlastet (Bonus), traditionelle Arbeitszeiten (38 Std. und Überstunden) stärker belastet werden. Ein solch radikaler Umbau hat kurzfristig als allgemeine Maßnahme keine Realisierungschance, wohl aber ein

Pionierprojekt für junge Arbeitnehmer. Hier sollte die vom Bundesverfassungsgericht eingemahnte Erhöhung von Kindergeld oder Kinderfreibetrag zumindest zum Teil beschäftigungsinnovativ genutzt werden und vernünftige Teilzeitarbeit gesellschaftspolitisch prämiert werden, statt Freibeträge mit fragwürdiger Umverteilung zu finanzieren. Junge Paare mit Kind, die beide Teilzeit arbeiten, leisten nicht nur Erwerbsarbeit »halbe-halbe«, sondern auch Erziehungs-, Haus- und Eigenarbeit. Die öffentliche Hand könnte solche »kleinen Revolutionen« fördern, etwa so, daß jede 10%ige Arbeitszeitverringerung beider Partner nur zu jeweils 3 % Netto-Lohnminderung führt. Der Lebensgewinn wäre augenscheinlich und könnte die Lernprozesse junger Männer beschleunigen. Analog dazu wären Alleinerziehende zu fördern. Je nach Stärke der Anreize wären 50.000 Teilzeitarbeitsplätze neuen Typs wahrscheinlich.

100.000 Arbeitsplätze im öffentlichen Dienst

Junge Leute brauchen nicht nur Arbeitsplätze, sondern der öffentliche Dienst braucht dringend einen qualifizierten Jugendschub in die Alten-Wagenburg. Ca. 300.000 Stellen sind für den Nachwuchs gesperrt. Deshalb sollten noch in den laufenden Tarifverhandlungen die Weichen neu gestellt werden. Es sollte nicht allein um 5,5 % mehr Lohn gehen, sondern um eine solidarische Arbeitszeit- und Gehaltsumverteilung zumindest des höheren Dienstes (ca. 5 %), um die Koppelung von Altersteilzeit mit Neueinstellungen oder um eine Zweckbindung von 0,5 bis 1,0 % der Tariflohnforderungen für die Einstellung von jungen Menschen. Die Gewerkschaften könnten sich darauf einlassen, wenn eine Nachprüfbarkeitsklausel in den Tarifvertrag geschrieben wird, die bei nicht realisierten Arbeitsplätzen die 0,5 bis 1 % als Cash an die Beschäftigten nachzahlen läßt. Insgesamt wären ca. 1,5 bis 2 Mrd. DM für 100.000 Arbeitsplätze neuen 2/3-Zuschnitts vorzusehen.

Tauschringe erhalten Ermutigungsbonus

Zur Zeit beteiligen sich in der Republik ca. 100.000 Menschen an Tauschringen, in denen Arbeits- und Dienstleistungen, soziale Kommunikation und Vernetzung ohne Geldleistungen getauscht werden. Die deutschen und die internationalen Erfahrungen zeigen, daß sich Erwerbslose darin, mangels anderer Perspektiven, stark engagieren und daraus viel identifikatorischen Gewinn und Anerkennung ziehen. Da die Erwerbslosen zwar in solchen Tauschringen viel Geld sparen, aber nichts verdienen, liegt es sehr nahe, für Erwerbslose in solchen Tauschringen einen »Ermutigungsbonus« aus Geldern der Bundesanstalt für Arbeit (Experimentierfonds) oder einem Förderprogramm zu finanzieren. Das würde die gute Idee der Tauschringe dynamisieren und gleichzeitig weiche Übergänge von Erwerbslosigkeit und gesellschaftlich nützlicher Arbeit stiften. Eine eidesstattliche Erklärung der Tauschringe sollte ausreichen, um den »Ermutigungsbonus« auszuzahlen. Man könnte an eine Finanzierung von 400-500 DM monatlich denken, wenn eine bestimmte Tauschschwelle erreicht ist.

Teilprofessionalisierung ehrenamtlicher Arbeit

Nach seriösen Schätzungen arbeiten ca. 1,5 Millionen Sozialhilfeempfänger und Erwerbslose in irgendeiner Form ehrenamtlich in gemeinnützigen Organisationen und Initiativen. Sie arbeiten zum Teil professionell, ohne die Arbeit in reguläre Teil- oder Vollzeitarbeitsplätze überführen zu können. Da weder die Grundsicherung noch vernünftige und finanzierbare Arbeitsplätze in Sicht sind, bleibt die vehemente Aufforderung Jeremy Rifkins ganz aktuell, mit unserem Schatz produktiver Ehrenamtlichkeit zumindest teilprofessionalisiert umzugehen. Das würde bedeuten, die Sozialhilfe oder das Arbeitslosengeld/die Arbeitslosenhilfe für diejenigen aufzustocken, die nachweislich in größerem Umfang (ca. 15-30 Std./Monat) ehrenamtliche Arbeit geleistet haben. Bei einem jährlichen Teilprofessionalisierungszuschlag von durchschnittlich 500 DM im Monat pro Person würde ein solches bescheidenes Programm für 1,5 Millionen Erwerbslose nur 7,5 Mrd. DM kosten – mit einer vielversprechenden Wirkung auf Menschen, Dienstleistungen und die Konsumnachfrage. Es wäre ein unorthodoxes Brückenprogramm zwischen Erwerbslosigkeit und Teilbeschäftigung.

Vorschläge wie diese sind innerhalb von sechs Monaten umsetzbar – wenn man sie politisch will. Sie sind auch finanzierbar (7 Mrd. DM). Sie könnten darüber hinaus die notwendige große gesellschaftliche Debatte über die Zukunft der Arbeit in Gang bringen. Jeder vernünftige Vorschlag zur Reduzierung der Arbeitslosigkeit wird geprüft, versprach der Kanzler in seiner Regierungserklärung. Davon war bisher fast nichts zu sehen, auch bei den großen Einsparprogrammen nicht und auch nicht bei der Präsentation des Bündnisses für Arbeit.

VI. Fazit – Freiwilligendienste und Arbeitsplätze für die Jugend

Die Vorschläge sprechen eine deutliche Sprache. Sie zeigen, wie Freiwilligkeit, Ehrenamtlichkeit und Bürgerengagement mit unterschiedlichen Typen von neuen Arbeitsplätzen kombiniert werden könnten; und sie zeigen darüber hinaus, daß alles sehr wohl bezahlbar ist. Aber das Denken in neuen Arbeitsgesellschaftsstrukturen ist noch nicht sehr weit verbreitet. Beim Bündnis für Arbeit und beim JUMP-Programm der rot-grünen Bundesregierung gegen Jugendarbeitslosigkeit hat man eher den Eindruck, daß alte Männer die alte Arbeitsgesellschaft vehement verteidigen. Erst, wenn im Bündnis für Arbeit und bei einer Fortsetzung des JUMP-Projekts die Freiwilligendienste und der oben beschriebene Typus vielfältiger anderer Arbeitsplätze ernsthaft debattiert wird, könnte die Fortschritte einer neuen Freiwilligen- und Arbeitskultur sichtbar werden.

VI. Die Resonanz

Roman Herzog

Der Brief des Bundespräsidenten

Sehr geehrte Frau .../ Sehr geehrter Herr ...,

eine auf Initiative der Robert Bosch Stiftung einberufene Kommission von jungen Bundestagsabgeordneten, Politikerinnen und Politikern aus dem Europaparlament und den Parteien sowie Experten hat unter dem Titel ›Jugend erneuert Gemeinschaft‹ ein Manifest für Freiwilligendienste in Deutschland und Europa vorgelegt. Hierüber hat sich der Bundespräsident in einem Gespräch mit Kommissionsmitgliedern unterrichten lassen.

Der Bundespräsident unterstützt die Zielsetzung der Initiative nachdrücklich, weil auch er von deren Ziel überzeugt ist, die Jugend stärker an den Dienst für die Gemeinschaft heranzuführen. Der Bundespräsident hält eine breite öffentliche Diskussion der Problematik für dringend geboten. Um ein Meinungsbild zu dem gesellschaftlichen Fragekomplex um Jugend und Gemeinschaftsdienste herzustellen, bitte ich Sie um Ihre Stellungnahme zu folgenden Fragen:

[1] Von den etwa 900.000 jungen Männern und Frauen eines Jahrgangs leisten etwa je ein Drittel der Männer Wehrdienst und Zivildienst. Diesen Pflichtdiensten steht ein Angebot von derzeit etwa 15.000 Freiwilligenplätzen im In- und Ausland gegenüber, das überwiegend von jungen Frauen genutzt wird. Die Nachfrage nach Freiwilligendiensten durch Jugendliche übersteigt das Angebot um ein Vielfaches. In welchem Rahmen sollten – im Sinne einer gleichen Verteilung staatsbürgerlicher Rechte und Pflichten – Freiwilligendienste ausgebaut werden, um auch für die große Mehrheit der bisher nicht betroffenen jungen Menschen in Deutschland, Männer und Frauen, eine Chance für einen solchen Dienst anzubieten?

[2] Allenthalben wird ein Mangel an Gemeingeist und Bürgersinn beklagt; insbesondere unter den jungen Menschen werden schwindende soziale Bindungen und abnehmende Identifizierung mit dem Gemeinwesen festgestellt. Zugleich gestaltet sich der Übergang von der Jugend- und Bildungsphase in den von Beruf, bürgerschaftlicher und elterlicher Verantwortung geprägten Erwachsenenstatus immer schwieriger.

Sollte vor diesem Hintergrund das öffentliche Schulwesen stärker Elemente der Einübung in gesellschaftliche Verantwortung aufnehmen? Hielten Sie es für wünschenswert, im Rahmen der schulischen Allgemeinbildung ein praktisches gemeinschaftsbildendes Orientierungsjahr vorzusehen?

[3] Besorgte Beobachter der gesellschaftlichen Entwicklung sprechen von einem Auseinanderdriften der Generationen und warnen vor einer Überbelastung der jungen Generation in der Zukunft.

Wenn dieser Befund stimmt: Welche Wege könnten beschritten werden, um Enga-

gement und Erfahrung der älteren Generation ehrenamtlich zur Betreuung und Begleitung von jungen Menschen zu nutzen?
[4] Ein hoher Teil der Wertschöpfung kommt künftig aus dem Bereich der Dienstleistungen und des ›dritten Sektors‹, doch längst nicht alle Tätigkeiten sind als Erwerbsarbeit auch bezahlbar.
Wo sehen Sie – im Zuge einer gesellschaftlichen Neubewertung von Arbeit – Möglichkeiten für freiwillige, ehrenamtliche, gesellschaftlich anerkannte Gemeinwesenarbeit? Welche neuen Tätigkeitsfelder und Profile für künftige Erwerbsarbeit könnten auf diese Weise erschlossen werden?
[5] Die Globalisierung, die Öffnung der Märkte und Kulturen stellt völlig neue Anforderungen. Eine wachsende Gruppe von Menschen, darunter auch zahlreiche ausländische Jugendliche, kommt mit den ständig steigenden Qualifikations- und Anpassungsforderungen nicht zurecht.
Wie könnte diesen Jugendlichen ein realisierbarer Anspruch auf Leistung eines freiwilligen Dienstjahres eingeräumt werden, in dem sie Anerkennung erfahren und sich praktisch bewähren können?
[6] Von Sozialisationsdefiziten, mangelnden Möglichkeiten staatsbürgerlicher Bildung und gesellschaftlicher Teilhabe sind besonders Kinder ausländischer Zuwanderer betroffen.
Wie könnten sich Jugendgemeinschaftsdienste auch als Integrationsangebote gestalten lassen?
[7] Das von der Kommission vorgeschlagene Konzept setzt auf einen nachfrageorientierten Ausbau der Freiwilligendienste mit entsprechender Stärkung der Nachfragemacht der Jugendlichen.
Wie könnten Angebote für Freiwilligendienste aussehen, damit sie als attraktive, lebensorientierte Chancen von den Jugendlichen wahrgenommen werden?
[8] Das Konzept der Kommission sieht einen Ausbau der Freiwilligenplätze auf 100.000 in den nächsten Jahren vor. Die Grundfinanzierung – etwa die Hälfte der aufzuwendenden Mittel – soll über einen aus den öffentlichen Haushalten gespeisten ›Stiftungsfonds für Freiwilligendienste‹ geleistet werden. Die Kofinanzierung soll aus dem gesellschaftlichen Raum heraus – über Privatspenden, ›Social Sponsoring‹ der Wirtschaft, Bürgerstiftungen – aufgebracht werden.
Wie schätzen Sie dieses Finanzierungsmodell aus öffentlich-privater Partnerschaft ein? Welche Möglichkeiten eines privaten und unternehmerischen Sponsoring sehen Sie?
Ihre Auffassung zu diesen Fragen ist dem Bundespräsidenten wichtig. Er wird den Fragekomplex ›Freiwilligendienste für junge Menschen‹ auch als Diskussionsthema der Veranstaltung ›Forum Bellevue‹ am 6. Mai 1999 aufgreifen. Ich wäre Ihnen deshalb dankbar, wenn Sie mir Ihre Anregungen hierzu übermittelten und damit die Diskussion über den Ausbau von Freiwilligendiensten für Jugendliche vertieften.

Mit freundlichen Grüßen

Wilhelm Staudacher
Staatssekretär

Alfred Maria Polczyk

Eine Initiative in der Diskussion.
Auswertung der Antwortbriefe an den Bundespräsidenten

Inhalt

Die Resonanz auf den Brief des Bundespräsidenten
Die Auswertung der Antwortschreiben in der Übersicht
Die Struktur und der Ausbau von Freiwilligendiensten – oder die Rolle der Gesellschaft und des Staates
Mögliche Tätigkeitsfelder von Freiwilligendiensten und deren Attraktivität – oder die Rolle der Jugendlichen und der Träger
Freiwilligendienste als Orientierungsphase während und nach der Schulausbildung – oder die Rolle der Schule
Die Begleitung von Freiwilligendiensten – oder die Rolle der Eltern
Freiwilligendienst als Förderung und Integrationsangebot für benachteiligte Jugendliche – oder die Rolle der Ausländer und der Zuwanderer
Die Finanzierung von Freiwilligendiensten – oder die Rolle der privaten und öffentlichen Hand
Ergebnis und Ausblick

Zum Thema freiwillige Jugendgemeinschaftsdienste in Deutschland und Europa wandte sich Bundespräsident Roman Herzog[1] im April des Jahres 1999 mit einer Umfrage an 200 Persönlichkeiten aus Politik, Wirtschaft und Gesellschaft.
Die darin formulierten acht Fragen erheben ein gesellschaftliches Meinungsbild zu dem breiten Themenkreis von Jugend und Gemeinschaftsdiensten. Die folgende Auswertung faßt die Ergebnisse zusammen, die die Diskussion vertiefen und der Idee freiwilliger Dienste entscheidende Anstöße zu ihrer Verwirklichung geben mögen.

Die Resonanz auf den Brief des Bundespräsidenten

Auf die insgesamt 200 verschickten Briefe des Bundespräsidenten kamen innerhalb der ersten drei Wochen bereits 60 Antwortbriefe zurück. Der Rücklauf erhöhte sich in den darauffolgenden Wochen auf insgesamt 107 Antwortschreiben. Unter den angeschriebenen Personen waren 20 Frauen, von denen 10 geantwortet haben. Von allen Antwortenden wurde der Brief des Bundespräsidenten und die Initiative der

---

1   Die Amtszeit von Bundespräsident Roman Herzog endete zum 30.6.1999.

Robert Bosch Stiftung als wichtig und unterstützenswert angesehen, bis hin zum Angebot an der weiteren Diskussion und am weiteren Gestaltungsprozeß aktiv teilzunehmen.

Ein spontanes Echo, mit fundierten Antworten auf die einzelnen Fragen, kam von Vertretern der Hilfs- und Bügerorganisationen. Etwas zeitversetzt folgten Kirchen, Naturschutzvereine und Arbeitgeberverbände. Die Unternehmen antworteten fast alle, meist pauschal oder einige Fragen herausnehmend, aber insgesamt sehr interessiert und konstruktiv. Ausführlich und engagiert antworteten die 27 Oberbürgermeisterinnen und Oberbürgermeister der insgesamt 38 angeschriebenen deutschen Städte. Gerade Kommunen erleben den Umgang mit Jugendlichen täglich hautnah, nicht selten bis hin zu offenen Konflikten. Um solche zu vermeiden, legen Städte den Schwerpunkt ihrer Politik auf Prävention und Dialog: »Aus meiner Sicht ist es gerade für die Kommune eine wichtige Aufgabe – quasi als ›Schule der Demokratie‹ – Jugendliche zur Beteiligung hin zu (stadt-) politischen Prozessen zu führen und zum Engagement für das Gemeinwesen zu motivieren.«[2]

Von den angeschriebenen prominenten Persönlichkeiten antworteten die meisten, allesamt mit Zustimmung zum Manifest und Ansporn zum Weitermachen; auf die gestellten Fragen im einzelnen ging dabei nur ein Antwortbrief ein. Auffallend wenige Antworten kamen von den angeschriebenen Jugendorganisationen selbst, ausweichende von politischen Bildungsinstitutionen und Wissenschaftsstiftungen und keine von den Gewerkschaften. Lediglich ein kurzer Antwortbrief kam von den angeschriebenen achtzehn Medienvertretern. Die Antworten aus der Politik brauchten zum Teil länger als die übrigen Briefe, gingen dafür aber ausführlich auf die gestellten Fragen ein; auch hier zeigte sich durchweg Interesse an der Ausweitung der vorhandenen Dienste, zugleich jedoch wurde die Mahnung laut, Ausgewogenheit und Fingerspitzengefühl bei der Umsetzung des Konzeptes walten zu lassen.

Die Auswertung der Antwortschreiben in der Übersicht

Die zum Teil detaillierten Antworten auf den Brief des Bundespräsidenten ergeben ein vielfältiges Zustandsbild unserer Gesellschaft, bezogen auf das freiwillige Engagement der jungen Menschen unter uns und die dieses Thema tangierenden Bereiche. Nicht alle Antworten hielten sich an das vorgegebene Schema der acht Fragen. So wurden teilweise mehrere Fragen zu einer Antwort zusammengefaßt, teilweise wurden anhand einer Frage mehrere Aspekte beleuchtet.

Zur besseren Übersicht der nachfolgenden Auswertung und zur leichteren Navigation durch die Kapitel dient das auf der nächsten Seite in *Abbildung 1* dargestellte Diagramm. Die in eckigen Klammern dargestellten Zahlen verweisen dabei auf die ursprünglich acht Fragen des Bundespräsidenten. Die vorangestellten Zahlen ohne Klammern beziehen sich auf die auswertenden sechs Kapitel.

---

2 Herbert Schmalstieg, Oberbürgermeister der Stadt Hannover, 30.04.99.

Zunächst wird die Grundstruktur eines typischen Freiwilligendienstes, wie ihn das Manifest ›Jugend erneuert Gemeinschaft‹ konzipiert hat, erläutert: Durch den Ausbau der vorhandenen Freiwilligenplätze soll »allen Jugendlichen die Möglichkeit gegeben werden, sich für ein Jahr als Freiwillige zu engagieren«[3]. Struktur und Ausbau müssen dabei in ihrem Spannungsverhältnis zu anderen Einrichtungen wie Pflichtdiensten, Dienstleistungen und Ausbildungsangeboten und vor dem Hintergrund der bereits bestehenden Angebote zum freiwilligen gemeinnützigen Engagement gesehen werden. In diesem Kapitel wird also die Rolle von Gesellschaft und Staat im Zusammenhang mit Freiwilligendiensten untersucht.

Im nächsten Kapitel werden die möglichen Tätigkeitsfelder des Freiwilligendienstes beleuchtet, die wohl aufs engste mit der Attraktivität des zukünftigen Angebotes für die Jugendlichen zusammenhängen. Hier geht es vor allem um die Rolle von Jugendlichen und Trägern im Zusammenhang mit Freiwilligendiensten. Um diesen Kernbereich ranken sich Detailfragen nach der Rolle der Schule, der Rolle der Älteren, sowie der Rolle der ausländischen und zugewanderten Bevölkerung im Zusammenhang mit Freiwilligendiensten.

Schließlich werden die Möglichkeiten der Finanzierung und die Rolle, die Persönlichkeiten, Unternehmen, Kommunen und der Staat im Zusammenhang mit Freiwilligendiensten spielen können, erörtert.

Abschließend werden die Ergebnisse noch einmal in wenigen Kernpunkten zusammengefaßt.

Um den authentischen Eindruck von Dichte und Engagement der Briefe zu dokumentieren seien im Anhang einige davon (mit geringfügigen Kürzungen) im Originalwortlaut zitiert.

1 *Die Struktur und der Ausbau von Freiwilligendiensten – oder die Rolle der Gesellschaft und des Staates*

Die erste Frage
Von den etwa 900.000 jungen Männern und Frauen eines Jahrgangs leisten etwa je ein Drittel der Männer Wehrdienst und Zivildienst. Diesen Pflichtdiensten steht ein Angebot von derzeit etwa 15.000 Freiwilligenplätzen im In- und Ausland gegenüber, das überwiegend von jungen Frauen genutzt wird. Die Nachfrage nach Freiwilligendiensten durch Jugendliche übersteigt das Angebot um ein Vielfaches.
In welchem Rahmen sollten – im Sinne einer gleichen Verteilung staatsbürgerlicher Rechte und Pflichten – Freiwilligendienste ausgebaut werden, um auch für die große Mehrheit der bisher nicht betroffenen jungen Menschen in Deutschland, Männer und Frauen, eine Chance für einen solchen Dienst anzubieten?

Das Grundanliegen des Manifestes ist die Ausweitung vorhandener Freiwilligenplätze über die bereits erschlossenen Gebiete der sozialen, ökologischen und inter-

---

[3] Manifest ›Jugend erneuert Gemeinschaft‹, Robert Bosch Stiftung, Stuttgart 1998.

Abbildung 1: ›Die Auswertung in der Übersicht‹

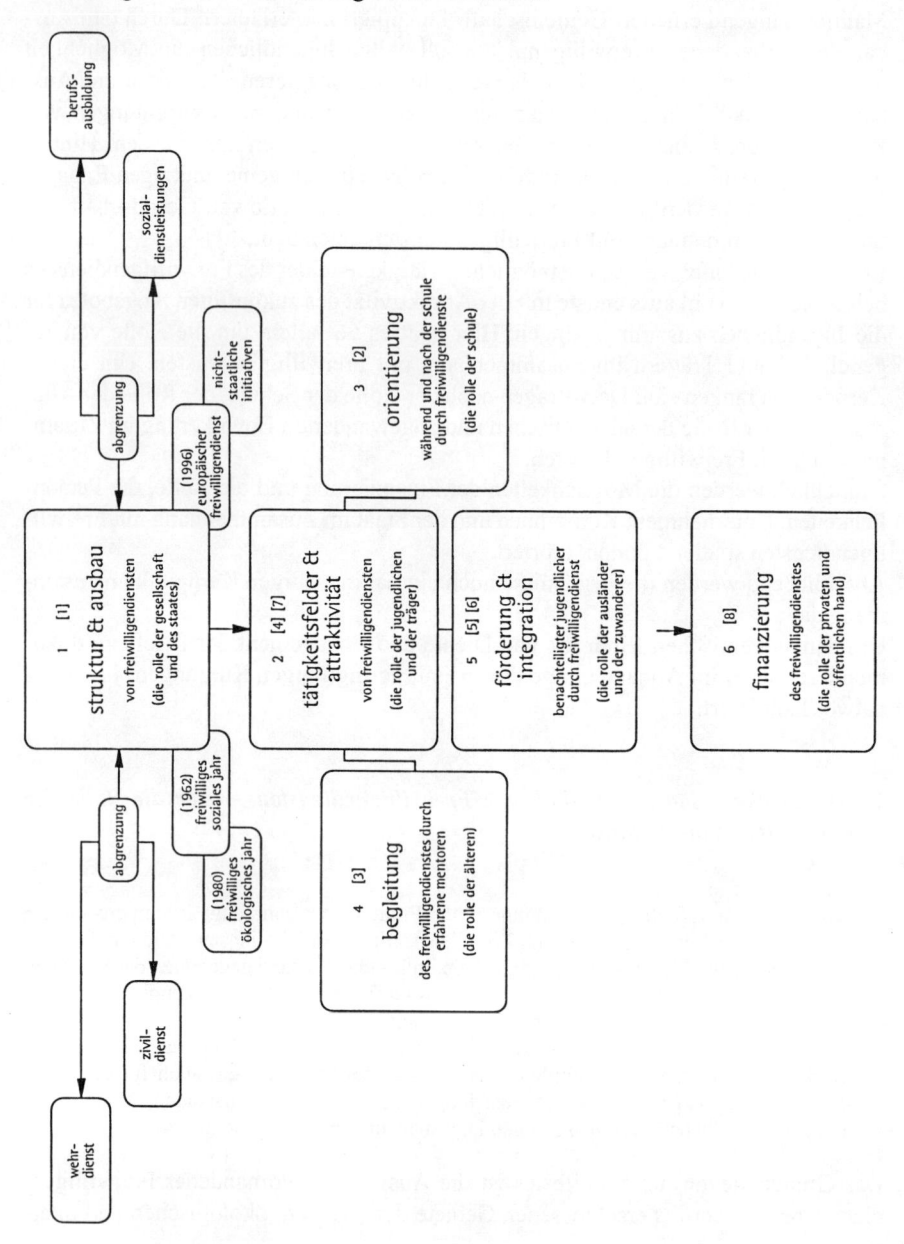

- berufs-ausbildung
- sozial-dienstleistungen
- nicht-staatliche initiativen
- abgrenzung
- (1996) europäischer freiwilligendienst

1 [1]
struktur & ausbau
von freiwilligendiensten
(die rolle der gesellschaft und des staates)

- (1962) freiwilliges soziales jahr
- (1980) freiwilliges ökologisches jahr
- abgrenzung
- zivil-dienst
- wehr-dienst

3 [2]
orientierung
während und nach der schule durch freiwilligendienste
(die rolle der schule)

2 [4] [7]
tätigkeitsfelder & attraktivität
von freiwilligendiensten
(die rolle der jugendlichen und der träger)

4 [3]
begleitung
des freiwilligendienstes durch erfahrene mentoren
(die rolle der älteren)

5 [5] [6]
förderung & integration
benachteiligter jugendlicher durch freiwilligendienst
(die rolle der ausländer und der zuwanderer)

6 [8]
finanzierung
des freiwilligendienstes
(die rolle der privaten und öffentlichen hand)

nationalen Sphäre hinaus in alle Bereiche unserer Gesellschaft, die die Gelegenheit zu gemeinnützigem Engagement bieten.

Die darin skizzierten tragenden Elemente des Konzepts sind:
- die große Auswahl attraktiver und qualifizierender Tätigkeitsfelder, sowie eine Vielzahl und Vielfalt von qualifizierten privaten und öffentlichen Trägern zu schaffen;
- die öffentliche Basisfinanzierung in Form einer ›Stiftung für Freiwilligendienste‹ auf Bundesebene und Landesebene, erweitert um die Kofinanzierung der Stiftung aus privaten Quellen;
- die Vergabe von ›Gutscheinen‹ aus dem Guthaben der Stiftung, um die Grundausstattung der Freiwilligen sicherzustellen, zuzüglich der durch die Träger und Trägerorganisationen mitfinanzierten Einsatzkosten;
- die Ausstellung von Zertifikaten und die Entwicklung eines differenzierten Bonussystems für den vorteilhaften Einstieg in Ausbildung und Beruf.

»Eine besondere Chance liegt in der Möglichkeit, daß Jugendliche von sich aus Tätigkeitsfelder entdecken und – gemeinsam mit anderen – ihre eigenen Dienste schaffen. Ältere, erfahrene Mentorinnen und Mentoren sind insbesondere aus jenen Gruppen zu gewinnen, die einen Freiwilligendienst oder andere Dienste absolviert haben.«
Manifest ›Jugend erneuert Gemeinschaft‹

In *Abbildung 2* wird die Struktur eines typischen Freiwilligendienstes graphisch skizziert.

Das im Manifest angegebene Verhältnis von zehn Bewerbern auf einen Platz beim Freiwilligen Sozialen Jahr (FSJ), beim Freiwilligen Ökologischen Jahr (FÖJ) oder beim Europäischen Freiwilligendienst (EFD) weisen die mit der Materie vertrauten Angeschriebenen als zu hoch zurück. Das in den Briefen angegebene Verhältnis von Angebot zu Nachfrage variiert deutlich, die Werte liegen im Mittel bei zwei bis vier Nachfragenden auf eine Stelle.

Die Mehrzahl der Angeschriebenen, die auf den Brief des Bundespräsidenten geantwortet haben, sieht es als vorrangiges Ziel an, das Angebot an Freiwilligenplätzen zunächst so weit aufzustocken, daß alle Jugendlichen, die sich in einem Freiwilligendienst engagieren wollen, auch die Gelegenheit dazu erhalten. Um den Jugendlichen mehr Wahlmöglichkeiten zu bieten, sollte das Angebot eher größer als die Nachfrage sein. Aus der Tatsache, daß in nicht wenigen Briefen Freude über die hohe Zahl von Freiwilligenplätzen, die es bereits gibt, ausgedrückt wird, kann geschlossen werden, daß einige der Antwortenden überrascht waren, neben Wehr- und Zivildienst überhaupt von der Existenz einer solche Einrichtung zu erfahren.

Die Antworten auf die erste Frage bescheinigen der jungen Generation fast durchweg eine hohe Bereitschaft zu gesellschaftlichem Engagement. Deshalb ginge es nicht um das Einfordern von Rechten und Pflichten. Angesichts des großen Interesses an freiwilligem gemeinnützigen Engagement, klingt dennoch Erleichterung auf: Daß man die These vom angeblichen Eigennutz und Luststreben der Jugendlichen zwar kenne, die Jugend aber persönlich nicht so erlebt habe. »Die Meinungsbildung

Abbildung 2: ›Die Grundstruktur eines Freiwilligendienstes laut Manifest‹

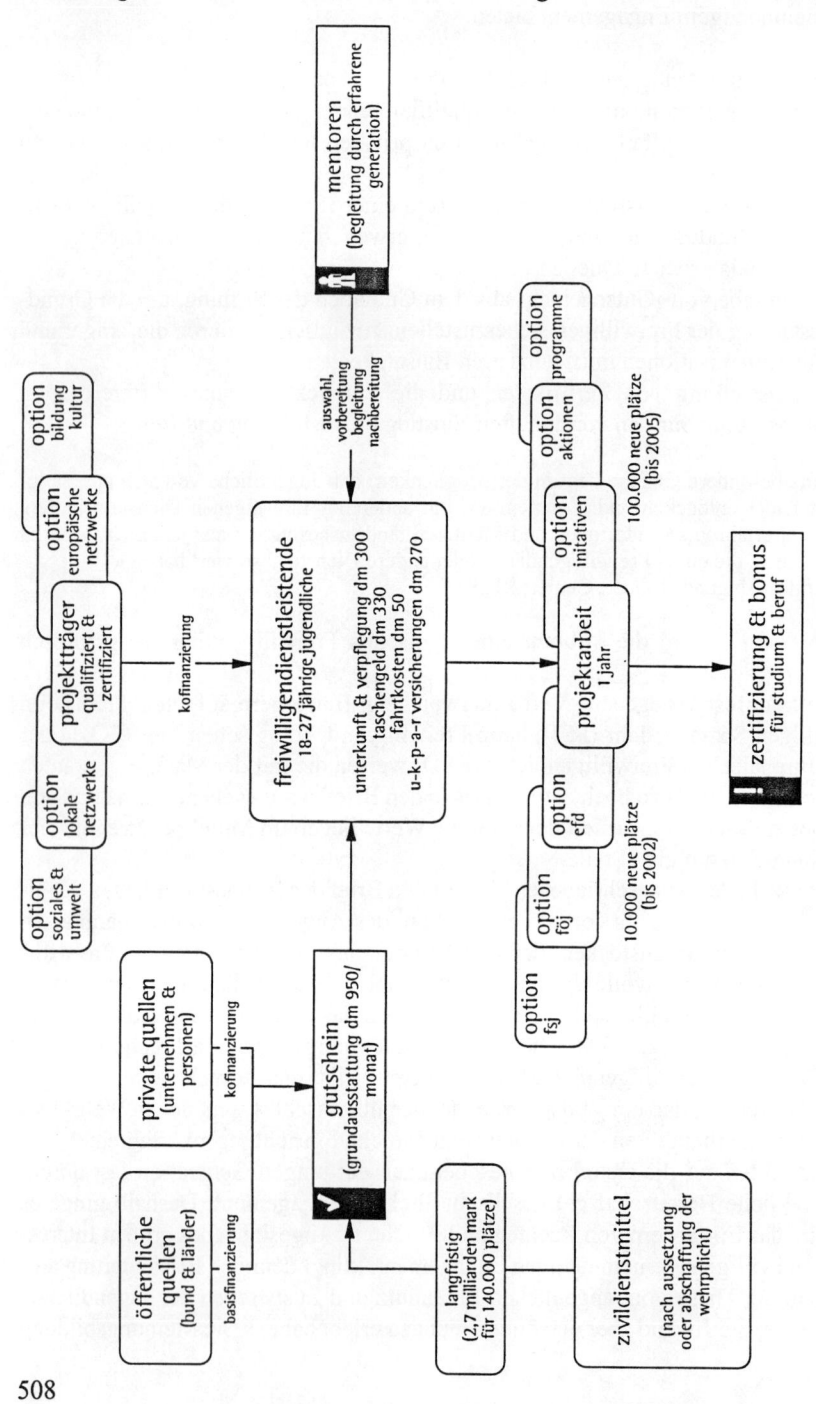

508

der Öffentlichkeit vollzieht sich weitgehend unter Ausblendung der Tatsache, daß Jugendliche bereit sind, sich zu engagieren, in vielfältiger Weise Verantwortung zu übernehmen und Energien in die Gestaltung der Gesellschaft zu investieren«, schreibt der Vertreter einer Jugendorganisation.[4] Ein ehemaliger Kultusminister meint sogar: »Bei allem ›Jugendkult‹ hat die Jugend doch zu wenig politische Lobby!«[5]

Noch deutlicher führt dazu der Oberbürgermeister einer Stadt in den neuen Bundesländern aus: »Junge Menschen haben durchaus Werte des Allgemeinwohlseins in ihrer Lebenswelt und erachten diese auch als bedeutsam. Nur unterscheiden sich diese Werte von definierten Inhalten etablierter Institutionen beziehungsweise sehen die jungen Menschen darin keinen Raum, sich einzubringen. Oft leiten wir daraus dramatische Szenarien eines so nie stattgefundenen Wertewandels ab: die Jugendlichen sind unpolitisch und hedonistisch.«[6]

Hauptaufgabe sei es – und darin unterstützen alle Antwortenden uneingeschränkt den Appell des Manifestes – auf das vorhandene Engagement der Jugend einzugehen, die möglichen Angebote besser identifizierbar und zugänglich zu machen und unnötige gesetzliche Regulierungen abzubauen. Ein Vertreter der Unternehmen schreibt dazu: »Es gibt Bedarf nach Unterstützung in vielen Bereichen und es gibt Interessenten, die diesen Bedarf abdecken könnten. Das, was fehlt, erscheint mir eine Art Agentur zu sein, die die Stellenanbieter und die Stellensuchenden zusammenbringt.«[7]

Erste Aufgabe einer solchen Agentur sei es, die Idee der Freiwilligendienste bekanntzumachen und fest im Bewußtsein der gesamten Gesellschaft als etwas Erstrebenswertes und Nutzbringendes für alle Beteiligten zu verankern. Die Jugendlichen selbst müßten ebenso von der Existenz solcher Dienste erfahren, wie die Institutionen aus Politik und Verwaltung, insbesondere aber die Wirtschaft gelte es zu informieren. Die zweite Aufgabe dieser Agentur sei es dann, Nachfrage und Angebot logistisch besser miteinander in Einklang zu bringen, dabei auf bewährte Strukturen zurückzugreifen, wo sie vorhanden sind.

Für die Kommunikation der Idee sei es dabei zwingend, zu klären, was Freiwilligendienste sind und was nicht. Freiwilligendienste müßten klar von anderen Einrichtungen, in denen junge Menschen tätig sind, unterschieden werden. Zusammenfassend lassen sich vier Felder benennen, von denen Freiwilligendienste klar zu trennen sind:

(1) Wehrdienst
(2) Zivildienst

---

[4] Mike Corsa, Vorsitzender Deutscher Bundesjugendring in einem dem Brief beigefügten Artikel ›Jugendliche, Ehrenamt und die gesellschaftspolitische Dimension‹, Fachzeitschrift ›Recht der Jugend und des Bildungswesens‹, Bonn 30.04.99.
[5] Prof. Dr. Hans Maier, Institut für Philosophie, Ludwigs Maximilians Universität München, 03.05.99 (ehemaliger Kultusminister des Freistaats Bayern).
[6] Waldemar Kleinschmidt, Oberbürgermeister der Stadt Cottbus 30.04.99.
[7] Dr. Heribert Johann, Sprecher der Unternehmensleitung, Boeringer Ingelheim, Ingelheim, 03.05.99.

(3) Sozialdienstleistungen
(4) Berufsausbildung

Eine Abgrenzung des Freiwilligendienstes zum Wehrdienst wird erst wichtig werden, sobald es eine freie Wahl zwischen Wehrdienst und Freiwilligendienst geben wird, beziehungsweise Wehrpflichtige – wie in einigen Nachbarländern bereits geschehen – durch Berufssoldaten abgelöst werden. Beim einem solchen gleichberechtigten Nebeneinander beider Einrichtungen wird vor allem zu klären sein, wer welche finanziellen Mittel bekommt. Dazu das offizielle Antwortschreiben der amtierenden Bundesregierung an den Bundespräsidenten: »Die Bundesregierung hat die Wehrpflicht nicht zur Disposition gestellt.«[8]

Der Zivildienst ist als Ersatzdienst an den Wehrdienst gekoppelt. Dadurch besteht derzeit faktisch keine Wahlmöglichkeit zwischen Zivildienst und Freiwilligendienst. Den möglichen (durch die Aufhebung des Wehrdienstes bedingten) Wegfall des Zivildienstes als Ausgangspunkt für die Idee und die Entwicklung von Freiwilligendiensten zu nehmen, wird als falsch angesehen. Nicht die Vorbereitung auf den Notfall (die Wohlfahrtsverbände wären durch einen Wegfall des Zivildienstes nach eigenem Bekunden in der Tat nachhaltig betroffen), sondern der Bereitschaft vieler junger Menschen, sich sozial zu engagieren, Raum und Gelegenheit zu geben, sei die eigentliche Herausforderung des Freiwilligendienstes.

Als solches ›freiwilliges gemeinnütziges Engagement‹ gelte es, Freiwilligendienste in der Öffentlichkeit zu vermitteln, nicht als Ableisten von unbeliebten und unzumutbaren Arbeiten, wie sie oft – trotz des positiven Gesamteindruckes – auch gerade mit dem Zivildienst in Verbindung gebracht werden.

In diesen Bereich der ›unbeliebten Tätigkeiten‹ fällt das dritte Abgrenzungsfeld zum Freiwilligendienst: die Sozialdienstleistungen. Ist es herkömmliche Kritik am bestehenden Zivildienst, daß dort billige, unausgebildete Zivildienstleistende angemessen bezahlte und ausgebildete Fachkräfte verdrängten, wird diese Befürchtung unhinterfragt auch auf die Idee der Freiwilligendienste übernommen. Gerade hier zeigt sich die Wichtigkeit einer klaren Kommunikation der Idee: daß Freiwilligendienste nicht mit Sozialdienstleistungen konkurrieren.

Das Angebot an Freiwilligendiensten müsse zwar so vielfältig wie möglich sein, ohne es aber »zu einem Verdrängungswettbewerb in der gerade im Entstehen begriffenen Dienstleistungsbranche« kommen zu lassen.[9] Freiwilligendienstleistende dürften nicht als die billigeren Arbeitskräfte anderen Arbeitsuchenden vorgezogen werden. Ebenso dürften sie nicht zu ›Lückenbüssern‹ einer verfehlten Sozial- und Gesundheitspolitik werden. »Junge Freiwillige sollten nicht mit pflegerischen Aufgaben oder Betreuungsaufgaben in engerem fachlichen Sinne beauftragt werden, sondern im Rahmen eines echten Zusatzprogrammes eingesetzt werden.«[10] »Nach

---

8 Dr. Frank-Walter Steinmeier, Staatssekretär im Bundeskanzleramt, Bonn 10. Mai 1999 (und die gleichlautende Stellungnahme der Bundesministerin für Familie, Senioren, Frauen und Jugend, Dr. Christine Bergmann).
9 Dr. Jürgen Strube, Vorsitzender des Vorstands, BASF Aktiengesellschaft, Ludwigshafen 07.05.99.
10 Dr. Andreas Eichler & Andreas von Block-Schlesier, Bundesvorstand Die Johanniter, Berlin 02.05.99.

unserer Auffassung darf der Freiwilligendienst, anders als professionelle soziale Dienste oder der Zivildienst, sui generis nicht vom Aufgabenfeld, also von den zu erbringenden sozialen Leistungen in Institutionen gedacht werden, sondern muß als Lerndienst zunächst und vor allem aus der Sicht der Freiwilligen und ihrer Entwicklungsmöglichkeiten gedacht werden.«[11]

Vertreter aller gesellschaftlicher Bereiche schließen sich dieser Forderung an. Sie bildet gleichsam die Basis jeder weiteren Diskussion. Wer sich in das Thema Freiwilligendienste hineinbegebe, müsse sich bewußt sein, daß »ein Spannungsverhältnis einerseits zwischen staatlich unterstützter Gemeinwesenarbeit und privatwirtschaftlicher Erwerbstätigkeit andererseits besteht«.[12] »Das soziale Engagement und die Bereitschaft zu solidarischem Handeln darf nicht mißbraucht werden, indem Jugendliche in größerem Umfange an Stelle eigentlich benötigter regulärer Beschäftigter eingesetzt werden oder indem ihnen überwiegend die ›Schmutzarbeit‹ überbürdet wird.«[13]

Ein Vertreter der Wohlfahrtsverbände stellt sich dieser Herausforderung und schreibt: »Absolute Priorität hat für uns – nicht nur wegen der für uns elementaren Position nach dem Einsatz von Fachkräften in der sozialen Arbeit – die Forderung nach Konversion von Zivildienstplätzen in reguläre Arbeitsplätze«.[14] Demgemäß gilt es für den Zivildienst zu klären, welche Einsatzplätze langfristig für angemessen bezahlte und ausgebildete Fachkräfte vorzusehen sind und welche dagegen (auch im Hinblick auf eine physische und psychische Überforderung) für den Einsatz von jungen Freiwilligen geeignet sind. Auch dieser Punkt wird Einfluß auf die zukünftig zur Verfügung stehende finanzielle Ausstattung von Freiwilligendiensten haben.

Das vierte Tätigkeitsfeld, von dem Freiwilligendienste deutlich unterschieden werden müssen, ist die Berufsausbildung. Anleitung zur Arbeit und zum Erlernen von Arbeitstechniken statt echter Ausbildung müsse das Ziel von Freiwilligendiensten sein. Alles, was darüber hinaus ginge, führe zur Verknappung der bereits ohnedies raren Ausbildungsplätze in den Betrieben.

»Der Ersatz beziehungsweise die Verdrängung von Ausbildungsplätzen durch vergleichbar dotierte Freiwilligendienste ist nicht vertretbar«, heißt es in dem bereits weiter oben zitierten Statement der Bundesregierung an den Bundespräsidenten.[15] Dem schließen sich viele Briefe an: »Erst wenn ausreichend Ausbildungs- und Arbeitsplätze gerade für junge Menschen zur Verfügung stehen, kann ein Ausbau von Freiwilligendiensten mit gutem Gewissen vorangetrieben werden. Andernfalls steht der Verdacht im Raum, daß junge Leute mangels Alternativen auf die Wartebank eines Freiwilligendienstes abgeschoben werden. Freiwilligendienst aber wird dann sinnvoll und angemessen geleistet, wenn die Menschen ihre Verpflichtung für das

---

11 Gunda Röstel, Bundesvorstandssprecherin, Bündnis 90/Die Grünen, Bonn 12.07.99.
12 Dr. Franz Schoser, Hauptgeschäftsführer, Deutscher Industrie- und Handelstag, Bonn 17.05.99.
13 Erhard Geyer, Bundesvorsitzender, Deutscher Beamtenbund, Bonn 04.05.99.
14 Pfarrer Jürgen Gohde, Präsident, Diakonisches Werk der Evangelischen Kirche Deutschland e.V., Stuttgart 01.06.99.
15 Frank-Walter Steinmeier a.a.O.

Gemeinwesen und das Gemeinwohl verspüren, ohne sich aufgrund fehlender beruflicher Alternativen dazu gezwungen zu fühlen«.[16]
Wie konfliktbeladen (und entsprechend sensibel zu handhaben) das Thema Freiwilligendienst für einige Vertreter der Gesellschaft ist, zeigt vielleicht auch die Reaktion der Gewerkschaften auf den Brief des Bundespräsidenten: sie haben bis heute nicht darauf geantwortet.
Von den bereits bestehenden Einrichtungen freiwilligen gemeinnützigen Engagements, wie Freiwilliges Soziales Jahr, Freiwilliges Ökologisches Jahr, Europäischer Freiwilligendienst und den verschiedenen nichtstaatlichen Angeboten gelte es sich weniger abzugrenzen, als einen allen gemeinsamen wiedererkennbaren Begriff zu finden. In diesem Zusammenhang sei es ratsam, den Begriff ›Freiwilligendienst‹ auch von dem Begriff ›Ehrenamt‹ zu trennen: während Freiwilligendienste innerhalb eines zusammenhängenden Zeitraums ganztägig anstelle einer Berufstätigkeit oder Ausbildung geleistet würden, erfolge ehrenamtliches Engagement in der Regel zusätzlich zu Berufstätigkeit und Ausbildung.

2 Mögliche Tätigkeitsfelder von Freiwilligendiensten und deren Attraktivität – oder die Rolle der Jugendlichen und der Träger

> Die vierte Frage
> Ein hoher Teil der Wertschöpfung kommt künftig aus dem Bereich der Dienstleistungen und des ›dritten Sektors‹, doch längst nicht alle Tätigkeiten sind als Erwerbsarbeit auch bezahlbar.
> Wo sehen Sie – im Zuge einer gesellschaftlichen Neubewertung von Arbeit – Möglichkeiten für freiwillige ehrenamtliche gesellschaftlich anerkannte Gemeinwesenarbeit? Welche neuen Tätigkeitsfelder und Profile für künftige Erwerbsarbeit könnten auf diese Weise erschlossen werden?

> Die siebte Frage
> Das von der Kommission vorgeschlagene Konzept setzt auf einen nachfrageorientierten Ausbau der Freiwilligendienste mit entsprechender Stärkung der Nachfragemacht der Jugendlichen.
> Wie könnten Angebote für Freiwilligendienste aussehen, damit sie als attraktive lebensorientierte Chancen von den Jugendlichen wahrgenommen werden?

Auf die Frage, welche neuen Tätigkeitsfelder – im Zuge einer Neubewertung der Arbeit – sich durch freiwillige gesellschaftlich anerkannte Gemeinwesenarbeit erschließen ließen, wurde von vielen Antwortenden betont, daß Freiwilligendienste nicht dazu dienen können und sollen, solche neuen Tätigkeitsfelder zu erschließen. Das müsse eine Gesellschaft insgesamt leisten. Die grundsätzliche Neubewertung von Arbeit wird als die eigentliche Herausforderung unserer Zeit gesehen, in der die nichtbezahlte sinnvolle Tätigkeit die gleiche gesellschaftliche Akzeptanz genießen muß wie die klassische Erwerbsarbeit. »Nicht nur die (besteuerte!) Erwerbsarbeit

---

16 Jürgen Gohde a.a.O.

zählt; Eltern- und Erziehungsarbeit, gemeinnütziger Bürgerarbeit etc. muß größere gesellschaftliche Anerkennung zuteil werden«.[17]

Neben dem Ausbau der bereits vorhandenen sozialen, ökologischen und politischen Dienste werden vielfältige Tätigkeitsfelder genannt, die nach Möglichkeit im unmittelbaren und vertrauten Umfeld der Jugendlichen verwurzelt sein sollten:

In der Arbeit mit Kindern und Jugendlichen:
- Leitung von Kinder- und Jugendgruppen
- Hausaufgaben- und Freizeitbetreuung
- Nachhilfe für Lernschwache
- Kindertheatergruppen
- Patenschaften für gefährdete Jugendliche
- Schlichterteams in und um Schulen

In der Nachbarschaftshilfe:
- Betreuung von Kindern (von Alleinerziehenden)
- Einkaufsdienste für Ältere, Alleinerziehende und Berufstätige
- Deutsch für Ausländer
- Tagestreffs für Wohnungslose

In der Arbeit mit Älteren:
- Spaziergänge mit Älteren und Alten
- Krankenhausbesuchsdienste

In den Kommunen:
- Mitarbeit in Bürgerhäusern und Bürgernetzwerken
- Mitarbeit in Radiosendern (›offenen Kanälen‹)
- Museumsdienste (zur Gewährleistung publikumsgerechter Öffnungszeiten)

Auf europäischer und internationaler Ebene:
- Thematische Projekte innerhalb von Städtepartnerschaften
- grenzüberschreitende Pilotprogramme mit hier lebenden Ausländerjugendlichen
- Interkulturelle Projekte und Aktionen der Völkerverständigung

Für alle diese Tätigkeiten gelte die gleiche Devise: »Zeit zu haben für den Mitmenschen, für das Zuhören, das Gespräch, das einfache Helfen«.[18]

Was macht nun die Attraktivität von Freiwilligendiensten aus? Freiwilligendienste sind in den Augen der Angeschriebenen attraktiv und lebensorientiert, wenn sie ›Sinn machen‹ und keine verlorene oder Warteschleifenzeit sind. Der Nutzen für den Jugendlichen muß erkennbar sein: »Eine Neudefinition von Arbeit insbesondere in der Übergangsphase von der Industriegesellschaft hin zu einer unternehmensorientierten Wissensgesellschaft wird zunehmend danach bewertet, welchen (individuellen) Sinn und Zweck mit einer Tätigkeit beziehungsweise Arbeit verbunden werden kann, die sich wiederum hinsichtlich ihrer Wertigkeit und somit Attraktivität verstärkt daran messen lassen muß, welchen Vorteil diese für den Ausführenden erbringt«, so der Präsident eines Wohlfahrtsverbandes.[19]

---

17 Hans Maier a.a.O.
18 Prof. Dr. Carl-Christoph Schweitzer, Vorsitzender des Vorstands, Aktion Gemeinsinn e.V., Bonn 20.04.99.
19 Alois Schröder, Bundespräses Kolpingwerk Deutschland, Köln 28.04.99.

Bei der Beantwortung der Frage nach der Attraktivität von Freiwilligendiensten für die Jugendlichen wird mehrfach auf die Ergebnisse der 12. Shell Jugendstudie hingewiesen. Einige Ergebnisse seien deshalb hier im Original zitiert. Für das Engagement der Jüngeren zur Mitgestaltung unserer Gesellschaft lassen sich die wichtigsten Motive wie folgt auflisten:
(1) Es muß Spaß machen.
(2) Ich muß jederzeit wieder aussteigen können.
(3) Ich muß mitbestimmen können, was ich genau tue.
(4) Ich will meine besonderen Fähigkeiten einbringen können.
(5) Das Ziel muß in angemessener Form erreicht werden.
Erst als die beiden letztgenannten Motive in der Tabelle stünden
(17) Ich möchte dabei Geld verdienen.
(18) Ich möchte für die geopferte Zeit durch Freistellen
von der Arbeit/Schule entschädigt werden.[20]
Das am häufigsten genannte Motiv (»Es muß Spaß machen«) mag provozierend klingen. Daß damit vielleicht etwas anderes gemeint ist, als man zunächst vermutet, zeigt eine andere Studie und zwar die Studie des Freizeitinstituts der British American Tobacco vom April diese Jahres, auf die ebenfalls in einem der Briefe[21] hingewiesen wird.

»Spaß bedeutet für Jugendliche mehr als nur Fun. Spaß kann auch ein anderes Wort für Freude, Lust, Motivation und Sinnhaftigkeit sein. Soziale Organisationen müssen daher umdenken. Statt nur an Pflicht und Moral, Aufopferung und soziale Fürsorge zu appellieren, sollte mehr das große Potential an Hilfsbereitschaft, das auch in der Jugend vorhanden ist, gefordert und gefördert werden. Selbst in einer individualisierten Gesellschaft stirbt der Wunsch, anderen helfen zu wollen, nicht aus.«[22]

Anders als die Shell Jugendstudie, die nach den Motiven der Jugendlichen für ein Engagement fragt, listet die BAT Freizeitstudie Argumente der Jugendlichen gegen ein solches Engagement auf.
(1) Kostet zu viel Zeit (47 %)
(2) Bringt kein Geld (43 %)
(3) Man wird ausgenutzt (25 %)
(4) Ist eine lästige Pflicht (17 %)
(5) Macht keinen Spaß (14 %)
(6) Unterliegt dem Gruppenzwang (12 %)
(7) Ist karitativer Mief (11 %)[23]

»Der Wunsch nach Kontakt und Geselligkeit, nach Spaß, Selbstbestimmung und Anerkennung, nach persönlichkeitsbildender (Selbst-)Erfahrung und selbstbe-

---

20 Jugendwerk der Deutschen Shell (hrsg.), Arthur Fischer, Richard Münchemaier, Jugend '97, Opladen 1997, zitiert von Waldemar Kleinschmidt a.a.O.
21 Herbert Schmalstieg a.a.O.
22 BAT Freizeitforschung ›Berechnende Helfer – Hilfsbereite Egoisten‹, www.bat.de/freizeit /aktuell/ freizeit_14.html,1999.
23 BAT Freizeitforschung ›Berechnende Helfer – Hilfsbereite Egoisten‹, a.a.O.

stimmter Hilfeleistung, die Suche nach neuen Formen sozialen Umgangs sowie nach gesellschaftlicher Teilhabe sind heute für junge Menschen bestimmend.«[24] so der Geschäftsführer einer Jugendorganisation. In einem anderen Brief wird in diesem Zusammenhang von »vagabundierender Engagementbereitschaft« gesprochen, die es einzufangen gelte.[25]

Ein Vertreter der Automobilbranche nennt dazu die erforderlichen Aspekte, wie sie bei internationalen Jugendaustauschprogrammen zum tragen kämen: »Überschaubarkeit des zeitlichen Rahmens: Enthusiasmus ist nicht lagerfähig; Einbeziehung des individuellen Vorwissens: Jeder muß zeigen dürfen, was er kann; Sichtbarkeit des Nutzens: Der Sinn des Dienstes hängt vom Ernstfall ab.«[26]

Ein anderer Brief listet ähnliche Erfordernisse für Projekte, Teilnehmer und Tätigkeiten auf:

»Projekte müssen:
- an der Länge des gesamten Lebens orientiert sein
- nicht alltäglich sein
- gesellschaftliche Anerkennung genießen
- neue Erfahrungen vermitteln
- berufliche Einstiegsmöglichkeiten erhöhen

Teilnehmer müssen:
- selbständig Probleme lösen lernen
- Planen lernen
- eine andere Sprache lernen
- Führungsverhalten in Gruppen erlernen
- Einmischungspraktiken erlernen

Tätigkeiten müssen als Beitrag zur persönlichen Entwicklung erfahren werden und unter anderem ermöglichen:
- Personen unterschiedlichen Alters und Herkunft kennenzulernen
- Partnerschaften zu erleben
- eine Wertegemeinschaft kennenzulernen
- andere Lebensformen auszuprobieren (Kloster auf Zeit, Auslandsfamilien)
- Persönlichkeiten erfahren zu können
- Menschen in Freud und Leid zu erleben, jenseits üblicher Alltagserfahrungen (Begleitung Kranker und Sterbender in Sinne der Hospizbewegung)«[27]

Besonders gefragt bei Jugendlichen sind Auslandseinsätze. Gerade hier stoßen jedoch die vorhandenen Angebote – selbst mit Unterstützung durch EU-Gelder des ›Europäischen Freiwilligendienstes‹ – bereits an ihre finanziellen Grenzen. So könnten bei entsprechender finanzieller Unterstützung beispielsweise im ›Diakoni-

---

24 Mike Corsa a.a.O.
25 Gunda Röstel a.a.O.
26 P. Haase/C.J. Schilgen, Volkswagen Coaching Gesellschaft, Wolfsburg 04.05.99.
27 Dr. Wilhelm Polte, Oberbürgermeister der Stadt Magdeburg 10.05.99.

schen Jahr im Ausland‹ (DJIA) weit mehr als den bisherigen 100 Jugendlichen ein Freiwilligenplatz geboten werden.[28]

Die Frage nach der Attraktivität von Freiwilligendiensten bestimme nicht zuletzt auch die ›zielgruppengerechte Ansprache von Jugendlichen‹. Hier gelte es vor allem, dem freiwilligen Engagement von Jugendlichen ein neues Image zu verleihen. So sei schon der Ausdruck ›Freiwilligendienst‹ selbst wenig geeignet, Begeisterung zu erzeugen, da mit dem Begriff ›Dienst‹ weniger die Tugend des freiwilligen Dienens verbunden wird, sondern das Erbringen einer Pflicht, so wie das Wort ›Wehr-dienst‹ bis heute ›Wehr-pflicht‹ bedeute.[29]

Vorteil und Sinn eines solchen Dienstes muß von den Jugendlichen wie der Gesellschaft gleichermaßen (an)erkannt werden. Wichtig für die Akzeptanz der Idee sei deshalb eine breit angelegte Kommunikationskampagne, idealerweise als Gemeinschaftsaktion der Initiatoren und Träger zusammen mit Politik, Verwaltung, Wirtschaft und Medien. In diesem Zusammenhang wird auf den großen Erfolg des Businessplan-Wettbewerbs ›StartUp‹ verwiesen, ein Gemeinschaftsprojekt der Zeitschrift ›Stern‹, der Sparkassen und der Unternehmensberatung ›McKinsey‹. Die im großen Stil betriebene Öffentlichkeitsarbeit gelte es dann in den einzelnen Projekten im kleinen weiterzuführen: Öffentlichkeitsarbeit würde damit »Bestandteil aller Projekte«.[30] Teil einer solchen Kampagne könnte es beispielsweise sein, in den verschiedenen Bundesländern jeweils gezielt unterschiedliche Zielgruppen ausländischer oder zugewanderter Jugendlicher anzusprechen.[31]

Vor einer reinen Kommunikationskampagne ohne infrastrukturelle Vorbereitung und Begleitung, die das einmal erzeugte Interesse auch tatsächlich in neue Projekte münden ließe, wird allerdings gewarnt. »Kurze oder einmalige Bewerbungskampagnen greifen wahrscheinlich nicht. Es müssen langfristige Strategien entwickelt werden, die (in Anlehnung an professionelles Produktmarketing) ein flächendeckendes Image bewirken: es muß als attraktiv, spannend, interessant, aktuell, modern empfunden werden.«[32]

3 Freiwilligendienste als Orientierungsphase während und nach der Schulausbildung – oder die Rolle der Schule

Die zweite Frage.
Allenthalben wird ein Mangel an Gemeingeist und Bürgersinn beklagt; insbesondere unter den jungen Menschen werden schwindende soziale Bindungen und abnehmende Identifizierung mit dem Gemeinwesen festgestellt. Zugleich gestaltet sich der Übergang von der Jugend- und Bildungsphase in den von Beruf, bürgerschaftlicher und elterlicher Verantwortung geprägten Erwachsenenstatus immer schwieriger.

---

28 Klaus Schmucker, Generalsekretär, aej Arbeitsgemeinschaft der Evangelischen Jugend in der Bundesrepublik Deutschland e.V., Hannover 05.05.99.
29 Herbert Schmalstieg a.a.O.
30 Wilhelm Polte a.a.O.
31 Hans Maier a.a.O.
32 Dr. Hans Kremendahl, Oberbürgermeister der Stadt Wuppertal 03.05.99.

Sollte vor diesem Hintergrund das öffentliche Schulwesen starker Elemente der Einübung in gesellschaftliche Verantwortung aufnehmen? Hielten Sie es für wünschenswert, im Rahmen der schulischen Allgemeinbildung ein praktisches gemeinschafts-bildendes Orientierungsjahr vorzusehen?

Die Frage, ob die Schulen ein praktisches gemeinschaftsbildendes Orientierungsjahr einführen sollen, verneinen die meisten der Antwortenden mit dem Hinweis, daß in Deutschland die Schulbank ohnedies schon ein Jahr länger als im Ausland gedrückt werden müsse.

Am deutlichsten gegen ein solches Jahr äußern sich die Vertreter der Wirtschaft, hier am Beispiel dreier Unternehmen illustriert: »Die Ausbildungsphase in Deutschland, insbesondere diejenige, die ein Hochschulstudium beinhaltet, dauert länger als in allen anderen Ländern. Wir haben es zunehmend mit ›alten Berufseinsteigern‹ zu tun.«[33] »Die Elemente der Einübung in gesellschaftliche Verantwortung müssen von klein auf gelernt und geübt werden. Damit ist die Schule in allen Altersstufen gefordert und nicht nur in einem besonderen Jahr.«[34] »Bei der Einübung von gesellschaftlicher Verantwortung sind alle Institutionen unserer Gesellschaft gleichermaßen gefordert, und ich beziehe neben der Schule auch die Wirtschaft ausdrücklich mit ein. Gerade die Verantwortlichen in der Gesellschaft sind aufgefordert mit gutem Beispiel voranzugehen.«[35]

Gegen die Einführung eines praktischen gemeinschaftsbildenden Orientierungsjahres spräche aber auch der Umstand, daß es sich dann um ein Pflichtjahr für alle handelte. »Soziale Motivation und die Fähigkeit zu mitmenschlicher Hilfe und Zuwendung als Voraussetzung für eine soziale Tätigkeit lassen sich nicht gesetzlich verordnen.«[36] Aus dem gleichen Grund wird das im Manifest vorgeschlagene Bonussystem von einigen Autoren kritisch gesehen: »Bonussysteme stehen generell in Spannung zum Prinzip der Freiwilligkeit. Eine stärkere Anerkennung freiwilligen sozialen Engagements halten wir für wünschenswert, da Freiwilligen keine Nachteile für ihr Engagement erwachsen sollen. Die (erfolgreiche?) Teilnahme an einem Freiwilligendienst darf jedoch gerade im Blick auf den Zugang zu Ausbildungsgängen nicht zur de-facto-Voraussetzung und damit verpflichtend werden.«[37]

In vielen Briefen wird Kritik am bestehenden Schulsystem geäußert. Die Hochschulen werden davon nicht ausgenommen. »Angesichts der immer noch ausstehenden Reform der Schul- und Hochschulausbildung hat der Freiwilligendienst eine untergeordnete Bedeutung. Müssen wir nicht vorrangig in der Schule und nicht außerhalb der Schule ansetzen, um soziale Fähigkeiten und Haltungen zu üben und zu lernen, brauchen wir tatsächlich neue Lernorte?«[38]

33 Heribert Johann a.a.O.
34 Dr. Guiseppe Vita, Vorsitzender des Vorstandes, Schering Aktiengesellschaft, Berlin 06.05.99
35 Jürgen Strube a.a.O.
36 Gaby Hagmans, BDJK-Bundesvorsitzende, Bund Der Deutschen Katholischen Jugend, Düsseldorf 29.04.99.
37 Arbeitskreis Freiwillige Soziale Dienste, Diakonie Korrespondenz 2/99, ›Jugend erneuert Gemeinschaft – eine Initiative in der Diskussion‹, Stuttgart 1999.
38 Ernst Baumann, Mitglied des Vorstands, BMW AG, München 30.04.99.

Nicht wenige der Antwortenden fordern eine gründliche Überarbeitung der bestehenden Lehrpläne und eine Öffnung des Schulsystems nach außen hin. Ein Vertreter der Wohlfahrtsverbände weist auf eine Untersuchung hin, die die insgesamt positive Wertung des Zivildienstes durch die jungen Männer unter anderem darauf zurückführt, »daß die Schule – im Gegensatz zum Zivildienst – die jungen Menschen zu wenig in die Verantwortung nimmt, ihnen kaum Möglichkeiten praktischen Tuns und Erprobens bietet und kommunikative Aspekte zu wenig Raum einnehmen. Schule ist fern der Lebenswirklichkeit der jungen Menschen und übt entgegen ihrem Anspruch zu wenig praktische Solidarität und Gemeinsinn ein.«[39]
Zugleich wird auf die Grenzen der Institution Schule hingewiesen. »Die Grundwerte gesellschaftlichen Lebens werden bereits vor der Schule, im Elternhaus festgelegt. Diese Phase prägt den Menschen und bildet sein Verständnis für Gemeinschaft. Die Schule kann in diesem Prozeß nur flankierend wirken«, schreibt ein Vertreter der Spitzenverbände.[40]
Angeregt wird, die Vermittlung lebensweltorientierter Bildungsinhalte in gemeinschaftsbildenden Praktika parallel zur Schule und während der Ferien weiter auszubauen und besser zu koordinieren, »an denen ebenso die Lehrkräfte beteiligt sein müßten«.[41] Die Einübung gesellschaftlicher Verantwortung sei in allen Fächern möglich, »wenn die Lehrkräfte entsprechend qualifiziert und auch als Vorbilder engagiert sind«, schreibt der Vorsitzende einer Bundestagsfraktion.[42] »Das öffentliche Schulwesen muß in seiner Praxis stärker Elemente der Einübung in gesellschaftlicher Verantwortung aufnehmen«, antwortet der bereits zitierte ehemalige Kultusminister und fährt fort: »Es ist nicht einzusehen, daß die in verschiedenen (Privat-)Schulen reformpädagogischer Provenienz erfolgreich praktizierte verpflichtende Gemeinwesenarbeit nicht auch im öffentlichen Schulwesen verankert werden kann. Soziales Lernen in diesem Sinne muß fester Bestandteil unserer Schulpraxis werden.«[43]
Hier fällt auf, daß die privaten Schulen von jeher die Tradition der Selbstverpflichtung zum sozialen Engagement gepflegt haben und pflegen, während das an öffentlichen Schulen weit weniger geschieht. Einige Briefe beklagen diesen Trend, ohne Antworten darauf zu geben. Kann es sein, daß die Eltern, die ihre Kinder auf solche Schulen schicken, in ihrer Jugend bereits selbst soziales Engagement hatten besser einüben können?
Kommen aus dem Elternhaus eines Jugendlichen die ersten Anregungen und Impulse zum Entdecken und Ableisten eines Freiwilligendienstes, sind es in den Schulen die Lehrer, die den zweiten Impuls geben (können). Genau hier sollte die Initiative zur Ausweitung des vorhandenen Angebotes ansetzen, indem die Lehrerschaft der öffentlichen Schulen stärker in lokale Netzwerke um Freiwilligendienste

---

39 Jürgen Gohde a.a.O. die Dissertation ›Zivildienst als Sozialisationsinstanz‹ von Heinz Bartjes zitierend, Weinheim 1996.
40 Franz Schoser a.a.O.
41 Jürgen Gohde a.a.O.
42 Dr. Wolfgang Gerhardt, Bundesvorsitzender der Freien Demokratischen Partei, Bonn 25.06.99.
43 Hans Maier a.a.O.

mit einbezogen wird. Denkbar sind Modelle, die Projekttagen, Projektwochen und Praktika im Rahmen bisheriger Unterrichtsgestaltung größeren Raum geben. »Schulen sollten sich als ›Stützpunkte sozialer Arbeit‹ etablieren und in der Verstärkung der sozialen Komponente sich ebenso als Träger von Projekten bewerben können, aber nicht von vornherein wettbewerbslos die Ressourcen für solche Projekte erhalten.«[44]

Die logische Konsequenz aus beiden Forderungen, daß einerseits die Schule wichtiger Vermittler von Sozialkompetenz ist, andererseits langfristig die Schulzeit aber auf 12 Jahre verkürzt werden muß, bedeutet spätestens hier, Freiwilligendienste nicht starr auf ein Jahr zu fixieren, sondern in kürzeren Blöcken leistbar zu machen, bis hinein in das Studium beziehungsweise die Berufsausbildung in den Betrieben.

Viele der Antwortenden betonen diesen flexiblen Charakter, den ein solcher Freiwilligendienst haben müsse. »Nachzudenken ist über eine flexible anpaßbare zeitliche Ausgestaltung der Dienste, sowohl bezüglich ihrer Dauer als auch bezüglich des Alters der Teilnehmenden«, schreibt ein Vertreter der Bürgerorganisationen. Er führt fort: »Wesentlich ist, daß der Ausbau sukzessive erfolgt und im Sinne einer formativen Evaluation jederzeit Möglichkeiten für erforderliche Korrekturen offenhält.«[45] Für eine zeitliche Ausdehnung des Freiwilligendienstes über mehrere Jahre, aufgeteilt in einzelne Blöcke, sprächen weitere Gründe: die relativ kurzfristigen Projekte würden überschaubarer für die Jugendlichen, gleichzeitig wäre die ›soziale Einwirkdauer‹ durch mehrere Projekte für die Beteiligten insgesamt länger als bei einem zusammenhängenden Jahr.

In diesem Zusammenhang ist auch die Frage wichtig, zu welchem Zeitpunkt Freiwilligendienste am besten in die Lebensbiographien junger Menschen passen, dazu werden vier Phasen des Übergangs genannt:

(1) von der Berufsausbildung zum Berufsstart
(2) vom Abitur zum Studium
(3) vom Studienabschluß zum ersten Arbeitsplatz
(4) vom Ausbildungsabbruch zum Neubeginn.[46]

Freiwilligendienste sollten sich vom verbreiteten Image befreien, daß sie nur etwas für Abiturienten seien. Es gelte »die zur Zeit noch bestehende Lücke in den Angeboten für jüngere Menschen mit Hauptschul- und Berufsschulabschluß zu schließen«, um dadurch auch eine bessere »soziale Mischung der Programmteilnehmer zu gewährleisten«.[47] So wie es bereits während der Schulzeit Phasen des Einübens sozialen Engagements geben müsse, solle dies auch für die Berufsausbildung gelten. Besonders die Unternehmen weisen darauf hin, daß Auszubildende häufig Angebote nutzen, »sich auch in ihrer Freizeit zu engagieren«.[48] Eine solche Aussage

---

44 Wilhelm Polte a.a.O.
45 Dr. Adrian Reinert, Geschäftsführer der Stiftung Mitarbeit, Bonn 26.04.99
46 Wilhelm Polte a.a.O.
47 Prof. Dr. Hans Joachim Meyer, Präsident, Zentralkomitee der deutschen Katholiken ZdK, Bad Godesberg 30.04.99.
48 Jürgen Strube a.a.O.

bestätigt nicht nur den Vorschlag fast aller Antwortenden, Freiwilligendienste flexibel zu gestalten. Er zeigt auch, daß Ausbildungsplatz und Freiwilligenplatz sich nicht gegenseitig ausschließen beziehungsweise ›verdrängen‹ müssen, sondern sich ergänzen können.

4 Die Begleitung von Freiwilligendiensten – oder die Rolle der Älteren

Die dritte Frage
Besorgte Beobachter der gesellschaftlichen Entwicklung sprechen von einem Auseinanderdriften der Generationen und warnen vor einer Überbelastung der jungen Generation in der Zukunft.
Wenn dieser Befund stimmt: Welche Wege könnten beschritten werden, um Engagement und Erfahrung der älteren Generation ehrenamtlich zur Betreuung und Begleitung von jungen Menschen zu nutzen?

Die These vom ›Auseinanderdriften der Generationen‹ wird von den meisten Briefautoren so nicht bestätigt und mit konkreten Gegenbeispielen aus ihrem persönlichen und beruflichen Umfeld belegt.»Unterschiedliche Jugendbewegungen hat es immer gegeben (von Protest bis stille Verweigerung); darin sehe ich noch kein Sozialisationsdefizit«, schreibt ein Vertreter der Wirtschaft.[49] »Einen empirischen Beleg für die genannten Befürchtungen zum Auseinanderdriften der Generationen gibt es nicht«, lautet das lapidare Statement der Bundesregierung[50], das in dieser Formulierung gleichwohl so nicht stimmt. Inzwischen liegen die Ergebnisse einer im April 1999 veröffentlichten bundesweiten Studie zum Verhältnis der Generationen vor, deren Zahlenmaterial das Auseinanderdriften in der Tat konstatiert.[51]
Einer der Antwortbriefe an den Bundespräsidenten bezieht sich bereits auf diese Studie und sei hier zitiert: »In der Studie wird deutlich, daß die jüngere und ältere Generation immer weniger miteinander in Kontakt treten. Während innerhalb der Familie immerhin noch 33 % der 15-20jährigen und 44 % der 21-29jährigen Menschen häufig mit Älteren zu tun haben, sind es in der Arbeitswelt analog nur 14 % beziehungsweise 13 % und außerhalb von Familie und Beruf gar nur noch 4 % beziehungsweise 10 %. Es verwundert daher nicht, wenn das gegenseitige Verständnis begrenzt beziehungsweise die Unterstellung verbreitet ist, daß die ältere beziehungsweise jüngere Generation kein Verständnis für die jeweils andere Altersgruppe hat.«[52]
Es scheint so zu sein, daß es den Alten und Jungen weniger an der Bereitschaft zum gegenseitigen Kontakt mangelt als an der Gelegenheit dazu beziehungsweise dem ›Begegnungsort‹. Dazu das Oberhaupt einer großen deutschen Stadt: »Auf örtlicher

---

49 Dr. Manfred Schneider, Vorsitzender des Vorstands der Bayer AG, Leverkusen 26.04.99.
50 Frank-Walter Steinmeier a.a.O.
51 Jörg Ueltzhöffer, ›Generationenkonflikt und Generationenbündnis in der Bürgergesellschaft‹, SIGMA-Bericht im Auftrag des Baden-Württembergischen Sozialministers Dr. Friedhelm Repnik, Stuttgart April 1999.
52 Jürgen Gohde a.a.O.

Ebene ist festzustellen, daß das Auseinanderdriften der Generationen insbesondere auch durch geänderte Familien- und Erwerbsstrukturen bedingt ist. Kinder wohnen nur noch in 13 % der städtischen Haushalte. Ein räumlicher Familienverbund Grosseltern-Eltern-Kinder ist kaum anzutreffen. Die räumliche Segregation der Grosseltern-Eltern-Generationen – durchaus auch von den Generationen gewollt – bedingt natürlich auch fortschreitenden Mangel an Austausch zwischen den Generationen. Begegnungsorte und Begegnungsanlässe sind notwendig, um diesen Austausch wieder zu fördern.«[53]

Ist die Begegnung der Alten mit den Jungen also auch eine Frage der Stadtplanung, sozusagen die Gestaltung der ›äußeren Umstände‹ von denen Alte wie Junge gleichermaßen betroffen sind? Nicht wenige Briefe weisen darauf hin. Ein Stadtoberhaupt in den neuen Bundesländern regt dazu eine Art »Quartiersmanagement« an, das mit allen Beteiligten »altersübergreifende Nutzungsansätze für die Region aushandelt.«[54] Ein Konzern der Energiebranche gar schlägt vor, das Zusammenleben von Jung und Alt durch die staatliche Finanzierung von generationsübergreifenden Wohnprojekten zu fördern. Abgesehen von dem für ein Wirtschaftsunternehmen ungewohnten Ruf nach dem Staat, deutet die Idee dahinter in die vielfach vertretene Richtung.

Zu überwinden sei zum einen die noch aus der Industrialisierung stammende Trennung von Arbeits- und Wohnwelt hin zu Mischwelten aller gesellschaftlicher Gruppen, in denen Alte ebenso wie Junge, Familien mit Kindern wie Alleinerziehende, Ausländer wie Einheimische, Gewerbetreibende wie Künstler in räumlicher Nähe zueinander leben. Solche ›Mischorte‹ entstehen derzeit vor allem in ehemaligen Kasernengeländen deutscher Städte. Zum anderen gelte es erneut zu klären, was – heute und zukünftig – überhaupt Arbeit sei. Hier könnten Freiwilligendienstleistende nicht die Lösung bringen sondern nur Mitgestalter sein.

Nun zur These der Überlastung der jungen Generation. Die junge Generation ist nicht weniger überlastet, als es die Generationen vor ihr waren, so die Meinung der meisten Antwortenden. »Das entscheidend neue Problem liegt in der zunehmend dramatischen Situation auf dem Arbeitsmarkt. Es ist für junge Menschen ein in dieser Form tatsächlich neues und gravierendes Phänomen, daß wir nachhaltig und langfristig von hoher Arbeitslosigkeit bedroht sind.«[55]

Gäbe es nur die drohende Erwerbslosigkeit – bekanntlich mangelt es weniger an Arbeit als an Einkommen – wäre die Sachlage überschaubar. Es sei aber gerade die Vielfalt der gleichzeitig in alle Richtungen voranschreitenden Veränderungen von bislang für unveränderlich gehaltenen Lebensbereichen, die zur Überbelastung führe – eine Fliehbewegung, in der es gleichsam keinen festen Boden mehr unter den Füßen gibt, der Halt vermitteln könnte. »Die pluralistische Gesellschaft ist durch eine Fülle widersprüchlicher Handlungsorientierungen und Normen und abnehmender Sozialisationskapazitäten gekennzeichnet. Identität wird gleichzeitig

---

53 Christian Ude, Oberbürgermeister der Stadt München 03.05.99
54 Wilhelm Polte a.a.O.
55 Manfred Schneider a.a.O.

gefordert und verhindert. Daher lautet die entscheidende Frage für Jugendliche in diesem Kontext: Wie kann heute Identität gelingen?«[56]
Davon sind nicht nur die Jungen betroffen – sie müssen nur am längsten mit der sich neu formenden Welt leben. Betroffen sind Jugendliche ebenso wie Senioren, die im Beruf stehenden Menschen wie die Erwerbslosen, Frauen wie Männer, Familien wie Singles, Ausländer wie Zuwanderer. Auch hier gilt die in den Briefen dokumentierte Aussage, daß die Gesellschaft als ganzes die Herausforderungen unserer Zeit annehmen muß. Von den Freiwilligendienstleistenden allein kann nicht die Lösung erwartet werden, sie können nur Mitgestalter sein.
Bei der Frage, auf welche Weise das Engagement und die Erfahrung der älteren Generation zur Begleitung von jungen Menschen genutzt werden könne, wird vor allzuviel Euphorie gegenüber der an sich einleuchtenden und guten Idee gewarnt. Da ist zunächst die Frage, ob die Alten selbst den Austausch mit den Jugendlichen suchen: Laut der bereits zitierten Generationen-Studie glauben nur 6 % der 60- 69jährigen Menschen, einen nützlichen Beitrag in der Jugendarbeit leisten zu können, 33 % aber in der Altenbetreuung und immerhin 10 % in der Kinderbetreuung. Die Gruppe der 15-20jährigen Jungen dagegen glaubt mit 24 % in der Altenbetreuung einen nützlichen Beitrag leisten zu können.
»Im Übrigen wird die Betreuung durch Ältere schon deshalb nicht funktionieren, weil sich junge Menschen grundsätzlich nicht betreuen und begleiten lassen wollen – sie wollen und müssen ihre eigenen Erfahrungen machen«, schreibt der Vorsitzender einer Familienorganisation.[57] Es bestünde zwar vielfach die Bereitschaft der Älteren, ihren Rat an die Jüngeren weiterzugeben, ob die Jugend den Rat aber wolle oder suche, sei fraglich, beziehungsweise herrsche bei jungen Menschen der Zweifel vor, daß für die Bewältigung der Gegenwart bei den Alten überhaupt Rat zu holen sei.
»Zu beachten ist, daß Jugend, um einen eigenen Standpunkt, einen eigenen Platz in der Gesellschaft zu finden, notwendigerweise Platz für Abgrenzung haben muß. Seit einiger Zeit ist zu beobachten, daß durch das Fehlen einer einheitlichen Erwachsenenstruktur die Grenzen von Jugend- zu Erwachsenenalter verschwinden, Jugendalter sich zeitlich entgrenzt. Die Suche nach einer eigenen Kultur, nach Abgrenzung eigener (Such)Räume wird für die Jugend immer schwieriger, somit wird es auch immer schwieriger, einen eigenen Standpunkt zu finden. Angebote der älteren Generation zur Betreuung und Begleitung junger Menschen müssen dies berücksichtigen.«[58] Der Geschäftsführer einer Bürgerstiftung führt dazu aus: »Aus unserer praktischen Arbeit wissen wir, daß sich viele ältere Menschen gerne in diesem Sinne engagieren würden, aber keine Möglichkeiten und Zugänge zu solchem Engagement finden. Wichtige Unterstützungsfunktionen können hier lokale Freiwilligenagenturen und -börsen, die an Engagement interessierte Personen und Organisatio-

---

56 Gunda Röstel a.a.O.
57 Dr. Andreas Birkmann, Vorsitzender der Arbeitsgemeinschaft der Deutschen Familienorganisationen AGF, Bonn 26.05.99.
58 Christian Ude a.a.O.

nen zusammenbringen, sowie Wissensbörsen, Seniorenbüros und Selbsthilfekontaktstellen übernehmen.«[59]

Die eigentliche Herausforderung für das Zusammenkommen Älterer und Jüngerer läge in der direkten (von geschickter Hand vorbereiteten) Begegnung in konkreten Praxissituationen, die helfen könnte, Vorurteile abzubauen und das eigentliche Können der anderen kennen- und schätzenzulernen. »Es gilt, mit generationsübergreifenden Angeboten den Dialog zwischen Jung und Alt zu fördern. Das kann nicht bedeuten, nur die Erfahrung der älteren Generation zur Betreuung und Begleitung von jungen Menschen zu nutzen, wenngleich dies ein wichtiger Aspekt ist, sondern es bedarf vielmehr eines generationsübergreifenden Austausches. Dieser gegenseitige Austausch von Erfahrung und Kompetenzen und auch das ›Verantwortung übernehmen für die jeweils andere Generation‹ ist ein entscheidender Faktor.«[60]

Schließlich der Kommentar eines Jugendvertreters selbst: »Es darf in keinem Fall in die Richtung gehen, daß die Älteren sagen, wo es langgeht, weil sie ja schon so schrecklich viel Erfahrung haben. Den größten Dienst, den Ältere aber leisten können, ist zuhören und ernst nehmen und endlich den erhobenen Zeigefinger in die Tasche stecken.«[61]

Zu den in den Briefen genannten Einsatzmöglichkeiten Älterer zur Begleitung Jüngerer sei die folgende Auswahl aufgelistet:
- Spielplatzpatenschaften
- Schulmentorenschaften
- Kinder- und Jugendkulturarbeit
- Familienpatenschaften
- Nachbarschaftshilfen
- Schulweg- und Schulbusbegleitung
- Kinder- und Jugendsportanlagenbetreuung
- Werkstätten für Arbeitslose

Nach diesen eher gesellschaftspolitischen Erwägungen zur Zusammenarbeit der Jüngeren und Älteren sollen jetzt die praktischen Implikationen bezogen auf den konkreten Freiwilligendienst beleuchtet werden. Im Manifest stand dazu folgender Vorschlag:

> »Mentorinnen und Mentoren werden die Jugendlichen im Freiwilligendienst begleiten, sie praktisch beraten und in belastenden oder konflikthaften Situationen ansprechbar sein. Eine weitere Aufgabe dieser Begleitung ist – insbesondere bei Auslandseinsätzen und in international zusammengesetzten Gruppen – die sorgsame Auswahl der Teilnehmenden und die Vor- und Nachbereitung des Einsatzes.«
> Manifest ›Jugend erneuert Gemeinschaft‹

In den Briefen wird (nicht nur von professioneller Seite) die eindeutige Meinung vertreten, daß Ältere, bevor sie als Mentorinnen und Mentoren zum Einsatz kom-

---

59 Adrian Reinert a.a.O.
60 Herbert Schmalstieg a.a.O.
61 Detlef Schlaak, Ring deutscher Pfadfinderverbände, Hamburg 12.05.99.

men, selbst auf ihre Arbeit vorbereitet werden müssen. Aber auch nach entsprechender Schulung seien ehrenamtliche Mentoren nur in der Ergänzung zu hauptamtlichem Fachpersonal einsetzbar. »Ein Begleitsystem mit Mentorinnen und Mentoren ist nur in unterstützender Funktion zu einer professionellen pädagogischen Struktur denkbar. Vor allem wäre für eine entsprechende Qualifizierung der ehrenamtlich Begleitenden zu sorgen.«[62] »An die Begleitung und Betreuung von Freiwilligen sind aus unserer Sicht bestimmte Qualitätsansprüche gestellt, denen nicht vorbereitete Personen kaum gerecht werden können, da der Freiwilligendienst unserer Ansicht nach als Angebot eines sozialen Lernfeldes mit vielfältigen Erfahrungs- und Orientierungsmöglichkeiten verstanden werden muß.«[63]

Die Voraussetzung für das Gelingen des Freiwilligendienstes sei aber nicht nur die Begleitung der Jugendlichen während ihres Engagements, sondern deren Beratung und Auswahl davor. »Der spontane Entschluß von Jugendlichen zum Freiwilligendienst muß in einer soliden Vorbereitung zur verantwortbaren Entscheidung und zum gelingenden Einsatz reifen.«[64] Ziel einer solchen ›Engagement-Beratung‹ sei es »die richtige Person an den richtigen Ort zu vermitteln oder dem Interessenten Engagementsperspektiven zu erschließen, die biographisch für ihn Sinn machen«.[65]

Zu jedem (ideal)typischen Freiwilligendienst – der in erster Linie dem persönlichen und sozialen Wachsen des Jugendlichen diene – gehöre ein gemeinnützig orientierter Projektträger:
- der dem oder der Freiwilligendienstleistenden zu Anfang des Projektes eine Grundeinweisung vermittelt
- ihr oder ihm die persönliche Begleitung durch eine Mentorin oder einen Mentor vermittelt
- sie oder ihn während des Projektes anleitet und unterstützt, bis hin zu ihrer oder seiner technischen und pädagogischen Betreuung
- gegebenenfalls für sie oder ihn eine Sprachausbildung organisiert.

Als das vorrangige Kriterium für den Erfolg von Freiwilligendiensten wird – insbesondere von den damit bereits betrauten Organisationen – die pädagogische Betreuung durch den Träger genannt. Erst hierdurch sei die hohe Qualität bisheriger Einsätze entstanden, erst hierdurch würde der Freiwilligendienst zu einem ›Lerndienst‹. Gleichzeitig stoßen alle Programme durch den damit verbundenen finanziellen Aufwand aber an ihre Grenzen. Könnten mehr Geldmittel durch eine ergänzende Art der Finanzierung eingeworben werden, wäre es möglich, weit mehr Freiwilligenplätze als bisher anzubieten.

»Die pädagogische Begleitung dient der Entwicklung von sozialen Kompetenzen mit Blick auf die eigene Kommunikations-, Kooperations-, Entscheidungs-, Kritik-

---

62 Arbeitskreis Freiwillige Soziale Dienste a.a.O.
63 Gunda Röstel a.a.O.
64 Dr. Eugen Baldas, Leiter des Modellverbundes Freiwilligen-Zentren im Deutschen Caritasverband, Konzeptentwurf ›Freiwilligen-Zentren‹ Dezember 1998 als Anlage zum Schreiben von Prälat Hellmut Puschmann, Präsident des Deutschen Caritasverbandes e.V., Freiburg, 22.04.99.
65 ›Ein Jahr Modellverbund Freiwilligen-Zentren im Deutschen Caritasverband‹, www.caritas.de/2ve/freiw0.1htm

und Konfliktfähigkeit, das Lernen von Beteiligung und Mitbestimmung, die Erarbeitung politischer Handlungsperspektiven sowie die Ermutigung zur gesellschaftlichen Verantwortungsübernahme und Solidarität. Darüber hinaus ermöglicht die pädagogische Begleitung die Persönlichkeitsentwicklung insbesondere des Erlernens von Verantwortungsübernahme für sich selbst, der Sensibilisierung für soziale Fragen, der Förderung von Empathie, der eigenen Kritikfähigkeit, der Erarbeitung eigener Standpunkte, des Akzeptierens eigener Grenzen sowie der Entwicklung eigener persönlicher und beruflicher Lebensperspektiven«.[66]

Angesichts eines solch ambitionierten Anforderungsprofiles wird bereits im Manifest gefordert: »Bei aller erwünschten Vielfalt von Angeboten und Trägern darf die Qualität der Einsatzangebote nicht gänzlich dem Selbstlauf überlassen bleiben. Deshalb sind nach einer Anlaufphase durch Zertifizierung von Trägern und Tätigkeitsfeldern Qualität und Kontrolle zu sichern.«[67] Um auf der anderen Seite gerade die spontanen Zusammenschlüsse von Initiatoren auf lokaler Ebene nicht von vornherein zu verhindern, sollte die Regeldichte einer solchen Zertifizierung, auch langfristig, eher gering sein. Hier gelte es auch in der Zertifizierung neue Wege zu beschreiten, beispielsweise durch eine Art ›Qualitätsbürgen‹. Mehrere Projektträger könnten dabei von einem übergeordneten Träger aus organisiert werden, ähnlich den Wohlfahrtsverbände oder Hilfsorganisationen, die über vielfältige regionale Unterstrukturen verfügen.

Auf der Ebene dieser übergeordneten Träger – zum Beispiel in den bereits existierenden ›Freiwilligenzentren‹ – fände auch die eingangs erwähnte Engagement-Beratung statt, in der vorhandene Projektträger mit interessierten Jugendlichen zusammengebracht werden. Idealerweise gibt es in der Mitte eines jeden Projektes ein ›Halbzeittreffen‹, zum Abschluß eine ›Zertifizierung‹ sowie eine ›Nachbereitung‹. Der Besuch einer Sprachschule wäre eine Option, die vom Projekt abhinge.

Durch das bis hierhin zusammengetragene Meinungsbild zum Freiwilligendienst läßt sich die anfangs skizzierte Grundstruktur eines Freiwilligendienstes, wie sie im Manifest gesehen wird, auf der nächsten Seite anhand der in *Abbildung 3* gegebenen Graphik modifizieren.

5 *Freiwilligendienst als Förderung und Integrationsangebot für benachteiligte Jugendliche – oder die Rolle der Ausländer und der Zuwanderer*

Die fünfte Frage
Die Globalisierung, die Öffnung der Märkte und Kulturen stellt völlig neue Anforderungen. Eine wachsende Gruppe von Menschen, darunter auch zahlreiche ausländische Jugendliche, kommt mit den ständig steigenden Qualifikations- und Anpassungsforderungen nicht zurecht.

---

66 Gunda Röstel a.a.O.
67 Manifest ›Jugend erneuert Gemeinschaft‹ a.a.O.

Abbildung 3: ›Die erweiterte Grundstruktur eines Freiwilligendienstes‹

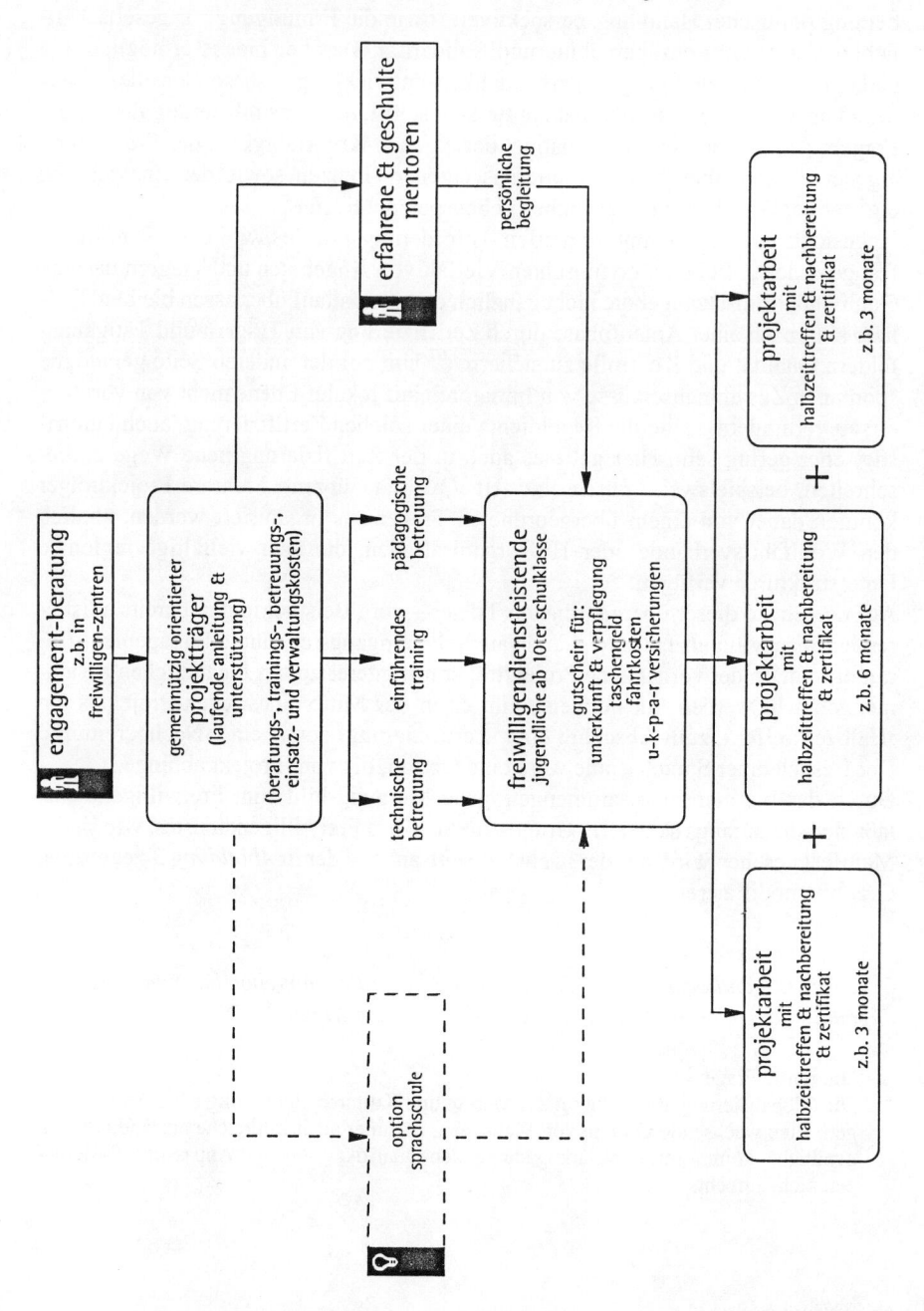

Wie könnte diesen Jugendlichen ein realisierbarer Anspruch auf Leistung eines freiwilligen Dienstjahres eingeräumt werden, in dem sie Anerkennung erfahren und sich praktisch bewähren können?

Die sechste Frage
Von Sozialisationsdefiziten, mangelnden Möglichkeiten staatsbürgerlicher Bildung und gesellschaftlicher Teilhabe sind besonders Kinder ausländischer Zuwanderer betroffen. Wie könnten sich Jugendgemeinschaftsdienste auch als Integrationsangebote gestalten lassen?

Bezüglich der Frage: »Wie können benachteiligte (ausländische) Jugendliche durch freiwillige Gemeinschaftsdienste, in denen sie sich bewähren und Anerkennung erfahren, gefördert werden?« sahen viele der Antwortenden deutliche Grenzen des Freiwilligendienstes. Hier sei vor allem die Schule als Ausbildungs- und Sozialisationsort gefordert. Außerdem seien gerade benachteiligte Jugendliche auf Erwerbsarbeit angewiesen und hätten nicht die finanzielle Grundausstattung zum Dienst an der Gesellschaft.

Ein Oberbürgermeister schreibt dazu: »Es ist zu unterscheiden zwischen der Gruppe von Jugendlichen, deren familiäres Umfeld finanziell die Möglichkeit bietet, für eine Zeit unbezahlten (oder gering vergüteten) Freiwilligendienst zu leisten und der Gruppe, die dringend auf ein eigenes Einkommen angewiesen ist beziehungsweise das zu geringe Familieneinkommen durch Nebentätigkeiten (neben Schule, Studium oder Beruf) aufbessern muß. Diese Gruppe, deren Größe wir für nicht unerheblich halten, kann unbezahlten oder gering vergüteten Freiwilligendienst auf Grund der Lebenssituation nicht ableisten.«[68]

Weisen allen Briefe darauf hin, daß Freiwilligendienstleistende von erfahrenen Praktikern begleitet sein sollten, sei dies bei Jugendlichen aus benachteiligten Gruppen noch bedeutender. Entscheidend für den Erfolg entsprechender Maßnahmen sei dabei, daß »die Jugendlichen dort abgeholt werden, wo sie sich mit ihren Fähigkeiten und Vorkenntnissen befinden«, um Überforderungen, Frustrationen und damit einen vorzeitigen Abbruch oder einen Nichteinstieg in Maßnahmen zu vermeiden.[69]

Gute Chancen hätten in dieser Art vor allem sogenannte ›Tandem-Einsätze‹, in der ein ausländischer Jugendlicher mit einem einheimischen Jugendlichen gemeinsam an einem Projekt arbeiten würden. Auch der Umstand, daß es sich dabei um ein zeitlich und finanziell begrenztes, konkretes Projekt und nicht eine immer wiederkehrende routinemäßig zu erfüllende Aufgabe handelt, sei wichtig, da durch die »Ergebnisorientierung bei Projekten ein greifbarer Erfolg geschaffen werde«[70], der positiv Erfahrungen und Zufriedenheit vermittelt und das Selbstvertrauen für die Bewältigung anderer Aufgaben stärkt. »Das freiwillige Dienstjahr würde auf die gegenständlich-praktische Aneignung von Wirklichkeit ausgerichtet sein und nicht auf die kognitive Anhäufung von Wissen. Soziale Kompetenz ist nicht mit kognitiver Leistung zu verwechseln. Darum könnte ein ›Sozialpraktikum‹ auch kognitiv

---

68 Christian Ude a.a.O.
69 Herbert Schmalstieg a.a.O.
70 Herbert Schmalstieg a.a.O.

schwächeren Schülern Erfolgserlebnisse ermöglichen«, schreibt ein Vertreter einer Bürgervereinigung.[71]
In vielen der Briefe wird an die europäische Dimension der Initiative erinnert, vor der die Integration ausländischer Jugendlicher in einem neuen umfassenderen Sinne zu verstehen sei. »Mit jedem Tag wächst Europa näher zusammen. Freiwillige Dienste von Jugendlichen auf einer harmonisierten europäischen Ebene könnten dieses Zusammenwachsen auf unkomplizierte Art über Grenzen hinweg fördern.«[72] »In einer globalen Welt kann die Einübung von Gemeinsinn sicherlich nicht an den nationalen Grenzen Halt machen.«[73]
Das könne etwa bedeute, Tandem-Einsätze nicht nur hier, sondern auch in dem jeweiligen Herkunftsland des ausländischen Jugendlichen auszurichten. Beide wären dann einmal in der ›Rolle des Ausländers‹ und in der ›Rolle des Tutors‹. »Ja, ›Jugendgemeinschaftsdienste‹ sollten ein grenzüberschreitendes Vorhaben sein«, betont ein Vertreter einer Bürgervereinigung. Durch den Aufbau von Freiwilligendiensten im europäischen Rahmen würde von vornherein die Unterscheidung von ausländischen und nicht-ausländischen Jugendlichen wegfallen. Ein Bürgermeister ergänzt: »Integration ist auf keinen Fall einseitig zu verstehen. Durch einen wechselseitigen Austausch kann bei allen Beteiligten eine interkulturelle Kompetenz weiterentwickelt und gefördert werden. Eine interkulturelle Öffnung ist dabei auch auf Seiten der Träger erforderlich.«[74]
Auf die Frage, wie sich Jugendgemeinschaftsdienste als Integrationsangebote (für Kinder ausländischer Zuwanderer) gestalten ließen, kamen ähnliche Antworten wie zur vorangegangenen Frage nach den (benachteiligten) ausländischen Jugendlichen: Jugendgemeinschaftsdienste seien nicht in der Lage, gesamtgesellschaftliche Defizite zu kompensieren und aufzufangen. »Freiwilligendiensten wird zuviel aufgebürdet, wenn sie Defizite in Familie, Schule und Nachbarschaft ausgleichen sollen. Freiwilligenarbeit kann hier nur ein ergänzender ›Lernort‹ sein.«[75] »Berufliche oder schulische Ausbildung hat für ›benachteiligte‹ Jugendliche immer Vorrang vor Gemeinschaftsdiensten«, schreibt ein Vertreter der angeschriebenen Hilfsorganisationen.
Versuche einer Integration scheiterten oft an den Jugendlichen selbst. So seien junge Aussiedler oftmals gegen Integration, da nicht sie die Auswanderung betrieben hätten sondern ihre Eltern. »Angesichts unserer Erfahrungen hegen wir Zweifel, inwieweit vor allem die Gruppe der ausländischen beziehungsweise der Aussiedlerjugendlichen wirklich Interesse an einem freiwilligen Dienstjahr hat.«[76] Auch hier die Betonung von professioneller Begleitung der Jugendlichen: »Alle Bemühungen, die Zielgruppe ›benachteiligte‹ Jugendliche in Freiwilligendienste zu integrieren, müssen eine besondere Betreuungsstruktur und besondere Förderstruktur haben, müssen

---

71 Carl-Christoph Schweitzer a.a.O.
72 Guiseppe Vita a.a.O.
73 Jürgen Strube a.a.O.
74 Herbert Schmalstieg a.a.O.
75 Arbeitskreis Freiwillige Soziale Dienste a.a.O.
76 Elfriede Ohrnberger, Stadträtin der Stadt Augsburg 19.05.99.

eng auf die biographischen Erfahrungen und Bildungsvoraussetzungen der Jugendlichen abgestimmt sowie flexibel im Einsatzfeld und im Einsatzzeitraum sein. Wichtig ist, daß die Einsatzfelder in einem Zusammenhang mit dem Lebensumfeld der jungen Menschen stehen.«[77] »Wenn sozial belastete oder nichtdeutsche junge Menschen Probleme beim Übergang von der Jugend- und Bildungsphase in den Beruf und in das Erwachsenenleben haben sollten, müssen gezielt sozialpädagogisch begleitete oder interkulturell wirksame Ausbildungs- und Arbeitsangebote gemacht werden. Unter dem Mantel bürgerschaftlichen Engagements darf keine ›Warteschleife‹ für ansonsten chancenlose Jugendliche installiert werden.«[78]
Einer der Briefe bezweifelt, ob es überhaupt die perfekte Integration geben Müsse: »Wir werden in Zukunft mehr und mehr in einer Gesellschaft mit unterschiedlichen Kulturen leben. Das sollte bewußt reflektiert werden«, gibt ein Kirchenvertreter zu bedenken.[79] Warum würde in unseren Schulen statt Deutsch für Ausländer so wenig Türkisch und Russisch für Deutsche angeboten?

6 Die Finanzierung von Freiwilligendiensten – oder die Rolle der privaten und öffentlichen Hand

Die achte Frage
Das Konzept der Kommission sieht einen Ausbau der Freiwilligenplätze auf 100.000 in den nächsten Jahren vor. Die Grundfinanzierung – etwa die Hälfte der aufzuwendenden Mittel – soll über einen aus den öffentlichen Haushalten gespeisten ›Stiftungsfonds für Freiwilligendienste‹ geleistet werden. Die Kofinanzierung soll aus dem gesellschaftlichen Raum heraus – über Privatspenden, ›Social Sponsoring‹ der Wirtschaft, Bürgerstiftungen – aufgebracht werden.
Wie schätzen Sie dieses Finanzierungsmodell aus öffentlich-privater Partnerschaft ein? Welche Möglichkeiten eines privaten und unternehmerischen Sponsoring sehen Sie?

Die Antworten zu dem im Manifest vorgestellten Finanzierungsmodell sind zurückhaltend, wenn auch größtenteils zustimmend. »Allerdings halte ich es für dringlicher, zunächst in einer breiten gesellschaftlichen Diskussion zu klären, in welcher Form und mit welchen Inhalten, Zielen und Schwerpunkten die Freiwilligendienste ausgebaut werden sollten.«[80] Entscheidend für das Funktionieren eines solchen Finanzierungsmodelles sei die gesellschaftlich öffentliche Anerkennung der Freiwilligendienste und »ihre Verankerung im allgemeinen Bewußtsein als ›moralische Verpflichtung‹ eines jeden Staatsbürgers«.[81] »Die im Manifest anvisierten 100.000 Freiwilligenplätze sind sicherlich eine anstrebenswerte Größenordnung. Allerdings ist diese Zahl mit Vorsicht zu benutzen, da die damit verbundenen Kosten von Gegnern eines Freiwilligengesetzes als Argument genutzt werden könnten, das Projekt

---

77 Jürgen Gohde a.a.O.
78 Christian Ude a.a.O.
79 Hartmut Löwe a.a.O.
80 Hartmut Löwe a.a.O.
81 Hans Maier a.a.O.

zu torpedieren.«[82] So nennt denn auch die Bundesregierung – obwohl sie die Initiative insgesamt als sinnvoll bezeichnet – die Finanzierung der angestrebten Plätze »staatlicherseits nicht darstellbar«.[83]

Bei der Frage nach der Kofinanzierung aus dem gesellschaftlichen Raum weisen viele Antwortbriefe auf die Überstrapazierung des zur Mode gewordenen Sponsoring und die schärfer werdende Konkurrenz unter den Bewerbern hin; gerade auch durch die der öffentlichen Einrichtungen. »Social Sponsoring steht in Konkurrenz zu Öko-, Sport und Kultur-Sponsoring. Wenn diese Form genutzt werden soll, ist ein professionelles Vorgehen erforderlich, hier sind oftmals gerade die Träger überfordert.«[84]

»Für privates Sponsoring«, schreibt der ehemaliger Kultusminister, »sehe ich um so größere Chancen als der einzelne interessierte und spendenwillige Bürger Nutzen und Ertrag seiner Spenden sieht und verfolgen kann. Dies erlaubt ihm – im Gegensatz zu den ansonsten anonymen Spendenaktionen – persönliche Anteilnahme und Verantwortung für das geförderte Projekt und den einzelnen Jugendlichen.«[85]

Er führt weiter aus: »Unternehmerisches Sponsoring, die Wahrnehmung von ›corporate citizenship‹ (wie die inzwischen durchaus populäre Devise in der angelsächsischen Welt heißt), sollte sich – zum wahrnehmbaren Nutzen des Unternehmens – vorwiegend im lokalen Umfeld entfalten, in der Stadt, in der Region, in einem sozialen Brennpunkt.«[86] »Wer den Einsatz der Mittel direkt selbst bestimmen kann und auch erkennt, welche Erträge sich daraus ergeben, ist in viel höherem Masse bereit, Gelder zu investieren.«[87]

Demgemäß wird vorgeschlagen, privates Sponsoring in konkreten Projekten vorrangig lokal einzusetzen, während die öffentliche Förderung überregional den Gesamtbestand der Initiative sichern Müsse. Um die Finanzlast der lokalen Ebene auf mehrerer Schultern zu verteilen, sollten sich die Kofinanzierenden in Netzwerken zusammenschließen, denen dann beispielsweise folgende Partner angehören können:

- Banken
- Ausbildungsbetriebe
- Schulen
- Hochschulen
- Betriebe
- Jugendämter
- Wohlfahrtsverbände
- Theater
- Museen
- Handwerkskammern[88]

---

82 Hans Joachim Meyer a.a.O.
83 Frank-Walter Steinmeier a.a.O.
84 Herbert Schmalstieg a.a.O.
85 Hans Maier a.a.O.
86 Hans Maier a.a.O.
87 Jürgen W. Möllemann, Vorsitzender des Ausschusses für Bildung, Wissenschaft und Technikfolgeabschätzung, Bonn 07.06.99.
88 Wilhelm Polte a.a.O.

Gerade die Unternehmen sollten ein Interesse daran haben, daß junge Menschen sich in Freiwilligendiensten engagieren, fördere es doch die von ihnen verlangten ›soft skills‹, schreibt ein Schülervertreter. »Das unternehmerische Sponsoring ist infolgedessen unverzichtbar.«[89]

Die eigentlichen Probleme der Kofinanzierung – wenn auch nur in wenigen Briefe so deutlich ausgesprochen – läge aber weniger auf Seiten der privaten Unterstützung durch Personen und Unternehmen als auf Seiten der öffentlichen Hand, hier vor allem der Kommunen. »Das im Manifest vorgeschlagene Finanzierungsmodell ist aus meiner Sicht nicht realisierbar. Auf Grund der unzureichenden Finanzausstattung der kommunalen Haushalte sowie der damit verbundenen Haushaltskonsolidierung (Streichung freiwilliger Ausgaben) ist die Finanzierung der beschriebenen Aufgabe nicht zu leisten«, so ein Stadtoberhaupt aus den neuen Bundesländern.[90] Aber auch die Städte der alten Bundesländer stoßen an die gleichen finanziellen Grenzen, »neue Initiativen sind kaum mehr finanzierbar.«[91] Deshalb seien völlig neue Wege der Finanzierung zu entwickeln. »In der Organisation und Finanzierung von Freiwilligendiensten strukturell neue Wege zu gehen, halte ich für zwingend. Unzureichend wäre eine bloße Ausweitung der bestehenden gesetzlich geregelten Dienste (Freiwilliges Soziales Jahr und Freiwilliges Ökologisches Jahr), die aufgrund der festgeschriebenen hohen Standards und der finanziellen Implikation für die öffentlichen Haushalte schnell an Grenzen stieße.«[92]

Auch die Wirtschaft hält »finanzielle Überlegungen zu einem so frühen Zeitpunkt für problematisch – ebenso das zentrale Finanzierungsmodell. Die Suche nach zündenden Ideen und jugendgemäßer Herausforderung sollte von Haushaltsüberlegungen getrennt sein, die Finanzierungsart, wenn möglich, eingebunden in das soziale Engagement und seine dezentrale Organisation.«[93] Zum Thema ›social sponsoring‹ gelte es – so die meisten Unternehmensvertreter – die noch nicht ausdiskutierten Möglichkeiten von Steuererleichterungen abzuwarten. Verwiesen wird dabei auf die deutlich bessere Spendenmentalität sowie die weit großzügigere Stiftungsgesetzgebung gerade in den USA. Dort gibt es rund 4.000 Stiftungen, die über mindestens einer Million Dollar verfügen und jährlich 100.000 Dollar davon ausgeben.[94]

Ein Gesetzentwurf der FDP vom März dieses Jahres – bei dessen Vorstellung daran erinnert wurde, daß sich das private Geldvermögen in Deutschland auf 5.200 Milliarden Mark belaufe und in den nächsten Jahren jährlich etwa 250 Milliarden Mark vererbt werde – hat demgemäß das Ziel, die Rahmenbedingungen für Stiftungen zu verbessern, insbesondere um den Anteil von Mitteln für gemeinnützige Zwecke zu erhöhen. In Deutschland solle danach die für Einkommen- und Körperschaftssteuer anzuwendenden Sätze über die Abzugsfähigkeit von Spenden für gemeinnützige

---

89 Philipp Mißfelder, Bundesvorsitzender der Schülerunion Deutschlands, Berlin 28.04.99.
90 Waldemar Kleinschmidt a.a.O.
91 Christian Ude a.a.O.
92 Hans Maier a.a.O.
93 P. Haase/C.J. Schilgen, Volkswagen Coaching Gesellschaft, Wolfsburg 04.05.99
94 Otto, Sprecher der Bundestagsfraktion der FDP, zitiert nach einem Artikel der Süddeutschen Zeitung vom 23. März 1999 ›Geld für Gemeinnutz‹.

Zwecke von derzeit 5 auf 20 Prozent erhöht werden, beziehungsweise die Errichtung von Stiftungen von Todes wegen generell von der Steuer befreit werden.[95]
Aus den Antworten kann insgesamt geschlossen werden, daß die im Manifest anvisierte Aufstockung der Mittel für Freiwilligendienste nach dem Wegfall des Zivildienstes durch einfache Umwidmung der freiwerdender Gelder so nicht realisierbar ist, da es in nicht unerheblichen Masse erforderlich sein wird, die dort freiwerdenden Gelder – im Manifest war von gegenwärtig »circa 2,7 Milliarden Mark für etwa 140.000 Plätze« die Rede – in die Konversion von angemessen bezahlten Fachkräften fließen zu lassen.

Auch vor diesem Hintergrund gelte es für den Aufbau von Freiwilligendiensten von vornherein neue Wege der Finanzierung zu gehen.

Ergebnis und Ausblick

>»Es muß ein schneller erster Schritt getan werden! Jugendliche, die bereit sind, sich unentgeltlich für andere Menschen oder für die Umwelt zu engagieren, dürfen nicht länger enttäuscht werden. Wenn freiwilliges Engagement, ein tragendes Element jeder Bürgergesellschaft, nicht abgerufen wird, nimmt die Gemeinschaft Schaden. Das Gemeinwesen kann es sich nicht länger leisten, den guten Willen Tausender Jugendlicher zu ignorieren und ihre Bereitschaft zum Engagement brachliegen zu lassen. Die reiche Industrienation Deutschland muß kurzfristig in der Lage sein, hier ein bedeutendes Signal zu setzen, das auch international Beachtung findet.«
>
> Manifest ›Jugend erneuert Gemeinschaft‹

Der in den Briefen dokumentierte Konsens über Inhalt und Wert von Freiwilligendiensten und die Bereitschaft, sich für eine schnelle Umsetzung der Initiative persönlich einzubringen, sind groß. Das durch die Frageaktion des Bundespräsidenten generierte Material an Vorschlägen und Ideen, Hinweisen und Bedenken, Zusprüchen und Unterstützungen mit fast 800 Antworten in mehr als 100 Briefen lassen in vielfältiger Weise ein Bild der zu ergreifenden Möglichkeit erkennen.

Die Ergebnisse lassen sich zu acht Kernpunkten verdichten:
1. Viele Jugendliche zeichnen sich durch hohe Bereitschaft zu gesellschaftlichem Engagement aus. Darauf gelte es, besser einzugehen, indem vorhandene und mögliche Angebote besser identifizierbar und zugänglich gemacht werden.
2. Freiwilligendienste seien attraktiv und lebensorientiert, wenn Jugendliche und Gesellschaft gleichermaßen in ihnen Sinn und Nutzen erkennen. Je vielfältiger die Träger und je größer das Themenspektrum, um so besser.
3. Freiwilligendienste sollten nicht auf eine einheitliche Dauer eines Jahres fixiert sein, sondern eine flexible Handhabung auch in kürzeren Abschnitten ermöglichen. Ein praktisches gemeinschaftsbildendes Orientierungsjahr im Rahmen

---

95 Otto a.a.O.

der schulischen Allgemeinbildung wird abgelehnt. Weder vertrüge sich ein Pflichtjahr mit den Idealen einer Bürgergesellschaft, noch dürfe die bereits zu lange Schulzeit um eine weiteres Jahr verlängert werden. Die Schule wird aufgefordert, stärker Elemente freiwilligen gemeinnützigen Engagements in ihre Lehrpläne aufzunehmen.

4. Die Erwartungen an Freiwilligendienste dürften nicht falsch gesetzt werden. Sie sollen nicht dazu dienen, gesamtgesellschaftliche Defizite zu kompensieren. Wesentlich für deren Erfolg sei die adäquate Begleitung der jugendlichen Freiwilligen. Eine Begleitung durch ehrenamtliche Mentorinnen und Mentoren sei denkbar, aber nur unterstützend zu einer professionellen Begleitung durch die jeweiligen Träger. Gerade in der Gewährleistung dieses kostenintensiven Standards läge die eigentliche Herausforderung zur Finanzierung von Freiwilligendiensten.

5. Ein ›Auseinanderdriften der Generationen‹ wird in dieser vereinfachten Aussage nicht bestätigt. Woran es mangele, seien Begegnungsanlässe und Begegnungsorte. Der Austausch von Erfahrung und Kompetenzen zwischen Jung und Alt Müsse grundsätzlich in beide Richtungen erfolgen. Beide Gruppen müßten Verantwortung übernehmen für die jeweils andere Generation.

6. Bezüglich der Integration und Förderung benachteiligter (ausländischer) Jugendlicher gäbe es deutliche Grenzen für den Freiwilligendienst. Am aussichtsreichsten seien hier sogenannte ›Tandem-Einsätze‹, bei denen ein ausländischer Jugendlicher zusammen mit einem einheimischen Jugendlichen gemeinsam an einem Projekt arbeitet.

7. Unabdingbar zur Umsetzung der Initiative sei eine breitangelegte, gemeinsam von Wirtschaft, Wohlfahrtsverbänden, Stiftungen und Medien getragen Kommunikationskampagne, die auf eine zuvor entsprechend entwickelte Infrastruktur aufsetzen muß. Was bisher fehle – auch den bereits bestehenden Einrichtungen freiwilligen gemeinnützigen Engagements, wie dem Freiwilligen Sozialen Jahr, dem Freiwilligen Ökologischen Jahr, dem Europäischen Freiwilligendienst und den verschiedenen nichtstaatlichen Angeboten – sei ein allen gemeinsamer frischer Identifizierungsbegriff. Freiwilligendienst müsse als Lerndienst begriffen werden, der weder in Konkurrenz zu bestehenden Sozialdienstleistungen steht, noch Ausbildungsplätze vernichtet. Auch eine deutliche Unterscheidung zum bisherigen Zivildienst wird angeraten.

8. Die Kofinanzierung von Freiwilligendiensten durch die öffentliche Hand und privates Sponsoring wird allgemein begrüßt, wobei darauf hingewiesen wird, daß insbesondere die Kommunen bereits an die Grenzen ihrer finanziellen Belastbarkeit gelangt sind. Auch vor einer Überstrapazierung des zur Mode gewordenen Sponsoring wird gewarnt. Insgesamt gelte es neue Wege zu gehen. Privates Sponsoring sei in möglichst konkreten Projekten vorrangig lokal einzusetzen. Um die Finanzlast der lokalen Ebene auf mehrerer Schultern zu verteilen, sollten sich die Kofinanzierenden in Netzwerken zusammenschließen.

Zum Abschluß sei aus dem Antwortbrief die Bemerkung eines Stadtoberhauptes zitiert, die in ihrer prägnanten Form den Appell des Manifests aufgreift und so als Schlußwort dieser Auswertung dienen soll: »Kreative Ideen sind im ausreichenden Maße vorhanden. Jetzt ist der Ansporn zu deren Erprobung und zum Beschreiten neuer Wege erforderlich.«[96]

96 Herbert Schmalstieg a.a.O.

Ausgewählte Antwortschreiben aus Wirtschaft, Gesellschaft und Politik

In Ergänzung zu der vorstehenden ausführlichen Auswertung der Frageaktion des Bundespräsidenten Roman Herzog, wird hier eine kleine Auswahl von Briefen der Befragten präsentiert. Die aus 107 Antworten mit insgesamt über 500 Seiten ausgewählten 14 Stellungnahmen aus den Bereichen Wirtschaft, Gesellschaft und Politik spiegeln das engagierte Interesse, die Ideenvielfalt und das z.T. profunde Erfahrungswissen über die Materie der Freiwilligendienste in unserer Gesellschaft wider.

Der Dokumentation vorangestellt haben wir eine Gemeinsame Erklärung des amtierenden Bundespräsidenten Johannes Rau und der drei ehemaligen Bundespräsidenten Roman Herzog, Richard von Weizsäcker und Walter Scheel, die kurze Zeit nach Abschluß der Frageaktion verfaßt wurde. Anläßlich der 50. Wiederkehr der Wahl des ersten Bundespräsidenten am 12. September 1949 wird darin prägnant und mit prominenter Stimme die Frage nach dem aktuellem Zustand unserer Demokratie und nach deren Zukunftschancen aufgeworfen. Mit Blick auf das zukünftige Verhältnis der Generationen heißt es darin u.a.: »Jeder Jugendliche sollte die Möglichkeit haben, sich in Diensten für die Gemeinschaft, durch Patenschaften oder anderen Formen freiwillig zu engagieren.«

Im einzelnen werden zitiert:
- Johannes Rau, Roman Herzog, Richard von Weizsäcker, Walter Scheel, Gemeinsame Erklärung des amtierenden Bundespräsidenten und der drei ehemaligen Bundespräsidenten
- Heribert Johann, Boehringer Ingelheim, Sprecher der Unternehmensleitung
- Erwin Staudt, IBM Deutschland, Vorsitzender der Geschäftsführung
- Franz Schoser, Deutscher Industrie- und Handelstag, Hauptgeschäftsführer
- Hans Maier, Kultusminister a.D., Institut für Philosophie, Maximilians-Universität München
- Murat Cakir und Ulrike Okenwa-Elem, Bundesausländerbeirat, Vorsitzender und Geschäftsführerin
- Hans Joachim Meyer, Zentralkomitee der Deutschen Katholiken, Präsident
- Hellmut Puschmann, Deutscher Caritasverband, Präsident
- Jürgen Gohde, Diakonisches Werk der EKD, Präsident
- Klaus Schmucker, Arbeitsgemeinschaft Evangelischer Jugend, Generalsekretär
- Carl Christoph Schweitzer, Aktion Gemeinsinn, Vorstandsvorsitzender
- Frank-Walter Steinmeier, Bundeskanzleramt, Staatssekretär
- Gunda Röstel, Bündnis 90/ Die Grünen, Bundesvorstandssprecherin
- Angelika Merkel, CDU, Generalsekretärin

- Wolfgang Gerhardt, F.D.P., Bundesvorsitzender
- Wilhelm Polte, Landeshauptstadt Magdeburg, Oberbürgermeister
- Herbert Schmalstieg, Landeshauptstadt Hannover, Oberbürgermeister

Johannes Rau, Roman Herzog, Richard von Weizsäcker, Walter Scheel

Gemeinsame Erklärung des amtierenden Bundespräsidenten und der drei ehemaligen Bundespräsidenten vom 12. September 1999 anläßlich der 50. Wiederkehr der Wahl des ersten Bundespräsidenten am 12. September 1949

I.

Am 12. September 1999 jährt sich zum fünfzigsten Male der Tag, an dem Theodor Heuss, im Jahr der Gründung der Bundesrepublik Deutschland, zum ersten Bundespräsidenten gewählt wurde.

Aus diesem Anlaß möchten wir an die Anfänge unserer Demokratie nach dem Ende des Zweiten Weltkrieges und der NS-Diktatur erinnern und an die bleibenden Verdienste, die sich Theodor Heuss während seiner zehnjährigen Amtszeit bei der Begründung unserer Demokratie als Staats- und als Lebensform erworben hat.

Angesichts der neuen demokratiepolitischen Herausforderungen, vor denen wir in Deutschland und Europa stehen, haben zwei seiner Maximen, die er vor und nach seiner Wahl am 12. September 1949 beschworen und die er zeit seines Lebens befolgt hat, heute noch und heute wieder aktuelle Gültigkeit.

Einmal ist es die mahnende Besorgnis:

»*Wenn unsere Verfassung nicht im Bewußtsein und in der Freude des Volkes lebendig ist, bleibt sie eine Geschichte von Machtkämpfen der Parteien, die wohl nötig sind, aber nicht ihren Sinn erfüllen....*«

zum anderen die Meinung, daß

»*Demokratie keine Glücksversicherung ist, sondern das Ergebnis politischer Bildung und demokratischer Gesinnung*«.

II.

Vor diesen beiden grundlegenden Sätzen seines demokratischen Credos muß sich unsere Verfassungswirklichkeit einigen besorgten Nachfragen stellen:

Wie ist es heute um die *politische Bildung* und die demokratische Gesinnung in unserem Lande bestellt? Bemühen wir uns ausreichend darum, daß junge Menschen die demokratische Lebensform lernen können, damit Erfahrung und Bewährung möglich werden?

Ist unsere *Verfassung* »*im Bewußtsein und in der Freude des – nun wiedervereinten – Volkes lebendig*«, und ist es nach der glücklichen Vereinigung des 40 Jahre geteilten deutschen Volkes ausreichend gelungen, unsere geschriebene und gelebte Verfassung zur Verfassung aller Deutschen werden zu lassen? Wie kann bisher Versäumtes nachgeholt werden?

Sind wir uns bewußt, daß unsere *repräsentative Demokratie* im Zeitalter globaler Veränderungen mehr denn je des Engagements der Bürger und ihrer Mitwirkung und Teilhabe an politischen Aufgaben bedarf?

Haben unsere *Parteien* und gesellschaftlichen Institutionen schon ausreichend erkannt, daß aus diesem Grund jeder am Gemeinwohl orientierte Einsatz in sozialen, humanitären, kulturellen und ökologischen Feldern ermutigt und gefördert werden sollte?

Sind sich unsere *Parteien* – über die nötige politische Konkurrenz hinaus – ihrer Mitverantwortung für die Entfaltung demokratischer Lebensformen und Gesinnungen ausreichend bewußt und geben sie selber genügend glaubwürdige Beispiele für ihre eigene Lernfähigkeit und Erneuerungsbereitschaft?

Was können unsere *Parlamente – von den Gemeinden bis nach Straßburg und Brüssel –* tun, damit sie ihre Aufgabe als Foren demokratischer Öffentlichkeit besser erfüllen und überzeugender praktizieren, weil die vom Volk als »Vertreter des Volkes« gewählten Repräsentanten »nur ihrem Gewissen verpflichtet« und trotz aller Einflußnahme von wirtschaftlichen und anderen Einzelinteressen »an Aufträge und Weisungen nicht gebunden« sind?

Funktioniert die *Aufgabenverteilung zwischen Legislative und Exekutive*, zwischen Bund, Ländern und Gemeinden? Was muß geschehen, um die Leistungs- und Handlungsfähigkeit unserer föderalen Ordnung, unabhängig von den Mehrheitsverhältnissen in Bund und Ländern, zu stärken?

III.

Es ist nicht die Aufgabe der Unterzeichner, konkrete Lösungsvorschläge für Probleme, Schwachstellen und Defizite in unserer Verfassungswirklichkeit zu machen. Dennoch fühlen sie sich – im Geiste der Maßstäbe, die Theodor Heuss gesetzt hat – berechtigt und verpflichtet, zusammenfassend festzustellen:

Für die Stabilität und Anziehungskraft unserer Demokratie ist ihre Entfaltung und Stärkung als Lebensform unabdingbar. Wir können und sollen nicht alles vom Staat, von Sicherungssystemen und Großorganisationen erwarten. Erst die Vielfalt der Freiheiten und Verantwortlichkeiten, Initiativen und Engagements, Freiwilligkeit und Verpflichtungen – also eine verantwortungsbereite Bürgergesellschaft – halten das Gemeinwesen zusammen.

Darum brauchen wir neben staatlichem Handeln, das gleiche Lebenschancen für alle fördert, das am Gemeinwohl orientierte Engagement möglichst vieler Bürgerinnen und Bürger für soziale, humanitäre, kulturelle und ökologische Aufgaben. Dafür sollen vielfältige Gelegenheiten geschaffen und Wege geebnet werden.
Dazu gehört beispielsweise auch, daß das Steuer- und Arbeitsrecht, das Gemeinnützigkeits- und Stiftungsrecht entsprechend gestaltet sind. Wir brauchen »Stifter«, die mit Geld oder mit Zeit gemeinnütziges Engagement fördern.
Vor allem muß die junge Generation stärker als bisher von klein auf in demokratische Lebensformen und soziales Verhalten hineinwachsen können. Familie und Schule sollen beides vorleben, Erfahrungen damit weitergeben und Bewährung möglich machen. Jugendliche sollen erleben, daß sie gebraucht werden und etwas leisten können, im Beruf, in der Gesellschaft, in der Demokratie. Jeder Jugendliche sollte die Möglichkeit haben, sich in Diensten für die Gemeinschaft, durch Patenschaften oder anderen Formen freiwillig zu engagieren.
An die Älteren gerichtet: Wir müssen die Jugend auch machen lassen, ihr Freiräume schaffen, Vertrauen schenken und Verantwortung in Gremien und Organisationen übertragen. Nur so werden wir ihre Begeisterungsfähigkeit und schöpferische Kraft für unsere Gesellschaft erhalten und stärken können und damit eine Brücke zwischen den Generationen bauen.

Heribert Johann

Boehringer Ingelheim

Sprecher der Unternehmensleitung

Ich freue mich, Ihnen mitteilen zu können, daß wir dem Thema der Ausbildung benachteiligter Jugendlicher in Südafrika seit längerer Zeit nachgehen. Bereits vor rund 5 Jahren haben wir uns mit diesem Thema beschäftigt und uns entschlossen, Unterstützung bei der Ausbildung angehender Mediziner – ein Thema, das einem Pharma-Unternehmen wie Boehringer Ingelheim GmbH naturgemäß naheliegt – zu leisten.
In diesem Programm sind zu Beginn des Jahres 1992 zunächst 8 »unterprivilegierte« junge Mediziner im 7. und 8. Jahr ihres Studiums einbezogen worden. Wir haben die Anzahl der Teilnehmer laufend erhöht; sie wird in 1998 bei insgesamt 12 liegen und auf maximal 24 Teilnehmer beschränkt sein.
Unsere Förderung umfaßt alle Kosten des Studiums einschließlich der Unterbringungskosten, der Ausgaben für Fachliteratur und der Reisekosten zu den jeweiligen Wohnorten der Studenten. Die Auswahl der Teilnehmer für das Programm erfolgt durch einen Ausschuß, der von Angehörigen der Universität und unserem medizinischen Direktor in Südafrika zusammengesetzt ist.

Daneben werden die Teilnehmer regelmäßig von den Medizinern unserer südafrikanischen Tochtergesellschaft beraten und betreut. In diesem Rahmen finden regelmäßige Besuche bei unserer Tochtergesellschaft statt. Die dabei geführten Diskussionen sollen den Teilnehmern zusätzliche Informationen und Hilfestellungen und uns einen Überblick über die Entwicklungsfortschritte der Programmteilnehmer bieten. Im letzten Jahr haben wir für die Programmteilnehmer eine Deutschlandreise veranstaltet und dabei auch Kontakte mit der Medizinischen Fakultät der Universität Mainz ermöglicht.
Nach dem Inhalt Ihres Schreibens, sehr geehrter Herr Staatssekretär, habe ich den Eindruck, daß wir mit unseren Aktivitäten bereits weitgehend auf der Linie der von dem Herrn Bundespräsidenten angestoßenen Initiative liegen. Ich vermag die Frage nicht zu beurteilen, in welchem Rahmen Sie unser Projekt nachträglich in Ihre Überlegungen einbeziehen können. Ich bitte jedoch um Ihr Verständnis, daß wir uns gern in Zukunft weiterhin auf diese Firmeninitiative konzentrieren möchten.

Erwin Staudt

IBM Deutschland

Vorsitzender der Geschäftsführung

Das Thema Freiwilligendienste ist aus vielerlei Gründen ein sehr spannendes Gebiet, und deshalb freut es mich, daß sich der Bundespräsident des Themas annimmt und die öffentliche Diskussion anstößt. Gerne beteiligen wir uns an dieser Diskussion. Ich sende Ihnen, wie erbeten, einige erste Gedanken zu diesem Thema.
Wichtig ist zunächst, daß ein die Wünsche der Jugendlichen befriedigendes Angebot bereit steht, welches der Nachfrage entspricht. Dieses gilt es mittelfristig zu schaffen.
Es ist eine immer wieder vorgetragene Forderung der IBM, Schlüsselqualifikationen wie Sozialkompetenz in der schulischen Ausbildung verstärkt zu vermitteln. Ein praktisches gemeinschaftsbildendes Orientierungsjahr ist allerdings kritisch zu bewerten, wenn es zu einer Verlängerung der Schulzeit führt. Wie Sie wissen, sind Schulabgänger in Deutschland im weltweiten Vergleich ohnehin zu alt.
Auch mir erscheint es wichtig, die Erfahrung der älteren Generation verstärkt zu nutzen. In vielen Kommunen gibt bereits entsprechende Projekte, die darauf basieren, daß die öffentliche Hand als »Vermittlungs- und Kontaktbörse« arbeitet und ehrenamtliches Engagement vermittelt. Ältere
Menschen sind oftmals gerne bereit, ihre Erfahrungen einzubringen. Auch die IBM nutzt bspw. das Wissen ihrer Pensionäre und setzt diese in ihrem Dozenten- und Vortragsprogramm ein.

Die Diskussion, wie künftige Erwerbsbiographien aussehen könnten, unter anderem zum Beispiel unter gleichberechtigter Einbeziehung gesellschaftlichen Engagements, hat begonnen und verspricht sehr interessant zu werden. Für eine abschließende Bewertung ist es allerdings noch zu früh.

Die im »Manifest für Freiwilligendienste in Deutschland und Europa« enthaltenen Vorschläge zur Organisation der Angebote klingen plausibel und umsetzbar. Wichtig bei den angebotenen Stellen ist allerdings, daß die beteiligten jungen Menschen in Schlüsselbereichen wie Sozialkompetenz, Teamwork, evtl. auch Erlernung oder Vertiefung einer Fremdsprache nachhaltig gefördert werden. Die Beteiligung ausländischer Jugendlicher ist dabei genauso wünschenswert wie notwendig. Denn sie dient nicht nur der besseren Integration, sie vermittelt auch die Fähigkeit zur interkulturellen Zusammenarbeit. Eine Fähigkeit, die gerade in einem internationalen Unternehmen wie der IBM unabdingbar ist.

Attraktiv sind die Stellen im Freiwilligendienst vor allem dann, wenn die Jugendlichen sehen, daß die o.g. Ziele für sie erreichbar sind. Außerdem müssen die Tätigkeitsfelder spannend sein, so daß Bereiche wie Umweltschutz, Arbeit mit Kindern, Friedensarbeit und Entwicklungshilfe sicher prädestiniert sind. Entsprechend den Vorschlägen der Kommission sollte die Aufwandsentschädigung deutlich angehoben werden und nicht hinter den Bezügen für Wehr- und Zivildienstleistende zurückbleiben.

Abschließend bleibt mir anzumerken, daß eine Mobilisierung von privaten Ressourcen durchaus möglich erscheint. Allerdings müssen wir hier innerhalb der Wirtschaft noch in einen Gedankenaustausch eintreten, dessen Ergebnis ich nicht vorgreifen will.

Ich freue mich, wenn meine Gedanken zum Thema Freiwilligendienste Ihre Diskussion voran bringen und stehe Ihnen für weitere Fragen selbstverständlich gerne zur Verfügung.

Franz Schoser

Deutscher Industrie- und Handelstag

Hauptgeschäftsführer

Zu 1.

Hinsichtlich des Ausbaus von Freiwilligendiensten ist darauf hinzuweisen, daß ein Spannungsverhältnis zwischenstaatlich unterstützter Gemeinwesenarbeit einerseits und privatwirtschaftlicher Erwerbstätigkeit andererseits besteht. Dieses Spannungsverhältnis kann verdeutlicht werden am Beispiel des Zivildienstes, der zwar an die Pflicht zum Wehrdienst gekoppelt ist, der aber auch eine Art gesellschaftlich aner-

kannter Gemeinwesenarbeit darstellt. Zivildienstleistende sind häufig bei Wohlfahrtsorganisationen tätig, zum Beispiel im Bereich der Pflege und der Krankentransporte. Gleichzeitig sind in privatwirtschaftlichen Unternehmen Erwerbstätige mit identischen oder ähnlichen Aufgaben betraut. Diesen Arbeitnehmern müssen im Unterschied zu den Zivildienstleistenden marktgerechte Löhne gezahlt werden. Die damit verbundene Gefahr einer Wettbewerbsverzerrung muß gerade auch im Hinblick auf eine Förderung ehrenamtlicher Tätigkeit berücksichtigt werden.
Erwerbstätigkeit und Ehrenamt sollten vor diesem Hintergrund auch in Zukunft deutlich voneinander getrennt bleiben. Das schließt nicht aus, daß sich im Rahmen ehrenamtlicher Arbeiten neue Tätigkeitsfelder ergeben die in der Folgezeit auch für privatwirtschaftliches unternehmerisches Handeln interessant werden. Wichtig für eine klare Trennung beider Bereiche ist, daß ehrenamtliche Tätigkeiten nicht mit monetären Anreizen verbunden werden. Zur Verbesserung der Rahmenbedingungen könnte es eventuell beitragen, Ehrenamtliche über Versicherungen und ggf. Kostenerstattungen gegen Vermögens- oder Gesundheitsrisiken ihrer freiwilligen Tätigkeit abzusichern. Daneben würde eine Stärkung der Eigenverantwortung nicht zuletzt in der sozialen Sicherung dazu beitragen, ein gesellschaftliches Klima der Eigeninitiative zu fördern, das sich auch in einer neuerlichen Zunahme des ehrenamtlichen Engagements niederschlagen könnte.

Zu 2.

Die Grundwerte gesellschaftlichen Lebens werden bereits vor der Schule, im Elternhaus festgelegt. Diese Phase prägt den Menschen und bildet sein Verständnis für Gemeinschaft. Die Schule kann in diesem Prozeß nur flankierend wirken. Sie hat die Aufgabe, den Kindern und Jugendlichen eine Bildung zu vermitteln, mit deren Hilfe sie sich beruflich wie privat selbständig in ihrem Leben behaupten können. Diese Selbständigkeit ist die Grundlage dafür, gesellschaftliche Verantwortung übernehmen und leben zu können.
Dabei kann die Schule im Unterricht selber viele Elemente gesellschaftlichen Lebens aufzeigen und zu vermitteln versuchen. Zum Beispiel können Teamfähigkeit, Höflichkeit, Pünktlichkeit und Sorgfalt sehr wohl während der gesamten Schulzeit »geübt« werden. Hierzu bedarf es aber keines gesonderten Orientierungsjahres, das den Einstieg in das Berufsleben unverhältnismäßig verzögern würde. Sinnvoller erscheinen hier eine verstärkte Bereitstellung von Praktikaplätzen in Institutionen oder auch Unternehmen oder eine frühzeitige Einbindung der Kinder und Jugendlichen in Vereine oder ähnliche Organisationen.
Gleichwohl ist bei vielen Jugendlichen der Wunsch festzustellen, sich nach der Schule im Hinblick auf ein späteres Berufsfeld zu orientieren. Ein solches Orientierungsjahr kann aber nicht flächendeckend und verpflichtend eingeführt werden. Um es sinnvoll zu gestalten, müssen entsprechende Aufgabenfelder in Behörden, Unternehmen und sonstigen Institutionen vorhanden sein. Nur dann, kann der gewünschte Erfolg eintreten.

Die Erfahrungen der bestehenden Freiwilligenjahre FJS und FÖJ haben den DIHT, die IHKn, das Bundesministerium für Familie, Senioren, Frauen und Jugend sowie die Dresdner Bank veranlaßt, das Modellprojekt »Freiwilliges Jahr im Unternehmen« (FJU) einzurichten, durch das Jugendlich e die Möglichkeit erhalten sollen, Erfahrungen in Unternehmen über Entscheidungsprozesse und -abläufe sammeln zu können, um dadurch Interesse an einer späteren Selbständigkeit zu wecken. Denn gerade der Unternehmer lebt gesellschaftliche Verantwortung tagtäglich für seine Mitarbeiter und das Gemeinwesen generell. Das betriebliche Ausbildungssystem mit seinen über 150.000 ehrenamtlichen Prüfern alleine in Industrie und Dienstleistungen ist ein hervorragendes Beispiel für die Verantwortung gegenüber der Gesellschaft.

Wir sind daher der Auffassung, daß über eine vernünftige Schulbildung die besten Grundlagen für einen erfolgreichen Einstieg in das Berufsleben und damit auch die Grundlagen für gesellschaftliche Verantwortung gelegt werden. Die Einrichtung eines Orientierungsjahres kann nur punktuell mit klar definiertem Profil befürwortet werden.

Zu 3.

Im Bereich der Wirtschaft zeigt das Beispiel des Senior Experten Service, daß es bei vielen älteren, aber noch hoch leistungsfähigen Bürgern großes Interesse gibt, ihre Erfahrungen ehrenamtlich zur Verfügung zu stellen. Es ist sicher ein lohnendes Ziel, weitere Angebote in diesem Bereich zu schaffen, die auch geeignet sind, Brücken zwischen den Generationen zu bauen (s. auch Frage 4).

Zu 4.

Die Zahl der Beschäftigten im Dienstleistungsbereich nimmt in der Tat seit Jahren zu. Diese Entwicklung wird sich in Zukunft fortsetzen. Wenn dennoch für Deutschland im Hinblick auf den Dienstleistungsbereich ein Defizit konstatiert wird, so liegt dies nicht daran, daß weitere Tätigkeiten in diesem Feld generell nicht »bezahlbar« wären. Ein Hauptgrund für diese Situation sind vielmehr die Rahmenbedingungen am Arbeitsmarkt. Gegenwärtig ist die Verzahnung zwischen Arbeitsmarkt und Sozialsystem in Deutschland nicht zufriedenstellend; Reformüberlegungen werden daher zur Zeit u.a. im Bündnis für Arbeit, Ausbildung und Wettbewerbsfähigkeit unter den Überschriften Kombi-Einkommen und Niedriglohnsektor diskutiert. Durch eine Verbesserung solcher Rahmenbedingungen könnten weitere Tätigkeitsfelder, insbesondere im Bereich der persönlichen Dienstleistungen eröffnet werden. Dabei wären Tätigkeitsfelder mit niedriger Produktivität auch eine neue Beschäftigungschance für gering qualifizierte Arbeitnehmer, die insbesondere in Westdeutschland nahezu 50 Prozent der Arbeitslosen ausmachen.

Gleichwohl ist die Beobachtung zutreffend, daß auch bei einer Ausweitung der Erwerbstätigkeit im Dienstleistungswesen ein breites Feld für ehrenamtliche Betätigungen verbleibt. Gerade die zunehmende Lebenserwartung und wachsende Zahl älterer Menschen läßt viel Möglichkeiten für eine ehrenamtliche Betätigung generationenübergreifender Art entstehen. Dabei ist zu beachten, daß in manchen Bereichen der Rückzug ehrenamtlicher Tätigkeiten auch darauf zurückzuführen ist, daß der Staat die Zuständigkeiten für viele Bereiche des menschlichen Miteinanders an sich gezogen hat. So führt die Einführung der gesetzlichen Pflegeversicherung tendenziell zu einem Rückgang der Pflege innerhalb der Familie.

Zu 5.

Bei dem vorgeschlagenen Angebot eines Orientierungsjahres sollte vor allem darauf geachtet werden, daß es zum einen keine berufliche Qualifizierung vergibt und zum anderen arbeits- und ausbildungsplatzneutral gestaltet wird. Entscheidend für den späteren Erfolg im Berufsleben, aber auch im Privatbereich sind Erfahrungen, die frühzeitig außerhalb der Schule gemacht werden. Praktika machen nur Sinn, wenn sie ab einem gewissen Alter, ca. 14 Jahre, durchgeführt werden. Hier sollten die bereits vorhandenen Angebote und Maßnahmen einiger Schulen, während der Schulferien Praktika vorzusehen, ausgeweitet werden. Um solche Praktika oder auch ein Orientierungsjahr sinnvoll gestalten zu können, muß in jedem Falle Freiwilligkeit auf beiden Seiten gewährleistet sein.

Zu 8.

Aus unserer Sicht muß bei der Finanzierung strikt darauf geachtet werden, daß nicht Anreize zur Verdrängung privatwirtschaftlicher Erwerbstätigkeit und von bestehenden Ausbildungs- und Praktikantenplätzen geschaffen werden.

Hans Maier
Institut für Philosophie, Ludwig Maximilians Universität München

Zu 1.

Eine lebendige demokratische Gesellschaft lebt von einem ausgewogenen Verhältnis von Rechten und Pflichten aller Bürger, Gruppen und Generationen. In der allgemeinen Wahrnehmung spielen die »Menschenrechte« in der Regel eine größere Rolle als die »Menschenpflichten«.

Angesichts der bestehenden Dienstungerechtigkeit wäre ein allgemeiner Dienst für alle sicherlich am ehesten im Sinne einer gleichen Verteilung staatsbürgerlicher Rechte und Pflichten. Helmut Schmidt hat dazu an anderer Stelle das Notwendige gesagt, auch was die Gleichstellung von Männern und Frauen anbelangt. Allerdings bedürfte es dazu einer Verfassungsänderung. Die breite Bevölkerung sieht diese Frage vermutlich pragmatischer als ihre politischen Vertreter bzw. die (publizistischen) Meinungsführer.

Eine Alternative zum Pflichtdienst ist der im Manifest der Robert Bosch Stiftung vorgeschlagene quantitative und qualitative Ausbau von Freiwilligendiensten und ihre Verankerung im allgemeinen Bewußtsein als »moralische Verpflichtung« eines jeden Staatsbürgers. Eine größtmögliche Zahl von jungen Menschen sollte die Gelegenheit haben, in irgend einer Form einen Gemeinschaftsdienst zu leisten. Das mindeste jedoch ist, wie das Manifest zu Recht hervorhebt, daß jeder junge Mensch, der einen solchen Dienst machen will, dies auch sollte tun dürfen.

Den Vorschlag des Manifestes, in der Organisation und Finanzierung von Freiwilligendiensten strukturell neue Wege zu gehen, halte ich für zwingend. Unzureichend wäre die bloße Ausweitung der bestehenden gesetzlich geregelten Dienste (Freiwilliges Soziales Jahr FSJ, Freiwilliges Ökologisches Jahr FÖJ), die aufgrund der festgeschriebenen hohen Standards und der finanziellen Implikationen für die öffentlichen Haushalte schnell an Grenzen stieße.

Die Bundesregierung sollte baldmöglichst ein umfassendes »Gesetz für freiwillige Dienste in Deutschland und Europa« verabschieden, um die bis jetzt existierenden Hindernisse und Einschränkungen aus dem Weg zu räumen und ein konkretes Zeichen für eine neue Kultur der Freiwilligkeit zu setzen.

Zu 2.

Das öffentliche Schulwesen muß – wie übrigens in den Länderverfassungen gefordert – in seiner Praxis stärkere Elemente der Einübung in gesellschaftlicher Verantwortung aufnehmen. Es ist nicht einzusehen, daß in verschiedenen (Privat-)Schulen reformpädagogischer Provenienz erfolgreich praktizierte verpflichtende Gemeinwesenarbeit nicht auch im öffentlichen Schulwesen verankert werden kann. Soziales Lernen in diesem Sinn muß fester Bestandteil unserer Schulpraxis werden. Theoretischen Einführungen in die Grundlagen und Verfahren von demokratischen Gesellschaften, etwa im Gemeinschaftskundeunterricht, müssen praxisbezogene Projektphasen entsprechen.

Ein praktisches gemeinschaftsbildendes Orientierungsjahr in Form eines Freiwilligendienstes zwischen Abitur und Studium wird immer häufiger von unentschlossenen »theoriemüden« Abiturienten (immerhin fast 30 % in Deutschland) gesucht, wo sie eine praktische Erprobung ihrer Fähigkeiten anstreben. Alle Erfahrungen mit solchen außerschulischen Erprobungsphasen, wie sie auch Wehr- und Zivildienst enthalten, zeigen den Nutzen eines breiten Angebotes derartiger Dienstmöglichkeiten.

Zu 3.

Die Bevölkerungsentwicklung, die Überalterung der europäischen Gesellschaften ist nicht nur ein ökonomisches Problem (Finanzierung der Renten), sondern ein gesellschaftliches, das kaum ins allgemeine Bewußtsein gedrungen ist. Bei allem »Jugendkult« hat die Jugend doch zu wenig politische Lobby! Die immer rüstigeren und langlebigeren »Alten« sollten jenseits des gesetzlich festgeschriebenen Endes der Erwerbstätigkeit nicht nur ihre Familie, sondern auch für Gesellschaft und Gemeinwohl tätig sein.
Die Einbeziehung der Erfahrung und des (vorhandenen!) Engagements der älteren Generation ist unverzichtbar in de Gesellschaft. Erfahrene Senioren können und sollen in Ergänzung zu den professionellen Betreuern eine Mentorenrolle für junge Freiwillige übernehmen.

Zu 4.

Gesellschaftliche Neubewertung von Arbeit: Nicht nur die (besteuerte!) Erwerbsarbeit zählt; Eltern- und Erziehungsarbeit, gemeinnützige Bürgerarbeit etc. muß größere gesellschaftliche Anerkennung zuteil werden. Vom Gesetzgeber erwarte ich hier wichtige Klarstellungen. In dieser Frage sollte das Argument der Arbeitsmarktneutralität von ehrenamtlicher und Gemeinwesenarbeit nicht zu hoch bewertet werden, im Gegenteil offensiv angegangen werden: Von Ehrenamt und Freiwilligkeit gehen positive Impulse auf dem Arbeitsmarkt aus, weil sie Qualifikationen der Menschen nicht brachliegen lassen, sondern erhalten und fördern.
Beispiele für Tätigkeitsfelder, die über den Sozialbereich in engeren Sinn (Zivildienst, FSJ) hinausgehen:
- Im Bereich Bildung und Schule (»Öffnung von Schulen«): Hausaufgaben- und Freizeitbetreuung, Nachhilfe für Lernschwache, Deutschunterricht für ausländische Schüler, Erlebnispädagogik, Projektunterricht
- Gemeinde/Kirchengemeinde: Nachbarschaftshilfe, Altenbetreuung, Besuchsdienste in Krankenhäusern, Tagestreff für Wohnungslose, Betreuung von Kindern (von Alleinerziehenden!)
- Museen, Sportstätten, Freibäder (zur Gewährleistung von längeren und publikumsgerechteren Öffnungszeiten)

Zu 5.

Die Globalisierung hat auch ihre Verlierer. Hier muß die Gesellschaft – und die Wirtschaft im Rahmen ihrer sozialen Verantwortung – ein Gegengewicht setzen.
Angebote von Freiwilligendiensten werden von den Jugendlichen vor allem dann wahrgenommen, wenn sie ihnen zugleich eine bessere Chance auf Eingliederung in

Ausbildung und längerfristige Erwerbsarbeit bieten. Das Bildungs- und Qualifizierungspotential der jeweiligen Dienste muß mit Zertifikaten und Boni im Sinne des Manifestes unterlegt werden.

Zu 6.

Zweifellos sind die Integrationsaufgaben in der Gesellschaft gewachsen, die bereitgestellten Instrumente und Lösungen unzureichend, Jugendgemeinschaftsdienste sind hier ein vorzügliches Instrument. »Tandem-Einsätze« deutscher und ausländischer Jugendlicher in den unter 4. beschriebenen Feldern könnten weiterhelfen. Klar ist, daß die jungen Leute, wollten sie sich auf einen solchen Dienst einlassen, darin für ihr persönliches und berufliches Fortkommen einen Vorteil sehen müssen. Wie wäre es mit einer gezielten Werbekampagne für einen Freiwilligendienst unter türkischen Jugendlichen (Mädchen)? Einzelne Landesregierungen sollten hier mit eigenen originellen, etwa auch grenzüberschreitenden Pilotprogrammen voran gehen.

Zu 7.

In der Tat wird der Markt der Freiwilligendienste von den verfügbaren bzw. finanzierbaren Angeboten der Trägerorganisationen und Einsatzstellen begrenzt. Das Innovationspotential außerhalb, insbesondere die Kreativität der jungen Leute selbst, die in noch »unkultivierte Territorien« Möglichkeiten zum Engagement sehen, ist noch kaum genutzt.
Ein »attraktives Angebot« wird, wo immer möglich, bei den Ideen und Projekten der jungen Leute ansetzen und ein Maximum an Entfaltungsspielraum bieten, hingegen die Betreuung und Beschulung – wenn immer möglich durch ehrenamtliche Mentoren! – auf ein Mindestmaß beschränkt halten. Im übrigen gilt das oben Gesagte: Der Vorteil eines Dienstes muß für den Jugendlichen und die Gesellschaft gleichermaßen erkennbar sein. Ein Freiwilligeneinsatz darf nicht »erratisch« in der Biographie stehen, sondern muß sich als sinnvolles und aufbauendes Element in sie einfügen.

Zu 8.

Ein nennenswerter Aus- und Aufbau von Freiwilligendiensten (über die bestehenden 15.000 Plätze hinaus) ist nur als »öffentlich-privates Gemeinschaftsunternehmen« denkbar. Zum einen wäre die (erst allmählich im Widerspiel zum Staat als Akteur sich begreifende) Bürgergesellschaft im Alleingang überfordert, zum anderen ist den öffentlichen Haushalten allein ein solcher Kraftakt nicht zuzumuten – abgesehen von dem psychologisch kontraproduktiven Ansatz, ein solches Unterfangen als »Staatsunternehmen« aufzuziehen. Ein aus öffentlichen und privaten Geldern gespeister Stiftungsfonds zur Sicherung der Basisfinanzierung, wie ihn das Manifest vorschlägt, ist der richtige Weg. Die bei der Abschaffung von Wehr- und Zivildienst freiwerdenden Gelder sollten wie vorgeschlagen weitgehend der Grundausstattung von Freiwilligendiensten zugute kommen.

Für privates Sponsoring sehe ich um so größere Chancen, als der interessierte und spendenwillige Bürger Nutzen und Ertrag seiner Spende sieht und verfolgen kann. Dies erlaubt ihm im Gegensatz zu den ansonsten anonymen Spendenaktionen – persönliche Anteilnahme und Verantwortung für das geförderte Projekt und den eingesetzten Jugendlichen. (Bei einer Reihe von Anbietern nicht gesetzlich geregelter Freiwilligendienste ist es üblich, den jeweiligen Dienst über Unterstützungskomitees, die einen nicht nur finanzielle Patenschaft übernehmen, abzusichern.)

Unternehmerisches Sponsoring, die Wahrnehmung von »Corporate Citizenship« (wie die inzwischen durchaus populäre Devise in der angelsächsischen Welt heißt), sollte sich – zum wahrnehmbaren Nutzen des Unternehmens – vorwiegend im lokalen Umfeld entfaltende, in der Stadt, in der Region, in einem sozialen Brennpunkt. Warum kein Freiwilligenprogramm für Kinder von Mitarbeitern ggf. in Kombination mit für das Ehrenamt freigestellten (leitenden) Mitarbeitern?

Murat Cakir und Ulrike Okenwa-Elem

Bundesausländerbeirat

Vorsitzender und Geschäftsführerin

Zu 1.

Sie weisen in Ihrem Schreiben zu Recht darauf hin, daß die Nachfrage nach Freiwilligendiensten das Angebot bei weitem übersteigt. Grundsätzlich sollte daher der finanzielle und organisatorische Rahmen für das Freiwillige Soziale Jahr, das Freiwillige Ökologische Jahr und den Europäischen Freiwilligendienst erheblich ausgeweitet werden.

Denkbar wäre auch eine stärkere Einbeziehung der Selbstorganisationen der Migrantinnen und Migranten. Hierbei ist jedoch zu berücksichtigen, inwieweit die mit der zur Verfügungstellung von entsprechenden Platzangeboten verbundene Kostenfrage gelöst werden kann.

Da die Platzangebote in Freiwilligendiensten gegenüber den in Pflichtdiensten zur Zeit zahlenmäßig geringer sind, könnten mit dem Ziel einer kurzfristigen Kapazitätserweiterung auch Überlegungen AG Angestellt werden, den Zivildienst allen interessierten Jugendlichen als Freiwilligendienst zu öffnen.

Zu 2.

Die bürgerschaftliche Verantwortung ist nach unserer Auffassung nicht im Schwinden begriffen, wie die das Angebot stark überschreitende Nachfrage nach Freiwilligendiensten belegt. Gleichwohl halten wir die Aufnahme eines praktischen gemeinschaftlichen Orientierungsjahres in den Rahmen der schulischen Ausbildung für problematisch.
Im europäischen und internationalen Gesamtvergleich steht Deutschland, was die Dauer der schulischen Ausbildung anbelangt, an der Spitze, Immer wieder wird daher vor dem Hintergrund der Wettbewerbsfähigkeit im internationalen Vergleich, in dem das Alter bei Ausbildungsabschluß eine wesentliche Rolle spielt, eine Verkürzung der Schulzeit diskutiert. Die Aufnahme eines praktischen gemeinschaftlichen Orientierungsjahres in die Schulausbildung hätte nach unserer Ansicht den Nachteil, daß entweder der Zeitpunkt des Schulabschlusses noch weiter nach hinten hinausgeschoben würde oder aber, daß bei gleichbleibender Schuldauer der Lehrstoff in wesentlich kürzerer Zeit und gedrängter Form durchgearbeitet werden müßte. Beides ginge letztlich zu Lasten der Ausbildungs- und Berufschancen der Jugendlichen. Darüber hinaus könnte diese Konstruktion die Motivation der Jugendlichen beeinträchtigen, bei der nach unserer Einschätzung der Freiwilligkeit wesentliche Bedeutung zukommt.
Die Einübung gesellschaftlicher Verantwortung ist selbstverständlich als sinnvoller Inhalt der Schulausbildung zu betrachten, sollte aber weiterhin dem entsprechenden Fachunterricht oder Schulprojektwochen vorbehalten bleiben.

Zu 3.

Gute Erfahrungen sind nach unseren Informationen in diesem Zusammenhang beispielsweise an Frankfurter Schulen mit sog. Seniorenprojekten von Frankfurter Seniorenbüros gesammelt worden. Theaterworkshops, Journalismus-AG'en (»Zeitung in der Schule«), Geldmanagement oder handwerkliche Angebote, die von Seniorpartnern oder -tutoren im fachlichen Rahmen betreut werden, sind mögliche neue Wege.

Zu 5.

In dieser Frage könnte – entsprechend der Vergabe von Studienplätzen – auf das Modell einer zentralen Vergabestelle zurückgegriffen werden, die die Plätze nach Eingang der Anmeldung vergibt. Nach unserem Informationsstand wird die Platzvergabe derzeit dezentralisiert durchgeführt, was bedeutet, das die interessierten Jugendlichen sich ggf. bei einer Vielzahl von Organisationen bewerben müssen, um einen Platz zu erhalten. Möglicherweise gehen sie insgesamt »leer aus«. Diese Vorgehensweise entspricht der Situation auf dem Lehrstellenmarkt und kann durch die

Wiederholung und Duplizität der Situation zu einer erheblichen Demotivation führen. Allerdings besteht der Nachteil einer zentralen Vergabe darin, daß nicht jeder Platz inhaltlich und von seinen Anforderungen her gleich bewertet werden kann und auch nicht jeder Anbieter möglicherweise einen »zugewiesenen« Bewerber akzeptieren würde.

Zu 6.

Die interkulturelle Kompetenz der zugewanderten Jugendlichen wird nach unsere Ansicht bislang weder ausreichend berücksichtigt und genutzt, noch gefördert. Diese Jugendlichen können jedoch eine Drucke zwischen den Herkunftsländern und der Bundesrepublik Deutschland bilden.
In dieser Brückenfunktion liegt ein großes Integrationspotential. Dieses sollte bei den bestehenden Jugendgemeinschaftsdiensten besser als bisher genutzt und auch durch die stärkere Einbindung der Selbstorganisationen der Migrant/innen gefördert werden.
Zudem brauchen ausländische Jugendliche Vorbilder, die ähnliche Biographien haben wie sie selbst, Freiwillige Dienste könnten und sollten daher auch von den Selbstorganisationen der Migrantinnen und Migranten angeboten werden.
Ferner empfiehlt es sich, daß die Freiwilligendienste pädagogisch qualifiziert stärker begleitet werden Die Praxis bedarf einer breiten Reflexion für die Nutzer durch erfahrene Träger, z.B. der außerschulischen Bildung, der Jugendbildungsstätten, etc.

Zu 7.

Die Jugendlichen wollen Projekte möglichst mit gestalten und mit eigenen Ideen beeinflussen können. Die Freiwilligendienste könnten ihre Angebote für die Jugendlichen dadurch attraktiver gestalten, indem sie beispielsweise Jugendräte gründen. Diese Jugendräte sollten selber Arbeitsschwerpunkte der Freiwilligendienste festlegen und die programmatische Gestaltung beeinflussen können.

Hans Joachim Meyer

Zentralkomittee der Deutschen Katholiken

Präsident

Das vorliegende Manifest bietet anregende und unterstützenswerte Vorschläge. In verschiedenen Punkten stellen sich für mich die Fragen allerdings etwas anders dar als sie in Ihrem Brief zum Ausdruck kommen. Deshalb werde ich im folgenden nicht im einzelnen auf die von Ihnen gestellten Fragen eingehen, sondern insgesamt zu dem Themenkomplex Stellung nehmen.
Das dem Manifest zugrundeliegende Verständnis von Freiwilligendiensten als Vollzeit-Engagements ohne Entgelt zum Wohl der Gesellschaft bildet den richtigen Ansatz. Eine beruflich-fachliche Kompetenz wie bei Entwicklungshelfern ist in der Regel dabei weder vorausgesetzt noch gegeben. Das Ziel eines solchen Dienstes, Menschen in dieser Form soziales Engagement und das Sammeln von besonderen Lebenserfahrungen zu ermöglichen, findet – wie die Zahlen zeigen – das Interesse junger Menschen, nicht zuletzt auch deshalb, weil soziale, interkulturelle und sprachliche Kompetenzen gefragte Qualifikationen für die berufliche Lebensplanung sind.
Die Erfahrung zeigt, daß junge Menschen außerordentlich motiviert an derartige Dienste herangehen. Um so höher ist die Verantwortung der Trägerorganisationen, Voraussetzungen zu schaffen, daß diese Anliegen nicht enttäuscht und als Chance genutzt werden.
Die Erfahrungen mit dem kirchlichen Personaldiensten in Übersee zeigen, daß ein Freiwilligendienst, der dem Gemeinwohl förderlich sein soll, für einen »Einsteiger« von außen nur schwerlich zu leisten sein wird. Zunächst gilt es soviel an Verständnis für die vorgefundenen Lebensbedingungen und -formen zu entwickeln, daß selbst bei einer guten Begleitung nur ein begrenzter Dienst erwartet werden darf, will man diese Personen nicht von vornherein hoffnungslos überfordern. Deshalb bedarf es einer zielorientierten Vorbereitung und Begleitung, die – gemessen an dem dafür notwendigen Aufwand mit Blick auf die Dauer des Dienstes – notwendigerweise beschränkt sind.
Vorbereitung und Begleitung qualifizierter Art sind erforderlich, weil der Freiwillige in aller Regel auch mit fachlichen Erwartungen der Partnerorganisation im Gastland konfrontiert wird, die er gar nicht erfüllen kann, da ihm die berufliche Qualifizierung und vor allem die Berufserfahrung fehlen. Es darf dabei nicht übersehen werden, daß aus Mangel an fachlich qualifiziertem Personal im Gastland, auch vom Partner vor Ort, zu »Behelfslösungen« gegriffen werden muß, da die strukturellen Rahmenbedingungen, wie z.B. ausreichend vorhandene Ausbildungsmöglichkeiten, fehlen. In dieser Situation wird nicht selten Mithilfe von außen abgefragt, die über den eigentlichen Wunsch nach fachlich qualifiziertem Personal hinwegtäuscht. Eine solche Situation ist um so bedauerlicher, als diese Form der

Mitarbeit, schon aus Gründen der Dauer und der Kenntnis der Situation, wesentlich effektiver von lokalem Personal geleistet werden könnte. Nicht selten sind bei den Partnerorganisationen auch völlig ungerechtfertigte und übertriebene Vorstellungen von der Fachkompetenz der Freiwilligen gegeben. Die Enttäuschung wiegt schwer, wenn diese Erwartungen nicht erfüllt werden können. Von daher ist es wichtig, Freiwilligendienste im Sinne von Lerndienst-Helfern von professionellen Fachkräften zu unterscheiden.

Von diesen Erfahrungen aus dem Bereich der Entwicklungshilfe her gilt es für den Freiwilligendienst zwei Konsequenzen zu beachten: Zunächst müssen Freiwilligendienste im Sinne von Lerndiensten zu ihrem eigenen Profil kommen und zu ihren eigenen Begrenzungen stehen. Im eigenen Interesse müssen sie sich deutlich abgrenzen von professionellen Fachdiensten. Und zum Zweiten ist daraus zu folgern, daß gerade Freiwilligendienste einer qualifizierten Begleitstruktur in Deutschland und – sofern sie im Ausland stattfinden – darüber hinaus im Partnerland bedürfen. Eine solche Begleitstruktur ist in der Regel um so effizienter, je länger sie besteht und je mehr sie aus ihren Erfahrungen heraus die Gefahr unangemessener Erwartungen bannt. Eine besondere Möglichkeit, dies zu moderieren, liegt auch in der Begleitung von Freiwilligen durch Fachkräfte vor Ort, weil sie in der Regel die Situation sehr gut kennen. Sie können geeignete Lernräume für Freiwillige schaffen, Hintergründe vermitteln und ihnen in ihrem Lerndienst auch persönlich Begleitung zukommen lassen.

Die Erfahrungen der Personaldienste in der Entwicklungszusammenarbeit lehren, daß die Trägervielfalt, die sachkundige Betreuung durch die Entsendeorganisationen und deren gemeinnützige Orientierung, die hinreichende Vorbereitung auf den Einsatz, die Kombination von Freiwilligkeit und Professionalität, das flexible und anpassungsfähige Handlungsinstrumentarium vor Ort und innerhalb verläßlicher Partnerstrukturen und nicht zuletzt die materielle Absicherung durch die Leistungen des Entwicklungshelfergesetzes die solide Basis für den Erfolg der Arbeit gestellt haben. Aus diesen Erfahrungen folgt, daß die Zukunft der Freiwilligendienste zum großen Teil von der Sicherung adäquater Rahmenbedingungen abhängt, die durch ein Freiwilligengesetz, welches die genannten Bausteine berücksichtigt und in einen gesetzlichen Rahmen faßt, zu schaffen sind.

Ein solches Freiwilligengesetz könnte auch dazu beitragen, die soziale Mischung der Programmteilnehmer zu gewährleisten. Die zur Zeit noch bestehende Lücke in den Angeboten für jüngere Menschen mit Hauptschul- und Berufsschulabschluß könnte so geschlossen werden. Es müßte auch Sorge dafür getragen werden, einer systematischen Ausbeutung freiwilligen Engagements frühzeitig entgegenzuwirken bzw. vorzubeugen. Die Ausweitung des Angebots durch kommerzielle Anbieter müßte durch die Sicherung von Qualitätsstandards auf die richtigen Bahnen gelenkt werden. Die Veranstalter beispielsweise exklusiver Sprach- und Spaßprogramme sind zwar wahrscheinlich attraktiv, sie sind jedoch keinem gesellschaftlichen Auftrag verpflichtet.

Die in dem Manifest anvisierten 100.000 Freiwilligenplätze sind sicherlich eine anstrebenswerte Größenordnung. Allerdings ist diese Zahl mit Vorsicht zu benutzen, da die damit verbundenen Kosten von Gegnern eines Freiwilligengesetzes als Argument benutzt werden könnten, das Projekt zu torpedieren.

Da mir das Anliegen der Initiative der Robert Bosch Stiftung sehr wichtig ist, bitte ich bei der weiteren Verfolgung des Projektes um Beachtung der in diesem Schreiben benannten Erfahrungen, die sich vornehmlich aus den Erfahrungen des Personaldienstes in Übersee speisen, die aber m.E. übertragbar sind. Es kommt ganz entscheidend auf die Gestaltung der Rahmenbedingungen an, damit Enttäuschungen, Mißverständnisse und Überforderungen möglichst von vornherein ausgeschlossen werden.

Hellmut Puschmann

Deutscher Caritasverband

Präsident

Das Anliegen, möglichst vielen Jugendlichen zu einem Freiwilligendienst zu verhelfen, begrüßen wir. Seit etwa einem Jahr ist der Deutsche Caritasverband (DCV) selbst daran, praktikable Lösungswege für Anfragen nach Freiwilligendiensten zu finden. In Verbindung mit überörtlichen Stellen sammelt der Deutsche Caritasverband derzeit mit dem Pilotprojekt der EU »Projektvernetzte Freiwilligendienste und Jugendbegegnung« eigene Erfahrungen.

Mitgliedsorganisationen im DCV sind selbst Träger und Anbieter von Freiwilligendiensten. Sie haben in der Regel weit mehr Anfragen, als Plätze. Anfragen gehen auch bei den Organisationen ein, bei denen man die Vermittlung von Freiwilligendiensten vermutet. So auch in unserem Hause bei IN VIA, bei Caritas International, beim Projekt Freiwilligen-Zentren im DCV. Die Anfragen sind konstant hoch; allen Anfragen ist gemein, daß Menschen Zeit einbringen wollen in Form eines sozialen Einsatzes, der für sie selbst und für andere ein Gewinn sein möchte. Der Zentralrat des Deutschen Caritasverbandes hat daher im Oktober letzten Jahres, zeitgleich mit der Veröffentlichung des Manifestes der Robert Bosch Stiftung, den Beschluß gefaßt: »Das Anliegen der Ehrenamtsposition, junge Menschen zum Mittun anzuregen, muß konsequenter angegangen werden. Der DCV sollte Konzepte zu Freiwilligendiensten entwickeln, um die von jungen Menschen angebotene Bereitschaft zum sozialen Engagement in Freiwilligendiensten zu nutzen. In einem Netzwerk von Caritasverbänden, Ordensgemeinschaften, Fachverbänden und Caritas International sowie in Zusammenarbeit mit Bistumsstellen, AGEH und kirchlichen Verbänden ist zu prüfen, ob nicht das Angebot an Einsatzorten erweitert und die Vorbereitung für solche Einsätze ausgeweitet werden können. Die Freiwilligen-Zentren, die Stellen für Zivildienst in den Diözesan-Caritasverbänden und die FSJ- und Aupair-Beratungen können je eigene Ressourcen und Know how zur Lösungsfindung einbringen.«[1]

Nachfolgend einige Antworten aus unserer Sicht zu den von Ihnen aufgeworfenen Fragen:

Zu 1.

In der Konzeptentwicklung suchen wir Wege, die Lebenswelt der Interessenten einzubeziehen und die Kontakte von örtlichen Institutionen und Gruppen zu nutzen. Dabei stellt sich heraus, daß ausführliche Engagement-Beratungsgespräche hilfreich sind, um festzustellen, inwieweit die betreffende Person tatsächlich ein von Ihr anvisierter Freiwilligendienst mit Erfolg wird absolvieren können. Wir sind mit einigen Freiwilligen-Zentren derzeit dabei, den Schwerpunkt »Beratung zu Freiwilligendiensten« auf- und inhaltlich auszubauen. Schon jetzt zeigt sich, daß Jugendliche, die einen Freiwilligendienst machen wollen, sich auf diesen Freiwilligendienst vorbereiten. Solche Vorbereitungstreffen gestalten sich im Rahmen von Werkstatt-Gruppen in Freiwilligen-Zentren.

Zu 2.

Es ist sicherlich von Vorteil, wenn in der Schule nicht nur kognitives, sondern auch soziales Lernen an Niederschlag findet. Der DCV unterstützt daher das Projekt Compassion im Bereich der kirchlichen Schulen. Bei den vom DCV durchgeführten Pilotaktionen zu Freiwilligendienste in Lateinamerika sind Pfarrgemeinden aber auch Schulen als »örtliche Entsendestellen« in die Verantwortung eingebunden. Dadurch konnten an den beteiligten Schulen Schüleraktionen durchgeführt werden und dadurch sowohl Sensibilität für soziale Gerechtigkeit als auch Gespür für die Notwendigkeit von Freiwilligendiensten vermittelt werden.

Zu 3.

Im Pilotprojekt ist es bei den Stellen gelungen, bei denen Pfarrgemeinden als örtliche Entsendestellen fungieren, generationsübergreifende Solidaritätsgruppen aufzubauen. Ältere Läute haben mit Spendenmitteln Projekte unterstützt, in denen die Freiwilligen tätig sind; verantwortliche Erwachsene verschiedener pfarrlicher Gruppen haben sich bereit gefunden, in ihren Gruppen Aktionen durchzuführen, um das Engagement der Freiwilligen zu unterstützen. Der gemeinsame Dialog zwischen den Generationen und die Unterstützung der jungen Menschen in ihrem Freiwilligendienst durch ältere Generationen haben sich in diesen Feldern bewährt.

1 Vgl. Beschluß: Ehrenamtliches Engagement, Caritas-Korrespondenz 3/1999, S. 6.

Zu 4.

Hier ist zu unterscheiden, ob in einem Freiwilligendienst eine Person mit beruflicher Ausbildung tätig ist oder ob es ein Dienst ist der sich im angelernten Bereich bewegt bzw. zu dem andere Erfahrungen hinzugezogen werden können. Der große Nachfragebedarf ist derzeit zweifelsfrei bei Mädchen, näherhin bei Abiturientinnen; in ihrer Biographie wollen Sie das Studium nicht sofort beginnen, sondern einen Freiwilligendienst einschieben. Dies wird solange bleiben, solange die Wehrpflicht besteht. Diese Hauptadressatengruppe ist daher ohne Ausbildung in einem sozialen Feld im Freiwilligendienst tätig und kollidiert nicht zu den beruflichen.
Anders sieht es aus, wenn Jugendliche bereits eine Berufsausbildung haben und ihre Berufsausbildung in den Freiwilligendienst einbringen. Hierfür gibt es nur wenige Beispiele. Der Beruf wird dann unterbrochen, wenn der Zivildienst ruft; aus freien Stücken den Beruf zu unterbrechen für einen Freiwilligendienst ist derzeit in diesem Sinne nicht en vogue.

Zu 5.

Freiwilligendienste, die insbesondere im Ausland absolviert werden, können interkulturell vorbereitet werden. Diesen Weg wollen wir mit dem Freiwilligen-Zentrum in Esslingen gehen, daß von Italienern und von Spaniern betrieben wird. Wir werden dort testen, inwieweit am Ort ansässige ausländische Jugendliche eingebunden werden können in die Vorbereitung zu Freiwilligendiensten im Ausland. In der Tat ist hier eine große Ressource von Fähigkeiten und Kontakten, die bislang für diese Möglichkeit kaum genutzt wurde.
Im kirchlichen Umfeld gibt es eine Reihe von Drittewelt/ Einewelt-Gruppen. Diese Gruppen sind vielfach bereit, Freiwillige in ihre bestehenden Projektverbindungen zu integrieren und sie auf einen Freiwilligendienst vorzubereiten. Auch diese Wege haben sich im Rahmen der Pilotaktionen bewährt.

Zu 7.

Es hat sicherlich viel für sich, wenn das vorgeschlagene Konzept auf eine »Nachfragemacht der Jugendlichen« setzt. Nur: Die Nachfragemacht nützt wenig, wenn entsprechende Träger nicht vorhanden sind, bei denen sie die Gutscheine einlösen können. Träger sind bereit, Freiwillige zu integrieren, wenn eine entsprechende Begleitung gesichert ist und Konfliktsituationen gemeistert werden können. Insbesondere gehen die Träger davon aus, daß Freiwillige für diesen Dienst ausreichend vorbereitet sind und sich auf die entsprechenden Situationen einstellen können. In den von uns durchgeführten Pilotaktionen ist einhellig das Ergebnis, daß eine Engagement-Beratung und differenzierte Vorbereitung unverzichtbar ist. Insofern haben wir der Robert Bosch Stiftung mitgeteilt, nicht nur die Jugendlichen auszustatten, sondern auch den Träger, der eine solide Vorbereitung für Jugendliche garantiert. Gerne überlassen wir Ihnen an dieser Stelle den derzeitigen Stand der Konzeptüberlegungen zur Beratung von Freiwilligendiensten bei Freiwilligen-Zentren.

Zu 8.

Das Finanzierungsmodell ist unvollständig; es muß ergänzt werden um den Bereich der Vorbereitung im Feld der Engamentberatung und im Bereich der pädagogischen Begleitung. Wenn beide Teile mit eingebunden sind, sehen wir gute Chancen, im Rahmen von öffentlichen und privaten Mitteln einen Fonds auszustatten.

Jürgen Gohde

Diakonisches Werk der EKD

Präsident

Auch die Diakonie beschäftigt sich schon lange mit den vom Bundespräsidenten aufgeworfenen Fragestellungen. Seien es die Anstrengungen, durch unsere vielfältigen Aktivitäten zur Stärkung der Familien und der Verbesserung der Chancen der jungen Menschen beizutragen, seien es die über 3.000 junge Menschen, die in Kirche und Diakonie als dem größten Anbieter in Deutschland ihr Diakonisches Jahr, d.h. das Freiwillige Soziale Jahr leisten, seien es die über 23.000 Zivildienstleistenden oder viele der rund 400.000 ehrenamtlich engagierten Menschen – stets haben wir es mit jungen Menschen zu tun und mit der Frage der Freiwilligkeit des Engagements in der sozialen Arbeit von Kirche und Diakonie.

Zu 1. Ausbau von Freiwilligendiensten

Ihre Fragestellung leitet sich ab aus dem von der Robert Bosch Stiftung vorgelegten »Jugend erneuert Gemeinschaft. Manifest für Freiwilligendienste in Deutschland und Europa«. Der Arbeitskreis »Freiwillige Soziale Dienste« (AK-FSD), das Beratungsgremium von 41 Trägern des Freiwilligen Sozialen Jahrs/Diakonischen Jahrs (FSJ/DJ) in Diakonie und evangelischer Jugendarbeit hat dazu eine Stellungnahme erarbeitet, die – in der Reihe »Diakonie Korrespondenz 2/99« veröffentlicht wurde.
Wir begrüßen das von der Robert Bosch Stiftung initiierte Manifest, das in der Politik und der Öffentlichkeit große Resonanz gefunden hat und sicherlich weiterhin

finden wird. Nicht zuletzt, weil der Ausbau von Angeboten für einen Freiwilligendienst als vordringliche Aufgabe erkannt und entsprechend der Koalitionsvereinbarung der neuen Regierung eindeutig postuliert ist. Schon 1994 habe ich in einem Vortrag unter dem Titel »Kann man Gemeinsinn erzwingen? – Gedanken über die Dienstpflichtdiskussion« u.a. ausgeführt: »Eine Gesellschaft, in der die Kultur des Helfens Entfaltungsspielräume hat, wird mehr auf die Freiwilligkeit des Helfens setzen als auf die Pflicht des Dienens.«
Zu den Bedingungen und Voraussetzungen eines Ausbaus von Freiwilligendiensten verweisen wir auf die o.g. Stellungnahme des AK-FSD und auf die Beantwortung der Frage 7.
Im Manifest wird explizit wie implizit von einem möglichen Ende der Wehrpflicht und den Folgen des dadurch wegfallenden Zivildienstes für den Sozialbereich ausgegangen. Die Diskussionen über den sinnvollen und notwendigen Ausbau von Freiwilligendiensten wird jedoch verkehrt herum geführt, wenn der Ausgangspunkt der Wegfall des Zivildienstes ist und nicht die Chance, die in einem attraktiven Angebot für junge Leute als auch für die Gesellschaft als ganzes und insbesondere für zu betreuenden Menschen besteht.
Unbestritten ist: Die Diakonie wäre von einem Wegfall des Zivildienstes nachhaltig betroffen. Auch wenn Zivildienstleistende nur knapp 6 % aller Stellen in der Diakonie einnehmen, befürchteten wir in einzelnen Einrichtungen und in einigen Fachbereichen – z.B. den mobilen Hilfsdiensten, der individuellen Schwerstbehindertenbetreuung oder den Werkstätten für Behinderte – große Belastungen für die hauptamtlichen Mitarbeiterinnen und Mitarbeiter und vor allem für jene Menschen, die auf unsere Hilfe, unseren Dienst angewiesen sind.
Die Diakonie stellt sich der Herausforderung eines möglichen Wegfalls des Zivildienstes und befindet sich derzeit in intensiven Beratungen über sinnvolle und realisierbare Alternativen. Zwei Optionen stehen dabei im Mittelpunkt unserer Planungen: Eine arbeitsmarktpolitische Offensive und eben der Ausbau von Freiwilligendiensten.
Absolute Priorität hat für uns nicht nur wegen der für uns elementaren Position nach dem Einsatz von Fachkräften in der sozialen Arbeit die Forderung nach der Konversion von Zivildienstplätzen in reguläre Arbeitsplätze. Diese Strategie unterstützt die energischen Bemühungen der Bundesregierung für die Schaffung zusätzlicher Ausbildungs- und Arbeitsplätze.
Erst wenn ausreichend Ausbildungs- und Arbeitsplätze gerade für junge Menschen zur Verfügung stehen, kann ein Ausbau von Freiwilligendiensten mit gutem Gewissen vorangetrieben werden. Andernfalls steht der Verdacht im Raum, daß junge Leute mangels Alternativen auf die Wartebank eines Freiwilligendienstes abgeschoben werden. Freiwilligendienst aber wird dann sinnvoll und angemessen geleistet, wenn die Menschen ihre Verpflichtung für das Gemeinwesen und das Gemeinwohl verspüren, ohne sich aufgrund fehlender beruflicher Alternativen dazu gezwungen zu fühlen.

Zu 2. Öffentliche Schulen: Sollte dort mehr für gesellschaftliche Verantwortung getan werden, sollte ein praktisches, gemeinschaftsbildendes Orientierungsjahr vorgesehen werden?

Die konstatierte hohe Zahl an Jugendlichen, die an Freiwilligendiensten interessiert sind, läßt die These vom mangelnden Gemeingeist und Bürgersinn dieser Gruppe zumindest fraglich erscheinen. In verschieden Studien und Untersuchungen wird dieser Befund zwar bestätigt, z.B. 12. Shell Jugendstudie, gleichzeitig wird aber darauf verwiesen, daß sich umgekehrt die Gesellschaft zu wenig um die Jugendlichen, ihre Interessen und Zukunfts-Chancen kümmert.
Grundsätzlich begrüßen wir Überlegungen, während der Schulzeit kurz- und mittelfristige, in der sozialen Arbeit verortete und gemeinschaftsbildende Praktika vorzusehen – an denen ebenso die Lehrkräfte beteiligt sein müßten. So wird in der Dissertation »Zivildienst als Sozialisationsinstanz« von Heinz Bartjes (Weinheim 1996) die insgesamt positive Wertung des Zivildienstes durch die jungen Männer u.a. darauf zurückgeführt, daß die Schule – im Gegensatz zum Zivildienst – die jungen Menschen zu wenig in die Verantwortung nimmt, ihnen kaum Möglichkeiten praktischen Tuns und Erprobens bietet und kommunikative Aspekte zu wenig Raum einnehmen. Schule ist fern von der Lebenswirklichkeit der jungen Menschen und übt entgegen ihres Anspruchs zu wenig in praktische Solidarität und Gemeinsinn ein.
Ein Orientierungsjahr oder andere Formen von Praktika bedürften der pädagogischen Vor- und Nachbereitung und Begleitung durch pädagogisch qualifiziertes Fachpersonal außerhalb des Diensteinsatzortes, um einer Gefahr der »Leistungsmaximierung« der Jugendlichen vorzubeugen. Die Einsatzstellen im sozialen Bereich ihrerseits bräuchten von Staat und Schule Unterstützung, um den Aufwand für die Begleitung der jungen Menschen gewährleisten zu können und zu verhindern, daß die zu betreuenden Menschen keine zusätzliche Belastung, sondern eine Bereicherung durch die Schülerinnen und Schüler erfahren können.
Ein sehr gutes Beispiel für die Verbindung von Schule und beruflicher Ausbildung mit gemeinwohlorientierten Erfahrungen in der sozialen Arbeit ist das Projekt »Soziales Lernen«, das in den letzten drei Jahren erfolgreich und federführend durch das Diakonische Werk Württemberg organisiert worden ist. Diesem Schreiben liegen die Projektbeschreibung und der Auswertungsbericht des Vorhabens bei.

Zu 3. Auseinanderdriften der Generationen – ehrenamtliche Betreuung von jungen Menschen durch die ältere Generation

In der jüngst vom Sozialministerium Baden-Württembergs herausgegebenen Studie »Generationenkonflikt und Generationenbündnis in der Bürgergesellschaft« wird deutlich, daß die jüngere und die ältere Generation immer weniger miteinander in Kontakt treten. Während innerhalb der Familien immerhin noch 33 % der 15- 20jährigen und 44 % der 21-29jährigen Menschen häufig mit Älteren zu tun haben,

sind es in der Arbeitswelt analog nur 14 % bzw. 31 % und außerhalb von Familie und Beruf gar nur noch 4 % bzw. 10 %. Es verwundert daher nicht, wenn das gegenseitige Verständnis begrenzt bzw. die Unterstellung verbreitet ist, daß die ältere bzw. jüngere Generation kein Verständnis für die jeweils andere Altersgruppe hat.
Dem Auseinanderdriften der Generationen wird v.a. durch die Schaffung von Situationen der Begegnung und des miteinander Handelns entgegenzuwirken sein. Durch das Zusammenleben verschiedener Personengruppen, durch die Stärkung von Nachbarschaftshilfe, durch die Organisierung generationenübergreifender Angebote und Veranstaltungen wären Schritte hin zu einer besseren Verzahnung der Generationen und ihrer Lebenswelten möglich – so wie dies der Bundespräsident u.a. in seiner Rede »Überforderte Nachbarschaft und die Zukunft der Stadt« vom 06.05.1999 als wünschenswert bezeichnet hat.
Das Engagement älterer Menschen insbesondere Kindern und Kleinkindern gegenüber (Babysitting) wird bereits an manchen Orten mittels verschiedenster Vermittlungsdienste organisiert. Eine weitere Verbreitung wäre sinnvoll und sicherlich möglich, insofern Qualitätsstandards gegeben sind und die älteren Menschen eine kontinuierliche Begleitung erfahren. Der Kontaktausbau zwischen Jugendlichen und Älteren allerdings sollte weniger unter dem Aspekt des freiwilligen Engagements gesehen werden als der Schaffung von Gelegenheiten des gegenseitigen Austausches und gemeinsamen Lernens.
Die von Ihnen angeführte drohende Überbelastung der jungen Generation wird weniger durch das freiwillige Engagement von Älteren vermieden werden können, als durch das Handeln von Staat und Gesellschaft in sozial-, arbeitsmarkt- und finanzpolitischen sowie ökologischen Belangen.

Zu 4. Neubewertung von Arbeit – neue Tätigkeitsfelder

Diskussionen über die Bedeutung und Förderung des freiwilligen Engagements greifen zu kurz, wenn nicht grundsätzlich auf die Kultur der Arbeit und des Tätigseins eingegangen wird, wie dies Hannah Arendt in ihrem epochalen Werk »Vita Activa« getan hat, und wenn nicht gleichzeitig »das Ende der Arbeit – und ihre Zukunft«[2] miteinbezogen wird. Arbeit steht dabei stets als Synonym für Erwerbsarbeit. Eine Neubewertung von Arbeit über Freiwilligendienste und Ehrenamt ist unseres Erachtens nicht möglich. Vielmehr wird es darum gehen, ähnlich den Forderungen von Giardini/Liedtke in ihrem neuen Bericht an den Club of Rome[3] von einem Übergang von der Arbeits- in eine Tätigkeitsgesellschaft auszugehen, in der die Erwerbsarbeit zwar weiterhin wegen ihrer Funktion der Sicherstellung der materiellen Grundlage eine zentrale Bedeutung haben wird, in der aber eine zweite Schicht monetisierter Beschäftigung ebenfalls eine Schlüsselrolle erhalten wird (eine Mischung aus ABM, Kombilohn und Bürgerarbeit nach Beck) und gleichzeitig eine Aufwer-

2 Jeremy Rifkin, New York/ Frankfurt 1995
3 Giardini/Liedtke, Wie wir arbeiten werden, Hamburg 1998.

tung nichtmonetisierter Arbeit (Eigenarbeit, gemeinwohlorientierte Tätigkeit) dringend erforderlich ist.
In Ihrer Frage werden Dritter Sektor, Erwerbsarbeit, Neubewertung der Arbeit und ehrenamtliche Gemeinwesenarbeit angesprochen, was in ihrer Mischung mißverständlich sein kann. So beruht die – in Zeiten der Globalisierung und der Ökonomisierung des Sozialen – immer größer werdende Bedeutung des Dritten Sektors sowohl auf beruflicher Arbeit wie auf ehrenamtlichem Engagement. Die Diakonie postuliert in ihrem Leitbild nicht nur: »Wir sind eine Dienstgemeinschaft von Frauen und Männern im Haupt- und Ehrenamt«, sondern dieser Anspruch wird bundesweite Realität durch jeweils etwa 400.000 Haupt- und Ehrenamtlichen in den Einrichtungen und Diensten vor Ort. Gemeinwesenarbeit kann unserem Verständnis nach nur durch den Einsatz von Freiwilligen gelingen, gleichzeitig ist die fachlich qualifizierte und zuverlässige Betreuung, Pflege, Beratung und Seelsorge von hilfebedürftigen Menschen nur durch berufliche Arbeit mit entsprechender Ausbildung möglich.
Richtig ist, daß es oftmals Freiwilligen waren und sind, die als erste auf gesellschaftliche Notlagen reagierten, im Lauf der Zeit aber flächendeckende und fachlich angemessene Angebotsstrukturen nur durch den zunehmenden Einsatz von beruflichen Kräften möglich sind.
Richtig ist auch, daß freiwilliges Engagement – gerade für Arbeitslose – berufsqualifizierend sein kann und daher entsprechende politisch-gesellschaftliche Unterstützung erfahren muß. Und ebenso wie im Zivildienst und im Freiwilligen Sozialen Jahr kann ehrenamtliches Engagement berufliche Entscheidungsfindungen befördern und lenken und Selbstbewußtsein vermitteln.
Dennoch gilt: Keine Bevölkerungsgruppe kann mit dem Verweis auf eine »Alternativrolle« in Hausarbeit, Ehrenamt, Eigenarbeit oder Gemeinschaftsdienste (so gesellschaftlich notwendig und nützlich sie sind) über den Verlust oder teilweisen Verlust der Erwerbsarbeit hinweg getröstet werden.
Frauen wie Männer brauchen Geld, wenn sie ökonomisch und sozial unabhängig leben und sich für andere einsetzen wollen. Freiwillige, unbezahlte Tätigkeit muß immer komplementär zur Erwerbsarbeit gesehen werden. Ein Mißbrauch dieser Konzepte, indem staatlich-politische Verantwortung für einen funktionierenden Arbeitsmarkt weiter zurückgefahren oder Professionalität herabgewürdigt werden, darf es nicht geben.

Zu 5. Freiwilligendienste für ausländische Jugendliche

Für die Beantwortung der Fragen 5 und 6 haben wir die Geschäftsstelle der Bundesarbeitsgemeinschaft der Evangelischen Jugendsozialarbeit um Mitarbeit gebeten, weil sie mit ihren 129 evangelischen Jugendgemeinschaftswerken in Deutschland über die entsprechende Fachkompetenz verfügt.
Wir stimmen der Feststellung zu, daß eine wachsende Gruppe von Menschen, darunter auch zahlreiche ausländische Jugendliche, mit den ständig steigenden

Qualifikations- und Anpassungsforderungen nicht zurecht kommen. Die daraus abzuleitende Forderung muß sein, daß Jugendliche bei der Suche nach tragfähigen Lebensmodellen Unterstützung in vielfältiger Form erhalten. Besonders sollte eine Entwicklung von funktionierenden Konzepten der Lebensweltorientierung (statt Arbeitsmarktorientierung) angeregt werden.
Jugendliche ausländischer Herkunft sollten stärker als mögliche Zielgruppe von Freiwilligendiensten in den Blick genommen werden. Dabei wäre zunächst zu prüfen, welche Faktoren ihnen bisher den Zugang dazu erschweren.
Umfragen unter Jugendlichen haben gezeigt, daß sie in ihren Lebensplänen primär das Ziel der Integration in Erwerbsarbeit verfolgen, dies gilt auch für die Gruppe der sog. Benachteiligten. Berufliche oder schulische Ausbildung hat u. E. für »benachteiligte« Jugendliche immer Vorrang vor Gemeinschaftsdiensten.
Alle Bemühungen, die Zielgruppe »benachteiligte« Jugendliche in Freiwilligendienste zu integrieren, müssen eine besondere Betreuungsstruktur und besondere Förderstruktur haben, müssen eng auf die biographischen Erfahrungen und Bildungsvoraussetzungen der Jugendlichen abgestimmt sowie flexibel im Einsatzfeld und im Einsatzzeitraum sein. Wichtig ist, daß die Einsatzfelder in einem Zusammenhang mit dem Lebensumfeld der jungen Menschen stehen.
Nationale Freiwilligengesetze sollten sich an der Harmonisierung von europäischen Standards orientieren (Status, Sozialversicherung, Bezahlung etc.).
Hinsichtlich der nationalen Gesetzgebung im Bereich der Freiwilligendienste muß deutlich werden, daß es nicht allein um individuelle Vorteile, sondern um eine gemeinschaftsbezogene und europabezogene Sinngebung geht, die eine Analogie im geltenden nationalen Sozialrecht rechtfertigt.

Zu 6. Jugendgemeinschaftsdienste als Integrationsangebote

Wir möchten an dieser Stelle darauf hinweisen, daß es bereits eine Struktur von Einrichtungen gibt, die sich speziell um Integration zugewanderter Jugendlicher bemühen.
Es bestand bis 1992 ein fast flächendeckendes Netz von Jugendgemeinschaftswerke als Integrationsfachstellen. Die evangelischen Jugendgemeinschaftswerke bieten für jugendliche AussiedlerInnen und zunehmend auch für ausländische Jugendliche und Flüchtlinge Integrationshilfen an. Das Beratungs- und Unterstützungsangebot orientiert sich an den Bedürfnissen der Jugendlichen. In der Bundesrepublik gibt es 129 evangelische Jugendgemeinschaftswerke mit 5 Außenstellen, die 1998 34.945 Jugendliche (12-27 Jahren) betreut haben.
Diese Jugendgemeinschaftswerke bieten im Rahmen ihres gemeinwesenbezogenen Ansatz auch heute schon für ausländische zugewanderte Jugendliche Beratung und Unterstützung zur Integration in die bundesrepublikanische Gesellschaft an. Ein zukünftiger Gemeinschaftsdienst könnte von den Jugendgemeinschaftswerken gut organisiert und begleitet werden, sofern zusätzliche Ressourcen bereit gestellt werden. Derzeit leidet die Arbeit unter kontinuierlichen Mittelkürzungen.

Wichtig sind Angebote und Dienste, an denen möglichst deutsche Jugendliche und Jugendliche ausländischer Herkunft gemeinsam teilnehmen, und die mit der Lebenswelt der jungen Menschen korrespondieren. – Bei dem Versuch, eine größere Beteiligung von Jugendlichen ausländischer Herkunft an Freiwilligendiensten zu erreichen, ist darüber hinaus sensibel darauf zu achten, daß analog der generellen Selbstbezug-Debatte im Ehrenamtsbereich diesen Jugendlichen – die häufig vielfältige Benachteiligungen erfahren – mit der Einbeziehung in Freiwilligendienste ein Angebot unterbreitet wird, das ihnen persönlich etwas bringt, und nicht nur ein Dienst für Andere/die Gesellschaft ist.

Generell gilt: Auf Grund der verstärkten Maßnahmen der Arbeitsämter (siehe Sofortprogramm) mit dem Ziel, arbeitslose Jugendliche unmittelbar in Maßnahmen zu vermitteln, wird es immer schwieriger, Jugendliche zu finden, die überhaupt für Freiwilligendienste in Frage kommen. Dies ist uns besonders aus den neuen Bundesländern zurückgemeldet worden.

Zu 7. Ausbau von Freiwilligendiensten

Ohne Geld kann nicht über den Ausbau von Freiwilligendiensten gesprochen werden. Denn bei Bereitstellung entsprechend erhöhter Finanzmittel (z.B. durch das in Frage 8 angesprochene Stiftungsmodell) könnte das Angebot des Freiwilligen Sozialen Jahres nicht nur von der Zahl der Plätze her verbreitert werden. Alle derartigen Überlegungen haben im Blick zu behalten, daß das Freiwillige Soziale Jahr ein Bildungsjahr mit pädagogischer Begleitung ist, und sich gerade dieser qualifizierende Ansatz bewährt hat. Freiwilligendienste sind also zunächst kein Arbeitsbeschaffungsprogramm und kein Lückenbüßerprogramm für Defizite im Sozialsystem.

Die Teilnahmemöglichkeit für Jugendliche aus dem Ausland am Freiwilligen Sozialen Jahr muß erleichtert werden, z.B. durch Erlaß der Zahlung der Sozialversicherungsbeiträge, die nach deutschem Recht vorgeschrieben sind. Für Jugendliche, die aus nicht der EU angehörenden Staaten kommen und am Freiwilligen Sozialen Jahr teilnehmen, müssen die Beschränkungen, die in der Verordnung über die Arbeitsgenehmigung für ausländische Arbeitnehmer (ArGV) enthalten sind, aufgehoben werden.

Gleichzeitig ist die Nachfrage speziell für Freiwilligendienste im Ausland sehr groß. Die Verabschiedung des in Planung befindlichen Entsendegesetzes für Freiwilligendienste wäre ein Fortschritt. Aber auch hier müssen die entsprechenden finanziellen Ressourcen geschaffen werden, denn die Träger dieser Freiwilligendienste sind – auch bei Hinzuziehung von Mitteln des Europäischen Freiwilligendienstes – nicht in der Lage, die finanziellen Belastungen allein zu tragen. Im Programm »Diakonisches Jahr im Ausland« könnten bei ausreichender Mittelbereitstellung mindestens doppelt bis dreifach so viele Jugendliche als bisher (ca. 100 Plätze) aufgenommen werden.

Zu 8. Stiftungsmodell

Das Finanzierungsmodell durch ein Stiftungsvermögen scheint uns sehr interessant zu sein. Trotz der vielfach benannten Generation der Erben ist von einer eher unterentwickelten Stiftungskultur in Deutschland auszugehen, so daß für eine erfolgreiche Umsetzung dieser sinnvollen Idee ein langer Atem nötig sein dürfte. Die Verwendung eines Teils der Privatisierungserlöse in Baden-Württemberg und Bayern für jugendpolitische Maßnahmen vermittelt allerdings die Zuversicht, daß es möglich ist, öffentliche wie private Sponsoren zu finden – auch wenn dies viel Zeit benötigt.

Klaus Schmucker

Arbeitsgemeinschaft Evangelischer Jugend (aej)

Generalsekretär

Die aej ist im Zusammenwirken mit dem Diakonischen Werk der Evangelischen Kirche Deutschland der Evangelische Träger für das Freiwillige Soziale Jahr/Diakonische Jahr und verfügt im nationalen Bereich über langjährige Erfahrungen. Seit etlichen Jahren gibt es – stellvertretend durchgeführt von Kollegen in der Pfalz – ein Modellprojekt »Diakonisches Jahr im Ausland«. Darüber hinaus bieten viele unserer Mitgliedsorganisationen längerfristige Freiwilligenprogramme für junge Menschen im Ausland an.
Zum Manifest der Robert Bosch Stiftung »Jugend erneuert Gemeinschaft« hat der von DW der EKD und aej gemeinsam getragene »Arbeitskreis Freiwillige Soziale Dienste«, bereits ausführlich Stellung genommen.
Zu den von Ihnen benannten Fragen:

Zu 1.

Wir halten es nicht für richtig, das Thema »Freiwilligendienste« im Kontext der Diskussion von Wehr- und Zivildienst zu führen. Schon der Begriff »Freiwilligendienste«, d. h. ein auf freiwilliger individueller Entscheidung beruhender Dienst, würde damit adabsurdum geführt. Die hohe Motivation, die in der Regel Menschen eigen ist, die einen Freiwilligendienst tun, kann und wird nicht erwartet werden dürfen von Menschen, die dazu verpflichtet werden. Die Folgen hätten die Träger, die Einsatzstellen und vor allen Dingen die Menschen zu tragen, denen Freiwilligendienste zugute kommen sollen. Darüber hinaus halten wir es für eine Illusion, wenn man vom Einsatz Freiwilliger erwartet, daß dadurch gesellschaftliche Problemlagen behoben werden können, die etwa dadurch entstehen, daß Wehr- oder Zivildienstleistende für bestimmte Tätigkeiten nicht mehr zur Verfügung stehen. Wir glauben, daß der Freiwilligendienst von jungen Menschen deswegen so geschätzt und gesucht wird, weil er ihnen Einblick in gesellschaftliche Problemlagen vermittelt und ihnen zur persönlichen Orientierung dient, ohne bei den jungen Menschen den Eindruck zu erwecken, daß Sie »als Mittel zum Zweck« verwendet werden sollen.

Fazit: Sinnvoll wäre es, die Träger in die Lage zu versetzen, der in der Tat hohen Nachfrage nach längerfristigen Freiwilligendiensten gerecht werden zu können, nicht sinnvoll ist es, aus dieser Nachfrage zu schließen, daß ein »Freiwilliger Pflichtdienst« auf die gleiche Motivationslage junger Menschen stoßen würde.

Zu 2.

Wir teilen die Einschätzung eines zunehmenden Mangels an Gemeingeist und Bürgersinn bei jungen Menschen nicht. Im Gegenteil halten wir es für unfair und nicht sachgerecht, daß dies vor allem in den Medien so dargestellt wird, indem man Einzelfälle verallgemeinert. Natürlich gibt es auch unter jungen Menschen solche, die wenig soziale Bindungen und abnehmende Identifizierung mit dem Gemeinwesen erkennen lassen – jedoch nach unserer Überzeugung nicht weniger als dies bei Erwachsenen der Fall ist. Will man derlei Entwicklungen entgegentreten, so wäre in der Mitte der Gesellschaft (also bei den Erwachsenen) anzusetzen. Was Jugendliche dort beobachten und erleben, prägt naturgemäß auch sie zum Teil.

Das von Ihnen selbst benannte hohe Interesse Jugendlicher an Freiwilligendiensten widerspricht der aufgestellten Behauptung eines mangelnden Gemeingeistes und Bürgersinns ebenso wie unsere Erfahrungen mit den jungen Menschen, die wir nicht nur im Bereich des Freiwilligendienstes machen, sondern als Jugendverband insgesamt: Die Zahlen der ehrenamtlich Engagierten sind wider alle Behauptungen in den letzten Jahren nicht zurückgegangen, sondern stabil geblieben. Wissenschaftliche Erhebungen, wie z. B. die 12. Shell-Jugendstudie und andere belegen, daß soziales Engagement in der Werteskala Jugendlicher durchaus weit oben rangiert. Daß es aus ihrer Sicht verbunden sein muß mit für sie nutzbringenden persönlichen Erfahrungen und der Aneignung von später verwendbaren Kompetenzen, hat nach unserer Einschätzung eher damit zu tun, daß junge Menschen einen deutlichen Zwang zur Ansammlung möglichst vieler Qualifikationen empfinden, um für ihren späteren beruflichen Werdegang ausreichende Optionen zu haben, ohne die ihnen der Zugang zur Gesellschaft verwehrt bleibt. In diesem Sinne verstehe ich auch die im Manifest selbst gemachten Beobachtungen (s. Seite 8/9).

Als Beispiel, in welch hohem Maße junge Menschen zu motivieren sind, möchte ich das Modellprojekt »Soziales Lernen« anführen, das von mehren Organisationen unter Beteiligung, z. B. des Diakonischen Werkes in Württemberg und dem Landesjugendpfarramt in Württemberg durchgeführt worden ist. Im Zusammenwirken von Firmen, Schulen, kirchlichen und sozialen Organisationen wurden respektable Ergebnisse erzielt.

Auf diesem Hintergrund teile ich die im Manifest gewiesene Richtung (Seite 10) schulische, universitäre und berufliche Ausbildung stärker mit den Angeboten und Ressourcen anderer Lernorte, wie sie im sozialen Bereich oder im Bereich der Jugendarbeit vorhanden sind, zu verknüpfen. Wesentlich scheint uns dabei, daß derlei Lernphasen innerhalb des staatlich organisierten Lernens und der betrieblichen Ausbildung unter Rahmenbedingungen stattfinden, die nicht mit den gleichen Mechanismen der Leistungskontrolle verbunden sind. Dies hieße: frei gewählte Lernfelder, außerhalb dieser Systeme befindliche, pädagogisch qualifizierte Begleitung, reflektierte individuelle Erfahrung als Lernziel. Schritte in diese Richtung wären zu begrüßen, jedoch ist zu bezweifeln, daß ohne eine grundsätzliche Veränderung des gesamten (Aus-)Bildungswesen, wie sie ja auch vom Herrn Bundespräsidenten wiederholt eingeklagt wurde, solche Maßnahmen zum gewünschten Erfolg führen.

Zu 3.

Die Gefahr des formulierten Befundes können wir teilen. Die Erfahrungen, die wir in der Breite unserer Arbeit mit jungen Menschen machen, führen zu dem Fazit, daß dies aus Sicht junger Menschen damit zusammenhängt, daß sie sich von der älteren Generation (also den heute Erwachsenen) allein gelassen fühlen. Sie haben den Eindruck, daß man weniger die Probleme sieht, die sie haben, als vielmehr die Probleme, die sie machen (zudem häufig von einzelnen Fällen auf eine gesamte Generation geschlossen wird). Junge Menschen nehmen sehr wohl wahr, daß sie gesamtgesellschaftlich und auch in der Politik nicht mehr als Generation gesehen werden, auf die man Hoffnungen setzt und von der man Innovationen erwartet und sie darum fördert, sondern als eine Generation, die zum Problem geworden ist und das Gemeinwesen belastet. Vordringlich ist daher, daß die Jugend gerechte Partizipationschancen am Ausbildungs- und Arbeitsmarkt erhält, und daß Weichenstellungen in den Bereichen Ökologie, Wirtschaft, Sozialpolitik etc. geschehen, aus denen erkennbar wird, daß Wohl und Zukunft der jungen Generation im Blick sind. Nur so kann wirksam einer Überbelastung der jungen Generation in der Zukunft entgegengewirkt werden.

Viele Strukturen unserer Mitgliedsorganisationen sind seit langem so angelegt, daß bis hinein vor Ort junge Menschen und ältere Menschen zusammenwirken und einander mit ihren Erfahrungen und ihrem Engagement ergänzen und bereichern. Von jungen Menschen wird dies vornehmlich dann akzeptiert, wenn dies im Geiste und unter dem Vorzeichen einer »Lerngemeinschaft« geschieht, in der man mit den je verschiedenen Erfahrungen und Zugängen zum Leben gemeinsam auf dem Wege ist. Immer, wenn Tendenzen erkennbar werden, daß die jüngere Generation unter defizitären Gesichtspunkten gesehen wird und die Rollen von Lernenden und Lehrenden nach Lebensalter verteilt sind, entziehen sich junge Menschen. Insofern qualifiziert Erwachsene nicht allein ihre Lebenserfahrung und ihr Alter zur ehrenamtlichen Betreuung und Begleitung von jungen Menschen. Es braucht dafür eine persönliche Haltung und eine pädagogische Qualifikation, die erworben werden müs-

sen, wie wir sie beispielsweise auch von jungen Menschen erwarten, die ehrenamtlich in unserem Verband tätig sind.
Für einen wichtigen Weg halten wir Lernprojekte, in denen junge und ältere Menschen gemeinsam etwas zum Wohle der gesamten Gemeinschaft tun und dabei gleichberechtigt hinsichtlich ihrer Erfahrungen, Meinungen und Lebenszugänge agieren. Für unerläßlich halten wir auch bei solchen Prozessen eine qualifizierte pädagogische Begleitung und Moderation. Trägerstrukturen, die die Voraussetzungen für solche Lernarrangements aufweisen (und derer gibt es viele), sollten gestärkt werden.

Zu 4.

Wir stimmen der Feststellung dieses Punktes zu. Jedoch müssen Wirtschaft und Staat mehr als bisher durch konkretes Handeln zeigen, daß sie der Wertschöpfung im Bereich der Dienstleistungen und des »Dritten Sektors« auch einen gesellschaftlichen Wert beimessen. Solange die Wertschöpfung dieser Bereiche eben »nichts wert« ist, sondern die Bezahlbarkeit von Tätigkeiten sich nur daran orientiert, welchen Gewinn und welche Rendite sie einspielen, klingen alle Beteuerungen der Wertschätzung hohl. Wenn bezahlte Tätigkeiten im Bereich der Dienstleistungen und des »Dritten Sektors« weit unter dem Durchschnitt vergütet werden und gesellschaftlich wenig anerkannt sind, wirkt sich dies auf die Motivation von Menschen aus.
Deshalb ist zunächst festzustellen, daß die richtig festgestellte Tatsache, daß längst nicht alle Tätigkeiten in diesen Bereichen als Erwerbsarbeit bezahlbar sind, keineswegs unhinterfragbare Gesetzmäßigkeit bleiben darf. Wirtschaft und Staat müssen alle Anstrengungen unternehmen, um diese Situation zu verändern, damit wir die Rahmenbedingungen erhalten können, damit unsere Gesellschaft human, also um das Wohl der Menschen besorgt bleibt.
Eine gesellschaftliche Neubewertung von Arbeit kann darum unseres Erachtens keineswegs vorwiegend darin bestehen, von mehr Menschen freiwillige ehrenamtliche Gemeinwesenarbeit zu erwarten, wenn gleichzeitig gewinnmaximierende Arbeiten mit immer unverhältnismäßiger steigenden finanziellen Vergütungen verbunden sind.
Erst, wenn dies im Grundsatz geklärt ist, darf erwartet werden, daß freiwillige und ehrenamtliche Arbeit im Stellenwert von Menschen steigt. Zusätzlich sei erwähnt: Bereits bei jungen Menschen machen wir die Erfahrung, daß freiwillig und ehrenamtlich (trotz gesellschaftlicher Anerkennung!) sich nur Menschen engagieren können, deren finanzielle und soziale Absicherung ausreichend gewährleistet ist. Dies ist leider bei einer zunehmenden Zahl junger Menschen nicht mehr der Fall. Sie sind gezwungen, ihre zur Verfügung stehende Zeit (oft neben Schule, Ausbildung oder Studium) in Erwerbsarbeit zu investieren.
So kann unseres Erachtens eine Neubewertung von Arbeit nicht über Freiwilligendienste oder ehrenamtliche Arbeit erreicht werden, deren Wesensmäßigkeit darin

besteht, daß sie zusätzlich oder ergänzend zur gesellschaftlich notwendigen Arbeit getan wird und – da sie auf Eigeninitiative beruht – auch nur in geringem Umfang planbar, steuerbar und verzweckbar ist. Damit soll nicht behauptet werden, daß sich in einzelnen Fällen junge Menschen aufgrund ihres freiwilligen Engagements Kompetenzen aneignen oder Anregungen erhalten, die sie später für eine Erwerbsarbeit nutzbar machen können.

Zu 5.

Zunächst ist auch hier zu sagen, daß die Gründe für das geschilderte Phänomen in den meisten Fällen keineswegs in den individuellen Begrenzungen und mangelnden Begabungen liegen. So liegt der Schlüssel, um die Gruppe junger Menschen, von denen hier die Rede ist, möglichst gering zu halten darin, daß wir die Sozialisationsbedingungen und den Bildungssektor so gestalten, daß allen jungen Menschen ein Höchstmaß an Förderung zugute kommen kann. Dabei könnte in der Tat eine realistische Möglichkeit, ein freiwilliges Dienstjahr zu leisten, eine Hilfe sein, die jedoch nur im Gesamtkontext entsprechender Bedingungen sinnvoll ist.

Wiederum ist zu sagen, daß viele der hier angesprochenen Jugendlichen in einem sozialen Umfeld leben, das sie auf Erwerbsarbeit angewiesen sein läßt, um finanziell über die Runden zu kommen. Nicht zufällig stammen viele junge Menschen, die sich ehrenamtlich oder freiwillig über längere Zeit engagieren, mindestens aus der sozialen Mittelschicht, wo die Elternhäuser die nötigen Absicherungen gewährleisten.

Vor allem Jugendliche, deren Ausgangslagen wie von ihnen geschildert schwierig sind, stehen von Anfang an unter dem Druck der Frage, »was nach einem freiwilligen Dienstjahr für sie an Perspektiven vorhanden ist«. Neben einer pädagogischen Begleitung braucht es demzufolge im Vorfeld, während und möglichst auch nach einem freiwilligen Dienstjahr eine Begleitung, die jungen Menschen beim Ausloten entsprechender Möglichkeiten behilflich ist. Während des Dienstjahres ist von einer besonders intensiven pädagogischen Begleitung auszugehen, damit das bei dieser Personengruppe in der Regel wenig ausgeprägte Selbstwertgefühl und Selbstbewußtsein gestärkt werden kann. Auch die Schwierigkeiten, die aus mangelnden Sprachkenntnissen und aufgrund kultureller Unterschiede bestehen, sind zu berücksichtigen.

Zu 6.

Auch hier ist der Feststellung zuzustimmen. Ohne daß wir uns Ihrer konkreten Fragestellung entziehen wollen, muß jedoch gesagt werden, daß Jugendgemeinschaftsdienste nicht in der Lage sind, gesamtgesellschaftliche Defizite in ausreichendem Maße zu kompensieren und aufzufangen. Erfolg können sie nur haben, wenn ihre Arbeit eingebettet ist in Anstrengungen der gesamten Gesellschaft.

Im Freiwilligen Sozialen Jahr gewinnt der von Ihnen formulierte Aspekt zunehmend an Beachtung. Dieser Freiwilligendienst bietet unseres Erachtens gute Möglichkeiten der Integration sowohl durch die pädagogische Begleitung als auch durch die Möglichkeit des interkulturellen Lernens und des Eingebundenseins in eine Gruppe mit Gleichaltrigen anderer Nationalität.

Zu 7.

Im Grunde ergibt sich aus vielem des bisher Gesagten schon eine teilweise Antwort auf Ihre Frage. Wir halten eine vielfältige Trägerlandschaft grundsätzlich für richtig, damit sich Jugendliche je nach Interesse und Bedürfnis engagieren können. Entschieden ablehnend beurteilen wir das Ansinnen, zu den Freiwilligendiensten auch Einsätze im gewerblichen Bereich zu rechnen. Im Kontext der Erwerbsarbeit hat das Konzept des Freiwilligendienstes nicht seinen Platz.

Attraktiv und lebensorientiert würden vermutlich Einsatzmöglichkeiten im sozialen, pflegerischen, pädagogischen, ökologischen und kulturellen Bereich sowie Dienste für Frieden und Versöhnung empfunden werden.

Für wesentlich halten wir es, daß Trägerstrukturen in der Lage sind, eine qualitativ hochwertige pädagogische Begleitung anzubieten, und daß sie im Interesse der jungen Menschen unabhängig von den Einsatzstellen sind. Der Qualitätssicherung von Trägern und Tätigkeitsfeldern räumen wir daher Gewicht ein. Es ist davon auszugehen, daß viele Jugendliche in einem zu unübersichtlichen »Markt von Freiwilligendiensten« nicht mehr in der Lage sind, von sich aus deren Qualität zu beurteilen. Ein entsprechendes Informations- und Beratungssystem wäre daher notwendig.

Aufgrund der zusätzlichen interkulturellen Lerndimension sind internationale Freiwilligendienste besonders attraktiv und nachgefragt. In diesem Zusammenhang halten wir es für wichtig, daß die Teilnahmemöglichkeit für Jugendliche aus dem Ausland erleichtert wird. Umgekehrt halten wir aufgrund der hohen Nachfrage nach Auslandseinsätzen die Schaffung eines Entsendegesetzes für junge Freiwillige, die ins Ausland gehen wollen, für sinnvoll. Die größten Probleme, die sich derzeit den Anbietern längerfristiger internationaler Freiwilligendienste stellen, hängen allerdings nicht mit den gesetzlichen, sondern vielmehr mit den finanziellen Rahmenbedingungen zusammen. Die Träger dieser Freiwilligendienste sind nicht in der Lage, die finanziellen Belastungen allein zu tragen (auch nicht unter Hinzuziehung des Europäischen Freiwilligendienstes). Zum Beispiel könnten im Programm »Diakonisches Jahr im Ausland« (DJIA) mindestens doppelt bis dreifach so viele Jugendliche aufgenommen werden (bisher 100 Plätze), wenn die finanziellen Ressourcen dafür vorhanden wären. Leider ist der Nachfrage zuwiderlaufend dieses Programm aus finanziellen Gründen akut in seiner Existenz gefährdet (schon im nächsten Jahr).

Zu 8.

Aus den Ausführungen dürfte deutlich geworden sein, daß wir dem notwendigen Ausbau der Freiwilligenplätze uneingeschränkt zustimmen. Die Nachfrage spricht hier eine deutliche Sprache. Das Finanzierungsmodell eines »Stiftungs-Fonds für Freiwilligendienste« halten wir für einen Schritt in die richtige Richtung. Wie oben dargelegt, meinen wir, daß Staat, Gesellschaft und Wirtschaft gemeinsam für die Bereitstellung von Chancen für junge Menschen Verantwortung übernehmen sollten. Wir bitten um Verständnis, daß wir uns eine Einschätzung über die Realisierung im Augenblick nicht zutrauen.

Carl Christoph Schweitzer

Aktion Gemeinsinn

Vorstandsvorsitzender

Vorab lassen Sie mich bitte sagen, daß die Aktion Gemeinsinn e.V. das Projekt der Robert Bosch Stiftung mit dem »Manifest für Freiwilligendienste« generell unterstützt.
Die Orientierung auf das gemeinwohlbezogene ehrenamtliche Engagement junger Leute stimmt mit den Intentionen der Aktion Gemeinsinn allgemein und speziell mit denen unserer seit Ende 1996 bundesweit tätigen »Arbeitsstelle Bürgerschaftliche Initiative – freiwilliges Engagement – Ehrenamt« überein. Der Arbeitsschwerpunkt 1999 für diese Arbeitsstelle lautet »Gemeinsinn lernen – Erziehung zum Ehrenamt«. Und nun zu Ihren Fragen in gebotener Kürze und einiger »ehrenamtlicher« Eile:

Zu 1.

Die Vermittlung und Aneignung von *Werten* gewinnt an Bedeutung. Sie schließt die Akzeptanz der Einheit von *Rechten* und *Pflichten* ein. Das Wollen und Können zur Pflichterfüllung erfordert eine *Erziehung* sowohl durch Belehrung, vor allem aber durch praktisches Tun und durch Vorbilder.
Eine Art »13. Schuljahr« könnte der Rahmen für eine solche Erziehung durch Freiwilligendienste sein. Wichtig wären für die Akzeptanz eines solchen Dienstes seine vielfältige gesellschaftliche öffentliche Anerkennung (durch Politik, Verwaltung, Medien) und seine Beförderung durch entsprechende Rahmenbedingungen (rechtlich, steuerlich, etc.).

Zu 2.

Einen »Mangel an Gemeingeist und Bürgersinn« würde ich so pauschal nicht konstatieren. Die Identifizierung mit kleineren Gemeinschaften ist gut entwickelt, aber ausgeprägter als das aktive Bekenntnis zu dem Gemeinwesen Staat.
Ja, ich bin dafür, daß das öffentliche Schulwesen sich deutlicher auch zu seinen erzieherischen Aufgaben bekennt. Vor allem *das praktische soziale Lernen* bedarf einer Aufwertung.
Erziehung aber darf nicht auf »Maulpädagogik« reduziert werden. Ein *praktisch* orientiertes »gemeinschaftsbildendes Orientierungsjahr« dürfte dafür geeigneter sein.
Unsere »Arbeitsstelle Ehrenamt« diskutiert in diesem Jahr diese Problematik in drei Veranstaltungen mit den Vertretern der Länderkultusministerien, mit Vertretern von Verbänden und Vereinen sowie mit Pädagogen. Wir wollen dabei auch die Idee eines vierwöchigen »Sozialpraktikums« der Schüler/innen von 9. oder 10. Klassen in Vereinen, Verbänden und Organisationen mit starkem ehrenamtlichem Engagement erörtern.

Zu 3.

Auch von einem »Auseinanderdriften der Generationen« möchte ich so allgemein nicht reden. Wir haben übrigens dieses Thema in unseren Kampagnen der letzten vier Jahrzehnte wiederholt angesprochen und hier viel positive Resonanz konstatieren können. (Natürlich gilt: Tempora mutantur ...) Allerdings werden Traditionsgemeinschaften zunehmend durch Gesinnungsgemeinschaften abgelöst. Aber auch eine neue Einheit zwischen ihnen ist möglich. Wir betonen darum in unserer Arbeit *die Verantwortung der Verbände und Vereine für ihren Nachwuchs,* für ihre Arbeit mit jungen Leuten, für ihre Vorbildwirkung gegenüber diesen jungen Leuten.
Die Verbände, Vereine und Organisationen sind daher gefordert, für ein »Sozialpraktikum« und für ein »Freiwilligenjahr« interessante Tätigkeitsfelder und eine ermutigende »Betreuung« anzubieten.

Zu 4.

Die Praxis zeigt, daß Ehrenamt zusätzlich zu regulärer Erwerbsarbeit besser funktioniert als Ehrenamt statt Erwerbsarbeit. Dieses freiwillige Engagement scheint einer gesicherten existentiellen Ausgangssituation zu bedürfen. Darum ist es natürlich, wenn Arbeitslose ihr ehrenamtliches Engagement als Sprungbrett in die Erwerbsarbeit betrachten. Wie Sie wissen, haben die Niederlande auch unseres Erachtens gerade in diesem Zusammenhang Vorbildliches auf die Beine gestellt.

Als geeignete Tätigkeitsfelder für das Ehrenamt sehe ich besonders die *sozialen und die »politischen« Dienstleistungen, aber auch Dienstleistungen im Handel und in der Ökologie.*
Vor allem für die »Sozialarbeit« ist es wichtig, Zeit zu haben für den Mitmenschen, für das Zuhören, das Gespräch, das einfache Helfen.

Zu 5.

Das »freiwillige Dienstjahr« würde auf *die gegenständlich-praktische Aneignung von Wirklichkeit* ausgerichtet sein und nicht auf die kognitive Anhäufung von Wissen. *Soziale Kompetenz ist nicht mit kognitiver Leistung zu verwechseln.* Darum könnte ein von unserer Arbeitsstelle zu Diskussion gestelltes »Sozialpraktikum« auch kognitiv schwächeren Schülern Erfolgserlebnisse ermöglichen. Dies wollen wir so in unseren Gesprächsrunden thematisieren.

Zu 6.

Ja, »Jugendgemeinschaftsdienste« sollten ein grenzüberschreitendes Vorhaben sein. Das Projekt der Robert Bosch Stiftung müßte zu einem europäischen Vorhaben werden, und die Politik könnte dies unterstützen. Hierbei hätten auch die entsprechenden Bundesministerien (Bildung, Wissenschaft, Kultur, Soziales, Inneres) eine Wirkmöglichkeit.

Zu 7.

Die Angebote für Freiwilligendienste dürften auf folgenden Gebieten besonders erfolgversprechend sein:
Soziale Dienstleistungen (das Kümmern um Kranke, Süchtige, Alte), *ökologische Dienstleistungen* (Erhaltung der Natur, Hege und Pflege), *»politische Dienstleistungen«* (Arbeit in Parteien, in Kommunen), *Dienstleistungen im Handel.*
Verbände, Vereine, Organisationen (auch Parteien!) sollten klären, was junge Leute bei ihnen konkret tun können, was sie bei diesem Tun an Kenntnissen, Fertigkeiten und Werten (Motiven, Haltungen) lernen können, welche Rahmenbedingungen für dieses Tun erforderlich sind.

Zu 8.

Unsere Aktion thematisiert in einer Kolloquienreihe die Herausforderung »Gemeinsinn für eine moderne Bürgergesellschaft«. Und einer *Bürgergesellschaft* stehen die in Ihrem Brief aufgeführten nichtstaatlichen Finanzierungsmöglichkeiten gut zu

Gesicht. Wie Ihnen bekannt ist, ist die Aktion Gemeinsinn besonders stolz darauf, seit 42 Jahren zu denjenigen bundesweit operierenden Einrichtungen zu gehören, die nie eine institutionelle Förderung durch die öffentliche Hand in Anspruch genommen haben. Wir sind damit wirklich eine echte Vereinigung der »Bürger für Bürger«. Auch wir favorisieren *Stiftungen* und *Privatspenden* sowie das Social Sponsoring der *Wirtschaft*.

Die relativ neue Erscheinung von Bürgerstiftungen allerdings dürfte dabei in den neuen Bundesländern kaum wirksam werden, weil noch wenig Privatkapital vorhanden ist.

Das Funktionieren eines Finanzierungsmodells aus öffentlich-privater Partnerschaft wird entscheidend davon abhängen, wie *die geselllschaftlich-öffentliche Anerkennung der Freiwilligendienste* erfolgt. Und auch *die Schaffung förderlicher Rahmenbedingungen* für solche Freiwilligendienste (zum Beispiel steuerliche Begünstigung von Spenden für das Ehrenamt und von ehrenamtlichem Engagement selbst) dürfte wichtig sein.

Frank-Walter Steinmeier

Bundeskanzleramt[4]

Staatssekretär

Vordringliches Ziel der Politik der Bundesregierung ist es, jungen Menschen eine gesicherte berufliche Zukunft zu eröffnen. Wir gehen davon aus, daß ohne qualifizierte Ausbildung und Berufsausübung eine sozial verantwortete und solidarische Gesellschaftsordnung nicht möglich ist. Hier werden gemeinschaftliche Tugenden wie Bürgersinn und soziales Engagement eingeübt und täglich gelebt. Deshalb muß jungen Menschen vorrangig der Zugang zu Ausbildung und Arbeit eingeräumt werden, damit sie unsere Gemeinschaft auf dieser gesicherten Grundlage kontinuierlich weiterentwickeln können.

Die Zielsetzung »Jugend stärker in den Dienst für die Gemeinschaft heranzuführen« und die im Manifest der Robert Bosch Stiftung genannte »Stärkung der Zivilgesellschaft« mit dem ihm zugrundeliegenden freiwilligen Engagement ist auf ein kontinuierliches ehrenamtliches Engagement angewiesen und kann nicht allein durch die Ableistung eines in der Regel einjährigen freiwilligen Dienstes erreicht werden.

Dazu wird darauf hingewiesen, daß sich Freiwilligendienste insofern vom ehrenamtlichen Engagement unterscheiden, als Freiwilligendienste anstelle einer Berufstätigkeit oder Ausbildung ganztägig für die begrenzte Zeit eines Jahres geleistet

---

4   Eine wortgleiche Stellungnahme wurde für das Bundesministerium für Familie, Senioren, Frauen und Jugend von Staatssekretär Peter Haupt abgegeben.

werden, während ehrenamtliches Engagement in der Regel zusätzlich zu Berufstätigkeit oder Ausbildung geleistet wird. Die materielle Versorgung und soziale Absicherung der Freiwilligen entspricht in der Regel einer durchschnittlichen Ausbildungsvergütung im ersten Lehrjahr.
Der Vorschlag und das Konzept der Kommission der Robert Bosch Stiftung sieht u.a. zur Finanzierung der Freiwilligenplätze die derzeit für den Zivildienst vorgesehenen Mittel vor; es wird damit die Abschaffung der Wehrpflicht impliziert.
Zu den Fragen im einzelnen:

Zu 1.

Die Gesamtbefragung aller Teilnehmer, Träger, Einsatzstellen und Bundesländer bzgl. der Freiwilligendienste ergab, daß im arithmetischen Mittel 4,2 Bewerbungen auf jeden Einsatzplatz im Freiwilligen Ökologischen Jahr und 2,7 Bewerbungen auf jeden Einsatzplatz im Freiwilligen Sozialen Jahr entfielen. Dabei haben sich die Bewerber durchschnittlich bei 1,8 Trägern beworben.
Vor dem Hintergrund der Mehrfachbewerbungen und dem Umstand, daß nicht jeder Bewerber für den Einsatz in einem freiwilligen Dienst geeignet ist, muß bei seriöser Betrachtung davon ausgegangen werden, daß eine erhebliche Ausweitung der Plätze in Freiwilligendiensten nicht von einer Nachfrage durch Jugendliche gedeckt wird. Dies wird dadurch bestätigt, daß ein erheblicher Anteil der Freiwilligen den Dienst nach wenigen Monaten abbricht, insbesondere dann, wenn ein Studienplatz zur Verfügung steht.
Die angestrebte Zahl von 100.000 Freiwilligen könnte nur dann erreicht werden, wenn die Wehrpflicht abgeschafft wird.

Zu 2.

Begrüßt wird die Absicht, im Rahmen des »Öffentlichen Schulwesens stärker Elemente der Einübung (von Gemeingeist und Bürgersinn) in gesellschaftliche Verantwortung aufzunehmen«. Umfrageergebnisse (z.B. Shellstudie), Forschungsergebnisse (z.B. des DJI) wie auch die Erfahrungen mit den Freiwilligendiensten belegen, daß Bürgersinn und soziales Engagement nur in einem langfristigen kontinuierlichen Prozeß erlernt werden kann. Schulen und auch Ausbildungsverhältnisse sind hierfür aufgrund längerer Anwesenheit der Jugendlichen besonders geeignet.
Ein »praktisches gemeinschaftsbildendes Orientierungsjahr« – auch im Rahmen der schulischen Ausbildung – kann diese Aufgabe hingegen nur begrenzt erfüllen. Erziehungs- und Sozialisationsdefizite, die über Jahre hinweg die Persönlichkeit von jungen Menschen geprägt haben, können nicht im Rahmen eines Jahres, das dann auch letztlich Pflichtcharakter hätte, kompensiert werden.

Freiwilliges Engagement kann weder verordnet noch trainiert werden. Eine wenn auch teilweise Zwangsverpflichtung würde der Zielsetzung, Bürgersinn und soziales Engagement zu schaffen, widersprechen und kontraproduktiv wirken.
Dennoch sollte das Schulsystem stärker auch später berufsbezogene und konkret gesellschaftsbezogene Kenntnisse vermitteln und durch Praktika einüben lassen. »Praktische Phasen« sind insoweit hilfreich, sie sollten aber anders als in Form eines »Praktischen Jahres« organisiert werden.

Zu 3.

Einen empirischen Beleg für die genannten Befürchtungen zum Auseinanderdriften der Generationen gibt es nicht. Es gibt gute Beispiele für einen intensiven Dialog der Generationen, insbesondere auch zwischen Großeltern und Enkeln.
Das Engagement und die Erfahrung älterer Menschen für die nachfolgenden Generationen sind wichtig. Die vom BMFSFJ initiierten Seniorenbüros sind hierfür z.B. wichtige und bewährte Anlaufstellen. Gerade für den Dialog der Generationen müssen wir aber aus dem politischen Raum immer wieder Impulse geben.

Zu 4.

Unterschieden werden sollte zwischen ehrenamtlicher Gemeinwesenarbeit, die zusätzlich zu einer Berufstätigkeit erfolgen kann und einem freiwilligen Dienst, der ganztägig anstelle einer Ausbildung oder einer Erwerbstätigkeit erfolgt.
Ehrenamtliche Tätigkeit und das ihr zugrundeliegende gesellschaftspolitische Engagement ist in allen Bereichen der Gesellschaft wünschenswert und erforderlich. Freiwilligendienste hingegen, die ganztägig anstelle von Ausbildung oder Erwerbstätigkeit erfolgen, müssen auch hinsichtlich ihrer Auswirkungen auf den Arbeitsmarkt betrachtet werden.
Die Einsatzmöglichkeiten für Freiwilligendienste, die das Manifest der Robert Bosch Stiftung vorsieht, wie z.B. Denkmalpflege, Kultur oder Sport, können nicht als völlig beschäftigungsneutral betrachtet werden. Wie z.B. in der Denkmalpflege mit vielen handwerklichen Tätigkeiten wären Freiwilligendienste im oben angeführten Sinne eine Konkurrenz zu regulären Ausbildungs- oder Beschäftigungsverhältnissen. Davon sind insbesondere kleine und mittlere Betriebe betroffen, die die Mehrzahl der Ausbildungsplätze zur Verfügung stellen. Der Ersatz bzw. die Verdrängung von Ausbildungsplätzen durch vergleichbar dotierte Freiwilligendienste ist nicht vertretbar. Dennoch wird auch eine Gemeinwesenarbeit z.B. im Sinne einer Entwicklungsarbeit für Wohnquartiere auch (z.B. für benachteiligte Jugendliche) Chancen bieten, in den Arbeitsprozeß eingegliedert zu werden. Dies muß allerdings das Ziel solcher Beschäftigung gerade für junge Menschen bleiben.

Zu 5. und 6.

Freiwilligendienste werden zur Zeit weit überwiegend von Abiturienten im Vorfeld eines Studiums geleistet. Interesse und Nachfrage der genannten, von Qualitäts- und Anpassungsforderungen überforderten jungen Menschen ist – wie Modellversuche belegen – auf spezielle Angebote angewiesen. Dies und insbesondere die Arbeit mit dieser Zielgruppe benachteiligter junger Menschen setzt eine entsprechend erfahrene und qualifizierte pädagogische Betreuung voraus, wie sie im Manifest der Robert Bosch Stiftung nicht vorgesehen ist. Das BMFSFJ wird im Herbst mit dieser Zielgruppe im Rahmen eines Sozialen Trainingsjahres auf der gesetzlichen Grundlage des Freiwilligen Sozialen Jahres erproben, inwieweit ein entsprechend konzipierter Freiwilligendienst zur Qualifizierung dieser Zielgruppe geeignet ist.

Zu 7.

Die Untersuchung der bestehenden Freiwilligendienste im Auftrag des BMFSFJ hat ergeben, daß dieses Angebot besonders gut auf die Lebenssituation der jungen Menschen eingeht, die nach Beendigung der Schule persönliche und berufliche Zukunftsperspektiven entwickeln wollen. Darüber hinaus kann ein solcher Freiwilligendienst als »sanfter« Übergang der Jugendphase in die Erwachsenenphase betrachtet werden, der gleichermaßen die Ablöseprozesse vom Elternhaus erleichtert und beim Aufbau von Lebensperspektiven und der Herausbildung eines eigenen Wertesystems hilft. Freiwilligendienste werden als Zeiträume des sozialen Lernens bewertet, in denen Realitätssinn, Selbständigkeit, Selbstbewußtsein und soziale Kompetenz generell zunehmen. Hingegen wird die Zielsetzung, die Freiwilligen zu einem späteren stärkeren gesellschaftlichen oder ehrenamtlichen Engagement in Vereinen, Organisationen, Initiativgruppen oder ganz allgemein innerhalb der Gesellschaft zu motivieren, nicht erreicht.

Die dem Manifest der Robert Bosch Stiftung zugrundeliegende Zielsetzung, die Stärkung der Zivilgesellschaft auf diese Weise zu erreichen, ist durch Freiwilligendienste begrenzt möglich. Hingegen ist sehr wohl eine grundsätzliche Orientierung insbesondere hinsichtlich der individuellen berufsbezogenen Zukunft der Freiwilligen gewährleistet.

Die meisten Jugendlichen sind an einer schnellen Integration in unser Erwerbsleben interessiert. Freiwilligendienste als Ersatz für dieses Ziel werden nach unseren Erfahrungen nicht akzeptiert. Denkbar wäre es, während der Schulzeit stärker Jugendfreizeitangebote vorzuhalten, die der Verstärkung späterer Chancen im Beruflichen dienen. Freiwilligendienste so zu organisieren, daß sie voll auf die Interessenlage von Jugendlichen ausgerichtet sind (Kultur, Sport, Kommunikation, Reisen) dürfte kaum gelingen.

Zu 8.

Das Konzept der Kommission sieht vor, daß junge Menschen, die diesen freiwilligen Dienst leisten sollen, materiell vergleichbar Auszubildenden ausgestattet sind. Damit entstehen Kosten von mindestens 1.500,- DM pro Freiwilligen pro Monat. 100.000 Freiwilligenplätze würden damit allein für die Freiwilligen ein Kostenvolumen von 1,8 Milliarden DM pro Jahr bedeuten. Hinzu kommen Kosten für Infrastruktur und eine entsprechende Bundesstiftung. Die Gesamtkosten würden demzufolge 2 Milliarden DM jährlich übersteigen. Dies ist staatlicherseits nicht darstellbar. Sponsoring dürfte nur begrenzt möglich sein.

Trotz der geschilderten Probleme ist das Ziel, die Freiwilligendienste für Jugendliche auszubauen und auch finanziell abzusichern, ein sinnvolles Ziel, was z.B. auch der europäischen Integration dient. Eine solche Debatte kann aber nur im Zusammenhang mit einer Diskussion um die Zukunftsaussichten des Zivildienstes als Pflichtdienst geführt werden. Diese Debatte verbietet sich, solange wir in Deutschland eine Wehrpflicht haben. Die Bundesregierung hat aber die Wehrpflicht nicht zur Disposition gestellt.

Gunda Röstel

Bündnis 90/ Die Grünen

Bundesvorstandssprecherin

Grundsätzlich wird bei der Beantwortung der Fragen deutlich, daß wir uns über die Begrifflichkeiten Freiwilligendienste/ Jugendgemeinschaftsdienst/ Freiwillige Soziale Dienste etc. verständigen müssen. In der bisherigen Nutzung besteht die Gefahr, daß sich Mißverständnisse und unsachgemäße Nutzung (wie Inanspruchnahme für Parteipolitik, was dem Anliegen aber nicht gerecht wird) einschleichen könnten.

Zu 1.

Eine realistische Nachfragerelation: Um einen Freiwilligenplatz bewerben sich zwei Jugendliche. Die Nachfrage nach Freiwilligendiensten ist größer als das Angebot an Freiwilligenplätzen. Die im Manifest angenommene Relation von 10:1 (um einen Freiwilligenplatz bewerben sich 10 junge Menschen) ist allerdings nicht realistisch. Vielfach bewerben sich junge Menschen bei mehreren Trägern von Freiwilligendiensten. Zusätzlich werden junge Menschen auch von Seiten des Arbeitsamtes an Träger von Freiwilligendiensten verwiesen. Sie sollen/ wollen einen Freiwilligendienst als Überbrückung zu einer weiteren Ausbildungsphase nutzen. Bei verbesserter Ausbildungsplatzsituation werden diese Bewerbungen zurückgehen. Zudem widerspricht dieses Vorgehen einiger Arbeitsämter dem eigentlichen Anliegen von Freiwilligendiensten. Wir halten deshalb eher eine derzeitige Nachfragerelation von 2 : 1 Bewerbungen pro Freiwilligenplatz für realistisch. Darüber hinaus halten wir es allerdings für möglich und wünschenswert, das Interesse an Freiwilligendiensten bei Jugendlichen zu erhöhen. Engagement für die Gesellschaft, das Gemeinwohl läßt sich nicht verordnen – es kann nur freiwillig erbracht werden. Wir lehnen einen Einbezug des Freiwilligendienstes in Pflichtdienste ab. Die Robert Bosch Stiftung versucht die zukünftige Entwicklung von Freiwilligendiensten auch vor dem Hintergrund der Diskussion um einen Fortbestand der Wehrpflicht zu skizzieren: »Sollte es ... künftig zu einer Abschaffung oder Aussetzung der Wehrpflicht kommen, könnten entsprechend quantitativ erweiterte und zugleich (qualitativ) attraktivere Freiwilligendienste den Bedarf an Zivil- und Gemeinschaftsdiensten auf anderer Grundlage auffangen« (Manifest S. 4). Darüber hinaus gibt die Robert Bosch Stiftung ein »... klares Plädoyer für ein breites, gesellschaftlich getragenes Angebot von freiwilligen Dienstmöglichkeiten anstelle einer Dienstpflicht« ab. (Manifest S. 3) Wir sind der Meinung, daß echter Gemeinsinn erst aus der freiwilligen (Selbst) Verpflichtung von Bürgerinnen und Bürgern gegenüber dem Gemeinwesen und in der freiwilligen Identifikation mit ihm erwächst, denn »... ein Staat, der fundamentale Solidaritätsmotivationen durch die Einführung von Zwangsdiensten sichern zu müssen glaubt, hat basale Legitimationen bereits verloren. Er bedarf eines Handelns natürlicher Personen, um wieder Staat in der Gesellschaft werden zu können«.[5] »Staatliche Aufgabenerfüllung basiert im freiheitlichen, demokratischen Rechtsstaat auf dem Prinzip frei gewählter Dienstleistung oder demokratischer Legitimation. Zwangsdienste bedürfen immer einer konkret qualifizierenden Begründung.«[6]

Zu 2.

Freiwilligendienste tragen zur Stärkung der Zivilgesellschaft bei

In der Tat wird allenthalben ein Mangel an Gemeinsinn und Bürgersinn beklagt, doch unserer Auffassung nach ist dies ein Vorwurf, der den besonderen Bedingungen, unter denen Jugendliche heute erwachsen werden, nicht gerecht wird.
Die pluralistische Gesellschaft ist durch eine Fülle widersprüchlicher Handlungsorientierungen und Normen und abnehmende Sozialisationskapazitäten gekennzeichnet. Identität wird gleichzeitig gefordert und verhindert. Daher lautet die entscheidende Frage für Jugendliche in diesem Kontext: Wie kann heute Identität gelingen? Erikson sieht eine gelungene Identitätsbildung gegeben, wenn sich das Individuum sowohl einheitlich als auch kontinuierlich erlebt und auch von außen so wahrge-

---

5 Harald Oberhem »Zehn Thesen zur Allgemeinen Dienstpflicht im Kontext katholischer Sozialllehre, in Arbeitspapier »Zukunft gesellschaftlicher Dienste« S. 16, Deutsche Kommission Justitia et Pax, Bonn 1995
6 Ders., S. 15

nommen wird. Zur Identitätsbildung gehört die Notwendigkeit, sich mit der Gemeinschaft bzw. der Gesellschaft zu arrangieren. Die Auflösung der Spannung zwischen Selbstverwirklichung und Integration in die Gesellschaft ist folglich eine entscheidende Fähigkeit des modernen Menschen. Freiwilligendienste können in diesem Kontext eine Hilfe zur Identitätsbildung sein.
Anstelle der Aufnahme eines gemeinschaftsbildenden Orientierungsjahres wäre es wichtig, für eine bessere gesellschaftliche Anerkennung für Freiwilligendienste zu sorgen. Ähnlich wie der Besuch einer berühmten Universität, sollte es zum guten Ansehen einer Biographie gehören, einen Freiwilligendienst geleistet zu haben.
Wenn Sie in Ihrer Frage eine »abnehmende Identifizierung mit dem Gemeinwesen« konstatieren, dann muß darauf verwiesen werden, daß es ohne Identität keine Handlungsfähigkeit und keine Integration in soziale Prozesse gibt. Die Gewißheit darum, ohne Identität ein niemand oder ein nicht einzuordnender und damit unattraktiver Interaktionspartner zu sein, erhöht den Druck einer gelungenen Identitätsfindung. Wir alle kennen Erwachsene, die sich dieser Aufgabe auch im reiferen Alter stellen, doch Jugendliche müssen ihren individuellen Übergang zum Erwachsenenstatus selbst aktiv gestalten. Die Initiation in die Erwachsenenrolle verläuft in unserer Gesellschaft weitgehend als Selbstinitiation. Die Aufgabe der Identitätsfindung wird dementsprechend schwieriger. Die daraus erwachsende Verunsicherung für Jugendliche ist auch ein Ausdruck für gesellschaftliche Mißstände und unzureichende Rahmenbedingungen. Wir meinen, daß gut organisierte und begleitete Freiwilligendienste ein qualitativer Beitrag sein können, zu helfen, diese Mißstände zu verbessern.
Ähnlich wie die Robert Bosch Stiftung sind wir der Auffassung, daß die Zukunft der Demokratie und die Funktionsfähigkeit des Gemeinwesens entscheidend davon abhängt, ob es gelingt, besonders jungen Menschen die Wichtigkeit eines sozialen und am gemeinwohlorientierten Engagements zu vermitteln. Das tragende Fundament der Zivilgesellschaft ist eine funktionierende Gemeinschaft, in der Rechte und Pflichten, Geben und Nehmen zwischen allen Teilen der Gesellschaft in einem ausgewogenen Verhältnis stehen.

Engagement von Schulen in Freiwilligendiensten

Ohne Zweifel hat soziales Engagement positive Einflüsse auf die Persönlichkeitsentwicklung junger Menschen. Eine Zwangsverpflichtung, wie sie im Rahmen eines gemeinschaftsbildenden Orientierungsjahres zum Tragen kommt, würde demotivierend wirken. Soziales Engagement zu fördern muß die pädagogische Aufgabe aller Sozialisationsinstanzen sein. Die Schulen sind dabei besonders gefordert.

Berücksichtigung qualitativer Kriterien bei der Entwicklung von Freiwilligendiensten

Wir sehen die Organisationen, die sich im Bereich von Freiwilligendiensten engagieren, in der Verpflichtung, Tätigkeitsfelder für Freiwillige bereitzustellen, die einer jugendbildungspolitischen Ausrichtung entsprechen.

Der Freiwilligendienst muß unserer Ansicht nach als Lerndienst und somit als ein Angebot der außerschulischen Jugendbildung verstanden werden. Selbstredend bedarf es auch und gerade hier eines Know-how und einer ständigen Überprüfung der Tätigkeitsfelder. Diese Leistung werden von den bisher engagierten Trägern mit großer Nachhaltigkeit im Sinne der Fürsorge und Verantwortlichkeit für die in Freiwilligendiensten engagierten jungen Menschen erbracht. Viele inländische Träger arbeiten sowohl in der pädagogischen Begleitung von Freiwilligen, als auch in der Weiterentwicklung und Überprüfung von Tätigkeitsfeldern sehr eng mit ihren ausländischen Partnerorganisationen zusammen. Aus vielen dieser Partnerschaften haben sich Netzwerke entwickelt, die ebenfalls ein zunehmend tragendes Element eines zivilgesellschaftlich ausgerichteten Europas sind.

Sollten sich Schulen vermehrt im Bereich von Freiwilligendiensten engagieren, so ist es notwendig, die Erfahrungen der bisher tätigen Organisationen zu nutzen. Deshalb treten wir in diesem Bereich für eine enge Kooperation von Schulen und freien Trägern wie den Kinder- und Jugendverbänden ein.

Zu 3.

Auf bisherige Erfahrungen der Solidarität aufbauen

Grundsätzlich gibt es bereits jetzt schon Erfahrungen in der Unterstützung von Freiwilligendiensten durch Menschen der älteren Generation. Häufig unterstützen sie die in Freiwilligendiensten engagierten jungen Menschen finanziell. U.a. durch diese Art der Unterstützung entwickelt sich häufig ein Dialog zwischen den Generationen.

An Betreuung und Begleitung sind Qualitätsstandards gebunden

An die Begleitung und Betreuung von Freiwilligen sind aus unserer Sicht bestimmte Qualitätsansprüche gestellt, denen nicht vorbereiteten Personen kaum gerecht werden können, da der Freiwilligendienst unserer Ansicht nach als Angebot eines sozialen Lernfeldes mit vielfältigen Erfahrungs- und Orientierungsmöglichkeiten verstanden werden muß. Dies bedeutet z.B. im Hinblick auf die Persönlichkeitsentwicklung, lernen, Verantwortung für sich selbst zu übernehmen, die Sensibilisierung für soziale Fragen, Förderung von Empathie, eigenes Handeln, Verhaltensweisen und Einstellungen kritisch hinterfragen, die Erarbeitung eigener Standpunkte, eigenes Grenzen kennen und akzeptieren lernen, die Entwicklung eigener persönlicher und beruflicher Perspektiven. Im Hinblick auf soziale Kompetenzen gilt es die Erweiterung der sozialen Kompetenzen mit Blick auf die eigene Kommunikations-, Kooperations-, Entscheidungs-, Kritik- und Konfliktfähigkeit, das Lernen von Beteiligung und Mitbestimmung, die Entwicklung politischer Handlungsperspektiven sowie die Ermutigung zur gesellschaftlichen Verantwortungsübernahme und Solidarität zu ermöglichen.

Im Hinblick auf werteorientierte Fragen muß es z.B. darum gehen, die Erweiterung des eigenen Horizontes und der eigenen Wertvorstellung zu ermöglichen.

Zu 4.

Das Freiwillige Soziale Engagement ist von erheblicher sozialpolitischer Bedeutung.

Indirekt ist es – so wie Solidarität und sozialer Verantwortungsbereitschaft – eine der moralischen Säulen unseres Sozialstaats. Direkt werden durch dieses Engagement spezifische Leistungslücken des professionellen Sozialsystems geschlossen und Problemlagen, die bis dahin unbeachtet geblieben sind, auf die Tagesordnung gesetzt.

Dieses Engagement darf nicht als sozialpolitischer oder arbeitsmarktpolitischer Ausfallbürge mißbraucht werden. Das »Ehrenamt« und das Engagement in Selbsthilfegruppen decken ein anderes Leistungsspektrum ab als die öffentlichen sozialen Dienste. Die psychosoziale Unterstützung, Beratung und Aktivierung der Betroffenen stehen im Mittelpunkt ihrer Arbeit, während die Absicherung materieller Existenzrisiken oder medizinisch-kurative Interventionen außerhalb ihrer Reichweite liegen. Das freiwillige soziale Engagement kann die öffentliche Daseinsvorsorge nur ergänzen, aber nicht ersetzen. Wer die Menschen, die sich freiwillig engagieren, zu Lückenbüßern für sozialpolitische Versäumnisse degradiert, untergräbt ihre Motivation zur Selbsthilfe und zum praktizierten Gemeinsinn.

Eine Sozialpolitik der solidarischen Subsidiarität, die die kollektive Daseinsvorsorge mit der Absicht verbindet, Menschen zu befähigen, etwas für sich und andere zu tun, muß das Freiwillige Soziale Engagement endlich als eigenständige Säule des Sozialstaats anerkannt und behandelt werden.

Bestandteil einer solchen Politik muß die Schaffung der notwendigen organisatorischen, finanziellen und sozialrechtlichen Rahmenbedingungen für die Mobilisierung der sozialen Ressourcen unserer Gesellschaft sein. Gleichsam darf die Stärkung dieser Sektors nicht dazu führen, daß erwerbswirtschaftliche Initiativen verdrängt werden oder unterbleiben.

Die Bundesregierung hat sich zur Stärkung des freiwilligen Engagements verpflichtet. In den Koalitionsvereinbarungen haben SPD und Bündnis 90/ Die Grünen zum Ausdruck gebracht, daß sie dem gesellschaftlichen Engagement der Bürgerinnen und Bürger in Wohlfahrtsverbänden, Kirchen und in Ehrenämtern, Selbsthilfegruppen und Freiwilligendiensten hohe Bedeutung zumessen. Es wurde vereinbart, folgende Schritte zu unternehmen:

– Abbau rechtlicher und institutioneller Hindernisse, die sich der Selbsthilfe und dem sozialen Engagement entgegenstellen;
– Schaffung und Unterstützung zeitgemäßer Zugänge zu sozialem Engagement;
– Ausbau und rechtliche Absicherung nationalen und grenzüberschreitender Freiwilligendienste.

Freiwilligendienst als Lerndienst begreifen

Nach unserer Auffassung darf der Freiwilligendienst, anders als professionelle soziale Dienste oder der Zivildienst, sui generis nicht vom Aufgabenfeld, also von den zu erbringenden sozialen Leistungen in Institutionen gedacht werden, sondern muß als Lerndienst zunächst und vor allem aus der Sicht der Freiwilligen und ihrer Entwicklungsmöglichkeiten gedacht werden.
Darüber hinaus dürften die im Zivildienst zur Verfügung stehenden Mittel nur dann für den Freiwilligendienst umgewidmet werden, wenn eine entsprechend starke Förderung der Freiwilligendienste ausdrücklich politisch gewollt ist.

Zu 5.

Der Freiwilligendienst muß besonderen Qualitätsstandards genügen, um für die Zielgruppe Jugendlicher von Nutzen zu sein

Zum Gelingen eines Freiwilligendienstes trägt die pädagogische Begleitung der Freiwilligen als unverzichtbarer Bestandteil des Gesamtdienstes bei. Die pädagogische Begleitung dient der Entwicklung von sozialen Kompetenzen mit Blick auf die eigene Kommunikations-, Kooperations-, Entscheidungs-, Kritik- und Konfliktfähigkeit, das Lernen von Beteiligung und Mitbestimmung, die Erarbeitung politischer Handlungsperspektiven sowie die Ermutigung zur gesellschaftlichen Verantwortungsübernahme und Solidarität.
Darüber hinaus ermöglicht die pädagogische Begleitung die Persönlichkeitsentwicklung, insbesondere das Erlernen der Übernahme von Eigenverantwortung, die Sensibilisierung für soziale Fragen, die Förderung von Empathie, die eigenen Kritikfähigkeit, die Erarbeitung eigener Standpunkte, das Akzeptieren eigener Grenze sowie die Entwicklung eigener persönlicher und beruflicher Lebensperspektiven.
Zusätzlich zur pädagogischen Begleitung müßte Jugendlichen, die mit ständig steigenden Qualifikations- und Anpassungsforderungen nicht zurecht kommen, im Rahmen eines Freiwilligendienstes eine soziale Absicherung zuteil werden, die ihnen den Beginn einer Ausbildung bzw. einer Berufstätigkeit erleichtern würde. Im Rahmen des Freiwilligendienstes sollte ein Zeugnis über die verschiedenen Tätigkeitsfelder erstellt werden können, welches den jungen Menschen bei der Ausbildungsplatz- oder Stellensuche nützen könnte.

Zu 6.

Freiwilligendienste als gesellschaftliche Integrationsangebote für Jugendliche

Während eines Freiwilligendienstes müssen in einem bestimmten Umfang Praxiserfahrungen aus dem Dienst reflektiert und Interesse für gesellschaftliche Zusammenhänge geweckt werden. In diese pädagogische Begleitung sollten Themenbereiche aus Politik, Gesellschaft oder der eigenen biographischen Entwicklung einbezogen werden.

In einem Freiwilligendienst ohne Bildungsaspekt findet automatisch kein Lernen statt. Statt dessen läuft ein Freiwilligendienst ohne Bildungsaspekt Gefahr, nicht Verständigung, Toleranz und gesellschaftliches Engagement, sondern deren Gegenteile zu fördern.

Freiwilligendienste als Bildungsangebote für ausländische Jugendliche

Mit Blick auf die Teilhabe von jugendlichen ausländischen Mitbürgern müssen die Erfahrungen des interkulturellen Lernens, die bei Verantwortlichen von Freiwilligendiensten existieren, besonders genutzt werden. Dabei sollen besonders Austauschprojekte von internationalen Freiwilligendiensten gefördert werden, da der interkulturelle Lernprozeß für Entsende- und Aufnahmeorganisationen, sowie für den Freiwilligen besonders intensiv gestaltet werden kann, wenn zwischen den am Austauschprojekt Beteiligten eine intensive Kommunikation und Lernpartnerschaft besteht.

Zu 7.

Attraktivität leitet sich aus Qualität der Freiwilligendienste ab

Im Manifest der Robert Bosch Stiftung wird die Idee favorisiert über »Gutscheine« die Grundausstattung der Freiwilligen sicherzustellen, die vom Jugendlichen oder vom Träger abgerufen und nach Vertragsabschluß zwischen Freiwilligem und Träger eingelöst werden können. Das damit vorgestellte alleinige System der Nachfrageorientierung erscheint uns nicht ausreichend für einen qualitativen Ausbau von Freiwilligendiensten. Die bisherigen Erfahrungen aus dem Bereich der Jugendbildung/Jugendförderung zeigen, daß gerade auch eine angebotsorientierte Förderung von Trägern Gewähr dafür bietet, daß der jeweilige Bereich der Bildung kontinuierlich und qualitativ hochwertig weiterentwickelt wird.

Freiwilligendienst (-organisationen) fangen die »vagabundierende« Engagement-Bereitschaft junger Menschen auf

In wissenschaftlichen Studien der letzten Jahre wurde auch der Frage nachgegangen, welche Kennzeichen das gesellschaftliche Engagement von Jugendlichen und jungen Erwachsenen hat. Dabei stellt sich heraus, daß neben Kriterien der Art und Weise des Engagements auch die Frage der Institutionen, in denen Engagementfelder angeboten werden, eine wichtige Rolle spielt.

Das Institutionenvertrauen junger Menschen ist mit der Frage des ethisch-moralischen Handelns und der Glaubwürdigkeit verbunden: Besonderes Vertrauen

bringen Jugendliche den sogenannten bürgerlichen Organisationen wie Umweltschutzgruppen, Menschenrechtsgruppen und Bürgerinitiativen entgegen. Daraus läßt sich, entgegen aller bisher dargestellten Tendenzen, bei Jugendlichen ein hohes Maß an Interesse und Engagement für gesellschaftliche Zukunftsthemen ableiten.
Darüber hinaus sind die Motive für das Engagement von besonderer Bedeutung: Bei älteren Jugendlichen (ab 15 Jahre) herrscht eine zielorientierte Motivationslage zum gesellschaftlichen Engagement vor. Besonders wichtig erscheinen Motivationen wie:
»ich muß mitbestimmen können, was ich tue, ich will meine besonderen Fähigkeiten einbringen können und ich muß das Ziel in angemessener Form erreichen können«.[7]
Darüber hinaus erscheint das Motiv »es muß Spaß machen« von ganz besonderer Bedeutung zu sein.[8] »Zwischen ihren Interessen, Motivationen und Wünschen und den von ihnen erlebten Bedingungen und Möglichkeiten des Politikfeldes bestehen in ihren Augen keine Beziehungen mehr«.[9] Diese Tendenz könnte man als »vagabundierende Engagementbereitschaft« bezeichnen.
Mit Blick auf die o.g. jugendsoziologischen Erkenntnisse kann gesagt werden, daß das Profil von Freiwilligendiensten zu den Vorstellungen Jugendlicher bzw. junger Erwachsener paßt. Dies wird auch durch die hohe Zahl von Anfragen Jugendlicher nach Freiwilligenplätzen belegt. Entscheidend wird sein, inwieweit es gelingen wird, den Freiwilligendienst so auszugestalten, daß die darin enthaltenen Erfahrungen für den einzelnen Jugendlichen in die eigene biographische Entwicklung integrierbar sein werden.

Zu 8.

Der zu beziffernde Aufwand für den Ausbau von Freiwilligendiensten muß erweitert werden

Mit Blick auf die auch von der Kommission der Robert Bosch Stiftung beschriebenen Zielsetzungen von Freiwilligendiensten:
– Stärkung der Zivilgesellschaft,
– Verantwortungsübernahme von jungen Menschen ermöglichen sowie,
– Orientierung schaffen für ein zivilgesellschaftlich begründetes Europa,
und die im Rahmen der Anerkennung von Trägern zu beschreibenden Kriterien muß die pädagogische Begleitung von Freiwilligendiensten unbedingt gewährleistet werden. Ohne eine solche pädagogische Begleitung könnten die Träger ihrer Verantwortung für die ihnen anvertrauten Freiwilligen nicht gerecht werden. Diese Begleitung wird zur Zeit von den Trägern möglichst kostengünstig und am Rande

---

7 Vgl. Jugend 97 – Zukunftsperspektiven, gesellschaftliches Engagement, politische Orientierungen, 12. Shell Jugendstudie
8 Ebenda.
9 Ebenda, S. 19f.

der Leistungsfähigkeit durchgeführt. Bei einer geplanten Ausweitung des Umfangs der Dienste muß es demnach auch zu einer angemessenen finanziellen Förderung der pädagogischen Begleitung kommen, sollten die Bemühungen um einen weiteren Ausbau der Freiwilligendienste nicht im Sande verlaufen.
Ähnliches gilt für eine notwendige Förderung von ohnehin schon sehr gering bezuschußten Verwaltungskosten, die zumeist für die Beratung von Freiwilligen in Versicherungsangelegenheiten oder konkreten Vorbereitungen auf den Dienst anfallen.
Somit muß der zu beziffernde Aufwand, der beim Ausbau von Freiwilligendiensten entsteht, um die Kosten für pädagogische Begleitung, Versicherungsleistungen und geringfügige Verwaltungskosten für Träger erweitert werden.
Strukturen für den weiteren Ausbau von Freiwilligendiensten müssen subsidiär unterstützt werden sowie transparent und partizipativ angelegt sein. Durch eine Stiftung auf Bundesebene könnten die vorhandenen Trägerstrukturen und neue Träger subsidiär in ihren Engagement gestärkt und unterstützt werden:
– Stärkung des unmittelbaren Engagements für Freiwilligendienste vor Ort (Träger die Freiwillige aufnehmen; Träger die Freiwillige entsenden; Freiwilligenzentren und -agenturen)
– Unterstützung der Beratungs- und Begleitungsstruktur zur subsidiären Unterstützung der Träger (Träger die Begleitung für Freiwillige an bieten, regionale Zentren, nationale und internationale Zentren).
Den verschiedenen Akteuren im Bereich der Freiwilligendienste sollte ein Mitentscheidungsrecht bei der Mittelvergabe seitens der Stiftung eingeräumt werden, um die Entscheidungen der Stiftung fachlich zu unterstützen und politisch im Bereich der Freiwilligendienste abzusichern.

Die Sicherstellung der Grundfinanzierung des Ausbaus auf 100.000 Freiwilligenplätze ist eine gemeinsame Aufgabe aller Beteiligten

Unserer Auffassung nach kann ein Ausbau auf 100.000 Freiwilligenplätze bis zum Jahr 2005 nur gelingen, wenn mit einer, im Bereich der Träger und wichtiger gesellschaftlicher Instanzen abgestimmten, langfristigen Strategie verschiedenen Zielgruppen für das Anliegen von Freiwilligendiensten gewonnen werden können. Zu diesen Zielgruppen gehören die Jugendlichen (und ihre Eltern), vorhandene und potentielle Träger, regionale und nationale Begleitungs- und Beratungsstrukturen, potentielle Sponsoren, verantwortliche Personen in Politik sowie öffentliche Träger der Jugendhilfe.
Die Absicherung der Grundfinanzierung sehen wir in Abhängigkeit zu Entscheidungen, die im Bereich der Wehrstruktur und somit im Bereich des Zivildienstes gefällt werden bzw. gefallen sind. Der Vorstellung, daß ein Großteil der Mittel aus dem Zivildienst in Initiativen des Freiwilligendienstes umgewandelt werden können, halten wir zwar für wünschenswert, müssen dieser Vorstellung aber vor dem Hintergrund der letzthin gefällten Entscheidung »Verkürzung des Zivildienstes bedeutet Einsparung von Haushaltsmitteln« realistischerweise eine Absage erteilen.

Angelika Merkel

CDU

Generalsekretärin

Die CDU stimmt mit der Auffassung des Bundespräsidenten überein, daß ehrenamtliches Engagement ein unverzichtbarer Bestandteil unseres Gemeinwesens ist. Gerade für junge Menschen bieten gemeinnützige Tätigkeiten wie z.B. Freiwilligendienste eine hervorragende Chance, Erfahrungen zu sammeln und zu lernen, mit Verantwortung umzugehen.
Die Bundesregierung unter Bundeskanzler Helmut Kohl hatte deshalb bereits in der letzten Legislaturperiode den Bereich »Ehrenamt« zu einem wichtigen innenpolitischen Schwerpunkt ihrer Arbeit gemacht. So wurden das Freiwillige Soziale Jahr und das Freiwillige Ökologische Jahr von 7.100 (1993) auf rund 12.300 Stellen (1998) gesteigert und trotz enger Haushaltslage die Mittel im selben Zeitraum um 25 Prozent von 17,2 auf 21,5 Millionen erhöht.
Außerdem wurde das EU-Pilotprojekt »Europäischer Freiwilligendienst« gestartet. Es soll ab dem Jahr 2000 mit dem Programm »Jugend für Europa« und dem Europäischen Freiwilligendienst zu einem Dachprogramm vereinigt werden.
Ein weiterer Ausbau der nationalen und internationalen Freiwilligendienste, wie sie die von der Robert Bosch Stiftung eingerichtete Jugendkommission fordert, verdient grundsätzlich sicherlich Unterstützung. Andererseits gebe ich zu bedenken, daß ehrenamtliches Engagement nur in einem langen, möglichst lebensbegleitenden Prozeß erlernt und verwirklicht und nicht durch staatliche Verpflichtung erreicht werden kann. Darüber hinaus findet der Ausbau von Freiwilligendiensten aus meiner Sicht eine Grenze an der Wehrpflicht, die ich für unverzichtbar halte.

Zu 1.

Der weitere Ausbau der Freiwilligendienste ist insbesondere angesichts der erfreulich großen Nachfrage junger Menschen zweifellos notwendig und verdient Unterstützung. Allerdings darf eine Förderung seitens der öffentlichen Hand nicht auf Kosten anderer jugendpolitischer Fördermaßnahmen (z. B. Jugendaustausch) erfolgen. Wie die Kosten für die bisher eingerichteten Plätze für die freiwilligen Jahre zeigen, würde der finanzielle Bedarf für die angestrebten 100.000 Plätze im Freiwilligendienst um ein Vielfaches den engen Rahmen öffentlicher Haushalte sprengen. Insofern wäre eine umfassende Unterstützung aus Wirtschaft und Gesellschaft unverzichtbar, um den Vorschlag der Jugendkommission auch nur teilweise umzusetzen.
Im übrigen wird laut Auskunft aus dem Bundesministerium für Familie, Senioren, Frauen und Jugend aufgrund der Erfahrungen aus den Freiwilligendiensten von

einer wesentlich geringeren Nachfrage als den geforderten 100.000 Plätzen ausgegangen. Der vorgeschlagene Umfang von 100.000 Plätzen im Bereich der nationalen und internationalen Freiwilligenjahre bis zum Jahre 2005 erscheint deshalb nicht nur mit Blick auf die zu erwartenden Kosten als zu hoch. Bei einem sehr großen Umfang staatlich geförderten Engagements bestünde zudem die Gefahr, daß unbezahltes jugendliches Engagement, das es in Deutschland in vielen Bereichen gibt, zurückgedrängt würde. Zudem wäre bei einem Oberangebot an Plätzen ein Abgehen von der Freiwilligkeit zugunsten eines allgemeinen Dienstjahres zu befürchten. Dies wäre insbesondere für Frauen, die bereits durch die Kindererziehung in erheblichem Umfang beruflich benachteiligt sind, nicht vertretbar.

Die Abschaffung von Wehrdienst und Zivildienst zur Kostendeckung, wie es die Jugendkommission in ihrem Manifest voraussetzt, lehnt die CDU ab. Die Wehrpflicht sichert die Integration der Bundeswehr in Staat und Gesellschaft. Sie fördert das Prinzip »Staatsbürger in Uniform« und macht zugleich deutlich, daß Staatsbürger nicht nur Rechte, sondern auch Pflichten haben. Die Wehrpflichtarmee hat eine wichtige Erziehungsaufgabe: Die aus allen sozialen Schichten kommenden Wehrpflichtigen lernen, andere Mentalitäten und Charaktere zu akzeptieren. Sie sind Bürger in Uniform. Sie machen während ihres Wehrdienstes die Erfahrung, daß Kameradschaft und Einsatz für die Gemeinschaft wichtige Werte sind.

Zu 2.

Im Hinblick auf europäische und internationale Standards und im Interesse der Wettbewerbsfähigkeit Deutschlands und der Chancengleichheit der jungen Generation auf dem internationalen Arbeitsmarkt ist eine Verlängerung der Schulzeiten nicht wünschenswert. Im Gegenteil sollte der Erwerb der allgemeinen Hochschulreife nach 12 Jahren zur Regel werden. Auch ohne Ausweitung der Schulzeit kann ehrenamtliches Engagement von Schülern gewürdigt und gefördert werden. So wird in Bayern gesellschaftliches Engagement von Jugendlichen auf einem Beiblatt in den Zeugnissen vermerkt. Damit wird jugendliches Engagement im sozialen, karitativen und kulturellen Bereich, für die Umwelt, in der freien Jugendarbeit oder im Sport gewürdigt und als Qualifikationsmerkmal für die Bewerbung bei Ausbildungsbetrieben und Universitäten nutzbar gemacht.

Wie die 12. Shell-Studie Jugend '97« zeigte, sind Jugendliche durchaus bereit, sich zu engagieren. Sie lehnen allerdings zunehmend die herkömmlichen Formen gesellschaftlicher und politischer Beteiligung ab, weil sie glauben, dort nichts bewirken zu können. Es ist daher eine große Herausforderung für Parteien, Organisationen und Verbände, Interesse zu wecken, das Vertrauen junger Menschen in ihre Arbeit zu stärken und sie für eine Mitarbeit in ihren Reihen zu gewinnen. Dabei sind z.B. neue Veranstaltungsformen, transparentere Strukturen und nachvollziehbare Meinungsbildungsprozesse sehr von Nutzen.

Jugendliche können so angeregt werden, ihre Zukunft mitzugestalten:
- durch die Mitarbeit in Schülervertretungen in Schulen und Jugendvertretungen in Betrieben;
- im Rahmen von Jugendverbänden in den Jugendhilfeausschüssen der Kommunen und bei der Jugendpolitik von Gemeinden, Ländern und Bund;
- in den Kirchengemeinden, in Gewerkschaften und in anderen Interessenvertretungen; in Selbsthilfegruppen und. Bürgerinitiativen;
- durch Mitwirkung in politischen Jugendverbänden und Parteien.

Zu 3.

Das Spektrum ehrenamtlicher Arbeit Älterer zugunsten der jungen Generation ist breit. Es reicht von der organisierten Kinderbetreuung in und außerhalb der Familie über die Mitarbeit in Sport- und anderen Vereinen bis hin zur Beratung und Unterstützung junger Berufseinsteiger durch erfahrene Senioren. Der »Senior Experten Service« unter der Schirmherrschaft des DIHT ist eine gemeinnützige Gesellschaft, die pensionierte Fachkräfte zu befristeter ehrenamtlicher Tätigkeit ins Ausland und in die neuen Bundesländer entsendet. Ein weiteres Beispiel ist »Die Wissensbörse – Das Erfahrungswissen älterer Menschen nutzen«, die mit Erfolg in Berlin arbeitet. Auch die Bundesarbeitsgemeinschaft der Seniorenorganisationen hat die Förderung der Solidarität zwischen den Generationen auf ihre Fahnen geschrieben. Solches Engagement muß Unterstützung und auch öffentliche Würdigung finden, damit sich die Generationen nicht voneinander abschotten.
Politik kann ehrenamtliches Engagement nicht erzwingen, aber einwerben und fördern. In Baden-Württemberg werden derzeit mehrere Projekte ehrenamtlichen Engagements von Senioren für Jüngere gefördert, z.B. »Alt für Jung« (Fahrradwerkstatt für Arbeitslose, Grafikwettbewerb für arbeitssuchende Jugendliche, Stadtbücherei mit Arbeitssuchenden), »Kulturelle Begegnung« (Generationenfestival von Theatergruppen zu sozialpolitischen Themen), »Ältere mit Institutionen der Jugendhilfe« (Hausaufgabenbetreuung, Einkaufsbabysitting), »Gemeinsam Lebensbedingungen verbessern« (Anlage und Betreuung von Spielplätzen). Auch das seitens des Bundesjugendministeriums initiierte Freiwillige Jahr im Unternehmen sowie die ebenfalls initiierten Seniorenbüros sind solche generationenübergreifende Projekte.
Auch Verbände, Organisationen und Parteien können durch eigenes Engagement viel zu einem besseren Miteinander der Generationen beitragen. So engagiert sich die Senioren-Union der CDU intensiv auch für junge Leute und führt z.B. mit Schüler Union und Junger Union gemeinsam Veranstaltungen und Aktionen auf lokaler und überregionaler Ebene durch, wie z.B. Vermittlung von Firmennachfolgern, Hilfe bei Existenzgründungen und Vermittlung von Ausbildungsplätzen.

Zu 4.

Derzeit stehen die Bereiche Gesundheit und Soziales an der Spitze ehrenamtlicher Tätigkeitsfelder, gefolgt von Sport und Freizeit. Bürgerliches Engagement wird in Zukunft einen weiteren Bedeutungszuwachs erfahren, z. B. gibt es schon heute in den Kommunen vielfältige Einrichtungen (z.B. ehrenamtliche Betreuung von Stadtteilbibliotheken, Museumsausstellungen, Schwimmbädern etc.), die vielerorts ohne die Eigeninitiative der Bürgerinnen und Bürger nicht offengehalten werden könnten.
Neben das traditionelle Engagement im Bereich der großen Verbände sind in den letzten Jahren auch neue Formen der Selbstorganisation getreten, meist kleinere Gruppen, die aus eigener Initiative als Selbsthilfegruppe, Bürgerinitiative, Bürgerbewegung, Initiativgruppe, Betroffenenorganisation, selbstverwaltetes Projekt etc. ein gemeinsames Ziel verfolgen. Es gibt sie faktisch in allen Handlungsfeldern und -bereichen unserer Gesellschaft. Dabei ist jedoch nicht zu übersehen, daß dem Einsatz von Freiwilligendiensten in bestimmten Bereichen, die – wie z.B. der Denkmalschutz – fachliche Qualifikationen voraussetzen, auch Grenzen gesetzt sind.
Da die freiwilligen Jahre Ganztagsprojekte mit staatlicher Förderung sind, bestünde bei der vorgeschlagenen Ausweitung auf 100.000 Plätze darüber hinaus die Gefahr, daß sie mit regulären Arbeitsplätzen konkurrieren. Gerade für die Bereiche Jugendarbeit und Breitensport, die neben ehrenamtlicher Tätigkeit auch auf geringfügige Beschäftigungsverhältnisse angewiesen sind, stellt bereits die Neuregelung der 630-DM-Beschäftigungsverhältnisse eine ernsthafte Gefährdung dar.
Um das gesellschaftliche Ehrenamt zu fördern und zu unterstützen, wurde bereits in der letzten Legislaturperiode die privatrechtliche Stiftung »Bürger für Bürger« mit Bundespräsident Roman Herzog als Schirmherr gegründet und durch diese eine Nationale Freiwilligenagentur eingerichtet mit der Aufgabe, bundesweit als Ansprechstelle für Verbände, ehrenamtlich Aktive und an freiwilligem Engagement Interessierte zu fungieren. Um das Ehrenamt weiter zu stärken, wurde der Nationalen Freiwilligenagentur auch die Aufgabe der Presse- und Öffentlichkeitsarbeit übertragen. Dies war ein wichtiger und notwendiger Schritt, um ehrenamtliche Tätigkeiten auf breiter Basis zu fördern.

Zu 5.

Durch den weiteren Ausbau und die Vertiefung der Freiwilligen Jahre werden sich für immer mehr Jugendliche, darunter auch Jugendliche ausländischer Abstammung, die Möglichkeiten zur Teilnahme verbessern. Darüber hinaus gibt es aber schon heute für jeden Jugendlichen in fast allen gesellschaftlichen und politischen Bereichen die Möglichkeit ehrenamtlichen Engagements, wo er vielfältige Erfahrungen sammeln, Freundschaften knüpfen und auch Anerkennung erfahren kann. Wichtig ist, daß das Ehrenamt an sich eine weitere gesellschaftliche Aufwertung und Förderung erfährt, so durch Schule und Arbeitgeber.

Die CDU hat dabei bereits in ihrem Integrationskonzept »Integration und Toleranz« betont, daß ehrenamtliches Engagement, z.B. im kirchlichen, kulturellen und sportlichen Bereich, einen wichtigen Beitrag zur Integrationsförderung leisten kann.
Im übrigen gibt es, wie bereits betont, zu bedenken, daß die Bereitstellung von Plätzen im Freiwilligendienst im vorgeschlagenen Umfang mit zum großen Teil Staatlicher Förderung, sicherlich vielfältig auf Kosten des bisherigen freiwilligen und unentgeltlichen Engagements Jugendlicher gehen würde.

Zu 6.

Bereits zum 1. September 1996 hat das Bundesministerium für Familie, Senioren, Frauen und Jugend das dreijährige Modellprojekt »Jugend hilft Jugend« im Rahmen des Freiwilligen Sozialen Jahres gestartet. Ziel: Praktische Hilfe für andere Jugendliche von der Integration von Aussiedlern und Ausländern bis hin zum Aufbau der Jugendarbeit.
So werden in Lahr (Baden-Württemberg) junge Aussiedler und einheimische Jugendliche gemeinsam in Werkstätten für Behinderte, Kindergärten, Krankenhäusern und in der Schülerhilfe eingesetzt. Sie renovieren gemeinsam mit Jugendlichen Jugendclubs, helfen bei Jugendveranstaltungen und unterstützen den Ausbau der örtlichen Ökologiestation. In Bayern helfen Jugendliche in allen großen Städten bei Hausaufgaben und bei der Kinderbetreuung ausländischer Kinder.
Inwieweit dieses Modellprojekt erfolgreich verlaufen ist, bleibt durch das Bundesjugendministerium zu prüfen. Fällt diese Prüfung positiv aus, sollten solche Maßnahmen durchaus Eingang in das Regelangebot der Freiwilligen Jahre finden.
Darüber hinaus plant das Bundesministerium für Familie, Senioren, Frauen und Jugend laut Auskunft erneut ein Modellprojekt im Rahmen des Freiwilligen Sozialen Jahres. Danach soll bereits im Herbst ein Soziales Trainingsjahr speziell für benachteiligte Jugendliche eingerichtet werden.

Zu 7.

Wie die große Nachfrage zeigt, sind die freiwilligen Jahre in Deutschland und der Freiwilligendienst in Europa schon heute ausgesprochen attraktiv für Jugendliche. Diese bieten jungen Menschen nicht nur die Möglichkeit eines sinnvollen Engagements für die Gemeinschaft, dort machen sie auch Erfahrungen mit Menschen und Umwelt, die ihrer Hilfe bedürfen und lernen, sich auch mit den Schattenseiten des Lebens auseinanderzusetzen. Gleichzeitig bietet sich auch die Möglichkeit, sich zu orientieren, zu prüfen, ob man für ein späteres berufliches Engagement in einem entsprechenden Arbeitsbereich geeignet ist. Die Erfahrungen zeigen, daß dieses freiwillige Jahr für viele junge Menschen Herausforderung und Chance zugleich ist. Deshalb werden die Teilnehmerinnen und Teilnehmer auf ihre Tätigkeit sorgfältig vorbereitet und pädagogisch begleitet.

Dieses erfolgreiche Konzept sollte Maßstab auch für alle weiterhin zu schaffenden Plätze im Bereich der freiwilligen Jahre im In- und Ausland sein.

Zu 8.

Laut Auskunft aus dem Bundesministerium für Familie, Senioren, Frauen und Jugend würden bei Umsetzung des von der Robert Bosch Stiftung vorgeschlagenen Konzeptes allein für jeden Teilnehmer Kosten von rund 1.500,- DM pro Monat entstehen, bei 100.000 Plätzen wären dies 1,8 Milliarden DM pro Jahr. Darüber hinaus würden jedoch zusätzliche Kosten für Einrichtung und Unterhalt der Plätze sowie für die Einrichtung der vorgeschlagenen Bundesstiftung anfallen. Dies ist allein mit Mitteln der öffentlichen Hand nicht finanzierbar. Die CDU setzt statt dessen wie beschrieben auf eine Förderung des ehrenamtlichen Engagements durch die Schaffung der erforderlichen Rahmenbedingungen sowie öffentliche Auszeichnung und Anerkennung.

Wolfgang Gerhardt

F.D.P.

Bundesvorsitzender

Zu 1.

Der Rahmen für mehr Freiwilligendienste sollte insbesondere die Angebotsbedingungen verbessern. Dazu gehört bessere Information über Chancen für solche Dienste. Auch die Nachfrage sollte durch Informationen gestärkt werden: Bewußtsein für staatsbürgerliche Rechte kann in Deutschland regelmäßig durchaus vorausgesetzt werden. Also ist zunächst über staatsbürgerliche Pflichten durch Informationen aufzuklären: für Anbieter und potentielle Anbieter von Freiwilligendiensten einerseits, andererseits für junge Menschen, die Chancen suchen oder wegen ihrer staatsbürgerlichen Pflichten suchen sollten.

Zu 2.

Das öffentliche Schulwesen muß die Einübung gesellschaftlicher Verantwortung viel stärker zum Gegenstand der Bildung junger Menschen machen. Das ist – wenn auch in unterschiedlichem Maße – in allen Fächern möglich, wenn die Lehrkräfte entsprechend qualifiziert und auch als Vorbilder engagiert sind. Ein gemeinschaftsbildendes Orientierungsjahr ist dann nicht erforderlich. In jedem Fall sollte das Abitur mit 12 Schuljahren erreicht werden können.

Zu 3.

Wichtigster Weg gegen ein Auseinanderleben der Generationen und für wechselseitige Verantwortung der Generationen füreinander ist die Stärkung der Familie und damit der Tugenden, die eine Familie zusammenhalten. Das stärkt Eigenverantwortung und Solidarität gleichermaßen, also auch das Fundament dauerhaft verläßlicher, zunehmend kapitalgedeckter Alterssicherung.
Gegen alles Nullsummenspiel-Denken im Stil von »Die Alten nehmen den Jungen die Arbeitsplätze weg« müssen auf dem Arbeitsmarkt auch für die Festigung eines neuen Generationenvertrages Leistungsbereitschaft und Erfahrung der älteren Generation viel stärker genutzt werden. Das setzt neben mehr Flexibilität auf dem Arbeitsmarkt auch ein Umdenken voraus: Mehr Wohlstand und mehr Arbeitsplätze werden durch mehr Leistung geschaffen. Darum ist z. B. Frühverrentung statt mehr Flexibilität die falsche Antwort: Die Vergeudung wertvollen Humankapitals der älteren Generation gefährdet Arbeitsplätze und fördert das Auseinanderleben der Generationen.

Zu 4.

Freiwillige ehrenamtliche Arbeit wird an Bedeutung gewinnen. Wirklich freiwillig wird diese Arbeit nur sein können, wenn dieser Trend nicht de facto Ergebnis von Resignation vor den Beschäftigungsproblemen und indirekte Untermauerung der falschen These sein wird, der Gesellschaft gehe die Arbeit aus. In Wirklichkeit bieten z. B. neue Technologien einerseits und die sozialen Folgeprobleme der demographischen Entwicklung andererseits neben globalen Herausforderungen genügend Chancen für reguläre Erwerbsarbeit, die allerdings bezahlbar sein muß.
Bezahlbare Arbeitsplätze sind auf vielen Zukunftsmärkten moderner Technologien in der Regel nicht das Problem, zu oft aber auf den Zukunftsmärkten sozialer Dienste mit großer Nähe zum Menschen durch z. B. Zuhören, Betreuen oder Pflege. Solche Arbeit verdient nicht nur dann gesellschaftliche Anerkennung, wenn sie im Stile des 19. Jahrhunderts ehrenamtlich geleistet wird.
Als reguläre Erwerbsarbeit muß solche Arbeit in Zukunft erst recht gesellschaftlich höher bewertet werden. Das fördert auch eine bessere Entlohnung über den Markt. Zusätzlich muß allerdings eine Brücke geschlagen werden zwischen Arbeit, die für den Betrieb bezahlbar ist, und Einkommen, das den Leistungsbereiten motiviert. Dafür hat der Bundespräsident 1994 auf dem DIHT-Kongreß in Hagen Kombi-Einkommen-Konzepte angeregt, wie sie die F.D.P. als »Bürgergeldsystem« konkretisiert hat.

Der für den Einzelnen und für die Gesellschaft wünschenswerte Anteil ehrenamtlicher Arbeit ist dann Ergebnis verbesserter Rahmenbedingungen für reguläre Erwerbsarbeit und neuer Kombinationen mit ehrenamtlicher Arbeit.

Zu 5.

Für viele junge Menschen darf nicht als ein unabänderliches politisches Datum hingenommen werden, daß sie mit Qualifikations- und Anpassungsherausforderungen von beschleunigtem technologischem Wandel und Globalisierung überfordert sind. Solche Überforderungen sind heute vielmehr oft Ergebnis unzulänglicher Förderung von unterschiedlichen Begabungen in der Schule und anderen Mängeln unseres Bildungssystems. Hier muß mit Vorrang für Investitionen in Bildung angesetzt werden.
Für manche junge Menschen werden Qualifikation und Anpassungsmöglichkeiten trotz aller Förderung im Bildungsbereich und in der Familie eng begrenzt bleiben. Für Anerkennung und praktische Bewährung dieser jungen Menschen müssen die in der Antwort zur 4. Frage aufgezeigten Brücken in die Arbeitswelt verbessert werden.

Zu 6.

Wenn Jugendgemeinschaftsdienste diesen Namen verdienen, dann sind sie immer zugleich Integrationsangebote auch für die Kinder ausländischer Zuwanderer. Welche Verbesserungsmöglichkeiten hier bestehen, wird allgemein bestimmt von der Haltung der Bürger zu Zuwanderern und von der Integrationsbereitschaft vor allem der Familien von Kindern ausländischer Zuwanderer.
Vor Ort bestimmen Einfallsreichtum und Engagement der Gemeinden die Chancen der Sozialisation. Für verbesserte Integrationsangebote müßten verstärkt die Erfahrung und das soziale Engagement von Bürgern der älteren Generation genutzt werden; hilfreich wären auch Kombinationen von ehrenamtlicher und regulärer Sozialarbeit in den Gemeinden. (s.o., 4. Frage)

Zu 7.

Bei der Stärkung der Nachfrage nach Freiwilligendiensten geht es mit Vorrang darum, wie in Deutschland eine Kultur des Dienens im Sinne von Bundespräsident Roman Herzog gefördert werden kann: »Ich diene« darf nicht nur Wahlspruch des Black Prince und der Welsh Guards sein. Eine solche Einstellung zum Dienen muß heute auch der »normale« Bürger der Jugend wieder mehr vorleben. Dann wird auch das Interesse an Freiwilligendiensten für die Gemeinschaft steigen.

Die Angebote für Freiwilligendienste müssen vor Ort in Deutschland durch Vernetzung kommunaler Sozialarbeit, Verbandsarbeit, Wirtschaft und z. B. Stiftungen verbessert werden. Das oft gute Angebot für Einsätze junger Menschen in Entwicklungsländern kann Beispiel auch da sein, wo Senioren mit ihrer Lebenserfahrung und Praxis für Anleitung zu effizienten Diensten sehr hilfreich sind, auch zur Förderung der Disziplin, die selbst Freiwilligendienste von Freiwilligen fordern.

Zu 8.

Das Finanzierungsmodell für den Ausbau von Freiwilligenplätzen muß der inhaltlichen Vernetzung öffentlichen und privaten Engagements folgen, die in der Antwort zur 7. Frage angesprochen ist. An Bereitschaft für Kofinanzierung durch Privatspenden, Stiftungen und »Social Sponsoring« der Wirtschaft wird es dann nicht mangeln.

Wilhelm Polte

Landeshauptstadt Magdeburg

Oberbürgermeister

Die Initiative der Robert Bosch Stiftung ist ein handlungsbezogener Ansatz, in partnerschaftlicher und dialogischer Form gesellschaftliche Verantwortung mit jungen Menschen zu entwickeln. Individualität bleibt so nicht eine Vielfalt von Beliebigkeiten, sondern wird zur Vielfalt von Haltungen, eine Voraussetzung für eine plurale Gesellschaft, jenseits von Beliebigkeit.
Die Shell-Studie ebenso die Studie des Landes Sachsen-Anhalt »Einstellungen und Handlungsorientierungen von Jugendlichen und jungen Erwachsenen« (SFB-BeV) belegen, daß junge Menschen eine hohe Bereitschaft zum gesellschaftlichen Engagement haben, das von sozialen Diensten bis zur Verbreitung religiöser Ziel reichen kann. Ein großer Unterschied zur parteipolitischen Verdrossenheit wird dabei festgestellt.

1. Freiwillige Dienste

Deshalb messe ich dem Aufbau von Freiwilligen Diensten für eine große Mehrheit der bisher nicht betroffenen jungen Menschen einen hohen Rang bei als:
– Freiwilliges Jahr im Gemeinwesen (Organisation gesellschaftlicher Aktivitäten, Soziale Stadt/Agenda 21),

- Freiwilliges Ökologisches Jahr,
- Freiwilliges Soziales Jahr (Zielgruppen),
- Jahr für die Kirche,
- Jugend baut für Jugend,
- Kulturprojekte und Sportprojekte (vereinsungebundene Aktivitäten – Trendsportarten),
- offene Kanäle (Rundfunk, Fernsehen),
- thematische Städtepartnerschaften,
- Patenschaften für gefährdete Jugendliche (Erziehungsbeistandschaften unter Gleichaltrigen),
- Aktionen zur Völkerverständigung z. B. »Aktion Sühnezeichen/Friedensdienste«,
- touristische Projekte: Ranger, Stadtführungen, Landschaftsführungen,
- interkulturelle Projekte,
- Schlichterteams/ Konfliktberatung in Schulen.

Innerhalb der Lebensplanung junger Menschen bieten Zeiten des Übergangs vielfach Motivationen für einen solchen Einsatz. Das sind Übergänge:
- von der Berufsausbildung zum Berufsstart,
- vom Abitur zum Studium,
- vom Studienabschluß zum ersten Arbeitsplatz,
- vom Ausbildungsabbruch zum Neubeginn,
- oder in individuellen Sinnkrisen aus religiösen, familiären, partnerschaftlichen Gründen.

Zeiten, in denen junge Menschen Impulse aus dem Gemeinschaftsleben suchen und ihre eigene Lebenssituation zum Impuls für andere Menschen machen, sind wichtig.

2. Gemeinschaftsbildendes schulpraktisches Orientierungsjahr

Es wird insbesondere aus den Erfahrungen der DDR gewarnt, Schulen Gemeinschaftsbildung über Lehrpläne zu verordnen, um Elemente der Einübung gesellschaftlicher Verantwortung aufzunehmen (Staatsbürgerkundeunterricht). Vielmehr muß die Schule ein Ort lebendiger gesellschaftlicher Verantwortung sein, quasi Spaß an der gesellschaftlichen Teilhabe und nicht durch verordnete Weisung.

Dazu sollte es Anstöße und Impulse geben. Projekte in allen öffentlichen Bereichen sollen Begleitung erfahren, um so als Anschauung für gelungene Beispiele zu dienen. Politik, Funk, Fernsehen und die Printmedien sollen Projekte in der Region bekannt machen und öffentlich würdigen. Auf diese Weise kann sich ein Personenkreis von Ansprechpartnern und Multiplikatoren entwickeln. Ebenso sind Beteiligungsformen für Studentinnen und Studenten, Schülerinnen und Schüler und Lehrlinge in den Einrichtungen der sozialen Infrastruktur herauszubilden.

Das praktische gemeinschaftsbildende Orientierungsjahr halte ich für sinnvoll, wenn es thematische Projekte im Rahmen der »ehemaligen Schule« im Stadtteil oder der Region sind. Es sollte bei freien Bildungsträgern oder Trägern der Jugendarbeit vorzugsweise angegliedert werden, z. B. Sport-, Abend- und Mitternachtsturniere in Sporthallen.

Schulen sollten sich als »Stützpunkte sozialer Arbeit« etablieren und in der Verstärkung der sozialen Komponente sich ebenso als Träger von Projekten bewerben können, aber nicht von vornherein wettbewerbslos die Ressourcen für solche Projekte erhalten. Damit wird die Verbindung von regionalen Ressourcenträgern ermöglicht und Schulen werden zum integrativen Bestandteil sozialer Netzwerke in der Region.

In Magdeburg könnte z. B. ein Ausbildungsträger für Bauarbeiten mit einer Schule einen Teil der Magdeburger Festungsanlagen sanieren.

Dabei ergeben sich viele inhaltliche Verzweigungen zur Stadtgeschichte, zu anderen Städten zur Identifikation mit dem Ort und der Region und damit gesellschaftliches Verantwortungsbewußtsein sowie ein gestaltbares räumliches Objekt mit vielen möglichen inhaltlichen Ansätzen.

3. Engagement der älteren Generation für die Jugend

Zur zeit sind unter stadtplanerischen Gesichtspunkten oft Projekte der alten Generation von denen der Jugend getrennt. Lediglich in Kirchengemeinden begegnen sich die unterschiedlichen Generationen in einem Haus. Auch dort werden oft lokale Platzkämpfe ausgetragen, aber sie finden noch statt. Ein Ansatzpunkt in der Stadtplanung wäre, im Sinne eines »Qualitätsmanagements« altersübergreifende Nutzungsansätze für eine Region auszuhandeln.

Meist spielt jedoch die persönliche Ansprache und Motivation in der Gewinnung ehrenamtlicher Senioren eine entscheidende Rolle. Die in Magdeburg arbeitende Generationsbörse hat bisher noch nicht viele Impulse in der Öffentlichkeit setzen können. Andererseits ist die Stadt Magdeburg bemüht, Spielplatzpatenschaften durch Erwachsene zu entwickeln.

4. Gemeinwesenarbeit

In der Stadt Magdeburg versucht das Jugendamt (245.000 Einwohner) in 14 regionalen Bereichen Gemeinwesenarbeit zu entwickeln (Sozialraumorientierung – Regionalisierung).

In den Bürgerinitiativen, Stadtteilgremien sollte über lokale Budgets entschieden werden können. Ehrenamtliche Tätigkeitsfelder gewinnen so Gestaltungsraum. Bürger, Geschäfte, Betriebe können diese Tätigkeit als Wohngebietsverbesserung empfinden, daß sich auch Mitfinanzierungsmodelle für Erwerbsarbeit ergeben könnten und nicht alles durch die öffentliche Hand organisiert werden muß. Hierbei werden verstärkt im Rahmen der Entwicklung einer »Gemeinwesenökonomie«

Ansätze von Eigenarbeit Anregungen für Aufgabenfelder für Erwerbsarbeit hervorbringen können.

Zu 5. und 6. gibt es zur zeit noch relativ wenig Erfahrungen. Uns würde jedoch Ihr Rücklauf aus anderen Regionen interessieren, wie dieselben Problemlagen, die zum Beispiel Ausländerfeindlichkeit auch zur Zeit in Magdeburg diskutiert wird.

7. Attraktive lebensorientierte Chancen

Eine wichtige Frage ist die finanzielle Absicherung der Jugendlichen. Erfahrungen besagen, daß Jugendliche ab dem 18. Lebensjahr zum Teil eigenen Wohnraum haben, bereits Familien gründen oder auch Kinder zu versorgen haben. Das mag zur Zeit in Ost noch etwas anders sein als im Westen. Die Absicherung des Lebensunterhalts und damit Aufhebung der absoluten Abhängigkeit von den Eltern ist eine elementare Voraussetzung von Jugendlichen.

Die Projekte müssen:
- lebenslagenorientiert,
- nicht alltäglich sein,
- gesellschaftliche Anerkennung genießen (deshalb muß Öffentlichkeitsarbeit Bestandteil aller Projekte sein),
- neue Erfahrungen vermitteln und die beruflichen Einstiegsmöglichkeiten erhöhen.

Teilnehmer müssen:
- Führungsverhalten in Gruppen erlernen,
- selbständig Probleme lösen lernen,
- Planen lernen,
- eine andere Sprache lernen,
- Einmischungspraktiken erlernen.

Die Tätigkeiten müssen als Beitrag zur persönlichen Entwicklung erfahren werden und u. a. ermöglichen:
- Personen unterschiedlichen Alters oder Herkunft etc. kennenzulernen,
- Partnerschaften zu erleben,
- eine Wertegemeinschaft kennenzulernen,
- Lebensformen auszuprobieren (Kloster auf Zeit, Auslandsfamilien),
- Persönlichkeiten erfahren können,
- Menschen in Freud und Leid erleben, wie im Alltag bisher nicht erlebt wurden (z. B. Hospizbewegung-Begleitung, Kranker und Sterbender).

8. Finanzierungsmodell aus privater-öffentlicher Partnerschaft

Die Mischfinanzierung sollte angestrebt werden. Die Chancen dafür sind in wirtschaftlich stabileren Regionen (alten Bundesländern) sicher anders als in Magdeburg bzw. in den neuen Bundesländern überhaupt. Insofern wäre ein höherer Mischfinanzierungsansatz in den neuen Bundesländern bzw. innerhalb eines breiten Spektrums eine gewisse Beschränkungsregelung von inhaltlichen Zugängen für eine Mischfinanzierung angezeigt.

Handwerkskammern sollten im investiven Bereich der Kofinanzierung zu investiven Projekten zustimmen, so daß Haushaltsmittel aus Investitionen für solche Teilprojekte (z. B. Renovierung eines Kindergartens) zur Verfügung gestellt werden können.

Die Verpflichtung zur Kofinanzierung bringt sicher auch die Partner vor Ort zu einem regionalen Netzwerk zusammen, so daß Ideenträger für Projekte zur Integration junger Menschen in der Gesellschaft dienen.

Zu einem solchen Netzwerk sollten gehören:
– Universitäten
– Ausbildungsbetriebe
– Betriebe
– Stadtsparkassen
– Jugendämter
– freie Träger Sozialbereich/Jugendbereich
– Theater
– Museen
– Handwerkskammer.

Ich würde mich freuen, wenn sich der von Ihnen in den Fragen aufgezeigte Handlungsansatz in der Praxis eine Umsetzung finden würde. Gern lasse ich mir vom Fortgang ihres Handeln berichten.
Im Rahmen meiner Kräfte bin ich an der Umsetzung von Projekten selbstverständlich interessiert.

Herbert Schmalstieg

Landeshauptstadt Hannover

Oberbürgermeister

Aus meiner Sicht ist es gerade für Kommunen eine wichtige Aufgabe – quasi als »Schule der Demokratie« – Jugendliche zur Beteiligung an (stadt-)politischen Prozessen hinzuführen und zum Engagement für das Gemeinwesen zu motivieren.

Die Situation, daß eine so große Zahl an Jugendlichen einen Freiwilligendienst leisten will, finde ich sehr erfreulich. Diesen interessierten Jugendlichen sollte in entsprechendem Umfang die Möglichkeit gegeben werden, sich zu engagieren, auch vor dem Hintergrund, ihre Perspektive für die eigene Lebens- und Berufsbiografie zu verbessern. In diesem Zusammenhang sollten die bereitgestellten Plätze für Freiwilligendienste aber hinsichtlich der thematischen Schwerpunktsetzung, der ausgewählten Aufgabenbereiche sowie der Einbindung der Jugendlichen in den Arbeitsalltag und deren Betreuung einen angemessenen Qualitätsstandard aufweisen; für die Ausweitung dieser Angebote sind eindeutige Kriterien zu definieren. Dies erfordert infrastrukturelle Vorleistungen sowohl bei der übergreifenden Organisation der Freiwilligendienste als auch auf der Ebene der betreuenden Träger und Institutionen.

Bei der politischen Bildung von Jugendlichen, der Vermittlung und der Erprobung der Verantwortung gegenüber dem Gemeinwesen nehmen die Schulen eine entscheidende Rolle wahr. Mit dem frühzeitigen Heranführen von Kindern und Jugendlichen an politische Entscheidungsprozesse und dem Einüben unterschiedlicher Formen des bürgerschaftlichen Engagements tragen Schulen dazu bei, daß Jugendliche »die Scheu« verlieren, in späteren Lebensphasen als erwachsene Bürgerinnen und Bürger an der Gestaltung des Gemeinwesens mitzuwirken. Deshalb ist es wichtig, Schulen in die Lage zu versetzen, diese Aufgabe hinreichend zu erfüllen. Bisherige Kompetenzen in diesem Bereich müssen identifiziert und ausgebaut, und Defizite (z.B. bei der politischen Bildung bezogen auf die kommunale Ebene) müssen herausgearbeitet und reduziert werden. Auch hierfür bedarf es entsprechender Voraussetzungen im Rahmen der schulischen Infrastruktur und bei Kooperationen von Jugendhilfe und Schule.

Ein gesondertes, praktisches gemeinschaftsbildendes Orientierungsjahr im Rahmen der schulischen Allgemeinbildung ist hierfür meiner Meinung nach nicht der richtige Ansatz. Zwar ist denkbar, daß ausgewählte Schulen ihren Schülerinnen und Schülern ein entsprechendes Angebot bereitstellen. Die grundsätzliche Einbindung eines Orientierungsjahres in die schulische Allgemeinbildung halte ich – auch vor dem Hintergrund der Diskussion um die Verkürzung der Schulzeit bzw. des Abiturs von 13 auf 12 Jahre – für nicht praktikabel. Hier sollten zu allererst die Möglichkeiten im Rahmen der Unterrichtsgestaltung, bei Praktika und Projektwochen bzw. Projekttagen in Betracht gezogen und ausgeschöpft werden. Eine verstärkte Zusammenarbeit mit Trägern und Institutionen aus Politik, Verwaltung sowie verschiedenen Verbänden und Institutionen aus dem Jugend- und Kulturbereich ist dazu notwendig und weiterzuentwickeln.

Hinweisen möchte ich in diesem Zusammenhang auf einen Ansatz an mehreren Schulen der Landeshauptstadt Hannover, bei dem sogenannte »Konfliktlotsen« ausgebildet und eingesetzt werden. Gemeinsam mit Mitarbeiterinnen und Mitarbeitern der Jugendarbeit und anderen Institutionen eines Stadtteils werden Schülerinnen und Schüler als Konfliktlotsen geschult, die Streitigkeiten unter Mitschülern schlichten und zur Vermeidung von Gewalt beitragen sollen. Der Einsatz dieser ehrenamtlichen Streitschlichter soll mit einer Anerkennung und einer Bescheinigung belohnt werden.

Die Bundesrepublik sieht sich mittelfristig erheblichen demographischen Veränderungen gegenüber. Die Verschiebung der Alterspyramide und der sinkende Anteil der jungen Menschen an der Gesamtpopulation ist durch Bevölkerungsprognosen nahezu verläßlich belegt. Ob dies zu einem »Auseinanderdriften der Generationen« und zu einer »Überlastung der jungen Generation« führt, wie von manchen Experten befürchtet wird, kann meiner Meinung nach nicht eindeutig beantwortet werden. Mit dieser Entwicklung werden jedoch unbestritten erhebliche Herausforderungen für das Gemeinwesen einhergehen. Ich schließe in diesen Gedanken die Alterssicherungs- und Sozialversicherungssysteme ein.

Auch für das Bürgerengagement führt die steigende Zahl an älteren Mitbürgerinnen und Mitbürgern zu neuen Anforderungen, sie bietet aber ebenfalls neue Möglichkeiten und Ansatzpunkte. Es gilt, mit generationenübergreifenden Angeboten den Dialog zwischen Jung und Alt zu fördern. Das kann nicht bedeuten, nur die Erfahrung der älteren Generation zur Betreuung und Begleitung von jungen Menschen zu nutzen, wenngleich dies ein wichtiger Aspekt ist, sondern es bedarf vielmehr eines generationenübergreifenden Austausches. Dieser gegenseitige Austausch von Erfahrungen und Kompetenzen und auch »das Verantwortung übernehmen für die jeweils andere Generation« ist ein entscheidender Faktor. Eine Projektidee in der Landeshauptstadt Hannover ist beispielsweise ein »Labor der Lebenserfahrungen«, mit dem eine Stätte des Dialogs zwischen Jung und Alt geschaffen werden könnte und sich Partnerschaften zwischen der alten und der jungen Generation im Sinne eines wechselseitigen Lernens bilden können. Andere, projektorientierte Formen der generationenübergreifenden Zusammenarbeit, wie z.B. im Umweltbereich oder bei der Kultur, sind denkbar. Gerade auf kommunaler Ebene in den Stadtteilen, im engen und überschaubaren Lebensumfeld der Menschen, bieten sich Ansatzpunkte für entsprechende Austauschforen.

Dieser »Austauschgedanke« sollte sich aber nicht nur auf Alt und Jung beschränken, er ist ebenso für den geschlechterübergreifenden Dialog oder den Austausch mit den verschiedenen ethnischen Gruppen von hoher Relevanz.

Die Möglichkeiten für freiwillige Gemeinwesenarbeit sind – auf kommunaler Ebene – sehr breit gefächert und decken einen Großteil aller Lebensbereiche der Bürgerinnen und Bürger ab. Handlungsfelder und Ansatzpunkte für bürgerschaftliches Engagement sind in den Städten genügend vorhanden. Angesichts der angesprochenen demographischen Entwicklung wird beispielsweise die ehrenamtliche Pflege von Alten, Kranken und Sterbenden an Bedeutung gewinnen; ein ähnlicher Aufgabenzuwachs ist in anderen sozialen Bereichen zu vermuten. Wichtig ist, mit den angebotenen Freiwilligendiensten sich an den jeweiligen Lebenslagen der aktiven Bürgerinnen und Bürger auszurichten. Diese orientieren sich mit ihrem Engagement zunehmend an ihrer jeweiligen Lebensphase. Die engagierten Bürgerinnen und Bürger erwarten dabei im wachsenden Maße ein Äquivalent für ihren Einsatz, wie z.B. einen Nutzen für die spätere Berufsbiografie.

Die »Tertiärisierung« der Arbeitswelt und die Neubewertung der Tätigkeitsgesellschaft hat nachhaltige Auswirkungen auch für den Bereich der Ehrenamtlichkeit. Die Abarbeitung aller gesellschaftlich notwendigen und wünschenswerten Aufgabenfelder ist aber mit traditioneller Erwerbsarbeit unter den derzeitigen gesellschaftspolitischen Rahmenbedingungen und nach allgemeiner Einschätzung nicht finanzierbar. Hier stellt sich die Frage nach alternativen Organisations- und Finanzierungsmodellen. Der von Ulrich Beck vorgeschlagene Ansatz der »Bürgerarbeit« bietet z.B. interessante Anregungen für diese Diskussion. Denkbar wäre auch z.B. ein »Freiwilliges Gemeinwesenjahr«, für das Unternehmen befristet Mitarbeiterinnen und Mitarbeiter für bestimmte gemeinwesenorientierte Aufgaben freistellen würden. Kreative Ideen sind im ausreichenden Maße vorhanden. Jetzt ist der Ansporn zu deren Erprobung und zum Beschreiten neuer Wege erforderlich. In diesem Prozeß ist jedoch auch ein sorgfältiges Abwägen möglicher Probleme notwendig, wie z.B. die oftmals diskutierte Befürchtung, daß Stellen des ersten Arbeitsmarktes durch ehrenamtliche Kräfte ersetzt werden könnten.

Ein Ansatzpunkt für neue zukunftsfähige Tätigkeitsprofile, auf den ich an dieser Stelle besonders hinweisen möchte, ist die Förderung von vernetzten Aufgabenbereichen und damit auch von interdisziplinären Kompetenzen auf Seiten der Freiwilligen. Die Fähigkeit zum interdisziplinären Arbeiten wird zukünftig stark an Bedeutung gewinnen. Erprobungsfelder im Bereich der ehrenamtlichen Tätigkeit, wie z.B. gemeinsame Ansätze im sozialen und kulturellen Bereich, würden Bürgerinnen und Bürger, die nicht in den ersten Arbeitsmarkt integriert sind, die Chance geben, eine eigene entsprechende Kompetenzerweiterung zu erfahren. Ähnliche Überlegungen gelten für das projektorientierte Arbeiten und die Teamarbeit sowie die Ausübung sozialer Kompetenzen.

Der Nutzen des freiwilligen Engagements trägt sich dabei über die aktiven Bürgerinnen und Bürger hinaus in die gesamte Gesellschaft. Dazu zählt die nachhaltige Stärkung des Demokratieverständnisses ebenso wie die Ausprägung von Werten wie Solidarität bzw. des Bewußtseins für das Gemeinwesen.

Die Ansprüche an die Qualifikation und an die Flexibilität, die von der Arbeitswelt an Jugendliche herangetragen werden, sind in der Vergangenheit stetig gewachsen und werden noch weiter zunehmen. Der Anteil an Stellen mit einfacheren Tätigkeitsprofilen nimmt ab. Eine immer größer werdende Zahl an jungen Menschen, z.B. ohne Schul- oder Ausbildungsabschluß, kann diesen wachsenden Anforderungen nicht mehr folgen und hat Probleme, sich in die Arbeitswelt zu integrieren bzw. bleibt ausgeschlossen. Die sozialen Folgen dieser Entwicklung sind bekannt. Gerade in Städten ist diese Situation deutlich zu spüren. Das Gemeinwesen steht vor einem großen Problemdruck, diesen Jugendlichen eine vernünftige Zukunftsperspektive zu eröffnen.

Auch mit einem freiwilligen Dienstjahr oder mit befristeten Projekten können gerade für diese Zielgruppe der Jugendlichen Möglichkeiten geschaffen werden, sich in praktischen Tätigkeiten zu erproben und zu bewähren. Die öffentliche Hand hat dadurch einen Ansatzpunkt, die Perspektive der Jugendlichen, sich auf dem ersten Arbeitsmarkt zu integrieren, zu verbessern. Entscheidend für den Erfolg entsprechender Maßnahmen ist dabei, daß »die Jugendlichen dort abgeholt werden, wo sie sich mit ihren Fähigkeiten und Vorkenntnissen befinden«, um Überforderungen, Frustrationen und damit einen vorzeitigen Abbruch oder einen Nicht-Einstieg in

Maßnahmen zu vermeiden. Ein freiwilliges Dienstjahr für diese Gruppe von Jugendlichen müßte deshalb unbedingt mit Qualifizierungs- und Betreuungsmaßnahmen abgesichert werden. Für ausländische Jugendliche zählt hierzu insbesondere der Abbau sprachlicher Barrieren, die häufig Haupthinderungsgrund bei Integrationsansätzen sind.

Befristete Projekte oder die Einbindung von Jugendlichen in freiwillige Dienstjahre würden zwei wesentliche Funktionen erfüllen: Zum einen können sich Jugendliche entsprechend ihrer aktuellen Lebenssituation und Problemlage konstruktiv einbringen und engagieren. Unabhängig vom Thema eines speziellen Projektes kann Jugendlichen – z.B. durch die Ergebnisorientierung bei Projekten – ein greifbarer Erfolg geschaffen werden, der positive Erfahrungen und Zufriedenheitspotentiale vermittelt und ihr Selbstvertrauen stärkt, z.B. hinsichtlich der Anforderungen im Schul-, Ausbildungs- und Berufsleben. Zum anderen können mit den speziellen Themen der Projekte und den damit verbundenen Aufgaben und Anforderungen gezielt Fähigkeiten und Kompetenzen der Jugendliche gefördert werden.

Das Angebot an Plätzen bzw. an Projekten setzt eine notwendige Finanzierung voraus, die nicht ausschließlich durch Kommunen geleistet werden kann. Hier sollte – wie für das freiwillige Dienstjahr insgesamt – gelten, daß die Qualität der Maßnahmen bezogen auf die Quantität der Plätze eine starke Gewichtung erhält.

Angebote im Bereich der Jugendgemeinschaft haben von sich heraus bereits einen integrierenden Charakter; Integration zählt zum Selbstverständnis der Jugendarbeit. Hier ist zu überprüfen, wie die bestehenden bzw. neuen Ansätze der Jugendgemeinschaftsdienste für Kinder und Jugendliche ausländischer Zuwanderer geöffnet werden können. Es liegen kaum Informationen vor, ob und in welchem Umfang diese Angebote den ausländischen Jugendlichen bekannt sind und sie sich damit auseinandersetzen können. Das gleiche gilt für die Frage, ob sich ausländische Jugendliche ein entsprechendes Engagement vorstellen können oder welche Zugangsbarrieren im einzelnen eine Rolle spielen. Bei Migrantinnen und Migranten dürften zum Teil auch unterschiedliche Auffassungen zur Ehrenamtlichkeit und Freiwilligkeit bestehen. Es ist kein pauschales, sondern nur ein differenziertes Vorgehen möglich. Das setzt eine entsprechende Informationsbasis voraus. Eine weiterführende Untersuchung, die diese Fragestellungen aufgreift, würde hier einen Erkenntniszuwachs leisten.

Spezifische Jugendgemeinschaftsdienste als Integrationsangebot für einzelne gesellschaftliche Gruppen halte ich nur als flankierende Maßnahme für sinnvoll. Bei den praktizierten Ansätzen und bei der Ausweitung der Jugendgemeinschaftsdienste muß vielmehr überprüft werden, wie diese Angebote integrativ ausgestaltet werden können. Ich möchte nochmals auf den oben angesprochenen »Austauschgedanken« hinweisen. Integration ist auf keinen Fall einseitig zu verstehen. Durch einen wechselseitigen Austausch kann bei allen Beteiligten z.B. eine interkulturelle Kompetenz weiterentwickelt und gefördert werden. Eine interkulturelle Öffnung ist dabei auch auf Seiten der Träger erforderlich.

Eine Studie des Freizeitforschungsinstituts der British American Tobacco unter der Leitung von Herrn Prof. Opaschowski, deren Ergebnisse Mitte April vorgelegt worden sind, hat ergeben, daß mit nur 4 % der befragten Jugendlichen ein sehr geringer Anteil regelmäßig ehrenamtlich tätig ist. Auch wenn ich diese Zahl für zu gering halte – andere Untersuchungen weisen einen höheren Anteil an freiwillig engagierten Jugendlichen nach – gibt die zitierte Studie interessante Hinweise auf die Motive für das scheinbar fehlende Interesse. Neben einer fehlenden monetären Vergütung und Zeitmangel gab ein Großteil der Jugendlichen an, daß soziales Engagement keinen Spaß machen würde.

Hier liegt meiner Meinung nach einer der wesentlichen Erfolgsfaktoren für freiwillige Dienstjahre: Spaß ist auch ein Synonym für Freude, Motivation und Sinnhaftigkeit. Die Jugendlichen müssen den Nutzen, den diese Angebote für sie haben, deutlich erkennen. Dazu zählt insbesondere die Anerkennung und Weiterqualifikation für das spätere Berufsleben. Die Landeshauptstadt Hannover erarbeitet deshalb beispielsweise derzeit ein Konzept, auf dessen Grundlage Ehrenamtlichen – nicht nur Jugendlichen – Zertifikate ausgestellt werden, die bestimmte Fähigkeiten und Qualifikationen nachweisen, und die für Bewerbungen eingesetzt werden können.

Bei der Ausgestaltung der freiwilligen Dienstjahre sind die Ziele der Jugendlichen, die sie mit ihrem Engagement verbinden, unbedingt zu berücksichtigen. Darüber hinaus ist der Einstellungswandel, der zur Zeit bei den Jugendlichen bzgl. des gemeinwesenorientierten Engagements stattfindet, in die Überlegungen einzubeziehen. Jugendliche wollen den Umfang und die zeitliche Dauer ihres Engagements selbst bestimmen (Stichwort »Neues Ehrenamt«) und sich nicht mehr über einen längeren Zeitraum nur für eine Aufgabe festlegen. Auch diese Entwicklung ist in die Angebote einzubeziehen. Deshalb wäre zu überprüfen, ob der diskutierte Freiwilligendienst ausschließlich auf ein Jahr befristet sein muß oder ob es nicht sinnvoller ist, diesen auch zeitlich flexibel, z.B. für ein halbes Jahr, ausrichten zu können.

Für befristete Freiwilligendienste bietet der beschriebene Wandel neue Ansatzpunkte und Chancen für eine zielgruppengerechte Ansprache von Jugendlichen. Hierfür muß auch versucht werden, dem ehrenamtlichen Engagement von Jugendlichen ein neues Image zu verleihen und bestehende falsche Einschätzungen abzubauen. In diesem Zusammenhang möchte die Frage anregen, ob mit »Freiwilligen Dienstjahren« oder »Freiwilligendiensten« unbedingt neue Begrifflichkeiten verbunden sein müssen, oder nicht statt dessen z.B. am »Freiwilligen Sozialen oder Ökologischen Jahr« festgehalten werden kann. Der Begriff »Dienst« kann unter Umständen bei Jugendlichen in Form eines verpflichtenden Charakters mißverstanden werden.

Ansätze öffentlich-privater Mischfinanzierungen beurteile ich sehr positiv. Über die Finanzierung hinaus nimmt der private Sektor auf diese Weise gesellschaftliche Verantwortung wahr. »Social-Sponsoring« ist zur Finanzierung eines Programmes »Jugend und Gemeinschaft« sicherlich eine Alternative. Der soziale Bereich steht dabei aber in Konkurrenz zu den Bereichen Öko-Sponsoring, Sport-Sponsoring und Kultur-Sponsoring. Wenn diese Förderform genutzt werden soll, ist ein professionelles Vorgehen erforderlich; hier sind oftmals gerade die Träger überfordert. Der Aufwand, der mit der Einwerbung dieser Fördermittel verbunden ist, darf nicht

unterschätzt werden. Es sind Vorleistungen erforderlich und setzt eine Unterstützung für die Träger voraus.
Schließlich möchte ich noch darauf hinweisen, daß Sponsoring nur *eine* Möglichkeit der privaten (Mit-)Finanzierung ist. Zum einen können die Förderungsoptionen von Unternehmen über eine rein finanzielle Unterstützung hinausgehen. Möglich wäre auch eine Freistellung von Mitarbeiterinnen und Mitarbeitern zur Unterstützung von Trägern bei der Betreuung von Freiwilligenplätzen, wie z.B. im Bereich der Qualifikation. Zum anderen bestehen mit dem klassischen Mäzenatentum, dem Engagement von Freundeskreisen und Fördervereinen oder von Bürgerstiftungen zahlreiche weitere Alternativen. Bei der Ansprache der potentiellen Förderer ist aber zu beachten, daß diese mit ihrer Unterstützung jeweils ganz bestimmte Interessen verfolgen – vom fast altruistischen Engagement bis zum Einsatz als Instrument für die unternehmerische Imagepolitik. Gerade diese Vielfalt an möglichen Formen privater Unterstützung eröffnet aber eine Vielzahl von Ansatzpunkten für öffentlich-private Partnerschaften.

VII. Die Vision

Dieter Schöffmann

In Deutschland ist der Bär los, Jugend erneuert Gemeinschaft!

Tagebucheintrag: Samstag, 27. April 2013

Mein Kopf brummt. Die gestrige Feier meines 60. Geburtstages hat mir doch recht heftig zugesetzt. Aber sie war toll. Und besonders hat mich gefreut, daß Moses und Roberta da waren. Sie zu erleben, war mir Dank genug für das eine Jahr, das ich sie jeweils begleitet habe. Es ist schon ein erhebendes Gefühl, als Mentor junge Menschen in einem besonderen Abschnitt ihres Lebens begleiten und sie mit Zuhören, dem einen oder anderen Rat und mit der Einführung in meine persönlichen Netzwerke unterstützen zu können. Und ich glaube, sie haben in ihrem Jahr als Freiwillige beim Lobbyrestaurant für Obdachlose bzw. beim Atelier-Theater eine Menge gelernt und Vieles geben können. Jedenfalls haben sie dort einige wertvolle Spuren hinterlassen. Eigentlich wollte ich jetzt mit 60 etwas kürzer treten. Aber nach dem Erlebnis kann ich es wohl doch nicht lassen und werde mich heute Nachmittag bei der Kennenlernveranstaltung in der Freiwilligenagentur wieder darauf einlassen, für ein Jahr Mentor von zwei jungen Menschen zu werden.

Schlaglichter auf die Jugend und die Gemeinschaft des Jahres 2013

Es ist beeindruckend, im Jahr 2013 durch Deutschland zu reisen und zu erleben, wie das Engagement junger Menschen für die Gesellschaft und das der Gemeinschaft für die Jugend blüht und gedeiht.
Seit Jahren nutzen inzwischen Hunderttausende junger Männer und Frauen die Möglichkeit eines freiwilligen Kurz- oder Langzeitengagements in Deutschland bzw. in anderen Ecken des globalen Dorfes. In der Jugend hat sich inzwischen herumgesprochen, welche Chancen in solchen gemeinnützigen Einsätzen liegen, daß sie hier nichts opfern, sondern aus dem Gemeinnutz auch ganz handfesten Eigennutz ziehen können und sollen. Sie kennen inzwischen die Erfolgsstories aus ihrem Umfeld, von den Jugendlichen, die ihren ersten oder letzten Kick in einer Herausforderung gefunden haben, den ihnen z.B. ein einjähriger Einsatz als Freiwilliger geboten hat. Sie haben in ihrer Nachbarschaft erfahren können, wie das Gemeinwesen vom Engagement junger Freiwilliger profitiert hat. Sie wissen von Freundinnen und Freunden, welche persönliche Bereicherung und Horizonterweiterung dieser Dienst in einem sozialen, ökologischen, kulturellen oder anderen Projekt für sie bedeuten kann. Sie erleben, daß hier Partnerschaften auf Gegenseitigkeit entstehen,

daß die jungen Menschen von einer Erwachsenenwelt gefordert werden, die sich gleichzeitig selbst fordert, um so die Jungen in ihren Entwicklungen und Möglichkeiten zu fördern. Und sie lesen immer wieder in Stellenausschreibungen, daß nicht nur die fachliche Kompetenz zählt, sondern auch die soziale, kommunikative und Selbstmanagementkompetenz, die gerade auch in solchen gemeinnützigen Einsätzen erworben werden.

Inzwischen wird den jungen Bürgerinnen und Bürgern recht frühzeitig die Gelegenheit gegeben, auf den Geschmack des Gemeinschafts-, des Bürgerengagements zu kommen. Im Rahmen von Projektunterricht nehmen sich immer mehr Schulklassen der Ober- und Mittelstufe kleine oder größere Probleme im Gemeinwesen vor und erarbeiten Lösungen, für die sie sich auch über die Dauer des Projektunterrichts hinaus engagieren. Sie schließen sich als Schülergruppe bestehenden Initiativen an oder gründen eine eigene. Sie mobilisieren ihre Mitschülerinnen und Mitschüler, ihre Cliquen, ihre Eltern und Nachbarn und erringen so manchen Erfolg.

Auch die Berufs- und Geschäftswelt ist inzwischen von der Idee und der praktischen Nutzenerfahrung des Engagements für das Gemeinwesen durchsetzt. Besonders jüngere Manager, die über eigene Engagementerfahrungen verfügen, waren in der Vergangenheit sehr aufgeschlossen für die Idee und die Möglichkeiten kreativer Partnerschaften zwischen Unternehmen und ihren Mitarbeitern einerseits und der Gemeinde andererseits. In der Berufsausbildung wie in der Führungskräftequalifizierung spielen jetzt Programme des »gemeinnützigen Arbeitnehmerengagements« eine wesentliche Rolle. Man hat entdeckt, daß das Engagement von Auszubildenden und Arbeitnehmern für Gemeinwesenprojekte innerhalb oder außerhalb der Arbeitszeit eine wesentliche Qualifizierungsmaßnahme darstellt, die gleichzeitig zur Lösung von gesellschaftlichen Problemen beiträgt. Ursprünglich von der eigenen Engagementerfahrung junger und auch älterer Führungskräfte inspiriert, regt diese Praxis die jüngeren Generationen wiederum zu eigenem, auch außerberuflichem, Engagement an.

Der gesamte Dritte Sektor hat sich sehr weit für die Jugend geöffnet und bietet inzwischen vielfältige Engagementmöglichkeiten: Einjährige Vollzeiteinsätze, tage- oder stundenweise Mitwirkung in Projekten sowie die Übernahme von Projekt- und Führungsverantwortung in verschiedenen Gremien. Die jungen Menschen kamen verstärkt, als ihnen glaubhaft vermittelt wurde, daß sie gebraucht werden, daß sie mitgestalten können und daß sie gefördert werden. Hierzu mußten viele ältere Mitarbeiterinnen und Mitarbeiter wie Vorstände über ihren eigenen Schatten springen, um zur Partnerschaft bereit zu sein mit den »jungen Wilden, den »Unerfahrenen«, den »Phantasten«, den »Stürmern und Drängern«. In vielen Bereichen sind so neue Partnerschaften zustande gekommen, die von gegenseitiger Wertschätzung geprägt sind: Die älteren schätzen die Unkonventionalität, den jugendlichen Elan, die Leichtigkeit, mit der junge Menschen inzwischen in der Lage sind, auch große Vorhaben zu organisieren. Die Jüngeren schätzen die Lebenserfahrung und Weisheit, die Netzwerke und Ressourcen, die die Älteren zu bieten haben.

Die Erwachsenenwelt ist in ihrem Engagement für die Jugend über sich hinaus gewachsen. Was die Vielfalt und den Umfang des bürgerschaftlichen Engagements angeht, haben wir beinahe amerikanische Verhältnisse erreicht. Die Idee »Hundert für Einen« ist längst nicht mehr darauf beschränkt, jungen Menschen ein einjähriges freiwilliges Engagement zu ermöglichen. Inzwischen ermöglichen die »Hundertschaften« engagierter Bürgerinnen und Bürger, Unternehmensmitarbeiter oder Vereinsmitglieder auch älteren Menschen, sich für das Gemeinwesen zu engagieren, bzw. sie packen unmittelbar gemeinsam an. Entsprungen ist dies der vor über zehn Jahren gestarteten Kampagne »Hundert für Einen«, mit der gewerbliche wie gemeinnützige Betriebe mit mindestens hundert MitarbeiterInnen aufgerufen wurden, die notwendigen Ressourcen für den einjährigen Freiwilligeneinsatz eines jungen Menschen zu mobilisieren: Mindestens ein Drittel des erforderlichen Geldes und eine/n MentorIn. Für hundert Mitarbeiter und ihren Betrieb ist es ein Leichtes, das für ein Jahr erforderliche Geld zu mobilisieren. Im Schnitt werden 55 DM des Urlaubs- oder Weihnachtsgeldes gespendet. Von Betriebsseite werden die personellen wie materiellen Ressourcen zur Realisierung dieser Aktion zur Verfügung gestellt und ein/e MentorIn für ein Jahr mit einem Stundenkontingent von ca. 3 Stunden die Woche freigestellt. Über den Mentor oder die Mentorin sowie unmittelbar von den geförderten Jugendlichen und Einsatzprojekten erfahren die Hundert von den Problemstellungen wie den kleinen und großen Erfolgen bei der Problemlösung. Dies inspiriert sie in ihrer eigenen Arbeit und Entwicklung. Und, wie schon angedeutet, wird dieses Modell inzwischen auch auf andere Bereiche gesellschaftlichen Engagements übertragen.

Wie alles anfing

Bei der Frage nach den Ursachen für diese spannende Entwicklung wird man im Jahr 2013 immer wieder auf eine Initiative in den letzten Jahren des vergangenen Jahrhunderts verwiesen.
Angeregt von der Robert Bosch Stiftung wurde damals von Politikerinnen und Politikern, unterstützt von ExpertInnen, ein Manifest »Jugend erneuert Gemeinschaft« veröffentlicht. »Alle Jugendlichen müssen die Möglichkeit haben, sich für ein Jahr als Freiwillige zu engagieren« – so lautete der Leitgedanke. Am Anfang stand noch sehr stark die Idee eines Einjahresfreiwilligendienstes im Mittelpunkt. Und dem Manifest war der Kompromiß anzumerken zwischen den Vertretern der Allgemeinen Dienstpflicht und denen des Grundsatzes der Freiwilligkeit. Es erweckte den Eindruck, daß letztendlich eine »allgemeine Dienstpflicht auf freiwilliger Basis« das Ziel sei. Die auf dem Manifest aufbauende Initiative verschiedener gesellschaftlicher Organisationen, Unternehmen und Einzelpersonen, die sich schließlich unter dem Titel »Allianz für Jugend und Gemeinschaft« zusammenfand, löste sich von diesem Kompromißansatz und entwickelte die Idee und das Leitmotiv weiter zu der Aussage: »Alle Jugendlichen müssen die Möglichkeit haben, die Gemeinschaft zu erneuern. Sie werden dies tun, sofern die Gemeinschaft es zuläßt, ermöglicht und hierzu befähigt.« In den Mittelpunkt der Aufmerksamkeit rückte die Notwendigkeit, in die Jugend zu investieren, ihr die wichtigen Ressourcen bereitzustellen, damit

Jugendliche ihren Weg gehen, Perspektiven entwickeln und zur nachhaltigen Formung und Erneuerung der Gemeinschaft beitragen können. Es wurden drei für eine erfolgreiche Entwicklung fundamentale Ressourcen identifiziert, an denen es vielen jungen Menschen in unserer Gesellschaft mangelt: Erwachsene, die als Mentoren zur Verfügung stehen, Qualifikation für das Erwerbsleben und die Möglichkeit, durch gemeinschaftsorientiertes Engagement etwas zurückzugeben.

»Mentor« steht hier für den Zugang zu Lebenserfahrung, Netzwerken und Mitteln, den junge Menschen teilweise auch über ihr familiäres Gefüge erhalten, sofern es noch funktioniert. Jugendliche und junge Erwachsene brauchen und wollen keine Vormünder. Jedoch brauchen sie – ebenso wie die Erwachsenen – Berater, Begleiter, Unterstützer wie Herausforderer.

»Qualifikation für das Erwerbsleben« steht hier zum einen für den Erwerb von handwerklichen, fachlichen und intellektuellen Kompetenzen, die für die Ausübung eines aktuellen Berufes erforderlich sind. Diese Kompetenzen sollten Schule und Ausbildungsbetriebe vermitteln. Darüber hinaus sind aber weitere gefragt, die die Erwerbschancen und damit auch die Lebensperspektive junger Menschen beeinflussen: Selbständiges Handeln, Selbstmanagement und die Fähigkeit zur »Selbsterfindung« und Selbstvermarktung; »Guerillakompetenz« oder die Fähigkeit, unkonventionelle Wege zu gehen; soziale und kommunikative Kompetenzen oder die Fähigkeit zum Dialog, zur Wahrnehmung und zur Artikulation sowie zur Bildung von Partnerschaften und Netzwerken zum gemeinsamen und gegenseitigen Nutzen.

Die »Möglichkeit, durch gemeinschaftsorientiertes Engagement zurückzugeben« steht hier für die Erfahrung, gebraucht zu werden, für die Entwicklung von Selbstwertgefühl, für eine Quelle, aus der sich das persönliche Wachstum speist. Mit bürgerschaftlichem Engagement und im Dienst an der Gemeinschaft können brachliegende Kompetenzen entdeckt, andere Kulturen erfahren, Horizonte erweitert und nicht zuletzt eigene Spuren in der Entwicklung der Gesellschaft hinterlassen werden. Und die Art und Weise, die Orte, die zeitlichen Dimensionen, die Aufgaben und Voraussetzungen gemeinschaftsorientierten Engagements sind so vielfältig, daß jedem jungen und auch jedem älteren Menschen eine solche Möglichkeit geboten werden kann.

Möglichst jedem jungen Menschen die Mentoren, die Qualifikationschancen und die Gelegenheit zum Geben zu bieten – hierin lag schließlich die Herausforderung für die sich bildende ›Allianz für Jugend und Gemeinschaft‹.

Die ganze Republik wurde nach Engagementmöglichkeiten gerade für junge Menschen durchforstet, nach möglichen Einsatzorten für Langzeitdienste hier oder im Ausland, nach Kurzzeitdiensten und schul-, ausbildungs- oder berufsbegleitenden Engagementmöglichkeiten. Eine unerwartet große Aufgabe bestand darin, »Erwachsenenorganisationen« für das Jugendengagement zu öffnen und die Barrieren beiseite zu räumen. Denn es gab so manche, die ihre Gerontokratie pflegen wollten, jungen Menschen nichts zutrauten oder sie schlicht als billige Handlanger mißbrauchen wollten. Andere sahen sich durch diese Initiative in ihrer Art der Arbeit mit jungen Menschen bedroht. Heute bestehen diese Probleme nicht mehr.

Der große Clou bestand schließlich darin, daß tatsächlich jedem engagierten jungen Menschen eine Mentorin oder ein Mentor angeboten werden konnte und viele Jugendliche dieses Angebot angenommen haben. Die Mentoren sind eine wichtige Stütze in der persönlichen Entwicklung und bei dem Versuch, das Bestmögliche für die persönliche wie berufliche Entwicklung aus dem Engagement zu machen. Manche Jugendlichen, die sich aus Perspektivlosigkeit in einen Langzeitdienst haben drängen lassen, konnten schließlich durch und mit ihrem Mentor Licht am Horizont erblicken. Er entdeckte bei ihnen Fähigkeiten, die sie selbst nicht wahrnehmen konnten oder wollten. Er ermutigte sie, Herausforderungen im Dienst anzunehmen und die angebotenen qualifizierenden Begleitmaßnahmen zu nutzen. Er mobilisierte seine eigenen Netzwerke, seine persönlichen und beruflichen Kontakte, seine ihm zur Verfügung stehenden Mittel, um diesen jungen Menschen Perspektive, Chancen und Unterstützung über die Dienstzeit hinaus bieten zu können. Sicher gelingt dies nicht immer, aber weitaus häufiger, als man vor über zehn Jahren zu träumen wagte.

Mit diesem Mentorenangebot hat die Gemeinschaft wesentlich ihre Glaubwürdigkeit gegenüber den Jungen Menschen zurückgewonnen. Das frühere Lamento, die Jugend wolle nur von der Gemeinschaft profitieren und nichts geben, wurde ins Positive gewendet: Die Jugend erfährt, wie sie von der Gemeinschaft profitiert und gibt diese Erfahrung weiter und zurück.

Und wie schon erwähnt, hatte und hat die Gemeinschaft aus dieser Investition in die Jugend einen unmittelbaren eigenen Nutzen gewonnen: Die »Hundert für Einen«-Kreise haben Anteil an den Erfolgen, die sie mit ihrem finanziellen und persönlichen Engagement ermöglichen. Die Kommunikation untereinander, die Sensibilität für das Gemeinwesen sind mit ihrer Sensibilität für den konkreten Jugendlichen, den sie unterstützen, gewachsen.

Anhang

Ausgewählte Erfahrungsberichte aus den Freiwilligendiensten

Schon durch diese kleine Auswahl von Berichten über den konkreten Dienst der Freiwilligen wird deutlich, für welche Vielfalt an Tätigkeiten und Projekten der Begriff Freiwilligendienst steht. Sie gewähren einen Einblick in die ungewohnten Herausforderungen und alltäglichen Probleme der Freiwilligen, lassen aber auch den große Gewinn für die Gemeinschaft und »das Geschenk des Geben dürfens«, das den meisten Freiwilligen zuteil wird, erkennen.
Bei der Zusammenstellung der Berichte wurde nicht nur auf eine ansprechende sprachliche Qualität wert gelegt, sondern auch auf eine ausgewogene Verteilung in Puncto Männer und Frauen, Inlands- und Auslandsdienste, Themen und Projekte, sowie der Trägerstrukturen.

Dienstart	*national/ international*	*Land*	*Träger*	*Projekt*
FSJ im Ausland	international	Polen	ICE	Begegnung und Versöhnung
EFD	international	Deutschland (Ost)	Chemnitzer Filmwerkstatt	Kultur
FÖJ	national	Deutschland (West)	Kurve Wustrow	Umweltbildung
FSJ/Jugend hilft Jugend	national	Deutschland (Ost)	IJGD	Kinderkulturwerkstatt
Friedensdienst	international	Belgien	EIRENE	Klima-Netzwerk Europa
ungeregelt/auf Eigeninitiative	international	Indien	nur Aufnahmeprojekt	Dorfentwicklung III. Welt
FSJ/Jugend hilft Jugend	national	Deutschland (West)	AWO	junge Spätaussiedler

Dennoch kann an dieser Stelle nicht der Anspruch erhoben werden, umfassend und erschöpfend aus den Freiwilligendiensten zu berichten. Daher ist im Rahmen der Schriftenreihe »Jugend erneuert Gemeinschaft« für einen späteren Zeitpunkt die Herausgabe eines eigenständigen Bandes mit Berichten von Freiwilligen aus sämtlichen Einsatzbereichen geplant, der Anspruch auf Repräsentativität erheben darf.

Sabine Wittmann, Kulturgemeinschaft »Borussia« in Olsztyn, Polen

Internationaler Freiwilligendienst mit der Initiative Christen für Europa e.V./ICE

»Siehst Du – typisch Polen: und ich bekomme meinen Anschluß ohne Probleme . . .«

Nach einem wunderschönen Jahr in Polen bin ich jetzt wieder in Deutschland. Ich habe die polnische Sprache gelernt, ich hatte viel Kontakt zu polnischen Menschen, habe sehr gute, mir wichtige Freunde gefunden und viele neue Bekannte kennengelernt, ich habe mich wohl gefühlt, zu Hause gefühlt, bin abends eingeschlafen mit dem Gedanken: Das ist ein unglaublich schönes, reiches, volles Jahr. Ich kann auch sagen: Es war ein unbeschwertes Jahr.
Ein unbeschwertes Jahr? Ich denke an den Ausgangspunkt meines Sozialen Jahres zurück, an eine Erwartung nicht eines unbeschwerten Jahres, sondern von Problemen, Konflikten, Stoßen an die eigenen Grenzen, gefordert sein, Arbeit mit Menschen, die auf Hilfe anderer angewiesen sind. Diese Erwartungen haben sich in geringem Maße erfüllt.
Das Jahr setzt sich zusammen aus unzähligen kleinen Erlebnissen, die nicht nur mit meiner Arbeit zusammenhängen. Gespräche, Begegnungen, Gefühle und Gedanken sind die Mosaiksteine zu einem Gesamtbild, das je nach Sonneneinfall und Standpunkt für mich, die ich jetzt wieder in Deutschland bin, ganz unterschiedlich glänzt, leuchtet und seinen Schatten wirft. Einige dieser Mosaiksteine will ich hier aufzuschreiben versuchen. Für jeden wird sich ein anderes Bild ergeben, als das in meinem Kopf, doch hoffe ich, daß es im richtigen Licht erscheinen wird.
»Ich dachte erst: Die ist sicher sehr eingebildet und trägt die Nase ganz oben, als ich erfuhr, daß neben uns eine Deutsche wohnen wird«, erzählt mir Agnieszka, mit der ich über ein halbes Jahr Wand an Wand gewohnt habe. Wir sitzen wie so oft zusammen auf dem Bett. »Weißt du noch, wie du vor einem Jahr polnisch gesprochen hast?« Natürlich weiß ich noch genau, wie ich bei meinen WG-Mitbewohnerinnen im Zimmer saß, meine ersten gelernten Wörter aneinanderreihte und die Mädchen mir langsam in einfachen Worten antworteten, so daß ich das Gefühl hatte, mich fast ganz normal unterhalten zu können. Nie verkrampft, nie ungeduldig, nie genervt, immer eine offene Tür. Später stand die Sprache als solche nicht mehr im Mittelpunkt unserer Unterhaltungen, wir hatten oft ganz ähnliche Probleme zu besprechen, gingen zusammen feiern, spazieren und einkaufen. Ich gehörte einfach dazu.
»Bei euch ist alles besser. Bei euch funktioniert alles«, sagt mir ein Bauarbeiter, der mit Frau und Kind noch bei seinen Eltern wohnt. 800 Zloty (ca. 400 DM) verdient er monatlich. Wir stehen am Bahnhof von Oswiecim (Auschwitz). Der Zug, der mich nach Krakow (Krakau) bringen soll, fährt einfach nicht ab. »Siehst du«, meint er, »typisch Polen. Hier funktioniert nichts.« Ich beruhige ihn, daß auch in Deutschland Züge Verspätung haben, was er mir nicht so ganz abnimmt. Aber, daß Deutschland

aus der WM geflogen ist, freut ihn doch. Schließlich ist er für Kroatien. Wie ich es schon oft gehört habe, versichert er mir abschließend noch, für ihn sei die Nation egal: »Ein Mensch ist ein Mensch.« Und trotz der verspäteten Abfahrt – ich bekomme meinen Anschlußzug in Krakau ohne Probleme. Auschwitz war beklemmend. Das Lager. Die Haare, die Schuhe, die Brillen, die Koffer, jeweils auf einem Haufen hinter einer Glasvitrine. Hinter der letzten Glasvitrine – leere Dosen, die einmal Cyclon B enthielten. Mir fällt die pädagogische Vorbereitung auf unseren Friedensdienst ein: Wir sollten damals in mehreren Gruppen nach bestimmten Vorgaben aus einzelnen Buchstaben einen uns nicht bekannten Zielsatz bilden, der uns, als er vor uns auf dem Boden lag, sehr erschreckte: »Sofort produzieren wir dir fraglos Cyclon B.« Um so betroffener war ich, als ich hier vor meinen eigenen Augen reale Geschichte nahe sah: Die Gaskammern, die Todesstreifen, die Mauer, an der die Gefangenen an die Wand gestellt wurden, die Zellen, der Ofen, der mit der Verbrennung der Leichen gar nicht so schnell nachkam. Drei Stunden zeigte die Museumsangestellte das Lager, erzählte den gleichen Text, 2 bis 3 mal an jedem Tag während der Saison: »Es interessiert mich wirklich, was ihr in der Schule über den Zweiten Weltkrieg lernt: War Hitler gut oder schlecht?« Zu Anfang war ich immer schockiert, wenn mir Jugendliche diese Frage stellten. Habe ich Schuldgefühle? Muß ich sie haben? Gerade fällt mir wieder eine Diskussion mit polnischen, russischen, litauischen und deutschen Teilnehmern auf einem von unserer Einrichtung organisierten Geschichtscamps ein. Wer denn stolz auf sein Land sein? Wie zu erwarten, verneinten alle Deutschen diese Frage, ganz im Gegensatz zu den restlichen Teilnehmern. Fazit der polnischen Diskussionsleiterin: »Ihr Deutschen habt ein krankes Nationalbewußtsein.«
Ist in Deutschland alles in Ordnung? Geht es in Deutschland allen gut, gibt es keine sozialen Probleme? Einen Monat vor dem diesjährigen Sommercamp erfahren wir von der deutschen Partnerorganisation, daß es sich bei der deutschen Gruppe nicht um eine »normale« Jugendgruppe handele, sondern diese ausschließlich aus Jungen sozial schwacher Familien bestehen würde. Die übrigen Teilnehmer aus Polen, Weißrußland und Rußland würden viel Rücksicht nehmen müssen, vieles verstehen müssen. Trotz Skepsis der Entschluß: Wir probieren es.
»Ich hatte gehört, daß Deutsche steif sind und keine Gefühle zeigen. Ihr seid ganz anders«, findet die 15jährige Katja aus Moskau am Ende des Camps. Sie hat das Verhalten der Jungen und deren Beziehung zu ihren Betreuern sehr genau wahrgenommen, wollte vieles über sie wissen. Nun sagt sie, sie habe in den Tagen viel dazugelernt und vor allem auch die Jungen liebgewonnen. Diese oft raufenden, ununterbrochen rauchenden, mit Kraftausdrücken um sich werfenden »Supercoolen« lernten eifrig polnische Sätze und Lieder, suchten wie kleine Kinder Zuneigung und konnten über Kleinigkeiten in Begeisterung ausbrechen.
Gemeinsames Volleyballspielen, Singen am Lagerfeuer, Wandern und Kochen einerseits, andererseits oft eine Teilung in zwei Gruppen, Unverständnis, die Sprachbarriere zu groß, die Deutschen fühlen sich nicht ernst genommen, die anderen vermissen eine gemeinsame Gesprächsebene. Für mich als Freiwillige heißt es, übersetzen, vermitteln, sowohl die eine als auch die andere Gruppe kennenlernen, erklä-

ren, auf unkomplizierte Weise Spannungen ausgleichen. Einmal mehr wird mir ganz deutlich bewußt: Sprache ist Macht. Nichtverstehen kann sehr deprimierend sein, sehr stark ausgrenzen, ein paar erklärende Worte vieles verändern. Alle haben viel gelernt z.B. kennen die Deutschen, für die »Du Pole« nur ein Schimpfwort war, nun einige Polen, die »richtig nett sind«.
Lyna, ein kleines Dorf. Ungefähr 30 Häuser, ein Sägewerk, 2 Lebensmittelgeschäfte, Feuerwehr, Kirche und Friedhof. Und eine Grundschule, in der das nächste Workcamp stattfindet. Kinderinsel heißt das Motto. Die Camp-Teilnehmer – ukrainische, deutsche und polnische Jugendliche – gestalten gemeinsam für die Dorfkinder ein Programm, das aus Malen, Basteln, Theater, Sport, Spielen und Schatzsuche besteht. Für die Jungen und Mädchen aus Lyna und der nächst gelegenen Umgebung ist es eine Attraktion, daß plötzlich so viele fremde Jugendliche in dem kleinen Dorf sind und in der Schule die ganze Zeit »was los« ist.
Ich fahre schließlich von dem letzten, dem ökologischen Workcamp nach Hause. Wie immer nach der Arbeit nehme ich den Bus. Ich stehe im Gang und halte mich gut fest, denn die Gefahr ist groß, bei der nächsten roten Ampel nach vorne geschleudert zu werden. Ganz selbstverständlich wird der alten Frau, die gerade einsteigt, ein freier Platz angeboten. Ich denke an die netten Busfahrer morgens, die bisher jedes Mal, wenn ich außer Puste in letzter Minute in Richtung Haltestelle gelaufen kam, auf halbem Weg noch einmal bremsen, um mich noch mitzunehmen.
Der Bus hält vor der Kirche der Studentengemeinde, die sonntags immer so überfüllt ist, daß ich manchmal vor der geöffneten Tür, die vorsorglich mit einem Lautsprecher versehen ist, am Gottesdienst teilnehme. Für den Sommer stehen schon Bänke im Freien vor dem Gotteshaus, aber auch im Winter bei Regen und Schnee und dichtem Zusammenrücken passen nicht alle ins Warme. Das scheint aber niemanden zu stören. Traditionen und Riten werden sehr ernst genommen. Zunächst verstand ich nie, warum so viele Gottesdienstbesucher nicht zur Kommunion gehen. Heute weiß ich, daß nur der die Kommunion (ausschließlich Mundkommunion) empfängt, der zuvor gebeichtet hat. Vieles erscheint mir oberflächlich, doch ist zu spüren, daß der Glaube, aber auch gerade die Kirche als Institution, vielen Menschen einen festen Halt gibt. Andererseits wollen auch in Polen gerade die Jüngeren immer weniger mit der Kirche zu tun haben. An der nächsten Bushaltestelle steige ich aus. Wie jeden Abend blicke ich zuerst nach oben zum klaren Sternenhimmel und dann weiter auf den See, der vor dem Fenster meines Zimmers, das ich in einem Studentenwohnheim bewohne, liegt. Es war wieder ein schöner Tag.
Es war ein schönes Jahr, das viel zu schnell zu Ende gegangen ist. Nun heißt es Aufräumen und Packen. Ich nehme die Gemälde der Kinder von der Wand, die ich fast ein Jahr lang 2mal wöchentlich in der »Arka« betreut habe, viel zu viele und zu unterschiedlich waren sie, als daß ich auf alle eingehen konnte. Meine Arbeit mit den Kindern in der Arka war keine richtige Arbeit, es war vielmehr der Versuch, meinen eigenen Tätigkeitsbereich etwas interessanter und lebhafter zu gestalten, um andere Menschen kennenzulernen als Intellektuelle, Gymnasialschüler und Studenten. Es war für mich oft ein Zuschauen. Vielleicht haben sie ein wenig mehr gespielt und

gelacht, weil ich da war, vielleicht ein neues Bild von Deutschland bekommen. Ich denke an das Versteckspielen im Sommer, an gemeinsame Ferienausflüge oder an deutsche Wörter und Lieder, die ich ihnen versucht habe beizubringen, auch daran, wie schnell die Kleinen Lust und Motivation an einem Spiel verloren, nie lange Ausdauer zeigten. Ich frage mich, was wohl aus den Kindern werden wird.

Aus dem Regal nehme ich die Abschiedsgeschenke von polnischen Jugendlichen, die sich in vielerlei Hinsicht kaum von ihren deutschen Altersgenossen unterscheiden. Durch den Kopf gehen mir verschiedene Deutsch-Konversationsstunden mit unterschiedlichen Gruppen: Normale Gespräche und Diskussionen, Singen und Spielen von lustigen Alltagssituationen, oder auch Ankämpfen gegen Motivationslosigkeit. Dann die »Studniowka« (der große Ball 100 Tage vor der »Matura«), wozu mich die Abiturienten eingeladen hatten. Gefeiert habe ich in diesem Jahr sehr ausgiebig und mit allen, mit den Arbeitskollegen, den Jugendgruppen, den Kindern und den Studenten.

Ich war ein Jahr die Fremde in ihrem Land. Dieses Fremdsein habe ich nie als bedrückend empfunden, mich nie einsam gefühlt. Das Fremdsein war für mich viel eher eine Chance, immer fragen zu dürfen, aber nicht zu müssen. Ich fühlte mich immer aufgehoben und angenommen. Ich weiß aber, daß man sich als Fremder auch ganz anders fühlen kann. Was, wenn ich keine Freunde gefunden hätte? Was, wenn mich die Leute nicht interessiert, sondern abfällig gefragt hätten, wo ich herkomme? Was, wenn niemand geduldig die fremden Wörter wiederholt und Unverständliches erklärt hätte? Ganz schnell kann man einsam sein.

Ein Tag fällt mir ein, als ich müde abends in ein Taxi einstieg. »Sie sind aus Deutschland?«, meinte der Fahrer. »Das find ich gut. Da fahr ich Sie umsonst nach Hause.« Mein Einspruch blieb vergeblich. »Das kommt gar nicht in Frage, daß Sie zahlen«, meinte der ältere Herr. Er freue sich so sehr, daß ich in Polen sei. Und nebenbei: Nicht alle Polen seien Säufer. Und wenn ich wieder mal ein Taxi bräuchte, so dürfte ich bei ihm immer wieder kostenlos mitfahren.

Steven Flower, Chemnitzer Filmwerkstatt e.V.

Europäischer Freiwilligendienst in Sachsen

Steven Flower (24) aus Manchester, Großbritannien, hat in der Chemnitzer Filmwerkstatt e.V. als europäischer Freiwilliger mitgearbeitet.

Steven, wie bist Du auf den Europäischen Freiwilligendienst gestoßen?
Steven Flower:
In einer Zeitschrift habe ich einen kurzen Artikel über den Europäischer Freiwilligendienst gelesen und mich gleich in London beim »Youth Exchange Center« darüber informiert. Von dort habe ich Kontakt zum Suffolk County Council

bekommen, wo ich die Projektbeschreibung der Chemnitzer Filmwerkstatt gelesen habe und gleich Feuer und Flamme war. Es war für mich alles sehr einfach und unkompliziert. Denn nach wenigen Faxen und Tagen stand fest: Da kann ich hin.

Was hat Dich motiviert, gerade dieses Projekt auszusuchen?
Steven Flower:
Ich habe Film und Medienpädagogik studiert, war gerade am Ende meiner Praktika und suchte etwas neues. Da kam mir der Europäischer Freiwilligendienst gerade sehr gelegen. Außerdem dachte ich, daß meine Kenntnisse auch gut in ein anderes Land passen.

Was machst Du in der Filmwerkstatt?
Steven Flower:
Bevor ich nach Chemnitz kam, hatte ich in Jugendprojekten in Coventry gearbeitet und viel Erfahrung mit Filmarbeit und einer Helpline für Jugendliche gesammelt. Nach Vorgesprächen und einem regen Fax- und eMail-Austausch bin ich mit einer Idee in Chemnitz angekommen, die hier gerne aufgenommen wurde: Junge Leute geben Informationen über Hilfsangebote zu Drogen, Abhauen, Aids, Schulprobleme etc. an andere Jugendliche weiter. So entstand das DAMMU-Projekt. Wir haben Videofilme, Postkarten, Rundfunk-Features, Fotografien, Internet-Homepages und vieles andere mehr hergestellt und verteilt.

Was gefällt Dir bei Deiner Arbeit am besten, was mußtest Du dazulernen?
Steven Flower:
Gelernt habe ich viel, aber vor allem, daß alles möglich ist und daß, wenn die Idee gut ist, man machen kann, was man will. Neu war für mich die Rolle des Projektleiters. Hier mußte ich lernen, andere Ideen zuzulassen und anderen zu helfen, ihre eigenen Ideen zu finden. Aber das ist Medienpädagogik, das will ich später einmal beruflich machen, also war es eine gute Erfahrung für mich.

Wenn Du die Wahl hättest, würdest Du wieder in die Filmwerkstatt nach Chemnitz gehen?
Steven Flower:
Ja, unbedingt. Ich wohne im Studentenwohnheim und habe auch hier Kontakte. Die Leute gefallen mir hier, sie sind echt. Ich war auch beim Bürgermeister, und die Zeitung hat über meinen Aufenthalt berichtet. Viele Jugendliche sprechen mich an und wollen nach England kommen oder einen Europäischen Freiwilligendienst machen. Das finde ich toll. Vielleicht kann ja ein Jugendlicher aus Chemnitz nach Coventry kommen.

Was nimmst Du mit nach Hause?
Steven Flower:
Viele gute Erfahrungen und Freunde natürlich. Auch für meine Jobsuche wird es sehr gut sein. Ich nehme auch Projektideen mit, z.B. unsere Postkartenaktion oder

die Filmwerkstatt an sich, ihre Struktur, ihr Konzept. Vielleicht kann ich ja so etwas in England aufbauen.

Was kannst Du Freiwilligen raten, die einen Aufenthalt im Ausland vorhaben?
Steven Flower:
Am wichtigsten ist ein guter Kontakt zum Projekt. Man sollte viele Fragen stellen und immer wieder miteinander in Kontakt bleiben über Fax, Briefe und eMails.
Ein »open mind« sollte man mitbringen und nicht auf andere hören, die Vorurteile haben über die Stadt oder den Ort, wo man hinfährt. Man sollte seine eigenen Erfahrungen machen wollen und neugierig sein auf die Menschen, die man trifft.
Wichtig ist auch, daß man sich darüber im klaren ist, warum man den Europäischen Freiwilligendienst macht. Es sind keine Ferien und es ist auch nicht immer Partystimmung angesagt.

Und wie können sich die Aufnahmeprojekte am besten auf die Freiwilligen aus dem Ausland vorbereiten?
Steven Flower:
Der Freiwillige sollte etwas »Neues« machen, ein Projekt etwa. Natürlich auch normale Routinearbeiten, aber eine festumrissene neue Aufgabe ist ganz wichtig für den Erfolg. Außerdem ist eine gute Unterstützung wichtig. Die Freiwilligen sind vielleicht zum erstenmal von Zuhause weg und brauchen einen Menschen, der für ihre Probleme sensibel ist. Dazu kommt noch, daß den Freiwilligen erklärt werden muß, was im Projekt passiert. Auch gängige Strukturen, Zusammenhänge und Arbeitsabläufe müssen verständlich gemacht werden.

Julia Oelschläger, Bildungs- und Begegnungsstätte für gewaltfreie Aktion e.V.

Freiwilliges Ökologisches Jahr in der KURVE Wustrow, Wendland

Als ich aufbrach
meine Grenzen kennenzulernen
da erkannte ich, daß das
was ich für die Grenze hielt
nur eine ungeöffnete Tür war.

Keine Grenzen, nur ungeöffnete Türen

Mit dem Beginn meines Freiwilligen Ökologischen Jahres in der KURVE Wustrow habe ich die erste Tür geöffnet.

Die Eingewöhnung in die KURVE Wustrow im Wendland markierte den Beginn einer neuen Lebensphase: Umzug vom Süden Deutschlands in den Norden, Leben in einer Wohngemeinschaft mit anderen Freiwilligen statt im Elternhaus, ein ganz anderes Lernen als in der Schule, Kennenlernen der Wendland-Kultur. Alles war zunächst neu und schön und begeisternd. Gut erinnere ich mich noch an meine Euphorie in den ersten, von Orientierung und Einarbeitung geprägten Wochen, die später immer wieder gebremst, aber auch immer wieder neu angetrieben wurde.
Zunächst jedoch erhielt ich einen ersten Überblick über die Arbeit der KURVE Wustrow: Die Bildungs- und Begegnungsstätte für gewaltfreie Aktionen e.V. wurde 1980 mit dem Ziel gegründet, einen Beitrag zu leisten, daß Betroffenheit über kriegerische Auseinandersetzungen, ökologische Zerstörung und soziale Ungerechtigkeit in überlegtes, gewaltfreies Handeln umgesetzt werden kann. Gewaltfreies Handeln in diesem Sinne ist mehr als Abwehr oder Gegenwehr; Gewaltfreiheit als handlungsbezogener Grundsatz geht von positiven Visionen einer gerechteren Gesellschaft aus. Im Tagungshaus der KURVE Wustrow im schönen Wendland, nur 20 km von den Atommüllagern in Gorleben entfernt, finden Seminare und Trainings zu Gewaltfreiheit und gewaltfreier Aktion, Zivilcourage, Handeln gegen Rassismus, Theater der Unterdrückten, Mediation und Versöhnungsarbeit statt. Weitere Arbeitsschwerpunkte sind die Durchführung von gewaltfreien Aktionstrainings, Ausbildungen zu TrainerInnen in gewaltfreiem Handeln und zu Friedensfachkräften, Vermittlung von Freiwilligen in soziale Lerndienste und Kooperationen mit Organisationen in der Türkei, in Bosnien, Ostafrika und Palästina und Unterstützung dieser Organisationen beim Aufbau von Trainingsstrukturen in gewaltfreier Konfliktbearbeitung.
Als sehr positiv empfand ich es, zunächst Einblick in diese Arbeitsgebiete zu erhalten, auch wenn es schwierig war, alle Zusammenhänge, Abkürzungen, Namen und Projekte auf einmal zu begreifen und zu erinnern. Es ging dann doch – vor allem weil ich kontinuierlich zweimal in der Woche im Bürodienst für Telefonanrufe zuständig war, die eingehende Post bearbeitete, schriftliche und telefonische Nachrichten an meine MitarbeiterInnen weiterleitete bzw. sie in den entsprechenden Ordnern abheftete.

... glücklich, ein Frauen-Ökologieseminar eigenständig organisieren zu können
Von sehr großer Bedeutung ist während eines Freiwilligendienstes die Möglichkeit, eigenständige Projekte durchzuführen.
Meine Idee: ein Seminar zu Frauen- und Ökologiethemen für junge Frauen aus der Jugendumweltbewegung durchzuführen. Die Verwirklichung nahm beinahe ein halbes Jahr in Anspruch und zeigte mir den Organisationsaufwand einer solchen Veranstaltung. Es war großartig und machte mich stolz, den »Fröhlichen Frauenfrühling« gemeinsam mit Antje, einer FÖJ-Freiwilligen aus dem Ökodorf in Groß-Chüden in der Altmark selbständig auf die Beine gestellt zu haben. Wichtig war, daß uns das KURVE-Team jederzeit unterstützte und hilfreich beiseite stand. Die Zusammenarbeit mit Antje war sehr fruchtbar und schön, so daß uns auch Frusterlebnisse wie die Ablehnung des mühsam erstellten Finanzierungsantrages und die daraus er-

folgende Verlegung von Termin- und Seminarort nicht aufhalten konnten, das Konzept zu erstellen, Referentinnen anzufragen, Faltblätter und Plakate zu texten und zu layouten, Presseerklärungen zu schreiben, eine Werbeaktion auf dem JUKß (JugendUmweltKongreß) zu starten und auf Anmeldungen zu warten. Und tatsächlich: pünktlich zu Ostern konnten wir elf Frauen in der KURVE begrüßen – das Glück, eine so interessierte, harmonische und liebevolle Gruppe zu meinem ersten selbstorganisierten Seminar zu haben, kann ich bis heute noch nicht richtig fassen! In den ersten beiden Seminartagen leitete unsere Referentin Eva das Theater der Unterdrückten an, was sehr spannend, bedrückend und auch unglaublich schön und spaßig war, weil wir uns darin sehr spielerisch Themen wie Unterdrückung, Hierarchien und den verschiedensten Arten von Diskriminierung nähern konnten. Für den zweiten Teil hatten wir eine Zukunftswerkstatt geplant, die uns zur Auseinandersetzung mit unserem Lebensstil in Zusammenhang mit der Zerstörung der Natur und deren Zusammenhang mit der Frauenunterdrückung und -diskriminierung anregen sollte. Leider mußten wir diese Zukunftswerkstatt stark kürzen, einerseits aus Zeitgründen, andererseits aufgrund der Komplexität dieses Themas. In weiteren Seminareinheiten beschäftigten wir uns mit der Subsistenzperspektive, einer ökologischen und feministischen Wirtschaftsweise, die sich stark an Dezentralisierung und sozialen Aspekten orientiert. Außerdem leitete ich eine Einheit zur mexikanischen Stadt Juchitán, in der scheinbar matriachale Strukturen überlebt haben. Die Organisation und Durchführung des Seminars war eine wunderbare Erfahrung für mich, nicht nur, weil es alles in allem positiv verlaufen ist, sondern auch, weil ich selbst merken konnte, wo meine Fähigkeiten liegen. So ist mir z.B. klar geworden, daß ich weniger Interesse und Freude an pädagogischen als an organisatorischen Aufgaben habe. Auch wenn mir das vorher schon mehr oder weniger bewußt war, habe ich nun durch die praktische Erfahrung eine Bestätigung dafür erhalten.

... war meine Ausstellung inzwischen in Dublin
Eine Ausstellung über die Arbeit der KURVE war das zweite große Projekt, welches ich zunächst noch mit Steffi, meiner Mit-FÖJlerin, begonnen und später alleine fortführte. Anfangs hieß dies vor allem Auseinadersetzung im Team über die unterschiedlichen Vorstellungen. Ein Kompromiß war dann die Aufteilung in praktische Ausführung und inhaltliche Gestaltung, letzteres übernahm ich. In Absprache mit den Hauptamtlichen Hagen und Petra erarbeitete ich die Schwerpunkte der Ausstellung und begann mir Wissen anzueignen – diese Ausstellung war die ideale Gelegenheit, die umfassende Arbeit der KURVE wirklich zu verstehen. Als nächstes schrieb ich Texte, die Steffi layoutete und die wir gemeinsam auf die großen Plakate aufzogen. Die passenden Fotos zu finden gestaltete sich als nicht ganz einfach, sie waren jedoch unbedingt nötig, um die Attraktivität der Ausstellung zu steigern. Einige Monate nach der Fertigstellung entschloß ich mich, die bereits geplante Erweiterung in Angriff zu nehmen – diesmal erledigte ich von Texten, Fotos, Layout bis unendlichem Kampf mit Klebstoff und Lineal alles alleine – und fertigte gleichzeitig noch ein zweites Exemplar an, leider nicht wie geplant auf englisch, was an der fehlenden Übersetzung scheiterte. Vielleicht wird das ja irgendwann noch!? Daß

diese meine Ausstellung inzwischen in Dublin, beim PeaceCongress in Osnabrück, bei der Kulturellen Landpartie im Wendland zu sehen war, nun ja, nicht schlecht.

. . . meine Bibliothekarsseele befriedigt und mit den Händen gearbeitet
Zusätzlich zu den Projektarbeiten übernahm ich nach etwa einem Monat Einarbeitung regelmäßige Arbeits- und Verantwortungsbereiche:
Das Archiv: laufend erhält die KURVE unterschiedlichste Zeitungen und Zeitschriften aus dem Friedens-, Menschenrechts- und Ökologiespektrum, die archiviert werden. Nun befand sich das Archiv bei meinem Arbeitsbeginn in einem chaotischen Zustand und ich machte es mir zur Aufgabe, dies zu beheben. Ich sortierte sowohl die einzelnen Ordner, wie auch das gesamte Archiv und erstellte eine Übersicht über die vorhandenen Zeitschriften. Außerdem sind alle paar Wochen die neu eingetroffenen Zeitschriften zu archivieren. Diese Arbeit hat meine Bibliothekarsseele gut befriedigen können, auch wenn das Archiv ein wenig gemütlicher Ort war. Daß ich nicht genügend Zeit gefunden habe, auch in der Bibliothek mehr zu arbeiten, ist im Nachhinein etwas schade.
Die Seminarbetreuung hielt sich vom Arbeitsumfang zeitlich in Grenzen. Die organisatorischen Arbeiten wie Anmeldungen checken, Bestätigungen bzw. Absagen verschicken, teilweise Absprachen mit ReferentInnen treffen und anfangs auch Einkäufe erledigen hat aber dennoch Spaß gemacht.
Die Mithilfe im Tagungshaus und später auch im Garten war zwar eine willkommene Abwechslung (ich habe ja tatsächlich Hände zum Arbeiten!), habe ich aber letztlich zu wenig genutzt. Dennoch habe ich es sehr genossen, mal eine Vorhangstange anzuschrauben, die Werkstatt einzurichten oder Unkraut zu jäten. Außerdem waren immer wieder Vorbereitungen für im Haus tagende Gruppen zu tätigen, sprich Betten be- oder abziehen, aufräumen, etc. Interessant war es, den Gruppen Einführungen in Haus, Geschichte und Arbeit der KURVE zu geben – besonders als ich dann das Gefühl hatte, die Zusammenhänge wirklich gut begriffen zu haben.
Auch erledigte ich ab und zu bei eingehenden Bewerbungen für den Europäischen Freiwilligendienst die Erstbearbeitung (ach was für ein schönes Wort für eine unspektakuläre Arbeit). Ich registrierte die Eingänge, schickte Bestätigungen, beantwortete Informationsfragen oder schickte Absagen: eine »SekretärInnenarbeit« – wichtig für die Jugendlichen bei der Suche eines Freiwilligenplatzes, wichtig für die KURVE, aber letztlich keine Herausforderung für mich.
Zu guter letzt betreute ich den praktischen Teil eines dreiwöchigen internationalen Workcamps in der KURVE. Zusammen mit Tine, unserer Tagungshausbetreuerin, und Jarek, einem polnischen Praktikanten, erarbeiteten wir für jeden Vormittag ein Arbeitsprogramm, das verschiedene Renovierungsarbeiten im Haus und Garten beinhaltete. So waren Betten abzuschleifen und zu ölen, Türen und Wände zu streichen, eine große Wendlandsonne zu malen, vor allem aber der Lagerfeuerplatz neu zu gestalten und mit neuen Sitzbänken zu versehen. Die Arbeit wurde zugleich erschwert und interessanter durch die Tatsachen, daß die wenigsten TeilnehmerInnen Erfahrungen mit diesen Arbeiten hatten und auch nicht übermäßig zupackend waren. Dadurch hat mich das Workcamp mehr Kraft gekostet, als ich erwartet hatte.

Eine große Bereicherung war die internationale Zusammensetzung der Gruppe, so wie es häufig bei Seminaren in der KURVE der Fall ist. Dies hat maßgeblich dazu beigetragen, daß ich zunächst Hemmungen beim Sprechen der englischen Sprache abbauen und letztlich meine Sprachkenntnisse verbessern konnte. Die praktische Arbeit während des Workcamps war auf jeden Fall ein würdiger Abschluß für ein erlebnisreiches Jahr.

... oder einfach nur das Gefühl, etwas geleistet zu haben
Schon zu Beginn meiner Dienstzeit – das war mir wichtig – war mir relativ bewußt, was mich hier erwartet. Doch fehlte mir noch die genaue Vorstellung davon, was ich hier für mich lernen und erfahren wollte.
Die Angebote, an Seminaren und anderen Veranstaltungen der KURVE teilzunehmen, habe ich nicht alle genutzt, um Abstand zu gewinnen und nicht jede freie Minute dort zu verbringen. Ein wenig unzufrieden macht mich im Nachhinein das Gefühl, noch mehr Möglichkeiten sowie die nötige Freiheit und Unterstützung für mein persönliches Vorankommen gehabt zu haben, ohne sie alle genutzt haben zu können. Aber die Unzufriedenheit hält sich in Grenzen, weil ich immer eine große Dankbarkeit für meine Unterstützung erlebt habe. Ich meine, selten eine Hilfskraft für andere gewesen zu sein, sondern mit meiner Arbeit viel für die »Sache« ermöglicht zu haben, für die Programme und die Bildungsarbeit, für das, was die KURVE in meinen Augen wichtig und unersetzlich macht.
Jetzt im Rückblick kann ich sagen: ich bereue keine Minute die Entscheidung, hier gearbeitet zu haben, hätte aber für mich selbst noch mehr daraus machen können. Immer wieder zu recht zitiert ist der ungeheure Erfahrungsreichtum, den Freiwillige in ihre weitere Zukunft mitnehmen. Seien es nun neue Ideen, Berufswünsche, Lebensentwürfe, zukünftige Arbeitsfelder, oder einfach nur das Gefühl, etwas geleistet zu haben. Zeiteinteilung, Durchsetzungsfähigkeit, das Kennenlernen von eigenen Grenzen, Selbstorganisation, Schwerpunktsetzung – dies waren Herausforderungen, mit welchen ich mich in meiner Zeit als Freiwillige auseinandersetzen mußte. Bei mir hat sich durch die Arbeit in der KURVE Wustrow ergeben, daß ich politische Gedanken und Standpunkte neu überdacht und gefestigt haben, so daß ich weiß, ich werde auf einem ähnlichen Weg weitergehen. Sich mit Engagement und kleinen Schritten in politische Diskussionen und Veränderungsprozesse hineinzubegeben ist letztlich die einzige Möglichkeit, an der Umsetzung der Vision von einer gerechteren, friedlicheren, ökologischeren und sozialeren Gesellschaft zu arbeiten.

Als ich aufbrach
meine Grenzen kennenzulernen
da erkannte ich,
daß es keine Grenzen gab,
sondern nur
noch ungeöffnete Türen.
(Kathrin Beyerbach)

Kinderkulturwerkstatt Osterwieck – Unterstützung der offenen Kinder- und Jugendarbeit in ländlicher Region

Projekt der IJGD – Internationale Jugendgemeinschaftsdienste e.V. im Modellvorhaben »Jugend hilft Jugend«[1]

Jugend hilft Jugend, nach diesem Motto zu handeln, das ist für Corinna Lühr, 19 Jahre alt, nicht neu. Schon zu Hause in Blankenburg gründete sie als 16jährige Schülerin zusammen mit anderen Jugendlichen den Verein *cool-tour,* der unter anderem Konzerte, Kinderaktionen oder Ferienfreizeiten veranstaltet und sich inzwischen fest etabliert hat. Heute absolviert sie im Rahmen des Modellvorhabens *Jugend hilft Jugend,* das das Bundesministerium für Familie, Senioren, Frauen und Jugend im September 1995 unter der Trägerschaft der Internationalen Jugendgemeinschaftsdienste e.V. (IJGD) auch in Sachsen-Anhalt startete, ein Freiwilliges Soziales Jahr (FSJ). »Ich wollte die Zeit, bis ich meine Lehrstelle als Kinderkrankenschwester in Hannover antreten kann, sinnvoll überbrücken«, erzählt sie. Corinnas Einsatzstelle ist die *Kinderkulturwerkstatt* in Osterwieck. Obwohl das ca. 4.000 Einwohner zählende Städtchen im Harz nur knapp 30 Kilometer von ihrem Heimatort entfernt liegt, wohnt sie während der Woche im Osterwiecker Pfarramt. Die Verkehrsverbindungen sind zu schlecht, um täglich nach Hause zu fahren. Corinna macht das nichts aus. Sie wollte unbedingt in die *kik*. »In der Arbeit mit Kindern hatte ich schon etwas Erfahrung«, sagt sie, »und auch meine Schwester, die gerade Sozialarbeit studiert, hatte mir diese Einrichtung empfohlen.
Die *Kinderkulturwerkstatt* ist der einzige freie Träger in Osterwieck, der sowohl offene Angebote als auch solche der Kinder- und Jugendhilfe offeriert. Vor allem mit musischen Projekten und Zirkeln für kleine Gruppen verfolgt die Einrichtung die Zielsetzung, besonders die Eigenständigkeit von Kindern zu entwickeln, ihr Sozialverhalten zu fördern und Ausgrenzung zu vermeiden. Zudem engagiert sich der Verein in der Schulsozialarbeit und bietet Familien sozialpädagogische Erziehungshilfe und -beistand. »Lebensweltorientierte Hilfen aus einer Hand anzubieten«, das war, so Andreas Haustein, ehrenamtlicher Geschäftsführer und Sozialtherapeut, der Grundgedanke bei der Entstehung des Vereins 1993.
Für drei Jahre wurde die Einrichtung von der Robert Bosch Stiftung gefördert. Seit einem Jahr strebt das Projekt eine Regelfinanzierung durch die Kommune an. Dafür sei allerdings noch einiges an Überzeugungsarbeit zu leisten, erläutert Andreas Haustein. Denn Projekte wie die *kik,* die offene Arbeit und Jugendhilfe miteinander verknüpfen, sind im ländlichen Raum noch relativ neu und längst nicht als so notwendig akzeptiert wie in den größeren Städten. In so einer Situation erhält jede Projektförderung für die weitere Arbeit der Einrichtung besondere Bedeutung, aber auch jede zusätzliche, tatkräftige Unterstützung in personeller Hinsicht. Durch das

---

1 Der Bericht wurde zuerst veröffentlicht in: KABI, hg. v. Bundesministerium für Familie, Senioren, Frauen und Jugend, Nr. 42, 29. Juli 1998.

FSJ-Programm *Jugend hilft Jugend* kam mit Corinna nun schon zum dritten Mal eine helfende und ambitionierte Kraft in die *kik.*

Eine Chance, die Vielfalt von Jugendarbeit kennenzulernen

Mit den zusätzlichen Plätzen für Jugendliche, die das Modellprojekt *Jugend hilft Jugend* im Rahmen des Freiwilligen Sozialen Jahres in Sachsen-Anhalt schuf, »wollen wir vor allem freie Träger der Jugendarbeit und -hilfe mit Schwerpunkt im dünnbesiedelten, ländlichen Raum unterstützen, eben dort, wo es bisher wenige Angebote gibt«, so Dr. Birgit Willgeroth von den IJGD in Hildesheim. »Das ist kein Nein zu kommunalen Trägern«, erklärt sie. »Aber viele freie Träger befanden sich zu Beginn des Modellvorhabens, 1995, noch im Aufbau. Und nach wie vor ist es für einige nicht einfach, sich zu etablieren und ihre Notwendigkeit auf Kommunaler Ebene deutlich zu machen. Das zeigt auch das Beispiel Osterwieck. Deshalb ist es uns bis heute wichtig, gerade solche Projekte, die sich in ihrer Konsolidierungsphase befinden, durch eine kleine, personelle Verstärkung zu unterstützen.« Für die Freiwilligen biete das Modellprojekt zum einen die »Chance, in noch nicht ganz gefestigten Strukturen zu arbeiten und zum anderen, eine Vielfalt von Jugendarbeit von der kulturpädagogischen Einrichtung bis hin zur aufsuchenden Sozialarbeit kennenzulernen«.

Zur Zeit gibt es in Sachsen-Anhalt 23 Einsatzstellen für Teilnehmerinnen und Teilnehmer am Freiwilligen Sozialen Jahr im Rahmen des Projektes *Jugend hilft Jugend*. Sie unterstützen die Arbeit in Jugendclubs, Jugendkunstschulen, Schüler- und Mädchentreffs, mobilen Sportprojekten und Jugendfreizeit- und Bildungseinrichtungen. Von Trägern wie Jugendlichen gebe es, so die bisherige Erfahrung von Dr. Birgit Willgeroth »insgesamt sehr viel positive Rückmeldung«. Die Einsatzstellen schätzen zum Beispiel die Chance, »einen jungen Menschen im Team zu haben, der an den Problemen ihrer Zielgruppe noch näher dran ist, um die eigene Arbeit zu reflektieren. Jugendliche berichten, daß sie sicherer im Umgang mit Menschen und auch selbstbewußter geworden sind. Sie sehen es als Vorteil, daß sie zum Beispiel vor einem Studium noch praktische Erfahrungen sammeln konnten und sich nicht sofort von einer Schulbank auf die nächste gesetzt haben«.

Ein Schritt zu mehr Selbständigkeit und Verantwortung

Ein FSJ »ist noch nicht das ganz harte Leben, aber es ist der erste von der Schule in die Selbständigkeit hinein. Die Veränderungen, d bei Jugendlichen schafft, sind augenfällig«, stellt Andreas Haustein fest. »Ich nehme einiges mit aus dieser Arbeit«, sagt Corinna. die nach ihrer Ausbildung zur Kinderkrankenschwester noch Psychologie studieren will. »Ich habe viel gelernt, was die kreative Arbeit betrifft, aber auch einen intensiven Einblick in die soziale Gruppenarbeit bekommen.«

Im Laufe ihrer Mitarbeit hat sie in der Einrichtung, die mit nur zweieinhalb Stellen besetzt ist, zunehmend Verantwortung übernommen. Sie betreut den Töpferkurs, und demnächst, wenn zum dritten Mal ein internationales Workcamp in Osterwieck stattfindet, zu dem diesmal Jugendliche aus Polen, Tschechien, Finnland, England und Deutschland eintreffen, wird sie mit ihnen zusammen ein mobiles Programm für Kinder und Jugendliche in den umliegenden Gemeinden entwickeln und auch durchführen.

Christine Lottje, Climate Network Europe (CNE), Brüssel

Friedensdienst mit EIRENE – Internationaler christlicher Friedensdienst e.V.

CNE ist Teil eines globalen Netz-Werks, dem Climate Action Network (Klima Aktions Netzwerk) und ist die Zentralstelle für Europa. Wir haben über 70 Mitgliedsorganisationen in den verschiedenen Ländern. Unsere Arbeit teilt sich im Wesentlichen in zwei Schwerpunkte auf:
Erstens sind wir dafür verantwortlich, die gemeinsame Arbeit unter unseren Mitgliedsorganisationen zu koordinieren und den Informationsfluß am Laufen zu halten. Außerdem sind wir auch Anlaufstelle für Informationsanfragen, die wir mit Hilfe unserer Bibliothek beantworten. Diese Bibliothek enthält über 2 000 Bücher zu sämtlichen Aspekten Klimaveränderung und ist die größte in Europa.
Der andere Teil unserer Arbeit besteht in der Beobachtung der Klimaverhandlungen (u.a. sind wir Herausgeber von Publikationen, die diesen Prozeß kommentieren), den Kontakten zur Europäischen Union (EU) und der Lobbyarbeit dort. Da die EU einer der führenden und progressivsten Kräfte in den Klimaverhandlungen ist, versuchen wir, sie zu unterstützen und natürlich auch in unserem Sinne zu beeinflussen.
Meine Arbeit besteht im Grunde aus vier Teilen: Erstens sind das die ganzen grundlegenden Arbeiten, die in einem Büro halt so anfallen. Ein zweiter wichtiger Teil meiner Arbeit war bisher die Vorbereitung unserer Konferenz. Sie fand in Bonn statt und hatte den Titel »Targeting Kyoto and Beyond«. Das Ziel dieser Konferenz war es, vor den letzten Vorverhandlungen zu der Konferenz in Kyoto noch einmal einen positiven Anstoß zu geben.
Ein weiterer Teil meiner Arbeit sind die Kontakte zu A SEED Europe (A SEED ist, der Dachverband der europäischen Jugendumweltschutzorganisationen), und ich bin dort in der Arbeitsgruppe für Klimaveränderung . . .
Und schließlich und endlich habe ich dann noch mein eigenes Projekt: Ich arbeite an einer Untersuchung darüber, inwieweit Klimaschutzmaßnahmen den Arbeitsmarkt in den Ländern der Europäischen Union beeinflussen. Das Argument, daß solche Maßnahmen zu hohen Arbeitsplatzverlusten führen werden, wird nämlich sehr gerne von Teilen der Industrie benutzt. Deshalb ist es für uns wichtig, eigene Daten zu haben, um diese Argumentation zu entkräften . . .
Ich bin sehr glücklich mit meiner Arbeit. Es macht echt einen Riesenspaß, und ich arbeite in einem klasse Team. Ich bekomme auch sehr viel positive Rückmeldung

von den anderen. ... Und es ist wirklich ein schönes Gefühl, wenn man sich am Sonntagabend auf die neue Woche und die Arbeit freut ...
Als ich mich mal wieder zur Abwechslung über die Position der USA in den Klimaverhandlungen aufgeregt hatte, kam mir die Idee, doch mit A SEED einen Brief an Bill Clinton zu schreiben. ... Der Brief war sehr stark auf ein von den USA vorgeschlagenes Konzept bezogen, dem »Ausleihen von Emissionen«. Dieses Konzept sieht vor, daß Länder, falls sie die von ihnen verlangten Verringerungs- bzw. Reduktionsziele an Treibhausgasen in einem Zeitabschnitt nicht erreichen, sich dann sozusagen Emissionen von zukünftigen Generationen »ausleihen« können. Sie zahlen dann eine Strafe und können die Emissionsrechte damit vom »Konto« einer oder mehrerer Generationen – und damit noch nicht geborener Menschen – abziehen. Ich hoffe, ich werde jetzt nicht zu unsachlich, aber ich könnte schreien, wenn ich daran denke, daß Politiker, die von der Zukunft ihrer (besonders der amerikanischen, natürlich) Kindern reden, die sie zu bewahren gedenken, fast im gleichen Atemzug so ein Konzept vorstellen.
Vom 7.-14. Dezember war der »Eletrolux«, das A SEED-Jahrestreffen in Luxembourg. Das war vielleicht eine unglaubliche Erfahrung!!! Es waren ca. 35-40 Leute aus ganz Europa und auch einer aus Nigeria dort. Und zwar Leute in ganz verschiedenem Alter und mit unterschiedlichen Hintergründen. Da waren auch militante Tier- und Umweltschützer, eine ukrainische Gentechnologin, die mehr über die Gefahren von Gentechnologie wissen wollte, Studenten, Leute, die sich mit multinationalen Konzernen beschäftigen – eine faszinierende Mischung also. ... Ich weiß jetzt von viel mehr, was passiert und auch an Möglichkeiten, sich zu engagieren. Und noch etwas anderes ist für mich dabei herausgekommen: Ich bin jetzt im »Council« (dem »Rat«). Das sind sechs Leute aus dem Netzwerk, die an allen wichtigen Entscheidungen teilhaben, zusammen mit den Büroleuten ...
Und was ist bei der Klimakonferenz in Kyoto herausgekommen? Das Protokoll schreibt eine Reduktion von sechs Treibhausgasen um durchschnittlich 5 % für industrialisierte Länder vor. Wobei die Länder verschiedene Verpflichtungen haben. Allerdings beinhaltet es auch sogenannte »Schlupflöcher« Das Positive am Protokoll ist, daß es erstens gesetzlich bindend ist, was in dieser weitreichenden Form noch nicht vorkam. Außerdem müssen die Länder ihre Energiepolitik auf jeden Fall etwas umstrukturieren, so daß wir immerhin etwas erreicht haben. Die negative Seite ist, daß die Reduktionsziele natürlich viel zu schwach sind.

Was mich wirklich freut, ist, daß mein Französisch inzwischen doch ziemlich gut ist (nicht fließend natürlich). Und das, obwohl ich es gar nicht so wahnsinnig viel spreche.
Auch mit Brüssel läuft alles klar. Nein, ehrlich, ich liebe diese Stadt mit all ihren Macken und würde am liebsten hier bleiben. Und ich kenne inzwischen doch einige schöne Cafés und Kneipen und genieße ausgiebigst (schon fast exzessiv) die Kinoszene. Das ist echt meine Stadt hier, es kommen so viele alte Filmklassiker! Und der kleine See, an dem ich jeden morgen vorbeilaufe, gefällt mir doch jedes Mal aufs

neue. Und ich genieße auch mein Zimmer, denn ich bin oft sehr müde, wenn ich von der Arbeit nach Hause komme.

Timon Perabo, Dakshinayan, Neu Delhi, Indien

Ein Freiwilligendienst auf eigene Faust[2]

Von zu Hause nach hier, von Frankfurt nach Delhi, saß ich gerade mal 7 ½ Stunden im Flugzeug und bekam gar nicht so recht die dazwischen liegende Entfernung zu spüren. Nach den langen Überlegungen und Planungen brannte ich vor Lust, mich nun endlich in die Begegnung mit einer anderen Kultur stürzen zu können.
Ich tat einen Schritt aus dem Flugzeug und stieß direkt auf ein indisches Stereotyp: viele Menschen auf engem Raum. Ich sah eine Tür, aus der sieben, acht junge Männer lugten. Mehr Körper, mehr Gesichter wären in diesem kleinen Rahmen nicht unterzubringen gewesen – und sie waren sich alle zum verwechseln ähnlich . . .
Ich hatte es in Delhi vor allem mit Menschen zu tun, die vom Tourismus leben, und das sind jede Menge. Vieles kostet hier ein Viertel bis ein Zehntel von dem, was man in Deutschland dafür bezahlen würde. Die Touristen bringen für indische Verhältnisse also eine Menge Geld ins Land, und da sie mit den Preisen nicht vertraut sind, kann man ihnen auch leicht das Mehrfache vom üblichen Preis abnehmen.
Schon als ich aus dem Flughafengebäude heraustrat, nahm man mich mit »Hello Friend« in Empfang und wollte mich sogleich zu einem Taxi führen. Mit einer ungeheuren Ausdauer wird man bearbeitet, werden Geschichten erzählt und der Ausfall anderer Verkehrsmittel erklärt. Auch das Hotel wird belagert. Jeder möchte einem Indien zu einem besonderen Erlebnis machen, warum also nicht dieses Restaurant oder jene Reiseagentur aufsuchen. Manchmal hörte ich mir an, was die Geschäftsleute mir so zu bieten hatten und ließ mich auf einen Tee einladen. Wenn ich aber nicht gleich an der nächsten Ecke verweilen wollte, ignorierte ich sie. Wesentlich unsicherer war ich im Umgang mit den Bettlern. Die haltenden Taxis wurden häufig von Kindern bestürmt. Einmal reckte sich ein so kleines Kind zu mir hoch, daß ich nur das ans Fenster pochende Händchen sehen konnte. Ich entschied mich dazu, nichts zu geben. Ich wollte nicht die Eltern unterstützen, die ihre Kinder zum Betteln schicken.
Einen Tag nach meiner Ankunft besuchte ich das Büro von Dakshinayan, der Organisation, für die ich arbeiten wollte. Dakshinayan ist vor allem in zwei Bereichen tätig: zum einen betreibt und unterstützt sie Entwicklungsprojekte, zum anderen möchte sie interessierten Menschen aus westlichen Ländern einen Einblick in das

---

2 Timon hat sich den Weg zu seinem Freiwilligendienst im Ausland ohne Entsendorganisation in Deutschland gesucht: über Direktkontakt nach Indien hat er eine Organisation gefunden, für die er nun als freiwilliger Helfer tätig ist.

Leben in ländlichen Regionen Indiens geben und sie dazu anregen, die gängigen Vorstellungen von Armut und Entwicklung zu hinterfragen. Das Büro in Dehli ist für die Vermittlung von Volunteers zuständig, die Arbeit der Projekte wird aber von Menschen vor Ort bestimmt. Entgegen meiner Erwartung gab es keine lange Einführung, keine Vorstellung unterschiedlicher Projekte, sondern ich und zwei weitere Volunteers wurden eingeteilt, in einem Projekt im südöstlichen Bihar zu arbeiten. Unsere Aufgabe war es, dort Englisch zu unterrichten.

20 Stunden Zugfahrt und weitere fünf im Auto brachten uns zu unserem Bestimmungsort in eine Gegend, die sicherlich nicht untypisch für Indien ist. Wohin man schaut erstrecken sich Weideland und Reisfelder. Dazwischen liegen, wie kleine Kleckse, Dörfer aus Lehmhäusern, manche an dem geteerten Weg, andere weit abseits, alle ohne Strom- und Telephonanschluß, ohne Kanalisation, ohne fließendes Wasser.

... voller Entdeckungen, aber auch Einsamkeit

In dieser Region bei Godda, den Rajmahalhills, leben vor allem zwei Volksstämme, die Sanihals und Pahrias. Neben der breiten Hindu- und Moslembevölkerung gibt es in Indien noch zahlreiche kleine Volksstämme. Diese Tribals sprechen ihre jeweilige Stammessprache, folgen eigenen Religionen und Sitten.

Der erste Monat im Projekt war voller Entdeckungen und vieler schöner und lustiger Momente. Aber mein Wunsch nach intensivem Austausch mit den Menschen der Gegend ließ sich hier nur schwer realisieren. Zum einen war das Gelände, auf dem wir Volunteers lebten, abseits der Dörfer gelegen, wir waren so weder ins Familiennoch ins Dorfleben eingebunden. Zum andern mußte ich täglich 10 km zu einer anderen Schule radeln, um zu unterrichten. Diese Entfernung machte ein häufiges Zusammensein mit den Kindern der Schule und deren Familien ebenfalls schwierig. Deshalb bat ich unseren Koordinator, mich in einen anderen Teil des Projekts zu versetzen. Und so zog ich Anfang Januar nach Cheo, ein Dorf des Pahriastammes um.

Etwas von der rauhen und ruppigen Stimmung des Landes habe ich in den Menschen, die hier leben, wiederentdeckt. Da gehe ich, vor Kontaktfreude strotzend, strahlend auf die Menschen in Cheo zu und erhalte keine Reaktion auf meinen Gruß. Oder man erwidert ein angestrengtes, müffeliges »hm«. Andere nicken kurz. Selbst als ich in Pahria grüßte, blieben viele Leute stumm.

Die Volunteers, im Schnitt sind es drei, sind im Schulgebäude des Projekts untergebracht, zwei Räume sind mit Holzbänken zum Schlafen eingerichtet. Mit uns wohnen zwei Pahriajungs, die die Schule und den Aufenthalt der Volunteers organisieren und mit denen wir die tägliche Arbeit verrichten, Fußball spielen und Streifzüge durchs Dorf unternehmen. Das Leben hier folgt einem festen Rhythmus. Morgens zwischen sechs und halb sieben kommen wir aus den Betten, holen Wasser von der Handpumpe, waschen Töpfe und Geschirr, indem wir sie mit Asche schrubben, und machen Chai, den süßen indischen Tee, und Frühstück. Anschließend werden die Schlafräume und das Gelände gefegt und das Mittagessen vorbereitet. Zu fast jeder

Mahlzeit essen wir Reis, Linsen und etwas Gemüse, manchmal gibt es Chappati, ein dünnes Fladenbrot. Viele andere Nahrungsmittel sind im zu erlaufenden Umkreis auch nicht erhältlich. Von 11-12 Uhr und 13 – 15 Uhr wird unterrichtet, gegen 6 Uhr, kurz vor Dunkelheit, wird Feuerholz gesammelt und Wasser geholt und schließlich Abendessen gekocht. Gegen 9 Uhr sind wir in den Betten.
Vor und nach der Schule bleibt Zeit, mit den Menschen aus Cheo und anderen Dörfern zusammen zu sein. Inzwischen, nachdem ich immer wieder auf sie zugegangen bin, haben sich die Menschen hier mir gegenüber merklich geöffnet, werde ich gegrüßt, bevor ich sie anspreche, sucht man das Gespräch mit mir oder, was der absolute Renner ist, bittet mich, ihre eigenen Lieder zu singen. Davon können vor allem die Mädchen nicht genug bekommen.
Dennoch bleibt die Kommunikation nicht ganz einfach. Wenn wir uns in einem Mischmasch aus Pahria, Hindi und Englisch verständigen, dann wird vieles von den Pahrias kaum verständlich gefaselt oder ist einfach ein Brummen und Stöhnen, ohne erläuternde Gesten. Diese Laute werden von den heiseren Stimmen der älteren Menschen noch verzerrt. Bisweilen folgt jedem Satz ein knatterndes Lachen, das für mich, je nach Situation, Freude über gelungene Verständigung ausdrückt oder die einfachste und freundlichste Antwort ist, wenn gar nichts verstanden wurde. Ich glaube, daß auch etwas Belustigung über das merkwürdige Auftreten dieses Volunteers mitschwingt.
Wie unterschiedlich die Umgangsart der Pahrias zu der, die ich gewohnt bin, ist, erlebte ich bei Menschen aus dem Nachbardorf. Ich half ihnen dabei, Körbe zum Lagern von Samen zu schnüren, eine anstrengende Arbeit. Dennoch blieben all meine Anläufe, eine Unterhaltung zu starten, vergeblich, gab es kein Schulterklopfen, freundliches Nicken. Anschließend wurde mir aber erzählt, wie glücklich die Menschen über meine Mithilfe gewesen wären. Zwei Wochen später spielte ich mit den selben Leuten Fußball. Diesmal kamen sie im Anschluß auf mich zu und bedankten sich – bezeichnenderweise in Englisch, in Pahria gibt es keinen Begriff des Dankeschöns.

»How do you jump?« Von einander lernen ist wichtig

Besonders gut verstehe ich mich mit Ramnath, dem Hindilehrer unserer Schule. Ihn besuche ich fast jeden Morgen und helfe ihm bei der Arbeit. Manchmal laufen wir eine halbe Stunde durch den Wald zu einer abgelegenen Quelle und waschen uns dort. Als Ramnath sich bei unserem ersten Waschen mit einem Stein abrieb – er nannte es Pahriaseife – erzählte ich ihm von westlicher Kosmetik und deren Preis. Gemeinsam gehen wir auf Krankenbesuche und einmal nahm er mich auf eine Dorfbesprechung mit, auf der Steuern eingesammelt wurden: 30 Pfennig pro Feld und Jahr.
Ich liebe es, mit den Kindern zusammen zu sein. Gerade in der Zeit, in der mir die Dorfbewohner sehr verhalten begegneten, waren mir Menschen mit so viel Kontaktfreude und Temperament sehr willkommen. In der Schule können sie völlig euphorisch bei der Sache sein. Wenn wir sie fragen »How do you jump?« schreien sie laut

»jump, jump . . .« und springen so weit es geht in die Luft. Ein anderes Mal stürzen sie sich auf einen, versuchen einem Bilderbücher oder Karten zu entreißen.
Die durchschnittlich 40 Kinder im Alter von 5 bis 11, die die Schule besuchen, sind in drei Gruppen nach Können eingeteilt und erhalten Unterricht in Hindi, Mathe und Englisch. Häufig tragen wir die Tafel nach draußen und suchen uns einen schattigen Platz zum Unterrichten. Die Kinder haben Hefte und Bleistifte oder eine Schiefertafel zum Schreiben. Es bleibt den Volunteers überlassen, was sie unterrichten. Da wir keine gemeinsame Sprache mit den Kindern haben, in der sich Grammatik, Aussprache und Worte erklären ließen, verständigen wir uns durch zeigen, spielen und malen.
Für die Ältesten und Fortgeschrittensten haben wir einen Kaufladen eingerichtet, in dem sie in Englisch ein- und verkaufen. Da sie praktisch nicht lesen können, haben wir begonnen, ihnen Phonetics beizubringen. Die mittlere Gruppe ist kaum zu bändigen und so gehen wir manchmal dazu über, sie das, was gerade Thema ist, z.B. Wochentage, schreien zu lassen. Die jüngste Gruppe müht sich noch mit dem Alphabet. Wir teilen Buchstabenkarten aus und rufen sie nach und nach auf.
Nach der Schule begleite ich die Kinder in ihre Dörfer, dann fangen wir uns gegenseitig, benennen die Dinge um uns herum in Englisch oder Pahria oder sie stellen mich ihren Eltern und Geschwistern vor. Auch abends sitze ich noch öfters mit Kinder aus Cheo zusammen und singe mit ihnen oder spiele Flöte.

Helfen bei der Hilfe zur Selbsthilfe

Im Cheoprojekt, in dem ich tätig bin, stellt meine Organisation Dakshinayan die Bildung und die medizinische Versorgung. Der Koordinator des Projekts, mit dem ich immer wieder lange Gespräche führe, ist der Ansicht, daß die Pahria im Grunde zum Leben gut ausgestattet sind. Jeder hat ein Haus, Felder und Vieh, noch gibt es viele wildwachsende Bäume mit nahrhaften Früchten und Heilpflanzen, aus denen sich Medizin gewinnen läßt. Woran es ihnen fehlt, ist das know how, diese Ressourcen zu nutzen, das Bewußtsein, sie für die Zukunft zu erhalten und die Fähigkeit, sie sich nicht von Geschäftsleuten nehmen zu lassen. Sehr häufig knüpft man ihnen Holz und Ernte zu lächerlich niedrigen Preisen ab oder gibt ihnen Kredite, die sie über Jahre abbezahlen müssen. Viel von dem, was die Pahrias haben könnten, wandert in die Taschen anderer. Dieses Problem steht in direktem Zusammenhang mit dem enormen Bildungsdefizit: 80 % der Tribals in dieser Region sind Analphabeten, in einigen Dörfern gibt es keine Frau, die ihren Namen schreiben kann. Deshalb setzt Dakshinayan vor allem auf Bildung, gibt in 4 Schulen Mathe-, Hindi- und Englischunterricht. Der 5-jährige Schulbesuch soll die Kinder zum Mitreden befähigen, dazu, sich in Hindi und bescheidener in Englisch artikulieren und informieren, Preise und Angebote überprüfen zu können.
Neben den Schulen sind in dem Teil des Projekts, in dem ich zuerst gearbeitet habe, 5 Jungs untergebracht, die hier über einen Zeitraum von 5 Jahren leben und Praxisunterricht in Gartenbau, Kochen, Hygiene, Verwendung von Heilpflanzen, Handarbeit, Verkauf eigener Ware auf dem lokalen Markt und vielen alltäglichen Handgrif-

fen erhalten. Am Ende dieser Ausbildung sollen sie sich vollständig selbstversorgen können, unabhängig von Mittlern, Krämern etc. Und sie sollen in der Lage sein, mehr und sinnvoller von eigenen Gütern Gebrauch zu machen, statt sie zu ungünstigen Bedingungen zu tauschen. Wie nachteilig dieser Tausch für die Tribals sein kann, wird etwa daran deutlich, daß in dieser Gegend in großen Mengen Seidenraupen gezüchtet werden, die Menschen aber alle Kleidung aus Polyester tragen.

Dakshinayan strebt eine Entwicklung aus der Gemeinde heraus an. Man erhofft sich, daß wenn die Jungs nach Cheo zurückkehren, sie Wissen und Anregungen an andere Menschen weitergeben, sie selbst Initiativen zur Verbesserung des Dorflebens ergreifen.

Um den Menschen den Vorteil von Bildung verständlicher zu machen ging man, bevor Schulen eingerichtet wurden, über Jahre von Tür zu Tür, um zu unterrichten. Die Lehrer sind selber Tribals, sie kennen die Menschen und können den Unterricht auf sie und ihr Leben abstimmen.

Als Volunteer wird man aber auch darauf hingewiesen, daß die Entwicklungshilfe häufig die Situation der Menschen, an die sich diese Hilfe richtet, verschlechtert. In Bihar gibt es zahlreiche NOGs. Viele führen Bildungsprojekte durch, deren vermitteltes Wissen, etwa über Computer, jedoch ohne Bezug zum Leben der Menschen ist. Viele Jugendliche wandern so in die Städte ab, wo sie auf andere junge Menschen stoßen, die ebenfalls nach Arbeit suchen. Die Konditionen für eine Arbeitsstelle sind dementsprechend schlecht. Es sind andere, die von dieser Entwicklung profitieren: die, die billige Arbeitskräfte einstellen können, und die, die das frei werdende Land für Plantagen oder Rohstoffabbau nutzen. Es ist eine Entwicklung im Sinne fremder wirtschaftlicher Interessen. Deshalb erzieht Dakshinayan die Tribals zur Selbstversorgung, um sie gegen Ausbeutung abzusichern und ihnen ein einigermaßen gut ausgestattetes Leben zu ermöglichen.

Modellprojekt Spätaussiedler in Lahr

Freiwilliges Soziales Jahr der Arbeiterwohlfahrt Ortenau und des Jugenddorfs Offenburg[3]

In der Gruppe Erfahrungen sammeln

Britta hat während eines Vorpraktikums im Kindergarten davon erfahren, Kathrin hat eine ältere Schwester, die es bereits gemacht hat, Anna bekam die Adresse vom Arbeitsamt, Sevil hat durch Freundinnen davon gehört, und Caroline kannte jemanden, der davon wußte. Britta und Kathrin haben deutsche Eltern, Sevil ist türkisch-

---

3   Der Bericht wurde zuerst veröffentlicht in: KABI, hg. v. Bundesministerium für Familie, Senioren, Frauen und Jugend, Nr. 42, 29. Juli 1998.

stämmig, Caroline hat einen kanadischen Vater und ist schwarz, und Anna stammt aus einer Aussiedlerfamilie, die aus Kasachstan nach Lahr übergesiedelt ist.
Die fünf von insgesamt 20 jungen Frauen im Alter von 17 bis 22 sind Helferinnen im Freiwilligen Sozialen Jahr (FSJ) in Lahr im Ortenaukreis. Sie leisten für ein Jahr gute Dienste in einem Kindergarten, in einem Altenpflegeheim, in einem Krankenhaus oder in einer Behindertenwerkstatt – mit sozialer Absicherung, 38,5 Stunden in der Woche und für 300 DM »Taschengeld« und 204 DM Essenzuschuß.

Anziehungspunkt für Spätaussiedler

Lahr ist seit 1995 ein Standort für das Modellprojekt *Jugend hilft Jugend* im Rahmen des FSJ (bis August 1999). Die Stadt am Rande des Schwarzwaldes wurde aufgrund ihrer besonderen Situation ausgewählt: Lahr war der Hauptstützpunkt für die kanadischen Truppen in Deutschland, die – wie die anderen Alliierten – nach 1990 von hier abzogen. Die rund 12.000 Kanadier – Soldaten und Familienangehörige – hinterließen einen Flughafen, Kasernengebäude, eine große Wohnanlage – und eine große Lücke.
Dennoch wuchs die Einwohnerzahl der Stadt von 1990 bis 1995 von 35.000 auf rund. 42.000. Lahr entwickelte sich »zum Anziehungspunkt für Aussiedler aus Kasachstan und der Ukraine. Sie wurden unter anderem in Wohnungen der abgezogenen Soldatenfamilien untergebracht, die in der Stadt frei wurden. Weder konnten in dieser Zeit die wegfallenden Arbeitsplätze ersetzt noch rasch genug neue geschaffen werden. Das Ergebnis: hohe Arbeitslosigkeit und soziale Spannungen unter den Bevölkerungsgruppen.
Diese besonderen Ausgangsbedingungen gaben den Ausschlag für die Wahl Lahrs als Standort für das Modellprojekt.

Vorwiegend junge Frauen

Leiterin des Modellprojekts ist die Sozialpädagogin Heike Gummich. »Wir möchten für das Freiwillige Soziale Jahr im Modellprojekt hauptsächlich Haupt- und Realschülerinnen gewinnen«, sagt sie, »obwohl auch Abiturientinnen nicht abgelehnt werden.« Ihre Erfahrungen mit den Gruppen, die sich jedes Jahr neu zusammenfinden, sind sehr verschieden. Im vergangenen Jahr waren sechs Spätaussiedlerinnen mit dabei.
Heike Gummich: »Man merkte schon, daß sie ziemlich unter sich bleiben wollten und sich in ihrer eigenen Sprache unterhielten.« In einem Seminar stellte sie das Thema »Ausländerfeindlichkeit« in den Mittelpunkt und bildete in einem Planspiel willkürlich zwei Gruppen. Sie sollten jeweils unterschiedliche Kulturen mit völlig verschiedenen Regeln darstellen. Das Ziel war, den Teilnehmerinnen ein Gefühl dafür zu vermitteln, wie jemand sich fühlt, der in einem fremden Land lebt. »Nach

meinem Eindruck«, sagt Heike Gummich, »konnte dadurch Verständnis geweckt werden für die Situation der Aussiedlerinnen in Deutschland.«
Zum Freiwilligen Sozialen Jahr gehören fünfzehn Seminar- und zehn Bildungstage. Die Seminartage gestaltet Heike Gummich gemeinsam mit einer Kollegin unter Berücksichtigung der Wünsche der Teilnehmerinnen. »Teilnehmerinnen« – deswegen, weil jedes Jahr fast nur junge Frauen kommen, meint Heike Gummich. Junge Männer ließen sich durch die geringe Bezahlung oder das Vorurteil »Frauenarbeit« abschrecken.
Die Bildungstage verbringen die Helferinnen im Zentrum *Computer-Arbeit-Beruf* im Jugenddorf Offenburg des Christlichen Jugenddorfwerks (CJD), die Seminartage finden in einem Tagungshaus der AWO statt. »In dieser Zeit haben wir Gelegenheit zu Diskussionen und Gesprächen«, sagt Heike Gummich. »Die Helferinnen legen Wert darauf, unter anderem über die Themen Partnerschaft und Sexualität zu sprechen. Oder wir greifen den Komplex ›Schönheitsideale‹ und ›Sinn und Unsinn der Diäten‹ auf.«
Zu den Bildungstagen werden die Teilnehmerinnen in zwei Gruppen aufgeteilt. Ulrich Purschke und Rudolf Kilgus, Erzieher im Jugenddorf Offenburg, behandeln mit den jungen Frauen die Themen »Umgang mit dem Geld«, »Vertragswesen und kritisches Verbraucherverhalten«, »Existenzsicherung und Umgang mit den Ämtern«, »Bewerbungstraining« und Einführung in die EDV«.
»Das bedeutet zum Beispiel«, sagt Ulrich Purschke, »daß wir mit den Kursteilnehmerinnen durchsprechen, was bei Kreditverträgen zu beachten ist. und sie dann losschicken, um zum Schein bei Banken über ein Darlehen zu verhandeln. Oder wir diskutieren über die direkten und indirekten Kosten, die für ein Auto aufgebracht werden müssen und checken gemeinsam einen Gebrauchtwagen durch.« Die Bildungstage sind also »lebenswelt- und handlungsorientiert« angelegt, wie es in der Programmübersicht steht.
Im Computerkurs, der heute ansteht, lernen die Teilnehmerinnen zum Beispiel, Fotos einzuscannen und mit Texten zu versehen. »Das sieht wie Spielerei aus«, meint Rudolf Kilgus, »kann aber wichtig sein, wenn es um die Gestaltung einer eigenen Bewerbungsmappe geht.«

Gemeinsam einen Jugendtreff renovieren

Ein besonderer Bestandteil des Modellprojekts *Jugend hilft Jugend* im FSJ ist die freiwillige Arbeit an Kinder- und Jugendeinrichtungen, die von den Teilnehmerinnen geleistet wird. Jede Helferin nimmt an zwei bis vier solcher Projekte teil. Die Gruppen bestehen aus maximal fünf Personen, die Projekte dauern bis zu einer Woche. »Wir haben Spielplätze im Lahrer Western in Stand gesetzt«, erläutert Heike Gummich, »in einem Jugendhaus eine Theke eingebaut, Räume renoviert und einen Kindernachmittag beim Stadtteilfest organisiert.«
Die Möglichkeiten reichen bis zur Arbeit im Garten einer Ökostation oder der Mitarbeit in einer Fahrradwerkstatt. Die jungen Frauen haben anschließend die Auf-

gabe, das gelernte Wissen an andere im Stadtteil weiterzugeben. »Diese Tage gemeinsamer Arbeit bereiten allen Beteiligten viel Freude – man tut etwas gemeinsam, und da ist es egal, wer woher kommt«, faßt Heike Gummich zusammen, »Und der Nebeneffekt: Wer schon einmal als Aussiedlerin einen Jugendtreff renoviert hat, wird auch wiederkommen, wenn dort einmal eine Disko läuft.« Anna möchte auf jeden Fall in einem sozialen Beruf bleiben, Sevil wird sich bemühen, die mittlere Reife nachzuholen, um einen Einstieg zu finden, und Kathrin sagt: »Ohne das FSJ hätte ich mich gar nicht bei der Altenpflegeschule bewerben können. Das FSJ ist dafür die Voraussetzung.« Und setzt etwas wehmütig dazu: »Es ist schade, daß die Zeit schon fast wieder vorbei ist. Ich empfehle es jedem, es ist eine tolle Erfahrung.«

Freiwilligendienste im tabellarischen Überblick[1] *(Ulrich Frey)*

	Inland	Ausland	soziale Sicherung	Alter	Dauer des Dienstes	pädagogische Begleitung	berufliche Anforderung	Freistellung vom Wehrdienst	Freistellung vom Zivildienst	Finanzierung[2]
I. Gesetzlich geregelte Dienste										
1. Entwicklungshelfer-Gesetz (EhfG) (Fachdienst)		Entw.-Länder	ges. SozV Träger + Staat		mind. 2 Jahre	–	Berufsausbildung u. -erfahrung	§ 13b WPflG	§14a ZDG	1,3,4
2. Gesetz zur Förderung eines Freiwilligen Sozialen Jahres (FSJG) (Lerndienst)	Inland	europ. Ausland	ges. SozV Träger	18-27	1 Jahr	25 Tage gesetzlich	keine	–	–	3,1,4
3. Gesetz zur Förderung eines Freiwilligen Ökologischen Jahres (FÖJG)	Inland	europ. Ausland	ges. SozV Träger	18-27	1 Jahr	25 Tage gesetzlich	keine	–	–	1,2,3,4
4. Anderer Dienst im Ausland (§14b ZDG) (bewirkt Nicht-Heranziehung zum Zivildienst), nur für anerkannte Kriegsdienstverweigerer, i.d.R. in Verbindung mit Nr. 7		Ausland	Träger	mind. 18	13+2= 15 Mon.	nach Standards der Träger	keine	–	–	3,5
II. Nicht gesetzlich geregelte Dienste			durch Träger:							
5. Kurzfristige Freiwilligendienste (Lerndienst)	Inland	Ausland	Krankenvers., Haftpf., Unfall	mind. 16, keine Höchstgrenze	3 Wochen - 3 Monate	ja	keine	–	–	3,1,2,6,7
6. Mittelfristige Freiwilligendienste (Lerndienst)	Inland	Ausland	Krankenvers., Haftpf., Unfall	mind. 18, keine Höchstgrenze	4-6 Monate	ja	keine	–	–	3,7,5
7. Längerfristige Freiwilligendienste, kompatibel mit Nr. 8 (Lerndienst)	Inland	Ausland	Krankenvers., Haftpf., Unfall	mind. 18, keine Höchstgrenze	6-24 Monate	ja	keine	–	14b ZDG (Nr. 4)	3,4,5,7
8. Europäischer Freiwilligendienst (EFD), kompatibel mit Nr. 7 (Lerndienst)	EU-Europa	Drittländer, outgoing	Krankenvers., Haftpf., Unfall	18-25	3-12 Monate	ja	keine	–	–	7,3,4,5

1   Stand März 1999.
2   Finanzierungsquellen: (1) Bund, (2) Länder, (3) Träger, (4) Kirchen + andere Zuschußgeber, (5) Unterstützerkreise, (6) Kommunen, (7) EU

Rechtlichen und inhaltlichen Rahmenbedingungen des Freiwilligen Sozialen und Ökologischen Jahres (FSJ/FÖJ) und des Europäischen Freiwilligendienstes (EFD)[3] *(Ulrich Beckers)*

	FSJ	FÖJ	EU-Aktionsprogramm EFD
Gesetzliche Grundlagen	Gesetz zur Förderung des FSJ v. 17.8.1964 zuletzt geändert durch Art. 2 des Gesetzes zur Förderung eines FÖJ v. 17.12.1993 BGBl 1993 I 2118	Gesetz zur Förderung eines FÖJ v. 17.12.1993 BGBl 1993 I 2118	Beschluss Nr. 1686/98/EG des Europäischen Parlaments und des Rates zur Einführung des gemeinschaftlichen Aktionsprogramms »Europäischer Freiwilligendienst für junge Menschen« vom 20.7.98 (gestützt auf Artikel 126 EG-Vertrag); Benutzerhandbuch/Richtlinien verabschiedet vom Programmkommitee vom 13.7.98
Ziele	§ 1 Nr.1 (1): ganztägige pflegerische, erzieherische u. hauswirtschaftliche Hilfstätigkeit mit dem Ziel der Persönlichkeitsentwicklung und dem Kennenlernen sozialer Berufe	§ 1 (1): ganztägige, überwiegend praktische Hilfstätigkeit im Bereich des Natur- und Umweltschutzes; Persönlichkeitsentwicklung und Entwicklung von Umweltbewußtsein	Art. 1 und 2 des Beschlusses Nr. 1686/ EG: Nicht formales Bildungsprogramm zur Entwicklung von Eigeninitiative, Kreativität und Solidarität; Erwerb von Fähigkeiten u. Fertigkeiten zur Wahrnehmung einer verantwortungsbewußten Bürgerschaft; interkulturelles Lernen
Zielgruppen	§ 1 Nr.1 (4): Jugendliche im Alter von 17 bis 27 Jahren; in Ausnahmen ist eine Teilnahme auch ab 16 Jahren möglich	§ 1 (3): Jugendliche im Alter von 16 bis 27 Jahren	Art. 2 (1): Jugendliche im Alter von 18 bis 25 Jahren; Ausnahmen möglich (max. bis zum 30. Lebensjahr); Insbesondere sollen benachteiligte Jugendliche einbezogen werden
Dienstorte	§ 1 Nr.2: in Deutschland und im europäischen Ausland, wenn Träger seinen Hauptsitz in Deutschland hat	§ 1 (6): in Deutschland und im europäischen. Ausland, wenn Träger Hauptsitz in Deutschland hat	EU-Mitgliedstaaten; EWR-Staaten; Drittländer insbesondere mit der EU assoziierte Staaten

3 Stand November 1999.

Dauer des Dienstes	§ 1 Nr. 1 (4): bis zu 12 Monaten mindestens jedoch 6 Monate jeweils zusammenhängend; mehrmalige Ableistung nicht möglich	§ 1 (3): bis zu 12 Monaten mindestens jedoch 6 Monate jeweils zusammenhängend; mehrmalige Ableistung nicht möglich	Art.2/Anhang: Kurzfristige Dienste 3 Wochen bis 3 Monate; langfristige Dienste (mind. 6 Monate maximal 12 Monate); maximal zweimalige Ableistung des EFD ist nicht ausgeschlossen
Pädagogischer Rahmen/ Seminare	§ 1 Nr. 1 (2): Die pädagogische Begleitung ist vom Träger sicherzustellen, die fachliche Anleitung und Betreuung durch die Einsatzstelle und/oder den Träger; insgesamt mind. 25 Seminartage bei 12-monatigem Dienst verpflichtend. Festgelegt sind: Einführungs-, Zwischen- u. Abschlußseminar mit einer Dauer von mindestens je 5 Tagen; 10 Seminartage können frei disponiert werden	§ 1 (2): Die pädagogische Begleitung ist vom Träger sicherzustellen; die fachliche Anleitung und Betreuung durch die Einsatzstelle und/oder den Träger; insgesamt mind. 25 Seminartage bei 12-monatigem Dienst verpflichtend. Festgelegt sind: Einführungs-, Zwischen- u. Abschlußseminar mit einer Dauer von mindestens je 5 Tagen; 10 Seminartage können frei disponiert werden	Art.2/Anhänge/Benutzerhandbuch: Die fachliche Anleitung u. Betreuung ist in der Einsatzstelle sicherzustellen; Seminare: Vor- und Nachbereitung inklusive Sprachvorbereitung durch den Entsender; Einführungstraining durch Aufnahmeorganisation oder die Nationalagentur (NAG); Zwischentreffen durch die NAG; Quantitäten in Deutschland: Vor-u. Nachbereitung mindestens je 3 Tage Einführungstraining: mindestens 10 Tage Zwischentreffen: mindestens 5 Tage
Einsatzstellen	§ 1 (3): Einrichtungen der Wohlfahrtspflege, der Kinder- und Jugendhilfe und der Gesundheitshilfe	§ 1 (1): im Bereich des Natur- und Umweltschutzes	Benutzerhandbuch: Einrichtungen der Wohlfahrtspflege, Kinder-, Jugend- u. Gesundheitshilfe; im Natur- u. Umweltschutz; in der Kultur- u. Partnerschaftsarbeit; in soziale Initiativen; Voraussetzungen: Kein Arbeitsplatzersatz, non-profit-Bereich und Anerkennung der Einsatzstelle durch die Europäische Kommission auf Votum der NAG
Träger	§ 2 Nr. 1 (1-3)+Nr. 2: Verbände der BAG Wohlfahrtspflege, Kirchen, Gebietskörperschaften oder anderer Körperschaften des öffentlichen Rechts durch den Bund; Landesbehörden können weitere Träger zulassen	§ 1 (5): Träger des FÖJ werden nur von den Landesbehörden zugelassen; Hauptsitz des Trägers muß im Inland sein	Benutzerhandbuch: Alle frei-gemeinnützigen Organisationen im non-profit-Bereich; alle Gebietskörperschaften oder öffentlichen Einrichtungen/ Träger; Kein Trägeranerkennungsverfahren

Leistungen an die Freiwilligen	§ 1 Nr.1 (5): Unterkunft und Verpflegung, Arbeitskleidung (auch als Geldersatzleistungen), Aufwendungen für die Höherversicherung in der gesetzlichen Rentenversicherung, Taschengeld (max. 6 % der in der Rentenversicherung geltenden Beitragsbemessungsgrenze – § 159 SGB VI –)	§ 1 (4): Unterkunft und Verpflegung, Arbeitskleidung (auch als Geldersatzleistungen), Aufwendungen f.d. Höherversicherung in der gesetzliche Rentenversicherung, Taschengeld (max. 6 % der in der Rentenversicherung geltenden Beitragsbemessungsgrenze – § 159 SGB VI –	Anhänge/Benutzerhandbuch: Unterkunft und Verpflegung, Taschengeld (länderspezifische Sätze; für Deutschland: DM 345,–) und Versicherung (europäische Gruppenversicherung) Finanzierung aller direkten Kosten (internationale und nationale Reisekosten, Sprachkurse) an die Träger
Soziale Sicherung/ Versicherung	Freiwillige sind kraft Gesetzes in der gesetzlichen Renten-, Unfall-, Kranken-, Pflege- und Arbeitslosenversicherung zu versichern; Beiträge zahlt der Träger zu 100 %; Berechnungsgrundlage sind Taschengeld und Sachbezüge	Freiwillige sind kraft Gesetzes in der gesetzlichen Renten-, Unfall-, Kranken-, Pflege- und Arbeitslosenversicherung zu versichern; Beiträge zahlt der Träger zu 100 %; Berechnungsgrundlage sind Taschengeld und Sachbezüge	Freiwillige sind durch den Entsender zu versichern: Kranken-, Unfall/Invaliditäts- und Haftpflichtversicherung; eine Pflichtversicherung in den gesetzlichen Sozialversicherungen besteht seitens der Europäischen Kommission nicht, sie hängt von den jeweiligen gesetzlichen Bestimmungen des Aufnahmelandes ab. Die Europäische Kommission hat eine Gruppenversicherung abgeschlossen, in der seit 1999 alle Freiwilligen automatisch versichert werden.
Kindergeld/ Familienleistungen	Kindergeld und Kinderfreibeträge sowie kinderbezogene Leistungen werden unter Berücksichtigung des Gesamteinkommens des Freiwilligen weitergezahlt; das FSJ wird gleichgestellt mit Zeiten der Schul- und Berufsausbildung; Halb- oder Vollwaisenrente werden weitergezahlt	Kindergeld und Kinderfreibeträge sowie kinderbezogene Leistungen werden unter Berücksichtigung des Gesamteinkommens des Freiwilligen weitergezahlt; FÖJ ist gleichbedeutend mit Zeiten der Schul- u. Berufsausbildung; Halb- oder Vollwaisenrente werden weitergezahlt	Keine Zahlung von Kindergeld oder Familienleistungen an deutsche Freiwillige während des Europäischen Freiwilligendienstes außerhalb des FSJ/FÖJ.
Statusrechtliche Einordnung	Besonderer Arbeitnehmerstatus bzw. Besonderer Auszubildendenstatus	Besonderer Arbeitnehmerstatus bzw. Besonderer Auszubildendenstatus	Kein definierter Status; *kann* als normaler Arbeitnehmer klassifiziert werden mit aufenthalts- und versicherungsrechtlichen Folgen
Anerkennung/Bescheinigung	Keine Benachteiligung bei der Studienplatzvergabe und ZVS-Wartezeiten; Anerkennung als Praktikum möglich; Teilnahmebescheinigung durch den Träger	Keine Benachteiligung bei der Studienplatzvergabe und ZVS-Wartezeiten; Anerkennung als Praktikum möglich; Teilnahmebescheinigung durch den Träger	Keine ZVS-Wartezeit-Anerkennung; Anerkennung als Praktikum möglich (abhängig von der Ausbildungsstätte); Zertifikat durch Europäische Kommission

Register

Heinz Bartjes

Allgemeine Dienstpflicht und freiwilliges Engagement – eine kommentierte Bibliographie

> »Ist das eine Art Egoismus-Epidemie, ein Ich-Fieber, dem man durch Ethik-Tropfen, heiße Wir-Umschläge und tägliche Einredungen auf das Gemeinwohl beikommmen kann?« (*Beck* 1995, 10)

Wer kennt das nicht?! Sobald das Gespräch auf das Thema Dienstpflicht oder Pflichtjahr kommt, wird die Diskussion lebendig. Alle beteiligen sich und beteiligen sich lebhaft. Es scheint ein Thema zu sein, bei dem jede und jeder mitreden kann und auch gleich engagiert zur Sache geht. Die Allgemeine Dienstpflicht stellt ein Reizthema dar, weil hier zentrale und existentielle Fragen und Themen zusammentreffen. Pointiert formuliert: das Pflichtjahr ist ein Kristallisationspunkt für grundlegende und aktuelle Konflikte dieser Gesellschaft. Es handelt sich dabei um Bereiche, die sich in tiefgreifendem Wandel, im Umbruch befinden und in denen neue Wege und Antworten gefunden werden müssen – Veränderungen, die bei vielen Unbehagen erzeugen, Unsicherheit hervorrufen. In diesem Kontext erscheint die Allgemeine Dienstpflicht eine schlichte und durchgreifende Lösung zu bieten. Zumindest drei Themen und Argumentationsstränge tauchen immer wieder auf:
Sicherheit – zunächst die Sicherheit nach außen: Es geht hier um die Frage der (Neu-)Definition der Bundesrepublik nach der Wiedervereinigung, um die zukünftige Konzeption der Sicherheitspolitik in der sich seit dem Ende des Kalten Krieges verändernden Situation, um die Rolle der Bundeswehr, um ihre neue (Berufsarmee) oder alte Struktur (Allgemeine Wehrpflicht), um Wehrgerechtigkeit, u.a.m.
Persönliche Sicherheit, im Zentrum dabei die Frage der Versorgung bei Pflegebedürftigkeit: Die Daten der demographischen Entwicklung dürften in ihrem Kern als bekannt vorausgesetzt werden – die auseinanderlaufende Schere zwischen potentiellen HelferInnen und Hilfsbedürftigen; Schreckensszenarien von dem sich dann verschärfenden Pflegenotstand machen die Runde.
Hier verspricht die Dienstpflicht durchschlagende Abhilfe: die Frage, woher die Menschen für die anfallenden pflegerischen Arbeiten zu nehmen sind, wird vorderhand plausibel und erfolgsversprechend beantwortet.
Gemeinsinn: Hier geht es schliesslich um tiefgreifende Veränderungen in der Gesellschaft, die, je nach politischem Standort, mit Stichworten wie »Wertezerfall« oder »Entsolidarisierung der Gesellschaft« beschrieben werden. Diskussionen um die Gefährdung von Gemeinsinn und Gemeinschaft füllen derzeit die Feuilletons, Tagungen und Talkshows – ein Thema also, das ganz offensichtlich viele bewegt: »Gemeinschaft«, so stellt der Sozialpsychologe *Keupp* entsprechend fest, sei »das im Bewußtsein einer verunsicherten Gesellschaft gefährdete Gut Nr.1« (*Keupp*

1995, 331). Von der Allgemeinen Dienstpflicht versprechen sich viele – quer durch alle politischen Lager – eine Wiederherstellung von Gemeinsinn und Gemeinschaft, eine »Neubuchstabierung der Solidarität« (*Dettling*).

Diese hohe Anschlußfähigkeit der Allgemeinen Dienstpflicht an vielfältig formuliertes Unbehagen bedeutet: Bei der Diskussion um die Allgemeine Dienstpflicht geht es um mehr als nur um Ja oder Nein zu einer bestimmten staatlichen Maßnahme. Die Faszination, die die Idee eines Sozialen Pflichtjahres auf weite Teile der Bevölkerung ausübt, erschließt sich – so meine These – nur darüber, daß das hier explizit oder implizit formulierte Unbehagen und die Kritik an gesellschaftlichen Entwicklungen und Tendenzen realen Boden hat. Eine Auseinandersetzung mit dem Pflichtjahr, die nicht auf dahinter liegende real existierende Schwierigkeiten und entsprechende Hoffnungen eingeht, wird den Problemen nicht gerecht.

Die vorliegende Literaturübersicht kann eine Orientierungshilfe in dieser Debatte sein; sie führt ein in Tragweite und Brisanz des Themas; verknüpft die unterschiedlichen Argumentationsstränge und die diversen Diskurse, die sich bei der Allgemeinen Dienstpflicht überlappen, und sichtet und trägt das zum Teil weit verstreute Material (zum großen Teil zudem graue Literatur) zusammen.

Die Bibliographie ist wie folgt aufgebaut: Da der »Zankapfel Dienstpflicht« aus verschiedenen Themenfeldern besteht, folgt die Dokumentation dieser inhaltlichen Logik. Wie jeder analytische Zugang ist dies eine Hilfskonstruktion, die den Einstieg und das intensivere Arbeiten erleichtern soll. Bei den jeweiligen Themenfeldern werden einzelne Beiträge etwas ausführlicher vorgestellt, um in die Problematik und in die jeweilige Argumentation einzuführen. Auf andere, ähnlich vorgehende Beiträge wird dann nur kurz verwiesen. Den verschiedenen spezifischen Themenfeldern vorangestellt wurde eine Rubrik, die Übersichtsartikel (I.1.) enthält. Hier handelt es sich um Beiträge, die – vom Anspruch oder Vorgehen her – eine Zusammenschau der verschiedenen Argumentationsmuster bieten. Sie sind häufig nach der Struktur des »Pro und Contra« aufgebaut: Die jeweiligen Argumente für und gegen eine Dienstpflicht werden hier gegeneinander abgewogen. Natürlich gehen auch andere Beiträge diesen Weg – sie unterscheiden sich aber dadurch von den Übersichten, daß sie ihren wesentlichen Schwerpunkt bei einem bestimmten Thema oder einer fest umrissenen Fragestellung haben. In einzelnen Fällen war diese Zuordnung schwierig.

Der Schwerpunkt der Bibliographie liegt auf den Diskussionen der Jahre 1992 bis 1995; in den darauf folgenden Jahren flaute die Debatte deutlich ab – sicherlich auch dadurch begründet, daß eine politische Durchsetzung der Dienstpflicht immer weniger erkennbar wurde.

Zur Sprachregelung: Ähnlich unübersichtlich wie die Diskussion ist die verwirrende Vielfalt der Begriffe: Allgemeine Dienstpflicht, Pflichtjahr, soziales Pflichtjahr, Zwangsjahr, obligatorischer Gemeinschaftsdienst, sozialökologisches Jahr, Arbeitsdienst, Ergänzungsdienst, Bürgerarbeit, etc. Im folgenden wird von Allgemeiner Dienstpflicht gesprochen, bei der Einzeldarstellung wird der jeweilige Begriff eines Beitrages unverändert übernommen. Nicht mehr gesagt werden muss wohl, daß diese Bibliographie keinen enzyklopädischen Anspruch verfolgt.

I. Kommentierte Bibliograhie nach Themenfeldern
1. Artikel, die einen Überblick verschaffen
2. Dienstpflicht als Ergänzungsdienst im Kontext der Diskussion um die Zukunft der Wehrpflicht
3. Ziviler Friedensdienst
4. Dienstpflicht zur Behebung des Pflegenotstandes (»Dienstleistungslücke«)
5. Parallelen und Gemeinsamkeiten zwischen Zivildienst und Allgemeiner Dienstpflicht
6. Die Dienstpflicht als Nachsozialisation und Lernprogramm
7. Rechtliche Aspekte
8. Historische Aspekte
9. Ökonomische Aspekte
10. Theologische Aspekte
11. Umfragen zur Akzeptanz eines allgemeinen Gemeinschaftsdienstes
12. Freiwilliges Engagement (Skizze)
II. Alphabetisches Verzeichnis nach AutorInnen

Teil I. *Kommentierte Bibliographie nach Themenfeldern*

1. *Artikel, die einen Überblick verschaffen*

Bartjes (1994b); *Beywl* (1994); *EAK* (1994); *Funke-Schmitt-Rink* (1991); *Lippert* (1994a); *Oberschachtsiek* (1992); *Pfisterer* (1993); *Schmidt-Eenboom/Vogt* (1993); *Sengling* (1994); *Die Woche* (1993); *Wochenpost* (1994). Im Sinne eines Überblicks sind auch die Materialsammlungen von *Salzmann* (1994) und *Bartjes* (1995d) zu sehen.

2. *Die allgemeine Dienstpflicht als Ergänzungsdienst im Kontext der Diskussion um die Zukunft der Wehrpflicht*

Der Artikel von *Kuhlmann/Lippert* (1992), Sozialwissenschaftler beim Sozialwissenschaftlichen Institut der Bundeswehr, stellt eine Zusammenstellung der Argumente für und wider die Wehrpflicht in Friedenszeiten dar. Referiert wird zunächst die internationale Diskussion von »Militär-Wissenschaftlern«, die entlang unterschiedlicher Begründungslinien zu dem Schluß kommen, daß entwickelte und pluralistische Gesellschaften keine Massenarmeen überlieferten Zuschnitts mehr benötigen. Die Frage nach einer »Krise der Bundeswehr« beantworten die Autoren mit Blick auf eine auf vielen Ebenen stattfindenden »qualitativen Erosion«: gesellschaftliche Bedeutung und Stellenwert der Wehrpflicht hätten sich verändert. Hinsichtlich der realen Einberufungsquote der jungen Wehrpflichtigen sehen die Autoren Zweifel angebracht, »ob die ›allgemeine‹ Wehrpflicht dieses Attribut noch zu Recht trägt« (44). In diesem Zusammenhang wird auch der Vorschlag eines »Paradigmenwechsels« für Streitkräfte in einer nicht-militärischen Ära, d.h. z.B. die Ausweitung des Sicherheitsbegriffs auf allgemeine Modernisierungsrisiken, ökologische Katastrophen, etc. diskutiert und zusammenfassend eher skeptisch eingeschätzt: »Die Aneignung nicht-militärischer Ziele durch das Militär (würde) als durchsichtiger Versuch gedeutet . . ., eine offenbar überflüssige und kostspielige Einrichtung am Leben zu halten« (48). Bei der Frage nach den Kosten und Nutzen der Wehrpflicht lautet ihr Ergebnis: »Ökonomisch gesehen, rechnet sich die Wehrpflicht nicht mehr« (53). Auch die der Wehrpflicht unterstellte größere Demokratieaffinität hält angesichts von Untersuchungen in historischer und internationaler Perspektive nicht stand: »Tatsächlich stehen sich Wehrverfassung und Staatsform wechselseitig wohl eher in einem nahezu indifferenten Verhältnis gegenüber. Es gibt kein Wehrsystem, das allein der Demokratie angemessen wäre« (55). Auch könnten empirische Befunde die optimistischen Erwartungen bezüglich der sozialisatorischen Auswirkungen der Bundeswehr (»Schule der Nation«) kaum bestätigen. Schließlich wird auf die aktuelle Paradoxie verwiesen, daß de facto die Wehrpflicht benötigt wird, um auf dem Umweg über den Zivildienst preiswerte Arbeitskräfte für den sozialen Bereich zu schaffen; in dem in diesem Kontext vorgeschlagenen Gesellschaftsdienst sehen die Autoren zwar einige Vorteile, kommen aber grundsätzlich zu der Einschätzung, daß es einer demokratischen Gesellschaft gut anstände, einen solchen Dienst nicht zu erzwingen, sondern der aktiven Solidarität der BürgerInnen zu überlassen. Obwohl für die Beibehaltung der Wehrpflicht, so das Fazit, militärisch, ökonomisch und gesellschaftlich nur noch wenige Argumente zu finden sind, sei ihre Zukunft schwer einzuschätzen.[1]

Bald (1994) analysiert in einem knappen historischen Durchgang den bekannten Satz von Theodor Heuss, daß die allgemeine Wehrpflicht das »legitime Kind der Demokratie« sei, als Mythos: hier werde ein Zusammenhang suggeriert, der so nie bestanden hätte: Demokratietauglichkeit des Militärs sei natürlich unabdingbar, zumal in Deutschland, aber: ». . . sie darf nicht fälschlich mit der Praxis der Wehrpflicht gleichgesetzt werden, deren Wirkung angesichts des hierarchischen Alltags des Militärs kaum nennenswerte demokratisierende Effekte verzeichnet.«[2]

Der *Wandsbecker Kreis* (1994) ist eine Gruppe von Ökonomen, die an der Universität der Bundeswehr in Hamburg arbeiten. Sie gehen im Kern davon aus, daß die Forderung, die Wehrpflicht auch in einer friedens- und sicherheitspolitisch völlig veränderten Lage beizubehalten und gar eine allgemeine Dienstpflicht einzuführen, elementare ökonomische Erkenntnisse verletzt: ». . . unter den sich abzeichnenden Umständen ist ein Festhalten an der allgemeinen Wehrpflicht ökonomisch wenig sinnvoll, und eine allgemeine Dienstpflicht würde die Effizienzverluste noch einmal erhöhen.«[3]

Der (damalige) Bundespräsident Richard *von Weizsäcker* (1993) breitet in einer Rede auf der 34. Kommandeurstagung ausführlich die veränderte sicherheitspoliti-

---

1   Vgl. in ähnlicher Vorgehensweise auch: *Lippert* (1994a, 1994b).
2   Vgl. hierzu auch den in Methode und Ergebnis ähnlichen Zugang bei *Opitz* (1994).
3   Der Artikel wurde in fast gleichem Wortlaut auch in der FAZ veröffentlicht: *Schäfer* (1994).

sche Situation in Mitteleuropa und die neue Rolle der Bundeswehr aus. Die Wehrpflicht gewährleiste die Einbindung der bewaffneten Macht in Staat und Gesellschaft, dies entspräche einer »zutiefst demokratischen Tradition«. Angesichts der »erweiterten Sicherheitserfordernisse« (die Sicherung von Frieden, Freiheit und eigener, rechtsstaatlicher Lebensform) stehe er dem Gedanken einer allgemeinen Dienstpflicht positiv gegenüber: »Ein solcher Gedanke zielt auf dreierlei, auf die Deckung eines drängenden gesellschaftlichen Bedarfes im Sinne einer erweiterten Sicherheit, auf eine höhere innere Bereitschaft junger Menschen zur Mitverantwortung und auf eine Lösung des Problems mangelnder Dienstgerechtigkeit.«

In einem Gastbeitrag für die Badische Zeitung skizziert *Fetscher* (1992) kurz das Ende des kalten Krieges in Mitteleuropa, plädiert vor dem Hintergrund des erweiterten Aufgabenfeldes für eine Aufstellung von Katastropheneinsatz- und Ökologie-Einheiten, die auch die »Dienst-Gerechtigkeit« wieder herstellen könnte.

Vogt (1990) – vgl. ähnlich: *Vogt* (1993) – untersucht die Wehrpflicht aus militärsoziologischer Perspektive. In einem ersten Schritt formuliert er die Wehrpflicht als »Staats- und Demokratiedogma« und fragt hier nach den Begründungen für die Wehrpflicht; dabei arbeitet er sieben Funktionen heraus: Verantwortungs-, Verteidigungs-, Kontroll-, Integration-, Sozialisations- und Identifikationsfunktion. Der Frage, die er sich im zweiten Schritt stellt – Wehrpflicht als Relikt aus der kriegerisch-militärischen Ära? –, wird im Kontext langfristiger Entwicklungen nachgegangen. Der dritte Schritt beleuchtet Wehrpflichtige »als ungelernte Hilfskräfte für niedere Dienste an vorderster Front«, der vierte argumentiert für einen freiwilligen Gesellschaftsdienst.

Vogt (1992) sieht in der Diskussion über die Wehrpflicht verschiedene Argumentationsfelder, mit denen er sich kritisch auseinandersetzt:

- Der staatspolitische Aspekt: Wehrpflicht und Demokratie als »Wesenseinheit«? Gegen die Behauptung, daß die Wehrpflicht eine der Demokratie wesensgemäße Wehr- und Rekrutierungsform sei, stellt Vogt historische und soziologische Einwände.
- Der gesellschaftspolitische Aspekt: Integration und Kontrolle durch Wehrpflicht? Behauptet wird hier, daß durch die Abschaffung der Wehrpflicht die Bundeswehr sich tendenziell zu einem »Staat im Staate« verselbständigen könne. In dieser Warnung vor der Umwandlung der Bundeswehr in eine Berufsarmee sieht Vogt ernstzunehmende Argumente, die sich für ihn aus der Struktur des Militärischen ergeben: Streitkräfte bergen immer die Gefahr, sich auf Dauer zu anti-gesellschaftlichen und anti-demokratischen Gegenkulturen zu entwickeln. Ein sinnvolleres Sicherungssystem als die Wehrpflicht seien gesellschaftliche und politische Kontrollmechanismen
- Der ressourcenpolitische Aspekt: Wehrpflicht als billigste Wehrform? Die Behauptung, die Wehrpflicht sei die erheblich kostengünstigere Rekrutierungsform wird mit Hinweis auf volkswirtschaftliche Gesamt-Kostenrechnungen (auch aus den USA, die die Wehrpflicht abschafften) zurückgewiesen
- Der sozialpolitische Aspekt: Rettung des Zivildienstes durch Beibehaltung der Wehrpflicht? Die Argumentation, daß durch eine allgemeine Indienstnahme die

Wehrungerechtigkeit beseitigt und dadurch nicht nur die Wehrpflicht relegitimiert, sondern zugleich auch der Zivildienst gerettet werden könne, stelle die Dinge auf den Kopf: weder die Wehrpflicht noch der Zivildienst seien Selbstzweck. Sein – offensichtlich voreiliges – Fazit: in der zweiten Hälfte der neunziger Jahre wird die Wehrpflicht als eine nicht mehr benötigte Wehr- und Rekrutierungsform ausgedient haben.

Messerschmidt (1990) – in ähnlicher Herangehensweise auch *Messerschmidt* (1993; 1994) – beschäftigt sich in historischer Perspektive mit dem als Kernssatz gehandelten Topos, daß die allgemeine Wehrpflicht ein legitimes Kind der Demokratie sei. Mit Blick auf die Neu-Konzeption des Militärs in der Französischen Revolution, die preußischen Militärreformen zu Anfang des 19.Jahrhunderts (Fazit: »Die Preußisch-deutsche Armee der allgemeinen Wehrpflicht hatte mit dem Gedanken der Demokratie nichts zu tun«; deren Version von innerer Verbindung von Demokratie und allgemeiner Wehrpflicht kulminiert in dem Satz: »Gegen Demokraten helfen nur Soldaten«), die Berufsarmee in der Weimarer Republik und die Bundeswehr nach 1945 kommt er zu dem Schluß: »Der Satz, daß die allgemeine Wehrpflicht ein legitimes Kind der Demokratie sei, ist falsch.«

Die *SPD-Bundestagsfraktion* (1993) führte im Mai 1993 eine Anhörung von Sachverständigen zum Thema: »Wehrpflicht – oder was sonst?« durch. Als wesentliche Ergebnisse werden genannt: Mittelfristig sei weiterhin, allein schon wegen der zeitlichen Probleme bei einer Umstellung auf eine andere Wehrform, von der Wehrpflicht auszugehen. Der Frage der Wehrform wird im künftigen sicherheitspolitischen Konzept eine herausragende Bedeutung zugemessen. Konsens bei allen Sachverständigen war, daß eine allgemeine Dienstpflicht keine Lösung sei, um durch die damit verbundene Dienstgerechtigkeit die allgemeine Wehrpflicht aufrechterhalten zu können.

Elicker (1994) stellt vor dem Hintergrund der Diskussion über die Allgemeine Wehrpflicht Ergebnisse und Empfehlungen US-amerikanischer und deutscher Wehrstruktur-Kommissionen vor. Im Mittelpunkt stehen dabei finanzielle, militärische, politische und Grundrechtsaspekte.

Finckh (1992a) setzt sich auf der Basis offizieller Zahlen mit der Frage der Wehrgerechtigkeit auseinander. Sein Fazit: jedes Jahr werden über 100.000 Wehrpflichtige nicht einberufen; 2/3 der Wehrpflichtigen, aber 85 % der Zivildienstpflichtigen werden einberufen – beide Tatsachen verstießen gegen das Grundgesetz. Die Wehrungerechtigkeit werde ab 1994 noch zunehmen, da die Bundeswehr verkleinert werde.[4]

Borchers (1992) wendet sich, auf der Grundlage der von *Finckh* (1992) erarbeiteten Daten, dem Aspekt der Wehrgerechtigkeit aus verfassungsrechtlicher Sicht zu. Er kommt nach Sichtung von Urteilen des Bundesverfassungsgerichtes und einschlägigen Paragraphen im Grundgesetz zu dem Ergebnis, daß die von Finckh herausgearbeitete Praxis verfassungswidrig ist.

---

4 *Finckh* (1994) aktualisiert zwei Jahre später diesen Befund anhand neuerer Zahlen.

Körner (1994) geht kurz auf die Einführung der Wehrpflicht in der französischen Revolution und auf die bundesdeutsche Wiederbewaffnung ein, umreißt das Militär als staatliche Zugriffsinstanz (auf junge Männer) und bezieht sich auf aktuelle Positionen der Parteien in der Debatte um die Wehrpflicht. Sein Plädoyer: »Die Abschaffung der Wehrpflicht und aller anderen staatlichen Zwangsdienste ist in erster Linie eine emanzipatorische, demokratische und menschenrechtsorientierte Aufgabe.«[5]

3. Ziviler Friedensdienst

Die Bemühungen um die Realisierung eines »Zivilen Friedensdienstes« (ZFD) und die Diskussionen hierüber, sind insofern in unseren Gegenstand involviert, als sie sich auch auf die allgemeine Wehrpflicht beziehen: Wehrpflichtigen soll der Zivile Friedensdienst als dritte Variante neben Bundeswehr und Zivildienst offen stehen. Die bislang aktuellste Fassung des Konzeptes »Ziviler Friedensdienst« bietet die Erklärung der *Kirchenleitung der Evangelischen Kirche in Berlin-Brandenburg (EKiBB)* (1994): »Der Zivile Friedensdienst ist einer Konfliktbearbeitung mit ausschließlich gewaltfreien Mitteln verpflichtet. Er bildet eine gleichberechtigte Alternative zum Militärdienst. (...) Wehrpflichtige sollen die Möglichkeit erhalten, zwischen einer Ausbildung bei der Bundeswehr und beim Zivilen Friedensdienst zu wählen. (...) Seine institutionelle Form muß gewährleisten, daß er – ohne eine allgemeine Dienstpflicht einzuführen – auch Frauen und gesellschaftlichen Gruppen, die bisher eine Alternative nur im zivilen Ersatzdienst sehen konnten, offen steht« (*Kirchenleitung* 1994, 11). In einer Erläuterung des Konzeptes wird ausgeführt, daß die EKiBB das bisherige Konzept der allgemeinen Wehrpflicht in einer Krise sieht, die neue, konstruktive Antworten erforderlich macht: »Die große Zahl der Kriegsdienstverweigerer zeigt, daß die herkömmliche Vorstellung von militärischer Landesverteidigung ... umstritten ist. (...) Der Zivildienst der Kriegsdienstverweigerer bietet in sich keine Antwort auf die Probleme der inneren und äußeren Sicherheit der Bundesrepublik. (...) ... die Art des Dienstes nimmt keine Rücksicht auf das fördernswerte Interesse vieler Kriegsdienstverweigerer, mit den Methoden der gewaltfreien Konfliktbearbeitung zur Lösung sicherheitspolitischer Probleme und zur humanitären Hilfeleistung in Krisengebieten beizutragen« (*Arbeitsgruppe »Ziviler Friedensdienst«* 1994, 15).

Auch der *Bund für Soziale Verteidigung (BSV)* (1994, 28), ein Dachverband der Friedensbewegung, in dem sich BürgerInnen zusammengeschlossen haben, um am Aufbau einer nichtmilitärischen Verteidigung zu arbeiten, betont, daß ein solcher Dienst nicht an die Wehrpflicht gekoppelt sein soll, Wehrpflichtigen aber die Mög-

---

5 Weitere Literatur: *Arbeitsgruppe Dienste für den Frieden* (1993); *KAK* (1990); *Lichtwark* (1991); *Frieden und Abrüstung* (1993); *Kistler/Klein* (1991); *Unabhängige Kommission* (1991); *Opel* (1990); *Weißbuch 1994*; *Groß/Lutz* (1996).

lichkeit eingeräumt werden soll, sich für einen solchen Dienst zu entscheiden und damit von der Wehrpflicht befreit zu werden.

Ebert (1994a), Mitglied der Kirchenleitung der EKiBB und seit langem einer der wesentlichen Protagonisten dieses Modells, setzt den Akzent in der Frage zwischen Freiwilligkeit und Pflicht etwas anders: »Niemand kann zum gewaltfreien Einsatz gezwungen werden, und doch meine ich, daß der Begriff der »Freiwilligkeit« den Zivilen Friedensdienst nicht angemessen charakterisiert. Der Zivile Friedensdienst ist eine Form demokratischer Pflichterfüllung« (*Ebert* 1994a, 32). In diesem Zusammenhang lautet seine zentrale These: »In Existenzfragen einer Demokratie ist der Einsatz der Bürger nicht freiwillig, sondern Pflicht. Und um Existenzfragen der Demokratie geht es eben in der Regel in all den Fällen, in denen bisher bewaffnete Polizei und Militär eingesetzt wurden (ebda.).« Dieses grundsätzliche Verständnis von Pflichten innerhalb einer Demokratie ergänzt er durch ein eher pragmatisches Argument: durch die Einbeziehung von Pflicht sei das ganze Konzept glaubwürdiger: »Wenn wir nicht bereit sind, die Grundausbildung in gewaltfreier Konfliktaustragung als eine Pflicht ... zu begreifen, dann dürfen wir nicht annehmen, daß die verantwortlichen Politiker uns glauben, daß wir es mit dem Äquivalent zum bewaffneten Einsatz wirklich ernst meinen (ebda.)[6].«

4. *Dienstpflicht zur Behebung des Pflegenotstandes (»Dienstleistungslücke«)*

Bei *Fink* (1990, vor allem: 62-67) ist der Gedanke einer Dienstpflicht eingebettet in ein breites Spektrum anderer Lösungsvorschläge vor dem Hintergrund der sich neu und drängender stellenden sozialen (und am Rande: ökologischen) Fragen: Es geht darum, »die Herausforderungen der neuen sozialen Fragen zu meistern und zwar mit allen erdenklichen und sinnvollen Ansätzen ..., von der Stärkung des familiären, nachbarschaftlichen und kollegialen Zusammenhalts bis zum Ausbau der professionellen sozialen Dienste in Verbindung mit Selbsthilfe, Ehrenamt und, soweit es sein muß, sozialer Dienstpflicht.« Gefordert sei eine »prinzipielle Umorientierung, ein Umbau des Sozialstaates, ein neuartiges Geflecht sozialer Dienstleistungen, ein neues Ethos des Dienens« (*Fink* 1990, 67). Da, so *Fink* weiter, damit gerechnet werden müsse, daß auf Freiwilligkeit beruhende Maßnahmen nicht ausreichen, müsse auch die Sozialpflichtigkeit der Zeit erwogen werden; dabei geht er davon aus, daß eine Dienstpflicht als naturale Gegenleistung für gemeinschaftliche (Vor-)Leistungen verlangt werden kann; eine Dienstplicht gehört für ihn »... zur Erfüllung von Gemeinschaftsaufgaben zum staatsbürgerlichen Kern einer lebendigen Demokratie« (ebda., 64). Er verweist in diesem Kontext auf US-amerikanische Erfahrungen mit

---

6 Eine *Ebert* vergleichbare Position vertritt auch *Dierlamm* (1994). Zur Diskussion über den ZFD siehe z.B. die Stellungnahmen von Friedensorganisationen und kirchlichen Gremien (dokumentiert in: *gewaltfreie aktion* 1992; vgl. auch: *Russmann* 1993). Im Zentrum der Diskussion steht ganz offensichtlich die Frage, ob für den Aufbau eines ZFD die Wehrpflicht genutzt werden solle oder völlig unabhängig von dieser zu konzipieren und organisieren sei. Eine kritische Auseinandersetzung mit diesem Konzept bei: *Körner* (1993).

einem National Service, der den Jugendlichen »Lebenserfahrung« – i.e. Bewußtsein und Kenntnisse über die Bedürfnisse und Lebenslagen anderer Menschen – und »Arbeitserfahrung« vermittelt. Auf Einwände gegen ein Pflichtjahr, die als »häufig ein wenig stereotyp« charakterisiert werden, geht Fink wie folgt ein:
- Die Gefahr der Ersetzung regulärer Stellen durch Dienstpflicht sieht *Fink* nicht, da dieser Effekt nicht intendiert sei, zudem erfordere die Durchführung eines solchen Dienstes mehr hauptamtliche Stellen.
- Die Unlust Hauptamtlicher, immer neue Helfer anlernen zu müssen – dieses Problem sieht *Fink* auch bei Ehrenamtlichen, insofern hätte diese Problem nichts mit der Dienstpflicht als solcher zu tun.
- Die Zumutung für Betroffene, mit unerfahrenen und unwilligen Jugendlichen konfrontiert zu sein weist Fink mit Blick auf den »überall hochwillkommenen« Zivildienst zurück; zudem: »Die Zivildienstleistenden werden ja nicht wild auf irgendwen losgelassen, sondern arbeiten immer unter professioneller Anleitung.«
- Bei der seelischen Überforderung der Dienstpflichtigen wäre zu fragen, ob die Probleme tatsächlich zu groß waren oder nur Resultat einer »überbehüteten« Kindheit und Jugend.
- Auf die Frage der Einbeziehung von Frauen in die Dienstpflicht sieht er zur Zeit keine befriedigende Antwort.

Das *Collegium Augustinum* (1991), unter anderem Träger einer großen Altenheimkette in der Bundesrepublik und Mitglied des Diakonischen Werkes der EKD, zeigt über den diskutierten Pflegenotstand hinaus ein gesamtgesellschaftliches Problem an: »Es fehlen weithin nicht nur qualifizierte Arbeitskräfte, sondern es mangelt in allen öffentlichen Arbeitsgebieten an Menschen, die Hilfsdienste leisten, für die eine spezielle Qualifizierung nicht erforderlich ist«; es fehlten »Hände die das Unspektakuläre tun«. Da gleichzeitig »die Solidarität mit dem Gemeinwesen abnehme« (s.o.), »helfende Hände« also nicht über den Markt zu rekrutieren seien, wird für ein gemeinnütziges Jahr plädiert.

Tews (1994) erinnert daran, daß viele ältere Menschen sich noch sozial engagieren könnten, z.B. in Richtung »Alte pflegen Alte«. Im Zuge der »zunehmenden Unbezahlbarkeit immer teurer werdender Dienstleistungen« müsse auch ein »soziales Jahr für Ältere« überlegt werden.

Hamer (1993) plädiert für ein Pflichtjahr von Männern und Frauen und erhofft sich dabei: »Eine solche Regelung würde das entscheidende Problem bei der Pflege, die Personalknappheit, schlagartig lösen.« Damit wäre auch die kollektive Zwangspflegeverpflichtung überflüssig.

Hank (1990) erinnert zunächst daran, daß der Vorschlag »Pflichtjahr« in der deutschen Nachkriegsgeschichte immer wieder auftaucht: die Forderung blieb gleich, »die zu erreichenden Ziele erwiesen sich in hohem Maße als beliebig, je nachdem, was als Not der Stunde empfunden wurde. Allein diese Reihe«, so der Autor in der FAZ, »sollte skeptisch machen gegenüber den Propheten des Pflichtjahres.« Die heutige Not der Stunde – Pflegenotstand – führe zurück zu Fragen der Gesellschaft: »Eine Gesellschaft, die sich ökonomisch gesehen so unvernünftig verhält, daß sie immer älter wird und gleichzeitig den unterstützenden Nachwuchs zu zeugen vernachlässigt, muß auch bereit sein, die anfallenden Kosten zu übernehmen.« Sein Fazit: Abdeckung des Risikos der Pflegebedürftigkeit durch private Versicherer und attraktivere Gestaltung des Pflegeberufes.

Backhaus-Maul u.a. (1991): Der Begriff »Pflegenotstand« bezeichne ein seit Jahrzehnten bekanntes und gravierendes Problem (also kein aktuelles, wie der Begriff suggeriert), nämlich die »Unterdeckung mit Hilfe- und Pflegeleistungen« (351) - so die Ausgangsdefinition. Pflegenotstand wird als Ergebnis von zwei gegenläufigen Entwicklungen gesehen: der steigenden Zahl der pflegebedürftigen Personen, besonders durch die zunehmende Zahl alter Menschen, zum einen; und der zurückgehenden Kapazitäten der bislang dominanten häuslichen Pflege, die vor allem durch Frauen abgedeckt wird, zum anderen. Durch beide Prozesse steige der Bedarf an Fremdleistungen und zugleich der öffentliche Finanzierungsbedarf. Gleichzeitig stagniere die Zahl der beschäftigten Pflegekräfte auf einem in internationalen Vergleich niedrigen Niveau; dies verweise, zusammen mit anderen Indizien wie der hohen Personalfluktuation im Pflegebereich, auf die geringe Attraktivität pflegerischer Berufe. Dienstpflichten werden nach ökonomischen, finanzwissenschaftlichen, politologischen Kriterien untersucht und zusammenfassend als »staatliches Instrument von außergewöhnlicher Eingriffsintensität« (353) charakterisiert, die einer besonderen rechtlichen Begründung bedarf. Es werden zwei Lösungen des angestrebten sozialpolitischen Ziels (»Sicherung einer menschenwürdigen Pflege alter Menschen«) verglichen: die Dienstpflichtlösung mit einer »Freiwilligenlösung« (Deckung des Bedarfs mit Professionellen und Ehrenamtlichen). Dabei geht es zunächst um die gesamtgesellschaftliche Frage, wie Arbeitskraft in die jeweils günstigste Verwendung zu lenken sei (»Allokation volkswirtschaftlicher Ressourcen«): In einer Marktwirtschaft übernehmen dies Lohn und Gestaltung der Arbeitsbedingungen. Entsprechend müssen unbeliebte Arbeiten besonders gut ausgestattet werden, um am Markt eine ausreichende Anzahl an Arbeitskräften zu erhalten. Bei der Dienstpflichtlösung bewirke ein Rekrutierungsmechanismus die Lenkung von Arbeitskräften: sowohl gesamtgesellschaftlich als auch innerhalb von Organisationen. Damit - so die AutorInnen - seien zum einen Anreize gesetzt, Kapital und tariflich entlohnte Arbeit durch die Verwendung Dienstpflichtiger zu ersetzen; zum anderen, Kapital durch (billige) Arbeit. Als Beispiel wird hierbei auf entsprechende empirische Untersuchungen zum Zivildienst (*Blandow* 1989, *Kraus* 1989) verwiesen, die die aufgezeigten Tendenzen im Zivildienst belegen könnten, obwohl dies dem Charakter des Zivildienstes (Arbeitsmarktneutralität) entgegenstehe.

Wie wirken sich beide Lösungen auf die Qualität der Pflege aus? In Untersuchungen über die Qualität von Dienstleistungen wird häufig der Motivation der MitarbeiterInnen ein hoher Stellenwert eingeräumt und entsprechend hier angesetzt: positive Anreize wie: Löhne über Marktniveau, Aufstiegsmöglichkeiten, günstige Arbeitszeitregelegungen sind vieldiskutierte Wege um die Arbeitsmotivation zu fördern. Bei Zwangsrekrutierten wird von einer geringen Motivation ausgegangen. Neben der Motivation ergibt sich für die AutorInnen aus der zeitlich befristeten Einsatzmöglichkeit und der geringen fachspezifischen Qualifikation eine Verschlechterung der Pflegequalität. »Kontinuität und Kompetenz« als zentrale qualitätssteigernde Elemente – so das Fazit – »lassen sich über eine Freiwilligenlösung ... eher erreichen als über eine Dienstpflicht ...« (358). Langfristig sei die die Wirkung einer Dienstpflicht eher kontraproduktiv zu der propagierten und anvisierten »Neuen Kultur des Helfens« (*Fink*): die Tätigkeiten, zu denen man gezwungen werde, werden abgewertet. In einem abschließenden Resümee kommen die AutorInnen zu dem Ergebnis, daß eine Zwangsrekrutierung junger Menschen mit dem Verweis auf einen Pflegenotstand nicht zu rechtfertigen sei, da mit der Freiwilligenlösung eine ökonomisch rationale und politisch akzeptable Alternative zur Verfügung stehe. Dennoch sprächen polit-ökonomische Argumente dafür, daß eine Dienstpflicht gute Chancen auf eine mehrheitsfähige Lösung habe: zum einen würde sie der Sicherung der Wehrpflicht dienen, zum anderen gelänge es dadurch einer Mehrheit, sich erhebliche Abgabensteigerungen zu ersparen, indem sie einer politisch schwachen, da nicht-organisierten Minderheit, der Jugend nämlich, die Kosten eines sozialen Risikos und einer öffentlichen Aufgabe auferlegen würde.

Bartjes (1995b) kritisiert, daß die Befürworter eines Pflichtjahres die Problematik des Pflegenotstandes auf einen rein quantitativen Aspekt verkürzen: auf den ohne Zweifel bestehenden akuten Mangel an Pflegekräften, wobei die häufig gewählte Formulierung »Helfende Hände« darauf verweist, daß hier vorwiegend an nichtprofessionelles Personal gedacht wird. Demgegenüber insistiert der Autor mit den Berufsverbänden der Pflege – Arbeitsgemeinschaft Deutscher Schwesternverbände (ADS) und dem Deutschen Berufsverband für Krankenpflege (DBfK) – auf einer anderen Definition von Pflegenotstand: »In der Öffentlichkeit (wurde) irrtümlicherweise ›Pflegenotstand‹ als akuter Mangel an Krankenschwestern und Krankenpflegern dargestellt. Dagegen definieren die Berufsverbände der Krankenpflege ›Pflegenotstand‹ vorrangig als Notstand der Pflegenden, der sich ausdrückt in wachsender Berufsflucht und Bewerberrückgang an Schulen der Pflegeberufe« (Positionspapier zur Situation in der Krankenpflege). »Notstand der Pflegenden« bedeute vor diesem Hintergrund: hohe physische und psychische Arbeitsbelastung, ungünstige Arbeitsbedingungen, unzureichende Bezahlung, geringe Aufstiegschancen, etc. Pflegenotstand so verstanden, ließe sich nicht durch eine Massenverpflichtung von Laienhelfern lösen; der Pflegenotstand bestehe nicht in einem Mangel an »Helfenden Händen«, sondern in einem Mangel an professionellen Kräften und in einem strukturellen Defizit ihrer Arbeitsbedingungen. Insofern sei eine solche Maßnahme nicht nur keine gute Lösung, sondern sie blockiere auch die Suche nach neuen Wegen zur Aufwertung und besseren Ausstattung der pflegerischen Berufe.

Eine Dienstpflicht – so die zentrale These von *Merten* (1992a; 1992b) – führe aus wirtschaftlichen Gründen zu einem unauflöslichen Widerspruch: Aufgrund einer möglichst günstigen Nutzung des in dienstverpflichtete Pflegekräfte investierten Humankapitals (Aus- und Fortbildung) sei für eine lange Dienstzeit zu plädieren; für die Arbeit etwa mit alten Menschen stellt ein Mindestmaß an gerontologischem Fachwissen die notwendige Voraussetzung für eine befriedigende und damit kontinuierliche Arbeit dar. Demgegenüber zeigen die Opportunitätskosten – also die entstehenden volkswirtschaftlichen Kosten bei einer systematischen Fehlallokation von Arbeit – mit zunehmender Dienstzeit einen progressiven Verlauf, so daß aus nationalökonomischen Erwägungen nur ein äußerst kurzer Zeitraum in Frage kommt: »Die wirtschaftliche Betrachtung der Dienstpflicht läuft also auf die Forderung nach einem möglichst kurzen und einem möglichst langen Zeitraum zugleich hinaus (143).« Werden weitere Faktoren wie Motivation von Zwangsverpflichteten, Kosten für Erfassung, Kontroll- und Sanktionsmaßnahmen hinzugezogen, ergibt sich für den Autor die Schlußfolgerung, daß der Einführung einer allgemeinen Dienstpflicht »offensichtlich wirtschaftliche Gründe (widersprechen)« (146).

Buff/Hoffmann (1991) befürchten als Auswirkungen eines Pflichtjahres eine Abwertung und »Laisierung« sozialer und pflegerischer Arbeit, die »Demontage« eines ganzen Berufsstandes und den Verlust an Arbeitsqualität.[7]

5. *Parallelen und Gemeinsamkeiten zwischen Zivildienst und Dienstpflicht*

In der Diskussion um die Allgemeine Dienstpflicht ist der zivile Ersatzdienst der Kriegsdienstverweigerer häufiger Bezugspunkt – sowohl bei den BefürworterInnen als auch bei den GegnerInnen einer Dienstpflicht. Die wesentlichen Verbindungslinien sind:
- volkswirtschaftliche Kosten-Nutzen-Abwägungen des Zivildienstes, gleichsam als Modell für andere Zwangsdienste;
- die sozialpolitischen Erfahrungen mit dem Zivildienst (Arbeitsmarktneutralität, bzw. real existierende Abhängigkeit sozialer Arbeit vom Zivildienst);
- Erfahrungen mit der Einarbeitung und Begleitung der Zivildienstleistenden als ungelernte Hilfskräfte;
- Sozialisationsaspekte: wie gestaltet sich Soziales Lernen unter Zwangsbedingungen?

Blandow (1994) wendet sich gegen die geläufige Argumentation, die Beschäftigung von ZDL sei arbeitsmarktneutral und Alternativen zum Zivildienst in der sozialen Arbeit wären nicht bezahlbar. Vor diesem Hintergrund erstellt er eine Modellrechnung darüber was die Arbeit der jetzt beschäftigten ZDL wert ist und was sie tatsächlich kostet. Auf der Basis eines Verteilungsschlüssels für qualifizierte und unqualifizierte Tätigkeiten in den verschiedenen Tätigkeitsgruppen der ZDL und berechnet nach Bruttolöhnen würde der Arbeitswert der im Wohlfahrtswesen beschäftigten ZDL gegenwärtig pro Jahr 3,334 Milliarden DM betragen. Im Vergleich zu den volkswirtschaftlichen Kosten des Zivildienstes beläuft sich nach seinen Berechnungen der Gewinn der ZDL-Arbeit noch auf ca. eine Milliarde DM. Nachdem er sich ausführlicher mit dem Problem des Wiederbeschaffungswertes für verlorengegangene ZDL-Arbeit auseinandergesetzt hat, kommt er zu dem Gesamtergebnis: »Unter Kostengesichtspunkten und volkswirtschaftlich gesehen, waren und sind ZDL als Arbeitskräfte im Wohlfahrtswesen entbehrlich.«

---

7 Weitere Beiträge: *Buff/Hoffmann* 1990; *Raichle* 1991.

Von Boetticher (1994a; 1994b) lehnt sich bei seiner Modellrechnung – Ersetzung Zivildienstleistender durch tariflich bezahlte Arbeitskräfte – an die seines Erachtens (im Vergleich zu *Blandow*) vorsichtigere Herangehensweise von *Kraus* (1988) an. Eine tarifliche Entlohnung der derzeitigen ZDL für ihre Arbeit würde gut 4,5 Milliarden DM pro Jahr kosten, während eine komplette Ersetzung der derzeitigen ZDL durch tariflich bezahlte Arbeitskräfte Kosten in Höhe von gut 5,3 Milliarden DM pro Jahr verursachen würde. Die Gegenüberstellung von Kosten und Einsparungen bzw. Mehreinnahmen verdeutliche, daß selbst ohne die Beschäftigung eines einzigen Arbeitslosen die Ersetzung der ZDL durch tariflich bezahlte Kräfte lediglich gut 400 Millionen DM zusätzlich kosten würde, während sich Kosten und Einsparungen in etwa die Waage halten würden. Da die Kosten im Falle einer Einführung einer allgemeinen Dienstpflicht mit denen des Zivildienstes in etwa vergleichbar seien, ist nach *von Boetticher* die gesamte Abschätzung auch auf einen solchen Pflichtdienst übertragbar. Als Ergebnis hält der Autor fest, »daß die weitverbreitete Annahme, ZDL seien billige Arbeitskräfte und der jetzige ›soziale Standard‹ sei ohne sie, bzw. andere vermeintlich billige zwangverpflichtete Arbeitskräfte nur mit immensen finanziellen Mehraufwand haltbar, einer sehr engen betriebswirtschaftlich ausgerichteten Sichtweise entspringt (60).«

Lorenz (1990) beschäftigt sich aus der Sicht eines Personalratsmitglieds eines großen Bremer Krankenhauses mit der Institution Zivildienst und den ZDL als Mitarbeitergruppe. Sein Fazit: betriebs- und sozialpolitisch ist die behauptete Arbeitsplatzneutralität des Zivildienstes nicht existent, in den Betrieben sind die ZDL »Arbeitnehmer zweiter Klasse«; jeder Gewerkschafter, jeder Personal- und Betriebsrat müßte in den ZDL Beschäftigte in seiner Belegschaft sehen, die außerhalb der in Jahrzehnten hart erkämpften Rechtsstellung der Arbeitnehmer stehen. »Tarifverträge gelten nicht für sie, Personalvertretungsrechte besitzen sie nicht – und machen doch bis zu zehn Prozent der Belegschaft aus (167)[8].«

Die Arbeitsgruppe »Zukunft des Zivildienstes« in der Caritas (*Caritas* 1994; vgl auch: *Deutscher Caritasverband* 1993) beschreibt zunächst die aktuelle Situation im Zivildienst in ihren wehrpolitischen, wehrrechtlichen, sozialpolitischen und subjektiven Dimensionen und entwirft mögliche Zukunftsszenarien, die sich im wesentlichen um zwei Varianten gruppieren: Die allgemeine Wehrpflicht bleibt – oder fällt weg. In diesem Kontext wird auch die Option Dienstpflicht in den Blick genommen. In ihren Bewertungen und Empfehlungen konzentrierte sich die AG auf die Zivildienstleistenden als Betroffene und auf die Einsatzfelder der sozialen Arbeit.

Ehlers (1994) sieht die Zivildienstleistenden im Spannungsfeld zweier einander widersprechender Systeme: Auf der einen Seite die Wehrpflicht mit den Grundprinzi-

---

8 *Lorenz* (1998) beschreibt die Diskussions- und Verfahrensprozesse, die auf Initiative des Betriebsrates in einem Bremer Krankenhaus dazu führten, daß alle Zivildienstplätze auf ihre Arbeitsmarktneutralität hin überprüft und folgerichtig in vielen Bereichen abgeschafft wurden. Die Perspektive von *Stachowski* (1990) ist wie bei Lorenz die gewerkschaftliche, er konzentriert sich dabei auf ZDL im Rettungsdienst und Krankentransport.

pien Pflicht, Gehorsam etc., auf der anderen die Wohlfahrtsverbände mit Prinzipien wie »Dienst am Nächsten«, Selbstverantwortung u.s.w. Vor diesem Hintergrund fordert er eine »attraktivere Gestaltung des Zivildienstes«: Angleichung der Dienstzeit, finanzielle Anreize, Fortbildungsmöglichkeiten, u.a.m.

Finckh (1992) beschäftigt sich vor dem Hintergrund der möglicherweise wegfallenden Wehrpflicht mit den Auswirkungen auf den Zivildienst. Als kurzfristige Maßnahme empfiehlt er, die ZDL als Aushilfskräfte gegen normale Bezahlung weiterarbeiten zu lassen, falls diese zustimmen; als langfristige Konsequenz sieht er erhebliche Konversionsprobleme, da der massenhafte Einsatz von ZDL viele strukturelle Mängel in den Sozialberufen verdeckt habe.

Der Spiegel (1990) ist ein skandalisierender Bericht über die Folgen der Verkürzung der Wehrdienstzeit – und damit auch der Zivildienstzeit (von 20 auf 15 Monate) im Sommer 1990. Deutlich wurde hier vor allem, daß die sozialen Dienste und Wohlfahrtsverbände von dieser Entwicklung völlig überrascht wurden und mit der neuen Situation z.T. erhebliche Schwierigkeiten hatten; in dieser Stimmung wurde sehr schnell die Forderung nach einem Pflichtjahr laut. Entsprechend lautet das Titelbild des Spiegels: »ZDL fallen aus – Pflegenotstand – Pflichtjahr für Frauen?«

Saathof/Zander (1990) erinnern, vor dem gleichen zeitlichen Hintergrund wie der Spiegel, daran, daß der Zivildienst seine Existenz und Legitimität nicht aus sich selbst schöpft, sondern explizit eine institutionelle Form darstellt, die Wehrpflicht abzuleisten. Die anfängliche Reserviertheit der Wohlfahrtsverbände den Kriegsdienstverweigerern gegenüber sei vor allem in den 80er Jahren in eine sozialpolitische Abhängigkeit von ZDL umgeschlagen.

Döbereiner (1994), damaliger Geschäftsführer der größten Zivildienststelle im Bundesgebiet, macht am Beispiel des DPWV den veränderten Stellenwert des Zivildienstes für die soziale Arbeit deutlich: »Es steht außer Zweifel, daß ein Großteil der Aktivitäten der freien Wohlfahrtspflege ohne Zivildienstleistende nicht weitergeführt werden könnte.«

Die Studie von *Raichle* (1992; Kurzfassung: *Raichle* 1993) beschreibt sozialpolitische Aspekte und biographische Bewertungen des Zivildienstes. Er zeigt am Beispiel der stationären und ambulanten Altenhilfe im Bereich des Diakonischen Werkes Württemberg wie sich in den Jahren zwischen 1970 und 1989 der Anteil der ZDL an der MitarbeiterInnenschaft erhöht hat: »Die Sozialarbeit ist in den letzten Jahren in Abhängigkeit vom Zivildienst und damit von der verteidigungs- und zivildienstpolitischen Tagesaktualität geraten.« ZDL sehen sich selbst als »Lückenbüßer« und mißbraucht als »Billighilfspfleger« – aber mit meist hoher Motivation, wie Raichle feststellt. Entscheidend für die Arbeitszufriedenheit der ZDL sei das kollegiale Betriebsklima; bei der Attraktivität der Arbeitsfelder rangiere die ambulante klar vor der stationären Altenhilfe. Widersprochen wird der hoffungsträchtigen Annahme, daß ZDL längerfristig für einen sozialen Beruf gewonnen werden könnten.

Die Erfahrungsberichte von ZDL – *Schmitt* (1990), *Kämper* (1990), *Karasek* (1990), *Unruh* (1989), *Temsch* (1996) – zeigen die große Palette zwischen der Erfahrung »Diese Zeit möchte ich in meinem Leben nicht missen« und den Erfahrun-

gen von Überforderung im Dienst, fehlender Anleitung und Begleitung und den für manche allgegenwärtigen Nachteilen eines staatlichen Zwangsdienstes.
Krippendorf (1994) sieht den Zivildienst einerseits in der Logik der allgemeinen Wehrpflicht gefangen, andererseits enthält er auch (Lern-)Chancen für die Subjekte: »Insbesondere davon sollte ausgegangen werden: von der lebensgeschichtlich einmaligen Chance junger Leute, mit gesellschaftlichen Problemen, mit marginalisierten, notleidenden ... Menschen zu tun zu haben, sie zunächst überhaupt einmal konkret kennen zu lernen und wahrzunehmen und dann sich an ihnen helfend persönlich zu bewähren.« Diese Erfahrung läßt ihn für einen obligatorischen Dienst für alle jungen Männer und Frauen plädieren: einen Sozialdienst auf kommunaler Ebene und ein Friedenscorps, das international einsetzbar sei. Beide Dienste würden zur »Entmilitarisierung von Politik und Gesellschaft« und zur Überwindung einer »individualistischen Ellenbogenethik« beitragen.
Bartjes (1996) beinhaltet eine qualitative Studie, die die subjektiven Deutungen der ZDL zum Zivildienst als Lernfeld und Sozialisationsinstanz zum Thema hat. Vor dem Hintergrund der schulischen Sozialisation (von den ZDL als »heile Welt« umschrieben, bei der die »eigentlichen« Probleme außen vor bleiben), der dortigen »Erfahrungsarmut«, wird der Zivildienst gleichsam als abwechslungsreiches Kontrastprogramm erlebt: »konkrete«, körperlich-sinnliche Tätigkeit; direkte Erfahrung von Nützlichkeit der eigenen Person und Arbeit; verbindliches, verantwortliches und vor allem sinnvolles Handeln; Eingebundensein in einen strukturierten Alltag etc. Darüber hinaus wird der Zivildienst auch als »Denkpause« oder Orientierungsphase im Lebenslauf, als »Zwischenstufe« zum Erwachsenen-Dasein gesehen. Der Zivildienst wird auch als Chance genutzt, die traditionelle männliche Sozialisation zu korrigieren. Bartjes versteht diese Lernprozesse nicht als Lob auf den Zivildienst, sondern als Hinweise auf vorenthaltene Lernchancen in den vorangegangenen Sozialisationsinstanzen. Die vorenthaltenen Lernchancen provozieren Rückfragen an diejenigen Sozialisationsinstanzen, die die jungen Männer vor dem Zivildienst durchlaufen haben, z.B. Familie, Kindergarten, Schule.[9]

6. *Die Dienstpflicht als »Nachsozialisation« und Lernprogramm*

Analytischer Ausgangspunkt und Diagnose bei den Befürwortern eines Pflichtjahres als Lernprogramm ist das Versagen der traditionellen Sozialisationsinstanzen; in einem Pflichtjahr sollen die entstandenen Defizite bei den jungen Menschen – so die Therapie – gewissermaßen nachsozialisiert werden:
Junge (1993) bringt diesen Zusammenhang wie folgt auf den Punkt: »Junge Menschen wachsen heute, ohne daß sie es vielleicht ahnen oder gar dafür verantwortlich zu machen wären, in einer unvollständigen Lebenswelt auf, die in der Regel ganz

---

[9] Vgl. auch: *Bartjes* (1994a); *Fink* (1990); *Kaiser* (1995); in *Sozial Extra* (1990) finden sich verschiedene Stellungnahmen zu den Folgen der Zivildienstverkürzung.

und gar aus Fitneß, Aktivität, Lebensfreude, Genuß und einer schier unermeßlichen Freiheit des einzelnen zu bestehen scheint. Die ›andere Seite‹ unserer Lebensrealität, die auch wir Erwachsenen im Alltag nur zu gern und solange wir es können verdrängen, kommt nicht mehr in den Blick. Dieser Realitätsverlust wird für immer mehr Jugendliche noch dadurch verstärkt, daß sie (allzu) lange Ausbildungswege gehen müssen und dort in einem gesellschaftlichen Schonraum leben. Würden sie vor dem Beginn des Studiums oder im Rahmen ihrer Ausbildung alle Facetten der Lebenswirklichkeit in unserer Welt wahrnehmen und näher kennen lernen, wäre das ein Gewinn nicht nur für die auf mitmenschliche Hilfe Angewiesenen, sondern ebenso für ihr eigenes Leben und das Gemeinwohl.« Vor diesem Hintergrund empfiehlt er ein soziales Pflichtjahr.

Dettling (1993) hat ebenfalls die »veränderten Lebensverhältnisse von Kindern und Jugendlichen« im Blick, wenn er ein soziales Pflichtjahr für junge Männer fordert: sie wachsen »heute nicht mehr in einer gleichsam ›natürlichen‹ sozialen Umwelt auf«, sondern »in mehr oder weniger geschlossenen Institutionen: Pädagogen sprechen von der ›veranstalteten‹, von der ›institutionalisierten‹ Kindheit und Jugend«. Gleichzeitig würden gesellschaftliche Angebote für junge Menschen, gemeinsam mit anderen etwas Sinnvolles zu tun, fehlen. Dabei würden die Jugendlichen aber genau das suchen. Junge Menschen »denken an ihre Zukunft, wollen aber ihrer Karriere nicht alles unterordnen«; daher gehe es, über die Korrektur der Lebensverhältnisse Jugendlicher hinaus, um den Versuch, in einer erfolgreichen Wirtschaftsgesellschaft auch der praktizierten Solidarität eine Chance zu geben. Als dritten Aspekt hat *Dettling* auch das ungleiche Geschlechterverhältnis im Blick, wenn er die »Neubuchstabierung der Solidarität« fordert: »Ein sozialer Dienst könnte zu einer sozialen Alphabetisierung der jungen Männer führen« – in der längerfristigen »Hoffnung, durch ein soziales Training die geschlechtsspezifische Arbeitsteilung (Der Mann ›verdient‹, die Frau ›dient‹) wenigstens einmal konsequent und mit einiger Aussicht auf Erfolg zu durchbrechen.« Als Beigabe zu dem Artikel von *Dettling* wurden von der Redaktion von DIE ZEIT zwei zustimmende Kommentare von Jugendlichen abgedruckt; ebenso kamen viele Leserbriefe auf den Beitrag von *Dettling*, die zeigen, daß die hier beschriebenen Sozialisationsbedingungen ernst zu nehmen sind. Beispielhaft hier der Leserbrief einer jungen Frau: »Ich selber habe ein freiwilliges soziales Jahr absolviert, als ein konkreter Berufswunsch nach dem Abitur noch nicht in Aussicht war. Meine Erfahrung: Das *real life* selbst im Kindergarten um die Ecke; die Erfahrung, nützlich zu sein und gebraucht zu werden, brachte mich weiter in meiner Persönlichkeitsentwicklung als Jahre fremdbestimmten Lernens am Gymnasium.« (DIE ZEIT, 11.02.1994)

Das *Collegium Augustinum* (1991) stellt fest, »daß sich in unserer modernen Gesellschaft ein Trend zur Entsolidarisierung ihrer Individuen vom Ganzen abzeichnet«. Als Indizien für diese Beobachtung werden genannt: drastischer Rückgang bei Bewerbungen für das Freiwillige Soziale Jahr und Nichtbesetzung von Zivildienststellen. Mit Hinweis auf den Pflegenotstand (s.o.) und den steigenden Bedarf an »einfachen Handreichungen« wird für ein gemeinnütziges Jahr für alle Männer und Frauen zwischen 18 und 27 Jahren plädiert: »Wir sind überzeugt, daß ein gemeinnütziges Jahr eine Möglichkeit sein könnte, das Bewußtsein der Mitverantwortung in einem komplizierten Gemeinwesen wie unserer bundesrepublikanischen Gesellschaft zu stärken«.

Die Mitherausgeberin der Wochenzeitung »DIE ZEIT«, *Marion Gräfin Dönhoff* (1993), beklagt, daß die »Brutalisierung unserer Zeit ein unerträgliches Maß erreicht (hat)«; Gewalt, Brutalität und Korruption hätten den gleichen Ursprung: »Eine permissive society, die keine Tabus duldet, keine moralischen Barrikaden errichtet und die die Bindung an Sitte und Tradition vergessen hat, gerät leicht ›außer Rand und Band‹.« Unsere Epoche leide an geistiger Armut, es werde nur in Kategorien von Macht und Erfolg gedacht. Nun käme es darauf an, »den Bürgern wieder Ziele (zu) setzen«, so der Titel des Leitartikels: »Unsere Gesellschaft wieder zu humanisieren, den Sinn für die Allgemeinheit wieder an die Stelle von Egozentrik und Anspruchsdenken zu setzen, die Politikverdrossenheit in aktive Teilnahme zu verwandeln...«. Zur Realisierung dieser Ziele sollten neben kurzfristigen Strafen und Verboten (etwa von gewaltverherrlichenden Videos) langfristige Schritte stehen: »Jeder junge Mensch will sich bewähren, möchte zeigen was er kann. Es ist höchste Zeit, die Gelegenheit dafür zu schaffen – beispielsweise einen Sozial- und Gemeinschaftsdienst einzurichten.«

Cohn-Bendit (1995) spricht sich angesichts der gesellschaftlich vorhandenen Tendenzen der Entsolidarisierung für ein Sozialökologisches (Pflicht-)Jahr aus. Etwas für Andere, für die Gesellschaft tun, sei wesentlich für Jugendliche; auch würden Jugendliche auf diesem Wege die Gesellschaft besser – als nur aus Büchern – kennenlernen.

Opielka (1992) verknüpft mehrere Hoffnungen mit einem »verpflichtenden Sozialdienst«: die soziale Integration von Minderheiten – Aussiedler, Ausländer, und männliche Jugendliche aus Unterschichten – und eine »neue Schule der Nation: ... diesmal mit einem zivilen Curriculum: (...) Pflegen lernen, Soziales achten und damit die Sorge für das Gemeinschaftliche in der Gesellschaft bewußt mittragen.« Vorstellbar ist für ihn die Einbettung eines solchen Sozialdienstes in das Erziehungssystem.

Neben anderen Aspekten (s.o.) zielt der Gedanke eines Pflichtjahres beim (damaligen) Bundespräsidenten *von Weizsäcker* (1993) »auf eine höhere innere Bereitschaft junger Bürger zur Mitverantwortung«.

Bei *von Donat* (1994) ist die mit einer Dienstpflicht verbundene Hoffnung auf eine Nachsozialisation ebenfalls nur ein Aspekt unter mehreren: »Langfristig wird eine zerfleddernde, dekadente Gesellschaft zur Selbstheilung ermuntert: Eine nachwachsende Generation von Einzelkindern aus alleinerziehenden Haushalten repariert wenigstens nachträglich die fehlenden emotionalen geschwisterlichen Bindungen und lernt familiäre Anpassungsmechanismen.«

Die *Seniorenvereinigung der Union* (1993) sorgt sich um die aktuellen Gewaltausschreitungen und empfiehlt: »Die erzieherische Funktion eines Sozialdienstes wäre groß. Die Krawalle aller Art, einschließlich der gegen Ausländer gerichteten, werden fast ausschließlich von Jugendlichen ausgeübt. Sie könnten ihre überschäumenden Kräfte nützlicher und sinnvoller einsetzen.«

Schorlemmer (1993), Träger des Friedenspreises des deutschen Buchhandels, sieht in einem Pflichtjahr für Jugendliche die Chance, »zivile Tapferkeit an den Bruch- und Notstellen unserer Gesellschaft zu üben«: »Das geteilte Deutschland täte gut daran, allen Anfängen neuen Stärkekults zu wehren und nicht wieder kriegerische Ritterlichkeit, sondern konsequente zivile Tapferkeit zu suchen.« (epd 11.10. 1993)[10]

Die Faszination, die die Idee eines Sozialen Pflichtjahres auf weite Teile der Bevölkerung ausübt, erschließt sich für *Bartjes* (1994c) nur darüber, daß das hier explizit oder implizit formulierte Unbehagen und die Kritik an gesellschaftlichen Entwicklungen und Tendenzen realen Boden habe. Als Beispiel verweist er auf Befunde der sozialwissenschaftlichen Jugendforschung, die von einer »Umstrukturierung des jugendlichen Erfahrungsfeldes von einer vordringlich arbeitsbezogenen Lebensform zu einer vordringlich schulisch bestimmten Lebensform« sprechen. Dies sei auch analytischer Ausgangspunkt mancher Befürworter. Eine Auseinandersetzung mit dem Pflichtjahr, das nicht auf dahinter liegende real existierende Schwierigkeiten und entsprechende Hoffnungen eingehe, werde den Problemen nicht gerecht. Die Idee einer Dienstpflicht wirft insofern zwar »richtige Fragen« auf, so Bartjes weiter, gibt aber die »falsche Antwort«: »Mitverantwortung, Solidarität – Lernziele im Pflichtjahr – sind unverzichtbare Qualitäten in einem demokratischen Gemeinwesen. Um diese zu lernen, braucht es bestimmte Bedingungen. Wer will, daß Menschen Verantwortung tragen und solidarisch handeln, muß den entsprechenden Rahmen dafür herstellen und Mitwirkungsmöglichkeiten anbieten.«

Bartjes (1994b) verweist darauf, daß Diskussionen über »die« Jugend vorwiegend Orte sind, an denen es der Gesellschaft um sich selbst geht, an denen sie sich über sich selbst verständigt: »Jugend ist immer auch ›Deutungs- und Verständigungskonstrukt‹.« Vor diesem Hintergrund ordnet er auch das Soziale Pflichtjahr ein: Schwierigkeiten der Gesellschaft werden als Jugendprobleme deklariert. Eine solche Umdefinition biete den Vorzug, daß sie entlaste: wenn es nur eine bestimmte Gruppe betrifft, muß sich der »große Rest« nicht mehr den Mühen, grundsätzliche Antworten auf schwieriger werdende Verhältnisse zu finden, unterziehen: »Phänomene einer Entsolidarisierung, einer Auflösung traditionaler Zusammenhänge (wie Familie, Nachbarschaften etc.) sind dann nicht Ausdruck und Folge des Modernisierungsprozesses, eines umfassenden gesellschaftlichen Strukturwandels, sondern reduzieren sich zum Problem eines nachlassenden sozialen Engagements der Jugend. (...) Staatsverdrossenheit, Mitgliederschwund in allen großen gesellschaftlichen Organisationen verweisen dann nicht auf fehlende Möglichkeiten demokratischer Teilhabe, sondern verkleinern sich zum Problem ›fehlender Mitverantwortung‹ der Jugend.«

Brumlik (1994a; 1994b) sieht den Vorschlag eines Pflichtjahres im Kontext umfassender Versuche einer Reformulierung der Pädagogik (»Mut zur Erziehung«): »An neukonservativen Vorschlägen fällt vor allem auf, daß sie den einen Begriff, der für

---

10 Eine ähnliche Argumentation wie bei den vorgenannten findet sich auch bei *Brauns* (1994), *Tönnies* (1996a; 1996b) und *Bahr* (1996a; 1996b).

politisches und pädagogisches Denken der Moderne unerläßlich ist, gänzlich unterschlagen: den Begriff der Demokratie. Ist nicht denkbar, daß die einzig erfolgversprechende Weise, jene Haltungen, die für ein einvernehmliches und engagiertes Zusammenleben in einer komplexen Gesellschaft nötig sind, zu fördern, im Etablieren gemeinsamer, von echten Anerkennungs-, Teilhabe- und Mitwirkungschancen geprägter Sozialbezüge liegt?« (*Brumlik* 1994b, XIV)

Buff/Hoffmann (1991) fragen, ob »der Platz am Pflegebett der richtige Ort ist, jene humanen Fähigkeiten zu erlernen, für die im Elternhaus, in der Schule und am Fernsehgerät kein Platz war. Der soziale Bereich als Hilfsschule für elementare menschliche und mitmenschliche Qualitäten?«

7. Rechtliche Aspekte

Der Wissenschaftliche Dienst des Deutschen Bundestages hat 1991 zum Thema Allgemeine Dienstpflicht ein Rechtsgutachten von Prof. Dr. *Pietzcker* (1991), Universität Bonn, erstellen lassen. Ergebnis: Mit der bestehenden verfassungsrechtlichen Lage wäre die Einführung einer allgemeinen Dienstpflicht unvereinbar. Zur Entstehungsgeschichte des durch Art. 12 Abs. 2 GG festgelegten Dienstpflichtverbotes und den Motiven des Verfassungsgebers dabei wird im Gutachten klargestellt, daß Art. 12 GG mit Blick auf die Erfahrungen mit dem »Arbeitsdienst« im Nationalsozialismus konzipiert wurde, daß das explizite Verbot unzweifelbar als Abkehr von nationalsozialistischen Vorstellungen der selbstverständlichen Indienstnahme der Arbeitskraft des Einzelnen für den Staat gemeint ist. Zahlreiche internationale Vereinbarungen verbieten zwar Zwangs- oder Pflichtarbeit, lassen aber »normale Bürgerpflichten« zu. Da nach *Pietzcker* eine Verfassungsänderung zur Einführung einer allgemeinen Dienstpflicht erforderlich sei, wäre eine solche Maßnahme auch eine normale Bürgerpflicht im Sinne der internationalen Vereinbarungen. Die diesbezüglichen internationalen Abkommen stehen also einer Dienstpflicht nicht entgegen, nur das Übereinkommen der Internationalen Arbeitsorganisation (ILO) könnte, je nach Ausgestaltung der Dienstpflicht, Probleme aufwerfen.

Philipp (1992) dokumentiert die wesentlichen Ergebnisse des Gutachtens von *Pietzcker* und fasst die Diskussion um Wehrpflicht und Dienstpflicht hinsichtlich der politischen Konsequenzen zusammen.

Kaleck (1994) arbeitet, in kritischer Auseinandersetzung mit *Pietzcker*, heraus, daß die allgemeine Dienstpflicht auch durch eine Verfassungsänderung nicht in das Grundgesetz aufgenommen werden kann. Er erinnert an die politische und juristische Kritik an der Einführung der Allgemeinen Wehrpflicht 1956 und der Notstandsverfassung 1968 und plädiert dafür, diese historischen Erfahrungen in die aktuelle Debatte zu integrieren.

Frank (1995) betont ebenfalls (wie *Pietzcker*), daß die Entstehungsgeschichte des Art.12 Abs. 2 GG als eine bewußte Abkehr von der nationalsozialistischen Indienstnahme der Arbeitskraft des Einzelnen zu verstehen ist: »Die Geschichte der Arbeitspflichten in der freiheitlichen Demokratie belegt gerade in Deutschland, daß man sich hier trotz immer wieder erhobener Forderungen mit der verfassungsrechtlichen Verankerung schwer tat und eher nach der klaren Begrenzung von Grundpflichten suchte, um dem Staat nicht noch einmal die Möglichkeit einzuräumen, mit solch einem Instrument Mißbrauch zu betreiben (4).« Vor diesem Hintergrund komme die herrschende Lehre zu dem Ergebnis, daß die Einführung eines sozialökologischen Jahres als Pflichtjahr auf der Grundlage des vorhandenen Verfassungstextes nicht realisierbar sei.

Tobiassen (1994) bietet eine Zusammenstellung der international von der Bundesrepublik eingegangenen Verpflichtungen, die die Einführung einer allgemeinen Dienstpflicht verbieten. Zu den in diesem Sinne relevanten internationalen Vereinbarungen gehören etwa der »Internationale Pakt über bürgerliche und politische Rechte« der Vereinten Nationen vom 19.12.1966 oder die »Konvention zum Schutze der Menschrechte und Grundfreiheiten« des Europarates.[11]

8. Historische Aspekte

Ausgehend von der Bestandsaufnahme, daß viele deutsche Jugendliche ohne Arbeit sind und sich treiben lassen, versucht *Tönnies* (1996a; 1996b) eine Rehabilitation des Arbeitsdienstes, der keine originäre Idee der Nationalsozialisten gewesen sei, sondern vor allem aus jugendbewegten Kreisen der Weimarer Republik gekommen sei. Sie erinnert an internationale Erfahrungen mit staatlich verordneter Arbeit, etwa im New Deal der USA oder in der Kibbuzbewegung in Israel, und kommt zu der Schlußfolgerung: »Wenn man die Erfahrungen in anderen Ländern heranzieht, gibt es gar keinen Grund anzunehmen, daß solche Gründungen eine natürliche Tendenz haben, in Einrichtungen des Totalitarismus oder womöglich Konzentrationslagern umzuschlagen.«

Das Plädoyer von Tönnies hat, wie andere vergleichbare Voten auch, eine polarisierte Diskussion ausgelöst, die in DIE ZEIT abgedruckt wurde. Da der Ausgangspunkt ihrer Argumentation der historische Bezugspunkt war, sollen die auf sie bezogenen Beiträge hier plaziert werden, obwohl auch andere Aspekte zur Sprache kamen.

Kleine-Brockhoff (1996) insistiert in seiner Entgegnung darauf, daß sich der liberale Staat auf Freiwilligkeit gründe und ein Arbeitsdienst dazu in scharfen Kontrast stehe: »Der liberale Staat kann keine moralische Lehranstalt sein.«

Greffrath (1996) wiederum nimmt – Tönnies verteidigend – die Idee der Arbeitsdienste noch einmal auf: »Eine dritte Dimension der Bildung, verallgemeinert zwischen Schule und Beruf: die Bürgerarbeit.« Da der Markt allein die notwendigen Arbeitsplätze nicht mehr organisieren könne, setzt auch er auf den – gleichsam modernisierten – Anschluß an das historische Experiment des New Deal.

Die grüne Bundestagsabgeordnete (und jetzige Gesundheitsministerin) *Fischer* (1996) konterte mit der Feststellung, daß es dieser Gesellschaft – angesichts von

---

11 Weitere Literatur: *Klees* (1991, 44ff); *Tobiassen* (1995).

sechs Millionen Arbeitslosen – nicht an Arbeitsmoral, sondern an Arbeitsplätzen fehle. Diese zu schaffen sei Aufgabe der jetzigen Erwachsenen-Generation. Wenn es aber um freiwilliges Engagement gehe – für jeden Lebensabschnitt und nicht nur für junge Menschen – seien hierfür ermutigende und unterstützende Bedingungen zu schaffen.

Götz (1994) zeigt in einem historischen Exkurs auf, daß die Frage, ob die in der Verfassung verankerten Grundpflichten Teil der demokratischen Grundpflichten oder ganz im Gegenteil eher Kennzeichen nichtdemokratischer Epochen seien, vehement umstritten ist.

Philipp (1991) skizziert den »vaterländischen Hilfsdienst« im kaiserlichen Deutschland und den »Reichsarbeitsdienst« im Nationalsozialismus als die historischen Vorbilder für die heutige Forderung nach einer allgemeinen Dienstpflicht.

Wippermann (1994) charakterisiert den Reichsarbeitsdienst im Nationalsozialismus als eine Institution, die primär der ideologischen, vor allem rassistischen und militärischen Indoktrinierung, der politischen Disziplinierung und der Vorbereitung auf den Kriegsdienst diente, während die ursprünglich gefeierte Funktion, zur Überwindung der Arbeitslosigkeit beizutragen, ganz in den Hintergrund geriet.

In einer Detailstudie zeigen *Bartz/Mor* (1979), wie aus verschiedenen Maßnahmen gegen die Jugendarbeitslosigkeit in der Weimarer Republik der Zwang zur Arbeit für Jugendliche wurde.[12]

9. Ökonomische Aspekte

Beck (1994) unterscheidet zwischen direkten Kosten eines Pflichtdienstes – jene die unmittelbar durch seine Einführung entstehen und im Staatshaushalt nachweisbar sind – und indirekten Kosten, die dadurch entstehen, daß die herangezogenen Erwerbspersonen nicht dem ihren Präferenzen entsprechenden Beruf nachgehen können (Opportunitätskosten). Werden letztere mitberücksichtigt, kostet die Volkswirtschaft die Heranziehung eines Jahrganges zu einem Pflichtjahr mindestens 39 Milliarden DM. Den gesellschaftlichen Nutzen eines Pflichtjahres ermittelt er über zwei Alternativen: über den Lohn einer Fachkraft einerseits und den Sold andererseits. Er geht weiter von folgender Überlegung aus: solange die Zwangsverpflichteten in ihrem Pflichtjahr eine geringere Wertschöpfung erbringen als in ihrem normalen Beruf, werden die volkswirtschaftlichen Kosten des Pflichtjahres seinen volkswirtschaftlichen Nutzen übersteigen, da man die betreffenden Leute in anderen Positionen produktiver beschäftigen könnte. Fazit: »Der Vorschlag ist ökonomisch unsinnig und teuer, er kann weder den Pflegenotstand beheben, noch schafft er zusätzliche Arbeitsplätze. Der Staatshaushalt wird nur um den Preis erhöhter volkwirtschaftlicher Kosten und verringerter gesamtwirtschaftlicher Effizienz entlastet.«[13]

---

12 Weitere Literatur: *Klees* (1991); *Köhler* (1967).
13 Weitere Literatur: *Heidinger* (1993); vgl. auch unter 2.6.: *Blandow* 1994; *von Boetticher* 1993, 1994; weiter: *Krauss* 1988.

10. Theologische Aspekte

Beierle (1994), Landespfarrer der Diakonie (Hessen Nassau), geht in seinem Beitrag »Pflichtdienste und diakonisches Selbstverständnis« von der These aus: »Freiheit, Entscheidungsfreiheit gehört nach meinem theologischen Selbstverständnis zur Grundlage des christlichen Lebens, des Denkens und des Handelns, also auch in der Diakonie.«

Der Präsident des Diakonischen Werkes der EKD, Jürgen *Gohde* (1994), spricht sich gegen eine Dienstpflicht aus. In seinem Beitrag geht er vor allem der Frage nach, ob Gemeinsinn und Pflicht zusammenhängen. Sein Fazit: »Der Blick in die biblische Tradition bestätigt und entfaltet, daß eine Gemeinwohlorientierung nicht die Gestaltung eines abstrakten Prinzips ist, sondern die Gestaltung einer Beziehung aus freien Stücken. Erbarmen und Gerechtigkeit entsprechendes Handeln ist freiwilliges Handeln. Es setzt die Wahrnehmung des Menschlichen und die Einsicht in die eigene Unvertretbarkeit voraus.« (*Gohde* 1994, 16) Diesen Zusammenhang hätten Christen in die Diskussion um die Gemeinwohlorientierung einzubringen.

11. Umfragen zur Akzeptanz eines allgemeinen Gemeinschaftsdienstes

Im Auftrag des *Collegium Augustinum* (1991), das sich schon 1991 für ein soziales Pflichtjahr für Männer und Frauen ausgesprochen hatte (s.u.), führte das *Institut für Demoskopie Allensbach* (1993) eine bundesweite Repräsentativumfrage bei 16- bis 29-jährigen durch. Dabei wurde den Jugendlichen folgende Frage gestellt: »Statt der Wehrpflicht für junge Männer gibt es ein gemeinnütziges Jahr für alle jungen Männer und Frauen. Man kann sich aussuchen, welche Art von Dienst man leisten will. Für Männer und Frauen gibt es die gleichen Möglichkeiten.« Anschließend wurden unterschiedliche Einsatzfelder (Soziale Arbeit, Ökologie, Bundeswehr etc.) aufgezählt. Die Reaktion, so Allensbach, »war weit überwiegend positiv«: 77% der Männer und 58% der Frauen »halten den Vorschlag für gut, statt der Wehrpflicht ein gemeinnütziges Jahr für alle jungen Männer und Frauen einzuführen«.

Kritisch anzumerken ist hier, daß die Fragestellung relativ eng begrenzt blieb, beispielsweise nicht die Alternative von freiwilligem Engagement angedeutet wurde. So wurde im Grunde nur gefragt, ob die Einsatzbereiche der Wehrpflicht ausgedehnt werden sollen – und warum sollten Jugendliche dies verneinen? Diese grundsätzliche Schieflage in der Fragestellung findet sich auch in der Pilot-Studie zur gesellschaftlichen Engagementbereitschaft von 18-28jährigen Männern und Frauen des Sozialwissenschaftlichen Instituts der Bundeswehr: *Kohr* (1990) sieht dies selbst auch so: »In der Befragung wurde der Gesellschaftsdienst selbst als obligatorisch eingeführt: die Wahlmöglichkeiten bezogen sich nur auf den Inhalt des Dienstes.« (*Kohr* 1990, 27) *Kohr* fragt nach der gesellschaftlichen Engagementbereitschaft von Jugendlichen, konkretisiert in der hypothetischen Frage nach der Akzeptanz eines obligatorischen Gesellschaftsdienstes. Vor diesem Hintergrund wertet er die hohe Akzeptanz eines solchen Dienstes als eine sehr große generelle Engagementbereitschaft von jungen Frauen und Männern: die empirischen Ergebnisse sprächen dafür, »daß ein Gesellschaftsdienst, der ähnliche Wahlmöglichkeiten enthält, wie sie in der Befragung vorgegeben wurden, Jugendlichen akzeptabel und sinnvoll erscheinen könnte. Dies dürfte vor allem dann der Fall sein, wenn die Möglichkeit gegeben wäre, sich für einen solchen Dienst freiwillig zu entscheiden.«

12. *Freiwilliges Engagement (Skizze)*

Verständlicherweise spielt freiwilliges, ehrenamtliches oder bürgerschaftliches Engagement in den Auseinandersetzungen um eine Dienstpflicht – gleichsam als Gegenmodell – eine große Rolle[14]. Einige Diskussionslinien seien im folgenden angedeutet:
- Sozialwissenschaftliche Studien sprechen von einem »Strukturwandel des Ehrenamtes« und einem »Neuen sozialen Ehrenamt« (etwa: *Rauschenbach* 1991; *Müller/Rauschenbach* 1992; *Olk* 1987; *Jakob* 1992; *Jakob/Olk* 1995; *Simmel-Joachim* 1994a, 1994b; *Bartjes* 1995; *Bartjes/Janning* 1995; *BFSFJ* 1999). Die Bereitschaft zum Engagement sei weiterhin vorhanden, im Wandel begriffen seien Formen der Hilfe: Anforderungen an demokratische Strukturen und Transparenz des Arbeitsfeldes, andere Formen der Kooperation von hauptamtlichen Professionellen und ehrenamtlichen HelferInnen, der Einbezug eigener Bedürfnisse und biographischer Fragen etc. Wichtige Fragen sind hier z.B.: Wie kann eine Aufwertung ehrenamtlicher Arbeit erfolgen, ohne in die Falle sozialstaatlicher Ausbeutung (»nützliche Arbeit zum Nulltarif«) zu tappen? Wie kann die geschlechtshierarchische Arbeitsteilung – den Frauen die unbezahlte Arbeit, den Männern die Ehre – verändert werden? Wie können traditionelle Leitbilder der Pflege (Selbstlosigkeit, Opfermentalität etc.) und sozialen Arbeit auf die veränderten Bedürfnisse ehrenamtlich Tätiger reagieren? Wie könnten entsprechende Strukturen aussehen, die zum Engagement einladen und es nicht nur moralisch einfordern?
- Der letzte Punkt lenkt die Aufmerksamkeit auf erfolgreiche Modelle im In-und Ausland; vgl. dazu etwa *Bono* 1995; *Dechamps* 1989; *Paulwitz* 1988; *Olk* 1991; *Gaskin u.a.* 1996; *Janning* 1995; *Bartjes/Janning* 1999.
- Weiterhin sind sowohl die Konzepte und Erfahrungen der Freiwilligen Friedensdienste (dazu z.B.: *AGDF* 1995, 1998; *Büttner* 1995; *Cresson* 1995; *Evangelische Kirche in Deutschland* 1996; *Ebert* 1997; *Gaede* 1993; *Schophuis* 1992a, 1992b; *Pobleme des Friedens* 1992, 1994) als auch des
- Freiwilligen Sozialen Jahres (*Institut für Entwicklungsplanung und Strukturforschung* 1989; *Schmidt-Rauch u.a.* 1991; *Dziadek* 1991; *Haug* 1994; *Nagel/Möbius* 1994; *BSFSJ* 1998) und des Freiwilligen Ökologischen Jahres (*Schuchardt u.a.* 1991; *BSFSJ* 1996) von Bedeutung.

---

14 Vgl. hierzu auch die umfangreiche und nach verschiedenen Themenfeldern gegliederte Literatur-Übersicht von *Maas* (1997).

Teil II. *Alphabetisches Verzeichnis nach AutorInnen*

(AGDF) Aktionsgemeinschaft Dienst für den Frieden, Freiwilligendienst: Innovation in Europas Zukunft, Bonn 1995.
(AGDF) Aktionsgemeinschaft Dienst für den Frieden, Friedensfachdienst ist nötig, Bonn 1998.
Arbeitsgruppe »Dienste für den Frieden« der Deutschen Kommission Justitia et Pax, Allgemeine Wehrpflicht – ethisch noch vertretbar?, Schriftenreihe Gerechtigkeit und Frieden, Arbeitspapier 65, Bonn 1993.
Arbeitsgruppe »Ziviler Friedensdienst« der Kirchenleitung der EKiBB, Ziviler Friedensdienst: Ein unverdrossenes Angebot an unsere Politiker, in: gewaltfreie aktion, 26.Jg., Heft 101/102, 13-22 (1994)
Backhaus-Maul, Holger u.a., Eine allgemeine Dienstpflicht als Mittel zur Lösung des Pflegenotstandes. Neue Kultur des Zwangshelfens?, in: Zeitschrift für Sozialreform, 37.Jg., 349-366 (1991).
Bahr, Hans-Eckehard, Es gibt viel zu tun zwischen Halle und Kiew, in: DIE ZEIT, 14, 29.03.1996a.
Bahr, Hans-Eckehard, Wissen wofür man lebt, in: DIE ZEIT, 37, 06.09.1996b.
Bald, Detlef, Wehrpflicht – Der Mythos vom legitimen Kind der Demokratie, in: *Opitz/Rödiger*, 30-45 (1994)
Bartjes, Heinz, Zwang zur Gemeinschaft? Vom Zivildienst zur Dienstpflicht, in: Widersprüche, 14.Jg., Heft 52, 91-106 (1994a).
Bartjes, Heinz, Das Soziale Pflichtjahr – Falsche Antwort auf richtige Fragen, in: Puzzle. Zeitschrift für Friedenspädagogik, 3.Jg., 2-8 (1994b).
Bartjes, Heinz, Pflichtdienste – ein Lernprogramm für soziale Kompetenz?, in: Diakonie Korrespondenz, 11, 9-18 (1994c).
Bartjes, Heinz, Die etwas andere Professionalität. Thesen, Überlegungen, und offene Fragen zum »Neuen Ehrenamt«, in: Sozialmagazin, 20.Jg., Heft 3, 14-18 (1995a).
Bartjes, Heinz, Ein soziales Pflichtjahr zur Behebung des Pflegenotstandes?, in: *Wegenast, Werner* (Hrsg.), Zwischen Patientenwohl und Pflegenot: Wege aus der klinischen Krise, Tübingen, 65-73 (1995b).
Bartjes, Heinz, Der Zivildienst als Sozialisationsinstanz. Theoretische und empirische Annäherungen, Weinheim und München 1996.
Bartjes, Heinz, Materialmappe »Zivildienst/Allgemeine Dienstpflicht«, Stuttgart 1995d (Bezug über: ÖTV-Bundesjugendsekretariat).
Bartjes, Heinz/Janning, Heinz, Stichworte zur Neuorganisation freiwilligen Engagements, in: Sozialmagazin, 20.Jg., Heft 3, 30 (1995).
Bartjes, Heinz/Janning, Ehrenamt und Wirtschaft. Internationale Beispiele bürgerschaftlichen Engagements der Wirtschaft, Beiträge zum Ehrenamt 2, hgg. von der Robert Bosch Stiftung, Stuttgart 1999.
Bartz, Joachim/Mor, Dagmar, Der Weg in die Jugendzwangsarbeit. Maßnahmen gegen Jugendarbeitslosigkeit zwischen 1925 und 1935, in: *Lenhardt, Gero* (Hrsg.), Der hilflose Sozialstaat. Jugendarbeitslosigkeit und Politik, Frankfurt/M., 28-94 (1979).
Beck, Hanno, Zur Ökonomie von Pflichtdiensten, in: 4/3 – Fachzeitschrift zu Kriegsdienstverweigerung, Wehrdienst und Zivildienst, 12.Jg., 94-99 (1994).
Beck, Ulrich, Die Seele der Demokratie, in: DIE ZEIT, 49, 28.11.1997.
Beck, Ulrich, eigenes leben. Skizzen zu einer biographischen Gesellschaftsanalyse, in: Eigenes Leben: Ausflüge in die unbekannte Gesellschaft, hgg. Bayrische Rückversicherung, München 1995.
Beierle, Alfred, Pflichtdienste und diakonisches Selbstverständnis, in: Diakonie Korrespondenz 11, 4-8 (1994).

Beywl, Wolfgang, Pflichtdienst für alle (Männer): Lösungsweg oder Sackgasse?, in: FR Dokumentation, 12.08.1994, 10.
Blätter der Wohlfahrtspflege, Themenheft: Freiwillige soziale Dienste, 141.Jg., Heft 6 (1994).
Blandow, Jürgen, Wenn es keinen Zivildienst mehr gäbe ..., in: 4/3 – Fachzeitschrift zu Kriegsdienstverweigerung, Wehrdienst und Zivildienst, 12.Jg., 63-66 (1994).
Boetticher von, Dietmar, Die Ersetzung Zivildienstleistender durch tariflich bezahlte Arbeitskräfte – eine Modellrechnung, in: 4/3 – Fachzeitschrift zu Kriegsdienstverweigerung, Wehrdienst und Zivildienst, 12.Jg., 56-62 (1994).
Bono, Maria Laura, Großbritannien: Ehrenamtlich heißt unentgeltlich, nicht anspruchslos, in: socialmanagement 3, 5-8 (1995).
Borchers, Wolfgang, »Wehrgerechtigkeit« aus verfassungsrechtlicher Sicht, in: 4/3 – Fachzeitschrift zu Kriegsdienstverweigerung, Wehrdienst und Zivildienst, 10.Jg., 116-119 (1992).
Brauns, Hans-Jochen, Plädoyer für ein Gemeinschaftsjahr, in: *Zivildienst im Umbruch*, XV-XVI (1994)
Brumlik, Micha, Autorität, Arbeitsdienst, Vaterland, in: FR Dokumentation, 12.03.1994a, 8.
Brumlik, Micha, Solidarität gedeiht nur in Freiheit, in: Zivildienst im Umbruch, XII-XV (1994b).
Bündnis 90/Die Grünen im Deutschen Bundestag (Hg.), »Was kommt nach dem Zivildienst?«, Dokumentation einer Fachtagung, Bonn 1998.
Büttner, Christian, Friedensbrigaden. Zivile Konfliktbearbeitung mit gewaltfreien Methoden, Münster 1995.
Buff, Wolfgang/Hoffmann, Gerhard A., Nein – Keine »soziale Zwangsarbeit«, in: Was Uns Betrifft, 20.Jg., Heft 4, 18-22 (1990).
Buff, Wolfgang/Hoffman, Gerhard A., Grundsätzliche Anmerkungen zu der Forderung nach einem Pflichtdienst für Männer und Frauen in der Bundesrepublik Deutschland, in: Die Schwester, Der Pfleger, 30.Jg., 114-117 (1991).
Bund für Soziale Verteidigung (BSV), Ziviler Friedensdienst. Ein Konzept des Bundes für Soziale Verteidigung, in: gewaltfreie aktion, 26. Jg., Heft 99/100, 22-30 (1994).
BFJ, Bundesministerium für Frauen und Jugend (Hg.), Freiwilliges Soziales Jahr, Freiwilliges Ökologisches Jahr: Junge Leute beteiligen sich, Stuttgart u.a. 1994.
BSFSJ, Bundesministerium für Familie, Senioren, Frauen und Jugend (Hg.), Abschlußbericht zum Freiwilligen Ökologischen Jahr, Stuttgart u.a. 1996.
BSFSJ, Bundesministerium für Familie, Senioren, Frauen und Jugend (Hg.), Untersuchung zum Freiwilligen Sozialen Jahr, Stuttgart u.a. 1998.
BSFSJ, Bundesministerium für Familie, Senioren, Frauen und Jugend (Hg.), Das Ehrenamt in empirischen Studien – ein sekundäranalytischer Vergleich, Stuttgart u.a. 1999.
Caritas-Arbeitsgruppe, Zukunft des Zivildienstes, in: Caritas. Beihefte der Zeitschrift für Caritasarbeit und Caritaswissenschaft, Heft 4/1994.
Collegium Augustinum, Anstoß, Mai 1991.
Cresson, Edith, Leitlinien für einen europäischen Freiwilligendienst für Jugendliche. Mitteilung an die Kommission der Europäischen Gemeinschaften, Brüssel 1995.
Dechamps, Andrea, Volunteers und Ehrenamtliche Helfer. Ein deutsch-englischer Vergleich, Bad Heilbrunn 1989.
Dettling, Warnfried, Solidarität – neu buchstabiert, in: Die Zeit 05.03.1993, 3.
DFG/VK Offenbach, Zivildienst – Leiharbeit zum Supersparpreis, in: 4/3 – Fachzeitschrift zu Kriegsdienstverweigerung, Wehrdienst und Zivildienst, 8.Jg., 145- 149 (1990).
DFG/VK Offenbach, Wehrpflichtige oder Frauen – wer rettet die soziale Versorgung?, in: 4/3 – Fachzeitschrift zu Kriegsdienstverweigerung, Wehrdienst und Zivildienst, 9.Jg., 19-22 (1991).

Deutscher Caritasverband (Hrsg.), Zividienst in der Sackgasse?, Freiburg 1993.
Diakonie Korrespondenz, Dokumentation der Fachtagung Freiwillige Sozialer Dienste, Veranstalter: Arbeitskreis Freiwillige soziale Dienste des Diakonischen Werkes der EKD und der Arbeitsgemeinschaft der Evangelischen Jugend in der Bundesrepublik Deutschland e.V., Heft 11/1994.
Dierlamm, Werner, Nein zu Kriegswaffen – Ja zu Dienstpflichten, in: Ohne Rüstung leben, Informationen 67, Heft 1, 6-7 (1994).
Döbereiner, Hans-Georg, Der Zivildienst im Paritätischen, in: *Zivildienst im Umbruch*, VI-VII (1994).
Dönhoff, Marion Gräfin, Den Bürgern wieder Ziele setzen, in: DIE ZEIT, 12.09.1993, 1.
Donat von, Marcell, Soziales Pflichtjahr für alle, in: DIE ZEIT, 21.01.1994, 8.
Dziadek, Regine, Das Freiwillige Soziales Jahr (FSJ) – eine Gegenwelt, in: Jugendwohl, 72.Jg., Heft 3, 112-120 (1991).
Ebert, Theodor, Auswärtige Einsätze des Zivilen Friedensdienstes, in: gewaltfreie aktion, 26.Jg., Heft 99/100, 30-36 (1994a)
Ebert, Theodor, Überlegungen zur politischen Akzeptanz des Zivilen Friedensdienstes, in: gewaltfreie aktion, 26.Jg., 101/102, 4-8 (1994b).
Ebert, Theodor, Ziviler Friedensdienst – Alternative zum Militär. Grundausbildung in gewaltfreiem Handeln, Münster 1997.
Elicker, Michael, Schluß mit der Wehrpflicht! Zu den Ergebnissen der US-amerikanischen und deutschen Wehrstruktur-Kommissionen, in: 4/3 – Fachzeitschrift zu Kriegsdienstverweigerung, Wehrdienst und Zivildienst, 12.Jg., 104-108 (1994).
Eppelmann, Rainer, Soziales Pflichtjahr gegen Fremdenfeindlichkeit, in: Deutsches Allgemeines Sonntagsblatt, Nr.22, 18, (1994).
Evangelische Arbeitsgemeinschaft zur Betreuung der Kriegsdienstverweigerer (EAK), Stellungnahme zur Dienstpflicht, dokumentiert in: 4/3 – Fachzeitschrift zu Kriegsdienstverweigerung, Wehrdienst und Zivildienst, 12.Jg., 9-10 (1994).
Ev. Kirche in Deutschland, Friedensdienste und Friedensarbeit unterstützen und qualifizieren. Konzeptionelle zur Zukunft christlicher Friedensdienste, Hannover 1996.
Fetscher, Iring, Warum nicht ein Arbeitsdienst?, in: Badische Zeitung, 15.04.1992
Fink, Ulf, Die neue Kultur des Helfens. Nicht Abbau, sondern Umbau des Sozialstaates, München 1990.
Finckh, Ulrich, Wehrgerechtigkeit, in: Bericht des Vorstands der Zentralstelle für Recht und Schutz der Kriegsdienstverweigerer zu Mitgliederversammlung; gekürzte Fassung in: 4/3 – Fachzeitschrift zu Kriegsdienstverweigerung, Wehrdienst und Zivildienst, 10.Jg., 59-61 (1992a).
Finckh, Ulrich, Wenn die Wehrpflicht abgeschafft ist – Auswirkungen auf Zivildienst und andere Ersatzdienste, in: 4/3 – Fachzeitschrift zu Kriegsdienstverweigerung, Wehrdienst und Zivildienst, 10.Jg., 59-61 (1992b).
Finckh, Ulrich, Die Wehr-Ungerechtigkeit bleibt!, in: 4/3 – Fachzeitschrift zu Kriegsdienstverweigerung, Wehrdienst und Zivildienst, 12.Jg., 116-117 (1994).
Finis Siegler, Beate, Konversion des Zivildienstes, in: *Bündnis 90/Die Grünen im Deutschen Bundestag* (Hg.), »Was kommt nach dem Zivildienst?«, Dokumentation einer Fachtagung, Bonn, 8-16 (1998)
Fischer, Andrea, Laßt sie in Frieden!, in: DIE ZEIT, 36, 30.08.1996.
Frieden und Abrüstung, Nr.43, Wehrpflicht im Umbruch, Januar 1993, hrsg. von der Initiative für Frieden e.V., Bonn 1993.
Funke-Schmitt-Rink, Margret, Die Last mit dem Dienen, in: DIE ZEIT, 11.10.1991.
Gaede, Daniel, Vorläufige Standortbestimmung langfristiger freiwilliger Friedensdienste, Arnoldshain 1993.

Gaskin, Katharine / Smith, Justin Davis / Paulwitz, Irmtraut u.a. (Hg.), Volunteering in Europa. Untersuchung zur Verbreitung und Rolle bürgerschaftlichen Engagements, hg. von der Robert-Bosch-Stiftung, Freiburg 1996.

gewaltfreie aktion, Vierteljahreshefte für Frieden und Gerechtigkeit, 24.Jg., Heft 93/94 (1992).

gewaltfreie aktion, 26.Jg., Heft 101/102: Schwerpunktheft »Ziviler Friedensdienst« (1994).

Görner, Regina, Allgemeine Dienstpflicht oder freie Wahl des Arbeitsplatzes, in: 4/3 – Fachzeitschrift zu Kriegsdienstverweigerung, Wehrdienst und Zivildienst, 12.Jg., 139-142 (1994).

Gohde, Jürgen, Kann man Gemeinsinn erzwingen? – Gedanken über die Dienstpflichtdiskussion, in: Zentralstelle (1994).

Greffrath, Mathias, Laßt sie arbeiten!, in: DIE ZEIT, 34, 16.08.1996.

Groß, Jürgen / Lutz, Dieter S., Wehrpflicht ausgedient? Hamburger Beiträge zur Friedensforschung und Sicherheitspolitik, Heft 103, Hamburg 1996.

Guggenberger, Bernd, Der erste der letzten Kriege? Am Ende des Kalten Krieges: Nachgedanken zum Krieg am Golf, Eggingen 1991.

Hackler, Dieter, Die Kostenbeteiligung im Zivildienst, in: *Zivildienst im Umbruch*, V-VI (1994).

Hamer, Eberhard, Warum kein Pflichtjahr zur Finanzierung der Pflege?, in: Welt am Sonntag, 28.03.1993.

Hank, Rainer, Kein Wundermittel, in: Frankfurter Allgemeine Zeitung, Nr.221, 22.09.1990.

Haug, Otto, Das soziales Lernen muß neu organisiert werden, in: Blätter der Wohlfahrtspflege, 141.Jg., Heft 6, 111- 114 (1994).

Heidinger, Michael, Ökonomische Dimensionen einer allgemeinen Dienstpflicht, in: Sozialer Fortschritt, 42.Jg., 166-171 (1993).

Herz, Christian, Wehrpflicht und Gewissen – über die Pflicht sich gegen die Wehrpflicht zu wehren, in: 4/3 – Fachzeitschrift zu Kriegsdienstverweigerung, Wehrdienst und Zivildienst, 11.Jg., 65-68 (1993).

Institut für Demoskopie Allensbach, Statt Wehrpflicht für Männer gemeinnütziges Jahr für alle? Allensbach 1993.

Jakob, Gisela, Zwischen Dienst und Selbstbezug, Opladen 1993.

Jakob, Gisela/Olk, Thomas, Professionelles Handeln und ehrenamtliches Engagement – ein ›neuer‹ Blick auf ein ›altes‹ Problem, in: Sozialmagazin, 20.Jg., Heft 3, 19-23 (1995)

Jahrestagung Zivildienst des Diakonischen Werkes der Evangelischen Kirche in Deutschland, Goslar 23.-25.04.1991: »Perspektiven der Allgemeinen Wehrpflicht und die Konsequenzen für unsere Arbeit mit Zivildienstleistenden«, Dokumentation.

Janning, Heinz, u.a. (Hg.), Kriegs-/Ersatzdienstverweigerung in Ost und West, Essen 1990.

Janning, Heinz, Ehrenamtlichkeit fällt nicht vom Himmel. Über das niederländische Freiwilligensystem, in: Sozialmagazin, 20.Jg., Heft 3, 28-29 (1995).

Jetter, Frank, Ehre statt Zwang I, in: Soziale Sicherheit, H. 1, S. 18-24 (1996).

Jetter, Frank, Ehre statt Zwang II, in: Soziale Sicherheit, H. 2, S. 65-70 (1996).

Junge, Hubertus, Sozialpflicht statt Wehrpflicht?, in: Jugendwohl. Zeitschrift für Kinder- und Jugendhilfe, 74.Jg., 52-53 (1993).

Kämper, Sebastian, Von der Pflicht als Chance, in: *Janning u.a.*, 135-139 (1990).

Kaiser, Susanne, Statt Zivis besser Laienhelfer?, in: Sozialmagazin, 20.Jg., Heft 3, 26-27 (1995).

Kaldrack, Gerd/Klein, Paul (Hrsg.), Die Zukunft der Streitkräfte angesichts weltweiter Abrüstungsbemühungen, Baden-Baden 1992.

Kaleck, Wolfgang, Zur Verfassungsmäßigkeit einer Allgemeinen Dienstpflicht, in: antimilitarismus information, 24.Jg., Heft 10, 46-53 (1994).

Katholische Arbeitsgemeinschaft für Kriegsdienstverweigerung und Zivildienst (KAK), Wehrpflicht ohne Zukunft?, Rundbrief, Themenheft IV (1990).

Katholische Arbeitsgemeinschaft für Kriegsdienstverweigerung und Zivildienst (KAK), Argumentationspapier zur Wehrpflicht, in: 4/3 – Fachzeitschrift zu Kriegsdienstverweigerung, Wehrdienst und Zivildienst, 11.Jg., 28-29 (1993).

(KAK), Allgemeine Dienstpflicht – die K.A.K. sagt Nein!, in: 4/3 – Fachzeitschrift zu Kriegsdienstverweigerung, Wehrdienst und Zivildienst, 12.Jg., 9 (1994).

Keupp, Heiner, Zerstört die Individualisierung die Solidarität?, in: ders. (Hrsg.), Lust an der Erkenntnis: Der Mensch als soziales Wesen, München, 331-367 (1995).

Kistler, Kurt/Klein, Paul, Keine Zukunft für die Wehrpflicht?, in: *Klein*, 125-128 (1992).

Kirchenamt der Evangelischen Kirche in Deutschland, Wehrpflicht – Zivildienst – Allgemeine Dienstpflicht. Ein Plädoyer für erweiterte Wahlmöglichkeiten, Hannover o.J.

Kirchenleitung der Ev. Kirche in Berlin-Brandenburg, Ziviler Friedensdienst. Einsatzgruppen für eine Politik mit gewaltfreien Mitteln, in: gewaltfreie aktion, 26.Jg., Heft 101/102, 11-12 (1994).

Klees, Bernd, Verfassungs- und völkerrechtliche Aspekte einer allgemeinen Dienstpflicht, in: *Zentralstelle*, 39-56 (1991).

Kleine-Brockhoff, Thomas, Arbeitsdienst? Niemals!, in: DIE ZEIT, 31, 26.7.1996, 54.

Körner, Andreas, »Ziviler Friedensdienst«, in: Antimilitarimus Information, 23.Jg., 17-22 (1993)

Körner, Andreas, Abschaffung der Wehrpflicht?, in: Antimilitarimus Information, 24.Jg., 18-28 (1994).

Kohr, Hans-Ulrich, Wehrdienst als Teil eines Allgemeinen Gesellschaftsdienstes?, München 1990 (Sozialwissenschaftliches Institut der Bundeswehr – Arbeitspapier Nr. 42).

Kohr, Heinz-Ulrich u.a., Jugend, Bundeswehr und Deutsche Einheit. Perspektiven von Jugendlichen aus den alten und neuen Bundesländern zu Bundeswehr und gesellschaftlicher Dienstpflicht (Wehrdienst, Zivildienst), Nation und Ausländern, Beitrag zum 9.Jugendbericht der Bundesregierung, München 1993 (SOWI: Berichte Heft 62).

Kraus, Cornelius, Die Probleme kommen noch auf uns zu, Frankfurt/M 1988, unv. Studienarbeit an der TU Darmstadt.

Krippendorf, Ekkehart, Ein echter Zivildienst wäre auch ein wirklicher Friedensdienst, in: antimilitarismus information, 24.Jg., Heft 10, 4-8 (1994).

Kuhlmann, Jürgen, National service options in Germany, München 1992 (SOWI: Arbeitspapier Nr.67)

Kuhlmann, Jürgen/Lippert, Ekkehard, Wehrpflicht ade? Argumente wider und für die Wehrpflicht in Friedenszeiten, in: *Kaldrack/Klein*, 41-76 (1992).

Kuhlmann, Jürgen/Lippert, Ekkehard, Conscription on its way to national service?, München 1994 (SOWI: Arbeitspapier Nr. 90).

Kutz, Martin, Nachschub für das »Menschenschlachthaus« – Wehrpflicht und Dienstpflicht im industrialisierten Krieg, in: *Opitz/Rödiger*, 46-66 (1994).

Lichtwark, Werner, Hat die allgemeine Wehrpflicht noch Zukunft?, in: *Zentralstelle* 1991, 33-37.

Lippert, Ekkehard, Gesellschaftsdienst als Lückenfüller?, in: 4/3 – Fachzeitschrift zu Kriegsdienstverweigerung, Wehrdienst und Zivildienst, 12.Jg., 100-104 (1994a).

Lippert, Ekkehard, Die Debatte um die Wehrpflicht, in: Opitz/Rödiger, 148-169 (1994b).

Lorenz, Alfred, Zivildienstleistende – die billigen Handlanger, in: *Janning u.a.*, 159-170 (1990).

Lorenz, Alfred, Raus aus der Zivildienstfalle, in: Bündnis 90/Die Grünen im Deutschen Bundestag (Hg.), »Was kommt nach dem Zivildienst?«, Dokumentation einer Fachtagung, Bonn, 17-24 (1998).

Maas, Henner, Freiwillig engagiert. Eine Literaturübersicht, Bottrop 1997, unv. Ms. (Bezug: Projektstelle Freiwilligendienste d. Ev. Kirchenkreises Gladbeck-Bottrop-Dorsten, Am Spengelsberg 1, 46236 Bottrop).

Maas, Henner, Konversion des Zivildienstes in Freiwilligendienste – eine realistische Option für Kirche und Gesellschaft?, in: Bündnis 90/Die Grünen im Deutschen Bundestag (Hg.), »Was kommt nach dem Zivildienst?«, Dokumentation einer Fachtagung, Bonn, 67-82 (1998).

Merten, Roland, Über den Zusammenhang zwischen Pflegenotstand und einer allgemeinen Dienstpflicht, in: Sozialer Fortschritt, 41.Jg., 166-169 (1992a).

Merten, Roland, Allgemeine Dienstpflicht. Zur Logik einer (sozial-)politischen Forderung, in: neue praxis, 22.Jg., 141-148 (1992b).

Messerschmidt, Manfred, Der Mythos von der allgemeinen Wehrpflicht als dem legitimen Kind der Demokratie, in: KAK, 4-7 (1990).

Messerschmidt, Manfred, 200 Jahre Wehrpflicht – eine demokratische Errungenschaft? in: 4/3 – Fachzeitschrift zu Kriegsdienstverweigerung, Wehrdienst und Zivildienst, 11. Jg., 61-65 (1993).

Messerschmidt, Manfred, Der Staatsbürger muß sich nicht über die Uniform legitimieren, in: ami, 24.Jg., 8-14 (1994).

Müller, Siegfried/Rauschenbach, Thomas (Hrsg.), Das soziale Ehrenamt, Weinheim und München 1992.

Nagel, Gundi/Möbius, Astrid, Das freiwillige soziale Jahr ist zuallererst ein Bildungsjahr, in: Blätter der Wohlfahrtspflege, 141.Jg., 115-116 (1994).

Notz, Gisela, Frauen im sozialen Ehrenamt, Freiburg 1989.

Oberschachtsiek, Bernd, Ist die Wehrgerechtigkeit noch zu retten?, in: 4/3 – Fachzeitschrift zu Kriegsdienstverweigerung, Wehrdienst und Zivildienst, 9.Jg., 32-34 (1991).

Oberschachtsiek, Bernd, Wehrpflicht – Dienstpflicht – »freiwillige Zwangsdienste«, in: 4/3 – Fachzeitschrift zu Kriegsdienstverweigerung, Wehrdienst und Zivildienst, 10.Jg., 32-34 (1992).

Olk, Thomas, Das soziale Ehrenamt, in: Sozialwissenschaftliche Literatur Rundschau, Heft 14 (1987).

Olk, Thomas, Ehrenamtliche Arbeit in England, Freiburg 1991.

Opielka, Michael, Der freiwillige Sozialdienst, in: Blätter der Wohlfahrtspflege, 139.Jg., 11-14 (1992).

Opitz, Eckardt, Allgemeine Wehrpflicht – ein Problemaufriß aus historischer Sicht, in: *Opitz/Rödiger*, 9-29 (1994).

Opitz, Eckardt/Rödiger, Frank (Hrsg.), Allgemeine Wehrpflicht, Bremen 1994.

Pfisterer, Klaus, Positionen gegen ein Pflichtjahr, in: 4/3 – Fachzeitschrift zu Kriegsdienstverweigerung, Wehrdienst und Zivildienst, 11.Jg., 25-28 (1993).

Philipp, Stefan, Auf dem Weg zu einer allgemeinen Dienstpflicht?, in: 4/3 – Fachzeitschrift zu Kriegsdienstverweigerung, Wehrdienst und Zivildienst, 9.Jg., 79-82 (1991).

Philipp, Stefan, Zur Diskussion um Wehrpflicht und allgemeine Dienstpflicht, in: 4/3 – Fachzeitschrift zu Kriegsdienstverweigerung, Wehrdienst und Zivildienst, 10.Jg., 63-67 (1992).

Pietzcker, Jost, Gutachten zu Rechtsfragen der Einführung einer allgemeinen Dienstleistungspflicht, Bonn 1991.

Presse- und Informationsamt der Bundesregierung (Hrsg.), Wehrpflicht oder Berufsarmee? Zusammenstellung von Politikerstellungnahmen als Hintergrundmaterial zur anhaltenden Diskussion, Bonn 1993

Pro. Aus der Jugendarbeit der Evangelischen Landeskirche in Baden, Heft 3/1993.

Probleme des Friedens, Heft 2-3/1994: Friedens- statt Militäreinsätze. Freiwillige Friedensdienste im Aufwind, hrsg. von Pax Christi- Deutsches Sekretariat, Bonn 1994.

Probleme des Friedens, Heft 3-4/1992: Jenseits der Wehrpflicht: Freiwillige Friedensdienste als Alternative, hrsg. von Pax Christi- Deutsches Sekretariat, Bonn 1992.
Raichle, Ulrich, Bürgerpflicht, in: neue praxis, 21.Jg., 266-267 (1991a).
Raichle, Ulrich, Überlegungen zur Dienstpflicht im sozialen Bereich aus Sicht der Wohlfahrtsverbände, in: *Zentralstelle,* 57-60 (1991b).
Raichle, Ulrich, Zivildienst. Entwicklung und soziale Bedeutung, Stuttgart 1992.
Raichle, Ulrich, Zivildienst und soziale Arbeit. Sozialpolitische Aspekte und biographische Bewertungen, in: Theorie und Praxis der sozialen Arbeit; 44.Jg., 331-338 (1993).
Rauschenbach, Thomas, Jugendliche und freiwilliges Engagement, in: *EAK,* 12-21 (1991).
Rojahn, Hans-Jürgen, Die Kosten des Zivildienstes, in: 4/3 – Fachzeitschrift zu Kriegsdienstverweigerung, Wehrdienst und Zivildienst, 15.Jg., 73-74 (1997).
Russmann, Paul, Ziviler Friedensdienst, in: 4/3 – Fachzeitschrift zu Kriegsdienstverweigerung, Wehrdienst und Zivildienst, 11.Jg., 109-111 (1993).
Saathoff, Günter, Großer Sprung oder Das harte Brot der kleinen Schritte. Real-Utopien zur Gestaltung des Zivildienstes, in: *Janning u.a.*, 96-109 (1990).
Saathoff, Günter/Zander, J., Wehrdienst ade! Zivildienst passe?, in: Sozial Extra, Heft 7-8, 6-8 (1990).
Salzmann, Helga, Reader. Materialsammlung zum Thema ›Pflichtdienste‹ (1992 – Februar 1994), Stuttgart 1994.
Schäfer, Wolf, Wenn Philosophen Wache schieben. Die realen Kosten der Wehrpflicht werden meistens unterschätzt, in: FAZ, 12,02.1994.
Schmid, Michael, Abschaffung der Wehrpflicht: Freiwilligenarmee als kleineres Übel?, in: 4/3 – Fachzeitschrift zu Kriegsdienstverweigerung, Wehrdienst und Zivildienst, 11.Jg., 22-25 (1993).
Schmidt-Eenboom, Erich/Vogt, Wolfgang, Allgemeiner oder Freiwilliger Gesellschaftsdienst?, in: Informationsdienst Wissenschaft & Frieden, 1.Jg., 60-64 (1993).
Schmidt-Strauch, C. u.a., 25 Jahre Freiwilliges Soziales Jahr (FSJ) – kein Grund zum Jubeln!, in: Theorie und Praxis der sozialen Arbeit, Heft 1, 29-33 (1991).
Schmitt, Alexander, Zwang, in: *Janning u.a.*, 154-156 (1990).
Schophuis, Hans-Jürgen, Das Freiwilligengesetz. Förderer oder Verhinderer einer allgemeinen Dienstpflicht?, in: 4/3 – Fachzeitschrift zu Kriegsdienstverweigerung, Wehrdienst und Zivildienst, 10.Jg., 27-31 (1992a).
Schophuis, Hans-Jürgen, Jenseits der Wehrpflicht: Freiwillige Friedensdienste als Alternativen zu Pflichtdiensten, in: Probleme des Friedens, hrsg. von Pax Christi- Deutsches Sekretariat, Bonn, Heft 3/4, 17-193 (1992b).
Schuchardt, Erika u.a. (Hrsg.), Aufbruch Freiwilliges Ökologisches Jahr. Abschlußbericht der wissenschaftlichen Begleitforschung, Bonn 1991.
Sengling, Dieter, Pro und Contra soziales Pflichtjahr, in: *Zivildienst im Umbruch,* I-V (1994).
Simmel-Joachim, Monika, Sozialzeiten: Solidarität durch freiwilliges soziales Engagement auf Zeit, in: *Zentralstelle,* 23-27 (1994a).
Simmel-Joachim, Monika, Soziales Engagement auf Zeit, in: Zivildienst im Umbruch, XVI-XIX (1994b).
Sozial Extra, Kommt der Pflegenotstand?, Heft 10/1990, 12-14.
SPD-Bundestagsfraktion, Wehrpflicht – oder was sonst?, Dokumentation einer Sachverständigenanhörung vom 13.05.1993.
Der Spiegel, »Dann machen wir eben dicht«, Nr.40, 29.09.1990.
Stachowski, Bernd, Über den Handel mit der Arbeitskraft der Zivildienstleistenden zwischen Verbände und Staat, in: *Janning u.a.*, 171-175 (1990).
Temsch, Joachim, Das wird schon wieder. Ein Bericht, Reinbek bei Hamburg 1996.
Tews, Hans-Peter, Alter zwischen Entpflichtung, Belastung und Verpflichtung, in: *Verheugen, Günter* (Hg.), 60plus – Die wachsende Macht der Älteren, Köln, 51-60 (1994).

Tobiassen, Peter, Das Märchen von den billigen Arbeitsplätzen, in: Deutsche Jugendpresse (Hg.), Kriegsdienstverweigerung, Bonn, 22 (1992).
Tobiassen, Peter, Das Verbot von Zwangs- und Pflichtdiensten – national und international, in: 4/3 – Fachzeitschrift zu Kriegsdienstverweigerung, Wehrdienst und Zivildienst, 12.Jg., 6-8 (1994).
Tobiassen, Peter, Allgemeine Dienstpflicht. Soll das Grundgesetz geändert werden?, Bremen 1995, unv. Ms.
Tönnies, Sibylle, Arbeitsdienst? Warum nicht!, in: DIE ZEIT, 29, 12.07.1996a.
Tönnies, Sibylle, Das Tabuwort entfaltet seine Kräfte, in: DIE ZEIT, 38, 13.09.1996b.
Unabhängige Kommission für die künftigen Aufgaben der Bundeswehr, Die künftigen Aufgaben der Bundeswehr. Abschlußbericht und Empfehlungen, Bonn 1991.
Unruh, Trude (Hrsg.), Tatort Pflegeheim. Zivildienstleistende berichten, Essen 1989.
Vogt, Wolfgang R., Wider die Wehrpflicht: Zur Enttabuisierung einer antiquierten Wehrform, in: Jahrbuch Frieden 1993, hrsg. von Birckenbach, Hanne-Margret, München, 161-169 (1992).
Vogt, Wolfgang R., Allgemeine Wehrpflicht – ein politisches Tabu auf dem Prüfstand, in: 4/3 – Fachzeitschrift zu Kriegsdienstverweigerung, Wehrdienst und Zivildienst, 11. Jg., 19-21 (1993).
Wandsbecker Kreis, Ökonomische Überlegungen zu einer Reform der Bundeswehr: Von der Ineffizienz der Wehrpflicht, in: *Opitz/Rödiger*, 170-178 (1994).
Weißbuch zur Sicherheit der Bundesrepublik Deutschland und zur Lage und Zukunft der Bundeswehr, Bundesministerium der Verteidigung, Bonn 1994.
Weizsäcker, Richard von, Verteidigung von Recht und Freiheit bleibt Kern des soldatischen Auftrages, Rede des Bundespräsidenten auf der 34. Kommandeurstagung in Mainz am 05.10.1993, Presse- und Informationsamt der Bundesregierung, Bonn, 08.10.1993, Bulletin Nr.83, 945-949.
Wippermann, Wolfgang, Arbeitsdienst im Dritten Reich, in: antimilitarismus information, 24.Jg., Heft 10, 14-18 (1994).
Die Woche, 18.11.1993, Dienstpflicht für alle? Diskussionsseite.
Wochenpost, Nr. 7, 10.2.1994, 6.
Was Uns Betrifft, 20.Jg., Heft 4/1990, Kontrovers: Brauchen wir das soziale Pflichtjahr? dazu: Sauer, Roland, Ja – um der Gleichberechtigung und der Wehrgerechtigkeit willen; Buff, Wolfgang/Hoffmann, Gerhard A., Nein – Keine »soziale Zwangsarbeit«.
Zentralstelle für Recht und Schutz der Kriegsdienstverweigerer aus Gewissensgründen e.V., Protokoll der Mitgliederversammlung mit Beiträgen zu »Ist die Dienstpflicht noch zu retten«, Bremen 1990.
Zentralstelle für Recht und Schutz der Kriegsdienstverweigerer aus Gewissensgründen e.V., Protokoll der Mitgliederversammlung mit Beiträgen zu Wehr- und Dienstpflicht, Bremen 1991.
Zentralstelle für Recht und Schutz der Kriegsdienstverweigerer aus Gewissensgründen e.V., Allgemeine Dienstpflicht. Dokumentation einer Fachtagung im November 1994, Bremen 1994.
Zivildienst im Umbruch, Dokumentation einer Fachtagung des Paritätischen Wohlfahrtsverbandes vom 08.-09.09.1993, in: Blätter der Wohlfahrtspflege, 141.Jg., Heft 7+8, I-XIX (1994).

Literaturverzeichnis

Afheldt, H., Wohlstand für niemand? Die Marktwirtschaft entläßt ihre Kinder. 2. Aufl. München 1996
Ahlhorn, Gerhard: Grundrecht auf Arbeit im marktwirtschaftlichen System?, ZRP 1991
Ajangiz, R.: Conscientious Objection in Spain, 1998
Akademie für Ehrenamtlichkeit, Jahrbuch 1998, Berlin 1998
Akbari, Hasan, Risikobewußtsein und Jugend – Die Bestimmungsfaktoren und Funktionen des Risikobewußtseins bei Jugendlichen, in: Neue Praxis, 6/1993
Aktionsgemeinschaft Dienst für den Frieden AGDF, Dokumentation des Symposiums »Freiwilligendienst: Innovation in Europas Zukunft«, Bonn 1994
ders., Empfehlungen für einen europäischen Status für längerfristige Freiwilligendienste, Bonn 1994
Albrecht, Gertrud: Das Pflichtjahr, Berlin 1942
Albrecht, Richard, Differenzierung – Pluralisierung – Individualisierung. Hinweise auf neue Vergesellschaftungstendenzen in der bundesdeutschen Gesellschaft, in: neue praxis, 20. Jg., 448-455 (1990)
Alheit, Peter, Zivile Kultur – Verlust und Wiederaneignung der Moderne, Frankfurt; New York 1994
Alheit, Peter, Two Challenges to a Modern Concept of Lifelong Learning. In: Alheit, P. & Kammler, E. (Hg.): Lifelong Learning and its Impact on Social and Regional Development. Donath, Bremen 1998
Alheit, Peter, Two Challenges to a Modern Concept of Lifelong Learning, In: *Alheit, Peter/ Kammler, Eva* (Hg.), Lifelong Learning and its Impact on Social and Regional Development, Bremen1998
Anheier, Helmut K./ Seibel, Wolfgang, The Nonprofit-Sector in Germany, Manchester University Press, Manchester 1998
Anheier, Helmut K./ Priller, Eckhard/ Seibel, Wolfgang/ Zimmer, Annette (Hg.), Der Dritte Sektor in Deutschland, Sigma, Berlin 1997
Anschütz, Gerhard: Die Verfassung des Deutschen Reiches vom 11.8.1919. Ein Kommentar für Wissenschaft und Praxis, Nachdruck der 14. Auflage (Berlin 1933), Bad Homburg 1965
Arnold, Thomas/ Wüstendörfer, Werner, Abschlußbericht zum Freiwilligen Ökologischen Jahr, Schriftenreihe des Bundesministeriums für Familie, Senioren, Frauen und Jugend, Band 133, Stuttgart u. a. 1998
Arnold, Thomas/ Wüstendörfer, Werner: Das Freiwillige Ökologische Jahr. Ergebnisse einer bundesweiten Bestandsaufnahme, in: Neue Praxis, 27. Jg., H. 2, S. 127ff (1997)
Ausländerbeauftragte des Senats von Berlin, Türkische Jugendliche in Berlin, Berlin 1997
Bachof, Otto, Begriff und Wesen des sozialen Rechtsstaates, VVDStRL, 12 1953
Backhaus-Maul, Holger u.a., Eine allgemeine Dienstpflicht als Mittel zur Lösung des Pflegenotstandes. Neue Kultur des Zwangshelfens?, in: Zeitschrift für Sozialreform, 37. Jg., 349-366 (1991)
Backhaus-Maul, Holger, Eine allgemeine Dienstpflicht als Mittel zur Lösung des Pflegenotstandes. Neue Kultur des Zwangshelfers?, ZSR 1991
Badelt, Ch., Soziale Dienstleistungen und der Umbau des Sozialstaats. In: Reform des Sozialstaats I, hg. v. Richard Hauser, 181 – 220, Berlin 1997
Badura, Peter, Grundpflichten als verfassungsrechtliche Dimension, DVBl. 1982

Baethge, Martin u.a., Jugend und Krise: Krise aktueller Jugendforschung, Frankfurt/Main und New York 1983

Baethge, Martin, u.a., Jugend: Arbeit und Identität, Opladen 1988

Baethge, Martin, Jugend – Postadoleszenz in der nachindustriellen Gesellschaft, in: *Markefka/Nave-Herz*, 155-166 (1989)

ders., Arbeit, Vergesellschaftung, Identität – Zur zunehmenden normativen Subjektivierung der Arbeit, in: Soziale Welt, 32. Jg., 6-19 (1991)

BAG, Zivildienst in der freien Wohlfahrtspflege – 30 Jahre Zivildienstgesetz, in: Theorie und Praxis der sozialen Arbeit, Nr. 1, S. 33-36 (1991)

Baldus, Manfred, Die Verfassungsmäßigkeit der allgemeinen Wehrpflicht unter veränderten militärpolitischen Bedingungen, NZWehrR (1993)

von Balluseck, Hilde, Zum Verhältnis von unbezahlter und bezahlter Sozialarbeit in der Bundesrepublik Deutschland und Berlin (West) von 1950 – 1980, in: Soziale Arbeit 8-9/1984

Balzer, B./Lake, A./Lauenstein, U., Modellversuch Freiwilliges ökologisches Jahr in Schleswig-Holstein. Abschlußbericht der wissenschaftlichen Begleitforschung über die Modelljahre 1991/92 bis 1993/94, im Auftrag des Schleswig-Holsteinischen Ministeriums für Natur und Umwelt und des BMFSFJ, Poppelsberg/Plön 1995

v. Bardeleben, Richard, Individuelle Kosten und individuelle Nutzen beruflicher Weiterbildung, Bielefeld 1996

v. Bardeleben, Richard/ Beicht, Ursula, Investitionen in die Zukunft – eine bildungsökonomische Betrachtung der Berufsausbildung aus betrieblicher Sicht, in: Zeitschrift für Berufs- und Wirtschaftspädagogik, Beiheft 12, Kosten und Nutzen beruflicher Bildung, (1996)

Bartjes, Heinz, Zwang zur Gemeinschaft? Vom Zivildienst zur Dienstpflicht, in: Widersprüche, 14. Jg., 1994, 91-106 (1994a).

ders., Pflichtdienste – ein Lernprogramm für soziale Kompetenz?, in: Diakonie Korrespondenz, 11/1994, Dokumentation der Fachtagung Freiwilliger Sozialer Dienste, 9-18 (1994b)

ders., Allgemeine Dienstpflicht. Funktionelle Dokumentation, hg. von der Bundestagsfraktion von Bündnis 90/Die Grünen, Bonn 1995

ders., Der Zivildienst als Sozialisationsinstanz. Theoretische und empirische Annäherungen, Weinheim und München 1996

ders., Stichwort: Zivildienst, in: Handbuch Sozialarbeit/Sozialpädagogik, hg. von Otto, Hans-Uwe/Thiersch, Hans, Neuwied u. Darmstadt 1999

Bartjes, Heinz/Bolay, Eberhard, Zivildienst als Produktionsort modernisierter Männlichkeit, in: Widersprüche, 15. Jg., Heft 56/57, 145-160 (1995)

Bartjes, Heinz/Otto, Ulrich, Mit Engagement können. Qualifizierung von Professionellen zur Zusammenarbeit mit Ehrenamtlichen, Studie im Auftrag der Robert Bosch Stiftung, Tübingen 1999

Bartling, Hartwig/ Luzius, Franz, Grundzüge der Volkswirtschaftslehre, 11. Auflage, München 1996

Bauer, Hartmut/Kahl, Wolfgang: Europäische Unionsbürger als Träger von Deutschen-Grundrechten?, JZ 1995

Bauer, Rudolph/ Thränhardt, Anna-Marie, Verbandliche Wohlfahrtspflege im internationalen Vergleich, Westdeutscher Verlag, Opladen 1987

BDJ- Info, Extra Editie, Persconferentie Vrijwillige Gemeenschapsdienst, Brüssel 1994

Beck, Hanno, Zur Ökonomie von Pflichtdiensten, in: 4/3 – Fachzeitschrift zu Kriegsdienstverweigerung, Wehrdienst und Zivildienst, Sonderheft Allgemeine Dienstpflicht, 12. Jg., 94-99 (1994)

Beck, Hanno, Ökonomische Aspekte einer allgemeinen Dienstpflicht, in: Diakonie Korrespondenz 11/1994

Beck, Ulrich, Was ist Globalisierung? Frankfurt/Main 1997

ders., Demokratisierung der Familie, in: Christian Palentien/ Klaus Hurrelmann (Hg.), Jugend und Politik. Ein Handbuch für Forschung, Lehre und Praxis, Neuwied u.a. 1997, 47-67

ders., eigenes leben. Skizzen zu einer biographischen Gesellschaftsanalyse, in: Bayerische Rückversicherung (Hg.), Eigenes Leben: Ausflüge in die unbekannte Gesellschaft, in der wir leben, München 1995, 9ff

ders., Erwerbsarbeit durch Bürgerarbeit ergänzen, in: Kommission für Zukunftsfragen der Freistaaten Bayern und Sachsen (Hg.), Erwerbstätigkeit und Arbeitslosigkeit in Deutschland. Entwicklung, Ursachen und Maßnahmen, Teil III Maßnahmen zur Verbesserung der Beschäftigungslage, Bonn 1997

ders., Kinder der Freiheit: Wider das Lamento über den Werteverfall; in: Beck, Ulrich (Hg.), Kinder der Freiheit, Suhrkamp Frankfurt/Main 1997

Becker, Roland/ Wüstendörfer, Werner: Erster Zwischenbericht der wissenschaftlichen Begleitung des Modellprojektes ›Jugend hilft Jugend‹, ISS-Aktuell 3/1998, Schriftenreihe des ISS, Frankfurt/Main 1997

Becker, Roland/ Wüstendörfer, Werner, Zweiter Zwischenbericht der wissenschaftlichen Begleitung des Modellprojektes ›Jugend hilft Jugend‹, ISS-Aktuell 9/1999, Schriftenreihe des ISS, Frankfurt/Main 1999

Beckord, Jörg, »... Mit meinem Idealismus eiskalt spekuliert«. Die Situation von Zivildienstleistenden als Arbeitskräfte im sozialen Bereich, unv. Ms., Tübingen 1989

Beher, Karin, Das Ehrenamt in empirischen Studien – ein sekundäranalytischer Vergleich, hg. v. Bundesministerium für Familie, Senioren, Frauen und Jugend, Stuttgart u.a. 1998

Bendele, Ulrich, Soziale Hilfen zu Discountpreisen. Unbezahlte Ehren-Arbeit in der Grauzone des Arbeitsmarktes, in: Müller/Rauschenbach, 71-86 (1988)

Benz, Wolfgang, Vom Freiwilligen Arbeitsdienst zur Arbeitsdienstpflicht, in: Vierteljahrshefte für Zeitgeschichte 16 (1968), S. 317-346

Best, Heinrich (Hg.), Vereine in Deutschland – Vom Geheimbund zur gesellschaftlichen Organisation, Informationszentrum Sozialwissenschaften, Bonn 1993

Bethge, Herbert, Grundpflichten als verfassungsrechtliche Dimension, NJW 1982

ders., Die verfassungsrechtliche Problematik der Grundpflichten, JA (1985)

Betz, Martin: Arbeit und Bildung. Die Wesensmerkmale des Bildungsbegriffs und die Grundlinien einer Berufsbildungstheorie, Weinheim 1991

Bieback, Karl-Jürgen, Sozialstaatsprinzip und Grundrechte, EuGRZ (1985)

Biedermann, Christiane, Freiwilligenarbeit koordinieren, Berlin 1998

Birckenbach, Hanne-Margret, Mit schlechtem Gewissen – Wehrdienstbereitschaft von Jugendlichen, Baden-Baden 1985

Bittmann, Folker: Kernfragen der Verfassungsreform, ZRP (1992)

Blätter der Wohlfahrtspflege, Zivildienst im Umbruch, Heft 7 u.8 (1994)

Blandow, Jürgen, Zivildienstleistende als Personalgruppe des Wohlfahrtswesens, in: EAK, 168-184 (1989)

ders., Wenn es keinen Zivildienst mehr gäbe ..., in: 4/3 Fachzeitschrift zur Kriegsdienstverweigerung, Wehrdienst und Zivildienst, Nr. 2, 63 – 66 (1994)

Blumencron, Mathias von, Weiche Welle, in: Capital, Heft 2, 185-187 (1989)

Böckenförde, Ernst-Wolfgang/Jekewitz, Jürgen/Ramm, Thilo (Hg.): Soziale Grundrechte. 5. Rechtspolitischer Kongreß der SPD vom 29.02. bis 02.03.1980 in Saarbrücken, Heidelberg 1981

Böhnisch, Lothar, Sozialpädagogik des Kinder- und Jugendalters, Weinheim und München 1992

Böhnisch, Lothar/Winter, Reinhard, Männliche Sozialisation, Weinheim und München 1993

Boeßenecker, Karl-Heinz, Spitzenverbände der Freien Wohlfahrtspflege in der BRD, Votum, Münster 1995 *v. Boetticher, Dietmar*, Zivildienst und Sozialer Bereich, unv. Ms., Bonn 1993

v. Boetticher, Dietmar, Die Ersetzung Zivildienstleistender durch tariflich bezahlte Arbeitskräfte – eine Modellrechnung. in: 4/3 Fachzeitschrift zu Kriegsdienstverweigerung, Wehrdienst und Zivildienst, Nr. 2, 56-62, Velbert 1994

Blandow, J., Wenn es keinen Zivildienst mehr gäbe . . ., in Blätter der Wolfahrtspflege – Deutsche Zeitschrift für Sozialarbeit 6/93,Stuttgart 1993

Blandow, J., Wenn es keinen Zivildienst mehr gäbe . . . In: 4/3 Fachzeitschrift zur Kriegsdienstverweigerung, Wehrdienst und Zivildienst, Nr. 2, 1994

Boll, F., Auf der Suche nach Demokratie: Britische und Deutsche Jugendinitiativen in Niedersachsen nach 1945, Dietz, Bonn 1995

Brandl, Georg: Das Sozialstaatsprinzip als subsidiäre Anspruchsgrundlage für nicht ausdrücklich normierte Grundrechte, Frankfurt/Main 1989

Braun, J. u.a., Selbsthilfe und Selbsthilfeunterstützung in der Bundesrepublik Deutschland, hg. v. Bundesministerium für Familie, Senioren, Frauen und Jugend, Stuttgart u.a. 1997

Breuer, Rüdiger: Freiheit des Berufs, in: Isensee, Josef/Kirchhof, Paul (Hg.), Handbuch des Staatsrechts für die Bundesrepublik Deutschland, Bd. VI

Brick, Gabriele: Novellierung des Kindertagesstättengesetzes in Mecklenburg-Vorpommern. Chancen und Herausforderungen, LKV 1996

Briton, D., The Modern Practice of Adult Education – A Postmodern Critique, State University, New York 1996

Brock, Peter, Freedom from Violence. Sectarian Nonresistance from the Middle Ages to the Great War, Toronto u.a. 1991

Brosch, A., Ehrenamtliches Engagement und öffentliche Förderung. In: Bürgerengagement, hg. v. Konrad Hummel, Freiburg, 234 – 249 (1995)

Brose, Hanns-Georg/Hildebrandt, Bruno, Biographisierung von Erleben und Handeln, in: dies. (Hg.), Vom Ende des Individuums zur Individualität ohne Ende, Opladen, 11-30 (1988)

Brumlik, Micha, Solidarität gedeiht nur in Freiheit, in: Zivildienst im Umbruch, XII-XV (1994)

Bubolz-Lutz, Elisabeth: Bildung im Alter. Eine Analyse geragogischer und psychologisch-therapeutischer Grundmodelle, 2. Aufl., Freiburg 1982

Budrus, Michael, Die Organisation »Dienst für Deutschland«. Arbeitsdienst und Militarisierung in der DDR, Weinheim/München 1994

Bühler, Karl, Arbeitsdienst als Erziehungsaufgabe in frühen Theorien der zwanziger Jahre, in: Jb d. Archivs d. deutschen Jugendbewegung 7, 1975

Bündnis 90/Die Grünen im Deutschen Bundestag (Hg.), »Was kommt nach dem Zivildienst?«, Dokumentation einer Fachtagung, Bonn 1998

Bundesamt für den Zivildienst (Hg.), Daten und Fakten zur Entwicklung von Kriegsdienstverweigerung und Zivildienst, Köln 1998

BUND/Misereor (Hg.), Zukunftsfähiges Deutschland. Ein Beitrag zu einer global nachhaltigen Entwicklung, Basel 1996

Bundeskanzleramt-Verfassungsdienst, Wirtschaftliche und soziale Rechte, Recht auf Arbeit. Referate und Diskussionsbeiträge anläßlich der 4. Grundrechtsreform-Enquête am 13.06.1990, Wien 1991

Bundesministerium für Arbeit und Sozialordnung, Tarifstatistik, Bonn 1997

Bundesministerium für Bildung, Wissenschaft, Forschung und Technologie, Grund- und Strukturdaten 1995/96, Bonn 1996

Bundesministerium für Familie, Senioren, Frauen und Jugend (Hg.), Abschlußbericht zum Freiwilligen Ökologischen Jahr, Kohlhammer, Bonn 1996

Bundesministerium für Familie, Senioren, Frauen und Jugend (Hg.), Freiwilliges Soziales Jahr/ Freiwilliges Ökologisches Jahr, 4. überarbeitete Auflage, 1998

Bundesministerium für Familie, Senioren, Frauen und Jugend (Hg.), Untersuchung zum Freiwilligen Sozialen Jahr, Kohlhammer, Stuttgart u.a.1998

Bundesministerium für Frauen und Jugend, Freiwilliges Soziales Jahr/ Freiwilliges Ökologisches Jahr – Junge Leute beteiligen sich, Kongreß-Mappe, 1994

Bundesministerium für Frauen und Jugend, Informationen zum Fachkongreß Freiwilliges Soziales Jahr/ Freiwilliges Ökologischen Jahr, Pressereferat, Bonn 1994

Busch, Eckart, Zur sicherheitspolitischen Orientierung der Verfassung, Parl. Beilage, 1993

Buttler, Friedrich; Tessaring, Manfred, Humankapital als Standortfaktor. Argumente zur Bildungsdiskussion aus arbeitsmarktpolitischer Sicht, in: Mitteilungen zur Arbeitsmarkt- und Berufsforschung, 26. Jg. (1993), S. 467 – 476

Caritas, Beihefte der Zeitschrift für Caritasarbeit und Caritaswissenschaft, Heft 4: Zukunft des Zivildienstes (1994)

Cérésole, Pierre/Anet, Daniel, La passion de la paix, Neuchatel 1969

Cezanne, Wolfgang: Allgemeine Volkswirtschaftslehre, 3. Aufl., München 1997

Claessens, Dieter/ Danckwortt, Dieter, Jugend in Gemeinschaftsdiensten. Eine soziologisch-psychologische Untersuchung über die Arbeit in den Internationalen Jugendgemeinschaftsdiensten, Juventa, München 1957

Clermont, Christoph/ Goebel, Johannes, Die Tugend der Orientierungslosigkeit. Volk & Welt, Berlin 1997

Clement, Werner/Tessaring, Manfred/Weißhuhn, Gernot, Zur Entwicklung der qualifikationsspezifischen Einkommensrelationen in der Bundesrepublik Deutschland, in: Mitteilungen aus der Arbeitsmarkt- und Berufsforschung, 13. Jahrgang (1980), 184ff

Cremer, Christa u.a. (Hg.), Frauen in sozialer Arbeit, Weinheim und München 1990

CSV, Developing a blue-print for Citizens' Service, a nationwide volunteering scheme for young people in the UK, lessons from CSV's Citizens' Service pilot schemes, A CSV Occasional Paper, London 1997

Dabrowski, Martin, »Arbeitslosigkeit« als Thema des Konsultationsprozesses im Bistum Münster, JbchristSozwiss 38

Damm, Diethelm, Perspektiven politischer Jugendbildung, in: deutsche jugend, 44 Jg 1996, Heft 5, S. 210

Dettling, Warnfried, Solidarität – neu buchstabiert, in: Die Zeit, 05.03.1993

ders., Politik und Lebenswelt. Vom Wohlfahrtsstaat zur Wohlfahrtsgesellschaft, Gütersloh 1995

ders., Solidarität neu denken – Über Grundlagen, Ziele und Methoden des Sozialstaats in einer veränderten Welt. In: Jahrbuch Arbeit und Technik 1995, hg. v. Werner Fricke, 100-111, Bonn 1995

Deutscher Bundesjugendring: »Jugendverbände im Spagat – Zwischen Erlebnis und Partizipation«, Münster 1994

Deutscher Bundestag, Unterrichtung durch den Wehrbeauftragten: Jahresbericht 1993, Bundestagsdrucksache 12/6950, Bonn 1994

Deutscher Bundestag (Hg.), 12. Bericht nach § 35 des Bundesausbildungsförderungsgesetzes zur Überprüfung der Bedarfssätze, Freibeträge sowie Vomhundertsätze und Höchstbeträge nach § 21 Abs. 2, Bundestagsdrucksache 13/9515, Bonn 1997

Deutscher Bundestag, Berufsbildungsbericht 1997, Bundestagsdrucksache 13/7607 (1997)

Deutscher Caritasverband (Hg.), Konzeption und Gestaltung von Einführungslehrgängen für Zivildienstleistende, Freiburg 1991

Deutscher Caritasverband (Hg.), Zivildienst in der Sackgasse? Politische, theologische und pädagogische Perspektiven, Lambertus Verlag, Freiburg 1993

Deutscher Gewerkschaftsbund (DGB), Bausteine zur Entwicklung des Grundgesetzes, Vorgänge, 1992

Department for Education and Employment: Fact Sheet, New Deal for young people, Work in the Voluntary Sector Option, März 1998

Department for Education and Employment: Millenium Volunteers, A consultation document for citizens' service, 1997 und Millenium Volunteers. The Guide, 1998

Diakonischen Werkes, Stellungnahme zum Grünbuch der Kommission der Europäischen Gemeinschaften »Allgemeine und berufliche Bildung – Forschung: Hindernisse für die grenzüberschreitende Mobilität, in: Diakonie-Korrespondenz, 1997

Dietzfelbinger, H., Aufruf zum Diakonischen Jahr, in: Gerwig, Wilhelm; Sticht, Friedrich (Hg.): Das Diakonische Jahr. Ein Programm kirchlicher Jugendarbeit, edition alj Stuttgart und Verlagswerk der Diakonie; Stuttgart 1986

Dilthey, Wilhelm, Schriften zur Pädagogik, Paderborn 1971

Dirschmied, Karl, Das soziale Grundrecht »Recht auf Arbeit«, ArbuR, 1972

DgfE, Erziehungswissenschaft. 8. Jg., Heft 16. Leske + Budrich, Opladen 1997

Dostal, Werner, Bildung und Beschäftigung im technischen Wandel. Bildungsökonomische und arbeitsmarktpolitische Rahmenbedingungen des technischen Wandels am Beispiel der elektronischen Datenverarbeitung und der Mikroelektronik, Nürnberg 1982

Dreier, Horst (Hg.), Grundgesetz – Kommentar. Band 1. Mohr, Tübingen 1996

Dudek, Peter, Erziehung durch Arbeit. Arbeitslagerbewegung und Freiwilliger Arbeitsdienst 1920-1935, Opladen 1988

Dunkel, Wolfgang, Wenn Gefühle zum Arbeitsgegenstand werden, in: Soziale Welt, 39. Jg., 66-87 (1988)

von Eichborn, Wolfgang, Freiwillige für den Frieden, Stuttgart 1970

Elbert, Harald/Fröbe, Klaus, Beck-Rechtsberater: Kriegsdienstverweigerung und Zivildienst, München 1989

Elliot Stern u.a., The Tavistock Institute; Continuous Assessment of European Voluntary Service: report from the Evaluation of the Pilot Actions 1997/1998, Submitted to the DG XXII of the European Commission, Januar 1999

Endres, Alfred, Jarre, Jan, Klemmer, Paul, Zimmermann, Klaus, Der Nutzen des Umweltschutzes, Synthese der Ergebnisse des Forschungsschwerpunktprogramms »Kosten der Umweltverschmutzung/Nutzen des Umweltschutzes«, Berlin 1992

Enders-Dragässer, Uta/Fuchs, Claudia, Jungensozialisation in der Schule, Darmstadt 1989

Engelen-Kefer, Ursula: Sozialstaat und Grundgesetz. Gewerkschaftliche Vorschläge zur Verfassungsreform, SozSich, 1993

Erichsen, Hans-Uwe: Allgemeine Handlungsfreiheit, in: Isensee, Josef/Kirchhof, Paul (Hg.), Handbuch des Staatsrechts der Bundesrepublik Deutschland, Bd. VI, Freiheitsrechte, Heidelberg 1989

Etzioni, A., Jenseits des Egoismus-Prinzips. Stuttgart 1994

Europäische Kommission, Vertretung in der Bundesrepublik Deutschland, Der Vertrag von Amsterdam – Ergebnisse, Erläuterungen, Vertragsentwurf, in: EU-Nachrichten, Dokumentation Nr. 3 vom 9. Juli 1997

Europäische Kommission Generaldirektion XXII, Lehren und Lernen. Auf dem Weg zur kognitiven Gesellschaft, Weißbuch zur allgemeinen und beruflichen Bildung, Luxemburg 1996

Europäische Kommission: Allgemeine und Berufliche Bildung – Forschung. Hindernisse für die grenzüberschreitende Mobilität. Grünbuch. KOM 1996

dies.: Pilotaktion: Europäischer Freiwilligendienst für Jugendliche. Zweiter Zwischenbericht, KOM 1997

Evangelische Arbeitsgemeinschaft zur Betreuung der Kriegsdienstverweigerer EAK (Hg.), Sozialer Friedensdienst im Zivildienst, Bremen 1989

Evers, A., Sozialstaat versus Freiheit. In: Institut für Sozialforschung der JWGoethe-Universität Frankfurt, Mitteilungen, Heft 8, S. 36 – 48 (1998)

Evrigenis, Dimitros: Der Europäische Gerichtshof für Menschenrechte und das Recht auf Bildung, EuGRZ 1981
Feidel-Mertz, H., Erwachsenenbildung seit 1945. Kiepenheuer & Witsch, Köln 1975
Ferchhoff, Wilfried/Neubauer, Georg, Jugend und Postmoderne, Weinheim und München 1989
Feser, Andreas: Die Bundeswehr im Ausland – eine offene Verfassungsfrage, zu Thalmair, ZRP 1993
Finis Siegler, Beate, Zivildienst/Sozialjahr. In: Sozialpolitisches Forum – Der Pflegenotstand – Lösungsvorschläge aus sozialpolitischer Sicht, hg. v. Schweizerische Vereinigung für Sozialpolitik, S. 27 – 38, Zürich 1992
Finis Siegler, Beate, Konversion des Zivildienstes – eine sozialpolitische Betrachtung. In: 4/3 Fachzeitschrift für Kriegsdienstverweigerung, Wehrdienst und Zivildienst, Nr. 4, 138 – 151, 1996
Finis Siegler, Beate, Konversion des Zivildienstes, in: Bündnis 90/Die Grünen im Deutschen Bundestag (Hg.), »Was kommt nach dem Zivildienst?«, Dokumentation einer Fachtagung, 8-16, Bonn 1998
Finckh, Ute, Zur Geschichte der Friedens- und Freiwilligen-Dienste in der BRD, in: Loccumer Protokolle 13/89 »Friedens- und Freiwilligenengagement Jugendlicher«, S.12-19, Loccum 1989
dies., Lästig – lästig – Zur Umgestaltung des Zivildienstes seit 1982, in: Kriegs-/Ersatzdienstverweigerung in Ost und West, hg. v. H. Janning, 58 – 67, Essen 1990
Fink, Ulf, Die neue Kultur des Helfens. Nicht Abbau, sondern Umbau des Sozialstaates, München 1990
Fischer, Arthur u.a., Einleitung zu Jugendliche + Erwachsene '85, in: Jugendwerk der Deutschen Shell 1985
Fischer, Arthur/Münchmeier, Richard, Die gesellschaftliche Krise hat die Jugend erreicht. Zusammenfassung der zentralen Ergebnisse der 12. Shell Jugendstudie, in: Jugendwerk der Deutschen Shell (Hg.), Jugend 97, Opladen 1997
Fleckenstein, B., Von der Wehrpflicht zur Dienstpflicht – Ausweg oder Irrweg?, in: 4/3 Fachzeitschrift zu Kriegsdienstverweigerung, Wehrdienst und Zivildienst, Nr. 1, 15-17 (1995)
Fleiner-Gerster, Thomas: Allgemeine Staatslehre, 2. Aufl., Berlin, Heidelberg 1995
Follow-up Projects after European Voluntary Service, Documentation of Inquiry, Bonn 1999
Forsthoff, Ernst: Begriff und Wesen des sozialen Rechtsstaates, VVDStRL 12, 1953
Franke, Dietrich: Der Entwurf der brandenburgischen Landesverfassung, in: Stern, Klaus, Deutsche Wiedervereinigung: Zur Entstehung von Landesverfassungen in den neuen Ländern der Bundesrepublik Deutschland, Köln 1992
Freier, D., Bürgerengagement für gemeinnützige soziale Einrichtungen, in: Freie Wohlfahrtspflege im Übergang zum 21. Jahrhundert, hg. v. Bernd Maelicke, 87 – 99, Baden-Baden 1998
Freise, Josef/ Fricke, Eckehard (Hg.), Die Wahrheit einer Absicht ist die Tat. Friedensfachdienste für den Süden und den Norden, Idstein 1997
Freise, Josef, Interkulturelles Lernen in Begegnungen – eine neue Möglichkeit entwicklungspolitischer Bildung? Saarbrücken/Fort Lauderdale 1982
Frevert, Ute, Das jakobinische Modell: Allgemeine Wehrpflicht und Nationsbildung in Preußen – Deutschland, in: dieselbe Hg. Militär und Gesellschaft im 19. und 20. Jahrhundert, Stuttgart 1997
Frey, Ulrich/ Ribustini/ Stringham, John, Potential Development of Voluntary Service Activities, Report to the Commission of the European Communities, hg. von der Steering Group of Voluntary Service Organisations, Brüssel 1994
Frey, Ulrich, Die Förderung eines freiwilligen Dienstes auf europäischer Ebene, Bericht für den Europa-Rat, Straßburg 1993

Frey, Ulrich, Nachdenken über die Gegenwart und Zukunft von freiwilligen Jugend- und Lerndiensten. in: Arbeitskreis Lernen und Helfen in Übersee: Freiwilligendienst Gegenwart und Zukunft – Bericht vom Workshop« unv. Manuskript, 1999
Freyer, Hans Soziologie als Wirklichkeitswissenschaft, Leipzig 1930
Friauf, Karl Heinrich, Zur Rolle der Grundrechte im Interventions- und Leistungsstaat, DVBl., 1971
Fröhler, Oliver, Verfassungsrechtliche Konsequenzen aus der Ambivalenz von allgemeiner Wehrpflicht und Mißbrauch des Kriegsdienstverweigerungsrechts, ZRP, 1996
Fuchs, Werner, Soziale Orientierungsmuster: Bilder vom Ich in der sozialen Welt, in: Jugendwerk der Deutschen Shell (Hg.), Bd. 1, 1985
Gagelmann, Hartmut, Kai lacht wieder, München 1983
Gaitanides, Stefan, Interkulturelle Öffnung der sozialen Dienste, in: Klaus Barwig, Wolfgang Hinz-Rommel (Hg.), Interkulturelle Öffnung sozialer Dienste, Freiburg 1995
Gans, O., Marggraf, R., Kosten-Nutzen Analyse und ökonomische Politikbewertung – Wohlfahrtsmessung und betriebliche Investitionskriterien, Heidelberg (1997)
Gaskin Katherine/ Smith Justin Davis, A New Civic Europe? A study of the extent and role of volunteering, The Volunteer Centre UK, London 1995
Gaskin, Katharine/ Smith, Justin Davis/ Paulwitz, Irmtraud u.a., Ein neues bürgerschaftliches Europa. Eine Untersuchung zur Verbreitung und Rolle von Volunteering in zehn Ländern, Hg. von der Robert Bosch Stiftung, Freiburg 1996
Gebhardt; Eike, Kreativität und Mündigkeit. Deutscher Studien Verlag, Weinheim 1992
Gerke, Thomas, Oft wird mir deutlich, daß wir »nur« die Zivis sind, in: *Pokatzky,* 82-87 (1983)
Giarini, O./ Liedtke, P.M., Wie wir arbeiten werden. Hoffmann und Campe, Hamburg 1998
Gode, Johannes: Recht auf Arbeit, DVBl., 1990
Goebel, Johannes/Clermont, Christoph, Die Tugend der Orientierungslosigkeit, Berlin 1997
Göppel, Helmut: Die Zulässigkeit von Arbeitszwang nach Art. 12 II Satz 1 des Grundgesetzes, Diss. Bamberg, München 1967
Götz, Volkmar: Grundpflichten als verfassungsrechtliche Dimension, VVDStRL 41 (1983)
Gohde, Jürgen, Kann man Gemeinsinn erzwingen? – Gedanken über die Dienstpflichtdiskussion, in: Zentralstelle 1994
Goll, Eberhard, Die freie Wohlfahrtspflege als eigener Wirtschaftssektor – Theorie und Empirie ihrer Verbände und Einrichtungen, Nomos, Baden-Baden 1991
Grabitz, Eberhard/Hilf, Meinhard (Hg.), Kommentar zur Europäischen Union. Vertrag über die Europäische Union, Vertrag zur Gründung der Europäischen Gemeinschaften, Loseblatt, München
Gräf, Erich, Das Dienen im freiwilligen Arbeitsdienst, Diss. Leipzig 1933
Gramlich, Edward M., A Guide to Benefit-Cost-Analysis, second edition, New Jersey
Gross, P., Die Verheißungen der Dienstleistungsgesellschaft. Soziale Befreiung oder Sozialherrschaft?, Opladen 1983
Grotefeld, Stefan/Siegmund-Schultze Friedrich, Ein deutscher Ökumeniker und christlicher Pazifist, Gütersloh 1995
Grünewald, Guido (Hg.), Nieder die Waffen! Hundert Jahre Deutsche Friedensgesellschaft (1892-1992), Bremen 1992
Grünewald, Guido, Kriegsdienstverweigerung in der Weimarer Republik, in: Andreas Gestrich u.a. (Hg.), Gewaltfreiheit. Pazifistische Konzepte im 19. und 20. Jahrhundert. (Jahrbuch für Historische Friedensforschung, Bd. 5) Münster 1996
Grimm, Christian: Allgemeine Wehrpflicht und Menschenwürde, Diss. Berlin (1982)
Günther, Monika: Die Heranziehung als Volkszähler und das Verbot des Arbeitszwanges (Art. 12 Abs. 2 GG), DVBl., 1988
Guggenberger, Bernd: Wenn uns die Arbeit ausgeht, München 1988

ders., Das digitale Nirwana, Hamburg 1997
ders., Sein oder Design. Im Supermarkt der Lebenswelten, Hamburg 1998
Gusy, Christoph: Grundpflichten und Grundgesetz, JZ, 1982
ders.: Arbeitszwang – Zwangsarbeit – Strafvollzug – BVerfGE 74, 102, JuS, 1989
Häberle, Peter: Die Kontroverse um die Reform des deutschen Grundgesetzes (1992/1992), ZfP, 1992
Hailbronner, Kay, Die sozialrechtliche Gleichbehandlung von Drittstaatsangehörigen – ein menschenrechtliches Postulat?, JZ, 1997
ders., Der Staat und der Einzelne als Völkerrechtssubjekte, in: Graf Vitzthum (Hg.), Völkerrecht, Berlin 1997
ders./ Klein, Eckart/ Magiera, Siegried/ Müller-Graff, Peter-Christian (Hg.): Handkommentar zum Vertrag über die Europäische Union (EUV/EGV), Loseblatt, Köln u.a.
Hamann, Andreas: »Zivildienst« – (Notdienst-)gesetzesentwurf und Grundrechte, ArbuR, 1962
Hanusch, Horst, Nutzen-Kosten-Analyse, 2. überarbeitete Auflage, München 1994
Hartung, Dirk/ Nuthmann, Reinhard/ Teichler, Ulrich, Bildung und Beschäftigung. Probleme, Konzepte, Forschungsperspektiven, München 1981
Hauck, Karl, Sozialgesetzbuch SGB, Kommentar, Berlin (Loseblatt)
Headley, R, Smith J.D.: Volunteering and Society, Principles and Practice, London, 1992
Heidinger, Michael, Ökonomische Dimensionen einer allgemeinen Dienstpflicht, in: Sozialer Fortschritt, 6-7/1993
Hecker, Konrad, Kriegsdienstverweigerung – Dienen in Zivil, in: Deutsches Jugendinstitut (Hg.), »Immer diese Jugend«, 468-480, München 1985
Hecker, Wolfgang, Rechtsfragen der Aufgabenübertragung an den Bundesgrenzschutz, NVwZ 1998
Heimes, Katharina, Soziales Engagement im Ausland. Eine qualitative Studie zur Familienbiographie engagierter Personen, Diplomarbeit an der Universität Bielefeld 1997
Heinze, R.G. u.a., Der neue Sozialstaat. Analyse und Reformperspektiven. Freiburg 1988
Heinze, R.G./ Buchsteeg, M., Modernisierung der lokalen Sozialpolitik. Potentiale freiwilligen sozialen Engagements im Wohlfahrtsmix. In: Jahrbuch Arbeit und Technik 1995, hg. v. Werner Fricke, Bonn, S. 208 – 218 (1995)
Heinzen, Georg/ Koch, Uwe, Von der Nutzlosigkeit erwachsen zu werden, Reinbek 1985
Heitmeyer, Wilhelm/ Olk, Thomas (Hg.), Individualisierung von Jugend, Weinheim und München 1990
Heitmeyer, W., Verlockender Fundamentalismus, Frankfurt/Main 1997
v. Hentig, Hartmut, Die Schule neu denken, München 1993
Herrmann, Ulrich, Was heißt »Jugend«? Jugendkonzeptionen in der deutschen Sozialgeschichte, in: H.G. Wehling (Hg.), Jugend – Jugendprobleme – Jugendprotest (Bürger im Staat), Stuttgart 1982
Herlyn, Ingrid/Weymann, Ansgar (Hg.): Bildung ohne Berufsperspektive?, Frankfurt/Main 1987
Hesselberger, D., Das Grundgesetz – Kommentar für die politische Bildung. Luchterhand, Berlin, Neuwied 1975
Heye, Werner »Freiwilligenengagement junger Menschen in sozialen Diensten« in Loccumer Protokolle 13/89, 1989, S. 19-40, o.V.
Heymann, Klaus-Dieter/Stein, Ekkehart: Das Recht auf Bildung, Dargestellt am Beispiel der Schulbildung, AöR 97, 1972
Hinds, Caroline, Die neue Verfassung des Freistaates Sachsen – berechtigte oder unberechtigte Kritik an der Verfassungsgebung?, ZRP, 1993
Höhn, Reinhard, Die Armee als Erziehungsschule der Nation. Das Ende einer Idee, Bad Harzburg 1963

Hörrmann, S., Bürgerschaftliches Engagement und die Wohlfahrtsverbände. In: Zivilgesellschaft und soziales Handeln, hg. v. Wolf R. Wendt, 112 – 120, Freiburg. 1996

Hofmann, Hasso, Grundpflichten als verfassungsrechtliche Dimension, VVDStRL 41, 1983

Hofacker, Wilhelm, Grundrechte und Grundpflichten der Deutschen, Stuttgart 1926

Holl, Karl, Zur Preisgabe mennonitischer »Wehrlosigkeit« um 1800, in: Jost Dülffer (Hg.), Kriegsbereitschaft und Friedensordnung in Deutschland 1800 – 1814. (Jahrbuch Historische Friedensforschung, Bd. 3) Münster 1994

Holl, Karl, Pazifismus in Deutschland, Frankfurt/Main 1988

Holtappels, Heinz Günter/ Hornberg, Sabine, Schulische Desorganisation und Devianz, in: Was treibt die Gesellschaft auseinander? Bundesrepublik Deutschland: Auf dem Weg von der Konsens- zur Konfliktgesellschaft, Band 1, Hg. von W. Heitmeyer, Frankfurt/Main 1997

Huber, Ernst Rudolf: Deutsche Verfassungsgeschichte seit 1789, Stuttgart 1981

Hummel, K. Das bürgerschaftliche Engagement als Lernprojekt des Sozialstaats. In: Bürgerengagement, hg. v. dems., 14 – 41, Freiburg 1995

Hummel-Beck, Ulrike, Hilfe als Eigennutz. Über die Motive junger Menschen, sich sozial zu betätigen – Beispiel freiwilliges soziales Jahr, in: Blätter der Wohlfahrtspflege 1/1990

Hüwel, E., Zivildienst und Zivildienstleistende in Wohlfahrtsverbänden – Einstellungen, Motive und Problemlagen, Paderborn 1988

Hurrelmann, Klaus, Warteschleifen, Weinheim und Basel 1989

Hurrelmann, Klaus/ Ulich, Dieter (Hg.), Neues Handbuch der Sozialisationsforschung, Weinheim und Basel 1991

Hurrelmann, Klaus, Lebensphase Jugend. Eine Einführung in die sozialwissenschaftliche Forschung, Weinheim und München 1994

IG-Metall-Jugend, Kriegsdienstverweigerung – Ein Ratgeber, Köln 1996

Igl, Gerhard, Rechtsfragen des freiwilligen sozialen Engagements – Rahmenbedingungen und Handlungsbedarf, hg. v. Bundesministerium für Familien, Senioren, Frauen und Jugend, 2. veränd. Aufl., Stuttgart u.a. 1996

Impact of the EVS programme on young volunteers, Structure for Operational Support (SOS), vorläufige Ergebnisse einer Studie, Brüssel 1999

Inescu, Lotte, Frauen an die Front? Zur Diskussion um eine allgemeine Dienstpflicht, Vorgänge, 1995

Inglehart, R., Kultureller Umbruch, Wertewandel in der westlichen Welt, Frankfurt/Main 1990

Institut für Entwicklungsplanung und Strukturforschung (Hg.), Das Freiwillige Soziale Jahr – FSJ in der Bundesrepublik Deutschland – Entwicklungen und Erfahrungen, Hannover, 1989

Institut für Sozialarbeit und Sozialpädagogik, vorläufige Ergebnisse der Evaluationsstudie »Wirkungen und Kompetenzerwerb im Europäischen Freiwilligendienst« im Auftrag des Deutschen Büros Jugend für Europa, Bonn 1999

Isensee, Josef, in: Paus, Ansgar (Hg.), Werte, Rechte, Normen, Graz, Wien u.a. 1979

ders., Die verdrängten Grundpflichten des Bürgers – Ein grundgesetzliches Interpretationsvakuum, DÖV, 1982

ders., Verfassung ohne Ernstfall: Der Rechtsstaat, in: Peisl, Anton/Mohr, Armin, Der Ernstfall, 1979

ders., Staatsorganisation und Staatsfunktionen im Wandel, in: Festschrift Kurt Eichenberger, Basel, Frankfurt/Main 1982

ders., Erster Beratungsgegenstand: Grundpflichten als verfassungsrechtliche Dimension, VVDStRL 41, 1983

Jakob, Gisela, Zwischen Dienst und Selbstbezug. Eine biographieanalytische Untersuchung ehrenamtlichen Engagements, Opladen 1993

James, William, Das moralische Äquivalent des Krieges, in: ders.: Essays über Glaube und Ethik, Gütersloh 1948
Janning, Heinz, u.a. (Hg.), Kriegs-/Ersatzdienstverweigerung in Ost und West, Essen 1990
Janning, Heinz/Bartjes, Heinz, Ehrenamt und Wirtschaft, Bremen und Tübingen, unv. Ms. (1998)
Jarrass, Hans D./Pieroth, Bodo, Grundgesetz für die Bundesrepublik Deutschland, Kommentar, 4. Aufl., München 1997
Jaworsky, Nikolaus, Zivildienst – Sozialer Dienst – Soziale Dienste, VR, 1979
Jellinek, Georg, System der subjektiven öffentlichen Rechte, Neudruck der 2. Aufl. (Tübingen 1919), Aalen 1963
Jetter, Christoph, Arbeitsmarktpolitik am Wendepunkte, Zwischen Krise und Solidarität, 1992
Jetter, Frank, Ehre statt Zwang. Das Marketingkonzept »Soziale Ehrenkarte« zur Attraktivitätssteigerung von Sozialen Diensten – Teil 1, SozSich, 1996
Jugendwerk der Deutschen Shell (Hg.), Jugend '97. Zukunftsperspektiven, Gesellschaftliches Engagement, Politische Orientierungen, Opladen 1997
Kämper, Sebastian, Von der Pflicht als Chance, in: *Janning u.a.,* 135-139 (1990)
Kaiser, Astrid (Hg.), Koedukation und Jungen. Soziale Jungenförderung in der Schule, Weinheim 1997
Kaiser, Wilfried, Kosten-Nutzen-Analyse, Grundlagen, Theorie, Modell, 4. erweiterte Aufl., Stuttgart 1995
Kaufmann, Ekkehard, Wissenschaftsfreiheit und Mitbestimmung, krit. Anm. zu Dallinger, JZ, 1972
Keupp, Heiner, Riskante Chancen, Das Subjekt zwischen Psychokultur und Selbstorganisation, Heidelberg 1988
Kirchenamt der EKD/Diakonisches Werk der EKD (Hg.), Der staatliche Zivildienst als Herausforderung für kirchlich-diakonische Einrichtungen, Stuttgart 1990
Keil, Georg, Vormarsch der Arbeitslagerbewegung, Leipzig 1932
Kemper, Otto Ernst, Die Zweischneidigkeit des Rechts auf Arbeit – Reflexion über eine wenig reflektierte Forderung, in: Festschrift Albert Gnade, 1992
Keupp, Heiner, Handeln in Gemeinschaft als Quelle der Selbstverwirklichung – für einen bundesrepublikanischen Kommunitarismus, in: Solidarität inszenieren ... Freiwilligen-Agenturen in der Praxis. Dokumentation einer Tagung, hg. von der Stiftung MITARBEIT, Bonn 1997
Kimminich, Otto, Einführung in das Öffentliche Recht, Freiburg 1972
Kingreen, Thorsten/Störmer, Rainer, Die subjektiv-öffentlichen Rechte des primären Gemeinschaftsrechts, EuR, 1998
Kistler, Kurt/Klein, Paul, Keine Zukunft für die Wehrpflicht?, in: Klein, Paul (Hg.), Wehrpflicht und Wehrpflichtige heute, Baden-Baden, 125-128 (1991)
Kittner, Michael, Recht auf Arbeit: Oberster sozialstaatlicher Verfassungsgrundsatz, in: Bökkenförde, Ernst-Wolfgang/Jekewitz, Jürgen/Ramm, Thilo (Hg.): Soziale Grundrechte. 5. Rechtspolitischer Kongreß der SPD vom 29.02. bis 02.03.1980 in Saarbrücken, Heidelberg 1981
Klages, H., Motive des Bürgerengagements – Trends für die Bundesrepublik Deutschland. In: KGST 43. Jg., Nr. 01 S, (1998)
Klein, Hans H., Über Grundpflichten, in: Der Staat XIV, 1975
ders.: Verfassungstreue und Schutz der Verfassung, VVDStRL 37, 1979
Klenner, Hermann, Von der Pflicht zur Gesetzgebung im Rechtsstaat, KirV, 1992
Kleine-Brockhoff, Thomas, »Arbeitsdienst? Niemals!« in: Die Zeit Nr. 31, 1996
Klemm, Klaus, Expertise zur Berechnung der Kosten eines Schülerplatzes an beruflichen Schulen in Vollzeitform – 1994 am Beispiel der Berufsfachschulen, Essen 1998

Kliche, Thomas u.a., Der blockierte Zwitter. Belastungen und Lernen in der gespaltenen Organisationskultur des Zivildienstes, in: Politische Psychologie, 6.Jg., 113-128, (1998)

Kliche, Thomas/Dietsche, Stefan/Hüttmann, Frank/Jannink, Helge, Muskeln auf der Seele. Ergebnisse der neuesten Untersuchung über Zivis im Dienst, in: zivil. Zeitschrift für Frieden und Gewaltfreiheit, 4. Quartal, 27. Jg., 4-6, (1997)

Klönne, Franz, Über das Wiederaufleben der Diakonissinnen der altchristlichen Kirche in unseren Frauen-Vereinen, in: Schuderoffs Jahrbücher, Bd. 37, 1820

Kors, A., t is plicht dat ied're jongen. Geschiedenis van de dienstplicht in Nederland, Utrecht 1996

Köhler, Henning, Arbeitsdienst in Deutschland. Pläne und Verwirklichungsformen bis zur Einführung der Arbeitsdienstpflicht im Jahr 1935

Köhler, Michael, Allgemeine Dienstpflicht für junge Erwachsene?, ZRP, 1995

Körber, Kurt A., Das Profit-Programm. Ein Unternehmer geht stiften. Hamburg 1992

Kommission Jugendgemeinschaftsdienste in Deutschland und Europa, Jugend erneuert Gemeinschaft. Manifest für Freiwilligendienste in Deutschland und Europa. Eine Initiative der Robert Bosch Stiftung, Stuttgart 1998

Kommission für Zukunftsfragen der Freistaaten Bayern und Sachsen, Erwerbstätigkeit und Arbeitslosigkeit in Deutschland, Teil III, Bonn 1997

Krafeld, F.-J. »Die Geschichte der Jugendarbeit: Von den Anfängen bis zur Gegenwart.« Beltz, Weinheim u.a. 1984

Kraus, Cornelius, Die Probleme kommen noch auf uns zu, Frnakfurt/Main, unv. Ms. (1988).

Kretzschmann, Hermann/Edel, Fritz, Der Reichsarbeitsdienst in Wort und Bild, Berlin 1936

Kreutzer, Hartmut, Öffentliche Dienstleistungspflichten für Zwecke der zivilen Verteidigung, Diss. Würzburg 1970

Kriebel, Hellmut, Die Rechtsnatur des ehrenamtlichen Dienstes in Nothilfeorganisationen, DÖV (1962)

Kröger, Klaus, Die vernachlässigte Friedenspflicht des Bürgers, JuS (1984)

Krölls, Albert, Kriegsdienstverweigerung. Grundrecht zwischen Gewissensfreiheit und Kriminalität, Leverkusen 1986

Krüger, Heinz-Hermann (Hg.), Handbuch der Jugendforschung, Leverkusen 1988

Krüger, Heinz-Hermann/ Olbertz, J.-H. (Hg.), Bildung zwischen Staat und Markt. Leske + Budrich, Opladen 1997

Kübler, Klaus, Das Pflichtjahr für Mädchen, DÖV 1962

Kuhlmann, Jürgen/ Lippert, Ekkehard, Kriegsdienstverweigerung und Kriegsdienst in Deutschland, Sowi-Arbeitspapier Nr. 49, München 1991

dies., Wehrpflicht ade? Argumente für und wider die Wehrpflicht in Friedenszeiten, in: Kaldrack, Gerd/Klein, Paul (Hg.), Die Zukunft der Streitkräfte angesichts weltweiter Abrüstungsbemühungen, Baden-Baden 1992

Kuhn, Hubert, Politische Bildung mit Verstand und Gefühl – ein ganzheitlicher Ansatz außerschulischer Bildung, in: ausserschulische bildung 2/95

Kultusministerkonferenz, Schüler, Klassen, Lehrer und Absolventen der Schulen 1987 bis 1996, Bonn 1997

Kupferschmid, Peter, Freiwilliges Soziales und Ökologisches Jahr, in Kreft,D/Mielenz, I. (Hg.), Wörterbuch der Sozialen Arbeit, 220f, Weinheim/Basel 1996

Lakies, Thomas, Neues zum Rechtsanspruch auf einen Kindergartenplatz, ZfJ (1996)

Lange, Klaus, Soziale Grundrechte in der deutschen Verfassungsentwicklung und in den derzeitigen Ländervefassungen, in: Böckenförde, Ernst-Wolfgang/Jekewitz, Jürgen/Ramm, Thilo (Hg.), Soziale Grundrechte. 5. Rechtspolitischer Kongreß der SPD vom 29.02. bis 02.03.1980 in Saarbrücken, Heidelberg 1981

Lemayr, Christine, Soziale Dienste im Jugendalter, Weinheim 1966

Lenz, Carl Otto, EG-Vertrag, Kommentar zu dem Vertrag zur Gründung der Europäischen Gemeinschaften, Köln 1994

Lenz, Wolfgang, Gesichtspunkte zur Arbeit der Kommission »Jugendgemeinschaftsdienste in Deutschland und Europa« der Robert Bosch Stiftung – Organisation und Trägerschaft, Thesenpapier für die Sitzung der Kommission am 5. und 6. April 1998 in Berlin, Solingen 1998

Liepmann, Heinz (Hg.), Kriegsdienstverweigerung oder Gilt noch das Grundgesetz?, Reinbek bei Hamburg 1966

Liedtke, Patrick M., Wie wir arbeiten werden – ein Bericht für den Club of Rome, 1998

Lippert, Ekkehard, Allgemeine Dienstpflicht als sicherheits- und sozialpolitischer Ausweg?, in: Aus Politik und Zeitgeschichte, 6/1995

Lippert, Ekkehard, Zivildienst: Meinungsgegenstand und Rekrutierungsfeld, in: *Markefka/ Nave-Herz,* 497-508 (1989)

Lorenz, Alfred, 50.000 reguläre Arbeitsplätze – Zivildienstleistende als Arbeitnehmer im Sozialbereich. In: Tatort Pflegeheim, hg. v. Trude Unruh, 150-165, Essen (1989)

ders., Zivildienstleistende – die billigen Handlanger, in: Ost und West, hg. v. H. Janning, 159 – 170, Essen 1990

ders., Raus aus der Zivildienstfalle. Über den Abbau von Zivildienstplätzen in einem Krankenhaus. In: Was kommt nach dem Zivildienst? Dokumentation des Fachgesprächs der Bundestagsfraktion Bündnis 90/Die Grünen am 11.05.1998 im Bonner Wasserwerk, S. 17 – 22, Bonn 1998

Lorenz, Wilhelm/ Wagner, Joachim, A Note on returns to human capital in the eigthies: Evidence from twelve countries, in: Jahrbücher für Nationalökonomie und Statistik, Vol. 211 (1993), S. 60 – 72

Luchterhandt, Otto, Grundpflichten als Verfassungsproblem in Deutschland. Geschichtliche Entwicklung und Grundpflichten unter dem Grundgesetz, Berlin 1988

Lüdtke, Hartmut, Entgrenzung und Kontrollverlust in Freizeit und Konsum, in: Was treibt die Gesellschaft auseinander? Bundesrepublik Deutschland: Auf dem Weg von der Konsenszur Konfliktgesellschaft, Band 1, Hg. von W. Heitmeyer, Frankfurt/Main 1997

Maas, Henner, Freiwillig Engagiert! Eine Literatur-Übersicht, unv. Ms., Bottrop 1997

ders., Konversion des Zivildienstes in Freiwilligendienste – eine realistische Option für Kirche und Gesellschaft?, in: *Bündnis 90/Die Grünen im Deutschen Bundestag (Hg.),* »Was kommt nach dem Zivildienst?«, Dokumentation einer Fachtagung, Bonn, 67-82 (1998)

Mader, Wilhelm, Legitimitätsproduktion und sozialpolitische Erwachsenenbildung. In: Olbrich, Josef (Hg.), Legitimationsprobleme in der Erwachsenenbildung, Kohlhammer, Stuttgart 1980, S. 69 – 86

Mader, Wilhelm, Individualität als soziales Problem von Bildung und Therapie. In: Tietgens, H.: Wissenschaft und Berufserfahrung. Klinkhardt, Bad Heilbrunn 1987

Mader, Wilhelm, Pädagogik und Psychotherapie im Konfliktfeld der Moderne. In: Alheim K. & Bender, W. (Hg.): Lernziel Konkurrenz? Erwachsenenbildung im ›Standort Deutschland‹. Leske + Budrich, Opladen 1996

Mader, Wilhelm, Gesellschaftspolitische und bildungspolitische Analyse, in: Politisch-soziales Bildungswerk – Christen für Europa e.V./CfE (Hg.), Evaluation des Zusammenwirkens von Politischer Bildung und sozialem Dienst in Europa, Dresden 1996

Mader, Wilhelm/ Rieth, Theobald/ Weymann, Verena, Evaluation des Zusammenwirkens von politischer Bildung und sozialem Dienst von Freiwilligen in Europa. Politisch-Soziales Bildungswerk – Christen für Europa, Dresden 1996

Mader, Wilhelm, Lebenslanges Lernen oder die lebenslange Wirksamkeit von emotionalen Orientierungssystemen. In: REPORT 39, 1997

Majer, Dietmut, Neuregelungen im Zivil- und Katstrophenschutzrecht – eine verfassungsrechtliche Bestandsaufnahme, NVwZ (1991)

Manderscheid, H., Freie Wohlfahrtspflege im Aufbruch? in: Freie Wohlfahrtspflege im Übergang zum 21. Jahrhundert, hg. v. Bernd Maelicke, 25 – 42, Baden-Baden 1998
Von Mangoldt, Hermann/Klein, Friedrich/Starck, Christian, Das Bonner Grundgesetz, Kommentar, Bd. 1: Präambel, Artikel 1 bis 5, 3. Auflage, München 1985
Marawske-Birkner, Lilli, Der weibliche Arbeitsdienst. Seine Vorgeschichte und gegenwärtige Gestaltung, Leipzig 1942
Marcic, René, Menschenpflichten. Eine Gedanken- und Problemskizze, in: Internationale Festschrift für Alfred Verdross zum 80. Geburtstag, München/Salzburg 1971
Margalith A, Politik der Würde
Markefka, Manfred/Nave-Herz, Rosemarie (Hg.), Handbuch der Familien- und Jugendforschung, Bd II: Jugendforschung, Neuwied und Frankfurt/Main 1989
Maunz, Theodor, Die gegenwärtige Gestalt des Grundgesetzes, BayVBl. (1979)
ders./Dürig, Günter/ Herzog, Roman/ Scholz, Rupert u.a., Grundgesetz, Kommentar, Band II, Art. 12 a – 37 GG, Lieferungen 1-33, München 1997
Merkel, Angela, Zivildienst 3 (1994)
Merten, Detlef, Grundpflichten im Verfassungssystem der Bundesrepublik Deutschland, BayVBl. (1978)
ders., 30 Jahre Grundgesetz, Berlin 1979
ders., Sozialer Fortschritt, (1992)
Merten, R., Allgemeine Dienstpflicht, in: Neue Praxis, Heft 2, 141 – 148 (1992)
Messerschmidt, Manfred, 200 Jahre Wehrpflicht – eine demokratische Errungenschaft?, in: 4/ 3 – Fachzeitschrift zu KDV, Wehrdienst und Zivildienst, 11. Jg., 61-65 (1993)
Metz-Göckel, Sigrid, Geschlechterverhältnisse, Geschlechtersozialisation und Geschlechtsidentität, in: Zeitschrift für Sozialisationsforschung und Erziehungssoziologie, 7. Jg., 85-97 (1988)
Meyer, Thomas, Solidarität und kulturelle Differenz. Erinnerung an eine vertraute Erfahrung, In: Was hält die Gesellschaft zusammen? Bundesrepublik Deutschland: Auf dem Weg von der Konsens- zur Konfliktgesellschaft, Band 2, Hg. von W. Heitmeyer, Frankfurt/ Main 1997
Millenium Tage Kassel, Aufbruch in die 2. Moderne. Die Zukunft der sozialen und ökonomischen Systeme, Kassel 1998
Miller, Susanne: Soziale Grundrechte in der Tradition der deutschen Sozialdemokratie, in: Böckenförde, Ernst-Wolfgang/Jekewitz, Jürgen/Ramm, Thilo (Hg.): Soziale Grundrechte. 5. Rechtspolitischer Kongreß der SPD vom 29.02. bis 02.03. März 1980 in Saarbrücken, Heidelberg 1981
Monastier, Hélène/ Brügger, Alice, Paix, Pelle et Pioche. Histoire du Service civil international de 1919 à 1965, o.O. 1966
Mosebach, Ursula, Jugend auf der Suche nach Identität: Bieten Workcamps dazu eine Orientierung, Hg. vom Sozialwissenschaftlichen Studienkreis für internationale Probleme (SSIP) e. V., Saarbrücken u. a. 1991
Muhs, Reinhold, Das schöne Erbe der frommen Väter. Die Petition der badischen Mennoniten an die deutsche Nationalversammlung von 1848 um Befreiung von Eid und Wehrpflicht, in: Mennonitische Geschichtsblätter 42 (N.F. 37), 1985
Müller, C. W. (Hg), Gruppenpädagogik: Auswahl aus verschiedenen Schriften und Dokumenten, Beltz, Weinheim 1972
Müller, Gerhard: 30 Jahre Grundgesetz, in Festschrift Stein, Berlin 1969
Müller, Gisela, Erziehung durch den Reichsarbeitsdienst für die weibliche Jugend (RADwJ). Ein Beitrag zur Aufklärung nationalsozialistischer Erziehungsideologie, in: M. Heinemann (Hg.), Erziehung und Schulung im Dritten Reich, Stuttgart 1980
Müller, Harald, Jugendgemeinschaftsdienste und ihre politische Verankerung in Deutschland und Europa, Expertise im Auftrag der Robert Bosch Stiftung, Wustrow 1997

Müller, Jörg Paul, Soziale Grundrechte in der Verfassung?, 2. erweiterte Aufl., Basel und Frankfurt/Main 1981
ders.: Soziale Grundrechte in der Schweizerischen Rechtsordnung, in der Europäischen Sozialcharta und den UNO-Menschenrechtspakten, in: Böckenförde, Ernst-Wolfgang/Jekewitz, Jürgen/Ramm, Thilo (Hg.): Soziale Grundrechte. 5. Rechtspolitischer Kongreß der SPD vom 29.02. bis 02.03.1980 in Saarbrücken, Heidelberg 1981
Müller, Siegfried/Rauschenbach, Thomas (Hg.), Das soziale Ehrenamt, Weinheim u. München 1988
Müller-Schöll, Albrecht, Jugendgemeinschaftsdienste, in: H.-H. Groothoff/ M. Stallmann (Hg.) Pädagogisches Lexikon, Stuttgart 1964
von Münch, Ingo, Wehrgerechtigkeit – mehr Gerechtigkeit, NJW (1993)
ders./Kunig, Philip (Hg.), Grundgesetz-Kommentar, Band 1, Präambel bis Art. 20, 4. Aufl., München 1992
Matzen, Jörg, Der Zivildienst als Instanz politischer Sozialisation, in: *Claußen, Bernhard/ Geißler, Rainer (Hg.),* Die Politisierung des Menschen. Instanzen der politischen Sozialisation, Opladen, 205-217 (1996)
Nachtwei, Winfried/Körner, Andreas, Bedeutung und Zukunft des Zivildienstes. Ergebnisse einer Verbändebefragung, in: *Bündnis 90/Die Grünen im Deutschen Bundestag (Hg.),* »Was kommt nach dem Zivildienst?«, Dokumentation einer Fachtagung, Bonn, 56-66 (1998)
Nawiasky, Hans, Die Grundgedanken des Grundgesetzes, Stuttgart 1950
ders./Leusser, Claus/Schweiger, Karl/Zacher, Hans, Die Verfassung des Freistaats Bayern, (1976)
Nebendahl, Mathias, Grundrecht auf Arbeit im marktwirtschaftlichen System?, ZRP (1991)
Nestmann, Frank/Schmerl, Christiane (Hg.), Frauen – das hilfreiche Geschlecht, Reinbek 1991
Neumann, Helmut, Arbeitsdienst in Bulgarien. Vor 50 Jahren: Auslandsarbeit der Schlesischen Jungmannschaft, in: Jb des Archivs der deutschen Jugendbewegung 10; 1978
Nörr, Knut, Arbeitsrecht und Verfassung. Das Beispiel der Weimarer Reichsverfassung von 1919, ZfA (1992)
Nogaard, Carl Aage, Die Rechtsprechung der Europäischen Kommission für Menschenrechte zum Recht auf Bildung, EuGRZ (1981)
Notz, Gisela, Frauen im sozialen Ehrenamt, Freiburg 1989
Oberhem, Harald, Zehn Thesen zur Allgemeinen Dienstpflicht im Kontext katholischer Soziallehre, in Arbeitspapier »Zukunft gesellschaftlicher Dienste«, Deutsche Kommission Justitia et Pax, Bonn 1995
OECD – Centre for educational research and innovation, Human capital investment. An international comparison, Paris 1998
Oehlmann-Austermann, A., Rechtsanspruch auf Kindergartenplatz vor der Haustür – oder was? ZfJ (1996)
Olk, Thomas, Vom »alten« zum »neuen« Ehrenamt, in: Blätter der Wohlfahrtspflege 1/89, 7 – 10 (1989)
Olk, Thomas/ Strikker, Frank, Jugend und Arbeit, in: *Heitmeyer/Olk,* 159-193 (1990)
Olk, Thomas, Zwischen Hausarbeit und Beruf. Ehrenamtliches Engagement in der aktuellen sozialpolitischen Debatte, in: Müller/Rauschenbach, 19-36 (1988)
ders., Sozialengagement als Lebensstil, in: Blätter der Wohlfahrtspflege, 140. Jg., 270-272 (1993)
ders., Perspektiven des Freiwilligen Sozialen Jahres. In: Bundesministerium für Frauen und Jugend (Hg.): Informationen zum Fachkongreß: Freiwilliges Soziales Jahr, Freiwilliges Ökologisches Jahr. Junge Leute beteiligen sich. Bonn 1994
Opitz, Eckardt/Rödiger, Frank (Hg.), Allgemeine Wehrpflicht, Bremen 1994

Oppermann, Thomas, Nach welchen rechtlichen Grundsätzen sind das öffentliche Schulwesen und die Stellung der an ihm Beteiligten zu ordnen? 51. Deutscher Juristentag, Bd. 1, (1976)

Ott, H., Internationale Jugendarbeit als Element der Bildungs- und Außenpolitik, in: Politische Studien, 16. Jg. 1965, S. 545-555

Pankoke, Eckhard, Ehrenamt, in: Handbuch des Stiftungswesens, Gabler Verlag, München 1998

Pannwitz, Rudolf, Beiträge zu einer Europäischen Kultur, Nürnberg 1954

Partsch, Karl-Josef, Die Rechte und Freiheiten der Europäischen Menschenrechtskonvention, Berlin 1966

Pauly, Walter, Strukturfragen des unionsrechtlichen Grundrechtsschutzes, EuR (1998)

Paulwitz, Irmgard, Freiwillige in sozialen Diensten, Weinheim u. München 1988

Pax Christi (Hg), Jenseits der Wehrpflicht: Freiwillige Friedensdienste als Alternative, Komzi-Verlag, Idstein 1992

Peters, Hans, Geschichtliche Entwicklung und Grundfragen der Verfassung, (1969)

Petry, Ulrike, Evaluierung der Langzeit-Friedensdienste im Ausland. Kurzfassung, Tübingen 1996

Peuckert, Rüdiger, Die Destabilisierung der Familie, in: Was treibt die Gesellschaft auseinander? Bundesrepublik Deutschland: Auf dem Weg von der Konsens- zur Konfliktgesellschaft, Bd. 1, Hg. von Wilhelm Heitmeyer, Frankfurt/Main 1997

Pfannkuche, Walter, Gibt es ein Recht auf Arbeit?, in: Armut und soziale Arbeit (interdisziplinäre Arbeitsschrift zum 60. Geburtstag von Gregor Sauerwald) (1996)

Pfeiffer, Wilhelm, Der Faktor Humankapital in der Volkswirtschaft: Berufliche Spezialisierung und technologische Leistungsfähigkeit, Baden-Baden 1999

Picht, Werner, Im Kampf um die Erwachsenenbildung 1912-1926, Leipzig 1926

Pieters, Danny, Enquiry into the legal foundations of a possible extension of Community provisions on social security, in: Departamento de Relacoes Internacionais e Convencoes de Seguranca/ Commission of the European Communities (Hg.): Social Security in Europe

Pietzcker, Jost, Gutachten zu Rechtsfragen der Einführung einer allgemeinen Dienstleistungspflicht, Bonn 1991

Pleßner, Helmuth, Nachwort zu Ferdinand Tönnies, Kölner Zeitschrift für Soziologie und Sozialpsychologie 1955, Heft 3, S. 341ff

Pokatzky, Klaus (Hg.), Zivildienst – Friedensarbeit im Inneren, Reinbek 1983

Politisch-soziales Bildungswerk – Christen für Europa (Hg.), Evaluation des Zusammenwirkens von Politischer Bildung und sozialem Dienst in Europa, Dresden 1996

Potter, J.: Citizenship and Learning through Community Service, A UK Perspective, CSV, 1998

Poulis, Johannes A./Massen, Carl H., Gedankenexperiment zum »Recht auf Arbeit«, ASP (1996)

Prince's Trust: The Prince's Trust Volunteers, A Personal Development Programme for 16 – 25s, Follow-up Survey of Participants, MORI Research Study, London 1997

Prisching, M., Bilder des Wohlfahrtsstaates, Marburg 1996

Prochaska, Petra, Die Förderung sozialer und ökologischer Arbeit unter sozialversicherungsrechtlichen Gesichtspunkten. Recht der gesetzlichen Rentenversicherung, MittLVA Oberfr (1994)

Quaritsch, Helmut, Der grundrechtliche Status des Ausländers, in: Isensee, Josef/Kirchhof, Paul (Hg.), Handbuch des Staatsrechts der Bundesrepublik Deutschland, Band V, Heidelberg 1992

Raad voor het Jeugdbeleid: Verder kijken dan de horizon, Een extra kans voor jongeren, Advies over maatschappelijke oriëntatie van jongeren, SWP, Utrecht 1994

Räder, Hans-Georg, Kriegsdienstverweigerung im neuen Deutschland, in: *Zentralstelle für Recht und Schutz der Kriegsdienstverweigerer aus Gewissensgründen e.V.*, Kriegsdienstverweigerer 1993: Zivis, Märtyrer und Flüchtlinge, Bremen, 19-39 (1994)

Raichle, Ulrich, Zivildienst. Entwicklung und soziale Bedeutung, Stuttgart 1992

Rahrbach, Andrea/Wüstendörfer, Werner/Arnold, Thomas: Untersuchung zum Freiwilligen sozialen Jahr, Bd. 157 der Schriftenreihe des Bundesministeriums für Familie, Senioren, Frauen und Jugend, Stuttgart u.a. 1998

Rahrbach, Andrea/ Wüstendörfer, Werner/ Arnold, Thomas, Untersuchung zum Freiwilligen Sozialen Jahr, Schriftenreihe des Bundesministeriums für Familie, Senioren, Frauen und Jugend, Band 157, Stuttgart 1998

Raichle, Ulrich, Zivildienst, Entwicklung und soziale Bedeutung, Stuttgart 1992

Ramm, Thilo, Die sozialen Grundrechte im Verfassungsgefüge, in: Böckenförde, Ernst-Wolfgang/Jekewitz, Jürgen/Ramm, Thilo (Hg.): Soziale Grundrechte. 5. Rechtspolitischer Kongreß der SPD vom 29.02. bis 02.03.1980 in Saarbrücken, Heidelberg 1981

Randelzhofer, Albrecht, Die Pflichtenlehre bei Samuel von Pufendorf, Berlin 1983

Rathmann, P., Die Wiederentdeckung der Freiwilligkeit, Zulassungsarbeit zur Diplomprüfung im Fach Interdisziplinäre Frankreichstudien, Freiburg 1996

Raupach, Hans, Arbeitsdienst in Bulgarien. Studienergebnisse der Schlesischen Jungmannschaft, Berlin/Leipzig 1932

Rauschenbach, Thomas, Freiwilligendienste – eine Alternative zum Zivildienst und zum sozialen Pflichtjahr? Formen sozialen Engagements im Wandel, ArchsozArb (1992)

Reetz, Lothar; Heitmann, Thomas (Hg.), Schlüsselqualifikationen – Fachwissen in der Krise? Dokumentation eines Symposiums in Hamburg, Hamburg 1990

Reese-Schäfer, Walter, Die politische Rezeption des kommunitarischen Denkens in Deutschland, in: Aus Politik und Zeitgeschichte. Beilage zur Wochenzeitung Das Parlament B 36/96 vom 30.8. 1996

Reinartz, Berthold, Staatsziele im Grundgesetz. Grenzen und Möglichkeiten, SozSich (1993)

Reiter, Heinrich, Bedeutung des Verfassungsrechts der Bundesrepublik Deutschland für das Sozialversicherungsrecht. Verfassungsrechtliche Probleme des Sozialversicherungsrechts (Wiener Beiträge zum Arbeits- und Sozialrecht) (1989)

Repkewitz, Ulrich, Kein freiwilliger Waffendienst für Frauen?, NJW (1997)

Richter, Christoph, Schlüsselqualifikationen, Alling 1995

Richter, Ingo, Überlegungen zur Kodifikation von Grundrechten auf Bildung, in: Böckenförde, Ernst-Wolfgang/Jekewitz, Jürgen/Ramm, Thilo (Hg.): Soziale Grundrechte. 5. Rechtspolitischer Kongreß der SPD vom 29.02. bis 02.03.1980 in Saarbrücken, Heidelberg 1981

ders., Das Recht auf Weiterbildung, DÖV (1987)

Riesenberger, Dieter, Geschichte der Friedensbewegung in Deutschland. Von den Anfängen bis 1933, Göttingen 1985

Rifkin, J., Das Ende der Arbeit und ihre Zukunft. Frankfurt/New York 1995

Rijkschroeff R., Fortuin K., Hettinga G., Quick Scan, Maatschappelijke Oriëntatie Jongeren, Verwey-Jonker Institut, Utrecht 1997

Robert, Günther, Junge Erwachsene, in: neue praxis, 20. Jg., 99-110 (1990)

Rosenstock, Eugen, Industrievolk, Frankfurt/Main 1924

Rosenstock, Eugen, Arbeitslager und Arbeitsdienst, in: Das Arbeitslager. Berichte aus Schlesien von Arbeitern, Bauern und Studenten, hg. v. E. Rosenstock u. C.D. v. Trotha, Jena 1931

Rosenstock-Huessy, Eugen, Dienst auf dem Planeten. Kurzweil und Langeweile im Dritten Jahrtausend, Stuttgart 1965

Rosewitz, Bernd, u.a., Die biographische Bedeutung der Schullaufbahn im Jugendalter, in: *Baake, Dieter/Heitmeyer, Wilhelm (Hg.),* Neue Widersprüche – Jugendliche in den achtziger Jahren, Weinheim und München, 108-130, 1985

Robert Bosch Stiftung, Jugend erneuert die Gemeinschaft. Manifest für Freiwilligendienste in Deutschland und Europa, Stuttgart 1998

Roos, Alfred, Für ein schnelles Ende der allgemeinen Wehrpflicht?, Vorgänge (1996)

Roth, H., Die realistische Wendung in der pädagogischen Forschung. In: Röhrs, H.: Erziehungswissenschaft und Erziehungswirklichkeit. Frankfurt/Main 1967

Rothlauf, Jürgen, Die Beziehung zwischen Bildung, Berufsausbildung und Arbeitsmarkt. Ein Vergleich zwischen der Bundesrepublik Deutschland und Italien, Fuchsstadt 1990

Rozek, Jochen, Feuerwehrdienst, Feuerwehrschutzabgabe und die »neue Formel« des Bundesverfassungsgerichts zu Art. 3 Abs. 3 GG, BayVBl. (1993)

Rüfner, Wolfgang, Grundrechte, Rechts- und Sozialstaatsprinzip in der Rechtsprechung des Bundesverfassungsgerichts, in: Die Kontrolle der Verfassungsmäßigkeit in Frankreich und in der Bundesrepublik Deutschland (1985)

Rumpf, Horst, Die übergangene Sinnlichkeit, München 1981

Rüstow, Alexander Ortsbestimmung der Gegenwart, Bd. III, 147, Erlenbach-Zürich 1957

Sachße, Christoph, Subsidiarität: Zur Karriere eines sozialpolitischen Ordnungsbegriffes, in: Zeitschrift für Sozialreform, 40. Jg., Heft 1, 1994

Sachs, Michael, Rechtsprechungsübersicht. Kein subjektives Recht auf Arbeit, JuS (1996)

Sagawe, Helmuth, Ökologisch orientierte Jugend, eine »post-ökologische« Bewegung? Eine Untersuchung über das Freiwillige Ökologische Jahr, in: neue praxis, 26. Jg., 313-326 (1996)

Saladin, Peter, Verantwortung als Staatsprinzip. Ein neuer Schlüssel zur Lehre vom modernen Rechtsstaat, Bern 1984

Salamon, Lester/Anheier, Helmut, The emerging nonprofit sector: an overview Manchester University Press, Manchester 1996

Schaefer, Dorothea, Zamek, Walburga, Soziales Pflichtjahr für Frauen? In: Sozialer Fortschritt 1/1989

Schelsky, Helmut, Für und Wider den Arbeitsdienst, in: Gewerkschaftliche Monatshefte 1, 1950

ders., Die skeptische Generation. Eine Soziologie der deutschen Jugend. Eugen Diedrichs Verlag, Düsseldorf u.a. 1957

Schmitt, Alexander, Zwang, in: *Janning u.a.,* 154-156 (1990)

Schmid, Gerhard, Wehr- und Zivildienst in europäischen Ländern, Schwalbach 1994

Schneeweiss, Christoph, Kostenwirksamkeitsanalyse, Nutzwertanalyse und Multi-Attributive Nutzentheorie, in: Wirtschaftswissenschaftliches Studium, 1/1990

Schneider, H./Sagawe, H./Akbari, H., Freiwilliges ökologisches Jahr in Baden-Württemberg. Modellprojekt 1990-1993. Abschlußbericht der wissenschaftlichen Begleitung, Heidelberg 1994

Schneider, Martin, Der »zweite Arbeitsmarkt« als legitime und funktionsfähige Institution der Beschäftigungspolitik? Ein ökonomischer Aufriß der Debatte, in: Jahrbuch für Wirtschaftswissenschaften, 46. Jg. (1995), S, 253

Scheuner, Ulrich, Die rechtliche Tragweite der Grundrechte in der deutschen Verfassungsentwicklung des 19. Jahrhunderts, in: Festschrift Ernst Rudolf Huber zum 70. Geburtstag am 8. Juni 1973, Göttingen 1973

Schlink, Bernhard: Überlegungen zur Kodifikation von Grundrechten auf Bildung, in: *Bökkenförde, Ernst-Wolfgang/Jekewitz, Jürgen/Ramm, Thilo (Hg.):* Soziale Grundrechte. 5. Rechtspolitischer Kongreß der SPD vom 29.02. bis 02.03.1980 in Saarbrücken, Heidelberg 1981

Schmid, G., Übergangsarbeitsmärkte als neue Strategie der Arbeitsmarktpolitik. In: Jahrbuch Arbeit und Technik 1998, hg. v. Werner Fricke, 170 – 181, Bonn 1997

Schmidt, Walter, Soziale Grundrechte im Verfassungsrecht der Bundesrepublik Deutschland, in: Instrumente der sozialen Sicherung und der Währungssicherung in der Bundesrepublik Deutschland und in Italien, (Der Staat, Beiheft 5) (1981)

Schmitt, Carlo, Erinnerungen, Bern, München, Wien 1979

Schmitthenner, Horst/Bobke, Manfred, Das Recht auf Arbeit in einer gesamtdeutschen Verfassung, GM (1990)

Schnid, A. Alex, Benefit-Cost-Analysis: A political economy approach, Boulder 1989

Schörken, R. »Jugend 1945: Politisches Denken und Lebensgeschichte.« Lesken & Budrich, Opladen 1990

Scholz, Rupert, Das Recht auf Arbeit. Verfassungsrechtliche Grundlagen. Möglichkeiten und Grenzen einer Kodifikation, in: Böckenförde, Ernst-Wolfgang/Jekewitz, Jürgen/Ramm, Thilo (Hg.): Soziale Grundrechte. 5. Rechtspolitischer Kongreß der SPD vom 29.02. bis 02.03.1980 in Saarbrücken, Heidelberg 1981

Schuchardt, E./Siebert, H./Lilje, S., Vom Modellprojekt zum Bundesgesetz. Freiwilliges Ökologisches Jahr – Bundesweite Forschungsdokumentation im Auftrage des Bundesministers für Frauen und Jugend. Schriftenreihe des Bundesministeriums, Bonn 1993/94

Schultz-Gerstein, Hans-Georg, Zur Dauer des zivilen Ersatzdienstes nach ganz oder teilweise abgeleistetem Wehrdienst, MDR (1989)

Schwacke, Peter, Anmerkung zu BVerfG 13.4.1978, VR (1978)

Schweitzer, Friedrich/Thiersch, Hans (Hg.), Jugendzeit – Schulzeit. Von den Schwierigkeiten, die Jugendliche und Schule miteinander haben, Weinheim und Basel 1983

Seifert, Karl-Heinz/Hömig, Dieter, Grundgesetz für die Bundesrepublik Deutschland, 5. Aufl., Baden-Baden 1995

Siegfried, Matthias: Grundgesetzwidriger Verschiebungsmodus des § 24 a SGB VIII beim Rechtsanspruch auf einen Kindergartenplatz, SozSich (1997)

Siekmann, Helmut (Hg.): Klaus Stern. Der Staat des Grundgesetzes. Ausgewählte Schriften und Vorträge, Köln u.a. 1992

Simon, Gerhard, Dienstpflicht statt Arbeitslosigkeit? Jugendbeschäftigung, ASP (1977)

Smetan, Susanne »Das Freiwillige Soziale Jahr – auch ein Sprungbrett für eine weitergehende soziale Berufsausbildung?« Münster (unv. Diplomarbeit) 1998

Sommer, Monika, Vom Grundgesetz zu einer Verfassung für Deutschland, AiB (1992)

dies.: Arbeitnehmerrechte in der Verfassung? Arbeitnehmerrechte in die Verfassung?, GM (1993)

Stachowski, B., Über den Handel mit der Arbeitskraft der Zivildienstleistenden zwischen Verbänden und Staat. In: Kriegs- Ersatzdienst-Verweigerung in Ost und West, hg. v. Heinz Jannig, S. 171-175, Essen 1990

Stähr, Axel, Führt der Rechtsanspruch auf einen Kindergartenplatz zu einem Rechtsanspruch der freien Träger auf Finanzierung?, ZfJ (1998)

Staufer, Walter R., Ich bin Zivi. Ein Handbuch für Zivildienstleistende, Reinbek 1990

Starck, Christian, Verfassungsgebung in Thüringen, ThürVBl. (1992)

Statistisches Bundesamt, Ehrenamtliches Engagement in Deutschland. Ergebnisse der Zeitbudgeterhebung 1991/1992. In: Wirtschaft und Statistik, Nr. 4, 259 – 266 (1996)

Stein, Ekkehart, Das Recht des Kindes auf Selbstentfaltung in der Schule. Verfassungsrechtliche Überlegungen zur freiheitlichen Ordnung des Schulwesens, Neuwied 1967

Steinlechner, Wolfgang, Allgemeine Dienstpflicht, in: Zeitschrift für Rechtspolitik Nr. 9, 28. Jg. (September 1995), S. 323

Steinlechner, Wolfgang, Unechte Kriegsdienstverweigerung, ZRP (1997)

Steinvorth, Ulrich, Das Recht auf Arbeit, Arbeit- und Arbeitslosigkeit, Bd. 56 der Rechtsphilosophischen Hefte (1996)

Steinwender, Klaus, Zivildienst vorrangig im sozialen Bereich ..., in: *EAK*, 109-121 (1989)
Stern, Klaus, Unternehmen und Unternehmer in der verfassungsrechtlichen Ordnung der Wirtschaft, VVDStRL 35 (1977)
Stettes, Svenja, Entwicklungen und Veränderungen im Jugendalter – Herausforderungen und Konsequenzen für Freiwillige Soziale Dienste – ein sozialpädagogisches Handlungsfeld am Beispiel des Freiwilligen Sozialen Jahres, Diplomarbeit, Katholischen Fachhochschule NW, Köln 1999
Stober, Rolf, Grundpflichten und Grundgesetz, Berlin 1979
ders., Grundpflichten als verfassungsrechtliche Dimension, NVwZ (1982)
ders., Entwicklung und Wandel der Grundpflichten, in: Recht und Staat im sozialen Wandel, Festschrift für Hans Ulrich Scupin, (1983)
Stüer, Bernhard, Recht auf unverkürzten Unterricht, RdJB (1986)
Struck, Jutta, Zum Rechtsanspruch auf einen Kindergartenplatz und seiner Modifizierung, ZfJ (1996)
Statistisches Bundesamt, Rechenergebnisse der öffentlichen Haushalte für Bildung, Wissenschaft und Kultur, Fachserie 14, Reihe 3.4, Wiesbaden 1996
ders., Statistisches Jahrbuch 1996 für die Bundesrepublik Deutschland, Wiesbaden 1996
ders., Statistisches Jahrbuch 1997 für die Bundesrepublik Deutschland, Wiesbaden 1997
ders., Ehrenamtliches Engagement in Deutschland. Ergebnisse der Zeitbudgeterhebung 1991/1992. In: Wirtschaft und Statistik, Nr. 4, 1996
ders., Struktur der sozialversicherungspflichtig Beschäftigten 1996, Fachserie 1, Reihe 4.2.1, Wiesbaden 1997
Stell, Maren, Workcamps als eine Form der internationalen Jugendarbeit. Analyse der historischen Anfänge und ihrer Entwicklung am Beispiel der Internationalen Jugendgemeinschaftsdienste e.V., unv. Diplomarbeit, Köln 1999
Temsch, Joachim, Das wird schon wieder. Ein Bericht, Reinbek 1996
Tews, H P., Ältere Menschen und bürgerschaftliches Engagement. In: Bürgerengagement, hg. v. Konrad Hummel, S. 80 – 128, Freiburg 1995
Thalmair, Roland, Die Bundeswehr im Ausland – eine offene Verfassungsfrage?, ZRP (1993)
Theuersbacher, Paul, Die Entwicklung des Schulrechts in den Jahren 1995 und 1996, NVwZ (1997)
Tietzrath, Andreas, Helfen Sie mir denn gleich 'nen Kaffee zu machen. Aus dem Tagebuch eines ZDL, Rasch und Röhrig 1986
Tobiassen, Peter, Das Verbot von Zwangs- und Pflichtdiensten – national und international, in: 4/3 – Fachzeitschrift zu Kriegsdienstverweigerung, Wehrdienst und Zivildienst, 12. Jg., 6-8 (1994)
Trube, Achim, Fiskalische und soziale Kosten-Nutzen-Analyse örtlicher Beschäftigungsförderung, Nürnberg 1995
Ueltzhöffer, J., Wege zur Bürgergesellschaft: die Geislingen-Studie, in: Zivilgesellschaft und soziales Handeln, hg. v. Wolf R. Wendt, S. 121 – 137, Freiburg 1996
UNESCO, National Service, what are the choices? Paris 1994
von Unruh, Georg-Christoph, Die Verfassung als Gewähr für Recht und Freiheit, konstituionelle Bedingungen für den Bestand des demokratischen Rechtsstaates, DVBl. (1982)
Unruh, Trude (Hg.), Tatort Pflegeheim. Zivildienstleistende berichten, Essen 1989
Usher, R./ Bryant, I./ Johnston, R., Adult Education and the Postmodern Challenge. London; New York 1997
Verwey Joncker Instituut: Jeugd op oriëntatie, Utrecht 1998
Villiger, Mark E., Handbuch der Europäischen Menschenrechtskonvention (EMRK), Zürich 1993
Vogel, P., Ökonomische Denkformen und pädagogischer Diskurs. In: Krüger, H.-H./ Olbertz, J.-H. (Hg.), Bildung zwischen Staat und Markt. Leske + Budrich, Opladen 1997

Vogt, Wolfgang R., Wider die Wehrpflicht: Zur Enttabuisierung einer antiquierten Wehrform, in: Jahrbuch Frieden 1993, Hg. von *Birckenbach, Hanne-Margret*, 161-169, München 1992
ders., Allgemeine Wehrpflicht – ein politisches Tabu auf dem Prüfstand, in: 4/3-Fachzeitschrift zu KDV, Wehrdienst und Zivildienst, 11. Jg., 19-21 (1993).
Volunteering, Nr. 45, London (1999)
Vosgerau, Ulrich, Zur Verfassungswidrigkeit der Allgemeinen Wehrpflicht nach stillschweigender Umwandlung in eine Dienstpflicht, ZRP (1998)
Wagner, Wolf, Kulturschock Deutschland, Bonn 1996
Walzer, M., Die Sozialisierung des Wohlfahrtsstaates als Zukunftsperspektive der Wohlfahrt. In: Bürgernegagement, hg. v. Konrad Hummel, S. 42 – 56, Freiburg 1995
War Resisters' International: The COs Handbook, Part 1, Europe, London 1997
Warneck, Wilfried, Gewaltfreie Dienste für Gerechtigkeit und Frieden als Herausforderung für die Kirchen, in: Josef Freise / Eckehard Fricke (Hg.), Die Wahrheit einer Absicht ist die Tat. Friedensfachdienste für den Süden und den Norden, Idstein 1997
Wedemeyer, Kai, Das Verfahren der Verfassungsgesetzgebung in Mecklenburg-Vorpommern, in: Stern, Klaus, Deutsche Wiedervereinigung: Zur Entstehung von Landesverfassungen in den neuen Ländern der Bundesrepublik Deutschland, Köln 1992
Wendt, W. R., Bürgerschaft und zivile Gesellschaft. Ihr Herkommen und ihre Perspektiven. In: Zivilgesellschaft und soziales Handeln, hg. v. dems., S. *13 – 77,* Freiburg 1996
Wertenbruch, Wilhelm, Grundgesetz und Menschenwürde. Ein kritischer Beitrag zur Verfassungswirklichkeit, Köln 1958
ders., Sozialhilfeanspruch und Sozialstaatlichkeit, in: FS Küchenhoff, (1967)
Weymann, A., Sozialer Wandel – Theorien zur Dynamik der modernen Gesellschaft. Juventa, München 1998
Wiegand, Dietrich, Sozialstaatsklausel und soziale Teilhaberechte, DVBl. (1974)
Wiethölter, D./Bogai, D., Ehrenamt und Bürgerarbeit. Ein Mittel gegen die Arbeitslosigkeit? in: Soziale Sicherheit, Heft 8-9, S. 289 – 292 (1998)
Wilke, Reinhard, Rechtsanspruch auf einen Kindergartenplatz. Rechtliche Probleme familienergänzender Betreuung, ZfJ (1996)
Wilkinson, Helen, Kinder der Freiheit, Entsteht eine neue Ethik individueller und sozialer Verantwortung?; S. 115 in: Beck, Ulrich (Hg.), Kinder der Freiheit, Suhrkamp, Frankfurt/ Main 1996
Williams, Christine, Gender differences at work. Women and men in nontraditional occupations, Berkeley and Los Angeles 1989
dies., Doing women's work. Men in nontraditional occupations, Newbury Park, London, New Delhi 1993
*Wipfelder, Hans-*Jürgen: Ein »Recht auf Arbeit« im Grundgesetz? VBlBW (1990)
Wirtschafts- und Sozialwissenschaftliches Institut in der Hans-Böckler-Stiftung, WSI-Tarifarchiv, Jahresbericht 1997, Düsseldorf 1998
Wohlfahrt, Norbert, Neue Förderformen für die Freien Wohlfahrtsverbände: zu den Folgewirkungen von Leistungsverträgen, in: Theorie und Praxis der sozialen Arbeit 5, 1996
Woodhall, Maureen, Cost-benefit-analysis in educational planning. Unesco: International Institute for Educational Planning, Paris 1970
Zielke, Oliver, Das Recht auf Arbeit in der Verfassung, RdA (1992)
Zimmer, Annette, Vereine – Basiselement der Demokratie, Leske + Budrich, Opladen 1996
Zinnecker, Jürgen, Jugend 1981: Porträt einer Generation, in: Jugendwerk der Deutschen Shell, Bd. 1, 80-122 (1981)
Zinner, G.; Entstaatlichung als Glücksfall. Das bürgerschaftliche Engagement ist der Kern freier Wohlfahrtspflege. In: Blätter der Wohlfahrtspflege 5+6, S. 103 – 106 (1998)

Zivildienst in Kirche und Diakonie, hg. von den Zivildienstreferenten der Diakonischen Werke der Ev. Kirche in Deutschland, o.O., o.J.
Zivildienst im Umbruch, Dokumentation einer Fachtagung des Paritätischen Wohlfahrtsverbandes vom 08.-09.09.1993, in: Blätter der Wohlfahrtspflege, 141. Jg., Heft 7+8, I-XIX(1994)
Zoll, Rainer u.a., Nicht so wie unsere Eltern! Ein neues kulturelles Modell?, Opladen 1989

Autorenhinweise

Anheier, Helmut K., Dr., Professor für Soziologie an der Rutgers Universität, arbeitete von 1988-1990 für die Vereinten Nationen, seit 1999 Direktor des Centre for Civil Society an der London School of Economics. Seine Forschungsarbeiten beziehen sich auf den Dritten Sektor, Fragen der Organisationssoziologie und Aspekte der vergleichenden Methodologie der Sozialwissenschaften. Gründer der Zeitschrift *Voluntas* (1990) und Herausgeber verschiedener Fachreihen zum Dritten Sektor; zahlreiche Veröffentlichungen zum Thema; e-mail: H.Anheier@lse.ac.uk.

Bartels, Christian, Jg. 1972, 1998/99 Zivildienst in Berlin.

Bartjes, Heinz, Dr., M.A., langjährige Bildungsarbeit im Zivildienstbereich, Fachbereichsleiter an der Volkshochschule Tübingen und freiberufliche Tätigkeiten in Forschung und Lehre; Veröffentlichungen u.a.: Der Zivildienst als Sozialisationsinstanz, Weinheim und München 1996; Ehrenamt und Unternehmen, Studie im Auftrag der Robert Bosch Stiftung, Stuttgart 1999 (zusammen mit Heinz Janning); e-mail: heinzbartjes@yahoo.de.

Beck, Hanno, Jg. 1966, Dr., Diplom Volkswirt, Mitglied der Wirtschaftsredaktion der Frankfurter Allgemeinen Zeitung; Veröffentlichungen u.a.: Die Stabilität von Integrationsgemeinschaften. Überlegungen zur Osterweiterung der Europäischen Union, Wiesbaden 1998; Internet-Ökonomie. Eine Einführung. Campus-Verlag 1999 (zusammen mit Aloys Prinz).

Becker, Karoline, Jg. 1959, Diplom Pädagogin, freiberufliche Redaktionstätigkeit für öffentliche Einrichtungen, Verbände und Organisationen.

Becker, Roland, Jg. 1963, Diplom Soziologe, Diplom Sozialarbeiter, wissenschaftlicher Mitarbeiter am Institut für Sozialarbeit und Sozialpädagogik e.V., Frankfurt a.M.; Veröffentlichungen u.a.: ders./Brandes, H./Bunjes, U./Günther, M./Vas, C./Wüstendörfer, W.: Lern- und Bildungsprozesse im Europäischen Freiwilligendienst, 1999; e-mail: Roland.Becker@soz.uni-frankfurt.de.

Berninger, Matthias, Jg. 1971, Mitglied des Deutschen Bundestags (Bündnis 90/DIE GRÜNEN) seit 1994.

Birthler, Marianne, Jg. 1948, Landesministerin für Bildung, Jugend und Sport (1990-92), Bundesvorstandssprecherin Bündnis 90/DIE GRÜNEN (1993-94), Leiterin des Berliner Büros der Bundestagsfraktion Bündnis 90/DIE GRÜNEN (1995-99) und seit 1999 Mitglied der Grünen Akademie der Heinrich-Böll-Stiftung.

Bopp, Ulrich, Jg. 1944, Dr. jur., seit 1990 Geschäftsführer der Robert Bosch Stiftung, Stuttgart.

Dettling, Warnfried, Dr., bis 1991 Ministerialdirektor im Bundesministerium für Jugend, Familie, Frauen und Gesundheit, lebt und arbeitet als freier Publizist in München und auf Schloss Primmersdorf (Niederösterreich); Veröffentlichungen u.a.: Politik und Lebenswelt. Vom Wohlfahrtsstaat zur Wohlfahrtsgesellschaft, Gütersloh 1995; Die Zukunft denken. Neue Leitbilder für wirtschaftliches und gesellschaftliches Handeln, Frankfurt 1996.

Finis Siegler, Beate, Jg. 1953, Dr. rer. pol., Professorin für Ökonomie und Sozialpolitik an der Fachhochschule Frankfurt a.M. im Fachbereich Sozialpädagogik; Veröffentlichungen u.a.: Ökonomik Sozialer Arbeit, Freiburg 1997; »Neue Herausforderungen für die Soziale Arbeit der Freien Wohlfahrtspflege«, in: Sozialer Fortschritt 9/1999.

Freise, Josef, Jg. 1951, Prof. Dr. päd., Diplomtheologe, Professor an der Katholischen Fachhochschule in Köln mit den Arbeitsschwerpunkten Interkulturelle Soziale Arbeit, Jugendarbeit, Friedenspädagogik, Mediation und gewaltfreie Konfliktregelung; Veröffentlichungen u.a. Freise, Josef/Schier, Norbert, Praxisfeld Interkulturelle Erziehung und Bildung in der internationalen Arbeit und der Migrationsarbeit, in: Badry/Buchka/Knapp (Hrsg.), Pädagogik. Grundlagen und Arbeitsfelder, 3., überarbeitete Auflage, Neuwied/Kriftel 1999, S. 463-493; Leben lernen in der Postadoleszenz. Jugendpädagogische Überlegungen zur identitätsbildenden Bedeutung von Freiwilligendiensten, in: Evers, Reimund u.a. (hrsg.), Leben lernen. Beiträge der Erwachsenenbildung, Münster 1999, S. 215-232.

Frey, Ulrich, Jg. 1937, Assessor iur., Mitwirkung in Organisationen der internationalen Jugendarbeit, Geschäftsführer der Aktionsgemeinschaft Dienst für den Frieden e.V., Bonn; Veröffentlichungen u.a.: ders./Ribustini, W./Stringham, J.: Potential Development of Voluntary Service Activities, Report to the Commission of the European Communities, hg. von der Steering Group of Voluntary Service Organisations, Brüssel 1994; Die Förderung eines freiwilligen Dienstes auf europäischer Ebene, Bericht für den Europa-Rat (CDEJ (92)1), Strassburg 1993; e-mail: frey@friedensdienst.de.

Gebhardt, Eike, Jg. 1942, Dr., Studium: Amerikanistik und Sozialwissenschaften in Berlin und Yale, Hochschullehrer in den USA, seit 1985 als Rundfunkautor und freier Journalist in Deutschland; Veröffentlichungen u.a.: Kreativität und Mündigkeit; Ende der Autorität.

Gerstberger, Günter, Jg. 1950, seit 1985 bei der Robert Bosch Stiftung, Stuttgart, derzeit Leiter des Programmbereichs »Jugend, Bildung, Kultur«.

Gestrich, Andreas, Jg. 1952, Dr., Professor für Neuere Geschichte an der Universität Trier; Veröffentlichungen u.a.: Traditionelle Jugendkultur und Industrialisierung, Göttingen 1986; Vergesellschaftungen des Menschen. Einführung in die Historische Sozialisationsforschung, Tübingen 1999; e-mail: gestrich@uni-trier.de.

Grottian, Peter, Jg. 1942, Dr., Professor für Politische Wissenschaften am Otto Suhr Institut der FU Berlin; aktuelle Arbeitsgebiete: Strategien zur Reduzierung der Arbeitslosigkeit, Umbau des Sozialstaats, Entwicklungsperspektiven der Industriegesellschaft.

Guggenberger, Bernd, Jg. 1949, Dr. habil., Hochschullehrer am Otto Suhr Institut der FU Berlin, Direktor des Deutschen Instituts für Angewandte Sozialphilosophie (DIAS) in Bergisch Gladbach und Gründungsrektor der Europäischen Universität der Senioren zu Meran; Veröffentlichungen u.a.: Wenn uns die Arbeit ausgeht, München 1988; Das digitale Nirwana, Hamburg 1997; Sein oder Design. Im Supermarkt der Lebenswelten, Hamburg 1998; e-mail: mongucco@datacomm.ch.

Hailbronner, Kay, Jg. 1943, Prof. Dr., Lehrstuhl für Öffentliches Recht, Völker- und Europarecht an der Universität Konstanz, Mitglied des Wissenschaftsrats; Veröffentlichungen u.a.: Herausgeber des Kommentars zum Ausländerrecht (Stand Dezember 1999), Mitherausgeber des Handkommentars zum Vertrag über die Europäische Union (zusammen mit Klein, Magiera, Müller-Graff, Stand November 1998), Mitherausgeber des Kommentars zum

Staatsangehörigkeitsrechts (zusammen mit VorsRi HessVGH Dr. Renner), zahlreiche Veröffentlichungen im Bereich des Europarechts und des europäischen Sozialrechts; e-mail: kay.hailbronner@uni-konstanz.de.

Herzog, Roman, Dr. iur., Professor für Staatsrecht und Politik an der FU Berlin (1965-73); Kultus- und Innenminister von Rheinland-Pfalz und Baden-Württemberg (1978-83); Präsident des Bundesverfassungsgerichts (1987-94); 6. deutscher Bundespräsident (1994-99); Veröffentlichungen u.a.: Mut zur Erneuerung. Bilanz einer Amtszeit, Berlin 1999 (zusammen mit Karl-Ludwig Günsche); Freiheit des Geistes. Reden zur Kultur, Hamburg 1999 (Hrsg. v. Manfred Bissinger); Strukturmängel des Grundgesetzes. Irrtum und Wahrheit, Stuttgart 2000.

Hoffmann, Thomas, Jg. 1960, M.A., Studium der Politischen Wissenschaften und der Empirischen Kulturwissenschaft; Zivildienstreferent beim Diakonischen Werk der Evangelischen Kirche Württemberg in Stuttgart.

Keskin, Hakki, Dr., Hochschullehrer im Fachbereich Sozialpädagogik der Fachhochschule Hamburg, Abgeordneter der Hamburgischen Bürgerschaft für die SPD (1993-97), Sprecher des »Bündnis Türkischer Einwanderer Hamburg e.V.« (TGB) und Bundesvorsitzender der »Türkischen Gemeinde in Deutschland e.V.« (TGD); zahlreiche Veröffentlichungen zum Thema.

Kreft, Gudrun, Jg. 57, Diplomsozialpädagogin, Grundsatzreferentin des Deutschen Bundesjugendrings; ehrenamtlich in der Evangelischen Jugend aktiv, bis 1998 als stellvertretende Vorsitzende in der Jugendkammer der Evangelischen Kirche Deutschlands (EKD).

Kreuzer, Christine, Jg. 1964, Dr., Wissenschaftliche Mitarbeiterin am Lehrstuhl Prof. Hailbronner im Fachbereich Rechtswissenschaft der Universität Konstanz; Veröffentlichungen u.a.: Der Entwurf eines Staatsangehörigkeitsübereinkommens des Europarates, StAZ 1997, 125 ff.; Die unmittelbare Anwendbarkeit völkerrechtlicher Verträge, JA 1998, 731 ff.; e-mail: Christine.Kreuzer@uni-konstanz.de.

Lenz, Wolfgang, Jg. 1951, Diplom Pädagoge, Generalsekretär der Ökumenischen Vereinigung der Akademien und Laienzentren in Europa e.V. (EAALCE); e-mail: wolgang.lenz@eaalce.de.

Lorenz, Alfred L., Dr. phil., Diplom Psychologe, Kinder- und Jugendlichenpsychotherapeut, Leiter der Tagesklinik der Klinik für Kinder- und Jugendpsychiatrie und Psychotherapie Bremen Ost; Veröffentlichungen u.a.: »50.000 reguläre Arbeitsplätze«, in: Unruh, T. (Hrsg.): Tatort Pflegeheim, Essen 1989; »Zivildienstleistende – die billigen Handlanger«, in: Janning, H. u.a. (Hrsg.): Kriegs-/Ersatzdienstverweigerung in Ost und West, Essen 1990.

Mader, Wilhelm, Jg. 1939, Dr. phil., Professor für Erziehungswissenschaft mit dem Schwerpunkt Erwachsenenbildung an der Universität Bremen und Psychoanalytiker (DGPT); Veröffentlichungen u.a.: Max Scheler – Rowohlt-Bildmonographie, Reinbek 1995 (2. Auflage); Emotionality and Continuity in Biographical Contexts, in: Birren, J. E. et al. (eds.): Aging and Biography – Explorations in Adult Development, New York 1995, S. 39-60.

Müller, Harald, Jg. 1960, Diplom Soziologie, langjährige Bildungsarbeit im Bereich Freiwilligen- und Friedensdienste, Veröffentlichungen u.a.: Jugendgemeinschaftsdienste und ihre politische Verankerung in Deutschland und Europa, 1997; Feststellung des Bedarfs für Friedensfachkräfte bei der AGDF, in: Friedensfachdienst ist nötig, hg. AGDF, Bonn 1998. Email: Harald.Mueller.Wustrow@t-online.de.

Münz, Angelika, Jg. 1958, Diplom Pädagogin, freiberuflich und als Mitarbeiterin bei *Community Partnerships Consultants* in Amsterdam tätig; Veröffentlichungen u.a.: Volunteering Into Participation – A Strategy for Social Inclusion, Amsterdam 2000.

Ott, Michael, Jg. 1967, Studium der Sozialpädagogik, Zivildienstreferent beim Diakonischen Werk der Evangelischen Kirche Württemberg in Stuttgart.

Pack, Doris, Jg. 1942, Rektorin, stellvertretende Bundesvorsitzende der Frauen-Union, Mitglied des Europäischen Parlaments seit 1989 und Sprecherin und Obfrau der EVP-Fraktion für die Bereiche Kultur, Jugend, Bildung, Medien und Sport.

Polczyk, Alfred Maria, Jg. 1951, Diplom Ingenieur, Projekt-, Marketing- und Designmanager, Leiter der »denkwerkstatt« memmingen und seit 1996 als freier Change Architect tätig für Unternehmen und Institutionen aus Wirtschaft, Wissenschaft, Kultur und Politik; Initiativen u.a.: »In between – Mensch und Habitat«; »Objects for children's play«; »Werkstattgespräche Zukunft«; e-mail: polczyk@t-online.de.

Röttgen, Norbert, Jg. 1965, Rechtsanwalt, Mitglied des Deutschen Bundestags (CDU) seit 1994.

Scheelhase, Janina, Jg. 1963, Dr., Leiterin des Marktfeldes Makroökonomie der Prognos AG, Köln; z.Zt. Arbeitsschwerpunkte in den Bereichen Sozialökonomie und Makroökonomie; e-mail: janina.scheelhaase@prognos.com.

Schmidt, Maja, Jg. 1975, Studium der Rechtswissenschaften in Bonn, 1995-1998 Mitglied des Bundesvorstands der F.D.P.; e-mail: Maja@Schmidt.net.

Schöffmann, Dieter, Jg. 1953, Geschäftsführer der VIS a VIS Agentur für Kommunikation GmbH; Veröffentlichungen u.a.: Fund Raising – Prozess, Konzeption und Managementaufgabe. Arbeitshilfe für ehrenamtliche Vorstände, Köln (Bank für Sozialwirtschaft) 1994; Marketing, Berlin (Forum Berufsbildung) 1998; e-mail: ds@visavis-agentur.de.

Schöpp-Schilling, Hanna Beate, Jg. 1940, Dr., Geschäftsführerin des AFS Interkulturelle Begegnungen e.V. (American Field Service); Veröffentlichungen u.a.: »Frauenforschung«, in: Lissner, A./Süssmuth, R./Walter, K. (Hrsg.): Frauenlexikon: Wirklichkeit und Wünsche von Frauen, Freiburg 1988; »Ausgewählte Fragen der Überwachung menschenrechtlicher Verpflichtungen: Das UN-Komitee zur Aufhebung aller Formen von Diskriminierung der Frau (CEDAW)« (im Druck: Schriftenreihe des Menschenrechtszentrums der Universität Potsdam).

Stell, Maren, Jg. 1973, Diplom Pädagogin, arbeitete im European Youth Centre in Strasbourg; e-mail: mstell@smail.uni-koeln.de.

Tönnies, Sybille, Jg. 1944, Dr. iur., Rechtsanwältin und Hochschullehrerin im Fachbereich Sozialwesen der Hochschule Bremen; Veröffentlichungen u.a.: Der westliche Universalismus, 1997 (2. Auflage); Pazifismus passé, 1997.

Vogt, Ute, Jg. 1964, Rechtsanwältin, Mitglied des Deutschen Bundestags (SPD) seit 1994.

Wicke, Heinz, Diplom Sozialwissenschaftler, Leiter des Deutschen Büros Jugend für Europa, Bonn; Veröffentlichungen u.a.: Gemeinschaftliches Aktionsprogramm »Jugend«. Jugendpolitischer Beitrag auf dem Weg zu einer europäischen Bürgergesellschaft, in: Forum Jugendarbeit International, Internationaler Jugendaustausch- und Besucherdienst (Hrsg), Bonn 1998; Für eine europäische Jugendpolitik zum Beginn des 21. Jahrhunderts, in: Forum Jugendarbeit International, Internationaler Jugendaustausch- und Besucherdienst (Hrsg.), Bonn 1997.

Wüstendörfer, Werner, Jg. 1944, Dr. rer. pol., Diplom Sozialwirt, Professor für Soziologie und empirische Sozialforschung im Fachbereich Sozialwesen der Fachhochschule Nürnberg; Veröffentlichungen u.a.: Untersuchung zum Freiwilligen Sozialen Jahr, Stuttgart, Berlin, Köln (zusammen mit A. Rahrbach und T. Arnold); Abschlussbericht zum Freiwilligen ökologischen Jahr Stuttgart, Berlin, Köln (zusammen mit T. Arnold); e-mail: Werner.Wuestendoerfer@rzmail.uni-erlangen. de.

Stichwortverzeichnis

ABM-Programm 326, 492
Achtundsechziger Generation 193
Adoleszenzkrise 85
Advisor-System 460
Ästhetik 75 f., 82
Aktionsgemeinschaft Dienst für den Frieden (AGDF) 118
Aktionskreis Schulen (AKS) 111 ff.
Aktion Sühnezeichen/Friedensdienste 103, 117 ff., 197, 377, 381
Aktive Gesellschaft 56
Akzeptanz 516
Alimentierung, staatliche 65 f., 313
Allgemeinheit 48
Allianz für Jugend und Gemeinschaft 607 f.
Allokationsverzerrungen 334
Allseitiges Individuum 63
Alter 21
Altersbegrenzung 466 ff.
Altersstruktur 21
Altruismus, altruistisch 53, 191, 457, 478
Altruistischer Individualismus 441
American Dream 82
AmeriCorps 175, 182
Amnesty International 59
Anbietermacht der Freiwilligen 67, 182, 512 ff.
»Anderer Dienst im Ausland« 197, 381 f.
Anerkennung, gesellschaftliche 469, 579
Angebotsorientierte Förderung 581
Arbeit 450 f.
– Drei-Schichten-Modell der 362
– Fehlallokation des Faktors 247 ff.
– gemeinnützige 450 f.
– Recht auf 401 ff.
– Verhältnis von ehrenamtlicher und bezahlter 314
Arbeiterwohlfahrt (AWO) 122, 137
Arbeitnehmerbegriff 413 ff.
Arbeitsdienst 75 f., 79 ff., 87 ff., 91 ff., 102 ff., 326, 662

– für Mädchen 98
Arbeitserfahrung 651
Arbeitsgesellschaft 53, 250, 490 ff.
– Ende der 58, 316, 456
– Umbau der 493 ff.
Arbeitslagerbewegung 80 ff., 90, 94 ff.
Arbeitslosenförderungsgesetz 326
Arbeitslosenforschung 449
Arbeitslosigkeit 521, 662 f.
Arbeitsmarkt 333 f., 337 f., 475 f., 521, 542, 564
Arbeitsmarktneutralität 34, 68, 170, 248, 263, 274 f., 283, 325 ff., 362, 545, 573, 599, 652, 654
Arbeitsmotivation 652 ff.
Arbeitsplatzförderung 180 f.
Arbeitsqualität 654
Arbeitsstelle Ehrenamt 569
Arbeitsumverteilung 493
Aufenthalts- und Arbeitserlaubnisrecht, europäisches 415 ff.
Aufgeklärtes Eigeninteresse 457
Ausbildungsvergütung 350
Auseinanderdriften der Generationen 520 ff., 533, 557 f., 573, 590, 598
Ausländerbetreuung 140
Ausländische Jugendliche 527 f., 559 ff., 581, 587, 600
Auslandsdienste 379 f., 383 ff., 461 ff., 554
Basis 48
Bastelbiographie 52, 63, 187, 271, 456
Begleitforschung 181, 430 ff.
– Evaluation 433
– Evaluationsforschung 433 f.
– fehlende Forschungstradition 431 f.
– Institutionen und Infrastruktur der 435 f.
– Round-Table-Kolloquium 435
– Selbstreflexivität 434
Belgien 163 ff., 166 ff.
Benachteiligte Jugendliche 171, 182, 525 ff., 574
Berufliche Ausbildung 206 f., 571
Berufsbezogenheit 571 ff.

Berufsfreiheit 398 ff.
Berufs- und Karriererelevanz 133 f.,
    147 ff., 159, 175, 180 f., 191 f., 222,
    244, 340 f., 352 f., 477, 566, 601
Beschäftigungspolitik 255 ff.
Beschäftigungsunternehmen 299
Beteiligungsgerechtigkeit 56, 443
Betreuung und Begleitung 578 f., 600
Beziehungsgeflecht 61
Bibliographie 643 ff., 665
Big Citizenship 64
Big Government 64
Bildung 22, 153 f., 214 ff., 335 f.,
    403 ff., 632
– realistische Wende der 221
Bildungsarbeit 106 f.
Bildungsinhalte 518
Bildungsinvestitionen 334 ff.
Billighilfspfleger 656
Bindekitt 61
Biographisierung 223 f., 266
Bonussystem 25, 365 f., 390, 398, 507
Brutalisierung 659
Bruttoinlandprodukt 69
Bündische Jugend 94 ff., 99 ff.
Bündnis für Arbeit 490, 497, 542
Bündnis für Jugend und Gemeinschaft
    368
Bürger, Staatsbürger 48, 59
Bürgerarbeit 58, 199, 251, 513, 599
Bürger für Bürger 571, 587
Bürgergesellschaft 19, 35 f., 47, 147,
    153 f., 439 ff., 546, 570
Bürgerinitiativen 47, 59, 110 f., 193, 587
Bürgersinn 48, 563, 569, 572
Bürgertugend 57
Bulgarisches Modell 95
Bund der Kriegsdienstgegner (BDK)
    92
Bundesarbeitsgemeinschaft der Freien
    Wohlfahrtspflege 380
Bundesjugendplan 107, 119
Bundesjugendring 105 f.
Bundespräsident 32 f., 501 ff., 536 ff.,
    584
Bundessozialhilfegesetz 326
Bundesstiftung 19, 26, 28, 348, 362 f.,
    507
Bundesverfassungsgericht 392, 400 f.,
    404 ff, 495 f.

Bundeswehr 58, 271, 388 f., 444, 476,
    645 ff., 664
Camp William James 82
Challenge grants 374
Christlicher Friedensdienst (CFD) 118
Citizenship 65, 176
Civilian Conservation Corps (CCC) 83
Civil Society 47
Collegium Augustinum 651, 658, 664
Community Service Assistant (CSA) 363,
    367
Community Service Volunteers (CSV)
    175 f., 178, 182
Compassion-Projekt 553
Coordinating Committee of International
    Voluntary Service (CCIVS) 108
Coordination Committee for International
    Voluntary Work 103
Corporate Citizenship 547
Cross-Gender-Freaks 266
Datenbank 432 f.
Decent Society 361
Demographischer Wandel 258, 598, 643
Demokratieaffinität 646 ff., 661
Demokratisierung 22 f., 174
Deutsche Forschungsgemeinschaft (DFG)
    430, 436
Deutscher Caritasverband 655
Deutscher Paritätischer Wohlfahrtsver-
    band (DPWV) 122, 137
Deutsches Rotes Kreuz 122, 137, 156 f.
Deutsche Wiedervereinigung 306
Deutsch-Französisches Jugendwerk
    104, 119, 378
Deutsch-Polnisches Jugendwerk 119,
    378
Diakonisches Jahr (DJ) 115 f., 118, 122,
    254, 555, 561
– im Ausland (DJIA) 515 f., 567
Diakonisches Werk der EKD 651, 664
Dienst, Dienen 39, 66 f., 79, 86 ff., 115,
    166, 270, 439 ff., 453 f., 457, 516, 591
Dienst für Deutschland 102
Dienstgerechtigkeit 645 ff.
Dienstleistungen im Handel 570
Dienstleistungsgesellschaft 362, 491
Dienstleistungslücke 66, 650 ff.
Dienstleistungsökonomie 306
Dienstleistungspflicht 395 ff.
Dienstpflicht 88, 251, 276, 372, 393,
    478, 576, 643 ff.

- rechtliche Aspekte 661
Dienstpraxis 469 ff.
Distanz, soziale 70 f.
Drei-Generationen-Modell 21
Dritt-Staats-Angehörige 416 ff.
Dritter Sektor 65, 179, 305 ff., 559, 565, 606
- Innovationspotential des 318 f.
Education for Values 459
Ehrenamt, ehrenamtlich 32, 38 f., 161, 168, 208, 251, 254 ff., 270, 305 ff., 392, 441, 541, 543, 545, 559, 565, 579, 587, 590 f., 601, 650, 665
- Professionalisierung des 497
Ehrenamt Erwerbsarbeit 569 f., 571 f., 573
Ehrenamtliches Engagement von Schülern 585
Eigeninitiative 147, 151, 313
Eigenverantwortung 30, 313, 464
Einsatzfelder, neue 137 ff., 512 ff.
Emploi-Jeunes 170 f.
EIRENE 103, 118, 191, 197, 377, 381
- Erfahrungsbericht 626 ff.
Entropie 48, 63
Entsende- und Empfangsgesetz 384 f., 567
Entsolidarisierung 659 f.
Entsozialisierung 361
Entwicklungshilfe, Erfahrungen der 551
Erbschaften 486, 531
Erfahrung 226
Erfahrungs- und Kompetenzerwerb 157 ff.
Erlebnisorientierung 189 ff.
Ersatzdient 394 f.
Erwerbsarbeit 198, 257, 456, 512 f., 545, 559, 566, 590, 599
Erwerbsleben 58
Erwerbsstatus 349 ff.
Erziehung 87 ff., 93 ff., 568
- staatsbürgerliche 98
Europa 23, 155 f., 160 ff.
Europäische Dimension 528
Europäischer Freiwilligendienst (EFD)/ European Voluntary Service (EVS) 18, 20, 32, 119, 147 ff., 373, 381 ff., 384, 411 ff., 507, 512, 584
- Erfahrungsbericht zum 617 ff.
- Rahmenbedingungen 637 ff.
Europäische Sozialcharta 403

Europäische Union 382
Europarat 662
European Credit Transfer System (ECTS) 25, 219 f., 390, 398
Evangelische Akademien 35
Event-Society 53
Excess burden 333
Experimentelle Antropologie 456
Externe Effekte 335 f.
Familie 45, 590
Finanzierungsideen 482 ff.
Free Clinics 455
Forum Bellevue 33
Förderprogramm Mittel- und Osteuropa 36
Frankreich 163 ff., 169 ff.
Französische Revolution 98 f., 648
Frauen 115 f.
- Engagement der 39 f., 128
Freie Deutsche Jugend (FDJ) 102
Freiwillige Dienste 252 ff.
Freiwilligenagentur 32, 509
Freiwilligenagentur der Vereinten Nationen 373
Freiwilligendienst auf eigene Faust, Erfahrungsbericht 628 ff.
Freiwilligendienste, längerfristige 114 ff., 377 f., 382, 510 ff.
Freiwilligengesetz 32, 119, 376 ff., 385 ff., 544, 551, 560
Freiwilligenmarkt 374
Freiwilligenplan 179
Freiwilligenprogramme 180 f.
Freiwilligenzentrum 212
Freiwilliger Arbeitsdienst 97 ff.
Freiwilliges Gemeinwesenjahr 599
Freiwilliges Jahr im Unternehmen (FJU) 542, 586
Freiwilliges Soziales Jahr (FSJ) 18, 20, 30, 32, 45, 115 ff., 122 ff., 152, 192 ff., 227, 232, 234, 237 ff., 251 ff., 258, 300, 327, 343 ff., 372 f., 389, 445, 469, 507, 512, 541, 544, 555, 567, 584, 588, 601, 665
- Erfahrungsbericht 633 ff.
- Fachliche Anleitung im 142 f.
- Gesetz zur Förderung eines 380 f., 384 ff.
- Kosten- und Nutzenkomponenten des 328 ff.
- Rahmenbedingungen des 124 f., 637 ff.

- Tätigkeiten im 140 f.
Freiwilliges Ökologisches Jahr (FÖJ) 18, 20, 30, 32, 45, 117, 122 ff., 152, 223, 227, 343 ff., 372 f., 469, 507, 512, 541, 544, 584, 601, 665
- Erfahrungsbericht 619 ff.
- Gesetz zur Förderung eines 380 f., 384 ff.
- Rahmenbedingungen des 122 f., 637 ff.
Freiwilligkeit, freiwillig 34, 39, 52, 65 ff., 254, 378, 446 ff., 453 ff., 665
- sozialer Status der Freiwilligen 119
Freiwilligkeit oder Zwang 443 f., 445 ff.
Freiwilligkeitsprinzip 310 f.
Friedensarbeit 111
Friedensbewegung 91 ff., 111, 113
Friedenscorps 657
Friedensdienst 117 ff., 288
- ziviler 649 f.
Friedenserziehung 108
Friedensforschung, kritische 111
Fundraising 36, 462
Future Awards 183
Future Capital 147 ff.
Gateway 178
Gebrauchswert 455
Gegenkultur 455
Gegenseitigkeit 443
Geldwohlstand 67
Gemeingeist 47, 563
Gemeinkraft 47
Gemeinnütziges Arbeitnehmerengagement 606
Gemeinnützigkeit 315 f.
Gemeinnützigkeitsrecht 316
Gemeinschaft 53, 56 f., 71, 86 f., 360 ff., 439 ff., 609
- inklusive 361
Gemeinschaftsleben 55
Gemeinschaftswerte 51
Gemeinschaft und Gesellschaft 47 ff., 57 ff., 69 f.
Gemeinsam 11, 57, 63 f., 556, 576, 643, 664
Gemeinwesenarbeit 113, 544 f., 559, 573, 594 f., 598
Gemeinwirtschaft 306 f.
Gemeinwohl 60, 64 f., 316, 319, 576, 664
Generationen

- Verhältnis der 43 ff., 53, 598
Generationengerechtigkeit 54 ff.
Generationenkonflikt 43 f., 86
Generationenvertrag 43 f., 55, 58
Generationstypische Wahrnehmung 51 f.
Generationsübergreifender Austausch 523, 598
Geschlechtshierarchische Arbeitsteilung 658, 665
Gesellschaft 49 f.
Gesellschaftliche Anerkennung 219
Gesellschaftliches Orientierungsjahr in den Niederlanden (MOJ) 165
Gesellschaftsbürger 47
Gesellschaftsverächter 49
Gesetzliche Sozialversicherung 381
Gesundheitswesen und soziale Dienste 308
Gewaltbereitschaft 22, 236
Gewaltfreiheit 649 f.
Gewerkschaften 168, 173, 181, 451, 655
Gewissen, Gewissensentscheidung 470 f.
Glaubwürdigkeit 581 f., 609
Gleichberechtigungsgebot 395
Gleichgültigkeit 48
Global Citizen 59
Global Governance 59
Globalisierung 59, 444, 545
Greenpeace 59, 193
Grossbritannien 67, 175 ff.
Grundausstattung 372, 389 f.
Grundfinanzierung 583
Grundgesetz
- Art. 12, Abs. 2 289, 372, 392 ff., 397 ff., 661 f.
Grundrechte und Grundpflichten 390 ff.
Gruppenpädagogik 112
Guerillakompetenz 608
Gutes Leben 442
Gutscheine 19, 25, 34, 67, 219, 365, 373, 389 f., 507, 581
Handlungskompetenz 153 f.
Helfersyndrom 79
Hintergrundsrecherchen 461
Humankapital 339, 468
Hundert-für-Einen-Kampague 607, 609
Identifikation 222
Identitätsbildung 188 f., 521, 576
Identitätsfindung 577
Imagekritik 62

Imperialismus des Ökonomischen 58
Inclusive Society 361
Indifferenz und Ignoranz 48
Individualisierung 186 ff., 196, 202, 223 f., 266, 360
Individualismus 57
Individualistengesellschaft 52
Individuelle Schwertbehindertenbetreuung (ISB) 248, 258, 292, 556
Informationsgesellschaft 217 f.
Initiationsritus 84
Initiative Christen für Europa e.V. (ICE), Erfahrungsbericht 614 ff.
Innovationsdiskurs 63
Institut für Demoskopie Allensbach 664
Integration 202, 528, 546, 560, 588, 591, 600
Interkulturelle Kompetenz 549
Interkulturelles Lernen 158, 567
Internationale Arbeitsorganisation (ILO) 661
Internationale Jugendgemeinschaftsdienste e.V. (IJGD) 103 f., 111 ff.
Internationaler Bund für Sozialarbeit (IB) 122
Internationaler Versöhnungsbund 92 f.
Interner Lohn 459
Joystick Generation 54
Jugend 21, 52, 54, 75 f., 84 ff., 190 f., 439 f., 521 ff., 660
– Türkische in Deutschland 230 ff.
JUGEND 149, 152
Jugendarbeit 625
Jugendarbeitslosigkeit 97 f., 164 f., 173, 175, 188 f., 196 f., 494, 663
Jugendaustausch 104, 515
Jugendbewegung 75 f.
Jugendelite 189
Jugendforschung 660
Jugend für Europa 150, 153, 584
Jugendgemeinderäte 209 ff.
Jugendgemeinschaftsdienste, -freiwilligendienste 18 ff., 50 f.
– Akzeptanz der 365
– Anschlussfähigkeit der 490
– Attraktivität von 513 ff., 540, 546, 588
– Ausbau der 505 ff., 556, 561, 582
– Ausgestaltung der 339
– Beratung zu 553
– Berichte aus den 613 ff.
– Beurteilung der 129 ff., 144 ff., 157 ff.
– Bildungs- und Qualifizierungspotential der 545 f.
– Dienststellen der 228
– Evaluierung von 195, 221
– Finanzierung der 11, 18 f., 26, 36 f., 364, 370 ff., 482 ff., 529 ff., 589
– Geschichte der 84, 105 ff., 185 f.
– gesellschaftlicher Nutzen 354 ff.
– Gestaltungsprinzipien der 365 ff.
– Grundausstattung der 25 ff., 474
– im Ausland 193 f.
– indirekte Kosten 348
– Individueller Nutzen 354 ff.
– Infrastruktur der 23 ff., 365 ff.
– Innovatives Potential der 180 f.
– Kampagne für die 52
– Kontext der 57 f.
– Kosten-Nutzen-Rechnung der 328 ff., 343 ff, 476
– Kosten pro Freiwilligem 482 f.
– Motive für die Teilnahme 128 ff., 155 f., 233 f., 239, 454, 514 ff., 562, 582
– Nachfrage durch Jugendliche 572, 575 f.
– Partizipationsangebote nach dem 211 f.
– Positiver Nettonutzen von 343 ff., 354 ff.
– Rahmenbedingungen der 473 ff., 571
– rechtlicher Rahmen für die 27, 181, 368
– Rechtsanspruch auf Zulassung 398 ff.
– Soziale Sicherung der 383 f.
– Sozialrelevanz der 185 ff.
– Staats- und europarechtliche Aspekte 388 ff.
– Tabellarischer Überblick 636
– Tätigkeitsfelder von 18, 23 f., 242, 463 f., 507
– Teilnehmer 127 ff., 177
– Träger der 11, 19, 24 f., 32 f., 35, 37, 107 ff., 125 f.
– zeitliche Flexibilität der 366
– Zertifizierung der 366
Jugendhilfesystem 378
»Jugend hilft Jugend« 588, 624 ff.
Jugendkultur 76 f., 86
Jugendparlamente 209 ff.

Jugendpolitik 53
Jugendräte 549
Jugendschutz 467
Jugend- und Auszubildenden Vertretung (JAV) 206 f.
Jugendverbände 207 f.
JUMP-Programm 497
Kapitalkampagne 488
Karriere 50 ff.
Kibbuzbewegung 662
Kinder- und Jugendhilfe 137 ff., 203 ff.
Kirche 137, 305 ff., 314 f., 317
Kirchliche Personaldienste 550
Koalitionsvereinbarungen 376
Kofinanzierung 530 ff., 596
Kommission (»Jugend erneuert Gemeinschaft«) 12, 17 ff., 29 ff., 50, 55
Kommunale Haushalte 531
Kommunalverwaltung 140
Kommunen 504, 587, 596
Kommunikationskampagne 516
Kommunikationskompetenz 154
Kommunikationsstrategie 29 ff.
Kommunitarismus 56, 58, 70, 166, 196, 441 f.
Konfliktlotsen 597
Konservatismus 77
Kontinuität 213
Konzentrationslager 82
Kooperation 58
Kreativität, soziale 459 f., 546
Kreativitätsforschung 455
Kriegsdienstverweigerung 91, 110, 118, 162, 262, 288, 381, 470, 649
Kultur 216 f.
Kultur-Sponsoring 601
Labor der Lebenserfahrungen 598
Langzeitfreiwilligendienst, Kritik des 489
Learning by doing 225
Lebensbundidee 77
Lebenslaufforschung 433
Leitbilder 458 f., 491 f.
Lernchancen 657
Lerndienst 580
Lerngemeinschaft 564 f.
Lernorte, soziale 23, 34, 45, 58 ff., 215, 517, 657
Levée en masse 86 f.
Lifestyle 458
Local Governance 60

Lokale Netzwerke 518 f., 547
Maatschappelijke Orientatie Jongeren (MOJ) 172 ff.
Mäzenatentum 602
Manifest (»Jugend erneuert Gemeinschaft«) 12, 18 ff., 29 ff., 38, 49 ff., 254, 370 ff., 376, 389 f., 465 ff., 489, 504 ff., 540, 544, 550, 555, 562, 564, 568, 575, 607
Markt, -logik 48, 65, 70
Markt und Staat 59, 66, 442 f.
Maulpädagogik 569
Medien 54
Me-generation 190 f.
Mennoniten 88 f., 103
Mennonite Voluntary Service 103
Menschenrechte – Menschenpflichten 543
Mentoren, Mentorensystem 25 f., 30, 34, 226 ff., 524, 546, 607 ff.
Merkantilismus 324
Militär, Militärdienst 86, 88 ff., 92 ff.
MillenniumVolunteers 165 f., 176 ff.
Mischfinanzierung 596
Mobiler Sozialer Hilfsdienst (MSHD) 248 f., 292, 556
Mobilität 52
Modellprojekt in NRW 143 f.
Modell USA 64 f., 313 f., 463
Moralisches Kapital 57
Multikulturalismus 153 f.
»Mut zur Erziehung« 660
Nachfragemacht, Stärkung der 512 ff., 554
Nachkriegszeit 105 ff.
Nähe, soziale 70 f.
National Association of Volunteer Bureaux (NAVB) 68
National Center for Volunteering (NCV) 68
National Council for Voluntary Organizations (NCVO) 68
Nationale Freiwilligenagentur 587
National Research Institute for Volunteering 181
National Service 651
Nationalsozialismus 76 f., 87, 97 ff., 396, 663
Netzwerkarbeit 490
Neue Arbeitsplätze 490 ff., 497
»Neue Kultur des Helfens« 653

Neue Medien 375
Neues Ehrenamt 601
Neue Soziale Bewegungen 111, 317
New Deal 82 f., 176, 178 f., 326 f., 449, 662
Niederlande 163 ff., 172 ff., 569
Non Profit Sektor 65, 67, 305 ff., 495
- Arbeitsplätze des 308 ff.
- Beschäftigungsanteil des 323 f.
- Frauenanteil 309
- Öffentliche Mittel 311 f.
- Spenden 311 f.
- Wachstum des 305 f., 309 f., 312
Nothelfergemeinschaft der Freunde e.V. (NDF) 108 f., 114
»Notstand der Pflegenden« 653
Oberschicht 451
Öffentliche Finanzierung 65
Öffentliche Güter 217 f., 316, 338
Öffentlicher Dienstag 496
Öffentlichkeitsarbeit 29
Offene Kinderarbeit 140 ff.
Ökologische Dienstleistungen 570
Ökologischer Umbau 491
Ökonomisierung 217 f.
Öko-Sponsoring 601
Opportunitätskosten 323 f., 345, 348, 653 f., 663
Optionen und Ligaturen 69 f., 441
Orientierungsjahr 543 f., 557, 572, 577, 593, 597
Orientierungslosigkeit 186 f.
Orientierungsphase 516
Pädagogik 50, 87, 108, 660
Pädagogische Begleitung 34, 123, 144, 182, 195, 227 f., 347 f., 379, 385, 387, 390, 520 ff., 524, 546, 550 f., 564, 566 f., 574, 582 f., 588
Partizipation 154, 204 ff., 254, 378
Partnership 78
Parzifismus, parzifistisch 88 f., 91, 103 f., 185 f., 288, 470
Personallücke 289 ff.
Persönlichkeitsentwicklung 132 f., 158, 166, 378 f., 515, 595
Pflege, Qualität der 652 ff.
Pflegenotstand 264, 650 ff.
Pflegeversicherung 319
Pflicht 23, 34, 50, 217
Pflichtdienst 11, 39, 46, 52, 115, 331, 361, 652 ff.

- ökonomische Aspekte des 663
Pflichtjahr 101, 448, 643 ff.
Pflicht oder Freiwilligkeit 51, 58, 163 ff., 166, 180, 215 f., 330 ff., 345, 397 f., 445 ff., 481, 649 ff.
Pilotphase 26 f., 37, 368, 411
Politische Bildung 113, 597
Politische Dienstleistungen 570
Postmoderne, postmodern 58, 225 f.
Postmaterialismus 66, 132
Praktisches Jahr 573
Prestige 62
Prince's Trust Volunteers 178, 182
Private-Öffentliche Partnerschaft 595 f.
Projekt Partnerschaft 151 ff.
Projektunterricht 606
Protestantische Ethik 450 f.
Qualifikation für das Erwerbsleben 608
Qualitätsbürge 525
Qualitätssicherung, -kontrolle 34 f.
Qualitätsstandards 578, 580
Recht auf Bildung bzw. soziale Betätigung 403 ff.
Rechte und Pflichten 21, 55, 390 f., 568, 577
Rechtsradikalismus 448
Reformpädagogik 102, 104
Regierungserklärung 31
Regionale Netzwerke 596
Reichsarbeitsdienst für die weibliche Jugend (RAD) 99 ff.
Rendez-vous citoyen 169
Responsible Society, Responsiveness 56
Responsive Community 70, 441
Res publica 65
Reziprozität 366
Rite de passage 166, 169
Robert Bosch Stiftung 11 f., 17 ff., 29 ff., 38, 55, 504, 552, 554 ff., 562, 568, 571, 574, 576, 582, 584, 607
Romantik 77
Schlesische Jungmannschaft 94 f.
Schlüsselqualifikationen 22, 341, 539
Schülermitverwaltung 112 ff.
Schuldigkeit 55
Schule 205, 300, 461, 518, 541, 544, 557, 574, 577, 589, 597
Schülervertretung (SV) 205, 586
Sekundärtugenden 454, 459
Selbstbeherrschungsfähigkeit 54
Selbstbezug 276

Selbsthilfegruppen 276, 317
Selbstinitiation 577
Selbstkompetenz 341
Selbstorganisaton, neue Formen der 587
Selbstsozialisation 188 f.
Selbstverwaltungsprinzip 306, 460
Selbstverwirklichung 51, 54, 64 f., 70
Seniorenbüros 573
Seniorenengagement 545
Senior Experten Service 542, 586
Service Civil International (SCI) 91, 103, 109 ff., 114, 118
Service Learning 182 f.
Service National 165, 170 f.
Shell-Studie »Jugend 1997« 190 f., 572, 585, 592
Sicherheit 643
Sicherheitspolitische Situation 646 f.
Skeptische Generation 106
Skills 461
Social Capital 371
Social Sponsoring 529 ff., 571, 592, 601
Soft Skills 531
Solidarische Netze 67
Solidarität 21, 53, 57, 63 f., 90, 250, 258, 651, 658, 660
– drakonische 361
– zwischen den Generationen 586, 594
Solidaritätsressource 67
Solitärgesellschaft 71
Sozial, das Soziale 48 ff., 53, 60 ff., 71, 82 f., 213
– Revitalisierung des 54 f.
Sozialakteure, neue 60
Sozialarbeit 209, 656
Sozialcharakter 453
Sozialdienste 109, 441
Soziale Alphabetisierung 658
Soziale Dienstleistungen 570, 651 ff.
Soziale Durchmischung 449
Soziale Ehrenkarte 398
Soziale Imagekritik 62
Soziale Kompetenz 57, 299, 341, 519, 570
Soziale Lerneffekte 58 f., 272 f., 295, 297, 563
Sozialer Brennpunkt 53, 58, 547
Sozialer Nahbereich 225 f.
Sozialer Zusammenhalt 52
Soziales Dienstleistungsangebot 248 ff.

Soziales Handeln 61
Soziales Kapital 360
Soziale Wirkungsverstärker 62
Sozialgesellschaft 443
Sozialhilfe, durchschnittliche 351
Sozialisation, männliche 657
Sozialismus 451
Sozialkontrakt 62
Sozialmilieu, neues 225
Sozialpraktikum 527 f.
Sozialresonanz 62
Sozialstaat 443, 579
– Abbau des 163, 195 ff.
Sozialstaatsprinzip 397, 403, 406 ff.
Sozialstaatsverständnis 250 f.
Sozialsysteme 492 f.
Sozialvermögen 361
Sozialwissenschaften 60 ff., 85
Sozialwohlstand 54
Soziologie 60 ff., 78
Sparpaket 66
Spassgesellschaft 44
Spenden, -aufkommen 38, 324, 484 ff., 530, 571
Sponsoring 220, 484 f., 529 ff., 533, 547
Sport-Sponsoring 601
Sprachbewältigung 49
Staat 216
Staatliche Vollbeschäftigungspolitik 403
Staatsbürger 47
Staatsbürger in Uniform 585
Staat und Wirtschaft 565
Statistical Monitoring 432
Stiftung für Freiwilligendienste 67, 348, 362 f., 370 ff., 486 ff., 546, 562
– Mittelvergabe der 583
– Stiftungskapital 487
– Stiftungsorgane 375
– Stiftungszweck 373
– Aufgaben der 373 f.
Stiftungswesen 318, 532
Studentenbewegung 106 ff., 110, 113
Subsidarität 305 f., 315 f., 373
Subsidiaritätsprinzip 80, 306 f., 309 f.
Tätigkeitsfelder 127, 364, 512 ff., 545, 558, 577 f.
– Qualitätssicherung von 567
Tätigkeitsgesellschaft 199, 251, 598
Tandem-Einsätze 527, 546
Taschengeld 124, 173, 389, 400

Tauschring 455, 496
Teilhabe 22
Teilhabe ohne Anwesenheit 62
Teilhaberechte 408 ff.
Teilzeitarbeit 495 f.
Tendenzbetrieb 314
Totale Gesellschaft 71
Totales Individuum 71
Träger, neue 137 ff., 152, 182, 480, 583
Trägerkonferenz der internationalen Jugendgemeinschafts- und Jugendsozialdienste 120
Trägerverbände 126, 378 f., 381, 554
Transnationale Partnerschaft 148 f.
Überalterung 545
Überforderung 591
Übergangsphase 574
Unbezahlte Dienstleistungen 69
UNESCO 103, 108
Ungeschriebene Pflicht 397
Unkonventionelle Arbeitsplätze 490
Unternehmerbild 456
Unterstützerkreis-Modell 372
Urteilsverfall 48
Vagabundierende Engagementbereitschaft 581 f.
Vaterländischer Hilfsdienst 663
Verantwortung 45 f., 53, 57, 69, 88, 134, 272, 362, 370, 392, 442, 453, 517, 548, 626, 660
Verbände, Verantwortung der 569
Verdrängungseffekte 338
Vereinslandschaft, Vereinswesen 317 f.
Vereinsmeier 318
Verkürzung der Schulzeit 597
Vermittlungsagentur
Versailler Vertrag 99
Versorgungslücken 247
Vrijjwillige Gemeenschapsdienst (VGD) 167 ff.
Völkerverständigung 103 f., 108, 110
Volksgemeinschaft 87, 90, 93
Volkswirtschaftliche Gesamtbilanz 66 f.
Vollzeitarbeit 491 f.
Voluntarismus 316, 319
Volunteering, Volunteerism 65, 67 ff., 160, 185, 379
Volunteer-Management-Prozess 68
Volonté générale 48
Vorschuss an Mündigkeit 462
Wahrheit 49 f.

Wahrnehmung, generationstypische 51 f.
Wandervogel 78
Wandsbecker Kreis 646
Warteschleife 529
Wehrdienst 11, 34, 39, 245, 444, 465, 470, 505, 510, 562 f.
Wehrpflicht, allgemeine 18, 34 f., 58, 87 ff., 98 f., 247 ff., 263, 275, 289 ff., 394 f., 449, 489, 510, 575, 584, 643, 645 ff.
– Abschaffung der 247 ff., 290, 363, 382, 389, 547, 556, 571, 585
Wehrpflichtreform 160 ff.
Wehrungerechtigkeit 648 f.
Wehrverfassung 646 ff.
Wehrstrukturkommission 290, 648
Weimarer Reichsverfassung 396 f.
Weimarer Republik 87, 93, 648, 662 f.
Werte 314 f., 568
Wertewandel 218 f., 222, 509
Widerspruch mit Gründen 53
Wiederbewaffnung 106
Wirtschaft 216 ff., 483 f., 564, 592
Wissensbörse 586
Wissenschaft 63
Wohlfahrtsgesellschaft 250
Wohlfahrtsgewinne 341
Wohlfahrtsverbände 33 ff., 80, 191, 195, 248 f., 319, 477, 511, 525, 656
Wohlfahrtsstaat 250, 306
Wohnungsbauprojekte 109
Workcamp-Bewegung 113 f., 186
WWF 59
Zertifikat, Zertifizierung 19, 25 f., 34 f., 371, 390, 407, 507, 525
Zeitkonto 220
»Zeitmillionäre« 67
Zivildienst 11, 19, 31, 34, 39, 58, 160 ff., 197, 289 ff., 379, 444, 449, 465, 489, 505, 510, 533, 547, 556, 562 f., 585, 654 ff.
– Arbeitswert des 654 f.
– als Jobkiller 249 f.
– als Lebensschule 267 f.
– als Zwischenstufe 266 f.
– Alternativen zum 274 ff.
– Bedeutung des 290 ff.
– Erfahrungen aus dem 262 ff., 275 f., 282 ff.
– Ideeller Mehrwert durch den 298

709

- Konversion des 31, 247 ff., 293 f., 298, 556
- Kosten des 294 f., 655
- Lernprozess im 269 f.
- Sozialisationsprozesse im 265 ff.
- und Lebensqualität 293
- und soziale Berufe 293
- volkswirtschaftliche Bedeutung 264 f., 294 ff., 654 ff.

Zivildienstgesetz (ZDG) 381, 384 f.
Zivildienstleistende, -pflichtige 11, 262 f., 282 ff., 371, 470 ff., 651 ff.
Ziviler Ungehorsam 456
Ziviles Curriculum 659

Zivilgesellschaft 21, 23 f., 58, 66, 160, 166, 214 ff., 318 ff., 475, 576, 582
Zukunftsangst 473 ff.
Zukunftsfitness 51
Zukunftsgesellschaft 52
Zukunftsverantwortung 54
Zulassungsanspruch 410 f.
Zusätzlichkeit 69, 510 f.
Zusammenhalt, sozialer 48, 52
Zusammenleben von Alt und Jung 521 ff.
Zusammenlernen von Alt und Jung 564 f., 606
Zusatzlasten 332 ff.
Zweiter Arbeitsmarkt 325 f.

Personenregister

Afheldt, Heik. 250, 259
Ahlhorn, Gehrhard 402, 423
Ajangiz, R. 183
Akbari, Hasan 358
Albers 406
Albrecht, Gertrud 266, 277, 398, 423
Alheit, Peter 219, 225, 229
Amadeo, Amadeo 411
Anet, Daniel 91
Anheier, Helmut K. 20, 65, 305 ff., 320
Anschütz, Gerhard 391, 397, 423
Arendt, Hannah 558
Aristoteles 442
Aumann, Josef 93
Bachof, Otto 423
Backhaus-Maul, Holger 277, 389, 423, 652, 666
Badelt, Ch. 259
Badry, Elisabeth 195
Badura, Peter 391, 397, 423
Baethge, Martin 266 f., 270, 277
Bahr, Hans-Eckehard 660, 666
Bald, Detlef 646, 666
Baldas, Eugen 524
Baldus, Manfred 423
Balzer, B. 136
Bartels, Christian 465 ff.
Bartjes, Heinz 262 ff., 273 f., 276 f., 279, 557, 643 ff., 653, 657, 660, 665 f.
Bartling, Hartwig 335, 342
Bartz, Joachim 663, 666
Barwig, Klaus 189
Bauer, Hartmut 399, 423
Bauer, Rudolf 320
Baumann, Ernst 517
Bausback 396
Bayer H. 391
Beck, Hanno 259, 277, 308, 328 ff., 341, 352, 358, 666
Beck, Ulrich 52, 62, 147, 187, 191 f., 199 f., 250 ff., 259, 271, 273, 277, 459, 558, 599, 643, 663, 666
Becker, Caroline 147 ff.
Becker, Roland 137 ff.
Becker, Ulrich 637

Beckord, Jörg 265, 278
Beierle, Alfred 664, 666
Bellah, Robert 56
Bendele, Ulrich 276
Benz, Wolfgang 100
Bergmann, Christine 380, 510
Berninger, Matthias 18 f.
Bernini 414
Best, Heinrich 320
Bethge 391, 397
Bettray 414
Betz, Martin 405, 423
Beyerbach, Kathrin 624
Beywl, Wolfgang 645, 667
Bieback, Karl-Jürgen 409, 423
Birckenbach, Hanne-Margret 263, 278, 673
Birthler, Marianne 18 f.
Bittmann, Folker 423
Blair, Tony 166, 179, 491
Blandow, Jürgen 255 f., 259, 264, 277, 296, 652, 654 f., 663, 667
Bleckmann 396
Block-Schlesier von, Andreas 510
Blumenkron, Mathias 278
Bobke 402, 428
Böckenförde, Ernst-Wolfgang 423
Boessenecker, Karl-Heinz 320
Boetcher von, Dietmar 255 f., 259, 264, 296, 655, 663, 667
Bogai, D. 251, 260
Bogart, Humphrey 459
Böhnisch, Lothar 266, 268, 278
Boll, F. 113 f., 120
Bono, Maria Laura 665, 667
Bopp, Ullrich 11, 19, 67
Borchers, Wolfgang 648, 667
Böttcher 389
Brandenburg, Mark 81
Brandl, Georg 404, 423
Brandt, Willy 459
Braun, Heinrich 97
Braun, J. 254 f., 259
Brauns, Hans-Jochen 660, 667
Breitenbach 109 f.

711

Breuer, Rüdiger   399, 401, 423
Brick, Gabriele   410, 423
Brock, Peter   89
Brosch, A.   254 f., 259
Brose, Hans-Georg   271, 278
Brügger, Alice   91
Brumlik, Micha   273, 278, 660 f., 667
Brüning   80, 97
Brunner, Otto   86
Bryant, I.   226, 229
Buber, Martin   91
Bubolz-Lutz, Elisabeth   407, 423
Buchka, Maximilian   195
Budrus, Michael   102
Buff, Wolfgang   654, 661, 667, 673
Burke, Edmund   56, 78
Busch, Eckard   423
Buttler, Friedrich   336
Büttner, Christian   665, 667
Cabarrus-Fontenay, Therese   98
Cakir, Murat   535 ff., 547 ff.
Calvin   450
Cérésole, Pierre   91 f., 109
Cezanne, Wolfgang   333, 341
Chirac, Jaques   169
Claessens, Dieter   103, 109, 112, 120
Clement, Werner   336
Clermont, Christoph   271, 278, 464
Clinton, Bill   64, 627
Cohn-Bendit   659
Corsa, Mike   509, 515
Cremer, Christa   266, 278
Cresson, Edith   665, 667
Dabrowski, Martin   401, 423
Dahrendorf, Ralf   69, 441
Dalichau, Gerhard   20
Damm, Diethelm   154
Danckwortt, Dieter   103, 109, 112, 120
Darmon   414
Day, Dorothy   192
Dechamps, Andrea   665, 667
Dehmel, Hans   95 f.
Delcroix   166 f.
Dettling, Warnfried   18 f., 59, 66, 250, 259, 272, 278, 439, 644, 658, 667
Diana   79
Diercks   402, 407
Dierlamm, Werner   650, 668
Dietsche, Stefan   200
Dietz   113
Dietzfelbinger, Hermann   115, 136

Dilthey, Wilhelm   218, 229
Dirschmied, Karl   423
Döbereiner, Hans-Georg   656, 668
Donat von, Marcell   659, 668
Dönhoff, Marion Gräfin   659, 668
Dostal, Werner   406, 423
Dreier, Horst   423
Dudek, Peter   87, 94, 97
Dunkel, Wolfgang   279
Dziadek, Regine   665, 668
Ebert, Theodor   650, 665, 668
Edel   396, 426
Ehlers   655
Eichborn von, Wolfgang   185
Eichler, Andreas   510
Elbert, Harald   358
Elicker, Michael   648, 668
Enders-Dragässer, Uta   268, 278
Endres, Alfred   358
Engelen-Kefer, Ursula   423
Engelken   396
Eppelmann, Rainer   668
Erhard, Ludwig   414
Erichsen, Hans-Uwe   398, 424
Etzioni, Ammitai   56, 70, 250, 259, 441
Evers, A.   259
Evrigenis, Dimitros   407, 424
Faulstich   431
Ferchhoff, Wilfried   266, 278
Feser, Andreas   424
Fetscher, Iring   647, 668
Finckh, Ulrich   648, 656, 668
Finckh, Ute   118, 120, 248
Finis Siegler, Beate   247 ff., 259, 265, 278, 489, 668
Fink, Ulf   263, 276, 650, 653, 657, 668
Fiscer-Blum   433
Fischer, Andrea   662, 668
Fischer, Arthur   267, 269, 278, 514
Fleckenstein, B.   252, 259
Fleiner-Gerster, Petra   424
Fliedner, Theodor   99
Flower, Steven   620 ff.
Forsthoff, Ernst   402, 424
Fortuin, K.   184
Frank   661
Franke, Dietrich   402, 424
Freier, D.   258 f.
Freise, Joseph   20, 185 ff., 194 f., 200
Frevert, Ute   87
Frey, Ulrich   20, 120, 376 ff., 636

Friauf, Karl Heinrich   402, 409, 424
Fricke, Eckehard   186
Fröbe, Klaus   358
Fröhler, Oliver   394, 424
Fromm, Erich   453
Fuchs, Claudia   268, 278
Fuchs, Werner   269, 278
Funk, Heide   209
Funke-Schmitt-Rink, Margret   645, 668
Füssel   406
Gaede, Daniel   665, 668
Gagelmann, Hartmut   265, 278
Gaitanides, Stefan   189, 200
Galtung, Johan   111
Gängler, Hans   209
Gans, O.   358
Gaschke, Susanne   60
Gaskin, Katharine   183, 186, 196 f., 200, 665, 669
Gaygusuz   419
Gebhardt, Eike   453, 459
Gentz, Friedrich   78
Gerhardt, Wolfgang   536 ff., 589
Gerke, Thomas   265, 278
Gerstenberger, Günther   19, 29 ff.
Gestrich, Andreas   20, 84 ff., 92
Geyer, Erhard   511
Giardini   362, 367, 558
Giesecke, Helmut   106
Gode, Johannes   424
Goebel, Johannes   271, 278, 464
Gohde, Jürgen   273, 278, 511, 518, 535 ff., 555 ff., 664, 669
Goll, Eberhard   320
Göppel, Helmut   424
Görner, Regina   669
Götz, Volkmar   424, 663
Grabitz, Eberhard   424
Gräf, Erich   87
Gramlich, Edward M.   335, 342
Greffrath, Mathias   662, 669
Grimm, Christian   424
Grimme, Adolf   111
Gross, Jürgen   649, 669
Gross, Peter   250, 259
Grotefeld, Stefan   92
Grünewald, Guido   91 f.
Guggenberger, Bernd   11, 18 f., 47 ff., 59, 62, 669
Gummich, Heike   634 f.
Günther, Monika   392, 424

Gusy, Christoph   391, 397, 424
Haas, Andrea   19
Haase P.   515, 531
Häberle, Peter   402, 409, 424
Hackler, Dieter   669
Hagmans, Gaby   517
Hailbronner, Kay   388 ff., 414, 419, 424
Hamann, Andreas S.   424
Hamer, Eberhard   651, 669
Hank, Rainer   651, 669
Hanusch, Horst   358
Harprecht, Klaus   458
Hartung, Dirk   406, 424
Hauck, Karl   424
Haug, Otto   275, 665, 669
Haupt, Peter   149
Haustein, Andreas   624 ff.
Hayek, Friedrich August   341
Headley, R.   175
Hecker, Konrad   270, 278, 393
Hecker, Wolfgang   424
Hegel, Georg Wilhelm Friedrich   390, 393, 405, 424
Heidinger, Michael   358, 663, 669
Heimes, Katharina   191, 200
Heinze, R. G.   260
Heinzen, Georg   267, 278
Heitmann, Thomas   341
Heitmeyer, Wilhelm   186, 188, 234, 266
Hengsbach, Friedhelm   63
Henkel, Rüdiger   102
Hentig von, Hartmut   185, 267, 272, 279, 459
Herlyn, Ingrid   406, 425
Herrhausen, Alfred   487
Herrmann, Ulrich   85
Herz, Christian   669
Herzog, Roman   11, 43 ff., 360, 403, 503, 535 f., 587, 591
Hesse, Hermann   436
Hettinga, G.   184
Heuss, Theodor   536 f.
Heye, Werner   116, 120
Heymann, Klaus-Dieter   406, 425
Hierl, Konstantin   99 f.
Hildenbrandt, Bruno   271, 278
Hilf, Meinhard   424
Hinds, Caroline   404, 425
Hinz-Rommel, Wolfgang   189
Hitler, Adolf   76 f., 100, 615
Hofacker, Wilhelm   391, 425

713

Hoffmann, Gerhard 654, 661, 667, 673
Hofmann, Hasso 425
Höhn, Reinhard 262, 279
Holl, Karl 89 f.
Holtappels, Heinz Günther 200
Hoodless, Elizabeth 177
Hopkins, John 322 ff.
Hörrmann, S. 260
Huber, Ernst Rudolf 391, 425
Hummel, K. 250, 260
Hummel-Beck, Ulrike 358
Hurrelmann, Klaus 52, 136, 187 f., 200, 267, 279
Hüttmann, Frank 200
Hüwel, E. 265, 279
Igl, Gerhard 260, 425
Inescu, Lotte 425
Inglehart, Ronald 136
Isensee, Josef 391 f., 397, 425
Jakob, Gisela 254, 260, 270, 279, 665, 669
James, William 83, 90 f., 447
Jannik, Helge 200
Janning, Heinz 274, 279, 665 f., 669, 672
Jarrass, Hans 394 ff., 402, 425
Jaworsky, Nikolaus 394, 425
Jekewitz, J. 423
Jellinek, Georg 425
Jencks, Charles 461
Jetter, Christoph 398, 401, 425
Jetter, Frank 669
Johann, Heirbert 509, 517, 535 ff.
Johnson 458
Johnston, R. 226, 229
Jospin, Lionel 491
Junge, Hubertus 657, 669
Kahl, Wolfgang 399, 423
Kaiser, Astrid 274, 279
Kaiser, Susanne 657, 669
Kaiser, Wilfried 359
Kaldrack, Gerd 669 f.
Kaleck, Wolfgang 393, 661, 669
Kämper, Sebastian 265, 279, 656, 669
Kant, Imanuel 217
Karasek 656
Kaufmann, Ekkehard 391, 425
Keil, Georg 94
Kelber, Magda 112
Kemper, Otto Ernst 402, 425
Kempf 414

Keskin, Hakki 18 f., 230 ff.
Keupp, Heiner 186, 190, 196, 200, 278, 643, 670
Keynes, John Maynard 327
Kilgus, Rudolf 634 f.
Kimminich, Otto 391, 425
Kingreen 419, 425
Kirchmer 396
Kistler, Kurt 279, 649, 670
Kittner, Michael 425
Klages, Helmut 218, 229
Klees, Bernd 662 f., 670
Klein, Hans 274, 391, 408, 425 f.
Klein, Paul 279, 649, 669 f.
Kleine-Brockhoff, Thomas 115, 120, 662, 670
Kleinschmidt, Waldemar 531
Klemm, Klaus 355, 359
Klenner, Hermann 402, 425
Kliche, Thomas 200, 265, 279
Klönne, Franz 99
Knapp, Rudolf 195
Koch, Karola 486
Koch, Uwe 267, 278
Kohl, Helmut 584
Köhler, Henning 94 f.
Köhler, Michael 389, 394, 397, 425
Kohr, Hans-Ulrich 664, 670
Kokott 393
König, René 79
Körber, Kurt A. 486
Körner, Andreas 275, 280, 649 f., 670
Kors, A. 183
Krafeld, F. J. 106 f., 120
Kraus, Cornelius 264, 279, 652, 655, 663, 670
Kreft, Gudrun 202 ff.
Kremendahl, Hans 516
Kretzschmann, Hermann 396, 426
Kreuzer, Christine 20, 388 ff.
Kreyssig, Lothar 117
Kriebel, Hellmut 426
Krippendorf 657
Kröger, Klaus 426
Krölls, Albert 263, 279
Kübler, Klaus 389, 426
Kuhlmann, Jürgen 248, 260, 274, 279, 645, 670
Kuhn, Hubert 154
Kunig 403
Kupferschmid, Peter 136

Kutz, Martin 670
Lakies, Thomas 410, 426
Lange, Klaus 426
Lasch, Christopher 56
Lawrie-Blum 414
Lemayr, Christine 101 f.
Lenhardt, Gero 666
Lenz, Carl Otto 426
Lenz, Wolfgang 20, 359, 360 ff.
Leussner 391, 426
Levin 414
Lichtwark, Werner 649, 670
Liedtke 362, 367, 558
Liepmann, Heinz 263, 279
Lilje, S. 136
Lippert, Ekkehard 248, 260, 274, 279, 359, 389, 426, 645 f., 670
Lorenz, Alfred 249, 255, 260, 264, 282 ff., 655, 670
Lorenz, Wilhelm 336, 341
Lottje, Christine 626 ff.
Löwe, Hartmut 529
Löwenberg, Linde 81
Lübbe, Hermann 54
Lubbers 172
Luchterhandt, Otto 392, 426
Lüdtke, Hartmut 189, 200
Luther, Martin 450
Lutz, Dieter 649, 669
Luzius, F. 335
Maas, Henner 275, 279, 665, 671
MacIntyre, Alasdair 56
Mader, Wilhelm 20, 193, 200, 214 ff., 218, 221, 229
Mahraun, Arthur 94
Maier, Hans 509, 516, 519, 529 ff., 535 ff., 540 ff.
Majer, Dietmut 426
Mangoldt von, Hermann 392, 408, 426
Mann, Golo 185
Marawske-Birkner, Lilli 99
Marcic, René 390 ff., 426
Margalith, A. 360 f.
Marggraf, R. 358
Marienfeld, Claire 471
Markefka, Manfred 279
Marquard, Odo 56
Marx, Karl 326
Massen 401, 427
Matikainen-Kallstroem, Marjo 411
Matzen, Jörg 265, 280

Maunz, Theodor 426
Merkel, Angela 389, 426, 535 ff., 584 ff.
Merten, Detlef 389, 426
Merten, Roland 253, 260, 653, 671
Messersschmidt, Manfred 274, 280, 648, 671
Metz-Göckel, Sigrid 280
Meyer, Hans Joachim 530, 535 ff., 550 ff.
Meyer, Thomas 186, 190, 200
Miller, Susanne 426
Millon 169
Missfelder, Philipp 531
Möbius, Astrid 665, 671
Möllemann, Jürgen W. 530
Moltke, Helmuth von 76, 80
Monastier, Hélène 91
Mor, Dagmar 663, 666
Mosebach, Ursula 120, 359
Muhs, Reinhold 89
Müller, Adam 78
Müller, C. W. 112, 120
Müller, Gerhard 391, 426
Müller, Gisela 101
Müller, Harald 19, 359, 426
Müller, Siegfried 665, 671
Müller-Schöll, Albrecht 103
Münch von, Ingo 426
Münchmeier, Richard 267, 278, 514
Münder, Johannes 204, 378
Münz, Angelika 20, 67, 160 ff.
Mutter Teresa 79, 441
Nachtwei, Winfried 275, 280
Nagel, Gundi 665, 671
Nawiasky, Hans 391, 426
Nebendahl, Mathias 402, 426
Nestmann, Frank 266
Neubauer, Georg 266, 278
Neumann, Hemut 95
Nightingale, Florence 99
Nohl, Hermann 87, 102
Norgaard, Carl 407, 427
Nörr, Knut 402, 427
Notz, Gisela 266, 280, 671
Nove-Herz, Rosemarie 279
Nuthmann 406, 424
Oberhem, Harald 576
Oberschachtsiek, Bernd 645, 671
Oehlmann-Austermann, A. 410, 427
Oelschläger, Julia 619 ff.
Offe, Claus 361

715

Ohrnberger, Elfriede 528
Okenwa-elem, Ulrike 535, 547 ff.
Olbertz, J.-H. 229
Olk, Thomas 136, 254, 260, 266 f., 270, 280, 665, 669, 671
Opaschowski 600
Opielka, Michael 659, 671
Opitz, Ekkehard 274, 280, 646, 666, 670 f., 673
Oppermann, Thomas 406, 427
Ott, H. 119, 120
Otto 276
Pack, Doris 19
Palentin 52
Pankoke, Eckhard 320
Pannwitz, Rudolf 391, 427
Papen 80, 95
Partsch, Karl-Josef 427
Paulwitz, Irmgard 276, 280, 665, 669
Pauly, Walter 419, 427
Perabo, Timon 628
Pestalozzi, Johann Heinrich 47
Peters, Hans 427
Petry, Ulrike 191, 195, 200
Peukert, Rüdiger 188, 200
Pfannkuche, Walter 401, 427
Pfeiffer, Wilhelm 334 ff., 341
Pfisterer, Klaus 645, 671
Philipp, Stefan 661, 663, 671
Picht, Werner 89
Pieters, Danny 419, 427
Pietzcker, Jost 273, 280, 393, 397, 427, 661, 671
Pleissner, Helmuth 78
Pokatzky, Klaus 280
Polczyk, Alfred Maria 503 ff.
Polte, Wilhelm 515 f., 518, 530, 536 ff., 592 ff.
Popper, Karl 90
Potter, J. 183
Poulis, Johannes A. 401, 427
Presley, Elvis 459
Preuss, Ulrich K. 55
Prisching, M. 250, 260
Prochaska, Petra 390, 427
Pufendorf 390
Purschke, Ulrich 634
Puschmann, Hellmut 524, 535 ff., 552 f.
Quaritsch, Helmut 399, 427
Raabe, F. 96
Raad voor het, Jeugdbeleid 183

Räder, Hans-Georg 280
Rahrbach, Andrea 136 f., 146, 221, 253, 260, 346 ff., 359, 379, 427
Raichle, Ulrich 264, 280, 359, 654, 656, 672
Ramm, Thilo 402 ff., 423, 427
Randelzhofer, Albrecht 390 f., 414 f., 427
Rathmann, P. 184
Rau, Johannes 11, 535 ff., 564
Raulin 414
Raupach, Hans 95
Rauschenbach, Thomas 359, 389, 427, 665, 672
Reese-Schäfer, Walter 196, 200
Reetz, Lothar 341 f.
Reinert, Adrian 519, 523
Reinhartz, Berthold 427
Reiter, Heinrich 427
Repkewitz, Ulrich 395, 428
Ribustini 377
Richter, Christoph 341 f.
Richter, Ingo 402, 406, 428
Riedel, Manfred 86
Riesenberger Dieter 91
Rieth 218, 221
Rifkin, Jeremy 250, 260, 497, 558
Rijkschroeff, R. 184
Rilke, Rainer Maria 459
Rinderspacher, J. 492
Robert, Günther 280
Rödiger 274, 280, 666, 671, 673
Rojahn, Hans-Jürgen 672
Rojo, Maria Izquierdo 411
Roos, Alfred 394, 428
Roosevelt, Franklin D. 82, 327
Rosenstock-Huessy, Eugen 76, 80, 82 f., 89 ff., 95 f., 108, 112
Rosewitz, Bernd 267, 280
Röstel, Gunda 511, 515, 522 ff., 535 ff., 575 ff.
Rothlauf, Jürgen 407, 428
Röttgen, Norbert 17 ff.
Rousseau, Jean-Jacques 85
Rozek, Jochen 396, 428
Rüffner, Wolfgang 428
Russmann, Paul 650, 672
Rüstow, Alexander 78, 447
Saathoff, Günter 656, 672
Sachs, Michael 394, 402, 408, 428
Sachsse, Christoph 320

Sagawe, Helmuth   280, 359
Saladin, Peter   428
Salamon, Lester   320
Salzmann, Helga   645, 672
Sauer, Roland   673
Schaefer, Dorothea   359
Schäfer, Wolf   646, 672
Scharnhorst   87
Scheel, Walter   535 ff.
Scheelhaase, Janina   20, 308, 343 ff.
Schelsky, Helmut   55, 98, 120
Scheuer, Ulrich   428
Schilgen, C. J.   515, 531
Schiller, Friedrich   454
Schlaak, Detlef   523
Schlink, Bernhard   402, 428
Schmalstieg, Herbert   504, 514, 516, 527 ff., 534 ff., 596 ff.
Schmerl   266
Schmid, Alex   251, 260, 329, 342
Schmid, Gerhard   359
Schmid, Michael   672
Schmid, Wieland   459
Schmidt, Helmut   544
Schmidt, Maja   18 f.
Schmidt, Walter   428
Schmidt-Eenboom, Erich   645, 672
Schmidt-Strauch, C.   665, 672
Schmitt, Alexander   265, 280, 391, 428, 656, 672
Schmitthenner   402, 428
Schmucker, Klaus   516
Schneeweiss, Christoph   359
Schneider, H.   136
Schneider, Manfred   520
Schneider, Martin   338, 342
Schöffmann, Dieter   482 ff., 605 ff.
Scholz, Rupert   396, 399 f., 402, 428
Schopenhauer, Arthur   71
Schophuis, Hans-Jürgen   393, 665, 672
Schöpp-Schilling, Hanna Beate   18 f., 38 ff.
Schörken, R.   120
Schoser, Franz   511, 518, 535 ff., 540 ff.
Schröder, Alois   513
Schuchardt, Erika   136, 665, 672
Schücking, Walter   94
Schultz-Gerstein, Hans-Georg   428
Schulze-Boysen, Harro   80
Schwacke, Peter   428
Schweiger   391, 426

Schweitzer, Carl-Christoph   267, 280, 513, 528 ff., 535 ff., 568 ff.
Seeckt   100
Seidel, Heinrich   452
Seifert, Karl-Heinz   428
Seldte   100
Senghaas   111
Sengling, Dieter   645, 672
Sheard, Jos   175
Siebert, H.   136
Siegfried, Matthias   410, 428
Siegmund-Schultze, Friedrich   92
Siekmann, Helmut   391, 428
Simmel-Joachim, Monika   665, 672
Simon, Gerhard   389, 428
Smetan, Maren   120
Smith, Justin Davis   175, 183, 186, 196 f., 200, 669
Sommer, Monika   428
Spencer, Herbert   456
Stachowski, Bernd   260, 655, 672
Stähr, Axel   410, 429
Starck, Christian   405, 408, 426, 429
Staudacher, Wilhelm   502
Staudt, Erwin   535, 539 f.
Staufer, Walter R.   249, 260, 280
Stein, Eckehard   406, 425, 429
Steinbeck, John   82
Steinlechner, Wolfgang   332, 342, 389, 394, 429
Steinmann, Udo   414
Steinmeier, Frank-Walter   510 f., 520, 530, 535 ff., 571 ff.
Steinvorth, Ulrich   401, 429
Steinwender, Klaus   263, 280
Stell, Maren   105 ff., 114, 120
Stern, Elliot   155
Stern, Klaus   429
Stober, Rolf   391, 397, 429
Störmer   419, 425
Strachwitz   348
Strasser   100
Strikker   267, 280
Stringham   377
Strube, Jürgen   510, 517 ff.
Struck, Jutta   410, 429
Stüer, Bernhard   406, 429
Syrup, Friedrich   97 f.
Taylor, Charles   56
Teichler   406, 424

717

Temsch, Joachim 265, 656, 672
Tessaring, Manfred 336
Tettinger 396 f.
Tews, Hans-Peter 254, 260, 651, 672
Thalmair, Roland 389, 429
Thatcher, Margret 175
Thesen, Rainer 429
Theuerssbacher, Paul 406, 429
Thiersch 267, 280
Thoreau, William S. 456
Thränhard, A. 320
Tietzrath, Andreas 265, 280
Tobiassen, Peter 273, 281, 662, 673
Tocqueville, Alexis de 65
Tönnies, Ferdinand 69, 78
Tönnies, Sibylle 68, 75 ff., 325 ff., 445 ff., 660, 662, 673
Trube, Achim 359
Tsolakis, Alexandros 149
Ude, Christian 521 f., 527 ff.
Ueltzhöffer, J. 254, 260, 520
Unruh von, Georg-Christoph 429
Unruh, Trude 265, 281, 391, 656, 673
Usher, R. 226, 229
van Volksgezondheid 173
Veblen, Thorstein 62
Veil, Simone 419
Verheugen, Günter 672
Villiger, Mark E. 407
Vita, Guiseppe 516, 528
Vitzthum 402
Vogel, P. 218, 229
Vogt, Ute 18 f., 274
Vogt, Wolfgang R. 281, 645, 647, 673
Vosgerau, Ulrich 389, 394, 429
Wagner, Joachim 336
Wagner, Wolf 194, 200
Walz, Dieter 389, 429

Walzer, Michael 56, 250, 260
Warneck, Wilfried 186, 200
Weber, Max 48, 61, 217, 450
Wedemeyer, Kai 402, 429
Wehling, Hans Günter 85
Weisshuhn, Gernot 336
Weizsäcker von, Richard 535, 646, 659, 673
Wendt, W. R. 251, 260
Wertenbruch, Wilhelm 391, 402, 429
Weymann, A. 218, 221
Wicke, Hans-Georg 147 ff.
Wiegand, Dietrich 404, 429
Wieland 399
Wiethölter, B. 251, 260
Wilde, Oskar 450
Wilke, Reinhard 410, 429
Wilkinson, Helen 154
Willgeroth, Birgit 625
Williams, Christine 266, 281
Winter, Reinhard 268, 278
Wipfelder, Hans-Jürgen 402, 429
Wippermann, Wolfgang 663, 673
Wittgenstein, Ludwig 61
Wittmann, Sabine 614 ff.
Wohlfahrt, Norbert 320
Wollny 409
Woodhall, Maureen 335, 342
Wüstendörfer, Werner 137, 221, 275, 277, 346 f., 379
Zacher 391, 426
Zander, J. 656, 672
Zeidler 409
Zielke, Oliver 429
Zimmer, Annette 320
Zinnecker, Jürgen 266, 281
Zinner, G. 258, 260
Zoll, Rainer 281